第一产业实现增加值：20.6亿元
第二产业实现增加值：57.7亿元
第三产业实现增加值：156.6亿元
第一、二、三产业比重：8.8：24.5：66.7
全年财政收入：54.7亿元
一般公共预算收入：30.8亿元
公共财政预算支出：57.2亿元
城镇居民可支配收入：48365元
农村居民可支配收入：21021元
社会消费品零售总额：117.6亿元

实际利用外资：3085万美元
年末人民币存款余额：500.2亿元
年末人民币贷款余额：651.2亿元
全县各类学校（含培训机构）总数：269所
在校学生数（含幼儿）：79657人
专任教师：6260人
医疗卫生机构数：499所
医疗卫生机构床位：2230张
医疗卫生技术人员：2371人
全县公路里程：1042千米

香河年鉴

2021 XIANGHE YEARBOOK

香河县地方志编纂委员会　编

方志出版社
Publishing House of Local Records

图书在版编目（CIP）数据

香河年鉴. 2021 / 香河县地方志编纂委员会编. --
北京：方志出版社，2021.12
ISBN 978-7-5144-5021-7

Ⅰ. ①香… Ⅱ. ①香… Ⅲ. ①香河县－2021－年鉴
Ⅳ. ①Z522.24

中国版本图书馆 CIP 数据核字（2021）第 275736 号

香河年鉴（**2021**）

编　　者：香河县地方志编纂委员会
责任编辑：刘方圆

出 版 者：方志出版社
地址　北京市朝阳区潘家园东里 9 号（国家方志馆 4 层）
邮编　100021
网址　http://www.zgfzcb.cn
发　　行：方志出版社图书营销中心
电话（010）67110500
经　　销：各地新华书店
印　　刷：河北亿博源印刷有限公司

开　　本：889×1194　　1/16
印　　张：40.6
字　　数：1029 千字
版　　次：2021 年 12 月第 1 版　　2021 年 12 月第 1 次印刷
印　　数：001~800册

ISBN　978-7-5144-5021-7　　**定价：398.00元**

香河县政区图

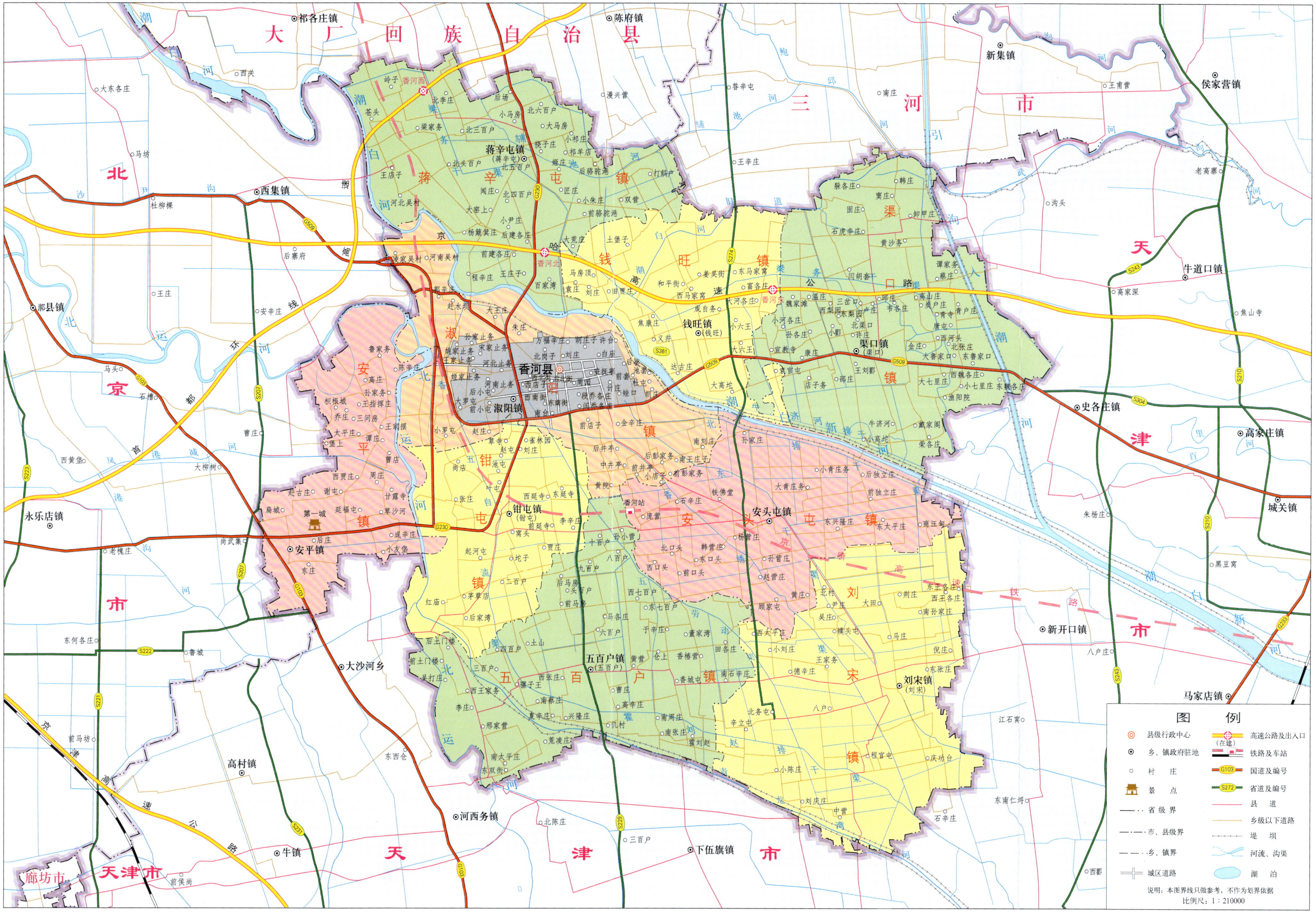

冀S(2020)064号

香河县地方志编纂委员会

主　　任：李海滨　香河县人民政府县长

副 主 任：陈润彬　中共香河县委常委、县人民武装部部长

张锦山　中共香河县委常委、县委办公室主任

李一超　香河县人大常委会副主任

刘海霞　香河县人民政府副县长

张浩波　政协香河县委员会副主席

委　　员：刘铁山　中共香河县委办公室常务副主任

路洪亮　香河县人民政府办公室主任

郭凤娟　中共香河县委组织部常务副部长

张建军　中共香河县委宣传部常务副部长

杨振亮　香河县地方志编纂中心主任

成英杰　香河县发展和改革局局长

周向伟　香河县人力资源和社会保障局局长

沈雪松　香河县财政局局长

韩景丰　香河县住房和城乡建设局局长

姜建明　香河县教育和体育局局长

郭宏伟　香河县民政局局长

崔大鹏　香河县统计局局长

刘爱军　香河县交通运输局局长

高立军　香河县文化广电和旅游局局长

史长城　香河县融媒体中心主任

石宝智　香河县科学技术和工业信息化局局长

孟繁章　香河县农业农村局局长

肖凤双　香河县档案馆馆长

赵立志　香河县文学艺术界联合会主席

肖广平　香河县公安局副局长

樊振华　中国人民银行香河支行行长

香河县地方志编纂中心

主　　任：杨振亮

副 主 任：刘春林　韩宝明

副主任科员：王树春

科　　员：闫振春　张　丹

《香河年鉴（2021）》编纂人员

主　　编：杨振亮

副 主 编：王树春　刘春林　韩宝明

编　　辑：闫振春　张　丹　陈述龙　杨东林

刘凤贤　董长江

工作人员：孟艳双　李学涛

《香河年鉴（2021）》初稿撰稿人名单

（以姓氏笔画为序）

马　静	马庆瑞	王　希	王　迪	王　涛	王　然	王小雨	王友杰
王玉萍	王亚莉	王志桐	王丽娜	王春蕾	王树春	王海鹏	王智林
王德永	王翠鑫	卢振宇	田　岳	田　雪	田海超	付　震	冯晓明
成志云	任海龙	任娟娟	后瑞新	庄英艳	刘　俭	刘　洋	刘　晖
刘　辉	刘　娜	刘　颜	刘春红	刘洪霞	刘艳新	刘娅东	刘雪至
刘晓娜	刘晓静	刘跃波	刘新梅	许　明	祁海霞	祁福兵	阮永旺
孙　浩	孙文静	孙丽明	孙桂英	孙媛媛	苏　真	苏绍辉	杜振江
李　帆	李　林	李　佳	李　波	李　盼	李　艳	李　娜	李　萌
李　彬	李　健	李月然	李明丽	李会民	李竹青	李佳唯	李春杰
李春燕	李荣鑫	李树明	李秋良	李淑雅	杨　玉	杨　光	杨　旭
杨　波	杨　露	杨连永	杨国明	杨雪莲	杨博文	杨腾飞	芮文颖
吴　姣	吴　华	吴玉婷	吴长松	邱亚红	何　静	何建婕	佟沅洪
宋　威	宋俊婷	张　洁	张　洋	张　越	张　毅	张　鑫	张艺馨
张占葵	张来顺	张建波	张建悦	张炳江	张笑崎	张媛培	张颖杰
陈大勇	陈卫彬	陈柄达	陈彩霞	陈淑伶	范江文	邵亚海	果韫韬
周　旭	周凤伟	周梦洁	郑万强	郑肃然	屈秀艳	孟宪东	赵春森
赵默然	胡炜东	侯立英	姚　想	秦　伟	袁　超	袁炳毅	顾曼丽
殷宝义	郭景梅	高宗聚	高鑫淼	凌　珍	黄　娜	黄云龙	常　晖
康亚静	康学鹏	梁国永	韩建刚	韩超颖	董　苑	董　莹	程红坡
靳　苹	靳洪坤	路　志	简　聃	彰文娟	彰春丰	魏建军	

京津冀协同发展

9月15日，以“协同创新 共享发展”为主题的2020年北京市与河北省廊坊市“北三县”项目推介洽谈会在大厂回族自治县举办，33个合作项目签约，意向投资额215亿元。其中，香河县的华电香河燃气能源站等9个项目成功签约，总投资65.8亿元　　霍相博 摄

首都环线高速公路（G95）香河西出入口连接线　　县融媒体中心供图

建设中的京唐城际铁路香河站路段　　县融媒体中心供图

香河机器人小镇　　县融媒体中心供图

香河健康小镇

北京景山学校香河分校　　张越　摄

张越　摄

北运河旅游通航

北运河香河县王家摆桥上空北向航拍图　　县融媒体中心供图

香河运河文化公园　　县融媒体中心供图

北运河旅游通航施工建设　　县融媒体中心供图

10月，率先建成的运河文化公园游船码头　　县融媒体中心供图

北运河旅游通航香河中心码头工程建设　　县北运河旅游通航指挥部办公室供图

北运河旅游通航王家摆临时桥工程建设　　县融媒体中心供图

北运河旅游通航曹店橡胶坝工程建设　　县北运河旅游通航指挥部办公室供图

新冠肺炎疫情防控

2月26日，县委书记李桂强主持召开县新冠肺炎疫情防控工作领导小组会议，传达中央和省、市相关文件和会议精神，研究部署全县疫情防控和经济工作　县融媒体中心供图

县委书记李桂强（右三）到韵达电商华北产业中心检查指导企业复工复产和疫情防控工作　县融媒体中心供图

2月2日深夜，公安干警和医务人员冒雪在京哈高速香河北出口新冠肺炎疫情检查点执勤　县融媒体中心供图

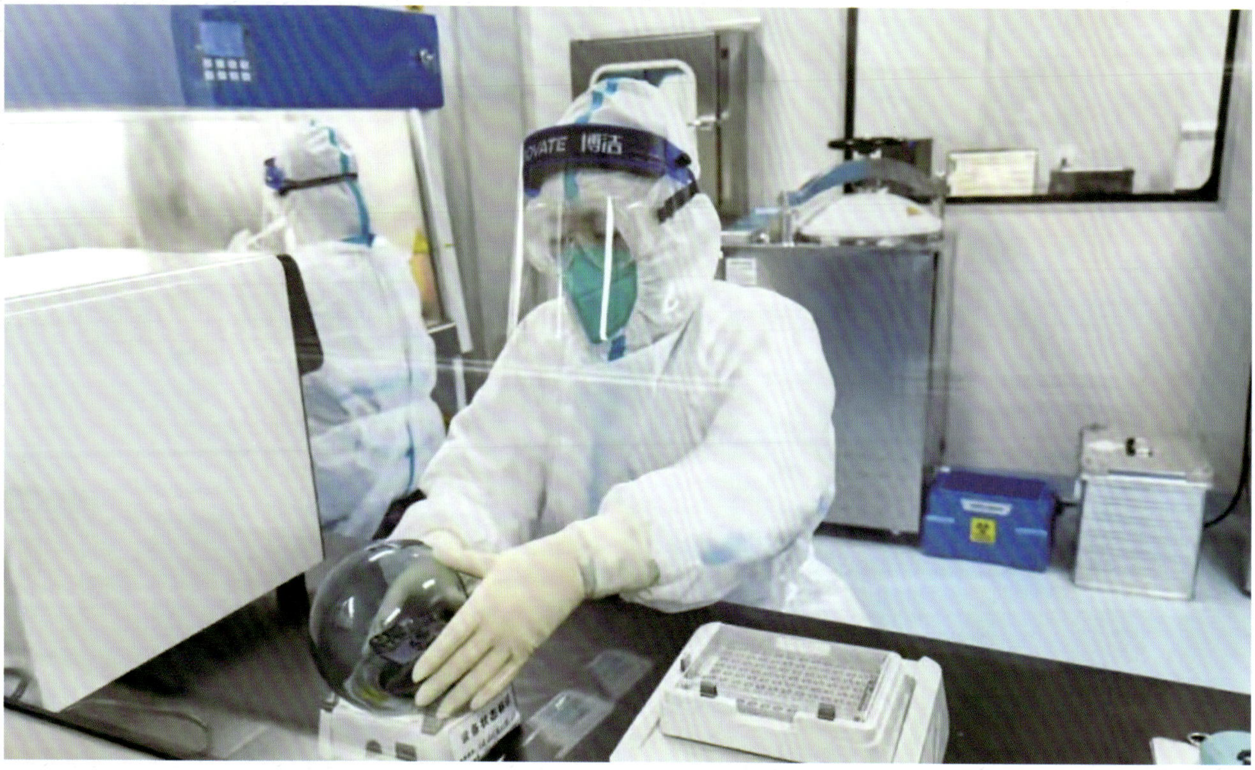

4 月 25 日，香河疾病预防控制中心核酸检测实验室投入使用　　县卫生健康局供图

1 月，香河县全面动员，筑起基层疫情防控堡垒。图为党员志愿者在新华街社区珠光御景居民小区出入口对进出居民进行检查和测温、登记。　　县融媒体中心供图

4月3日,县人民医院医生杨士春(左三)驰援湖北武汉新冠肺炎疫情防控凯旋,副县长刘雪艳(左二)、县人民医院主要负责人和杨士春的家人出席欢迎仪式　　县融媒体中心供图

4月23日，香河县第一中学高三年级师生返校复课　　县教育和体育局供图

政治建设

8月19日，中国共产党香河县第十一届委员会第六次全体会议召开　　县融媒体中心供图

12 月 15 日，中国共产党香河县第十一届委员会第七次全体会议召开　　县融媒体中心供图

2021 年 2 月 8 日，中国共产党香河县第十一届委员会第八次全体会议召开　　县融媒体中心供图

2021年3月4日，香河县第十五届人民代表大会第五次会议召开　　县融媒体中心供图

2021年3月2日，中国人民政治协商会议香河县第九届委员会第五次会议召开　　县融媒体中心供图

12月10日，中国共产党香河县第十一届委员会第六轮常规巡察工作动员会议召开　　县融媒体中心供图

7月2日，在庆祝中国共产党建党99周年之际，县委书记李桂强为全县党员干部讲专题党课

县融媒体中心供图

经济建设

5月18日，中国·廊坊国际经济贸易洽谈会在网上举行，香河县的启迪国信项目和联东U谷·香河信息智能产业园项目以网络视频形式在会上签约　　县融媒体中心供图

5月14日，举行2020年廊坊市第三次重点项目集中开工活动。县委书记李桂强、县长齐泽旭等领导参加香河县分会场活动，赢创高速并联机器人生产、北运河廊坊段旅游通航等4个项目集体开工

县融媒体中心供图

11月19日，香河家居产业发展论坛在县城市规划馆举行　　县家具城服务中心供图

中粮可口可乐华北饮料有限公司生产厂区　　县融媒体中心供图

喜临门北方家具有限公司厂区　　县融媒体中心供图

韵达电商华北产业中心　　　　县融媒体中心供图

尼玛克焊接技术设备（香河）有限公司生产车间　　　　县融媒体中心供图

12 月 23 日，香河县与通州区文化和旅游协同发展工作推进会在北京市通州区召开，两地文旅部门成功签署文化和旅游协同发展战略合作框架协议　　县融媒体中心供图

安头屯中幡会在运河文化公园表演国家非物质文化遗产项目安头屯中幡　　县融媒体中心供图

11 月 7 日，首届“乡约潮白”半程马拉松比赛在香河县蒋辛屯镇水岸潮白旅游片区举行

县融媒体中心供图

11 月 22 日，香河县第二届冰雪运动会开幕式暨冰雪“六进”工程启动仪式在新城公园举行。图为活动现场冰雪爱好者参与陆地冰壶运动

县融媒体中心供图

社会建设

12 月 29 日，2020 年度香河好人与道德模范表彰活动在县文化艺术中心举行　　县委宣传部供图

5 月 29 日，2020 年香河县“新时代好少年”先进事迹发布会举行　　　　县教育和体育局供图

12 月 10 日，香河县开展“全面小康、奋斗有我”365 百姓故事汇群众宣讲活动，进一步推动习近平新时代中国特色社会主义思想在基层深入人心，讲好香河故事，唱响时代强音　县融媒体中心供图

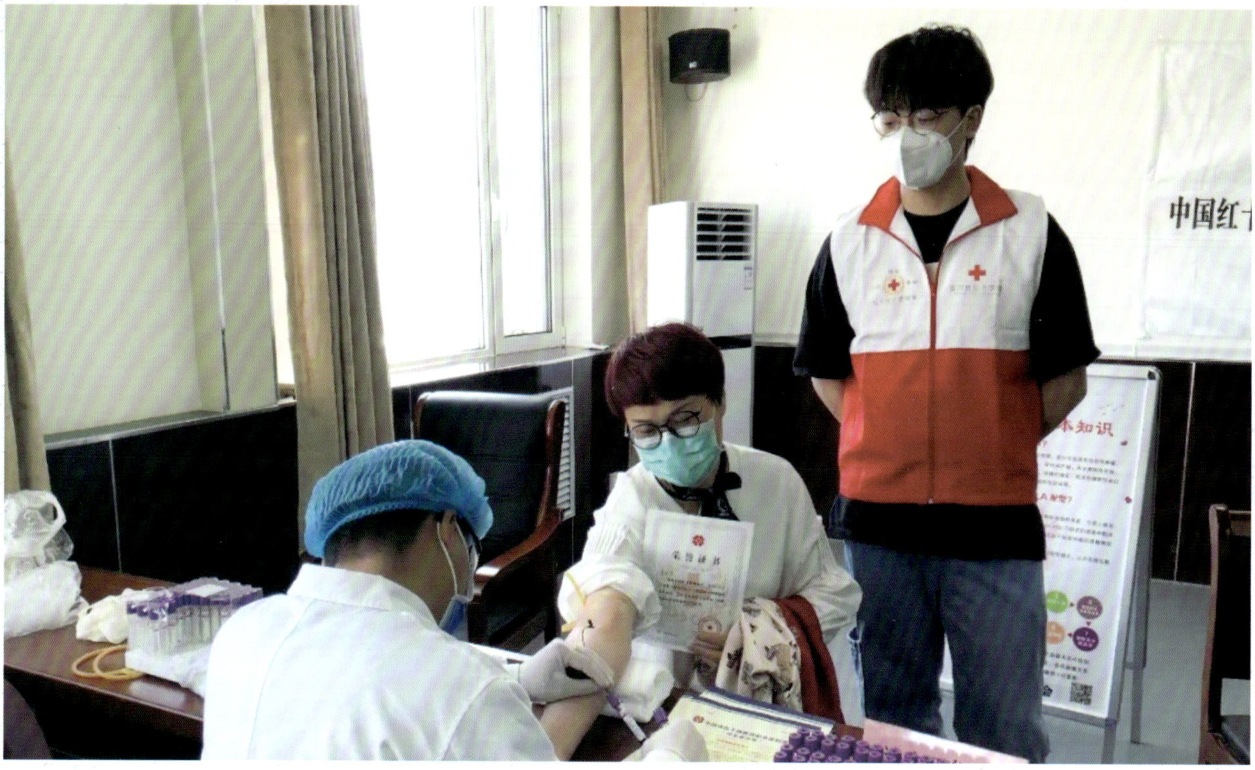

志愿者捐献造血干细胞　　县红十字会供图

9月8日，香河县第一城酒业有限公司向县红十字会捐款100万元，用于资助和奖励县第一中学2020年高考困难家庭学生、高考成绩优秀学生、为高考做出突出贡献的教师　　县红十字会供图

11 月 14 日，县青少年活动中心学员参观爱国主义教育基地——香河农家博物馆　　县委宣传部供图

8 月，在水岸潮白景区参加夏令营活动欢呼雀跃的儿童们　　县农业农村局供图

城乡建设

新城公园　　　　县融媒体中心供图

香河北部新城　　县融媒体中心供图

改建中的香河人民广场　　县住房和城乡建设局供图

中信国安第一城夜景　　县融媒体中心供图

12 月，平香线南延及跨潮白河大桥竣工通车　　县融媒体中心供图

美丽乡村——蒋辛屯镇北三百户村航拍图　　县融媒体中心供图

“四好”农村路　　县融媒体中心供图

生态建设

潮白河白鹭　　县融媒体中心供图

运河文化公园沿河栈道　　县融媒体中心供图

蒋辛屯镇北李庄村水岸潮白景区　　县融媒体中心供图

刘宋镇庆功台村万亩荷塘　　县融媒体中心供图

美丽乡村路　　县融媒体中心供图

绿色东方千年古葡萄庄园　　　　县融媒体中心供图

环卫志愿者向垃圾分类试点香城郦舍居民小区居民宣传讲解垃圾分类知识和垃圾智能分类设备应用
县融媒体中心供图

编辑说明

1.《香河年鉴（2021）》以马克思列宁主义、毛泽东思想、邓小平理论、“三个代表”重要思想、科学发展观、习近平新时代中国特色社会主义思想为指导，坚持辩证唯物主义和历史唯物主义的立场、观点和方法，坚持实事求是的原则，客观翔实记述。

2.《香河年鉴（2021）》记述香河县行政区域自然、政治、经济、文化、社会等方面基本情况，反映 2020 年度香河县经济和社会发展的新变化、新成就，为各级领导决策提供参考依据，为社会各界人士了解和研究香河提供信息，为编史修志积累资料。《香河年鉴（2021）》为第 9 卷。

3.《香河年鉴（2021）》采用分类编纂法、条目式记事体，个别相关或相近部类合并立目。主体框架设类目、分目、条目 3 个层次，条目为年鉴内容的基本记述单元。

4.《香河年鉴（2021）》采用法定计量单位，土地面积以公顷为计量单位，为满足人们的认知习惯，用“亩”进行括注。

5.《香河年鉴（2021）》正文中，“党”均指“中国共产党”，“省委”均指“中共河北省委”，“市委”均指“中共廊坊市委”，“县委”均指“中共香河县委”，“党建”均指“中国共产党党的建设”，“党员”均指“中共党员”。

6.《香河年鉴（2021）》有关全县经济与社会统计资料以香河县统计局提供的数据为准，领导干部任职情况以县委组织部门公布的信息为准，机构设置以县委编制部门公布的信息为准；所用稿件大部分由各承编单位撰写并经单位负责人审核；部分稿件参考“香河融媒发布”、香河县人民政府网站、《新香河》等县主流媒体信息。

7.《香河年鉴（2021）》对正文中出现的缩略语在附录中予以注释。

8.《香河年鉴（2021）》设双重检索，书前有目录，书后有索引。

目　录

特　载

专　题

大 事 记

香河概况

中国共产党香河县委员会

香河县人民代表大会

香河县人民政府

中国人民政治协商会议香河县委员会

纪检监察

群众团体

军　事

法　治

综合管理

农业　农村

水　务

财政 税务

交通 邮政 供电

商贸流通

工业 信息业

香河经济开发区

特色小镇

香河家具城

城乡建设

生态环境

金　融

科　技

教育　体育

文 化

旅　游

卫生健康

社会生活

乡镇（社区办）

人　物

文献文件辑存

附　录

索　引

特 载

责任编辑 闫振春

在中共香河县委十一届八次全会第一次全体会议上的工作报告

中共香河县委书记 李桂强

（2021年2月8日）

各位委员，同志们：

我受县委常委会委托，向全会做工作报告。请各位委员审议，并请与会同志提出意见。

2020年，是香河发展历程中极不平凡、极不寻常、极为不易的一年，也是全县上下在大战大考中经受锻炼和考验的一年。面对突如其来的新冠肺炎疫情，面对国际国内形势的深刻复杂变化，面对“三个圆满收官”的艰巨任务，县委常委会团结带领全县广大党员干部群众，坚持以习近平新时代中国特色社会主义思想为指导，深入学习贯彻党的十九大和十九届二中、三中、四中、五中全会精神，全面落实党中央和省市委决策部署，保持定力、坚定信心，攻坚克难、砥砺前行，一手抓疫情防控，一手抓经济社会发展，扎实做好“六稳”工作，全面落实“六保”任务，真正把当前的事做好，把长远的事做对，把遗留的事做妥，建设美丽幸福新香河进程不断加快。2020年，地区生产总值初步核算完成234.9亿元，同比增长3.5%；全部财政收入完成54.7亿元，其中，一般公共预算收入完成30.8亿元；固定资产投资同比增长3.3%；规模以上工业增加值同比增长5.5%；规模高新技术产业增加值同比增长9.1%；城镇和农村居民人均可支配收入分别达到48365元和21021元，同比增长3.6%和6.5%。我县获评全国县域旅游发展潜力百佳县、全国计划生育优质服务先进单位、中国百佳富氧县、省级文明县城、省级全域旅游示范区、省级乡村振兴示范区、全省民营经济发展先进县、全省深化医药卫生体制改革工作先进县、全省健康促进县、全省农产品质量安全县等多项国省级荣誉，并被确定为全省第一批新型智慧城市建设试点县。

一、我们坚持科学防控新冠肺炎疫情，保障了人民生命安全和身体健康，提升了基层治理能力和治理水平。县委常委会坚持人民至上、生命至上，理性应对、科学防治、精准施策、联防联控，抓紧抓实抓细防控举措，筑牢疫情防控坚实防线。

组织推动坚强有力。第一时间成立由党政主要领导挂帅的新冠肺炎疫情防控工作领导小组，多次召开县委常委会会议、县政府常务会议、疫情防控领导小组会议，统筹安排部署防疫工作，压紧压实各级工作责任。严格落实“三个关口前移”要求和

"四不四到位"常态化管控措施，切实做到"外防输入、内防反弹"。2020 年 2 月 19 日以来，我县未出现新增确诊病例和疑似病例。在这场抗疫斗争中，县委常委靠前指挥，"四大班子"一线推动，相关部门密切配合，党员干部昼夜奋战，人民群众、广大企业守望相助、捐款捐物，全县上下众志成城，特别是广大医护工作者逆行出征，打了一场疫情防控的人民战争、总体战、阻击战。其间，在防疫一线成立临时党支部 12 个，设立党员先锋岗 658 个，组建党员防控服务队 589 个，戴党徽上岗值守党员 5439 名，实现了党旗在一线飘扬，党徽在一线闪耀，涌现出全国抗击新冠肺炎疫情先进个人李向国等一批优秀党员、先进典型。

联防联控精准高效。突出安全、便利、高效，不打疲劳战、不"大水漫灌"，走群众路线，打人民战争。组织引领 1.2 万名党员干部、村民代表、热心群众、青年志愿者充实到防控一线，有效缓解了基层防疫压力。建立健全联防联控、群防群控工作机制，不对企业商户一关了之，不对村街社区一封了之，实施"大数据＋网格化＋铁脚板"防控方法，落实"三本台账"和"健康码＋测体温"制度，真正做到全面排查不落人、严格管控不扰民。完善公共卫生应急管理常态化体系，健全预检分诊等各项制度，加强医院硬件建设和医疗物资储备，建成中医院发热病区和 3 个核酸检测实验室。始终将拱卫首都安全作为重要政治任务，与北京方面建立常态化协调联动机制，严格落实"五必"措施，确保疫情不进京，并在生活物资保障等方面为首都防疫贡献了香河力量。

生产生活平稳有序。坚持两手抓、两手硬，在做好疫情防控的同时，最大程度保障群众生产生活需求和经济平稳运行。深入开展"三创四建""三包、四帮、六保、五到位"等活动，全面落实援企稳岗、减税降费、减租降息各项政策，制定出台《关于印发应对新型冠状病毒感染的肺炎疫情支持中小企业共渡难关的十二项措施的通知》《香河县打好新型冠状病毒肺炎疫情防控阻击战促进经济社会平稳健康发展的实施意见》《香河县企业复工复产疫情防控工作方案》等文件，组织召开全县企业家座谈会、"防疫情、促发展"银企对接会等会议，为企业解决融资、土地、用工、市场等难题，推动企业复工复产、达产达效。分批分次推进复学复课，顺利完成中考、高考组织任务。

基层治理效能提升。统筹运用防控排查信息完善智慧城市数据库，出台《新形势下加强和改进城镇社区建设管理的实施意见》《关于加强党建引领规范网格化管理的实施方案》等文件，构建三级贯通、多方参与、一格多能的"全科网格"，累计划分管理网格 2817 个，3598 名网格管理人员统筹落实疫情防控、安全生产、信访化解等工作部署，推进了基层社会治理水平和治理能力现代化，为疫情防控提供了坚强保障。

二、我们扎实推进运河旅游通航，扛起了政治责任，锤炼了工作作风。县委常委会将北运河旅游通航作为"一号工程"，带领全县广大党员干部群众以最大决心、最大力度、最快速度推进旅游通航各项工作。

高站位推进。第一时间成立由党政主要领导挂帅的北运河旅游通航工程指挥部，县党政班子成员担任专项工作组组长，多次召开县委常委会会议、县政府常务会议、指挥部会议、专题调度会议研究部署推动工作。始终扛实主体责任，将北运河旅游通航作为贯彻落实习近平总书记重要指示批示精神的政治工程，作为贯彻落实习近平生态文明思想的生态工程，作为推动大运河文化创造性转化、创新性发展的文化工程，作为造福群众、造福子孙的民心工程，作为推动京津冀协同发展、打造新的经济增长极的样板工程，作为凝聚合力、转变作风、狠抓落实的示范工程，以超常规措施、革命性手段创造性地开展工作，为北运河旅游通航打下坚实基础。

聚合力攻坚。建立完善定期调度、领导包联、人大审议、专家论证、容错免责、督导问效等机制，形成条块结合、权责明晰、立体高效的抓落实格局。党政主要领导现场抓落实，“四大班子”一线打硬仗，相关部门人人有任务，广大党员干部以志在必得、势在必胜的决心和勇气，以只争朝夕、时不我待的精神和状态，投入工程建设主战场，昼夜奋战，攻坚克难，全力以赴加快工程建设。

攻难关突破。坚持特事特办、急事急办、能办即办，党政主要领导积极克服疫情影响，多次带队进京赴省到市，与国家部委、省市部门、规划编制单位进行对接，千方百计破解规划、资金、用地、手续等方面制约，与北京有关部门开展常态化对接，共同研究界河河道清淤、流量调节等事项。高标准编制完成《北运河廊坊段旅游通航规划》和《北运河廊坊段旅游通航规划实施方案》，并经省市批准实施，确定了“争取上级资金＋县级财政＋一般债券＋社会资本融资”的资金保障模式，采取“倒排工期＋挂图作战＋台账管理＋容缺审批＋并联推进”的方式提速工程建设。香河权属段河道清淤疏浚工程全部完工，王家摆桥、安运桥、船闸、堤防改建、两岸景观提升等工程正在加快推进，中心码头和安运码头2处停靠设施建成投用，完成杨洼闸至木厂闸段航道选线方案和橡胶坝至安运桥段导助航设施临时配布，购买的3艘新能源游船已下水试航。

三、我们抓住重大战略机遇，主动融入协同发展，推动了经济高质量发展。县委常委会坚决贯彻落实京津冀协同发展重大战略部署，坚定不移贯彻新发展理念，以推动高质量发展为主题，以发展实体经济为重点，不断提升发展的质量和效益。

协同发展加快推进。坚持把与北京城市副中心一体化发展作为最大战略机遇，在服从服务中加快发展，在承接疏解中促进转型。严格按照“四统一”要求，出台《香河县关于通州区与“北三县”协同发展规划贯彻落实意见》，高标准做好国土空间总体规划和各专项规划编制工作。紧盯北京“容不下、离不开、走不远”的高端制造业和现代服务业项目，积极开展线上线下招商，重点开展以商招商、产业链招商，产业对接持续提速。一年来，签约企业33家、在谈156家，两项总投资382亿元，华电香河燃气能源站等一批优质项目即将开工。京唐城际铁路服务保障工作全力推进，红线内占地已全部交付使用，香河人民期盼已久的平香线南延、大辛路改建等工程完工通车，与京津通勤体系更加高效。积极引进北京教育、医疗、卫生等优质公共服务资源。北京景山学校香河分校一期建成投用，大爱医院项目正在进行主体建设。京津30家三甲医院纳入医保定点范围，实现了与本地医保报销同标准、同待遇。

转型升级步伐加快。坚持把项目建设作为推动发展的重要抓手，全力保障重点项目加快建设。2020年，争列省市重点项目 10 个，实施亿元以上项目86个，22个集中开工项目完成投资21.8亿元，占年投资计划的103%。坚持“外引内培”并举，推动传统产业向数字化、智能化、品牌化方向转型，鼓励支持家具、钣金等传统产业技术革新、延伸链条，18个项目申报省重点技改项目，现有省科技型中小企业782家，高新技术企业76家，香河第一城酒业有限公司、香河众旺木业有限公司荣获市政府质量奖。加快推进家具城“二次创业”，推动家居产业转型升级，打造智慧家居城。加快“腾笼换鸟”，建立土地数据信息库，健全完善亩均效益评价体系，盘活存量建设用地246.67公顷（3700亩），为高端项目落地腾出空间。做足“文化旅游＋”文章，高标准修订《全域旅游总体规划》，“慧游香河”智慧旅游服务平台正式上线运行，以网络云会议形式成功举办香河县第二届文化旅游产业发展大会，蒋辛屯镇北李庄村被评为全国乡村旅游重点村，刘宋镇庆功台村、蒋辛屯镇岭子村被评为全省乡村旅游重点村。

营商环境持续优化。立足打造“全省领先、全国一流”的市场化、法治化、国际化营商环境，持续深化“放管服”改革，政务服务提质提效。568项审批服务事项实现集中办理，企业注册时间压缩至4个工作小时，企业开办时间压缩到7个工作小时办结，投资项目审批时长缩减70%，涉企事项基本实现“一网通办”。全年净增各类市场主体1.2万家，净增率位居全市前列。出台《民营经济奖励评审办法》《招商引资及项目建设奖励办法（试行）》等文件，鼎力担保公司为企业提供担保1.34亿元，为实体经济保驾护航。高质量完成经开区改革和家具城管理体制改革，优化了管理模式，提升了服务水平，激发了市场潜能，增强了县域经济发展后劲。

四、我们统筹推进城乡建设，加快了城市更新，促进了乡村振兴。县委常委会始终将推进新型城镇化和城乡融合发展作为基础性、全局性、战略性工作来抓，在“潜绩”上下功夫，在“功能”上提品质，加快实施基础设施改造升级，大力推动乡村振兴，开展生态环境整治，城乡环境持续提升。

城乡基础不断加强。大力实施道路升级改造工程，平香线南延跨潮白河大桥、义井大桥建成通车，217千米城乡道路完成新建改造，通行条件大幅改善。人民广场、民兵训练基地主体完工，垃圾焚烧发电厂、潮白河滨水公园等加快建设，10千米地下管网完成升级改造，城区新增绿地100公顷（1500亩），城市承载能力不断加强。巩固智慧城市建设成果，15个部门24个系统接入智能化指挥调度中心，46家单位接入政务网络平台，城市管理效率大幅提升。健全完善“1+N”城区环境综合整治方案，开展整治马路市场、取缔店外经营等攻坚行动，市容秩序更加规范。

农村发展持续提速。扎实开展农村集体产权制度改革、农村土地承包改革和农村宅基地管理工作，推进村集体经济提质增量工程，实施高标准农田建设项目，引进菊花农旅产业园、雨润潮白等农业综合体项目，持续促进农民增收、农业增效、农村增绿。常态长效推进农村人居环境整治，大力开展村庄清洁行动、农厕改造等工作，完善城乡垃圾一体化治理、农村厕所粪污无害化处理等长效管护机制，新建5座垃圾转运站，改厕4440座，香椿营村被国家民委命名为“中国少数民族特色村寨”，荷花产业园和水岸潮白田园综合体被评为市级休闲农业示范区。

生态环境不断优化。紧盯薄弱环节，突出靶向治理，强化标本兼治，坚决打赢蓝天、碧水、净土保卫战。严格落实大气污染综合治理措施，大力开展河渠“清四乱”，深入开展土壤污染治理，持续保持“散乱污”企业动态清零，5个国省市控考核断面水质均稳定达标，畜禽规模养殖场粪污处理设施装备配套率达到100%。开展常态化联合执法检查，始终保持环境执法高压态势，环境污染违法行为得到有效遏制。完成植树造林540.8公顷（8112亩），超额完成市下达任务。

五、我们全面深化社会建设，增进了民生福祉，维护了和谐稳定。县委常委会始终坚持以人民为中心的发展思想不动摇，着力保障和改善民生，维护社会和谐稳定，让改革发展成果更多更公平惠及全县百姓，人民群众的获得感、幸福感、安全感不断增强。

社会事业加快发展。坚持教育优先发展，安平三小运动场等11项重点教育工程完工投用，32所民办幼儿园完成普惠性创建，2020年高考再创佳绩，香河一中包揽全市理科前3名，本科上线人数1503人，上线率达到92%，教育教学水平不断提高。深化医疗卫生体制改革，紧密型医共体建设持续推进，钳屯、安头屯、渠口石虎、蒋辛屯梁家务4所卫生院完成改造。中小学校、乡镇卫生院旱厕全面消除，终结了旱厕历史。大力发展文体事业，完成最后24个村街基层综合文化服务中心建设，实现了县域村街全覆盖。县文化市场行政执法队被中宣部授予“第八届全国服务农民、服务基层文化建设先进集体”称号。《香河年鉴（2019）》荣获第七届全国地方志优秀成果（年鉴类）县级综合年鉴二等奖。中国书协书法出版传媒香河创作研究基地成功落户，曾来德书画艺术展藏馆完成布展。

社会保障不断加强。聚焦“两不愁、三保障”，对贫困人口实行动态排查管理，确保“脱贫不返贫、非贫不致贫”。不断扩大医保参保覆盖面，城乡居民参保人数达到28.4万人，参保率超过96%。城乡低保、临时救助等政策严格落实，特困供养、孤儿救助等工作扎实开展，县财政注资500万元成立社会救助基金会，帮助群众解决实际生活困难。组织线上线下招聘活动20余次，6000多人达成就业意向，就业再就业工作走在全市前列。

社会大局和谐稳定。研发上线“社会治理信息系统”，健全“六联”工作机制，出台“群众说事、干部解题”机制，实现线上线下一体互动、网内网外协同作战，打造了新时代“枫桥经验”升级版。围绕“北京不去、河北不聚”目标，项目化解决信访案件，圆满完成全国“两会”、暑期和党的十九届五中全会等重要时间节点安保维稳任务，当好首都政治“护城河”的排头兵。深入推进安全生产和食药安全重点领域排查整治，扎实做好防灾救灾准备，保障了人民群众生命财产安全。深入推进“扫黑除恶”专项斗争，继续实施“五大智慧工程”，严厉打击“盗抢骗”“黄赌毒”等违法犯罪行为。坚持“谁执法谁普法”普法责任制，在全社会掀起了学习《中华人民共和国民法典》等法律法规热潮，广大群众法治观念和法治素养不断增强，党员干部运用法治思维和法治方式能力得到提升，平安香河、法治香河建设持续深化。

社会风气向善向好。牢牢掌握意识形态工作领导权主动权，举办党的十九届四中、五中全会精神等专题培训、主题宣讲，充分利用“学习强国”“先锋在线”等平台载体，不断丰富创新学习教育形式，持续提升干部队伍理论水平、提振干部队伍精神状态、筑牢干部队伍思想基石。注重发挥宣传思想文化工作凝聚党心民心、引领社会发展的重要作用，在县、镇、村三级建立新时代文明实践中心、所、站，进一步发挥好融媒体中心作用，培育践行社会主义核心价值观。学雷锋志愿服务、道德宣传实践等系列活动深入开展，奋发向上、崇德向善的社会风气愈发浓厚。

六、我们全面加强党的领导，改善了党风政风，强化了基层基础。县委常委会始终坚持把党的政治建设摆在首位，深入贯彻新时代党的建设总要求，压实管党治党政治责任，全面强化基层基础，营造风清气正政治生态。

政治建设持续深化。持续强化理论武装，组织县委常委会会议19次、理论学习中心组学习14次，深入学习贯彻习近平新时代中国特色社会主义思想，认真学习习近平总书记重要讲话精神、党的十九届五中全会精神等，进一步提升班子成员把握方向、把握大势、把握全局的能力。召开“不忘初心、牢记使命”主题教育总结大会，县委书记带头为三级干部讲党课，引导基层党员干部不忘初心誓言，勇担时代使命。充分发扬党内民主，坚决执行民主集中制，发挥了党委总揽全局、协调各方作用。全力支持人大、政府、政协履行职责和开展工作，有力推进了人大系统“6+1”联动监督行动和政协系统“聚力量、防疫情、促发展”活动。积极构建大统战工作格局，充分发挥统一战线在强化政治引领、服务改革发展、维护社会稳定等方面优势作用，高效发挥工会、共青团、妇联等群团组织桥梁纽带作用，高度重视人民武装和国防教育工作，民族、宗教、老干部等工作取得喜人成绩，党委领导下团结共事的群众基础更加稳固。

队伍建设全面加强。践行新时代党的组织路线，坚持“看能力、看业绩、看表现、看公论”选人用人，选优配强各级领导班子。大力推进干部交流，坚持县直干部“融合交流”、乡镇干部“互补交流”、县直与乡镇干部“锻炼交流”，促进党员干部多岗位历练。注重干部经常性考察和日常履职监督，定期对领导班子和领导干部开展全方位“体检”，逐步形成了链条式干部管理机制。2020年，先后启动干部调整8次，涉及260人，其中提拔52人、晋升职级20人，未出现一起“带病提拔”或“带病上岗”，进一步提高了县委选人用人公信度。

基层基础不断夯实。高效完成乡镇改革，开展基层党建述职评议，落实基层党建常态化督导检查机制，实施党建示范建设、后进村街整顿转化、村级活动场所提升和机关党建“五规范五加强”等工程，对各领域基层党组织书记进行全员轮训，推行村干部县镇备案管理“2+6”工作机制，落实村干部“两考三评一定”绩效考核办法，基层组织的组织力、凝聚力、战斗力全面加强。制定《村（社区）“两委”换届工作实施方案》，扎实推进相关工作，确保实现全面换届、优质换届、平稳换届。

作风建设深入开展。把效率、效益、效果作为衡量一切工作的标准，坚决抵制官僚主义、形式主义，开展优化营商环境和干部作风整顿活动，出台《关于加强干部履职监督的实施意见》等多项制度，构建了亲清政商关系，营造了“求真、务实、担当、高效”的工作氛围。四大班子分工不分家，带头分包重大事项、重点工程和重点项目，各级各部门坚决破除惯性思维、路径依赖、部门壁垒，形成了全县上下统筹抓落实的责任体系和工作格局。发挥媒体监督作用，持续开展电视问政，及时回应民生关切，强化部门责任意识，倒逼干部作风转变。

党风廉政建设扎实推进。严格落实全面从严治党主体责任，制定工作要点和责任清单，对政治生态评价指标体系8个维度47项指标逐一分解，对政治生态建设实行常态化监测评估，推进履行主体责任成为全县各级党组织的政治自觉。全面推行“审计+巡察”监督新机制，发挥巡察政治监督作用，围绕“三个聚焦一加强”，配合市委第二巡察组对经开区进行巡察，完成十一届县委第五轮常规巡察，扎实开展第六轮常规巡察。召开领导干部政治性警示教育大会，强化监督执纪问责，精准运用“四种形态”特别是“第一种形态”，做到抓早抓小、防微杜渐。坚持标本兼治、统筹谋划、同向发力，一体推进不敢腐、不能腐、不想腐，巩固发展反腐败斗争压倒性胜利。一年来，纪检监察机关共立案128人，结案114人，给予党纪政务处分112人（科级24人），共运用“第一种形态”处置262人次。

在今后工作中，我们将坚持以习近平新时代中国特色社会主义思想为指导，深入贯彻落实党中央和省市委决策部署，立足新发展阶段，贯彻新发展理念，融入新发展格局，进一步解放思想、高标定位，担当作为、激情工作，持续推进与北京城市副中心一体化发展，加快建设美丽幸福新香河。

把握大局大势　坚定信心决心
奋力开创建设美丽幸福新香河崭新局面

——在中共香河县委十一届八次全会第一次全体会议上讲话

中共香河县委书记　李桂强

（2021年2月8日）

各位委员，同志们：

县委十一届八次全会的主要任务是，坚持以习近平新时代中国特色社会主义思想为指导，深入学习贯彻习近平总书记重要讲话和中央经济工作会议、中央农村工作会议精神，全面落实省委九届十二次全会和市委六届十二次全会各项要求，总结2020年工作，部署2021年重点任务，确保“十四五”开好局、起好步，奋力开创建设美丽幸福新香河崭新局面。

2020年，我们在大战大考中交出合格答卷。面对突如其来的新冠肺炎疫情，面对外部环境的深刻变化，面对改革发展稳定的繁重任务，县委常委会坚持以习近平新时代中国特色社会主义思想为指导，全面贯彻落实党中央和省市委决策部署，团结带领全县广大党员干部群众，攻坚克难、砥砺前行，扎实做好“六稳”工作，全面落实“六保”任务，真正把当前的事做好，把长远的事做对，把遗留的事做妥，建设美丽幸福新香河进程不断加快。一是坚持两手抓、两手硬，科学精准高效防控新冠肺炎疫情，有力有序有效推进复工达产和复商复市，疫情防控取得重大成果，主要经济指标回升向好。二是将北运河旅游通航作为“一号工程”，科学编制规划方案，重点工程全面铺开，体现了香河担当，展现了香河作为。三是抓紧抓实京津冀协同发展重大战略机遇，在承接疏解中加快转型升级。华电香河燃气能源站等一批优质项目即将开工，大爱医院今年可投入使用，北京景山学校香河分校建成投用，家具城迈出“二次创业”坚实步伐，集中开工项目超额完成年度投资计划，发展基础更加坚实。四是坚持以人民为中心的发展思想不动摇，深入实施民生工程，加快发展社会事业，坚决维护社会和谐稳定。垃圾焚烧发电厂、潮白河滨水公园加快建设，人民广场、民兵训练基地主体完工，平香线南延、大辛路同步建成通车，中小学校、乡镇卫生院旱厕改造全面完成，小街小巷改造、连村道路提升、污水管网铺设等工程为群众带来更多实惠。美丽乡村全面覆盖，生态环境持续改善，全域旅游借势发展，广大人民群众切身受益。教育、医疗、社会保障等事业得到各方面广泛认可。“全科网格”极大提升基层治理效能，平安香河、法治香河建设持续深化，人民群众的获得感、幸福感、安全感不断增强。五是坚持全面深化改革，完成家具城管理体制改革、经开区改革和乡镇改革，营商环境不断优化，各类市场主体净增率位居全市前列，发展动力和活力进一步增强。六是坚持弘扬主旋律、凝聚正能量，牢牢掌握意识形态工作领导权主动权，充分发挥宣传思想文化工作凝聚党心民心、引领社会发展的重要作用，奋发向上、崇德向善的社会风气愈发浓厚。七是坚持加强党的全面领导，压实管党治党政治责任，树立正确选人用人导向，全面强化基层基础，营造风清气正的政治生态。一年来，在全县广大党员干部群众的不懈奋斗下，经济社会发展取得喜人成绩。我县获评全国县域旅游发展潜力百佳县、全国计划生育优质服务先进单位、中国百佳富氧县、省级文明县城、省级全域旅游示范区、省级乡村振兴示范区、全省民营经济发展先进县、全省深化医药卫生体制改革工作先进县、全省健康促进县、全省农产品质量安全县等多项国省级荣誉，并被确定为全省第一批新型智慧城市建设试点县。这些成绩的取得，是上级党委正确领导、大力支持的结果，是全县上下团结协作、奋力拼搏的结果，是社会各界关心支持、鼎力相助的结果。在此，我代表县委，向为香河发展付出心血和汗水的全县党员干部群众、社会各界人士，表示衷心的感谢并致以崇高的敬意！

2021年，是中国共产党成立100周年，是“十四五”开局之年，也是我们建设美丽幸福新香河的关键一年。

放眼看机遇：随着京津冀协同发展纵深推进，北京城市副中心加快建设，北京非首都功能开始主动向周边延伸布局。我们要抓牢用好承接北京非首都功能疏解这把“金钥匙”促发展，顺势而为、乘势而上，以更加积极、更加主动、更加有效的工作，切实做好与北京城市副中心一体化发展这篇大文章。要加强与北京方面常态化沟通联络，深入了解北京要转移什么、副中心需要什么、我们能提供什么、我们要发展什么，迅速形成工作清单、任务清单和责任清单，精准对接、务求实效，依托自身优势做好功能配套，形成融合互补的发展局面。

客观看基础：近年来，县委坚持解放思想、实事求是，精准预判、科学决策，明确提出“坚持创新驱动、加快转型升级、强化基层基础、实现绿色崛起，建设美丽幸福新香河”的奋斗目标和发展路径，优化了规划，预留了空间，储备了立县兴县项目，历史遗留问题得到妥善解决，高端主导产业实现蓬勃发展，营造了“求真、务实、担当、高效”的工作氛围，走出了符合香河实际、独具香河特色的发展之路。我们必须保持定力、总结经验、探索创新、接续奋斗，扎根现有坚实基础，打造新的发展高地。

清醒看问题：现阶段发展中仍然面临着亟待解决的问题和挑战：传统产业亟须加快转型升级，新兴产业尚未形成完整产业链，实体经济增长依然乏力；经开区项目档次不高，亩均贡献较低，发展空间不足，项目落地受到影响；财政收支面临较大压力；城乡建设、治理水平有待提高；民生事业仍存短板，公共服务与京津相比落差较大；疫情防控形势依然严峻；干部担当作为意识和高效执行水平有待提升，与群众期盼还有差距等等。我们必须一个问题一个问题地解决，一个矛盾一个矛盾地化解，一件任务一件任务地完成，以扎实有效的工作推动经济社会高质量发展。

2021年，我们必须在苦干实干中开创崭新局面，体现新气象、新担当、新作为。做好今年各项工作的总体要求是：坚持以习近平新时代中国特色社会主义思想为指导，全面贯彻党的十九大和十九届二中、三中、四中、五中全会精神，深入落实中央经济工作会议、中央农村工作会议和省市委全会决策部署，坚定不移贯彻新发展理念，巩固拓展疫情防控和经济社会发展成果，认真开展“三重四创五优化”活动，围绕“高端产业聚集区、功能完善卫星城、幸福宜居新家园、基层党建新高地”四大定位，抓产业提质、项目提速、环境提标、民生提档、治理提效、作风提升，打造与北京城市副中心一体化发展示范区，奋力开创建设美丽幸福新香河崭新局面，以优异成绩庆祝中国共产党成立100周年。

2021年全县经济社会发展的主要目标是：地区生产总值同比增长6%以上，一般公共预算收入同比增长5%，固定资产投资同比增长5%以上，规模以上工业增加值同比增长6%以上，社会消费品零售总额同比增长8.5%左右，城乡居民人均可支配收入同比增长5%以上，每万元生产总值能耗、PM2.5平均浓度、优良天数达标比例等指标确保完成上级下达目标任务。

各位委员、同志们，上述总体要求和目标任务，充分衔接“十四五”规划建议确定的目标任务，是县委常委会立足县情、审时度势、科学慎重作出的决策，切合时势大局、符合香河实际、体现群众意愿。全县各级各部门必须坚持问题导向、目标导向、结果导向，坚决落实中央和省市委决策部署，准确把握宏观大势，牢牢抓住重大机遇，清醒认识风险挑战，紧密结合香河实际，围绕一体化抓发展，聚焦高质量抓落实，奋力开创经济社会发展新局面。下面，我代表县委常委会，就做好今年重点工作讲四点意见。

一、必须把北运河旅游通航作为“一号工程”，全力以赴保进度、保质量、保通航。北运河旅游通航是贯彻落实习近平总书记关于大运河文化保护传承利用重要指示批示精神的重要抓手，是落实京津冀协同发展重大战略的具体措施，是省委、市委交给我们的政治任务，是当前香河的“一号工程”，必须举全县之力、集全县之智加快实施，如期实现与北京互联互通、同步旅游通航。要扛起责任。北运河旅游通航不是某几个领导和某几个部门的事，而是全县的头等大事。从通航工程指挥部到各专项工作组，从县四大班子到各级各相关部门，要时刻把责任放在心上、抓在手上、扛在肩上。要充分发挥前瞻性、创造性和主观能动性，把问题想在前、把办法谋在前、把工作干在前，严格按照职责分工，把该负的责任负起来，把该挑的担子挑起来。要注重统筹。工程时间紧、任务重、手续繁、占地多、投入大，我们要注重效率、效益、效果，做到各项工程有序衔接，各个部门合力攻坚。按照市委要求，县四大班子对重点工程进行了分包，分包的县领导既要带领部门攻坚克难，比干劲、比进度、比质量，比出精气神，比出战斗力，比出加速度；更要坚持全县“一盘棋”，多通气、多协调、多合作，多“跑部进京”、多赴省到市、多咨询专家，全力破解资金、土地、手续等方面制约。要紧盯落实。坚持干字当头，快字为先，好字至上，按照时间节点，倒排工期、挂图作战、强力推进。各级各相关部门要敢于担当、善于担当，扛起自己该扛的那片天。县委也将在工作一线中观察干部，在破难解题中识别干部，为担当者担当，为负责者负责。同时，县纪委监委、县委组织部和“两办”要严格进行督察，看看哪个环节、哪个部门、哪个干部窝了工、拉了胯、误了事，对工作推诿扯皮、敷衍应付、严重影响工程进展的单位、个人严肃追究责任。再次强调，北运河旅游通航是必须坚决完成的政治任务，全县上下要拧成一股绳，心往一处想，劲往一处使，不能含糊，不能懈怠，不能有“杂音”，要以背水一战的姿态、决战决胜的勇气，逢山开路、遇水搭桥，齐心协力打赢旅游通航攻坚战。

二、必须把发展作为第一要务，全力以赴上项目、促转型、提质效。发展是硬道理，是解决一切问题的基础和关键。要保持定力、精准发力、激发活力，坚持创新驱动，加快转型升级，提振实体经济，推进项目建设，促进县域经济高质量发展。

要抓项目建设，打牢发展基础。项目建设是我们推进经济工作的核心抓手，抓项目就是抓基础、抓未来、抓发展。要牢固树立“项目为王”理念，以项目论英雄，以项目评实绩，全面掀起大抓项目、抓实项目的新热潮。要确保项目选得对。香河寸土寸金，要促招商引资为招商选资，“抱会下蛋的母鸡”。既要引进北京“容不下、离不开、走不远”的高端制造业和现代服务业项目，促成总部经济、绿色经济、创意经济、数字经济等“高大上”项目落地，也要抓实建设周期短、发展前景好、税收贡献实的“短平快”项目，力争项目落地就能产生税收、开拓财源、带动就业。要确保项目引得来。紧盯北京非首都功能疏解和产业转移的有利时机，紧盯长三角、珠三角等发达地区的大型企业、民营资本，通过园区招商、以商招商、产业链招商、“互联网＋”招商等多种模式，开展全民大招商。对企业业务关系、合作伙伴、项目资源、发展意向进行系统梳理，充分倾听企业意见，发挥既有关系、资源、“能人”作用，引入产业关联度高、辐射带动力强的龙头企业、配套企业，形成完整产业链、供应链，增强市场竞争力。要确保项目落得下。切实强化“亩均论英雄”理念，完善落实亩均效益评价体系，运用综合性行政手段和灵活性市场机制，通过自主改造、兼并重组、限期开发等方式，促进闲置和低效用地回收利用，为优质项目进驻腾出更多空间。要确保项目留得住。深入开展“积极作为勇担当、务实高效强保障”优化营商环境和干部作风整顿活动，全力打造一流营商环境。对于重点项目、龙头企业办理相关手续，实行县级领导包联、业务部门陪办、纪委干部盯办，创造一切条件切实保障重大项目、优质项目用地、用工、资金等需求。推动华电香河燃气能源站、稻香村食品生产基地、嘉信数字经济产业园、万科食品供应基地、云之鼎数据产业中心等立县兴县项目加快建设、如期投产、早日达效，形成谋划一批、开工一批、投产一批、储备一批的滚动发展格局。

要抓创新转型，提升发展质效。坚持把发展实体经济作为重点，深入实施创新驱动发展战略，促进传统产业转型升级，提升发展核心竞争力。要坚持创新驱动。大力发展数字经济，加强数字赋能，促进数字经济与实体经济深度融合。引入数据中心和上下游产业项目，鼓励企业开发大数据应用产品，让数据资源优势更好转化为经济效益。以“京津研发、香河孵化转化产业化”为主攻方向，鼓励企业加强同京津高校和科研机构的交流合作，协同建设工作站、实验室、研发中心、中试基地，打造协同创新共同体。通过梯度培育、差异支持，推动高新技术企业、科技型中小企业壮大规模总量、提升发展质量。鼓励支持企业加大研发投入，建立研发机构，发展技术联盟，推出新技术、新产品、新服务，培育更多“小巨人”，形成新的增长极。深入实施“人才强县”战略，树立“以房留人”理念，吸引带技术、带成果、带项目、带资金的高层次创新创业团队和高端人才落户。要加快转型升级。坚持做大增量的同时调优存量，加大技改投入力度，激活现有工业小区，推动家具、钣金等传统产业向数字化、网络化、智能化、品牌化方向转型。加快盘活家具城、建材城、汽配城等空置场馆，大力发展高端商务、金融服务、文化创意、商贸物流等产业，力促业态融合，推进服务业高质量发展。统筹利用既有写字楼资源，引进一批总部企业、结算中心，促进数字经济、楼宇经济等城市经济繁荣发展。重点是加快推进家具城“二次创业”，全力推进家居小镇建设。抓住雄安新区和北京城市副中心建设的有利时机，加快建设用好香河家具城雄安新区销售处，建立北京、雄安专项家居服务供应链，持续扩大品牌影响力。根据土地流转摸底情况，开展土地流转协议合法性审查，组织引导具备农业经营资质的流转大户对接龙头企业，利用集中连片流转土地发展特色高效农业和现代都市农业。推动农业规模化、产业化、现代化发展，依托毗邻京津两大都市区位优势，加快形成种养加一条龙、产供销一体化的产业经营体系，打造环首都农产品供应基地、都市休闲农业基地。同时，探索“土地托管”服务模式，将生产环节委托给专业化机构，促进农业高质高效、乡村宜居宜业、农民富裕富足，激发乡村振兴活力。要强化涉企服务。严格落实纾困惠企政策，深入开展入企帮扶行动，构建亲清政商关系。县四大班子在分包重大事项、重点工程和重点项目的基础上分包重点企业，以上率下为实体经济发展排忧解难。坚持换位思考、靠前服务，聚焦企业反映的问题，推出更多个性化、精准化、精细化服务措施，做到有事马上办、无事不打扰，实打实为企业解决问题。处理好管理与服务的关系，把监管融入服务，严格落实政府权力清单和投资准入负面清单。实施企业家“培育工程”，高度重视企业家队伍建设，营造勤劳创业、诚信守法、实业致富的社会氛围。

要抓园区建设，优化发展平台。园区应当是经济发展的主战场、高端产业的聚集地、集约发展的高产田、财政收入的“钱袋子”，抓好园区能级提升就能稳住经济基本盘，推动园区“二次创业”就能促进香河经济再上一个台阶。我们必须围绕建强产业链、供应链、物流链、创新链，研究制定《关于促进经开区高质量发展的具体措施》，推动项目向园区集中、产业向园区聚集，实施双倍增计划，提升园区能级，努力用三年时间实现园区主营业务收入与税收翻一番。要完善基础设施。加快布局商场、超市、酒店、餐饮等业态，补齐基础设施欠账和短板，进一步完善功能配套，实行封闭式管理，推动园区提档升级，全面提升园区对高端人才、高端项目的吸引力和承载力。要持续深化改革。加快推进经开区综合改革，提高建设运营管理服务的专业化程度。健全完善平台公司考核机制，建立产业发展基金，发挥平台公司渠道广、专业强、机制活等优势，增强招商引资、项目落地等协调服务能力。要高效利用土地。建立项目入区门槛和用地效益跟踪机制，开展强化产业用地效能管理、强化低效项目闲置用地清理等专项攻坚行动，提高土地集约节约利用和产出率。加大对项目落地效率、项目实施进度、亩均效益、低效闲置土地利用、降低项目用地成本等指标的考核力度，考核结果与干部奖惩、土地指标匹配相挂钩。谋划建设民营经济创新创业园，发挥平台公司优势，引入工业地产企业，建设工业标准化厂房，将小微企业集中到园区发展，实现资源共享、优势互补，解决落地难题，推动转型升级，实现“二次创业”。

要抓引资融资，增强发展动力。遵循经济发展客观规律，用好经济运行情况综合分析成果，调动一切力量协税保税、引资融资、理财育财。树立“开源节流、跑办为先、精准施策”理念，进一步科学安排预算、压缩开支，坚持短期挖潜增收和长期培源壮财并重，尽最大努力培植后续财源，争取上级可用资金、专项资金、一般债券和专项债券，尽快摆脱财力不足、指标落后、后劲匮乏的被动局面。稳步推进城中村改造和新民居建设，坚持政府主导、规划引领，加强土地市场一级开发管理。通过政府注资，高效运用社会资本，谋划设立土地开发建设投资公司，负责全县土地一级开发整理工作，整理收储建设用地，科学配置土地资源，严格按照国土空间总体规划组织出让，逐步实现土地收益最大化、城乡布局最优化。充分发挥财政资金“四两拨千斤”作用，进一步整合盘活优质国有股权和国有资产，做好资产运营管理，引导更多金融资本、民间资金、社会资源投入经济社会发展。

三、必须把群众满意作为第一目标，全力以赴夯基础、惠民生、促和谐。要始终锚定民心这个最大的政治，牢固树立以人民为中心的发展思想，尽力而为、量力而行，集中可用财力向民生领域倾斜，让发展成果更多惠及人民群众，不断提高广大群众的获得感、幸福感、安全感。

要深入实施惠民便民工程。坚持民生需求导向，围绕群众关心的痛点堵点难点问题，精心遴选一批实打实的新建项目，一年接着一年抓、一件接着一件办，解决好群众的操心事、烦心事、揪心事。加快推进教育、医疗、交通等基础设施结转工程建设，重点保障人民广场、垃圾焚烧发电厂、潮白河滨水公园、民兵训练基地、大爱医院等重大工程年内按时建成使用。持续推进农村人居环境整治，继续实施老旧小区改造、小街小巷整治、连村道路升级、城区道路建设和雨污分流等惠民便民工程，提升群众幸福指数。深入推进智慧城市建设，加快大数据、物联网等新型信息基础设施布局，推广智慧政务、智慧产业、智慧民生应用，提升“智慧香河”建管服务水平。健全完善城乡基础设施统一规划、建设、运营、管护机制，促进环境卫生设施提级扩能、市政公用设施提档升级、公共服务设施提标扩面、产业配套设施提质增效，夯实城乡发展基础。

要全力保障公共服务供给。积极引入北京优质教育、医疗、文化、体育等资源，持续提升公共服务水平。坚持教育优先发展战略，落实立德树人根本任务，实施创名校、树名师、育名生工程，持续改善办学条件，增加城区学位供给，办好人民满意的教育，培育德智体美劳全面发展的社会主义建设者和接班人。巩固“四医联动”改革成果，推动县级公立医院上档升级，加快镇级卫生院标准化建设，继续打造以县医院、中医院为龙头的县域紧密型医共体，深化提升乡镇卫生院与村卫生室一体化管理工作，筑牢基层医疗卫生服务网底。不断完善就业、养老、医疗、住房等保障体系，持续发力巩固脱贫攻坚成果，让群众看到新变化、得到新实惠。坚持“房住不炒”定位，促进房地产市场平稳健康发展。大力开展全民健身活动，丰富群众体育生活，提高人民体质。深入实施文化惠民工程，挖掘整理运河文化资源，引进优质文旅项目，丰富智慧旅游系统内容，高质量承办市级旅发大会，努力打造全域旅游新亮点。

要切实提升社会治理水平。坚持将经济发展与疫情防控、生态环保、安全生产、社会稳定等底线工作统筹把握、一体推进，持续提升“全科网格”治理效能，周密做好庆祝建党100周年等重大活动安保维稳工作，坚决当好首都政治“护城河”排头兵。始终绷紧疫情防控这根弦，严格落实“外防输入、内防反弹”各项措施，夯实疫情防控“四方责任”，加强与北京联防联控，做到守土有责、守土担责、守土尽责。严格贯彻落实习近平生态文明思想，坚持依法铁腕治污，推动企业落实生态环境保护主体责任，公开曝光、严厉打击环境违法行为，打造环首都绿色生态屏障。严格落实安全生产责任制，常态化开展隐患排查整治，坚决遏制重大事故发生，加强食品药品安全监管，做好防灾减灾救灾工作，确保人民群众生命财产安全。持续建设法治香河、平安香河，继续实施“五大智慧工程”，推动“扫黑除恶”常态化，严厉打击各类违法犯罪活动，深入开展“群众说事、干部解题”工作，提升社会治理效能，力争实现全国平安建设先进县“六连冠”目标。围绕“北京不去、河北不聚”目标，注重标本兼治、疏堵结合，全面排查化解矛盾纠纷，及时回应群众诉求，依法做好信访维稳工作，妥善处置、果断处理信访问题，千方百计化积案、理旧案、清重案、防新案。持续深化宗教治理，推进宗教工作由“管得住”向“管得好”转变。培育和践行社会主义核心价值观，巩固省级文明县城创建成果，深化城乡精神文明建设，构建政治、法治、德治、自治、智治“五位一体”治理体系。扎实做好政治、经济、意识形态、社会等领域风险防范工作，突出抓好金融领域防风险工作，密切关注企业债务违约、银行坏账等风险隐患，确保不发生系统性、区域性风险。

四、必须把抓好党建作为第一责任和最大政绩，全力以赴抓班子、带队伍、转作风。越是任务繁重，越是关键时期，越要加强党的领导，越要发挥党员领导干部的示范带动作用，为加快建设美丽幸福新香河提供坚强保证。

要坚持以上率下，突出政治引领。加强常委会自身建设，坚持把党的政治建设摆在首位，以习近平新时代中国特色社会主义思想为指导，始终在思想上政治上行动上同以习近平同志为核心的党中央保持高度一致，旗帜鲜明讲政治，令行禁止抓落实。严格落实各级党委（党组）书记抓党建的主体责任，坚持和加强党对一切工作的领导。支持政府依法、务实、高效开展工作，支持人大、政协依法依章履职，巩固发展爱国统一战线，充分发挥工会、共青团、妇联等群团组织桥梁纽带作用，持续巩固党的执政基础和群众基础。严格落实党委意识形态工作责任制，坚持党管宣传、党管意识形态，坚定不移唱响主旋律、凝聚正能量。党员领导干部要善于从讲政治的高度思考和推进经济社会发展工作，不断提高政治能力、调查研究能力、科学决策能力、改革攻坚能力、应急处突能力、群众工作能力、抓落实能力，努力成为构建新发展格局的行家里手和高素质、高境界、高水平的带头人。

要坚持强基固本，夯实基层基础。树立大抓基层的鲜明导向，以“三基”建设年活动为抓手，全面加强基层组织、基础工作、基本能力建设，加快促进城乡基础设施一体化、基本公共服务均等化、产业体系现代化、人居环境洁净化、社会治理法治化、基层组织建设规范化。统筹推动全省乡村治理体系基层组织建设专项试点县建设，深入实施党建阵地改造提升工程，抓紧抓实软弱涣散党组织整顿、党员教育培训等基础工作，开展“模范机关”创建，全面推动基层党建工作提质增效。高度重视、认真做好村（社区）“两委”换届工作，选优配强村级党组织带头人，确保换出凝聚力、领导力、战斗力，实现全面换届、优质换届、平稳换届。下半年，也将启动县乡领导班子换届工作。大家要树立正确的政绩观、名利观、历史观，把当前的事做好，把长远的事做对，把遗留的事做妥。要把权力看得淡一点，无论进退留转都坦然接受组织和人民的选择，始终做到以权为轻、以责为重，自觉接受组织监督、社会监督、舆论监督，真正做到进则奋发有为、退则坦然面对、留则意志不衰、转则迎接挑战。要把老事收好尾、新事起好头，把心思用在干事创业上，把精力用在推动发展上，把智慧用在为民造福上，以实际行动向党和人民交上一份满意的答卷。

要坚持真抓实干，强化担当作为。前进路上不会一帆风顺。在爬坡过坎、滚石上山的过程中，党员干部要敢于动真碰硬、攻坚克难，真正做到敢想、敢做、敢当、敢为。县委将继续坚持“看能力、看业绩、看表现、看公论”选人用人导向，重用一批立言立行的干将、开创开拓的闯将、敢打敢拼的猛将，打造一支敢打硬仗、能打胜仗的干部队伍。要以开展优化营商环境和干部作风整顿活动为抓手，大力整治形式主义、官僚主义和不作为、慢作为、乱作为、假作为，从履职情况查思想作风、查工作能力、查实际效果，推动全县党员干部作风大转变、工作效能大提升，进一步促进各项工作提效率、增效益、出效果。各单位、各系统要结合自身职责，对照县委县政府各项决策部署，制订自查方案，查一查是否积极履职、主动作为、抓出成效，查一查是否为民、务实、清廉，查一查是否顾全大局、协调联动、正向用力。要坚持“刀在石上磨、人在事上练”，鼓励干部勇于跳进矛盾的漩涡中解决问题、打开局面，把困难当做挑战，把挫折当做磨炼。同时，要用好容错纠错机制，宽容干部在推进改革发展中的失误，坚决为干事者撑腰鼓劲，让多干实干的干部“不白干”，流血流汗的干部“不流泪”，受到误解的干部“不委屈”，充分调动广大党员干部干事创业的积极性。

要坚持正风肃纪，守牢纪律底线。压紧压实“两个责任”，把“严”的主基调长期坚持下去。巩固拓展落实中央八项规定精神成果，严查隐形变异“四风”问题。持续深化政治监督，推动“四位一体”监督贯通融合，督促全县各级党组织抓早抓小、防微杜渐。开展常态化政治性警示教育，以案释德、以案释纪、以案释法，增强针对性和震慑力。探索“一案一整改”机制，坚持对症下药，以纪法刚性推动问题整改到位。持续开展群众身边腐败和作风问题整治，聚焦重点领域和关键环节，紧盯窗口单位和服务行业，坚决查处政治问题和经济问题交织的腐败案件，坚决破除权钱交易的关系网，不断推进监督触角向基层延伸，努力做到干部清正、政府清廉、政治清明，进一步巩固和发展风清气正、干事创业的良好政治生态。

各位委员、同志们，临近年末岁首，各级各部门要统筹做好春节期间有关工作，确保人民群众度过欢乐、祥和、安宁的节日。要坚决做好疫情防控工作，进一步夯实责任，细化防控措施，提高各项工作的预见性和精准度，构筑起外防输入的坚固防线，坚决防止疫情输入、扩散、入京。要关心群众生产生活，保障市场供应。要加强应急管理，严密防范各种安全事故，全力维护社会大局稳定。要严格领导干部在岗带班、外出报备制度，落实廉洁过节各项纪律要求。要加强经济运行调度，力争首季经济指标开门红。

各位委员、同志们，艰难困苦，玉汝于成；创业维艰，奋斗以成。让我们更加紧密地团结在以习近平同志为核心的党中央周围，坚持以习近平新时代中国特色社会主义思想为指导，全面落实中央经济工作会议、中央农村工作会议和省市委全会精神，团结带领全县广大党员干部群众，不忘初心、牢记使命，万众一心加油干、越是艰险越向前，奋力开创建设美丽幸福新香河崭新局面，以优异成绩庆祝中国共产党成立100周年！

凝心聚力加油干　振奋精神再出发 全力以赴实现“十四五”开好局起好步

——在中共香河县委十一届八次全会第二次全体会议上的讲话

中共香河县委书记　李桂强

（2021年2月8日）

各位委员，同志们：

县委十一届八次全会，经过全体委员和与会同志的共同努力，就要胜利闭幕了。会上，我们总结了过来一年的工作，为今年全县经济社会发展定了调子、提了目标、明确了举措。与会同志围绕会议主题，实事求是，畅所欲言，提出了宝贵意见和建议。这次会议是一次鼓舞士气、振奋人心、团结求实的会议，达到了统一思想、坚定信心、凝聚合力的目的，对于全力推进“十四五”时期我县经济社会发展开好局起好步，加快建设美丽幸福新香河有着重大意义。目标已经明确，任务已经部署，关键是要抓好落实。全县各级党组织和广大党员干部必须全面贯彻落实此次县委全会精神，聚焦部署要求，细化工作举措，改进工作作风，迈好第一步，见到新气象，以优异成绩迎接中国共产党成立100周年！

一要保持定力抓落实。进入新发展阶段，香河发展面临新任务、新要求、新机遇、新挑战。我们既不能急功近利瞎折腾，也不能冷水泡茶慢慢来。要深刻理解香河所处的历史方位、特殊区位和确立的发展定位，一个目标盯到底，一鼓作气干到底，切实把当前的事做好，把长远的事做对，把遗留的事做妥。要坚持扭住重点不偏向，按照“坚持创新驱动、加快转型升级、强化基层基础、实现绿色崛起”的发展路径，加快建设美丽幸福新香河。

二要提升能力抓落实。全县广大党员干部要持续强化思想淬炼、政治历练、实践锻炼、专业训练，不断提高政治判断力、政治领悟力、政治执行力，一切从政治上考量、在大局下行动，做到旗帜鲜明讲政治，令行禁止抓落实。党员干部尤其是领导干部，要想干事、会干事、能成事，做到谋划工作有思路、指导内行懂业务、破解难题有办法、统筹协调善借力、落实任务有规矩。谋划工作有思路，就是要对标对表、找准定位，明确职责、细化任务，既要想明白，知道该干什么、怎么干，又要说明白，做到思路清晰、部署明确，还要做明白，能够将县委决策落地落实。指导内行懂业务，就是要勤于学习、善于思考，尊重科学、遵循规律，强化专业精神，提高专业水平，不盲目决策瞎指挥。破解难题有办法，就是要用正确的过程促成正确的结果，以科学的方法促进科学的发展。统筹协调善借力，就是要上借组织、领导之力，横借部门、同级之力，下借基层、群众之力。落实任务有规矩，就是要经常审视工作落实情况，不能搞文对文、空对空的形式主义。有问题、有困难及时请示、提出建议、主动协调，有进展、有结果及时报告、认真总结，做到事事有着落、件件有回音。逐级请示是讲规矩，但耽误事是最大的不讲规矩，遇到重大问题必须同步报告主管领导、主要领导，做到“事不过三、事不过夜”。抓落实能力是领导干部理论功底、文化底蕴、经验悟性的综合体现，大家要在学用结合中获取“活知识”、练就“真功夫”、掌握“硬本领”，持续强化战略思维、辩证思维、法治思维、系统思维、底线思维、创新思维，既能看得远、看得准，又能谋得深、谋得全，处变不惊、未雨绸缪，在面对变局、迎来机遇时，下好先手棋、打好主动仗，不断赢得主动、赢得优势、赢得未来。

三要拿出魄力抓落实。各级各部门要对全会确定的目标任务，主动认领、抓紧梳理、尽快落实，不能停留于谋划、止步于制约。要坚持把效率、效益、效果作为衡量一切工作的标准，对于县委交办的任务，马上就办、办就办好，不让工作“挂空挡”，不让承诺“放空炮”，尽快把“进行时”变成“完成时”。广大党员干部要当好模范先锋，知责于心、担责于身、履责于行，发扬“比拼争”的作风，破除“等靠要”的思想，尽职尽责、尽心尽力，善始善终、善作善成。要把办公桌搬到第一线，推动任务在一线完成，问题在一线解决，实绩在一线创造，成效在一线检验。领导干部要在思想上时时想着抓落实，在工作上处处带头抓落实，既当好指挥员，更当好作战员，不能只出题、不答题，只摘花、不摘刺。我们干事业，必然会触及矛盾、直面问题、承担责任，大家要敢于为人先、不怕担风险，敢于纠偏差、不怕遇矛盾，敢于负责任、不怕受挫折，做到重大问题亲自上手，关键时刻靠前指挥。要对党负责、对事业负责、对人民负责，在职尽责、在岗尽力、在位敬业，时刻保持锐意进取、敢打敢拼的精气神。特别是面对急难险重任务，容不得半点耽误，要拿出魄力、拿出办法，及时化解矛盾、问题、制约，有力有序有效开展工作。

四要凝聚合力抓落实。全县上下要坚持一切从大局出发，坚决破除本位主义、部门壁垒、个人利益，做到上级与下级之间、部门与部门之间、干部与群众之间“一条心”干事业、“一盘棋”促发展、“一股劲”抓落实。各级各部门既要各司其职、各尽其责，干好自己的活，更要团结协作、统筹兼顾，做好全局的事。对于县委定下来的每一项工作，都要心往一处想、劲往一处使，通气不憋气、帮忙不添乱、补台不拆台，做到职责分、思想合，工作分、目标合，权限分、力量合。要坚持走群众路线，依靠群众、汇聚民力，全面激发蕴藏在人民群众中的创造伟力，调动每个人的积极性，发挥每个人的长处，团结带领广大群众为经济社会发展献策献力，凝聚起强大的思想共识和发展合力。

各位委员、同志们，目标在前，重任在肩。让我们更加紧密地团结在以习近平同志为核心的党中央周围，在省市委的坚强领导下，凝心聚力加油干，振奋精神再出发，为实现“十四五”时期全县经济社会发展开局红、开门红，加快建设美丽幸福新香河作出新的更大贡献。

政府工作报告

——在香河县第十五届人民代表大会第五次会议上

香河县人民政府县长 齐泽旭

（2021 年 3 月 3 日）

各位代表：

现在，我代表香河县人民政府向大会报告工作，请予审议，并请各位政协委员和列席会议的同志提出宝贵意见。

2020 年工作回顾和“十三五”时期发展成就

2020 年，是香河发展历程中极其困难、极具挑战的一年，大事急事难事多，压力风险考验大。面对抗击疫情的大战大考，面对“三个圆满收官”的艰巨任务，我们始终坚持以习近平新时代中国特色社会主义思想为指导，在县委的坚强领导下，在县人大、县政协的监督支持下，团结带领全县人民，坚定信心、鼓足干劲，攻坚克难、负重奋进，扎实做好“六稳”工作，全力落实“六保”任务，深入开展“三创四建”等系列活动，真正把当前的事做好，把长远的事做对，把遗留的事做妥，奋力夺取疫情防控和经济社会发展“双胜利”，较好地完成了十五届人大四次会议确定的目标任务，迈出了建设美丽幸福新香河更加坚实的步伐。

这一年，我们凝心聚力攻难关、破制约，运河旅游通航高效实施。将北运河旅游通航作为“一号工程”，举全县之力、集全县之智，以最大决心、最大力度、最快速度推进各项工作。组织领导坚强有力。第一时间成立北运河通航工程指挥部，党政主要领导亲自挂帅，四大班子成员分包重点工程，及时研究部署，高位组织推动。瓶颈有效破解。坚持特事特办、急事急办，“上跑三级”争支持，千方百计破制约，创新确定“争取上级资金＋县级财政＋一般债券＋社会资本融资”的资金保障模式和“倒排工期＋挂图作战＋台账管理＋容缺审批＋并联推进”的工作方式，为工程加快推进打下坚实基础。通航工程进展明显。建立定期调度、领导包联、专家论证、集体决策、督导问效等工作机制，形成了条块结合、权责明晰、立体高效的推进体系，运河生态环境整治项目扎实推进，香河权属段河道完成清淤疏浚，姚止务险工段堤防改建全部完工，王家摆桥实施桩基建设，橡胶坝进行新坝施工，码头新建、景观提升、船闸增建等工程全面进场，安运桥改建等工程正在加快办理各项手续。

这一年，我们全力以赴强对接、促融入，协同发展深入推进。严格按照“四统一”要求，着力推进规划对接、产业互补、基础联建和公共服务共享。规划体系紧密衔接。制订出台《香河县关于通州区与“北三县”协同发展规划贯彻落实意见》，高标准编制县域规划体系，国土空间规划形成初步成果，各专项规划正在加快编制。产业协作持续深化。紧盯北京“容不下、离不开、走不远”的高端制造业和现代服务业项目，建立了 3.3 万家上市企业、瞪羚企业和北京高新企业目录清单，成功签约企业 33 家、在谈 156 家，华电燃气能源站等一批优质项目即将开工。跨界路网加快建设。京唐高铁建设顺利推进，安石路西延工程正在开展前期工作，平香线南延和大辛路改造工程建成通车。公共服务合作加强。30 家京津三甲医院纳入医保定点范围，实现异地直接结算。3家县级公立医院与60余家京津优质医疗机构建立合作关系，大爱医院加快建设，景山学校招生运行，群众在家门口就能享受到北京的优质服务。

这一年，我们尽心竭力稳增长、调结构，综合实力稳步增强。面对财税增收前所未有的困难，逐项目、逐行业、逐领域抓调度、解难题、促增长，尽最大努力跑出转型发展的加速度。经济运行稳中向好。全县地区生产总值完成234.9亿元，同比增长3.5%。全部财政收入完成54.7亿元，其中，一般公共预算收入完成30.8亿元。固定资产投资同比增长3.3%，规上工业增加值同比增长5.5%，规模高新技术产业增加值同比增长9.1%，城镇和农村居民人均可支配收入同比分别增长3.6%和6.5%，实际利用外资完成3085万美元，是去年的3倍，其他指标均保持平稳运行。招商引资深入开展。立足产业基础和资源禀赋，明确了“3+2”产业发展定位，出台了《招商引资及项目建设奖励办法》等系列支持政策，启动运行香河招商App，大力开展线上线下招商活动，“9·15”项目推介洽谈会上9个项目成功签约，万科食品供应基地、云储数据产业中心等一批优质产业项目纷纷落户。项目建设强力推进。严格落实重点项目领导分包，建立“七促”服务机制，实施项目建设“周调度”，全力保障重点项目建设。10个项目成功争列省市重点项目，22个项目集中开工，完成年度投资计划的103%，机器人大厦、稻香村食品生产基地等一批优质项目加快建设。产业转型步伐加快。立足升级传统产业，实施重点技改项目30个，推动中科未来、艾佳生活等企业与家具城签约合作，发展“家生态”等新业态。立足培育创新主体，建立高成长性企业名录，83家企业被评为科技型中小企业，13家企业被认定为高新技术企业，荣万家公司在港交所主板上市，实现我县主板上市企业“零”的突破。县域科技创新能力跃升为B类县。我县被评为“全省民营经济发展先进县”。立足做好“全域旅游”文章，高标准修订《全域旅游总体规划》，旅游集散中心等配套设施建成投用，“慧游香河”服务平台在全省率先建成，第二届文化旅游产业发展大会成功举办，我县获评全市唯一的省级全域旅游示范区，被评为全国县域旅游发展潜力百佳县。

这一年，我们精耕细作抓基础、强管理，城乡面貌持续改观。立足打造功能完善卫星城，强投入、严管理、优功能、提品位，城市宜居指数不断提升。聚焦畅通城乡路网，密集实施道路升级工程，12条城乡道路改造顺利完工，义井大桥、平香线跨潮白河大桥建成通车，全年新建、改建路网217千米。聚焦完善城市功能，巩固智慧城市建设成果，15个部门24个系统接入智能化指挥调度中心，我县成为全省第一批新型智慧城市建设试点县。10千米地下管网建成投用，6条小街小巷完成治理，人民广场、民兵训练基地和垃圾焚烧发电厂主体完工，城市综合承载力不断增强。聚焦提升城市品位，深入开展绿化提升行动，8条街路增绿美化工程顺利完成，潮白滨水公园主体竣工，新增“口袋游园”“袖珍绿地”12处。马路市场、店外经营等整治行动扎实推进，市容市貌持续改观。聚焦推进乡村振兴，深入实施农村集体产权制度改革和农村土地承包改革，大力发展现代农业，打造了雨润潮白、菊花农旅产业园等农业综合体。常态化推进农村人居环境整治，农村生活垃圾一体化处理体系基本形成。我县被评为“全省乡村振兴示范区”和“全省农产品质量安全县”。

这一年，我们持之以恒治污染、造环境，生态质量不断优化。坚持问题导向，坚定不移抓治理、优生态，环境质量越来越好。围绕打赢蓝天保卫战，坚决落实大气污染综合治理措施，全县空气质量持续改善，综合指数同比下降3.25%。围绕打赢碧水保卫战，县镇村三级河长开展巡河2.9万次，河长制工作考核在全市获评“优秀”档次。商汪甸和荣各庄排干渠清淤等工作扎实推进，5个国省市控考核断面水质稳定达标。围绕打赢净土保卫战，深入开展土壤污染治理，测土配方施肥推广面积17333.33公顷（26万亩），畜禽规模养殖场粪污处理设施配套率达到100%。围绕打赢绿色发展攻坚战，大力开展植树造林，全年完成540.8公顷（8112亩），我县获评中国百佳富氧县。

这一年，我们倾心倾力惠民生、促和谐，人民福祉得到增强。坚持以人为本、民生为重，竭尽全力兜住民生底线、做好惠民实事，16项民生工程完成年度目标。教育事业繁荣进步。11项教育工程竣工投用，32所民办幼儿园完成普惠性创建，500余名教师补充到教育一线，2020年高考再创佳绩，香河一中包揽全市高考理科前3名，本科上线率达到92%，教育教学水平不断提高。卫计事业加快发展。医共体建设持续推进，钳屯、安头屯等4所卫生院完成改造，我县获评“河北省健康促进县”“全国计划生育优质服务先进单位”。文体事业扎实推进。仿真冰雪场馆、全民健身示范基地竣工投用，24个村街综合文化服务中心建成运行，冰雪运动会等活动蓬勃开展，香河媒体融合的经验做法在全省推广。县地方志编纂中心被评为“全国地方志工作先进集体”。民生保障不断增强。社会救助基金会成立运行，城乡低保、特困供养等政策严格落实，残疾人、孤儿救助等工作扎实开展，中小学校和乡镇卫生院旱厕改造全部完成，就业再就业工作保持全市前列。社会治理持续加强。“全科网格”全面建立，“社会治理信息系统”正式上线，“群众说事、干部解题”工作机制初步构建，全市首个网络生态综合治理督导平台搭建完成，县镇村三级新时代文明实践中心建成投用，信访维稳、“扫黑除恶”、安全生产、食药安全等工作成效明显，暑期、全国“两会”等安保任务圆满完成。2020年，我们全面打响创城攻坚战，成功获评省级文明县城，充分彰显了全县上下同心同德、群策群力的奋勇拼搏精神！

这一年，我们坚定不移转作风、提效能，自身建设全面加强。面对经济社会发展的艰巨任务，我们着力健全“明责履责共责问责”的岗位责任体系，用真心、使真劲、出真招、求真效，努力实现非常作为。坚持党建引领。始终旗帜鲜明讲政治，将习近平新时代中国特色社会主义思想贯穿政府工作全过程，对中央和省市县委的决策部署，及时学习传达，细化分解任务，跟踪督导问效，确保落地落实。突出改革创新。高效完成乡镇改革、经开区改革和家具城管理体制改革，我县被评为全省深化医药卫生体制改革工作先进县、全省农村集体产权改革试点县。建立政府系统考核加减分和重点工作晾晒机制，营造了比学赶超的浓厚氛围。严格依法行政。认真落实“三重一大”集体决策机制，自觉接受人大监督和政协民主监督，扎实做好人大“6+1”联动监督工作，116件人大代表议案和政协委员提案全部妥善办理。深入宣传《中华人民共和国民法典》等法律法规，依法行政能力不断增强，我县获评首届全国公共资源交易百强县。勇于担当负责。坚持从急需的地方抓起、向难处攻坚，全面开展“大调研、大走访”活动，实施园区土地利用和项目建设“大起底”，盘活存量建设用地246.67公顷（3700亩）。全力打好“一河一策”问题整改、违法违规占地清理规范等攻坚硬仗，万辛湖片区25万平方米违建被彻底拆除，54万平方米违法占地被依法清理。着力做优服务。牢固树立“店小二”意识，建立“企业吹哨、部门报到”服务机制，实行重点项目全程“帮办、代办、跟办、跑办”保姆式服务，推行以网上审批不见面、受审分离不见面为重点的“最多跑一次”改革，努力打造“全国一流、全省领先”的市场化、法治化、国际化营商环境。全年净增市场主体1.2万家，净增率居全市前列。坚持清正廉洁。严格落实政府系统全面从严治党主体责任，加强政治性警示教育，强化审计监督、财政监督和风险防控，扎实推进群众身边腐败和作风问题整治，有力维护了政府的良好形象。

各位代表，面对突如其来的新冠疫情，全县上下众志成城、万众一心，齐心协力、同舟共济，全力以赴守护群众生命安全和身体健康。一是迅速启动应急响应。第一时间成立防控工作领导小组，党政主要领导亲自挂帅，四大班子一线推动，严格落实“四早”“四集中”和“三个关口前移”，压紧压实各级责任。658个党员先锋岗，589个党员服务队，1.2万名党员干部、村民代表、热心群众、青年志愿者充实到抗疫第一线，涌现出李向国、杨士春等一批优秀党员、先进典型，县人民医院被评为“全省抗击疫情先进集体”。二是精准高效联防联控。坚持安全、便利、高效导向，实施“大数据+网格化+铁脚板”防控方法，落实“三本台账”和“健康码+测体温”制度，做到全面排查不落人、严格管控不扰民。统筹运用防控排查信息，建立智慧城市数据库，推动防控工作智慧化、精准化。完善公共卫生应急管理体系，在全省率先建成3个核酸检测实验室，强化与北京方面联防联控，切实做到了“外防输入、内防反弹”。2020年2月19日以来，我县未出现新增确诊病例和疑似病例。三是有力保障生产生活秩序。坚持疫情防控和经济社会发展两手抓、两不误，全面落实援企稳岗、减税降费等各项政策，及时出台“支持企业共渡难关十二条”等系列帮扶举措，组织召开企业家座谈会和银企对接会，统筹抓好企业复工复产、重大项目建设、招商引资、开学复课等各项工作，以最快速度恢复了生产生活秩序。

在这场没有硝烟的疫情防控战中，各级各部门坚决扛起政治责任和使命担当，各司其职、各尽所能、拼搏奋战。广大党员干部闻令而动、忘我战斗、冲锋在前，广大医务工作者和疾控工作人员白衣执甲、夜以继日、最美逆行，广大公安干警舍身忘我、蹲点驻卡、严防死守，广大志愿者主动请缨、真诚奉献、不计回报，广大群众和企业主动配合、守望相助、捐款捐物，用实际行动铸就了共御疫情、护佑生命的铜墙铁壁，为打赢这场疫情防控人民战争、整体战、阻击战作出了香河贡献，展现了香河力量。这些都充分证明香河的干部群众是能够经受住各种风险考验的，也一定能够战胜前进道路上的一切艰难险阻！在此，我谨代表县政府，向所有为抗击疫情作出贡献的同志们，表示衷心的感谢并致以崇高的敬意！

各位代表，成绩来自砥砺奋进、发展源于上下同心。刚刚过去的2020年，为香河“十三五”画上了圆满句号。回首过去的五年，大事叠加，难事汇集，急事交织。我们既要千方百计保增长，又要破釜沉舟治污染；既要凝心聚力搞建设，又要加快步伐促转型；既要处理历史老问题，又要应对当前新情况。“活”一个比一个难，“仗”一场比一场硬。我们始终坚持政治站位，保持战略定力，昂扬干事斗志，坚持效率、效益、效果导向，持之以恒抓基层、打基础，以对群众、对历史、对实践高度负责的态度，攻坚克难、担当作为，开创了建设美丽幸福新香河的崭新局面。

过去五年，是经济转型步伐加快、发展质效大幅提升的五年。五年来，我们稳字当头，稳中奋进，干成了一大批提质效、增后劲的事。围绕优化园区平台，大力推进基础设施建设，累计投资55.4亿元，是“十二五”的1.4倍。着力提高土地利用效益，盘活闲置低效用地80公顷（1200亩），是“十二五”的12倍，经开区先后获评全省战略性新兴产业示范基地、高新技术产业发展先进园区。围绕做强项目支撑，大力开展招商引资，可口可乐、喜临门等一批国内外知名企业相继进驻，大爱书院养老中心建成运营，机器人小镇实现了从无到有、由小到大，入驻投产企业130余家，韩国安川都林、美国ATI等一批企业先后投产达效。围绕推动产业升级，出台了《加快推进科技创新工作实施意见》等一系列支持政策，140余家企业完成技改升级，20余家企业获评省级名优企业，智能制造、康养服务、文创旅游等特色产业蓬勃发展，以高端制造业和现代服务业为主体的产业体系基本建成，服务业对经济贡献率达到65%以上。围绕繁荣文旅经济，大力发展全域旅游，全国首个“大运河文化云名片”上线发布，在全市率先建成“非遗”展示中心，我县被评为“京津冀最佳休闲旅游目的地”。“十三五”末，全县地区生产总值突破200亿元，年均增速5.9%。一般公共预算收入累计完成179.4亿元，较“十二五”增长67.2%。连续4年获评全国综合实力、投资潜力和新型城镇化质量百强县，连续2年获评全国科技创新和绿色发展百强县。

过去五年，是协同发展加快推进、重点领域成绩斐然的五年。五年来，我们抢抓机遇，重点突破，干成了一大批事关全局、促进协同发展的事。着眼产业错位互补，引入汇天威3D打印、合益智能包装、海利天梦无人机、韵达电商产业基地等一批优质产业项目，加快融入北京产业链条。着眼交通互联互通，建成了密涿高速连接线等一批交通路网工程，7条公交线路直达北京重要交通枢纽，两地通勤体系更加高效。着眼生态联防联控，与京津建立常态对接机制，开展交叉执法、联合执法，协同治污能力不断提高。着眼公共服务共建共享，引入域外学校4所，3家县级公立医院和9家镇卫生院接入国家异地就医结算系统，实现“一卡通办”，来香人员就学就医更加便捷。

过去五年，是扩大开放全面提速、改革创新纵深推进的五年。五年来，我们开放包容，创新图强，干成了一大批促改革、添活力的事。着眼深化改革，大力推进政府机构、商事制度等改革工作，完成改革事项700余项，承担国家和省市改革试点50项，我县先后获得“全国紧密型医共体建设试点县”“全省新型城镇化与城乡统筹示范样板县”等多项国省级荣誉。着眼强化创新驱动，大力实施小壮大、小升高等系列工程，新增高新技术企业53家、科技型中小企业488家，分别是“十二五”的7倍和2倍。机器人小镇获批国家科技领军人才创新驱动中心、中国产学研合作创新示范基地，规上高新技术产业增加值年均增速达到20.5%。着眼改善营商环境，深化“放管服”改革，568项审批服务事项集中进驻服务大厅，878项实现网上办理，可办率达到96.8%，企业注册和开办时间分别压缩至4个小时和7个小时，投资项目审批时限缩减70%。鼎力担保公司累计提供担保贷款6.4亿元。接力推进“双创双服”等系列活动，营造了“不欺生、不排外、不内斗，开放包容、服务高效、合作共赢”的发展环境。“十三五”末，全县市场主体达到4.6万户，是“十二五”末的3倍。

过去五年，是功能配套日益完善、城乡建设跨越发展的五年。五年来，我们统筹城乡，固本强基，干成了一大批打基础、利长远的事。累计完成城市基础设施投入28.4亿元，是“十二五”的1.6倍。城镇化率由59.3%提至62.8%。立足完善城市功能，高标准建成文化艺术中心、便民服务中心和智慧城市中心，运营水平全省领先。新增供电容量48万千伏安，总容量跃升至原来的3倍。新增集中供暖面积300万平方米、燃气供应面积1300万平方米，分别是“十二五”的1.3倍和3.6倍。新改建污水处理厂2座，改造雨污分流管网30千米。香河汽车站建成投用，城乡客运公交一体化改革全面完成，两元票价坐全程，城乡客运一体化水平达到5A级。新建改建城乡路网700千米，实现全部路网翻新提标，公路通车里程达到1024千米，我县获评全市首个“四好农村路”全国示范县。立足提升城市形象，大力实施“绿美亮净”工程，城区主干道路实现全天候保洁，机械化清扫率由75%提至90%。东干渠、五一渠黑臭水体彻底根除，33个老旧小区完成改造升级，24座公园游园完成新建改造，人均公园绿地面积增加2.4平方米，我县顺利通过省级园林县城复核验收。立足建设美丽镇村，扎实推进新民居建设，香城荣韵、双安新城、佰闻花园、潮东新村等停滞项目完成建设，7个新型农村社区相继建成，13个村街1638户村民喜迁新居。大力实施旱厕改造、污水处理和垃圾治理，深入开展村街硬化、绿化、亮化和美化，完成改厕5.9万座、覆盖率达到91%，硬化街道1100余千米，186个村街建成污水处理设施，3.2万户建成美丽庭院，保留村街实现美丽乡村全覆盖，我县被评为“全省美丽乡村建设先进县”“全省农村人居环境整治全域完成示范县”。

过去五年，是生态建设不断加强、环境质量大幅改善的五年。五年来，我们坚定决心，铁腕治污，干成了一大批利当代、泽后世的事。累计投入治污资金19.2亿元，是“十二五”的5.8倍。大力防治大气污染，关停整治“散乱污”企业1800余家、VOCs企业380家，淘汰燃煤锅炉2000余台，完成286个村街9.1万户“煤替代”工程，全县空气质量明显改善，综合指数和PM2.5浓度降幅分别达到45.5%和56.4%。大力治理水体污染，31条河渠实现三级河长全覆盖，38万平方米涉河违建被依法拆除，83.9千米河渠完成清淤疏浚，340个纳污坑塘全部整治完成，水环境质量提前完成“十三五”考核目标。大力推进造林绿化，营林造林6066.67公顷（9.1万亩），森林覆盖率提高12.7%，林木绿化率提高6.2%，达到44.2%，居全市前列，运河文化公园等一批精品生态景观建成开放，我县被评为“全国绿化模范单位”，荣登“最美中国榜”。

过去五年，是社会事业繁荣发展、群众得到实惠最多的五年。五年来，我们始终坚持以人民为中心，强投入、惠民生，干成了一批合民心、顺民意的事。累计民生支出272亿元，是“十二五”的2.4倍。聚焦办好人民满意教育，投资8亿元改善教育教学环境，新建学校3所，改扩建学校70余所，增加学位8500个，65项教育工程竣工投入使用，1600余名教师充实教学一线，高考成绩一年迈上一个台阶，广大群众对教育的满意度不断提高。聚焦提高医疗卫生水平，深入推进医药卫生体制改革，县级医院与北京高水平医疗机构组建医联体、与镇卫生院组建医共体，新建改建镇级卫生院8所、卫生室193所，基本实现了“大病不出县、小病不出镇”，我县被评为“全省县级公立医院综合改革示范县”“全省推进镇卫生院与村卫生室一体化管理试点县”。聚焦满足群众文体需求，扎实推进文体设施建设，镇级文化站和村街文化服务中心实现全覆盖，农村和社区体育设施实现全覆盖，全民健身、全民运动会等活动广泛开展，群众文体生活更加丰富。聚焦增强社会保障能力，全力打好脱贫攻坚战，扎实推进危房改造、产业就业扶贫、金融扶贫等专项行动，56户118名建档立卡贫困人口全部稳定脱贫，实现“两不愁三保障”。农村低保标准、特困人员供养标准提高到3倍，困难残疾人和重度残疾人补助标准分别提高到4.6倍和2倍，城乡居民医疗保险财政补贴标准由每人每年420元提至550元，就业再就业工作始终保持全市前列，城镇和农村居民人均可支配收入年均分别增长6.7%和7.5%。聚焦强化社会综合治理，坚持勇担当、敢作为，40余个房地产历史遗留问题得到有力化解。扎实推进“平安香河”“法治香河”建设，县镇村三级综治中心建成投用，11个专业性调委会成立运行，“天网工程”实现全面覆盖，统一战线、信访维稳、“扫黑除恶”、安全生产、食药安全、退役军人服务、档案、气象、国防动员等工作均取得长足进展，我县先后获评“全国平安建设先进县”“全国法治县创建先进单位”等诸多国省级荣誉，第三次捧得全国综治工作最高奖“长安杯”，成为全市唯一获此殊荣的县。

各位代表，五年的历程充满艰辛，五年的成就来之不易！这些成绩的取得，是习近平总书记领航掌舵、党中央坚强领导的结果，是县委统揽全局、科学决策的结果，是县人大、县政协有效监督、鼎力支持的结果，更是全县上下团结拼搏、苦干实干的结果。在此，我谨代表县政府，向各位代表、各位委员，向全县人民和所有关心支持香河发展的各界人士，表示衷心的感谢并致以崇高的敬意！

各位代表，安不忘危、兴不忘忧。我们清醒地认识到，现阶段经济社会发展中仍存在一些不容忽视的矛盾和问题：一是与高质量发展要求相比，传统产业亟须加快转型升级，新兴产业尚未形成完整链条，实体经济增长乏力，园区项目档次不高，亩均贡献较低，发展空间不足，项目落地受限，财政收支面临巨大压力。二是与全国百强的综合经济实力相比，城乡建设和治理还有大量工作要做，整体品位仍需进一步提升。三是与广大群众的热切期盼相比，民生事业做得还不够好，教育、医疗等优质公共资源供给还不充分，相对京津落差较大。四是与新时代干事创业的要求相比，干部担当作为意识和高效执行水平有待提升，与群众期望还有一定差距。对此，我们一定直面问题，深挖根源，采取有力措施，切实加以解决。

“十四五”时期基本思路和主要任务

各位代表，“十四五”时期是我国开启全面建设社会主义现代化国家新征程的第一个五年，也是我们践行新发展理念、高质量建设美丽幸福新香河的关键五年。未来五年，将是香河跨越赶超的黄金机遇期。随着京津冀协同发展的纵深推进，北京城市副中心加快建设，非首都功能主动向周边延伸布局，这些将为我们更大力度推进招商引资，更高层次吸纳生产要素，更快实现与副中心一体化发展，推动新一轮跨越崛起带来不可估量的势能。未来五年，也是香河凝心聚力的拼搏竞进期。近年来，全县上下紧紧围绕“坚持创新驱动，加快转型升级，强化基层基础，实现绿色崛起”的奋斗目标和发展路径，奋力推进经济社会高质量发展，历史遗留问题得到妥善解决，高端主导产业实现蓬勃发展，“求真、务实、担当、高效”的工作氛围愈发浓厚，走出了符合香河实际、独具香河特色的发展之路。我们必须借势而为、乘势而上，再鼓干劲、接续奋斗，努力展现新作为、实现新发展。未来五年，更是香河转型升级的战略突破期。对照《北京市通州区与河北省三河、大厂、香河三县市协同发展规划》2025年发展目标，我们尚有较大差距和不足，特别是“十四五”的前两年，香河正处于转型升级、爬坡过坎的关键阶段，面临着新老产业青黄不接、发展动力接续不畅等问题，财政收支压力巨大，重点任务紧迫繁重，我们必须用全面、辩证、长远的眼光认识发展面临的复杂变化，准确识变、科学应变、主动求变，以最快速度打开突破口，实现香河的华丽转身。

百舸争流，奋楫者先；千帆竞发，勇进者胜！建设更高水平、更有特色、更具品质美丽幸福新香河的画卷正徐徐展开，这是接力续写建设美丽幸福新香河的新时代崭新篇章，承载着富民强县的美好夙愿，汇聚着香河儿女的共同期盼！综合考虑未来五年我县所处的发展阶段和面临的发展任务，根据县委十一届七次全会精神，我们明确今后五年全县经济社会发展的指导思想是：坚持以习近平新时代中国特色社会主义思想为指导，深入贯彻党的十九大和十九届二中、三中、四中、五中全会精神，坚定不移贯彻新发展理念，以推动高质量发展为主题，以京津冀协同发展为统领，以发展实体经济为重点，以满足人民日益增长的美好生活需要为根本目的，围绕“高端产业聚集区、功能完善卫星城、幸福宜居新家园、基层党建新高地”四大定位，努力把我县建设成为核心优势突出、文化特色鲜明、产业发展强劲、生态环境优美、公共服务完善、人民生活幸福的美丽幸福新香河。

根据《中共香河县委关于制定国民经济和社会发展第十四个五年规划的建议》，县政府编制了《香河县国民经济和社会发展第十四个五年规划和二〇三五年远景目标纲要（草案）》，提出到2025年，地区生产总值突破320亿元，协同发展取得新成就，经济发展取得新成效，城乡建设迈出新步伐，生态文明建设实现新进步，民生福祉达到新水平，社会治理效能得到新提升。到2035年，与全国全省全市同步基本实现社会主义现代化，建成更高水平、更有特色、更具品质的美丽幸福新香河。

各位代表，立足新发展阶段，贯彻新发展理念，构建新发展格局，这是以习近平同志为核心的党中央作出的重大战略决策。我们一定要深刻领会，着眼大局，把握大势，理清思路，找准路径，强化举措，坚决贯彻落实，努力作出香河贡献！

今后五年，我们将全力抓好协同发展，打造区

域合作标杆。深度对接副中心建设需求，进一步深化各领域协作合作，在借势借力北京、融入深耕北京中，提升县域发展水平。到“十四五”末，实现“通三规划”既定目标，产业、生态、交通、公共服务等重点领域实现新突破，支撑跨区域协同发展、错位发展、一体化发展的软硬环境明显改善。

今后五年,我们将全力抓好转型升级，构筑经济发展高地。强化高端制造业和现代服务业双轮驱动，一手抓高端产业引进培育，一手抓传统产业改造提升，加快经济高质量发展。到“十四五”末，智能制造、数字经济发展取得明显成效，商务服务、特色商贸、文化旅游、总部经济等现代服务业壮大发展，现代都市农业基础更加稳固，三次产业总量显著增大、结构持续优化，在全省发展格局中的战略地位更加凸显。

今后五年，我们将全力抓好城乡建设，树立融合发展样板。深入推进以人为核心的新型城镇化，加快城市扩容提质，大力推动乡村振兴，打造功能完善卫星城。到“十四五”末，“一核两翼多点”的城镇建设体系基本形成，城乡融合发展水平不断提升，群众生活更舒适更美好。

今后五年，我们将全力抓好生态优化，建设天蓝地绿水秀家园。从生产和生活两头入手，坚持治理和保护两手齐抓，推动绿色低碳循环发展。到“十四五”末，污染物排放总量持续减少，主要河流水质稳定达标，绿色低碳理念深入人心，天蓝地绿水秀成为美丽幸福新香河的靓丽底色。

今后五年，我们将全力抓好社会建设，满足人民美好生活需求。坚持以人民为中心，加强普惠性、基础性、兜底性民生建设，力促改革发展成果更多更公平惠及广大群众。到“十四五”末，居民收入增长高于经济增长幅度，基本公共服务均等化、优质化水平不断提高，人民群众的获得感成色更足、幸福感更可持续。

今后五年，我们将全力抓好社会治理，当好首都政治护城河排头兵。完善共建共治共享的社会治理体系，健全县镇村治理体系和服务网络，构建基层社会治理新格局。到“十四五”末，基层社会治理水平明显提高，平安香河、法治香河建设取得重大进展，社会局面更加和谐稳定，首都政治护城河防线更加牢固。

各位代表，“十四五”发展的美好蓝图已经绘就。站在新起点、展望新征程，勤劳智慧的香河人民，一定能够用心血与汗水、激情与梦想，创造新的更大辉煌，一个新时代美丽幸福的新香河定会屹立于燕赵大地、呈现于世人面前！

2021年目标要求和重点工作

各位代表，2021年是建党100周年，是“十四五”规划的开局之年，做好开局起步工作责任重大、意义重大。我们将深入贯彻落实县委十一届八次全会精神，进一步巩固拓展疫情防控和经济社会发展成果，认真开展“三重四创五优化”活动，紧紧围绕“四大定位”，全力推进产业提质、项目提速、环境提标、民生提档、治理提效和作风提升，打造与副中心一体化发展示范区，奋力开创建设美丽幸福新香河崭新局面。

全县经济社会发展的主要目标是：地区生产总值同比增长8%左右，一般公共预算收入同比增长8%左右，固定资产投资同比增长8%左右，规上工业增加值同比增长7.5%，社会消费品零售总额同比增长8.5%左右，城乡居民人均可支配收入同比增长8%左右，每万元生产总值能耗、PM2.5平均浓度、优良天数达标比例等指标确保完成上级下达目标任务。

围绕以上思路和目标，我们将聚焦打造与副中心一体化发展示范区，努力把优势转化为胜势，重点做好以下七方面工作。

一、聚力运河旅游通航，突出高质高效，打造一体化发展示范工程

围绕“如期实现与北京互联互通、同步旅游通航”的目标，加压加力、决战决胜、冲刺攻坚，坚决打赢运河旅游通航攻坚战。

提速建设进度。进一步细化手续办理、工程建设等各个环节，强化人员设备保障，倒排工期、挂图作战，集中力量提速桥梁改造、闸坝新建等工程建设。加大“上跑三级”力度，以最快速度推进土地预审、PPP 项目入库等各项工作，最大限度争取资金、土地和政策支持。以超常规措施、革命性手段破解制约，借助各方力量，解决社会融资、土地征占等方面问题，确保工程顺利推进。强化跟踪督导、公开晾晒，营造比干劲、比进度的浓厚氛围。

打造精品工程。加强与京津方面协调对接，确保工程建设等级标准与上下游保持一致，力促体现香河特色、彰显香河魅力。坚持把质量和安全贯穿全过程，严把队伍准入、原料采购、工程监理、竣工验收等各道关口，确保经得起实践和历史检验。

发挥带动效益。抓好通航运营。从线路设置、产品开发、跨区域合作等方面入手，提前谋划北运河旅游通航运营机制，适时开展宣传推介，打造香河运河旅游通航品牌。注重文化挖掘。结合大运河文化带建设，充分发挥“大运河文化云名片”“慧游香河”等载体作用，深入挖掘金门闸、安头屯中幡等运河文化资源，讲好运河故事，推动运河文化传承发展。推进产业联动。以全域旅游为统揽，以运河旅游通航为引领，谋划特色小镇建设，打造通航引领、产业带动、文旅融合、全域发展的新格局，实现经济效益、生态效益和社会效益一举多赢。

二、聚力园区提级，突出项目建设，培育一体化发展内生动力

坚持项目“为王”理念，全力以赴抓招商，上项目，优平台，强支撑，加快培育新动能，拼出发展加速度。

全力提升园区能级。深入实施“双倍增”计划，大力推进园区“二次创业”，努力用三年时间实现主营业务收入和税收收入翻一番。强化园区职能。深化经开区综合改革，突出招商引资、项目建设、企业服务等主职主业。制定《关于推进经开区高质量发展的若干措施》，探索实行封闭式管理，加大对项目落地效率、实施进度、亩均效益、低效闲置土地利用、降低项目用地成本等指标的考核力度，切实发挥好考核的“指挥棒”作用。完善基础支撑。加强基础设施建设，完善生活、商务、金融等服务功能，提升园区吸附力和承载力。拓展载体平台。探索建立委托管理、投资合作等方式，谋划实施民营经济创新创业园等载体项目建设，引入发展工业地产，改造升级现有工业小区。加快推进高铁商务区建设，吸引金融服务等高端业态集聚，打造战略发展新高地。

全力抓好招商引资。坚持招商引资和招才引智并举，精准制定招商计划和招商清单，举全县之力招大引强、招新引高，“抱会下蛋的母鸡”。聚焦全员招商，瞄准北京“容不下、离不开、走不远”的高端制造业和现代服务业项目，大力开展全民招商、以商招商、专业招商、精准招商和“云招商”，着力引进一批总部经济、绿色经济、创意经济、数字经济等“高大上”项目，促成一批建设周期短、发展前景好、税收贡献实的“短平快”项目落地。聚焦全链招商，瞄准长三角、珠三角等发达地区的大型企业、民营资本，挖掘梳理本地企业业务关系、合作伙伴和项目资源，精准招引建链、延链、补链、强链型项目，提升产业链现代化水平。聚焦全域招商，建强招商队伍，用好平台公司招商主力军，完善招商资源统筹共享、利益分配机制，构建“一盘棋”联动招商新格局，全年实现签约 5000 万元以上项目 40 个。聚焦人才引进，深入实施“人才强县”战略，探索人才、技术、资本联动激励政策，建立人才“绿色通道”，拿出“真金白银”、真心实意引进带技术、带成果、带项目、带资金的优秀领军人才和高层次创新团队来香创新创业，打造人才竞争优势。

全力推进项目建设。大力实施产业项目倍增行动，掀起大抓项目、抓实项目的热潮。深入推进企

业投资项目承诺制改革，推行项目“区域评估+负面清单”制度，力促一批优质项目签约落地。强化重点项目领导分包，实施重点项目全程代办，力促华电燃气能源站、嘉信数字经济产业园、云储数据产业中心等项目早开工、早达效，力争产业项目投资占固定资产投资比重提至20%以上。抢抓中央投资、专项债券、一般债券等政策“窗口”机遇期，谋划储备一批“两新一重”等重点项目，抓紧完善前期手续，争取纳入上级“盘子”，实现借船出海、借梯上楼。

全力加强要素保障。强化用地保障。坚持“亩均论英雄”理念，健全项目准入退出机制，严格资源绩效管理，新建项目亩均投资强度不低于300万元、亩均税收不低于30万元。完善土地数据信息库，健全落实亩均效益评价体系，大力开展专项整治攻坚行动，积极推进“腾笼换鸟”，运用综合性行政手段和灵活性市场机制，实现闲置和低效土地回收利用，全年盘活土地66.67公顷（1000亩）以上。谋划设立土地开发建设投资公司，加强土地市场一级开发整理，强化土地收储整备，科学配置土地资源，实现土地综合效益最大化。强化资金保障。谋划设立重点产业发展专项子基金，深入开展常态化政银企对接，帮助企业上市融资，支持项目做大做强。强化环保保障。帮助重点项目动态争列省环境监管正面清单，督促项目单位做好“六个百分之百和两个全覆盖”，确保应急管控期间正常建设，尽快形成新的经济增长点。

三、聚力产业升级，突出创新驱动，增强一体化发展竞争优势

狠抓实体经济不动摇，强化创新引领支撑，着力做优存量、做强增量，提升产业核心竞争力，构建产业发展新优势。

提升产业支撑力。坚持数字化、网络化、智能化、品牌化发展方向，加快推动产业发展迈向中高端。升级发展传统产业。研究制定整合提升方案，支持家具、钣金等传统产业实施全要素、全流程、全链条改造，推动产业基础再造，加强产业数字赋能，推动数字经济与传统产业融合发展，年内新增技改项目20个以上、净增规上工业企业7家以上。集聚发展新兴产业。实施战略性新兴产业振兴工程，聚焦数字经济、智能制造、新一代信息技术等重点产业，建立龙头企业名录，绘制上下游产业发展图谱，力促龙头做强做大、规模裂变扩张，培育打造优势产业集群。繁荣发展现代服务业。加快推进家具城“二次创业”，推动家居小镇建设，建立北京、雄安专项家居服务供应链，扩大品牌影响力。着力盘活汽配城、建材城、家具城等闲置空间，引入高端商务、金融服务、文化创意、电子商务等业态，推动多业态融合发展。挖掘开发文旅资源，支持文旅产业发展，完善配套服务设施，推广“香河肉饼”品牌化、标准化，做好“+文化旅游”文章，打造一批独具香河符号的文化旅游产品、特色品牌民宿、风情商业街区和文化旅游线路，让“美丽风景”变成“美丽经济”。

提升企业竞争力。强化企业创新主体地位，不断增强竞争优势。建立科技型企业梯度培育机制，用好科技创新奖励基金，支持企业建立研发机构、加大研发投入、开展研发攻关，加快培育一批“小巨人”企业，全年新增“专精特新”企业5家以上、科技型中小企业60家以上、高新技术企业10家以上。开展科技创新跃升行动，建立科技成果展示应用平台，发挥机器人小镇等载体作用，吸引京津研发资源集聚，加快构建协同创新共同体。建立科技人才和科技成果转移转化激励机制，支持企业与高校、科研院所融通创新，引进建设中试基地、社会实践基地和成果转化基地，力促更多科技成果来香转化产业化。鼓励企业发扬“工匠精神”，加强质量、品牌、标准和信誉建设，培育一批“香河制造”样板企业，打造更多香河制造“百年老店”。

提升营商软实力。着眼打造“全国一流、全省领先”的市场化、法治化、国际化营商环境，坚持自我革新、刀刃向内、精准发力，打造“香河服务”

品牌。立足释放活力，持续深化“放管服”改革，实施行政许可和备案事项清单式管理，大力推动“证照分离”改革，提升企业群众办事便利度。立足管出秩序，做好审管衔接，强化“双随机、一公开”监管，进一步规范部门检查执法行为，做到“无事不扰、有求必应”。坚决维护市场主体合法权益，严厉打击侵犯知识产权、制假售假等破坏营商环境行为，用实际行动践行护企承诺。立足优化服务，严格落实减税降费、纾困惠企政策，健全“企业吹哨、部门报到”服务机制，完善“两个不见面”审批模式，推进“多规合一、多审合一、多评合一、多验合一”。探索建立网上市民服务中心，推动便民服务由线下向线上延伸。畅通政企常态化沟通渠道，建立健全帮扶台账，提供精准滴灌式服务。实施企业家培育工程，激励企业家干事创业，构建亲而有度、清而有为的新型政商关系，努力营造亲商、重商、安商、扶商的浓厚氛围。

四、聚力城市建设，突出提质扩容，增强一体化发展承载能力

对标北京城市副中心建设，精心规划、精致建设、精细管理，提升城市智慧、安全和韧性水平，加快建设功能完善卫星城。

用工匠精神建设城市。突出规划引领。进一步完善国土空间规划，加快编制各专项规划、控制性详细规划和镇村规划，强化规划刚性约束，确保一张蓝图干到底。完善基础设施。做好京唐高铁建设服务保障工作，启动大辛路景观亮化工程，完成淑阳大街西延、永盛路贯通及连村道路养护改造等路网工程建设，升级地下管网，增设公厕、充电桩、便民市场等配套设施，推进5G网络等新型基础设施建设，确保人民广场、垃圾焚烧发电厂、民兵训练基地等工程建成投用。提升形象品位。深入开展“美丽街区”“精品街道”创建活动，逐步推进城区绿化美化和景观亮化提质，打造一批雕塑小品、口袋公园、小微绿地和亮化节点，实现城市颜值与品质“双提升”。

用绣花功夫管理城市。坚持“软引导”和“硬约束”并重，强化城市“微治理”。加强“洁净城市”建设。进一步提高机械化清扫保洁水平，加大小街小巷、城中村、城乡接合部等重点部位清扫力度，持续推进垃圾分类，提升人居环境品质。加强“整齐城市”建设。进一步压紧压实属地、部门和网格责任，常态化开展治乱、治违、治堵专项整治行动，疏堵结合解决停车难、占道经营等问题，规范城市综合秩序。加强“智慧城市”建设。深入开展新型智慧城市试点建设，统筹管理各类数据信息资源，探索建立云计算中心、城市数字平台和网络安全态势感知平台，推进智慧媒体与社会治理体系深度融合，提高“智慧香河”建管水平。加强“安全城市”建设。扎实推进物业管理体制机制创新改革，研究制定物业服务企业考核实施细则，强化监督管理，加快实现无物业小区管理全覆盖，构建“六位一体”共建共治共享社区治理格局。加强水电热油气等基础设施安全监测，严格供水、供热、供气和出租、公交运营企业监管约束，完善群众投诉快速处置机制，引导企业创新服务方式，让群众生活更方便、更安心、更舒适。加强“文明城市”建设。践行社会主义核心价值观，加强新时代文明实践中心建设，深化精神文明创建活动，培育道德典型，放大好人效应，推进志愿服务，让文明在香河蔚然成风。

用发展理念经营城市。有序推进城市更新。加快城中村和老旧小区改造，推进已拆除区域回迁社区建设，完善商业功能和配套设施，逐步焕发老城区活力。健康发展房地产业。坚持“房住不炒”，落实整治规范房地产市场秩序三年行动计划，合理发展保障性租赁住房，鼓励建设高品质住宅小区，促进房地产市场平稳健康发展。促进产城融合发展。统筹利用闲置写字楼资源，引进发展总部企业、结算中心等楼宇经济，繁荣夜经济，力促城市经济加快发展。加强镇村商贸物流站点建设，提高城乡物资双向流通效率，促进消费扩容提质，培育经济增

长持久动力。

五、聚力乡村振兴，突出强基提质，夯实一体化发展坚实基础

坚持农业农村优先发展，有的放矢补短板、强弱项、提质效，加快推进农业农村现代化，打造乡村振兴新典范。

力促农业高质高效。深入推进农业供给侧结构性改革，将科技、绿色、质量、品牌贯穿农业生产各领域，提高农业综合竞争力。夯实发展基础。坚持最严格的耕地保护制度，全力保障粮食安全。启动666.67公顷（1万亩）高标准农田建设工程，提高农业发展承载力。培育特色品牌。瞄准京津市场需求，培育绿色果蔬、特色畜禽等“香字号”农业品牌，打造京津绿色优质农产品供给基地。宣传推介“香河莲藕”“香河韭菜”等特色农产品，深入开展绿色、地理标志等优质特色农产品认证，争创国家农产品质量安全县。创新经营模式。开展土地流转协议合法性审查，引导流转大户和龙头企业利用集中连片流转土地，引入现代农业项目，加快形成种养加一条龙、产供销一体化的产业经营体系。探索“土地托管”服务模式，将生产环节委托给专业机构，降低生产成本，提升综合效益。力促融合发展。拓展农业生产、教育、科普和休闲旅游功能，延长农业产业链，力促农业与二、三产业融合发展，打造都市休闲农业基地。

力促乡村宜居宜业。加快特色城镇建设。实施“一镇一策”，加快推进安平镇、蒋辛屯镇两个新市镇建设，完善基础配套、公共服务等功能设施，努力打造产业特色鲜明、生态环境优美、体制机制灵活的特色小镇。稳妥推进新民居建设。调整完善《村庄整合实施方案》，加快香安城、香五新村等回迁社区建设，稳步推进回迁安置，力促拆旧村街复垦。支持农村住房抗震节能改造，妥善安置河道内村街和京唐高铁搬迁群众。狠抓农村人居环境整治提升。完善城乡基础设施统一规划、建设、运营和管护机制，持续推进村街“四化”，全面提升农村生活垃圾一体化治理水平，扎实开展“美丽庭院”创建活动，增强群众文明素养，进一步改善农村人居环境。

力促农民富裕富足。壮大集体经济。持续深化农业农村重点领域和关键环节改革，鼓励盘活利用闲置资源创新创业，挖掘增收潜力、拓宽增收渠道。坚持“政府引导、政策扶持、分类指导、整体推进”，培育农民合作社20家以上。完善农村“三资”智慧监管系统，严防集体资产流失。强化人才支撑。加强农村实用人才和新型职业农民培训，加快推进农业创新驿站建设，推动更多科技成果应用到田间地头。扎实做好农村“两委”换届。选出更多懂管理、会经营的当家人，更好带领群众增收致富。

六、聚力生态建设，突出治理保护，增蓄一体化发展比较优势

坚持生态优先、绿色发展,精准打好污染治理攻坚战，厚植绿色生态新优势，打造生态文明样板区。

坚决守护香河的“蓝天”。强化精准治污。落细落实大气污染防治各项措施，严格扬尘污染管控，深化锅炉综合整治，强化企业深度治理，加快老旧车淘汰和新能源车推广，有效减少源头污染。强化系统防治。加强环保队伍建设，完善专业检测装备，打造人防、物防、技防“三位一体”防护治理体系。强化应急响应。加强与京津大气污染治理预警会商协调，构建“责任共同体”。落实重污染天气应急响应差异化管控措施，坚决防止“一刀切”，最大限度降低对企业生产经营的影响，提升群众蓝天幸福感。

坚决守护香河的“碧水”。拧紧责任链条。压紧压实各级河长责任，完善日常反馈联络、监督巡查、问题处理等工作机制，提高河渠管护水平。强化污染治理。实施现代污水处理厂、平安污水处理厂提标改造，深入开展河渠水环境集中整治专项行动，常态化整治纳污坑塘、黑臭水体，确保国省市控考核断面水质稳定达标。加强保护利用。坚持水岸联动、治管并重，强化农村集中式饮用水源地保

护，深化地下水超采综合治理，推进农业节水、生态补水、河道蓄水，提高水资源利用效率。

坚决守护香河的“净土”。夯实治理基础。实施垃圾填埋场好氧稳定化减容处置工程，启动建筑垃圾资源再利用一体化生态工厂项目，提高治理承载能力。加强排查整治。深入推进危险废物安全专项整治三年行动，突出重点行业领域排查治理，加快规模养殖场粪污资源化设备上档升级，有效减少源头污染。推进污染修复。建立疑似污染地块清单和优先管控名录，统筹推进污染治理和修复，促进土壤资源永续利用。

坚决守护香河的“绿色”。认真落实省碳达峰行动方案，支持企业实施绿色低碳改造，提高发展“绿色含量”。深入开展造林绿化。高标准实施廊道绿化、城乡绿化工程，完成营林造林任务，创建一批绿美村庄、园林式社区和单位，全力争创省级森林城市。加强环保执法检查。深化重点行业绩效分级管理，严格执行“三线一单”管控制度，坚决打击各类违法违规行为。倡导绿色生活方式。引导群众自觉履行环境保护责任，践行绿色发展理念，倡导低碳消费，坚决制止餐饮浪费等行为，营造生态建设人人有责、人人参与、人人共享的良好社会风尚。

七、聚力社会建设，突出共建共治共享，彰显一体化发展民生温度

民之所望，施政所向！即使财税增收的困难再大，重点任务资金压力再重，我们也将全力以赴优先安排民生工程、优先满足民生需求，让广大群众看到更多变化、获得更多实惠！

用心办好民生实事。聚焦群众急难愁盼的问题，深入实施教育基础设施提升、老旧小区改造、城区雨污分流改造、农村生活污水治理等民生工程和惠民实事，实行台账管理，狠抓督导调度，确保12月底前高标准、高质量完成年度目标任务，真正把好事办好、实事办实。

提升公服供给品质。坚持教育优先发展。落实立德树人根本任务，深化教育改革创新，实施创名校、树名师、育名生工程，加强校长教师进京轮训和交流培训，打造一流教育品牌。巩固发展高中教育，加快发展职业教育，均衡发展义务教育，扩大普惠性学前教育供给，不断满足群众对高质量教育的需求。加强健康香河建设。落细落实常态化疫情防控措施，有序推进疫苗接种，全力保障群众生命健康安全。深化“四医联动”改革，提升医共体建设水平，加快推进中医院东院区和刘宋、五百户等卫生院改造，全面加强与北京优质医疗资源深度合作，让广大群众享受更多专业化的“北京服务”。繁荣发展文体事业。高标准承办全市文化旅游产业发展大会，推动镇村综合文化服务中心高效使用，广泛开展群众性文体活动，倡导“全民阅读”，弘扬读书风气，让书香飘满香河。

织密社会保障网络。巩固脱贫攻坚成效。坚决落实“四个不摘”要求，加强防贫返贫预警监测，严格落实防止返贫政策措施，确保脱贫人口持续稳定增收。做好稳就业工作。落实就业优先政策，做好高校毕业生、城镇困难人员等重点群体就业工作，千方百计稳定和扩大就业。提升全民参保水平。加大医疗、养老、工伤等保险扩面征缴力度，严厉打击欺诈骗保等违法行为，维护医保基金安全，守护好群众的“救命钱”。加强困难群众帮扶。全力做好孤儿、残疾人等困难群体救助关爱服务工作，帮助解决实际问题，让困难群众切实感受到更多的党和政府温暖。

守牢安全稳定底线。强化公共安全保障。严格落实安全生产责任制，扎实开展安全生产专项整治三年行动，加强危险化学品、道路交通、建筑施工、消防安全、食药安全等重点行业领域监管，维护群众生命财产安全。实施安全素质提升工程，加强应急管理体系和能力建设，提高防灾减灾抗灾救灾能力，严防重特大事故发生。提升社会治理能力。全力推动全省乡村治理体系基层组织建设专项试点县建设，深入推进“三无三百”平安村（社区）创建活动，全面加强“全科网格”建设，持续推进“群众说事、干部解题”工作，融合社会治理资源，实现治理主体多元化、手段多样化，着力构建政治、法治、德治、自治、智治“五位一体”的社会治理体系。抓好社会风险防控。健全重大风险常态摸排、动态监管、及时化解、应急处理机制，密切关注金融、债务、房地产、非法集资等领域风险隐患，确保不发生系统性区域性风险。提高平安建设水平。坚持群众利益无小事，严格落实领导包联和接访制度，全力化解各类信访案件。加强社会矛盾纠纷排查调解，有效预防“民”转“刑”案件发生。持续深化宗教治理，推动宗教工作由“管得住”向“管得好”转变。常态化开展“扫黑除恶”，扎实推进“五大智慧工程”提质扩面，严厉打击盗窃、传销、电信诈骗等违法犯罪活动，力争实现全国平安建设先进县“六连冠”，坚决当好首都政治“护城河”的排头兵。

加强政府自身建设

各位代表！时代赋予重任，发展需要实干！我们将牢记初心使命，知责于心、担责于身、履责于行，坚决顶起自己该顶的那片天，以实际行动诠释责任担当，努力开创政府工作的新局面。

突出政治建设，做到忠诚为政。坚决把政治建设摆在首位，深入学习贯彻习近平新时代中国特色社会主义思想，认真开展中共党史学习教育，立足“两个大局”、心怀“国之大者”，不断提高政治判断力、政治领悟力、政治执行力，增强“四个意识”、坚定“四个自信”、坚决做到“两个维护”，确保各项事业始终沿着正确的政治方向前行。

突出法治建设，做到依法行政。严格落实习近平法治思想，进一步提升法治政府建设水平。强化法治思维。深入开展“法治九建”“法律九进”活动，强化法治观念，让办事依法、遇事找法、解决问题用法、化解矛盾靠法成为工作常态。强化制度观念。严格执行重大行政决策法定程序，落实公众参与、专家论证、风险评估、合法性审查和集体讨论等机制，坚决维护制度权威，抓好制度执行。强化监督意识。主动接受人大法律监督、政协民主监督、纪律监察监督，自觉接受舆论监督和社会监督，高质量办理人大议案和政协提案。深化政务公开，完善政府权力清单、责任清单和监管清单，让政务服务在阳光下运行。强化诚信建设。健全信用制度和信用标准，建立“守信激励、失信惩戒”联合奖惩机制，打造“诚信香河”品牌。

突出能力建设，做到高效施政。强化“三效”导向，力促行政服务提质提效。立足“提效率”，进一步完善“明责履责共责问责”岗位责任体系，将任务目标项目化、项目节点化、节点责任化，倒排时序、挂图作战，确保各项工作高效运转。加强统筹协调，分出轻重缓急，突出工作重点，注重科学高效，以过硬的本领应对复杂形势、完成艰巨任务，确保上级党委、政府和县委的各项决策部署落地落实。立足“增效益”，进一步践行“一线工作法”，持续推进“大调研、大走访、大帮扶”活动，摸清家底，找准问题，破解发展瓶颈制约，盘活优质国有资产，提升运营管理水平，撬动更多社会资本，实现综合效益最大化。立足“出效果”，进一步抬高标尺、主动加压、对标先进、赶超进位，以主观努力争取最好结果。进一步强化跟踪问效，加强对重点项目、重点任务、重点工作的督导检查，盯死死盯抓落实，让政府每项工作都掷地有声、开花见果。

突出作风建设，做到担当执政。始终把抓执行、促落实作为政府工作的主旋律，深入推进优化营商环境和干部作风整顿活动，进一步转变工作作风，强化责任担当。注重改革创新。针对群众和企业关心的堵点、难点和痛点问题，更富创造性、更具建设性地思考研究，找准问题背后症结，拿出务实管用招法，以思想破冰和思路创新，打开工作的新局面。提升担当能力。切实增强政府系统干部队伍“八项本领”，提高“七种能力”，敢于动真碰硬、叫板叫号，决不遇到问题绕着走、碰到矛盾躲着走、看见难点低头走，坚决杜绝“老好人”思想。勇于攻坚克难。拿出闯的魄力、拼的劲头，撸起袖子加油干，甩开膀子努力干，苦干实干加巧干，努力在破解难题中实现新突破。坚持雷厉风行，说了就办、定了就干，时不我待、只争朝夕，集中力量、全力以赴打好攻坚战、啃下硬骨头。营造实干氛围。完善研讨交流和晾晒点评工作机制，以晒促赛，以赛促进。健全激励和问责机制，大力发扬孺子牛、拓荒牛、老黄牛精神，旗帜鲜明为肯干苦干者加油，为敢闯敢拼者撑腰，让“求真、务实、担当、高效”在政府系统蔚然成风。

突出廉政建设，做到从严治政。严格落实政府系统全面从严治党主体责任，落细落实中央八项规定精神，坚定不移推进政府系统党风廉政建设和反腐败工作。加强警示教育。常态化开展政治性警示教育，用好监督执纪“四种形态”，保持正风肃纪高压态势，坚决向不作为、乱作为、慢作为开刀，让“办事不求人、办成事不找人”在香河成为社会共识。厉行勤俭节约。强化过“紧日子”思想，坚持开源节流、跑办为先、精准施策，严格预算绩效管理，压缩“三公”经费支出，集中财力保民生、保运转、保重点。扎紧制度笼子。深化“三不”机制建设，加强重点领域、重点单位、重点岗位的全程管控和审计监督，深化巡视巡察成果运用，推进群众身边腐败和作风问题整治，坚决维护政府良好形象！请全县人民给予严格监督！

各位代表！征途漫漫，唯有奋斗！让我们更加紧密地团结在以习近平同志为核心的党中央周围，坚持以习近平新时代中国特色社会主义思想为指导，在县委的坚强领导下，咬定青山不放松、脚踏实地加油干，以高质量发展为“十四五”开创新局面，以优异成绩庆祝建党100周年！

香河县2020年国民经济和社会发展统计公报

2020年是全面建成小康社会的决胜之年，也是“十三五”规划的收官之年，在县委、县政府正确领导下，深入学习贯彻党的十九大和十九届二中、三中、四中、五中全会精神，统筹推进疫情防控和经济社会发展各项工作，扎实做好“六稳”工作，全面落实“六保”任务，经济稳定恢复，社会发展稳步提升，确保“十三五”圆满收官、“十四五”良好开局。

一、综　合

初步核算，全县地区生产总值完成234.9亿元，同比增长3.5%，其中：第一产业完成20.6亿元，同比增长4.4%；第二产业完成57.7亿元，同比增长10.4%；第三产业完成156.6亿元，同比增长0.7%。三次产业比重为8.8 : 24.5 : 66.7。

民营经济快速发展，2020年民营经济实现增加值153.2亿元，同比增长3.8%，占地区生产总值比重的65.2%。民营经济实缴税34.6亿元，同比增长0.72%，占全部财政收入比重的63.3%。

二、农　业

全年粮食播种面积11614公顷，粮食总产量70836吨。其中，冬小麦播种面积4358公顷，产量27801吨。玉米播种面积6813公顷，产量41570吨。蔬菜及食用菌播种面积9453.8公顷，产量525089吨。油料播种面积69.7公顷，产量189.7吨。

全年肉类总产量9291.8吨，其中，猪肉产量2129.1吨，牛肉产量1916.8吨，羊肉产量800.6吨，禽肉产量3365.9吨。奶类产量11081.2吨，禽蛋产量40232吨。

全年淡水产品产量2091吨，淡水养殖面积267公顷。人工造林面积540公顷，森林抚育面积2000公顷，木材采伐7457立方米。

农用化肥施用量（折纯）17071吨，农村用电量23187万千瓦时。农业产业化经营率达到51.3%。

三、工业和建筑业

全年工业增加值同比增长5.7%。其中，规模以上工业增加值增长5.5%，规模以下工业增加值增长5.8%。规模以上工业企业实现利润6亿元，同比下降4.1%。规模以上工业营业收入利润率6.9%。规模以上高新技术产业增加值同比增长9.1%。

全年建筑业实现增加值22.4亿元，同比增长19.5%。其中，资质建筑企业房屋建筑施工面积同比增长7.1%。

四、固定资产投资

全年固定资产投资完成同比增长3.3%。第一产业投资增长-46.1%；第二产业投资增长-8.6%。其中，制造业投资增长-20.9%，电力、热力、燃气及水生产和供应业投资增长113.1%；第三产业投资增长11.7%。其中，交通运输、仓储和邮政业投资增长142.8%，租赁和商务服务业投资增长-15.7%。基础设施投资增长-2%，占投资比重为15.8%；房地产开发投资增长47.4%，占投资比重为48.5%。

亿元以上建设项目投资增长-29.5%，占固定资产投资的40.2%。

五、交通和电信业

交通运输业稳步发展。公路交通条件不断改善，公路里程1042千米，其中：国省道84.737千米，县公路56.762千米，乡公路107.024千米，堤顶路76.038千米，村级路793.256千米，特大桥2座2780

米，大桥30座8360.44米，中桥34座1841.5米，小桥171座，2829.97米。年末实有大型载货汽车97辆，中型载货汽车82辆，小型载货汽车1678辆，大、中型载客汽车27辆。

电信业发展迅猛。互联网宽带接入用户150000户，年末固定电话22238部，移动电话453490部。

六、国内贸易

2020年，全县社会消费品零售总额完成117.6亿元，同比下降1%。其中，限额以上企业（单位）实现消费品零售额6.3亿元，同比下降17.5%。分城乡看，城镇市场发展快于乡村市场，城镇市场实现零售额86.3亿元，同比增长28.1%；乡村市场实现零售额31.4亿元，同比下降39.1%，城镇市场高于乡村市场67.2个百分点。按行业分：批发零售业实现零售额113.6亿元，同比下降2.2%；住宿餐饮业实现零售额4亿元，同比增长53.1%。

七、对外经济

全年实际利用外资3085万美元，同比增长218%。其中：外商直接投资3085万美元，同比增长218%。全年入统项目5个。

八、财政和金融

全年财政收入54.7亿元，同比下降14.8%。其中：一般公共预算收入完成30.8亿元，同比下降19.8%。全县公共财政支出57.2亿元，同比下降9.4%。全县税金实际入库累计完成43亿元，同比下降18.7%。

年末金融机构各项存款余额500.2亿元，比年初增加16.6亿元；住户存款余额374.6亿元，比年初增加36.3亿元；金融机构人民币各项贷款余额651.2亿元，比年初增加28.3亿元，其中，中长期贷款453.3亿元，比年初增加3.4亿元。

九、教育、文化、卫生事业

全县共有普通高中4所，招生2621人，在校生7528人，高中阶段毛入学率93.5%；初中12所，招生4967人，在校生14306人；小学71所，招生7130人，在校生39535人。全县拥有专任教师6090人。

全县共有公共图书馆1个，博物馆1个，文化馆1个，文化站9个，剧场1个，影剧院3个，村（社区）综合性文化服务中心316个。广播、电视综合人口覆盖率达到100%。

全县共有县级医院3个，中心卫生院3个，镇卫生院6个，疾病预防控制中心1个，妇幼保健院1个。医疗卫生机构共有床位2230张。全县拥有村级卫生组织295个，乡医士260人。拥有执业医师及执业助理医师1165人，注册护士1067人。

十、人口和人民生活

年末户籍人口383620人，比上年末增加7270人，年末户籍户数132094户。常住人口449038人，比上年末增加70854人。常住人口城镇化率73.64%，比上年提高10.9个百分点。

符合政策生育率96.55%，出生人数2577人、出生率为6.99‰，死亡人数2029人、死亡率为5.5‰，自然增长人数548人、人口自然增长率1.49‰。

城乡居民收入持续增长，生活水平不断提高。2020年，城镇居民人均可支配收入48365元，同比增长3.6%；农村居民人均可支配收入21021元，同比增长6.5%。全部“四上”企业从业人员平均工资65552元，同比增长6.5%。年内，享受低保户3222户，享受低保人数4063人，全年共发放低保资金3227万元。

专　题

责任编辑　闫振春

京津冀协同发展

规划对接。严格按照“四统一”（统一规划、统一标准、统一政策、统一管控）要求，突出规划引领，对标对表对接《北京市通州区与河北省三河、大厂、香河三县市协同发展规划》，着眼打造“绿色家居智慧城、运河休闲文化城、多河富水生态城、京东养老宜居城”，高标准编制县域规划体系，截至2020年年底，国土空间总体规划形成初步成果，各镇国土空间总体规划编制初步方案，村庄规划试点蒋辛屯镇李庄村和岭子村的规划方案形成规划成果。严格落实省市《贯彻协同发展规划的实施意见》和《关于处置北三县与通州区贴边建设的实施意见》，扎实推进贴边项目处置工作，为长远发展夯实基础。

交通互联。对标京津，巩固“四好农村路”全国示范县成果，完成国道通武线改造等重点工程建设，加快推进农村公路升级，优化与北京路网通行条件。同时，立足开辟进京新通道，与北京市交通委员会、北京市路政局通州公路分局进行多次对接，谋划启动安石路西延、通宝路新建等路网工程，年内，工程被列入《廊坊市“北三县”与通州区协同发展综合交通专项规划（2018－2035）》，并结合新出台的《北京市通州区与河北省三河、大厂、香河三县市协同发展规划》，进一步优化线路和接线位置；京唐铁路建设工程红线内民宅全部拆除到位，进行桩基和承台墩身建设。

产业互动。相继出台《招商引资及项目建设奖励办法》等一系列奖励支持政策。严格执行新增产业禁限目录，健全完善承接项目清单，坚持以承接北京“容不下、离不开、走不远”的产业为引领，瞄准在京中央企业、大型民营企业和北京国有企业，有组织、有计划地加强精准对接，主动承接北京产业疏解。明确产业定位，进一步优化产业布局，着力构建与北京城市副中心错位互补、融合互动的现代产业格局。截至2020年年底，香河县涉及协同发展的产业、基础设施及公共服务项目63项，总投资871.8亿元，同时，储备了金融科技产业园、云之鼎数据产业中心、浙云新经济产业中心等一批优质产业项目，总投资超400亿元。9月15日，在“2020年北京市与河北省廊坊市‘北三县’项目推介洽谈会”上，香河县签约项目9个，总投资66亿元。

生态治理。以环京津、环城镇、环村庄，沿路、沿河以及集中连片规模化造林为主线，打造环京、环津高质量绿色生态走廊，着力构建北京城市副中心重要生态屏障。近两年造林2000公顷（3万亩），全县林木绿化率提高到43.2%，被评为“全国绿化模范县”“省级园林县城”。同时，立足于大气污染、水污染治理的联防联控，对照北京市标准，积极推进县污水处理厂提标改造，由国家一级A标准提升至京 B 标准；加快垃圾焚烧发电厂和镇区垃圾转运站建设，推进城乡生活垃圾一体化治理，实现生活垃圾处理无害化、减量化和资源化，最大限度地减少污染排放。

公共服务。爱晚香河国家养老示范基地大爱医院项目主体工程建设完毕，北京市景山学校香河分校一期建设完成投入使用，县内教师、校长进京轮训常态化开展，与北京儿童医院、同仁医院等 30 家定点医疗机构签署《京冀医疗保障协同发展医疗服务协议》，患者在定点医院就医，执行参保地同级同类定点医疗机构待遇标准(城镇职工起付线为 900 元，城乡居民起付线为 2500 元，报销比例与参保地相同,但执行就医地医保目录,总体报销比例更高)。香河县 3 家县级医院和 9 家乡镇卫生院已接入国家异地就医结算系统，实现“一卡通办”，方便北京参保人群到香河就医直接结算。

社会治理。扎实推进基层社会治理体系和治理能力现代化，推行县镇村（社区）三级贯通、多方参与、一格多能的“全科网格”，研发上线“香河县社会治理信息系统”，出台“群众说事、干部解题”机制，继续实施智慧边界、智慧路防、智慧视频监控、智慧平安社区、智慧警务站“五大智慧工程”，持续巩固“全国平安建设先进县”和“长安杯”成果，坚决当好首都政治“护城河”排头兵。

疫情联控。牢固树立协同发展一盘棋思想，在人员排查、交通通道查控、企业复工复产等方面启动联动机制，制定出台《关于新冠肺炎疫情防控期间规范往返北京香河工作和居住人员出入管理的暂行办法》，对进京车辆和人员进行 24 小时全面排查和体温检测，严防疫情输入北京。扎实推进核酸检测实验室建设，成为全省唯一建立 3 个核酸检测实验室的县。

沟通对接。与北京市和通州区相关部门、企业、协会建立了常态化对接联系机制，对接内容涉及规划编制、社会保障、应急管理、园林绿化、产业转移、基础设施、教育培训、联合治超、生态联防联控、预算绩效管理等方面，签订《通州区与香河县公共就业服务机构协作（合作协议书）》《通武廊中医健康直通车工作协议》等多个合作协议，形成一批对接成果，县人民医院与北京宣武医院、北京航空总医院等 20 余家京津三甲医院建立合作关系。教师培训互访、北京专家到香河坐诊等活动常态化开展，取得良好成效。

（杨　波）

全面深化改革

2020 年，香河县全面贯彻党中央和省、市委改革决策部署，认真推进各项改革任务落实。同时，坚持改革任务具体化、本地化，紧密结合上级要求和本地实际，既不折不扣“跟着改”，又积极作为“主动干”，推动改革工作与整体工作深度融合。上级安排的 111 项改革任务全部落实到位。这些改革任务的落实，有力促进香河县全面深化改革工作向纵深推进，有力支撑全县高质量发展和县域治理体系和治理能力现代化。

一、坚持以效率为目标，强化领导抓改革

不断深化抓改革的机制建设，用好的机制引领改革、抓好改革，提高改革效率。

坚持以上率下“领着改”。认真落实全面深化改革工作主体责任、政治责任，召开县委全面深化改革委员会会议 9 次，学改革、抓改革、促改革，先后学习传达中省市改革会议精神 15 项，审议改革文件 21 个，听取 7 项改革任务落实情况汇报，有力推动了各项改革任务落实。县委主要领导按照习近平总书记“四个亲自”的指示要求，全程引领推动了家具城管理体制改革、河北香河经济开发区改革、乡镇改革。同时，为每名改革委成员确定了分包改革任务，将责任明确到人，确保重点改革工作有人抓、有人管。

坚持部门协同“比着改”。突出县直单位作为

承接改革任务落实的主体地位，全面推进改革任务落实、改革试点争列、改革经验推广等工作。2020年，建立发展党员监审员制度、开展电视问政、全民消灭旱厕、改革医保支付方式等18项自主谋划改革高标准完成。香河县成功争列第一批智慧城市建设试点、农村公路管理养护体制改革试点、河北省数字乡村建设试点县等3个省级试点，全县试点总数16个，数量居全市首位。

坚持从严从实“督着改”。积极创新推动全县改革工作的体制机制，充分发挥县委全面深化改革委员会办公室“参谋助手”作用。制定出台《县委全面深化改革委员会办公室和县直部门开展联合改革督察办法》，将改革责任压力向镇级传导，既弥补了在督察中的专业不足，又使县直部门借助县委全面深化改革委员会办公室平台推动改革落实。2020年，对农村集体产权制度改革、预算绩效管理等25项任务进行督察，有力提高部门抓改革、基层落实改革的自觉性、主动性。创建《改革动态》季刊，设立上级改革部署、一把手抓改革、当前改革进展等多个大版块及审议文件、创先争优、新增试点等若干子版块，年内，印发3期，有效方便了县委全面深化改革委员会领导和各级各部门系统学习上级改革部署精神，掌握全县改革整体进展情况。

二、坚持以效益为重点，克难争先抓改革

面对突如其来的新冠肺炎疫情，香河县在推进改革中聚焦试点、难点、亮点任务，常抓狠抓，强化改革任务落实的整体支撑。2020年，全县获得市级以上荣誉54项，121个改革做法和成效在中省级主要媒体刊载，7项改革做法在市级以上会议作典型发言，14篇改革经验在市级以上内刊发表，全县深化改革工作取得重要成果。

抓试点，强带动。充分发挥国家级、省级改革试点的“先行先试先收益”作用，深入抓好国家紧密型医共体建设试点县、盘活存量建设用地省级试点、建立发展党员监审员制度市级试点等各级改革试点。截至2020年年底，覆盖县镇村三级的县域医共体基本建成，群众分级诊疗全面实施，重大疾病手术等高精尖医疗技术全面提升，基本实现“小病不出镇村、大病不出县”目标，香河县被评为省级医药卫生体制改革先进县。盘活存量建设用地省级试点成效显著，在《北京市通州区与河北省三河、大厂、香河三县市协同发展规划》的管控下，借助这一试点，全年盘活存量建设用地211.53公顷(3173亩)，有效提高了土地节约集约利用水平，为项目建设提供了空间。发展党员监审员制度试点及时有效，有力规范了基层党组织发展党员中的程序不规范、审查不全面问题。下一步，将重点推广各项改革试点经验，提升香河县试点的影响力。

克难点，助攻坚。聚焦难点改革任务，深入推进改革攻坚。在推进大运河文化公园河北段建设试点上，坚持把北运河旅游通航作为“一号工程”来抓，党政主要领导既挂帅又出征，建立定期调度、人大审议、专家论证、容错纠错、督导问效5项机制，积极克服项目审批、建设资金、土地指标等难点问题。截至2020年年底，市政府印发《北运河廊坊段旅游通航规划》及实施方案，香河权属段河道清淤疏浚工程全部完工，两岸景观提升工程进场施工，桥梁改造、堤防改建等工程加快推进，中心码头和安运码头2处停靠设施建成投入使用，3.5千米航道选线和导助航设施配布完成，3艘游船下水试航。

创亮点，促提升。注重改革亮点的示范与带动作用，以改革工作亮点支撑全县整体改革效益上台阶、上水平。依托便民服务中心软硬件建设，全面推介香河县“放管服”改革经验，香河县创新推出的“六个办”（“网上办”“掌上办”“码上办”“引导办”“一窗办”“一机办”）服务群众模式被国家发改委主管的《改革内参》刊载。全面深化和推进基层治理创新，“3+3+3”（坚持厚爱、严管、示范三结合，增强基层堡垒战斗力；坚持自治、法治、德治三结合，提升良法善治引导力；坚持便民、富民、惠民三结合，强化造福群众支撑力）体

系提升乡村治理探索、坚持以人民为中心推动乡村振兴示范区建设、智慧平安社区建设等改革经验在国家级或省市级改革动态上刊载。2020年，在省级以上内刊刊载改革经验3篇，其中，在《改革内参》刊载改革经验2篇，改革经验推广数量创近年来新高，香河县改革的知名度进一步提升。

三、坚持以效果为导向，统筹协调抓改革

按照习近平总书记“使改革更好对接发展所需、基层所盼、民心所向”的要求，全面推动县域改革和发展深度融合、高效联动。

对接发展所需，打基础、利长远。坚持按照“当前的事做好、长远的事做对”思路，扎实做好打基础、利长远的改革。抓紧发展机遇。围绕《北京市通州区与河北省三河、大厂、香河三县市协同发展规划》，出台《香河县关于通州区与廊坊市“北三县”协同发展规划贯彻落实意见》，高标准做好国土空间总体规划编制工作，截至2020年年底，形成初步成果报省审定。强化发展支撑。紧盯北京“容不下、离不开、走不远”的高端制造业和现代服务项目，积极开展线上线下招商，加快承接北京项目，年内，争列省市重点项目10个，实施亿元以上项目86个，22个集中开工项目完成投资21.8亿元，占年投资计划的103%。夯实发展基础。大香线、大辛路等12条道路维修改造工程建成通车，京唐铁路、滨河公园、垃圾焚烧发电、民兵训练基地等一批基础设施重点工程加快建设，智慧城市建设成果显著，公安、综合执法等15个部门24个系统接入智能化指挥调度中心，46家单位接入政务网络平台，城市管理效率大幅提升。

对接基层所盼，解难题、防风险。坚持“重心下移、关口前移”，把精力、资源、要素向基层倾斜。认真落实企业纾困和减税降费各项措施，2020年，为企业减税降费规模达2.6亿元，有效减轻企业负担。围绕基层群众“方便——不方便”的问题，扎实推进“厕所革命”，全县农村学校、医院等公共场所全部完成卫生厕所改造，香河县全面消灭了农村旱厕。围绕群众反映的“停车难”问题，认真研究制定《城区停车场管理办法》，谋划新停车区、推进现有停车场建设。积极推广“群众说事、干部解题”工作机制，依托社会治理信息系统，全面推进网格化和信息化基层治理，全县化解基层矛盾纠纷2305件，解决群众反映公共事件3672件。全面推进电视问政，以“我们的家园”“我们的出行”为主题，聚焦群众关注的农村环境卫生、重点交通工程等开展电视问政，既回应群众关切，又鞭策部门作为。

对接民心所向，补短板、惠民生。全面提升教育环境，投资1.5亿元推进21项教育工程，全县部分中小学校舍新改建、附属设施配建等工程高标准完成。实施全县农村学生营养改善计划，惠及3.9万名农村中小学生。推进普惠型幼儿园创建，全年建成15所普惠性幼儿园，幼儿入园难、入园贵问题得到有效缓解。落实医保京津冀异地直接结算政策，京津30家三甲医院纳入医保定点范围，无需转院证明，办理备案手续后凭社保卡可直接结算，全年为2326名患者统筹基金支付2595万元。积极改善群众出行条件，130千米城乡道路完成新改建工程。全面推进乡村振兴，22个村街获批省级乡村振兴示范区。

（张建波　董　苑）

北运河旅游通航

大运河全长近3200千米（包括隋唐大运河、京杭大运河、浙东运河），具有2500余年历史，是世界建造时间较早、使用时间较长、空间跨度较大的人工运河，2014年，被列入世界遗产名录。中共十八大以来，以习近平同志为核心的党中央高度重视大运河文化保护、传承和利用工作。2017年6月，习近平总书记作出重要批示：“大运河是祖先留给我们的宝贵遗产，是流动的文化，要统筹保护好、

传承好、利用好。”2019年中共中央办公厅、国务院办公厅先后印发《大运河文化保护传承利用规划纲要》《长城、大运河、长征国家文化公园建设方案》，吹响大运河文化带建设的冲锋号角。在《大运河文化保护传承利用规划纲要》，确定北运河“以防洪排涝和生态功能为主，兼顾旅游通航和灌溉功能”的定位。

省委、省政府把推进北运河河北省廊坊段与北京市通州区段互联互通、同步旅游通航作为贯彻习近平总书记关于大运河文化带建设的实际行动和落实京津冀协同发展战略的具体举措，多次进行专题研究。省委书记王东峰3次亲临现场检查指导，先后作出重要指示批示，明确要求与北京、天津规划衔接、加快推进，确保2021年6月与北京上下游同步同时间旅游通航。

认真落实省委书记王东峰指示精神和省委、省政府工作要求，香河县把北运河旅游通航作为全县重要政治任务和头等大事来抓，坚持领导带头和问题导向，采取容错免责、容缺审批的方式，倒排工期，挂图作战，采取超常措施，克服一切困难，举全县之力推进北运河旅游通航工程建设。

一、规划设计

2019年11月，省政府下发《北运河廊坊段旅游通航规划编制工作方案》，香河县会同规划编制单位研究起草《北运河廊坊段旅游通航规划》和《北运河廊坊段旅游通航规划实施方案》，经过征求意见、专家评审、部门审核，2020年6月，省政府常务会议审议通过，2020年9月，廊坊市人民政府印发《关于北运河廊坊段旅游通航规划和北运河廊坊段旅游通航规划实施方案的通知》（廊政发〔2020〕8号）正式实施。

《北运河廊坊段旅游通航规划》将北运河廊坊段旅游形象定位为：“京畿首驿·如意香河”。“京畿首驿”：香河县为北运河通航旅游出京第一站，应落实京津冀协同发展要求，充分借势北京，发展运河休闲旅游；“如意香河”：从空中鸟瞰北运河香河全段形似一柄镶嵌在大地上的“翡翠如意”，通航旅游应营造如意圆满、轻松闲适的休闲氛围。按照“保通航、塑风情、兴文旅”的思路，塑造一河贯通、分段定位、辐射城乡的整体空间架构，形成“一带、三段、两翼、多核”的旅游通航发展格局。“一带”即以运河旅游通航为核心的文化旅游发展带；“三段”即北部森林风貌、中部休闲风情、南部田园风光三个特色风景区段；“两翼”即运河旅游辐射带动的东西两侧城乡旅游发展片区；“多核”即以河心岛、王家摆、金门闸等为核心的文旅项目。

二、组织领导

市、县两级党委政府进一步提高政治站位，统一思想认识，强化组织领导，压实工作责任。2020年12月10日，市委、市政府成立北运河旅游通航工程协调推进领导小组，市委书记任组长，市长任第一副组长，市委副书记任常务副组长，负责指挥调度、统筹协调北运河旅游通航各项工作，实行一周一调度，并下设6个专项推进组，从各组分别抽调一名处级干部和一名科级干部，成立驻县一线指挥部，每周到香河县实地督查指导。

香河县切实扛起主体责任，制定印发《中共香河县委、香河县人民政府关于成立北运河旅游通航工程指挥部的通知》（香发〔2020〕9号），县委书记任指挥长、县长任第一副指挥长、相关县级领导任副指挥长和相关部门主要负责人为成员的北运河旅游通航工程指挥部，指挥部下设办公室，县交通运输局主要负责人任办公室主任；指挥部设置综合协调、交通工程、水利及景观工程、文旅融合、土地保障、资金保障、宣传报道和督察8个专项工作组，分别由县委、县政府主管领导任专项工作组组长，明确职责；在推进北运河旅游通航工作中，实行定期调度、人大审议、专家论证、容错纠错、督导问效5项机制。

三、项目建设内容

大运河北运河段全长143千米，北运河廊坊段均在香河县境内，长21.7千米，其中，与北京的界河长2.4千米，与天津的界河长6千米，香河县权属段河道长13.3千米。北运河廊坊段旅游通航工程主要涉及通航工程（河道整治、导助航设施配布、码头建设、碍航设施改造）、道路交通工程（道路建设、交通设施配套）、园林绿化工程（生态绿化建设、郊野公园建设）和旅游服务工程（北运河廊坊段旅游文化资源产品设计和挖掘等），总投资约71亿元。

四、破解资金瓶颈

坚持特事特办、急事急办，“上跑三级”争支持，千方百计破制约，创新确定“争取上级资金＋县级财政＋一般债券＋社会资本融资”的资金保障模式和“倒排工期＋挂图作战＋台账管理＋容缺审批＋并联推进”的工作方式，为工程加快推进打下坚实基础。北运河廊坊段旅游通航工程总投资约71亿元，采取“PPP＋政府投资”模式建设。其中，PPP融资约40亿元，主要实施船闸、橡胶坝、景观、堤防、河道清淤及岸坡防护等工程。政府投资31亿元，主要实施安石路王家摆桥、通武线安运桥、码头及导助航设施配布等工程。

1.打包PPP项目。按照财政部要求，需对原PPP项目在财政部PPP综合信息平台上进行调整录入，截至2020年年底，完成调整，并提交省财政厅审核。同时，完善新PPP项目入库要件报送工作。新的社会资本方已进入资格预审阶段，2021年1月可确定。

2.争取上级资金及债券。截至2020年年底，香河县涉及与北运河通航有关的项目6个，拟争取2021年度资金30.75亿元。其中，县水务局一般债券资金1个项目（河道内村庄防洪整治工程）16亿元，上级专项资金1个项目（防洪治理工程）0.95亿元，县交通运输局一般债券资金3个项目（王家摆桥、安运桥及配套路网，码头工程）13.8亿元。

3.政府融资。县政府授权香河县运通投资开发建设有限公司采取市场化运作模式筹集资金，用于北运河旅游通航工程土地整理工作，包括土地征占、土地流转、地上物补偿等。截至2020年年底，安排部分自有资金支付给安平镇、淑阳镇开展土地整理工作。同时，成立香河县运通资产管理有限公司作为融资平台，开展全方位融资，支持工程建设。

五、手续办理

1.码头工程。码头工程可行性研究报告获批复，并发布施工图设计招标公告，定于2021年1月15日开标。

2.冀京界河段工程和堤防改建工程。完成社会稳定性评价报告编制和专家论证。

3.通航及防洪影响评价。王家摆桥、中心码头航道通航影响评价报告获省交通厅批复，王家摆桥和6个码头防洪影响评价报告上报水利部海河水利委员会。

4.土地预审。按自然资源部用途管制司要求，将项目名称“北运河廊坊段旅游通航项目”改为“北运河廊坊段通航项目”，将安石路、通武线两条路从项目中剔除。截至2020年年底，按要求修改完成相关资料并上报自然资源部。

六、土地流转

北运河廊坊段通航项目需征占流转土地347.4公顷（5211亩），租用临时施工用地101.33公顷（1520亩）。具体情况如下：

1.水利工程。冀京界河段扩挖占地10.75公顷（161.3亩），正在进行地上物登统，同步进行清表；堤防工程进场放线，进行地上物登统。

2.碍航设施工程。王家摆桥、安运桥工程完成占地放线，进行地上物登统和清表。

3.景观工程。冀京界河段景观工程完成放线，进行地上物登统。

4.施工临时占地。进场放线，开展地上物登统清表工作。

七、项目工程进展

1.河道疏浚。截至2020年年底，完成北运河主河槽香河权属段13.3千米的清淤疏浚，冀京界河段扩挖工程进场施工。

2.桥梁改建。

（1）王家摆桥工程：安石路（王家摆桥）工程总投资约9.4亿元。王家摆桥全长1060.1米，主桥长256米，引桥长804.1米。桥梁桩基共479根（主桥桩基63根，引桥桩基416根）。截至2020年年底，进场地勘，完成施工围挡搭建800米，桥梁桩基施工队伍进场。深入研究王家摆旧桥通过拆除局部、建设船闸引航道、搭建临时钢架桥的方式保障通行通航的方案。

（2）安运桥工程：通武线（安运桥）工程总投资约14.6亿元。安运桥位于两堤之间范围需全部改建为桥梁，总长2920.5米，由主桥和引桥两部分组成，其中，主桥长280米，引桥长2640.5米。截至2020年年底，安运桥工程完成地形图测绘，正在开展可研、洪评、航评、稳评、环评报告编制工作，对安运桥与规划堤线、运河大道互通方案进行细化研究，制订出3套解决方案，并与防洪评价单位交换了意见。

3.橡胶坝重建。曹店橡胶坝为原址建设，由上游连接段、坝室段和下游连接段三部分组成。双孔布置，单孔坝长70米，总坝长140米，坝高4米，坝袋采用枕式充水坝袋，设计蓄水位12.03米，防洪标准50年一遇。截至2020年年底，曹店橡胶坝完成施工招标，启动橡胶坝拆除工作，坝袋、水泵设备拆除完毕，拆除左岸坝台并开挖导流渠。

4.船闸工程。Ⅵ级旅游通航船闸位于曹店橡胶坝左岸，闸室设计宽度10米、长度65米，船闸闸室段与橡胶坝临水侧距离29米，新挖航道顺水流向长度940米，其中，船闸直线段总长384米，上下游引航道采用不对称布置。上游船舶进出闸方式为“直线进闸、曲线出闸”，下游船舶进出闸方式为“曲线进闸、直线出闸”。上下游导航、调顺段长度分别为75米，停泊段靠船侧长度为65米。上下游引航道宽度均为28米。截至2020年年底，Ⅵ级船闸工程完成初步设计方案，预计2021年1月进场施工。

5.游船码头。建设1座大型旅游码头（中心码头）和4座小型旅游码头（鲁家务码头、王家摆码头、安运码头、金门闸码头），配置旅游标识系统，设置一至五级标识牌200个。高标准建设游客服务中心、旅游厕所等设施。截至2020年年底，码头工程完成地上物登统、清表，地勘工作基本完成，完成立项审批，发布设计招标公告，同步开展施工图设计工作，预计2021年1月可陆续交付施工图。完成供船厂使用的趸船设计图，与船厂对接提前生产方案。通航影响评价报告通过省交通厅批复，中心码头和安运码头2处停靠设施建成投用，购买3艘游船下水试航。

6.河岸护坡。对河道岸坡采用PE涂塑高镀锌钢丝网石笼防护，边坡1:4，并结合生态驳岸设计在石笼防护顶面进行覆土，平均覆土厚度50厘米，便于地形塑造和水生植物种植。石笼以上采用植生毯防护，边坡为1:4—1:10。截至2020年年底，冀京界河段扩挖工程进场施工，其余河段河道护坡工程按阶段有序进场，岸坡防护工程完成6.46千米。

7.绿化景观。北运河香河段景观建设全面贯彻“保护好、传承好、利用好大运河文化遗产”的核心思想，总体定位为“京畿首驿·如意香河”，北至杨洼闸、南至青龙湾减河，总体面积为222公顷（3330亩）。强化北运河自然野趣的整体风貌特质，将北运河香河段打造成为自然野趣的蓝绿生态之河和璀璨缤纷的活力文化之河，整体形成北部森林风貌、中部休闲风情、南部田园风光三个特色风景区段。主要包括3个建设重点：

（1）保树营林。通过现状大树保留、抚育、更新、补植等，营造自然、多彩的滨河界面，恢复运河历史杨柳依依、春花秋叶植物景观。

（2）留滩还湿。结合水利要求，尽可能地保留河湾、半岛等湿地滩涂，修复河滩生态本底，重塑运河历史荻芦沙洲、河滩野岸的湿地景致。

（3）文旅休闲。依托滨河绿带，沿线设置贯通的滨河慢性绿道，串联码头、河湾湿地、宵鼓秀场、河畔船趣等沿线10余处景点，恢复西河宵鼓、古渡春荫等运河古景，演绎漕船运输等历史场景，植入体育运动、儿童活动等河畔现代生活。

截至2020年年底，对冀京界河段景观设计进行深化，确定对接北京段滨河路路由，开展地上物清表工作，完成部分段景观，其余景观工程进场施工，力争春节前完成基础地形、管线铺设及南部滨河路段的施工。

8.其他工程。导助航设施配布完成杨洼闸至木厂闸段航道测试及选线；堤防改建工程完成1.15千米险工段堤防，其余段完成行业意见审查及社会稳定性评价，进行立项。

（梁国永　祁海霞）

新冠肺炎疫情防控

2020年，全国新型冠状病毒感染的肺炎（以下简称“新冠肺炎”）疫情突如其来，香河县认真贯彻落实习近平总书记关于疫情防控工作的重要指示批示精神，认真贯彻落实党中央、国务院，省委、省政府，市委、市政府各项决策部署，县委、县政府坚持人民至上、生命至上，理性应对、科学防治、精准施策、联防联控，抓紧抓实抓细防控举措，筑牢疫情防控坚实防线，新冠疫情防控工作有序、有力、有效开展，坚决打赢新冠肺炎疫情防控的人民战争、总体战、阻击战。在这场没有硝烟的疫情防控战中，各级各部门坚决扛起政治责任和使命担当，各司其职、各尽所能、拼搏奋战。广大党员干部闻令而动、忘我战斗、冲锋在前，广大医务工作者白衣执甲、夜以继日、最美逆行，广大公安干警舍身忘我、蹲点驻卡、严防死守，广大志愿者主动请缨、真诚奉献、不计回报，广大群众和企业主动配合、守望相助、捐款捐物，用实际行动铸就了共御疫情、护佑生命的铜墙铁壁，为打赢这场疫情防控人民战争、整体战、阻击战作出了香河贡献，展现了香河力量。

组织推动坚强有力。第一时间成立由党政主要领导挂帅的新冠肺炎疫情防控工作领导小组，明确“理性应对、科学防治、精准施策、联防联控”的工作思路，县党政主要领导高度重视，亲临一线，现场办公，精确指挥，精准防控，稳定民心，全民动员，注重效率、效益、效果，走群众路线，打人民战争。多次召开县委常委会会议、县政府常务会议、疫情防控领导小组会议、疫情防控专班调度会议，统筹安排部署防疫工作，压紧压实各级工作责任。严格落实“四早”（早发现、早报告、早隔离、早治疗）、“四集中”（集中患者、集中专家、集中资源、集中救治）、“三个关口前移”（确诊病例救治、科学检验确诊、发热门诊认定）和“四不四到位”（口罩不摘、检测发热不停、消毒通风不断、定点隔离不变，保障到位、服务到位、检查到位、考核问责到位）常态化管控措施，要求，压紧压实属地、部门、单位、个人四方责任，强化县域周边、县域内、环京周边筑牢“三道防线”，全力保障县内疫情不扩散，县外疫情不输入、不输出，拱卫首都安全，坚决当好首都政治“护城河”排头兵。在这场抗疫斗争中，县委、县政府主要领导靠前指挥，“四大班子”一线推动，相关部门密切配合，党员干部昼夜奋战，人民群众、广大企业守望相助、捐款捐物，全县上下众志成城，特别是广大医护工作者逆行出征，打了一场疫情防控的人民战争、总体战、阻击战。

联防联控精准高效。突出安全、便利、高效，不打疲劳战、不“大水漫灌”，走群众路线，打人民战争。组织引领党员干部、村民代表、热心群众、青年志愿者充实到防控一线，有效缓解了基层防疫压力。建立健全联防联控、群防群控工作机制，不对企业商户一关了之，不对村街社区一封了之，实施“大数据＋网格化＋铁脚板”防控方法，落实“三本台账”和“健康码＋测体温”制度，真正做到全面排查不落人、严格管控不扰民。完善公共卫生应急管理常态化体系，健全预检分诊等各项制度，加强医院硬件建设和医疗物资储备，建成发热病区和核酸检测实验室。始终将拱卫首都安全作为重要政治任务，与北京方面建立常态化协调联动机制，严格落实“五必”措施，确保疫情不进京，并在生活物资保障等方面为首都防疫贡献了香河力量。

生产生活平稳有序。坚持两手抓、两手硬，在做好疫情防控的同时，最大程度保障群众生产生活需求和经济平稳运行。深入开展“三创四建”“三包、四帮、六保、五到位”等活动，全面落实援企稳岗、减税降费、减租降息各项政策，制定出台《关于印发应对新型冠状病毒感染的肺炎疫情支持中小企业共渡难关的十二项措施的通知》《香河县打好新型冠状病毒肺炎疫情防控阻击战促进经济社会平稳健康发展的实施意见》《香河县企业复工复产疫情防控工作方案》等文件，组织召开全县企业家座谈会、“防疫情、促发展”银企对接会等会议，为企业解决融资、土地、用工、市场等难题，推动企业复工复产、达产达效。分批分次推进复学复课，顺利完成中考、高考组织任务。

（陈大勇　郭景梅）

大 事 记

责任编辑　闫振春

1月

2 日　香河县首届网络文化节闭幕暨颁奖典礼在文化艺术中心举行。

是日　香河县消防救援大队举行挂牌仪式。

9—10 日　中国人民政治协商会议香河县第九届委员会第四次会议在第一城福安宫二层多功能厅召开，县委书记李桂强应邀出席会议并讲话，县政协主席马文龙向大会作工作报告。县政协副主席苏宽向大会作提案工作报告。审议通过了《中国人民政治协商会议香河县第九届委员会第四次会议政治决议》。县委副书记、代县长齐泽旭，县委副书记张玉林，县人大常委会主任闫再兴等县委、县人大、县政府领导应邀出席大会。

10—11 日，香河县第十五届人民代表大会第四次会议在第一城国际会议中心召开，县委书记李桂强出席会议并讲话，县委副书记、代县长齐泽旭向大会作《政府工作报告》，县人大常委会主任闫再兴向大会作《香河县人大常委会工作报告》。审议通过了各项报告，补选齐泽旭为县人民政府县长。

14 日　香河县举行“不忘初心、牢记使命”主题教育总结大会，深入贯彻落实中央和省、市“不忘初心、牢记使命”主题教育总结大会精神，对全县主题教育活动进行总结，安排部署下一步工作。县委书记李桂强、县长齐泽旭、县人大常委会主任闫再兴等县领导出席，市委巡回指导组组长、市委党史研究室主任韩志宽等领导应邀出席。

是日　以“爱我、爱家、爱香河”为主题的“2020年香河县春节联欢晚会”在第一城金色大厅完成录制，精心编排的节目彰显浓郁的地方特色，受到现场观众的好评。

15 日　香河县老干部情况通报会议在县规划展览馆召开，县委书记李桂强、县长齐泽旭等领导和部分离退休老干部出席。

16 日　市委副书记李龙到香河县慰问老党员、老干部和贫困教师，县委常委、组织部部长王宏民陪同慰问。

22 日　县委书记李桂强、县长齐泽旭等领导到县融媒体中心、香河慧安公共交通运输有限公司、三笑堂药店和物美超市走访慰问春节期间坚守岗位的一线职工，并就安全生产工作进行检查；县委副书记张玉林，县人大常委会主任闫再兴，县政协主席马文龙等领导到县环卫部门、县人民医院、县消防救援大队、县公安局巡特警大队走访慰问春节期间坚守岗位的一线职工。

23 日　县委、县政府发布致全县居民一封信，提醒全县居民，面对突如其来的新冠肺炎疫情不必恐慌，县委、县政府高度重视，迅速成立了新型冠状病毒感染的肺炎疫情防控工作领导小组，各项防控工作正按照统一部署有序展开，相关疫情信息，有关部门一定会及时通过正规渠道公布。请广大城乡居民放心，新型冠状病毒感染的肺炎可防、可控、可治，疫情防控，人人有责，告诫广大城乡居民朋友们，少聚集，做好日常防护，不信谣、不传谣，科学防控，共同夺取疫情防控工作的全面胜利。

24日　除夕夜，县委书记李桂强通过香河电视台发表新春致辞，通报2019年全县经济社会发展成果和2020年全县经济社会工作安排部署，并代表县委、县政府向全县人民，向奋战在各条战线上的干部职工，向所有关心、支持香河发展的社会各界朋友，致以诚挚的问候和新春的祝福。

26日　县委组织部印发《关于转发市委组织部〈关于在新冠肺炎疫情防控工作中充分发挥基层党组织战斗堡垒作用和党员先锋模范作用的通知〉的通知》，要求全县各级党组织和广大党员立即行动起来，充分发挥基层党组织战斗堡垒作用和共产党员先锋模范作用，全力推进新冠肺炎疫情防控工作深入开展，奋力夺取抗击疫情的全面胜利。

27日　香河县首例新冠肺炎感染者在县气管炎哮喘医院急诊科被发现，在严格落实防控措施的情况下，被安全转运至全市新冠肺炎感染治疗定点医院——廊坊市第三人民医院治疗。

是日　县委书记李桂强、县长齐泽旭等领导到县城天琴湾、珠光御景居民小区，平安街社区果岭墅、鸿坤罗纳河谷居民小区，G103京滨公路安平检查站检查指导新冠肺炎疫情防控工作。

29日　县新冠肺炎疫情防控领导小组办公室转发《廊坊市新冠肺炎疫情防控领导小组办公室启动廊坊市重大突发卫生事件一级响应的通知》（香肺炎疫防办〔2020〕16号），香河县正式启动重大突发公共卫生事件一级响应。

30日　省委书记、省人大常委会主任王东峰，省长许勤一行到香河县运河生态文化项目现场进行工作调研，听取香河县就北运河文化带建设和旅游通航工程建设情况汇报，要求进一步加强与北京市、天津市沟通对接，加快北运河文化带建设步伐，力争尽早通航，打造亮丽的旅游风景线。市委书记冯韶慧、市长赵革、县委书记李桂强、县长齐泽旭等市县领导陪同调研。

是日　县人民医院脑外科副主任南远顺、县中医医院内二科副护士长王东坤、县气管炎哮喘医院外科医生李朝，赴廊坊市第三人民医院开展新冠肺炎疫情防治医疗支援救治工作。

是月　由县委宣传部、县文化广电和旅游局、县文学艺术界联合会主办的“运河印象·京津冀书画展”在县规划展览中心开幕，展出京津冀三地书画作品100余幅。

2月

4日　县长齐泽旭等县领导到县城潮白晓月、福宁园等5个居民小区，检查新冠肺炎疫情联防联控情况，并就部分老旧小区和无物业小区疫情防控工作进行具体指导。

8日　县委书记李桂强等县领导到香江逸景、国隆府等5个居民小区，检查新冠肺炎疫情防控情况，听取社区治理工作汇报，并就提升社区治理能力水平提出指导意见。

9日　市长赵革一行到首都环线高速香河西检查站检查疫情防控工作，县委书记李桂强、县长齐泽旭等陪同检查。

17日　县委书记李桂强等领导到县人民医院县级核酸检测实验室、县中医医院普通发热病区就疫情监测和发热隔离情况进行调研，到喜临门北方家具有限公司、中粮可口可乐华北饮料有限公司就企业复工情况进行调研。

18日　县长齐泽旭到安平镇政府、五百户镇便民服务中心等地就新冠肺炎疫情防控和企业复工复产情况进行调研。

21日上午　县人民医院内一科副主任杨士春作为香河县第一位出征武汉的医护人员，参加河北省第八批医疗队志愿支援湖北武汉疫情防控工作，被任命为廊坊市第四批援鄂医疗队队长。县长齐泽旭等领导到县人民医院为杨士春壮行。

25 日 省驻廊坊疫情防控指导组组长焦振虎一行到香河县人民医院、中信国安第一城就新冠肺炎疫情防控和企业复工复产检查指导工作并召开座谈会，县长齐泽旭等领导陪同检查并汇报香河县疫情防控及企业复工复产工作，焦振虎予以充分肯定。

27 日 北京市发展和改革委员会党组成员、北京市推进京津冀协同发展领导小组办公室副主任崔松光一行到香河县就京津冀疫情联防联控工作实地调研，崔松光一行先后到珠光御景居民小区、G103 京滨公路安平检查站，实地了解全县社区实行“一信一卡一证”情况及检查站运行情况。县委书记李桂强陪同调研并介绍了全县疫情联防联控工作情况，崔松光对香河县疫情防控工作给予高度评价。

29 日 市委副书记李龙，副市长、市公安局局长赵晋进在县委书记李桂强、县长齐泽旭陪同下，到 G103 京滨公路安平检查站和京哈高速香河北出入口检查指导工作，并看望和慰问疫情防控一线公安干警和干部职工。

是日 截至 2 月底，全县规模以上工业企业中已有 78 家复工，复工率 98.7%。

3 月

2 日 在香河经济开发区新兴产业园富力综合商务中心项目现场，举行 2020 年香河县春季重点项目集体开工仪式，全县 9 个重点项目集体开工。市委副书记李龙、县委书记李桂强、县长齐泽旭等领导出席，县直相关部门和项目所在镇（园区）及相关企业项目负责人参加开工仪式。

5 日 市委书记冯韶慧到香河县就疫情防控及企业复产复工情况进行督导调研，并就进一步做好疫情防控工作提出具体要求。县委书记李桂强、县长齐泽旭等领导陪同调研。

10 日 副省长刘凯一行到京哈高速香河北出入口、香河看守所检查指导疫情防控和安检工作，县政府党组成员、县公安局党委书记刘振华陪同检查。

12 日 香河县假冒伪劣商品集中销毁行动在县垃圾处理厂举行，旨在全力保护消费者合法权益，净化安心放心消费环境，维护公平竞争市场秩序，拉开了 2020 年全县“3·15”国际消费者权益日系列活动序幕。

16 日 因新冠肺炎疫情而停业的香河国际家具城正式恢复营业。

17 日 国家发展和改革委员会官网公布《北京市通州区与河北省三河、大厂、香河三县市协同发展规划》，这是指导北京市通州区与河北省廊坊市“北三县”规划建设的基本依据。规划范围包括北京市通州区和河北省廊坊市所辖三河市、大厂回族自治县、香河县行政辖区范围，国土总面积 2164 平方千米，规划近期至 2025 年，远期至 2035 年。

18 日 省委常委、常务副省长袁桐利在雄安新区召开北运河廊坊段旅游通航专题研究会，县委书记李桂强等领导赴雄安新区参加会议并做北运河廊坊段旅游通航工作汇报。

19 日 县委书记、县委全面依法治县委员会主任李桂强主持召开县委全面依法治县委员会第三次会议，传达学习中央全面依法治国委员会第三次会议及省委、市委相关会议精神，审议通过《中共香河县委全面依法治县委员会 2020 年工作要点》等文件。县长齐泽旭、县委副书记张玉林、县人大常委会主任闫再兴、县政协主席马文龙等领导出席会议。

20 日 全县“抗疫情 保发展”银企对接会在县规划展馆召开，进一步强化金融服务保障，加大对企业的扶持力度。县委常委、常务副县长齐建光出席会议。

24 日 香河县新冠肺炎疫情防控工作领导小组办公室发布通告，从即日起，香河县全面恢复正常生产生活秩序。

25 日 香河县创建省级文明县城工作动员会议在县委县政府办公楼七层大会议室召开，县委书记李桂强出席会议并讲话，县长齐泽旭主持会议，县委常委、宣传部部长焦国强宣读《香河县2020年省级文明县城创建工作暨攻坚整治行动实施方案》，县教育和体育局、城市管理综合行政执法局、住房和城乡建设局等6家单位作表态发言。

27日上午　华电香河燃气能源站项目汇报会暨签约仪式在县委县政府办公楼三层大会议室举行，听取华电香河燃气能源站项目相关情况汇报，县委常委、常务副县长齐建光与荣盛集团瑞盛公司、华电集团雄安公司相关负责人共同签订《华电香河燃气能源站框架协议补充协议》。县委书记李桂强，县长齐泽旭，华电集团河北公司党委书记兼执行董事、雄安能源公司执行董事刘德进出席活动。

28日　因新冠肺炎疫情而暂停营运的县域公交，即日起全面恢复运营。

31日　截至3月底，全县复工复产企业3332家，“四上”企业（规模以上工业企业、限额以上商贸企业、规模以上服务企业、有资质建筑类企业）复工复产146家，复工率99.32%，其中，规模以上工业企业、限额以上商贸企业和有资质建筑类企业复工率均为100%。

4月

2日　全县教育系统新冠肺炎疫情防控应急演练活动在县第三中学举行，全县中小学校长和幼儿园园长进行观摩。

6日下午　廊坊市北运河廊坊段旅游通航规划汇报会议在北京市通州区召开，听取规划编制、工程推进情况汇报，就深入抓好北运河旅游通航、文化带建设、环境整治等工作进行安排部署。市委书记冯韶慧主持会议并讲话，香河县汇报了北运河廊坊段旅游通航工作进展情况及下一步工作举措，县委书记李桂强、县长齐泽旭参加会议。

9日　香河县行政争议化解中心揭牌仪式在县人民法院举行。

15日　省文化和旅游厅党组副书记、副厅长翟玉虎一行到香河县水岸潮白、运河文化公园、金门闸等地就全域旅游工作进行调研，县委书记李桂强、县长齐泽旭等领导陪同调研。

20日　全县深化乡镇改革动员大会在县委县政府办公楼三层大会议室召开，县委书记李桂强等领导出席会议。

22日　全县农村人居环境整治暨村庄清洁行动观摩会议在钳屯镇双安新城社区服务中心会议室召开，并对钳屯镇香务线周边及二百户村、起河屯村村庄清洁行动进行观摩，县委副书记张玉林等领导及相关单位负责人参加活动。

23日　县委书记李桂强等领导到五百户镇香椿营村清真寺，钳屯镇起河屯村、香务线拓宽改造和香江CBD产业升级现场，新华街社区工作办公室和香河经济开发区新兴产业园等处，就民族宗教事务管理、农村人居环境整治、城乡项目建设、河渠“四乱”整治等情况进行调研和督导检查。

是日　在全面做好校园新冠肺炎疫情防控的情况下，按照河北省统一安排，全县普通高中毕业年级学生复课开学。

24日　联想集团副总裁、中国区服务业务总经理戴炜一行到香河县进行项目对接洽谈，县委书记李桂强出席活动。

是日　在万辛湖及周边违法建筑集中拆除联合执法行动现场，举行集中拆除仪式，县长齐泽旭等领导出席活动。

25日　香河县第一个核酸检测实验室正式投入使用，该实验室隶属县疾控中心，位于县人民医院南院区县疾控中心实验楼内。

26日　省委常委、统战部部长冉万祥到香河县就民族宗教工作进行调研，县委书记李桂强、县长齐泽旭等领导陪同调研。

27日　香河县纪念“五四”运动101周年暨表彰大会在县委县政府办公楼七层大会议室召开，对在全县青年工作和抗击新冠肺炎疫情工作中表现突出的先进集体和先进个人进行表彰。

28日　北运河廊坊段旅游通航工程启动仪式在香河县北运河王家摆大桥西北侧举行，市委副书记李龙、县委书记李桂强、县人大常委会主任闫再兴、县政协主席马文龙等市县领导出席启动仪式。李龙宣布北运河通航工程启动，李桂强致辞，县委常委、常务副县长齐建光主持启动仪式。

是日　香河县中医医院团支部被共青团中央授予全国“五四”红旗团支部荣誉称号。

29日　省生态环境厅厅长高建民一行到北运河廊坊段就北运河水环境质量状况和水污染防治工作进行实地调研，市长赵革、县委书记李桂强、县长齐泽旭等领导陪同调研。

5月

9日　香河县北运河廊坊段旅游通航工作调度会议在县委县政府办公楼三层大会议室召开，听取关于北运河廊坊段旅游通航工作的情况汇报，并对下一步工作进行安排部署。县委书记李桂强、县长齐泽旭等领导出席，各相关部门负责人参加会议。

13日　市长赵革一行到香河机器人小镇、香河文化艺术中心、居然之家家具城等地进行实地调研，县委书记李桂强、县长齐泽旭等领导陪同调研。

14日　廊坊市2020年第三次重点项目集中开工活动香河县分会场举行开工仪式，香河赢创科技有限公司的高速并联机器人生产、北运河廊坊段旅游通航、绿洲科技香河有限公司的智能化蔬菜种植、香河县智慧城市二期工程4个项目集中开工，县委书记李桂强、县长齐泽旭等领导出席活动。

是日　因新冠肺炎疫情停止运营的北京938（快）公交车（香河总站－北京站东），自首班车起恢复全线运营。

18－19日　省农业农村厅副厅长张宝强一行到蒋辛屯镇北李庄村、岭子村，就基础设施建设、垃圾清运、绿化美化等工作进行调研并听取香河县村庄清洁行动情况汇报，县委书记李桂强等领导出席活动。

20日　香河县召开香河肉饼示范店设计方案汇报会，就保护市级非物质文化遗产“香河肉饼”美食文化，建设香河肉饼示范店，制定香河肉饼制作标准，规范以及建立行业准入、监管、退出程序，品牌推介等方面进行安排部署，县委书记李桂强等领导出席。

21日　小康杂志社（求是杂志社主管主办）联合多个国家权威部门和专业机构推出的“2020中国百佳富氧县市”榜单正式公布，香河县入围榜单。

22日　副市长张秉舜就河道内村庄搬迁和水污染防治工作到香河县进行实地调研，县委书记李桂强、县长齐泽旭等领导陪同调研。

是日　县委书记李桂强、县长齐泽旭等领导对全县进京安检、食药安全、危险化学品企业、建筑施工、消防安全、疫情防控、学校复课等方面工作进行实地检查。

23日　香河经济开发区管委会与廊坊职业技术学院共同签署《校区合作框架协议》，标志着香河经济开发区与廊坊职业技术学院进入全面深入开展校区合作新阶段。

28日　省住建厅副厅长李贤明一行到香河县就生活垃圾焚烧发电项目进行实地调研并召开座谈会议。副市长王凯军、县长齐泽旭等领导出席活动。

29日　省委常委、常务副省长袁桐利到廊坊就北运河廊坊段旅游通航工作进行调研并召开汇报会，县委书记李桂强、县长齐泽旭赴市参加汇报会。

6月

1日　市委副书记李龙就“大干二季度、实现双过半”工作到香河第一城酒业有限公司、赛铭瑞汽车零部件廊坊有限公司、鑫亿隆家具城、居然之家家具城等地督导调研，并召开座谈会，县委书记李桂强、县长齐泽旭等领导参加相关活动。

是日　在全面做好校园新冠肺炎疫情防控基础上，按照河北省统一安排，全县高中一年级、二年级，初中一年级、二年级，小学六年级学生正式开学复课。

是日　在做好新冠肺炎疫情防控的基础上，香河县文化艺术中心图书馆（二、三层）、文化馆、文博馆恢复对外开放。

2 日　香河经济开发区管委会与联想云领（北京）信息技术有限公司在北京签署战略合作协议，双方以“廊坊香河绿色云计算中心”项目为核心，就打造涵盖城市智慧管理、智慧政务以及极具香河特色的“智慧家居”等新型智慧城市多个领域的“智慧香河”建设达成合作。县委书记李桂强，联想集团副总裁、联想中国区服务事业部总经理戴炜等领导出席签约仪式。

8 日　在做好新冠肺炎疫情防控的基础上，按照河北省统一安排，全县小学四、五年级学生开学复课。

11 日　副省长夏彦军一行到香河县就落实北运河、潮白河河长制工作进行巡河调研，县委书记李桂强、县长齐泽旭等县领导陪同调研。

12 日　廊坊市文化惠民“戏曲进乡村”活动启动仪式在香河县刘宋镇庆功台村举行。

20 日　市委书记冯韶慧一行到香河大爱医院、北京景山学校香河分校、华电香河能源站项目建设基地进行实地调研，县委书记李桂强，县长齐泽旭等领导陪同调研。

22 日　县人民医院内二科副主任李宏达、脑外科护师刘付龙，出征河北省雄安新区，驰援新冠肺炎疫情防控工作。

28 日　县委书记李桂强等领导到淑阳镇许台村走访慰问老党员，并到垃圾焚烧发电项目施工现场实地督导项目进展情况。

29 日　举行 2020 年香河县“新时代好少年”先进事迹发布会，全县 27 名中小学生荣获“新时代好少年”称号。

30 日　市委副书记李龙到香河县走访包联贫困户，看望慰问困难党员、老党员，检查指导防汛工作，县委副书记张玉林等领导陪同。

是日　县长齐泽旭到安平镇走访慰问生活困难老党员和贫困户，深入曹店村、王家摆村、运河新村社区就基层组织建设等工作进行实地调研，并为安平镇党员干部讲专题党课。

是月　河北省民营经济领导小组办公室、河北省工业和信息化厅公布 2019 年度全省民营经济发展考核结果，香河县被评为河北省民营经济发展先进县。

7 月

2 日　香河县召开庆祝中国共产党成立 99 周年暨县委书记讲党课大会，县委书记李桂强以《不忘初心誓言　勇担时代使命》为题讲专题党课，县长齐泽旭主持会议。此次党课以网络直播的形式进行，各镇（社区办）、园区设置分会场。

是日　河北省深化医药卫生体制改革领导小组办公室印发《关于 2019 年度深化医药卫生体制改革考核结果的通报》（冀医改办〔2020〕6 号），香河县被评为 2019 年度河北省深化医药卫生体制改革工作先进县。

3 日　河北省深化医药卫生体制改革领导小组办公室印发《关于 2019 年度全省县级公立医院综合改革示范创建验收结果的通报》（冀医改办〔2020〕7 号），香河县被评为 2019 年度河北省公立医院综合改革示范县。

是日　省发展和改革委员会党组成员、副主任袁志刚一行到香河县就华北能源发电项目、韵达快递华北产业中心、机器人产业港、燕都新城回迁楼进行考察调研，县委书记李桂强，县委常委、常务副县长齐建光陪同调研。

6 日　县委书记李桂强、县长齐泽旭等领导到香河县第一中学、第三中学就高考准备工作进行督导检查。

15 日　河北省文化和旅游厅公布第二批省级全域旅游示范区认定名单，香河县被认定为河北省全域旅游示范区。

是日　香河县新时代文明实践中心揭牌仪式在县委党校举办，以现有文化场所资源为基础，在县、镇、村，分别建设新时代文明实践中心、所、站三级工作体系。

16 日　省人大财经委副主任委员赵风楼一行到香河县督导检查“6+1”联动监督工作开展情况，县委书记李桂强、县长齐泽旭、县人大常委会主任闫再兴等领导陪同检查。

22 日　在县委县政府办公楼七层大会议室，县委书记李桂强主持召开县委理论学习中心组（扩大）会议，邀请河北大学法学院副院长陈佳就《中华人民共和国民法典》进行辅导讲解。县副处级以上领导、县直部门主要负责人在主会场参加会议；各镇（社区办）、园区党政班子成员，副科级以上干部和村街干部代表共计 500 余人在各地分会场以视频形式收听收看。

23 日　杭州云之鼎数据科技有限公司相关负责人到香河进行项目考察，就香河数字经济产业基地项目进行沟通对接，县委书记李桂强、县长齐泽旭等领导出席活动。

24 日　香河县“文化进军营 数字悦书香”活动在武警香河中队举行，为武警战士送去图书、文化器材和精彩纷呈的文艺节目。

29 日　香河县首届“同心同创 香风荷韵”舞台艺术精品创作评选活动在县文化艺术中心启动，本次大赛由县委宣传部、县文化广电和旅游局主办，河北棠梨文化传媒有限公司承办，大赛最终评选出一等奖 3 名、二等奖 6 名、三等奖 9 名。

是日　中国书法出版传媒香河创作研究基地挂牌仪式在县规划馆举行。

30 日　县委书记李桂强、县长齐泽旭，县人大常委会主任闫再兴、县政协主席马文龙等领导到县人民广场改造工程、兴业小区规划 E5 路道路综合改造工程、新华社区北环路道路综合改造工程、永通路道路综合改造工程、永盛路（四小段）道路维修项目、淑阳大街西延一期工程、新开大街道路升级改造工程大罗屯段、经纬家具城西新建汇文南路和规划 S2 路道路工程、迎宾路南延工程和建新路西延工程、金钥匙家具城东市场路道路综合改造工程等项目建设现场，督导调研市政工程建设情况。

31 日　总投资 3500 万元的全县中小学旱厕改造工程全面开工建设，涉及 66 所学校、总改造面积 7580 平方米，项目 8 月底竣工并投入使用。

8 月

10 日　北京市政协、通州区政协联合调研组，围绕“十四五”时期北京城市副中心产业发展以及加强与廊坊“北三县”地区产业联动，到香河县考察调研，县委书记李桂强、县政协主席马文龙等领导陪同调研。

11 日　2020 年“活化‘非遗’资源 促进文旅消费”香河县“非遗”集市活动开幕式及高峰论坛在凯荟广场举行，“非遗”集市活动时间为期一个月，以“‘非遗’传承、惠民消费、健康生活”为主题，通过“集市”形式全方位展示香河特色、“非遗”文化和传统艺术。

12 日　香河县召开民营企业家座谈会，学习传达习近平总书记在企业家座谈会上的重要讲话精神，县委书记李桂强出席会议并讲话。

是日　廊坊市“群众说事、干部解题”工作现场经验交流会参会人员一行到香河县五百户镇观摩学习，县委书记李桂强陪同。

14日　“美丽幸福新香河大家唱”广场文艺演出启动仪式在新城公园举办。

19日　中共香河县第十一届委员会第六次全体会议召开，县委书记李桂强代表县委常委会向全会作题为《坚定信心决心 奋力攻坚克难 在协同发展中加快美丽幸福新香河建设步伐》的工作报告，县委副书记、县长齐泽旭主持会议，审议通过了《中共香河县第十一届委员会第六次全体会议决议》。

是日　省工信厅党组书记、厅长龚晓峰一行到香河第一城酒业有限公司、赛铭瑞汽车零部件廊坊有限公司等地调研，县长齐泽旭等领导陪同调研。

25日　市委书记冯韶慧带领全市项目集中开工暨廊坊市“北三县”项目拉练观摩团，到香河县大爱健康医疗中心观摩重点项目建设情况。县委书记李桂强、县长齐泽旭等领导参加观摩活动。

是日　廊坊市举行第四次重点项目集中开工仪式，香河县稻香村集团香河生产基地等5个重点项目同步集中开工，涉及高端制造、文创旅游、基础设施等多个领域，总投资21亿元。县长齐泽旭出席香河县分会场开工仪式并宣布项目集中开工。

26日　文化和旅游部与国家发展改革委员会联合发布《关于公布第二批全国乡村旅游重点村名单的通知》，香河县蒋辛屯镇北李庄村入选全国乡村旅游重点村。

28日　2019中国医院竞争力大会在广州举行，大会发布“2019中国医院竞争力排行榜”系列榜单，香河县人民医院位列全国县级医院300强榜单第202位，比上年提升2位，综合实力领跑全市二级医院。

是月　第二届全国县域旅游研究成果《全国县域旅游研究报告2020》暨“2020年全国县域旅游发展潜力百佳县”榜单发布，香河县首次入围，名列第83位。

是月　由五百户镇政府、县公安局五百户派出所共同打造的全县首家法治主题公园开园，公园占地5700余平方米，人文景观与自然景观交相辉映，法治教育与休闲娱乐相互融合。

9月

2日　县委书记李桂强、县长齐泽旭，会见京唐城际铁路有限公司董事长、京津冀城际铁路投资有限公司总经理苗子簃一行，就京唐铁路香河段建设进行沟通交流。

3日　建行大学河北省分行分校裕农学堂揭牌仪式在香河县安平镇王家摆村举行，县长齐泽旭出席揭牌仪式。

7—9日　县委书记李桂强、县长齐泽旭等领导，分别到香河县第一中学、职业技术教育中心走访座谈，慰问一线教师和教育工作者。

9日　2020年香河县文化旅游产业发展大会新闻发布会在县文化艺术中心举行，副县长刘雪艳出席发布会并发布2020年香河县文化旅游产业发展大会的总体情况。大会将于9月16日，采用“智慧化平台＋5G＋网络直播＋云展览＋云导游”的全新方式举行。

10日　香河县2020年教师节庆祝暨表彰大会在县文化艺术中心召开，县委书记李桂强出席会议并讲话，县长齐泽旭主持会议，副县长刘雪艳宣读《中共香河县委、香河县人民政府关于表彰2020年度教育工作先进集体和个人的决定》，103名优秀教师、12名优秀教育工作者、30名农村工作10年以上优秀教师和教育工作者、33名农村工作30年以上在岗教师和教育工作者、2个教学质量先进集体受到表彰。

11日　香河县第二届网络文化节开幕式在县文化艺术中心举行，本次网络文化节以“E起同行、共赴小康”为主题，共开展网络安全演讲比赛、我是家乡代言人视频网络展播、网络寄语祖国、网络“大V”游香河和网络安全知识竞赛等6项活动。

15日　以“协同创新、共享发展”为主题的2020

年北京市与河北省廊坊市“北三县”项目推介洽谈会在大厂回族自治县举办。会上，通州和三河、大厂、香河县（市、区）政府主要领导进行现场推介；举行北京市与河北省廊坊市“北三县”项目签约仪式，香河县的华电香河燃气能源站等 9 个项目会上签约。县委书记李桂强、县长齐泽旭等领导参加相关活动。

15－16 日，省人大常委会副主任王晓东率执法检查组到香河县开展“6＋1”联动监督执法检查，市委副书记柴宝良、市人大常委会副主任蒋洪江、县委书记李桂强、县长齐泽旭等市县领导陪同检查。

16 日　2020 年香河县文化旅游产业发展大会在县融媒体中心三楼演播大厅举行，大会以“运河驿站 荷香香河”为主题，以“香・味”“香・约”“香・情”“香・韵”“香・慧”为五条主线，有“运河印记”“今日繁华”“诗与远方”三大板块，全面展示香河全域旅游建设成果。县委书记李桂强宣布大会开幕，并对 2020 年香河县文化旅游产业发展大会进行在线推介，县长齐泽旭致欢迎辞，副县长刘雪艳主持会议，县文化广电和旅游局主要负责人对香河全域旅游智慧服务平台进行发布，京津冀各界领导和嘉宾在线参加了开幕式。本届大会采用互联网云会议方式举办，采用“智慧化平台＋网络直播＋云会议＋云展览＋云导游”的全新方式，以县融媒体中心为主会场，实施全程 8 小时 5G＋多平台同步直播，其中，香河融媒直播频道当日通过网络在线观看直播人数 130 万余人次，腾讯视频在线观看人数 11 万余人次，“香河县融媒体中心”官方微博在线观看人数近 3 万人，抖音“发现香河”在线观看人数近 1 万人。

是日　位于新华大街 79–1 号的香河县第一家香河肉饼示范店正式开业，标志着香河肉饼走上品牌化发展之路和产业化发展的轨道。

17 日　廊坊聚成实验室工程技术公司通过县红十字会捐赠香河县 2 间正压核酸采样工作站，其中，1 间捐给县疾控中心、1 间捐给县人民医院，总价值 22 万元。捐赠仪式在县疾控中心举行。

24 日　市委书记冯韶慧到香河县运河文化公园、中心码头调研检查北运河廊坊段旅游通航工作，实地察看工程建设进度，现场协调解决存在的困难和问题。市委常委、秘书长张金波，县委书记李桂强等领导陪同调研检查。

25 日　“庆丰收、迎小康”2020 年香河县农民丰收节庆祝活动在香河大爱城生态农场举行，对 10 家县级农业合作社、示范社，11 家廊坊市农业产业化龙头企业和香河壮大农村集体经济试点村进行表彰，活动现场设有农副产品展、专题书画展、摄影作品展。县委副书记张玉林等领导出席活动。

27 日　香河县被省发改委、省委网信办评为河北省第一批新型智慧城市建设试点。

10 月

10－11 日　省政府副秘书长梁义一行到香河县就京津冀协同发展工作进行实地调研，县长齐泽旭等领导陪同调研。

14 日　国医大师、教授李佃贵传承工作室揭牌暨拜师仪式在香河县中医医院举行。

15 日　在第七个国家扶贫日来临之际，县委书记李桂强、县长齐泽旭，分别到香河经济开发区新兴产业园前建各庄村和安平镇王家摆村走访慰问已脱贫的建档立卡贫困户，并要求相关部门和镇村干部，脱贫不脱政策、“摘帽”不摘帮扶，持续关注关心贫困户。

是日　县交通运输局等 5 家单位联合发布公告，按照省、市要求，从即日起，全县主城区、高速公路、国省干道、地方道路全天限制和禁止国三及以下排放标准营运柴油货车通行（已加装污染控制装置且在质保期内、稳定达到排放标准的除外）。

16 日　河北省召开抗击新冠肺炎疫情表彰大会，香河县人民医院荣获全省抗击新冠肺炎疫情先进集体称号，县人民医院内一科副主任杨士春、县中医医院院长李瑞峰荣获全省抗击新冠肺炎疫情先进个人称号。

22 日　2020 年县政府全体会议暨廉政工作会议在县委县政府办公楼七层大会议室召开，对前三季度政府工作总结盘点，对第四季度工作和政府系统党风廉政建设、推动政府系统全面从严治党向纵深发展进行安排部署。县政府领导班子成员出席，县长齐泽旭讲话，县委常委、纪委书记、监委主任牛静出席廉政工作会议并就加强政府系统党风廉政建设讲意见，县行政审批局等 5 个单位主要负责人分别进行表态发言。

23 日　香河县组织各界干部群众收看纪念中国人民志愿军抗美援朝出国作战 70 周年大会，认真聆听习近平总书记的重要讲话，缅怀革命先烈，继承优良传统，重温厚重的民族记忆，提升以爱国主义为核心的伟大民族精神。

是日　重阳节来临之际，香河县组织离退休老干部参观大辛路养护改造工程、平香线南线工程和新建垃圾焚烧发电项目建设情况。县委副书记张玉林等领导陪同参观。

27 日　“香河金融小镇”项目签约仪式在县规划馆举行，香河经济开发区管委会负责人与万通新发展集团相关负责人共同签署《香河金融小镇合作框架协议》，县委书记李桂强、县长齐泽旭、万通新发展集团董事长王忆会等领导出席签约仪式。

27－28 日　市委书记杨晓和先后到香河县安平检查站、机器人小镇、县文化艺术中心、香河家具城、县便民服务中心、运河文化公园进行调研检查，深入了解香河县产业布局、企业发展、重点工程建设、惠民工程实施等情况，现场协调解决工作中存在的困难和问题。调研检查期间，杨晓和主持召开座谈会，听取香河县经济社会发展和重点工作情况汇报，研究部署下一阶段重点工作。市委常委、秘书长张金波，县委书记李桂强，县长齐泽旭等领导参加相关活动。

29 日　县融媒体中心发布《关于关停香河电视台模拟信号相关事宜的通告》，按照国家广播电视总局统一安排部署，香河县将于 2020 年 12 月 30 日前关停香河县融媒体中心发射的无线模拟电视信号，请全县收看模拟电视信号的观众朋友，届时更换接收方式，推荐使用有线电视或网络电视接收，以及下载掌上香河手机 App 或冀云香河 App 电视直播平台等方式收看电视节目。

30 日　新时代基层党建智库专家委员会主任杨文明一行到香河县就《加强党建引领推动河北省农村人居环境整治工作又好又快发展》研究课题开展调研，副市长张秉舜、县委书记李桂强等领导陪同调研。

是日　2020 年廊坊市杨家将文旅发展研讨会在香河县五百户镇土门楼村举行，副县长刘雪艳出席。

是月　第八届全国市县电视台、融媒体中心推优评选结果公布，香河县融媒体中心被评为第八届推优展播媒体融合先导单位 20 强，电视栏目《香河新闻》荣获优秀奖，综艺晚会《首届香河文化和旅游发展大会文艺晚会》、电视专题《“疫”往直前显本色》、短视频《大十五吃什么方便面呀》分别荣获一等奖。

11 月

4 日　市长杨燕伟到香河县进行工作调研，并到香河县便民服务中心、运河文化公园、机器人小镇汇天威（香河）科技有限公司实地调研。市政府秘书长李清涛、县委书记李桂强、县长齐泽旭等领导陪同调研。

7 日　香河县在蒋辛屯镇水岸潮白旅游片区举办首届“乡约潮白”半程马拉松比赛，县委副书记张玉林出席开幕式并致辞。

8 日　京唐铁路廊坊段首个大跨度连续梁、全线关键控制性工程——香河特大桥跨国安线连续梁合龙，跨度为（60+100+60）米，梁体长221.5米。

11日 教育部办公厅公布2020年全国青少年校园篮球、排球、冰雪体育传统特色学校等名单。香河县城内第四小学上榜2020年全国青少年校园冰雪运动特色学校名单，香河县安平镇第一小学上榜北京2022年冬奥会和冬残奥会奥林匹克教育示范学校名单。

12日 县委书记李桂强到县人民法院辅导宣讲中共十九届五中全会精神并进行工作调研。

是日 香河县被中国公共资源交易跨区域合作联盟授予2020年度首届全国公共资源交易百强县荣誉称号。

17日 香河县青年企业家商会成立大会在县规划馆举行，选举产生香河县青年企业家商会第一届领导班子及监事会成员，举行香河县青年企业家商会和中共香河县青年企业家商会党支部揭牌仪式，并分别向会长单位、副会长单位授予会长单位奖杯、副会长单位奖杯。

17—18日 新华社河北分社总编辑、副社长王文化，市委宣传部副部长尚秋霞一行到香河县就廊坊“北三县”与通州区协同发展进行调研采访，县委书记李桂强等领导陪同相关活动。

19日 香河家居产业发展论坛在县规划馆报告厅举行，对香河家居产业如何转型升级、实现绿色可持续发展进行深入研讨。县委书记李桂强致辞，江苏一德集团有限公司董事长陈俊、财富中国金融控股有限公司董事长李东、有道理社群领袖商学院院长孙晓岐分别作主题演讲，香河家具城发展中心负责人与深圳道一企业管理咨询有限公司负责人签署《战略性合作框架协议》，县长齐泽旭等领导出席活动。

是日 中共中央宣传部办公厅、文化和旅游部办公厅和国家广播电视总局办公厅印发《关于表彰第八届全国服务农民、服务基层文化建设先进集体的决定》，香河县文化市场行政执法队荣获全国基层文化市场综合执法队伍先进集体称号。

20日 香河县渠口镇小圈村被中共中央精神文明建设委员会授予第六届全国文明村镇称号。

21日 北京市水务局党组书记、局长潘安君一行到香河县调研北运河旅游通航工作，县委书记李桂强、县长齐泽旭等领导陪同调研。

24日 河北省住房和城乡建设厅发布《关于2019年度洁净城市（区）创建评估及2015年度洁净城市（区）复核情况的通报》，确定香河县2015年度“洁净城市”复核通过，继续保持“洁净城市”标准，并进行通报表扬。

26日 市委常委、组织部部长王亚军一行到香河县调研党建示范带建设情况，县委书记李桂强，县委常委、组织部部长王宏民陪同调研。

27日 全县2020燃气使用企业泄漏事故应急救援演练在安头屯镇美梦思家具有限公司举行，县委常委、常务副县长齐建光出席活动。

30日 香河县举行2020年第四季度重点项目集中开工仪式，香河云储数字经济产业基地、东华广场建设工程、香河县垃圾填埋场扩建工程、香河县疾病预防控制中心改造提升工程4个重点项目集中开工，总投资近65亿元，涉及数据应用、现代服务和公共服务等领域。市委副书记柴宝良、县委书记李桂强、县长齐泽旭等市县领导出席开工仪式。

是日 香河县设立政务服务热线“8312345”，受理时间为星期一至星期五（不含节假日），上午8:30—11:30，下午2:30—5:30（夏季）、1:30—5:30（冬季）。

是月 香河县首家室内滑冰场馆正式建成并投入使用。该场馆位于县职业技术教育中心学校院内，总投资347万元，建筑面积716平方米，仿真冰面积500平方米。

12月

6日 省委常委、常务副省长袁桐利到香河金钥匙家居会展中心，实地了解企业经营情况，对支持民营企业发展、做大做强县域特色产业提出明确要求。县委书记李桂强、县长齐泽旭陪同调研。

是日　廊坊市第二届冰雪运动会闭幕，香河县滑冰代表队包揽青少年乙组男子 500 米和 1500 米冠、亚军，乙组女子 500 米和 1000 米冠、亚军。

7 日　省住建厅副厅长李贤明一行到香河县就垃圾焚烧发电项目建设工作进行实地调研并召开座谈会，县长齐泽旭等领导参加相关活动并就推进垃圾焚烧发电项目建设工作进行安排部署。

8 日 香河县举行学习贯彻中共十九届五中全会精神专题培训班，邀请中国人民大学教授、博士生导师黄卫平进行专题辅导，县委书记李桂强主持，副处级以上领导及县直各部门主要负责人在县主会场参加培训，各镇（社区办）、园区设分场，党政班子成员及村街党支部书记参加培训。

是日　省应急管理厅党委书记宋文玲一行到中粮可口可乐华北饮料有限公司、香河第一城酒业有限公司就安全生产等工作进行调研，县委书记李桂强、县长齐泽旭等领导陪同调研。

9 日　省广播电视局党组书记、局长王离湘一行就做好广播电视和网络试听“十四五”规划编制及媒体融合发展到香河县国华影视基地和县融媒体中心进行实地调研。市文化广电和旅游局局长李艳霞、县长齐泽旭等市县领导陪同调研。

10 日　市委副书记柴宝良一行到香河县就河北香河经济开发区发展情况、北运河廊坊段旅游通航工作情况进行调研并召开座谈会，县委书记李桂强等领导参加相关活动。

14 日　县委书记、北运河旅游通航工程香河指挥部指挥长李桂强主持召开北运河旅游通航工程指挥部第二次全体会议，对相关工作进行安排部署，指挥部办公室、县交通运输局、县水务局等相关部门分别作工作汇报，县长齐泽旭等领导出席会议。

15 日　中共香河县第十一届委员会第七次全体会议召开，县委书记李桂强作重要讲话。全会审议通过了《中共香河县委关于制订国民经济和社会发展第十四个五年规划的建议》《中共香河县委第十一届委员会第七次全体会议决议》以及《中共香河县委关于县委候补委员递补为委员的决定》。

20 日　市委副书记柴宝良及市委第二巡察组一行到香河合益包装机械有限公司、萨克森建筑新型材料廊坊有限公司等企业调研，并召开市委第六轮巡察反馈工作会议，县委书记李桂强、县长齐泽旭等领导参加相关活动。

21 日　香河嘉信数字产业园签约仪式在北京国际俱乐部大厦举行，县委书记李桂强、县长齐泽旭、嘉实基金管理有限公司董事长赵学军、浙江华都控股集团副总裁孙琦等出席，香河经济开发区管委会、嘉实基金管理有限公司、国兴环球土地整理开发有限公司相关负责人共同进行香河嘉信数字产业园项目签约。

21－25 日　香河县组织开展无偿献血活动，3200 名志愿者参与无偿献血，献血量 51.82 万毫升，献血人数和献血量均创全县历史最高纪录。

23 日　县委书记李桂强、县长齐泽旭赴北京钓鱼台国宾馆参加中国·廊坊（北京）全球招商大会。

是日　香河县与通州区文化和旅游协同发展工作推进会在北京市通州区举办，共同推进两地文化和旅游协同发展，两地文化和旅游部门签署了《香河县与通州区文化和旅游协同发展战略合作框架协议》。

25 日　中国少年先锋队香河县第三次代表大会在县委县政府办公楼七层大会议室召开，县委副书记张玉林出席会议。

28 日　河北省公布 2020 年县域科技创新能力监测评价结果，香河县科技创新能力评价由 C 类县跃升至 B 类县。

是日　香河县突发环境事件应急演练活动在渠口镇香河万水环保材料有限公司举行。

29 日　2020 年度香河好人与道德模范颁奖活动在县文化艺术中心举行，经基层推荐、资格审核、社会公示、会议研究等程序，评选出道德模范 82 名。其中，“敬业奉献”模范 53 名，“孝老爱亲”模范 10 名，“助人为乐”模范 14 名，“诚实守信”模范 3 名，“见义勇为”模范 2 名。

是日　香河县女企业家商会第三届换届大会暨第三次会员代表大会在县规划馆召开。

30 日　香河县荣膺第二届河北省文明县城。

是日　荣万家生活服务股份有限公司宣布公司在港交所主板上市计划，将于 12 月 31 日至 2021 年 1 月 8 日中午 12 时在香港公开招股，1 月 8 日定价，1 月 15 日挂牌上市，实现香河县主板上市企业“零”的突破。

是日　中国地方志指导小组、中国地方志学会印发《关于对第七届全国地方志优秀成果（年鉴类）的通报表扬》（中指组字〔2020〕13 号），《香河年鉴（2019）》荣获第七届全国地方志优秀成果（年鉴类）县级综合年鉴二等奖。

31 日　香河县召开领导干部政治性警示教育暨优化营商环境和干部作风整顿大会，县委书记李桂强作重要讲话，县长齐泽旭主持会议并提出具体要求，县委副书记张玉林就《香河县优化营商环境和干部作风整顿活动实施方案》作解读说明，县委常委、纪委书记、监委主任牛静通报了县纪委监委查处的典型案例。县行政审批局、科学技术和工业信息化局、自然资源和规划局主要负责人就优化环境和干部作风整顿做表态发言。

是日　平香线南延及大辛路改造工程通车仪式在平香线南延潮白河大桥北侧举行，县委书记李桂强、县长齐泽旭等领导出席。

是日　市委副书记柴宝良一行到香河县走访调研并召开北运河旅游通航工程专题汇报会议，县委书记李桂强、县长齐泽旭等县领导陪同调研并参加会议。

是月　河北省卫生健康委员会办公室印发《关于健康促进县（区）试点评估情况的通报》，香河县被评为河北省健康促进县。

是月　河北省工业和信息化厅印发《关于公布 2020 年河北省特色产业名县名镇的通知》，香河县荣获河北省家具制造名县称号（复核）。

香河概况

责任编辑 闫振春

综　述

香河县地处河北省中部偏东，廊坊市东北部，为海河流域冲积平原，背燕山而面渤海，临首都而依天津，素有“京畿明珠”之美誉。总面积 448 平方千米，县人民政府驻地淑阳镇。公路交通便捷，形成以高速公路京哈高速公路（G1）、首都地区环线高速公路（G95），国省道干线公路京滨公路（G103）、唐通公路（G509）、通武公路（G230）、平香线（S274）为骨架，县乡公路为支脉，县镇相通、村街相连的网格化公路交通格局。县域为海河流域冲积平原，地势西北高东南低，最高点海拔 15.9 米，最低点海拔 4.9 米，自然坡降 1/3000。县域属于大陆性季风气候，为暖温带半湿润气候区，四季分明，春、秋短，冬、夏长，冷暖干湿变化较大。春季少雨多风，夏季炎热多雨，秋季天高气爽，冬季寒冷干燥。香河县多年平均气温 12.1℃，年平均降水量为 545.9 毫米，年均日照时数 2558.6 小时。县境四面环河，属海河水系。过境河流主要有北运河、潮白河，青龙湾河、引泃入潮河等。水资源均为淡水，基本属于中等富水区。土地多为壤质土，厚而宜耕。农业林业等发达。域内野生植物品种 200 余种，野生动物 160 余种。陶用黏土分布广泛。

优越的地理环境，丰富的自然资源，为县内各项事业的发展奠定了坚实的物质基础。

2020 年，是香河发展历程中极不平凡、极不寻常、极为不易的一年，也是全县上下在大战大考中经受锻炼和考验的一年。面对突如其来的新冠肺炎疫情，面对国际国内形势的深刻复杂变化，面对“三个圆满收官”的艰巨任务，在县委、县政府的正确领导下，团结带领全县广大党员干部群众，坚持以习近平新时代中国特色社会主义思想为指导，深入学习贯彻中共十九大和十九届二中、三中、四中、五中全会精神，全面落实党中央和省市委决策部署，保持定力、坚定信心，攻坚克难、砥砺前行，一手抓疫情防控，一手抓经济社会发展，扎实做好“六稳”工作，全面落实“六保”任务，深入开展“三创四建”等系列活动，真正把当前的事做好，把长远的事做对，把遗留的事做妥，奋力夺取新冠肺炎疫情防控和经济社会发展“双胜利”，建设美丽幸福新香河进程不断加快。

运河旅游通航高效实施。将北运河旅游通航作为“一号工程”，举全县之力、集全县之智，以最大决心、最大力度、最快速度推进各项工作。组织领导坚强有力。第一时间成立北运河通航工程指挥部，党政主要领导亲自挂帅，县委、县人大、县政府、县政协领导班子成员分包重点工程，及时研究部署，高位组织推动。瓶颈有效破解。坚持特事特办、急事急办，“上跑三级”争支持，千方百计破制约，创新确定了“争取上级资金＋县级财政＋一般债券＋社会资本融资”的资金保障模式和“倒排工期＋挂图作战＋台账管理＋容缺审批＋并联推进”的工作方式，为工程加快推进打下坚实基础。北运河通航工程进展明显。建立定期调度、领导包联、专家论证、集体决策、督导问效等工作机制，形成条块结合、权责明晰、立体高效的推进体系，运河生态环境整治项目扎实推进，香河权属段河道完成清淤疏浚，姚止务险工段堤防改建全部完工，王家摆桥实施桩基建设，橡胶坝进行新坝施工，码头新建、景观提升、船闸增建等工程全面进场，安运桥改建等工程正在加快办理各项手续。

协同发展深入推进。严格按照“四统一”要求，着力推进规划对接、产业互补、基础联建和公共服务共享。规划体系紧密衔接。制定出台《北京市通州区与河北省三河、大厂、香河三县市协同发展规划》贯彻落实意见，高标准编制县域规划体系，国土空间规划形成初步成果，各专项规划正在加快编制。产业协作持续深化。紧盯北京“容不下、离不开、走不远”的高端制造业和现代服务业项目，建立了3.3万家上市企业、瞪羚企业和北京高新企业目录清单，成功签约企业33家、在谈156家，华电燃气能源站等一批优质项目即将开工。跨界路网加快建设。京唐高铁建设顺利推进，安石路西延工程正在开展前期工作，平香线南延和大辛路改造工程建成通车。公共服务合作加强。30家京津三甲医院纳入医保定点范围，实现异地直接结算。3家县级公立医院与60余家京津优质医疗机构建立合作关系，大爱医院加快建设，北京景山学校香河分校招生运行，群众在家门口就能享受到北京的优质服务。

综合实力稳步增强。面对财税增收前所未有的困难，逐项目、逐行业、逐领域抓调度、解难题、促增长，尽最大努力跑出转型发展的加速度。经济运行稳中向好。全县地区生产总值完成234.9亿元，增长3.5%。全部财政收入完成54.7亿元，其中，一般公共预算收入完成30.8亿元。固定资产投资增长3.3%，规模以上工业增加值增长5.5%，规模以上高新技术产业增加值增长9.1%，城镇和农村居民人均可支配收入分别增长3.6%和6.5%，实际利用外资完成3085万美元，是上年的3倍，其他指标均保持平稳运行。招商引资深入开展。立足产业基础和资源禀赋，明确了“3+2”产业发展定位，出台《招商引资及项目建设奖励办法》等系列支持政策，启动运行香河招商App，大力开展线上线下招商活动，“9·15”项目推介洽谈会上9个项目成功签约，万科食品供应基地、云储数据产业中心等一批优质产业项目纷纷落户。项目建设强力推进。严格落实重点项目领导分包，建立“七促”服务机制，实施项目建设“周调度”，全力保障重点项目建设。10个项目成功争列省市重点项目，22个项目集中开工，完成年度投资计划的103%，机器人大厦、稻香村食品生产基地等一批优质项目加快建设。产业转型步伐加快。立足升级传统产业，实施重点技改项目30个，推动中科未来、艾佳生活等企业与家具城签约合作，发展“家生态”等新业态。立足培育创新主体，建立高成长性企业名录，83家企业被评为科技型中小企业，13家企业被认定为高新技术企业，荣万家生活服务股份有限公司定于2021年1月15日在港交所主板上市，届时可实现县主板上市企业“零”的突破。县域科技创新能力跃升为B类县。香河县被评为“全省民营经济发展先进县”。立足做好“全域旅游”文章，高标准修订《全域旅游总体规划》，旅游集散中心等配套设施建成投用，“慧游香河”服务平台在全省率先建成，第二届文化旅游产业发展大会成功举办，香河县获评全市唯一的省级全域旅游示范区，被评为全国县域旅游发展潜力百佳县。

城乡面貌持续改观。立足打造功能完善卫星城，强投入、严管理、优功能、提品位，城市宜居指数不断提升。聚焦畅通城乡路网，密集实施道路升级工程，12条城乡道路改造顺利完工，义井大桥、平香线跨潮白河大桥建成通车，全年新建、改建路网217千米。聚焦完善城市功能，巩固智慧城市建设成果，15个部门24个系统接入智能化指挥调度中心，香河县成为全省第一批新型智慧城市建设试点县。10千米地下管网建成投入使用，6条小街小巷完成治理，人民广场、民兵训练基地和垃圾焚烧发电厂主体完工，城市综合承载力不断增强。聚焦提升城市品位，深入开展绿化提升行动，8条街路增绿美化工程顺利完成，新增“口袋游园”“袖珍绿地”12处。马路市场、店外经营等整治行动扎实推进，市容市貌持续改观。聚焦推进乡村振兴，深入实施农村集体产权制度改革和农村土地承包改革，大力发展现代农业，打造了雨润潮白、菊花农旅产业园等农业综合体。常态化推进农村人居环境整治，农村生活垃圾一体化处理体系基本形成。香河县被评为“全省乡村振兴示范区”和“全省农产品质量安全县”。

生态质量不断优化。坚持问题导向，坚定不移抓治理、优生态，环境质量越来越好。围绕打赢蓝天保卫战，坚决落实大气污染综合治理措施，全县空气质量持续改善，综合指数同比下降3.25%。围绕打赢碧水保卫战，县镇村三级河长开展巡河2.9万次，河长制工作考核在全市获评“优秀”档次。商汪甸和荣各庄排干渠清淤等工作扎实推进，5个国省市控考核断面水质稳定达标。围绕打赢净土保卫战，深入开展土壤污染治理，测土配方施肥推广面积17333.33公顷（26万亩），畜禽规模养殖场粪污处理设施配套率达到100%。围绕打赢绿色发展攻坚战，大力开展植树造林，全年完成540.8公顷(8112亩)，香河县获评中国百佳富氧县。

人民福祉得到增强。坚持以人为本、民生为重，竭尽全力兜住民生底线、做好惠民实事，16项民生工程完成年度目标。教育事业繁荣进步。11项教育工程竣工投入使用，32所民办幼儿园完成普惠性创建，500余名教师补充到教育一线，2020年，高考再创佳绩，香河县第一中学包揽全市高考理科前3名，本科上线率达到92%，教育教学水平不断提高。卫计事业加快发展。“医共体”建设持续推进，钳屯、安头屯等4所卫生院完成改造，香河县获评“河北省健康促进县”“全国计划生育优质服务先进单位”。文体事业扎实推进。仿真冰雪场馆、全民健身示范基地竣工投入使用，24个村街综合文化服务中心建成运行，冰雪运动会等活动蓬勃开展，香河媒体融合的经验做法在全省推广。县地方志编纂中心被评为“全国地方志工作先进集体”。民生保障不断增强。社会救助基金会成立运行，城乡低保、特困供养等政策严格落实，残疾人、孤儿救助等工作扎实开展，中小学校和乡镇卫生院旱厕改造全部完成，就业再就业工作保持全市前列。社会治理持续加强。“全科网格”全面建立，“社会治理信息系统”正式上线，“群众说事、干部解题”工作机制初步构建，全市首个网络生态综合治理督导平台搭建完成，县镇村三级新时代文明实践中心建成投入使用，信访、“扫黑除恶”、安全生产、食药安全等工作成效明显，暑期、全国“两会”等安保任务圆满完成。2020年，香河县全面打响创建省级文明县城攻坚战，成功获评省级文明县城。

自身建设全面加强。面对经济社会发展的艰巨任务，着力健全“明责履责共责问责”的岗位责任体系，用真心、使真劲、出真招、求真效，努力实现非常作为。坚持党建引领。始终旗帜鲜明讲政治，将习近平新时代中国特色社会主义思想贯穿政府工作全过程，对中央和省市委的决策部署，及时学习传达，细化分解任务，跟踪督导问效，确保落地落实。突出改革创新。高效完成乡镇改革、经济开发区改革和家具城管理体制改革，香河县被评为全省深化医药卫生体制改革工作先进县、全省农村集体产权改革试点县。建立政府系统考核加减分和重点工作晾晒机制，营造了比学赶超的浓厚氛围。严格依法行政。认真落实“三重一大”集体决策机制，县政府自觉接受人大监督和政协民主监督，扎实做好人大“6+1”联动监督工作，116件人大代表议案和政协委员提案全部妥善办理。深入宣传《中华人民共和国民法典》等法律法规，依法行政能力不断增强，香河县获评首届全国公共资源交易百强县。勇于担当负责。坚持从急需的地方抓起、向难处攻坚，全面开展“大调研、大走访”活动，实施园区土地利用和项目建设“大起底”，盘活存量建设用地约246.67公顷（3700亩）。全力打好“一河一策”问题整改、违法违规占地清理规范等攻坚硬仗，万辛湖片区25万平方米违建被彻底拆除，54万平方米违法占地被依法清理。着力做优服务。牢固树立“店小二”意识，建立“企业吹哨、部门报到”服务机制，实行重点项目全程“帮办、代办、跟办、跑办”保姆式服务，推行以网上审批不见面、受审分离不见面为重点的“最多跑一次”改革，努力打造“全国一流、全省领先”的市场化、法治化、国际化营商环境。全年净增市场主体1.2万家，净增率居全市前列。坚持清正廉洁。严格落实全面从严治党主体责任，持续落实中央“八项规定”，严防“四风”反弹，加强政治性警示教育，强化执纪监督、审计监督、财政监督和风险防控，扎实推进群众身边腐败和作风问题整治，有力维护了党委和政府的良好形象。

疫情防控取得实效。面对突如其来的新冠疫情，全县上下众志成城、万众一心，齐心协力、同舟共济，全力以赴守护群众生命安全和身体健康。迅速启动应急响应。第一时间成立防控工作领导小组，党政主要领导亲自挂帅，县委、县人大、县政府、县政协领导班子成员一线推动，严格落实“四早”“四集中”和“三个关口前移”，压紧压实各级责任。658个党员先锋岗，589个党员服务队，1.2万名党员干部、村民代表、热心群众、青年志愿者充实到抗疫第一线，涌现出了李向国、杨士春等一批优秀党员、先进典型，县人民医院被评为“全省抗击疫情先进集体”。精准高效联防联控。坚持安全、便利、高效导向，实施“大数据+网格化+铁脚板”防控方法，落实“三本台账”和“健康码+测体温”制度，做到全面排查不落人、严格管控不扰民。统筹运用防控排查信息，建立智慧城市数据库，推动防控工作智慧化、精准化。完善公共卫生应急管理体系，在全省率先建成3个核酸检测实验室，强化与北京市联防联控，切实做到了“外防输入、内防反弹”。2月19日至年底，香河县未出现新增确诊病例和疑似病例。有力保障生产生活秩序。坚持疫情防控和经济社会发展两手抓、两不误，全面落实援企稳岗、减税降费等各项政策，及时出台“支持企业共渡难关十二条”等系列帮扶举措，组织召开企业家座谈会和银企对接会，统筹抓好企业复工复产、重大项目建设、招商引资、开学复课等各项工作，以最快速度恢复了生产生活秩序。

地理与区划

【地理位置】 香河县位于北纬39°37′—39°51′，东经116°51′—117°12′，地处华北平原北部燕山南麓，位居河北省中部偏东，廊坊市东北部。东与天津市宝坻区毗连，南隔青龙湾河与天津市武清区相望，西与北京市通州区为邻，北与三河市、大厂回族自治县（以下简称大厂县）接壤。全境呈枫叶形，东西最长25.5千米，南北最宽23.5千米，县界总长160.86千米，总面积448平方千米。

县人民政府驻地淑阳镇，位于县境中部略偏西北，北运河之东，潮白河之西。县城距北京市中心45千米，距天津市中心70千米，距河北省会石家庄386.2千米，距廊坊市52千米。至宝坻城区30千米，至大厂县城17.5千米，至通州城区35千米，至武清城区45千米。

京哈高速公路（G1）横贯县域东西，设置香河北、香河东出口。首都地区环线高速公路（G95）穿过县域西北部蒋辛屯镇岭子、苍头、梁家务村，设置香河西出口。国道京滨公路（G103）、唐通公路（G509）、通武线（G230）及省道平香线（S274）公路贯穿全境。

【行政区划】 2020年，香河县辖淑阳镇、安平镇、钳屯镇、五百户镇、刘宋镇、安头屯镇、渠口镇、钱旺镇、蒋辛屯镇 9 个镇和河北香河经济开发区 1 个省级工业园区，300 个行政村和新开、新绣、安抚、段庄、永泰、康宁、绣水、五一、府前东、兴业、新华、永兴、迎宾、城西、珠光、城北、永清、永胜、嘉园、兴济、汇文、民安、新城、正阳、安泰 25 个社区居民委员会。

2020年香河县行政区划一览表

表1

镇（社区办、园区）	所辖行政村	所辖居民委员会
淑阳镇	朱庄、大王庄、许台、杜屯、孟庄、郎庄、池套、前套、后套、大罗屯、小罗屯、前小屯、后小屯、赵庄、姬家止务、河南止务、河北止务、孙家止务、姚家止务、王家止务、宋家止务、凌家吴村、河南吴村、郭辛庄、赶水坝、金辛庄、蜷口、计庄 28 个行政村	—
新开街社区工作办公室	西南街、东南街、南台、阎乔各庄、安抚寨、周园、段乔各庄、前店子 8 个行政村	新开、新绣、安抚、段庄、永泰、康宁、五一、绣水、府前东、兴业 10 个社区居民委员会
新华街社区工作办公室	白庙、胡庄子、万福辛庄、北岗子、刘庄、西北街、东北街、西店子 8 个行政村	新华、永兴、迎宾、城西、珠光、城北、永清、永胜、嘉园、兴济、汇文 11 个社区居民委员会
安平镇	一街、二街、四街、后庄、东庄、扁城、赶古庄、谢屯、周庄、西贾庄、草沙河、延福屯一村、延福屯二村、成辛庄、小友垡、甘露寺、王家摆、谭庄、鲁家务、曹店、北太平庄、堡上、孙家务、王指挥庄、乔庄、三间房、枳根城、陈辛庄、高庄 29 个行政村	—
平安街社区工作办公室	—	民安、新城、正阳、安泰 4 个社区居民委员会
钳屯镇	红庙、茅草店、后家湾、二百户、起河屯、坨子、西延寺、前延寺、贾庄、窝头、钳屯、叶屯、尚店、张庄、池屯、赵屯、草寺、西刘庄、雀林院 19 个行政村	—
五百户镇	土山、四百户、三百户、骡子王、南蔡庄、夏辛庄、兴隆庄、仉村、高辛庄、曹庄、黄营、五百户、西张庄、前马房、后马房、头百户、马各庄、六百户、八百户、九百户、十百户、孙小营、东七百户、西七百户、李庄、前土门楼、后土门楼、西王家务、吴打庄、邢家营、荒淩庄、东双街、南太平庄、香城屯、南周庄、南张庄、霍刘赵、田各庄、南石辛庄、香椿营、仓上、于辛庄、董家湾 43 个行政村	—
刘宋镇	刘宋、东张庄、倪庄、马庄、程官屯、庆功台、王家务、八户、德辛庄、小刘庄、西太平庄、幞头屯、吴庄、尹庄、北村、北务屯、辛立屯、中营、刘庆庄、小陈庄、荆庄、大田、东王各庄、西王各庄、南孙家庄 25 个行政村	—
安头屯镇	安一、安二、安三、安四、西口头、北口头、前口头、东口头、韩营庄、杨营庄、孙营庄、赵营庄、顾家屯、黄庄、东兴隆庄、东太平庄、商汪甸、前独立庄、后独立庄、大青庄务、小青庄务 21 个行政村	—
渠口镇	渠口、北渠口、金庄、许庄、王刘圈、邵庄、店子务、康庄、宣教寺、荣各庄、戴家阁、牛济河、小高坨、小河各庄、魏家滩、孙各庄、温庄、小圈、西梨园、东梨园、三岔口、卢庄、邱庄、韦各庄、高山庄、炭户庄、石虎辛庄、固庄、韩庄、躲各庄、窦庄、阎胡套、卸甲庄、黄沙务、蔡庄、谭家务、大鲁家口、东鲁家口、大七里庄、小七里庄、渔阳院、东魏各庄、西魏各庄、北张庄、西河头、唐屯、青寺、青户庄 48 个行政村	—

续表 1

镇（社区办、园区）	所辖行政村	所辖居民委员会
钱旺镇	土堡子、马房顶、北刘庄、袁庄、田贾庄、焦康庄、义井、达古庄、大高坨、袁官屯、大六王庄、小六王庄、大河各庄、富各庄、东马家窝、西大街、后大街、和平街、姜吴街、成自务、钱旺村 21 个行政村	—
蒋辛屯镇	王店子、苍头、岭子、梁家务、河北吴村、闻庄、北三百户、北六百户、北头百户、大窑上、杨簸箕庄、北李庄、北五百户、大马坊、小马坊、后场、小祁庄、蒋辛屯 18 个行政村	—
河北香河经济开发区新兴产业园	百家湾、前建各庄、后建各庄、王庄子、北四百户、小尹庄、挠子庄、祈羊店、姬庄、匠庄、小朱庄、前骆驼港、后骆驼港、双营、打鹌户、大荒庄、程辛庄 17 个行政村	—
河北香河经济开发区环保产业园	小店子、前彭家务、后彭家务、南王庄、南刘庄、黄院、前井亭、中井亭、后井亭、孙家庄、铁佛堂、石辛庄、庞营、东延寺、李辛庄 15 个行政村	—

自然环境

【地质地貌】

地质

地层　根据中国地层区划，香河县属华北地层大区，东北部西马家窝至西延寺以东，后马房至荆庄以北属燕山分区唐山小区，其他部分属华北平原分区冀中小区。全县均为第四纪地层覆盖。

地质构造　香河县大地构造位置属华北地台区，横跨两个二级构造单元，后马房至荆庄以北属燕山台褶带，以南属淮河台向斜。

岩浆岩　香河县境内岩浆活动主要有两期：一为燕山期。以火山岩、火山碎屑岩为主，分布在大厂凹陷与武清凹陷中；在境东部宝坻凸起区，以煌斑岩脉侵入基岩中。二为喜山期。以安山玄武岩为主，夹在第三系地层中，分布在大厂凹陷区。

地貌　香河县地处华北平原北部燕山南麓，属冲洪积扇缘向冲积平原过渡的交接地。受北运河与潮白河影响，全境为海河流域冲积平原。地势西北高东南低，最高海拔 15.9 米，最低 4.9 米，自然坡降 1/3000，地势平坦。

地貌形态分两种类型：

山前冲洪积扇前缘地貌　位于香河县西马家窝至西延寺一线以西，大致以海拔 10 米等高线为界，为潮白河前冲洪积扇的前缘，地面高程 10－15.9 米，坡降 0.4‰左右，河道尚有微弱的侵蚀下切能力，呈现为地下河。

山前冲洪积扇前洼地地貌　位于西马家窝至西延寺一线以东，地面高程 4.9－10 米，坡降 0.2‰－0.3‰。河流以缓流淤积作用为主，形成一系列洼地和较厚的黏土层。河道易淤塞，呈现地上河。

因此在扇缘向冲积平原上，从水平到垂直，都表现出河流冲击的特点，低洼中心属于湖泊静水沉积物，质地黏重。全县地势西北高，东南低，海拔（黄海）高程 4.9－15.9 米，自然坡降 1/3000。西北部蒋辛屯镇高程 10－15.9 米，中部及北运河两岸高程 7－10 米，东部东南部的刘宋镇、渠口镇、安头屯镇东部，高程为 4.9－7 米。

（田　雪）

【气候】　香河县属于大陆性季风气候，为暖温带半干旱半湿润气候区，具有四季分明，寒暑交错，春秋短、冬夏长，夏暑冬寒，温差较大，冷暖多变，干湿界限明显的气候特点。

【气温】 2020年平均气温为12.7℃，较历年平均12.1℃偏高0.6℃；年极端最高气温39.4℃，出现在7月24日，年极端最低气温-15.6℃，出现在12月30日。

【降水】 全年的降水量为433毫米，比历年平均545.9毫米偏少112.9毫米。

【日照】 全年日照时数2946.8小时，比历年平均2558.6小时偏多388.2小时。

（赵春森）

【水文水系】水文包括水文地质、地上水和地下水。

水文地质。香河县地处潮白河冲洪积扇的中下游，地下水主要赋存于松散岩类孔隙水含水岩组中。松散岩类孔隙水含水岩组主要由第四系松散沉积物组成。根据成因类型可将第四系地层自上而下划分为4个含水组。

第Ⅰ含水组（全新统Q4）：含水层组底板平缓，埋藏深度30—40米，局部50—60米，含水层厚度一般5—10米，局部大于10米，该层沉积较薄，颗粒较细。岩性以细砂、中细砂为主，单井单位出水量为2.5—5立方米/（小时·米），局部5—10立方米/（小时·米）。地下水水力特征为潜水。地下水矿化度一般小于2克/升。

第Ⅱ含水组（上更新统Q3）：底板深度140米左右。含水层厚度20—30米，局部30—50米，含水层岩性以细砂及含砾中砂为主。单井单位涌水量10立方米/（小时·米）左右，矿化度一般小于1克/升。水力特征属微承压水。

第Ⅲ含水组（中更新统Q2）：底板埋藏深度300米左右，含水层厚度一般40—60米，岩性以中砂、中细砂为主，单井单位出水量为5—10立方米/（小时·米）。地下水水质良好，矿化度小于1克/升。水力特征属承压水。

第Ⅳ含水组（下更新统Q1）：底板埋藏深度420米左右，含水层厚度40—60米。岩性以中粗砂、细粉砂、粉砂为主，单井单位出水量为5—10立方米/（小时·米）。地下水水质良好，矿化度小于1克/升。水力特征属承压水。

地上水。香河县四面环河，地处海河流域中上游，属海河流域北三河水系，有潮白河、北运河水系，东部和北部为潮白河水系，西部和南部为北运河水系。

过境河流多，主要有潮白河、北运河、青龙湾减河、引泃入潮河等，年径流量为5.9203亿立方米，还有风港减河、窝头河、牛牧屯引河等季节性河道。香河县境内河道建筑物共计8座，分别为潮白河吴村闸、引河牛牧屯闸、青龙湾土门楼闸、北运河木厂闸、北运河曹店橡胶坝和潮白河1、2、3号橡胶坝。引水口4处，设计引水能力为36立方米/秒，通过调度，曹店跌水橡胶坝可一次性拦蓄地上水2180万立方米，岭子、杨百庄、潮南进水闸、南刘庄4座引水闸年平均引水量达5600万立方米。

全县有干支渠142条，其中，干渠26条，总长221.4千米，支渠116条，全长298.9千米，干渠建筑物（闸）40座。全县拥有国有扬水站8座，装机总容量8375千瓦，排水能力约89.19立方米/秒。万亩以上灌渠两个（潮南、潮北），设计灌溉面积22333.33公顷（33.5万亩）。有深2.5米的坑塘670个，渠道坑塘蓄水能力900万立方米。有取水井共6300眼，其中：城镇集中供水井51眼，工业服务业井38眼，城镇生活井5眼，农村生活井194眼，农业灌溉井5827眼，其他取水井（水源热泵）185眼。

1. 潮白河

潮白河发源于承德市丰宁县、张家口市沽源县，上游由潮河、白河两大支流汇成。潮河发源于承德市丰宁县西黑山嘴，白河发源于张家口市坝上沽源县丹花岭，两河在密云水库下游河槽村汇流后，称潮白河。潮白河从蒋辛屯镇岭子村北进入香河县，流经香河县蒋辛屯、淑阳、钱旺、安头屯、渠口 5 个镇，通过潮白新河于渠口镇荣各庄村南进入天津市宝坻区，在宁车沽入永定新河入海，流向东南。该河是香河县主要行洪和供水河道，境内河道长 26.48 千米，流域面积 183.95 平方千米，防洪设计标准 20 年一遇，行洪能力 2850 立方米/秒，级别 2 级，河底纵坡吴村闸上 1/4000，吴村闸下至宝坻界 1/4500。左堤 26.485 千米，右堤 20.25 千米，堤顶硬化 46 千米。河流平均宽度 1475 米，最宽在淑阳镇赶水坝村 2500 米，最窄在钱旺镇达古庄村 450 米，堤顶宽度 8 米。

2. 北运河

北运河发源于北京市昌平区军都山居庸关附近，有大小支流数十条，主要有南沙河、北沙河、东沙河，3 条河流于昌平区的沙河闸处汇流。通州区北关闸以上称温榆河，以下称北运河。北关闸至土门楼枢纽区间又有通惠河、凉水河和凤港减河纳入。北运河由香河县安平镇鲁家务村西北入境，流经香河县安平、淑阳、钳屯、五百户 4 个镇，在木厂闸以下，沿香河、武清两县区界到五百户镇双街村南出境，进入天津市武清区入永定河，从辛庄子桥入子牙河进海河入海，流向东南。北运河除汛期行洪外，平时主要为天津市输水河道，该河在香河县境内流程 20.378 千米，流域面积 237.52 平方千米，防洪设计标准 20 年一遇。行洪能力 1330 立方米/秒，级别 3 级。河道平均宽度 2125 米，扬洼闸至橡胶坝河道纵坡 1/14150，橡胶坝至木厂闸 1/15000。左堤长 23.808 千米，右堤长 8.289 千米，堤顶硬化 1.65 千米，堤顶平均宽度 8 米。为减轻北运河负担，在入境处赶水坝上游建有牛牧屯引河，汛期分泄北运河洪水至潮白河，出口处分为北运河和青龙湾减河。

3. 青龙湾减河

青龙湾减河是北运河的主要分洪河道，自香河县五百户镇土门楼闸起，沿香河县钳屯、五百户、刘宋等镇南部边界东流，于刘宋镇庆功台村扬水站东南进入天津市武清区，至里自沽农场止。香河县境内河道长 18.2 千米，境内堤防总长度 23.69 千米，行洪能力 1330 立方米/秒，防洪设计标准 20 年一遇。

4. 引泃入潮河

引泃入潮河是为减轻泃河与蓟运河汛期行洪压力人工开挖的一条减河，引泃河水入潮白河，上起泃河的辛撞闸，下至宝坻区郭家庄，汇入潮白新河，从罗村渡槽进入香河县，于黄家集进入天津市宝坻区，香河县境内流程 7.885 千米，境内堤防总长度 15.77 千米，设计行洪能力 20 年一遇，行洪能力 830 立方米/秒。

地下水。香河县地处北三河下游平原潮白河冲洪积扇中下游区，水位地质条件相对简单，地下水全部为淡水。地下水水质良好，矿化度小于 1 克/升。香河县浅层水的天然水化学类型主要为碳酸盐类钠组Ⅰ型水，其中，东延寺为碳酸盐类钙组Ⅲ型水，淑阳镇为碳酸盐类钠组Ⅱ型水。年内水位的变化规律：浅层地下水埋藏浅，其动态年变化受降水和人工开采控制，年初至 3 月中旬为相对稳定期，此期开采量不大，地下水水位升幅很小；3 月中旬至 6 月中旬为春采水位下降期，农业灌溉集中开采，造成浅层地下水区域性水位下降，下降幅度因开采强度不同而异，5 月中旬至 6 月中旬，出现年最低水位；6 月中旬以后，由于降水量增加，开采量锐减，地下水得到降水的入渗补给，水位大幅度回升，8 月上旬至 9 月中旬，达到年最高水位；进入秋冬开采期，农业开采量相对较小，但仍使地下水位再度下降，11 月底秋冬采停止，地下水位回升进入相对稳定期。

（黄云龙　宋俊婷）

【土壤】 土壤包括土壤类型、质地、土壤肥力等基本要素。

土壤类型。

香河县土壤类型受地貌类型影响，差异很大，有褐土、潮土和风砂土3个土类（香河县土壤类型分为3个土类，8个亚类、10个土属、56个土种）。根据分布特点，北部主要是褐土，南部主要是潮土，沿河两岸分布有风砂土。

褐土类型及其分布

褐土分布在香河县北部蒋辛屯镇和中部淑阳镇的部分村庄，占总土壤面积的11.55%。褐土类又分3个亚类、3个土属、10个土种。

褐土亚类　褐土亚类占总土壤面积的0.05%，分布在冲积扇扇缘的突起部位。如蒋辛屯镇四百户村东部、淑阳镇北岗子村北部，以丘状或岗状存在，零星分布，比平地高2—4米。该亚类土壤分1个土属、2个土种。

潮褐土亚类　潮褐土亚类占总土壤面积的9.13%，发育在褐土残丘周围洪积冲积物母质上，分布于香河县北部蒋辛屯镇和淑阳镇，地势平坦，高程在10—15米之间。该亚类土壤类分1个土属、7个土种。

褐土性土　褐土性土占总土壤面积的2.37%，分布在北运河、潮白河、青龙湾两岸附近，以沙丘状存在，高出地面3—4米。该亚类土壤仅为1个土属、1个土种。

潮土类型及其分布

潮土是香河县分布面积最大、耕性良好的主要土壤类型，占总土壤面积的88.38%，分布在香河县东部、东南部和南部，等高线5—10米之间。此类土壤分4个亚类、6个土属、45个土种。

潮土亚类　潮土亚类占总土壤面积的81.75%。该亚类土壤分为砂质潮土、壤质潮土、黏质潮土3个土属，24个土种。

砂质潮土　分布在香河县钱旺镇、安平镇和五百户镇的河流故道、河漫滩以及缓岗上，属于主流沉积物质。分为通体砂质、砂质夹黏体壤、砂质底壤、砂质腰壤潮土4个土种。

壤质潮土 分布在缓岗与洼地之间的二坡地上，属于漫流沉积物质。香河县分布面积较大的有安平镇、五百户镇、安头屯镇、刘宋镇、钱旺镇和渠口镇。包括砂壤质、轻壤质和中壤质潮土，以及间层质地不同的19个土种。

黏质潮土　黏质潮土属于河流泛滥时的静水沉积物质，分布在离河较远的洼地上，如淑阳镇的东南部，渠口镇的南部，以及蒋辛屯镇东部的交接洼地上都有分布。包括重壤以上质地的土壤，仅为1个土种。

褐土化潮土亚类　褐土化潮土占总土壤面积的3.97%，分布在冲积平原上的缓岗下部、准缓岗以及褐土性土的周围。褐潮土所处的地形部位地势较高，排水良好，地下水2—3米之间，上部土层逐渐脱离地下水影响，向地带性褐土方向发展，发育程度微弱，仍属于潮土，主要分布在安平镇、钳屯镇和渠口镇等乡镇。该亚类土壤分1个土属、7个土种。

盐化潮土亚类　香河县盐化潮土均属于次生盐渍化潮土，以硫酸盐含量为主，占总土壤面积的2.51%。分布在香河县低洼中心周围，如安头屯镇东部、刘宋镇东北部、潮白河两岸，特点是以带状或片状分布。该亚类土壤分1个土属、11个土种。

沼泽化潮土亚类　沼泽化潮土在香河县面积很小，占总土壤面积的0.15%，以黏质中度沼泽化潮土为主。主要分布故河道、河流决口的槽状洼地上。如蒋辛屯镇前建各庄东南部，鹬不沚河南侧洼地，渠口镇窝头河的故河道上。该亚类土壤分1个土属、3个土种。

风砂土类型及其分布

香河县风砂土类，多以流动、半流动沙丘存在占总土地面积的0.07%，分布在运河、潮白河两侧。如淑阳镇、安平镇、五百户镇和钱旺镇。该类土壤只有1个土属、1个土种。

土壤质地。

土壤土质按五级划分，即砂土、砂壤、轻壤、中壤、黏土（重壤以上）。砂质土共计1263.7公顷（1.89554万亩），砂壤土8771.4公顷（13.15711万亩），壤质土（包括轻壤和中壤）31776.5公顷

（47.66477 万亩），黏质土 1478.8 公顷（2.21818 万亩）。

按照《耕地质量等级》国家标准（GB/T33469-2016），香河县属于黄海区中的燕山太行山山麓平原农业区，根据香河县农业农村局 2020 年 3 月编制的《香河县 2019－2020 年耕地质量等级评价》，2020 年，香河县耕地综合评价指数在 0.848628－0.938530 范围内。按照河北省耕地质量 10 等地划分标准将香河县耕地划分为 2、3、4、5 四个等级。

通过加权平均求得香河县的耕地质量平均等级为 3.18。香河县 2、3、4、5 等地面积分别占全县总耕地面积的 5.14%、75.61%、15.12%、4.12%。

土壤肥力。

耕地质量监测是实施耕地质量保护和地力建设的一项公益性和长期性的基础性工作，为了推进耕地质量建设与管理工作，对耕地质量实施动态监测，建立耕地质量监测长效机制，完善本行政区域耕地质量监测网络。香河县按要求安排前马房村、成自务村、西大街村和蠓头屯村 4 个耕地质量监测点，种植制度为小麦——玉米轮作方式。2020 年 3 月，县农业农村局编制出台《香河县 2019－2020 年度耕地质量监测工作情况》。

监测点土壤养分状况

土壤有机质。土壤有机质是土壤肥力的核心，是衡量耕地肥力高低的一个重要指标。它不但使土壤具有保肥力和缓冲性，还能使土壤疏松和形成团粒结构，改善土壤物理性状。土壤耕作性、保肥性、供肥性等各方面都与有机质密切相关。近年来加大秸秆还田力度，定位监测点土壤有机质，2019 年为 18.11 克/千克，2020 年为 18.1 克/千克，耕层土壤有机质含量基本稳定。

土壤全氮。土壤全氮代表着土壤氮素的总贮量和供氮潜力，土壤氮素绝大部分来自有机质，两者正相关，也是耕地肥力的主要指标之一。全县定位监测点 2019 年土壤全氮平均含量为 1.19 克/千克，2020 年为 1.09 克/千克，土壤全氮略有下降。

土壤有效磷。土壤有效磷是土壤中能被植物吸收利用的磷，是土壤磷素养分供应水平高低的指标，一定程度反映出土壤中磷素的贮量和供应能力。定位监测点监测，2019 年土壤有效磷平均含量为 68 毫克/千克，2020 年平均含量为 45.4 毫克/千克。从这两年定位监测可以看出土壤有效磷含量总体呈降低趋势。

土壤速效钾。钾是肥料三要素之一，能提高作物产量改善作物品质。速效钾包括水溶性钾和交换性钾，能很快被植物吸收利用。全县定位监测点监测，2019 年土壤速效钾平均含量为 163 毫克/千克，2020 年平均含量为 132 毫克/千克。

土壤缓效钾。缓效钾是速效钾的主要储备仓库，可以反映出土壤供钾潜力指标。据全县定位监测点监测，2019 年土壤缓效钾平均含量 1039 毫克/千克，2020 年土壤缓效钾平均含量 986 毫克/千克。

土壤酸碱度。土壤 pH 对土壤肥力及植物生长影响较大，对养分的有效性影响也较大，在农业生产中应注意土壤的酸碱度，积极采取措施加以调节。全县定位取土点监测，2019 年土壤酸碱度 pH 平均值 7.8，2020 年土壤酸碱度 pH 平均值 8.15，县域土壤酸碱度基本恢复正常。

存在的主要问题

基础肥力水平总体仍处在较低水平，土壤有机质有待进一步提升。耕地土壤有机质提升速度加快与河北省全面推行秸秆还田技术有关。但是，香河县耕地土壤有机质含量平均值 18.3 克/千克，仍处于中等水平，与实现农田高产稳产目标仍有差距。

土壤有效磷养分积累过快，造成潜在环境风险。2020 年，河北省耕地土壤有效磷平均含量 33 毫克/千克（2 级较高水平），香河县平均值已超过 40 毫克/千克。土壤中过高的磷素累积对农业环境造成潜在的环境风险，土壤有效磷积累过快的原因主要是农田磷肥施用量过高。因此，应当适当降低配方肥磷素含量，提高磷素利用效率，稳定土壤磷含量。

土壤肥力不均衡问题仍然突出，高低肥力并存。土壤磷、钾平均含量丰富，但同时存在大量缺钾监测点位。肥力的不均衡导致部分地区过量施肥、施肥不平衡问题等比较突出。因此，应针对低肥力地区开展土壤改良，优化施肥配方，推广精准施肥，提高土壤肥力和综合生产能力。

（陈淑伶　苏绍辉）

自然资源

【概况】　香河县自然资源丰富。2020 年，全县土地总面积 44800 公顷（67.2 万亩），县域内多年平均地表水资源可利用量 8002 万立方米，地下水资源量 7579 万立方米（《香河县水资源评价 2016》），县域内野生植物品种 200 余种，野生动物 160 余种，县域内地热水资源丰富，较为适合开发利用。

【土地资源】　2020 年，全县土地总面积 44800 公顷（67.2 万亩）。其中，耕地 25993.33 公顷　（38.99 万亩），园地 26.67 公顷（0.04 万亩），林地 900 公顷（1.35 万亩），草地 273.33 公顷（0.41 万亩），城镇村及工矿用地 11473.33 公顷（17.21 万亩），交通运输用地 1906.67 公顷（2.86 万亩），水域及水利设施用地 3860 公顷（5.79 万亩），其他土地 366.67 公顷（0.55 万亩）。其中，农用地 29846.67 公顷（44.77 万亩），占总面积的 66.62%；建设用地 13226.67 公顷（19.84 万亩），占总面积的 29.52%；未利用地 1726.67 公顷（2.59 万亩），占总面积的 3.86%。农用地中，耕地 25993.33 公顷（38.99 万亩），占农用地总面积的 87.09%；园地 26.67 公顷（0.04 万亩），占农用地总面积的 0.09%；林地 900 公顷（1.35 万亩），占农用地总面积的 3.01%；其他农用地 2926.67 公顷（4.39 万亩），占农用地总面积的 9.81%。建设用地中，公路用地 973.33 公顷（1.46 万亩），占建设用地总面积的 7.36%；水工建筑用地 780 公顷（1.17 万亩），占建设用地总面积的 5.90%；建制镇 2266.67 公顷（3.4 万亩），占建设用地总面积的 17.14%；村庄 8633.33 公顷（12.95 万亩），占建设用地总面积的 65.27%；采矿用地 206.67 公顷（0.31 万亩），占建设用地总面积的 1.56%；风景名胜及特殊用地 366.67 公顷（0.55 万亩），占建设用地总面积的 2.77%。未利用地中，河流水面 753.33 公顷（1.13 万亩），占未利用地总面积的 43.63%；内陆滩涂 700 公顷（1.05 万亩），占未利用地总面积的 40.54%；其他草地 273.33 公顷（0.41 万亩），占未利用地总面积的 15.83%。

（田　雪）

【水资源】　香河县多年平均地表水资源可利用量 8002 万立方米，地下水资源量 7579 万立方米。（《香河县水资源评价 2016》）

2017 年，用水总量 10974 万立方米（指标 12907），其中，地下水用水量 4300 万立方米（指标 4361），年平均浅层地下水埋深 7.18 米，深层地下水埋深 30.88 米。

2018 年，用水总量 11230 万立方米（指标 12960），其中，地下水用水量 3750 万立方米（指标 4252），年平均浅层地下水埋深 6.6 米，深层地下水埋深 31.57 米。

香河县农业用水定额 303 立方米/亩·年。以电折水系数为 5.6（1 千瓦时电 5.6 吨水）。

2019 年，用水总量 11057 万立方米（指标 13018），其中，地下水用水量 3712 万立方米（指标 4118），年平均浅层地下水埋深 7.12 米，深层地下水埋深 38.66 米。

2020 年，用水总量 10363 万立方米（指标 13071），其中，地下水用水量 3645 万立方米（指标 4050），年平均浅层地下水埋深 7.56 米，深层地下水埋深 39.56 米。

（黄云龙　宋俊婷）

【生物资源】 生物资源包括野生植物、野生动物。

野生植物。县域内植物种类较丰富，野生植物品种约计200余种。其中，被子植物品种最多，达150余种。蕨类（节节草）、裸子类（银杏）、苔藓类（墙藓、地藓）、藻类（水绵、小球藻）、菌类（木耳、蘑菇）等有20余种。据初步调查有木本植物38科140余种，其中，乔木17科80余种，落叶乔木主要有国槐、刺槐、青桐、银杏、合欢、臭椿、栾树、火炬、垂柳、毛白杨、小叶杨、速生杨、金枝槐、香花槐、核桃等树种；常绿乔木有油松、雪松、樟子松、侧柏、桧柏等树种。花灌木14科40余种，主要有绣线菊、榛子、锦带、迎春、红叶小檗、沙地柏、平枝栒子、连翘等。草本植物主要是禾本科、菊科、蔷薇科、毛茛科、莎草科等。主要常见杂草种类有：越年生杂草主要有荠菜，播娘蒿、芦苇；一年生杂草主要有藜、灰菜、打碗花、麦家公、刺儿菜、马唐草、苋菜、牛筋草、铁苋菜、马齿苋、狗尾草、反枝苋、泥胡菜、离子草、苘麻、稗草、田旋花、车前草、香附子、鸭跖草、苣荬菜、猪殃殃、蒲公英等。禾本科杂草主要是雀麦、节节麦。

野生动物。县域内野生动物有160余种，具有较高观赏和保护价值的有白鹭、苍鹭等。县域内生态环境良好，植被类型多样，生长茂密，植被覆盖率在90%以上，为动物的繁衍生息创造了条件。县域内野生动物有兽类7种，禽类34种，鳞类19种，介类8种，虫类25种。其中，兽类有狗獾、野兔、田鼠、仓鼠、蝙蝠、狸子、黄鼬、刺猬等，主要分布在草木较深的林地；鸟类有苍鹭、白鹭、野鸭、啄木鸟、猫头鹰、乌鸦、喜鹊、灰喜鹊、燕子、布谷鸟、麻雀、百灵、黄鹂、画眉等，种群较多；爬行类有蜥、蛇、蜥蜴、壁虎、龟、鳖等；两栖类有青蛙、虎纹蛙、沼蛙等；环节类有蚯蚓等；鱼类有鲤鱼、草鱼、白鲢、鲫鱼、鲇鱼、鳝鱼、黄瓜鱼、胖头鱼、黑鱼、石鲢鱼、泥鳅等；腹足类有田螺、蜗牛、钉螺等；甲壳类有虾、蟹、潮虫、水蚤等；昆虫类有蝴蝶、蜜蜂、螳螂、蟋蟀、蚱蜢、瓢虫、蜻蜓等。

（田　雪　苏绍辉）

自然灾害

【概况】 香河县自然灾害主要有气象灾害和生物灾害。2020年，香河县境内未发生较大气象灾害，全县森林病虫害发生面积累计约10933.33公顷（16.4万亩），小麦病虫草害发生面积15000公顷（22.5万亩）次，玉米病虫害合计发生面积46526.67公顷（69.79万亩）次，蔬菜病虫草害发生面积17046.67公顷（25.57万亩）次。

【生物灾害】 生物灾害包括森林病虫害和农作物病虫草害。

森林病虫害。成灾率：2020年，全县森林病虫害发生面积累计约10933.33公顷（16.4万亩），其中，美国白蛾6733.33公顷（10.1万亩）、春尺蠖1666.67公顷（2.5万亩）、蛀干害虫666.67公顷（1万亩）、杨小舟蛾733.33公顷（1.1万亩）、悬铃木方翅网蝽333.33公顷（0.5万亩）、病害发生800公顷（1.2万亩），成灾面积0万亩，成灾率0‰。

农作物病虫草害。2020年，香河县小麦播种面积4358公顷（6.54万亩），小麦病虫草害发生面积15000公顷（22.5万亩）次，病虫草害防治15000公顷（22.5万亩）次，专业化统防统治6333.33公顷（9.5万亩）次，专业化统防统治覆盖率42.2%，绿色防控面积2133.33公顷（3.2万亩），绿色防控覆盖率41.13%。

玉米播种面积6813公顷（10.22万亩），其中春播玉米面积1260公顷（1.89万亩），夏播玉米面积5553公顷（8.33万亩）。玉米病虫害合计发生面积46526.67公顷（69.79万亩）次，防治面积10266.67公顷（15.4万亩）次，专业化统防统治4333.33公顷（6.5万亩）次，专业化统防统治覆盖率42.2%，绿色防控面积2800公顷（4.2万亩），绿色防控覆盖率40.15%。

蔬菜及食用菌播种面积9453.8公顷（14.18万亩），病虫草害发生面积17046.67公顷（25.57万亩）次，病虫草害防治面积34673.33公顷（52.01万亩）次。蔬菜主要病害有黄瓜霜霉病、黄瓜白粉病、黄瓜细菌性角斑病、番茄病毒病、番茄灰霉病、茄子褐文病、茄子绵疫病、白菜软腐病等，主要虫害有菜青虫、甜菜夜蛾、烟粉虱。

（田　雪　苏绍辉）

居民人口

【居民总量】 2020年年末户籍人口383620人，比上年末增加7270人，年末户籍户数132094户。常住人口449038人，比上年末增加70854人。常住人口城镇化率73.64%，比上年提高10.9个百分点。

【人口变动】 2020年，香河县出生人数2577人，符合政策生育率96.55%，出生率为6.99‰，死亡人数2029人，死亡率为5.5‰，自然增长人数548人，人口自然增长率1.49‰。

（张占葵）

经济和社会发展

【概况】 2020年，全县地区生产总值完成234.9亿元，同比增长3.5%。其中，第一产业完成20.6亿元，同比增长4.4%；第二产业完成57.7亿元，同比增长10.4%；第三产业完成156.6亿元，同比增长0.7%；三次产业比重为8.8 : 24.5 : 66.7。

民营经济实现增加值153.2亿元，同比增长3.8%，占地区生产总值比重的65.2%；民营经济实缴税34.6亿元，同比增长0.72%，占全部财政收入比重的63.3%。

【农业】 2020年，全县粮食播种面积11614公顷，粮食总产量70836吨。其中，冬小麦播种面积4358公顷，产量27801吨。玉米播种面积6813公顷，产量41570吨。蔬菜及食用菌播种面积9453.8公顷，产量525089吨。油料播种面积69.7公顷，产量189.7吨。

全年肉类总产量9291.8吨，其中，猪肉产量2129.1吨，牛肉产量1916.8吨，羊肉产量800.6吨，禽肉产量3365.9吨。奶类产量11081.2吨，禽蛋产量40232吨。

全年淡水产品产量2091吨，淡水养殖面积267公顷。人工造林面积540公顷，森林抚育面积2000公顷，木材采伐7457立方米。

农用化肥施用量（折纯）17071吨，农村用电量23187万千瓦时。农业产业化经营率达到51.3%。

【工业和建筑业】 2020年，全县工业增加值同比增长5.7%。其中，规模以上工业增加值同比增长5.5%，规模以下工业增加值同比增长5.8%。规模以上工业企业实现利润6亿元，同比下降4.1%。规模以上工业营业收入利润率6.9%。规模以上高新技术产业增加值同比增长9.1%。

全年建筑业实现增加值22.4亿元，同比增长19.5%。其中，资质建筑企业房屋建筑施工面积同比增长7.1%。

【固定资产投资】 2020年，全县固定资产投资完成同比增长3.3%。第一产业投资增长-46.1%；第二产业投资增长-8.6%。其中，制造业投资增长-20.9%，电力、热力、燃气及水生产和供应业投资增长113.1%；第三产业投资增长11.7%。其中，交通运输、仓储和邮政业投资增长142.8%，租赁和商务服务业投资增长-15.7%。基础设施投资增长-2%，占投资比重为15.8%；房地产开发投资增长47.4%，占投资比重为48.5%。

亿元以上建设项目投资增长-29.5%，占固定资产投资的40.2%。

【交通和电信业】 2020年，全县交通运输业稳步发展。公路交通条件不断改善，公路里程1042千米，其中，国省道84.74千米，县公路56.76千米，乡公路107.02千米，堤顶路76.04千米，村级路793.26千米，特大桥2座2780米，大桥30座8360.44米，中桥34座1841.5米，小桥171座2829.97米。年末，实有大型载货汽车97辆，中型载货汽车82辆，小型载货汽车1678辆，大、中型载客汽车27辆。

电信业发展迅猛。互联网宽带接入用户150000户，年末固定电话22238部，移动电话453490部。

【国内贸易】 2020年，全县社会消费品零售总额完成117.6亿元，同比下降1%。其中，限额以上企业（单位）实现消费品零售额6.3亿元，同比下降17.5%。分城乡看，城镇市场发展快于乡村市场，城镇市场实现零售额86.3亿元，同比增长28.1%；乡村市场实现零售额31.4亿元，同比下降39.1%，城镇市场高于乡村市场67.2个百分点。按行业分：批发零售业实现零售额113.6亿元，同比下降2.2%；住宿餐饮业实现零售额4亿元，同比增长53.1%。

【对外经济】 2020年，全县实际利用外资3085万美元，同比增长218%。其中：外商直接投资3085万美元，同比增长218%。全年入统项目5个。

【财政和金融】 2020年，全县财政收入54.7亿元，同比下降14.8%。其中，一般公共预算收入完成30.8亿元，同比下降19.8%。全县公共财政支出57.2亿元，同比下降9.4%。全县税金实际入库累计完成43亿元，同比下降18.7%。

年末金融机构各项存款余额500.2亿元，比年初增加16.6亿元；住户存款余额374.6亿元，比年初增加36.3亿元；金融机构人民币各项贷款余额651.2亿元，比年初增加28.3亿元，其中，中长期贷款453.3亿元，比年初增加3.4亿元。

【教育、文化、卫生事业】 2020年，全县共有普通高中4所，招生2621人，在校生7528人，高中阶段毛入学率93.5%；初中12所，招生4967人，在校生14306人；小学71所，招生7130人，在校生39535人，拥有专任教师6090人。

全县共有公共图书馆1个，博物馆1个，文化馆1个，文化站9个，剧场1个，影剧院3个，村（社区）综合性文化服务中心316个。广播、电视综合人口覆盖率达到100%。

全县共有县级医院3个，中心卫生院3个，镇卫生院6个，疾病预防控制中心1个，妇幼保健院1个。医疗卫生机构共有床位2230张。全县拥有村级卫生组织295个，乡医士260人。拥有执业医师及执业助理医师1165人，注册护士1067人。

【人民生活】 城乡居民收入持续增长，生活水平不断提高。2020年，城镇居民人均可支配收入48365元，同比增长3.6%，农村居民人均可支配收入21021元，同比增长6.5%。全部“四上”企业从业人员平均工资65552元，同比增长6.5%。年内享受低保户3222户，享受低保人数4063人，全年共发放低保资金3227万元。

（张占葵）

中国共产党香河县委员会

责任编辑　陈述龙　张　丹

综　述

2020年，中国共产党香河县委员会（简称县委）带领全县广大党员干部群众，坚持以习近平新时代中国特色社会主义思想为指导，深入学习贯彻中共十九大和十九届二中、三中、四中、五中全会精神，全面落实党中央和省市委决策部署，保持定力、坚定信心，攻坚克难、砥砺前行，一手抓新冠肺炎疫情防控，一手抓经济社会发展，扎实做好“六稳”工作，全面落实“六保”任务，真正把当前的事做好，把长远的事做对，把遗留的事做妥，建设美丽幸福新香河进程不断加快。面对突如其来的新冠肺炎疫情，县委常委会坚持人民至上、生命至上，理性应对、科学防治、精准施策、联防联控，筑牢新冠肺炎疫情防控坚实防线。县委常委靠前指挥，四大班子一线推动，相关部门密切配合，党员干部昼夜奋战，全县上下众志成城，打一场新冠肺炎疫情防控的人民战争。在做好新冠肺炎疫情防控的同时，最大程度保障群众生产生活需求和经济平稳运行，全面落实援企稳岗、减税降费、减租降息各项政策。

县委将北运河旅游通航工程作为“一号工程”，第一时间成立由党政主要领导挂帅的北运河旅游通航工程指挥部，县党政班子成员担任专项工作组组长，召开县委常委会会议、县政府常务会议、指挥部会议、专题调度会议研究部署推动工作。北运河旅游通航工程是贯彻落实习近平总书记重要指示批示精神的政治工程，是贯彻落实习近平生态文明思想的生态工程，是造福群众、造福子孙的民心工程，作为推动京津冀协同发展、打造新的经济增长极样板工程，香河县委县政府举全县之力确保如期通航。县委常委会坚持把与北京城市副中心一体化发展作为最大战略机遇，在服从服务中加快发展，在承接疏解中促进转型。严格按照“四统一”要求，出台《香河县关于通州区与廊坊市“北三县”协同发展规划贯彻落实意见》，高标准做好国土空间总体规划和各专项规划编制工作。大力实施道路升级改造工程，平香（平谷－香河）线南延跨潮白河大桥、义井大桥建成通车，217千米城乡道路完成新建改造，通行条件大幅改善。扎实开展农村集体产权制度改革、农村土地承包改革和农村宅基地管理工作，推进村集体经济提质增量工程，实施高标准农田建设项目，引进菊花农旅产业园、雨润潮白等农业综合体项目，持续促进农民增收、农业增效、农村增绿。常态长效推进农村人居环境整治，大力开展村庄清洁行动、农厕改造等工作，完善城乡垃圾一体化治理、农村厕所粪污无害化处理等长效管护机制。严格落实大气污染综合治理措施，大力开展河渠“清四乱”，深入开展土壤污染治理，持续保持“散乱污”企业动态清零，5个国省市控考核断面水质均稳定达标，畜禽规模养殖场粪污处理设施装备配套率达到100%。

聚焦“两不愁、三保障”，对脱贫人口实行动态管理，确保“脱贫不返贫、非贫不致贫”。不断扩大医保参保覆盖面，城乡居民参保人数28.4万人，参保率超过96%。城乡低保、临时救助等政策严格落实，特困供养、孤儿救助等工作扎实开展，县财政注资500万元成立社会救助基金会，帮助群众解决实际生活困难。研发上线“社会治理信息系统”，健全“六联”，即文明联创、卫生联洁、治安联防、应急联动、困难联帮、致富联带工作机制，出台“群众说事、干部解题”机制，实现线上线下一体互动、网内网外协同作战。牢牢掌握意识形态工作领导权主动权，举办中共十九届四中、五中全会精神等专题培训、主题宣讲，充分利用“学习强国”“先锋在线”等平台载体，不断丰富创新学习教育形式，持续提升干部队伍理论水平。

县委机构

【中共香河县委领导机构】 2020年，中共香河县委在第十一届任期内。年内，县委常委会设县委书记1名，县委副书记2名，县委常委9名（不含书记、副书记，其中，挂职1名）

【中共香河县委工作机构】 2020年，中共香河县委工作机构有县纪律检查委员会监察委员会机关、县委办公室（挂县国家安全委员会办公室、县国家保密局、县国家密码管理局牌子）、县委组织部（挂县委老干部局、县公务员局牌子）、县委宣传部〔挂县精神文明建设委员会办公室、县政府新闻办公室、县新闻出版局（县版权局）牌子〕、县委统一战线工作部（挂县台湾工作办公室、县政府台湾事务办公室、县民族宗教事务局、县政府侨务办公室牌子）、县委政法委员会、县委网络安全和信息化委员会办公室（挂县互联网信息委员会办公室牌子）、县委县直机关工作委员会、县委机构编制委员会办公室、县委巡察工作领导小组办公室、县委信访局。

县委直属事业机构：县委党校、县档案馆、县融媒体中心（挂香河县广播电视台牌子）、县委党史研究中心。

县委各委员会：县委全面依法治县委员会、县委审计委员会、县委全面深化改革委员会、县委网络安全和信息化委员会、县委财经委员会、县委国家安全委员会、县委外事工作委员会、县委教育工作委员会、县委机构编制委员会、县委精神文明建设委员会

【基层党组织】 2020年，香河县基层党（工）委、党总支部、党支部机构数量因机构改革，组织机构数量有所变动，党总支部组织机构数量同比保持不变，党（工）委组织机构数量同比减少23%，党支部机构数量同比增加2.8%。

2020年香河县基层党组织机构一览表

表2　　单位：个

组织机构	合计	机关	事业	企业	其他
党（工委）	30	13	4	0	13
党总支部	66	12	11	1	42
党支部	890	241	95	158	396

县委全委会会议

【概况】 2020年，中共香河县第十一届委员会分别召开第六次、第七次全体会议。

12月15日，中共香河县第十一届委员会第七次全体会议召开　　县融媒体中心供图

【中共香河县第十一届委员会第六次全体会议】 8月19日，中共香河县第十一届委员会第六次全体会议（简称全会）在县委县政府办公楼七层大会议室召开。

县委副书记、县长齐泽旭主持大会，县委书记李桂强代表县委常委会向全会做《坚定信心决心、奋力攻坚克难——在协同发展中加快美丽幸福新香河建设步伐》的工作报告。会议坚持以习近平新时代中国特色社会主义思想为指导，全面贯彻落实党中央和省市委各项决策部署。全会全面总结2020年上半年工作，安排部署2020年下半年工作任务，听取和讨论县委常委会工作报告，审议通过《中国共产党香河县第十一届委员会第六次全体会议决议》，与会人员进行分组讨论。大家一致认为，在宏观形势严峻复杂、经济下行压力持续加大、不稳定性不确定性因素明显增强的情况下，县委常委会审时度势、科学决策，吹响了大干三季度、决胜下半年的号角，这次会议是一次统一思想、坚定信心、凝聚力量、明确任务的会议。与会人员一致表示，要认真按照党中央和省、市、县委的部署要求，紧密结合工作实际，坚决扛起自身责任，实化细化工作举措，坚决确保完成全年经济社会发展目标任务。大干三季度、决胜下半年，为加快推进建设美丽幸福新香河而努力奋斗。

【中共香河县第十一届委员会第七次全体会议】 12月15日，中共香河县第十一届委员会第七次全体会议（简称全会）在县委县政府办公楼七层大会议室召开。全会由县委常委会主持。县委书记李桂强作重要讲话。

会议审议通过《中共香河县委关于制定国民经济和社会发展第十四个五年规划的建议（讨论稿）》《县委十一届七次全会决议》以及《关于县委候补委员递补为委员的决定（草案）》，县委书记李桂强就建议（讨论稿）和决议（草案）向全会作了说明，并就深入贯彻习近平总书记重要讲话和中共十九届五中全会精神、省委九届十一次全会精神、市委六届十一次全会精神做好当前和今后一个时期的工作作出部署。全会号召，全县各级党组织和广大党员干部群众要更加紧密团结在以习近平同志为核心的党中央周围，深入贯彻落实中共十九届五中全会和省、市委全会精神，高举习近平新时代中国特色社会主义思想伟大旗帜，在省、市委的坚强领导下，进一步统一思想、坚定信心、鼓舞斗志、充实力量，凝聚起在新的历史起点加快建设更高水平、更有特色、更具品质美丽幸福新香河的强大合力。李桂强强调，要深刻审视面临的机遇与挑战，在大局大势中找准方向、奋勇向前，要站位高远审势识势，在全市、全省、京津冀协同发展的大局中找准定位、彰显作为、体现担当。要静下心来谋势蓄势，坚持战略思维统筹全局，把效率、效益、效果作为衡量一切工作的标准，脚踏实地、久久为功，把当前的事做好，把长远的事做对，把遗留的事做妥。要锐意进取借势夺势，拿出非凡的毅力，展现非凡的作为，审时度势下好先手棋，创新思维打好主动仗，将香河的发展优势真正转化为发展胜势，为建设美丽幸福新香河凝聚强大合力。

县委常委会会议

【概况】 2020 年，召开县委常委会会议 19 次。其中，第 2、10、13、18 次会议内容不宜公开。

【2020 年第 1 次县委常委会会议】 1 月 6 日下午，县委书记李桂强主持召开十一届县委常委会 2020 年第 1 次会议。

会议听取县人大党组、县政府党组、县政协党组、县人民法院党组、县人民检察院党组 2019 年度工作汇报。会议指出，县人大党组、县政府党组、县政协党组、县人民法院党组、县人民检察院党组 2019 年围绕县委总体工作部署，主动担当、攻坚克难、积极作为，各项工作取得了较好成绩，为建设美丽幸福新香河作出了积极贡献。会议议定：县人大党组、县政府党组、县政协党组、县人民法院党组、县人民检察院党组要深入贯彻落实县委十一届五次全会精神，认真研究、积极谋划 2020 年工作思路和举措，充分发挥职能作用，务实担当、履职尽责，凝心聚力、狠抓落实，紧扣全面建成小康社会目标任务，全力冲刺“十三五”，确保全面达小康，在推进高质量发展中建设美丽幸福新香河。

会议研究审议县委组织部提交的《关于在县“两会”期间成立临时党委的意见》。会议原则通过了县委组织部提交的《关于在县“两会”期间成立临时党委的意见》。会议议定：在县“两会”期间成立临时党委，县人大各代表团成立临时党支部，县政协各组成立临时党支部，各临时党组织机构要充分发挥好领导作用，确保县“两会”圆满成功。

会议研究审议县人大党组提请审议的《关于召开香河县第十五届人民代表大会第四次会议的请示》及《香河县人大常委会工作报告（讨论稿）》。会议原则通过了县人大党组提请审议的《关于召开香河县第十五届人民代表大会第四次会议的请示》《香河县人大常委会工作报告（讨论稿）》。会议议定：定于 1 月 9 日至 11 日，在第一城召开香河县十五届人大四次会议，会期三天。由县人大常委会办公室负责，相关部门参与，精心组织，周密安排，认真做好会议各项筹备工作，确保会议圆满成功。由县人大常委会办公室负责，结合与会领导意见建议，参照县委十一届五次全会报告内容，对《香河县人大常委会工作报告（讨论稿）》进一步修改完善后，提交县十五届人大四次会议审议。

会议研究审议县政府党组提请审议 2020 年《政府工作报告（讨论稿）》《香河县 2019 年国民经济和社会发展计划执行情况与 2020 年国民经济和社会发展计划（草案）的报告》《关于香河县 2019 年全县总预算及县本级预算执行情况和 2020 年全县总预算及县本级预算草案的报告》及《2020 年全县及县本级收支预算（草案）情况的汇报》。会议原则通过县政府党组提请审议的 2020 年《政府工作报告（讨论稿）》《香河县 2019 年国民经济和社会发展计划执行情况与 2020 年国民经济和社会发展计划（草案）的报告》《关于香河县 2019 年全县总预算及县本级预算执行情况和 2020 年全县总预算及县本级预算草案的报告》及《2020 年全县及县本级收支预算（草案）情况的汇报》。会议议定：由县政府办公室及相关部门负责，结合与会领导意见建议，对上述报告进一步修改完善后，提交县十五届人大四次会议审议。各个报告要全面贯彻县委十一届五次全会精神，科学谋划 2020 年工作，统一口径和标准，确保文字和数据权威可靠、准确无误。

会议研究审议县政协党组提请审议《关于召开政协香河县第九届委员会第四次会议的请示》《香

河县政协常委会工作报告（讨论稿）》。会议原则通过县政协党组提请审议的《关于召开政协香河县第九届委员会第四次会议的请示》《香河县政协常委会工作报告（讨论稿）》。会议议定：定于1月9日至10日，在第一城召开政协香河县九届四次会议，会期两天。由县政协办公室负责，相关部门参与，精心组织，周密安排，认真做好会议各项筹备工作，确保会议圆满成功。由县政协办公室负责，结合与会领导意见建议，参照县委十一届五次全会报告内容，对《香河县政协常委会工作报告（讨论稿）》进一步修改完善后，提交政协香河县九届四次会议审议。

会议研究审议县人民法院党组提请审议《香河县人民法院工作报告（讨论稿）》。会议原则通过县人民法院党组提请审议的《香河县人民法院工作报告（讨论稿）》。会议议定：由县人民法院负责，结合与会领导的意见建议，参照县委十一届五次全会报告内容，对《香河县人民法院工作报告（讨论稿）》进一步修改完善后，提交县十五届人大四次会议审议。

会议研究审议县人民检察院党组提请审议的《香河县人民检察院工作报告（讨论稿）》。会议原则通过县人民检察院党组提请审议的《香河县人民检察院工作报告（讨论稿）》。会议议定：由县人民检察院负责，结合与会领导意见建议，参照县委十一届五次全会报告内容，对《香河县人民检察院工作报告（讨论稿）》进一步修改完善后，提交县十五届人大四次会议审议。

会议还通过县委组织部提交的《香河县第十五届人民代表大会第四次会议各职候选人建议名单》《香河县第十五届人民代表大会第四次会议选举办法（草案）》。

【2020年第3次县委常委会会议】 1月22日下午，县委书记李桂强主持召开十一届县委常委会2020年第3次会议。

会议听取县卫生健康局通报全国新型冠状病毒感染肺炎情况，提交《香河县新型冠状病毒感染肺炎疫情联防联控工作方案》。会议原则通过县卫生健康局提交的《香河县新型冠状病毒感染肺炎疫情联防联控工作方案》。会议议定：全县各级各部门要进一步提高政治站位，全面贯彻习近平总书记对新型冠状病毒感染的新冠肺炎疫情重要指示精神、李克强总理批示要求和上级关于疫情防控会议系列部署，充分认识新冠肺炎疫情对人民群众身体健康的威胁以及对社会经济发展可能造成的严重影响，强化底线思维和风险意识，增强责任感和紧迫感，科学、专业、规范地采取有效措施控制疫情输入并传播蔓延，切实做好新冠肺炎疫情防控工作。加大科普宣传力度，引导公众科学理性认识疫情，消除恐慌情绪。要加强部门协调联动，做好应急值守工作，发现疑似病例，要及时上报相关部门。

会议还通过县纪委监委提交的《关于黄××严重违纪违法问题审查审理情况和处理意见的报告》，研究了组织工作相关事宜。

【2020年第4次县委常委会会议】 3月9日下午，县委书记李桂强主持召开十一届县委常委会2020年第4次会议。

会议研究审议县委巡察工作领导小组办公室（简称县委巡察办）提交的《2020年县委巡察工作计划》。会议原则通过县委巡察办提交的《2020年县委巡察工作计划》。会议议定：巡察工作是党内监督的重要手段。要进一步提高巡察工作水平，坚持有形覆盖和有效覆盖相统一，穿插使用常规巡察、专项巡察、延伸巡察，打好“组合拳”，实现巡察工作常态化、全覆盖。

会议听取县委宣传部传达全市宣传部长会议精神。会议议定：由县委宣传部负责，在做好意识形态工作和文化宣传工作的基础上，切实抓好省级新时代文明实践中心创建工作，采取点面结合的方式，确保抓出特色，不断提升城市形象和市民文明素质。

同时，举全县之力做好省级文明县城创建工作，确保争创成功。

会议听取县委政法委传达中央、省、市政法工作会议精神，研究县贯彻落实意见，并提交《2020年“扫黑除恶”工作要点》。会议原则通过县委政法委提交的《2020年“扫黑除恶”工作要点》。会议议定：由县委政法委牵头，本着“抓早抓小、防微杜渐”的原则，在深挖根治上见成效，在长效常治上下功夫，确保黑恶势力违法犯罪得到根本遏制。同时，以县、镇、村三级综治中心建设为抓手，打造基层社会治理新模式，推进县域治理现代化。

会议听取县委统战部传达全市统战部长会议精神，研究县贯彻落实意见。会议议定：由县委统战部负责，积极构建大统战工作格局，充分发挥统一战线在强化政治引领、服务改革开放、维护社会稳定等方面优势作用，全县一盘棋，统筹兼顾，创新方法，协调联动，为加快美丽幸福新香河建设贡献智慧和力量。

会议传达中央、省、市深改工作会议精神，研究审议县委办提交的《全面深化改革工作汇报及县委深改委工作要点》。会议原则通过县委办提交的《全面深化改革工作汇报及县委深改委工作要点》。会议议定：各位牵头县领导要围绕138项改革要点中各自承担任务和时限要求，协调相关部门，各负其责，抓好落实；由县委办负责，会后将工作要点以县委深改委文件形式印发。同时，要围绕工作要点抓好落实反馈，特别是及时发现改革发展中的好经验、好做法，做好总结上报和宣传推介工作。

会议研究审议县政府党组提请审议《香河县河道内村庄搬迁临时过渡安置方案》和《香河县河道内村庄易地搬迁补偿安置办法》。会议原则通过县政府党组提请审议《香河县河道内村庄搬迁临时过渡安置方案》和《香河县河道内村庄易地搬迁补偿安置办法》。会议议定：全县各有关部门要全面贯彻落实习近平总书记防灾减灾救灾新理念，统一思想，克服困难，积极推进河道内村庄易地搬迁工作，切实保证人民群众生命财产安全。县政府党组结合与会领导意见建议，对上述文件进行深入研究，确保河道内村庄搬迁政策与京唐高铁拆迁政策、新民居政策、旧城改造政策等衔接配套，保持一致性，修改完善后印发执行。

会议研究审议县委办提交《关于开展“三创四建”活动加快建设美丽幸福新香河的实施方案》。会议原则通过县委办提交《关于开展“三创四建”活动加快建设美丽幸福新香河的实施方案》。会议议定：各位牵头县领导要认真按照方案中各自承担任务，协调有关部门，抓好督促落实。要实行清单台账管理，保障创建工作有力有序有效开展；将“三创四建”活动纳入县重点工作督查和领导班子、领导干部综合考核评价内容，对工作不力、问题突出、造成严重影响的进行通报批评直至问责，确保创建工作实现效率、效益、效果三统一；由县纪委监委、县委县政府“两办”督查室负责，将各项目标任务进展情况作为督查重点，发现问题及时反馈；由县委办负责，结合与会领导意见建议，将方案进一步修改完善后，以县委文件形式印发。

会议研究审议县委办提交《关于新形势下加强和改进城乡社区建设管理的实施意见》。会议原则通过县委办提交《关于新形势下加强和改进城乡社区建设管理的实施意见》。会议议定：由县长齐泽旭、县委常委、组织部部长王宏民牵头，县委组织部、县民政局负责，搞好与省、市民政等有关部门对接沟通，做好新开街社区、新华街社区、平安街社区机构设置相关手续跑办工作，力争机构设置合理合规；由新开街社区、新华街社区、平安街社区及有关镇负责，在落实实施意见的同时，对居民小区配建办公用房进行摸底统计并做好接收管理；由县委组织部、县民政局、县住房和城乡建设局、县人力资源和社会保障局、县科学技术和工业信息化局等相关部门负责，分别研究制订具体操作办法和实施细则，并做好组织实施；由县委办负责，结合与会领导意见建议，将实施意见进一步修改完善后，以县委文件形式印发。

会议还听取县委编办关于深化乡镇改革相关工作情况汇报、王宏民传达全市组织部长会议精神；原则通过县委办提交《县委书记、副书记、常委工作分工》《县领导分包镇、社区、园区》，县委组织部提交《关于撤销县工信局党组改设县科工局党组的意见》《关于撤销县应急管理局党组改设县应急管理局党委的意见》；研究了组织工作相关事宜。

【2020年第5次县委常委会会议】 3月29日下午，县委书记李桂强主持召开十一届县委常委会2020年第5次会议。

会议研究审议县委编办提交《香河县深化乡镇改革方案》。会议原则通过县委编办提交的《香河县深化乡镇改革方案》。会议议定：要坚持以习近平新时代中国特色社会主义思想为指导，坚持优化协同高效的原则，改革和完善基层治理体系，整合基层审批服务执法力量，强化基层社会管理和公共服务职能，围绕乡镇职能定位，形成职能科学、运转有序、保障有力、服务高效、人民满意的基层管理体制机制，切实打牢新时代加快建设美丽幸福新香河的基层基础；由县委编办负责，将《香河县深化乡镇改革方案》以县委文件形式上报市委编办。会议还研究了组织工作相关事宜。

【2020年第6次县委常委会会议】 4月22日，县委书记李桂强主持召开十一届县委常委会2020年第6次会议。

会议传达习近平总书记关于统筹推进新冠肺炎疫情防控和经济社会发展重要论述。会议议定：全县各级各部门要认真学习中央、省、市关于新冠肺炎疫情防控和经济社会发展会议、文件精神，进一步统一思想、明确目标、强化措施，做好疫情常态化防控工作，将防控措施的重点继续放在防输入上，多措并举，严格排查外来人员，第一时间发现，第一时间隔离，有效切断传染源。同时，要抓好经济指标运行调度，强力推进项目建设和复工达产。由政府办负责，围绕重点项目开工、重大基础设施建设等方面，筹备召开专题调度会议；由县教育和体育局等有关部门负责，抓好高三年级复学复课工作。要严格按照上级开学复课安排，开展毕业年级学生健康信息摸排，做好做细域外返香师生的核酸检测、集中隔离等工作。要建立协调联动机制，确保疫情防控、教学衔接、物资储备、应急处置等措施落实到位。

会议研究审议县委办提交的《2020年县级领导分包重大事项重点工程和重点项目表》。会议原则通过了县委办提交的《2020年县级领导分包重大事项重点工程和重点项目表》。会议议定：四大班子领导要亲力亲为抓落实。坚持真包真联、上心上手、形成合力，既挂帅又出征，强化一线意识，确保分包工作不流于形式。牵头领导在做好日常分管工作的基础上，负责牵头对所分包的重大事项、重点工程和重点项目进行安排、调度、调研、督导，将任务项目化、目标责任化、进展台账化，做到目标明确、任务明确、举措明确、责任明确。负责协调解决存在问题，通过开展现场办公、进度晾晒、跟踪问效，确保重大事项、重点工程和重点项目有序推进，取得实效。各位配合领导要牢固树立大局意识，全力协助牵头领导开展分包工作，确保分工不分家，协作成一体；纪委监委、组织、督查部门要跟踪督办促落实。紧紧盯住任务目标，紧紧盯住责任落实，实行台账管理，加强督查督办，开展电视问政，定期通报情况，形成工作有布置、有检查、有考核、有兑现的良好机制；由县委办负责，将《2020年县级领导分包重大事项重点工程和重点项目表》以县委办文件形式印发。

会议研究审议县委办提交的《全县重点工作督查督办制度》。会议原则通过县委办提交的《全县重点工作督查督办制度》。会议议定：县委县政府“两办”督查室要按照全县重点工作督查督办制度要求，统筹督查计划，细化任务分解，跟踪督查督办，统一反馈情况，强化督办问效，确保督查督办制度落到实处；由县委办负责，结合与会领导意见建议，将《全县重点工作督查督办制度》进一步修改完善后，以县委办文件形式印发。

会议传达学习中共中央办公厅《党委（党组）落实全面从严治党主体责任规定》，研究县贯彻落实意见。会议议定：全县各级各部门要认真学习领会中央文件精神，掌握核心内容，坚持紧紧围绕加强和改善党的全面领导，坚持全面从严治党各领域各方面各环节全覆盖，坚持真管真严、敢管敢严、长管长严，坚持全面从严治党过程和效果相统一，不折不扣落实全面从严治党主体责任。

会议研究审议县委办提交的《中共香河县委关于进一步加强和规范党务公开工作的实施方案》。会议原则通过了县委办提交的《中共香河县委关于进一步加强和规范党务公开工作的实施方案》。会议议定：全县各级党组织要把加强和规范党务公开工作作为一项重大政治任务，坚持党委统一领导，发扬民主集中，依法依规、积极稳妥、扎实有效推动党务公开工作全面走上制度化、规范化、程序化轨道；由县委办负责，将《中共香河县委关于进一步加强和规范党务公开工作的实施方案》以县委文件形式印发。同时，对群众关切的问题要及时进行回复。

会议研究审议县人大党组提交的《关于开展“6＋1”联动监督的工作方案》。会议原则通过县人大党组提交的《关于开展“6＋1”联动监督的工作方案》。会议议定：要以“河北发展、人大尽责”主题实践活动为抓手，推动党中央和省、市、县委重大决策部署落实落地，充分发挥人大制度优势和监督力量，聚焦重点领域和关键环节，动员县镇两级人大和代表联动开展法律监督、工作监督，解决突出问题，建立长效机制，推进依法治县进程，打造良好发展环境；由县人大常委会办公室负责，将《关于开展“6＋1”联动监督的工作方案》以县委办文件形式印发。

会议研究审议县政协党组提交的《2020年度协商和监督工作计划》。会议原则通过县政协党组提交的《2020年度协商和监督工作计划》。会议议定：要深入落实中共中央政协工作会议精神和省、市、县委关于加强人民政协协商民主建设的新要求，充分发挥人民政协作为协商民主重要渠道和专门协商机构的作用，不断提升政协协商民主制度化、规范化、程序化水平。要把握正确政治方向，服务全县工作大局，创新工作方式，发扬民主精神，坚持在建言资证和凝聚共识上双向发力，为建设美丽幸福新香河贡献力量；由县政协办公室负责，将《2020年度协商和监督工作计划》以县委办文件形式印发。

会议传达学习省、市宗教工作督查“回头看”整改推进会议精神，研究县贯彻落实意见。会议议定：全县各级党委（党组）要高度重视宗教工作，强化责任担当，认真履职尽责，依法、规范、有序推进宗教工作开展。要正确认识和对待宗教工作，注重工作方式方法，紧紧围绕“坚决改变不推不动的工作状态、坚决改变畏难应付的工作作风、坚决改变简单生硬的工作方式、坚决改变宗教管理中存在的‘宽松软’现象”，切实提高县宗教治理水平。

会议研究审议县委编办提交的《关于深化乡镇改革的实施方案》。会议原则通过县委编办提交的《关于深化乡镇改革的实施方案》。会议议定：由县委编办负责，将《关于深化乡镇改革的实施方案》以县委文件形式印发。同时，根据实施方案要求，指导各镇制定“三定规定”，明确内设机构、职能、职责和编制，形成后以“两办”文件形式印发。

会议研究审议县委组织部提交的《关于开展“抓党建、促脱贫、保小康”活动的实施方案》。会议原则通过了县委组织部提交的《关于开展“抓党建、促脱贫、保小康”活动的实施方案》。会议议定：全县各责任部门要认真贯彻落实省、市有关文件精神，聚焦脱贫防贫、补齐全面小康突出短板，以政治建设为统领，开展“三大工程”，实施“五项行动”，以强有力的党建工作推动基层党组织全面进步、全面过硬，为决战脱贫攻坚、决胜全面建成小康社会提供坚强组织保证。要充分发挥自身优势，整合政策、项目、资金、人才等资源，推动活动高效有序开展；由县委组织部负责，结合与会领导意见建议，对《关于开展“抓党建、促脱贫、保小康”活动的实施方案》进一步修改完善后，以县委办文件形式印发。

会议研究审议县委组织部提交的《关于2019年省、市基层党建述职评议考核反馈问题的整改方案》。会议原则通过了《关于2019年省、市基层党建述职评议考核反馈问题的整改方案》。会议议定：各相关部门要认真贯彻落实省、市基层党建述职评议会议精神，以提升基层党组织组织力为目标，以“不忘初心、牢记使命”制度建设为保障，以深化基层党建“六项行动”为重要抓手，加强组织领导，丰富整改举措，切实抓好存在问题整改；由县委组织部负责，结合与会领导意见建议，对《关于2019年省、市基层党建述职评议考核反馈问题的整改方案》进一步修改完善后，以县委党建领导小组文件形式印发、上报。

会议研究审议县委组织部提交的《关于加强党建引领规范网格化管理的实施方案》。会议原则通过了县委组织部提交的《关于加强党建引领规范网格化管理的实施方案》。会议议定：全县各级各部门要深入贯彻落实中共十九届四中全会精神，进一步健全基层社会治理体系，推进城乡社会治理体系和治理能力现代化，将社区网格化管理工作与智慧城市建设及深化乡镇改革工作、新形势下加强和改进城乡社区建设管理的实施意见、全省乡村治理体系基层党组织建设试点县相结合，加快构建共建共治共享的社会治理格局；由县委副书记张玉林牵头，定期召开领导小组会议，研究推动网格化管理工作，确保抓细、抓实、抓出成效。同时，注重总结经验，及时进行宣传推介；各成员单位要结合本部门职责，制定具体工作方案。要加强党建引领，强化组织领导，加强宣传引导，完善工作机制，提高运转效率，规范网格化管理，切实推进基层社会治理体系建设；由县委组织部负责，结合与会领导的意见建议，对《关于加强党建引领规范网格化管理的实施方案》进一步修改完善后，以县委县政府“两办”文件形式印发。

会议研究审议县委组织部提交的《关于加强全县中小学校党的建设工作的实施意见（试行）》。会议原则通过了县委组织部提交的《关于加强全县中小学校党的建设工作的实施意见（试行）》。会议议定：要深刻认识加强中小学校党的建设工作的重要性，严格把握全县中小学校党建工作总体要求，全面贯彻党的教育方针，夯实党的建设基层基础，充分发挥学校党组织战斗堡垒作用和党员先锋模范作用，把培育和践行社会主义核心价值观贯穿学校教育全过程，为培养社会主义建设者和接班人提供坚强保证；由县委组织部负责，结合与会领导意见建议，对《关于加强全县中小学校党的建设工作的实施意见（试行）》进一步修改完善后，以县委文件形式印发。

会议研究审议县委组织部提交的《关于加强干部履职监督情况的意见》。会议原则通过了县委组织部提交的《关于加强干部履职监督情况的意见》。会议议定：全县各有关部门要紧紧围绕贯彻执行中央和省、市、县委决策部署，加强对全县干部履职尽责、担当作为情况的监督，着力整治干部在履行工作职责、完成工作任务等方面存在的突出问题，推动全县广大干部转变作风、提振精神、凝心聚力、担当作为，为建设美丽幸福新香河提供坚强组织保障。要加强沟通协调，做好衔接工作，切实将《意见》落实落细，抓出成效。要加强跟踪管理，开展定期评鉴，实行实绩晾晒，举一反三、整改提升，促进工作高质高效开展；由县委组织部负责，结合与会领导意见建议，对《关于加强干部履职监督情况的意见》进一步修改完善后，以县委文件形式印发。会议还研究了组织工作相关事宜。

【2020 年第 7 次县委常委会会议】 4 月 30 日，县委书记李桂强主持召开十一届县委常委会 2020 年第 7 次会议。

会议传达学习省委常委、统战部部长冉万祥调研讲话精神。会议议定：全县各有关部门要认真学习领会宣传贯彻冉万祥讲话精神，统一思想认识，提高政治站位，增强敏感意识，主动学习宗教知识，弘扬社会主义核心价值观，依法规范管理宗教事务。要充分认识宗教工作的极端重要性，积极探索建立抵御防范宗教境外渗透机制，抓好落实宗教摸排工作举措，扎实推进统战部门转作风、转职能、转方式，统筹做好民族宗教各项工作。

会议听取县信访局关于《全县信访包联化解工作情况通报》。会议议定：县级包联领导要切实落实包联机制，亲自上手，亲自协调，加强对责任单位指导。各有关部门要强化问题导向，逐级压实责任，加大包联化解力度，推动重点复杂信访问题化解。对于重点涉房信访问题，包联领导和工作专班要上心上手，研究制订稳控化解措施，协调调度，全力推进。由县委副书记张玉林牵头，梳理汇总重点问题楼盘项目，近期组织召开涉房信访楼盘调度会议。

会议传达学习《北京市通州区与河北省三河、大厂、香河三县市协同发展规划》，研究审议县政府党组提交的《香河县关于通州区与廊坊市“北三县”协同发展规划贯彻落实意见》，会议原则通过了县政府党组提请审议的《香河县关于通州区与廊坊市“北三县”协同发展规划贯彻落实意见》。会议议定：全县各级各部门要统一思想，提高政治站位，保持战略定力，服从顶层设计，服务北京城市副中心建设；要坚持规划引领，完善规划管控和实施机制，长短结合，稳步实施，统筹推进。县自然资源和规划局要积极与中国城市规划设计研究院沟通协调，尽快编制国土空间规划，进一步优化调整县国土空间总体规划成果，按程序报审。要优化国土空间格局，合理控制城乡建设用地总量和开发强度，实施留白增绿战略；由副县长张锦山负责，研究制订违法占地责任追究机制。要加强土地执法管控，打击违法占地行为，及时调整土地出让、土地使用权转让、城中村改造、新民居建设等政策，规范市场秩序；由县委副书记张玉林、副县长张锦山牵头，加快补齐农村人居环境短板，扎实推进农村人居环境整治全覆盖，对未实现“四化”的村街进行梳理，近期进行专题调度；由县委常委、常务副县长齐建光牵头，建立产业协同发展机制。要关注《通州区与廊坊市“北三县”重大项目评价和落地联合审议机制和重大项目统筹管理办法》，结合园区建设、开发区改革等工作，进一步完善园区管理体制机制，灵活运用腾笼换鸟、嫁接改造等项目落地模式，打造产业协同发展典范；由县发展和改革局负责，结合与会领导意见建议，对《香河县关于通州区与廊坊市“北三县”协同发展规划贯彻落实意见》进一步修改完善后印发执行。

会议传达省市领导关于北运河旅游通航工作的批示，研究审议县政府党组提请审议的《北运河廊坊段旅游通航工作推进方案》。会议原则通过了县政府党组提请审议的《北运河廊坊段旅游通航工作推进方案》。会议议定：由县委常委、常务副县长齐建光总牵头，各相关部门负责，要认真贯彻落实省市领导关于北运河旅游通航工作的批示精神，将北运河廊坊段通航工程作为全县一号工程、政治工程、系统工程，统一思想，提高站位，担当尽责，全力推进。要及时关注工作动态，超前谋划，主动对接，协调解决问题。要严格按照《北运河廊坊段旅游通航工作推进方案》要求，倒排工期，不等不靠，不折不扣地完成每项目标任务，努力把北运河旅游通航工程打造成协同发展的示范工程。

会议研究审议县政府党组提请审议的《香河县 2020 年大气污染综合治理工作方案》。会议原则通过了县政府党组提请审议的《香河县 2020 年大气污染综合治理工作方案》。会议议定：全县各级各部门要认真学习领会上级关于大气污染综合治理会议和文件精神，坚持目标导向、问题导向、质量导向，开展重点区域、重点领域、重点行业、重点时段、重点任务持续攻坚，突出精准治污、科学治污、依法治污，继续以优化产业结构、能源结构、运输结构和用地结构为重点，打好传统产业整治提升、散煤整治和清洁取暖成果巩固、机动车污染防治、扬尘面源污染防治、重点污染物深度减排和重污染天气应对六大攻坚战，坚决打赢蓝天保卫战。

会议通过了县委编办提交的《关于明确县档案馆等单位领导职数的意见》和《关于县第一中学等学校增设专职副书记的意见》，听取县委组织部提交的《关于乡科级领导班子和领导干部 2019 年度综合考核及绩效管理考评结果的情况报告》，研究了组织工作相关事宜。

【2020 年第 8 次县委常委会会议】 6 月 2 日，县委书记李桂强主持召开十一届县委常委会 2020 年第 8 次会议。

会议传达学习习近平总书记在全国“两会”上的重要讲话精神、省委书记王东峰在全省领导干部会议上传达学习贯彻全国“两会”精神的讲话精神。会议议定：全县各级各部门要把深入学习宣传贯彻习近平总书记重要讲话和全国“两会”精神作为当前的重大政治任务，以高度的政治自觉、思想自觉和行动自觉，迅速掀起学习宣传贯彻热潮。要全面落实党中央重大决策部署和省、市委部署要求，自觉增强“四个意识”、坚定“四个自信”、做到“两个维护”。要坚持全面落实新发展理念，确保实现“双过半”。要按照县党代会、县委全会和县“两会”确定的目标任务、思路举措，树牢“以人民为中心”的发展思想，坚决落实、加快推进各项民生工程和惠民实事。要抢抓国家战略机遇，积极争取各项专项资金。要全力推进重点项目建设，确保有效扩大投资和消费。要继续深入开展农村人居环境整治，确保美丽乡村建设全覆盖。

会议传达市委副书记李龙到香河县就“大干二季度，实现双过半”工作督导调研时的讲话精神，研究县贯彻落实意见。会议议定：全县各级各有关部门要清醒客观认识到当前面临的经济形势，讲政治，顾大局，进一步统一思想，坚定信心，形成共识，共克时艰。要认真分析研究各项经济指标，穷尽一切办法，采取超常举措，确保实现“双过半”任务目标。县级领导要高度关注，亲自上手，督促指导所联系镇、社区、园区和分管部门，切实抓好财税增收和各项指标入统工作。要坚持“以天保周、以周保旬、以旬保月”工作原则，实行工作日报制，各镇、社区、园区和有关部门要及时上报工作进度。要加强耕地占用税和城镇土地使用税清缴，确保应征尽征。要加强涉房涉地税收管理，促进房地产业健康持续发展。要加快土地出让，完善重点项目建设手续，尽快形成资产处置收入。要加强闲置用地处置管理，区别不同性质分别采取收取违约金、闲置费等措施。要加大罚没收入征缴力度，尽快形成收入入统。要强化资产处置挖潜，加快实现租金收入和利息收入。要清理欠缴行政事业性收费，全面清理以往年度垃圾处理费。要大力开展招商引资，确保项目按期储备、签约、落地和开工。

会议研究审议县委统战部提交的《关于深化宗教治理的实施方案》。会议原则通过了县委统战部提交的《关于深化宗教治理的实施方案》。会议议定：要坚持以习近平新时代中国特色社会主义思想和中共十九大精神为统揽，深入贯彻中央和省、市委关于深化宗教治理工作要求，坚持宗教中国化方向，着力解决宗教领域突出问题。要健全完善制度机制，不断提升宗教事务依法治理能力和水平，为全县经济社会发展提供和谐稳定的社会环境。

会议听取县委编办《香河县深化乡镇改革工作汇报》。会议议定：要贯彻落实省、市关于深化乡镇改革工作部署，围绕构建职能科学、运转有序、保障有力、服务高效、人民满意的基层管理体制机制目标，切实加强组织领导，严肃工作纪律，精心组织实施。要把握改革重点，构建党建引领基层社会治理的组织体系，建立健全基层审批服务和综合行政执法体系，统筹优化乡镇机构、编制和人员，有序推进改革进度。要加强后续保障，加强监督监管，加强人员培训，确保实现平稳过渡。

会议研究审议县委组织部提交的《香河县乡科级领导班子2020年度考核指标评价体系》。会议原则通过了县委组织部提交的《香河县乡科级领导班子2020年度考核指标评价体系》。会议议定：县委组织部要认真落实上级有关干部考核政策要求，着力改进和完善干部考核评价机制，进一步健全科学合理、有效管用的干部综合考核评价体系，充分发挥考核工作“指挥棒”和“风向标”作用，为激励干部干事创业提供制度保障；由县委组织部负责，结合与会领导意见建议，对《香河县乡科级领导班子2020年度考核指标评价体系》进一步修改完善后，以县委文件形式印发执行。

会议传达2020年度市委人才工作领导小组会议精神，研究县贯彻落实意见。会议议定：要进一步提高政治站位，切实增强做好人才工作的政治责任感和紧迫感，压紧压实工作责任，强化督导考核，提高人才工作整体水平。要进一步夯实人才工作的政治保障和组织保障，持续强化党管人才责任，统筹抓好各类人才队伍建设，深入开展“专家顾问精准帮带”活动，积极营造浓厚的人才工作氛围。

会议听取县委组织部提交的《全县2020年度集中整顿软弱涣散村党组织排查工作情况说明》。

【2020年第9次县委常委会会议】 6月18日，县委书记李桂强主持召开十一届县委常委会2020年第9次会议。

会议传达6月15日市委召开的香河县涉房领域信访工作会议精神，研究县贯彻落实意见。会议议定：全县各级各部门要认真贯彻落实省、市委关于信访工作特别是涉房领域信访突出问题有关精神，切实统一思想、提高认识，勇于担当、敢于创新，一鼓作气，标本兼治，压实工作责任，想尽一切办法，运用各种资源和政策，确保信访积案尽快见底清零。具体抓好以下工作：成立司法专班，由县委常委、政法委书记郭建永牵头，县公安局、县人民检察院、县人民法院及有关部门参与，对每个问题楼盘项目实施司法介入。要依法解决，找准切入点和突破口，对存在手续违法问题楼盘项目进行全面清查，调查搜集整理相关证据材料，制订依法处置意见，涉嫌刑事犯罪的，做出刑事侦查和批捕。同时，县市场监督管理局、自然资源和规划局等相关部门参与，要对涉嫌违法的涉访问题楼盘项目进行调查取证，依法治理房地产领域突出问题；成立化解问题专班，由县委副书记张玉林牵头，副县长闫明杰、张锦山负责，有关部门和属地参与，针对每个问题楼盘制订具体解决路径、化解办法和措施；成立稳控专班，由包联县领导牵头，属地和有关部门负责，制订稳控措施和化解方案，及时了解各方动态，分析研判上访群众需求，全力做好信访隐患排查预警；完善依法治访机制，各级各部门及公安民警要密切配合，对违法行为予以严厉打击。

会议传达上级新冠肺炎疫情防控工作有关会议精神，研究县贯彻落实意见。会议议定：全县各级各有关部门要认真贯彻落实上级新冠肺炎疫情防控工作会议精神，提高思想认识，认真履职尽责，坚持“外防输入、内防反弹”，切实抓好各项常态化疫情防控工作。要严格落实各项管控措施，对境外和国内中高风险地区到香河、返香河人员，严格落实隔离观察、核酸检测、预诊分诊等措施。要对北京—香河往返人员逐户开展全面精准摸底排查，做到排查到位、监控到位、管理到位。要对农贸市场、商场超市、学校、卫生医疗机构等重点场所，实行更为严格的管控措施。同时，要严格落实日报告、零报告和大事报告制度，加强协调配合，确保早发现、早报告、早隔离、早治疗。

会议研究审议县政府党组提请审议的《香河县进一步加强国有资产集中统一监管的实施意见》。会议原则通过县政府党组提请审议的《香河县进一步加强国有资产集中统一监管的实施意见》会议议定：要进一步加强国有资产管理，提高国有资产使用效益，按照“政企分开、政资分开”原则，将县级党政机关、企事业单位所属国有资产转让给国有资本投资、运营公司或县政府委托授权的机构经营管理，纳入全县国有资产集中统一监管体系，着力培育壮大企事业单位核心竞争力，促进企事业单位持续健康发展和国有资产保值增值。要对所有国有资产进行调查摸底，对出租、出让、出售等情况进行规范清理，全面加强日常监管；由政府办公室负责，将《香河县进一步加强国有资产集中统一监管的实施意见》进一步修改完善后，以县委县政府“两办”文件形式印发执行。

会议研究审议县综合治税领导小组办公室提交的《关于开展财税攻坚确保实现时间任务“双过半”的工作方案》。会议原则通过县综合治税领导小组办公室提交的《关于开展财税攻坚确保实现时间任务“双过半”的工作方案》。会议议定：全县各级各有关部门要进一步统一思想，压实责任，合力攻坚，共渡难关，确保实现时间任务“双过半”。要加强涉房涉地税收管理，特别是对未经批准占用耕地建设建筑物、构筑物或从事非农建设的行政单位、企业和个人及在县城、建制镇、工矿区范围内使用土地的行政单位、企业和个人，分别征收耕地占用税和城镇土地使用。县委常委要对所分包的镇（社区）、园区进行督导，确保税款应收尽收。要对现有事业单位及国有企业资产进行处置收购。要按照框架协议将县便民服务中心产权移交香河经济开发区管委会，县公有资产经营公司对资产进行收购。要对县政府持有相关公司的股份，评估后进行股权出让。

会议审议县防汛办提交《关于全县2020年防汛备汛情况汇报》。会议议定：全县各有关部门要树牢底线思维，增强敏感意识，坚定不移做好防汛备汛各项工作。要细化防汛备汛措施，加强物资储备，配齐人员力量，做好设备检测维护和应急调度准备工作，切实做到有备无患。要健全责任落实、指挥调度、预测预警、应急处置等工作机制，进一步提升洪涝灾害应对水平，确保安全平稳度汛。同时，要积极推进河道内村庄易地搬迁工作，确保本月底前全部搬迁到位。

会议审议县安全生产委员会办公室提交《关于今年以来安全生产工作开展情况及下一步工作建议的报告》。会议议定：全县各级各有关部门要认真贯彻落实习近平总书记关于安全生产工作的重要指示精神和上级关于加强安全生产工作的有关部署，切实压实主体责任，全面推进隐患排查整治，不断加大监管执法力度，确保全县安全生产形势保持平稳态势。要加强重点行业监管，开展专项整治，加大巡查检查力度，发现问题及时查处或移交处理，将安全隐患遏制在源头。

会议研究审议县委办提交的《县委落实全面从严治党主体责任 2020 年度工作要点及责任分工》《落实市委 2020 年政治生态评价指标体系任务分解情况》。会议原则通过县委办提交的《县委落实全面从严治党主体责任 2020 年度工作要点及责任分工》《落实市委2020年政治生态评价指标体系任务分解情况》。会议议定：全县各级各部门要进一步贯彻落实全面从严治党战略部署，压紧压实党委（党组）管党治党政治责任，不折不扣落实全面从严治党主体责任，进一步优化政治生态，切实加强党风廉政建设和反腐败工作。要按照上述文件要求，将承担的任务落实到具体单位和责任人，及时制订工作措施，按照时间节点抓好落实。县委常委要带头履行主体责任，对所分包镇（社区）、园区及分管部门主体责任落实情况进行督导。

会议听取县食品安全委员会办公室传达省、市食安办《深入开展2020年农村食品安全治理工作的通知》精神，提交《2020年全县食品安全重点工作情况汇报》。会议议定：要认真贯彻落实上级有关食品安全文件精神，坚持问题导向，突出抓好薄弱环节，确保不出问题。具体抓好以下工作：进一步加大校外托管服务机构、农村大棚席等公共场所的监管力度，本着“标本兼治、突出重点、科学治理、服务群众”的理念，采取整顿与疏导相结合、执法与服务相结合的方式，坚决防止群体性食品安全事件发生；市场监管、卫健、教体、住建等相关部门协调配合，强化联合执法，实行严管重罚，确保食品安全工作扎实有序开展。

会议听取廊坊市生态环境局香河县分局解读《河北省扬尘污染防治办法》，提交县贯彻落实措施。会议议定：扬尘污染防治是大气污染综合治理的重要内容，是持续改善大气环境质量的重要举措。县生态环境局要严格落实扬尘污染防治办法，坚持有法必依、执法必严，有针对性开展普法和专项执法行动，进一步压实扬尘污染防治责任，切实减少污染排放，持续改善大气环境质量。

会议还通过了县政府党组提请审议的《2020年度预算调整方案（草案）的报告》、县委组织部提交的《关于香河经济开发区改革相关问题的建议》和《香河经济开发区人事制度改革意见》。

【2020年第11次县委常委会会议】 6月30日，县委副书记齐泽旭主持召开十一届县委常委会2020年第11次会议。

会议听取《全县“大干二季度、实现双过半”工作开展情况及主要经济指标完成情况汇报》，研究全县当前重点工作。会议指出，在急难险重工作任务面前，香河县委县政府统一思想，坚定信心，担当作为，攻坚克难，充分发挥主观能动性和创造性，采取超常举措，千方百计，担当作为，努力完成“双过半”目标任务，是讲政治、敢担当、有战斗力的班子，市委市政府对香河县“双过半”工作给予充分肯定。下一步要继续咬紧牙关，不放松、不懈怠，为圆满完成全年目标任务打下坚实基础。会议要求：全县上下要深入学习贯彻习近平总书记关于安全生产的重要论述，全面落实上级关于安全生产各项决策部署，着眼全面加强疫情防控常态化条件下的安全生产工作，纵深推进安全生产专项整治三年行动，牢固树立安全发展理念，严格落实安全生产责任。要加大安全生产宣传力度，深入排查安全风险，加大督查力度，扎实推进问题整改，切实消除事故隐患，全面筑牢安全防线，坚决维护人民群众生命财产安全，确保安全生产形势持续稳定向好；化解涉房地产领域信访问题是2020年省市委工作的重中之重，全县各级各有关部门要鼓足勇气，敢于担当，积极主动做好化解工作，确保信访问题全部清零。要及时向信访群众通报工作进度，做出工作承诺，争取理解和支持，防止再次发生重复信访问题。对各类违法信访行为，坚决依法处置到位。会议议定：全县各级各部门要认真学习领会市委副书记李龙讲话精神，全力抓好落实；坚持率先垂范抓落实。县四大班子领导要以身作则，深入分管部门和所分包镇（社区办）、香河经济开发区进行宣讲，把全县思想和行动统一到市委、市政府决策部署上来，确保上级各项决策部署落细落实；坚持党建引领抓落实。进一步加强基层组织建设，充分发挥基层党组织战斗堡垒和党员干部先锋模范作用，营造干事创业浓厚氛围；坚持统筹兼顾抓落实。要抓重点、攻难点、创亮点，全力以赴抓好安全生产等各项重点工作，以实际行动为全市发展多做贡献；坚持压实责任抓落实。要进一步细化分解各项重点工作，明确分包领导、责任单位、责任人员和落实举措，压实工作责任，层层传导压力，切实促进全县各项工作实现新跨越。会议研究了组织工作相关事宜。

【2020年第12次县委常委会会议】 8月18日，县委书记李桂强主持召开十一届县委常委会2020年第12次会议。

会议传达市委六届十次全会精神。会议议定：全县各级各部门要认真贯彻落实市委六届十次全会精神，提高政治站位、保持战略定力、坚定必胜信心，坚持稳中求进工作总基调，坚持以新发展理念引领高质量发展。要更好统筹常态化疫情防控和经济社会发展，加快推进与通州区协同发展，扎实做好“六稳”工作，全面落实“六保”任务，大干三季度、决胜下半年，确保完成全年经济社会发展目标任务。要加强经济调度，采取强力措施，力促指标加速提升。要狠抓项目建设，强力推进重大产业项目、重大基础设施和公服设施项目建设。要持续用力保护和激发市场主体活力，大力优化营商环境，推动市场主体健康发展。要持续用力推进新型城镇化和城乡融合发展，科学编制国土空间规划，大力实施乡村振兴战略，充分发挥新型城镇化和城乡融合发展对增投资、扩消费、促发展的重要作用。

会议研究审议县委办公室提交的《县委十一届六次全会安排方案》和《县委十一届六次全会报告（审议稿）》。会议原则通过县委办提交的《县委十一届六次全会报告（审议稿）》。会议议定：定于8月19日上午，召开中国共产党香河县第十一届委员会第六次全体会议，会期半天。由县委办负责，精心组织，周密安排，切实做好会议各项筹备工作，确保会议圆满成功；由县委办负责，结合与会领导意见建议，对《县委十一届六次全会报告（审议稿）》进一步修改完善后，提交县委十一届六次全会审议，全会通过后以县委文件形式印发。

会议听取县委办提交的2020年上半年政治生态建设情况。会议议定：全县各级各部门要认真贯彻新时代党的建设总要求，始终把党的政治建设摆在首位，坚定不移推进全面从严治党向纵深发展。要进一步加强政治建设。提高政治站位，强化政治担当，深刻领会京津冀协同发展的重大意义，在做好“三篇大文章”工作实践中体现站位和担当，强化政治监督，将“六稳”“六保”、协同发展、“三创四建”、运河通航等上级重要决策部署纳入日常监督范围。要进一步加强组织建设。抓好各级班子和干部队伍建设，凝聚干事合力，紧盯经济运行、京唐高铁、运河通航等重点工作识别选拔干部，以提升党的组织力为重点，全面增强基层党组织战斗堡垒作用。要进一步加强作风建设。以政治性警示教育为抓手，督促推动各级党委（党组）切实加强思想建设。探索“一案一整改”机制，持续开展群众身边腐败和作风问题专项整治，深挖彻查案件线索，高效精准整治腐败行为，持续巩固风清气正的良好政治生态。有关政治生态建设情况，由县委办形成报告报市纪委。

会议研究审议县委办提交的《中共香河县委关于落实六届廊坊市委“三篇大文章”专项巡察反馈意见的整改方案》。会议原则通过了县委办提交的《中共香河县委关于落实六届廊坊市委“三篇大文章”专项巡察反馈意见的整改方案》。会议议定：全县各级各有关部门要高度重视此次市委“三篇大文章”专项巡察，坚决贯彻落实关于巡察整改工作的部署要求，对巡察组反馈问题认真对号入座，主动认账、诚恳接受、深刻反思，全力以赴整改到位。县级分管领导要根据所分管工作，抓住主要矛盾，加强督促指导，确保整改工作取得实效。被巡察单位要积极主动，求真务实，坚持标本兼治，把解决问题与推进制度建设结合起来，既注重“当下改”，又注重“长久立”，不断巩固和扩大巡察成果；由县委办负责，结合与会领导意见建议，将《中共香河县委关于落实六届廊坊市委“三篇大文章”专项巡察反馈意见的整改方案》进一步修改完善后，以县委文件形式印发执行。

会议研究审议县纪委监委提交的《关于召开全县领导干部政治性警示教育大会安排方案》，听取县纪委监委半年工作汇报。会议原则通过了县纪委监委提交的《关于召开全县领导干部政治性警示教育大会安排方案》。会议议定：定于近期召开全县领导干部政治性警示教育大会，由县纪委监委负责，精心组织，周密安排，切实做好会议各项筹备工作，确保会议开出效果，起到震慑作用；县纪委监委要坚守政治站位，充分发挥监督保障作用，为决胜全面建成小康社会提供坚强纪律保障。要区分轻重缓急，突出工作重点，注重效率效益效果并重，提高案件办结率。要狠抓反面典型案件，通过曝光一批违纪违法典型案件，强化警示震慑作用。要压紧压实工作责任，创新工作方式方法，加强基层队伍建设，为纪检监察工作高质量发展提供坚强保障。

会议传达学习市县巡察工作华北东北片区调研座谈会、全国市县巡察办主任提级培训班、全省新任市县巡察办主任集体谈话会暨部分市县巡察办主任座谈会主要精神，研究县贯彻落实意见。会议议定：全县各级各有关部门要认真学习上级会议精神，紧紧围绕“内涵把握、责任落实、监督质量、巡察整改、规范化建设”，将中央和省、市委关于巡视巡察工作新部署新要求贯彻好落实好。要深化对“审计＋巡察”监督模式的探索与实践。建立健全工作制度，固化审计巡察相结合工作模式，夯实工作基础。要进一步明确监督重点。细化《十一届县委政治巡察监督重点清单》，对上级巡视巡察反馈意见全面梳理汇总，明晰政治巡察和业务检查界限。要着力推进巡察监督与其他监督方式的贯通融合，着力做好统筹协调工作。要统筹好村街全覆盖任务。坚持有形覆盖和有效覆盖相统一，打好巡察“组合拳”。

会议研究审议县委政法委提交的《香河县关于落实〈省扫黑办特派督导问题清单〉整改工作方案》。会议原则通过县委政法委提交的《香河县关于落实〈省扫黑办特派督导问题清单〉整改工作方案》。会议议定：全县各有关部门要高度重视省督导组发现的问题，增强责任感、使命感，认真对照问题，主动查摆，举一反三，全面整改落实到位。要压紧压实工作责任，强化工作举措，对照问题清单，逐项梳理分解，研究制订整改措施。要坚持立足当前、着眼长远，积极探索长效机制，夯实基层基础，强化源头治理。要协调联动，充分发挥职能作用，主动担当作为，统筹各方资源，凝聚工作合力，坚决打赢“扫黑除恶”专项斗争。

会议传达市平安建设领导小组第一次会议精神，研究香河县贯彻落实意见。会议议定：全县各有关部门要深入贯彻上级对平安建设的各项任务部署，进一步提高政治站位，强化底线思维，有效应对各类风险挑战，坚决当好河北首都政治“护城河”排头兵。要准确把握当前面临的风险挑战，紧盯重点工作，深入研究谋划，统筹协调推进，确保各项工作高质高效完成。要压实工作责任，狠抓任务落实，强化督导考核，营造浓厚社会氛围，全面提升平安香河建设整体水平。

会议研究审议县直工委提交的《关于建立健全机关党建制度机制推进机关治理和事业发展的意见》。会议原则通过县直工委提交的《关于建立健全机关党建制度机制推进机关治理和事业发展的意见》。会议议定：全县各级各部门要把建立健全机关党建制度机制作为推进机关治理和事业发展的有效途径，围绕解决政治意识淡化、党的领导弱化、党建工作虚化、责任落实软化等问题，把握职能定位，找准结合点和切入点，制定时间表、路线图和任务书，更好地把机关党建制度优势转化为治理效能，为推进机关治理和事业发展提供保障。要坚持把制度建设贯穿全过程，着力构建运行有效、务实管用的制度体系，充分发挥机关党建制度优势，推进机关治理和事业发展，为新时代加快建设美丽幸福新香河提供有力保证；由县直工委负责，结合与会领导意见建议，将《关于建立健全机关党建制度机制推进机关治理和事业发展的意见》进一步修改完善后，以县委文件形式印发执行。

会议研究审议县工商联提交的《关于加强新时代民营经济统战工作的实施方案》。会议原则通过县工商联提交的《关于加强新时代民营经济统战工作的实施方案》。会议议定：全县各有关部门要以促进“两个健康”为主题，把思想引领寓于支持服务之中，教育引导民营经济人士坚定不移听党话、跟党走，团结和依靠广大民营经济人士夯实中国特色社会主义经济基础。要坚持党对民营经济统战工作的领导，明确各级党委和党组织在民营经济统战工作中的工作职责。坚持政治引领，不断增进中国特色社会主义的信念。坚持统筹兼顾，注重从政策上协调民营经济关系。坚持广泛联系，畅通民营经济人士反映诉求和政治参与的渠道。坚持主动服务，切实帮助解决民营经济发展中的实际问题；由县工商联负责，结合与会领导意见建议，将《关于加强新时代民营经济统战工作的实施方案》进一步修改完善后，以县委县政府“两办”文件形式印发执行。

会议听取县大督查办公室传达全市大督查工作调度会议精神，研究县贯彻落实意见。会议议定：全县各有关部门要认真贯彻落实全市大督查工作调度会议精神，坚持政治站位，切实增强做好大督查工作责任感紧迫感，突出督查重点，创新方法举措，努力提高大督查工作质量。由县大督查办公室负责，尽快将问题整改情况形成书面报告，按要求向市大督办进行反馈。县领导要牵头抓好督促检查工作，有关部门在配合、服务、保障好省、市大督办工作同时，落实好县大督查各项工作机制。

会议听取廊坊市生态环境局香河县分局《关于省生态环境厅第四环境监察专员办水污染防治工作专项督察意见整改落实情况的报告》。会议议定：全县各有关部门要按照督察反馈意见的整改要求，举一反三，精准发力，强化举措，综合施策，全力推进各项整改任务落实到位。要坚持问题导向，集中人员力量，倒排工期，挂账督办，持续攻坚，不断改善全县水环境质量。要强化督导检查，加大整改力度，严格考核问责，完善长效机制，坚决避免类似问题再次发生；由廊坊市生态环境局香河县分局负责，及时将香河县整改情况按要求上报。

会议听取县发展和改革局《香河县营商环境工作报告》。会议议定：要进一步加大优化营商环境宣传力度，深入宣传上级关于优化营商环境的政策和决策部署，广泛宣传工作亮点和典型事例，在全县营造优化营商环境良好氛围。要抓住关键短板，深入市场主体走访调研，重点查找改进履责不到位、服务不到位、政策落地不及时等问题，为优化营商环境排清障碍。要健全完善问责机制，严肃查处履职不力、失职渎职等破坏营商环境行为，为全县经济快速健康发展打下坚实基础。

会议通过县委组织部提交的《关于撤销中共香河县档案局党组、中共香河县园林绿化局党组，设立中共香河县地方志编纂中心党组、中共香河县园林绿化管理中心党组的意见》，研究了组织工作相关事宜。

【2020 年第 14 次县委常委会（扩大）会议】 8 月 26 日，县委书记李桂强主持召开第十一届县委 2020 年第 14 次常委会（扩大）会议。

会议传达廊坊市“北三县”与通州区协同发展规划建设工作会议精神，研究落实《廊坊市“北三县”与通州区协同发展重点工作任务清单》，听取《北运河廊坊段旅游通航规划》《香河县国土空间总体规划》汇报。会议议定：全县各级各部门要切实提高政治站位，充分认识推进协同发展、北运河旅游通航和编制国土空间总体规划的重大意义，坚决扛起政治责任，不折不扣贯彻落实中央和省、市委决策部署，做到对标对表到位、服从服务到位，高质量完成各项工作任务。具体抓好以下几点：充分认识“两个规划”的重要性。要统一思想，强化规划意识，提高规划水平，明确工作举措，严格按照规划执行，把美好蓝图变成现实。要讲政治顾大局，按照顶层设计的规划编制要求，调整完善规划编制，做到与省、市有关规划和香河县“十四五”规划有效衔接，确保规划编制能够解决历史遗留问题，破解现实制约，利于长远发展；认真学习、广泛宣传有关知识。全县各级领导干部要认真学习关于规划的基本知识和政策法规，了解掌握规划理念、基本思路和定位，用正确的规划理念和方式方法去指导有关工作开展。要广泛宣传解读规划的基本知识、政策法规和严格执行规划的重要意义，最大限度地取得人民群众理解与支持；各镇（社区办）、香河经济开发区及县直有关部门要对全县土地利用现状摸清底数。要健全体制机制，堵塞制度漏洞，对相关土地协议进行合法合规性审查，清理规范、调整完善，积极协调解决北运河旅游通航工程等重点项目用地问题，确保规划落地落实；加快推进北运河旅游通航和大运河文化带建设。全县各级领导干部要进一步统一思想，提高认识，将北运河旅游通航工程作为全县一号工程、政治工程、系统工程，全力以赴推进。要加快运河两岸景观改造，最大程度保持自然生态风貌，体现自然野趣，降低建设运营成本，不断提升治理水平。淑阳镇、安平镇、钳屯镇及相关部门要加快推进码头桥梁景观等控制性工程用地征占工作，实行周报制，确保工程如期开工建设。大运河文化带建设领导小组及各专项小组要充分发挥牵头协调作用，切实履行工作职责，不等不靠，确保2021年6月与北京段实现分段通航；认真落实协同发展重点任务。县领导要根据所分管工作，积极协调，主动对接，在各领域广泛开展对接合作，确保协同发展不断推向深入。要改革创新体制机制，提升服务水平，着力提高协同发展项目承载能力水平。要保持战略定力，抢抓战略机遇，做好战略留白，充分发挥资源优势，努力在引进大项目、大企业上下功夫；切实加强组织领导，压实工作责任。全县各级领导干部要高度重视协同发展、北运河旅游通航和编制国土空间总体规划等重要工作任务，坚持谁主管、谁负责的原则，协调配合，形成合力，全面抓好落实。要积极跑办，取得上级部门的理解与支持，做好争取上级资源、资金等各项工作，在推动高质量发展中加快建设美丽幸福新香河。

【2020年第15次县委常委会（扩大）会议】 10月16日，县委书记李桂强主持召开第十一届县委2020年第15次常委会（扩大）会议。

会议传达省委书记王东峰视察廊坊时指示精神和市委常委会会议精神，通报大运河文化带暨北运河通航工作进展情况，研究香河县贯彻落实意见。会议指出：2019年2月，中共中央办公厅、国务院办公厅印发《大运河文化保护传承利用规划纲要》，北运河旅游通航是规划纲要中确定的一项重要功能。省委、省政府主要领导多次做出重要批示，并到香河县实地调研视察北运河旅游通航工作，提出明确要求。2020年6月，省政府常务会议审议通过，市政府于2020年9月正式批复印发了《北运河廊坊段旅游通航规划》和《北运河廊坊段旅游通航规划实施方案》。2020年10月3日，省委书记王东峰到香河县视察北运河旅游通航工作时，要求继续加快重点工程建设进度，倒排工期，确保2021年6月底前与北京同步实现旅游通航。会议议定：全县各级各部门要认真贯彻落实省委书记王东峰视察指示精神，把北运河旅游通航工程作为全县一号工程、政治工程、系统工程，担当尽责，全力推进；县四大班子领导要统一思想，提高站位，高度重视此项工作。各级各部门主要负责人要亲自抓、负总责，举全县之力推进旅游通航工程。要及时研究解决工作中遇到的问题，及时向县委、县政府主要负责领导汇报重要工作进展情况；在大运河文化带建设领导小组的基础上，成立由县委主要领导任指挥长的北运河旅游通航工程指挥部，充实工作力量，明晰工作职责，建立定期调度、人大审议、专家论证、容错纠错、督导问效等工作机制，统筹推进各项旅游通航工程建设，确保旅游通航如期高效完成；旅游通航指挥部成员及各专项工作组要深入一线，靠前指挥，攻坚克难，协调联动，推进工作有序开展。要勇于担当，尽职尽责，进一步压缩工程工期，提高工作效率；督察组要充分发挥监督执纪问责职能，全程跟踪监督旅游通航工程，严防违法违规违纪行为和履职不力问题发生；相关部门要积极宣传北运河旅游通航工程的重大意义、总体部署和工程进展情况，最大限度取得全县人民的理解与支持；政法部门要为工程开展提供法治保障，积极宣传土地征占、工程施工等相关法律知识，密切配合相关镇严厉打击恶意阻工等违法行为。

会议研究审议县委落实全面从严治党主体责任领导小组办公室（简称县委主体办）提交的《香河

县政治生态分析研判问题整改工作台账》。会议原则通过县委主体办提交的《香河县政治生态分析研判问题整改工作台账》。会议议定：由县委主体办负责，对《香河县政治生态分析研判问题整改工作台账》进一步修改完善后，以县委文件形式印发实施。各牵头领导和责任单位要严格对照存在问题，明确目标任务、时间节点和工作措施，认真整改到位。县委主体办梳理汇总整改成效，于11月21日前将整改成效反馈表报市纪委监委。

会议听取信访工作汇报，研究县贯彻落实意见。会议议定：县信访局要认真贯彻落实省市有关精神，充分发挥信访接待登记、协调疏导、信访件督查和参谋助手等职能作用，努力化解信访矛盾，切实维护社会和谐。要密切关注重点人员信访动态和各类苗头隐患，加强社情民意分析研判，及时协调沟通上下级相关部门，补齐工作短板，争取信访工作主动权。要全力做好县委县政府决策落实的“晴雨表”，为领导决策和维护全县和谐提供有力保障。

会议听取县文明办《香河县2020年“创城”工作进展情况汇报》。会议议定：全县各级各部门要进一步加大“创城”力度，针对重点难点问题，坚持标本兼治，全力以赴推进各项任务落实，确保顺利通过验收，成功创建省级文明县城。各社区及相关部门要做好宣传工作，切实提高广大市民对创城的知晓率、参与率、支持率，使创建省级文明县城家喻户晓、人人皆知、全民参与，为“创城”工作营造良好社会氛围。

会议传达中省市组织系统贯彻落实新时代党的组织路线会议精神，研究县贯彻落实意见。会议议定：全县各级各部门要认真学习贯彻习近平总书记在中央政治局第二十一次集体学习时的重要讲话精神，准确把握新时代党的组织路线的科学内涵和实践要求，增强组织路线服务政治路线的自觉性坚定性。要坚持和加强党的全面领导，用党的创新理论武装头脑，巩固党的组织体系建设和制度建设，锻造高素质的执政骨干队伍，充分发挥基层党组织战斗堡垒作用，切实当好首都政治“护城河”排头兵。

会议研究审议县委组织部提交的《关于做好村（社区）“两委”换届前期准备工作的建议》。会议原则通过了县委组织部提交的《关于做好村（社区）“两委”换届前期准备工作的建议》。会议议定：全县各有关部门要严格按照中组部和各级党委的要求和标准，严把程序关、质量关，超前做好村（社区）“两委”换届前期准备工作。要超前物色换届人选，超前开展县级资格联审，超前进行集中整顿，超前搞好专项整治，超前完成经济责任审计，超前做好选前监督工作，切实打牢换届基础，确保村（社区）“两委”换届换出凝聚力、领导力和战斗力。

【2020年第16次县委常委会会议】 11月5日下午，县委书记李桂强主持召开十一届县委2020年第16次常委会会议。

会议传达市委书记杨晓和到香河县调研时讲话精神，研究审议县委办提交的《贯彻落实市委书记杨晓和在香河调研讲话精神责任分工方案》。会议原则通过县委办提交的《贯彻落实市委书记杨晓和在香河调研讲话精神责任分工方案》。会议议定：全县各级各部门要进一步统一思想，提高政治站位，认真学习领会市委书记杨晓和在香河调研时的讲话精神，按照《贯彻落实市委书记杨晓和在香河调研讲话精神责任分工方案》要求，切实抓好各项工作落地落实。要全面把握历史机遇，站位京津冀协同发展战略全局，在服务京津中发展自己、实现双赢，在争创全国百强县中不断进位、自我提升，在河北发展中当好首都政治“护城河”、排头兵，在廊坊区域竞相发展中提升地位，发挥更大作用。要“站位京津冀协同发展中看香河，站位河北全局中看香河，站位廊坊区域竞相发展中看香河，站位香河人民群众期盼中看香河”。按照既定目标方向，明晰发展思路，与北京进行深度对接，积极承接北京“容不下、离不开、走不远”的高端制造业和现代服务业项目，坚持加快推进转型升级，坚定不移走高质量发展之路。牵头县领导要充分发挥作用，深入基层一线，出主意、破制约、做表率。各单位主要负责人要亲自抓、负总责，定期汇报工作进展，确保按照时间节点完成各项任务；由县委办负责，结合与会领导意见建议，对《贯彻落实市委书记杨晓和在香河调研讲话精神责任分工方案》进一步修改完善后，以县委文件形式印发执行。会后，将杨晓和讲话精神落实情况以红头文件形式上报市委。

会议传达市委副书记、市长杨燕伟到香河县调研时讲话精神，听取县统计局《关于前三季度国民经济运行情况的报告》。会议议定：全县各级各部门要认真贯彻落实市长杨燕伟到香河县调研时的讲话精神，即讲政治，顾大局，统一思想，坚定信心，扎实做好“六稳”工作，全面落实“六保”任务，保持战略定力，发挥主观能动性，共克时艰，全力完成全年各项目标任务。要抓好经济运行中各项工作，紧盯经济运行中各项指标，加强运行调度，找准增长点、着力点和突破点，确保经济运行在合理区间。县政府办要组织相关部门和企业，对房地产市场进行分析研判，用活用足用好上级政策，着力破解制约，促进县房地产行业平稳健康发展。要对所有储备项目逐个进行分析调度，同时对已批未建闲置土地进行清理，确保项目尽快入库入统，投产达效。要采取走访调研、召开座谈会等形式，对全县各类企业进行帮扶，解决生产经营困难，充分发挥企业潜力。要对域内企业销售经营纳税情况进行全面摸底，梳理异地纳税企业、引进重点税源，确保尽快取得成效。要立刻着手谋划明年工作，区分轻重缓急，科学规划、量入为出，科学合理编制下一年度预算，确保各项重点工作有序推进。各级领导干部要积极跑部进厅，努力争取上级资源、资金和政策支持。

会议研究审议县政府党组提请审议的《香河县鼓励企业利用多层次资本市场发展奖励办法》《香河县民营经济奖励评审办法》和《招商引资及项目建设奖励办法（试行）》；会议原则通过县政府党组提请审议的《香河县鼓励企业利用多层次资本市场发展奖励办法》《香河县民营经济奖励评审办法》和《招商引资及项目建设奖励办法（试行）》。会议议定：由县发展和改革局负责，结合与会领导意见建议，对《香河县鼓励企业利用多层次资本市场发展奖励办法》《香河县民营经济奖励评审办法》和《招商引资及项目建设奖励办法（试行）》进一步修改完善后，印发执行。要坚持“表述规范、操作严谨、宣传到位、兑现及时”的原则，抓好贯彻落实。

会议研究审议县人力资源和社会保障局提交的《关于 2021 年公开招聘事业单位工作人员的实施方案》。会议通过县人力资源和社会保障局提交的《关于 2021 年公开招聘事业单位工作人员的实施方案》。会议议定：由县人力资源和社会保障局和县委编办负责，坚持“德才兼备和民主、公开、竞争、择优”的原则，按照《关于 2021 年公开招聘事业单位工作人员的实施方案》履行招聘程序。要严格标准，严格程序，严格把关，确保所招聘人员专业水平、素质能力与岗位需求相匹配。

会议研究审议县委组织部提交的《关于确定机关、事业单位工作人员和离退休人员死亡抚恤金发放办法情况的报告》。会议通过县委组织部提交的《关于确定机关、事业单位工作人员和离退休人员死亡抚恤金发放办法情况的报告》。会议议定：要严格按照上级有关政策，做好政策解释宣传工作，进一步规范香河县机关、事业单位在职及离退休人员死亡后一次性抚恤金发放工作。会议还研究了组织工作相关事宜。

【2020 年第 17 次县委常委会会议】 12 月 9 日上午，县委书记李桂强主持召开十一届县委 2020 年第 17 次常委会会议。

会议传达市委六届十一次全会精神，研究审议县委办提交的《香河县贯彻落实市委六届十一次全会精神责任分工方案》。会议原则通过县委办提交的《香河县贯彻落实市委六届十一次全会精神责任分工方案》。会议议定：全县各级各部门要认真学习领会市委六届十一次全会精神，以推动高质量发展为主题，加快构建现代化经济体系，加快打造新发展格局，加快推进治理体系和治理能力现代化，坚持党的全面领导，坚持和完善党领导经济社会发展的体制机制，不断提高贯彻新发展理念、构建新发展格局的能力和水平，为全县实现高质量发展提供保证；要切实抓好《香河县贯彻落实市委六届十一次全会精神责任分工方案》明确十个方面重点工作，奋力开创香河高质量发展新局面。具体抓好以下工作：加快“十四五”规划建议修改完善工作，谋划好未来五年全县发展奋斗目标。开展经济质量综合分析，对全县经济结构、发展质量进行专题综合分析研判，查找存在问题，提出意见建议。研究推进园区高质量发展措施，把园区打造成为经济发展的主战场、高端产业的聚集地、集约发展的高产田。完善科学考核办法，以科学考核促进高质量发展。利用好投融资平台，深入研究多方面、多渠道融资的具体思路和办法，为经济发展、项目建设、重点民生工程提供有力保障。积极争取上级政策资金项目支持，为推进各项工程打好基础、提供保障。调整完善新民居政策，以国土空间规划为引领，优化城镇乡村布局，持续实施农村人居环境整治。组织土地流转调查摸底审查，对农村资产资源出租出让合同进行合法性审查。确定家具城“二次创业”具体路径，推进家具城改造升级。本着“科学实用、突出重点、量力而行”的原则，积极谋划好明年重点工作任务；由县长齐泽旭和县监察委员会主任牛静牵头，筹备召开领导干部政治性警示教育及作风整顿大会，研究制订以“开展作风整顿、改善营商环境”为主要内容的文件。要以“积极作为勇担当、务实高效强保障”为主题，深刻剖析问题，开展自查自纠，总结典型案例，集中整改到位，解决部分干部思想不解放、工作不担当、效率低下、推诿扯皮、落实八项规定精神不到位等问题，进一步优化全县营商环境，提高办事效率，为落实上级各项安排部署、建设美丽幸福新香河提供强力保障；由县委办负责，结合与会领导意见建议，对《香河县贯彻落实市委六届十一次全会精神责任分工方案》进一步修改完善后，以县委文件形式印发实施。

会议研究审议县委办提交的《关于召开县委十一届七次全会的安排方案》《关于制定国民经济和社会发展第十四个五年规划的建议（审议稿）》《县委书记李桂强在县委十一届七次全会第一次全体会议上的讲话》和县委组织部提交的《十一届县委候补委员递补为委员的决定（草案）》。会议原则通过县委办提交的《关于召开县委十一届七次全会的安排方案》《关于制定国民经济和社会发展第十四个五年规划的建议（审议稿）》《县委书记李桂强在县委十一届七次全会第一次全体会议上的讲话》和县委组织部提交的《十一届县委候补委员递补为委员的决定（草案）》。会议议定：定于下周召开中国共产党香河县第十一届委员会第七次全体会议，会期半天。由县委办负责，精心组织，周密安排，切实做好会议各项筹备工作，确保会议圆满成功；由县委办负责，结合与会领导意见建议，对《关于制定国民经济和社会发展第十四个五年规划的建议（审议稿）》和《县委书记李桂强在县委十一届七次全会第一次全体会议上的讲话》进一步修改完善后，提交县委十一届七次全会审议，全会通过后以县委文件形式印发。

会议传达12月7日省委专题会议和市运河通航有关事宜调度会议精神，研究县贯彻落实意见。会议议定：全县各级各有关部门要全面贯彻落实12月7日省委专题会议和市运河通航有关事宜调度会议精神，进一步统一思想，提高政治站位，转变思想观念，强化担当意识，深入贯彻落实省、市关于北运河旅游通航工作各项安排部署。要将此项工程当作重大政治工程、全县头等大事来抓，倒排工期，挂图作战，逐项研究工程各个环节，破解一切制约因素，形成工作闭环，千方百计推进工作高效开展。要细化工作方案，落实工作责任，克服一切困难，采取超常规措施，创造性地开展工作，确保如期实现旅游通航目标。要本着“依法依规、立足长远、互惠互利、共建共赢”的原则，以北运河旅游通航工程为切入点，加快与北投集团沟通对接，建立全面战略合作关系，全速推动工程实施。

会议研究审议县政府党组提请审议的《关于协调解决垃圾焚烧发电项目建设手续问题的请示》。会议原则通过了县政府党组提请审议的《关于协调解决垃圾焚烧发电项目建设手续问题的请示》。会议议定：全县各有关部门要勇于担当，积极作为，本着急事急办、特事特办的原则，加快完善垃圾焚烧发电项目手续，对有关部门和个人予以容错免责，按照政府党组议定的事项限期落实到位；县政府党组要对垃圾焚烧发电项目问题进行深刻反思，认真检讨在工作中担当精神不足、工作落实不力的问题，坚决避免再次发生类似问题；各部门要本着有利于妥善解决遗留问题、有利于项目顺利实施、有利于完成上级交办的政治任务的原则，加快工作进度。

会议传达全市疫情防控工作会议精神，研究县贯彻落实意见。会议议定：县疫情防控领导小组各成员单位和各专项组要认真贯彻落实全市疫情防控工作会议精神，高度重视冬春季疫情防控工作，履职尽责、协调配合，密切关注各方动态，重大事件及时报告，严格落实疫情防控各项措施，全力保障人民群众生命安全和经济社会正常运转。要压实“四方责任”，坚持“四早”工作机制，做好全员核酸检测准备工作，强化进口冷链食品疫情防控措施，针对可能存在的防控漏洞开展自查，积极主动、科学有效地开展好疫情防控各项工作。

会议听取县安全委员会办公室《关于2020年安全生产工作开展情况的报告》。会议议定：全县各级各有关部门要认真贯彻落实习近平总书记关于安全生产工作的重要指示精神和省、市一系列工作部署，层层压实责任，扎实开展安全生产专项整治三年行动，全面推进隐患排查整治，不断加大监管执法力度，确保全县安全生产形势保持平稳态势。要将小仓储、家庭式小作坊、低端农贸市场整治与“小散乱污”企业治理相结合，研究制订长效机制，从源头上消除安全隐患。要加大执法力度，对存在重大安全隐患的单位进行严管重罚，倒逼安全生产主体责任落实。要以上率下，层层压实责任，各镇（社区办）、香河经济开发区和各行业分管部门要切实做好本辖区、本行业企业安全检查和隐患排查工作，全力做好安全保障各项工作。

会议研究审议县直工委提交的《关于开展“模范机关”创建工作的实施意见》。会议原则通过县直工委提交的《关于开展“模范机关”创建工作的实施意见》。会议议定：全县各级各部门要坚决落实好习近平总书记在中央和国家机关党的建设工作会议上的重要讲话精神，不断巩固深化“不忘初心、牢记使命”主题教育成果，推动党全面领导制度高效执行。要聚焦“绝对忠诚的政治机关、组织过硬的先锋机关、服务精准的高效机关、作风务实的清廉机关、充满激情的活力机关”目标，激励机关各级党组织和广大党员干部新时代新担当新作为，用创建“模范机关”的实际成效，推动机关各项工作进位争先；由县直工委负责，结合与会领导意见建议，对《关于开展“模范机关”创建工作的实施意见》进一步修改完善后，以县委文件形式印发。

会议研究审议县委组织部提交的《香河县高层次人才引进奖励暂行办法》。会议原则通过县委组织部提交的《香河县高层次人才引进奖励暂行办法》。会议议定：要贯彻落实好省市关于人才工作的新要求、新部署，深入实施人才强县和创新驱动发展战略，发挥高层次人才在抢抓京津冀协同发展机遇的关键作用，补足全县人才政策短板，最大限度激发人才创新创业活力，增强对优秀人才特别是高层次人才的吸附力，提升县域人才队伍数量和质量，为建设美丽幸福新香河贡献新的力量；由县委组织部负责，结合与会领导意见建议，对《香河县高层次人才引进奖励暂行办法》进一步修改完善后，以县人才工作领导小组文件形式印发。

会议研究审议县委组织部提交的《全县村（社区）“两委”换届工作实施方案》。会议原则通过县委组织部提交的《全县村（社区）“两委”换届工作实施方案》。会议议定：要认真贯彻落实中央和省市县委关于村（社区）“两委”换届部署要求，将坚持党的全面领导、充分发扬民主、严格依法办事有机统一，以增强基层党组织政治功能、提升组织力为重点，选优配强村（社区）“两委”班子特别是党组织书记，不断优化班子结构，实现干部队伍“一个全面、四个提上去、一个降下来”总体目标，着力实现全面换届、优质换届、平稳换届，真正换出对党忠诚、干事创业、风清气正、群众满意的好班子；由县委组织部负责，结合与会领导意见建议，对《全县村（社区）“两委”换届工作实施方案》进一步修改完善后，以县委文件形式印发。

会议还原则通过了县政府党组提请审议的《香河县国民经济和社会发展第十三个五年规划纲要部分指标调整方案（草案）》，通过了县纪委监委提交的《关于李××严重违纪违法问题审查审理情况和处理意见的报告》和县委组织部提交的《关于撤销共青团香河县委员会党组的意见》，研究了组织工作相关事宜。

【2020年第19次县委常委会（扩大）会议】 12月28日上午，县委书记李桂强主持召开十一届县委2020年第19次常委会（扩大）会议。

会议传达河北省委九届十二次全会精神。会议议定：全县各级各部门要认真学习领会省委九届十二次全会精神，以开展“三重四创五优化”活动为抓手，有力推动目标任务落实。“三重”，即抓重大国家战略、重大项目建设、重大民生工程；“四创”，即创新，创业，创全国文明城市、国家卫生城市、国家森林城市，创平安河北、法治河北；“五优化”，即优化政治生态、优化经济结构、优化自然生态、优化营商环境、优化基层治理。不断巩固提升“双创双服”“三深化三提升”“三创四建”活动成果，奋力开创各项事业发展新局面；要实施产业基础再造工程，提升产业链供应链现代化水平。要以云之鼎数据中心、嘉信数字经济产业园、爱晚养老示范基地等项目为重点，统筹推进产业结构优化升级，加快传统产业数字化智能化绿色化改造；要以新基建促进城市更新、提质扩容，加大老旧小区改造和特色小镇建设力度。同时，以国道、省道、京唐高铁等交通枢纽为基础，进一步培育壮大商贸物流产业；要强化基层基础，促进城乡基础设施一体化、基本公共服务均等化、产业体系现代化、人居环境洁净化、社会治理法治化、基层组织建设规范化；要强化作风建设，以“积极作为勇担当，务实高效强保障”为主题，在全县范围开展优化营商环境和干部作风整顿活动，查思想作风，查工作能力，查实际效果，推动全县干部作风大整顿、工作效能大提升、营商环境大改善，为加快建设美丽幸福新香河提供坚强作风保障；“春节”前，筹备召开相关会议：由县纠正行业不正之风工作办公室（简称纠风办）、县纪委监委负责，筹备召开全县领导干部政治性警示教育暨优化营商环境和干部作风整顿大会；由县委办负责，筹备召开中国共产党香河县第十一届委员会第八次全体会议；由县四大班子办公室负责，筹备召开香河县第十五届人民代表大会第五次会议和政协香河县第九届委员会第五次会议；由县委组织部负责，筹备召开县委常委民主生活会。

会议传达市委2020年第38次常委会（扩大）会议精神。会议议定：全县各级各部门要认真贯彻落实省市关于北运河旅游通航工作会议精神和领导批示精神，把北运河旅游通航工程作为全县一号工程、政治工程、系统工程，提高站位，担当尽责，倒排工期，举全县之力全力推进。要统一思想，认清形势，打消私心杂念，按照时间表路线图，采取超常规革命性的措施加快工程进度；各专项推进组要随时解决工程进展中存在的问题，及时向县委、县政府主要领导汇报重要工作进展情况。交通工程组和资金保障组，要积极筛选能够以创新的方法融资、垫资的大型专业化企业，于本周内形成具体的比选方案报工程指挥部。方案中要明确工程严禁转包。督察组要充分发挥监督执纪问责职能，实行全程跟踪监督，本着“保质量、保效率、保廉洁”的原则，严格按照工程的时间、节点重点督察不担当、不作为等影响工程效率的行为，形成日志和报告，严防违法违规违纪行为和履职不力问题发生。

会议研究审议县纠风办提交的《香河县优化营商环境和干部作风整顿活动实施方案》。会议原则通过了县纠风办提交的《香河县优化营商环境和干部作风整顿活动实施方案》。会议议定：由县纠风办负责，结合与会领导意见建议将《香河县优化营商环境和干部作风整顿活动实施方案》进一步修改完善后，以县委文件形式印发；全县各级各部门要坚持以习近平新时代中国特色社会主义思想为指导，深入学习中共十九届五中全会精神和习近平总书记关于作风建设的系列重要批示精神，紧紧围绕省、市委决策部署和县委十一届七次全会要求，坚持把“效率、效益、效果”贯穿工作始终，通过集中开展优化营商环境和干部作风整顿活动，大力破除形式主义、官僚主义，提升政务服务质量，规范行政权力运行，切实解决广大群众和市场主体反映强烈的突出问题；要聚焦优化营商环境、实现县域经济社会高质量发展，聚焦转变工作作风、提升干部履职担当能力，聚焦遵守纪律规矩、增强党员干部廉洁从政意识开展整治，着力解决思想观念、成事能力、担当意识和纪律规矩4个方面16个突出问题。会议还研究了组织工作相关事宜。

县委重要决策

【新冠肺炎疫情防控】 年初，面对突如其来的新冠肺炎疫情，县委常委会坚持人民至上、生命至上，理性应对、科学防治、精准施策、联防联控，抓紧抓实抓细防控举措，筑牢疫情防控坚实防线。第一时间成立由党政主要领导挂帅的疫情防控工作领导小组，多次召开县委常委会会议、县政府常务会议、疫情防控领导小组会议，统筹安排部署防疫工作，压紧压实各级工作责任。严格落实“三个关口前移”要求和“四不四到位”常态化管控措施，切实做到“外防输入、内防反弹”。在抗疫斗争中，县委常委靠前指挥，四大班子一线推动，相关部门密切配合，党员干部昼夜奋战，人民群众、广大企业守望相助、捐款捐物，全县上下众志成城，特别是广大医护工作者逆行出征，打一场疫情防控的人民战争。其间，在防疫一线成立临时党支部12个，设立党员先锋岗658个，组建党员防控服务队589个，戴党徽上岗值守党员5439名，涌现出全国抗击新冠肺炎疫情先进个人李向国等一批优秀共产党员、先进抗疫典型。

联防联控精准高效。组织引领1.2万名党员干部、村民代表、热心群众、青年志愿者充实到防控一线，有效缓解基层防疫压力。建立健全联防联控、群防群控工作机制，不对企业商户一关了之，不对村街社区一封了之，实施“大数据+网格化+铁脚板”防控方法，落实“三本台账”和“健康码+测体温”制度，真正做到全面排查不落人、严格管控不扰民。完善公共卫生应急管理常态化体系，健全预检分诊等各项制度，加强医院硬件建设和医疗物资储备，建成县中医医院发热病区和3个核酸检测实验室。始终将拱卫首都安全作为重要政治任务，与北京方面建立常态化协调联动机制，严格落实“五必”措施，确保疫情不进京，并在生活物资保障等方面为首都防疫贡献了香河力量。

生产生活平稳有序。坚持两手抓、两手硬，在做好疫情防控的同时，最大程度保障群众生产生活需求和经济平稳运行。深入开展“三创四建”“三包四帮六保五到位”等活动，全面落实援企稳岗、减税降费、减租降息各项政策，制定出台《关于印发应对新型冠状病毒感染的肺炎疫情支持中小企业共渡难关的十二项措施的通知》《香河县打好新型冠状病毒肺炎疫情防控阻击战促进经济社会平稳健康发展的实施意见》《香河县企业复工复产疫情防控工作方案》等文件，组织召开全县企业家座谈会、“防疫情、促发展”银企对接会等会议，为企业解决融资、土地、用工、市场等难题，推动企业复工复产、达产达效。分批分次推进复学复课，顺利完成中考、高考工作。

【运河旅游通航工程扎实推进】 县委常委会将北运河旅游通航作为“一号工程”，带领全县广大党员干部群众以最大决心、最强力度、最快速度推进旅游通航各项工作。第一时间成立由党政主要领导挂帅的北运河旅游通航工程指挥部，县党政班子成员担任专项工作组组长，召开县委常委会会议、县政府常务会议、指挥部会议、专题调度会议，研究部署推动运河旅游通航工程。县委县政府将北运河旅游通航工程作为贯彻落实习近平总书记重要指示批示精神的政治工程，作为贯彻落实习近平生态文明思想的生态工程，作为推动大运河文化创造性转化、创新性发展的文化工程，作为造福群众、造福子孙的民心工程，作为推动京津冀协同发展、打造新的经济增长极的样板工程，作为凝聚合力、转变作风、狠抓落实的示范工程。建立完善定期调度、领导包联、人大审议、专家论证、容错免责、督导问效等机制，形成条块结合、权责明晰、立体高效的抓落实格局。党政主要领导现场抓落实，四大班子一线打硬仗，相关部门人人有任务，广大党员干部以志在必得、势在必胜的决心和勇气，以只争朝夕、时不我待的精神和状态，投入工程建设主战场，昼夜奋战，攻坚克难，全力以赴加快工程建设。坚持特事特办、急事急办、能办即办，党政主要领导多次带队进京赴省到市，与国家部委、省市部门、规划编制单位进行对接，千方百计破解规划、资金、用地、手续等方面制约，与北京市有关部门开展常态化对接，共同研究界河河道清淤、流量调节等事项。高标准编制完成《北运河廊坊段旅游通航规划》和《北运河廊坊段旅游通航规划实施方案》，并经省市批准实施。确定“争取上级资金＋县级财政＋一般债券＋社会资本融资”的资金保障模式，采取“倒排工期＋挂图作战＋台账管理＋容缺审批＋并联推进”的方式提速工程建设。香河权属段河道清淤疏浚工程年内全部完工，王家摆桥、安运桥、船闸、堤防改建、两岸景观提升等工程正加快推进，中心码头和安运码头 2 处停靠设施建成投用，完成杨洼闸至木厂闸段航道选线方案和橡胶坝至安运桥段导助航设施临时配布，购买的 3 艘新能源游船下水试航。

【协同发展加快推进】 坚持把与北京城市副中心一体化发展作为最大战略机遇，在服从服务中加快发展，在承接疏解中促进转型。按照“四统一”要求，出台《香河县关于通州区与廊坊市“北三县”协同发展规划贯彻落实意见》，高标准做好国土空间总体规划和各专项规划编制工作。紧盯北京“容不下、离不开、走不远”的高端制造业和现代服务业项目，积极开展线上线下招商，重点开展以商招商、产业链招商，产业对接持续提速。2020 年，签约企业 33 家、在谈 156 家，两项总投资 382 亿元，华电香河燃气能源站等一批优质项目即将开工。京唐城际铁路服务保障工作全力推进，红线内占地全部交付使用，香河人民期盼已久的平香线（平谷—香河）南延、大辛路（大六王—辛集）改建等工程完工通车，与京津通勤体系更加高效。积极引进北京教育、医疗、卫生等优质公共服务资源，北京景山学校香河分校一期建成投用，大爱医院项目正在进行主体建设。京津 30 家三甲医院纳入医保定点范围，实现与本地医保报销同标准、同待遇。

转型升级步伐加快。2020 年，争列省市重点项目 10 个，实施亿元以上项目 86 个，22 个集中开工项目完成投资 21.8 亿元，占年投资计划的 103%。坚持“外引内培”并举，推动传统产业向数字化、智能化、品牌化方向转型，鼓励支持家具、钣金等传统产业技术革新、延伸链条，18 个项目申报省重点技改项目，截至年底，全县有省科技型中小企业 782 家，高新技术企业 76 家，一城酒业、众旺木业荣获市政府质量奖。加快推进家具城“二次创业”，推动家居产业转型升级，打造智慧家居城。建立土地数据信息库，健全完善亩均效益评价体系，盘活存量建设用地 246.67 公顷（3700 亩），为高端项目落地腾出空间。做足“文化旅游+”文章，高标准修订《全域旅游总体规划》，“慧游香河”智慧旅游服务平台正式上线运行，以网络云会议形式成功举办香河县第二届文化旅游产业发展大会，蒋辛屯镇北李庄村被评为全国乡村旅游重点村，刘宋镇庆功台村、蒋辛屯镇岭子村被评为全省乡村旅游重点村。

营商环境持续优化。立足打造“全省领先、全国一流”的市场化、法治化、国际化营商环境，持续深化“放管服”改革，政务服务提质提效。568 项审批服务事项实现集中办理，企业注册时间压缩至 4 个工作小时，企业开办时间压缩到 7 个工作小时办结，投资项目审批时长缩减 70%，涉企事项基本实现“一网通办”。全年净增各类市场主体 1.2 万家，净增率位居全市前列。出台《民营经济奖励评审办法》《招商引资及项目建设奖励办法（试行）》等文件，鼎力担保公司为企业提供担保 1.34 亿元，为实体经济保驾护航。

【城乡建设统筹推进】 县委常委会始终将推进新型城镇化和城乡融合发展作为基础性、全局性、战略性工作来抓，在“潜绩”上下功夫，在“功能”上提品质，加快实施基础设施改造升级，大力推动乡村振兴，开展生态环境整治，城乡环境面貌持续提升。

城乡基础不断加强。大力实施道路升级改造工程，平香线南延、大辛路改造工程竣工通车，其中，平香线南延潮白河大桥、义井大桥建成，217 千米城乡道路完成新建改造，通行条件大幅改善。人民广场、民兵训练基地主体完工，垃圾焚烧发电厂、潮白河滨水公园等加快建设，10 千米地下管网完成升级改造，城区新增绿地 100 公顷（1500 余亩），城市承载能力不断加强。巩固智慧城市建设成果，15 个部门 24 个系统接入智能化指挥调度中心，46 家单位接入政务网络平台，城市管理效率大幅提升。健全完善“1+N”城区环境综合整治方案，开展整治马路市场、取缔店外经营等攻坚行动，市容市貌得到改善。

农村发展持续提速。扎实开展农村集体产权制度改革、农村土地承包改革和农村宅基地管理工作，推进村集体经济提质增量工程，实施高标准农田建设项目，引进菊花农旅产业园、雨润潮白等农业综合体项目，持续促进农民增收、农业增效、农村增绿。常态长效推进农村人居环境整治，大力开展村庄清洁行动、农厕改造等工作，完善城乡垃圾一体化治理，农村厕所粪污无害化处理等长效管护机制，新建 5 座垃圾转运站，改厕 4440 座。香椿营村被国家民委命名为“中国少数民族特色村寨”，荷花产业园和水岸潮白田园综合体被评为市级休闲农业示范区。

生态环境不断优化。紧盯薄弱环节，突出靶向治理，强化标本兼治，坚决打赢蓝天、碧水、净土保卫战。严格落实大气污染综合治理措施，大力开展河渠“清四乱”，即乱占、乱采、乱堆、乱建行动，深入开展土壤污染治理，持续保持“散乱污”企业动态清零，5 个国省市控考核断面水质均稳定达标，畜禽规模养殖场粪污处理设施装备配套率 100%。开展常态化联合执法检查，始终保持环境执法高压态势，环境污染违法行为得到有效遏制。完成植树造林 540.8 公顷（8112 亩），超额完成市下达任务。

【社会事业发展加快】 坚持教育优先发展，安平第三小学运动场等11项重点教育工程完工投用，32所民办幼儿园完成普惠性创建，2020年，高考再创佳绩，香河一中包揽全市理科前3名，本科上线人数1503人，上线率92%，教育教学水平不断提高。深化医疗卫生体制改革，紧密型医共体建设持续推进，钳屯、安头屯、石虎辛庄、梁家务4所卫生院完成改造。中小学校、乡镇卫生院旱厕改造全面完成。大力发展文体事业，完成最后24个村街基层综合文化服务中心建设，实现了县域村街综合文化服务中心全覆盖。县文化市场行政执法队被中宣部授予“第八届全国服务农民、服务基层文化建设先进集体”称号。《香河年鉴（2019）》荣获第七届全国地方志优秀成果（年鉴类）县级综合年鉴二等奖。中国书协书法出版传媒香河创作研究基地成功落户，曾来德书画艺术展藏馆完成布展。

【社会保障不断加强】 聚焦“两不愁、三保障”，对存有一定困难人口实行动态排查管理，确保“脱贫不返贫、非贫不致贫”。不断扩大医保参保覆盖面，城乡居民参保人数28.4万人，参保率超过96%。城乡低保、临时救助等政策严格落实，特困供养、孤儿救助等工作扎实开展，县财政注资500万元成立社会救助基金会，帮助群众解决实际生活困难。组织线上线下用人单位招聘活动20余次，6000余人达成就业意向，就业再就业工作走在全市前列。

【社会大局和谐稳定】 研发上线“社会治理信息系统”，健全“六联”，即文明联创、卫生联洁、治安联防、应急联动、困难联帮、致富联带工作机制，出台“群众说事、干部解题”机制，实现线上线下一体互动、网内网外协同作战，打造了新时代“枫桥经验”升级版。圆满完成全国“两会”、暑期和中共十九届五中全会召开等重要时间节点安保维稳任务，当好首都政治“护城河”的排头兵。深入推进安全生产和食药安全重点领域排查整治，扎实做好防灾救灾准备，保障人民群众生命财产安全。深入推进“扫黑除恶”专项斗争，继续实施“五大智慧工程”，严厉打击“盗抢骗”“黄赌毒”等违法犯罪行为。坚持“谁执法谁普法”普法责任制，在全社会掀起学习《中华人民共和国民法典》等法律法规热潮，广大群众法治观念和法治素养不断增强，党员干部运用法治思维和法治方式能力得到提升，平安香河、法治香河建设持续深化。

【社会风气向善向好】 牢牢掌握意识形态工作领导权主动权，举办中共十九届四中、五中全会精神等专题培训、主题宣讲，充分利用“学习强国”“先锋在线”等平台载体，不断丰富创新学习教育形式，持续提升干部队伍理论水平、提振干部队伍精神状态、筑牢干部队伍思想基石。注重发挥宣传思想文化工作凝聚党心民心、引领社会发展的重要作用，在县、镇、村三级分别建立新时代文明实践中心、所、站，进一步发挥好融媒体中心作用，培育践行社会主义核心价值观。学雷锋志愿服务、道德宣传实践等系列活动深入开展，奋发向上、崇德向善的社会风气愈发浓厚。

【政治建设持续深化】 持续强化理论武装，组织县委常委会会议19次、理论学习中心组学习14次，深入学习贯彻习近平新时代中国特色社会主义思想，认真学习习近平总书记重要讲话精神、中共十九届五中全会精神等，进一步提升班子成员把握方向、把握大势、把握全局的能力。召开“不忘初心、牢记使命”主题教育总结大会，县委书记带头为三级干部讲党课，引导基层党员干部不忘初心誓言，勇担时代使命。充分发扬党内民主，坚决执行民主集中制，发挥党委总揽全局、协调各方作用。全力支持县人大、县政府、县政协履行职责和开展工作，有力推进人大系统“6+1”联动监督行动和政协系统“聚力量、防疫情、促发展”活动。积极构建大统战工作格局，充分发挥统一战线在强化政治引领、服务改革发展、维护社会稳定等方面优势作用，高效发挥工会、共青团、妇联等群团组织桥梁纽带作用，高度重视人民武装和国防教育、民族、宗教、老干部等工作，在党委领导下团结共事的群众基础更加稳固。

【基层组织基础不断夯实】 高效完成乡镇改革，开展基层党建述职评议，落实基层党建常态化督导检查机制，实施党建示范建设、后进村街整顿转化、村级活动场所提升和机关党建“五规范五加强”等工程，对各领域基层党组织书记进行全员轮训，推行村干部县镇备案管理“2+6”工作机制，落实村干部“两考三评一定”绩效考核办法，基层组织的组织力、凝聚力、战斗力全面加强。制订《村（社区）“两委”换届工作实施方案》，扎实推进相关工作，确保实现全面换届、优质换届、平稳换届。

【作风建设深入开展】 县委把效率、效益、效果作为衡量一切工作的标准，坚决抵制官僚主义、形式主义。开展优化营商环境和干部作风整顿活动，出台《关于加强干部履职监督的实施意见》等多项制度，构建亲清政商关系，营造“求真、务实、担当、高效”的工作氛围。四大班子分工不分家，带头分包重大事项、重点工程和重点项目，各级各部门坚决破除惯性思维、路径依赖、部门壁垒，形成全县上下统筹抓落实的责任体系和工作格局。发挥媒体监督作用，持续开展电视问政，及时回应民生关切，强化部门责任意识，倒逼干部作风转变。

【党风廉政建设扎实推进】 严格落实全面从严治党主体责任，制定工作要点和责任清单，对政治生态评价指标体系8个维度47项指标逐一分解，对政治生态建设实行常态化监测评估，推进履行主体责任成为全县各级党组织的政治自觉。全面推行“审计+巡察”监督新机制，发挥巡察政治监督作用，围绕“三个聚焦一加强”，配合市委第二巡察组对香河经济开发区进行巡察，完成十一届县委第五轮常规巡察，扎实开展第六轮常规巡察。召开领导干部政治性警示教育大会，强化监督执纪问责，精准运用“四种形态”特别是“第一种形态”，做到抓早抓小、防微杜渐。坚持标本兼治、统筹谋划、同向发力，一体推进不敢腐、不能腐、不想腐，巩固发展反腐败斗争压倒性胜利。2020年，纪检监察机关立案128人，结案114人，给予党纪政务处分112人（其中，科级24人），运用“第一种形态”处置262人次。

（何　静　张建波）

县委综合协调

【概况】 2020年，负责县委综合协调工作的县委办公室（简称县委办），在县委直接领导下深入贯彻落实中共十九大和十九届二中、三中、四中、五中全会精神，以习近平关于党委办公厅（室）工作重要指示批示为根本遵循，紧紧围绕县委中心工作，不断提高服务县委、服务发展、服务基层的科学化工作理念，上下一心，务实重行，开拓创新，在以文辅政、督促检查、综合协调、管理服务等方面做了大量工作，确保县委政令畅通、决策落地生根，获得县委领导和上级主管部门充分肯定，各项业务工作在系统内考核均处先进行列。2020年，县委办领导班子承担年度工作目标16项，其中，承担省市对县考核目标3项，承担省市县年度重点工作目标7项，常规工作目标6项，16项工作目标按质按量全部完成。

【文稿起草工作】 县委办坚持围绕中心、服务大局，不断提高服务质量，重点在综合文稿、决策调研、信息反馈和深化改革等方面下功夫，不断提高“以文辅政”能力，为县委决策部署积极建言献策，当好“参谋部”“智囊团”。按时旁听各项会议，坚持第一时间对中央和省市县委重要会议、上级领导重要讲话精神进行集中学习研讨，认真搜集整理全县经济社会发展情况，切实领会把握政策方向。始终将文稿质量作为自身工作的生命线，进一步明确把促进香河发展、服务组织需要、完善领导思路作为首要任务。2020年，按照县委领导要求，及时整理包括讲话、致辞、汇报、报告、调研、体会等各类文稿材料90余篇，累计50余万字，编印内刊《香办通报》10期，起草《中共香河县委关于制定国民经济和社会发展第十四个五年规划的建议》《中共香河县委十一届六次全会工作报告》等报告材料，得到领导肯定，较好履行以文辅政、以智辅政职能。

【调查研究】 2020年，县委办紧紧围绕香河县经济社会发展、园区建设、城市管理、民生保障等工作，深入县发展和改革局、县行政审批局、县住房和城乡建设局、县自然资源和规划局、县交通运输局、县教育和体育局等部门和镇（社区）、园区，认真开展调查研究30余次，及时掌握全县重点工作新动态、新情况、新进展，切实发挥参谋资政作用。全力配合中央和省市及各专题调研组调研，深入一线开展谋划“十四五”规划发展思路、承接北京非首都功能疏解等专题调研，实事求是反映问题，提出针对性、前瞻性、操作性强的意见和建议，高质量完成专题调研报告，成为辅助上级决策、推动工作落实、促进问题解决的有效载体和有力抓手，较好发挥了参谋助手作用。在深入调研基础上，完善县委《社情民意工作机制》编写工作，研发并推广运用移动平台App，整合县委信息中心、县委宣传部、县信访局等多方力量，拓宽信息搜集渠道，及时办理省市社情民意交办件，妥善协调解决，得到了市社情民意主管部门充分肯定。

【信息工作】 充分发挥党委信息主渠道作用，加大信息工作考核奖惩力度，达到上报快、提炼精、挖掘深的要求，为各级领导了解情况、科学决策提供重要参考依据。2020年，上报省市各类信息2000余篇，被省市刊物采用100篇，信息上报、采用数量以及考核得分均居省市前列。做好差异化防控、从严从紧不放松、香河县“九个一”工作法打好社区防疫阻击战等信息被省市《信息专报》《情况交流》《快讯》等刊物采用，并得到省市主要领导6次肯定性批示。编发《香河信息》81期、“三创四建”活动《简报》52期，及时全面反映“美丽幸福新香河”建设过程中各条战线的工作动态和工作重点，得到县委书记李桂强9次批示，为领导掌握相关情况提供详细参考，充分发挥信息服务县委决策的参谋、助手、“耳目”、“喉舌”作用。

【协调深化改革工作】 总结梳理香河县各方面改革工作经验成果，研究制定县委全面深化改革委员会（简称县深改委）工作要点，制定印发《香河县全面深化改革工作考评细则》《县委改革办和县直部门开展联合改革督察办法》，推动全面深化改革工作责任和压力向基层传导。创刊并印发《改革动态》4期，报送长篇信息12篇，为县深改委全面掌握上级改革部署和香河县改革推进情况提供参考，在国家级刊物《改革内参》刊登香河县改革信息2篇，极大提升香河县改革工作知名度。

【办文办会】 县委办在各类会议召开之前要提前做好会议各项准备工作，分工负责、层层把关，会场布置、音响效果等力求不出瑕疵，会议材料齐备无差错，确保各类会议的圆满召开。开展“文山会海”治理工作，切实减少会议文件数量。2020年，审核、办理县委及县委办各类文件100余件，整理印发《常委会会议纪要》17期。认真筹备了县委十一届六次、七次全会等重大会议活动，完成香河县十五届人大四次会议和政协香河县委员会九届四次会议筹备、召开等项工作。全年承办各类会议100余场次，确保全县工作协调、统一、有序开展。

【督查督办工作】 2020年，坚持有中心工作必督、有领导批示必查、有重点项目必跟原则，扎实抓好全县的督促检查工作。创新建立《全县重点工作督查督办制度》，创新推行重点工作县委、县政府主要领导带头督，四大班子领导包联督，部门统筹联合督，新闻媒体参与督，配合上级深入督“五种方式”，研究绘制《全县重点工作督查督办模块导图》，一张导图引领督，一个流程跟踪查，以督查促落实，以跟踪促成效，督查工作向规范化、制度化、科学化迈出坚实步伐。

督任务查认识。始终坚持把做好决策部署督查作为推进各项工作的重要抓手，围绕上级重要会议、文件、交办事项、县委全会报告、县政府工作报告、县委常委会议定事项等事关全县发展大局的重大决策部署，将项目建设、生态环境、城乡统筹、民生改善等逐一分类整合，逐项明确责任主体，定期跟踪督办，及时反馈动态，有效推动重大决策、重大部署落实见效。对北运河旅游通航项目实地督导16次，对农村人居环境卫生情况实地督导8次，先后形成4期《领导督查纪要》

督进度查责任。坚持“批必查、查必清、清必办、办必果、果必报”，认真做好领导批示交办事项跟踪督办工作。年内，承办县委主要领导批示交办事项259件，并采取书面督查与实地督查相结合的方式，分别对2019年、2020年县委主要领导批示交办事项落实情况开展了“回头看”，先后形成9期《督查专报》呈报县委主要领导，真正做到了件件快落实、事事有回音。建立重点工作联合督查机制，年内，形成《联合督查专报》15期，形成《联合督查通报》7期。

督成效查作风。持续深化纠正“四风”和作风纪律专项整治，明确实施“四查四纠”、警示教育等七项行动，切实解决一些党员干部精神状态不振、工作作风不扎实，一些窗口单位服务质量不够高、效果不够好等突出问题，各项任务有序推进。年内，对会风会纪、各部门各单位工作纪律、执勤值守等进行明察暗访6次，对发现的问题及时梳理汇总，对照各单位问题清单实行销号管理。运用“督查+媒体”正向、反向激励，将《阳光问政》平台与全县重点工作紧密结合，在全市率先播出以《我们的家园》为主题的电视问政栏目，组织新闻媒体深入一线、发现问题、集中曝光、公开问政，有效促进全县干部工作作风持续好转、服务效能显著提升。

【接待工作】 根据县委领导指示，结合工作实际，制订具体的方案，提交领导或筹备会议审定后组织实施。对于重大活动和重要接待任务，对参观路线沿途交通状况和场点进行周密部署和安排，仔细检查会务、考察、用餐、住宿等各个环节，确保活动前、中、后三个阶段都按预期安排进行，不出差错，不出意外。2020年，接待中央有关部委和省市有关领导到香河县调研，接待市级以上督导组、调研组、检查组、考核组到香河县督导、调研、检查、考核，接待外省市考察团到香河县参观考察等180批次、2800余人次。积极配合相关部门做好县内重大会议、大型活动的组织协调与接待等工作。

【安保工作】 组织开展值班纪律和安保业务培训，充实值班力量，积极推进预案编制、应急演练、应急宣传、信息报送等工作。特别是年初新冠肺炎疫情发生后，坚决贯彻落实中央和省、市委各项决策部署，将值守关口前移，做好值班后勤保障，切实做好上情下达、下情上报，有效提高预防和处置突发事件的能力。强化24小时值班制度，昼夜值守，不离岗、不脱岗，尤其是加强节假日、维稳期、突发事件期间的值班工作，严格落实“三级带班”工作制度，确保来电有人接、遇事有人办、紧急信息随时研判报送，领导交办事项及时落实。

【保密工作】 保密工作按照“保安全、保发展”的要求，认真做好文件的清退回收，对废旧文件及时清退集中销毁，对全县网络安全保密管理人员进行业务培训，保密工作自查自评督查、重点骨干网络保密管理、保密宣传教育等方面都取得优异成绩。严格执行机要值班纪律，继续完善密码工作规范化建设，规范电报存档登记手续，做好密码通信保障，确保政令畅通。

【强化国家安全工作】 认真落实省市国家安全系统总体安排部署，收集各类情报信息 100 余条，向市委国家安全办公室上报情报信息 22 篇，深入分析研判香河县面临的安全形势和重大风险隐患，及时预警，强化针对性管控措施，维护全县安全稳定。依托国家安全教育日，深入开展全民国家安全教育日宣传教育活动，香河县国家安全各项工作排名均于全市前列。

（何　静　张建波）

组　织

【概况】 2020 年，是脱贫攻坚决战决胜之年，也是全面建成小康社会和“十三五”规划收官之年。面对夺取新冠肺炎疫情防控和经济社会发展“双胜利”的大考，县委组织部在市委组织部的精心指导和县委的正确领导下，坚持以习近平新时代中国特色社会主义思想为指导，全面贯彻中共十九大和十九届二中、三中、四中、五中全会精神，省、市、县委全会精神，中央、省、市委组织部长会议精神，深入贯彻落实新时代党的建设总要求和新时代党的组织路线，切实把打赢新冠肺炎疫情防控阻击战和推动县域经济社会发展作为突出任务，坚持围绕中心大局，聚焦主责主业，着力建设忠诚、干净、担当的高素质干部队伍，着力增强各级党组织政治功能和组织力，着力提升人才引领作用，推动全县组织工作高质量发展，为决胜全面建成小康社会，夺取新冠肺炎疫情防控和经济社会发展“双胜利”，加速建设美丽幸福新香河提供坚强组织保证。

【干部调配】 严格干部选拔任用。严格落实《党政领导干部选拔任用工作条例》《中华人民共和国公务员法》等有关政策规定，认真落实“凡提四必”要求，即对拟提拔或进一步使用的干部档案必审、个人有关事项报告必核、纪检监察机关意见必听、线索具体的信访举报必查，把好资格审查、推荐考察、讨论决定等环节。2020 年，按规定程序先后启动干部调整 9 次，未出现“带病提拔”或“带病上岗”问题，进一步提高了县委选人用人公信度。以机构改革为契机，进一步选优配强乡镇领导班子，不断优化乡镇干部队伍，遴选配备党的建设工作办公室主任等副科级干部，配齐配强专职党委组织员。完成县纪委监委内设机构改革配备，进一步充实工作力量。会同县委政法委，对公安系统干部队伍进行专项考察，通过民主测评、座谈了解，全方位掌握县公安局领导班子运行、干部队伍建设、重点岗位干部的相关情况，为县委选人用人提供了重要依据。推进香河经济开发区人事制度改革，研究制定《关于香河经济开发区人事制度改革的意见》，科学整合调配干部资源，努力实现香河经济开发区改革提质增效。配合市委组织部开展优秀年轻干部调研，广泛开展档案审查、座谈了解、民主推荐等，全面掌握了解全县年轻干部思想动态和干部队伍整体水平。按照省、市委要求，严格落实借调人员清理规范工作。

【干部培训】 2020 年，在新冠肺炎疫情防控的特殊时期，全县干部培训工作克服线下培训难以开展的局面，充分依托“学习强国”、河北干部网络学院、“先锋在线”等平台开展线上培训，先后组织开展了中共十九届四中和五中全会精神、党史和新中国史、乡村振兴暨脱贫攻坚等专题网班 7 期，“新型城镇化和城乡融合发展”专题培训 4 期，培训干部 8000 余人次，县委党校微信公众号开设党校公开课4期。以“专家顾问精准帮带”活动为载体，开展事业单位领导人员和专业技术人员培训活动118场。在县委党校新建红色文化教育基地“香河英烈事迹陈列馆”，并授牌“香河县干部教育培训基地”。强力推进县委党校“四个一”工程建设，即每一位党员每个月听取并向党组织反映一条党内外群众意见；每个月帮助一名入党积极分子，了解其学习状态、生活状况和思想动态；每学期阅读一本党的理论书籍；每个月召开一次组织生活会。大力推进县级党校师资、教材、课程、现场教学点建设，巩固教育培训主阵地作用。

（张笑崎）

【干部监督】　研究制定《关于加强干部履职监督的实施意见》，加大对干部履职情况的监督检查力度，着力整治干部在执行工作纪律、履行工作职责、完成工作任务等方面存在的突出问题。加强干部选拔任用监督，先后对拟提拔重用、晋升职级领导干部进行任前公示，委托县审计局对调整的科级正职领导干部进行离任审计。开展“一报告两评议”工作，即成员单位领导班子每年应在一定范围内报告年度领导人员选拔任用工作情况，并在一定范围内接受对本级党委管理的领导人员选拔任用工作和新选拔任用领导人员的民主评议。在市对县年度考核汇报会上，专题报告香河县干部选拔任用工作情况，并对干部选拔任用工作及提拔任用的正职干部进行民主评议。结合十一届县委第五轮巡察工作，对县委政法委、县政府办公室等14家被巡察单位进行选人用人专项检查。做好因私出国（境）管理工作，协调县公安局对全县新提拔为副科级干部及到龄退休人员因私出国（境）备案进行及时更新、撤销，新增备案51人次。做好三、四级调研员及相关职级领导干部配偶、子女移居国（境）外情况统计上报工作。组织开展财政供养人员经商办企业和在企业兼职清理、公务员违规从事或参与营利性活动专项整治，广泛开展自查自纠、调查核实工作，进一步规范从政行为。协助市委组织部完成2020年香河县处级干部个人事项填报工作。

（王小雨）

【干部考评】　发挥干部考核“指挥棒”作用。完成2019年度乡科级领导班子和领导干部考评工作，评出36个优秀领导班子和221名优秀科级干部，给予通报表彰，并以函的形式将考核结果反馈被考核单位主要领导。组织县直相关部门研究制订县党政领导班子2020年度总体工作目标，修订完善乡科级领导班子和领导干部2020年度综合考核指标评价体系，将新冠肺炎疫情防控、组织财税收入等年度重点工作纳入动态考核指标体系，并组织相关责任部门研究制订考核指标评价细则，印发被考核单位。深入实施平时绩效化考核，通过定职责、定目标、定完成时限，实施过程监控、纪实化管理。加强考核指标运行监控，先后组织召开4次全县考核工作调度会议，分析研判后，向县委、县政府提出工作建议报告。组织开展乡科级领导班子和领导干部2020年上半年工作履职情况考核，对各项指标运行情况、履职情况，特别是组织财税收入等9项任务重、难度大的重点工作进行全方面考核评价。围绕县委中心工作，以及汛期河道内村庄村民安置搬迁、高铁拆迁安置等急难险重任务开展专项考核，有力助推全县重点工作任务落实。

（刘　辉）

【公务员管理】　2020年，完成全县股级及以下公务员及党群系统事业单位人员2019年度考核工作，嘉奖149人，记三等功18人。加大平时考核力度，季度备案、年度统筹，健全完善考核工作链条，评准考实公务员工作实绩。开展“争做人民满意的公务员，争创人民满意的公务员集体”即“争做争创”活动和“双十佳”选树工作，营造创先争优、比学赶帮的良好氛围，其中，县公安局看守所原所长李向国获评“全国抗击新冠肺炎疫情先进个人”“最美抗疫先锋”“时代新人·河北好人”等称号，县信访局原局长梁建伟入选廊坊市“争做人民满意度公务员”十佳个人。印发《关于做好公务员及时奖励工作的通知》，对在疫情防控战及其他重大关头、关键时刻，迎难而上、表现突出的公务员，及时落实奖励待遇。根据干部管理权限，做好乡镇机构改革中层干部任免工作，制定下发《关于抓紧做好乡镇改革涉及股级干部选拔任用工作的通知》，择优配强乡镇中坚骨干力量。严控公务员“进口”，高标准完成年度公务员招录和选调生、军转干部、优秀村党支部书记考录公务员等工作，有效补充公务员队伍新生力量。动态调整全县公务员职级职数台账和人员台账，及时更新公务员信息库，加强系统应用和数据利用，为干部调整、调动、职级晋升、队伍建设提供信息数据支撑。做好科级以下干部任免、调动、退休审批、年统等常规工作。

（卢振宇）

【人才工作】 2020年，党管人才高位推进态势不断巩固。充分发挥县委组织部在人才工作的牵头抓总作用，第一时间向县委常委会传达省、市委人才工作领导小组会议精神，研究谋划全县人才重点工作，切实落实好主体责任。科学制定《2020年全县人才工作要点》，并细化责任分工，明确时间节点，落实目标责任，对县处级干部联系专家人才名单进行调整优化，落实好县级领导“四个一”制度，即对党忠诚、知行合一，为人正直、表里如一，尽职尽责、百不失一，清正廉洁、始终如一。严格人才工作目标责任制考核，落实人才工作述职评议制度，县委人才工作领导小组定期听取成员单位“一把手”人才专项述职汇报，强化督查问效追责，保证人才工作抓实见效。压实用人单位主体责任，在推荐各类人才选拔项目时，把参评人选在政治品质、学术道德等方面的实际表现作为核心评价要素，把在抗击新冠肺炎疫情防控阻击战中的实际表现作为人才项目评选的重要依据，树立科学的人才工作导向。深化“弘扬爱国奋斗精神、建功立业新时代”活动，加强对人才的政治引领和政治吸纳。

人才平台载体引才聚才效应不断显现。围绕重点产业领域的科技创新和成果转化需求，实施规模以上企业研发机构扶持计划，引导支持人才平台做大做强。依托香河机器人小镇、香河昆仑化学制品有限公司等特色园区和重点企业，加强现有院士工作站管理，加速培育建成一批重点实验室、技术创新中心。截至年底，香河鼎泰园区建设发展有限公司（香河机器人小镇运营主体）成功申报河北省国际创新园，香河昆仑化学制品有限公司“动力锂离子电池电解液技术创新团队”项目，成功获评河北省高水平人才团队建设项目。深入对接京津创新源头，深化香河县企业与京津冀高校、科研院所合作，依托河北百纳信达科技有限公司技术转移项目，加速科技成果转化。截至年底，香河县已和河北科技大学达成合作意向，合作共建河北科技大学技术转移中心香河分中心，引导更多科技成果、技术力量向香河聚集。持续优化平台发展环境，鼓励企业实行根据知识产权、技术、管理等要素参与投资、分配制度，拓宽人才建言献策、参政议政渠道，落实人才子女就学、配偶安置等优惠政策，着力破解束缚人才发展的思想观念和体制机制障碍。

人才服务和管理水平不断提升。加强县管专家人才管理，高标准落实健康体检、休假疗养、生活补助等各项待遇，健全县级领导干部联系优秀人才制度。选拔推荐一批专家进入各级人大代表、政协委员队伍，进一步激发专家人才献身事业、再创佳绩。认真落实《廊坊市高端人才柔性引进办法》，全职引进电解液研究领域知名学者柴茂荣，持续实施“名医入香”计划，进一步提升香河县医护人员的业务水平。制定《香河县高层次人才引进奖励暂行办法》，全方位调动企业引进人才积极性，切实补足香河县人才政策短板。做好燕赵英才服务卡申领工作，督导县直相关职能部门严格落实服务功能、服务项目、服务内容，年内，新增申领人员12人。

组织开展专家顾问精准帮带活动，聘请专家学者以柔性引才、短期兼职、技术咨询、专业指导等多种形式，对县文教卫生、人居环境、城建规划、高端产业等方面，积极建言献策，开展专业授课指导，提供技术支持，全年累计开展专业技术培训 118 场，培训 9159 人次。扎实开展“人才工作宣传月”活动，大力宣传香河县机器人产业技术研究院，总结提炼人才先进案例，加大对先进单位、先进企业、人才先进典型培树推介。

（张笑崎）

【基层党组织建设】 2020 年，强化基层党建责任制落实。组织开展年度基层党建工作述职评议，全面梳理县领导点评、基层党（工）委书记党建述职自评及省市基层党建述职评议考核反馈问题，形成问题清单和整改方案，组织各基层党（工）委认真做好整改工作。落实基层党建常态化督导检查机制，实行基层党（工）委、党组每月自查，县委组织部季度抽查，基层党（工）委、党组半年互查，县委年度考核的常态化督导，确保基层党建各项工作高标准落实到位。

推进基层治理能力建设。按照省委有关要求，推进乡村治理体系基层党组织建设专项试点工作，全县域推行农村网格化管理，提升城乡治理服务效能和工作水平。截至年底，全县划分管理网格 2817 个，网格管理人员 3598 名。广泛开展“五联五共”活动，即“党建工作联创、思想文化联动、业余生活联欢、卫生治安联管、社会事务联办，共同打造先进基层党组织、共同提高市民素质、共同倡导文明风尚、共同创造优美安定环境、共同服务居民群众”，推进基层治理能力建设，推动全县机关和社区党组织共驻共建深度融合，助力新冠肺炎疫情防控、文明县城创建等中心重点工作。2020 年，全县 23 个社区有 41 名县直机关兼职委员，70 个机关企事业单位、1000 余名机关党员干部参与到社区治理中，认领社区服务岗位 1200 余个，做好事、实事 2000 余件。

加强农村干部队伍建设。制订《香河县 2020 年度基层党组织书记培训方案》，灵活运用集中学习、专题网班、视频培训等多种方式，组织对全县村街、社区、机关等各领域基层党组织书记进行全员轮训，累计培训党员干部 1800 余人次。印发《全县村街（社区）党务、村（居）务“擂台赛”工作方案》，采取书记讲、实地看、综合评的方式开展打擂评比，年内，县镇两级累计举办“擂台赛”45 期。全面推行村干部县镇备案管理“2+6”工作机制，即村干部档案县镇分级备案、调整任免审查备案；建立获奖励、受处分、参加培训、请销假、因私出国（境）、个人有关事项 6 类村干部重大情况台账。县镇两级对全县村街“两委”干部档案统一模板、统一规范、统一保管。指导各基层党（工）委建立获奖励、受处分、请销假、参加培训、因私出国（境）、个人重大事项 6 本台账，动态管理，实时掌握。落实村干部“两考三评一定”，即半年考核、年终考核，村街党员群众评议、执法执纪部门评审、基层党（工）委评鉴，确定村干部星级等次绩效考核办法。建立村干部动态考评机制，将新冠肺炎疫情防控、综治维稳、大气治理等县镇重点工作，纳入动态考核指标体系，考准考实工作实绩，拉大绩效考核奖金差距，确保“干好干坏不一样”。制定《关于落实农村“两委”主要干部离任生活补贴待遇的实施意见》，不断规范村干部离任生活补贴。做好村（社区）“两委”换届前期准备工作，细化分解省市换届要求和重点任务，组建换届筹备工作专班，组织各基层党（工）委全面摸清村情、民情、选情，指导县农业农村局、县信访局、县纪委监委做好经济责任审计、信访化解，对选情评价为差的村街全部纳入换届重点难点村台账，因村施策，合力攻坚，为换届打牢基础。

持续开展村级党组织提升行动。持续整顿软弱涣散基层党组织，聚焦农村党组织软弱涣散 8 类问题，组织县级领导干部深入分包镇（社区）、园区、逐村进行调研摸排，建立后进整顿工作台账，对于省级24个后进村及市级21个后进村严格落实“六个一”措施，即问题一村一村查找、档卡一户一户校准、帮扶一项一项抓实、资金一笔一笔审核、政策一条一条落地、责任一级一级到人。村村安排县级领导分包、乡镇班子成员联系、县直部门结对、工作组帮扶、后进村第一书记驻村、企业结对联建，强力整顿转化，年内，省级、市级后进村全部完成整顿任务。严格落实市委关于村党组织防瘫预警长效工作机制，及时发现并有效预防农村基层党组织软弱涣散问题发生。以农村领域为重点继续深入开展星级党组织争创活动，按照先进谋跨越、中间促提升、低星必整顿的思路，全县安排300万元星级津贴，按照星级评定结果落实奖惩措施。开展“基层党建规范提升月”活动，细化农村、社区等各领域党建质量提升标准，规范组织活动场所上墙制度，集中时间、集中力量，查问题、补短板。指导全县各基层党组织全面开展贯彻落实《中国共产党支部工作条例（试行）》“十个一”措施活动，即认真开展制订好一个活动方案、开展好一轮培训教育、配备好一个领导班子、谋划好一个发展思路、完善好一套工作制度、建设好一个活动阵地、造树好一批先进典型、落实好一批民生实事、兑现好一份公开承诺、完善好一个保障机制，并为每名县委常委安排基层党支部工作联系点、包联先进村（社区）党组织书记和后备干部，全面提升党支部建设水平。

蒋辛屯镇岭子村“两室” 蒋辛屯镇政府供图

加大党建示范创建力度。实施环北京党建示范带建设深化工程，累计投入501万元，围绕村“两室”建设、村街环境等进行提标升级，将蒋辛屯镇北李庄村、河北吴村纳入环北京示范带范围，全县环京示范村达到9个，党建示范带动效应持续加大。实施基层党建示范区扩面提标工程，在对安平镇“运河之翼”、蒋辛屯镇“潮白之星”2个市级党建示范区进行提标升级基础上，按照“三全四高五聚焦”，即全覆盖、全方位、全进步；党的建设水平高、经济发展水平高、环境卫生水平高、和谐稳定水平高；聚焦班子建设抓党建、聚焦发展村级集体经济抓党建、聚焦服务群众生产生活抓党建、聚焦综合治理抓党建、聚焦人居环境抓党建建设标准，高标准打造安头屯镇“中幡文化”、刘宋镇“水润荷香”党建示范区，加大对全县党建示范区新吸纳的34个党组织建设力度，发挥示范带动作用。采取整镇推进的方式，把蒋辛屯镇全部村街打造为高标准党建示范点，打造党建示范镇，县委书记分包负责。

提升村级组织活动场所建设水平。组织实施党建阵地“欠账清零、改造提升”工程，组织各基层党（工）委聚焦“三提升”（提升党员干部的能力、提升机关党组织的感召力、提升整体服务效能）目标，围绕九大方面问题（无“两室”的；“两室”面积在100平方米以下的；“两室”为临时租借不是集体产权的；房屋破旧狭小影响正常使用的；“两室”与村街发展水平不相符的；与本地宗教活动场所相比，差距较大的；能够正常使用，但办公条件和环境较差的；环北京党建示范带和基层党建示范区内的村街“两室”标准不高的；农村综合服务站不规范，建设标准不高的）进行深入摸排，对摸排出的4个活动场所不达标村街和高标准打造的20个村级组织活动场所分别建立专门台账，明确县处级领导干部分包、镇村干部一线推进，11月底全部提升到位。投入206万元，为15个高标准活动场所建设党建宣传平台，进一步提升阵地服务功能。

实施村级集体经济提质增量工程。持续打造北李庄、仓头、王店子3个2019年度中省扶持村，不断推进蒋辛屯镇“潮白之星”市级集体经济示范区建设，打造县域发展集体经济样板村。制订印发《2020年扶持壮大村级集体经济工作方案》，积极推进安头屯镇兴隆庄村和蒋辛屯镇梁家务村、北三百户村、岭子村4个2020年度中省扶持村项目建设；在钳屯镇成片连线确定5个村街，打造2020年度市级集体经济示范区，逐步加强示范带动效应，借力打造村街集体经济品牌。2020年，4个中省扶持村和市级集体经济示范区项目建设全部完成，取得初步收益。

全面推进各领域党建工作。持续推进非公企业和社会组织党建“两个覆盖”，要求县行政审批局、人力资源和社会保障局、民政局、教育和体育局要严格落实“三个同步”要求，即非公企业和社会组织注册或登记时，同步采集党组织和员工党员信息；年报年检时，同步检查党建工作；评估时，同步将党建工作作为重要指标，指导推动党组织组建工作。进一步明确工委委员、成员单位工作职责，加大“两新组织”（新经济组织和新社会组织）“五送”，即送党组织标牌、送党旗、送党刊、送党务工具书、送制度挂图活动开展力度。年内，全县非公企业和社会组织党组织覆盖率94.64%，为没有党员的“两新组织”选派党建工作指导员75名，实现党的组织和工作全覆盖。印发《关于开展“五联五共”活动推动全县机关和社区党组织共驻共建的实施方案》，（“五联五共”即组织联建，共同夯实工作基础；党员联管，共同争做先锋表率；资源联享，共同搭建服务平台；网格联动，共同参与社区治理；文明联创，共同建设和谐社区）。开展县直机关、事业单位党组织与社区党组织进行结对共建，不断加强和改进机关、社区基层组织建设工作。规范教育系统党建工作，调整全县中小学校党组织关系，优化全县中小学校党组织隶属，确保党组织划分合理、党员组织关系应转尽转。年内，全县132所中小学、幼儿园党组织关系完成划转，并全部建立党组织；制订《关于加强全县中小学校党的建设工作的实施意见（试行）》，发挥好教育工委作用，配齐配强学校党组织书记、专职副书记，推动习近平新时代中国特色社会主义思想进教材、进课堂、进头脑。深入推动机关党建“五规范五加强”活动和“五好红旗党支部”创建工作，认真落实《中国共产党党和国家机关基层组织工作条例》，不断提高党支部标准化、规范化建设质量。全面落实党委领导下的院长负责制，理顺党建工作管理体制，指导公立医院结合实际制订党委会议议事规则、院长办公会议议事规则、党委书记和院长定期沟通制度等，明确决策事项边界和程序，确保党委对医院“三重一大”事项的决策权。

【党员发展】 印发《香河县2020年发展党员工作指导计划》，指导各单位科学规范做好2020年发展党员工作。继续推行发展党员“四库”管理办法，即申请入库、积极分子库、预备党员库、新正式党员库，动态更新全县申请入党人员库、入党积极分子库、预备党员库和党员库信息。创新实施发展党员监审机制，聘任59名政治素质好、业务能力强的党务工作者，组成发展党员监审员队伍，对全县党员发展人选政历条件、档案资料、现实表现进行严格审查。创新实施党员发展人选全程联审制度，对拟确定的入党积极分子、党员发展对象、待转正预备党员，均组织执纪执法部门进行联合审查，确保所有党员发展人选政历条件合格。扎实做好“三年村”（指三年内未发展党员的村）治理工作，基层党（工）委书记带头，班子成员参与包联，切实落实“一村一策”，上报省委组织部限时解决的10个“三年村”全部解决。

7月2日，县委书记李桂强为全县广大党员干部讲专题党课。图为县四大班子领导和县直部门主要负责人参会的主会场　县融媒体中心供图

【党员教育管理】　加强党员日常教育管理。制订《2020年度党员教育培训指导计划》，切实办好县级培训示范班，指导各基层党（工）委分级分类开展好党员教育培训。广泛组织开展“党课开讲啦”、专题网络培训、党建知识答题等活动，县委书记李桂强带头讲党课，全县30名县处级、800余名乡科级党员领导干部参与了讲党课。年内，全县举办各级各类培训100余次，培训党员1.8万余人次。严格落实“三会一课”制度，积极组织“主题党日”活动，全县800余个党支部定期通过各种形式组织活动开展；建立党员领导干部组织生活提醒制度，30名县处级、800余名乡科级党员领导干部包联基层党支部，指导党内组织生活规范化开展。指导各基层党（工）委对失联党员、流动党员、因私出国（境）党员进行深入排查，全部纳入工作台账，落实管理措施。严格开展违法、违纪、违规、违信党员处置工作，全部落实约谈帮教措施，全县党员队伍得到进一步净化。拓宽党员教育途径，加强远程教育IPTV终端站点的维护运营，做好“香河党员e站”微信公共平台、“先锋在线”App的维护管理，拍摄制作《疫往直前》《种出来的幸福》等电教片、党课视频及视频素材10余件，“香河党员e站”发布信息40期，“先锋在线”App推送新冠肺炎疫情防控、党史党建信息200余条。

（康学鹏）

【组工干部素质提升】　抓学习，加大组工干部教育力度。持续跟进学习习近平系列重要讲话精神，克服新冠肺炎疫情影响，坚持周五集中学习日和组工干部自学相结合，利用河北干部网络学院专题网班、学习强国、“先锋在线”App等现代网络技术，组织机关干部加强习近平新时代中国特色社会主义思想，特别是习近平关于党的建设和组织工作重要论述，坚持读原著、学原文、悟原理。统一配备无纸化学习平台“组工书架”，定期推送学习资料，强化业务知识学习。组织全体组工干部观看中央组织部纪录片《使命》，参观香河红色文化教育基地、开展党旗下重温入党誓词等主题党日活动，县委常委、组织部部长带头以“学思

6月30日，县委常委、组织部部长王宏民为县委组织部全体党员讲专题党课　县委组织部供图

践悟新思想、牢记初心勇担当，做新时代合格共产党员”为题，结合自身工作经历，为全体组工干部讲了一堂生动的党课，明晰组织部门和组工干部的职责使命，弘扬“安专迷”精神，即“安”是一种境界，安下心来方能做到心无旁骛；“专”是一种追求，专心致志方能成为“行家里手”；“迷”是一种状态，迷恋至深方能成就一番事业，大力发扬干一行、专一行、精一行精神。

提素质，锻造担当负责的干部队伍。组织开展“争当新时期合格组工干部”大讨论活动，引导机关干部结合实际，讲初心体会、讲自身经历、讲学习收获、讲理想目标，与全体组工干部共同分享，激励全体组工干部共同学习、共同提高。持续开展“业务讲堂”活动，每周安排 1 名业务骨干登台讲授组织工作业务知识、技能，让全体组工干部突破股室业务局限，争做组织工作多面手。开展“岗位大练兵”活动，通过组织优秀公文撰写评比、基层党务干部跟班轮训、举办文稿专题辅导等方式，提高政策理论水平和公文写作能力。

抓调研，总结提炼经验做法。组织全体组工干部紧紧围绕组织工作热点难点问题，研究确定重点调研课题，合理安排时间，深入开展调研走访，有针对性破解工作难题，形成创新思路，提出创新对策。加大宣传力度，向上级报送信息 50 余篇，其中，新冠肺炎疫情防控中精准考察识别干部、九种监督形式（年度考核、随机考察、专项督查、巡视考察、民主生活会、谈话谈心、经济责任审计、联席会议、综合分析）、强化干部监督履职等经验做法被河北新闻网、《廊坊日报》及省委组织部内刊刊载。

（孙　浩）

7 月 1 日，县委组织部党员干部参观香河县红色文化教育基地，在党旗下重温入党誓词

县委组织部供图

宣　传

【概况】　2020 年，县委宣传思想工作按照年初既定的工作部署和要求，以习近平新时代中国特色社会主义思想为指导，深入落实《中国共产党宣传工作条例》，自觉承担起举旗帜、聚民心、育新人、兴文化、展形象的使命任务，坚持稳中求进、守正创新，坚持统一思想、坚定理想信念。年内，着力推动习近平新时代中国特色社会主义思想深入人心；着力营造夺取新冠肺炎疫情防控和经济社会发展双胜利的良好舆论氛围；着力推动精神文明建设，成功获评“省级文明县城”；着力增强文化软实力。组织开展“宣传思想工作创新提升年”活动，不断提升做好新时代宣传思想文化工作的能力水平，为新时代加快建设美丽幸福新香河提供坚强思想保证和强大精神动力。

【意识形态工作】　2020 年，县委宣传部将意识形态工作纳入重要议事日程、纳入年度考核体系、纳入执纪监督和巡查内容。制定下发《香河县党委（党组）意识形态工作实施细则》和《深入贯彻落实〈中共河北省委关于加强完善意识形态工作体系和机制的若干意见〉责任分工方案》，对全县意识形态工作责任制工作进一步细化压实责任。按照十一届县委第五轮常规巡察工作安排，8 月 20 日，启动了对县内 14 家单位意识形态工作责任制落实情况进行专项巡察，对各单位存在的问题和不足，提出工作要求和具体指导意见，要求限期完成整改。对钱旺镇、钳屯镇和县卫生健康局3家单位意识形态工作责任制落实情况进行专项巡察。7月15日，香河县新时代文明实践中心在全市率先揭牌，10月底，新时代文明实践所、站实现全覆盖。精心打造广泛学习实践科学理论、宣传宣讲党的政策、培育践行主流价值、丰富活跃文化生活、持续深入移风易俗五大平台。完善357个“扫黄打非”工作基层站点，持续开展“扫黄打非”专项行动，对从北京外迁至香河的图书库房开展拉网式排查，保障香河县文化市场合法合规、稳定有序。安平镇、新华街社区被省“扫黄办”确定为“扫黄打非”进基层规范点位，并给予每个点位2万元运行经费。进一步加大版权作品登记宣传力度，鼓励著作权人及版权企业开展版权登记，创造和谐平安的文化氛围。做好农家书屋补充更新工作，推动阅报栏标准化、规范化，对县域内广告内容进行全面检查发现问题及时整改，进一步夯实基层宣传阵地，确保意识形态工作水平不断提升。

【中心组理论学习】 精心制订学习计划，健全完善学习机制。制订《2020年党委（党组）理论学习中心组学习计划》，定期推荐学习要点和学习专题，指导各级党员领导干部搞好集中学习和自学。县委书记李桂强亲自审定县委中心组学习计划，并就学习方式方法和学习内容作出具体要求，保证学习高质量。进行理论学习中心组专题学习时，李桂强坚持领学领读，对专题学习内容进行深入讲解，并结合专题学习内容，把自己摆进去，交流学习体会，提出解决问题的具体措施，让每名参加学习的领导干部切身体会到学有所获、学有所悟、学以致用。每月定期向各级党委（党组）理论学习中心组推荐学习要点和学习专题，截至年底，共下发学习要点12期，推荐学习专题36个。认真做好县委理论学习中心组学习服务工作，年内，县委理论中心组共组织集中学习、交流研讨14次，县委书记李桂强围绕庆祝建党99周年开展专题党课1次。

【理论宣传】 2020年，把深入学习宣传贯彻习近平新时代中国特色社会主义思想作为理论宣传工作的重点，县委宣传部紧紧围绕中共十九届五中全会精神、全国“两会”精神、《中华人民共和国民法典》和《习近平谈治国理政》第三卷等主题，采取网络宣讲、文艺宣讲、邀请专家宣讲、大喇叭宣讲、基层宣讲员宣讲等灵活多样形式开展系列理论宣传宣讲活动。充分依托县理论宣讲工作站和理论宣讲基层联系点开展网络宣讲7次，邀请市委宣讲团成员、北华航天学院教授刘霞、赵玉梅，中国人民警察大学教授韩冰、唐超、何丽艳，到香河县淑阳镇后小屯村、蒋辛屯镇、五百户镇、五百户镇五百户村、县第一中学、香河经济开发区环保产业园、中粮可口可乐华北饮料有限公司等开展理论宣讲8场。年初，从全县各阶层择优选聘323名新时代基层宣讲员，充实到县理论宣讲队伍中。在田间地头、百姓身边，利用群众喜闻乐见的形式开展宣讲活动，开展理论宣传300余场次，实现党的理论政策宣讲全覆盖、无盲区、零距离，打通基层理论宣讲工作的“最后一公里”。10月，中共十九届五中全会胜利召开后，县委书记李桂强到淑阳镇进行集中宣讲，县四大班子领导全部深入包联镇村、分管部门，开展集中宣讲30余场，各单位各部门主要负责人在本单位本部门开展集中宣讲80余场次。结合全国第七次人口普查工作，基层宣讲员积极开展入户宣讲、发放“口袋书”宣传，开展宣讲100余场次，发放中共十九届五中全会精神资料“口袋书”1000余册，进一步推动习近平新时代中国特色社会主义思想在香河县落地生根。

【“学习强国”平台推广】 2020年，做好“学习强国”学习平台的推广使用。把“学习强国”学习平台应用推广工作作为新形势下强化理论武装工作的重要抓手，制定下发《关于进一步做好“学习强国”学习平台推广使用工作的通知》并召开宣传推广使用“学习强国”学习平台工作推进会，对全县学习平台使用工作进行再安排再部署。下发《关于表彰2019年度“学习强国”学习平台使用工作先进单位和先进个人的通报》，对2019年度“学习强国”学习平台优秀学习管理组、优秀管理员和学习标兵进行通报表彰，进一步提高全县广大干部群众下载使用学习平台的热情。每月定期下发全县单位各部门“学习强国”学习使用情况通报，进一步提高各单位各部门推广使用“学习强国”学习平台使用效率。截至年底，全县有学员104959人，其中，激活学员数为94111人，激活学员数占常住人口比率为25.44%，被市委宣传部评为廊坊市宣传推广使用“学习强国”学习平台先进单位。不断加强“学习强国”平台供稿力度。年内，“学习强国”平台刊播香河县稿件143篇，其中，由市委宣传部供稿专班上报稿件77篇，香河县供稿工作在全市名列前茅。

【新闻工作】 2020年，围绕文明城市创建、项目建设、乡村振兴、环境整治等全县重点工作宣传的同时，加大对特色重点工作的宣传力度。

运河通航是年内县委县政府的一号工程，县委宣传部对接新闻媒体，加强宣传报道。9月，协调省广播电视台《行走大运河》栏目组到香河进行实地采访。10月2日，《河北日报》头版刊发《香河全力推进北运河廊坊段旅游通航》，10月20日，《人民日报》客户端播发视频新闻《北运河这段将通航，现场抢先看》。此外，央视CCTV-4《远方的家》、CCTV-9影视剧纪录片中心《大运河》栏目组和《北京日报》记者又先后对北运河旅游通航情况进行采访。

强化文化旅游发展大会等县域重点活动的宣传报道，提升香河品牌形象。邀请各类媒体现场采访，充分利用多种载体、多个渠道，强化宣传推介效果，先后在《人民日报》客户端及《河北日报》《河北经济日报》等权威媒体刊发《新模式新旅发》《香河举办2020年文化旅游产业发展大会》《香河文旅发展大会相约“云”端》等重点稿件，并在网络媒体上发稿30余篇。围绕新闻热点，做好对外宣传工作。《我的家乡变美了》《河北香河企业加紧生产全力保障防控物资供应》《河北香河：优化办事流程提升服务水平》等一批文章先后在《人民日报》、中央电视台、新华社等中央媒体刊发报道，全年在中央级媒体发稿155篇，在省级主要媒体发稿241篇，在市级主要媒体发稿717篇。积极对接中央、省级等主流媒体，邀请《人民日报》、新华社、中央电视台等中央媒体记者赴香河采访，积极谋划、承接中央、省新闻媒体采访团来香河采风，推介香河、宣传香河。

加大对香河县承接北京非首都功能疏解和产业转移的宣传报道，突出香河县抢抓京津冀协同发展重大战略机遇，在服从服务中推动发展、在承接疏解中升级产业的积极作为，展现香河推进协同发展的措施、经验和效果。邀请《经济日报》河北站负责人采访协同发展情况，实地参观香河县机器人小镇、大爱城等重点项目。5月14日、16日相继刊发《协同发展扮靓北京“后花园”》《河北香河经济技术开发区 机器人小镇活力十足》等2篇报道。

围绕新闻热点，做好对外宣传工作。年初，在新冠肺炎疫情防控中，把保障物资供应作为宣传重点，2月8日，中央电视台CCTV-1播发《河北香河宏远机械厂加紧生产，全力保障防控物资供应》的稿件，2月9日，中央电视台CCTV-4播发《众志成城抗击疫情香河宏远机械厂保供应》。3月29日，新华社播发音频《河北香河：新鲜蔬菜直供京津“菜篮子”》，后期北京新发地市场出现疫情，把保障蔬菜供应作为宣传重点。《习近平谈治国理政》第三卷出版发行后，把组织广大干部群众学习《习近平谈治国理政》第三卷作为宣传重点，9月13日，在《人民日报》客户端播发视频新闻《河北香河：读原著，学原文，悟原理》。

加强与《人民日报》、新华社、中央电视台和《河北日报》、河北电视台等权威主流媒体对接，积极接待各级媒体来访，更加自觉、自信应对监督性报道。扩大媒体记者“朋友圈”，积极为其提供新闻素材。在落实国家“六稳六保”政策中，积极提供事例，6月16日，《人民日报》海外版头版刊发《王海山“充电”记》，报道香河工人参加线上职业技能培训的事情。借助媒体的力量形成对外宣传攻势，提高上稿数量，在中央和省级媒体刊发稿件近300篇，在《廊坊日报》发稿400余篇，在新华网河北频道和河北新闻网刊发稿件500余篇。确保对外宣传工作在全市保持前列。县委宣传部积极和有关部门合作，撰写县公安局看守所原所长李向国抗击新冠肺炎疫情的先进事迹情况报告，得到省市县三级领导的批示；县委宣传部以此为契机，积极联系媒体记者进行采访，其先进事迹先后被《法制日报》《人民公安报》《河北日报》等多家国家、省、市媒体报道，李向国获得“全国抗击新冠肺炎疫情先进个人”、河北省“最美抗疫先锋”等荣誉称号。香河机器人小镇是香河县推动协同发展中的典型产业项目，县委宣传部积极向媒体推介，年内，先后被新华社及《经济日报》《河北经济日报》等媒体报道，提升其知名度和美誉度。

【新闻发布工作】 加强新闻发言人制度建设，进一步增强各单位新闻发布意识，提高新闻发布的规范性、权威性。定期组织新闻发言人开展培训，推进新闻发言人培训专业化，增加新闻发布会频率。2020年，完成年度20场新闻发布任务。

【宣教工作】 突出主题宣传，营造良好氛围。围绕培育和践行社会主义核心价值观，开展了培养担当民族复兴大任的时代新人弘扬共筑美好生活梦想的时代新风、以爱国主义为核心的民族精神和以改革创新为核心的时代精神、依托爱国主义教育基地开展社会主义核心价值观教育实践活动等主题宣传教育。围绕中共十九届五中全会会议精神落实，制作宣传专栏下发到村街。开展“全面小康、奋斗有我”365百姓故事汇群众宣讲活动，推动习近平新时代中国特色社会主义思想在基层深入人心。

加大典型宣传，弘扬新风正气。深入挖掘培树推介香河县各行各业、各个层面的先进典型，充分反映香河县经济社会发展成效，振奋精神、鼓舞士气、推动工作。2020年，李向国、周景娟等先进典型在国家级媒体报道6次，省级媒体报道10次，市级媒体报道15次。

强化阵地宣传，占领舆论高地。对全县基层宣传文化阵地建设和使用情况开展了摸底调查统计工作并形成调研报告。加强农村文化礼堂、社区文化家园创建工作，重点抓好县内6家省级试点建设并对省级宣传文化资金使用情况进行汇总上报。印发《关于依托爱国主义教育基地开展社会主义核心价值观教育实践活动的方案》，提高店子务惨案遗址、农家博物馆2家市级爱国主义教育基地建设水平，利用这一载体推进社会主义核心价值观建设。利用户外大屏幕、各类媒体平台播放《榜样》《歌唱》

在香河农家博物馆，小学生体验农村打水用的辘轳　　李晓果摄

等公益广告以及“感人瞬间”等系列微电影微视频。加强阅报栏管理，协调邮政部门加强基层邮递员管理，确保报纸及时投递到各个村街、社区，组织人员对阅报栏情况进行不定期抽查，将结果纳入意识形态工作考核。

加强思想政治工作，筑牢发展之基。积极开展全市思想政治工作课题研究申报、《思想政治工作研究》学刊，用刊征订等工作，要求各单位各部门结合本单位本部门思想政治工作特点，积极探索开展思想政治工作的新思路、新举措、新做法，及时归纳总结，形成经验材料，在实际工作中推广应用。

【文化建设】 2020年，开展丰富多彩的文化惠民演出“七进”，即进企业、进农村、进机关、进校园、进社区、进网站、进军营活动，演出200场。持续开展农村公益电影放映，举办“美丽幸福新香河大家唱”广场文艺演出、“听党话、感党恩、跟党走”主题宣讲专场文艺演出以及“奋进新时代，聚力强军梦”国防教育专场演出等活动。为庆祝全面建成小康社会年，在文化艺术中心开展“全面建成小康社会”文艺演出和现代评剧《焦裕禄》巡演活动；中央电视台农业农村频道CCTV-17在香河国华影视基地现场录制《2020年丰收歌会——走进香河》；在大爱城生态农场举办2020年香河县农民丰收节。创办香河文艺网，注册公众号、微博，集中协会会员400余人，打造文艺工作者的网上家园。成立中国书法出版传媒香河创作研究基地，举办香河县第二届书法临帖大赛及展览，组织书法培训活动，培养书法人才。采取线下布展与线上网络展览相结合的方式，承办“京畿福地·大美香河”大书法艺术名家书画作品邀请展和第三届廊坊市硬笔书法大汇展。实施精品工程，文艺创作工作再上新水平。申报以《新中国颂》《中国医生》《战疫一线》等为代表的2020年文艺精品30项。对香河县223名宣传思想文化领域从业人员进行全面摸排统计，推荐王从民、张玉清、牛宝森和王志欣4位优秀文艺人才进入廊坊市优秀文艺人才资料库。年内，香河县成功获评河北省级全域旅游示范县，成功举办香河县文化旅游产业发展大会，旨在大力发展全域旅游事业，加快打造百里精品旅游环线。积极推动香河肉饼品牌化、规范化、产业化发展，成立香河肉饼产业发展协调小组，统筹推进任务落实。9月16日，首家香河肉饼示范店正式运营，制定“香河肉饼团体标准”，对县内10家传统肉饼店实施工艺提升。举办庆祝建党100周年原创优秀文艺作品征集评选活动，面向社会各界征集展现香河党的建设、社会发展成果的各类原创优秀文艺作品，向建党100周年献礼。

7月29日，中国书法家协会理事、中国书法出版传媒有限责任公司董事长兼总经理李有来（左），中共香河县委常委、宣传部部长焦国强（右）为中国书法出版传媒香河创作研究基地揭牌　　张健 摄

【文化市场监管】 会同县财政局到企业走访调研，检查2019年度香河县文化产业引导资金使用情况，组织项目单位开展自查，填写自查报告和绩效评价表，对资金使用出现的疑问进行指导，确保专款专用，不出现违规使用问题；两次摸底县内规上文化企业复工复产情况，并联合相关部门召开文化产业发展工作调度会，安排部署下一步工作，确保工作实效。完成申报，做好统计工作。与相关部门做好沟通、协调，完成2020年省级文化产业项目库申报，了解和掌握香河县文化企业情况。开展

2018－2019年度省级资金使用绩效评价工作，对香河国华影视基地、中信国安新桥影视基地2018年获批的100万元和80万元宣传文化专项资金进行自评。

加强对“扫黄打非”工作的领导。通过建章立制、下发台账、实地督导等方式，加强基层站点的管理。全县334个镇村基层站点全部录入全国“扫黄打非”信息管理系统，并实现动态更新。其中，安平镇“扫黄打非”办公室和新华街社区“扫黄打非”办公室被评为第一批河北省“扫黄打非”进基层规范点位。在出版物印刷企业、县城内中小学校、水岸潮白景区、邮政快递等18个重点部位建立“扫黄打非”监察站，扩大基层站点覆盖面。开展专项行动。先后开展春节、“两会”、暑期、中秋节、国庆节期间及校园周边、涉民族宗教非法出版物集中整治等专项行动，多次组织相关部门开展联合检查，全年检查印刷复制企业270家（次）、影院12家（次）、KTV歌厅76家（次）、网吧120家（次）、书店及文具店180家（次）。开展图书库房集中排查行动，排查出69家图书库房，全部纳入监管范围，建立动态监管台账。加强宣传教育。是年，发放“绿书签”宣传海报150张、宣传折页2000余份，派发“绿书签”5000个。以“参与‘扫黄打非’、共建文明香河”为主题，采取线上答题与线下宣传相结合的方式，举办“扫黄打非”有奖问答活动，有18120人次参与，1457人次获奖，活动信息被省、市“扫黄办”转发推广。大力查办案件，年内，立案处罚1家发行非法出版物的培训机构，打掉1个非法装订书籍的“黑作坊”，查处1起传播邪教反宣品案件，清缴邪教反宣品4000余册，正在查处2起发行盗版图书案件。

【软件正版化工作】 采取场地授权模式集中采购WPS办公软件，在为各镇（社区）、园区安装的同时，对县直机关部门WPS办公软件进行升级。加大版权作品登记宣传力度，2020年，登记作品530件，超额完成市里下达的400件登记任务。开展“剑网2020”专项行动，删除侵权盗版链接18条，有效维护网络秩序。

【电影工作】 2020年，通过公开招标的形式确定农村电影公益放映单位，截至年底，放映1800场。制订影院复工防控方案及应急预案，新冠肺炎疫情防控期间，组织相关部门开展对影院的联合检查2次，确保影院按要求复工，安全运营。年内，按时、足额为49名老电影放映员发放生活补助金。

【农家书屋管理】 做好农家书屋图书补充更新工作。以公开招标的形式采购图书116种、3.48万册，并在图书配送完成后，实地查看各村图书造册登记、分类上架等情况。开展全民阅读活动。印发《香河县2020年全民阅读系列活动实施方案》并指导各单位开展全民阅读活动。举办全民阅读系列活动之分角色朗读大赛，直接参与人数500余人，直播观看比赛人数5000余人。

【党报党刊征订】 香河县将2021年度党报党刊征订作为深入学习宣传贯彻习近平新时代中国特色社会主义思想，深入学习宣传贯彻中共十九大和十九届二中、三中、四中、五中全会精神的重要举措，迅速行动、多措并举、扎实推进。在征订发行工作中，香河县借鉴往年发行工作的成功经验，专门成立了领导小组，要求各有关单位协调分工，全面确保订阅范围，确保发行量稳中有升。在严格控制公费订阅报刊的基础上，继续鼓励社会力量向基层捐赠重点党报党刊，积极鼓励个人自费订阅重点党报党刊。图书馆、文化馆、博物馆等公共文化服务单位和宾馆、电信、邮政、银行、保险等人员流动较大的公共场所，要订购并摆放一定数量重点党报党刊供读者阅读。不断拓展党报党刊的传播空间，全面完成重点党报党刊发行任务。

2020年度香河县重点党报党刊订阅一览表

表3　　单位：份

报刊名称	《人民日报》	《河北日报》	《廊坊日报》	《经济日报》	《光明日报》	《求是》杂志
订阅份数	1329	1799	3806	369	268	233

【宣传队伍建设】　县委宣传部认真贯彻落实习近平总书记关于加强宣传思想战线队伍建设的重要论述，扎实开展增强“四力”，即脚力、眼力、脑力、笔力教育实践工作，切实加强干部作风整顿力度，保障作风整顿实效，提高干部政治素质、大局意识、业务水平，打造一支想干事、能干事、干成事、不出事的宣传思想文化干部队伍。将干部作风整顿与全县中心工作相结合，做好对新冠肺炎疫情防控进展情况的报道、严抓不实谣言的管控，营造和谐稳定的社会舆论环境。与开展“四力”活动相结合，增强学习意识，创新学习方式，坚持学用结合，不断提高学习成效。与学习培训相结合，对新冠肺炎疫情防控的相关政策、专业术语进行系统学习，精准严谨把握文稿用词。

（王　迪）

精神文明建设

【概况】　2020年，在县委、县政府的坚强领导下，县精神文明建设委员会办公室（简称文明办）狠抓《公民道德建设实施纲要》的贯彻落实，成立县级新时代文明实践中心，宣传普及社会主义核心价值观等内容。结合香河县实际，制作《市民公约》和《居民文明公约》展示牌600余块，安装到社区和居民小区；联合县妇女联合会开展好家风好家训征集活动，让广大干部群众积极参与到精神文明建设工作中；开展公益短信发送活动，发送以社会主义核心价值观、中华传统美德、讲文明树新风、文明出行、移风易俗为主题公益短信10万条，有效提高广大群众的思想道德觉悟。

【文明校园创建活动】　2020年，积极开展文明校园创建工作，严格按照《廊坊市中小学校文明校园测评细则》中要求的7个大项、28条标准对拟达到的中小学校进行评选和申报。是年，县城内第二小学被评为省级文明校园，香河县第一中学、安平镇第一小学被评为市级文明校园。完善学校、家庭、社会“三结合”，形成教育网络，新冠肺炎疫情防控期间，通过1200余个家长微信群，发布权威消息100余条，加强对新冠肺炎疫情防控知识的宣传和停课不停学工作的安排。联合相关部门对校园周边环境进行综合整治，实现学校周边“秩序良好、学生安全、文化健康、环境整洁”的目标。积极组织未成年人开展“我们的节日”“传承红色基因”等主题活动。学校深入开展爱国主义教育、法制教育、文明礼仪教育、环保教育，心理健康教育等活动。同时，要求学校做好档案材料的更新和完善工作。加强督导力度，巩固创建成果，县教育和体育局对学校文明校园创建档案加强指导和检查，确保档案齐全。年内，获评省、市、县级三好学生458名，优秀学生干部202名，先进班集体166个，其中，获评省级三好学生35名。

（王亚莉）

2020年香河县荣获省级“三好学生”一览表

表4

序号	姓　名	所在学校	序号	姓　名	所在学校	序号	姓　名	所在学校
1	龙昭旭	香河县第一中学	13	赵祎然	香河县第四中学	25	刘云灿	香河县城内第二小学
2	宁　然	香河县第一中学	14	吴思宇	香河县第五中学	26	石倖印	香河县城内第二小学
3	王欣悦	香河县第一中学	15	王豪森	香河县第六中学	27	周佩瑶	香河县城内第三小学
4	徐子陌	香河县第一中学	16	王浩宇	香河县第七中学	28	王鹤轩	香河县城内第三小学
5	李天爱	香河县第一中学	17	黄东粤	香河县第九中学	29	牛子茉	香河县城内第四小学
6	王　盛	香河县第一中学	18	黄乐陶	香河县第十中学	30	刘一然	香河县城内第四小学
7	徐　妍	香河县第一中学	19	吴　腾	香河县第十一中学	31	张智恩	香河县城内第五小学
8	康予畅	香河县第二中学	20	张天熠	香河县第十二中学	32	门思颖	淑阳镇姬止务小学
9	程莹莹	香河县第三中学	21	杨孟宇	香河县第十三中学	33	鲍凌志	钳屯镇钳屯小学
10	刘子龙	香河县第三中学	22	刘子涵	香河县城内第一小学	34	赵　宁	五百户镇李庄小学
11	刘晓龙	香河县第三中学	23	冯子宸	香河县城内第一小学	35	李　一	刘宋镇东张庄小学
12	石春森	香河县第三中学	24	孙欣粤	香河县城内第一小学	—	—	—

10月9日，县城内第五小学二年级2班开展“爱我中华 强我国防”主题班会

县教育和体育局供图

【未成年人思想道德建设】 2020年，深入贯彻落实未成年人思想道德建设工作会议精神及《全国未成年人思想道德建设工作》测评体系，加强香河县未成年人思想道德教育工作。以爱国主义教育为主旋律，引导未成年人树立革命传统意识。关注未成年人心理健康，开齐线上线下心里课，联合辅导站工作人员，邀请心理专家开展线上线下讲座、网络、电话咨询辅导1000余次，全县中小学排查留守儿童等特殊群体学生300余人，进行建档，关爱谈话和心理疏导。开展师德培训、论文征集、书法比赛等活动，陶冶学生情操。年内，经历新冠肺炎疫情防控，初期将课堂教学改为网络教学，网课对学生进行爱国主义教育同样不能缺课，培养文明、有礼、爱国、奉献的新时代好少年。开展“传承红色基因 清明祭英烈”主题教育活动，全县5万余名师生参与网络祭奠、主题班会、书画及征文作品征集等线上活动。组织学习“青年大学习”网上主题团课，举办“迎国庆”“爱我中华强我国防”主题演讲，“爱国心、报国情、强国志”主题征文，“关注时事胸怀天下”中小学时事知识竞赛等活动，征集作品140余件，以多种形式加强爱国主义教育，培养学生良好政治素质。开展“复学第一课”主题教育活动，通过收看开学第一课视频、召开主题班队会、举行升国旗仪式、课堂教学等方式，使学生深刻了解新冠肺炎疫情防控知识，弘扬战“疫”精神。利用国庆节、中秋节节点，对学生进行爱国主义教育、传统文化教育、国防教育等系列活动，开展“廊坊有礼 文明健康”行动、“十万红领巾 齐心助创城”文明活动。

在全县各中小学组织开展“扣好人生第一粒扣

子”网上系列主题教育活动，通过网络课堂，主题班（团、队）会，线上升国旗及国旗下讲话，开展“学雷锋”“清明祭英烈”“新时代好少年”推荐宣传学习，“抗疫情，劳动美”主题教育，心理健康教育等系列主题教育活动以及手抄报、书法、小视频、征文等网络作品征集评选活动，收到作品2万余份。通过多种推荐途径，寻找新冠肺炎疫情防控一线最美志愿者，最美教师，抗疫守法好少年等先进师生，香河二中教师周景娟新冠肺炎疫情期间的先进事迹被《廊坊日报》刊登。全县评选出8名“抗疫守法好少年”，分别是县城内第一小学高菁奇、第二小学唐宋元、第三小学张欣淼、第四小学刘金轩、第五小学张腾文，淑阳镇北岗子小学彭豫婷，县第二中学魏君怡、第九中学王欣。

（王亚莉）

2020年香河县新时代好少年一览表

表5

序号	姓名	性别	年龄	学校	年级	备注	序号	姓名	性别	年龄	学校	年级	备注
1	李禹璇	女	10	香河县城内第二小学	四年级	市级	15	孔繁熙	女	13	香河县第二中学	七年级	—
2	王胤骁	男	10	安平镇第一小学	四年级	市级	16	马金宇	男	14	香河县第四中学	八年级	—
3	王星懿	女	11	香河县城内第一小学	五年级	—	17	李　炎	男	15	香河县第五中学	九年级	—
4	刘烨婷	女	11	香河县城内第三小学	五年级	—	18	于士闻	男	14	香河县第六中学	八年级	—
5	高　颜	女	11	香河县城内第四小学	五年级	—	19	杨浩艺	男	15	香河县第七中学	九年级	—
6	贾凯茵	女	12	香河县城内第五小学	五年级	—	20	阚靖儒	女	14	香河县第八中学	八年级	—
7	邵颂强	男	12	渠口镇店子务小学	六年级	—	21	高赛雅	女	14	香河县第九中学	八年级	—
8	高蕊萁	女	11	五百户镇第二小学	五年级	—	22	张靖瑜	女	15	香河县第十中学	九年级	—
9	侯妍宇	女	11	安头屯镇东口头小学	五年级		23	邵一铎	女	14	香河县第十一中学	八年级	—
10	朱泽栋	男	11	淑阳镇姬止务小学	五年级	—	24	吴思彤	女	13	香河县第十二中学	七年级	—
11	金昊桐	男	10	钱旺镇大河各庄小学	四年级	—	25	王子彤	女	14	香河县第十三中学	八年级	—
12	耿文静	女	12	刘宋镇北务屯小学	六年级	—	26	张健彬	男	17	香河县第一中学	高二	—
13	陈盈秀	女	11	钳屯镇雀林院小学	五年级	—	27	周子佳	女	16	香河县第三中学	高一	—
14	蒋昀含	女	12	蒋辛屯镇打鹌户小学	六年级	—	—	—	—	—	—	—	—

5月29日，2020年香河县“新时代好少年”先进事迹发布会举行　　县教育和体育局供图

【“新时代好少年”评选活动】 2020年，按照省、市文明办工作部署，县文明办、县教育和体育局、共青团香河县委员会、香河县妇女联合会、香河县关心下一代工作委员会在全县未成年人中开展“新时代好少年”推选和学习宣传活动。全县各中小学校积极响应，广泛宣传发动，经过层层推荐，申报“新时代好少年”候选人54名，经过评审组评审，决定授予王星懿等27名同学香河县“新时代好少年”荣誉称号。5月，县文明办、县教育和

体育局等部门共同召开香河县“新时代好少年”先进事迹发布会，会上表彰 27 名县级“新时代好少年”，其中，县城内第二小学学生李禹璇、安平镇第一小学学生王胤骁被评为市级“新时代好少年”。“新时代好少年”的模范事迹被县融媒体中心和“香河头条”微信公众号报道、宣传，微信阅读和转发量 3 万余次。将“新时代好少年”先进事迹和争做“新时代好少年”倡议书，转发到 88 所学校，1600 余个班级微信群和家长群，更好地引导广大未成年人认真学习“新时代好少年”的先进事迹，营造崇尚先进、学习先进、追赶先进的浓厚氛围。

（王亚莉）

【传统文化进校园活动开展】 2020 年，县内 80 余所学校开设线上线下国学经典课程，将《千字文》《论语》等 30 余部优秀传统经典列入课堂教材，深挖传统文化内涵。60 余所学校开展线上线下经典诵读、诗词大赛等活动，通过学校公众号、美篇等平台展示视频作品 400 余个。由县文化部门牵头，邀请市、县文艺团体和演员赴各中小学演出 10 场，参与师生 8000 余人，使广大师生感受中国传统戏曲艺术的博大精深；各学校组织主题班会、“戏曲知识竞赛”、绘画比赛等活动 100 余次，弘扬传统戏曲艺术；10 余所学校成立戏曲兴趣小组，体验传承戏曲文化。80 余所学校均开设线上线下书法课程，定期开展书法比赛、展览活动，加强传统书法教育；邀请 10 余位市、县书法名家开展线上线下讲座、观摩等交流活动，大力普及书法知识；5 月，县教育和体育局举办书法比赛，有 153 名师生参加，激发广大师生学习书法的热情。将富有香河特色的剪纸、景泰蓝、中幡等“非遗”文化引进校园，组织名家进行线上讲座、学生观摩等活动。

【文明单位创建常态化】 2020 年，开展文明单位创建活动，县文明办深入创建单位帮助指导创建工作。是年，香河县入选县级文明单位 270 个，市级文明单位 86 个。县财政局、县人民医院、国家税务总局香河县税务局、安平镇堡上村顺利通过省级文明单位复检工作，继续保留省级文明单位称号，县城内第二小学、县中医医院、渠口镇小圈村、县融媒体中心成功申报为本届省级文明单位，渠口镇小圈村被中央文明委评为第六届全国文明村镇。

【志愿者服务活动开展】 大力弘扬“奉献、友爱、互助、进步”的志愿精神，动员全民参与志愿服务活动，党政机关工作人员和企事业单位干部职工积极参与志愿者服务活动，进一步增强社会责任意识。

6 月 10 日，香河县书法协会书法家在县第二中学开展书法进校园活动　　县教育和体育局供图

开展“邻里守望”社区志愿者服务活动，以“周末文明行动”为抓手，组织全县 89 个单位分包 170 余个居民小区，开展主题志愿者活动，激发广大群众共创文明县城、共建和谐家园的热情。开展文明交通志愿者服务活动，在城区内重要交通路口上下班高峰时段，组织文明交通志愿者走上街头，向行人宣传要注意交通安全，自觉遵守和养成文明出行、文明交通的好习惯。志愿者与公安交警共同维持交通秩序，劝导行人和非机动车不闯红灯、不横穿马路、不乱停乱放，自觉遵守交通秩序。开展文明城市志愿服务活动，围绕省级文明县城创建，在公共

10月20日，县委网信办开展志愿服务进社区活动　　县委宣传部供图

场所、窗口单位、社区等重点场所设立学雷锋志愿服务站点，开展维护公共秩序、传播文明礼仪等志愿服务活动，组织志愿者开展清洁卫生行动，清除卫生死角，整治城区“脏乱差”等行动。县直各单位、志愿者协会、企业、社会各界爱心人士开展志愿服务活动110余次，参与活动总人数达2万余人。

（刘　洋）

文明城市创建

【概况】　2020年，在县委、县政府的领导下，县精神文明建设委员会办公室（简称县文明办）、县创建省级文明县城工作指挥部办公室（简称县创城办）紧紧围绕建设美丽幸福新香河战略目标，以塑造城市形象、提高市民素质、促进社会和谐为主线，大力开展省级文明城市创建工作，不断提升城市文明程度，努力构建新时代的文明社会。

【科学部署统筹安排】　3月下旬，县创建省级文明县城工作指挥部（简称县创城指挥部）召开香河县创建省级文明县城动员大会，县委、县政府主要领导出席会议并讲话。会议印发《香河县2020年省级文明县城创建工作暨攻坚整治行动实施方案》，对相关单位常态化创建工作进行详细分工。县创城指挥部印发《香河县创城工作指挥部关于印发各分指挥部工作职责及点位测评卡的通知》，明确各分指挥部的职责及点位测评要求。5月13日，创城指挥部办公室印发《关于推进志愿服务常态化的实施方案》，组织88个机关、企事业单位分包100个居民小区开展常态化志愿服务。10月12日，召开创城迎检大会，县委、县政府主要领导在13日、14日分别作出指示，并实地督导检查创城工作。11月27日，创建省级文明县城年度测评工作结束后，县创城办针对常态化创建工作召开专题会议，针对牢固树立常态化创建意识、强化常态长效管控、严格落实创建工作责任、树立让群众满意的创建目标。创城工作全面开展后，县创城办每周定期召开推进会议进行实地督导检查。

【社会秩序优化】　2020年，县公安局、县农业农村局、县城市管理综合行政执法局联合出台《香河

7月30日，县委书记李桂强（右四）、县长齐泽旭（右三）等领导督导检查文明城市创建工作

县融媒体中心供图

县文明养犬通告》，让城区内治理不文明养犬行为有规可依。县文明办、县创城办协调县公安局、县农业农村局、县城市管理综合行政执法局联合出台《关于在全县开展整治非法小广告的通知》，为治理非法小广告保驾护航。执法部门开展创建省级文明县城专项治理，取缔淑阳大街西段、迎宾路南段临时市场 2 处，规范治理城区流动经营、店外经营 18139 处，清除非法小广告 10870 处、违规 LED 灯、违规灯箱 1776 处，查处违规机动三轮车、电动三（四）轮车 692 辆，对欺街占道行为严厉打击。拆除私设地桩、地锁 86 处，暂扣三角锥桶 4730 个。交警部门针对创建省级文明县城开展专项行动 64 次，查处各类交通违法行为 3 万余起，按照“应划尽划，宜停则停”的原则，施划停车泊位 1820 个。环卫部门清理城区死角死面 70 余处，清理垃圾 350 余立方米，定期对公厕进行清扫，清理小广告 130 处，张贴公益广告 260 张。更换分类垃圾桶 700 个，中转站转运垃圾 12.38 万吨。

【村镇文明程度提升】 2020 年，加大村镇环境整治力度，以绿化、美化、亮化、净化为抓手，加大对村街的治理力度，充分发挥基层环卫作用，做到环境整治经常化、制度化。村镇、街道、居民小区设置分类垃圾箱，实行垃圾定点、分类存放。以镇区主要街道和乡风文明示范街为分布点，用橱窗、造型、展牌等形式展现不同形式和主题的公益广告近 5000 处，善行功德榜近 300 处。全面开展乡村“十个一”建设工作，即建好一支宣传队伍、设置一面好人榜、建好用好一个道德讲堂、修订完善一部村规民约、建好用好一个大喇叭工程、培树一批文明示范典型、筑牢一个文化阵地、建设好一支村民自治队伍、发起一项志愿服务活动、开设一批宣传展示专栏。加强村民中心建设，成立红白理事会，建立新时代文明实践所、站，截至年底，村镇文明程度得到普遍提升。

【“窗口”文明程度提升】 2020 年，开展以“诚信示范，优质服务”为主题的创建文明“窗口”、文明班组活动，各“窗口”单位以职业道德建设为突破口，制订和完善行业规范。活动的开展提高了窗口单位的服务水平，促进了良好社会风气的形成，进一步树立了良好的城市形象。

【文明餐桌行动】 认真贯彻落实习近平总书记关于“高度重视粮食安全并大力提倡‘厉行节约、反对浪费’的社会风尚”精神，以提高市民健康水平和城市文明程度为目的，开展了“文明餐桌行动”。加强对商家和顾客的宣传教育，养成勤俭节约不铺张浪费的良好习惯，在全社会营造浪费可耻、节约为荣的氛围。宣传教育活动以中小学餐桌、酒店、餐厅、和单位食堂为重点，大力宣传和普及文明餐桌知识，把精神文明建设融入生活，把俭以养德变为广大消费者的自觉行动，营造文明用餐、健康用餐、节俭用餐的良好餐桌文化。

【公益广告设置】 为营造创建省级文明县城浓厚氛围，在运河大道、五一路、新开街、新华大街、府前街、兴济路、迎宾路、康宁路 8 条主次干道两侧，设立公交站候车亭广告、街铭牌灯箱广告；更新道旗 740 组，地插广告 150 余处；更新、制作围挡公益广告 1 万余平方米；各类公益广告造型近百个。公交车车载公益广告覆盖率 100%，在背街小巷、居民小区制作安装公益广告牌 1500 余块。各中小学校累计制作文明校园创建、爱国主义教育、关心关爱未成年人等主题的公益广告 500 余处，教室内核心价值观公益广告和中小学生守则 1400 余处，各镇、村街制作、更新各类公益广告 4000 余处。开展系列媒体宣传活动，《香河新闻》播出创城新闻报道 95 条，《新香河》、香河文明网、网信平台等新闻媒体开辟专栏，集中刊发创城相关信息和稿件。

【完善市政设施建设】 2020 年，城区内主、次干道翻修工作全部完成，维修破损盲道、地砖、条石计 8000 余平方米。对城区内 44 条背街小巷进行专项整治，安装、维修路灯 100 余处，硬化道路 8600 余平方米，添置分类垃圾桶 360 对。按照“应划尽划，宜停则停”的原则，新增机动车停车位 1820 个，非机动车停车位 30 余处。公园、广场、商场、超市、集贸市场和临街公厕的无障碍设施全覆盖，要求设置学雷锋志愿服务站和母婴室的点位全部设置到位。新建居民小区健身器材安装率 100%，基本满足居民休闲、娱乐、健身的需求。联合执法部门取缔流动经营、店外经营临时摊位 2956 处，清除违法小广告 2321 处。

【创建工作常态化】 确保文明城市创建工作规范化、制度化、常态化，县创城办建立督导检查制度，以常规督导和专项督导相结合的方式，定期对创建点位进行督导检查，发现问题，指出短板，督促整改；定期召开调度会议，解决创建工作中存在的问题，弥补不足。专门成立由县文明办牵头，县纪委监委参与的专项督查组，整治创建工作中不作为、慢作为现象，保证创建各项工作如期高效完成。

（刘　洋）

统一战线

【概况】 2020 年，香河县统一战线工作在中共香河县委的坚强领导下，认真贯彻落实中央、省、市委统战工作会议精神，紧紧围绕打造美丽幸福新香河发展大局，充分发挥统一战线工作重要作用，广泛凝聚共识，积极汇聚力量，各领域统战工作均取得新的进展。

【民族团结更加巩固】 2020 年年初，做好新冠肺炎疫情防控工作，按照中央及省、市、县关于新冠肺炎疫情防控工作部署，扎实做好宗教活动场所及宗教集体活动“双暂停”工作，有效维护信教群众的生命安全。县委统战部工作人员深入基层一线指导民族特需企业做好新冠肺炎疫情防控工作，根据新冠肺炎疫情防控形势的调整变化，适时帮扶企业实现复工复产，助力民族经济健康、稳定发展，力求将新冠肺炎疫情造成的损失降至最低。扎实做好少数民族干部、少数民族人口等信息统计工作。积极开展民族团结进步教育和创建活动。在新城公园发放民族政策宣传单 2000 余份，在县城主要街道、

9 月 17 日，县委统战部联合市委统战部到五百户镇香椿营村开展送健康医疗义诊活动　吴璇 摄

5 个民族村、乡镇集贸市场等地，悬挂民族政策宣传条幅 40 条，向各族群众宣传民族政策和民族知识。与市委统战部联合开展进民族村义诊活动，现场为 150 余名村民进行免费健康体检、问诊。深入香椿营村回民小学，协助学校组织好“民族团结第一课”，向师生发放印有民族团结标语的纪念品 500 余份。以成功入选国家级少数民族特色村寨为契机，发挥资金政策作用，实现香椿营村容村貌上档升级。加强宗教规范化管理，深入开展宗教领域“基层基础建设提升年”活动。严格按照全市统战系统开展的“基层基础建设提升年”活动要求，制订香河县《关于培树打造“基层基础建设提升年”宗教团体

亮点工作实施方案》。指导县伊斯兰教协会完成换届工作，提升全县宗教团体建设水平，更好地发挥宗教团体桥梁纽带作用。

【党外人士和新的社会阶层人士管理】 2020 年，县委统战部重新对全县党外干部和新的社会阶层人士情况进行登记汇总，将党外干部和新的社会阶层人士政治思想、工作能力、群众评价、廉洁自律等方面情况录入管理系统，实施动态化管理。截至年底，全县有副科级以上党外干部 15 人，新的社会阶层人士 127 人。县委统战部积极引导新的社会阶层人士为新冠肺炎疫情防控做贡献，新冠肺炎疫情期间，组织新的社会阶层人士为新冠肺炎疫情防控工作捐款捐物。新阶层会员企业廊坊瑞盛投资股份有限公司向香河县防疫一线捐赠口罩 20 万只，用于一线医护人员防控保障以及县域企业复工复产防护工作；中粮可口可乐华北饮料有限公司、香河机器人小镇筹集捐赠防疫资金 11430 元。努力做好党外人士和新的社会阶层人士的思想引领工作。组织召开党外代表人士和新的社会阶层代表人士座谈会，围绕香河经济社会发展提出意见建议，建言献策。举办新阶层联合会法律知识讲座，进一步增强法律风险防范意识和风险管理能力。充分利用新的社会阶层创新实践基地作用，在中粮可口可乐华北饮料有限公司举行“健康日”活动。组织全县党外知识分子、新的社会阶层、青年企业家代表人士近 30 余名到河南省林州红旗渠精神培训基地参加培训，坚定了党外人士和新的社会阶层人士的理想信念，筑牢“四个意识”。

11 月 23—27 日，在河南省林州红旗渠精神培训基地举办香河县党外知识分子、新的社会阶层代表人士培训班 盛力 摄

【非公有制经济领域统战工作】 加强对非公经济人士的思想政治引领工作。组织民营企业家学习中共十九届五中全会精神，学习习近平总书记在企业家座谈会上的重要讲话精神以及中共中央办公厅印发的《关于加强新时代民营经济统战工作的意见》，通过学习，坚定了会员企业把握形势、抢抓机遇、转型升级的信心和决心。11 月，组织部分企业和行业商协会负责人到廊坊新奥大学参加廊坊市民营企业家理想信念教育专题培训班和青年企业家专题培训班。新冠肺炎疫情发生后，通过微信群、公众号向全县非公经济人士发出倡议书，号召

8 月 12 日，在县委县政府办公楼三层会议室召开民营企业家座谈会 吴璇 摄

广大民营企业积极捐款捐物，贡献民企力量。涌现出香河第一城酒业有限公司、廊坊瑞盛投资有限公司等 130 余家爱心企业，为香河县和湖北省武汉抗击新冠肺炎疫情捐款捐物 500 余万元。发挥职能作用，做好协调服务工作。8 月，组织召开民营企业家座谈会，深入学习贯彻习近平总书记在企业家座谈会上的重要讲话精神，听取民营企业家对促进香河县民营经济发展的意见建议，强化对接沟通、完善政策举措，更加精准高效服务支持企业发展。为进一步做好法律服务工作，成立了香河县工商联法律工作委员会，加强法治宣传，强化机制渠道建设，主动做好维权服务，引导企业防范法律风险，推动构建和谐劳动关系。加强组织建设，积极推动建立和发展行业商会，规范对行业商会的管理，指导行业商会加强自身建设，建立有效工作机制，提高商会管理水平。11 月，组建成立香河县青年企业家商会，发展会员 101 家。积极引导非公经济人士履行社会责任，助力精准扶贫，坚持在非公经济式参与脱贫攻坚。以消费扶贫月为契机，组织女企业家协会、平心公益协会等民营经济社团通过网络直播卖货。开发“村花与小农户”微信交易程序等形式助力扶贫，将对口帮扶张北县扶贫产品纳入网络平台推广销售，共采销扶贫产品近 5 万元。香河第一城酒业有限公司为香河第一中学捐款 100 万元，用于资助优秀教职员工和 2020 年度高考上榜的困难家庭大学生。

【台胞台属信息化管理】 2020 年，深入基层入户调查走访，掌握台胞台属翔实的材料，建立台胞台属登记表和完备的人员电子信息档案，实现动态管理。截至年底，全县有台胞 8 人，台属 13 人。

【侨务工作】 做好归侨和侨眷普查工作。认真贯彻落实中央、省、市关于做好新时期侨务工作的有关部署，全面准确掌握香河县归侨和侨眷的分布情况，摸清底数，加大为侨服务力度。截至年底，全县有华侨 4 人、归侨 2 人、侨眷 47 人。做好考生资格审查工作。严格落实教育部和河北省招生工作相关规定，认真贯彻落实廊政侨字〔2020〕1 号文件精神，联合县教育和体育局，做好全县“三侨”（归侨、华侨子女、归侨子女）、“四侨”（归侨学生、归侨子女，华侨在本省内的子女和侨眷高级知识分子子女）优惠加分考生的资格受理审查工作。

（常　晖）

县直机关党建

【概况】 2020 年，县委县直机关工作委员会（简称县委县直工委）紧紧围绕县委中心工作，不断创新县直机关基层党组织活动内容与方式，以“五规范五加强”为载体，重点解决县直机关党建虚化、弱化，“重业务、轻党建”等问题，全面提升机关党的建设质量，党员干部的凝聚力战斗力显著增强，经验做法被《河北日报》、中国网、《人民日报》客户端等媒体刊发，并受到县委书记李桂强的肯定性批示，县直机关党建工作在全市考核中获得第二名，县委县直工委被市委宣传部评为宣传推广“学习强国”学习平台先进单位。

【“两学一做”学习教育】 县委县直工委始终把思想教育作为第一位的任务，推进“两学一做”学习教育常态化、制度化。坚持用党章、党规规范党组织和党员行为，用习近平总书记系列讲话精神武装头脑、指导实践、推动工作，教育引导广大党员学思践悟、知行合一，不断增强政治意识、大局意识、核心意识、看齐意识，做到政治合格、执行纪律合格、品德合格、发挥作用合格，确保党组织充分履行职能、发挥核心作用，确保党员领导干部忠诚干净担当、发挥表率作用，确保广大党员党性坚强、发挥先锋模范作用。

【巩固深化“不忘初心、牢记使命”主题教育成果】 制定印发《关于开展贯彻落实“不忘初心、牢记使命”主题教育成果“九个一”系列活动的通知》(“九个一”即开展一轮集中学习讨论；组织一次纪律教育宣传月活动；讲好一堂“不忘初心、牢记使命”专题党课；开辟一块“不忘初心、牢记使命”宣传专栏；开展一轮先进典型事迹宣传活动；组织观看一场红色主题电影；组织一次重温入党誓词活动；组织一次“先锋足迹”红色基地参观学习；开展一批为民服务解难题活动)，对巩固深化主题教育成果工作进行安排部署，督促县直机关各级党组织充分发挥党支部教育管理党员的主体作用，持续开展“四比四争”(比学习，争当业务能手；比业绩，争当发展先锋；比纪律，争当爱岗模范；比奉献，争当服务标兵)“七一”评选表彰等活动，筑牢理想信念的“压舱石”，推动巩固深化“不忘初心、牢记使命”主题教育成果各项任务落地见效。

【组织建设】 按照《关于新形势下党内政治生活的若干准则》和香河县《关于严格党内组织生活十二项制度》要求，制定印发《关于建立组织生活提醒制度的通知》，督促县直机关各级党组织严格落实“三会一课”制度，定期召开组织生活会，认真抓好民主评议党员和党员领导干部既要参加所在单位的党支部、党小组的组织生活，又要参加党员干部单独召开的民主生活会，即党员领导干部过双重组织生活制度。持续优化党员活动载体，推行“7＋X”主题党日活动，使组织生活更灵活、更有效，不断提高党员政治意识、规矩意识和党性意识。截至年底，机关各级党组织先后举办主题党日2000余人次，党员党性意识显著提升，党员先锋模范作用进一步凸显。

【思想作风建设】 坚持以理论中心组、机关周五学习日为主，业务培训和宣讲为补充的理论学习体系。教育引导广大党员干部严格遵守政治纪律和政治规矩，严肃党内政治生活，切实增强“四个意识”、坚定“四个自信”、做到“两个维护”，保证对党绝对忠诚，不折不扣地贯彻落实党的路线方针政策和上级的重大决策部署。全面加强意识形态工作，严格落实意识形态工作责任制，健全领导机构，完善实施方案，加强专题学习，牢牢把握党对意识形态工作的领导权和主动权。

创新宣传载体，及时传达中共十九届五中全会精神。充分发挥党建活动平台纽带作用，依托县直机关各基层党建活动阵地，发动党员领导干部，党校专、兼职教师以及理论骨干，积极投身于理论宣讲工作中来，建立义务宣讲队伍，带头走进机关讲堂，深入社区街头、深入群众家中，用通俗易懂的语言宣传中共十九届五中全会精神。组织开展庆祝中国共产党建党99周年展览和中共十九届五中全会集中宣传活动，推动党的理论走深走实。截至年底，先后组织理论宣讲80余场，受众3000余人。

【基层党建管理】 优化党组织设置。以扩大党支部覆盖和党的工作覆盖为着力点，率先对22个涉及行政机构改革部门(单位)党组织进行优化调整，先后调整党支部62个，增补党支部委员232人，理顺了基层党组织领导体系。全面核查县直4318名党员信息，做到党员底数清、信息明。

换届选举扎实进行。制定印发《关于县直机关基层党组织换届选举工作的安排意见》和换届选举资料例样，对县直机关党务干部进行换届业务培训，确保精准掌握换届选举工作流程，把握关键环节。根据前期摸底情况，构建县委县直工委书记任总指导员，负责面上督促指导，工委工作人员为片组指导员，对片组内党组织的集中换届工作负责，全程跟踪指导换届选举工作，切实做好答疑释惑工作，妥善处理好各类矛盾和问题。截至年底，县直1421名党支部委员候选人联审全部完成，县直137个党组织换届选举同步推进，12月底全部完成。

党建督导成效显著。建立常态化督导机制，通过采取召开座谈会、实地检查、翻阅资料、问卷调查等形式点对点现场督导，建立问题台账，下发反馈清单，对基层党组织精准把脉问诊，找出病灶、列明病因、开出处方，实施“靶向治疗”，将机关党建各项工作纳入规范化、制度化、常态化轨道。截至年底，督导调研党支部 229 个，走访党员干部 3000 余人次，发放问卷调查和测评试卷 7000 余份，反馈问题清单 136 份，梳理归纳涉及政治建设、组织设置和目标绩效管理等九大类问题 1081 条。县委县直工委起草的《关于机关党建督导调研的报告》，县委书记李桂强给予肯定性批示，并作为典型经验推广。

巩固机关阵地建设。制定出台《关于规范县直机关党组织阵地建设的实施意见》，持续抓好县直机关党组织阵地“提升工程”，努力把机关党组织阵地真正建成党员政治学习的中心、思想教育的阵地、工作交流的平台、发扬民主的场所、风采展示的窗口，截至年底，县直各单位全部达到“六有”标准，即有场所、有设施、有标志、有党旗、有书报、有制度，其中，县科学技术和工业信息化局、县行政审批局、县人力资源和社会保障局等 23 家单位高标准完成阵地建设，切实增强党组织生活仪式感、实效性和党员的认同感、归属感。

创新党建活动载体。制订印发《关于开展“基层党建规范提升月”活动的实施方案》，教育引导县直机关各级党组织全力推进基层党建“六项行动”（实施政治引领行动；实施堡垒引领行动；素质全面的人才发展行动；全域美丽的生态治理行动；实施服务引领行动；实施组织引领行动）工作任务，持续深化“五规范五加强”机关党建规范建设工程，促进基层党组织找差距、补短板、堵漏洞、强弱项，全力提升党建水平。先后推出党员志愿服务、学习强国答题挑战赛、县直机关党员“走在前、作表率”助力创城等系列活动，全力打造机关特色服务品牌。创办《县直机关党建简报》，积极搭建机关党建经验交流平台，简报信息连续 3 期受到县委书记李桂强肯定性批示。截至年底，县直机关各级党组织累计组织党员活动 430 余场，1.2 余人次。

【制度建设】 以县委文件形式制定印发《关于建立健全机关党建制度机制推进机关治理和事业发展的意见》《关于加强和改进县直机关党的建设的实施意见》《关于开展“模范机关”创建工作的实施意见》，为县直机关各级党组织推动党的建设提供了基本遵循，为建立健全机关党建各项机制指明了方向。县直机关各级党组织人财物等保障措施得到全面规范，县直机关各级党组织书记抓机关党建主业主责意识显著增强。每月定期对党组织书记发放任务清单，明确党建工作重点内容和具体要求，确保机关党建工作目标清、思路明。

【机关目标绩效管理】 制定印发《香河县县级绩效目标考核办法》，从内设机构、工作人员两个方面，分别建立指标体系和考核程序，通过采取明察暗访、现场督查、抽查等多种形式，对全县各单位工作完成情况、效能建设情况，定期开展督导、审核、考评。截至 2020 年年底，全县 2019 年度绩效考核工作圆满完成。

【党员发展工作】 制定印发《关于做好发展党员工作有关事项的通知》，并对县直机关党务干部组织集中业务培训，规范发展党员工作程序要求。严格落实发展党员“四库”管理办法和“双重预审”“部门联审”“逐人谈话”等审查制度，做到随时报备、定期公示、定期问询、定期核查，确保新接收的 37 名新党员和 49 名预备党员转正对象，严格符合发展党员程序要求。彻底解决党员发展程序不严格不规范问题，组建由 7 人组成的县直发展党员监审员队伍，监审党员档案 120 余次。

【党员教育培训】 按照“统一管理、分类培训”

9月2—5日，县委县直工委举办2020年度党员发展对象培训班　　谢旺 摄

的思路，在传统培训方式基础上，创新采取“线上”和“线下”方式，通过专题讲授与讨论交流、实地参观与典型案例、知识讲解与集中宣传、思想汇报与结业考试“四个相结合”，尽最大限度克服新冠肺炎疫情困难。先后举办2020年度发展党员对象培训班和预备党员培训班，党务干部培训班2期，机关党组织书记培训班3期，经过培训，党员干部党性意识显著增强。坚持全面从严治党，加大“四违”党员处置力度，通过采取集中学习、约谈帮扶、警示教育等多种形式，强化“四违”党员对党章和党内各项规章制度的学习，听取“四违”党员思想汇报，并有针对性地指出存在问题和改进方向，全年教育约谈“四违”党员112人次，以确保党组织的先进性、纯洁性。

【“七一”系列活动开展】　“七一”前夕，县直工委表彰一批在党的基层组织建设和各项工作中表现突出的先进基层党组织、优秀共产党员和优秀党务工作者。其中，先进基层党组织20个，优秀共产党员30名，优秀党务工作者30名。通过表彰基层党组织中涌现出的先进基层党组织和优秀共产党员，在党员干部中掀起了“比、学、赶、超”的干事热潮。在县直机关单位开展“帮扶生活困难党员、慰问老党员”走访慰问活动，县直机关工委领导干部亲自带队到党员家中，送去党组织的关怀和爱护，认真倾听困难党员和老党员的心声，了解他们对党组织的意见和建议，切实帮助困难党员和老党员解决生产生活中的实际问题。县直机关各级党组织在“七一”期间，先后组织召开多种形式的庆“七一”活动。组织广大党员和入党积极分子聆听报告、进行座谈，回顾党的光辉历程，畅谈党的丰功伟。结合实际，本着“立足岗位比贡献”的指导思想，就如何在今后的工作中进一步发挥好党组织的战斗堡垒作用和党员的模范表率作用展开座谈，进一步激发基层党员责任感、使命感。

【新冠肺炎疫情防控】　2020年，新冠肺炎疫情发生后，县直工委迅速成立以工委书记为组长的新冠肺炎疫情防控工作组，细化新冠肺炎疫情防控和应急管理措施。认真落实县新冠肺炎疫情防控指挥部《关于加强县直机关企事业单位新型冠状病毒感染的肺炎疫情防控工作的通知》的各项工作任务，迅速搭建县直机关新冠肺炎疫情防控工作网上直报平台，建立县直机关新冠肺炎疫情防控联络员工作微信群，加班加点，连续多次对10189名县直单位人员新冠肺炎疫情动态摸排，全面压实新冠肺炎疫情防控责任。

坚持党建引领，率先架起“空中战场”，利用微信公众号、微博、快闪等新媒体，第一时间转发《廊坊市各级党组织疫情防控“六个到位”》，并制订印发《关于动员基层党组织和广大党员干部做好肺炎疫情防控工作的通知》，积极引导县直部门单位基层党组织和广大党员干部职工切实把思想和行动统一到党中央的决策部署上来。坚持与县直各单位协调联动，及时交流各部门各行业抗击新冠肺炎疫情的典型经验、有效做法，抓紧总结宣传，先后涌现出市、县抗疫先进典型杨士春、李伟等一批先进典型，更有全国抗疫先进典型代表李向国，为打赢新冠肺炎疫情防控阻击战提供持续动力。截至年底，先后发表信息 60 余篇，推送先进典型事迹 21 个。

在得知街道社区防控力量不足，无物业小区疫情排查最吃紧的关键时刻，率先在县直机关单位发出征召令，号召县直机关单位党员到街道社区参与新冠肺炎疫情防控工作，仅仅 2 个小时，县直机关党员先锋队组建完成，县直 123 名党员干部第一时间奔赴小区，协助社区做好新冠肺炎疫情防控工作。党员先锋队顶风冒雪严防新冠肺炎疫情，相关报道《香河县直机关党员干部为无物业小区筑起“红色防疫墙”》被《今日头条》《河北共产党员》刊发。

县直机关党员自愿累计捐款 211 万元，用于助力打好新冠肺炎疫情阻击战。时刻关注新冠肺炎疫情发展，先后抽调 20 名党员干部成立组织保障先锋队，重点关注新冠肺炎疫情一线工作人员，及时给一线工作人员提供心理疏导和人文关怀，有序做好后勤保障和家属慰问服务工作，切实帮助解除后顾之忧。

县大数据核查专班成立以来，紧抓两项重点工作，首先是去库存，快速清理前期库存余量，最大限度缓解有关部门工作压力；其次是每日清，严格按照“当天推送、当天核准、当天收集、当天汇总”的原则，及时核查每日省公安厅一体化警务综合应用平台和省新冠肺炎疫情防控管理信息平台推送到香河县的大数据，春节期间，专班领导带头示范，全员在岗，密切关注疫情防控动态，认真核查省市新冠肺炎疫情防控推送数据，当好防疫“千里眼”，全力保障人民生命健康安全，截至年底，专班累计拨打电话 4.3 万余人次，核查新冠肺炎疫情密切接触者信息 6241 余条；核查省新冠肺炎疫情防控管理平台推送域外到香河及返回香河人员信息 11682 条，其中，中、高风险地区到香河及返回香河人员 136 人，涉及其他地区人员 4831 人；核查其他县市推送协查函信息 430 余条，向其他县市推发回函 350 余份，从速做好重点地区人员健康监测及核酸检测，减轻线下防控压力，减少交叉感染风险，为科学有效、精准务实防控新冠肺炎疫情提供强力支撑。

（彰文娟）

党校教育

【概况】 2020 年，县委党校在县委、县政府正确领导下，以习近平新时代中国特色社会主义思想为统领，认真贯彻落实中共十九大及十九届二中、三中、四中、五中全会精神和习近平总书记系列重要讲话精神，不忘初心、牢记使命，紧紧围绕干部教育培训工作，加强党的思想、组织、作风、制度、反腐倡廉建设，充分发挥党组织的战斗堡垒和党员的先锋模范作风，为推动党校科学发展提供强有力

7 月 11 日，香河县组织相关干部参加全省新型城镇化和城乡融合发展网络专题培训班　高国晖 摄

的思想和组织保证。按照县委干部教育工作领导小组的安排部署，全年举办不同内容的干部培训班，与相关单位合作举办专业知识系列培训活动。聘请域外专家和县内相关部门的领导到党校授课。是年，继续和北京市通州区委党校开展校际合作，交流经验，资源互补。

【干部培训工作】 2020年，县委党校多渠道、多形式、多媒介组织开展各项培训活动。5月28日，与县委宣传部共同举办全县新时代基层宣讲员聘任暨培训活动，宣讲习近平新时代中国特色社会主义思想，323名讲解员参加培训。6月18日起，在新冠肺炎疫情期间保障全县党员干部的学习，县委党校利用微信公众号，发布4期网络公开课，参加网上学习的学员800余人次。6月23日，县委党校教师丁云梅在县电视台录制党性教育课《不忘初心担使命，矢志不渝为人民》，当日播出，共播出3次。7月10日至8月30日，县委党校配合县委组织部组织“全省新型城镇化和城乡融合发展专题培训班”网络视频“云课堂”授课4期，县委、县政府主要领导和主管领导，各镇党委书记、镇长，经济开发区负责人，县直有关单位“一把手”参加培训，每期60人。9月1日，与县电视台共同拍摄专题新闻《走进香河红色文化教育基地》，当日在县电视台播出，共播出3次，并向全县推介。9月27—30日，全县党务工作者培训班在县委党校举办，会期4天，各镇（社区）、园区、县直工委和县教育工委主管党务副职及相关人员参加培训。10月16日，县司法局与县委党校联合举办2020年度全县人民调解员暨《中华人民共和国民法典》培训班。各镇、社区、园区司法所负责人，部分村街、居委会主任，民事调解员共70余人参加培训。11月2—5日，全县非公企业和社会组织党建工作者培训班在县委党校举行，全县非公企业和社会组织党组织书记、委员、骨干党员及党建工作指导员100余人参加培训。11月10—12日，全县应急管理干部素质提升培训班在县委党校举办，各镇、社区、经济开发区主管副职，县应急管理局在编人员，县直有关单位主管副职、安全股负责人，70人参加培训。11月27—28日，县委党校举办3期全县股级干部“秋季集训”班，培训对象为全县各镇、社区、经开区和县直各单位股级干部，600余人参加培训。

【巡回宣讲】 5月22日，县委党校教师到廊坊市生态环境局香河县分局、县职业教育中心等单位进行全国“两会”会议精神巡回演讲活动。7月24日，县委党校与县委宣传部共同举办“市委讲师团《习近平谈治国理政》第三卷宣讲走进香河”宣讲培训活动，各镇宣传委员、县直单位分管宣传工作的副职60人参加培训。

7月24日，县委党校与县委宣传部共同举办香河县《习近平谈治国理政》第三卷集中宣讲活动
高国晖 摄

【香河红色文化教育基地】 县委党校深挖县内红色资源，打造香河红色文化教育基地。在县委组织部的指导下于2019年开始筹建红色文化教育基地展厅，经过县委党校精心筹划建设，2020年年初，香河红色文化教育基地建设完成。基地分为两个主题展厅：香河英烈事迹展厅，展出香河革命英烈王少奇、陈然、边贵祥3人的革命事迹和6名中华人

7月1日，中粮可口可乐华北饮料有限公司党支部组织党员参观香河县红色文化教育基地
高国晖 摄

民共和国成立前入党的老党员革命事迹；党史国史教育展厅，分设新民主主义革命时期（1919－1949年）、社会主义建设前三十年（1949－1978年）、社会主义建设后四十年（1978－2019年）3个展区，展出百年党国史重大事记、中华民族从苦难到辉煌的伟大历程。同时，展厅还可举办革命传统报告会、观看革命传统教学影片、开展党团组织活动、开展体验活动等。4月，正式对外开放，先后接待省委组织部、省委党校、市委组织部、市委党校有关领导和县委书记李桂强、县长齐泽旭等县领导的参观，接待县委组织部机关党支部、县委统战部机关党支部、县人大常委会机关党支部、县委县直工委、县地方志编纂委员会办公室党支部、中粮可口可乐华北饮料有限公司党支部和中铁集团京唐铁路三标段项目部党支部等党组织团体参观学习，参观人员2000余人次。通过参观香河英烈事迹展、党史展，以及重温入党誓词等活动，深切缅怀革命先烈的英雄事迹，接受革命传统教育，丰富党史、新中国史、改革开放史、社会主义发展史理论知识，赓续共产党人的精神血脉，以更加昂扬的精神面貌投入建设美丽幸福新香河的事业之中。

【工作创新】 坚持县委党校姓党，严把党性领航总方向。县委党校坚持把党校姓党作为党校办学之本，紧密结合新时代政治要求和党员干部实际，坚持问题导向，创新党性教育方式，不断增强教育的针对性和实效性。县委党校创新党性教育方式，采取集中学习与参观考察相结合、专题讲座与座谈讨论相结合、理论学习与实际工作相结合的方式方法，为进一步丰富党员教育培训载体，针对党员干部实际需求，充分利用现代技术创新教育方式，积极在形式上创新，在内容上突破。利用微信公众号推送党建慕课，让党员干部随时随地线上学习。这个过程既是对党校教师的党性锻炼，也是对学员党性锻炼的重要引导。

【师资队伍建设】 县委党校师资水平的高低直接影响党校教育的成效，全面从严抓好教职工队伍建设，持续强化教育科研，对党校教育至关重要。县委党校围绕中心，坚持“教学、科研与咨政服务”相结合，充分发挥师资和学科优势，持续推动科研工作“四个结合”，即突出与县委、县政府中心工作结合，充分发挥党校在县委、县政府决策中“思想库”的作用；突出与党校教学工作的结合，实现科研教学一体化的良性互动；突出与党的建设结合，做到为党的理论创新服务；突出与相关部门工作结合，形成上下联动、内外互助、集体攻关的科研工作格局。

（屈秀艳　孟宪东）

党史研究

【概况】 2020年，党史研究主要负责全县新民主主义时期与社会主义时期党史专题资料的征集、编写、研究工作，为资政育人、爱国主义和传统教育提供有关资料。指导全县党史工作，制订并组织实施全县开展党史宣传工作计划，搞好社会主义经济建设和改革开放的宣传，用社会主义新思想占领意识形态阵地。

【党史资料编写工作】 深入拓展党史资料征编范围，加大对重大事件、重要人物档案资料以及口述史、回忆录征集力度，深入推进党史研究工作。党史二卷本的改编工作，完成4编32个章节的框架结构和第一编编写。

【香河南下工作团史料搜集整理】 1948年年底至1949年年初，中共中央为了解放全中国，完成广大南方地区的接管与建设，从华北革命老区抽调数万名干部，随解放大军南下，奔赴广大南方新区，接管和开展工作。香河县委党史工作者为大力弘扬香河县南下工作团成员大无畏革命精神，远赴湖南省衡阳市宁远县调查、座谈、查阅档案资料，搜集整理了香河县65名南下工作团成员的传略和简历。

1949年春节后，香河县委召开县、区干部会议。会上，时任县委书记杨光传达了党中央关于抽调干部南下的指示精神，并作了动员报告。报告指出："抽调干部南下，是为了解放在水深火热中受苦受难的江南同胞，我们要积极响应党中央、毛主席的伟大号召，渡过长江，打倒蒋介石，解放全中国！"3月，在冀东区党委和十五地委安排部署下，香河县南下干部入湘（湖南）工作队组建完成。冀东区党委指示：各地、县南下干部工作队成员名单宣布后，应将其工作向留守干部做好交接，然后立即脱离原职；工作队要迅速成立办事机关，专心组织南下干部工作；南下干部和勤杂人员之家属，一律以革命军属待遇；南下干部出发前，地、县应召开富有教育意义的欢送会，但不要铺张浪费。3月底，南下干部工作队到冀东区驻地唐山开平镇进行整编集训。5月，包括曾任香河县委书记杨光、县长杨文正在内的65名南下干部随军入湘，开展工作。

【党史宣教活动开展】 做好党史宣传教育工作，推进党史教育基地建设。深入开展香河地方党史宣讲活动，利用党史、国史、军史、纪念日等关键节点，充分宣传党史人物和党史事件，进一步推动党史宣传教育进机关、学校、社区、企业、农村。在涉及改革开放以及重大事件、重大党史人物，加强党史正面宣传。

（何　静）

老干部工作

【概况】 2020年，全县老干部工作在县委、县政府正确领导下，贯彻落实中共十九大及十九届四中、五中全会精神，围绕全县工作目标，认真落实省、市委组织部长和老干部局长会议精神，老干部工作牢记使命，主动作为，精准服务，做好离退休老干部服务管理工作和新冠肺炎疫情防控工作，县委老干部服务中心圆满完成全年各项工作任务。

【老干部党支部建设】 按照"组织健全、制度完善、管理规范、活动正常"的要求，进一步健全老

在庆重阳文艺演出中，香河县祥荣舞蹈队表演打花棍　　县委老干部服务中心供图

干部党支部的工作制度、组织生活制度、党员教育和管理制度，确保党支部活动正常开展。为方便老干部过组织生活，依照“四就近”原则，即就近学习、就近活动、就近得到关心照顾、就近发挥作用，按区域和老干部意愿划分党支部，按规定及时接转组织关系。2020年，转入党员1名，因健康状况等原因，调整老干部党支部书记2人，支部内部调整党员11人。调整后的老干部党支部书记和委员身体更好、党性更强、觉悟更高，党支部的凝聚力、战斗力、创造力得到提升。

【涉老团体老干部党支部建立】 与县委组织部、县直工委、涉老团体及新开街社区办、新华街社区办协调，探索建立社区、涉老团体老干部党支部。根据实际情况和需要，按组织程序成立了县老年大学诗词班党支部，探索尝试功能性老干部党支部发挥老干部正能量作用。

【老干部党建观摩活动】 11月24日，全市基层老干部党建观摩团到香河县实地观摩，并听取县直老干部第四党支部和县老年大学诗词班党支部工作介绍，查看档案、规章制度等软硬件建设情况，香河县离退休老干部党建工作得到市级领导和各县市区领导的一致好评。

【老干部政治学习】 在离退休干部中推广“学习强国”和“燕赵红枫”App的下载和使用，引导离退休干部积极乐观面对疫情，讲科学，不信谣、不传谣、不造谣、不随意转发不实信息和评论。6月，新冠肺炎疫情防控形势稍有好转，县委老干部局科级领导干部分成4个小组对全县离休及处级以上退休老干部进行走访，将全国“两会”精神、创建省级文明县城、科学防控疫情三方面内容以大字号印刷成明白折页，连同《习近平在厦门》、《习近平在宁德》、《习近平谈治国理政》第三卷及《中华人民共和国民法典》等书籍一起送到老干部手中，得到老干部们的称赞。全年组织开展党支部书记主题党日活动4次，以“加强政治引领，助力幸福生活”“学习新思想，合力抓党建”“重温入党誓词”等为主题。集中学习《习近平谈治国理政》第三卷、全国“两会”精神、中共十九届五中全会精神等，聘请法律顾问讲解《中华人民共和国民法典》。10月21日，邀请部分老干部召开以“畅谈发展变化，共绘华彩夕阳”为主题的座谈会，老干部们表示，一定以习近平新时代中国特色社会主义思想为指导，树牢“四个意识”、坚定“四个自信”、做到“两个维护”，充分发挥正能量作用，为建设美丽幸福新香河作出贡献。

【“一创双争”活动开展】 2020年，在“一创双争”，即创建离退休干部示范党支部，争当离退休干部标准型党支部、争做五好离退休干部党员活动开展中，评选出“五星党支部”4个，“五星党员”4名，“最美夕阳”4名。根据各党支部工作情况，向市委老干部局申报市级党员联系示范点3个，省级示范点2个。上报省级“银发人才”3名。开展“脱贫攻坚”专题征文和“重温党的历史”征文活动，上报征文16篇，被省委老干部局微信公众号使用1篇，市委老干部局微信公众号使用4篇。全年信息工作位列全市前茅，县直老干部第四党支部荣获省级示范点称号。

【“两项待遇”落实】 落实老干部政治、生活“两项待遇”，完善《领导干部联系老干部工作制度》《局党总支成员分包老干部支部制度》《特困离退休干部帮扶制度》等。按照政策规定为每位老干部征订党报党刊，为老干部党支部书记订阅《中国老年报》和《健康时报》。春节前夕，县四大班子主要领导对全县离休干部和县级实职退休干部进行慰问，送去慰问信和慰问品，通报了全县政治、经济、社会和文化发展形势，为困难老干部发放帮扶金5万元。

坚持“四必访一祝贺”制度，即重大节日必访、有特殊困难必访、重要来信必访、生病住院必访、生日祝贺。同时，结合“串百家门、访百家亲”活动，全年开展4次走访老干部活动，走访慰问异地安置老干部刘旺，并送去慰问品和慰问金。2020年，加大对域外老干部家访慰问力度，其中，走访慰问北京市2人、天津市武清区2人、廊坊市1人；慰问参加过抗日战争老战士5名，慰问参加过抗美援朝老战士9名，给老人们送去慰问信和慰问金。慰问家庭困难的老干部30人次，为6名老干部庆祝生日，看望27名生病老干部，及时准确掌握老干部生活、家庭、身体等方面的情况。为6名去世老干部遗属办理抚恤金等事宜，为1名军队离休干部办理住房货币补差8.7万元。

【医疗服务】 2020年，落实离休老干部医疗费政策，报销老干部医药费222.23万元。为保障老干部的身体健康，8月开始，安排全县3200名离退休干部进行健康体检工作。

【老年大学】 2020年，受新冠肺炎疫情影响，县老年大学国画、书法、诗词班通过微信采取线上教学，做到停课不停学；与老年书画研究会联合举办重阳节书画展，展出书画作品100幅，展后将书画作品和诗词班师生创作的近200首诗词经编辑整理，出版《诗书画集》，以便学员集存。

【老年书画研究会】 2020年，县老年书画研究会会员创作的8幅抗疫题材的书画作品，收录于市老年书画研究会编辑出版的《抗疫书画集》；20幅脱贫攻坚题材的书画作品，收录于市委老干部局编辑出版的《我看脱贫攻坚新成就书画集》；会员们积极参加书画下乡、进校园、助力创建文明城市等书画活动。11月5日，县老年书画研究会举办心系教育、赠书助学活动，向五百户镇香城屯小学捐赠图书1416册。

【关心下一代工作】 2020年，香河县关心下一代工作委员会（简称县关工委）继续与北京芳草地家庭（心理健康）教育研究中心、朴圣草河北生物科技有限公司、北京高生教育科技有限公司合作，通过网络开展青少年新冠肺炎疫情防控讲座。年内，开展线上讲座17次、微课堂10次，受众达4万余人，为新冠肺炎疫情期间学校“停课不停学”提供助力。通过线上直播讲座，开设家庭教育《站在全球经济发展之巅看家庭教育》专题讲座12讲，受众3万余人。为钱旺镇田贾庄中心小学和五百户镇荒凌庄小学、前土门楼小学、李庄小学捐赠图书3000余册，受到学校师生的欢迎。年内，新增渠口镇店子务小学和石虎辛庄中心小学两个“五老”（老干部、老战士、老专家、老教师、老党员）服务中心；“五老”人员入村普法宣传12次；对“五老”人员进行健康讲座4次。截至年底，《雨露报》出版4期，印发1万份。县关工委对基层宣讲工作进行调研督导，进一步促进全县未成年人思想道德建设工作健康发展。8月，县关工委主任刘志被中国关工委、中央文明办授予全国关心下一代工作先进工作者。12月1日，召开县关工委主任扩大会议，专题

县老年大学与县老年书画研究会联合举办重阳节书画展　　县委老干部服务中心供图

学习习近平总书记在纪念中国关心下一代工作委员会成立 30 周年暨全国关心下一代工作表彰大会上所作的重要指示，并传达了中国关心下一代工作委员会主任顾秀莲在表彰大会上的讲话精神。

【老年体育协会】 县老年体育协会不断创新老年健身活动方式，将传统交流活动模式和网络线上交流活动有机结合，采取灵活多样的方式深入基层，开展健身指导和健身项目技能培训，普及推广形式多样的老年健身活动。6 月，开展太极拳、持杖健走等项目全国网络短视频健身展示交流活动，根据短视频和健身项目特点，创新项目交流规程，探索利用新媒体服务健身群众的活动形式。9 月，县老体协组织参加廊坊市老年人乒乓球比赛，荣获团体第二名。11 月，为县内省级老年体育示范村发放 15 张乒乓球台。

【老干部活动中心】 2020 年，对老干部活动中心的象棋室、聊天室、乒乓球室、台球室、音乐教室、书画展室等进行整体粉刷，对水、电、暖等设施进行维护与维修，为老干部创造一个舒适、干净、安全的娱乐环境。

【《香河县革命老区发展史》编纂出版】 2020 年 6 月，县老区建设促进会完成“全国革命老区县发展史丛书——河北卷”《香河县革命老区发展史》编纂和出版发行工作。《香河县革命老区发展史》由河北人民出版社出版，设 11 章 59 节及大事记，共计 25.6 万字。按照“建立中国共产党、成立中华人民共和国、推进改革开放和中国特色社会主义事业”三大里程碑历史脉络，书写革命老区香河，从站起来、富起来到强起来的光辉革命史、不懈奋斗史和辉煌成就史，充分展示老区人民的伟大贡献、伟大创造、伟大成就、伟大精神，形成一部具有厚重历史特征和鲜明时代特色的精品力作。

（陈卫彬）

信访工作

【概况】 2020 年，信访工作在县委、县政府的正确领导下，在上级信访部门的大力支持下，县信访局坚持把维护社会和谐作为经济社会发展的基础工程和首要任务，坚持以习近平新时代中国特色社会主义思想为指导，坚持稳中求进的工作总基调开展信访工作。在突如其来的新冠肺炎疫情期间，县信访局坚持一手抓新冠肺炎疫情防控，一手抓信访工作，是年，全县信访态势总体平稳。

【新冠肺炎疫情期间信访接待】 新冠肺炎疫情防控期间，按照上级安排，县信访局立即启动应急响应，在停止面对面公开接访的同时，做好接听电话、接收信息来访诉求工作。对个别直接来访人员，在做好防护同时耐心做好解释工作，并做到督导力度不减。

【信访基本情况】 2020 年年初，受新冠肺炎疫情影响，县信访接待中心暂时停止面对面接待群众来访，5 月 11 日，恢复公开接待群众来访。其间，县信访接待中心利用电话、网络平台、公众号受理群众来电来访，共接到群众电话和网络投诉 55 件次。从恢复公开接待群众来访至年底，接待群众来访 495 件次 1500 人次，其中，集体访 47 件次 810 人次，个体访 448 件次 690 人次。年内，发生到北京重点地区非法上访 3 件，进京访 89 批 230 人次，同比下降 66%。其中，进京个人访 82 批 90 人次，同比下降 65%，进京集体访 7 批 140 人次，同比下降 75%。赴省访 34 批 40 人次，同比下降 70%，未发生赴省集体访。发生赴市访 148 批 330 人次，同比下降 41%。其中，赴市个人访 119 批 130 人次，同比下降 47%，集体访 29 批 200 人次，同比上升 26%。进京、赴省、到市访 271 批 600 人次。在受理的信访问题中，反映占地补偿、土地承包、宅基地、破坏耕地方面的问题64件次；村民待遇方面的问题30件次，建筑违规、拆迁补偿、农民工工资方面的问题128件次；村干部经济、村务公开、换届选举方面的问题2件次；涉法涉诉及纠纷方面的问题34件次；优抚救济、历史遗留方面的问题2件次；水电暖方面的问题8件次；其他方面的问题282件次。信访部门高度重视“省长信箱”信访案件办理工作，年内，“省长信箱”登记香河县信访事项131件次，通过转送交办至县内相关单位，截至年底，全部如期办结。

【领导干部集中接访】 2020年，多次召开县委常委会会议、信访联席会议，定期调度分析信访形势，通报上访情况，部署下步工作，切实把信访工作与全县发展同分析、同部署、同检查、同落实。为进一步畅通信访渠道，香河县实行四大班子主要领导及班子成员接访大排班，确保每个工作日都有2名县级领导在县信访接待中心接访，并通过县电视台提前公布。各镇（社区办）、园区和县直各部门加强领导干部接访的密度和力度，一把手带头，每天至少安排一名班子成员在本单位接待来访群众。此外，还将继续坚持向全县公布县委书记、县长、党政班子所有分管信访工作领导和重要职能部门一把手的手机号码，各镇（社区办）、园区也全部公开领导班子成员手机号码，24小时开机接听群众诉求，确保上访群众的困难和问题在县内得到有效解决，确实做到为上访群众排忧解难。

【矛盾纠纷排查工作】 完善矛盾排查制度，加大矛盾排查力度，做到镇不漏村，村不漏户。坚持定期开展信访隐患排查工作，每月定期汇总各类信访案件，为领导接访、解决信访案件提供第一手资料。2020年，虽经历了突如其来新冠肺炎疫情，但香河县在组织矛盾纠纷排查活动中坚持力度不减，质量不降低，坚持每月两次排查、上报。

【信访案件查办工作】 按照专项行动要求，逐案建立台账，逐一明确责任，实行“一岗双责”。县委常委分负责所包乡镇的信访案件；党政班子成员按照工作分工，各负其责、每人分包各自分管系统的信访案件。坚持每月一梳理、每月一汇总、每月一刷新，由县信访局及时调整、梳理部署、动态分包，集中攻坚，推进案件化解。

【“五包一”工作机制逐案落实】 领导包联信访案件化解工作。2020年，涉及香河县第一批省级领导包联案件9件，全部按期办结，其中，息诉息访3件；涉及香河县第一批市级领导包联案件20件，全部按期办结，其中，息诉息访3件；香河县第一批县级领导包联案件60件，全部按期办结，其中，息诉息访15件。按省市要求，第二批省市领导包联信访事项化解工作涉及香河县案件3件，全部结案，并全部息诉息访；第二批市级领导包联案件涉及香河县案件23件，全部办结，息诉息访19件；第二批县领导包联案件184件，结案101件，息诉息访93件。

信访平台转交案件办理工作。年内，香河县接到市级智慧信访平台转交办案件258件，其中，213件按期办结，其余45件正在办理中。

中省市网上交办要结果案件办理工作。年内，中、省、市共交办访、信、邮要结果信访案件166件，办结140件，未出现退查退办案件，其他案件还在办理当中；国家信访局“四大攻坚战”，即重点领域、重点群体、重点问题、重点人员化解攻坚战活动交办案件3件，全部上报办结。

按期按质做好网上信访工作。年内，中、省、市通过省信访信息系统转送香河县访、信、邮信访案件1832件，全部第一时间接收，转送至各单位、各部门，并按期督促各单位、各部门及时做好接收告知、按期办理答复意见，以及做好满意度评价等网上信访“三率”，即信访案件受理率、按期办结率、息诉罢访率和群众满意度工作，香河县网上信访“三率”各项指标均达到年初制定目标。

重复信访事项治理工作。9 月，中央信访工作联席会议办公室、国家信访局开展为期 3 年重复信访事项治理工作，国家信访局共交办香河县重复网上投诉信访事项 194 件，化解 160 件；交办重复来访信访事项 83 件，化解 70 件；省信访局共交办香河县重复网上投诉信访事项 41 件，化解 15 件；交办重复来访信访事项 34 件，化解 20 件。截至年底，以上所有信访案件第一时间全部转交至各涉案单位，并第一时间进行接收，按照省市要求按期办结。

【问题楼盘信访案件化解】 自 2019 年 10 月底，省、市信访部门交办香河县问题楼盘 42 件次，通过交办属地单位、成立问题楼盘专班、县处级领导包案以及实地督导等举措，2020 年 6 月底前，均全部按期办结上报。

【信访值班工作】 2020 年，在全国“两会”、省、市“两会”以及中共十九届五中全会、“5·18”经贸洽谈会、暑期北戴河安保等时间节点，按照中、省、市及县委主要领导指示精神，县信访局组织各镇（社区办）、香河经济开发区及相关县直部门开展进京、赴省、到市、到秦参与信访值班工作，及时稳妥协调解决了各类群众信访问题，完成上级提出的“四个不发生”，即不发生重大政治事件、不发生影响恶劣群体性事件、不发生重特大治安灾害事故、不发生重特大恶性案件的工作目标。

（李树明）

机构编制

【概况】 2020 年，机构编制工作以贯彻落实《中国共产党机构编制工作条例》为着力点，健全完善党管机构编制制度体系，统筹配置机构编制资源。年内，根据省、市关于深化乡镇改革工作的总体安排部署，县委机构编制委员会办公室（简称县委编办）围绕构建职能科学、运转有序、保障有力、服务高效、人民满意的基层管理体制机制目标，切实加强组织领导，严肃改革工作纪律，精心组织实施，圆满完成深化乡镇改革等各项任务。

【乡镇机构改革】 2020 年，按照省、市关于深化乡镇改革工作总体安排部署，成立县委深化乡镇机构改革工作专班，制定《香河县乡镇职责事项清单》，建立乡镇职责准入制度，将乡镇职责事项进一步细化分解到各工作机构。

统筹机构设置。在规定机构限额内构建完备的职能体系框架，在淑阳、安平、钳屯、五百户、刘宋、安头屯、渠口、钱旺、蒋辛屯 9 个镇均设置党政综合办公室（挂“财政所”牌子）、党建工作办公室（挂“人大主席团办公室”牌子）、应急管理办公室、自然资源和生态环境办公室、综合行政执法队（挂“综合指挥和信息化网络中心”和“社会治安综合治理中心”牌子）、行政综合服务中心（挂“综合文化服务站”牌子）、农业综合服务中心（挂“经济发展中心”牌子），各镇增设退役军人服务站，在各镇 8 个工作机构的基础上，渠口镇增设综合文化服务站，总计 9 个工作机构；淑阳镇增设综合文化服务站、社区建设和物业监督管理办公室，总计 10 个工作机构。

优化编制资源。统筹调剂 9 个镇编制资源，确保各镇人员力量适应工作需要。4 月，“三定”规定编制完成并印发至各镇，加快推进职能转变，把工作重心转到抓党建、抓治理、抓服务、抓优化发展环境上。

【事业单位管理体制改革】 2020 年，在巩固行政类事业单位改革成果基础上，继续深化公益类事业单位改革，开展公益类事业单位清理规范工作。推进科级事业单位改革任务，进一步推进政事分开，优化布局结构，强化公益属性，为新时代公益事业高质量发展提供保障。

【机构编制管理】 县委编办不断完善机构编制管理，挖潜机构编制资源，推动机构编制资源向重点领域和基层一线倾斜。持续做好控编减编工作，严格编制使用核准制度，不断强化机构编制前置刚性约束机制。利用“河北省机构编制信息管理平台”开展机构编制实名制管理工作。

【中文域名注册】 2020年，进一步提升网站建设管理水平，规范全县各党政机关和事业单位域名命名，加强网络红页使用，加挂网站标识，做好中文域名续费，促进政府网站健康有序发展。

【统一社会信用代码赋码工作】 截至2020年年底，完成对符合登记要求的部门赋码登记，办理机关统一社会信用代码赋码79家。其中，机关法人赋码64家、垂管机关赋码4家、特殊情形赋码2家、群团法人赋码9家。

【事业单位法人年度报告】 2020年1月1日至5月31日，开展2019年度事业单位法人年度报告工作，166家事业单位法人参加年度报告，经保密审查后，在“事业单位在线”集中公示了166家事业单位法人年度报告。截至年底，办理事业单位法人设立3家、变更19家，注销事业单位法人8家。

（刘 颜）

网络安全和信息化

【概况】 2020年，是全面建成小康社会和“十三五”规划收官之年，县委网络安全和信息化委员办公室（简称县委网信办）坚持以习近平新时代中国特色社会主义思想，特别是习近平关于网络强国的重要思想为指导，深入贯彻落实中共十九大和十九届二中、三中、四中、五中全会以及省委九届十一次全会精神，增强“四个意识”、坚定“四个自信”、做到“两个维护”。本着对社会负责、对人民负责的态度，助力打赢新冠肺炎疫情防控阻击战，把牢网络意识形态主导权，依法加强网络空间治理，积极培育健康向上的网络文化，为新时代加快建设美丽幸福新香河，提供可靠网络安全保障和有力信息化支撑。6月，香河县被确定为全省网络综合治理体系建设试点县；8月，在廊坊市开展的奋力夺取新冠肺炎疫情防控和经济社会发展“双胜利”主题宣传活动中县委网信办被评为先进集体；10月，在河北省开展的“2020河北省践行网上群众路线典型案例征集活动”中，香河县荣获优秀组织奖。

【网络引领凝聚抗疫正能量】 2020年年初，新冠肺炎疫情突如其来，县委网信办主动发声引导全民抗疫。统筹全县各政务新媒体及社会自媒体，印发《香河县委网信办发布自媒体倡议书》《关于规范网络传播秩序的通知》，要求全县自媒体围绕新冠肺炎疫情病毒科普知识、应知应会、新冠肺炎疫情防控、众志成城抗击新冠肺炎疫情等方面，主动发声，宣传营造“坚定信心、同舟共济、众志成城、科学防治”的抗疫氛围。利用“香河头条”微信公众号，制作宣传内容条款350余条，制作网络传播抗疫海报4张，把香河县抗疫最强音第一时间传播出去。利用H5、短视频等形式制作《香河防疫顺口溜》《共同战“疫”，香河在行动！》等文艺作品，让人们从文艺作品中看到美好、看到希望、看到胜利就在前方，其中原创视频《危难时刻英雄就在身边》《众志成城共克时艰》荣登“学习强国”平台。

联合县融媒体中心举办“抗疫有你”网络展示活动，集中展示在新冠肺炎疫情防控攻坚战中涌现出的先进典型、创新做法、成功经验，同时在全县新媒体平台以及全国各大网站进行推送，营造良好的社会舆论氛围。网络展示活动共推介典型稿件80篇，向上级媒体发送香河新冠肺炎疫情防控的稿件187篇，其中，被省级媒体采纳19篇，被国家级媒体采纳14篇，点赞量突破230万人次，总点击量突破3600万人次。县公安局看守所原所长李向国获评“最美抗疫先锋”，《时代新人 河北好人》《香河县民警黄建生的一天》《抗疫先锋杨波》《让党旗飘扬在一线》等4篇稿件被省级以上媒体刊发，李向国模范事迹被新华网、人民网等国家级媒体转发。向“廊坊发布”推介《香河最网红》9个案例，入选4个案例。其中，李向国在抗击新冠肺炎疫情工作中的先进事迹，被全国各大网站先后播发，入选“中国网事·感动河北”。在2020年度网络人物评选活动中，李向国获全国抗疫先进工作者等诸多荣誉称号。

【网络系统安全检查】 组建临时检查组，对县域25家重点单位网络进行技术检测评估，检查各单位机房运行状况、网络安全防护、消防设施、机房配置以及使用环境，了解网络安全运行状况，及时发现各单位网络安全漏洞与隐患。经检查发现网络安全环境漏洞148个，互联网出口防护漏洞193个，针对突出问题和薄弱环节下发整改评估报告函，提出整改建议，切实保障香河县网络信息系统安全稳定运行。通过人工技术检测与EDR安全监测系统对重点单位进行全面检测评估，加强对交通、教育、医疗、供水、供电等领域系统和业务之间关联风险评估及防范，严防连锁连片式网络安全事故发生。开展医疗系统网络安全检查专项行动，采用技术手段对县域内4家医院6个院区的重要业务系统进行技术检测，形成评估检测报告，发现在901个资产（电脑、服务器）中，高危资产601个，占总资产的66.7%；中危资产136个，占总资产的15.1%；低危资产3个；占总资产的0.36%；安全资产161个；占总资产的17.84%。检查发现系统漏洞32761个，网站程序漏洞153个，“弱口令”325个。结合各医院院区实际情况，督导整改，筑牢网络安全屏障。

【网络安全防护措施加强】 印发《关于做好疫情期间网络安全保障函》，协调移动、联通、电信3家运营商在新冠肺炎疫情期间免费为政府部门提供抗DDOS攻击及相关服务，为新冠肺炎疫情防控提供网络安全保障。加强“网信香河”官方网站安全防护，组件EDR安全防护智慧平台，针对重点单位加装防护端点，达到互联网出口与PC端双重防护效能。印发《关于做好微软停止提供windows7安全补丁应对工作的通知》，把此次工作情况作为年度网络安全检查的重要内容，避免发生网络安全攻击事件，确保全县信息系统安全稳定运行。严防境外势力攻击行为。针对境外黑客在公网发布攻击国家视频系统情况，印发《关于近期境外黑客组织拟对我国视频监控系统发起攻击的预警通报》，特别是涉及新冠肺炎疫情的公安、卫生、交通等重点领域进行全面监查监控，确保网络安全。建立网络安全信息汇集分析研判制度，定期根据网络安全工作开展情况和检查评估信息，利用大数据平台和专业第三方公司进行分析研判，编辑《网络安全月报》，报送县委县政府主要领导及县委网络安全和信息化委员会成员单位，受到县领导多次指示、批示，为工作进一步开展提供有力保障。年内，印发《网络安全月报》3期。建立常态化检查机制，联合县委保密机要局、县公安局等部门，印发《关于实行网络信息安全联合执法检查机制的工作方案》，对全县各机关、企事业单位每月随机抽取4家单位进行联合执法检查。将检查结果通报相关单位，达到以查“促建、促管、促防、促改”的目的。

【网络安全和信息化领域监督】 2020年，利用“15832612377”互联网违法和不良信息举报电话，维护互联网信息传播秩序，成功举报、关停涉黄涉赌网站32个，清理谣言类信息51篇、标题党信息12篇，恐怖惊悚类信息3篇，约谈违规公众号负责人4次。新冠肺炎疫情防控期间，举报平台共接到电话举报33个，公众号后台举报16个，志愿者举报63个，有效遏制谣言及不良信息的大范围传播。针对新冠肺炎疫情期间各类谣言，主动发布辟谣信息80余篇，其中，针对香河本地谣言6篇。利用“网信香河”抖音号，以幽默短剧的形式对各类谣言进行辟谣，年内，发布辟谣短视频10余篇，总点击量4万余次。《网络信息内容生态治理规定》颁布后，多次召开县内重点社会自媒体座谈会，要求对涉及政治营销、传谣造谣、侵权假冒、标题党、违规采访和色情、“三俗”（低俗、庸俗、媚俗）等方面内容进行全面自查。加强属地100余家政务新媒体和自媒体的建设与管理，对“今日香河”微信公众号负责人进行约谈，要求加强信息内容、跟帖、留言等管理，提醒公众号避免出现各类违规现象。7月27日，对“小红网”微信公众号存在违规线上线下宣传行为进行约谈，要求立即整改，年内，70余处违规线下小广告全部清除。

【“一中心一站”建设】 切实发挥“一中心一站”，即综合指挥和信息化网络中心及网信工作服务站职能，根据省、市委工作要求，结合《香河县深化乡镇改革实施方案》，先后印发《关于进一步完善网信工作体系加快推进“一中心一站”建设的通知》《中共香河县委网信办关于加快推进网信系统“一中心一站”建设的意见》，明确各镇建立加挂在综合行政执法队的综合指挥和信息网络中心，并提供“六有”保障，即有机构、有编制、有人员、有经费、有办公场所、有交通工具，各村建立网信工作服务站。截至2020年年底，完成一中心一站挂牌任务，相应工作职能条款挂牌上墙，综合指挥和信息化网络中心、网信工作服务站基本落实“六有”保障，相关网信工作可正常开展。为强化“一中心一站”工作职能，组织综合指挥和信息化网络中心负责人及工作人员开展业务水平培训会，针对“一中心一站”具体工作职能及日常工作业务技能进行了系统培训，同时下发《廊坊网信系统“一中心一站”工作手册》作为“一中心一站”日常工作的学习材料，不断提升网信工作人员工作素质。

【网络文化活动】 6月，开展香河县首届“我是家乡代言人网上主题活动”，运用网络直播等互联网传播形式，通过讲述家乡故事、叙述人文情怀、退出温度报道，以网民和群众视角全面开展展现香河各镇、村街、社区的新成就、新变化、新风貌。自活动开展以来，共收到来自全县各单位、各部门选题110条，最终确定有效选题20条，将制作成果在“香河头条”、“香河融媒发布”、网易中国、中国网、“今日头条”等平台宣传推广。制作一批以美食、手工艺、非物质文化等为主题的作品，所有主题在总体部署上以品乡味、传乡情、恋故土、展蓝图为主基调，更好讲述香河人自己的故事，展示香河县各行各业良好形象。这些作品画质清晰内涵丰富，为更好宣传香河、展示香河、推介香河提供了优质的素材。12月，县委网信办组织召开工作推进会，对优秀作品进行网上推介，并对在活动中表现突出的单位和个人进行表彰。

9月11日，香河县第二届网络文化节开幕式在县文化艺术中心举行　　县委网信办供图

开展各类网络文化产品研发及扶持工作。开展2020年度河北省互联网传播精品生产扶持工作，向市委网信办上报一篇名为《肉饼呼叫热干面》的作

品，利用香河与武汉两地的城市地标建筑、产业特色、传统美食，通过拟人化的互动手法，采用幼儿香河话与武汉方言的差异化配音，以媒体新技术手段制作成微动漫原创作品。通过作品表达香河人民对武汉人民的关怀，激发抗疫正能量，为武汉加油，引发群众的强烈共鸣和喜爱，作品得到武汉当地人的关注与认可，纷纷寄语留言。作品先后被“学习强国”平台、新华社客户端、央视频、央视移动网、环京津新闻网等多家媒体平台转发，总浏览量突破480万人次，引发强烈社会反响。甄选《出征武汉》《大十五的吃什么方便》《志愿者为隔离户送菜》《致敬最美逆行者李向国》《党员先锋左春喜》等20部作品上报市委网信办参加“十佳网络正能量传播者、十佳网络正能量微视频、十佳网络正能量专题、十佳网络正能量图片、十佳网络正能量评论”年度选拔活动。

开展香河县第二届网络文化节，以“E 起同行·共赴小康”为活动主题，共设置6项主题活动：网络安全演讲比赛活动，帮助学生掌握网络安全常识，增强网络安全防范意识和自我保护能力；“我是家乡代言人”网上视频展示主题活动，激发人们热爱美丽家乡、建设美丽家乡的内生动力，提升香河的知名度和影响力；“庆国庆”网络寄语留言活动，增强学生爱党爱国爱社会主义情感，激发为实现中国梦而努力学习、奋发向上的正能量；“网络名博游之运河采风”活动，有效利用香河周边网信工作单位、优秀自媒体人50余人，向外广泛宣传香河丰富的大运河文化和经济社会发展与生态建设相结合的勃勃生机；网络安全知识竞赛活动，增强了全县整体的网络安全意识和基本防护技能，形成网络安全人人参与、人人有责、人人关注的社会氛围；筹备成立香河县互联网发展协会、香河县电商直播协会，使协会统领县行业加强自律，提升互联网企业党建工作水平，促进互联网产业的规模化发展。

【智慧化城乡建设】 协调信息化发展建设。新冠肺炎疫情期间协调移动、联通、电信三大电信运营商，免费为群众提供涉及新冠肺炎疫情数据统计、医疗、教育、企业办公、网络安全、视频直播、IPv6转化等新冠肺炎疫情防控助力复工复产 42 项信息化产品，助力新冠肺炎疫情防治工作，助推各行各业复工复产。完成市委网信办对廊坊市“北三县”信息化发展水平调研接待任务，将香河县电子政务建设方面、经济社会领域信息化发展方面、数字经济发展方面、惠民便民服务推动方面等发展情况汇总，并对下一步发展计划提出建议。印发《关于转发〈关于进一步推动全省公共数据共享开放的实施意见〉通知》《关于转发省委网信办〈关于开展政务信息资源共享情况检查的通知〉的通知》，将省、市关于公共数据开放共享的有关精神向县内有关单位进行转发传达，并认真梳理全县政务信息资源开放共享情况，确定不存在“信息孤岛”问题。协调县科学技术和工业信息化局按照《国家电子政务外网网络安全风险排查工作方案》要求，对县电子政务外网从安全管理制度、安全防范措施、数据安全保护和日常安全管理等方面开展风险自查，保证全县政务外网的安全和规范使用，并形成自查风险清单和自查报告上报市委网信办。

助力智慧城市建设。协助完成新型智慧城市试点申报工作，与县发展和改革局、科学技术和工业信息化局一同制订《香河县新型智慧城市建设试点方案》，汇总撰写相关数据材料，制订智慧城市下一步发展方案。为智慧城市二期建设提供政务外网、数据中心、系统平台等网络基础设施链接的协商服务。IPv6 部署移动、联通、电信等基础电信企业城域网和接入网已改造完成，能够面向公众用户和政企客户开通商用 IPv6 宽带接入服务。5G 网络建设完成县内区域基站配置和城区外重点区域基站配置，实现城区室外完全覆盖，安平镇、蒋辛屯镇、香河机器人小镇等重点公共区域网络覆盖率60%。

截至2020年年底，完成智慧城市建设申报工作，智慧城市发展方案上报省委网信办，香河县被确定为智慧城市省级示范点。

推动数字乡村建设。按照廊坊市《〈数字乡村发展战略纲要〉重点工作任务落实分工方案》要求，对照重点任务分工方案，对香河县乡村基础网络建设、惠民服务、农业科技创新等27项任务进行了摸排统计。组织县内相关单位开展数字乡村建设省级示范点申报和市级数字乡村试点村街申报，撰写建设情况总结和申报。截至年底，数字乡村建设省级示范点申报工作向省委网信办提交了申报书，完成省级数字乡村建设示范点申报答辩。市级数字乡村试点村街申报工作选定蒋辛屯镇北李庄村，2020年年底通过市委网信办的审核确定。

【网络行业协会成立】 协调有关单位，指导香河县腾星文化传媒公司等企业成立香河县直播电商协会。指导蓝街广告网络科技公司，组织县内互联网企业和个人，推进香河县互联网行业发展协会成立有关工作任务。首个互联网发展协会、首个直播电商协会的成立将加大香河县党管网络的管理力度，提升涉网络行业的行业规范。

【“香河头条”网信公众号】 为更好地宣传新时代中国特色社会主义思想，塑造香河地域文化形象，满足网民生活服务需求，对“香河头条”进行全新改版，把接地气、体民情融入日常编辑工作中。8月14日在“香河头条”发布“节约粮食弘扬美德·争做爱粮节粮的倡导者”专题文章，获得全县网民8000余人参与点赞。开展“我们的节日”系列活动，对端午、七夕、中秋、重阳等传统节日进行科普宣传，深挖传统文化内涵激发网民民族自豪感。“香河头条”粉丝量大幅提升，粉丝量由原来的3万余人增长到4.3万人，全年累计推送图文信息4000余篇，阅读总量达到50万人次，先后开通“省级文明县城创建”“扫黑除恶”“决战脱贫攻坚”“预防电信诈骗”等专题专栏。网站维护及相关工作做到每天更新，确保网民打开网站看到最新信息内容。

9月9日，县委网信办组织100余家机关、企事业单位举办香河县网络安全应急演练暨网络安全培训会议 县委网信办供图

【网络安全宣传活动】 提高网络安全意识，提升网络安全管理水平。1月，邀请网络安全专家，为全县各单位网络安全管理人员进行网络安全培训。

9月14日，县委网信办联合保密、公安、人行、电信、移动、联通等单位在县新城公园开展网络安全宣传周宣传活动 县委网信办供图

重点培训《中华人民共和国网络安全法》相关知识，针对各单位网络安全设备技术搭建和应用进行具体讲解，强化各单位网络安全责任意识，提升各单位网络安全管理水平。4月15日，国家安全日开展户外网络安全宣传活动，活动中发放宣传品1000余份，利用短信形式向广大群众推送国家安全内容信息1万余条。9月，在国家网络安全宣传周期间，组织保密、公安、人民银行、移动、电信、联通等相关单位，在县新城公园举办以“网络安全靠人民·网络安全为人民”主题宣传活动。通过设置宣传展板、发放宣传资料和现场宣讲等形式，向群众宣传《中华人民共和国网络安全法》，普及网络安全知识和技能，提升广大群众网络安全意识和防范能力。网络安全宣传周期间，组织协调各镇开展宣传活动10余次，参与群众人数达万余人。同月，组织开展网络安全攻防演练，为切实提高培训效率，培训采用现场演示方式，模拟手机信息窃取、勒索病毒攻击、LED屏幕篡改、网站挂马等常见网络安全隐患攻击处置全流程，进一步提高各单位网络安全应急处置能力。为方便群众参与，减少疫情影响，开展网络安全知识线上答题活动，在“香河头条”微信公众号增设网上答题板块，5000余人参与答题活动。开展网络安全演讲比赛，联合团县委、县教育和体育局组织开展中小学生“安全用网，伴我成长”主题演讲比赛，87名中小学生报名参与比赛，进一步增强广大青少年网络安全意识，引导激励青少年牢固树立网络安全观，营造“安全、健康、文明、和谐”的校园网络绿环境。

（杨　光）

香河县人民代表大会

责任编辑　陈述龙　张　丹

综　述

2020年，是香河县经济和社会发展史上极不平凡的一年，面对突如其来的新冠肺炎疫情和经济下行的双重压力，县第十五届人民代表大会常务委员会（简称县人大常委会）在县委的坚强领导下，坚持以习近平新时代中国特色社会主义思想为指导，全面贯彻中央和省市县委重大决策部署，积极担当履职，依法有序行权，为建设美丽幸福新香河贡献人大力量。全年召开人大常委会会议6次、主任会议12次，听取和审议“一府两院”专项工作报告16项，作出决议、决定7项，开展视察、调研、执法检查13次，任免国家机关工作人员6人次，圆满完成县十五届人大四次会议确定的各项目标任务。

县人大常委会坚持把党的领导贯穿于人大依法履职的全过程，切实做到讲政治、守规矩、重规范，紧扣县委决策部署和社会发展大局谋划履职重点，积极参与运河通航、包联镇村、精准扶贫、项目服务、文明县城创建、信访接待等中心工作，面对新冠肺炎疫情，县人大常委会团结带领各级人大代表和机关干部，坚决贯彻习近平总书记和中央省市县委的决策部署，逆行出击，共克时艰。面对突如其来的新冠肺炎疫情，第一时间向各级人大代表发出倡议，吹响抗疫“集结号”，各级人大代表冲锋在前，发挥自身优势，全力参与新冠肺炎疫情防控工作。县人大常委会按照“党委领导、人大负责、政府主责、部门履职、上下联动”的总要求，集中部署开展“6+1”联动监督工作（2020年，河北省人大系统围绕6个重点领域清理规范和推进公共卫生体系建设开展“6+1”联动依法监督，一要加强对违法违规圈占土地和占用耕地建房问题的联动监督，提高土地利用质量和效益；二要加强对违规违建项目的联动监督，着力强化依法规范管理；三要加强对资源能源项目问题的联动监督，推动优化配置和高效利用；四要加强房地产开发项目问题联动监督，促进房地产市场健康发展；五要加强矿山开发问题联动监督，推进清理规范和综合治理；六要加强地下水超采问题联动监督，确保水位实质性回升；七要加强公共卫生管理问题联动监督，切实保障人民群众生命安全和身体健康），精心遴选71名人大代表参与县级“6+1”联动监督活动，为人大代表提供更多参政议政机会。

县人大常委会紧扣全县中心工作，履行宪法法律赋予的职权，把经济健康发展作为人大监督履职的首要议题，加强对经济运行情况的深入分析研究，努力为应对全县经济下行献策寻路。聚焦医疗、养老、食安、教育等群众普遍关注事项，支持和推动县政府及相关部门落实多项惠民政策，保护生态环境，创建文明县城，努力让香河百姓有更多的获得感、幸福感、安全感。制定下发《香河县人大常委会关于实施民生实事项目人大代表票决制工作办法》，稳妥有效推进民生实事项目票决制，充分发挥人大主导作用，动员各级人大代表广泛征集群众意见和呼声，力求实施票决的民生实事项目，切中人民所急所需、所想所盼。加强对各镇人大推行民生实事人大代表票决制工作的指导督促，切实办好重点民生实事项目，努力让人民群众的生产生活更加方便幸福。

1月10日，香河县第十五届人民代表大会第四次会议第一次全体会议召开　县融媒体中心供图

县人大机构设置

【县人大常委会领导机构】　2020年，香河县人大常委会为第十五届任期内。年内，县人大常委会有主任1名，副主任4名，其中，女性1名。

【县人大常委会工作机构】　2020年，香河县人大常委会工作机构有办公室、选举任免代表工作委员会、教科文卫工作委员会、法制工作委员会、财政经济工作委员会。

县人民代表大会会议

【概况】　2020年，召开香河县人民代表大会1次。

【县第十五届人民代表大会第四次会议】　2020年1月9日，香河县第十五届人民代表大会第四次会议在县第一城国际会议中心召开，参会代表应到181名，实到176名，会期3天。

会议听取和审议香河县人民政府副县长、代县长齐泽旭所作的《政府工作报告》；审议《关于香河县2019年国民经济和社会发展计划执行情况的报告》，审查和批准《香河县2019年国民经济和社会发展计划执行情况与2020年国民经济和社会发展计划》；审议《关于2019年县本级预算及县总预算执行情况和2020年县本级预算及县总预算草案的报告》，审查2019年县本级预算及县总预算执行情况，批准2020年县本级预算；听取和审议香河县人大常委会主任闫再兴所作的《人大常委会工作报告》；听取和审议《香河县人民法院工作报告》《香河县人民检察院工作报告》；会议补选齐泽旭为香河县人民政府县长，补选成晓东、李水喷为香河县第十五届人民代表大会常务委员会委员。

县人大常委会会议

【概况】　2020年，召开县人大常委会会议6次。

【县第十五届人大常委会第22次会议】　1月7日，县人大常委会主任闫再兴主持召开香河县第十五届人大常委会第22次会议。

会议根据市委通知精神，补选出席廊坊市第七届人民代表大会代表1名。经表决一致通过，补选齐泽旭为出席廊坊市第七届人民代表大会代表。

会议听取和审议县政府关于代表建议办理情况的报告。会议认为，县十五届人大三次会议代表建议交办以来，县政府高度重视，改进办理方式，不断加大投入，精心组织实施，代表满意率不断提高。肯定成绩的同时，针对个别部门存在的思想重视不够、办理质量不高等问题，会议建议：强化组织领导，提高办理工作水平。县政府及各承办单位要进一步提高思想认识，强化组织领导，认真落实一把手亲自抓、负总责的办理机制。强化责任意识，规范办理程序，及时研究解决办理过程中存在的问题。要加强与代表及群众的联系沟通，本着对代表和人民高度负责的态度，认真办理好代表建议。要坚持以人为本，以代表满意、群众满意为最高标准，不断提高办理效率和工作水平；加大工作力度，提升代表建议办结率。办理代表建议，关键在落实。县政府及各有关部门，对有能力办却还未办结的代表建议，加大工作力度，加快办理进度，提高办理质量，切实把代表建议落到实处。促进建议办理从重答复向重落实转变，从过程满意向结果满意转变。对正在办理过程中的建议，要限期办结；对确实办理不了的建议，要及时向代表解释说明；转变工作作风，确保建议办理取得新成效。县政府及各承办单位要进一步提高重视程度，切实把代表建议办理作为践行“以人民为中心”工作理念的重要抓手，作为尊重代表权力的重要形式，作为提升服务质量的难得契机，在解决实际问题上出实招、下真功。要强化责任，明确目标，真抓实干，注重实效，积极主动、更加负责地将代表建议办理好，为加快建设美丽幸福新香河发挥积极作用。

通过代表资格审查报告。会议审议批准代表资格审查委员会副主任委员王雨所作代表资格审查报告，确认出席县十五届人大四次会议179名代表资格有效。

研究召开县十五届人民代表大会第四次会议的有关事宜。经过表决，会议审议通过召开香河县第十五届人民代表大会第四次会议决定和大会主席团及秘书长建议名单、议案审查委员会建议名单、计划预算审查委员会建议名单。会议对《县人大常委会工作报告》进行认真讨论并责成县人大常委会办公室根据讨论意见作进一步修改。

【县第十五届人大常委会第23次会议】 4月8日，县人大常委会主任闫再兴主持召开香河县第十五届人大常委会第23次会议。

会议通过任免国家工作人员。经过表决，一致通过，决定免去：吴海斌县政府副县长、县公安局局长职务；免去刘凤顺县政府副县长职务；免去石宝智县工业和信息化局局长职务。决定任命：刘振华为县政府副县长、县公安局局长；任命石宝智为县科学技术和工业信息化局局长。通过任命的工作人员向宪法进行宣誓。刘振华在会议上作供职发言。闫再兴为通过任命的工作人员颁发任命书，并希望2人在各自工作岗位上要时刻牢记誓言，忠于宪法，忠于人民，在县委坚强领导下，担当起建设和发展香河的重任；要牢记使命和责任，立党为公，执政为民，执法为民，主动增强服务意识，自觉接受人大监督；要紧紧围绕全县改革发展稳定大局，恪尽职守，履职尽责，为加快建设美丽幸福新香河做出应有贡献。

县人大常委会组成人员对县人大常委会2020年工作要点进行讨论。会议指出，2020年是全面建成小康社会和“十三五”规划收官之年，省人大常委会启动“6+1”联动监督工作。县人大常委会要进一步坚定信心、提振精神、转变作风、依法履职，重点在建设美丽乡村、环境保护、文明县城、依法治县、项目建设、营商环境等方面，加大监督和支持力度，为夺取新冠肺炎疫情防控和经济社会发展双胜利做出积极贡献。会议要求，县人大常委会办公室根据讨论意见作进一步修改、完善后，印发全体县人大代表及各有关部门。

【县第十五届人大常委会第24次会议】 6月19

日，县人大常委会主任闫再兴主持召开香河县第十五届人大常委会第24次会议。

会议听取县政府关于“6+1”各领域清理规范、自查自纠工作情况报告。副县长闫明杰代表县政府向会议作关于“6+1”各领域清理规范、自查自纠工作开展情况报告。参加“6+1”联动监督工作的5位代表针对不同领域发表了意见、建议。会议认为，县政府关于“6+1”各领域清理规范、自查自纠工作情况报告内容翔实、问题具体、措施有力，5个相关领域排查全面到位、底数彻底摸清，做到全覆盖、无死角。充分体现县政府贯彻落实省、市、县委部署要求的坚定决心，体现对香河县经济和社会发展的高度负责，也体现对县人大依法监督、依法履职的有力支持。会议指出，按照省、市要求和全县“6+1”联动监督工作总体安排，当前联动监督工作已经进入“全面检查和整改阶段”。

6月19日，香河县第十五届人大常委会第24次会议召开　　县融媒体中心供图

为进一步做好“6+1”联动监督工作，会议建议：统一思想，提高政治站位。要站在讲政治的高度，站在对全县经济和社会发展负责、对全县人民负责的高度，深入学习领会省、市、县委，省、市人大常委会相关会议精神，充分认清开展“6+1”联动监督的重大意义，认清联动监督的重要性、严肃性、紧迫性和必要性，进一步把思想和行动统一到省委、省人大决策部署上来，不断增强联动监督工作的责任感和使命感，以更加昂扬的工作姿态，更加务实的工作作风，推动联动监督工作不断取得新成效。把握标准，突出问题导向。按照规定动作要求，将陆续开展执法检查、评议等活动，时间紧、任务重、要求高。各专项工作组要把握法律标准，依法开展监督评议工作。要牢牢把握问题导向，聚焦政府关心、群众关切、社会反应强烈的热点难点，找准问题、析透原因、建言献策，督促有关部门认真落实相关整改措施，着力推动重点问题、难点问题得到有效解决。求真务实，改进工作作风。开展联动监督活动要深入基层、深入群众、深入现场，听真话、察实情、求实效，力戒形式主义和官僚主义。各专项工作组要落实中央八项规定精神，坚持轻车简从，不给基层增加负担，不给群众添加麻烦。要自觉维护人大和自身形象，出于公心认真参加各环节工作，让联动监督成为彰显公平、弘扬正气的过程，让党和人民放心满意。畅通渠道，发挥代表联络站作用。人大代表联络站是人大代表联系服务群众的重要桥梁、宣传党的方针政策重要窗口，也是传递社情民意的重要渠道、推进基层治理的重要阵地。各镇（社区）、香河经济开发区人大主席团要充分发挥代表联络站的功能作用，结合“6+1”联动监督工作，组织代表广泛开展活动，畅通渠道搜集问题，广泛听取人民群众意见建议。坚持“民有所呼、我有所应”，围绕发展稳定和群众普遍关注的问题促进政府改进工作，形成全县上下齐心协力加快发展的良好局面。

会议部署实施《河北省各级人民代表大会常务委员会规范性文件备案审查条例》（简称《条例》）。县人大常委会办公室对该《条例》进行了简要说明。会议指出，为贯彻落实中共十八届四中全会提出的“要把所有规范性文件纳入备案审查范围”以及全国人大常委会提出的“只要规范性文件的制定主体属于人大监督对象，其制定的规范性文件都应当纳入人大的备案审查范围”的要求。3月27日，河北省第十三届人民代表大会常务委员会第十六次会议对2015年7月24日通过原来的《条例》进行修订，新修订《条例》自2020年5月1日起正式实施。新修订《条例》进一步拓宽备案审查范围，将监察委员会、人民法院、人民检察院制定的规范性文件纳入人大备案审查范围，实现备案审查对“一府一委两院”的全覆盖。会议强调，新修订的《条例》规定了规范性文件制定机关报备相关职责，明确要求制定机关应当加强规范性文件报送备案工作，建立健全工作制度，确定负责规范性文件报送备案工作的机构和人员，并进一步细化规范性文件报送备案的程序和标准。新修订的《条例》明确人大专门委员会、常务委员会工作机构以及备案审查工作机构的职责，确立规范性文件备案审查实行分工合作、多层审查的工作运行机制。会议要求，会后县人大常委会办公室将《条例》印发“一府一委两院”及各镇人大主席团，并要求认真学习，贯彻落实。

会议审议批准《县政府关于2020年度预算调整方案（草案）的报告》《关于2020年地方政府一般债券收支情况的报告》《关于2020年地方政府专项债券收支情况的报告》。县财政局局长刘宇代表县政府作《关于2020年度预算调整方案（草案）的报告》《关于2020年地方政府一般债券收支情况的报告》《关于2020年地方政府专项债券收支情况的报告》，并进行具体说明。与会人员对3项报告进行审议。经过表决，一致通过，决定批准3项报告。会议审议“6+1”各专项工作组视察、检查报告。

【县第十五届人大常委会第25次会议】 8月27日，县人大常委会主任闫再兴主持召开香河县第十五届人大常委会第25次会议。

会议首先进行人事任免事项，县人大常委会副主任宋品仲代表县人大常委会主任会议宣读《关于许燕海同志任职的议案》。县人民法院副院长侯东祥代表县人民法院作《关于徐小垒等同志任免职的报告》，并介绍拟任人员基本情况和任职理由。经过表决一致通过，免去徐小垒调解庭庭长职务、王伟珂审判员职务，免去米金稳人民陪审员职务。经过划票表决一致通过，决定任命许燕海为县人大常委会财政经济工作委员会主任，任命徐小垒为县人民法院民事审判庭庭长。许燕海、徐小垒在会上分别作供职发言。会议任命：李玉涛等135人为县人民法院陪审员。闫再兴代表县人大常委会向通过任命人员表示热烈祝贺，并为其颁发任命书。通过任命人员向宪法进行宣誓。闫再兴希望通过任命人员在新的岗位上要时刻牢记誓言，忠于宪法，忠于人民，恪尽职守，积极作为，为加快建设美丽幸福新香河做出应有贡献。

会议审议批准县政府《2019年财政决算情况的报告》《关于2020年地方政府一般债券收支情况的报告》。县财政局局长刘宇代表县政府对上述两项报告作具体说明。各位主任、各位委员对这两项报告进行认真审议。经过表决，一致通过，决定批准两项报告。

会议听取和审议香河县《2019年度环境保护现状和目标完成情况报告》。廊坊市生态环境局香河县分局局长任振宇向会议作了发言，县人大教科文卫工作委员会作了专题审议发言。各位主任、委员结合香河县实际对《2019年度环境保护现状和目标完成情况报告》进行认真审议。会议认为，近年来县政府及环保部门高度重视生态环境保护工作，认真贯彻习近平生态文明思想，按照中央和省、市、县委的决策部署，统筹打好污染防治攻坚战，大力开展大气、水、土壤污染防治等工作，2019年，全县环境状况总体持续向好，生态环境保护工作取得明显成效。在肯定成绩的同时，针对香河县环保工作中存在的不足，会议建议：提高政治站位，打好污染防治攻坚战。2020年，是全面建成小康社会收官之年，也是打好污染防治攻坚战的决胜阶段。县政府及其相关部门要认真贯彻习近平生态文明思想，牢固树立“绿水青山就是金山银山”的发展理念，始终保持加强生态环境保护的战略定力，切实担负起生态环境保护的政治责任。要统筹好经济发展和生态环境保护关系，积极探索“生态优先、绿色发展”的新路子，努力实现经济发展和环境保护“双赢”，不断满足人民群众日益增长的生态环境需要。要加大宣传力度，提升广大群众环境保护意识。要加强统筹协调，形成以环保部门为工作主体、相关部门通力合作协调联动的工作机制，实现行政管理资源效能最大化。强化科技支撑，提升环境治理水平。要出台相应政策，鼓励通过科技创新，解决环境存在的问题，同时推动经济发展。要提高环境监测预警水平，积极推广运用智能监控技术手段，全面提升生态环境监测能力。要强化生态环境保护科技支撑，加快水土污染治理先进技术研发、推广。要高度重视地下水水质状况，增加地下水抽检点位和检测频次。要加大市政设施建设资金投入力度，在市政工程施工过程中，超前谋划设计，升级改造地下管网，实现雨污分流。加强执法监管，完善长效机制。要强化持久作战思想，探索建立健全绿色发展长效机制，务求取得实效。要强化环境监管执法责任，从体制机制上落实环境监管和环境治理责任，补齐体制机制短板。要不断强化工作作风，调整工作理念，积极面对不断出现的新情况、新问题，为环境质量保驾护航。要严格环境执法，提高环境执法的威慑力。加快建立健全生态环境保护行政执法和刑事司法衔接机制，充分发挥监察机关和司法机关职能作用。坚持群防群治，加强生态文明法律知识和科学知识宣传普及，广泛动员人民群众积极参与生态环境保护工作，形成崇尚生态文明、保护生态环境的良好社会氛围。

【县第十五届人大常委会第 26 次会议】 10 月 28 日，县人大常委会主任闫再兴主持召开香河县第十五届人大常委会第 26 次会议。

会议首先进行人事任免事项，县委组织部常务副部长周向伟代表县政府作《关于提请朱维等同志任免职的报告》，并介绍拟任人员基本情况和任职理由。经过表决一致通过，决定任命朱维为县政府副县长（挂职，时间 1 年）。会议决定免去曾智豪县政府副县长职务。朱维在会议上作供职发言，闫再兴代表县人大常委会向朱维表示热烈祝贺，并为其颁发任命书。朱维向宪法进行宣誓。闫再兴希望朱维在香河县挂职期间，要时刻牢记誓言，忠于宪法，忠于人民，与县政府班子成员一道，积极进取，开拓创新，担当起建设和发展香河的重任；要牢记使命和责任，主动增强服务意识，自觉接受人大监督，围绕全县改革发展稳定大局，恪尽职守，履职尽责，为加快建设美丽幸福新香河做出积极贡献。

会议审议批准县政府《关于 2020 年度预算调整方案（草案）的报告》。县财政局副局长张宝栋代表县政府对《关于 2020 年度预算调整方案（草案）的报告》进行说明，各位主任、各位委员对《关于 2020 年度预算调整方案（草案）的报告》进行认真审议。经过表决一致通过，决定批准这个报告。会议听取和审议县财政局《关于 2020 年 1—9 月财政预算执行情况的报告》。县财政局副局长张宝栋代表县政府对《关于 2020 年 1—9 月财政预算执行情况的报告》进行说明，各位主任、委员对该报告进行认真审议。县人大常委会财经工作委员会作专题审议发言。

会议认为，2020 年 1—9 月，县政府及财税部门面对复杂严峻的经济形势，按照县十五届人大四次会议确定的各项目标，积极加强财源建设，强化财政收支管理，加大经济运行调度，着力保障改善民生，切实履行保稳定、促发展职能，为香河县经济社会高质量发展提供有力的财政支撑。在肯定成绩的同时，针对香河县预算执行中存在的不足，会议建议：依法组织收入，确保完成全年任务。县政府及财税部门要密切关注、科学分析、准确把握全县经济运行态势，加强财税部门协调配合，强化收入调度，确保应收尽收。要实事求是，做到依法依规，杜绝预收、虚收、空转现象。要严格规范非税收入管理，提高收入质量。优化支出结构，提高服务民生水平。县政府要强化预算约束，加强支出管理，以收定支，大力压减一般性支出，全力保障疫情防控、重点项目、生态整治、改革创新等重点支出。进一步加大民生投入，推动教育、医疗、社保等项目尽早见效，提升人民群众的幸福感和获得感。强化财政职能，增强发展后劲。县政府要充分发挥财政政策和资金的引导作用，加大对受新冠肺炎疫情影响较大行业、企业财税支持力度，有针对性地纾解企业特别是中小微企业生产经营困难，加大货币金融政策支持实体经济力度，着力推动经济高质量发展。要着力减轻实体经济成本，增强企业发展活力。要进一步加强项目建设，努力培植税源，打造新的经济增长点。深化预算管理，有效防控债务风险。县政府要进一步深化预算管理改革，扎实推进绩效预算，规范绩效目标设置和评价，紧紧盯住财政资金和国有资源资产管理，进一步完善县政府向县人大常委会报告国有资产管理情况制度。要依法依规安排使用新增债券资金，抓好债务存量化解，有效防控政府债务风险。

会议书面审议县发展和改革局关于《2020 年上半年经济社会发展计划执行情况的报告》、县审计局《2019 年财政预算执行情况的审计报告》以及《县人大常委会规范性文件备案审查工作规定(草案)》。县政府常务副县长齐建光列席会议，并代表县政府作表态发言：县政府将加强统筹，攻坚克难，努力涵养税源，促进香河县经济社会持续健康发展。

【县第十五届人大常委会第 27 次会议】 12 月 24 日，县人大常委会主任闫再兴主持召开香河县第十五届人大常委会第 27 次会议。

会议首先进行人事任免事项，县委组织部常务副部长周向伟代表县政府作《关于提请王强等同志任免职的报告》，并介绍拟任人员基本情况和任职理由。经过表决一致通过，决定任命王强为县政府办公室主任，决定免去张占春县政府办公室主任职务。王强在会议上作了供职发言。闫再兴代表县人大常委会向王强表示热烈祝贺，并为其颁发任命书。王强向宪法进行宣誓。闫再兴希望王强在新的工作岗位上，不忘初心、牢记使命，积极践行执政为民宗旨；真抓实干，务实担当，推动政府办公室工作再上新台阶，为加快建设美丽幸福新香河做出应有贡献。

调整 2020 年县本级预算及全县总预算的报告。会议审议批准县政府关于《调整 2020 年县本级预算及全县总预算的报告》。县财政局局长刘宇代表县政府对《调整 2020 年县本级预算及全县总预算的报告》进行具体说明。各位主任、各位委员对《调整 2020 年县本级预算及全县总预算的报告》进行认真审议。经过表决一致通过，决定批准《调整 2020 年县本级预算及全县总预算的报告》。会议审议批准县政府《调整“十三五”规划纲要有关指标的报告》。县发展和改革局局长冯国祥代表县政府对《调整“十三五”规划纲要有关指标的报告》《报告》进行具体说明。各位主任、各位委员对该《调整“十三五”规划纲要有关指标的报告》进行认真审议。经过表决，一致通过，决定批准《调整“十三五”规划纲要有关指标的报告》。

会议听取和审议县政府关于代表建议办理情况的报告。县政府办公室副主任马洪磊代表县政府作《关于 2020 年政府系统承办人大代表建议办理情况的报告》，县人大常委会选举任免代表工作委员会作专题审议发言，各位主任、各位委员对《关于 2020 年政府系统承办人大代表建议办理情况的报告》进行认真审议。会议认为，县十五届人大四次会议代表建议交办以来，县政府高度重视，加强督导，精心组织实施，积极回应代表关切，着力解决人民群众关心的热点、难点问题，代表满意率不断提高。在肯定成绩的同时，针对个别部门存在思想重视不够、办理质量不高等问题，会议建议：增强责任意识，提高办理工作水平。县政府及各承办单位要强化组织领导，增强责任意识，规范办理程序，认真落实一把手亲自抓、负总责的办理机制，及时研究解决办理过程中存在的问题。要加强与代表及群众的联系沟通，本着对代表和人民高度负责的态度，认真办理好代表建议。要坚持以人为本，以代表满意、群众满意为最高标准，不断改进承办工作，提高办理效率和工作水平。加大工作力度，提升代表建议办结率。办理代表建议，关键在落实。县政府及各有关部门，要利用年末有限的时间，对有能力办却还未办结的代表建议，加大工作力度，加快办理进度，提高办理质量，切实把代表建议落到实处。对正在办理过程中的建议，要限期办结，对确实办理不了的建议，要及时向代表解释清楚。注重工作实效，确保办理工作再上新台阶。县政府及各承办单位要进一步提高认识，切实把办理代表建议作为践行“以人民为中心”的工作理念，作为尊重代表权力的重要形式，作为提升服务质量的难得契机，在解决实际问题上出实招、下真功、重实效，为加快建设美丽幸福新香河发挥积极作用。

会议书面审议县政府关于全县《2019年国有资产管理情况的报告》。会议要求，县政府及有关职能部门要进一步摸清底数、完善制度、加强管理，实现国有资产保值增值，防止国有资产流失。会后由县人大常委会办公室收集常委会组成人员对国有资产管理方面的意见建议，归纳整理形成书面材料后反馈给县政府。县政府常务副县长齐建光列席会议，并对县政府调整预算及“十三五”规划纲要部分指标有关情况结合香河县经济面临的形势，作了补充说明；针对代表建议办理工作，齐建光代表县政府表示，会后将进行再研究再部署，采取切实有效措施，促进代表建议落实。

工作与职能

【监督检查】 县人大常委会按照省、市人大常委会关于开展“6+1”联动监督的实施意见和县委要求，针对开展违法违规圈占土地、违规违建项目、房地产开发项目清理、地下水超采综合治理、公共卫生管理联动监督五个相关领域加强监督检查。县人大常委会党组制订《中共香河县人大常委会党组关于开展“6+1”联动监督的工作方案》。县人大常委会听取县政府关于“6+1”各领域清理规范、自查自纠工作的情况报告。参加“6+1”联动监督工作的5位代表针对不同领域发表了意见、建议。会议认为，县政府关于“6+1”各领域清理规范、自查自纠工作的情况报告内容翔实、问题具体、措施有力，五个相关领域排查全面到位、底数彻底摸清，做到了全覆盖、无死角。会议指出，按照省、市要求和全县“6+1”联动监督工作总体安排，联动监督工作进入“全面检查和整改阶段”。

1月7日，县人大常委会审议县政府《关于代表建议办理情况的报告》。针对个别部门重视不够、办理质量不高等问题，建议强化组织领导，提高办理工作水平。县政府及各承办单位要进一步提高认识，强化组织领导，认真落实一把手亲自抓、负总责的办理机制，及时研究解决办理过程中存在的问题。6月19日，审议《县政府关于2020年度预算调整方案（草案）的报告》《关于2020年地方政府一般债券收支情况的报告》《关于2020年地方政府专项债券收支情况的报告》。指出，县政府要进一步深化预算管理改革，扎实推进绩效预算，规范绩效目标设置和评价，紧紧盯住财政资金和国有资源资产管理，进一步完善县政府向县人大常委会报告国有资产管理情况制度。要依法依规安排使用新增债券资金，抓好债务存量化解，有效防控政府债务风险。经过表决一致通过，决定批准这3项报告。8月27日，审议全县《2019年度环境保护现状和目标完成情况报告》。在肯定成绩的同时，针对香河县环保工作中存在的不足，会议建议：提高政治站位，打好污染防治攻坚战，努力实现经济发展和环境保护“双赢”，不断满足人民群众日益增长的生态环境需要。要加大宣传力度，提升广大群众环境保护意识。县人大常委会审议批准县政府《2019年财政决算情况的报告》《关于2020年地方政府一般债券收支情况的报告》。10月28日，审议批准县政府《关于2020年度预算调整方案（草案）的报告》、县发展和改革局关于《2020年上半年经济社会发展计划执行情况的报告》、县审计局《2019年财政预算执行情况的审计报告》。12月24日，审议县政府关于《调整2020年县本级预算及全县总预算的报告》、县政府《调整“十三五”规划纲要有关指标的报告》、县政府《关于2020年度预算调整方案（草案）的报告》、县财政局《2019年国有资产管理情况的报告》。常委会会议要求，县政府及有关职能部门要进一步摸清底数、完善制度、加强管理。

县人大常委会审议县财政局《关于2020年1—9月财政预算执行情况的报告》，认为2020年1—9月，县政府及财税部门面对复杂严峻的经济形势，按照县十五届人大四次会议确定的各项目标，积极加强财源建设，强化财政收支管理，加大经济运行调度，着力保障改善民生，切实履行保稳定、促发展职能，为香河县经济社会高质量发展提供有力的财政支撑。在肯定成绩的同时，针对香河县预算执行中存在不足，会议建议：县政府职能部门要依法组织收入，确保完成全年任务。县人大常委会书面审议县政府关于全县《2019年国有资产管理情况的报告》。要求县政府及有关职能部门要进一步摸清底数、完善制度、加强管理，实现国有资产保值增值，防止国有资产流失。

加强对公检法部门的监督检查。组织部分县人大常委会组成人员和市县人大代表深入蒋辛屯派出所水岸潮白警务室、五百户派出所和五百户交警中队，围绕公安基层基础工作、治安防控体系建设、社会管理和服务基层群众等方面工作，采取看现场、听汇报、座谈会等方式进行全方位了解。组织部分人大常委会委员和市县人大代表走进检察机关，实地参观“12309”检察服务中心远程接访、提审、开庭等智慧检务，观看了批准逮捕、公诉案件网上办理流程演示。通过进检察门、听检察事、看检察人、议检察题，详细了解检察工作情况，并就加强队伍建设、全面履行法律监督职能等方面工作提出具体意见建议，推动检察工作高质量发展。组织部分县人大常委会委员和市县人大代表亲临人民法院办案一线，全程参与，提高办案的透明度，促进人民法院阳光执行、规范执行、高效执行。县人大常委会委员和市县人大代表通过监督检查，对公检法工作中存在的问题和不足提出意见和建议。

【视察调研】 2020年，县人大常委会组成人员及部分县镇人大代表对全县民营经济发展情况和优化营商环境工作开展情况进行专题视察调研。

调研组先后到香河海潮制件有限公司、香河天亚木业有限公司、香河第一城酒业有限公司，和企业相关人员了解、交流经济运行和营商环境情况，探讨经济发展过程中存在的问题。调研组深入乡镇、街道、园区、村街、学校、部分县直部门，通过召开座谈会、汇报会、查阅资料、实地查看、走访群众等方式了解民情、集中民智，形成10余项调研报告。调研组深入国有企业，听取相关部门国有资产和国有企业资产管理情况的汇报，根据调研情况，客观分析全县国有资产管理情况。

香河县深入贯彻实施《中华人民共和国农民专业合作社法》和《河北省农民合作社条例》，对法规和条例贯彻实施情况进行执法检查。2020年，全县有合作社435家，其中，国家级示范社1家，省、市级示范社5家，县级示范社30家。经调研发现大部分合作社发展规模小，制度不完善，对《中华人民共和国农民专业合作社法》和《河北省农民合作社条例》的落实认识不足，认可度低，需加大力度对合作社组织进行宣传，转变农民的观念，提高农民的认识，尽快将全县农民合作社组织发展起来。

县人大常委会组成调研组，县人大常委会副主任周志广任调研组组长，对全县国有资产管理情况进行调研。调研组深入相关部门和国有企业召开座谈会，听取部门国有资产和国有企业资产管理情况的汇报，了解国有资产管理情况。

【财政预算联网监督】 实施财政预算联网监督，既是加强人大对本级财政预算实施有效监督的重要举措，也是推动财政部门实施全面规范、公开透明预算制度的有效措施。县政府要求县财政局按照主动配合监督与依法接受监督相结合、推进预算联网监督与加强财政管理相结合的工作要求，学习和借鉴预算联网监督工作试点单位先进经验，积极配合县人大常委会财政经济委员会建立预算联网监督系统。按要求做到：建立学习考察机制；优化结构选配力量；建立宣传发动机制；建立联席会议机制；积极对接，稳步推进。截至年底，香河县已完成省市人大要求部署的部门信息采集工作，包括政府及部门预算和国有资产最新数据。为进一步依法加强对县财政预算审查监督，充分发挥职能作用，努力提高财政资金使用绩效，县人大常委会副主任周志广带领财经工作委员会人员，走访县财政局，调查县预算联网监督工作开展情况。

【陪同上级人大调研】 4月13日，市人大常委会副主任邵二玲率调研组就《廊坊市院前医疗急救服务条例（草案）》落实情况到香河县进行初审调研，县人大常委会副主任张浩波及有关部门负责人陪同。5月14日，市人大“6+1”联动监督包联指导组到香河县督导检查，县人大常委会主任闫再兴，县委常委、常务副县长齐建光及有关部门负责人陪同。8月14日，市人大财政经济工作委员会主任吴德明带领执法检查组就财政经济工作，到香河县督导检查，县人大常委会副主任宋品仲及有关部门负责人陪同。8月20日，市人大常委会法制工作委员会主任陈立民一行3人，到香河县就《廊坊市养犬管理条例》开展立法专题调研活动，县人大常委会副主任张云华、部分人大代表、委员及有关部门负责人陪同。9月15日，省人大常委会副主任王晓东率执法检查组在市人大常委会主任蒋洪江陪同下，到香河县开展“6+1”联动监督执法检查，县委书记李桂强、县长齐泽旭、县人大常委会主任闫再兴及有关部门负责人陪同。10月13日，市人大常委会副主任陈洪波率调研组，就应对人口老龄化和养老服务改革工作开展情况到香河县调研，县委书记李桂强，县人大常委会主任闫再兴、副主任张浩波及有关部门负责人陪同。

【干部任前考法】 县人大常委会以培育法治思维、深化法治进程、促进公平正义为己任，大力推进法治香河建设。对拟任人员做到任前考法、任后宣誓、任中述法、全程督法。2020年，先后4次对包括2名副县长在内的6名提请县人大常委会任命人员进行任前法律考试。通过以考促学、以学促用，进一步推动拟任人员尊法、学法、守法、用法的自觉性，提高依法决策、依法行政的能力和水平。

【代表议案督办】 县人大常委会建立健全代表建议督办机制，推动建议办理从“答复满意”向“结果满意”转变，提高议案建议办理质效。议案建议提出后，及时进行汇总归类、定责压担，做好交办促办衔接。议案建议办理过程中，通过实地视察、听取和审议代表建议办理报告等方式，强化督办催办。尊重代表权力，征询代表对办理情况的意见，及时反馈给承办单位。在答复验收阶段，坚持求实较真，要求承办单位清晰说明办理情况，精准评估承办效果。在县政府和承办单位的共同努力下，2020年，代表提出的47件建议均得到妥善办理，满意率98.4%。

【人大代表工作】 县人大常委会充分尊重人大代表主体地位，全面提升服务保障水平。注重人大代表的思想上位、政治站位、履职定位，解决好为谁履职、怎样履职的问题。“学习强国”App推出后，及时督促人大代表充分利用这一平台学习习近平新时代中国特色社会主义思想。激励人大代表强化民本情怀，坚持为民履职，当好人民的“代言人”。充分发挥人大代表联络站的功能作用，结合“6+1”联动监督工作，组织人大代表广泛开展活动，畅通渠道搜集问题，广泛听取人民群众的意见建议。坚持“民有所呼、我有所应”，围绕发展稳定和群众普遍关注的问题促进政府改进工作，形成全县上下齐心协力加快发展的良好局面。邀请各级人大代表参与县人大常委会活动，拓宽人大代表知情悉政、参政议政渠道。丰富闭会期间人大代表活动，深入开展人大代表向选区选民述职活动，支持人大代表担当尽责。

【乡镇人大工作】 县人大常委会把指导好乡镇人大工作，当作一项经常性的工作任务，全力支持和促进全县各镇人大工作的开展。

坚持“走下去”。县人大常委会经常深入镇人大座谈走访，了解镇人大主席的思想状况、工作以及生活情况，听取镇人大主席和代表的意见和建议，帮助解决履职中遇到的问题和困难。同时，及时向镇人大通报县人大工作情况，促进县镇人大工作的协调配合。

坚持“请上来”。坚持镇人大主席列席县人大常委会会议、参加县人大常委会听取和审议专项工作报告、现场讨论决定重大事项及开展各项活动的具体做法，使镇人大主席进一步了解县人大的工作程序和工作方法。邀请镇人大工作人员参加县人大常委会视察、调研活动，进一步提高履职能力和工作水平。

【代表联络站作用发挥】 人大代表联络站是人大代表联系服务群众的重要桥梁、宣传党的方针政策的重要窗口，也是传递社情民意的重要渠道、推进基层治理的重要阵地。各镇（社区）、园区人大主席团要充分发挥人大代表联络站的功能作用，结合“6+1”联动监督工作，组织代表广泛开展活动，畅通渠道搜集问题，广泛听取人民群众的意见建议。坚持“民有所呼、我有所应”，围绕发展稳定和群众普遍关注的问题促进政府改进工作，形成全县上下齐心协力加快发展的良好局面。

【人事任免】 1月7日，香河县第十五届人民代表大会常务委员会第22次会议，补选齐泽旭为廊坊市第七届人民代表大会代表。

4月8日，香河县第十五届人民代表大会常务委员会第23次会议决定任命刘振华为县政府副县长、县公安局局长，石宝智为县科学技术和工业信息化局局长。

8月27日，香河县第十五届人民代表大会常务委员会第25次会议决定任命许燕海为县人大常委会财政经济工作委员会主任，徐小垒为县人民法院民事审判庭庭长。任命李玉涛等135人为香河县人民法院陪审员。

10月28日，香河县第十五届人民代表大会常务委员会第26次会议决定任命朱维为香河县政府副县长（挂职，时间一年）。

12月24日，香河县第十五届人民代表大会常务委员会第27次会议决定任命王强为县政府办公室主任。

【信访工作】 县人大常委会坚持抓信访、保稳定、促发展的原则，将人大信访工作与常委会的监督工作紧密结合。及时解决群众反映强烈的“热点”“难点”问题，及时批转对口部门办理，并会同有关部门共同做好信访工作。2020年，及时处理、批转人民群众来信来访12件55人次，保证群众诉求依法妥善解决。

【先进评选】 2020年12月22日，县人大常委会组织开展评选人民的好代表、人大工作先进个人及优秀人大代表联络站评选活动。对评选出的人民的好代表、人大工作先进个人、优秀代表联络站予以表彰。

市级人民的好代表 5 名：孙兴忠、刘顺生、程合林、牛影元、王丽芝。

县级人民的好代表 18 名： 绳立春、张建春、李水喷、王殿祥、 薛福宁、王淑荣、王晓娜、范国生、后建忠、王景中、绳军、赵晓静、刘斌、闫成、孙建征、曹茜、 陈萍、李东升。

县级人大工作先进个人 13 名：吴俊英、李伶伶、张少军、张波、程海峰、张东尧、靳洪艳、许新宇、高大永、周佳伟、杨立丽、罗爽、许会秋。

县级优秀人大代表联络站 3 处：淑阳镇人大代表联络站、刘宋镇庆功台村人大代表联络站、安平镇运河新村人大代表联络站。

（吴 姣）

香河县人民政府

责任编辑 陈述龙 张 丹

综 述

2020年，县政府坚持以习近平新时代中国特色社会主义思想为指导，在县委的坚强领导下，在县人大、县政协的监督支持下，团结带领全县人民，坚定信心、鼓足干劲，攻坚克难、负重奋进，扎实做好“六稳”，全力落实“六保”，深入开展“三创四建”，奋力夺取新冠肺炎疫情防控和经济社会发展“双胜利”，较好完成了十五届人大四次会议确定的目标任务。将北运河旅游通航作为“一号工程”，举全县之力、集全县之智，以最大决心、最大力度、最快速度推进各项工作。全力以赴深入推进协同发展，按照“四统一”要求，着力推进规划对接、产业互补、基础联建和公共服务共享。紧盯北京“容不下、离不开、走不远”的高端制造业和现代服务业项目，建立了3.3万家上市企业、瞪羚企业和北京高新企业目录清单，成功签约企业33家。招商引资深入开展，出台了《招商引资及项目建设奖励办法》等系列支持政策，启动运行香河招商App，大力开展线上线下招商活动。立足培育创新主体，建立高成长性企业名录，83家企业被评为科技型中小企业，13家企业被认定为高新技术企业，荣万家公司计划于2021年1月15日在港交所主板上市，将实现全县主板上市企业“零”的突破。县域科技创新能力跃升为B类县。被评为“全省民营经济发展先进县”。立足做好“全域旅游”文章，高标准修订《全域旅游总体规划》，旅游集散中心等配套设施建成投用，“慧游香河”服务平台在全省率先建成，第二届文化旅游产业发展大会成功举办，获评全市唯一省级全域旅游示范区，被评为全国县域旅游发展潜力百佳县。

聚焦畅通城乡路网，密集实施道路升级工程，全年新建、改建路网217千米。巩固智慧城市建设成果，15个部门24个系统接入智能化指挥调度中心，成为全省第一批新型智慧城市建设试点县。10千米地下管网建成投用，6条小街小巷完成治理，人民广场、民兵训练基地和垃圾焚烧发电厂主体完工，城市综合承载力不断增强。围绕打赢蓝天保卫战，坚决落实大气污染综合治理措施，全县空气质量持续改善，综合指数同比下降3.25%。围绕打赢碧水保卫战，县镇村三级河长开展巡河2.9万次，河长制工作考核在全市获评“优秀”档次。商汪甸和荣各庄排干渠清淤等工作扎实推进，5个国省市控考核断面水质稳定达标。围绕打赢净土保卫战，深入开展土壤污染治理，测土配方施肥推广面积1.73万公顷（26万亩），畜禽规模养殖场粪污处理设施配套率100%。围绕打赢绿色发展攻坚战，大力开展植树造林，全年完成540.8公顷（8112亩），获评中国百佳富氧县。

倾心倾力惠民生、促和谐，人民福祉得到增强。

坚持以人为本、民生为重，竭尽全力兜住民生底线、做好惠民实事，16项民生工程完成年度目标。教育事业繁荣进步，11项教育工程竣工投入使用，32所民办幼儿园完成普惠性创建，500余名教师补充到教育一线。医共体建设持续推进，钳屯、安头屯等4所卫生院完成改造，获评“河北省健康促进县”“全国计划生育优质服务先进单位”。民生保障不断增强，社会救助基金会成立运行，城乡低保、特困供养等政策严格落实，残疾人、孤儿救助等工作扎实开展，就业再就业工作保持全市前列。社会治理持续加强，“全科网格”全面建立，“社会治理信息系统”正式上线，“群众说事、干部解题”工作机制初步构建，全市首个网络生态综合治理督导平台搭建完成，县镇村三级新时代文明实践中心建成投用。2020年，全面打响创城攻坚战，成功获评省级文明县城，面对突如其来的新冠肺炎疫情，全县上下众志成城、同舟共济全力以赴守护人民群众生命安全和身体健康。

（杨　波）

县政府机构

【县政府领导机构】　2020年，县政府领导机构由7名成员组成，其中，县长1名，副县长6名（其中，常务副县长1名，挂职副县长1名）。

【县政府工作机构】　2020年，县政府工作部门有香河县人民政府办公室（挂香河县人民政府外事办公室、香河地方金融监督管理局、香河县人民政府金融工作办公室牌子）、香河县发展和改革局（挂香河县商务局、香河县粮食和物资储备局牌子）、香河县教育和体育局、香河县科学技术和工业信息化局、香河县公安局、香河县民政局（挂香河县扶贫开发办公室牌子）、香河县司法局、香河县财政局、香河县人力资源和社会保障局、香河县自然资源和规划局（挂香河县林业局牌子）、香河县住房和城乡建设局（挂香河县人民防空办公室牌子）、香河县交通运输局、香河县水务局、香河县农业农村局、香河县文化广电和旅游局、香河县卫生健康局（挂香河县爱国卫生运动委员会办公室牌子）、香河县退役军人事务局、香河县应急管理局（挂香河县地震局牌子）、香河县审计局、香河县市场监督管理局（挂香河县知识产权局牌子）、香河县统计局、香河县城市管理综合行政执法局、香河县行政审批局（挂香河县政务服务管理办公室牌子）、香河县医疗保障局。

县政府直属事业单位：香河县地方志编纂委员会办公室更名为香河县地方志编纂中心。

县政府常务会议

【概况】　2020年，香河县人民政府（简称县政府）召开16次常务会议。

【2020年第1次县政府常务会议】　1月5日，县长齐泽旭主持召开2020年第1次县政府常务会议。

会议审议《政府工作报告（讨论稿）》，会议议定：会议原则同意《政府工作报告（讨论稿）》。

会议研究审议《关于香河县2019年国民经济和社会发展计划执行情况与2020年国民经济和社会发展计划（草案）的报告》。会议议定：会议原则同意该报告。

研究审议《关于香河县2019年全县总预算及县本级预算执行情况和2020年全县总预算及县本级预算草案的报告》及《关于2020年全县及县本级收支预算草案情况的汇报》。会议议定：会议原则同意以上两个报告。

【2020年第2次县政府常务会议】　1月22日，县长齐泽旭主持召开2020年第2次县政府常务会议。

会议安排部署全县新冠肺炎疫情联防联控工作，会议提出三点要求，即认清形势，切实“绷紧弦”；突出重点，筑牢“防控网”；压实责任，打赢“阻击战”。

会议研究《关于拨付香河鼎泰公司委托区域开发建设管理资金的请示》。会议议定：会议原则同意该请示。

会议研究《关于拨付香河鼎泰公司委托区域开发建设资金的请示》。会议议定：会议原则同意该请示。

【2020年第3次县政府常务会议】 3月4日，县长齐泽旭主持召开2020年第3次县政府常务会议。

会议安排部署全县经济运行工作，会议提出六点要求，即切实压实主体责任、有序推动复产复工、精准做好对企帮扶、不断优化营商环境、持续强化综合治税、大力抓好项目建设。

会议安排部署当前五项重点工作，即认真做好新冠肺炎疫情防控；举全县之力做好加快推进运河旅游通航工作；采取强力措施扎实推进河道内村庄搬迁整治工作；全力推动政府重点工作；进一步健全责任体系。

【2020年第4次县政府常务会议】 3月6日，县长齐泽旭主持召开2020年第4次县政府常务会议。

会议听取《关于中共中央会议精神及省市领导疫情防控工作新要求和香河县疫情防控工作报告》。会议提出四点要求，即不松劲、守住线、盯牢点、抓发展。

会议研究《关于签订国有企业退休人员社会化管理整体交接协议的请示》。会议议定：会议原则同意该请示。

会议研究《关于京唐铁路占地涉及住宅征收安置补偿方案》。会议议定：会议原则同意该安置补偿方案。

会议研究《关于新城公园竣工结算评审有关事宜的请示》。会议议定：会议原则同意该请示。

会议研究《关于涞源县退还工矿废弃地复垦利用指标费用的情况报告》《关于实施〈香河县城镇低效用地再开发专项规划（2017－2020年）2019年度调整方案〉的请示》。会议议定：会议原则同意该请示。

会议研究《关于2020年土地储备计划的请示》。会议议定：会议原则同意2020年香河县土地储备计划。

会议研究《关于七宗土地用途调整的请示》。会议议定：会议原则同意该请示。

会议研究《关于出让六宗国有土地使用权的请示》。会议议定：会议原则同意该请示。

【2020年第5次县政府常务会议】 3月7日，县长齐泽旭主持召开2020年第5次县政府常务会议。

研究《香河县河道内村庄易地搬迁补偿安置办法》和《香河县河道内村庄搬迁临时过渡安置方案》。会议议定：会议原则同意该补偿安置办法和过渡安置方案。

【2020年第6次县政府常务会议】 3月11日，县长齐泽旭主持召开2020年第6次县政府常务会议。

会议学习传达习近平总书记赴武汉考察的讲话精神，研究下一步贯彻落实工作。

会议研究部署企业复工复产期间安全生产工作，会议听取《关于汲取近期省内外事故教训全力抓好复工复产期间安全生产工作的报告》。

会议研究部署北运河廊坊段旅游通航工作，就进一步加快推进运河旅游通航工作作出安排部署。

会议研究部署北运河、潮白河河道内村庄搬迁整治工作。会议研究《关于拨付廊坊瑞盛投资股份有限公司园区开发建设资金的请示》。会议议定：会议原则同意该请示。

【2020年第7次县政府常务会议】 3月30日，县

长齐泽旭主持召开2020年第7次县政府常务会议。

会议研究《关于将2020年度部分县级非税收入预入库的请示》。会议议定：会议原则同意县财政局提交的该请示。

【2020年第8次县政府常务会议】 4月23日，县长齐泽旭主持召开2020年第8次县政府常务会议。

会议传达学习十一届县委第七十五次常委会会议主要精神。会议提出五点要求，即进一步推动部门履责、进一步树牢服务意识、进一步强化责任担当、进一步规范政府决策、进一步严肃作风纪律。

会议听取《关于传达学习〈北京市通州区与河北省三河、大厂、香河三县市协同发展规划〉精神的报告》。会议议定：会议同意该报告。

会议研究《香河县关于通州区与廊坊市“北三县”协同发展规划贯彻落实意见》。会议议定：会议原则同意该落实意见，全县各级各部门要对照落实意见中明确的七方面重点工作，全力抓好贯彻落实。

会议听取《关于推进香河县乡镇综合行政执法改革工作的情况报告》《关于推进乡镇审批服务体系建设情况的报告》。会议议定：会议同意以上两个报告。

会议研究《香河县2020年大气污染综合治理工作方案》。会议议定：会议原则同意该工作方案，并提出四个坚持，即坚持目标导向、坚持问题导向、坚持结果导向、坚持责任导向。

会议传达学习省市领导关于北运河旅游通航工作批示精神，研究《北运河廊坊段旅游通航工作推进方案》。会议议定：会议原则同意该推进方案。会议提出四点要求，即思想要再重视、责任要再压实、措施要再深化、进度要再加快。

会议研究《第二批行政许可事项划转实施方案》。会议议定：会议原则同意该实施方案。会议提出四点要求，即要提高政治站位、要加快事项划转、要做好工作衔接、要提高审批效率。

会议研究《关于实施〈香河县被征地农民参加基本养老保险补贴实施办法〉及提高被征地农民社会保障费和风险基金征收比例的请示》。会议议定：会议原则同意该请示。会议明确三点要求，即要认识到位、要规范到位、要宣传到位。

会议研究《关于申请资金支持的请示》。会议议定：会议原则同意该请示。

【2020年第9次县政府常务会议】 5月18日，县长齐泽旭主持召开2020年第9次县政府常务会议。

会议听取小街小巷改造工程汇报，逐项目进行实地踏勘调研。会议议定：会议原则同意启动实施2020年小街小巷改造工程。会议明确三点要求，即要加强精细化管理、要加强固定资产管理、要统筹谋划工作。

【2020年第10次县政府常务会议】 5月24日，县长齐泽旭主持召开2020年第10次县政府常务会议。

会议研究《香河县2020年水污染防治重点工作实施方案》和《2020年香河县土壤污染防治工作要点》。会议议定：会议原则同意以上两个文件。会议明确五点要求，即认识要再提高、目标要再明确、措施要再具体、责任要再砸实、标准要再提升。

会议研究《关于拨付香河鼎泰公司委托区域开发建设资金的请示》（香开〔2020〕5号）《关于拨付香河鼎泰公司委托区域开发建设资金的请示》（香开〔2020〕6号）《关于拨付香河鼎泰公司委托区域开发建设管理资金的请示》（香开〔2020〕7号）《关于拨付廊坊瑞盛投资股份有限公司园区开发建设资金的请示》（香开〔2020〕63号）。会议议定：会议原则同意以上四个请示，会议明确三点要求，即要加强平台公司运营监管、要强化“外引内培”意识、要强化“留白也是发展”理念。

会议研究《关于提请将新建垃圾焚烧发电PPP项目政府跨年度财政支出责任纳入中期财政规划的请示》。会议议定：会议原则同意该请示。会议要求要充实专班力量，要紧盯工期、紧盯问题。

会议听取《关于实施深化户籍制度改革情况报告》。会议议定：会议同意该报告。会议明确三点要求，即加大宣传力度、要严把政策关口、要加强工作统筹。

【2020年第11次县政府常务会议】 6月15日，县长齐泽旭主持召开2020年第11次县政府常务会议。

会议学习《河北省扬尘污染防治办法》。会议明确三点要求，即学习要再深入、措施要再强化、责任要再压实。

会议听取《关于2020年以来安全生产工作开展情况及下一步工作建议的报告》。会议议定：同意该报告及下步工作建议。会议提出五点要求，即强化安全发展理念、狠抓隐患排查治理、抓好“双控”机制建设、加强安全宣传教育、突出重点部位防范。

会议听取《关于新冠肺炎疫情防控工作情况的报告》，研究近期全县新冠肺炎疫情防控措施。会议议定：会议同意该报告及重点管控应对措施。会议提出四点要求，即思想必须再紧扣、排查必须全面彻底、重点部位必须紧盯不放、宣传必须及时跟进。

会议安排部署全县经济运行工作。会议明确三点要求，即主动担当作为、强化督促检查、坚持问题导向。

会议研究《关于申请成立香河县社会救助基金会及所需资金的请示》。会议议定：会议原则同意该请示。会议明确四点要求，即充分发挥作用、拓展资金渠道、确保规范运行、营造良好氛围。

会议审议《香河县农村4类重点对象租住安全住房补贴实施方案》。会议议定：会议原则同意该实施方案。会议明确三点要求，即吃透政策、加快进度、严格标准。

会议研究《关于明确延续三年执行“煤替代”用户取暖季运行补贴政策的请示》。会议议定：会议原则同意该请示。会议明确三点要求，即严格政策执行、树立“冬病夏治”理念、建立退出机制。

会议研究《关于对青龙湾左堤路建设工程和香北线养护改造工程材料价格进行调整的请示》。会议议定：会议原则同意该请示。会议明确三点要求、即强化责任落实、强化工作统筹、严肃责任追究。

会议研究《关于拨付廊坊瑞盛投资股份有限公司园区开发建设资金的请示》(香开〔2020〕77号)。会议议定：会议原则同意该请示。

会议研究《关于联星建材商贸（香河）有限公司申请项目基金的请示》《关于香河县城镇房地产综合开发有限公司申请项目基金的请示》《关于香河中商房地产综合开发有限公司申请项目基金的请示》《关于辰强汽配市场服务（香河）有限公司申请项目基金的请示》。会议议定：会议原则同意以上四个请示。

会议听取《关于隐性债务化解进展情况的汇报》，研究《关于申请政策性财务挂账资金的请示》（香发改〔2020〕128 号）和《关于申请政策性财务挂账资金的请示》（香供销〔2020〕21号）。会议议定：会议原则同意以上两个请示。会议明确四点要求，即积极向上申请资金、加强债务控制管理、坚持“上跑三级”、加快资金拨付进度。

会议研究《关于拨付2020年河北省新增政府专项债券资金的请示》。会议议定：会议原则同意该请示，提交县人大常委会审议。

会议研究《香河县人民政府中国建设银行股份有限公司廊坊分行全面合作协议》。会议议定：会议原则同意该合作协议。会议提出两点要求，即加快深度合作步伐、推动政企互利双赢。

会议审议《香河县进一步加强国有资产集中统一监管的实施意见》。会议议定：会议原则同意该实施意见，提交县委常委会会议研究审议。会议明确三点要求，即提高认识、规范操作、稳步实施。

会议审议《关于开展财税攻坚确保实现时间任务“双过半”的工作方案》。会议议定：会议原则同意该工作方案，提交县委常委会会议研究审议。会议明确四点要求，即再重视、再提速、再压责、要再提标。

会议研究《关于2020年度预算调整方案(草案)的报告》。会议议定：会议原则同意该报告，提交县委常委会会议研究审议。会议明确五点要求，即厉行勤俭节约、提高预算前瞻性和科学性、提高资金使用效益、强化预算执行管理、坚持真抓实干。

【2020年第12次县政府常务会议】 7月15日，县长齐泽旭主持召开2020年第12次县政府常务会议。

会议学习《优化营商环境条例》。会议明确四点要求，即要准确把握精神实质、要提升服务效率、要切实解决问题、要强化责任担当。

会议听取《关于2020年全县食品安全重点工作的情况报告》。会议议定：会议原则同意该报告。会议明确三点要求，即进一步提高重视程度、进一步加大执法力度、进一步加强宣传教育。

会议听取《关于加强全县消防工作的报告》。会议议定：会议原则同意该报告。

会议听取《关于2020年防汛备汛情况汇报》。会议议定：会议原则同意该报告及下一步工作建议。会议提出五点要求，即提高思想认识、严查问题隐患、强化预测预警、加强应急保障、严明工作纪律。

会议研究《关于2020年教育系统招(选)聘劳务派遣人员的请示》。会议议定：会议原则同意该请示。

会议研究《关于已购经济适用住房完善产权及上市交易补交土地出让价款的实施意见》。会议议定：会议原则同意该实施意见，印发执行。会议提出三点要求，即严格资格审核、严格办理流程、加强政策宣传。

会议研究《关于申请实施香河县垃圾填埋场好氧稳定化减容封场项目的请示》。会议议定：会议原则同意该请示。会议提出四点要求，即加快手续办理、确保施工安全、保障正常运营、全力"上跑三级"。

【2020年第13次县政府常务会议】 8月19日，县长齐泽旭主持召开2020年第13次县政府常务会议。

会议传达学习县委十一届六次全会精神；传达学习8月18日全市经济运行调度会议精神；安排部署全县经济运行工作。

会议听取《关于暑期汛期重点行业领域安全隐患整治抽查检查情况的报告》。会议议定：会议同意该报告及下步工作建议。会议提出五点要求，即进一步提高思想认识、要进一步落实工作责任、完善"双控"机制建设、要强化暑期汛期安全监管、要加大安全监管执法力度。

会议研究《关于拨付2019年农村人居环境整治拆除私搭乱建奖补资金的请示》。会议议定：会议原则同意该请示。

会议研究《关于拨付2020年度农村环境卫生长效机制预算资金的请示》。会议议定：会议原则同意该请示。

会议研究《香河县农村人居环境整治长效管护方案》。会议议定：会议原则同意该管护方案。

会议研究《关于拨付"厕所革命"项目资金的请示》。会议议定：会议原则同意该请示。会议提出三点要求，即加快工作推进步伐、加大项目跑办力度、工作统筹结合。

会议安排部署全县非法取土问题排查整治工作。安排部署全县大气污染防治工作。

会议研究《关于加强商业类建设项目管理的实施意见》。会议议定：会议原则同意该实施意见。会议提出三点要求，即严把审批关口、落实监管责任、严格执法检查。

会议研究《香河县工业项目产权分割转让实施意见》。会议议定：会议原则同意该实施意见。会议提出三点要求，即严格审批程序、加强动态监管、优化资源配置。

会议研究《关于进一步优化不动产登记工作的请示》。会议议定：会议原则同意该请示。会议提出三点要求，即强化举措、加强协作、全面提升。

会议研究《关于将民政事业服务中心综合楼用于建设县中医医院东院区的请示》。会议议定：会议原则同意该请示。会议提出五点要求，即快速推进、保证质量、公开透明、打造特色、妥善安置。

会议研究《关于香河鼎泰园区建设发展有限公司投资支出确认的请示》。会议议定：会议原则同意该请示。

会议研究《关于香河县2020年老旧小区改造方案的请示》。会议议定：会议原则同意该请示。会议提出四点要求，即加快进度、保障质量、加强管理、加强统筹。

会议研究《关于采用特许经营模式实施香河县建筑垃圾资源化再利用一体化生态工厂项目并授权实施机构的请示》。会议议定：会议原则同意该请示。会议提出三点要求，即确保完成、完善手续、抢抓进度。

会议研究《关于提请审议县政府与廊坊供电公司关于新建垃圾焚烧发电项目电力并网工程协商事宜的请示》。会议议定:会议原则同意该请示。会议提出三点要求，即提高认识、加快进度、全力保障。

会议研究《关于申请资金支持的请示》（香开〔2020〕127号）,会议议定:会议原则同意该请示。

【2020年第14次县政府常务会议】 11月2日，县长齐泽旭主持召开2020年第14次县政府常务会议。

召开全县安全生产专项整治三年行动推进暨安全生产第四季度工作例会。会议提出四点要求，即认识要再提高、措施要再强化、机制要再完善、责任要再落实。

会议学习《河北省学校安全条例》。会议提出四点要求，即思想要再重视、整改要再彻底、监管要再加力、责任要再压实。

会议学习《防范和惩治统计造假弄虚作假重要文件选编》。会议提出三点要求，即切实增强依法统计意识、做深做实做细统计工作、提升统计服务发展水平。

会议研究部署当前全县经济运行工作。会议提出三点要求，即认清严峻形势、坚定发展信心、层层压实责任。

会议听取《关于今年以来全县环境空气质量和重点工作开展情况的报告》。会议议定：会议原则同意该报告及下步工作措施。会议明确以下四点，即形势严峻、从严治理、各司其职、奖罚分明。

会议传达学习《国务院办公厅关于坚决制止耕地“非农化”行为的通知》及省市领导批示精神。会议听取《关于全县违法用地剩余任务情况的报告》。会议议定：会议原则同意该报告。会议提出三点要求,即态度要坚决、底数要清楚、行动要迅速。

会议研究《香河县公共租赁住房申请审核分配实施方案》。会议议定：会议原则同意该实施方案。会议提出三点要求，即严格审批、优化流程、加强监管。

会议研究《招商引资及项目建设奖励办法（试行）》。会议议定：会议原则同意该奖励办法，提交县委常委会会议研究审议。会议提出三点要求，即宣传到位、执行到位、监管到位。

会议研究《香河县民营经济奖励评审办法》。会议议定：会议原则同意该评审办法，提交县委常委会会议研究审议。会议提出三点要求，即坚定发展信心、提高服务水平、全力加快发展。

会议研究《香河县鼓励企业利用多层次资本市场发展奖励办法》。会议议定：会议原则同意该奖励办法，提交县委常委会会议研究审议。会议提出三点要求，即强化宣传引导、做好服务对接、坚决兑现承诺。

会议研究《关于香河鼎泰园区建设发展有限公司将产业发展服务费纳入投资基数的请示》，会议议定：会议原则同意该请示。

【2020年第15次县政府常务会议】 12月1日，县长齐泽旭主持召开2020年第15次县政府常务会议。

会议学习《中华人民共和国土壤污染防治法》。

会议提出三点要求，即加强学习、强化措施、压实责任。

会议研究《香河县农房抗震改造试点实施方案》。会议议定：会议原则同意该实施方案，印发执行。会议提出三点要求，即认识要提高、操作要规范、档案要齐全。

会议研究《关于2017年香河县连村道路养护改造工程材料调差及部分道路设计变更的请示》，会议议定：会议原则同意该请示。会议提出三点要求，即加强变更监管、强化工作统筹、严格责任追究。

会议研究《香河县无物业小区引入物业服务实施方案》。会议议定：会议原则同意该实施方案，印发执行。会议提出四点要求，即严把准入关口、加强监督考核、强化协调联动、引导业主参与。

会议研究《关于2021年选聘教育系统劳务派遣人员的实施方案》和《关于2021年招聘教育系统劳务派遣人员的实施方案》，听取《关于2020年度招聘教育系统劳务派遣人员工作报告》。会议议定：会议原则同意以上两个实施方案。会议提出三点要求，即统一思想、广泛宣传、精心组织。

会议研究《关于蒋辛屯镇筹建社区居民委员会的请示》。会议议定：会议原则同意该请示。会议提出三点要求，即抓紧筹建到位、坚持党建引领、做优服务管理。

会议研究《关于盐业体制改革的请示》。会议议定：会议原则同意该请示。

会议研究《关于提请审议解决房地产开发建设遗留问题的补充意见三的请示》。会议议定：会议原则同意该补充意见。

会议审议《香河县国民经济和社会发展第十三个五年规划纲要部分指标调整方案（草案）》。会议议定：原则同意该调整方案，提交县委常委会会议研究审议。

会议研究《香河县2019年国有资产管理的情况报告》，会议议定：会议原则同意该报告，提交县人大常委会研究审议。

会议研究《关于协调解决新建垃圾焚烧发电项目用电和建设手续问题的请示》。会议议定：会议原则同意该请示，提交县委常委会会议研究审议。

【2020年第16次县政府常务会议】 12月30日，县长齐泽旭主持召开2020年第16次县政府常务会议。

会议学习《大运河文化保护传承利用规划纲要》。会议提出三点要求，即提高思想认识、加快运河通航、统筹系统推进。

会议听取《关于行政事业单位国有资产管理使用专项检查工作的报告》。会议议定：会议原则同意该报告及相关工作建议。

会议研究《关于便民服务中心公开转让的请示》。会议议定：会议原则同意该请示。

会议研究《关于香河鼎泰园区建设发展有限公司落地投资额审计结果的请示》。会议议定：会议原则同意该请示。

会议研究《关于申请起河屯村街道路硬化工程变更项目的请示》。会议议定:会议原则同意该请示。

会议研究《关于申请继续执行〈香河县2018年集中供热企业燃煤锅炉淘汰改造方案的通知〉并拨付三强热力有限公司燃煤锅炉淘汰置换燃气锅炉补贴资金的请示》。会议议定：会议原则同意该请示。

会议研究《关于三强热力公司北六百户供热站2台10蒸吨燃气锅炉运行补贴方式的请示》。会议议定：会议原则同意该请示。

会议研究《关于申请拨付S271省道景观综合改造工程市政三标段剩余工程款的请示》，听取《关于香河家具城“二次创业”及高质量发展的报告》。会议提出三点要求，即持续深化改革、加快转型升级、加强规范管理。

会议研究《关于申请拨付垃圾填埋场修复整改期间应急运营费的请示》。会议议定：会议原则同意该请示。

会议研究《关于为北运河旅游通航工程项目建

设所需资金向社会资本方融资的请示》。会议议定：会议原则同意该请示。

会议研究《关于申请拨付香河县运通投资开发建设有限公司注册资本金的请示》和《关于香河县投资开发建设公司和资产管理公司组建方案》。会议议定：会议原则同意该组建方案和该请示。

会议研究《关于向香河县运通资产管理有限公司划转资产、股权的请示》。会议议定：会议原则同意该请示。

会议研究《关于申请将持有股权划转至香河县运通资产管理有限公司的请示》。会议议定：会议原则同意该请示。

会议研究《关于加快京唐铁路占用国有建设用地征地补偿工作的意见》。会议议定：会议原则同意该意见。

会议研究《关于购置县财政局公开拍卖香河县新华大街122号便民服务中心资产的请示》。会议议定：会议原则同意该请示。

县长办公会议

【概况】 2020年，县政府召开52次县长办公会议。

【2020年第1次县长办公会议】 1月3日，县长齐泽旭主持召开2020年第1次县长办公会议。会议听取各位副县长2019年分管系统领域重点工作完成情况汇报，并就县政府近期重点工作进行再安排、再部署。

【2020年第2次县长办公会议】 1月19日，副县长张锦山主持召开2020年第2次县长办公会议。会议就国务院农村人居环境整治大检查，反馈问题整改工作进行安排部署。

【2020年第3次县长办公会议】 1月31日，县长齐泽旭主持召开2020年第3次县长办公会议。会议就新冠肺炎疫情防控和北运河通航等重点工作进行安排部署。

【2020年第4次县长办公会议】 2月1日，县长齐泽旭主持召开2020年第4次县长办公会议。会议就新冠肺炎疫情防控重点工作进行安排部署。

【2020年第5次县长办公会议】 2月9日，县长齐泽旭主持召开2020年第5次县长办公会议。会议对新冠肺炎疫情防控工作进行再安排再部署。

【2020年第6次县长办公会议】 2月12日，县长齐泽旭主持召开2020年第6次县长办公会议。会议就新冠肺炎疫情人员排查信息采集及应用、智慧城市建设和深化行政审批制度改革等项工作进行安排部署。

【2020年第7次县长办公会议】 2月13日，县长齐泽旭主持召开2020年第7次县长办公会议。会议就新冠肺炎疫情防控工作和智慧城市建设进行再安排再部署。

【2020年第8次县长办公会议】 2月17日，县长齐泽旭主持召开2020年第8次县长办公会议。会议就潮白河、北运河河道内村庄搬迁整治工作进行安排部署。

【2020年第9次县长办公会议】 2月18日，县长齐泽旭主持召开2020年第9次县长办公会议。会议就潮白河、北运河河道内村庄搬迁整治工作进行安排部署。

【2020年第10次县长办公会议】 2月19日，县长齐泽旭主持召开2020年第10次县长办公会议。会议就潮白河、北运河河道内村庄搬迁整治工作进

行安排部署。

【2020年第11次县长办公会议】 2月17日，县长齐泽旭主持召开2020年第11次县长办公会议。会议集中学习传达2月12日中央政治局常委会会议精神。会议就深入贯彻落实中央决策部署和市政府第一次常务会议精神，进一步做好香河县新冠肺炎疫情防控、经济运行等重点工作进行安排部署。

【2020年第12次县长办公会议】 2月24日，副县长张锦山主持召开2020年第12次县长办公会议。会议就推进潮白河、北运河河道村庄搬迁整治工作进行调度部署。

【2020年第13次县长办公会议】 2月25日，县长齐泽旭主持召开2020年第13次县长办公会议。会议就潮白河、北运河河道内村庄搬迁整治工作进行调度部署。

【2020年第14次县长办公会议】 2月27日，副县长张锦山主持召开2020年第14次县长办公会议。会议就潮白河、北运河河道内村庄搬迁整治和北运河旅游通航专项债券资金申报工作进行协调调度。

【2020年第15次县长办公会议】 3月11日，县长齐泽旭主持召开2020年第15次县长办公会议。会议听取各位副县长分管系统领域重点工作开展情况汇报，并就县政府近期重点工作进行安排部署。

【2020年第16次县长办公会议】 3月14日、15日，县长齐泽旭主持召开2020年第16次县长办公会议。会议就河道内村庄搬迁整治、北运河廊坊段旅游通航等重点工作，再次深入苍头村、王店子村、河北吴村、杨簸箕庄村、程辛庄村、凌家吴村、河南吴村及望运观潮新农村社区和吴打庄村进行实地调研和现场办公。

【2020年第17次县长办公会议】 3月19日，县长齐泽旭主持召开2020年第17次县长办公会议。会议就香河正大公司食品有限公司安全和屠宰卫生等问题，会同常务副县长齐建光对县市场监督管理局、农业农村局主要负责人进行警示约谈。

【2020年第18次县长办公会议】 4月14日，副县长张锦山主持召开年2020年第18次县长办公会议。会议就北运河生态综合整治PPP项目建设进行专题调度。

【2020年第19次县长办公会议】 3月27日，县长齐泽旭主持召开2020年第19次县长办公会议。会议专题研究全市经济运行视频调度会精神落实举措，并就下一步工作进行安排部署。

【2020年第20次县长办公会议】 3月30日，县长齐泽旭主持召开2020年第20次县长办公会议。会议听取各位副县长分管系统领域重点工作开展情况汇报，并就县政府近期重点工作进行安排部署。

【2020年第21次县长办公会议】 4月7日，县长齐泽旭主持召开2020年第21次县长办公会议。会议听取各位副县长分管系统领域重点工作开展情况汇报，并就县政府近期重点工作进行安排部署。

【2020年第22次县长办公会议】 4月13日，县长齐泽旭主持召开2020年第22次县长办公会议。会议传达学习上级领导相关重要批示精神，听取各位副县长分管系统领域重点工作开展情况汇报，并就县政府近期重点工作进行安排部署。

【2020年第23次县长办公会议】 4月12日，县长齐泽旭主持召开2020年第23次县长办公会议。会议就河道内村庄防洪和违法违规用地整治工作进行专题调度部署。

【2020年第24次县长办公会议】 4月27日，县长齐泽旭主持召开2020年第24次县长办公会议。会议听取各位副县长分管系统领域重点工作开展情况及争取上级资金情况汇报，并就县政府近期重点工作进行安排部署。

【2020年第25次县长办公会议】 5月6日，县长齐泽旭主持召开2020年第25次县长办公会议。会议听取各位副县长分管系统领域重点工作开展情况汇报，并就县政府近期重点工作进行安排部署。

【2020年第26次县长办公会议】 5月12日，副县长张锦山主持召开2020年第26次县长办公会议。会议就5月22日，北运河生态综合整治工程相关工作事宜进行调度部署。

【2020年第27次县长办公会议】 5月22日，副县长闫明杰主持召开2020年第27次县长办公会议。会议听取有关部门关于青海城项目情况的汇报，就相关问题进行专题研究。

【2020年第28次县长办公会议】 5月28日，县长齐泽旭主持召开2020年第28次县长办公会议。会议落实省市领导讲话精神，就加快推进焚烧发电项目建设进行安排部署。

【2020年第29次县长办公会议】 5月24日晚，县长齐泽旭主持召开2020年第29次县长办公会议。会议听取各位副县长分管系统领域重点工作情况汇报，并就县政府近期重点工作进行安排部署。

【2020年第30次县长办公会议】 6月8日，县长齐泽旭主持召开2020年第30次县长办公会议。会议就非法电鱼问题，专题约谈县农业农村局主要负责人，提出严肃批评。

【2020年第31次县长办公会议】 6月15日，县长齐泽旭主持召开2020年第31次县长办公会议。会议听取各位副县长分管系统领域重点工作情况汇报，并就县政府近期重点工作进行安排部署。

【2020年第32次县长办公会议】 6月17日，县长齐泽旭主持召开2020年第32次县长办公会议。会议传达学习6月16日全市经济运行“双过半”工作调度会议精神，并就贯彻落实全市会议精神、抓好主要经济指标、确保完成“双过半”任务进行了再安排、再部署。

【2020年第33次县长办公会议】 8月10日，县长齐泽旭主持召开2020年第33次县长办公会议。会议听取各位副县长分管系统领域近期重点工作情况汇报，并就相关工作进行研究部署。

【2020年第34次县长办公会议】 8月11日，副县长、县公安局局长刘振华主持召开2020年第34次县长办公会议。会议就旅店业特种行业许可证办理工作进行研究部署。

【2020年第35次县长办公会议】 9月1日，县长齐泽旭主持召开2020年第35次县长办公会议。会议听取各位副县长分管系统领域重点工作情况汇报，并就县政府近期重点工作进行安排部署。

【2020年第36次县长办公会议】 4月27日，副县长张锦山主持召开2020年第36次县长办公会议。会议就北运河二期生态综合整治工程清淤扩挖和束堤工程涉及土地（地上物）相关工作进行研究部署。

【2020年第37次县长办公会议】 9月7日，县长齐泽旭主持召开2020年第37次县长办公会议。会议就全县计划开工项目和正在办理前期手续项目存在问题进行研究，并对招商引资和项目建设相关

工作进行安排部署。

【2020 年第 38 次县长办公会议】 9 月 14 日，县长齐泽旭主持召开 2020 年第 38 次县长办公会议。会议听取各位副县长分管系统领域重点工作情况汇报，并就县政府近期重点工作进行安排部署。

【2020 年第 39 次县长办公会议】 9 月 28 日，县长齐泽旭主持召开 2020 年第 39 次县长办公会议。会议听取县公有资产公司关于组建平台公司的工作汇报，就公司注册等相关工作进行安排部署。

【2020 年第 40 次县长办公会议】 10 月 9 日，县长齐泽旭主持召开 2020 年第 40 次县长办公会议。会议听取各位副县长分管系统领域重点工作情况汇报，并就县政府近期重点工作进行安排部署。

【2020 年第 41 次县长办公会议】 10 月 9 日，副县长闫明杰主持召开 2020 年第 41 次县长办公会议。会议听取垃圾焚烧发电项目手续办理情况汇报，并就有关工作进行安排部署。

【2020 年第 42 次县长办公会议】 10 月 19 日，县长齐泽旭主持召开 2020 年第 42 次县长办公会议。会议听取各位副县长分管系统领域重点工作情况汇报，并就县政府近期重点工作进行安排部署。

【2020 年第 43 次县长办公会议】 10 月 21 日，副县长、县公安局局长刘振华主持召开 2020 年第 43 次县长办公会议。会议就道路交通安全隐患治理工作进行研究部署。

【2020 年第 44 次县长办公会议】 11 月 2 日，县长齐泽旭主持召开 2020 年第 44 次县长办公会议。会议对县政府近期重点工作进行安排部署。

【2020 年第 45 次县长办公会议】 11 月 9 日，县长齐泽旭主持召开 2020 年第 45 次县长办公会议。会议听取各位副县长分管系统领域重点工作情况汇报，并就县政府近期重点工作进行安排部署。

【2020 年第 46 次县长办公会议】 11 月 16 日，县长齐泽旭主持召开 2020 年第 46 次县长办公会议。会议听取各位副县长分管系统领域重点工作情况汇报，并就县政府近期重点工作进行安排部署。

【2020 年第 47 次县长办公会议】 12 月 1 日，县长齐泽旭主持召开 2020 年第 47 次县长办公会议。会议对县政府近期重点工作进行安排部署。

【2020 年第 48 次县长办公会议】 11 月 23 日，副县长闫明杰主持召开 2020 年第 48 次县长办公会议。会议听取相关单位和河北金圣房地产开发有限公司关于壹城公馆项目情况汇报，并就相关工作进行安排部署。

【2020 年第 49 次县长办公会议】 12 月 8 日，县长齐泽旭主持召开 2020 年第 49 次县长办公会议。会议对县政府近期重点工作进行安排部署。

【2020 年第 50 次县长办公会议】 12 月 21 日，县长齐泽旭主持召开 2020 年第 50 次县长办公会议。会议学习传达全市县委书记园区建设研讨会、县长项目建设研讨会和财政工作会议精神。针对市委书记杨晓和、市长杨燕伟讲话精神，研究了贯彻落实意见，并就县政府近期重点工作进行安排部署。

【2020 年第 51 次县长办公会议】 12 月 28 日晚，县长齐泽旭主持召开 2020 年第 51 次县长办公会议。会议听取各位副县长对 2020 年县《政府工作报告》中，目标任务完成情况报告及 2021 年重点工作特别是重点工程项目谋划情况的报告进行讨论，并就相

关工作提出具体意见。

【2020年第52次县长办公会议】 12月30日，副县长闫明杰主持召开2020年第52次县长办公会议。会议听取河北国隆房地产开发有限公司及其关联企业香河项目风险化解相关工作情况汇报，并就相关工作进行安排部署。

施政辑要

【新冠肺炎疫情防控】 强化政治站位，全面打响“防疫阻击之战”。1月20日，廊坊市新冠肺炎疫情防控工作会议结束后，香河县迅速启动新冠肺炎疫情防控工作，明确了“理性应对、科学防治、精准施策、联防联控”的工作思路，县委县政府主要领导坚持一线督导，靠前指挥，现场办公，稳定民心，先后召开县委常委会会议、县政府常务会议、领导小组会议、专班调度会议，专题研究新冠肺炎疫情防控工作，第一时间安排部署防控措施。成立香河县新冠肺炎疫情防控工作领导小组，县委书记、县长任县新冠肺炎疫情防控工作领导小组组长，领导小组下设综合协调、防疫处置、医疗救治、防控排查、后勤保障、舆情宣传、交运市场、治安处置、督导检查、组织保障10个小组，分别由县党政班子领导挂帅，县镇村三级分别成立领导小组。制定印发《香河县新型冠状病毒感染的新冠肺炎疫情联防联控工作方案》《香河县新型冠状病毒感染的肺炎诊疗和防控工作方案》等一系列技术指南性文件，为各项防控措施的落实提供政策保障。县党政班子成员以及各镇（社区办）、香河经济开发区、医疗、防疫、公安、组织、宣传等相关部门工作人员放弃春节休假，全部投身新冠肺炎疫情防控一线。印发《关于充分发挥基层党组织和党员在疫情防控阻击战中积极作用的通知》《香河县各级党组织和党员干部新冠肺炎疫情防控工作“十必须十不准”》，全县各级党组织和广大党员迅速行动、全面发动，有效带动全县人民联防联控、群防群治。加强物资保障。以10天为一周期压茬储备防控物资，县财政紧急列支新冠肺炎疫情防控资金，千方百计购置防疫医疗物资，并准备10辆公交车、10辆中型货车，确保应急事件处置人员及防治药品、器械等应急物资及时运送，有效保障了患者第一时间得到有效救治，一线工作人员受到有效防护。强化药品药械及价格监管，印发各类公告、通知4000余份，检查农产品交易市场118家次、超市395家次、药品经营单位308家次、医疗器械经营使用单位252家次、餐饮单位186家次，依法查处销售过期药品、哄抬物价等违法违规行为14起，立案查处14家。重点商场、超市生活必需品储备充足，供货渠道畅通，市场供应稳定。

强化精准施策，全心打好“专业防疫之战”。在县人民医院和县中医医院分别设置定点发热门诊，严格按要求开展发热病人预检分诊、登记、报告等工作。将县人民医院感染病区与急诊楼改造成发热病人定点筛查病房，负责全县发热门诊筛查的高危疑似人员隔离留观治疗。同时，确定2家酒店为隔离医学观察点，安排客房213间。启用中医院普通发热病区（原县光荣院），设置房间190间，对全县所有发热病人实行单人单间隔离治疗措施。由县人民医院、县中医医院、县气管炎哮喘医院和县疾控中心业务骨干20人组建新型冠状病毒感染的肺炎诊疗专家组，直接参与疑似病例、确诊病例的会诊和筛查救治。在此基础上，分两批次选拔4名医护人员赴廊坊市第三人民医院开展新冠肺炎疫情防治医疗支援救治工作，学习救治经验，为开展县级救治奠定基础。顺利完成定点救治医院建设，将县气管炎哮喘医院作为县级定点救治医院，统一配备诊疗设备、空气消毒设备及呼叫系统，同步完成清洁区、潜在污染区、污染区改造。加快核酸检测实验室建设，实验室设在县疾控中心实验楼一层（县人民医院妇产院区），面积300平方米。2月

17 日，完成实验室建设并同步完成PCR核酸检测仪、GP核酸提取仪、生物安全柜等设备安装调试。组织 10 名专业技术人员参加核酸检测技术理论培训，并全部通过测试。在此基础上，先后选派人员分别到市疾控中心、三河燕达医院进行专业的基因扩增实践培训。严格落实河北省人力资源和社会保障厅《关于因履行工作职责感染新冠肺炎的医护及相关工作人员有关保障问题的通知》精神，为受感染的工作人员开辟绿色通道，提供认定服务。加大劳动关系风险监测，向 435 家用人单位推送用工指导信息，建议用工单位不裁员、少裁员，保障在岗和参加新冠肺炎疫情防控的职工工资准时发放。安排相关定点医疗机构，严格落实国家和省市医保部门文件精神，对于新冠肺炎患者（含疑似患者），治疗产生的医疗费用，基本医保、大病保险、医疗救助等按规定进行支付，个人负担部分由财政按规定进行补偿。卫健部门制定的新冠肺炎诊疗药品和医疗服务项目，已临时纳入医保基金支付范围。对县人民医院、县中医医院 2 家设有发热门诊的医院各拨付专项预付金 50 万元，减轻医疗机构垫付压力。此外，对已开通网上办理的医保业务全面推行网上办理，业务窗口不再受理，确需到医保经办机构办理的费用报销等具体业务，可推迟到新冠肺炎疫情结束后再进行办理，不受 6 个月申报时限限制。

【确保北运河旅游通航】 香河县认真贯彻落实习近平总书记关于大运河文化带建设的重要指示精神，省委书记王东峰关于北运河旅游通航指示精神和省委省政府工作要求，县委、县政府把北运河旅游通航作为全县重要政治任务和头等大事来抓，坚持领导带头和问题导向，采取容错免责、容缺审批的方式，倒排工期，挂图作战，举全县之力推进北运河旅游通航工程建设。为确保通航工程按计划、按要求顺利实施，成立由县委主要领导任指挥长，县政府主要领导任第一副指挥长的北运河旅游通航工程指挥部，下设综合协调组、交通工程组、水利及景观工程组、文旅融合组、土地保障组、资金保障组、宣传报道组和督察组 8 个专项工作组，采取超常措施，克服一切困难，全力推进旅游通航工作。截至年底，香河权属段 13.3 千米清淤工程完工，冀京界河段扩挖工程已进场施工，其余河段河道护坡工程按阶段有序进场；岸坡防护工程完成 6.46 千米；王家摆桥工程桥梁桩基施工队伍进场施工，正在深入研究保障通行通航方案；安运桥工程完成地形图测绘，正在开展可研、洪评、航评、稳评、环评报告编制工作，对安运桥与规划堤线、运河大道互通方案进行细化研究，制订出 3 套解决方案，并与防洪评价单位交换了意见；曹店橡胶坝完成施工招标，启动橡胶坝拆除工作，坝袋、水泵设备拆除完毕，左岸坝台拆除中并开挖导流渠；Ⅵ级船闸工程完成初步设计方案；码头工程地勘工作基本完成，完成立项审批，发布设计招标公告，同步开展施工图设计工作，1 月中下旬陆续交付施工图。完成供船厂使用的趸船设计图，与船厂对接，制定提前生产方案。通航影响评价报告通过省交通厅批复，中心码头和安运码头 2 处停靠设施建成投用，购买 3 艘游船下水试航；导助航设施配布完成杨洼闸至木厂闸段航道测试及选线；堤防改建工程完成 1.15 千米险工段堤防，其余段完成行业意见审查及社会稳定性评价，正在进行立项；景观工程完成部分段景观，其余段进场施工。

北运河旅游通航各项工程按计划顺利推进，但仍存在制约因素。土地预审相关材料已按自然资源部要求修改完善，并上报自然资源部。同时，建议省自然资源厅协调在《北京市通州区与河北省三河、大厂、香河三县市协同发展规划》给定香河县国土空间规模基础之上，额外调增国土空间规模 383.33 公顷（5750 亩），其中，直接平衡项目建设资金开发利用 286 公顷（4290 亩）、公建配套 97.33 公顷（1460 亩），保证运河通航征地所需占补平衡指标。通航工程投资规模较大，以香河财力无法满足，采取“争取上级资金＋县级财政＋一般债券＋社会资本融资”的方式建设，建议省市层面在香河县争取交通、水利、文旅等上级资金方面予以大力支持，补助资金向香河县倾斜，同时在一般债额度上给予支持。

【融入北京城市副中心建设】 准确把握“服从服务”与“借势借力”的辩证关系，明确高端制造业和现代服务业的产业发展方向，大力承接引进北京“容不下、离不开、走不远”的高端刚需项目，尼玛克、ATI、安川都林、韵达电商产业基地等项目竞相落地投产。云之鼎数据中心、万通金融小镇、嘉信数字经济产业园等项目签约入驻。博云融众医疗产业基地、叁鑫医疗生物科研基地、中发豪辰智能制造产业中心项目在深入洽谈。华电香河能源站项目占地19.13公顷（287亩），总投资50亿元，对保障北京市“十四五”期间供电安全和北京副中心的供热具有极大支撑作用。

重点打造第一城、家具城、石材城、汽配城、大爱城，发展五大现代服务业综合体。第一城是远近闻名的会展名城、旅游地标，承办过众多高规格国际国内会议。依托全域旅游优势，借力北运河旅游通航，全力推动第一城转型升级、做大做强，促进文创旅游产业蓬勃发展；家具城是香河的“金字招牌”，着眼腾笼换鸟、“二次创业”，整合归并闲置展厅，力争引进一批北京家居建材、酒店用品等专业市场及中小型科技企业入驻。同时，紧盯北京城市副中心、雄安新区和临空经济区建设，成立家具采购联盟，打造总面积3.3万平方米的香河家具雄安中心，将为雄安新区容东片区提供家具展销服务，在推动协同发展中促进香河家居产业高质量发展；石材城、汽配城是承接北京产业转移的重要成果，两城入驻商户1800余户，年纳税突破1亿元；大爱城是聚焦环京津养老人群打造的养老基地、健康小镇。已建成92.8万平方米，入住养老人600余人。大爱书院、养老公寓、北京景山学校香河分校、大爱农场等一批配套设施竣工投用，智能康复辅具产业创新示范中心、大爱医院等工程正在抓紧建设。将为京津等地有养老需求人员提供高质量、专业化养老服务。

【现代高端产业聚焦区打造】 香河机器人产业小镇获批河北省首批十大特色小镇，是国家科技领军人才创新驱动中心、中国产学研合作创新示范基地和省级科技企业孵化器，获批省级战略性新兴产业示范基地。规划面积3.7平方千米，其中，机器人产业港占地约45.07公顷（676亩），规划建筑面积约54万平方米，建成面积15.4万平方米，2019年实现产值15亿元，上缴税金7600万元（亩均税收约11万元）。小镇内机器人产业国际龙头汇聚，产业全链初步形成，发展势头迅猛。项目一至四期19万平方米生产中心主体工程投入运营，签约入驻北京汇天威3D打印、大呈机器人、星和众工机器人、美博瑞电子科技、宏远皓轩谐波传动减速器等业内顶尖企业150余家，特别是机器人行业三大国际巨头韩国安川都林、德国尼玛克、美国ATI公司均入驻投产，园内累计投产企业133家。五期工程机器人系统集成产业园5万平方米、机器人大厦2万平方米建设当中。

【“三创四建”活动开展】 2020年，县委县政府卓有成效地开展“三创四建”活动，即创新、创业及创建全国文明城市；建设现代化经济体系、建设城乡融合高质量发展体系、建设一流营商环境体系、建设现代化社会治理体系。成立了领导小组、专项工作组和协调推进工作专班，出台了实施方案、专项工作推进方案和专项考核办法，建立了工作台账，健全了周反馈、月总结、月督导、年考核制度，强力推进“三创四建”各项工作落细落实。

创新创业能力不断增强。获批高新技术企业34家，全县科技型中小企业达到670家，获批研发机构证书的规上企业28家。县域科技创新能力由C类跃升为B类。全县新增就业7313人，创业就业服务

6500 人，经验被《人民日报》报道。

“三城”同创稳步推进。成功争创省级文明县城，创建国家级卫生县城和森林城市有序推进，安平镇王家摆村、高庄村，蒋辛屯镇河北吴村、王店子村获评省级森林乡村。

经济体系现代化水平进一步提高。实施亿元以上项目 73 个，总投资 674.3 亿元，9 个项目成功争列省、市重点建设项目。申报省重点技改项目 18 个。成功创建省级全域旅游示范县。

城乡融合高质量发展体系进一步完善。成功注册“香河韭菜”地理标志证明商标，荣获省农产品质量安全县。22 个村街获批省级乡村振兴示范村，荷花产业园和水岸潮白田园综合体被评为市级休闲农业示范区。

一流营商环境体系进一步优化。创新推出“十办”举措，有效提升工作效率和综合服务能力。深入实施违法违规用地等 5 项土地领域清理规范专项行动，构建公平竞争的市场环境。

现代化社会治理能力进一步提升。建成全科网格，研发上线“香河县社会治理信息系统”，开展“枫桥式派出所”创建活动，建成全市首家以个人名义命名的“老赵调解室”。

【推进生态环境治理】 2020 年，香河县在坚持防控新冠肺炎疫情同时，继续大力推进环境污染治理，县区域生态环境持续得到改善。

坚持把生态治理作为“一把手”工程，严格落实“党政同责、一岗双责”要求，党政主要负责人和分管主要负责人多次主持召开县委常委会会议、县政府常务会议、县政府党组会议、县长办公会议、专题会议，进行研究部署和协调调度生态环境保护工作。各镇、社区、园区均成立了镇级自然资源和生态环境办公室，各司其职、各负其责，密切配合，形成环境保护工作合力，确保工作顺畅推进。先后制定出台《香河县打赢蓝天保卫战三年行动方案》《香河县 2020 年大气污染综合治理工作方案》《香河县 2020 年水污染防治重点工作实施方案》《2020 年土壤污染防治工作要点》《香河县生态环境领域严禁“一刀切”行为专项工作方案》等数 10 个文件，进一步明确工作目标责任，实施挂图作战、开展联防联治，形成自上而下、条块结合、综合治理的政策体系。充分利用手机网络平台，组建多个生态环境保护工作微信群，强化指挥联动，高效处理问题，提高了工作效率。建立完善县、镇、村三级监管网络，定期巡查，及时查处上报，切实做到属地管理、分级负责、无缝对接、全面覆盖。在此基础上，坚持严格督导，由县纪委监委、县委县政府“两办”督查室成立联合督导组，对各级各部门生态环境保护工作进行明察暗访，全面加大督导问责力度，倒逼各项措施的有效落实。同时，加大宣传力度，动员群众积极参与，进一步形成监督合力。

认真贯彻落实国务院《大气污染防治行动计划》（又称“大气十条”）和《河北省大气污染深入治理三年（2015－2017）行动方案》的各项要求，把大气污染防治作为改善生态环境的中心工作，积极探索适合全县实际的防治办法，科学施治、标本兼治，坚决向大气污染宣战。在秋冬防第一阶段（10 月 1 日至 12 月 31 日），PM2.5 浓度为 42 微克/立方米，重污染天数为 0 天，圆满完成目标任务。2020 年，香河县环境空气质量综合指数为 5.06，同比下降 3.3%；PM2.5 累计浓度为 44 微克/立方米，较同期无变化，空气质量持续改善。先后出台《香河县 2020 年大气污染防治综合治理工作方案》《香河县重污染天气应急预案》《香河县特色传统产业综合治理方案》《香河县锅炉综合治理实施方案》《香河家具行业提升整治工作方案》等多项专控方案和政策文件。组织开展大气污染防治攻坚行动、扬尘治理行动等一系列集中性活动，持续加大治理力度。

坚持科学施策，聘请“千人计划 PM2.5 特别防治小组”专家，对大气污染治理工作进行科技指导和技术支持。充分利用空气质量监控点，全方位、精准化为大气治理提供有力数据支撑。同时，在交通干线、建筑工地和重点企业等重点部位安装监测设备，积极推进涉气持证排污企业安装分表计电，强化污染源解析，实施靶向治理。围绕控制燃煤、扬尘、机动车、烟气和工业污染等关键环节，制定多项硬性措施，每一项措施都制订详细方案，明确责任单位，限时完成。清洁取暖方面，完成燃气锅炉低氮燃烧改造45台、生物质锅炉提标改造3台，“煤替代”工程安全运行，并制订《关于进一步改善电代煤工程取暖效果的实施方案》，进一步巩固清洁取暖成果。扬尘治理方面，加大对施工工地、城市道路、渣土运输、裸露土地治理力度，全力抑制扬尘污染，立案处罚企业24家。移动源管控方面，科学划定禁止使用高排放非道路移动机械区域，完成190台非道路移动机械摸排调查和编码登记工作，淘汰国三及以下排放标准车辆87台。烟气监管方面，严格落实禁烧网格化监管措施，全县域禁放烟花爆竹，组织开展餐饮业油烟污染专项整治行动，有效降低面源污染。企业整治方面，198家企业的低挥发性有机物原辅材料完成替代，967家涉气持证排污企业纳入分表计电管控平台，保持“散乱污”企业动态清理。应对重污染天气方面，坚持“一企一策”，11家企业纳入正面清单管理，坚决防止“一刀切”。把省下达的各项任务和香河县重点环境改善目标落实到具体工程中，实现有的放矢、精准施治。严明考核问责，严格执行《廊坊市2019年县（市、区）、乡（镇）及市主城区街道办空气质量排名考核奖惩办法（试行）》，依据市大气办《每月份县（市、区）、廊坊开发区及乡（镇）空气质量考核排名及处罚情况的通报》，对相关责任人进行公开约谈。对工作不到位的，严肃追究责任。年内，约谈12人次，问责6人。

加大水污染防治力度，科学制订《2020年水污染防治重点工作实施方案》等文件，聘请省水利水电勘测设计研究院对全县水系进行统一规划编制，已完成初稿。全面落实河长制，建立县、镇、村三级河长制度，全县有各级河长342人，另有巡河员67人，2020年，县、镇、村三级河长累计巡河29339次，清理河渠垃圾累计11.41万立方米、更新公示牌324块，形成分级负责、无缝衔接、全面覆盖的水污染防治体系。全面加强政策法规宣传，建立有奖举报制度，增强公众环保意识和法治观念，强化社会监督，持续提升河流生态功能。针对潮白河个别因子超标问题，现场实地调研分析论证，科学施策，在加强与京津沟通对接，共同开展区域环境保护联防联治工作同时，对荣各庄排干、商汪甸排干2条潮白河支渠清淤，确保潮白河水质稳定达标。结合北运河旅游通航工程，对县域13.3千米权属段完成河道清淤疏浚；充分发挥小友垡排干渠生态砾石床作用，不断提高水体水质。持续保持纳污坑塘高压管控力度，不间断开展巡查，防止复发反弹，确保坑塘水环境安全。持续加大污水处理能力，三强污水处理厂已完成提标改造，出水水质由国标一级A提升至京B标准；加快实施平安污水处理厂扩容提标改造工程，出水水质由国标一级A提升至京B标准；完成了渠口镇污水处理厂建设。结合农村人居环境整治工程，积极开展潮白河、北运河堤内14个村庄农村生活污水治理，因地制宜建设分散式污水处理设施、集中式污水处理设施，污水处理能力不断提升，实现了生活污水乱泼乱倒的有效管控。

扎实有序推进土壤污染防治，聚焦净土保卫战，严格落实国务院印发的《土壤污染防治行动计划》（又称“土十条”），制定《2020年香河县土壤污染防治工作要点》等政策性文件，将土壤污染防治目标和任务逐级分解，落实到各责任部门，切实加大土壤污染防治力度，扎实推进土壤污染防治工作，确保土壤环境安全。按照全省安排部署，完成重点工业企业、农用地土壤污染状况详查点位现场确定工作。继续实施化肥农药使用“零增长”行动，推广测土配方施肥技术，推行农药减量增效技术，强化畜禽养殖污染防治，并利用专业化合作组织统防统治，进一步减少农业面源污染。年内，在蔬菜种植上推广测土配方施肥技术1200公顷（1.8万亩）

次，实施有机肥替代部分化肥、喷灌滴灌、水肥一体化技术；韭菜施用高氮、钾复合肥，减少氮肥用量120吨；对全县规模场粪污设施是否正常使用、是否存在偷排漏排直排等现象开展一次拉网式排查，切实减少农业面源污染。依托河北省固体废物动态信息平台，工业固体废物收集、转移、处置、利用各个环节实行智能化管理，对重点企业安装视频监控，有效提升固体废物管控能力和科技执法水平。截至年底，全县有401家单位注册登录固废管理系统。县政府与香河万水环保科技有限公司、香河县安洁垃圾填埋有限公司、赛铭瑞汽车零部件（廊坊）有限公司3家土壤污染重点监管企业签订《土壤污染责任书》。万水环保材料有限公司和赛铭瑞汽车零部件（廊坊）有限公司安装智能监控系统，并与市生态环境局实现联网。

【乡村振兴战略落实】 2020年，香河县坚持以创新、协调、绿色、开放、共享发展理念为指导，深入落实“三农”农民增收、农业发展、农村稳定任务，确立“城乡融合、优先发展、生态建村、质量兴农”的总思路。实施“产业兴旺促增收、生态环境促宜居、乡村治理促文明”的新举措，从认识上紧跟习近平总书记“三农”思想，行动变成主动担当的具体作为，不折不扣落实乡村振兴战略。建立联席会议、乡村振兴工作领导小组会议等议事协调机构，落实县级领导包乡镇、部门企业帮弱村、党员干部带致富等领导责任机制。充分调动优秀专家人才发挥所长、献身发展，有效激发各类人才投身城乡产业发展。开展“专家顾问精准帮带活动”，组织农业技术人员深入田间地头，以技术指导、办班培训等形式针对农民生产所需，手把手、面对面培训农民、服务生产，将“三农”政策及农业新品种、新技术、新成果、新知识、新信息传向农村，实现专家进村、技术落地、农民受益。先后组织动物疫控、兽医检疫技术、农业法律法规、农药械安全技术等多个培训会，开展高素质农民、农村财务人员、特色产业等多个培训班，受到农民欢迎。积极落实支农惠农政策，扶持农业经营主体加快发展。对香河县新恒昌养鸡有限公司进行畜禽粪污资源化利用工作的精准服务，粪污地下传输系统项目建设完成，实现了经济效益和社会效益双丰收。

契合现代农业发展需求和方向，依托全域旅游理念，将一、三产业融合发展，深入打造休闲农业、观光农业、体验农业和现代农业文旅融合田园综合体，初步构建“六环两带十小镇”全域旅游发展格局。获批第二批省级全域旅游示范区，首次入围“全国县域旅游发展潜力百佳县”名单。大力创建省级全域旅游示范县，积极制订旅游产业发展扶持政策，大力建设“北运河生态文化体验带”“潮白河乡村田园体验带”，加快建设蒋辛屯、安平、五百户、安头屯、刘宋5个镇村旅游精品片区，串联打造全域旅游百里大环线，支持康养小镇加快建设，推动文化游、生态游、乡村游、民俗游等多元化发展。大力发展休闲农业，以水岸潮白田园综合体、大爱农场、荷香园生态农场、乐农美联生态农场和荷花产业园为主体，高标准规划香河县休闲农业旅游精品路线。积极开展休闲农业示范点创建工作，水岸潮白田园综合体被评为市级休闲农业示范点，实现田园变风景、农房变景观、村庄变景区，着力打造“京津冀休闲度假区”。锦绣潮白景区、水岸潮白级景区分别获评AA级、AAA级景区，假日游模式基本成型，常态化日均客流量约500人，节假日入住率90%以上。

【群众幸福指数提升】 2020年，打响交通建设大会战，新改建路网100余千米。为全面建成小康社会和“十三五”规划圆满收官再创佳绩、再做贡献。整合盘活有效资源，全力破解瓶颈，圆满完成平香线南延工程，新建潮白河大桥通车运营，打通区域发展主动脉，有效提高全县南北通行能力，促进县域东部区域发展，缓解主城区过境压力。充分挖掘现有道路资源，通过旧路拓宽、路口渠化改造，即依据《城市道路设计指南》，根据路口流量和基本特征，对车辆、行人作合理分离、倒流等设计、连村路建设，畅通城乡“毛细血管”，提升路网品质，启动实施永明路、安抚路等 9 条城区道路综合维修、拓宽改造，渠化改造路口 11 个，释放通行潜力，提高通行效率；养护改造农村公路 71 条、80.8 千米，新改建桥梁 13 座，惠及群众 6 万余人，夏安旧线至杨簸箕庄村、滨河路、北李庄村至岭子村等连村路被省交通厅评为“全省美丽农村路精品示范路”。

开展形式多样的群众文化体育活动，使其作为增强全县人民身体素质、倡导健康文明生活方式、提高群众生活质量的重要民生民心工程来抓。坚持全面健身与全民健康深度融合总体要求，全面开展全民健身活动、深入推进健身场地建设、大力发展冰雪运动，扎实推进体育事业高质量开展。坚持重要赛事与日常性健身活动相结合，不断丰富群众体育生活。连续举办全民运动会，每届运动会均设有足球、篮球、长跑、体育舞蹈等 10 余个比赛项目，累计参与群众 10 余万人。定期举办京津冀大联盟足球赛、广场舞大赛、全民健身日系列展演等多项体育活动，有力促进了群众体育运动发展，为更好实施全面健身计划奠定了坚实基础。加强体育基础设施建设，截至年底，香河县政府累计投入 4 亿余元，先后完成体育场、体育馆、全民健身中心和体育休闲公园建设，并在新城公园、五一公园内配置了健身路径、步道和相关运动健身器材，进一步拓展了体育健身空间。全县各镇区及 300 个村街全部建有健身站点，实现了全民健身场地全覆盖。是年，全县人均健身场地面积 2.06 平方米，覆盖县镇村三级的健身服务网络已全面形成。强力推进冰雪运动开展。切实加强组织领导，成立了由主管县长任组长、相关部门主要负责人为成员的香河县冰雪运动发展工作领导小组，明确各部门职责分工和具体工作要求，合力推进冰雪运动开展。加快冰雪设施建设，投入 350 万元，将县职教中心原有厂房改建为室内仿真滑冰场馆。加大冰雪运动宣传，利用政务微博、微信、官方网站、宣传栏、电子显示屏等载体，广泛宣传冰雪运动知识，提高冰雪运动知晓率。利用发放滑冰滑雪体验券、冰雪嘉年华入场券等形式，吸引更多群众参与冰雪运动。强化冰雪运动培训，先后选派 40 名体育教师参加省、市组织的各项冰雪运动培训，组织 50 名中小学体育教师参加县陆地冰壶社会指导员培训。

【水利工程建设加强】 2020 年，全面开展河渠清淤工程和农田水利基础设施工程，实施农村饮水工程维修养护项目，推进民生事业。荣各庄排干渠、商汪甸排干渠清淤工程，重点解决渠道淤积问题，保障排干渠流域内村街防洪、除涝、灌溉，工程预算总投资 1200 万元。荣各庄排干渠前池清淤工作主体工程完成，商汪甸排干渠清淤工程全面展开，完成石辛庄桥和小高坨桥水利基础设施新建工程建设。农村饮水工程维修养护项目总投资 60 万元，建设内容包括：为安平镇、安头屯镇、刘宋镇和渠口镇的 20 个村街安装 20 套健康水站，15696 人口受益。对现代水业有限公司部分设备进行维修养护，5 万人口受益，10 月，项目全部完成。

【厕所改造实施】 2020 年，按照省市相关工作安排部署，推进户厕改造扫尾和农村公厕改造工作。全县除去城中村和 3 年内计划撤并村外，220 个需要实施改厕的村街共有农村常住居民 6.48 万户，截至年底，累计完成无害化卫生厕所改造涉及居民 5.89 万户，改厕覆盖率 91%，达到一类地区无害化卫生厕所覆盖率 90%以上的要求。全县 2020 年厕所改造任务 3722 座，年内，完成 4440 座。推进村民中心等公共场所的旱厕改造为无害化卫生厕所，全年新建公厕 112 个，改建 60 个；完成 6 个乡镇卫生院厕所和 66 座农村中小学校厕所改造。对标对表全面建成小康社会和农村人居环境整治一类县的相关要求，全县重点任务是搞好“一清、两改、三完善”，即大力实施村庄清洁行动；推进农村户厕、公厕改造；完善农村厕所粪污处理、垃圾治理和长效管护机制。制定印发《2020年香河县村庄清洁行动专项工作方案》《香河县农村人居环境整治“攻坚月”实施方案》《关于开展村庄清洁行动冬季战役的倡议书》，结合新冠肺炎疫情防控、文明城市创建、国务院人居环境整治大检查问题整改等项工作，采取大喇叭广播、村街电子显示屏滚动播放宣传片的形式，对村街干部群众进行全面动员。截至年底，全县累计完成垃圾清理100万余立方米，清理村内塘沟359处，清理残垣断壁及杂物4605处，清理畜禽养殖粪污等农业生产废弃物4.9万立方米。按照创建村庄清洁行动示范县的要求，累计筛选确定示范村187个。年内，全部完成“五清三建一改”，即清理农村生活垃圾、清理村内塘沟、清理畜禽养殖粪污等农业生产废弃物、清理残垣断壁、清理杂物；对清理出的场地，规划建设小游园、小菜园、小果园；改变影响农村人居环境的不良习惯。

综合协调

【概况】 县政府办公室作为县政府综合协调部门，牢固树立“超前服务、严谨细致”的理念，切实发挥上传下达、综合协调作用。精心服务领导日常工作，强化工作的主动性与超前性，做到预先熟知、适时提醒、拾遗补阙，不断提高工作“三效”，即履职效率、管理效能、服务效果，确保政府工作有序推进。强化与政府职能部门和基层单位的对接联系，对需要沟通衔接的工作积极协调、研究办法、统筹安排，切实做到“事事有回音、件件有着落”，确保县委、县政府各项决策部署高效落实。

【政务信息】 围绕项目建设、北运河旅游通航、城市建设、农村人居环境整治、大气污染防治、违法用地整治、京津冀协同发展、社会事业发展、民生保障、新冠肺炎疫情防治、城乡统筹发展等重点工作，编发政务信息41期，编辑上报省市政务信息360余篇，被上级采用120余篇，其中，市委主要领导批示信息3篇，政务信息综合考核连续三年居全市各县(市区)第一位，被市政府办公室评为“2020年度政务信息报送工作优胜单位”。县政府主要领导先后4次对政务信息工作作出肯定性批示。

【调查研究】 围绕领导关心、群众关注的焦点难点问题，县政府办公室相关科室分头深入部门、企业、村街开展调查研究，摸实情、找对策，撰写调研文章20余篇。其中，《关于打击传销工作的几点思考》《关于香河县道路命名管理工作的调研报告》《关于做好香河县“僵尸车”整治的思考与建议》等8篇调研报告得到县政府领导肯定性批示，部分工作建议纳入领导决策视野。

【办文办会】 文稿草拟坚持做到契合上级精神与领导思想，实行分级审核负责制，严把政策关、事实关、语言关、格式关。2020年，高标准起草领导重要讲话及大型汇报材料480余篇，印发各类政府公文120余件。严格执行公文处理各项规定，规范流转程序，提高传文效率。全年共处理请示报告、电报传真等各级来文7600余件，切实做到传签及时、归档有序。会务组织注重细节、周密部署，全年共组织各级电视电话会议、现场会议等重大活动240余场(次)，迎接国家、省、市督导检查、考核验收50余次，均圆满完成任务。

【政务公开】 2020年，聘请专业公司对政府信息公开平台进行改版升级，实现了政府门户网站与政府信息公开平台数据无障碍互通和信息共享。公开内容主要涉及全县国民经济和社会发展情况、机构设置、发展规划、宏观经济、服务指南、重点项目、社会事业、安全生产、食品药品安全等热点话题。截至年底，累计通过信息公开平台共发布信息1500余条，在服务大局、引导舆论方面发挥积极作用。

【政务督查】 督查工作突出“快严准硬”四个字，切实做到真督实导，强力推动政府工作落实。抓好《政府工作报告》中所列重点工作和16项民生实事工程跟踪督办，细化任务、建立台账、倒排工期，实行月总结、季通报制度，全年印发工作进展情况报告16期，全面推动政府中心工作高效开展。认真抓好热点难点工作专项督查。先后开展大气污染防治重点工作、河道村庄搬迁安置、京唐铁路民宅拆迁、“6+1”联动监督专项行动、散煤管控等专项督查30余次，督查时间累计达110余天，坚持查实情、说实话、出实招、谋实策，确保政府重点工作稳步推进。抓好领导批示件督办工作，做到专人盯办、一事一报、反馈及时，全年共印发督办通知14次，督办领导批交事项1100余件，整理形成周报27期、月报11期，真正做到件件有结果、有回音。其中，6期通报、专报得到县委、县政府主要领导肯定性批示。牵头做好国务院大督查迎检工作，印发工作方案，明确任务重点，组织相关部门深入开展贯彻落实“六稳”“六保”和新冠肺炎疫情防控工作“回头看”，有效促进上级安排部署工作精准落地落实。

【建议提案承办】 认真梳理人大代表建议和政协委员提案内容，及时召开承办工作会议，明确承办单位和办结时限。严格把好回复关，对承办事项涉及部门多、办理难度大的单位给予业务指导，跟踪办理程序，督促办结进度，主动联系走访提件人，认真听取意见建议，不断提高建议、提案办理质量。承办的116件市县建议提案全部回复完毕，回复率100%，满意率95%。其中，对生活垃圾实施强制分类管理；加快推进香河县电动车交通安全管理；合理规范物业收费和物业管理等一批建议提案，承办部门采取措施有力，办理效果明显，得到人大代表、政协委员和社会群众的充分认可。

【金融运行监管】 为支持新冠肺炎疫情防控和经济社会发展，印发了《香河县金融支持实体经济发展的实施意见》，帮助企业复产复工、解决资金问题；组织金融机构参加“抗疫情、促发展”政银企对接活动，达成5.5亿元合作意向，15家金融机构走访企业152家、发放贷款1815万元；全力支持企业复产复工，对普惠口径小微企业、个体工商户、小微企业主发放经营性贷款支持小微再贷款1.55亿元。加强金融监管，印发《香河县人民政府办公室关于印发〈香河县地方金融组织行政审批及监管会商协调工作机制（试行）〉的通知》，成立香河县地方金融组织行政审批及监管会商协调工作领导小组，进一步推动全县金融业健康有序发展。加强金融风险防控，组织开展金融领域风险排查和防范非法集资宣传教育等活动，鼓励群众积极举报线索，支持打击非法集资，共发放宣传彩页3.4万余张，张贴悬挂宣传海报、展板、条幅1000余条，金融机构LED电子屏滚动播放宣传标语。做好企业上市工作，加强后备资源库建设，初步筛选上市后备企业10家，定期跟踪、重点培育；加速企业股改步伐，着力推进27家重点企业股改工作，筛选233家企业纳入重点股改企业数据库；强化政策扶持激励，印发《香河县鼓励企业利用多层次资本市场发展奖励办法》。做好金融扶贫工作，为7户已脱贫的建档立卡贫困户发放8笔扶贫小额信贷资金2.3万元，发放贴息资金553.39元。

【信用体系建设】 加强信息归集报送，督促各职能部门按要求在信用中国（河北廊坊）网上公示信用信息，上报“双公示”信息17721条；健全联合惩戒机制，制定印发《关于印发香河县失信被执行人联合惩戒措施—事项清单的通知》，对失信被执行人实施联合惩戒。

【外事服务】 配合做好外事新冠肺炎疫情防控工作，落实相关防控要求，妥善做好企业外国专家、员工邀请审批工作，保证海森商贸、巴尔赞商贸等企业在采取各项防疫措施的前提下顺利复工复产。

（杨　波）

行政审批

【概况】 2020年，香河县行政审批工作在县委、县政府领导下，认真贯彻落实中央和省、市委关于统筹常态化新冠肺炎疫情防控和经济社会发展的决策部署，以效率、效益、效果为导向，坚持一手抓新冠肺炎疫情防控、一手抓经济社会发展，全力优化服务流程，不断提高审批效能，激发市场活力，持续优化营商环境，以推进便民利企“微改革”为抓手，全力把疫情耽误的工作进度补回来。11月10日，被河北省发展和改革委员会评为河北省优化营商环境推动高质量发展先进集体；11月12日，香河县公共资源交易中心被中国公共资源交易跨区域合作联盟秘书处评为首届全国公共资源交易百强县；香河县电子证照应用工作被列为全省县级试点。

【综合政务一窗受理】 为方便群众办理各项业务，县行政审批局推动窗口综合化、全科化改革，搭建一窗受理服务专区，即从原来一窗办一事到一窗全受理。群众在专区内任意一个窗口即可办结所要办的各项业务。

搭建一窗受理专区。对除企业登记、项目建设审批以外的150项审批事项重新梳理汇总，全部纳入一窗受理专区业务范围，实施“前台综合受理、后台分类审批、统一窗口出件”的运行模式。

强化人员机制融通。在设立一窗专区基础上，积极建立各股室间业务融合贯通机制，强化跨专业业务培训，进一步提升受理人员业务办理能力。同时，为适应随时出现的政策调整需要，建立起股室间沟通、综合受理与分类办理流转、政策变化与审批标准衔接的工作机制，全面实现业务协同办理。

推动受理审批分离。在保持部门职能不变的基础上，将部门政务办事事项的收取材料、发放证照等服务业务分离出来，统一由综合窗口办理，实现申请人、受理人、审批人三方互相制衡，促进行政服务平衡发展。综合受理窗口实行“一次告知、清单受理”。审批后台实行“内部流转、限时审批”，实现“受理”与“审批”的相对分离，有效提升窗口受理范围、工作效率和综合服务能力。

推进乡镇审批服务体系建设。贯彻省政务办、省委编办《印发〈加强乡镇和街道审批服务体系建设的若干措施〉的通知》精神，进一步加强和规范基层审批服务体系建设，打通服务群众“最后一公里”。按照“应放尽放、权责统一、循序渐进”的赋权原则，组织县直各相关单位认真梳理下放事项法律依据、材料清单与注意事项等内容，填报审批服务、公共服务事项办理模板，辑印《乡镇改革行政审批服务事项赋权下放工作手册》。

【建设项目审批程序简化】 2020年，建设项目从立项、开工、竣工、到验收要经过17个部门的审验，需近200个工作日才能办结，给客户带来诸多不便。针对存在的问题，县行政审批局梳理出审批项目涉及的核准、环评、规划、土地、消防、施工许可、验收、预售等所有相关事项，开辟投资建设项目专区，实行并联审批，让投资项目审批只进一扇门即可办结。年内，投资项目审批只需50天，办结时长缩减70%以上。

一站式审批，让企业少跑腿。将建设项目审批所需的立项用地规划许可、工程建设许可、施工许可、竣工验收四个阶段所涉及的窗口，全部整合纳入专区实行综合受理，统一由综合窗口收取材料，出办理结果。

联办式审批，让服务更高效。综合窗口通过“建设项目并联审批平台”，将申报材料电子文档或扫描资料分发至各相关审批部门，各审批部门自行下载，同步收悉，并对资料进行审查。对资料齐全、未涉及前置审批事项的项目，同时受理、同步审批。

窗口根据审批部门的意见，统一做出准予受理书面决定或补正告知决定。

模拟式审批，让开工更省时。产业项目取得用地预审意见后，由该项目主体按审批程序准备规划设计图纸、取水许可证、环境影响评估报告等资料并提交，各职能部门提前介入，模拟办理建设手续，项目单位取得土地并达到法定审批条件后，审批部门及时把模拟意见转换成正式审批文件，实现“拿地即开工”。

启动容缺审批机制。申请事项中主要材料齐全，在缺少非主要材料或材料存在缺陷、瑕疵的情况下，一次性告知申请人需要补正的材料、时限和超期补正处理办法，并与申请人签订容缺后补承诺书，申请人承诺在规定时限内将材料补齐，审批部门先行作出准予行政审批决定，提高办事效率。截至年底，办理商品房预售证 50 个，预售房屋面积 89.61 万平方米，预售房屋 11380 套；办理房地产开发暂定资质业务 34 个，包含申报业务 15 个，延续业务 14 个，变更业务 4 个，新申请业务 1 个；政府投资项目审核概算并下达投资计划 6 个；政府投资项目可行性研究报告审批 2 个；政府投资项目建议书审批 1 个；政府投资招标方案核准 9 个；企业投资项目备案 5 个；核发建筑工程施工许可证 41 个；核发固定资产投资项目核准批复 23 个；地名命名、更名登记审批，包括居民小区命名 7 个；项目大门牌号 10 个；建设用地（含临时用地）规划许可证 3 个；城镇排污排水管网施工许可证 88 个。

【企业登记手续便捷】 开拓网络自助办理模式，为企业登记服务提供多种选择，最大限度为企业提供便捷的服务。2020 年，新登记企业 8704 户，全县企业总数达到 18539 户，同比净增 7831 户，完成全年市场主体培育任务的 695.47%，通过网上申请企业登记 8202 户，占新设企业的 94.23%。

“一网办”。对不便到现场办理企业登记的申请人，只需登录《河北省市场主体信用信息公示系统》进入“一窗通”模块，按照提示填写各项内容，系统便会自动生成所需材料，并提交审核，审核通过后，营业执照由县行政审批局免费快递到申请人家中，实现“办理不出家、执照送到家”。“一窗通”业务系统实现了名称自主申报与企业登记一体化，省去了过去申请人提交纸质材料起草工作，公司章程、股东会议决议等申请材料实现了模板化、填空式的系统自动生成，方便了申请人。

县便民服务中心企业注册区域　　县行政审批局供图

“一区办”。对于不便使用电脑和网络的申请人，进一步优化现场办理服务，在原有企业登记窗口基础上，将原来分散在税务、社保、公安等部门与企业开办相关发票申领、社保登记和公章刻制等业务全部集中到企业开办专区，申请人只需到企业开办专区窗口就可办结所要办全部业务。实现了企业办手续要跑四五家单位到“四五家单位等一家”的转变。

“一机办”。对于自主办证能力较强的申请人，在企业开办专区配置自助终端登记一体机，申请人只需通过填空式填写一些简单基础信息，就可自动生成全部申请材料，解决了一直困扰企业公司章程、股东会议决议等复杂文字材料起草工作。申请材料审核合格后，申请人可通过一体机自助打印营业执照，极大方便了企业，减轻企业在窗口业务办理的压力，申办人从申请到拿证，只需要30分钟。

“一日办”。全面清理非法定提交材料，取消公司法定代表人、董事、监事等单独任职文件材料提交。将企业注册登记与印章刻制环节合并，对公司住所（经营场所）实行书面承诺制，避免申请人开取产权证明的麻烦，将企业名称预先核准改为名称自主申报，降低企业开办难度，实现企业登在4个工作小时内办结，企业登记开办工作进入“小时”时代。

【证照审批电子化】 2020年，根据《河北省依托全国一体化在线政务服务平台开展电子证照应用试点工作实施方案》（冀互联政〔2020〕1号）要求，推进香河县证照电子化工作，全力做好全省电子证照县级试点应用工作。

重视试点工作，细化工作任务。及时完成县级电子证照模板定制录入、历史数据录入、技术培训等工作，为系统内电子证照生成、推进上网应用等工作打好基础。同时，积极参与《全国一体化在线政务服务平台电子证照商品房预售许可证标准》的制定，县行政审批局上报的相关内容得到上级部门的认可并采纳。

加强部门联络，确保工作如期完成。5月12日，完成与市级电子证照系统对接工作，试运行电子证照系统，在全县电子证照系统内实现第一张商品房预售许可证电子证照签章使用。

【业务咨询扫码知晓】 制作二维码办事指南。将窗口551项办事指南全部制成二维码，放置在对应窗口展示栏中，群众指尖一点，即可快速查询该项业务的“基本信息”“办理流程”“申报材料”等相关内容，还可自行收藏以便永久查询，实现手机扫一扫，“码”上全知道。

制作二维码墙。梳理出100项高频事项，制成二维码墙，群众扫一扫后，就能清楚了解办事所需的咨询电话、办理窗口、申请材料等信息，避免500多个办事事项都印明白纸的不便和烦琐问题，也方便群众保存电子办事指南。

县便民服务中心大厅二维码扫码墙　　县行政审批局供图

减时间，增效率。二维码办事指南形成的线上线下一体化服务模式，极大方便了办事群众的不同需求。二维码小卡片摆放在窗口立柱、大厅正中等明显处，有效解决了申请人因材料不全而往返跑路问题，最大限度降低企业成本，减轻群众负担，大幅提高了窗口办事的服务效率和服务质量。

更迭快，省资源。除了可获取精准的办事信息外，二维码办事指南还可随时更新调整业务办理要件清单，遇到业务政策和内容变动，无需更换二维码，只要调整其所映射的内容即可。既弥补了纸质版更新难、重复印刷、取阅不便等不足，又保证了办事群众“扫”到的办事指南不滞后，实现了业务咨询方便快捷，办事规范高效。

【行政审批便捷高效】 2020年，县行政审批局践行以人民为中心的发展理念，聚焦企业办事堵点、难点等问题，以更快更好更方便企业办事为导向，多措并举创新政务服务方式，着力构建政务服务新格局，实现多项改革任务精准落地，人民群众的获得感、满意度逐步增强。在交通城管方面，紧紧围绕“减审批、提效能、优服务、促发展”的目标，进一步简化优化政务服务流程，提高办事效率，深入推进行政审批制度改革，着力打造优质、便捷、高效的政务服务环境。

为优化缩减审批流程，全面梳理与县交通运输局、县城市管理综合行政执法局、县环卫部门、县交通运输管理站等部门对接的权力清单、责任清单，对承接的所有审批事项逐项梳理论证，交接30项审批业务。创新项目服务机制，推进审管无缝衔接。与同部门联合踏勘，主动靠前服务，做好重大、重点项目审批服务工作，依法依规对申请材料进行严格审查。共办结户外广告牌匾审批71项，出租车延续经营审批3项，跨越公路架设汽车尾气遥感检测系统审批1项。截至年底，农林水务股受理160件行政许可事项，办结160件。其中：生鲜乳收购站许可1件、农药经营许可5件、林木采伐许可150件、乡村兽医登记2件、兽药经营许可证1件、动物防疫条件合格证1件。

是年，县行政审批局贯彻落实《香河县行政许可标准化实施方案》，按照“以标准化促进规范化”的要求，为群众提供高效准确的行政许可服务，不断优化面向群众审批项目的办事流程和服务标准，压缩办理时限，逐步落实审批流程“标准化”。进一步贯彻落实政务服务事项标准化梳理工作，对“互联网+政务服务”数据共享需求清单及全程网办事项进行系统性整理。

严格做好材料审查，简化办事流程。对不符合要求的申请坚决不予受理，对符合条件的申请及时进行审批。截至年底，中小学生休学、复学审批41件，校外培训机构设立及变更32件，代理记账审批5件，社团设立及变更15件，民办非企业单位设立及变更25件，公共卫生许可证审批166件，放射诊疗许可8件，医疗机构设置35件。建立审批与日常监管协作协商机制，保证了审批业务顺利开展。到5月底，新划转的13项审批事项已全部交接完成。与各乡镇和产业园建立指导监督机制，对下放的4项审批事项开展业务培训、现场指导工作。

【公共资源交易电子化】 项目招投标电子交易系统建成并投入使用，实行网上项目受理、在线发布采购公告和发售采购文件、在线投标报名和缴费、在线开标评标、在线查看评审结果、自动计算报价、在线一键归档等环节“一条龙”式线上操作，互联互通，交易全过程实现电子化，有效提高了管理水平、服务质量和工作效率，实现公共资源交易的规范化、科学化、现代化，为招投标活动提供阳光透明的交易平台。远程不见面开标是一种创新的在线可视交易方式，投标人不用到开标现场，只需在办公室或其他任何地点登录该系统，即可完成投标文件远程解密，远程在线投标。开标过程可视化远程展示，开标“不见面”犹如“面对面”。这是公共资源交易中心深化“放管服”改革，优化营商环境的又一新举措，旨在充分发挥市场机制作用，培育“互联网+公共资源交易”的内生动力，推动项目交易从线下交易到线上交易的转变，实现公共资源交易与互联网的深度融合。

公共资源交易中心坚持把改革创新作为加强公共资源监管的有效途径，坚持集中交易、网络运行、源头防腐的改革思路，紧紧抓住体制、科技、制度三个重点，有利促进交易活动规范化、科学化、制度化运行。截至年底，全县完成各类公共资源交易事项374项，涉及资金39.21亿元。所有进场交易项目实现不见面开标。实现开标由线下“面对面”到网上“键对键”的转变，进行远程在线实时开标。购置安装远程异地评标系统软件，与省市交易平台对接。通过共享其他地市的评标设施、场所、监管环境等资源，缓解专家资源不足问题，同时提高评标效率，节约成本。在中国公共资源交易跨区域合作联盟组织的公共资源交易百强县评比中，香河县公共资源交易中心入选全国公共资源交易百强县。

【民众诉求畅通】 县行政审批工作坚持“倾听民众呼声、畅通民众诉求”、坚持“群众利益无小事”的工作理念，健全和规范受理对进驻部门及其进驻工作人员政务服务工作的投诉工作流程。2020年，效能监督办公室受理群众服务热线交办件82件，办结82件。其中，河北省“12345”群众服务热线交办件76件、河北省阳光信访工作平台交办件1件、中国政府网网民留言2件、河北廊坊智慧信访信息系统交办件1件、香河县人民政府政务服务热线交办件1件、电话信访交办件1件。

（刘晓娜）

中国人民政治协商会议
香河县委员会

责任编辑 陈述龙 张 丹

综 述

2020年，在中共香河县委的坚强领导下，县政协坚持以习近平新时代中国特色社会主义思想为指引，深入学习贯彻中共十九大和十九届二中、三中、四中、五中全会，以及中共中央和省委、市委、县委政协工作会议精神，坚持团结和民主两大主题，充分发挥县政协政治协商、民主监督、参政议政作用。紧扣县委决策部署，聚焦新冠肺炎疫情防控“阻击战”、经济社会发展“保卫战”、脱贫攻坚“收官战”“三场战役”，在建言资政和凝聚共识上双向发力，务实协商议政，勠力建言献策，广泛凝心聚力，政协履职迈出新步伐。

县政协常委会坚持在县委的领导下开展工作，坚持定期向县委报告工作，政协年度协商和监督工作计划、常委会工作报告、政协视察等重要工作，均经县委批准后实施。充分发挥政协党组在政协工作中“把方向、管大局、保落实”的作用，建立健全由县政协党组、机关党组组成的逐级领导的党组织体系。深化理论学习，以习近平总书记关于加强和改进人民政协工作的重要思想为指导，着力增强承担新使命、新任务的思想自觉。是年，开展党组学习13次，专题学习18次，扎实开展委员读书活动，向全体委员发出了开展读书活动的倡议，以理论学习推动能力提升。

县政协及其常委会在县委的坚强领导下，勇于担当、主动作为，把新冠肺炎疫情防控作为最重要的工作、最紧迫的政治任务，扎实推进新冠肺炎疫情防控和政协履职各项工作。县政协迅速召开专题会议，研究布置新冠肺炎疫情防控工作。及时发出《关于做好新型冠状病毒感染的肺炎疫情防控工作，坚决打赢疫情防控阻击战的倡议书》，转发《〈革除滥食野生动物的陋习从我做起〉倡议书》，引领带动全体政协委员和政协工作者坚定信心、积极作为，增强疫情防控的责任感、紧迫感，县政协领导班子成员深入重点企业、村街社区、项目现场，督导调度疫情防控工作，看望慰问战疫工作人员。

按照协商和监督工作计划，围绕加快农村交通基础设施建设、推进生活垃圾分类工作、加快推进家具城“二次创业”和加快健康香河建设4个重点协商议题，在充分调研的基础上，召开常委会会议，形成调研报告，上报县委，得到了县委书记李桂强的充分肯定，并批转县政府有关部门落实。积极组织县政协经济组、工业组、教文体组、医药卫生组、农业组、民宗台侨组和群团组围绕各自负责领域开展调研活动，形成专题调研视察报告。加强与党外知识分子、非公有制经济人士、新的社会阶层人士的沟通联络，充分发挥大团结大联合的政治优势，为建设美丽幸福新香河凝聚人心，凝聚力量。

（付 震）

县政协机构设置

【政协常委会领导机构】 2020 年，政协香河县第九届委员会有主席 1 名，副主席 4 名。在 4 名副主席中有非中共人士 2 名，其中，女性 1 名。

【政协香河县委员会工作机构】 2020 年，政协香河县委员会工作机构有办公室、提案委员会、科技经济委员会、社会发展委员会、农业和农村委员会。

县政协委员会会议

【概况】 2020 年，政协香河县第九届委员会召开全体会议 1 次。

1 月 9 日，政协香河县第九届委员会第四次会议在香河第一城召开　　县融媒体中心供图

【政协香河县第九届委员会第四次会议】 2020 年 1 月 9—10 日，政协香河县第九届委员会第四次会议在香河第一城召开，参加会议委员应到 160 名，实到 152 名，因病因事请假 8 名。

会议听取县政协主席马文龙所作的《中国人民政治协商会议香河县第九届委员会常务委员会工作报告》；会议听取和审议县政协副主席苏宽所作的《中国人民政治协商会议香河县第九届委员会常务委员会提案工作报告》；全体委员列席县十五届人大四次会议第一次全体会议，会议听取并协商讨论《政府工作报告》，协商讨论其他报告；会议通过大会政治决议。

县政协常委会会议

【概况】 2020 年，政协香河县委员会召开常委会会议 5 次。

【县政协九届十四次常委会会议】 1 月 7 日，县政协主席马文龙主持召开县政协九届十四次常委会会议。

会议听取并讨论《县政府 2019 年全县经济社会发展情况的通报》和《关于县政协九届三次会议以来提案办理情况的通报》。会议决定：政协香河县第九届委员会第四次会议于 1 月 9—10 日在第一城召开，会期两天。会议审议通过了政协香河县第九届委员会第四次会议议程（草案）、日程（草案）。

会议审议《中国人民政治协商会议香河县第九届委员会常务委员会工作报告（讨论稿）》和《中国人民政治协商会议香河县第九届委员会常务委员会提案工作报告（讨论稿）》，常委们经过认真讨论，同意将两个报告提交县政协九届四次会议审议。会议决定推举马文龙为《中国人民政治协商会议香河县第九届委员会常务委员会工作报告》的报告人，推举苏宽为《中国人民政治协商会议香河县第九届委员会常务委员会提案工作报告》的报告人。协商讨论了政协香河县第九届委员会第四次会议期间秘书长建议名单草案，大会副秘书长建议名单草案。提案审查委员会主任、副主任、委员建议名单草案。

会议研究了县九届政协委员调整事项。常委们举手表决通过了县九届政协委员调整名单，对县政协九届四次全会工作做出安排。会上，县政协主席马文龙对开好县政协九届四次会议提出明确要求：要充分认识开好这次会议的重要性，统一思想、密切配合、共同努力，做细做实做好各项工作。各位主管主席要督导各组组长，组织各位委员按时参加会议，确保到会率、出勤率，督促各委员活动组撰写好大会发言稿，以高质量的调研成果确保全会高质建言，充分展示出政协委员的参政水平和良好素质。各位常委要带头履行职责，遵守会议纪律。全体委员要抓紧搞好调研，把那些党政所需、群众所盼的问题提出来，并形成可行的意见和建议。要进一步提高提案质量，坚持一事一议，观点鲜明，建议具体；要增加集体提案的比重，加强提案的针对性、前瞻性和可操作性。大会秘书处和机关工作人员，要以高度负责的态度精心筹备、周密组织，把提案征集、材料印发、宣传报道、会务组织、后勤服务、安全保卫等各项工作落到实处，确保会议取得圆满成功。

【县政协九届十五次常委会会议】 1月10日，县政协主席马文龙主持召开县政协九届十五次常委（扩大）会议。

县政府领导及有关部门负责人听取政协委员对《政府工作报告》及其他报告协商讨论情况的汇报。参加县政协九届四次会议的政协委员，在列席了县十五届人大四次会议后，对《政府工作报告》及其他重要报告进行了热烈的讨论。在讨论中，委员们畅所欲言、各抒己见，积极发表自己的意见和建议。委员们一致认为，代县长齐泽旭所作的《政府工作报告》主题鲜明、内容丰富、重点突出、目标明确、措施有力，是一个创新奋进、求真务实的报告，表示赞同。对其他重要报告也进行认真讨论，并表示赞同。听取各组对县委书记李桂强讲话及《县政协常委会工作报告》、九届三次会议以来《提案工作报告》讨论情况的汇报。会上，委员们一致拥护县委书记李桂强在大会开幕式和参加小组讨论时的讲话。讲话充分肯定县九届政协一年来的工作，对2020年县政协工作提出意见和希望，委员们深受鼓舞，一致表示要认真学习，深刻领会，在今后工作中认真贯彻落实。审议通过本次会议政治决议（草案），一致同意提交第四次全体会议审议。

5月12日，县政协九届十六次常委（扩大）会议召开　　县政协办公室供图

【县政协九届十六次常委会会议】 5月12日，县政协主席马文龙主持召开县政协九届十六次常委（扩大）会议。

会议审议通过《政协香河县委员会2020年工作要点》及常委会、委组活动安排，会议原则通过《政协香河县委员会2020年工作要点》。会议要求，各牵头副主席、各委员活动组组长要切实负起责任，按照时间节点，及时开展委组活动。

会议学习传达《政协香河县委员会2020年度协商和监督工作计划》。会议要求，各专委会、各委员活动组要按照协商和监督工作计划认真制定实施方案，在深入调查研究的基础上，形成高质量、有深度的调研报告报送县委。会议强调，作为政协委员尤其是政协常委要增强紧迫感和责任感，充分发挥好“领头雁”作用，认真落实县委十一届五次全会精神，积极建言资政，强化履职担当，为建设美丽幸福新香河贡献政协力量。要坚持党的领导，提高政治站位，要聚焦中心任务，做好本职工作；要改进工作作风，强化自身建设。

【县政协九届十七次常委会会议】 9月17日，县政协主席马文龙主持召开县政协九届十七次常委（扩大）会议。

会议听取并讨论县政府《2020年以来全县经济社会发展情况通报》。会议充分肯定在新冠肺炎疫情压力下全县经济社会发展取得的成绩，一致认为县政府及相关部门按照年初既定的工作目标，积极采取措施，全力以赴工作，成绩喜人，催人奋进。在肯定成绩的同时，各位常委围绕通州区与廊坊市“北三县”规划、推动运河通航、公立学校建设、教师招录及当前和今后经济发展等问题，提出建设性的意见和建议。

会议听取并讨论政协九届四次会议以来《政协提案办理情况的通报》。会议认为，县政府十分重视政协提案办理工作，在加强领导、协调沟通、严格程序、强化督导等方面做了大量卓有成效的工作。通过办理提案，解决了群众关心的热点难点问题，进一步推进了部门工作。大家对办理结果表示满意，对有关部门高度重视并积极办理委员提案表示感谢，表示今后一定要更好利用提案这一形式，充分发挥政府和百姓之间的桥梁纽带作用，为县委、县政府科学决策提供更好的智力支持。会议在肯定成绩的同时，针对提案办理过程中存在的问题，提出意见和建议。县政府和各承办单位要积极开展提案办理回头看活动，要加快办理正在解决或已列入规划提案，进一步加大对提案办理工作的督导力度，确保办理工作顺利完成。副县长闫明杰在听取县政协常委的建议和意见后，对县政协关心支持县政府工作表示感谢，并表示将认真整理县政协常委所提意见和建议向政府主要领导汇报，合理借鉴，完善举措，统筹协调，努力把县政府的各项工作做得更好。

会议围绕“加快农村交通基础设施建设”进行协商议政，并提出意见建议，会议原则通过《政协香河县委员会关于加快农村交通基础设施建设的调研报告》。会议要求，县政协常委会办公室要认真梳理汇总常委们提出的意见建议，以县政协党组文件形式上报县委，为县委、县政府提供决策依据。

会议围绕“推进生活垃圾分类工作”进行协商议政，并提出了意见建议，会议原则通过《政协香河县委员会关于推进生活垃圾分类工作的调研报告》。会议要求，县政协常委会办公室要认真梳理汇总常委们提出的意见建议，以县政协党组文件形式上报县委，为县委、县政府决策提供依据。

会议学习传达县委十一届六次全会精神。会议要求，全体县政协委员，特别是各位常委要认真学习领会县委十一届六次全会精神，切实提高思想认识，认真履职尽责，要深刻认识香河县当前面临的新形势、新任务，深入贯彻落实县委全会精神，以更加饱满的热情、昂扬的斗志、创新的举措、务实的作风，扎实抓好政协工作落实，为冲刺“十三五”、全面达小康、夺取“双胜利”、加快建设美丽幸福新香河增添新动能，作出新贡献。

会议通过马小伟任职决定。根据中共香河县委提名，会议一致同意马小伟任县政协社会发展委员会副主任。

【县政协九届十八次常委会会议】 11月4日，县政协主席马文龙主持召开县政协九届十八次常委会会议。

会议审议优化县政协专门委员会设置事宜。会议决定，政协香河县第九届委员会组建成立县政协农业和农村委员会。

会议审议在县政协办公室设置事业单位事宜。

会议决定，为适应政协工作新形势、新任务需求，加强政协自身建设，会议决定，在县政协办公室设立信息中心，机构规格正股级。

【县政协九届十九次常委会会议】 12月24日，县政协主席马文龙主持召开县政协九届十九次常委会会议。

会议学习传达中共十九届五中全会精神、省委九届十一次全会精神、市委六届十一次全会精神和县委十一届七次全会精神。会议要求，全体县政协委员要认真学习中央和省、市、县委全会精神，并结合本职工作坚决贯彻落实；会议通报县政协“聚力量、防疫情、促发展”（简称“聚防促”）活动情况。会议要求，全体县政协委员要认真贯彻落实通报要求，巩固“聚防促”活动取得的成果，为夺取“双胜利”贡献政协力量。

会议围绕加快推进家具城二次创业进行协商议政，并提出了意见建议，原则通过《政协香河县委员会关于加快推进家具城“二次创业”的调研报告》。会议要求，县政协常委会办公室要认真梳理汇总常委们提出的意见建议，以县政协党组文件形式上报县委，为县委、县政府决策提供依据。

会议围绕“加强基层医疗卫生体系建设，加快健康香河建设”进行协商议政，并提出意见建议，原则通过《政协香河县委员会关于加强基层医疗卫生体系建设，加快健康香河建设的调研报告》。会议要求，县政协常委会办公室要认真梳理汇总县政协常委们提出的意见建议，以县政协党组文件形式上报县委，为县委、县政府决策提供依据。

县政协工作与职能

【政治协商】 9月17日、12月24日，县政协常委会围绕加快农村交通基础设施建设、推进生活垃圾分类工作、加快推进家具城“二次创业”和加快健康香河建设4个重点协商议题，2次召开专题议政会议。在充分调研的基础上，形成4篇高质量的调研报告，以政协建议案的形式上报县委，得到了县委书记李桂强的充分肯定，并批转县政府有关部门落实。6月1日，围绕全县路网建设和京唐高铁建设召开专题协商座谈会，提出意见和建议10余条，为全县经济社会发展发挥政协智慧。

【民主监督】 2020年，县政协常委会积极运用提案、调研视察等方式，开展民主监督工作，全年开展视察调研12次，交办政协提案63件，提出意见建议13条。围绕运河文化带建设，组织部分县政协委员及相关单位进行调研视察，了解工程情况，协调解决问题，督导工程进度，推动工程建设。年内，开展县政协委、组调研视察活动，经济组围绕京唐铁路建设情况对香河制梁场、跨双安线连续梁施工现场进行视察；工业组到香河众旺木业有限公司、富都华创有限公司，对工业企业转型升级进行调研；教文体组到国华影视基地和农耕文化博览园，对香河县文化产业发展情况进行视察；医药卫生组围绕乡镇卫生院发展建设情况，分别对钳屯镇卫生院新建主体工程项目、安头屯镇卫生院新建门诊楼项目和渠口中心卫生院医共体疼痛中心建设情况进行视察；农业组围绕推进农村宅基地制度改革进行调研；民宗台侨组和群团组分别对县三强污水处理厂、县人民广场改建工程、义井大桥重建项目、垃圾焚烧发电站项目等6项民心工程开展专项监督，形成专题调研视察报告，对相关工作开展起到推动作用。是年，推荐50名特邀监督员，多次参与政风行风评议活动，其中，有人民法院案件讲评会、中冶长城重型机械有限公司破产审查听证会等活动，有50余人次参与评审。

【参政议政】 2020年，政协委员先后就推进与北京城市副中心协同发展、深化县级公立医院综合改革、建设美丽乡村、加强物业管理、青少年生涯规划、家具城转型升级、推动旅游业发展等方面，进行充分调研，形成《政协香河县九届四次全会提案简编》，为县委、县政府科学决策提供有益参考。加强与省、市政协的联系互动，围绕加强和改进政协工作、推进临空经济区智慧城市建设等内容，参加市政协协商议政 5 次，其中，以加强农村基层医疗卫生体系建设为题在市政协作典型发言。配合省、市政协到香河开展调研活动 7 次，撰写调研报告 7 篇。配合省、市政协完成了“卫生下基层，提高基层常态化疫情防控能力”的调研任务，联系县乡村三级医疗卫生部门配合参加远程门诊、远程培训、远程查房等线上活动，有力推动了基层医疗卫生事业的发展。加强与党外知识分子、非公有制经济人士、新的社会阶层人士的沟通联系，开展谈心活动，邀请他们参与协商活动，支持他们表达合理诉求。

【广泛联谊】 围绕“十四五”时期北京城市副中心产业发展以及加强产业联动，与北京市政协、通州区政协进行座谈交流，通过交流，增进对北京城市副中心产业发展的了解，并对与北京城市副中心一体化发展提出具体建议，发挥政协作用。

【文史资料】 注重发挥文史资料“存史、资政、团结、育人”作用，秉承“亲历、亲见、亲闻”的原则，编印香河县政协文史资料集存第十九辑《古邑掬馨——香河县历史文化名村精选》，记述村庄变迁，民风乡俗传承，为弘扬香河优秀传统文化发挥积极作用。

【自身建设】 加强队伍建设，强化对政协委员的教育引领，不断提升政协委员政治素质和履职能力，引导政协委员把事业放在心上、把责任扛在肩上。坚持主席会议成员联系走访政协委员制度，积极解决委员困难和问题，让政协委员感受到政协大家庭的温暖。加强对政协委员服务管理，完善政协委员履职考评，规范政协委员履职档案，增强政协委员责任意识和履职担当。7 月 30 日，在全市政协工作交流会上，县政协机关作典型发言，并得到市政协的充分肯定。认真落实意识形态工作责任制，加强对政协委员微信群、政协机关电子显示屏等意识形态阵地管理，发好政协声音，壮大主流舆论。支持县纪委监委派驻纪检监察组履行职责，持之以恒狠抓党风廉政建设，确保政协机关风清气正。

纪检监察

责任编辑 陈述龙 张 丹

综 述

2020年，香河县纪检监察工作在党中央、中央纪委国家监委、省市纪委监委和香河县委的坚强领导下，充分发挥监督保障执行、促进完善发展作用，强化政治监督，巩固拓展作风建设成效，严查群众身边腐败和作风问题，纪检监察工作取得新成效。中共香河县纪律检查委员会、香河县监察委员会（简称县纪委监委）以习近平新时代中国特色社会主义思想为指引，持续增强“四个意识”、坚定“四个自信”、做到“两个维护”，忠实履行党章和宪法赋予的职责，深入推进全面从严治党、党风廉政建设和反腐败斗争，扎实完成市纪委监委部署的八项任务，为决胜全面建成小康社会提供坚强保证。

纪检监察机构

【县纪律检查委员会领导机构】 2020年，中共香河县纪律检查委员会（简称县纪委）有常委7名，其中，县纪委书记1名，副书记2名。

【县监察委员会领导机构】 2020年，香河县监察委员会（简称县监委）有主任1名，副主任2名，委员4名（不含主任、副主任）。

【县纪委监委工作机构】 2020年，县纪委监委内设机构18个：办公室、组织部、宣传部、党风政风监督室、信访室、案件监督管理室、第一至第五监督检查室、第六至第十一审查调查室、案件审理室。

【县纪委监委派出机构】 2020年，河北香河经济开发区纪工委是县纪委监委的派出机构，在县纪委监委和开发区党工委领导下开展工作。河北香河经济开发区纪工委设书记1名，副书记1名。

【县纪委监委派驻机构】 2020年，县纪委监委派驻机构共5个：县委政法委纪检监察工委、县纪委监委驻县委办公室纪检监察组、县纪委监委驻县政府办公室纪检监察组、县纪委监委驻县财政局纪检监察组、县纪委监委驻县自然资源和规划局纪检监察组。

县纪委重要会议

【纪委全委会议】 2020年，受新冠肺炎疫情影响，县纪委未召开全委会议。

【工作会议】 2020年，县纪委监委召开2次工作会议。

2月26日,县委书记李桂强到县纪委进行调研。李桂强听取了县纪委监委工作情况汇报，与县纪委监委班子成员进行座谈，并对全县纪检监察工作提出具体要求。

6月12日，召开全县纪检监察系统作风纪律专项整治活动动员会。会议围绕纪检监察系统存在学习调研不实、精神状态不佳、工作作风不硬、责任担当不够、纪律规矩不严和创新劲头不足6个方面问题，开展为期15天的作风纪律专项整治工作。县委常委、纪委书记、监委主任牛静参加会议并讲话。

纪检监察工作

【政治监督】 聚焦统筹推进疫情防控常态化和经济社会发展，做好稳就业、稳金融、稳外贸、稳外资、稳投资、稳预期“六稳”工作，落实好保居民就业、保基本民主、保市场主体、保粮食安全、保产业链供应链稳定、保基层运转“六保”任务。开展监督检查16轮300余次，反馈问题394个，下发整改意见函34份，推动防控政策落实，护航经济社会发展。聚焦协同发展。制定《关于开展京津冀协同发展政治监督的工作办法》《〈北京市通州区与河北省三河、大厂、香河三县市协同发展规划〉政治监督任务分解清单》，明确职责分工，压紧压实政治责任。聚焦重点工作，制订《关于2020年下半年开展政治监督工作的实施方案》。对北运河旅游通航、生态环保等重点工作开展专项监督检查，查处违规违纪问题17件，给予党纪政务处分18人，运用“第一种形态”处理27人次，以有力监督推动有效落实。

【监督质效提升】 紧盯“关键少数”，加强对“一把手”和领导班子的监督。通过联合约谈、个别谈话方式与单位主要负责人谈话17人次。开展党委（党组）“第一种形态”运用情况专项检查，督促党委（党组）抓牢管党治党责任，全县各级党委（党组）共运用“第一种形态”开展谈心谈话2000余人次。严把党风廉政意见回复关，全年共回复党风廉政意见83批次、3038人次。县纪委监委运用监督执纪“四种形态”批评教育帮助和处理375人次，其中，第一、第二种形态占比94.9%，监督执纪进一步向“管住大多数”拓展。认真贯彻执行问责条例，问责党员领导干部11人，问责党组织1个。

【专项整治开展】 开展扶贫领域腐败和作风问题专项治理，查办问题线索5件，运用“第一种形态”处理1人。开展信访线索处置“清仓见底”行动，制定《信访件闭环管理办理制度》，建立“三卡”（临期提醒卡、期催办卡、超期问责卡）督办机制，提升信访举报办理质效，全县纪检监察机关共受理检举控告528件次全部办结，实现了信访总量、检举控告量、初信初访量和重复信访量“四下降”目标。开展“伞”“网”清除行动，查处涉黑涉恶腐败和“保护伞”问题7个，处分6人，运用“第一种形态”处理18人次。开展民生领域损害群众利益问题专项治理，督促教育、卫生健康、医疗保障、市场监管等职能部门落实主体责任，深入开展集中整治，发现并整改问题11件。

【案件查办】 县纪委监委严肃查处贯彻党中央决策部署只表态不落实，维护群众利益不担当不作为等形式主义、官僚主义问题，查处问题线索9件，给予党纪政务处分10人。持之以恒落实中央八项规定精神及其实施细则，紧盯重要时间节点，印发提醒通知400余份，推送廉政提醒短信3000余条，开展明察暗访70余次，查处违反中央八项规定精神问题14件，给予党纪政务处分22人。开展制止餐饮浪费专项检查，发现并整改问题3件。结合“三创四建”活动，加强营商环境监督，查处破坏营商环境问题2件，给予纪律处分2人，印制优化营商环境监督卡，发给全县260余家规上企业，为构建“亲”“清”政商关系、推动“三创四建”活动取得实效提供监督保障。

体制。强化反腐败协调沟通，全年受理反腐败协调小组成员单位移送案件线索39件，移送司法机关案件线索2件。

【惩腐效能不断提高】 2020年，全县纪检监察机关共立案128件，结案114件，给予党纪政务处分112人，其中，处分乡科级干部24人，审查调查市纪委监委指定案件3件，留置3人，移送司法机关2人。坚持不敢腐、不能腐、不想腐“三不”一体推进，协助县委召开全县领导干部政治性警示教育大会，通报24件典型案例，强化不敢腐的震慑；加强以案促改，开展纪检监察建议落实情况专项检查，发现并整改问题4件，下发纪检监察建议书58份，扎紧扎牢不能腐的笼子；推动廉政文化建设，依托微信和抖音公众号加强廉政宣传，在全县打造“廉政文化墙”1700余平方米，营造正风肃纪反腐的良好氛围，巩固不想腐的思想防线。

7月1日，县纪委监委机关全体干部举行升国旗和对党旗宣誓重温入党誓词仪式　郑肃然 摄

【体制改革深化】 推进纪检监察工作双重领导体制具体化、程序化、制度化。严格执行请示报告制度，及时向市纪委监委、县委报告报批报备有关事项。认真落实“两为主”要求，即查办腐败案件以上级纪委领导为主，线索处置和案件查办在向同级党委报告的同时必须向上级纪委报告；各级纪委书记、副书记的提名和考察以上级纪委会同组织部门为主，会同组织部门完成8名镇纪委副书记、监察办公室副主任的任命。修订完善《镇（社区）、园区纪（工）委履职情况积分考核办法》，印发考核通报4期，推动镇纪委精准高效履职。深化派驻机构改革，印发《关于进一步明确派驻纪检监察组职责等事项的通知》，建立领导班子成员分包联系，相关职能部室分工负责、协调配合的派驻工作领导

【纪检监察干部队伍建设】 县纪委常委会带头加强自身建设，通过班子集中学习、支部交流研讨、撰写心得体会等形式跟进学习习近平总书记重要讲话和重要指示批示精神，全年开展理论中心组学习13次，召开党小组会议12次，支委会议23次。认真贯彻民主集中制，严肃党内政治生活，召开专题民主生活会议2次、组织生活会议12次，干部党性修养持续提升。统筹抓好全员培训，辑印学习资料1200余册，组织学习测试5次，干部业务知识全面加强。持续强化自我监督，开展全县纪检监察系统作风纪律专项整治，坚持刀刃向内，严肃查处纪检监察干部违纪违规问题，给予党纪政务处分2人，运用“第一种形态”处理5人次。

（郑肃然）

巡察工作

【概况】 2020年，在县委和县委巡察工作领导小

组的坚强领导下，县委巡察机构坚守政治巡察定位，切实把做好巡察工作作为增强“四个意识”、坚定“四个自信”、做到“两个维护”的现实检验，坚决贯彻落实中央和省市县委关于巡察工作的新部署、新要求，坚持稳中求进、坚持探索创新、坚持实事求是，不断从内涵方向、监督重点、制度机制等层面加强研究和实践，扎实推进十一届县委巡察全覆盖任务，努力为全县经济社会发展提供政治保障。《中共香河县委巡察工作规划（2017－2021年）》确定十一届县委巡察全覆盖单位63个，其中，县直单位（部门）48个，县属学校3所，县属医院3个，镇9个。截至年底，十一届县委已开展6轮常规巡察，1轮专项巡察，配合市委开展2轮交叉巡察和1轮上下联动巡察。巡察县直单位、学校、镇共计58家，巡察覆盖率92.06%。巡察村街196个，巡察覆盖率65.33%。发现并反馈问题876个，整改完成856个，整改中20个。移交问题线索116件，涉及130人，立案12人，给予党纪政务处分11人。

【专项巡察】 2020年11月，根据省市县委巡视巡察工作统一安排，从县委巡察人才库中选派骨干人员，组成县委专项巡察组，就全县生态环境治理和六个重点领域（坚决清理规范违法违规圈占土地、全面清理规范违规违建项目、认真清理规范资源能源项目、坚决清理规范房地产开发项目、强化矿山综合治理、深入开展地下水超采综合治理）清理规范任务落实情况，对县水务局、廊坊市生态环境局香河分局、县自然资源和规划局、县住房和城乡建设局等涉及巡查领域相关部门党组和各镇、香河经济开发区党（工）委进行专项巡察。县委专项巡察组通过听取专题汇报、开展个别谈话、受理来信来访、调阅文件资料、深入了解情况等形式，扎实开展工作，圆满完成了巡察任务。巡察期间，共发现3个方面11项具体问题，向相关职能部门和各镇、香河经济开发区党（工）委提出整改意见34条。本轮专项巡察，积极探索了省市县三级联动、上下贯通的巡察模式，为今后上下贯通，联合开展巡察工作积累宝贵经验。

12月10日，中共香河县第十一届委员会第六轮常规巡察工作动员会议召开　县融媒体中心供图

【常规巡察】 2020年6月，组建5个巡察组，圆满完成对县委办公室、县政府办公室等14家单位的党组织开展第五轮常规巡察，发现问题207个，问题线索8件，涉及8人，截至年底，整改基本到位。本轮巡察中，监督重点从“六围绕一加强”转为“三个聚焦”，即聚焦贯彻落实党的路线方针政策和中央，省市县委决策部署情况；聚焦群众身边的腐败问题和不正之风；聚焦基层党组织软弱涣散、组织力欠缺问题，形成“三个聚焦”巡察清单，将政治巡察和业务检查的界限进一步具体化。12月，组建3个巡察组，对县卫生健康局党组、钳屯镇党委和钱旺镇党委开展第六轮常规巡察。第六轮常规巡察在市委第二指导督导组的实地指导下，对巡前培训、巡察了解、中期汇报、立行立改等各个环节进行整体规范，切实提升巡察工作质量。建立健全“巡察工作贯通融合协调联动工作机制”，制定《巡察机构与县纪委监委有关部门的协作配合机制》，理清县委巡察机构与县纪委监委、县委组织部等单位在

巡前情况通报、巡中协同支持、巡后整改监督等环节的职责定位和工作关系，打造各站其位、各负其责、配合有力的工作格局；探索建立“书记专题会”部署任务督办机制，以“巡察整改建议通知书”形式，将巡察发现的普遍性、倾向性问题和“书记专题会”议定事项同步反馈给被巡察单位、相关职能部门和相关县领导，做到集成整改、一体整改；针对在巡察工作中反映出的巡察、审计反馈问题整改不到位情况，以“县委书记一封信”的形式向被巡察党组织主要负责人提出整改要求，进一步压实责任，同向发力。

（王友杰）

群众团体

责任编辑　王树春

综　述

2020年，香河县总工会、共青团香河县委员会、香河县妇女联合会、香河县科学技术协会、香河县工商联、香河县文学艺术联合会、香河县残疾人联合会、香河县红十字会、香河县计划生育协会等群众团体，充分发挥自身职能和党联系群众的桥梁纽带作用，不断创新工作思路，探索服务新路径，研究确立新方法，拓宽服务新领域，攻坚克难，战胜新冠肺炎疫情，为建设美丽幸福新香河贡献力量。

香河县总工会

【概况】　2020年，香河县总工会坚持以习近平新时代中国特色社会主义思想统揽全局，以贯彻落实全国总工会十七大、省总工会十三大精神为契机，求真务实，开拓进取，在服务全局中强化自身建设。县总工会加强基层工会组织建设，启动2020年度“职工医疗互助”活动，慰问新冠肺炎抗疫一线人员，丰富职工文化生活，关爱劳动模范，扎实推进普惠化服务工作，开展农民工法治服务专项行动，规范“爱心妈妈小屋”建设，开展“共同约定”行动，举办单身职工联谊会，在推进改革中提升工作水平，较好地完成了工作目标。

【基层工会组织建设】　2020年，不断扩大工会组织和工会工作有效覆盖，消除建会空白点，大力推动工会组织向新领域延伸。年内，全县新增工会组织4家；14家基层工会完成换届工作。截至年底，各类法人单位建会率和25人以上单位建会率均100%；各类法人单位职工入会率96%；基层工会规范建设达标率90%。印发《香河县总工会关于转发〈河北省总工会关于加强乡镇、街道、开发区、现代农业园区工会规范化建设的实施办法（试行）〉的通知》，要求全县各级工会按照文件精神，开展规范化建设活动，7月，淑阳镇总工会被评为全省乡镇工会规范化建设第一批优秀单位。

【职工技术创新】　以创新工作室为引领，着力推进职工创新平台建设，激励全县广大职工在自己的岗位上，发挥聪明才智、勤学苦练、潜心钻研，用新技术、新思想、新成果，带动县域某一领域或某一行业、专业领域的发展。2020年，县总工会为6家荣获市级创新工作室授牌，统一制作上墙制度，顺利通过市总工会的检查验收；完成香河县第三届职工技能大赛的前期筹备工作。

【职工医疗互助】　2020年，继续在全县开展“职工医疗互助”活动，107家单位12424人参加“职工医疗互助”捐款，捐款金额 62.14 万元。截至年底，有 32 位职工申报并通过审核救助，救助金额 13.52 万元。

7 月 15 日，县委副书记张玉林（右二）率“送清凉”工作组慰问环卫工人　　县总工会供图

【慰问一线职工】 2020 年，在新冠肺炎疫情发生后，迅速组织慰问一线抗疫人员，向县人民医院、县中医医院、县气管炎哮喘医院和县环卫部门拨付 7 万元慰问款，帮助全县坚守在一线的医务工作者和职能部门防控一线职工解决后顾之忧。推荐县人民医院医生杨士春（河北省援助武汉医疗队队员）为廊坊市最美抗疫人并送去慰问金 5000 元。筹集资金 14.5 万元，为高温环境下坚持工作的环卫、交警等 7 家单位的 2100 名一线职工“送清凉”。

【职工文化生活】 2020 年春节来临之际，开展送春联活动，弘扬优秀传统文化，营造温馨祥和的节日气氛，邀请县内书画名家到企业书春送福，印制春联 3 万幅发放到基层工会职工手中。举办职工书画作品展，提高职工文化素养，不断丰富职工的业余文化生活，举办“中国梦 劳动美”香河县第四届职工书画作品展，征集作品 172 幅，展出 123 幅，充分展示新形势下香河县广大职工深厚的书画艺术底蕴和积极向上的精神风貌。组织全县职工参加全省职工网上诵读大赛。香河县 141 名职工参与，参赛作品 152 个，其中，香河县城内第二小学梁倩的《聆听》、香河县钳屯镇池屯小学刘娟的《祖国啊，我亲爱的祖国》作为优秀作品在“冀工之家”微信公众平台上进行展播。推进职工书屋建设，对香河县龙盛建设工程有限公司、香河慧安公共交通运输有限公司两家市级职工书屋进行建设升级，各拨付书屋建设专款 1 万元。举办 3 期职工茶艺培训班，培训职工 120 余人次，丰富职工业余生活，学习传统文化精髓。组织基层工会参加河北省职工广播体操网上展播活动，经过精心组织和层层选拔，有 11 支队伍参加此次活动，其中，香河县城内第一小学桃李芬芳队在展播中获点赞 49735 票，高居全省第一名。组织职工参加全国职工健步走网络公开赛，举办乒乓球、象棋比赛等。

【关爱劳动模范】 2020 年，县总工会为全县 173

11 月 22 日，香河县总工会 2020 年职工乒乓球比赛开赛　　县总工会供图

名劳动模范免费体检，完善劳模健康档案，健全劳模定期健康体检机制，全面准确掌握全县劳模的身体健康状况。关爱困难劳模，落实好党和政府以及工会组织关心关爱劳模的相关政策，按照河北省总工会通知要求，对全县省部级劳模困难情况进行调查摸底，为1名省级劳模进行困难补助申报。

【普惠化服务】 2020年，县总工会按照市总工会提出的“提质、扩面、严管”的要求，扎实推进普惠化服务工作。重点推进工会会员卡普惠工作，提高普惠化服务质量。截至年底，全县有持卡会员2.8万余人。做实、做细职工普惠工作，切实提升广大职工的获得感、幸福感。10月，联合部分工会会员特约服务单位在全县开展“双节同庆、普惠职工活动”。职工持工会会员卡与有效身份证件可享受支付10元就可观看当日放映的任意场次、任意影片的观影普惠；生日在10月1日至8日之间的工会会员，持本人有效证件和工会会员卡可以在指定蛋糕房免费领取生日蛋糕一个；工会会员持本人工会会员卡在香河怡康社区医院就医，可享受减免30元煎药费及享受医药费总额10%（最高500元）的补贴优惠。

【劳动保护】 开展女职工专项合同续签工作，涉及基层工会组织126家，签订女职工专项集体合同65份。签订劳动卫生专项集体合同20家，提高了广大职工的安全意识和自我保护能力。举办“安康杯”劳动保护知识竞赛，以“强意识，查隐患，促发展，保安康”为主题，全县73家企业11998名职工参与。举办安全生产知识培训，增强职工的消防法治观念和消防安全意识，全县88名基层工会主席和相关工作人员参加安全生产知识培训。

【农民工法治服务专项行动】 2020年，开展农民工法治服务专项行动。注重发挥普法宣传教育体系、工会劳动法律监督和法律援助工作的功能，开展“尊法守法，携手筑梦”法治宣传行动，印制河北省工会劳动法律监督条例漫画口袋书、法律援助服务手册、职工维权相关法律法规汇编等宣传物料，开展进企业以及露天广场集中宣传3次，发放宣传资料2000余份，增强职工依法维权意识。

【规范“爱心妈妈小屋”建设】 2020年，规范“爱心妈妈小屋”建设，在香河县行政审批局“爱心妈妈小屋”设立便利读书试点。对香河第一城酒业有限公司、香河华联香百超市有限公司、香河华联香百超市有限公司华汇店3家“爱心妈妈小屋”进行改造升级，拨付“爱心小屋”专项补助1.5万元。

【开展“共同约定”行动】 2020年，开展“共同约定”行动稳定就业。根据省、市总工会安排，县总工会结合县情行业特色，精准选择适合企业参与“共同约定”行动，有20家企业签订“共同约定”协议，稳定就业市场，促进香河经济稳定发展。

【单身职工联谊活动】 8月，组织举办“夕夕相印 情定金秋”单身职工联谊会，全县50余名单身男女职工报名参加，活动当天有6对男女职工牵手成功。

（周梦洁）

中国共产主义青年团香河县委员会

【概况】 2020年，共青团香河县委员会（简称团县委）围绕县委、县政府中心工作，通过宣传教育、实践引导等方式，团结带领广大团员青年，求真务实、锐意进取、扎实工作，加强共青团基层组织建设，开展以“努力拼搏勇担当 我与祖国共奋进”为主题的“五四”表彰大会活动，开展“青春向祖国致敬”主题实践活动和特色志愿服务活动，加强少先队工作，推进青年创业活动，在全面建成小康县、推动高质量发展中加快建设美丽幸福新香河做出新的努力和贡献。团县委荣获2020年度“河北省优秀团县（市、区）委”“河北省优秀县（市、区）少工委”、市级“实绩突出单位”（考评最高档次）称号。

的“五四”表彰大会活动。大会表彰“五四红旗团委”“五四红旗团支部”先进集体组织30余个，“优秀共青团干部”“新长征突击手”“青年抗疫先锋”等先进个人130余人。

4月27，香河县召开“努力拼搏勇担当 我与祖国共奋进”五四表彰大会　　胡炜东 摄

【共青团基层组织建设】 2020年，全县有基层团委38个，县直团支部19个，团员总数8273人。年内，团县委创新“1+X”学习模式，持续掀起“青年大学习”热潮，参与率100%，累计学习33万人次。切实引导广大青年不忘初心、牢记使命，切实增强“四个意识”、坚定“四个自信”、做到“两个维护”，坚定不移听党话、跟党走。5月15日，团县委组织召开学习贯彻习近平总书记“五四”寄语精神座谈会，会议传达习近平总书记“五四”寄语精神，基层团干部代表分别结合自身工作畅谈对学习习近平总书记“五四”寄语的身心感悟，明确努力方向。同日上午，召开香河县青年工作联席会议第二次全体（扩大）会议，会议审议并通过《〈河北省中长期青年发展规划（2018－2025年）〉香河县2020年度重点工作》《香河县青年工作联席会议议事规则》。8月7日，香河县“团代表联络站”在团县委机关正式挂牌成立，搭建团代表履职平台及与普通团员青年的联系平台，对发挥团代表和委员在联系青年、服务青年方面，夯实基层团组织建设基础，打通服务青年的“最后一公里”将发挥积极作用。10月15日，廊坊市基层团组织规范化建设拉练活动在香河县举办，团市委书记王媛媛一行先后到中粮可口可乐华北饮料有限公司、蒋辛屯镇北李庄村就团组织建设拉练观摩，廊坊市及各县（市、区）两级团组织40余人参加活动。

【“五四”青年节表彰】 4月27日，团县委组织开展以“努力拼搏勇担当 我与祖国共奋进”为主题

【特色主题活动】 4月，团县委组织开展“青春向祖国致敬”主题实践活动。全县各级团组织通过学习强国App中的视频资料、观看红色影片、团课主题宣讲等多种方式，开展“传承英雄史再铸英雄魂”红色教育、“向当代英雄致敬”短视频录制、“沉浸式”入团等多种主题活动，开展红色教育活动10余场，录制视频短片12个，开展入团仪式3场。5月10日，团县委组织开展“爱在心中 感恩更美”母亲节摄影评比大赛活动。活动收到摄影作品500余幅，通过为妈妈洗脚、送上自己制作的礼物、展现自己的厨艺、与妈妈拥抱、写一封感恩信等形式记录下成长瞬间。

【志愿服务活动】 5月，团县委先后组织香河县优秀青年志愿者、青年形象大使赴各镇村开展青年助力美丽乡村系列活动，主要围绕垃圾清理、环境整治、农村垃圾分类宣传等开展工作。通过拉条幅、发传单的方式深入村街开展宣传活动，发动部分村街组织青年志愿者对农村垃圾进行清扫分类，100

10 月 16 日，团县委组织开展“河小青”巡河护河志愿服务活动　　胡炜东 摄

余人参加活动。6 月 6 日，团县委组织青年志愿者结合全国“环境保护日”宣传，在街道、广场等地开展“寸草心”爱老敬老活动。10 月 16 日，团县委组织开展“河小青”志愿服务活动，120 余名志愿者纷纷表示为保护家乡“护城河”尽一分力量，坚持传播环保理念，肩负环保重任，以实际行动争当“河小青”环保志愿者。

【少先队工作】 1 月，开展“青暖童心”手拉手结对关爱行动，为 5 名建档立卡困难青少年儿童送去暖心祝福。结对单位及个人前往每一位困难青少年儿童家中，送去爱心福袋。“六一”期间，团县委联合县教育和体育局评选“优秀红旗大（中）队”“青年大学习先进集体”22 个，优秀少先队员 94 名，“优秀少先队辅导员”“星星火炬奖章获得者”“青年大学习先进个人”等先进个人 109 人。6 月 12 日，团县委发起“情暖童心——红领巾微心愿圆梦行动”。通过各校少先队大队辅导员先后 2 批收集少先队员微心愿 44 个，并向青联委员集中发起认领微心愿倡议，涵盖图书、背包、自行车、电话手表等 10 余种价值 1.5 万元的儿童节礼物，少先队员儿童节心愿全部实现。

【青年就业创业活动】 5 月，按照《关于助力推进家政服务扶贫产业开展“小青虎”河北保安服务培训行动的通知》要求，以保安就业引导服务为突破口，打造“小青虎”工作品牌。年内，团县委积极引导贫困家庭年轻劳动力主动就业，广泛发动 10 名意向工作人员参加。5 月 22 日，团县委组织县域内的农村青年致富带头人、已脱贫的建档立卡贫困青年、返乡创业青年、大学生村官、互联网创业青年等开展电商培训工作，52 人参加活动。7—9 月，团县委联合县人力资源和社会保障局开展 3 场招聘会，提供岗位 2000 余个，现场达成就业意向 730 个；针对就业困难青年提供免费课程培训，给予毕业 5 年内的贫困家庭高校毕业生每人一次性求职补贴 2000 元、初次创业补贴 5000 元。

6 月 12 日，团县委、县少工委开展“青心相伴 携手成长”微心愿结对帮扶活动　　胡炜东 摄

【新冠肺炎疫情防控】 2020 年，新冠肺炎疫情突发以来，共青团香河县委发动全县广大团员青年，积极投身疫情防控。1 月 30 日，团县委向全县青年发出招募抗疫志愿者倡议，全县有 301 人直接通过团县委微信平台报

名志愿者，还有大批青年赴村街、社区报名参加志愿服务，有效加强了全县防疫力量。

舆论宣传。团县委利用微信公众号，制作大量H5、抖音等作品，动员全县青年志愿者充分利用新媒体平台，宣传防疫政策、防疫常识，引导大家不信谣、不传谣，减少聚集和接触，最大限度传播防疫知识。

入户排查。以青年党员、团干部为代表，带头履行职责，协助村街入户走访摸排、细化网格，排查疫区返乡人员、发热人员等重点群体，将防疫战线前移，主动出击，阻断疫情可能传播的渠道。

培树典型。团县委动员各“青年文明号”单位发挥先锋作用，在县公安局巡特警大队、县人民医院新型冠状病毒感染的肺炎防治青年突击队、县中医医院、欣西苑社区志愿服务队等单位和组织中，先后授旗成立3支“青年突击队”和5支“青年志愿者服务队”，肯定他们在疫情防控工作中的突出贡献，形成模范效应，呼吁全社会参与群防群治。

开通保险。加强对青年志愿者的关爱，团县委第一时间为全县所有参与疫情防控工作的志愿者开通无门槛网上免费保险申请渠道，实现志愿者抗击疫情专项保险申领全覆盖，为志愿者撑起坚强后盾。

志愿辅导。组织志愿者中的青年辅导员教师们策划并录制疫情防控知识相关例课20件，宣传画214幅，停课不停学，做好青少年疫情防控知识宣传，通过“小手拉大手”的方式，引导少先队员带动父母和长辈们做好自身防护。

心理疏导。在对志愿者信息梳理过程中，团县委沟通联系9名有心理咨询资质的青年志愿者，组建开通了“心力量”24小时心理咨询热线，重点针对一线防控人员、患病及隔离人员、盲目恐慌人员、居家青少年四类群体，开展心理疏导服务，帮助他们以积极心态面对突如其来的疫情，平抚广大群众的盲目紧张情绪。年内，接到各类咨询电话115个。

捐款捐物。在疫情防控工作中，动员各级团干部、广大共青团员、青联委员、社会组织、青年“领头雁”等青年群体尽己所能，支持抗击疫情。通过团县委转交县红十字会捐款20.5万元；先后收到饮用水100箱，口罩、护目镜、医用手套和清肺药饮等物资，以及价值1万元的取暖、消毒用品。应捐赠方要求，全部物资发放到一线志愿者手中。

（胡炜东）

香河县妇女联合会

【概况】 2020年，香河县妇女联合会（以下简称县妇联）按照“党建带妇建、妇建促党建”工作思路，着力做好政治引领、改革创新、妇女发展、家庭建设、依法维权、党的建设等项重点工作，团结带领广大妇联干部履职尽责、实干担当、拼搏奉献，引领广大妇女在新时代全面建设美丽幸福新香河的新征程中贡献“半边天”力量。特别是在新冠肺炎疫情防控工作中，组织全县广大妇女和巾帼志愿者坚定信心、奉献担当，在打赢疫情防控阻击战中发挥积极作用。香河妇联“巾帼爱心汇”志愿服务项目被省妇联评为“河北省最美巾帼志愿服务项目”；县妇联被县委县政府评为2018－2019年度文明单位；在“廊坊市妇联基层组织建设暨美丽庭院创建工作观摩推进会”上香河妇联作典型发言；信息宣传工作取得新突破，推送信息460篇，其中，被人民网、《中国妇女报》、女性之声、国际在线等国家级媒体采用5篇，被长城网、河北省共产党员网、河北新闻网、《河北日报》等省级媒体采用47篇，被市级媒体采用24篇。《致敬最美的“她”》《香河特色微家事迹材料》《提高站位 履职尽责 坚定扛起引领广妇大女听党话跟党走的政治任务》3篇文稿得到市妇联主席刘玫肯定性批示；《提高站位 履职尽责 坚定扛起引领广大妇女听党话跟党走的政治任务》得到县委书记李桂强肯定性批示。

【宣传思想教育】 2020年，县妇联突出思想引领，提高妇联干部素质。健全完善学习制度，通过每周五“党员集中学习日”“双周党组学习日”、微信平台及时推送重点学习内容，每月通报“学习强国”“先锋在线”等App网络平台学习情况，以制度促学习，提高政治修养和理论水平，统一思想，坚定信心，凝聚合力，形成发展共识，增强妇联干部的责任感、使命感和唯旗誓夺的创先争优意识。牢记为民服务宗旨，严格遵守政治纪律和政治规矩，稳步推进“不忘初心、牢记使命”主题教育常态化、制度化，读原著、学原文、悟原理，强化思想武装，坚定理想信念。深入开展“听党话、感党恩、跟党走”等主题系列活动，重温入党誓词；在微信平台设置“红歌嘹亮颂党恩”“军歌嘹亮 致敬最可爱的人”等专栏，开展诗文书画征集及有声诵读作品征集，并将优秀作品通过微信公众平台进行推送；中秋节、国庆节双节之际，开展形式多样的庆华诞活动，通过线上宣传、接力诵读，线下培训、集中宣讲等多种形式开展学习宣传中共十九届五中全会精神；积极打造学习型、服务型、创新型妇联组织。

【新冠肺炎疫情防控】 2020年，县妇联突出责任意识，提升妇女群众担当情怀。在新冠肺炎疫情突袭的危急形势下，县妇联靠前指挥，用心做好全县妇女思想引领工作，全面动员，发动各级妇联组织、妇联干部、巾帼志愿者们纷纷行动，投身于这场没有硝烟的战争中。县妇联组织妇女党员主动第一时间到社区门口执勤、体温检测、外来人员摸排等。香河妇联“巾帼爱心汇”志愿服务团队的16支基层志愿服务小组 980 名巾帼志愿者始终冲在抗疫一线，做好疫情防控和舆论引导工作，带头走村入户，宣传防疫知识，与村街“两委”干部一同参与村街小区站岗执勤，带头清扫自家和辖区卫生、公共场所重要部位消毒等，展现女性的责任担当，在打赢疫情防控阻击战中贡献“半边天”力量。突出典型引领，增强妇女群众榜样力量。以典型示范带动妇女，传播先进事迹，发挥榜样带动作用，弘扬正能量，增强爱国爱家情怀。香河妇联“巾帼爱心汇”志愿者高鹤荣获“抗击新冠肺炎疫情全国‘三八’红旗手”称号。通过微信公众平台设置“抗疫最美家庭”“致敬新时代最美巾帼奋斗者”“致敬最美的她”“童心同力抗疫”等专栏，对抗击疫情中涌现出的医务工作者、各村（居）一线的志愿者执守人员的先进事迹进行宣传，对以文言志、以画表意、以诗传情坚定抗疫信心的优秀巾帼志愿讲师以及童心助力、共抗疫情的儿童优秀作品进行展播与宣传，突显巾帼力量在抗击疫情中发挥着积极作用。录制“致敬最美的她”“妇女微家遍城乡 七彩玫瑰绽华芳”“聚合庭院‘小美’成就‘大美’乡村”3个视频作品，内容催人奋进，鼓舞人心。

【创新妇联改革】 2020年，县妇联按照全国、省、市妇联要求，深入实施县级妇联改革破难行动，在香河县妇女第七次代表大会顺利完成县级妇联换届的基础上，注重加强网上妇联建设，建立县镇村妇联执委工作群，与县镇村三级妇联主席工作群、巾帼志愿服务群、巧手创业群、善美家风传承群、家庭教育交流群等30余个微信群组成微信矩阵，搭建联系服务妇女群众和广大家庭的“连心桥”，键对键线上互动，面对面线下服务有机结合，方便快捷服务妇女群众，有效增强妇联组织的凝聚力和影响力。县妇联锐意进取，围绕保持和增强政治性、先进性、群众性，延伸工作手臂，精心打造安平镇扁城村、安头屯镇后独立庄村、钳屯镇双安新城社区、新华街社区办迎宾居委会、淑阳镇河南吴村5个省级“示范妇女之家”创建点，建强妇女阵地，打通服务妇女群众“最后一米”。顺应基层妇女就业、生活多元化趋势，就近、方便、灵活服务好妇儿，打造完善“上面千条线、下面一张网、身边一个家”基层妇联组织建设新格局，激活妇联活力，在全县广泛建成“非遗”、烘焙、品茗、摄影、文艺、家教、诗词书画等166个七彩玫瑰“妇女微家”。在睿子国学幼儿园、安平扁城幼儿园等“四新”（新领域、新业态、新阶层、新群体）组织，建立妇联组织，拓展妇联组织覆盖面。在广大妇联执委中推行“妇联点单＋执委认领”工作模式，全面激发妇联干部工作活力。在抗击新冠肺炎疫情工作中，各类微家充分发挥自身优势，分别以歌舞、诗词、绘画、剪纸、朗诵等多种形式，各展风采，众志成城防控疫情，更加坚定广大妇女和家庭打赢疫情防控阻击战的信心和决心。11 月 6 日，县妇联在“廊坊市妇联基层组织建设暨美丽庭院创建工作观摩推进会”上作了题为《乘风破浪 破难争星再建新功》典型发言。

【“巾帼建功”活动】 2020 年，针对新冠肺炎疫情对群众生产生活带来的不利影响，县妇联统筹抓好妇女复工复产，深入走访香河荣生工艺品有限公司、香河盛隆景泰蓝制品厂、香河桑梓乐园蔬菜产销专业合作社、香河东泰缘种植专业合作社等 8 家省级巧手脱贫示范基地和巾帼农业科技示范基地，了解企业所需和面临的实际问题，并送去消毒液。鼓励企业战疫情、建新功，采取有效措施，在科学做好疫情防控工作的同时，积极有序地复工和推进农业生产。培树创业基地，积极创建各级各类“妇”字号示范基地，香河欣澎蔬菜产销专业合作社、香河云鹏工艺品厂分别被省妇联命名为“2020 年度河北省巾帼现代农业科技示范基地”“河北省巧手脱贫示范基地”。加强技能培训，精准对接基层妇女需求，联合县人力资源和社会保障局利用线上平台开展技能培训，并在省、市示范妇女之家开展家政、种植、养殖及加工技能培训 35 场次，参与妇女群众 3 万余人，增强广大妇女富家业、兴产业、立事业的存在感、获得感和幸福感。

【美丽庭院创建活动】 2020 年，县妇联按照县委推进“三创四建”要求，围绕省、市、县确定的“乡村振兴”战略，深化农村人居环境整治，在全县范围内开展以“人美”为核心的“美丽庭院”创建活动，助推美丽乡村建设。强化宣传引导，在县妇联微信公众号平台、农村“大喇叭”播放“争创美丽庭院，共建幸福家园”倡议书，组织各镇区宣传美丽庭院创建知识，发放“美丽庭院”创建明白纸和宣传纪念品，激发创建热情，营造创建氛围。创新活动载体，与深化爱国卫生运动相结合，以“农村人居环境攻坚月”为契机，发动各镇区妇联组织、巾帼志愿者和广大妇女群众加入环境整治大军。丰富活动内容，线上通过县妇联微信公众平台设置“云赏庭院”“让榜样引领我们前进”“最美家庭展播”等专栏展示最美典型；开设“荷香香河·美丽庭院”香河妇联官方抖音号，并以“乐享京津冀 小院里的大好河山”“美丽庭院·小康生活”为主题制作 28 个短视频进行及时推送；用活微课堂宣讲，精准对接妇女需求，为庭院创建注入丰富内涵；将美丽庭院创建与最美家庭寻找同部署共推进，开展“善美家风”座谈分享活动 60 场次，4 万余人参与，弘扬核心价值观，传播文明风尚，用“家风美”打造“和谐美”推动“庭院美”。线下联合县环卫部门组成宣讲团深入各镇区开展“美丽庭院”创建暨垃圾分类工作培训 10 场次；精选 100 幅精品庭院摄影作品进行镇区巡展；在省级美丽乡村重点片区和村街主要街道文化墙、村务公开栏、阅报栏，集中展示群众身边道德模范和最美家庭先进事迹增加美丽乡村、美丽庭院的文化内涵。示范引领带动。广泛寻找、培树、宣传美丽庭院示范户，讲好美丽庭院故事，挖掘美丽庭院文化内涵，培树美丽庭院示范户 100 个，美丽庭院中心户 300 个。其中，1 户荣获全省“十佳美丽庭院”称号；11 户荣获全市“十佳百优美丽庭院”称号，香河县妇联在全市美丽庭院创建工作现场会上做典型发言。

【家庭文明创建活动】 2020 年，县妇联持续开展最美家庭评选活动，评选出“抗疫最美家庭”67 户，并将奖项送到“抗疫最美家庭”中的医务工作者手中，择优在县妇联微信公众平台连续推送 7 期“抗疫最美家庭”典型；推荐市级“最美家庭”5 户，市级“五好家庭”3户，市级“绿色家庭”1户；录制市级“最美家庭”展播视频1户，录制市级“抗疫最美家庭”视频2户进行展播；杨丽丽家庭被省妇联评为“省级抗疫最美家庭”，并被县文明办推荐为省级“五好文明家庭”。开展“绿色生活 让家更美”创意作品征集、“我家的小康生活”征文及短视频征集，深化绿色家庭创建，推广绿色环保理念，传播健康生活。不断深化家庭教育工作。组建香河县家庭教育讲师团，并邀请3名讲师录制以“家庭融洽亲子关系”“培养孩子良好学习生活习惯”“做合格家长”为题材的家庭教育微视频进行线上培训。在新冠肺炎疫情防控严峻形势下，县妇联在微信公众平台推出“病毒要隔离、阅读进行时——香河县妇联亲子阅读倡议书”，倡导家长孩子们宅家不停学；开展“防控疫情 暖心家庭”图文故事征集活动及“抗击疫情 童心助力”绘画活动，征集各类画作100余幅，在县妇联微信公众平台连续推送11期；以“我们的节日”主题活动为契机，弘扬孝敬父母，珍视亲情的传统美德，推动全社会建设好家庭、传播好家教、弘扬好家风；开展“书香飘万家”线上亲子朗读活动，参与的家庭300余户、700余人，评选出13个县级优秀家庭朗读作品，并在县妇联微信公众平台陆续展播，其中，香河选送的杨紫媛亲子家庭朗读作品在廊坊电视台播出及市妇联微信公众平台、香河融媒体发布；在4月22日世界读书日之际，联合县委宣传部、县文化广电和旅游局举办“书香浓情 悦心赏景”亲子共读活动，12组家庭参赛；“六一”“七一”“十一”期间，开展“书香浓情 悦心赏景”亲子共读、“爱心图书捐赠”、“快乐六一 分享你我童年”、“善美家风”交流分享会、家庭教育培训讲座等各类主题活动61场；暑期，县妇联联合香河奇思妙语语言艺术中心开展“21天公益朗读训练营”活动，全面提升孩子阅读能力；联合县应急管理局组织巾帼志愿者开展“安全进万家 幸福你我他”主题志愿服务活动；各基层妇联组织开展“暑期安全教育 守护儿童身心健康”“书香润心田 悦读伴我行”“以爱润童心 助力成长”等暑期主题活动，关爱儿童健康成长。推进妇儿发展规划年度监测评估工作，召开各成员单位会议，在总结《香河县妇女发展规划（2011－2020）》《香河县儿童发展规划（2011－2020年）》实施情况的基础上，部署年度监测评估工作。11月25日，市妇女儿童工作委员会督导组到香河县就妇女儿童发展“两个规划”重难点问题开展调研督导，对香河县妇儿工作取得的成绩和建立的工作机制给予充分肯定。

10月23日，县妇联联合新华街社区办在省级示范妇女之家——迎宾社区开展巾帼家政宣讲活动　　县妇联供图

【巾帼志愿服务活动】 2020年，香河妇联“巾帼爱心汇”志愿服务团队有16个基层志愿服务小组、900余名巾帼志愿者，在帮扶病困、传播文明、保护环境、服务社会、促进和谐等方面发挥积极作用。特别是在新冠肺炎疫情期间，主动投身一线参与到疫情防控。巾帼志愿者以“令”作战，与各村（居）干部一同参加站岗执勤、清扫消毒、数据采集等防疫工作。组建40人的省级巾帼志愿讲师团，讲师数量和活动开展均处于全省前列，以“艺”抗“疫”、以诗传情、以画表意、以文言志，深情表达对抗“疫”一线英雄的敬意和赞美，坚定抗疫信念和决心。巾

帼志愿者以爱送温暖，带动全县妇女同胞积极慷慨解囊，勉励、慰问一线人员。全县各级妇联干部、巾帼志愿者和各类妇女社会组织和女性社团，捐款捐物45万元，其中，有2名妇联执委定向为湖北捐款1万元。

【关爱困境儿童】 2020年“六一”前夕，县妇联组织志愿者到安平镇谢屯村和扁城村两户困境儿童家中进行走访慰问，送去慰问金和书包文具等慰问品；渠口镇、蒋辛屯镇、钳屯镇、香河经济开发区新兴产业园等镇区妇联组织结合本地实际对辖区内的困境儿童进行不同形式的慰问。年内，看望慰问救助困境儿童27名，给孩子们送去精美的适龄图书、文具、玩具和慰问金，总金额7.62万元。

【维护妇女儿童合法权益】 2020年，县妇联以普法宣传为基础，着力发挥妇联信访窗口作用，接待并协调解决来访32件，有效化解妇女婚姻家庭等矛盾纠纷。在第五个全民国家安全教育日期间，通过线上线下多种形式开展全民国家安全教育日宣传教育活动；开展“三八”维权周普法宣传活动，对《中华人民共和国妇女权益保障法》《中华人民共和国未成年人保护法》《中华人民共和国反家庭暴力法》等法律法规通过县妇联微信公众平台进行节选宣传；在县妇联微信公众号开设《普法专栏》，详细解答《中华人民共和国民法典》有关婚姻、家庭暴力、子女抚养、老人赡养等涉及妇女儿童权益等方面的法律法规问题；邀请廊坊市“木兰有约”法治宣讲团走进安平镇扁城村省级示范妇女之家，开展《中华人民共和国民法典》普法讲座，提高妇女法治观念，增强对《中华人民共和国民法典》的学习和运用能力；以网络安全宣传周为契机，发动各级妇联组织巾帼志愿者开展网络信息安全宣传活动，向群众发放网络安全宣传资料2000余份，营造和维护良好的网络安全环境；通过线上有奖答题普及法律知识，引导广大妇女增强依法维权意识，提升法律素质。

（刘新梅）

香河县科学技术协会

【概况】 2020年，香河县科学技术协会（以下简称县科协）立足“四个服务”即服务发展、服务决策、服务落实、服务科技工作者，开展科普工作，在开展好各项科普活动的基础上，抓好科普示范基地和科技示范学校创建工作，加强对农民特别是农村党员、干部和在乡青年的科技培训，为农村经济发展提供智力支持。认真履行桥梁纽带职责，建好“科技工作者之家”，突出以人为本的思想，不断健全和完善科技工作者联系制度，及时了解和掌握科技人员的需求动态，反映科技工作者的呼声和要求，做好为科技工作者排忧解难工作。

【科普基地建设情况】 2020年，县科协不断探索市场经济体制下开展农村科普工作的运行机制，在农村建立多种形式的科普示范基地，以示范的方式普及农村先进技术和农业新成果、新品种，传播现代农村科技信息以及先进管理方法，成为提高社会公众科技文化素质和技能水平、带动农村群众科技致富的重要载体和科普设施，在促进农业科技成果转化、农村和农业经济结构调整、农业效益和农民收入增加等方面发挥重要作用，初步显现良好的社会效益和经济效益。县科协为建成的科普示范基地、村街定期更新科普宣传内容。

【科普系列活动】 县科协开展全国科技者工作日活动,走访慰问一线科技工作者。5月20—30日，县科协主要领导带队，走访慰问全县9个镇科协37名基层科技工作者代表，倾听他们的需求以及对科普工作的意见。在“科普香河”微信公众号上开展为期7天的“5·30”全国科技工作者日有奖竞答活动，设置一等奖4名、二等奖10名、三等奖15名，活动围绕新冠肺炎疫情防控工作开展科普知识宣传，加强防疫辅导、心理疏导、科学引导，增强群众防范意识和防护能力。组织推荐廊坊市“最美科技工作者”，作为县级救治专家组组长的香河县人民医院副院长尹建伟荣获2020年廊坊市“最受关注科技工作者”称号。

【科普知识有奖竞答活动】 2020年，县科协开展全国科普日有奖竞答活动，围绕活动主题在“科普香河”微信公众号上开展为期7天的“9·14”全国科普日有奖竞答活动，设置一等奖5名、二等奖10名、三等奖20名。本次活动对于宣传党和国家关于科技工作的方针政策，弘扬科学精神、普及科学知识、传播科学思想和科学方法，全面提高公众科学文化素养和创新能力具有十分重要的意义。

【开展乡村振兴农村科普联合行动】 2020年，县科协开展乡村振兴农村科普联合行动，9月14—25日，县科协分别会同全县9个镇科协相继开展“决胜全民小康 践行科技为民”为主题的科普进村街宣传活动，志愿者们现场为群众讲解科普知识，传授卫生健康、航天科技、防震防灾、食品安全、垃圾分类等科普知识，激发和调动群众参与科普活动的积极性。发放宣传单1000份、印有宣传标语的杯子和雨伞900个、环保手提袋2000个。

【开展青少年科技活动】 2020年，县科协加强未成年人科学素质教育，与县教育和体育局联合开展全县青少年科技创新大赛、“大手拉小手”活动、中小学校外科技实践活动及各类学科竞赛等；组织参加2020年廊坊市青少年机器人竞赛，获一等奖1项；组织参加廊坊市2020年小学生反邪教绘画比赛活动，全县小学生积极参与，征集绘画作品100余篇，均上报市科协。

（刘雪至）

香河县工商业联合会

【概况】 2020年，香河县工商业联合会（简称县工商联）围绕“两个健康”（非公有制经济健康发展和非公有制经济人士健康成长）工作主题和全县发展大局，积极履行职责，在各方面发挥了积极的作用，为香河县经济社会发展作出应有的贡献。年内，被评为2019—2020年度全省“五好”（领导班子好、会员发展好、商会建设好、作用发挥好、工作保障好）县级工商联。

【政策宣传与培训教育】 2020年，县工商联加大企业信息反馈，做好优秀商会及会员企业家先进典型事迹的宣传报道。利用微信公众平台系统发布有价值的宣传稿件，广泛宣传国家有关非公经济的政策法规和工商联亮点工作。8月12日，县工商联组织召开全县民营企业家座谈会，深入学习贯彻习近平总书记在企业家座谈会上的重要讲话精神，听取民营企业家对促进全县民营经济发展的意见建议，强化对接沟通、完善政策举措，更加精准高效地服务支持企业发展。组织部分企业和行业商协会负责人到廊坊新奥大学参加廊坊市民营企业家理想信念教育专题培训班和青年企业家专题培训班。县工商联在县城市规划馆举办青年企业家理想信念教育培训班，引导非公经济人士坚定理想信念，不断开拓创新，提高个人修养，110人参加培训。

【引导企业践行社会责任】 2020年，新冠肺炎疫情发生以来，县工商联通过微信群和公众号向全体会员、各基层商协会、全县非公经济人士发出《倡议书》，号召各基层商协会、广大民营企业积极参与到新冠肺炎疫情防控中来，做好自身防控，并切实履行企业社会责任，为打赢疫情防控阻击战捐款捐物，奉献爱心，贡献民营企业力量。涌现出廊坊瑞盛投资股份有限公司等130余家爱心企业为全县和湖北武汉抗击疫情捐款捐物500余万元;香河第一城酒业有限公司为香河县第一中学捐款100万元，用于资助2020年度高考困难家庭大学生和奖励优秀教职员工。

【深入开展调查研究】 2020年3月，县委常委、统战部部长董美辰带领县工商联主要负责人到河北天域九五电气有限公司走访调研企业复工复产和疫情防控工作。详细了解企业用工、生产销售、疫情防控情况，以及企业复工复产后存在的困难和问题，听取企业意见建议，并对厂区人员及车辆进出关口、生产车间、职工食堂等重点防控部位进行现场检查指导。4月22日，市工商联副主席王成文一行到香河就企业复工复产情况做专题调研。了解企业运行情况及存在困难问题，积极帮助协调解决，着力服务民营企业复工复产后稳步有序发展。6月5日，县委常委、统战部部长董美辰带领县工商联主要负责人到香河第一城酒业有限公司、香河安旭专用汽车有限公司、香河金华帝金属制品有限公司对企业生产经营情况进行调研。详细了解企业复工复产以来生产经营情况和所面临的困难，听取各企业负责人对下步生产经营的计划和对本行业发展的预期。7月，县委常委、统战部部长董美辰带领县工商联主要负责人到香河凯华齿轮等5家企业进行实地调研，详细了解企业生产经营情况和面临的问题，征求企业对全县营商环境的意见建议。年内，县工商联在会员企业间多次开展调研活动。

【积极搭建服务平台】 2020年，做好法律服务工作，成立香河县工商联法律工作委员会，充分发挥工商联桥梁纽带作用，围绕营造良好的法治环境和营商环境、依法保护民营企业权益，扎实推进法律维权服务工作，加强法治宣传、强化机制渠道建设、主动做好维权服务、推动开展商会调解、引导企业防范法律风险、推动构建和谐劳动关系。

11月17日，香河县青年企业家商会成立大会召开　　县工商联供图

【加强基层商会建设】 2020年，加强对各镇(社区、园区)基层分会、行业商协会的服务和指导，推动商协会工作上新台阶。县工商联加强指导与商协会发挥主体作用相结合，典型引路与整体推进相结合，按照“四好”(班子建设好、团结教育好、服务发展好、自律规范好)商会标准，认真开展理想信念、守法诚信、“两学一做”学习教育实践活动，引导企业转型升级、创新发展，规范商会建设。11月，组建成立香河县青年企业家商会，发展会员企业101家。12月29日，香河县女企业家商会第三届会员代表大会召开。

(王　然)

香河县文学艺术界联合会

【概况】 2020年，香河县文学艺术界联合会(简称县文联)坚持以“人民为中心”，以出人才、出精品为宗旨，聚焦全面建成小康社会这条主线，开展各种丰富多彩的文艺活动，组织广大文艺工作者紧跟新时代脉搏、唱响新时代主旋律，展示新时代香河人民良好的精神风貌。县文联围绕中心，服务大局，扎实开展系列文艺庆祝活动，通过牢固树立正确的历史观、民族观、国家观、文化观和价值观，不断强化文艺队伍服务管理，全面加强会员信息动态管理，保障队伍活力；创新工作方式方法，延伸工作手臂，真正为会员解难事、办实事，把文联组织建设成为覆盖面广、凝聚力强、温馨和谐的文艺工作者之家。大力优化文联组织体系，自觉克服机关化、行政化和脱离群众的问题。建立联络文艺人才常态化工作机制，主动对接基层文联文艺团体，文艺企业及文艺工作者，提升服务基层工作水平，打通联系全县广大文艺工作者的“最后一公里”，推动全县基层文艺工作可持续发展。

8 月 21 日，香河县举办“文化助力小康、原创曲艺作品展演”活动　　县文联供图

【开展文学艺术活动】　“助力决胜全面小康 决战脱贫攻坚”系列活动。2020 年，新冠肺炎疫情期间，香河县书法家自创自编抗疫题材的诗、词、句书法作品，通过网络展览的方式，支持抗击疫情；举办“助力抗击疫情网络书法作品展”，展览 100 幅作品。县文联组织参加各种摄影活动，用照片记录全民在建成小康社会取得的伟大成绩。香河摄影家协会举办“脱贫攻坚”成果摄影展。组织香河诗词协会开展“雪中红柿”“春潮夏韵”同题诗征集活动，收集作品 200 余首。县文联组织以全面建成小康社会、贫困户通过种植养殖致富、脱贫攻坚中的扶智扶贫事迹等为题材创作的书画影作品，赠送每户脱贫家庭一书一画一影，并赠送 2020 年度《香河文艺》杂志 1 套 4 册。8 月 16—17 日，在新城公园举行（文艺网）助力全面建成小康社会首届畅享未来电子音乐节，日均 1000 余人参加。8 月 21 日，在县文化艺术中心举行“文化助力小康、原创曲艺作品展演”。8 月 29—30 日，在县文化艺术中心举行“助力全面建成小康社会 决战脱贫攻坚”民乐之声音乐会。10 月 4—7 日，在香河潮白河湿地公园组织举办第四届全国收藏文化艺术品交流会。10 月 27 日，组织“九九重阳节 浓浓敬老情”优秀舞蹈作品展演。年内，举行 2020 年中小学生书法大赛；组织香河县“脱贫攻坚”成果摄影展，展示摄影作品 50 幅。

群众文艺活动丰富多彩，形式多样。1 月、5 月、7 月，落实书法进社区、进乡村、进学校、进工厂、进军营、进家庭的“六进”活动，开展进村街、进企业、进社区送春联和书法活动。1 月 3 日，县文联组织到县中医医院开展书法交流活动。8 月 1 日，组织书画家开展“八一”进军营慰问活动。香河摄影家协会每季度定期组织摄影培训和交流活动，加强协会的凝聚力和文艺创造力。9 月 19 日，香河戏剧家协会在渠口镇举办“喜迎国庆 欢庆中秋”2020 年京津冀评剧票友交流演唱会。11 月 6 日，香河姜氏臭豆腐、香河大视界眼镜店和香河信氏口腔 3 个非物质文化遗产项目荣获第六批“燕赵老字号”。11 月 27 日，县文联在县城内第一小学组织“读书真有趣——经典阅读与儿童成长”文学进校园活动，邀请《北京晚报》主任编辑、北京市金牌阅读推广人李峥嵘到香河为 300 余名师生授课。11 月 29 日，文学创作大讲堂在文化艺术中心图书馆开课。12 月 1 日、24

日，宣传中共十九大精神，开展戏曲下村街活动。12 月 10 日，组织迎新春文艺会演，慰问村街居民。12 月 24 日，组织“学习十九大——戏曲文艺进乡村”文艺演出，慰问村街居民。

11 月 27 日，县文联会同县教育和体育局在县城内第一小学开展“读书真有趣——经典阅读与儿童成长”文学进校园活动，邀请《北京晚报》主任编辑、北京市金牌阅读推广人李峥嵘到场授课。 县文联供图

【“中华诗词之乡”创建】 2020 年，继续开展“中华诗词之乡”创建活动，坚持创建工作全覆盖，普及与提高并重，分类指导、典型引路、示范带动，使诗化环境面貌一新，诗教活动深入人心，诗词“六进”（进校园、进机关、进农村、进社区、进企业、进景区）活动实现常态化和制度化。受新冠肺炎疫情影响，评选团未能进行“中华诗词之乡”创建验收。新冠肺炎疫情期间，“中华诗词之乡”创建效果明显，创作抗疫诗词作品 1000 余首。其中，收录《香河“抗疫”诗词选》约 700 首；向省市诗词协会报送“抗疫”诗词专题小片 8 期约 400 首；约 200 首录入《香河文艺》“抗疫”诗词专辑；中国银行香河支行诗社出版《中行乡韵》杂志 150 册；五百户镇诗词分会的《运河之珠》刊物出版 5 期，收录诗词作品约 300 首；新开社区荷花诗社的《荷露文香》刊物出版 5 期，收录诗词作品 267 首。

【中国书法出版传媒香河创作研究基地成立】 7 月 29 日，由中国书法出版传媒有限责任公司、中共香河县委宣传部主办，书法出版社有限公司、中国书法报社、中国书法杂志社学术支持的中国书法出版传媒走进香河暨中国书法出版传媒香河创作研究基地揭牌仪式在香河县举行。中国书法出版传媒是中国文联、中国书协直接领导下的专业艺术类新闻出版单位，旗下有书法出版社、中国书法报社、中国书法杂志社、中国书法网络电视台等，拥有权威、专业的传媒平台，凝聚了最广泛的书法资源。中国书法出版传媒将向基地所在地输送更多优质书法资源，实施“基地＋”发展模式，“基地＋”学术研究，“基地＋”创作培训，“基地＋”市场开发，“基地＋”展览展示等等。通过不断跟进服务，丰富基地内涵，满足香河当地广大书法家和书法爱好者的需求。

【书法创作活动】 2020 年，组织香河县第二届书法临帖展书法评选。为提升香河县第二届书法临帖展的质量和水平，12 月 12 日，香河文联书法创研基地邀请中国书法出版传媒董东红、王紫琛到香河，对 30 余名书法爱好者进行书法指导。12 月 31 日，组织举办迎新年香河县第二届书法临帖展开幕式，展出 2019—2020 年临帖书法作品 99 幅。新冠肺炎疫情期间，组织 2 次网络书法展并制作成美篇进行发布，书法家们用书法作品表达对国家的热爱，对人民及对白衣天使的尊敬。

【曲艺创作】 组织曲艺工作者创作抗疫内容的唱段儿 20 余篇，创作京东大鼓有《武汉加油》《众志成城》《捐款》《老党员》《援》《白衣天使赞》《榜样》《逆行》等，其内容包括新冠肺炎防控防疫的各个领域的先进典型，歌颂党、唱英雄，教育宣传群众战胜疫情的决心信心。

【《香河文艺》编辑】 《香河文艺》由县文联主办，2020 年，出版 4 期。年内，《香河文艺》增设创建“抗疫”专栏，其中，刊发“抗疫”诗词约200首，歌颂祖国、歌颂党，激人奋进，传播正能量，受到广大读者的好评和喜爱。

【建立文学艺术创作人才库】 2020年，县文联开展形式多样、内容丰富的展览、培训、采风、交流等活动，建立全县文学艺术创作人才库。不断提高文艺人才队伍素质和水平，让更多的爱好者和作者崭露头角。以协会建设为依托，建立全县文学艺术创作人才库，丰富文艺阵地载体功能，发挥阵地培养人才作用。通过各文艺协会推荐，县文联选拔建立全县文学艺术创作人才库，统一制作会员卡，40名文学艺术家入库。

【文艺网建设】 2020年，县文联打造香河文艺网，建立文艺系统平台。通过打造文艺网项目，建立香河文联公众号、香河文联企业微信、香河文联博客、香河文联网站，实现文艺信息自主上传，通过审核、发布，实现全网展示、宣传的目的。年内，文艺网入驻的文艺爱好者859人。

（王智林）

香河县残疾人联合会

【概况】 2020年，香河县残疾人联合会（简称县残联）做好辅助器具发放工作，举办残疾人职业技能培训，开展“残疾人就业援助月”活动，加大残疾人社会保障及救助力度，做好残疾人无障碍改造工作，开展残疾日主题活动，办理残疾人证，加强残疾人基层组织建设。全力保障残疾人权益，推进残疾人服务工作。

【残疾人康复】 2020年，县残联做好辅助器具发放工作，提高残疾人生产生活质量。完成全县残疾人需求辅具摸底筛查工作，投资17万元，免费为肢体残疾人发放轮椅264台，座便椅81台，浴椅22台，腋杖24副，手杖25副，盲杖23副，助行器5个，助视器9个；投入资金9.8万元，为49名听力残疾人适配助听器；为17名肢体残疾人安装假肢。推进全县残疾人精准康复服务工作，按照《廊坊市残疾人精准康复服务行动实施方案》要求，对508名有康复需求的残疾人进行康复服务。开展康复救助工作，安排13名0—6周岁智力、听力、精神残疾儿童在市残联定点专业康复机构进行康复训练，补贴救助资金15.6万元。

【残疾人职业技能培训】 2020年，县残联举办3期残疾人职业技能培训，培训125人次。其中，珐琅工艺制作培训1期，中式面点制作培训1期，农村种植养殖技术培训1期。

【残疾人就业】 2020年，开展“残疾人就业援助月”活动，帮助20名残疾人就业，完成“残疾人辅助性就业机构”申报工作。推进残疾人就业保障金征收，加大残疾人就业保障金审核力度，年内，对102家企业残疾人就业保障金征收进行年度审核。

【残疾人社会保障及救助】 2020年，县残联完成全县享受低保的残疾人生活补贴和重度残疾人护理补贴的统计工作，截至年底，全县享受低保生活补贴的残疾人2529人，享受护理补贴的重度残疾人5170人，申报材料移交县民政局，两项补贴由民政部门负责发放。做好残疾人托养工作。在集中托养工作中，县残联投入资金32万元，依托淑阳镇卫生院精神病专科对29名精神残疾人进行集中托养，采取托养加治疗相结合的康复治疗方法，疗效显著，精神类残疾人托养工作既减轻了患者家庭负担，又一定程度上维护了社会稳定；对35名持证精神类残疾人免费发放价值1.05万元的药品；在居家托养工作中，县残联投入15.6万元，依托家政服务公司对52名16—59周岁就业年龄段的精神、智力、重度肢体残疾人开展居家托养服务工作，满足残疾人多样化的社会服务需求，为残疾人提供专业化、高品质的居家托养服务。做好应急救助工作，全面解决残疾人因病、因灾、因子女入学等原因造成的各种困难，本着侧重低保户、建档立卡残疾人并兼顾其他残疾人的原则，加大应急救助的审批力度，为 14 名贫困残疾人发放救助款 5.67 万元。

【残疾人权益保障】 2020 年，做好残疾人无障碍改造工作，投资 3.28 万元，为 9 户残疾人家庭进行无障碍改造，改造项目为安装门窗、低位灶台、橱柜、灶具、太阳能等基础设施，改善残疾人生活条件，方便残疾人出行。做好残疾人信访工作，年内，县残联接待残疾人来访 20 人次，经过工作人员的努力，残疾人的实际需求和困难全部得到解决。做好残疾人燃油补贴发放工作，完成 2 名残疾人机动轮椅车燃油补贴申报工作。

【助残日活动】 2020 年 5 月 17 日，是第 30 次全国助残日，县残联围绕“全面建成小康社会 残疾人一个也不能少”主题，在新城公园开展宣传活动，发放宣传册 1300 册、宣传品 1800 件。

【残疾人证办理】 2020 年，县残联办理残疾人证 1700 例。其中，为不便离家的贫困残疾人上门办证 230 例，并承担复印、照片等费用，了解残疾人生活状况及需求，为精准扶贫和精准康复提供翔实数据。

【残疾人基层组织建设】 2020 年上半年，镇级残疾人专职委员合同到期，县残联进行新一轮镇级残疾人专职委员招聘工作。县残联召开班子会议明确招聘条件，按照县相关招聘政策委托人社局按照程序进行公开招录。截至 5 月底，招聘镇级残疾人专职委员 12 名，6 月 1 日，镇级残疾人专职委员全部上岗。

（刘跃波）

香河县红十字会

【概况】 2020 年，香河县红十字会（简称县红十字会）大力弘扬“人道、博爱、奉献”的红十字精神，发挥红十字会作为党和政府人道主义救助领域的助手作用，认真履行法定职责，紧扣红十字会应急救援、人道救助、应急救护、献血、造血干细胞捐献、人体器官捐献的“三救、三献”工作重点，有序开展新冠肺炎疫情防控、人道救助、应急救护培训等各项工作；多措并举，加大宣传力度，推动香河县红十字事业的长足发展。年内，县红十字会被廊坊市红十字会评为“廊坊市红十字系统先进单位”“造血干细胞工作先进集体”。

【新冠肺炎疫情防控期间社会捐助】 2020 年，自新冠肺炎疫情发生以来，县红十字会通过规范管理、强化监督、严明纪律，充分发挥红十字会在人道救援方面的独特优势，有力有序支持疫情防控大局。1 月 26 日，发布募捐公告，通过公众号、各网络平台、电视、广播等传媒向社会广泛宣传，为疫情防控一线募集急需的资金和物资。年内，县红十字会累计接收抗击新冠肺炎疫情捐赠款物 691 万元。通过健全机制，县红十字会的募捐物资接受、发放快而有序，对于定向捐赠县域外地区的防疫物资，由县红十字会验收后，按捐赠人意愿及时落实直接发出；对其余所接受的社会捐赠物资，以县新冠肺炎疫情防控领导小组统筹安排为主导，按照“日进日出，重点保障一线工作人员”的原则，按程序第一时间将捐赠资金划拨给疫情防控一线医疗卫生系统和相关部门使用，募捐物资接收与发放安全、准确、高效，确保所有物资全部及时发放至疫情防控第一线。

支持疫情防控工作，县红十字会在县医院、淑阳镇政府等单位建立 7 支人道救援队，活跃在疫情一线，积极协助进行排查摸底、调查情况、宣传防控知识，将联防联控措施落到实处。

【人道救助】 做好特困家庭、大病家庭、遭受严重自然灾害家庭、低保边沿户等困难群体的人道救助工作，助力精准扶贫脱贫攻坚，县红十字会为37户困难群众积极争取省级救助资金5万元；新冠肺炎疫情期间，县红十字会为部分受疫情影响导致生活陷入困境和因疫情在家隔离的低保对象、困难儿童、重病伤残人员进行救助，发放疫情救助金1.8万元，使困难群众感受到党和政府的温暖。

9月4日，县红十字会在县第一中学举行香河第一城酒业有限公司捐资助教发放仪式
县红十字会供图

【博爱送万家活动】 2020年，县红十字会把关注民生、保障民生、改善民生作为工作的出发点和落脚点，积极为困难群众解决实际困难，筹措资金和物资，把党和政府的关爱送到困难群众心中。年内，为困难家庭及“三献”人员送上慰问金、慰问品、节日“温暖大礼包”，价值10万余元。

【爱心助学帮扶活动】 县红十字会与香河第一城酒业有限公司联合，为县第一中学2020年度高考困难家庭大学生、高考成绩优秀学生以及为高考做出贡献的优秀教职员资助100万元。9月4日上午，县红十字会在县第一中学举行香河第一城酒业有限公司捐资助教发放仪式，弘扬扶贫济困、乐善好施、捐资助学的无私奉献精神。

【爱心物资捐献】 10月25日，在重阳节来临之际，县红十字会联合香河第一城酒业有限公司，将价值32万元的空调、轮椅和棉被等生活物资捐赠给淑阳、渠口、刘宋3所敬老院，进一步改善了老人们的生活条件。

【应急救护培训】 2020年，提高群众防灾避险、自救互救能力，全面普及应急救护知识。县红十字会积极组织开展应急救护培训和救护知识的普及工作，先后进学校、进企业、进社区，针对不同的人群，采取不同的培训方式，讲授应急救护知识，带去先进的应急救护知识和健康知识，提高群众的急救能力和防病意识。开展多场心肺复苏等应急救护知识培训，使2500余名学校师生、企业员工和社区群众了解和掌握了基本的自救互救知识。

10月25日，香河第一城酒业有限公司通过县红十字会向县民政局敬老院捐赠32万元物品
县红十字会供图

【无偿献血】 2020年12月下旬，县红十字会在全县组织开展大型无偿献血活动。全县有3000余名干部群众报名献血，1463人成功捐献，献血量51.82

万毫升，献血人数和献血量创历史最高纪录。

【造血干细胞招募及捐献】 2020年，县红十字会于4月22日和5月22日下午，相继举行2次大规模造血干细胞志愿者招募活动，邀请廊坊市红十字会干细胞工作负责人到香河讲座，现场招募38名志愿捐献者加入中华骨髓库。截至年底，全县有1000余名志愿者加入造血干细胞捐献者队伍，配型成功捐献1例。

【遗体和人体器官捐献】 2020年，县红十字会加强遗体和人体器官捐献工作，通过媒体、报刊、微信公众号等形式进行宣传，在主要交通路口和繁华街道，悬挂宣传标语条幅，让群众了解遗体捐献相关知识。截至年底，全县遗体和人体器官捐献工作取得突破，1人实现了遗体捐献，6人签订器官捐献意向书。

【艾滋病防治宣传】 2020年，县红十字会开展预防艾滋病宣传活动，增强社区居民预防艾滋病意识。组织红十字志愿者深入社区、门店、繁华市区，以发放宣传彩页及宣传小礼品等多样化形式，向居民普及在日常生活中预防艾滋病的细节。利用公众号、橱窗等形式向广大群众宣传艾滋病知识，提高预防意识，使居民们了解艾滋病给人类带来的危害，营造温馨良好的社会氛围。在12月1日第33个“世界艾滋病日”之际，县红十字会组织开展丰富多彩的防治艾滋病知识宣传活动。在主要交通路口和繁华街道，悬挂宣传条幅和宣传标语，让群众了解艾滋病预防相关知识，营造浓厚宣传氛围。

【红十字志愿服务活动】 2020年，组织县红十字工作人员、志愿工作者开展志愿服务工作。全县各级红十字会参与志愿服务和抗疫救助工作的志愿者300余人，志愿服务总时长5.4万余小时。新冠肺炎疫情期间，欧陆金剪红十字会志愿服务团队深入一线，为执勤干警、医务工作者、环卫工人等义务理发，受到一线工作者和社会好评。

【基层红十字组织建设】 2020年，完善各镇和县直机关红十字组织建设，配合乡镇机构改革搞好事权下放工作，开展红十字工作人员业务培训，培训内容涉及红十字工作业务流程及捐赠专业知识，为开展乡镇红十字工作提供保障。在部分县直单位建立红十字组织，扩大红十字组织覆盖面。

（孙桂英）

香河县计划生育协会

【概况】 2020年，香河县计划生育协会围绕全县经济发展大局，不断优化组织机构和会员队伍。截至年底，全县拥有协会组织342个，理事3748人，会员2.1万人，会员小组2495个，确立62053个会员联系户，协会形成县、镇、村三级组织网络，各级计划生育协会人员工作作风扎实，勇于奉献，计划生育协会组织积极发挥带头、宣传、服务、监督、交流职能，在全县的计划生育工作中发挥着桥梁和纽带作用。

【深化计划生育协会改革】 2020年，县计划生育协会加大改革工作力度，认真贯彻落实2020年“全国计划生育协会改革全面深化年”各项工作要求。根据市计划生育协会“三定”方案，积极争取组织、编制等部门的支持，修订完善县计划生育协会“三定”方案，配备与工作任务相适应的编制和人员，有序高效承接政府转移的服务职能。制订《县级计划生育协会综合改革试点工作方案》，坚持试点先行，大胆探索，及时研究解决改革中的重点难点问题，推动形成“全省上下一盘棋，改革攻坚上水平”的计划生育协会事业发展新局面。

【基层组织建设】 2020年，创新基层计划生育协会组织设置和活动方式，加强村（居）计划生育协会规范化建设，配齐村（居）计划生育协会会长、副会长、秘书长等领导班子，推举村医、大学生村官等进入理事会。推动村级计划生育协会主要工作人员报酬纳入村级预算。优化会员小组结构，吸引致富带头人、行业领军人、热心公益人等加入计划生育协会组织。完善会员联系户制度，每个会员联系1—3户育龄妇女家庭。巩固服务阵地，利用各镇创建美丽乡村的契机加大资金投入，高标准建立“会员之家”。

【志愿者队伍建设】 2020年，建立健全志愿者队伍，积极开展特色活动。开展中国计划生育协会成立40周年系列纪念活动。利用“5·29”会员活动日、母亲节、9月集中服务月、元旦、春节等重大节日期间开展志愿服务，围绕全面两孩政策、家庭健康促进、社会主义核心价值观，依托计划生育协会组织网络和活动阵地，以广场宣传、社区宣传、入户宣传等多种形式广泛开展群众性集中宣传服务活动，传播健康科学知识，倡导健康生活理念。

【计划生育家庭帮扶】 2020年，切实搞好计划生育家庭帮扶，开展好计划生育特殊家庭暖心行动，制订全县特殊家庭暖心行动实施意见和方案，动员指导各级计划生育协会广泛开展暖心行动，建立特殊家庭精神慰藉、走访慰问、志愿服务、保险保障和信息管理五项制度，推进帮扶工作规范化制度化，不断扩大工作覆盖面，逐步实现全覆盖。建立健全心理服务体系，为特殊家庭提供专业心理援助。落实计划生育特殊家庭联系人制度，直通车式服务育龄群众。继续扩大计划生育保险范围，加强计划生育特殊家庭住院护理补贴险、计划生育家庭意外伤害险等保险工作。完善生育关怀公益金制度，设立“生育关怀公益金”专账，统筹做好计划生育困难家庭帮扶工作。在母亲节来临之际，县计划生育协会走访慰问全县11户贫困母亲，发放慰问金3.3万元，在金秋助学活动中，慰问贫困大学生4名，发放慰问金1.2万元。

（郭景梅）

军　事

责任编辑　王树春

综　述

2020年，香河县人民武装工作取得新的发展和进步，落实党管武装工作，民兵训练工作中被河北省军区表彰为“练兵备战”先进单位和深化民兵调整改革先进单位，完成兵员征集工作，“双拥”共建开展有力。县国防教育办公室发挥省级国防教育基地作用，开展各类国防教育主题活动，突出重点，抓出特色，成效显著。香河县人民防空办公室加强人防工程建设、管理、维护，开展人防宣传工作，审批就地人防建设项目和易地人防建设项目，确保人防设施使用效能，县重点人防工程项目完成工程总量80%。

香河县人民武装部

【概况】　2020年，中国人民解放军河北省香河县人民武装部（简称县人武部）紧紧抓住听党指挥、履行使命、安全稳定等工作重点，坚持不懈改作风，扎扎实实打基础，认认真真抓落实，完成各项工作任务，全面建设取得新的发展和进步。被河北省军区表彰为“练兵备战”先进单位和深化民兵调整改革先进单位。

【党管武装工作】　2020年，党管武装工作落实到位。注重党委统揽，县委、县政府坚持以习近平强军思想为指导，贯彻改革强军战略，认真履行党管武装第一责任，确保全县武装工作有人抓、有人管、能落实。县委书记李桂强多次实地赴民兵训练基地督导建设情况，亲自协调解决矛盾问题。坚持群策群力，各部门对高度重视武装工作，从民兵组织整顿、兵员征集和基地建设审批等事项，给予优先安排、优先解决。抓好末端落实，各镇（社区）、园区党（工）委书记作为基层武装部政治教导员，坚持把武装工作纳入经济社会发展全局统一谋划，做到抓经济不忘管武装、谋发展不忘强国防，紧贴基层实际，为武装工作解难题、办实事，在民兵整组和兵役征集过程中，各单位给予大力配合，充分体现出政治意识、大局意识和国防意识。

【民兵工作】　2020年，民兵组织建设成效显著，按照“早计划顶层设计、早研究抓实方案、早布置反复推进、早用力分工落实”的工作思路，认真研究论证，突出建设重点。优化民兵组织布局，狠抓民兵整组、整训的各个环节，确保工作有效推进落实。全县编组普通民兵和基干民兵，基干民兵分为应急力量、专业力量、特殊力量。成立党支部和党小组，实现连有党支部，排有党小组，班有党员的预建目标。配齐民兵装备器材，将民兵装备器材纳入政府保障体系，全部按照编制落实民兵应急装备器材配备，县应急管理局为民兵应急连购置应急指挥、防汛抗洪、地震救援、森林灭火、反恐维稳等装备器材。狠抓民兵训练落实，高标准完成民兵应急分队基地化轮训任务，落实 12 个训练日，3 类 23 个训练科目。积极协调驻地部队认真研究组训模式，科学制订训练计划，周密组织教学分工，严格落实试讲试教，组织安全警戒、伪装防护分队完成对口保障军兵种专业训练，落实 15 个训练日、5 类 41 个训练科目。联合有关部门组织开展森林防火应急救援演练、汛期辖区河道内村庄转移安置实战演练等活动，提高民兵应急反应能力，确保“召之即来，来之能用”。在省军区组织的民兵调整改革检查验收中获廊坊市第一名、河北省第四名，受到省军区、市军分区首长好评。

7 月 16 日，“河北省百城万店拥军行活动——香河分会场”启动仪式举行

县退役军人事务局供图

【兵员征集】 2020 年，兵员征集工作圆满完成，因受新冠肺炎疫情影响，原定“一年两征”合并到 9 月一同进行，县征兵工作领导小组先后 3 次召开征兵工作专题会，提前筹划部署征兵工作。多措并举开展征兵宣传，积极开展“征兵宣传进校园”“高考征兵宣传站”“征兵集中宣传日”等活动，通过悬挂条幅标语、张贴征兵报名流程，征兵工作人员设置征兵彩铃、发送征兵短信、微信公众号征兵文章、电视台轮流播放征兵信息等方式，有效增强征兵宣传效果。有条不紊推进阶段落实，1 月，全县 18 周岁适龄青年兵役登记率 100%，在全市率先完成兵役登记；全国征兵网咨询回复率 100%；会同县公安局、县卫生健康局、县教育和体育局完成体检及政考相关工作，经过体检、政考确定双合格人员，并确定参加役前教育训练人员。9 月 3—16 日，开展为期 14 天的封闭式役前教育训练。9 月 16 日，与接兵干部实现档案、人员零差错交接。持续发力做好后续工作，受疫情影响，部队暂停新兵回访工作，县征兵办工作人员通过定期联系新兵和家长，及时反馈身体、思想状况，通过接兵干部及时掌握实时新兵动态。

7 月 31 日，县四大班子相关领导慰问武警廊坊支队执勤二大队香河中队官兵

县退役军人事务局供图

【“双拥”工作】 2020 年，强化“军地一盘棋”思想，努力在推动“双拥”工作实现新突破。国防教育活动多样化，通过开展《中华人民共和国国防

教育法》宣传活动，党员干部红色题材观影活动，“国防教育进校园”活动，“全民国防教育日”等活动，有效增强全民国防教育意识。双拥共建开展有力，联合县相关部门举办退役军人就业培训会、招聘会。举办“书法进军营”、民兵慰问演出、“八一”慰问演出、节日送温暖、“送法进军营”等活动，充分体现军民一家亲。

（高宗聚）

国防教育

【概况】 香河县国防教育办公室（简称县国教办）在国防教育工作中夯实基础，突出重点，抓出特色。重点加强全县广大干部国防教育，加强青少年国防教育，加强民兵预备役人员国防教育，开展国防教育主题活动，对省级国防教育基地整改提升，充分发挥省级国防教育基地作用。

【党员干部的国防教育】 2020 年，加强全县广大干部国防教育。开展“奋进新时代 聚力强军梦”主题教育活动，通过组织观看抗日战争题材影片《八佰》、上街宣传、发放明白纸、印制宣传册、悬挂宣传标语等方式开展国防教育活动，广大党员干部感到虽然身在和平时期，也要进一步不忘初心、牢记历史，坚定理想信念，自觉担当有为，以饱满的精神状态做好本职工作。

【青少年的国防教育】 2020 年，加强青少年的国防教育。在全县中小学校开展“国防知识宣传周”活动，利用校园广播站、橱窗、黑板报开辟国防历史、国防知识宣传专栏，在校园内播放滚动标语口号，增强学生履行国防义务的责任感。组织中小学生开展清明祭英烈活动，通过网络平台为先烈送寄语、读佳作、颂古诗等革命传统教育。组织中小学生在国防教育基地军事研学营开展军事体验活动。广泛开展军训周活动，加强中学生国防教育，全县初中、高中按照统一要求，普遍开展强健体魄、增强技能的军事训练活动。通过开展系列活动，引导学生尊重传统、继承传统、弘扬传统，增进爱党、爱国、爱社会主义情感。

【民兵预备役人员的国防教育】 2020 年，加强民兵预备役人员的国防教育。以民兵整组为契机，组织全县专武干部、民兵预备役人员学习国防教育法律法规。

【开展国防教育主题活动】 2020 年，在《中华人民共和国国防教育法》颁布实施 19 周年和第 20 个全民国防教育日之际，通过设立宣传咨询站，发放宣传册、明白纸，悬挂条幅，文艺演出，电视台播放爱国影片和国防教育公益广告，在主要街道、路口、市场的 LED 显示屏播放宣传片等形式开展国防教育。9 月 18 日，在新城公园，结合“美丽幸福新香河大家唱”活动，组织以“全民国防教育”为主题专场演出，营造浓厚的国防教育氛围，有效增强全县广大群众的国防意识。县国防教育办公室会同县教育和体育局组织全县中小学生，以读书演讲、国防橱窗、国防墙报、知识竞赛、国防课等形式开展国防教育主题活动，向学校发放国防法律法规宣传读本 2000 余本、宣传书签 4500 余个、宣传书袋 4000 余个，增强中小学生国防观念，掌握基本国防知识，激发爱国热情，提高自觉履行国防义务意识。设立国防教育宣传咨询站，通过开展国防知识答题互动、向现场观众发放印有国防知识的宣传品开展主题宣传活动，发放法律法规宣传册、环保袋、宣传杯等 1000 余份，观众参与热情高涨，在潜移默化中接受国防教育。采取形式多样的活动，给预征新兵上好入伍前第一课。对体检、政审层层筛选出的预征新兵中，开展以“打牢思想基础、增强适应能力、提高守纪意识”为目标的为期一周役前训练，开展基础训练、教育引导。通过开展役前训练各项活动，激发预征青年保家卫国的决心和忠心。

【国防教育基地建设】 2020年，充分发挥省级国防教育基地作用，按照省、市工作要求，对省级国防教育基地整改提升，组织青少年学生、各界干部、群众参观基地，接受国防教育。

（后瑞新）

人民防空

【概况】 2020年，香河县人民防空办公室加强人民防空宣传教育，全力维护好人民防空设施，做好人民防空工程项目的审批，人民防空工作取得长足进展。

【县重点人民防空工程项目】 2020年，县重点人防工程项目建设完成工程总量的80%。

【人民防空宣传教育】 在县人民广场开展人民防空宣传教育，发放宣传材料1000余册；在“7·7”“9·18”等重要纪念日，在城区拉响防空警报，提醒公众勿忘国耻，增强防空意识。

【人民防空设施维护】 对投入使用的人防工程进行巡查，督促使用单位对人防设施进行定期维护管理，确保人防设施使用效能。

（张 洋）

法 治

责任编辑 王树春

综 述

2020年，县委政法委协调政法各部门全力维护社会大局稳定，在平安中国建设中推进平安香河建设，加强社会治安防控体系建设，开展社会治安综合治理智能化建设，开展“扫黑除恶”专项斗争，严厉打击各类违法犯罪，打击非法传销活动并做好教育转化工作，探索矛盾纠纷多元化解机制，完善城乡社区治理体系，推进香河县社会稳定评价体系建设，强化普法宣传工作，全面推进社会治理创新，推进社会治理现代化。公安机关依法惩治违法犯罪，加强道路交通安全管理，强化社会治安政法部门管理，做好安全保卫工作。检察机关进行司法责任制改革，加强控告申诉检察、刑事检察、刑事执行检察监督、民事行政审判监督工作，推进公益诉讼、社会治理创新、阳光检察、未成年人检察工作及“12309”检察服务中心工作。审判机关加强刑事案件审判、民商事案件审判、行政案件审判及案件执行工作，行使监督职能，深化司法改革，实行多元调解，开展阳光司法，强化智慧法院建设。司法行政机关加强法治宣传教育培训、司法鉴定、人民调解、人民陪审员选任、社区矫正、安置帮教、法律援助、律师监管、法律服务、公证等工作，强化行政规范性文件管理，深化基层执法改革，规范行政执法行为及行政复议和行政诉讼工作。香河县法治建设取得全面发展，为香河县经济社会稳定发展保驾护航。

政法委与综治

【概况】 2020年，香河县政法机关围绕维护国家政治安全、确保社会大局稳定、促进社会公平正义、保障人民安居乐业“四大任务”，履职尽责、奋发作为，完成各项重点工作。

【维护社会稳定】 2020年，香河县以重要节点安保为主线，全力维护社会大局稳定，管住“人地物”。对重点部位，以与北京市通州区相邻的淑阳、蒋辛屯、安平3个镇为重点，对所有重点部位，全部按照“属地管理”原则，一律责成所属单位安排专职专员，进行24小时不间断巡逻看护。对重要物品，安排专人专管，定岗定责，严密安保措施，在所有重要物品使用存放单位全部安装视频监控设备，并实现与“110”指挥中心联网。深入推进打击制贩枪支犯罪、易燃易爆危险物品和寄递物流安全管理整治，严格对辖区涉危涉爆单位的日常检查，未发生危爆物品丢失、炸响等情形。为经济社会发展提供坚实司法保障，主动服务京津冀协同发展大局，全力保障京唐铁路等重点项目顺利实施，依法查处涉嫌扰乱社会秩序等违法犯罪人员 31 名。

【平安香河建设】 2020 年，按照中央平安中国建设推进会的安排部署，主动将工作融入建设“美丽幸福新香河”大局，着力抓好防风险、护安全、战疫情、保稳定、促发展各项措施的落实，实现问题联治、工作联动、平安联创，加快推进社会治理现代化，确保全县社会大局持续稳定，增强人民群众的获得感、幸福感、安全感。5 月，香河县在全省群众安全感民调中位列廊坊市第二名。全面落实组织领导，扎实推进平安香河建设工作，把平安香河建设纳入全县经济社会发展规划，列入县委、县政府重要议事日程，成立香河县平安建设工作领导小组，对平安香河建设的协调督导和分类指导，定期组织专项检查，及时掌握情况，发现解决问题，确保各项任务落地见效。党政主要领导严格履行第一责任人职责，研究部署，协调解决工作推进中遇到的各种问题。各成员单位按照“谁主管、谁负责”和“属地管理”的原则，层层建立领导责任制、部门责任制和单位责任制，形成各负其责、齐抓共管的强大合力。健全科学合理、操作性强的平安香河建设绩效考评指标体系，开展社会稳定评价，实现对平安香河建设状况的实时、动态、客观评估。强化考评结果运用，把平安建设成效纳入领导班子和领导干部政绩考核指标体系，将考核结果作为领导班子和领导干部业绩评价的重要依据，与晋职晋级、评优评先、奖励惩处挂钩。定期对工作扎实、成效显著的按规定予以褒奖，对问题突出的部门和单位依法依规依纪严肃问责。坚决捍卫政治安全，全力落实总体国家安全观。重新修订《香河县处置恐怖袭击事件基本预案》，切实提升预案的科学性和实战性。不断强化社会面管控，严密治安防控体系，紧扣县域社会治安环境治理，以打开路，针对多发性侵财案件及“黄赌毒”、电信网络诈骗、食品药品、环境保护等领域违法犯罪重拳出击。全县先后破获刑事案件 352 起，抓获犯罪嫌疑人 461 人，抓获公安机关在互联网上通缉的逃犯 55 人，打掉犯罪团伙 29 个。坚持以防为本，全面夯实社会管理基础工作，最大限度挤压违法犯罪分子活动空间。强化路面交通安全管控，结合事故预防“减量控大”工作、公路交通安全隐患排查整治、国省道及农村地区交通秩序整治，分别开展酒驾醉驾、涉牌涉证、违法停车等一系列大规模的交通整治专项行动，有力保障人民群众出行平安。强化特殊人群管控，年内，全县将 972 名刑满释放人员、1339 名精神障碍患者、106 名吸毒人员等特殊人群全部录入“香河县社会治理信息系统”进行线上管理，为全县精神障碍患者监护人缴纳责任险，严重精神障碍患者监护人“以奖代补”资金全部发放完毕。深入开展矛盾纠纷排查，扎实推进多元化解机制。全面推进人民调解委员会建设，不断规范个人调解工作室建设，积极开展诉源治理。建立非诉讼纠纷解决机制，全面落实“登”字号立案（改革人民法院案件受理制度，变立案审查制为立案登记制）工作，努力实现矛盾纠纷在诉前得到实质性化解。提升全县化解社会矛盾纠纷工作能力和水平，全面推进社会治理创新，推进社会治理现代化。

【社会治安防控体系建设】 2020 年，香河县进一步推进社会治安防控体系建设，织密过滤网，延伸拉大稳控防线，细化管控网格，层层筛查过滤，层层化解稳控，确保将所有不稳定因素全部被拦截在京秦外围。创新查控机制，强化京津冀警务联动和一体化查控，安平检查站实现与天津市武清区和北京市通州区检查站数据平台、可视化安检平台信息共享，大大提高安检查控效率。突如其来的新冠肺炎疫情期间，累计检查车辆 128 万余辆、人员 198 万余人。建好应急队，确保一个“快”字。修订完善《香河县处置恐怖袭击事件基本预案》，提升预案的科学性和实战性，确保快速高效稳妥处置。

【社会治安综合治理智能化建设】 2020 年，县级综治中心“实战化指挥平台”建成，实现县综治中心与智慧城市指挥调度中心整合，“香河县社会治理信息系统”“雪亮工程”平台应用接入智慧城市指挥调度中心数据库，政法系统建成的2200余路视频监控、图像资源与中心智慧大屏链接，实现视频数据全面共享。6月11日，在五百户镇召开全县综治中心规范化建设推进会暨香河县社会治理信息系统使用推进会，各镇（社区办）和香河经济开发区综治中心实现与信访接待中心、便民服务中心整合。设立“一厅两室两中心”（接待大厅、视联网会议室、矛盾纠纷调处室、综治信息工作中心、视频监控中心）。各镇（社区办）和香河经济开发区下辖派出所、法庭、民政、土地、环保等职能所站进驻中心，镇综治中心利用“香河县社会治理信息系统”负责全镇日常工作的指挥、调度，成为乡镇社会治理“实战指挥部”。全县村级综治中心按照“基础性工作平台”定位，设立“一站四室”（综治信息工作站、群众接待室、矛盾纠纷调解室、视频监控室、心理咨询室）。规范综治中心建设，印发《香河县镇村两级综治中心建设的实施方案》等文件，对综治中心建设明确目标，分级管理，规范运作，使之全部达到“三有五规范”建设标准（有场所设施、有工作力量、有规章制度，规范职责任务、规范工作架构、规范数据应用、规范业务流程、规范保障标准）。抓好综治信息化建设，研发“香河县社会治理信息系统”，对河北省综治“9+X”信息系统进行升级改造，实现信息部门联用，矛盾、事件快速反应。全力推行“信息采集、案件建立、任务派遣、办理处置、结果反馈、核实结案”六步闭环工作法。截至年底，开通香河县社会治理信息系统账号1030个，其中，县级账号7个，县直部门账号18个，镇级账号120个，村级账号885个。

【完善城乡社区治理体系】 2020年，香河县政法系统抓好网格化管理建设，科学设置网格，各镇以党委书记为总网格长，分别按区域划分成片作为一级网格，由副科级以上干部担任网格长；二级网格以村街为主体，村党支部书记为二级网格长；每个村街又根据人口规模，划分网格，作为三级网格，每个网格都配备网格员，实现定人定岗。强化网格员培训，将二级网格长全部纳入县委组织部农村干部“两考三评一定”考核体系，香河县社会治理信息系统全县上线后，出台《香河县社会治理信息系统网格员管理办法》，规范全县所有网格员管理的统筹协调使用和考核监管问责，对885名网格员就如何利用手机App进行矛盾、事件录入、上报、结案，镇级工作人员如何查询、结案、交办等流程进行分批次系统培训，做到网格内所有信息掌握到位、矛盾化解到位、治安防控到位、帮扶解困到位、便民服务到位。印发《全面深化网格化服务管理的指导意见》，以“实战、实用、实效”为目标，按照“属地管理，分级负责”原则，做强综治中心，打造网格化服务管理实体平台，使基层社会治理真正实现小事调解不出网格，大事化解不出村镇的低成本、高效率、可持续基层社会治理工作格局。

【“群众说事、干部解题”工作】 2020年，香河县全力构建“群众说事、干部解题”工作机制。依托网格化建设基础，打造线上“说事、解题”平台。开发“长安香河”微信公众号、“平安香河”公众版App，实现和“香河县社会治理信息系统”的数据互通互联。在“说事”渠道上，群众通过“长安香河”微信公众号、“平安香河”公众版App、“香河县社会治理信息系统”专业版App“我要说事”功能模块，随时随地反映问题。在“解题”环节上，利用综治中心网格化治理平台来“解题”，依托网格员（村街“两委”班子成员、党员、积极分子等）、网格长（村街党支部书记）、镇综治中心、镇相关职能部门工作体系，解决问题，让群众最终受益，不断提升基层干部履职尽责能力。“群众说事、干部解题”工作机制运行以来，全县化解各类矛盾纠纷2837起，解决各类事件5001起。在2020年度市

8月12日，廊坊市“群众说事、干部解题”工作经验交流会与会领导到香河县五百户镇综治调度指挥中心观摩　五百户镇政府供图

委政法委“群众说事、干部解题”考核中被综合评定为第一档次。

8月12日下午，全市“群众说事、干部解题”工作现场观摩交流会在香河县五百户镇综治中心举行，五百户镇作为香河县试点乡镇接受检查，市委常委、政法委书记陈少军带领全市各县（市、区）政法委书记及“群众说事、干部解题”工作试点乡镇党委书记等一行40余人，实地参观“老赵调解室”、镇综治中心，现场观看香河县构建“群众说事、干部解题”工作机制专题片，陈少军对香河县作为推进“群众说事、干部解题”工作试点县取得的成效给予充分肯定。

【“扫黑除恶”专项斗争】 2020年，香河县持续深入开展“扫黑除恶”专项斗争，按照省、市关于深入推进“扫黑除恶”专项斗争的安排部署，高度重视，精心组织，科学施策，集中人力物力，“有黑扫黑、有恶除恶、有乱治乱”。年内，全县破获涉恶类案件25起，抓获犯罪嫌疑人56人，刑事拘留38人，逮捕31人，移送起诉61人。其中，打掉恶势力团伙2个，抓获团伙成员15人，从中破获涉恶类案件7起。提起公诉涉恶类案件3件14人，提起公诉保护伞类案件2件3人。审结恶势力犯罪案件4件，判处8人，判处罚金10万元。查处涉黑涉恶腐败和“保护伞”案件7起，给予6人党纪政务处分，诫勉谈话1人，运用“第一种形态”处置16人（次）。

【打击各类违法犯罪】 2020年，聚焦重点行业、重点领域和重点人群，结合“亮剑2020”“云剑2020”等专项工作，持续加大打击力度，严厉打击各类违法犯罪，破获各类刑事案件352起，抓获犯罪嫌疑人461人，抓获公安机关在互联网上通缉的逃犯55人，打掉犯罪团伙29个。加强社会面管控，紧扣县域社会治安环境，“以防为打，预防为主”，最大限度挤压违法犯罪分子的活动空间，针对各类多发性侵财犯罪高发形势，多措并举，重拳出击，向多发性侵财犯罪展开猛烈攻势。全县累计破获“两抢一盗”等多发性侵财案件109起，抓获犯罪嫌疑人66人。破获贩毒案件5起，查处新发现吸毒人员

11月3日，县公安局召开“扫黑除恶”专项斗争警民恳谈会，邀请人大代表、政协委员、重点行业领域代表、个体工商户、企业代表、城乡居民代表、媒体代表等参加会议　县公安局供图

14人，社区戒毒8人，强制戒毒10人。重拳出击电信网络诈骗，侦破电信诈骗案件32起， 查处涉案人员28人。结合“利剑斩污”“碧水”“净土”等专项行动，公安机关主动出击，铁腕治污，先后破获8起污染环境刑事案件，抓获犯罪嫌疑人30名。坚决遏制食品药品犯罪多发势头，依法严厉打击危害人民群众生命健康财产安全的食品药品领域违法犯罪，先后破获食品药品类刑事案件8起，采取刑事强制措施25人。以智慧社区应用为抓手，利用人脸识别系统建模，精准掌握小区外来人员情况，由县公安局牵头，县住房和城乡建设局、县税务局等部门配合的房屋租赁管理和流动人口管理机制，全面规范流动人口管理工作，录入建筑物信息40127条、实有人口150508人、采集实有房屋信息66343条、标准地址信息272303条。打击非法传销，先后清查传销窝点46个，清查传销课堂及开会场所19处，教育并遣散传销人员230名。

【“关爱之家”建设】 2020年，打好教育转化去存量攻坚战，将“关爱之家”设在香河县便民服务中心一楼东侧，内设教育帮扶区，可容纳50人办公，拥有超高清视频设备，有单独办公室作为综合办公区。地下餐厅和室外东侧广场作为生活保障区，供学员、工作人员就餐和锻炼。年内，全县建成“关爱之家”1处、“关爱工作站”14处并投入使用，“关爱之家”编制4人，“关爱工作站”编制28人。切实发挥好“关爱场所”的帮教转化作用，从公安、司法、人民调解员、心理咨询师中抽调4人，全部分配充实到“关爱之家”和“关爱工作站”中，对未转化人员开展教育转化和帮扶工作。截至年底，全县去存量目标31人，完成转化29人。

【矛盾纠纷多元化解工作】 2020年，香河县探索矛盾纠纷多元化解机制，推进矛盾纠纷化解手段多元化、主体多元化和载体多元化，不断提升全县化解社会矛盾纠纷工作能力和水平。择优选聘村（居）人大代表、政协委员、经验丰富的退休干部、有威望并热心调解工作的志愿者加入调解队伍。在每个村（居）配备相应数量的“十户调解员”，形成镇（社区办）人民调解委员会、村（居）人民调解委员会、和“十户调解员”三级调解网络体系。成立镇（社区办）、村（居）委会人民调解组织328个，其中，镇调委会9个、社区办调委会5个、居委会调委会14个、村委会调委会300个。有人民调解员1312人，全面落实人民调解员名册制度。截至年底，全县建成30个精品调委会。 5月，在五百户镇建成全市首家以个人名义命名的“老赵调解室”。

【社会稳定评价体系建设】 2020年，推进香河县社会稳定评价体系建设。10月，县委政法委牵头出台《香河县社会稳定评价办法》，客观评价社会稳定状况和变化情况，及时发现和预警社会稳定存在的问题，针对性地指导各单位调整工作部署，采取有效工作措施，确保社会持续稳定。社会稳定评价报告，每月1期，由县公安局、县消防救援大队、县教育和体育局、县应急管理局、县市场监督管理局、县卫生健康局、廊坊市生态环境局香河县分局、县信访局、县委统战部、县委网信办、县自然资源和规划局、县住房和城乡建设局、县金融办、县委政法委提供相关数据和情况，按照《香河县社会稳定评价办法》对各镇（社区办）、香河经济开发区社会稳定状态中能够量化、显性、结果性的指标进行汇总、对比、计算，形成各镇（社区办）、香河经济开发区总体社会稳定评价分值。年内，完成印发10月、11月2期《香河县社会稳定评价报告》。

【执法监督】 2020年，加强行政执法协调监督，推动提高依法行政水平，把严格执法和文明执法、打击犯罪和保障人权结合起来。继续推进“三项制度”改革试点工作。根据《香河县推行行政执法公示制度、执法全过程记录制度、重大执法决定法制审核制度试点实施方案》，对14项工作任务，32项工作措施积极推进，落实责任及完成时限。坚持行政执法“三项制度”试点工作联系机制和月报制度。严格执法主体资格管理。采取集中审核方式，对本县罚没许可证进行年检，确认罚没主体40个。完善执法人员档案，持证人员网上公开制度，接受监督和查询，对不符合执法条件的人员进行清理。加强执法人员法律培训考核，采取网络授课方式对全县917名行政执法人员进行培训考核，从整体上提高执法人员依法行政素质和能力。健全行政执法监督机制。严格开展案卷评查活动，根据行政处罚案卷标准，对全县38个行政执法单位行政处罚案卷及行政许可案卷进行仔细评查，并对卷宗中存在问题的单位进行指导。

12月4日，县人民法院、县人民检察院、县人民武装部，到中国人民解放军驻香河某部队举办“送法进军营” 法治讲座 县人民检察院供图

【普法宣传活动】 2020年，把宪法作为法治宣传教育的重中之重，在全县深入开展尊崇宪法、学习宪法、遵守宪法、维护宪法、运用宪法的学习宣传贯彻活动，在全社会营造良好法治氛围。按照普法责任制要求，推动机关建立健全宪法宣传责任制，形成各部门各单位齐抓共管、各负其责的宪法学习宣传教育大格局。坚持日常宣传和集中宣传相结合，以推动宪法精神进企业、进农村、进机关、进校园、进社区、进网络为抓手，推动宪法学习宣传教育向基层延伸，实现宪法学习宣传教育全覆盖。抓住“12·4”宪法宣传日、“春季宣传月”、“三八”国际妇女节、“3·15”国际消费者权益日、“6·26”国际禁毒日等活动为契机，在全县范围内集中开展声势浩大的宪法宣传活动10余次，送法下乡活动30余次，发放宪法宣传资料1万份、宪法宣传品1000余件，解答法律咨询400余人次，使宪法走进群众日常生活，让宪法精神深入人心。廊坊电台、电视台对香河县“12·4”宪法日宣传活动进行宣传报道。抓准法治宣传教育的重点对象，抓住“关键少数”，领导干部带头尊法学法守法用法，对推动全民守法起到十分关键的引领作用。着力从健全党委（党组）中心组学法、政府常务会前学法、法治培训、依法决策制度等方面，推动领导干部宪法学习宣传教育工作深入开展。培养青少年从小树立法治观念，养成法治思维习惯和行为方式，是依法治国的基础工程。打造学校、家庭、社会三位一体的教育体系，推动全员、全程、全方位开展以宪法为核心的青少年法治宣传教育。从全县遴选优秀律师、法律工作者和各镇司法所长兼任各学校法治辅导员，开展晨读宪法、开设法治课、法律知识竞赛、做法治手抄报等活动，营造校园良好法治教育氛围。创新普法工作方式方法，推动法治文化建设。把开展法治书画展、摄影展、法治文艺会演、法律知识竞赛、法律知识测试等活动作为法治文化建设的有效形式，广造声势，营造氛围。在村街因地制宜建立一批法治文化小公园、法治文化小广场、法治文化长廊、法治文化橱窗等设施。以蒋辛屯镇北三百户村、潮北新城，安平镇运河新村、王家摆村、高庄村为试点，开展司法行政进村街、进社区活动，在法治文化小广场、小公园，利用文艺演出、“一拉宝”展架、法治橱窗、宪法知识展板等有针对性地开展法治文化宣传。以家具城为龙头，开展“公平守信示范市场”创建活动，充

分利用人员聚集优势，在各主要场馆悬挂法治宣传彩旗、条幅、摆放展牌，在室内外电子屏循环播放法治宣传标语，在商户中评选“诚信守法标兵商户”等活动。以潮白河堤顶路、老夏安线两侧及部分村街主要街道两侧为重点，设置包括宪法常识、交通安全、消防安全、保护环境等方面内容的普法宣传栏，定期更换，图文并茂，让广大群众随时随地接受法律教育。利用微信、微博等新媒体，加强网上宣传。在县电视台、《新香河》报刊开设“以案说法”栏目，用真实的身边事教育身边人，起到良好宣传效果。

【政法系统思想政治建设】 2020年，以全国政法队伍教育整顿活动为契机，全面提升政法队伍整体水平，扎实开展教育培训工作。组织全县政法系统干警参加政法网络大讲堂集中培训，注重强化机关干部的日常学习，县委政法委机关坚持开展中心组学习和周五集体学习，定期组织开展交流研讨活动，起到较好的示范效应。每周五下午作为党员集体学习日，定期开展活动，确定活动主题，明确活动内容。特别是7月1日的“党章学习日”，专门制订活动方案，开展重新学习《中国共产党章程》和重温入党誓词活动，组织单位全体观看电教片，促进教育活动开展。加强纪律作风建设，结合教育整顿活动要求，深入开展纠正“四风”和作风纪律专项整顿活动，切实增强广大政法干警的纪律意识，始终把规矩挺在前面。

【政法宣传工作】 2020年，积极做好政法宣传工作，香河县长安网站建立长安网群技术保障队伍和通讯员队伍，香河县在河北长安网的上稿数量在全省各地市综合排名第一。年内，全县政法系统在市级以上媒体刊播稿件1858篇，其中，在国家级媒体和省级媒体分别刊播154篇、1513篇。

（邱亚红）

公 安

【概况】 2020年，香河县公安局以新冠肺炎疫情防控为纲，在大疫之下主动担当，强化使命，锐意进取，扎实抓好防风险、护安全、战疫情、保稳定、促发展各项措施的落实，主动融入建设“美丽幸福新香河”发展大局，确保全县治安大局持续稳定。年内，有8个集体和54名个人受到县级以上表彰。其中，看守所所长李向国被中共中央、国务院、中央军委授予“全国抗击新冠肺炎疫情先进个人”称号，被河北省公安厅荣记“个人一等功”；交警大队车管所被公安部评为“优秀县级车辆管理所”；五百户派出所被省公安厅评为“全省公安机关执法示范单位”；新华派出所民警王亚飞被省公安厅评为2019年度“全省十佳派出所治安民警”；交警大队、巡警特警大队分别被市公安局评为2020年“暑期工作先进集体”；巡警特警大队被市公安局荣记“集体三等功”。

【安全保卫工作】 2020年，将京哈高速香河北检查站向东移至入秦连接线匝道处，新建180平方米安检大棚、60平方米人员安检通道以及装备室、设备室、休息室和处置室，8月1日，检查站正式启用。在进京查控方面，执行冀警入京、京警入冀执勤核查，有效解决因重复安检造成的道路拥堵问题，实现“保安全”与“保畅通”有机统一。安保期间，检查进京车辆42万辆、人员98万余人；查获涉毒人员280人，其他违法犯罪人员2人，抓获公安机关在互联网上通缉的在逃人员4人，收缴大量危险化学品、仿真枪、管制刀具及低慢小飞行器，最大限度将各类危险因素拦截在北京外围。

【惩治违法犯罪】 2020年，香河县以“扫黑除恶”“云剑2020”专项行动为抓手，重拳出击，严厉打击各类刑事犯罪。民生案件集中攻坚。针对多发性侵财犯罪，多措并举，重拳出击，取得明显效果，累计破获“两抢一盗”等侵财案件109起，抓获人员66人，破获“3·4”系列入室盗窃案、“8·8”腾某盗窃机动车案等一系列影响民生、群众安全的案件。禁毒工作成效明显。以专项行动为抓手，严厉打击涉毒违法犯罪，破获贩毒案件5起，查处新发现吸毒人员14人，社区戒毒人员8人，强制戒毒10人；对全县辖区的毒品原植物种植情况进行拉网式排查，查获点位25个，刑事案件立案1起。重拳打击电信网络诈骗。建立“以重点线索为抓手、以专班研判为支撑、以分级打击为重点”的全链条打击机制，抽调精干警力成立反电信网络诈骗工作专班，各警种各部门无缝衔接合成作战，持续遏制电信网络诈骗案件高发多发势头，侦破电信网络诈骗案件32起， 查处涉案人员28人；7月，一举捣毁2个电信网络诈骗窝点，抓获犯罪嫌疑人19名，被害人遍及黑龙江、江苏、广东等10余个省，涉案金额数十万元。以命案逃犯、历年逃犯为重点，全力开展追逃行动。年内，抓获逃犯56人，其中，外省35人，外市10人，本地11人。

【为经济发展保驾护航】 2020年，全县社会经济和谐稳定发展，围绕涉房领域、京唐高铁建设推进、北运河旅游通航项目实施等县域中心工作，紧紧依托“亮剑2020”专项打击整治行动，有效履行打击、服务、参谋三大职能。年内，经济案件立案36起，破案17起，抓获犯罪嫌疑人44人（其中，公安机关在互联网上通缉的逃犯3人），批捕17人，起诉23人，挽回经济损失2000余万元；清查传销窝点46个，清查传销课堂及开会场所19处，遣散传销人员230人。严厉打击环境污染违法犯罪活动，积极开展“亮剑2020”“利剑斩污”“水污染治理”“净土”“蓝天保卫战”“打击非法倾倒处置危险废物”等专项行动，破获污染环境刑事案件8起，刑事拘留30人；污染环境类行政案件4起，行政处罚7人。遏制食品药品领域犯罪，严厉打击危害群众生命健康的违法行为，先后破获食品药品类刑事案件8起，采取刑事强制措施25人；8月，成功捣毁一处涉嫌非法制作假“牛栏山”陈酿白酒的制假窝点，现场查获制作假酒的设备流水线1台、假酒标签6万余张、假酒外包装箱1985个、装假酒所用酒瓶2400个以及大量酒瓶盖、胶带等工具。

【社会治安管理】 2020年，全力开展各类专项行动，持续维护社会治安大局稳定。结合“亮剑2020”专项打击整治、“扫黑除恶”、打击“黄赌毒”等一系列专项行动，深入动员、全警参战，全力推动各项工作扎实有序开展。办理涉“黄赌毒”案件44起，抓获违法犯罪人员206人，侦破网络涉黄涉赌刑事案件3起；办理破坏野生动物资源刑事案件3起，刑事拘留3人；抓获公安机关在互联网上通缉的逃犯29人；涉枪涉爆刑事案件2起，刑事拘留2人；涉“二假”（假公文、假印章、假证件）刑事案件7起，刑事拘留12人，行政案件4起，行政拘留11人。开展烟花爆竹专项治理、打击整治枪爆物品违法犯罪、易治爆化学品专项整治、枪爆物品统一收缴、安全生产大检查等多项专项行动。破获涉枪涉爆刑事案件8起，行政案件108起，查处涉仿真枪窝点7个，行政拘留涉仿真枪嫌疑人8人，抓获涉枪逃犯1人；收缴并销毁各类爆炸物50千克，爆竹2000余万头、烟花1000余箱、“双响”1.35万个，各类枪支70支、枪支零件40件、各类子弹5000余发、仿真枪148支，管制刀具130把、弩2支；下达整改通知书35份，剔除治安隐患22处。高度重视中小学安全防范工作，加大资金投入，全面提升中小学校园人防、物防、技防建设。为保安人员装备必要的执勤、防护器械，在学校重点部位、重点区域、重点场所安装防护栏、防盗门和照明设施，实现封闭化管理，全县区域中小学专职保安配备率100%；在校门、财务室、教学楼、食堂、重要出入口等重点场所、重点部位安装视频监控系统，提升技防建设。

【夯实基础工作】 2020年，把夯实基础工作作为长远战略，抓基层、打基础，苦练基本功。“一标三实”（标准地址、实有人口、实有房屋和实有单位）和流动人口管理实现新突破。实行由公安部门牵头，住房和城乡建设、税务等部门配合的房屋租赁管理和流动人口管理机制，全面规范流动人口管理工作，录入建筑物信息81593条、实有人口410396人、采集实有房屋信息228132条、标准地址信息290488条。“枫桥式派出所”创建及派出所“一室两队”（做精综合指挥室，做强执法办案队和做实社区警务队）建设有新作为。选取蒋辛屯派出所、五百户派出所作为试点，蒋辛屯派出所扎实推进警务室建设，先后建成富力新城、京东新城、温莎郡、香公馆等居民小区18个警务室，每个警务室配备专职民警1名，辅警1名，村干部、综治员、人民调解员各2名，真正做到“警务围着民意转、民警围着百姓转”；五百户派出所先后建成李庄村、香椿营村和九百户村3个农村警务室（调解室）和派出所中心调解室，组建以包村干部、司法干部、村干部、有威信的群众为主的义务调解队伍，并建成全市首家以个人名义命名的“老赵调解室”；积极推进各派出所“一室两队”建设，新开派出所按照“一室两队”模式组建并开展相关工作。

【道路交通安全管理】 2020年，预防交通事故，先后组织开展低速电动车道路通行秩序专项整治、秋冬季交通安全整治百日会战、危险化学品运输交通安全除隐患、防风险专项整治、重点隐患车辆专项整治等专项行动，查处各类交通违法34万起，行政拘留123人。狠抓重点车辆源头管理，发现整改隐患15处，有效杜绝重大交通事故发生。以创建省级文明县城为载体，推动“文明交通行动计划”落实，开展交通安全宣传，提高群众交通法治意识、安全意识，年内，发布微博微信750余条，开展执法直播236次，曝光典型交通违法、事故案例147个。开展“一带一盔”（汽车驾乘人员在行驶过程中要系好安全带，摩托车、电动自行车骑乘人员在骑乘中要佩戴好头盔）公益宣传活动6次，联合人保财险等保险公司发放公益头盔2000余个。针对城区停车难问题，对城区新开街、新华大街等10条主干道进行再次梳理、实地测量，增设停车泊位7500余个，规范停车秩序，有效提升道路交通品质。

11月26日，县公安局交警大队民警到学校开展交通安全教育　　县公安局供图

【规范队伍建设】 2020年，以公安队伍建设为魂，牢固树立“以党建带队建，以党务促业务”的指导思想，教育全体民警对党忠诚、敢于担当，时刻把县委、县政府的中心工作放在首位。2月，推行民警思想状况分析报告制度，各单位每月对队伍思想状况分析研判，全面掌握队伍管理情况和思想隐患，有针对性加以改进管理措施；3月，推行工作日志制度和中层双正职领导干部工作晾晒制度，强化中层干部和民警、辅警的工作过程把控和平时考核，解决民警干与不干一个样问题。扎实推进公安改革，在全市率先完成民警首次职务套改工作，实现工资套改同步跟进，积极协调组织部门，完成首轮职务晋升工作。在加强典型宣传培树方面，开展向李向国学习宣传活动，营造比学赶超的浓厚氛围。李向国事迹先后被新华社、《法制日报》、《人民公安

报》等 120 余家主流网络媒体大力宣传，在社会各界引起强烈反响和广泛好评。此外，为 2 个集体和 8 名个人向市局申报记功奖励，县公安局先后记集体嘉奖 1 个，个人嘉奖 10 人、通报表扬集体 1 个、个人 22 名。对 69 名生活困难、因病住院及亲属去世的干警进行走访慰问，发放慰问金 20.6 万元。

【新冠肺炎疫情防控】　2020 年 1 月 27 日（农历正月初三），全体公安干警提前返岗，全身心投入疫情防控，有效应对突如其来的新冠肺炎疫情。各检查站点从 1 月 25 日开始，全面开展 24 小时查控勤务，严查进京及进入香河的各类车辆和人员。疫情期间，累计检查车辆 128 万余辆、人员 198 万余人，抓获在逃人员 4 人，筛查出确诊治愈人员 1 人，密切接触者 1 人，有效防止疫情输入、扩散。根据国内外疫情形势变化，在做好“内防扩散、外防输入”的情况下，密切关注涉外人员活动轨迹，严防出现疫情传播。

2 月 2 日，县公安局执勤辅警和医务人员冒雪在凌家吴村卡点值守　　县公安局供图

（马　静）

检　察

【概况】　2020 年，香河县人民检察院坚持“讲政治、顾大局、谋发展、重自强”的检察工作主题，聚焦主责主业，着力抓好检察业务发展，为建设美丽幸福新香河创造公正高效的法治环境。

【司法责任制改革】　2020 年，县人民检察院明确改革要求，完成内设机构改革各项工作。将 13 个科室整合为 5 个部室，提升检察工作效能；实行“捕诉一体”办案机制，组建 3 个检察业务机构，实现“四大检察”（刑事、民事、行政和公益诉讼）并行。

【控告申诉检察】　2020 年，受理并办结立案监督案件 5 件，受理办结民事申诉案件 1 件，办理刑事申诉案件 1 件，移送扫黑办案件线索 3 件，司法救助案件 1 件、发放救助金 5 万元，办理国家赔偿案件 3 件。接收最高人民检察院、省人民检察院、市人民检察院及本级信件 18 件，全面贯彻落实最高人民检察院检察长张军提出的“群众来信件件有回复”制度。

【刑事检察】　2020 年，受理审查逮捕案件 176 件 265 人，批准逮捕 159 件 215 人，不批准逮捕 22 件 43 人，对不捕案件均释法说理，纠正漏捕 4 人，纠正漏捕判处有期徒刑以上刑罚 2 人；受理审查起诉案件 394 件 512 人，审结起诉 367 件 476 人，不起诉 16 件 18 人，追诉漏罪 4 人，追诉漏犯 4 人。书面提出纠正侦查违法 13 件，发出检察建议 12 件，适时介入侦查 13 件。出席法庭 377 件，其中，简易程序 246 件，速裁程序 11 件。提出量刑建议 440 人，法院采纳量刑建议 415 人，一审判决 362 件 455 人，在判决的案件中，无超期羁押、无遗罪漏犯，充分发挥刑事检察职能，维护公平正义。适用认罪认罚从宽制度案件 348 件 439 人，其中，审结起诉 423 人，审结不起诉 15 人；提出量刑建议 421 人，其中，确定量刑建议 402 人，法院采纳量刑建议 343 人；

出席法庭342件，其中，简易程序235件，速裁程序11件；一审判决343件428人。职务犯罪案件受理4件4人，决定逮捕1件1人，提前介入4件4人，判决1件1人，发出检察建议2件。办理涉疫情案件1件1人，提前介入，并对该案适用认罪认罚从宽制度诉至法院，法院采纳量刑建议并进行判决。

6月9日，县人民检察院开展以“民有所呼、我有所应，群众信访件件有回复”为主题的新时代检察宣传活动
县人民检察院供图

【刑事执行检察监督】 2020年，开展刑事执行监督，提出纠正违法8件，均依法得到纠正。开展重大案件讯问合法性核查案件1件。

【民事行政审判监督】 2020年，受理行政审判程序违法监督案件1件，办结并发出检察建议；受理行政执行监督案件1件，办结并发出检察建议；办理行政争议实质性化解案件4件；受理民事审判程序违法监督案件15件，办结并发出检察建议14件，移送同级人民法院1件；受理民事执行监督案件4件，办结并发出检察建议4件。

【推进公益诉讼】 2020年，摸排公益诉讼案件线索51件，立案46件，其中，办结并发出诉前检察建议37件。

【社会治理创新】 2020年，以创新发展新时代“枫桥经验”为契机，做好检察信访工作。年内，妥善处理群众来信来访95件次，引导信访群众理性表达诉求、依法维护权益，切实将矛盾化解在基层，把问题解决在萌芽状态，继续保持涉检涉诉进京赴省“零上访”。

【“扫黑除恶”专项斗争】 2020年，提起公诉涉恶案件3件14人，提起公诉保护伞案件2件3人。接受群众举报线索4件，全部移送相关部门。

【法警工作】 2020年，县人民检察院供图法警队加强与检察业务部门配合，保护检察官开庭公诉20人次，协助检察官提审26人次，参与刑事执行检察社区矫正4次，为公益诉讼提供警务保障2次，送达各类法律文书28次，维护法律宣传现场秩序2次，领导交办其他任务21次。

【阳光检察】 2020年，县人民检察院增强检察工作透明度，促进人民群众和社会各界对检察工作的认识与了解，通过举办“检察开放日”、议检察等活动，邀请人大代表、政协委员、社会各界人士到县人民检察院评议检察工作，召开专题座谈会1次。案件信息公开网公开程序性案件信息524件，法律文书412份。做好信息宣传工作，年内，县人民检察院微信粉丝207人，发布信息510条；微博粉丝260人，发布信息2239条；今日头条粉丝179人，发布信息175条；门户网站发布信息300条；在国家级媒体发表信息1篇。

【未成年人检察工作】 2020年，未成年刑事案件受理审查逮捕案件6件6人，均审结批准逮捕，受理审查起诉案件8件9人，审结起诉7件10人，附条件不起诉 1 人，均听取辩护人意见。书面提出纠正侦查违法 1 件，发出检察建议 1 件，适时介入侦查 1 件。

9 月 16 日，县人民检察院检察官到县城内第四小学就加强学生的法治意识、安全意识进行辅导
县人民检察院供图

【“12309”检察服务中心】 2020 年，受理本院及县公安局送来的案件 509 件 787 人，其中，呈捕 197 件 228 人，移送公诉 214 件 262 人，退查 98 件 134 人，制作电子卷宗 798 册累计 3 万余页，接收随案移送涉案财物 121 件。受理群众来信来访 38 件次，接受法律咨询 45 次，协调并落实县群众服务中心值班 100 余人次。

（张颖杰）

法 院

【概况】 2020 年，县人民法院始终坚持“为大局服务、为人民司法”工作主线，保稳定、强改革、惠民生，整体工作上档升级，亮点纷呈，为建设美丽幸福新香河提供强有力的司法保障。全年，受理各类案件 10069 件，审执结 9753 件，结案率 96.86%，员额法官人均结案 304 件，各项审执指标位居全省前列。县人民法院被河北省高级人民法院评为“院志工作先进单位”、被廊坊市中级人民法院评为“传统媒体宣传工作先进单位”；1 名干警被河北省高级人民法院记三等功；县人民法院及执行局被廊坊市中级人民法院记集体三等功；4 名干警被廊坊市中级人民法院记三等功。

【刑事案件审判】 2020 年，县人民法院强化刑事审判，受理刑事案件 396 件，审结 386 件，判处罪犯 450 人。坚决承担巩固党的执政根基、维护人民群众根本利益的政治责任，推进“打伞破网”“打财断血”，综合运用财产刑，审结涉恶及保护伞案件 7 件 20 人，判处罚金 120 余万元，追缴赃款 300 余万元，如期完成“扫黑除恶”专项斗争任务，沉重打击黑恶势力、发挥强大震慑效应，保障平安建设。坚持标本兼治，针对社会治理问题落实“一案一建议”，有力促进铲除黑恶势力滋生土壤。

【民商事案件审判】 2020 年，县人民法院强化纠纷化解，服务乡村振兴，受理民事案件 4960 件，审结 4787 件。发挥家事审判对婚姻家庭的修复功能，完善家事调查、婚姻冷静期等制度，审结婚姻、继承等案件 521 件；出台《服务保障民营经济健康发展实施意见》，推行网络司法拍卖，破解财产变现难题，加强破产案件审理，组织召开案件破产审查听证会，有效优化营商环境。10 月，《法律与生活》杂志刊登香河县人民法院《救人被撞身亡案：法律如何守护见义勇为者》典型案例，这是该院首次有精品案例在国家级法制新闻刊物发表。

【行政案件审判】 2020 年，县人民法院行政争议化解中心挂牌成立，妥善化解 46 起行政争议案件，推进行政争议实质化解；审结行政案件 304 件，以

7月23日，举行中冶长城重型机械制造有限公司破产审查听证会　　县人民法院供图

行政机关主动变更行政行为、与当事人和解撤诉等方式结案26件；送法进机关、进单位，提出司法建议25条，邀请200余名行政执法人员旁听庭审，推进法治政府建设。

【案件执行工作】 2020年，县人民法院创新机制，巩固执行成果，对内实现立案、审判、执行协调联动，对外汇聚各界力量，将失信惩戒纳入网格化综合治理平台，执结案件4237件，开展专项行动50余次，拘留、拘传150余人，互联网拍卖150余件，成交总金额8000余万元，执行到位金额7亿元。

【监督职能】 2020年，县人民法院全面落实“两个责任”、履行“一岗双责”，严格执行中央“八项规定”精神，以审务督察、专项检查等方式，强化监督问责，清除廉政风险领域问题隐患，全年无干警违法违纪；抓民主监督，始终把法院工作置于党委领导、人大监督之下，主动接受政协和社会各界民主监督；坚持向人大报告工作，接受人大审议和对法官履职监督；认真办理人大交办的信访事项，确保事事有着落；全方位、多角度加强与人大和人大代表联络沟通，邀请人大代表旁听、见证执行100余人次，接受监督成常态。

【司法改革】 2020年，县人民法院深化改革创新，逐步提升审判体系和审判能力现代化水平。司法责任制改革稳步推进，实行扁平化管理，落实员额法官主体责任，构建以员额法官为主体、法官助理为辅助的审判团队；完善审判委员会、专业法官会议，规范法官自由裁量权；院、庭长充分发挥示范引领作用，带头办理重大疑难复杂案件7500余件，占结案总数的70%。综合配套改革成效显著，如期完成内设机构改革，将26个部门精简为9个，完善业绩考评奖惩机制，将审执工作、党风廉政同部署、同考核，结案数、结案率等主要指标稳中向好，审判质效考核排名居全省前列，创历史最优；诉讼制度改革亮点纷呈，推进刑事诉讼制度改革，推行认罪认罚从宽制度，审结认罪认罚案件301件340人；深化“登”字号改革（改革人民法院案件受理制度，变立案审查制为立案登记制），加快“分调裁审”机制建设，实现“简案快审、难案精审、类案同审”；推进道路交通事故案件一体化改革，加强平台运用，受理交通事故案件252件，调解99

4月9日，香河县行政争议化解中心揭牌仪式在县人民法院举行　　县人民法院供图

件，兑现赔偿金额720余万元。

【智慧法院建设】 2020年，县人民法院以科技为支撑，实现诉讼服务转型升级，加强电子卷宗随案生成等软件应用，网上立案5560件、网上缴费1600余件、网上调解4899件、网上开庭600余次。完善一站式多元解纷和诉讼服务体系建设，建成集诉讼引导、立案、诉前调解、司法鉴定等功能于一体的诉讼服务中心，为当事人提供一站通办、一网通办、一号通办、一次通办诉讼服务。

10月14日，县人民法院邀请人大代表见证执行并召开座谈会　　县人民法院供图

【阳光司法】 2020年，县人民法院加强司法公开建设，进一步规范审判流程、执行信息、裁判文书公开操作流程，庭审直播案件706件，裁判文书上网7024份，人民陪审员参审案件889件，有效推进阳光司法。

【司法为民】 2020年，县人民法院始终把群众利益、群众感受作为工作的风向标、晴雨表，全力做好保障民生这篇文章。开展巡回审判，在人口密集村街、企业设立巡回点，现场办案，将法律服务送到百姓身边。开展"法律八进"（送法进机关、进单位、进企业、进乡村、进社区、进校园、进军营、进监所）活动，推进法治宣传，宣讲中共十九届五中全会精神和《中华人民共和国民法典》，教育辐射群众超过1万人，努力营造良好的社会法治氛围。深化"三创四建"，服务"六稳六保"，优化营商环境，为重点企业、重大项目落户香河提供坚强保障。在北运河旅游通航工作中，自觉把法院工作融入县委和县政府工作大局谋划考量，主动对接相关部门征询意见，研究服务重点工程保障措施，体现人民法院新作为、新担当。

【多元调解】 2020年，县人民法院创新和发展"枫桥经验"，坚持把非诉讼纠纷解决机制挺在前面，通过"多元调解＋速裁"机制，推进矛盾纠纷多元化解。强化诉源治理，以无诉讼乡镇村街社区创建为重点，以5个中心法庭、8个河北特色人民法庭为前沿阵地，汇聚律师、特邀调解员等多方力量，推进矛盾纠纷诉前化解，审理涉农案件近600件，全县70%以上的乡村矛盾得到妥善处理。在处理香河壹城公馆等问题楼盘工作中冲在前、干在先，加强法律宣传、政策解读、纠纷化解，与相关部门合力化解涉法涉诉难题，成功诉前化解276户业主起诉某房地产公司案，有效消除房地产风险，双方当事人赠送锦旗给予高度评价。

（王春蕾）

司法行政

【概况】 2020年，香河县司法局认真履职，靠前站位，坚定不移深化司法体制改革，积极开展普法宣传，着力提升全民法律素养；持续高效推进法治服务进程，助力经济快速发展；着力提升社会矛盾纠纷化解机制，维护社会大局稳定；狠抓党风廉政建设，塑造政法干警队伍新形象，服务社会经济持续稳步健康发展，为推动美丽幸福新香河建设营造良好的法治环境。年内，香河县司法局被中华人民调解员协会评为“组织宣传人民调解工作先进集体”称号，王立军被司法部表彰为“‘大排查、早调解、护稳定、迎国庆’专项活动表现突出个人”，孙晓峰被市委政法委授予“2019年度廊坊市‘最美政法干警’提名奖”。

7月22日，河北大学法学院副院长、教授陈佳到香河开展《中华人民共和国民法典》专题讲座
县融媒体中心供图

【学习宣传《中华人民共和国民法典》】 2020年，全面推动《中华人民共和国民法典》学习宣传在基层落地生根。抓好“关键少数”“关键群体”。把《中华人民共和国民法典》列入各级党委（党组）理论学习中心组年度学习计划，纳入干部教育培训规划，集中组织专题学习培训，7月22日，召开县委理论学习中心组（扩大）会议，邀请河北大学法学院副院长、教授陈佳到香河开展《中华人民共和国民法典》专题讲座，县委、县人大、县政府、县政协领导和县直部门主要负责人参加，各镇（社区办）党政主要负责人和机关、村街干部在驻地会议室同步收听收看。举办《中华人民共和国民法典》专题学习讲座。聘请律师所律师针对不同行业、不同人群，分领域、分层次举办民法典讲座，对民法典进行系统全面解读，7月27日，河北薛凤元律师事务所律师周明月到香河县应急管理局举办《中华人民共和国民法典》法治讲座，向全体参会人员赠送《中华人民共和国民法典》《中华人民共和国民法典（合同编）》等系列丛书。打造线下宣传阵地。将《中华人民共和国民法典》书籍、挂图和彩色折页5000余份，发放到机关、企事业单位和各镇、村街；在村（居）服务窗口、法律图书角等公共场所摆放宣传资料，供群众免费阅读学习；在公共场所显要位置设置《中华人民共和国民法典》宣传栏，张贴宣传海报，把《中华人民共和国民法典》融入村（居）文化小广场、橱窗、公益广告牌、电子显示屏等宣传阵地。发挥线上媒体优势。充分运用“报、网、微、屏”等媒体平台开展线上宣传活动，县司法局与县融媒体中心联合在电视台开办《以案说法》栏目，宣传讲解民法典4期；7月中旬，邀请河北王文成律师所律师就《中华人民共和国民法典》进行详细解读分析。掀起社会公益宣传热潮。成立《中华人民共和国民法典》律师宣讲团，深入村街企业，推送公益系列讲座；开展文艺节目演出活动，将民法典的内容融入文艺节目中，以群众喜闻乐见的形式向群众宣传。发挥典型示范效应。精心打造蒋辛屯镇北三百户村、安平镇运河新村社区、五百户镇法治公园，充分依托法治公园和文化长廊，广泛开展学习宣传，畅通民法典普法宣传“最后一米”。

【持续推进“七五”普法】 “七五”普法过程中，按照全面依法治国、建设法治香河的新要求，严格落实“谁执法谁普法”责任制，深入开展“法治九建”创建工作，推动形成全社会尊法、学法、守法、用法的浓厚氛围，为维护社会稳定，促进经济和社会发展，建设美丽幸福新香河营造良好法治环境。

高标准推动“七五”普法强势开局。“七五”普法伊始，迅速建立健全适应基层需要的普法工作机制，抓好主体责任落实；县委、县政府高度重视，组织召开全县动员大会，及时调整充实县委全面依法治县委员会及县法治宣传教育领导小组成员，并对各单位“七五”普法人员进行全面调整，确保“七五”普法工作组织到位、人员到位、责任到位。

科学规划普法宣传形式多元化。以领导干部学法为龙头，抓好“法律进机关、进单位”；以法律讲堂为载体，开展“法律进学校”；以创建和谐社区为目标，深化“法律进社区”；以规范市场秩序为抓手，推进“法律进市场”；以创建劳动关系和谐企业为主旋律，唱响“法律进企业”。在新冠肺炎疫情防控工作中，以依法防控为重点，利用新媒体积极开展疫情防控宣传。利用香河头条、香河融媒发布微信平台发布《遵纪守法 同舟共济 坚决打赢疫情防控阻击战倡议书》《新冠肺炎防控法律知识50问》等相关法律法规知识11期，被20家政务公众号、10家体量较大的社会自媒体相继转载；利用手机短信推送科学、依法开展疫情防控短信相关信息19条，受众5万余人次；在各镇、村街主要路段悬挂、张贴相关内容条幅、标语320条，并在各村街社区显著位置张贴由公安、检察、法院、司法4部门联合下发的《关于严惩妨害新冠肺炎疫情防控工作违法犯罪行为的通告》1000余份；利用村街“大喇叭”广播、宣传车循环播放《中华人民共和国刑法》《中华人民共和国治安管理处罚法》《中华人民共和国突发事件应对法》《中华人民共和国传染病防治法》等相关法律法规及疫情防控信息注意事项等内容，为全县的疫情防控保驾护航。

加强领导干部和公务员学法用法。强化党委（党组）中心组集体学法、政府常务会议会前学法、领导班子集中学法制度，健全完善领导干部法治培训、法治讲座、学法档案制度，推进政府法律顾问制度；联合组织部门，利用党校阵地，聘请法律专家和教授对全县股级以上干部进行法律知识培训；组织实施干部法律知识合格证考试制度，把学法、考法成绩作为干部奖惩、晋级、任免及公务员考核的重要依据。

推进“民主法治示范村”创建工作，在村两委会、村民小组定期开展《中华人民共和国宪法》《中华人民共和国民法典》《中华人民共和国合同法》《中华人民共和国婚姻法》《中华人民共和国村民委员会组织法》等相关法律法规学习培训，同时充分利用广播、法治图书专栏、法治宣传橱窗等阵地开展经常性的法治宣传活动。

9月3日，廊坊市“七五”普法检查验收组就“七五”普法规划执行情况到香河县进行检查验收，先后到蒋辛屯镇北三百户村、安平镇运河新村社区、五百户镇法治公园、香河居然之家家具展厅进行实地检查，听取香河县“七五”普法工作开展情况汇报，检查组对香河县“七五”普法规划执行情况给予充分肯定。

【“12·4”宪法日宣传活动】 12月4日，是第七个国家宪法日，全县以“深入学习宣传习近平法治思想，大力弘扬宪法精神”为主题，开展“宪法宣传周”活动。县司法局和各相关部门、各镇（社区办）开展形式多样的宣传活动，设立普法宣传咨询台、悬挂横幅、张贴标语、LED电子屏滚动播放，并深入社区、村街、企业、商户等，通过发放法律宣传手册、宣传资料等方式，向公民宣讲习近平法治思想和《中华人民共和国宪法》《中华人民共和国民法典》等法律知识，积极引导公民尊崇宪法、遵守宪法、维护宪法、践行宪法，弘扬宪法精神，增强公民守法意识。

【司法鉴定】 2020年，司法鉴定工作稳步推进，县人民医院司法鉴定中心各项软硬件设施齐全，有鉴定人员12名，均为大学本科学历，其中，副主任医师2名，主治医师10名，鉴定人员均接受省级业务培训后上岗。

【人民调解】 2020年，积极推进基层矛盾纠纷排查调解工作，全面推动矛盾纠纷依法有效治理。加强精品人民调解委员会建设。择优选聘村街社区内的人大代表、政协委员、经验丰富的退休干部、有威望并热心调解工作的志愿者加入调解队伍。在每个村和社区配备“十户调解员”，形成乡镇（社区办）人民调解委员会、村（居）人民调解委员会和“十户调解员”三级调解网络体系。截至年底，全县有镇、村（居）人民调解组织328个，其中，镇调委会9个、社区办调委会5个、居委会调委会14个、村调委会300个，建成精品调委会30个；有调解员1312人，落实了人民调解员名册制度。

推进个人调解工作室建设。拓展人民调解平台，提高人民调解工作效能，高标准打造五百户镇“老赵调解室”，扎实推进个人品牌调解室建设。制订下发《香河县个人调解室建设指导方案》。年内，建设个人品牌调解室11个，优选12个名优调解员，推动全县镇（社区办）、园区个人调解室全覆盖。

加强调解员业务素质培训。对调解员实行岗前培训、定期轮训，并组织经验交流、现场观摩、法院旁听等活动，提高其法律政策水平、文化素质和调解技能。10月16日，举办全县人民调解员培训班，重点围绕《中华人民共和国民法典》对人民调解员进行培训授课，有效提升调解员的业务能力水平。逐步推行持证上岗制、首席人民调解员制，推进调解员队伍职业化。

加强专业人民调解委员会建设。规范家具城调解委员会、道路交通安全调解委员会、石材城调解委员会等调解组织队伍建设，严格制度规范和人员管理，更好服务社会经济发展。

【人民陪审员选任】 2020年，坚持依法民主、公平公开，做好人民陪审员选任工作。按照上级要求，县司法局与县法院、县公安局积极协作，通过选任公告、随机抽选、资格审查等程序，经县人大常委会正式任命本届人民陪审员，并在宣誓后经过培训正式开展陪审工作。

【社区矫正】 2020年，稳步加强社区矫正管理工作。抓好社区中心建设，社区矫正基础设施建设稳步发展，先后建立社区矫正中心、培训基地，依托培训基地建立“阳光中途之家”；依托司法所建立社区矫正工作站，较好发挥矫正监督、管理、帮扶职能，提高监管效果。突出科技智能引领，解决执行、监管难题，县司法局与杭州创盾公司联合开发的“社区矫正管理系统”正式上线应用，软件运行良好，有效提升社区矫正工作效率，提高教育监管质量，提升监管工作水平。特别是新冠肺炎疫情防控期间，利用“社区矫正管理系统”平台实现矫正智能监管“全流程不见面”。“社区矫正管理系统”平台软件在全市推广使用，初步实现智慧司法。广泛开展《中华人民共和国社区矫正法》宣传，提高社会认知度。7月1日，《中华人民共和国社区矫正法》实施，将《中华人民共和国社区矫正法》宣传纳入全县“七五”普法的重要内容。通过制作展板条幅、印制手册、手机微信、上街宣传、播放专题片、举办专业培训、今日头条公众号等多种形式进行宣传，先后发放宣传资料1.5万余份，制作展板4块、发放宣传手册1100余册，手机微信推送1万余条，今日头条号发送文章24篇，利用社区矫正管理系统推送宣传40余条，撰写信息7篇，被社区矫正宣传网以经验形式转载2篇。

【安置帮教】 截至2020年年底，全县有安置帮教的刑满释放人员972人。年内，接收监狱释放人员51人，解除矫正转入安置帮教136人。坚持严格管理与亲情帮扶相结合原则，将安置帮教作为维护社会稳定的大事来抓，对刑释解教人员开展“四个接触”（与刑释解教人员接触；与监狱、劳教警察接触；与刑释解教人员家属接触；与有关部门和社会各界接触）帮教工程。全县有安置基地3个，帮助刑释解教人员就业，并对他们进行帮教和管理，重新犯罪率低于2%。

【法律援助】 2020年，进一步健全完善公共法律服务体系，充分发挥县、镇、村三级法律服务平台作用，整合律师、人民调解员、法律援助工作者等各种法律服务资源，为群众提供“一站式、普惠式、均等式”服务，及时公布法律援助相关信息、办理流程及监督投诉电话，及时受理、指派、办理法律援助案件。深入推进法律援助工作，法律援助中心接待来访35人次，电话咨询68次，指派律师办理援助案件11件，指派有经验的专业律师提供法律援助；升级“12348”法律服务热线平台，建立咨询台账，咨询信息及时录入系统；切实履行好窗口接待、电话接听等职责，安排专业律师为群众解疑释惑，在接待咨询中加强对当事人的心理疏导和人文关怀；探索开通公共法律服务新媒体手段，探索利用微信客户端，及时更新法律援助工作动态，与网民线上线下交流，了解广大网民需求。实现法律援助网上咨询、便捷申请、就近办理，让法律援助服务更加现代化、信息化、便捷化。

【律师监管】 2020年，做好律师年检考核管理工作，分别对全县4家律师事务所和23名执业律师、2名公职律师进行年检考核，重点对各律师事务所及其律师遵守法律法规、职业道德、执业纪律情况、案卷归档情况、落实服务质量监督制度情况、财务管理及纳税情况、业务开展情况等进行考核。

【法律服务】 2020年，提供全方位律师服务，积极作为。配合香河县委、县政府应对新冠肺炎疫情防控工作，充分发挥律师职能作用，组建由27名律师全员参与的法律服务志愿团，建立服务机制，完善工作制度，创新服务模式，主动为全县中小企业提供全方位、高效率的法律服务。引导律师积极参与社会公益活动，组织律师为社区矫正人员开展法治教育讲座，以案释法，督促矫正人员端正态度，服从管理，改过自新。开展“以案说法”专栏。在新香河报纸上通过典型案例宣传法律知识，提高全民法律素养。律师义务在《新香河》栏目开展法治宣传，在《新香河》报纸刊发“宠物咬伤他人主人担侵权责任”“出租房漏水向谁索赔”“协议离婚要求重新分割财产”等90余期，取得良好社会反响。开展律师讲《中华人民共和国民法典》活动。成立“香河县律师《中华人民共和国民法典》宣讲团”，在电视台开办律师讲民法典专栏，参与拍摄“以案说法”栏目。深入社区、乡村、企业、学校，在律师参与普法宣传、信访接待以及开展人民调解、担任村居法律顾问、参与民营企业法治体检等方面工作中，在提供优质法律服务的过程中，开展系统化、常态化的《中华人民共和国民法典》宣讲活动，并利用法律援助中心平台，“12348”法律服务热线宣传《中华人民共和国民法典》。引导律师积极参与“扫黑除恶”专项斗争工作，不断加大律师参与涉法涉诉信访代理和化解工作力度，完成好“扫黑除恶”专项斗争各项工作任务。截至年底，4家律师事务所办理各类案件284件，其中，刑事案件22件，民事案件182件，行政案件2件，非诉讼法律事务31件，法律援助案件13件，担任企事业法律顾问34家，解答法律咨询336人次，代写法律文书173件。

【公证工作】 2020年，高效推动公证工作，全程助力经济发展。保障京唐高铁施工，操作过程中提前通知、精细搬迁、温馨搬迁，充分地进行公证保全与监督。在推动拆迁拆违过程中，将动产逐一登记、分类装箱，拆迁工作严谨、温情、合理、有序，进行违建拆迁保全，保障各项工作顺利进行。在北运河、潮白河工程推进过程中，购置无人机进行摄录，保障首期运河护坡工程地上物清登工作顺利完成。

【行政规范性文件管理】 2020年，严格推进规范性文件及合法性审查工作，认真落实规范性文件相关规定，不断完善行政规范性文件前置审查和备案审查管理制度，年内，审查规范性文件9件。针对县政府常务会、县政府迁转文件、重大合同协议等涉及法律政策事项，提供法律咨询建议40余次，出具审查意见书75份。

【基层执法改革】 2020年，加快推动基层执法改革，根据《省委、省政府办公厅关于深化乡镇和街道改革的实施意见》和《香河县深化乡镇改革方案》及相关政策精神，县司法局牵头做好执法权下放工作，组织指导乡镇综合执法改革。根据省下发的《乡镇和街道行政处罚事项指导清单》，拟定《香河县乡镇行政处罚事项清单》，统一辑印下发《香河县乡镇综合行政执法改革工作手册》，指导各镇尽快熟悉和全面掌握相关综合执法知识。

【规范行政执法行为】 2020年，坚持法治建设引领，全面依法规范行政执法用权。加强执法人员管理，严格执行行政人员持证上岗制度，对新增执法人员，按照市委组织部《关于开展乡镇和街道审批服务行政执法事项专题培训的通知》精神，组织执法人员培训考试，并邀请法律专家对各镇（社区办）和行政执法部门的分管领导及业务人员进行集中授课，全面提升行政执法人员素质。完成对新增执法人员培训录入，核对发放2018年度、2019年度行政执法证件。

【行政复议和行政诉讼】 不断规范行政履职行为，依法办理行政复议。2020年，县政府收到行政复议申请31件，不予受理2件，终止1件，维持6件，责令履职7件，撤销2件，驳回7件，办理6件；以县政府为行政复议被申请人案件4件，纠错率远高于上年同期水平。依法参加行政应诉，以县政府为被告的应诉案件19件，胜诉13件，审理中6件；以县政府相关部门为被告的应诉案件48件，胜诉47件，审理中1件。

（简　聃）

综合管理

责任编辑　王树春

综　述

2020年，香河县制定并分解下达《香河县2020年国民经济和社会发展计划》，全县5个项目被列为省重点建设项目，5个项目被列为市重点建设项目。经济运行稳中向好，全县地区生产总值完成234.9亿元，同比增长3.5%。财政收入完成54.7亿元，其中，一般公共预算收入完成30.8亿元。固定资产投资同比增长3.3%，规模以上工业增加值同比增长5.5%，规模高新技术产业增加值同比增长9.1%，城镇和农村居民人均可支配收入同比分别增长3.6%和6.5%，实际利用外资完成3085万美元，是上年的3倍，其他指标均保持平稳运行。京津冀协同发展成效显著，精准实施招商引资，招商引资深入开展。立足产业基础和资源禀赋，明确“3+2”产业发展定位，出台《招商引资及项目建设奖励办法》等系列支持政策，启动运行香河招商App，大力开展线上线下招商活动，“9·15”北京与河北廊坊“北三县”项目推介洽谈会上9个项目成功签约，万科食品供应基地、云储数据产业中心等一批优质产业项目纷纷落户。立足培育创新主体，建立高成长性企业名录，83家企业被评为科技型中小企业，13家企业被认定为高新技术企业，县域科技创新能力跃升为B类县。香河县被评为“全省民营经济发展先进县”。开发区管理、提案办理、结对帮扶、农业区划、营商环境牵头、收费管理、粮食抽样检查、“放管服”、“双随机一公开”、农村电商、国民经济动员、体制改革、ISO 14001环境管理体系认证等其他各项工作均有序进行。加强统计队伍建设，为全县经济社会发展提供前瞻性统计服务。充分发挥审计在推进国家治理体系和治理能力现代化上的职能作用，加强自然资源和规划管理，科学施策，更好服务全县经济社会发展大局。超额完成植树造林任务，发展林果业，强化林业管理。市场监督管理工作强监管、保安全、促创新，大力开展食品、药品、特种设备、产品质量安全整治行动，年内，未发生食品安全事故。

经济社会发展与经济调控

【概况】　2020年，香河县发展和改革局（简称县发展和改革局）以“服务经济、方便群众、塑好形象”为宗旨，充分发挥协调服务职能，全面围绕“集中精力上项目”总要求，扎实做好项目服务工作，推进精准招商和项目落地落实，推动县域经济社会更好更快发展。创新管理机制，全力服务项目建设。进一步优化招商引资环境；健全和完善重大项目建设县领导分包推进工作机制，建立了重大项目县级领导协调、部门联系、项目业主负责的推进制度；

进一步完善重大项目推进流动现场会制度、登记反馈通报制度和报批服务制度，确立了周督查、月通报、季考核制度，进一步完善了考核激励措施。创新招商机制，全力引进重大项目。依托区位及产业优势，突出产业链招商、以商引商、委托招商等方式，通过举办推介会、专题招商会，广泛开展“走出去”与“请进来”相结合的招商活动，推动产业规模不断扩张。发挥参谋助手作用，推进全县经济平稳运行。强监测、重协调、保要素、帮企业，建立全县宏观经济和投资形势监测月报、季报制度，进一步强化对主要经济指标的监测分析，全面系统地跟踪全县经济运行动态。对影响经济运行保障性生产要素分析协调，为全县经济的良好有序运行打下坚实基础。年内，县发展和改革局荣获廊坊市项目考核第二名、“双创双服”工作第二名，受到市委、市政府通报表扬；被县委、县政府授予2019年度香河县“优秀等次领导班子”“创优争先领导班子”荣誉称号。

【推进京津冀协同发展】 香河县协同发展办公室设在县发展和改革局，2020年，完成与京津调研对接、对重点任务分解汇总、市政府“三篇大文章”[廊坊市高质量推动“北三县”与通州区协同发展、中部县（区）与大兴国际机场投入运营及临空经济区规划建设互联互动、南部县（市）与雄安新区规划建设对接衔接]提级巡查、与北京方面联合筹备组织大型项目签约活动等各类协同发展工作，做好统筹协调工作。2月，重新调整香河县产业定位，发布“3+2”产业布局。5月，印发《香河县关于〈通州区与廊坊市“北三县”协同发展规划〉贯彻落实意见》，做好《通州区与廊坊市“北三县”协同发展规划》总规贯彻落实工作。

承接产业转移。坚持以承接北京“容不下、离不开、走不远”的产业为引领，积极承接科技成果转化，推动高端高新转型，明确“3+2”产业定位，优化产业布局，加强基础设施及公共服务建设水平。9月15日，在北京市与廊坊市“北三县”项目推介洽谈会上，香河县签约华电集团香河燃气能源站等项目9个，总投资65.8亿元。全县有涉及协同发展的产业、基础设施及公共服务项目 52 项，总投资628.7亿元，年内，计划投资47.7亿元，实际完成投资68.8亿元。其中，续建和保投产项目19个，总投资180.8亿元，计划年内投资31.2亿元；计划开工及新开工项目12项，总投资77.2亿元，计划年内投资15.8亿元；前期谋划项目21个，总投资370.8亿元。产业项目中，华电集团香河燃气能源站项目进行土地、规划等手续的前期工作；北京森宝石墨烯超导材料生产项目正在进行生产车间改造；北京航材百慕合力机器人新材料研发项目生产车间完工。基础设施项目中，香河县“7·16”工程项目进行主体施工；北运河廊坊段旅游通航工程项目进行河道疏浚、岸坡防护及沿岸景观工程建设，实现部分通航；香河县城区路网工程进行多条道路建设。公共服务项目中，香河大爱康复医院项目进行主体建设；北京景山学校香河分校项目一期教学楼及综合楼建设完成；新建垃圾焚烧发电项目进行主体施工及设备安装调试。联想云岭智慧数字经济产业园、中通快递（华北）综合产业园等20余个项目对接洽谈中。

做好新冠肺炎疫情联防联控。牢固树立京津冀协同发展一盘棋思想，在人员排查、交通通道查控、企业复工复产等方面启动联动机制，严防疫情输入北京。2月27日，北京市委市政府京津冀协同发展办公室副主任崔松光率协同办及公安局等有关部门负责人到香河县实地考察珠光御景小区和安平公安检查站，对香河县工作给予充分肯定。3月，制定《京津冀新型冠状病毒肺炎疫情联防联控联动工作机制落实方案》，加强香河县与京津应对新冠肺炎疫情工作的联防联控，协同联动打赢新冠肺炎疫情防控阻击战。

【推进北运河廊坊段旅游通航规划编制】 2020年，

香河县认真贯彻落实省委、省政府，市委、市政府主要领导对北运河廊坊段旅游通航工作作出的重要指示批示精神，与规划设计单位和相关部门保持实时联系，积极有序推进北运河旅游通航规划编制工作。在省水运工程规划设计院编制规划的基础上，邀请中国城市规划设计研究院风景园林研究院完善深化北运河廊坊段两岸景观设计方案，对旅游通航规划进行整体深化提升。6月30日，省政府常务会议通过《北运河廊坊段旅游通航规划》的总体安排，9月12日，市政府印发《北运河廊坊段旅游通航规划和北运河廊坊段旅游通航规划实施方案》。年内，有序推进实施各项通航工程，确保2021年6月实现北运河廊坊段与北京互联互通、分段通航，2025年实现全线直航。

【“十四五”规划编制】 2020年，按照上级安排部署，启动“十四五”规划编制工作，印发《关于做好“十四五”规划编制工作的实施意见》，起草全县“十四五”规划基本思路。

【年度经济计划编制与实施】 2020年，按照县“三创四建”推进工作组工作部署，制定《香河县2020年建设现代化经济体系的实施方案》《关于2020年建设现代化经济体系专项工作台账》，每月报送工作台账及工作总结，及时上报工作信息，保质保量完成推进工作组安排的各项工作任务。

【新冠肺炎疫情防控】 1月27日，县发展和改革局提前结束春节假期，召开局党组会议，专题部署新冠肺炎疫情防治工作，制订实施方案和督导方案，成立领导小组，下设隔离观察场所组、保障生活供应组、价格监测组、乡镇督导组、机关防范组和分包老旧居民小区管控组6个小组。

设置隔离观察场所。1月27日、2月2日，先后确定两家酒店作为新冠肺炎疫情防控隔离场所并签订了合同，可用隔离房间173间和40间。截至5月11日，隔离600余人次。制订疫情隔离区管理方案，以香河县新冠肺炎疫情防控领导小组文件印发。

调度各种生活保障物资。每天对6家大型超市销售、库存、货源等情况进行统计监测监控，帮助各大超市、商场联系货源，推荐正规厂家生产企业的医疗防护用品，积极联系货源。通过电视台、微信平台和张贴公告等形式，向公众发布生活必需品保供公告，稳定民心。

监测生活必需品价格。为确保新冠肺炎疫情期间全县市场物价稳定，成立物价监测组，组织专人，对全县超市、药店进行市场物价监测检查，建立疫情防控相关商品物价监测日报制度，每日对3家大型超市的30余种居民主要生活必需品及药店药品、口罩、消毒液等疫情防护商品的零售价格，实行日监测、日报告，并做出分析，撰写监测日志，实时掌握县城重要商品物价走势，了解居民生活必需品、重点防疫药品的物价供应及运行情况，为县委、县政府统筹疫情防控，打赢抗击疫情阻击战提供第一手材料。

【助力企业复工复产】 2020年，积极落实上级相关政策，支持全县企业尽快复工复产，向建行香河支行申报融资项目20个，建行香河支行发放贷款2.5亿元；向农业发展银行香河支行申报融资项目20个，融资需求12.24亿元，向香河喜临门北方家具有限公司投放贷款1亿元；向国家开发银行上报融资项目26个。为疫情防控重点保障企业申请资金支持。财政部、国家发展和改革委员会等五部委联合发文强化疫情防控，重点保障企业资金支持，省、市发展和改革委员会先后下发《关于做好疫情防控重点保障物资生产企业名单管理有关工作的通知》，县发展和改革局先后组织筛选上报4批9家企业，华联香百超市、香河宏鹏非织造布有限公司等4家企业获得国家发展和改革委员会审核通过，纳入国家疫情防控重点保障企业名单，企业将享受金融机构的优惠贷款和中央财政50%的贷款利率补贴，4

家企业拟申请贷款5500万元，其中，华联香百超市成功从建行香河支行贷款4800万元，利率为3.05%；香河宏远机械有限公司、香河锦澜非织造布有限公司2家企业通过省发展和改革委员会审核，纳入河北省疫情防控重点保障企业名单，企业将享受相关税收减免政策。

【项目建设】 2020年，在省、市重点项目工作中，全县有北运河香河段生态综合整治工程、天涯若比邻网络信息服务有限公司香河新经济云数产业中心、北京中发智造科技发展有限公司智创产业示范中心、华电集团香河燃气能源站等5个项目列为省重点建设项目，香河鼎泰园区建设开发有限公司机器人大厦项目、机器人系统集成产业中心二期项目、腾云（香河）数字经济产业中心项目等5个项目列为市重点建设项目。其中，北运河生态综合治理PPP项目、机器人系统集成产业中心二期项目、机器人大厦项目开工建设。截至年底，全县实施建设亿元以上项目103个，总投资778.8亿元，年内，完成投资139.9亿元，同比增长3.7%，自开工累计完成投资427.4亿元。按产业划分：工业项目40个，总投资168.1亿元；服务业项目24个，总投资289.9亿元；基础设施及公服项目17个，总投资129.6亿元；房地产项目18个，总投资186.4亿元；农业项目4个，总投资4.8亿元。全年备案项目76个，审批项目36个。全县成功举办3次项目集中开工活动，北运河旅游通航、富力综合商务中心等18个项目陆续启动实施。

【固定资产投资】 2020年，固定资产投资完成同比增长3.3%，在库项目174个，房地产开发投资同比增长47%。

【实际利用外资】 2020年，市下达利用外资任务目标3700万美元，受新冠肺炎疫情影响，实际完成3085万美元。

【中央资金和政府债券申报】 2020年，组织各镇（社区办）、香河经济开发区、县直部门申报中央资金和专项债券项目，全县申请新增中央投资项目61个，申请中央资金35.3亿元，申请地方政府专项债券项目15个，申请年度专项债券资金24.6亿元，均按要求纳入国家重大建设项目库内。7月，香河县新建京唐城际铁路（香河段）项目获批地方政府专项债券资金1.76亿元，垃圾填埋场扩建工程等5个项目获批抗疫特别国债项目资金1.53亿元。8月，香河县中心小学集中改厕项目中央预算内投资932万元拨付到位。

【招商引资】 实施精准招商。制订年度招商引资方案，以“3+2”产业定位为导向，建立招商指导目录、目标企业目录和重点项目库“三个清单”，切实提高招商的针对性和精准度；梳理在谈储备项目42项，总投资1391.27亿元，做好项目推进工作。突出重点招商。深挖北京和经济发达地区，建强专业招商团队，聚焦北京“容不下、离不开、走不远”的高端刚需项目，坚持招商引资与招才引智并举，着力引进启迪国信、信工科技、云之鼎、石墨烯、腾云等一批优质高端项目；每周组织召开一次项目推进协调会，全程服务企业做好前期工作，推动项目进程。强化全员招商。完善招商引资、项目落地激励机制，健全招商引资联席会议制度，掀起全民招商热潮；建立招商领导小组机制，制定出台招商引资和项目建设奖励办法。

【商务会展工作成果】 2020年3月4日，在市政府主办的2020年廊坊市全球网络招商会上，县发展和改革局详细介绍香河县区位优势、生态优势、产业基础优势、产业政策优势等，达成北京航材百慕合力机器人新材料研发、爱绿生物科技天然植物提取物研发中心、华电集团香河燃气能源站、联东U谷·香河信息智能产业园等10个重点招商合作项目。其中，北京航材百慕合力机器人新材料研发、爱绿生物科技天然植物提取物研发中心2个项目在线签约，项目总投资8.5亿元。5月18日，中国·廊坊国际经济贸易洽谈会（网上）开幕，邀请各级领导及客商通过手机、PC终端等方式在线观看直播，会议以“新动能、新机遇”为主题，通过举办网络直播、视频会议连线、搭建虚拟展馆等活动，宣传推介河北发展机遇、产业优势、投资环境、招商项目，项目签约活动采用“主会场+投资双方视频连线”的网络视频形式举办，香河县有2个项目在活动中签约，分别是启迪国信项目、联东U谷·香河信息智能产业园项目。组团参加“9·8”厦门国际投资贸易洽谈会，成功对接若干大型高新项目，对外推介展示香河县良好的投资环境，为项目落地香河打好基础。

【优化营商环境】 2020年，按照“三创四建”活动要求，制订完成《香河县2020年建设一流营商环境实施方案》，明确任务分工，实施工作台账月报制度，确保方案落到实处。制定印发《优化营商环境条例》等学习资料，营造良好氛围。制定建设一流营商环境体系工作考核办法，组织开展全县营商环境专项督查，通过聘请第三方专业机构，对全县各类市场主体开展问卷调查113份，走访各镇（社区办）、香河经济开发区及县直相关部门，实地了解优化营商环境工作开展情况，形成调研报告。印发《香河县“领导干部走流程”实施方案》，切实推动机关作风转变，全力打造“高效热情办事”的营商环境。

【开展“双创双服”活动】 2020年，按照省、市“双创双服”活动领导小组办公室工作部署，开展“双创双服”活动，印发《香河县2020年22项民心工程专项实施方案》，开展民心工程推进月活动，各项民心工程稳步推进。按照《河北省“双创双服”活动领导小组办公室关于开展问题大协调专项行动的通知》，开展问题大协调专项行动及服务企业专项行动，解决企业复工复产、项目开工建设中的困难问题，帮助企业破难题、渡难关。积极建设省政企服务直通信息化平台，实现企业、群众与政府职能部门服务人员随时交流互动，年内，企业通过平台反映问题36个，全部得到解决，各单位上传工作动态、通知公告、扶持政策、政策解读等2800余条。加强宣传，营造氛围。运用电视台、微信等方式加大政策宣传解读力度，真正将优惠政策宣传到基层、解读到企业。各专项工程扎实推进。公共交通建设工程、便民市场建设工程、社区和居家养老工程、文化惠民工程、就业促进工程、残疾人服务工程、城市面貌维护工程、城市公共厕所建设改造工程等8项工程完成既定目标任务。

【特色小镇创建培育】 2020年，香河县加大特色小镇谋划力度，推进特色小镇培育创建工作，加强“双创”示范基地创建工作。推进香河机器人小镇和香河健康小镇加快建设，结合北运河旅游通航工作，积极谋划红草湾运河生态小镇、运河生态休闲湾小镇及运河风情驿站小镇，将谋划小镇的情况报送市发展和改革委员会。

【清洁能源发展情况】 做好煤炭削减工作。帮助企业建立健全高效节能管理体系，优化企业节能管理机制；生态文明示范区完成中期评估报告编制工作；为企业争取国家专项资金支持，将康泰机械制造项目和智慧供热项目上报市发改委。做好2019－2020年度采暖季天然气气源保供工作。制订出台保供方案和应急预案，落实“压非保居”、应急值守、市专班值勤等各项工作任务。做好“电代煤”工程后续工作。对原确定户台账开展专项检查，将身份证号码、联系方式、住址等重点信息进行多轮筛查，按省级要求完成整改；配合财政局完成清洁取暖城市绩效自评、电代煤补贴资金绩效自评等工作，及时提供工程招投标手续、产品检测报告、资金支出凭证、相关文字佐证等材料；配合审计部门对冬季安全清洁取暖政策落实情况进行核查，上报用电量使用情况、开展满意度抽样调查；协调各镇（社区办）、香河经济开发区和县供电公司，对采暖季用电情况和补贴金额进行统计公示；组织开展电代煤工程安全检查，及时消除安全隐患，确保用户安稳过冬。推动充电基础设施建设。与县财政局联合制订《2019年度香河县电动汽车充电基础设施奖补实施方案》，对2019年度完成建设的充电基础设施进行实地检查，并根据业主申请进行奖补；组织开展全县充电基础设施专项排查，掌握现有设施的详细情况。推进增量配电项目建设。根据《关于规范开展第四批增量配电业务改革试点的通知》（发改运行〔2019〕1097号），香河经济开发区环保产业园被国家发展和改革委员会和国家能源局确定为第四批增量配电业务改革试点，省、市已批复项目规划建设方案，由项目业主向上级发展和改革部门申请增量配电业务。推进华电香河燃气能源站项目建设。向上级部门请示将华电香河燃气能源站项目纳入河北省“十四五”能源规划并建设协同发展典范工程；成立华电集团香河燃气能源站项目推动工作领导小组，明确各成员单位职责，为项目相关手续办理开辟绿色通道，加快项目推进。做好散煤治理工作。按照省政府决定，各执法部门查扣、没收的散煤一律移交发展和改革部门统一处置，在安平镇周庄村西设置查扣、没收煤炭存储点，有制度、有台账，规范开展散煤治理工作，配合上级部门完成各项检查，按程序由财政部门分2批次拍卖处置散煤318.95吨，现存114.43吨。

【电商产业发展】 2020年，组织企业参加省、市电商大赛，开展电商培训，确保香河县在电商业不利的环境下实现平稳、较快发展。年内，电商零售额突破35亿元，同比增长25%。

【大气污染防治】 2020年，做好大气污染治理工作，3次下发通知，召开4次加油站站长培训会议，督导各加油站加强油气回收治理和员工培训工作，提高大气污染防治意识；出动80余车次，检查成品油经营户150余家次。督导主城区及建成区加油站高温季节实施晚8点至次日早6点错峰卸油。

【安全生产】 2020年，做好安全生产工作，与城区内各大型商场超市签订安全生产责任书和消防安全责任书，每季度对各商场超市进行一次安全生产检查。做好成品油市场综合治理工作，与各加油站签署承诺书，印发《香河县2020年成品油市场综合整治工作实施方案》《香河县成品油市场违法违规行为专项整治行动实施方案》《关于开展全县成品油市场专项清理整治“回头看”行动的通知》《香河县2020年成品油市场臭氧污染防治攻坚行动实施方案》等文件，明确成品油市场整治攻坚行动主要任务、职责分工、整治内容、整治目标，建立完善成品油市场监管工作机制。

【物资储备】 2020年，做好救灾直属库及防汛工作，巡视直属库8次，在新冠肺炎疫情防控期间发放棉衣，支持全县新冠肺炎疫情防控工作并在疫情结束后及时做好回收；加强防汛物资储备，运送防汛物资到防汛演练场地，完成防汛演练后，及时做好物资回收工作。

【物价管理】 2020年，受理价格认定案件125件，认定金额250余万元。配合县纪委监委、县人民法院、县市场监督管理局、县文化广电和旅游局等机关开展价格鉴定，完成价格认证9件，认证金额1500余万元；配合司法机关工作，打击刑事犯罪和维护社会稳定。做好工商业电费降费工作。落实国家、省、市关于阶段性降低企业用电成本支持企业复工复产电价政策文件，除高耗能行业用户外，一般工商业及其他电价、大工业电价的电力用户阶段性降低企业用电成本，按到户电价95%结算电费，降幅5%，截至年底，工商业电费防疫折扣优惠2019.58

万元。阶段性降低非居民天然气用气价格。落实国家、省市降费政策，制定出台香河县阶段性降低非居民用气成本政策，非居民天然气价格由 3.57 元/立方米，降至 3.21 元/立方米，截至年底，香河县供气企业售气总量约为 636.87 万立方米，为用气企业减少用气成本约 229.27 万元；依据国家关于管道天然气市场化改革政策规定，2020 年 11 月 1 日至 2021 年 3 月 31 日，对非居民用管道天然气基准门站价格进行上浮，合理疏导上游价格上涨压力，保障全县冬季取暖期间天然气供应，按照《香河县人民政府关于印发〈香河县管道天然气配气价格、销售价格及实行价格联动机制的实施方案〉的通知》文件精神，对香河县非居民用管道天然气销售价格进行调整。加强收费管理和成本监审。对全县 9 家住宅小区进行前期物业服务收费备案，促进全县物业服务行业健康发展；按不同类型及服务内容选取香河县新冉物业服务有限公司、香河县珠光物业服务有限公司等 7 家物业服务公司进行成本监审；县交通运输部门选取 3 家出租汽车有限公司和 1 家公交公司进行成本监审。

（杜振江）

统　计

【概况】 2020 年，香河县加强统计队伍建设，注重基层统计人员业务知识和法律法规培训；加大统计执法力度，优化统计工作环境；针对社会反映热点、焦点问题，确定重点调研课题，深入基层开展统计调查研究；抵制和打击统计造假行为，溯本求源，努力提高统计数据质量；全面履行统计信息、咨询、监督职能，提高政府统计公信力，为全县经济社会发展提供前瞻性统计服务。

【统计内容】 2020 年，县统计局负责的专业统计有综合、农业、工业、能源、固定资产投资、建筑业、房地产业、保障性安居工程、国内贸易、国民经济核算、劳动工资和社会保险业、科技、金融业、服务业、城市化监测、民营经济、文化相关产业、社会物流统计调查与核算、统计从业资格管理与继续教育、价格调查、基本单位名录库，普查 1 项，有年报统计表 64 种、定期报表 52 种。

【统计培训】 2020 年，加强统计培训力度，提高全县各级党政领导、统计主管领导和统计从业人员的统计法治观念和统计专业知识水平。以在全县开展经济运行专题培训班、统计人员专题网班及线上技能培训班等在线学习的方式，大力宣传，强化培训，不断提高各级党政领导统计意识和广大统计人员的统计法律知识和理论业务水平。在全县范围内深入组织学习和宣传《中华人民共和国统计法》《中华人民共和国统计法实施条例》《河北省统计条例》等法律法规，印发统计宣传条幅 1000 余条、统计宣传手册和统计工作手册各 1500 本。组织开展统计法律法规知识培训 3 次，培训基层统计人员、部分企业法人和财务人员等 1000 余人次，在全社会营造知法、学法、守法的浓厚氛围。

【基层统计建设】 2020 年，继续巩固和加强全县统计基层基础建设，解决当前全县基层统计工作面临的岗位缺失、人员不足、经费短缺等突出问题。抓住基层政府机构改革契机，积极配合镇、社区办、经济开发区做好基层统计机构调整，做到机构变动统计工作职能不变、人员队伍不变、具体业务工作不乱。坚持岗位设置到位，各镇、社区办、经济开发区在内设机构中继续保留独立、固定的统计工作岗位，具体负责承接市、县两级统计部门安排部署的常规统计工作及重大普查调查；坚持人员配置到位，各镇、社区办、经济开发区要依照年轻化、高素质化标准，配齐配强专职统计人员；坚持职责履行到位，针对部分新调整的统计人员，县统计局专门组织统计法规培训，增强其法律意识，依法开展

11月13日，县长齐泽旭接受第七次全国人口普查工作人员人口信息登记　县融媒体中心供图

统计工作，确保经济数据应统尽统、不重不漏。

【第七次全国人口普查】 2020年，按照省、市人口普查办公室的统一安排部署，集中精力，统筹谋划，稳步推进香河县第七次全国人口普查各项工作。及时下发《香河县人民政府关于做好香河县第七次全国人口普查的通知》，在全市率先成立普查领导小组及办公室，明确工作职责，指导各镇、社区办、经济开发区及其村街居委会快速成立相应普查机构。制订下发普查工作进度时间安排，保证人口普查工作在规定时间内依序推开。全面贯彻全省第七次全国人口普查动员部署工作会议精神，按照省市人普办的工作部署，密切关注新冠肺炎疫情防控排查工作，积极与相关部门沟通协调，获取相关排查资料，了解和掌握社区人口基础信息电子化及疫情网格管控区域等情况，依据调研活动成果，及时组织开展普查综合试点工作、完善人口普查方案。落实普查经费，确保人口普查工作顺利开展。加大人口普查宣传力度。充分利用广播、电视、网络、报纸、手机短信等媒体媒介，印制人口普查宣传手册、普查员工作手册、手提袋、宣传条幅等多种方式进行广泛宣传。做好普查入户摸底登记工作。按照省、市要求的时间节点推进工作进度，遵循普查工作细则要求，坚持“区不漏房、房不漏户、户不漏人、人不漏项”的原则，扎实推进普查摸底工作。做好普查正式入户登记工作，协调各镇、社区办、香河经济开发区组织专门力量对辖区内的现有人口，特别是对流动人口较多的区域进行重点核查；利用电力大数据辅助空户核查，做到应查尽查，确认空户是否属实。利用卫生健康、民政、公安等部门提供的资料，做实做细出生和死亡人口登记工作。组织专业人员对普查登记数据质量进行核查，并将比对复查作为登记工作的延续，对漏报错报情况进行查遗补漏，确保普查登记工作质量。年内，圆满完成香河县第七次全国人口普查的各项工作。

7月17日，香河县第七次全国人口普查综合试点启动仪式在钳屯镇西延寺村举行　钳屯镇政府供图

【统计监测】 2020年，强化统计监测工作，全面、及时、准确掌握全县经济运行情况，了解目标任务完成进度和经济运行质量，掌握全县经济运行现状。

紧密结合县委、县政府的工作部署，多方收集数据，注重与上级统计部门、其他经济管理部门的沟通和联系，定期组织协调召开经济运行分析会议，对全县经济运行态势开展深入分析，对经济走势进行分析预判，适时提出经济指标预警。年内，提议建立主要领导经济调度、国内生产总值（GDP）核算联席会议等微信群，提高工作效率。及时调整创新工作思路，探索新形势下统计工作新方法，切实做到应统尽统，积极做好与县内相关部门和上级统计部门的对接，及时反馈信息，有效保证各项考核指标任务顺利完成。加强对报表数据收集、审核和汇总，强化结构性分析，提出切实可行的建议措施。为县委、县政府提供信息 21 篇，特别是新冠肺炎疫情时期，为全面复产复工提供有力的数据支撑。及时掌握经济社会发展动态的第一手资料，分月份、季度、年度整理出统计分析资料汇编，集印成册，向县领导和相关部门发放，发挥统计部门信息库、舆情表、参谋部的作用。

【统计调查】 2020 年，贯彻新发展理念，对全县先进制造业、战略性新兴产业、现代服务业、高新技术产业、文化及相关产业、县域经济等重点领域及重点产业开展统计调查，确定重点课题，抓好调研，力促全县经济转型。探索开展生态环境、气候变化统计监测分析，加强能源消费、节能降耗基础统计研究。

【统计服务】 2020 年，加强统计预测、预警机制，搞好统计服务。制定统计报表相关工作制度，规范基础统计和原始记录台账，加强对统计资料审核和管理，强化统计工作预测、预警功能，确保统计数据真实性、准确性、匹配性和全面性。面对新冠肺炎疫情产生的新变化新问题及县委、县政府的新要求新任务，坚持做到一手抓新冠肺炎疫情协同防控、一手抓经济运行监测，成立“三创四建”活动领导小组，制订工作方案，结合当前统计工作实际，深入解读相关经济指标走势，全面做好经济形势分析预警。针对新冠肺炎疫情特殊形势下“企业项目开工率低、居民消费持续下降”等情况，积极向部分重点工业、贸易企业和重点投资项目了解生产经营和投资完成情况，会同县发展和改革局、县科技和工业信息化局、县住房和城乡建设局等行业主管部门就新冠肺炎疫情对经济运行的影响进行分析评估，为县委、县政府制定决策提供大量统计信息和建议。

【统计改革】 2020 年，继续推进统计制度方法改革，做好基本单位名录库动态维护和管理，加强与县委编制委员会办公室、县市场监督管理局、县税务总局、县民政局等部门的密切配合，搭建共用的基本单位数据库信息平台，实现信息资源共享。推进统计管理体制改革，把贯彻落实好中央和省、市深化统计管理体制改革的有关文件精神作为首要任务，强化改革意识，强力推动统计管理体制改革各项目标任务的贯彻落实。

【统计执法】 2020 年，认真落实《廊坊市贯彻落实〈河北省统计局关于开展防范和惩治统计造假弄虚作假回头看通知〉的通知》要求，深入学习贯彻落实中央关于统计工作的重要文件精神，压实防范和惩治统计造假弄虚作假责任，认真清理和纠正将统计机构作为地方目标完成责任单位的文件和做法，以案为鉴开展警示教育。针对督导发现的问题，认真分析原因，堵漏洞补短板，采取有效措施，筑牢防范和惩治统计造假弄虚作假防线，确保全县统计造假专项整治取得实效。加强统计执法“三项制度”和“双随机”检查业务培训，提高统计从业人员对新修订的廊坊市统计执法“三项制度”和“双随机”抽查程序细节及系统操作内容的认识，提高统计从业人员对统计执法检查重要性的认识，增强依法统计责任感，不断提升统计执法的自觉性，消除“零执法、零办案”。深入学习和宣传《中华人民共和国统计法实施条例》，明确统计活动的主体权利和义务。与县税务局、县财政局、县发展和改革局、县市场监督管理局等部门沟通协调，分批次集中开展统计执法检查，净化统计工作环境。规范统计执法检查程序，加大执法力度，完善各项检查制度，做到层层把关，逐级负责。加强对重点项目、重点企业、重点行业的统计数据监管和质量抽查力度，对基层统计工作进行有针对性检查指导，切实做好数据审核、分析和评估工作。针对因县域内环保治理力度加大给生产企业带来的影响展开重点调查，提出合理化建议。坚持数据质量评估制度，定期组织专业人员深入基层，实地考察，摸清情况，加强指导，在对数据进行全面、深入、有联系的比对、分析、评估基础上，对国民经济和社会发展计划主要指标进行全面分析论证，系统预测主要经济指标运行趋势，集中解决主要经济指标间数据不匹配和存在的漏报漏统问题。

（邵亚海）

审　计

【概况】 2020年，香河县审计工作按照“审计要促改革促发展”的工作思路，紧扣全面建成小康社会目标任务，推动稳增长、促改革、调结构、惠民生、防风险、保稳定各项工作，创新审计理念，突出“六稳六保”主线，充分发挥审计在推进国家治理体系和治理能力现代化上的职能作用，更好服务全县经济社会发展大局。截至年底，完成审计项目34个，审计金额913285万元，查出违规资金11313万元，上缴财政29.1万元。年内，县审计局被《中国审计》编辑部授予“2020年审计通联宣传工作先进单位”荣誉称号，被市审计局授予“2019年度审计业务工作先进集体”荣誉称号，荣获香河县“实绩突出领导班子”“2018－2019年度县级文明单位”称号，机关党支部被县委县直工委授予“先进基层党组织”荣誉称号。

9月27日，中共香河县委审计委员会召开第四次会议　　县审计局供图

【县委审计委员会会议】 2020年3月19日，中共香河县委审计委员会召开第三次会议，县委书记、县委审计委员会主任李桂强主持会议并作重要讲话。会上，书面传达习近平总书记对审计工作的重要指示精神和全国、省、市审计工作会议精神，审议通过《香河县2020年度审计项目计划》，研究部署2020年全县审计工作。9月27日，中共香河县委审计委员会召开第四次会议，县委书记、县委审计委员会主任李桂强主持会议并作重要讲话。会上，书面传达省、市审计委员会第四次工作会议精神，审议通过《香河县2019年度县本级预算执行及其他财政收支审计报告》《中共香河县委审计委员会办公室联络员制度》《中共香河县委审计委员会重大事项督察督办制度》，研究部署相关工作。

【政策措施落实跟踪审计】 2020年，做好上级安排的项目审计工作，开展促进就业优先政策落实情况专项审计。组织对县人力资源和社会保障局及19

家成员单位2019年就业资金（基金）的分配、拨付、管理、使用情况以及援企稳岗、创业带动就业、重点群体就业援助等稳就业相关政策措施贯彻落实情况进行审计。审计总金额3415.86万元。

【农村地区冬季清洁取暖工作情况跟踪审计】2020年，落实开展农村地区冬季清洁取暖工作情况跟踪审计。对截至2019年年底有洁净煤取暖任务的各级政府及所属部门2019年冬季洁净煤取暖工作落实情况进行跟踪审计，出具审计报告及相关报表填报，审计金额6706.24万元。

【新增财政资金直达市县基层直接惠企利民情况审计】 2020年，开展对香河县新增财政资金直达市县基层直接惠企利民情况审计。香河县收到新增财政资金26370.96万元，其中，正常转移支出6293万元、特殊转移支付11358.96万元、抗疫特别国债4719万元、一般债券4000万元。截至年底，该项目仍在审计中。

【扶贫跟踪审计】 2020年，落实开展扶贫跟踪审计。完成对香河县2019年扶贫审计平台数据报送、2019年至2020年5月底扶贫政策措施落实和扶贫资金分配管理使用情况审计及相关报表填报工作，审计金额22501.16万元。截至年底，优化营商环境专项审计调查、省级财政扶贫资金审计调查仍在审计过程中。

【预算执行和决算草案审计】 2020年，做好县本级及重点部门预算执行和决算草案审计。对县财政局2019年度县本级预算执行及其他财政收支情况进行审计。重点关注预算收支的完整性、财政财务收支的真实合法性、专项资金的统筹整合、财政存量资金管理使用、决算草案编制等情况。积极采取“两横两纵”的审计模式，采用信息化审计手段，加大数据采集分析力度，实现“横向到边、纵向到底”的财政一级预算单位审计全覆盖。本次审计涵盖49家县本级一级预算部门，按照“全面审计、突出重点”的工作方针，2019年预算执行审计工作在重点专题全覆盖审计基础上，对2个一级预算部门2019年度预算执行、决算草案以及其他财政财务收支等情况开展全面审计。根据数据分析出的疑点线索，对重点事项开展现场核查，力争重点核查覆盖率不小于15%。 审计金额604951万元，查处各类违规金额合计9433.05万元。

【领导干部经济责任和离任审计】 2020年，做好党政领导干部经济责任审计。按照县委组织部的委托，对16名主要领导分别进行经济责任审计。做好河北省党政主要领导经济责任审计和自然资源资产任中审计，配合协调服务保障各项准备工作，县审计局就重点部门、重点行业、重点区域相关内容、政策及落实情况等向省审计组进行重点讲解，就业务对接、资料报送等工作进行安排部署，全力做好协调服务，确保省审计组的各项工作顺利开展。

【行政事业单位审计】 2020年，开展行政事业单位审计。对县人民医院、县中医医院和县气管炎哮喘医院2019年度经营情况进行审计，审计内容包括2019年度财务收支情况，专项资金、基金的管理和使用情况，以及医改情况等，审计总金额84618万元；对县城内第二小学2019年度财务收支情况进行审计，审计总金额3445.32万元，审计查处管理不规范金额146.25万元，直接上缴财政3万元；完成对香河县第四中学2019年度财务收支审计。

【统筹项目审计及上级抽调审计】 2020年，配合市审计局做好统筹项目审计和上级抽调审计。重点配合市审计局做好香河县G230国道（京哈高速香河北出口至绣水街段）及新华大街西延（“五一”路至新城公园）周边景观亮化工程审计工作。根据上级审计机关统一部署，年内，先后派出16名业务骨干参加外出审计，圆满完成工作。

【推动内部审计工作】 2020年，按照中央、省、市委审计委员会关于进一步推动内审工作相关文件精神，结合香河县实际，制订《香河县审计局2020年度内审工作实施方案》，围绕内审机构设置及人员配备情况、内审制度建设、内审从业人员基本情况、年度内审计划、年度内审项目开展情况等几个方面，对县直重点部门（单位）进行内部审计工作调研。在此基础上，把建立健全内部审计机构、完善内部审计制度作为推进全县内部审计重要工作来抓，年内，全县有37家部门（单位）指定专职内审工作人员，并明确主管领导，其他单位按要求准备成立机构或明确内审人员，内部审计制度逐步建立，内部审计相关工作有序开展。

【审计信息化、法制化建设】 2020年，加强审计信息化建设。按照审计署制定的《地方各级财政一级预算单位财务数据采集、整理和分析工作指引》，3月，县审计局组建数据采集小组，对全县61家一级预算单位电子数据进行采集，实现财政一级预算单位审计数据分析全覆盖。将上述单位财务电子数据通过廊坊市综合审计信息管理系统上报市审计局，由市审计局统一对电子数据进行转化分析，发现审计疑点13项，相关疑点核实完毕。尝试整合审计资源，对开展的县财政局2019年度预算执行、决算草案和其他财政收支情况审计项目，实行“1＋N”审计模式，由财政金融股负责工作方案的拟定、汇总、起草，上报县本级预算执行、决算草案及其他财政收支情况“审计结果报告”“审计工作报告”及审计发现问题的“整改报告”，县审计局各业务股室负责组织本方案所分配的预算执行及决算草案审计项目的实施。加强审计法治化建设，强化工作程序。严格落实审计业务会和周汇报会制度，对在审计过程中发现的重大问题，能够做到及时发现、及时跟进、及时解决，确保各个审计项目都按照时间、方案、程序在法制轨道上越来越规范。坚持依法执审。加大对部门所属下级单位延伸审计的力度，努力做到不留死角，确保全覆盖审计。严格落实行政执法责任制，制定年度普法、依法行政、法治建设工作计划和普法责任清单，签订行政执法责任书，切实把依法审计、文明审计、廉洁审计牢记在心、落实到位。严把审计关口。认真贯彻落实省审计厅、市审计局年初审计工作精神，注重审计工作的规范化建设，从审计证据、审计定性、审计评价、审计实施方案、审计程序、审计文书等方面进行严格审理，提升审计质量。在县审计局各股室开展优秀审计项目评比。

【审计工作上档升级】 2020年，按照“审计促进高质量发展攻坚年”活动和“提质提效、文明执法”竞赛工作安排，县审计局树牢依法审计理念，强化质量为本意识，结合工作实际，制订具体的实施方案，针对各项审计工作任务，聚焦审计质量、审计效率、审计形象、风险防控等环节，做到重点方面、重点环节突出，抓主抓重。在审计项目实施进程中，将审计项目逐个确定分管领导，责任到人，明确完成时限，建立“工作任务台账”和“工作推进台账”，明确新目标、掌握新方法、提出新要求，各项工作在原有基础上进位争先，多出亮点，多出优秀审计项目。县审计局将预算执行审计、稳就业审计、新冠肺炎疫情防控资金审计、学校财务收支审计、投资审计、扶贫审计等7个项目确定为争创优秀重点项目。

（新　苹）

自然资源管理

【概况】 2020年，全县土地总面积4.48万公顷（67.2万亩），其中，耕地2.5993万公顷（38.99万亩）；园地0.0026万公顷（0.04万亩）；林地0.09

万公顷（1.35 万亩）；草地 0.0273 万公顷（0.41 万亩）；城镇村及工矿用地 1.1473 万公顷（17.21 万亩）；交通运输用地 0.1906 万公顷（2.86 万亩）；水域及水利设施用地 0.386 万公顷（5.79 万亩）；其他土地 0.0367 万公顷（0.55 万亩）。年内，香河县加强自然资源和规划管理，科学施策，编制土地综合规划，实行最严格的耕地保护制度。合理利用土地，强化地籍管理和土地利用开发，服务建设项目。加强土地执法工作，清除存量违法占地问题，遏制新增违法占地行为，促进土地资源节约和环境空间保护，规范自然资源市场交易和监管。开展植树造林及生态绿化工作，发展林下经济和果品、花卉生产，开展专业科技培训与推广，加强林木管护和林业病虫害防治工作。做好森林防火及林业资源管理工作，加强林业综合执法和野生动植物保护工作，开展县国土空间总体规划编制工作，做好市政设施的规划管控及建设项目规划管理。

【土地综合规划】 2020 年，香河县加强城乡空间管控，防止与北京副中心贴边区域无序扩张建设，全县完成贴边区域范围内合法已建、在建、已批未建和违法四大类用地清查，清查已建合法项目 111 个，占地 880.06 公顷（13200.84 亩）；在建合法项目 18 个，占地 45.23 公顷（678.47 亩）；已批未建项目 10 个，占地 18.43 公顷（276.38 亩）；违法项目 7 个，占地 8.11 公顷（121.64 亩）。四类用地清查为下一步制订贴边区域处置方案奠定基础，为控制性详细规划的修编和制定具体管控规定提供参考。

在通州区与廊坊市“北三县”协同发展规划及“1＋5＋N”体系规划编制中，香河县严格落实上位规划管控政策，详细核实用地现状情况，加强对接和沟通，及时向规划编制组报送准确的基础资料，为规划编制工作顺利开展奠定坚实基础。

【耕地资源保护】 2020 年，香河县贯彻执行“十分珍惜和合理利用每一寸土地，切实保护耕地”的基本国策，实行最严格的耕地保护制度。省、市规定香河县年度耕地保有量目标 20850 公顷（312750 亩），基本农田保护目标 17354.51 公顷（260317.65 亩）。建立耕地保护共同责任机制。县政府与 9 个镇及新开街社区办、新华街社区办、香河经济开发区新兴产业园和环保产业园、县自然资源和规划局及自然资源所签订耕地保护责任书，按照部、省考核办法要求，逐级开展耕地保护责任目标履行情况考核，全面建立“纵向到底、横向到边”共同责任机制；明确各级政府为耕地保护责任主体、政府主要负责人为耕地保护第一责任人，将耕地保护责任延伸到集体经济组织和农户，落实到每个地块，形成县、镇、村和农户齐抓共管的责任体系。将耕地保护目标纳入政府年度考核评价体系，建立土地违法违规政府领导干部问责制、政府领导干部耕地和基本农田保护离任审计制度。明确各镇及新开街社区办、新华街社区办、香河经济开发区新兴产业园和环保产业园“一把手”作为第一责任人，对本行政区域内耕地保有量和基本农田保护面积负责，规定在各类考核、评优中，实行耕地保护“一票否决”。贯彻落实《中共中央、国务院关于加强耕地保护和改进占补平衡的意见》（中发〔2017〕4 号）精神。改进管理方式、落实耕地占补平衡是适应耕地保护形势发展需要；改进耕地占补平衡管理，建立以数量为基础、产能为核心的占补新机制，通过“算大账”方式，落实占一补一、占优补优、占水田补水田，促进耕地数量、质量和生态三位一体保护；自然资源主管部门高度重视、深刻领会，掌握要求、精心部署，科学、务实、高效地做好补充耕地工作，确保耕地占补平衡落实到位，严守耕地红线，保障国家粮食安全。完善基本农田保护各项制度，全县在基本农田保护区设有 15 块标志牌。根据国家、省关于基本农田保护有关法律、法规和规定，全县建立以责任制为龙头的各项保护制度，包括保护责任制度、基本农田保护区制度、占补平衡制度、基本农田保护监督检查制度、禁止破坏和闲置荒芜基本农田制度，形成基本农田保护长效管理制度体系。

【土地利用】 2020年，全县供应国有土地14宗，面积23.488公顷（352.32亩），出让金总额103398万元。其中，住宅用地供应6宗，面积18.116公顷（271.75亩），占全年总量的77.13%，出让金94674万元；商业用地供应6宗，面积2.455公顷（36.83亩），占全年总量的10.46%，出让金6460万元；工业用地供应2宗，面积2.916公顷（43.74亩），占全年总量的12.41%，出让金2264万元。

【地籍管理】 按照上级部门的要求和指示，开展全县第三次全国土地调查工作。完成第三次全国土地调查基础库建设和统一时点更新，进行2020年度变更调查工作。

【土地储备开发】 2020年，按照香河县人民政府《关于规范收储、供应相关问题的指导意见》的规定，完成10宗新增建设用地收储工作，面积为20.92公顷（313.79亩）；2宗存量国有建设用地收储工作，面积3.49公顷（52.33亩）。

【服务项目建设】 2020年，全县累计争取用地指标35.73公顷（535.94亩），其中，省级重大项目指标4.05公顷（60.77亩）。年内，出具建设项目用地预审1宗、建设项目用地预审与选址意见书1宗，均为公共管理与公共服务项目。

【违法违规用地专项整治】 2020年，香河县严格按照省自然资源厅相关要求，坚持“以拆为主、拆补结合”的原则，积极采取多种有效措施，有序推进各类违法用地整改工作。按照《廊坊市2020年违法用地清理整治专项行动工作方案》《廊坊市2020年违法用地秋冬季集中整改攻坚行动工作方案》要求，组织6次“集中拆除日”行动，重点围绕全省开展的违法用地专项整治三年行动和“1+5”专项行动2019年度“卫片”和2019年耕地保护专项督察审核未通过的违法用地，出动相关工作人员470余人次，工程车40余辆次，拆除地块19个，占地面积12.24公顷（183.6亩），其中，耕地面积10.07公顷（151.1亩）。清除存量违法占地问题，遏制新增违法占地行为，促进土地资源节约和环境空间保护。

【自然资源市场交易】 2020年，拍卖出让国有土地4批次。3月30日，进行第1批次拍卖出让国有土地，出让宗地6宗，成交宗地5宗，未成交宗地1宗。此次成交面积5.77公顷（86.55亩），土地出让金额29195万元。其中，居住用地2宗、面积5.20公顷（77.99亩）、土地出让金额27265万元；商业用地3宗、面积0.57公顷（8.56亩）、土地出让金额为1930万元。与土地一同出让的地上建筑物罚没金额2476.49万元。

6月18日，进行第2批次拍卖出让国有土地，出让宗地7宗，成交宗地5宗，未成交宗地2宗。此次成交面积10.86公顷（162.94亩），土地出让金额43208万元。其中，居住用地2宗、面积6.85公顷（102.77亩）、土地出让金额37070万元；商业用地2宗、面积1.86公顷（27.89亩）、土地出让金额4450万元；工业用地1宗、面积2.15公顷（32.28亩）、土地出让金额1688万元。与土地一同出让的地上建筑物罚没金额54.19万元。

11月26日，进行第3批次拍卖出让国有土地，出让宗地6宗，成交宗地4宗，未成交宗地2宗。成交面积6.86公顷(102.83亩),土地出让金额30995万元。其中，居住用地2宗、面积6.07公顷（90.99亩）、土地出让金额30339万元；商业用地1宗、面积0.0253公顷（0.38亩）、土地出让金额80万元；工业用地1宗、面积0.76公顷（11.46亩）、土地出让金额576万元。与土地一同出让的地上罚没建筑物罚没金额316.55万元。

12 月 29 日，进行第 4 批次拍卖出让国有土地，出让宗地 2 宗，未成交 2 宗。

【自然资源确权登记】 2020 年，按照省市统一部署要求，开展自然资源确权登记工作，制定县级总体工作方案和年度实施计划，逐步铺开、分阶段推进全县自然资源确权登记工作。6 月，该项工作启动，预计 2023 年基本完成，并在以后通过补充完善的方式逐步实现全覆盖。按照河北省自然资源厅和廊坊市自然资源和规划局的统一部署，做好全县行政区域内自然资源确权登记工作，主要包括通告发布、权籍调查、界线核实、权属争议调处、公告、颁发证书等。

【不动产确权登记】 2020 年，发放不动产登记证书 18851 本，开具不动产登记证明 12322 张。

【测绘及测绘监管】 2020 年，完成测绘综合执法巡查 12 次，未发现测绘单位违法从事测绘活动。

【地理信息管理】 2020 年，完成测绘备案 23 宗，测绘汇交 20 宗。

（田　雪）

林业管理

【概况】 2020 年，香河县以“提质量、上档次、建精品、创亮点”为着力点，以增资源、提质量、促效益为核心，积极抢抓京津冀协同发展重大战略机遇，坚持造林营林并重，新造、补植补造、改造提升并举，继续突出优树种、调结构、上品质，努力实现高质量发展。廊坊市下达香河县的植树造林任务为 533.33 公顷(8000 亩),全县完成造林 540.66 公顷（8109.9 亩），占任务的 101.4%，超额完成全年造林任务。年内，坚持造林营林并重，全面强化林木管护。加强对春尺蠖、美国白蛾等有害生物防治，保护造林成果；严格林政资源管理，确保生物多样化。做好森林防火及林业资源管理工作，加强林业综合执法和野生动植物保护工作。

潮白河生态绿洲　　县融媒体中心供图

【植树造林】 2020 年，开展造林绿化工作。上级下达香河县人工造林任务 533.33 公顷（8000 亩）。香河县围绕“创建国家森林城市”总体部署，坚持把造林绿化作为一项必须高质量完成的政治任务，举全县之力，强力推进、集中攻坚，聘请第三方专业公司对春季造林核查验收，全县栽植面积 540.66 公顷（8109.9 亩）、占任务数的 101.4%，超额完成任务目标，其中，33.33 公顷（500 亩）以上片林 2 块、6.67－33.33 公顷（100－500 亩）片林 16 块、3.33－6.67 公顷（50－100 亩）片林 28 块。以打造京津冀生态环境支撑区为目标，坚持把造林绿化与创建国家森林城市相结合，与美丽乡村建设相结合，科学制定全县营林造林方案，造林方案明确以“三环”（环京津、环城镇、环村庄）、“二沿”（沿路、沿河）、“一片”（集中连片规模化造林）为造林绿化重点。将春季造林绿化工作提到重要议事日程，年初召开县长办公会议专题研究春季造林绿

3月23日，香河县举行春季义务植树活动　　　　县自然资源和规划局供图

化工作；2月19日，县绿化委员会对各镇（社区办）、经济开发区下发《关于抓紧做好春季造林绿化各项准备工作的知》，明确各镇（社区办）、经济开发区春季造林任务，要求各镇（社区办）、经济开发区抓紧做好地块落实、造林主体落实、苗木准备等项工作；3月7日，县政府召开植树造林调度会议，督促各镇（社区办）、经济开发区加快做好造林准备工作，确保进入植树黄金时间段，绿化工作快速有序推进。按照“政府主导、市场运作、全民参与”和“谁种植、谁受益”的原则，继续实行大户承包、公司运作、联户种植、股份合作和家庭自营五种造林机制。截至年底，全县有廊坊瑞盛投资股份有限公司、香河胜强房地产开发有限公司、富力（香河）房地产开发有限公司等多家企业和20余家承包大户参与造林绿化工作。3月23日，香河县举行以“我植树 我健康 我为美丽香河做贡献”为主题的春季义务植树活动，100余人参加义务植树活动，植树1000余棵，迅速掀起全民植树造林热潮，引导社会各界人员积极加入植树造林、爱绿护绿行动中来。对每一项绿化工程、每一片绿地、每一个节点，都精心设计、精心施工，科学搞好树种的选择和搭配，形成多林种、多树种、多层次、多色彩，乔灌结合、高低错落的景观效果，切实提升绿化品位。重点打造安头屯镇北景观林、瑞盛千亩景观林等精品亮点工程。

【“三创四建”活动】 2020年，香河县对创建森林城市工作进行总体安排。根据省、市有关文件精神及县委、县政府《关于开展“三创四建”活动加快建设美丽幸福新香河的实施方案》要求，香河县创建森林城市工作总体安排是：2022年，争取创建成省级森林城市；2025年，力争创建成国家森林城市。香河县向省林业和草原局提交创建省级、国家级森林城市申请的正式文件，4月20日，河北省林业和草原局正式批复，同意香河县创建省级森林城市并予以备案。按照创建省级、国家级森林城市的要求，需编制规划期限10年以上的森林城市建设总体规划，并批准实施2年以上。森林城市发展规划编制工作启动并形成初稿，上报省创建森林城市办公室征求意见。召集创建森林城市专题会议，对各单位进行分解任务，落实责任，整体推动创建森林城市工作扎实有序开展。按照省、市“三创四建”活动的总体安排部署，市创建森林城市实施方案要求，扎实做好省、市级森林乡镇、森林村庄创建工作。安平镇王家摆村、高庄村，蒋辛屯镇河北吴村、王店子村等4个村获批为“省级森林乡村”，安平镇王家摆村、高庄村，蒋辛屯镇河北吴村、王店子村，安头屯镇西口头村，五百户镇后土门楼村等6个村获批“市级森林乡村”，安平镇获批“市级森林乡镇”。

【生态文化科普长廊】 香河境内多河富水，植被多样，北运河、潮白河等流域和湿地是众多动物的栖息地，更是鸟类觅食、栖息、繁衍的重要场所，造就了香河湿地物种的多样性。据初步调查，湿地内有鸟类14目45科71属149种。

香河县生态文化科普长廊项目位于香河文化艺术中心，由北京艺龙生物标本有限公司进行建设，2020年11月，项目竣工并对外开放。通过图文、

香河县生态文化科普长廊　县自然资源和规划局供图

仿真标本与实景相结合的展现形式，以湿地资源及湿地文化为依托倾力打造生态文化科普长廊。生态文化科普长廊采用自然式园林的设计手法，以湿地为主题利用走廊中段长16米，以墙向外延伸2米的区域，做成突出式玻璃橱窗，橱窗内模拟湿地环境，打造成有荷花、芦苇丛、黑鹳、白琵鹭、苍鹭等水生动植物相融合的生态景象。生态文化科普长廊内有88种95只鸟类（雌雄一对的7种）。其中，黑鹳、金雕等国家一级重点保护鸟类2种；鸳鸯、小天鹅、大天鹅、白琵鹭、雀鹰等国家二级重点保护鸟类16种；鹭类和雁鸭类等河北省重点保护鸟类30余种。采用仿真技术，按1∶1雕刻假体，天然羽毛经颜色处理后人工黏附，喙、脚通过3D技术打印后上色制作而成。背景采用人工墙绘进行远景设计，增强视野的开阔性，做到空中有飞鸟，河内有野鸭嬉戏、鸳鸯戏水的动态场景，自然野趣横生，着重体现仿真动物标本与自然景观的完美融合。表现湿地动植物的形态、生理、行为以及对湿生环境的适应性并配有标志牌和多媒体解说系统，参观者有身临其境的感觉，在欣赏美景的同时接受科普知识熏陶。项目建成并投入使用，是助推香河县创建国家森林城市的重要举措，又是香河源县多河富水的资源禀赋，对倡导生态文明发挥积极作用。生态文化科普长廊提升和拓展了县文化艺术中心的功能和内涵，成为生态文化宣传的重要阵地和靓丽风景线。

【与北京接壤区域生态绿化】　香河县安平镇、蒋辛屯镇、淑阳镇与北京接壤，2020年，3个镇完成造林179.69公顷（2695.35亩），重点打造瑞盛千亩景观林精品亮点工程。

【经济林】　2020年，香河县全域核桃树种植面积71.4公顷（1071亩），各镇均有分布；枣树种植面积8公顷（120亩），零星分布于钳屯镇、刘宋镇和蒋辛屯镇等地。

【林下经济】　2020年，积极鼓励企业、单位、大户、合作社等社会组织、个人参与林下经济发展工作，大力培育主导产业和龙头企业，大力推广“龙头企业＋专业合作社＋基地＋农户”运作模式，推进林下经济规模化、产业化、特色化发展。年内，发展水岸潮白林药种植和长宏农业林粮种植，丰富了林下经济模式。在宣传引导方面，通过对全县林地资源的调查，筛选适宜发展林下经济产业的林地，与林地产权人面对面讲政策、讲收益，引导他们发展林下产业。全县发展林下经济规模达170.67公顷（2560亩），林地利用面积120公顷（1800亩），产值1920万元。形成包括林菌、林草、林禽、林畜、林粮、林菜、林药等7种较为成熟的林下经济模式。

【果品生产】　全县果品无公害化生产取得明显成效，基本达到使用高效、低毒、低残留农药，施用有机肥，采用果实套袋技术等高科技生产标准。

【花卉生产】　2020年，全县花卉种植面积200.2公顷（3003亩），完成全年任务的100%。其中，常绿观赏苗木71.4公顷（1071亩），草地面积125.07

公顷（1876 亩），生产盆花 20 万盆，观赏苗木 150 万株。

【专业科技培训与推广】 推广果园标准化生产技术，全县果园全部完成无公害果品环评认定工作。通过推广科学施肥技术，增施有机肥，减少化肥用量，降低对土壤和环境的污染。大力推广安全间隔期用药技术，加强农药科学使用技术指导。加强病虫害预测预报，大力推广黏虫板、杀虫灯等物理防治措施，大力推广生物农药和高效、低毒、低残留的农药，充分利用天敌防治主要害虫，形成生物防治、物理防治和化学防治相结合的综合防治体系。积极鼓励企业、单位、大户、合作社等社会组织、个人参与林下经济发展工作，要大力培育主导产业和龙头企业，大力推广“龙头企业＋专业合作社＋基地＋农户”运作模式，推进林下经济规模化、产业化、特色化发展。树立典型，示范带动。发现、培树、宣传林下经济先进典型，通过典型示范、引领、带动作用，以点带面推动林下经济快速发展。

【森林病虫害】 2020 年，全县森林病虫害发生面积累计约 10933.33 公顷（16.4 万亩），其中，美国白蛾 6733.33 公顷（10.1 万亩）、春尺蠖 1666.67 公顷（2.5 万亩）、蛀干害虫 666.67 公顷（1 万亩）、杨小舟蛾 733.33 公顷（1.1 万亩）、悬铃木方翅网蝽 333.33 公顷（0.5 万亩）、病害发生 800 公顷（1.2 万亩），成灾面积 0 万亩，成灾率 0‰。

春尺蠖调查。全县 3 月 10 日左右进入春尺蠖羽化盛期，3 月下旬进入幼虫孵化期。全县平均虫口密度 50 条/50 厘米标准枝，发生最为严重的最高虫口密度达 110 条/50 厘米标准枝，发生面积约 1666.67 公顷（2.5 万亩）。

美国白蛾疫情调查。1 月上中旬，对 12 个调查标准地，260 株调查标准株进行了挖蛹调查，共挖蛹 129 头，平均蛹密度 0.54 头/株。其中活蛹 64 头，死蛹 45 头，寄生蛹 20 头，死亡率 35%，寄生率 15.5%。美国白蛾幼虫期调查：在各代美国白蛾幼虫发生期，组织技术人员在全县范围内随机抽取一定数量的标准地，以杨树、椿树、榆树、桑树、槐树、柳树等树种为主的美国白蛾喜食树种，开展美国白蛾疫情调查。调查结果为：第一代美国白蛾平均有虫株率 2.2%，第二代美国白蛾平均有虫株率为 1.7%，第三代美国白蛾有虫株率为 0.62%。

杨小舟蛾虫情调查。8 月初，对潮白河大堤、运河大道、鲁务村南片林等地段进行详细调查，共调查 10 个样地，每个样地调查杨树 50 株，共调查 500 株。根据调查，全县杨小舟蛾发生与危害有上升趋势，发生面积 733.33 公顷（1.1 万亩）。

悬铃木方翅网蝽虫情调查。8 月下旬，对县域内所有种植悬铃木的堤、路、园区及种苗繁育基地进行了悬铃木方翅网蝽虫情调查。此次调查，共选取了县域内种植悬铃木比较集中的安平镇平安大街、经济开发区、新通唐线、潮白河大堤大王庄段、双安路钳屯段、刘宋法桐种植基地、刘宋镇区等 10 个地块进行详细调查。调查面积约 206.67 公顷（3100 亩），共抽取调查悬铃木 350 株，调查标准枝 1100 枝。从调查结果看，悬铃木方翅网蝽在县内各镇均有不同程度发生，全县平均有虫株率为 13.2%，平均虫口密度 14 只/百叶。

【病虫害防治】 2020 年，全县林木病虫害主要有美国白蛾、春尺蠖、杨小舟蛾等，严重影响全县林业健康发展。县自然资源和规划局制订具体防治实施方案，坚持“预防为主，科学治理，依法监管，强化健康”的方针，多措并举搞好森林病虫害防治工作。加强监测预报体系建设。在全县设立 15 处黑光灯监测点，明确专人负责，详细记录各种常发病虫害的始发期、发生盛期和盛末期，并指导全县的各种病虫害防治工作；针对各种林业有害生物在全县的发生发展规律，确立调查标准地，定期观测，对发生重点村街进行随机抽查，确定病虫害的防治最佳时期，及时发布林业信息，组织开展有效的防治工作；年内，编写印发各种林业有害生物的林业信息4期，发布飞防通告1350余份，为全县的防治工作提供可靠的理论依据。加强领导压实责任。全面做好林业有害生物防治工作，县委、县政府下发《香河县2020年春尺蠖防治实施方案》《香河县2020年美国白蛾防治实施方案》，全县各级主要领导负总责，县、镇、村层层划定责任区、明确责任人、签订责任状；坚持“谁经营，谁防治”的责任制度，保障林业有害生物防治工作有序进行。

实施飞防作业。全县分别组织开展春尺蠖、美国白蛾飞防作业，全县飞防作业面积1.51万公顷（22.7万亩），其中，春尺蠖飞防作业面积0.47万公顷（7万亩），美国白蛾飞防作业面积1.05万公顷（15.7万亩），飞防作业区域包括京哈高速路、平香线、国安路、双安路、运河大道等通道干线两侧的林木，潮白河、北运河、引泃入潮河、青龙湾减河等河渠两侧林木以及部分片林，通过药效检测，飞防效果良好，确保有虫不成灾。加强地面防治。遵循“突出重点，分区治理，属地负责，联防联治”的原则，打响春尺蠖和美国白蛾地面防治战，全县投入防治车辆250辆次，高压机动喷雾器20台套，喷烟机20台，背负式喷雾器100台，组织地面防治作业面积2.03万公顷（30.46万亩），其中，春尺蠖地面防治107公顷（1600亩），美国白蛾地面防治2.02万公顷（30.3万亩）。加强宣传，营造氛围。开展“5·25”林业植物检疫宣传日活动，向群众普及森林植物及其产品检疫办理事项、林果病虫害防治技术、松材线虫的防治方法、果品安全知识等多项内容，发放宣传册300余份，发放宣传单300余份，接受群众咨询120余人次，营造防治林业有害生物人人有责的浓厚氛围。

【林木管护】 落实管护责任，实行分区、分片的种植模式，各镇党委政府强化责任人、监管人的责任和意识，与承包人签订责任书，加强林木管护工作，确保每一片、每一棵树都有专人看护。加大宣传力度，利用广播、横幅、宣传标语等方式，加大《中华人民共和国森林法》等法律法规的宣传，增强群众爱绿护树意识，提高广大群众管护树木的自觉性，营造起林木管护的良好氛围。积极做好浇灌工作，加大树苗浇水力度，要求各村积极对新植树木进行充分浇灌，并及时埋坑封土进行保墒，防止水分蒸发，并高标准对树干下1米进行涂白，增强抗病和抗虫能力，针对病虫害及时组织喷打农药。

【森林防火】 2020年，全县严格落实森林防火责任制，切实加强森林防火工作，保护绿化成果，有效预防和扑救森林火灾，确保不发生财产损失和人员伤亡，组织做好森林防火排查、清理工作。切实做好秋冬季森林防火工作，在森林火灾高发期，印发《香河县自然资源和规划局关于切实做好秋冬季森林防火工作的通知》。提高认识，高度重视森林防火工作。各镇（社区办）、香河经济开发区坚持以人为本的指导思想和“预防为主、积极消灭”的工作方针，按照行政区域划分严格落实《香河县森林防火责任书》，认真履行森林防火职责，周密部署秋冬季森林防火工作，抓好各项工作措施的落实。广泛宣传，杜绝人为火患因素。通过广播、电视、大喇叭、微博微信等方式，进行防火宣传教育，提高全社会森林防火意识，让“护林防火，人人有责”的意识深入人心，营造全社会自觉参与森林防火的浓厚氛围；3月，县自然资源和规划局开展森林防火“宣传月”专项活动，宣传森林防火有关法律法规和安全用火基本常识，增强全民安全防火意识和法治观念；引导广大群众文明祭祀，倡导推广家庭追思、网上祭祀、社区公祭、集体公祭等现代祭扫方式，推广采取植树、送花等保护生态环境的文明方式进行祭扫，最大限度减少森林火灾隐患，其间，印发森林防火宣传册1.5万份，制作森林防火横幅50条，悬挂于林木资源集中地区及主要交通道口；通过宣传，使“护林防火，人人有责”的意识深入人心，营造全社会自觉保护森林资源的良好氛围。

组织开展森林火灾隐患排查。加大巡护检查力度，重点监控，严格落实火灾隐患网格化排查，对重大片林、重点区域、重点路段、绿色通道进行全面彻底排查，发现隐患立即整改，降低森林火灾发生概率；对各单位清除火患工作进行不定期抽查，对于森林火灾隐患严重区域下达限期整改通知，确保清除火患工作落实到实处。

【林业资源管理】 2020年，加强森林植物调运管理和进出县管理，严防危险性病虫传入和传出。严格要求，加强规范化管理，按照法律法规严格办理流程，防止人为带入带出；加强对调入县域内的松类苗木、松木板材和家具制品签发管理，杜绝松材线虫病传入；加强外省市园林绿化树木检疫要求书的签发管理，针对全国、河北省内出现的重点病虫害，要求发出地严格按照要求做好植物检疫。年内，开出调运检疫证 7（车）次，均为苗木调运检疫；签发外省市植物检疫要求书1800余份，坚决杜绝林木病虫害的传播与蔓延，从源头上保证用苗安全。

【林业综合执法】 2020年，牢固树立依法治林、依法兴林、依法护林、依法富林的执法观念，转变执法作风，强化执法人员素质，规范执法行为，做到文明执法、服务于民，林业执法工作走向规范化轨道。做好《中华人民共和国森林法》《中华人民共和国森林法实施条例》《中华人民共和国野生动物保护法》《中华人民共和国森林防火条例》等法律法规的宣传，以广播及“科技大集”等形式发放宣传图册3000份、明白纸1200余份。加大对破坏森林资源案件的打击力度，查处林业违法案件6起，其中，行政处罚3起，移送公安机关刑事立案3起；受县公安局委托协助派出所到林业现场勘查 4 次。有效遏制林业违法案件发生，保护森林资源。

【野生动植物保护】 2020年，加强对野生动植物的保护，维护生态平衡。加强宣传。结合“世界野生动植物日”和“爱鸟周”活动，在全县范围开展野生动植物保护宣传工作，悬挂条幅30条，印发《拒食野生动物的倡议书》1000余份、《保护野生动物倡议书》1000份，专门下发到各镇（社区办）、集贸市场以及野生动物驯养繁殖场所管理人员手中；给群众讲解野生动植物保护常识及法律法规，提升社会各界对野生动植物保护重要性的认识，使广大群众远离“野味”形成共识，能够主动参与监督举报猎捕、贩运、食用野生动物的违法行为。加强湿地野生动物疫源疫病监测及候鸟野生动物保护。在潮白河、北运河采取定点监测和巡查监测相结合的方式进行防控，不留死角，日常巡护监测并记录台账，为候鸟等野生动物营造更加稳定安全的栖息繁衍和迁徙环境，维护野生动物种群安全，更好地掌握候鸟等野生动物迁徙、栖息的详细情况。

（田　雪）

市场监督管理

【概况】 2020年，香河县市场监督管理工作强监管、保安全、促创新，持续深化改革服务企业，全力推进质量提升，进一步优化市场环境，守牢食品安全底线，实现市场有活力、竞争有秩序、发展有质量、安全有保障。截至年底，个体工商户总数27552户，新增3739户。查处各类违法案件近300件，比2019年增加1倍。联合相关部门捣毁传销窝点 15 个，解救误入传销人员 3 名，遣散传销人员171 人。大力开展食品、药品、特种设备、产品质量安全整治行动，年内，未发生安全事故。香河第一城酒业有限公司、香河众旺木业有限公司荣获“第六届廊坊市政府质量奖”，县市场监督管理局被廊坊市消费者权益保护委员会评为“2019年度消协组织先进集体”，被县考核委员会评为2019年度“优秀等次领导班子”“创先争优领导班子”，被县政府评为“2019年度安全生产目标考核优秀单位”。

【“双随机、一公开”工作】 2020年，持续优化市场环境，牵头组织全县“双随机一公开”监管工作，开展内部“双随机”抽查8次，跨部门联合抽查4次，全市市场监管系统联合抽查1次，发现187个问题，录入异常名录187家，抽查覆盖率5%以上。

【执法稽查】 2020年，针对群众关心的网络交易与消费环境监管、行政许可和登记注册、信用监管、广告监管、食品药品、特种设备、产品质量等问题开展专项整治行动，严厉打击各种违法违规行为。查处各类违法案件近300件。

【企业信用监督管理】 2020年，通过“香河市场监管”“香河头条”微信公众号推送公告、信用约束故事，群发短信等方式做好信用监管工作。年内，受理内资企业年报数据更正申请252条、列入经营异常名录999条、移出经营异常名录112条；受理农业专业合作社年报数据更正申请7条、列入经营异常名录40条、移出经营异常名录2条；受理个体工商户恢复正常记载状态430条、标记经营异常状态60条。企业年报率94.99%、农业专业合作社年报率为91.19%、个体工商户年报率为83.85%。

【市场主体登记注册】 2020年，优化个体工商户登记工作流程，实行“审核合一”“云窗”App手机申请登记等措施，压缩办理时限至1个工作日。根据县政府《关于推进乡镇审批服务体系建设的工作方案》，下放个体工商户营业执照登记权限，除香河经济开发区以外的各镇、社区办行政综合服务中心均能独立办理个体工商户营业执照。截至年底，登记注册个体工商户总数27552户，新增3739户；登记注册外资企业61户，新增5户。

【市场经营秩序监督管理】 2020年，以批发市场、商场、超市、旅游景点等场所为重点检查区域加强日常巡查，重拳打击假冒伪劣违法行为，严厉打击短斤少两、坑害消费者的行为，针对群众投诉举报热点，及时发布消费警示，畅通消费者申诉举报渠道，加强消费者维权，及时受理和处理节日期间消费者的咨询、申诉和举报，让群众买得放心、用得安心，做好消费者合法权益的守护神。

【价格监督管理】 2020年，围绕社会关注的热点问题，整顿和规范价格收费秩序。加强疫情相关领域监督检查，检查医院1家、药品零售企业128家，大型购物超市21家次，保障新冠肺炎疫情相关产品和米面菜油等生活必需品价格稳定。开展企业复工复产期间转供电环节收费监督检查，对辖区内231家转供电企业电价政策执行落实情况展开督查，确保终端用户享受到国家降价优惠政策。

【广告监督管理】 2020年，以广告监测平台为依托，重点针对医疗器械、药品、食品、保健食品、房地产广告等领域虚假宣传行为开展专项执法行动，全年检查户外广告444条，检查医疗药品保健品广告27条，印刷品广告3110条（次）、检查经营场所536个（次），有效打击虚假宣传行为。

【消费权益保护】 2020年，受理消费者咨询、投诉、举报信息3862件，发放消费维权宣传资料2000余份、群发消费维权短信10万余条、微信公众号等新媒体发布消费维权警示4条、推广预付卡消费合同示范文本800余份，调解消费纠纷323件，挽回经济损失82万元，收到消费者和服务对象表扬锦旗10余面。“3·15”国际消费者权益日到来之际，在香河县垃圾处理厂开展假冒伪劣商品集中销毁行动，对办案过程中收缴的过期变质、“山寨”、“三无”等假冒伪劣物品进行集中销毁。

【新冠肺炎疫情防控】 2020年，面对突发的新冠肺炎疫情，成立香河县市场监管领域新冠肺炎疫情防控工作领导小组，设立综合协调专班、后勤保障与内控专班、超市餐饮监查专班、市场监查专班、价格与广告监查专班、药品医疗器械监查专班、宣传与舆情监测专班、案件查办专班8个专班，制订《开展新冠肺炎疫情防控工作方案》《市场监管系统新冠肺炎疫情防控应急预案》，确保各项防控工作落到实处。在农贸市场、药品医疗器械经营单位、大型超市等流通企业、餐饮服务经营单位四大监管领域各推出十项疫情防控举措，全面维护疫情期间市场经济秩序。加大对农贸市场、药品药械经营单位、大型超市、餐饮服务单位等重点环节、重点部位的监管力度，依法查处哄抬物价、囤积居奇等违法行为，积极支持企业学校复工复学，强化冷链环节食品检查，监测疫情用药销售情况，各项防控任务取得阶段性成果，监管领域未发生一起疫情。

知识产权保护

【概况】 2020年，全县发明专利申请72件，授权8件，万人有效发明专利拥有量为2.06件。新注册商标申请件数1342件，注册件数596件。国内有效商标注册总量累计4532件，境外注册商标8件，地理标志证明商标1件（香河韭菜）、集体标志商标1件（香河肉饼协会）、驰名商标1件（香河天音乐器有限公司“爱迪牌”注册商标）。

【知识产权保护】 2020年，开展“知识产权服务万里行”活动、知识产权“暖”企行动。先后深入河北天域九五电气有限公司、香河东方电子有限公司、香河县中医医院等20余家企事业单位进行政策辅导，帮助企业解决实际工作中的知识产权问题。与香河县经济开发区共同举办知识产权工作培训会，邀请河北省知识产权领域知名专家雷莹为开发区50余家高新技术企业负责人授课，在促进全县知识产权创造、运用、保护和管理工作提供方向性指导。培育知识产权优势企业和示范企业，年内，香河合益包装机械有限公司、香河天亚木业有限公司、香河东方电子有限公司、萨克森建筑新型材料（廊坊）股份有限公司等4家企业获“省级知识产权优势企业”称号。

【商标、专利执法工作】 2020年，开展“2020年知识产权保护行动”和“2020年知识产权执法‘铁拳’行动”，打击商标侵权假冒、假冒专利违法行为，净化知识产权市场，打造健康营商环境，查办商标侵权案件18起。

【“香河肉饼协会”集体商标】 香河肉饼经过数百年的传承、发展和创新，已达到肉馅均匀、皮薄如纸、外酥里嫩、油而不腻、润而不柴、食后有余香的境地。2012年，香河肉饼获评“廊坊市十大城市名片”；2017年3月27日，首届河北“不得不”旅游精品评选结果公布，香河肉饼获评河北省“不得不品的十大特色美食”之一。为进一步保护、传承、宣传、推广香河肉饼，在县委书记李桂强亲自主持和推动下，在县知识产权局和香河肉饼协会的共同努力下，2019年9月21日，国家知识产权局正式批准“香河肉饼协会”为集体商标（商标注册

位于新华大街79-1号的香河县第一家“香河肉饼示范店” 王树春 摄

证第 32222933 号）。

2020 年，积极推广香河肉饼协会集体标志商标使用，进一步提升香河肉饼的知名度和美誉度，助力经济发展。饮食文化是大运河文化的重要组成部分，香河县以“非遗”项目香河肉饼文化的产业化实践为切入点，坚持文化“双创”原则，整合现有资源，按照公司化、标准化和产业化方向，发挥“政府引导、示范带动、行业管理、市场联动”机制，多措并举，着力培育香河肉饼特色文化产业。深入挖掘传统技艺和历史文化内涵，香河县成立肉饼协会和香河运河文化研究会，集思广益，深挖香河肉饼的千年起源、风俗演变以及乾隆皇帝与香河肉饼的故事等，赋予其深厚的文化内涵。发掘其社会功能和哲学意蕴，开发“医食同源”的养生功效，将与时俱进的价值观念注入传统肉饼文化中。做好“三个整合”，明确产业发展路径。注册集体商标，奠定品牌化基础；起草《香河肉饼团体标准》，规范产品质量；统一管理标准体系和视觉识别系统（店招、装潢、桌椅、餐具、工作服等）和统一产品定位与食材配送，打好市场化运作、企业化管理的基础。加强示范引领，打造“香河肉饼示范店”。5 月 20 日，召开香河肉饼示范店设计方案汇报会议，对香河肉饼示范店的设计工作进行安排部署，县委书记李桂强出席会议并就示范店的设计方案提出具体意见，要求县市场监管局和香河肉饼协会研究制定香河肉饼制作标准，规范以及建立行业准入、监管、退出程序，做好品牌推介；发挥香河肉饼协会的作用，开展行业内容培训、评比活动，调动会员积极做好品牌推介。9 月 16 日，香河县第一家“香河肉饼示范店”开业，开启品牌餐饮连锁模式并树立样板。广泛宣传推介，塑造肉饼文化品牌。充分利用各类媒体、各种活动加强宣传力度，比如中央、省、市、县各级电视台，微信公众号、云名片等网络媒体和“美团”“饿了么”等 App，以及肉饼大赛、大运河文化节、摄影作品和文化旅游形象标识征集等活动，全方位、多角度展示香河肉饼美食文化的魅力，不断扩大香河肉饼品牌的影响力和知名度。

香河县制订香河肉饼文化产业化发展的长期战略策划方案，明确政府、市场、社会组织的定位，大力培养专业人才，在县域内采取自由连锁和直营连锁方式，在县域外采取特许加盟连锁经营方式，大力推介香河肉饼特色饮食文化品牌，使延续千年肉饼焕发新的生命力。大运河非物质文化遗产的保护、传承和利用，创新是关键。作为香河运河文化的典型代表，香河肉饼文化产业化发展可以实现品牌价值、市场效应和经济效益，是大运河传统饮食文化创新发展的有益尝试，是探索大运河“非遗”文化与当代生活相结合、与当代文化相适应提供的新的思考方向和借鉴。集体商标推广工作，借助大运河饮食文化的智慧，打造大运河文化带中的文化精品，是助力廊坊市乃至河北省实现大运河段文化、社会、经济三重价值的重点工程。

（周凤伟）

食品药品监督管理

【概况】 2020 年，香河县认真落实保障食品安全“四个最严”要求（用最严谨的标准、最严格的监管、最严厉的处罚、最严肃的问责，进一步加强食品安全工作，确保人民群众“舌尖上的安全”），围绕确保人民群众饮食用药安全这一中心任务，坚持“执法监管、技术监管、社会监管”有机统一，一手抓食品药品安全，一手抓监管领域新冠肺炎疫情防控，深入推进食品药品监督管理工作，整顿和规范食品药品市场秩序，指导食品药品经营单位严格落实新冠肺炎疫情防控措施，保障饮食用药安全，年内，未发生食品药品安全事故。1 月，县市场监督管理局在廊坊市 2019 年度食品药品安全工作考核中，被市食品安全委员会办公室评价为 A 级。

【安排部署食品安全工作】 2020年，召开县食品安全委员会成员单位全体会议，部署目标考核工作。制定《香河县2020年食品安全重点工作安排》《香河县人民政府食品安全委员会议事规则》《香河县人民政府食品安全委员会办公室工作规则》等文件，印发25个成员单位，做好全县食品药品安全工作。推进“食药安全 诚信河北”行动，制定《香河县“食药安全、诚信河北”行动计划（2018—2020年）落实方案2020年目标任务台账》，督导相关单位严格落实到位，完成年度目标任务。

【食品安全监督管理】 2020年，深入基层督促食品经营单位（销售和餐饮单位）做好新冠肺炎疫情防控工作。发放及张贴新冠肺炎疫情防控措施、防控哄抬物价等通告5000余份，检查餐饮单位1114家次，检查销售单位1870余家次，检查食品生产企业115家次。开展“清洁厨房、明厨亮灶”创建餐饮示范街区工作。以“五一”路餐饮示范街为标杆，创建家具大道和汇文金街两条极具特色的餐饮街区。开展食品追溯录入工作，确保食品来源去向可追可溯，保障群众食品安全。截至年底，全县有30家食品生产企业、10家大型流通单位、119家餐饮单位（学校幼儿园食堂、大型餐饮单位、校园周边中型餐饮单位等）完成食品追溯系统录入。

【食品安全检验】 2020年，以大型超市、农贸市场、农村地区为重点区域，以食用农产品、肉制品、乳制品等为重点品种开展日常监督抽检。年内，完成抽检1700批次，其中，不合格67批次，不合格产品核查处置100%，食用农产品检验结果公布率100%。围绕端午节、暑期、中秋节、国庆节等重要节日和单位食堂等重点环节开展专项监督抽检，抽检660批次。

【重大活动食品安全保障】 2020年，做好高考餐饮保障工作。成立高考保障工作领导小组，制订《2020年高考突发事件应急处置预案》《2020年普通高校招生考试工作方案》。对县第一中学和县第三中学食堂的米、面、油、调料等10个批次的食品原料进行抽样检验，对2所学校食堂的果蔬食品连续开展快速检测。突击检查学校周边的餐饮店，对检查过程中发现的食品小摊点备案证过期、个别超市销售的食品未按规定温度进行贮存等问题要求经营者进行整改，确保高考期间食品安全。

1月6日，县市场监督管理局执法人员对药品、药械市场进行安全检查　　县市场监督管理局供图

【食品安全专项整治】 2020年，开展食盐质量、食用农产品、食品相关产品、保健食品、非洲猪瘟、山寨食品、无证餐饮等专项整治行动，检查各类市场交易主体2136家次，整改餐厨废弃物处置管理不规范单位31家、未设置保健食品专区的经营企业7家，清理、取缔环境脏乱差的无证餐饮单位51家。

【校园食品及“小餐桌”监管】 2020年，在学校复课前，针对校园食堂制度落实、食品安全管理机构配备、校园食堂和学生集中用餐配送单位储存、消毒设备运转、原材料采购渠道及食品保存、肉制品索证索票、落实餐具消毒和食物留样、饮水卫生管理、饮食环节落实新冠肺炎疫情防控措施等情况进行全面督导检查。检查学校食堂、隔离宾馆、供餐单位700余户次，快速检测食品原材料1000余批次，确保全县师生饮食安全。

【药品、医疗器械监督管理】 2020年，围绕重点区域、重点品种、重点环节开展专项整治行动。年内，检查药品零售企业892家次，药品使用单位102家次，医疗机构130余家，医疗器械经营企业156家。排查解决问题73个，上报不良反应病例1044例，抽检药品30批次。

【化妆品监督管理】 2020年，开展化妆品经营环节暨美容美发机构专项整治，重点对全县化妆品经营使用单位经营使用的婴幼儿化妆品，染发类产品，宣称美白、祛斑类产品，宣称祛痘、抗粉刺类产品，育发类产品，防晒类产品，面膜类产品进行检查，利用国家市场监督管理总局化妆品数据库对检查产品进行网络比对，发现问题产品立即发送厂家进行产品确认。年内，检查化妆品经营企业170余家，查处违法行为4起。

【保健食品监督管理】 2020年，在全县范围内重点开展婴幼儿配方乳粉质量安全提升行动。以清查食品经营主体资格、清查索证索票制度落实情况、清查产品溯源情况、清查婴幼儿配方乳粉专区专柜销售情况、清查婴幼儿配方乳粉贮存条件、清查经营户宣传和销售情况“六个清查”为主要内容，对母婴店、商超、网店等经营主体进行监督检查，确保进货查验、专区摆放销售等要求落到实处，对进口产品重点核查入境货物检验检疫证明及中文标签信息。年内，检查经营主体81家次，责令整改7起，查处违法行为2起。

【食品和药品、医疗器械、化妆品安全宣传培训】 2020年，组织开展“安全用药月”“化妆品宣传周”等活动，通过进广场、进社区、进街道、进机关、进企业等方式，传播普及安全知识，提高公众认知水平。组织参加廊坊市市场监督管理局组织的《化妆品监督管理条例》宣传贯彻电视大奖赛，荣获三等奖。

（周凤伟）

产品质量监督管理

【概况】 2020年，全县产品质量总体平稳，县域内获得工业产品生产许可证的企业全部完成年度自查工作，工业产品监督抽查合格率95%，计量器具检定合格率98%。全县登记特种设备6804台，其中，在用电梯5299台，锅炉89台，压力容器306台，起重机械707台，场内机动车辆392台，游乐设施6台，压力管道5条；特种设备使用单位647家，制造企业6家，气瓶充装单位13家。

【质量强县战略】 2020年，制定《相关部门质量考核工作任务及评价标准》发放到各相关单位，指导各成员单位有的放矢开展工作。组织20余家单位参加“中国品牌日”系列活动，组织全县重点企业参加“QC小组推广”等质量提升活动5次，推荐中粮可口可乐华北饮料有限公司参加廊坊市政府质量奖评选。

【标准化管理】 2020年，引导21家企业参加“百城千业万企”对标达标提升活动。推动“香河肉饼”团体标准、河北巨川节能科技有限公司《锅炉生产技术规范》地方标准和《电梯检修流程规范》地方标准制定。

【产品质量管理】 2020年，组织“质量月”活动，

9月11日，在国家家具质量监督检验中心（河北）开展“2020年香河县质量月启动仪式暨企业代表参观家具检测实验室活动”，通过理化性能检测、力学性能检测和有毒有害物质限量测定演示，提升企业质量意识，强化企业追求质量管理。开展“2020年廊坊市公共服务质量满意度测评”活动，通过悬挂条幅、摆放宣传海报、组织市民线上填写调查问卷等方式，对产品质量、环境质量、公共服务与管理质量等领域进行满意度测评。推进重点产业质量提升，组织7家家具生产企业赴霸州参加省市场监督管理局举办的“河北省家具行业召回知识暨质量提升培训会”，会同县科学技术和工业信息化局组织相关企业召开重点产业质量状况现场调研会。

【产品质量认证】 2020年，对辖区商场、超市、批发市场、专卖店、专业市场销售的儿童用品、装饰装修产品、灯具、电动自行车、家用电器、低压电器及摩托车驾乘人员头盔等强制性产品认证开展监督检查。检查37家强制性认证企业、19家自愿性认证企业、76家流通企业，责令改正7起，查处违法行为8起。聘请第三方专业公司专家组对香河县11家检验检测机构开展全覆盖、全要素专项检查，针对检查中发现的问题，督促检验机构限期整改，建立并完善检验机构长效监管机制，强化事中事后监管措施。

【检验检测工作】 2020年，开展省、市、县三级产品质量监督抽检，包括“涉疫”产品、农资、箱包、电子产品、涂料粉末、胶合板、服装、毛巾、家具、食品相关产品、消防器材、电线电缆等20余类、284批次产品，处罚产品质量不合格案件14起。实行计量器具免费检定，检定加油机612条枪、加气站60条枪、压力表477块、民用“四表”（水表、电表、燃气表、热量表）6510块、出租车计价器723台、电子秤160台件、血压计（血压表）118台件、衡器6183台件、天平砝码21214件。

【计量监督检查】 2020年，围绕食、住、行、用、医等重点领域开展日常计量监督和专项监督检查6次，开展计量实验室开放日活动1次，培育诚信计量示范单位14家。

【特种设备安全监察】 2020年，对特种设备开展各类专项整治行动10余次，检查使用单位451家，检查特种设备4849台，发现并消除隐患39个。全县48家规模以上企业完成“双控”建设，1427台设备完成报检，10家气体充装站完成信息化管理系统安装。

（周凤伟）

应急管理

【概况】 2020年，香河县加强应急管理工作，加快全县应急体系建设，提高应急预案的科学性、实用性和可操作性，提升突发事件应急处置能力。加强处置跨区域突发事件的协调应急能力、突发事件的处置能力，建立完善应急联动制度，强化应急救援体系建设。组织开展各类应急演练，完善危化品应急处置工作机制，增强安全事故的抢险救援能力。加强应急管理信息化建设，信息共享，完善政务外网架构，提升应急管理和服务能力。充分调动和发挥行业监管部门作用，督促落实安全生产监管责任。开展安全生产宣传教育和安全生产专业培训。加强安全生产隐患排查整治，组织全县危险化学品、规上及重点企业主要负责人和安全管理人员开展“双控”建设推进工作集中培训会。加大安全生产执法检查力度，实施行政执法“三项制度”建设。进行重点行业及区域安全生产专项整治，及时督促整改发现的隐患和问题。严厉打击非法生产经营危险化学品和烟花爆竹行为，坚决遏制各类事故的发生。做好防汛抗旱、地震和防灾减灾工作，开展各类桌面推演和实战演练，提高应急指挥能力、协调联动能力和应急处置能力，增强群众自救互救技能，防大汛、抢大险、救大灾积累实战经验。加强防范，对各区域、各领域重点场所、重点部位开展安全生产巡查检查，发现隐患及时督促整改到位。加强新冠肺炎疫情防控工作，积极争取廊坊市防疫应急救灾物资，并按要求接收市防疫应急救灾物资，做好防疫物资的组织、调拨和发放工作。

3 月 4 日，县委决定，中共香河县应急管理局党组改设为中共香河县应急管理局党委（香字〔2020〕5 号文件精神）。香河县应急管理局（简称县应急局）先后获河北省 2020 年“安全生产月”“安全生产燕赵行”活动先进单位、河北省化工行业安全生产整治攻坚行动先进单位、2020 年度河北应急管理新闻宣传优秀组织奖，廊坊市 2019 年度安全生产目标管理考核优秀单位、廊坊市安全生产行政处罚经济处罚以外的行政处罚第二名、行政处罚质量积分第二名、行政处罚质量系数第二名，香河县 2019 年度实绩突出领导班子、2019 年度创优争先领导班子、2019 年度执法监督类优秀领导班子、2018—2019 年度文明单位、2019 年度安全生产目标县直单位考核优秀单位、2019 年度新闻外宣工作优秀单位、第二届应急管理普法知识竞赛优秀组织奖、“学习强国”答题挑战赛优秀组织奖、政务信息工作书面嘉奖、2020 年度河北干部网络学院人均学时排名第二等荣誉。

【应急预案体系建设】 2020 年，根据有关法律、法规、标准的变动情况，组织应急预案专家开展评审和文本修编，修订完成《香河县应急管理局安全生产突发事件应急预案》《香河县防汛抗旱应急预案》《香河县森林草原防灭火应急预案》《香河县突发性地质灾害应急预案》《香河县地震应急救援预案》等县级专项应急预案 20 个，修订完成部门应急预案 33 个。加快全县应急体系建设，提高应急预案的科学性、实用性和可操作性，提升突发事件应急处置能力，确保有力有序有效应对各类灾难事故。编制印发《关于开展全县突发事件应急预案编制修订工作的紧急通知》，要求全县各相关部门高度重视，及时开展应急预案修订工作，并经常性地开展应急预案桌面推演和应急演练，通过演练检验预案，磨合机制、锻炼队伍，提升突发事件综合应对能力。

【应急救援体系建设】 加强处置跨区域突发事件的协调应急能力、处置能力，建立完善应急联动制度，与天津市宝坻区签订《跨区域应急联动机制协议书》，建立预警联动机制。及时通过手机短信、微信等方式快速、准确进行预报和预警，有效提高应对突发天气的能力。与县交通运输局、县公安局联合印发《香河县应急救援力量紧急调运与快速通行办法（试行）》的通知，加强全县抢险救灾应急响应与快速投递工作机制，充分发挥公路运输在抢险救灾时的重要作用。加强应急队伍建设，配备必要的应急物资装备，向各镇（社区办）、香河经济开发区、县直各相关部门印发《关于开展应急救援队伍和应急物资储备情况调查统计的通知》，通过调查统计，完善应急救援队伍和应急救援物资储备数据库，提高应对处置各类突发事件能力。

7 月 22 日，香河县开展 2020 年危险化学品运输车辆泄漏事故应急救援演练　县应急管理局供图

【应急演练】 2020年，组织开展烟花爆竹事故桌面推演，各镇（社区办）、香河经济开发区及相关单位60余人参加推演，通过演练检验烟花爆竹事故发生后的应急处置与外部救援的协调配合能力及烟花爆竹事故应急预案的可行性、科学性，提高全县烟花爆竹事故应急处置能力。做好森林草原防灭火工作提供有力保障，组织开展森林草原防灭火应急演练，各镇（社区办）、香河经济开发区及相关单位90余人参加演练，通过演练，提高全县森林草原火灾处置能力。扎实做好防汛抢险救灾工作提供应急保障，组织开展行洪区河道内村庄紧急转移避险安置应急演练桌面推演活动，检验镇、村及防汛指挥部各成员单位的应急指挥能力、协调联动能力、应急处置能力，梳理、完善各成员单位工作职责，理顺抢险救灾现场应急处置流程。组织14个河道内村庄抢险队在安平镇开展转移安置实战演练，主要围绕组织会商和发布命令、群众集合和人员搜救、转移安置和交通保障、灾民安抚和舆情应对、群众返迁和灾情上报等科目开展，整个演练，检验防汛预案及应急措施的可行性和操纵性，提高各级各部门协调配合、高效处置能力和群众自救互救技能。组织开展2020年危险化学品运输车辆泄漏事故应急救援演练，各镇（社区办）、香河经济开发区管委会及县安委会成员单位主管副职、相关科室负责人，涉气企业负责人和安全员120余人现场观摩，演练充分发挥各部门职责，提高化解事故险情能力。通过各类应急演练，加强全县应急救援体系建设，完善危化品应急处置工作机制，增强安全事故的抢险救援能力。截至年底，组织开展河道内村庄群众紧急转移避险、险工险段抢险、公路防汛抢险、北运河系暴雨洪水防汛抢险等各类桌面推演和实战演练42次，参与人员3000余人次，进一步提高应急指挥能力、协调联动能力和应急处置能力，增强群众自救互救技能，积累防大汛、抢大险、救大灾实战经验。

【应急管理信息化建设】 利用应急监控平台，对全县49家高危企业作业现场实现24小时不间断动态监控，获取和记录危险场所、危险品企业的视频图像信息，实时、直观了解和掌握重点部位安全动态，及时发现和处置各类突发事件。根据全县安全生产、自然灾害风险防范和应急救援指挥实际需要，截至2020年年底，完成信息化建设招投标工作，与中标企业签订信息化建设合同，聘请专业公司编制信息化建设方案，明确责任分工和时间节点要求，确保各项工作有序开展。利用政务外网，与县水务局、县自然资源和规划局等相关职能部门实现互联互通，信息共享，完善政务外网架构，提升应急管理和服务能力。

【落实安全生产责任制】 2020年，香河县认真贯彻落实中共中央办公厅、国务院办公厅《地方党政领导干部安全生产责任制规定》和省、市、县《实施细则》要求，层层压实党政领导责任，切实增强党政领导干部安全生产责任意识、担当意识。发挥县安全委员会办公室作用，履行安全生产综合监督管理职责，监督考核安全生产控制指标执行情况。在此基础上，县政府与各镇（社区办）、香河经济开发区和重点部门签订安全生产目标管理责任状，对发生重大安全生产事故的单位，坚决实施“一票否决”，并取消评优评先资格。及时修订《香河县安全生产监管责任清单》，将各项安全监管责任逐条逐项落实到具体部门，努力消除监管盲区，充分调动和发挥了行业监管部门作用。以推进企业开展“双控”机制建设为着力点，督促建立健全各项安全生产规章制度和操作规程并落实到位，强化企业安全生产主体责任落实。每季度组织召开全县安全生产例会、联络员会议，协调定期召开县委常委会议和县政府常务会议，进行安全生产形势通报，及时对相关辖区或部门进行安全生产提示告诫。对县委、县人大、县政府、县政协领导进行安全生产提示5次，督促包联镇（社区办）、香河经济开发区及相关部门全力做好安全生产各项重点工作。

【落实安全生产专项整治三年行动】 2020年，认真贯彻落实国务院印发的《全国安全生产专项整治三年行动计划》和省、市安排部署，扎实推动安全生产专项整治三年行动有序开展。县委、县政府先后召开县委常委会、县政府常务会、安全生产季度例会研究部署全县安全生产三年专项整治工作，成立县委书记、县长任组长的香河县安全生产专项整治三年行动领导小组，下设办公室和工作专班，制订《香河县安全生产专项整治三年行动实施方案》“1+2+12”的总体架构，对照1个总体方案，结合2个专题和12个行业领域专项整治重点内容，明确牵头单位、责任单位，确保工作落实到位。结合香河产业实际，制订《香河县涉爆粉尘安全专项整治三年行动实施方案》，进一步推动粉尘涉爆企业开展风险因素辨识管控和隐患排查治理体系建设，不断提高基础保障能力；制订《香河县寄递渠道安全专项整治三年行动实施方案》，充分发挥县安委办职能作用，督促各牵头部门、责任部门切实发挥好牵头作用，对照分管行业（领域）安全专项整治三年行动方案内容，分行业（领域）开展安全生产检查和隐患排查工作。截至年底，全县共检查企业2740家次，排查隐患4621处，整改4619处，关闭取缔1家，停产整顿77家，罚款349.16万元。

【安全生产宣传教育】 积极组织开展志愿服务活动和安全文化进社区、进企业、进学校、进农村、进家庭“五进”活动，宣传安全生产方针、政策，普及安全生产法律法规和安全知识。组织开展安全进学校，开展寒假前一节安全课活动；开展“安全带回家 祥和过大年”春运志愿服务活动，发放各类安全知识宣传手册800份、宣传品200份；组织开展“5·12”防灾减灾周和“7·28”抗震减灾周宣传活动，发放宣传材料30类、2.4万余份，悬挂宣传条幅23条，制作音、视频2个，播放100余次，移动云mas平台发送短信2667人次；结合“安全生产月”“安全生产咨询日”等专题活动，向群众发放《香河县居民安全应急常识》《城乡居民安全用气倡议书》《管道燃气、瓶装液化石油气安全宣传册》等各类宣传资料近10万份；邀请燃气安全专家分片区对全县各镇（社区办）“气代煤”村街协管员、巡查员进行燃气安全知识培训，印制《天然气安全使用常识》宣传折页5万份，发放至各村街每户居民手中，使各村街每户居民熟知如何判断燃气泄漏及发现泄漏后如何处理等燃气安全常识；录制《2020年香河县安全生产警示教育片》，组织全县企业450余家、3万余人观看警示教育片，增强企业从业人员应急安全意识和自我保护能力；召开危险化学品和烟花爆竹企业警示教育大会，280余人次参加会议；利用“香河应急管理”微信平台，图文并茂发布各类安全知识、事故预警信息，发布微信平台122期，推送各类安全知识400条。

【安全生产专业培训】 2020年，联合县委组织部举办全县应急管理干部素质提升培训班，对全县各镇（社区办）、香河经济开发区主管安全生产副职、应急办工作人员，县直相关部门主管副职、安全股室负责人参加。组织应急管理局机关干部职工和减灾办工作人员210余人，分3批次赴遵化赛孚城安全应急体验馆培训学习。组织机关全体干部参加全国应急管理大培训2020年第一期网上专题培训班活动。组织全县应急管理干部开展执法监察业务培训，邀请资深安全专家进行授课，县应急管理局持证执法人员及各镇（社区办）、香河经济开发区执法业务骨干70余人参加。先后5次组织全县危险化学品、规上及重点企业主要负责人和安全管理人员开展“双控”建设推进工作集中培训会。县安委办聘请专家分期分批深入各镇（社区办）、香河经济开发区，组织辖区企业开展安全生产警示教育暨“双控”机制建设培训活动，分批召开培训会9次，累计培训企业负责人和安全管理人员2900余人次。剪辑印发《香河县工贸和危化行业复工复产安全技术指南》《安全知识手册》《企业员工应急安全知识手册》，开展企业安全文化创建，推动从业人员安全意识提升。

12月22日，赴遵化市赛孚城应急体验馆组织开展香河县应急管理灾害救助业务素质提升培训
县应急管理局供图

【安全生产隐患排查整治】 2020年，开展安全生产领域集中整治行动。以危险化学品、建筑施工、道路交通、人员密集场所等行业领域为重点，开展安全生产领域集中整治行动，排查各类生产经营单位4827家次，排查隐患8026处，全部整改。其中，关闭取缔28家、停产整顿93家，罚款272.68万元。督查检查发现问题督办整改工作。年内，下发各类督办卡152个，涉及省、市督导检查及专家组检查345家生产经营单位的2922个问题隐患，及时督促各单位进行隐患整改。开展联合执法。重要时期，对全县重点行业领域开展3次联合执法检查，检查企业164家，排查问题隐患1006处。开展安全生产约谈。分行业领域召开安全生产约谈会议3次，91家企业负责人参加约谈。开展木材加工企业专项整治。先后对24家重点企业进行专项检查，发现隐患81处，对发现的各类安全隐患问题均已督促企业彻底整改。开展消防车通道整治工作。检查96个村街、57个小区、14家重点场所，发现问题隐患107处，已要求相关单位落实专人管理，查处并督促整改违法行为。开展打击假冒特种作业操作证专项治理行动。检查物业24家、电工特种作业操作证59个，其中，发现使用伪造证件3个、过期证件7个，全部完成整改。

【“双控”机制建设】 开展源头治理，推进“双控”机制建设。全县规模以上企业、高危行业及中小微生产经营单位486家完成“双控”机制建设。以试点示范企业的引领辐射，拉动全县企业“双控”机制建设提级升档，全县创建示范企业44家，重点行业领域“双控”机制建设试点企业9家，树立镇级示范企业29家，抓好评估验收，全县126家规模以上工贸行业和危险化学品企业“双控”机制建设全部完成验收。

【安全生产执法】 2020年，全面推进“全员执法、全程执法”，截至年底，检查494家，立案237起，其中，责令停产停业整顿96家，实施查封扣押强制措施56家，经济处罚323.46万元，实现无一例行政复议案件、无一例因行政执法造成的诉讼案件、无一例因行政执法引发的上访事件。实施群众举报奖励政策，年内，处理举报案件5起，发放举报奖金2.6万元。

【行政执法“三项制度”建设】 坚持实施执法公示制度，通过相关公示载体定期公示行政许可事项和行政处罚情况，接受群众监督。坚持行政执法全过程记录制度，按照规定配备执法记录仪、照相机等音像设备，保障执法全过程文字记录和音像记录完整。坚持行政执法决定法制审核制度，明确所有按照一般程序处理的案件必须经过法制审核才能下达处罚决定，从而确保行政执法决定的合法性和合理性，促进严格规范公正执法。法制和调查统计股对日常执法文书进行审查，确保执法文书规范，案卷完整齐全。聘请顾问律师对疑难案件进行把关，并定期对执法人员进行培训。2020年，无一例行政复议案件、无一例因行政执法造成的诉讼案件，无一例因行政执法引发的上访事件。

【危险化学品和烟花爆竹安全监管】 2020年，全县有危险化学品和烟花爆竹批发零售企业73家，其中，危险化学品生产企业3家，加油（加气）站29家，乙类危险化学品经营企业12家，化工企业7家，烟花爆竹批发企业1家、零售店21家。年内，全面加强危险化学品和烟花爆竹安全监管。制定印发《香河县关于全面加强危险化学品安全生产工作的若干措施》《香河县危险化学品（烟花爆竹）安全专项整治三年行动2020年重点项目清单》《关于强化烟花爆竹安全监管严厉打击非法违法行为的通知》《2020年香河县危险化学品和烟花爆竹安全年监管工作要点》等文件，及时做好上级文件精神和各项工作的部署和落实；召开危险化学品和烟花爆竹企业警示教育大会2次，参会企业负责人和安全员300余人次，印发《关于开展危险化学品行业有限空间作业专项整治》《关于强化烟花爆竹安全监管执法严厉打击非法违法行为》，安排专家对双控建设、有限空间、事故案例等进行讲解分析，观看警示教育片。做好暑期汛期高危行业企业隐患排查，开展隐患自查自纠工作，并建立隐患台账，全面整改，上报排查报告；聘请第三方技术服务机构对50家高危企业进行隐患排查，共排查338条问题隐患，全部完成整改。开展危险化学品和烟花爆竹“打非”（打击非法违法生产、经营、储存、运输危险化学品烟花爆竹行为），立案17起，完成经济处罚47.68万元。推进高危行业企业“双控”机制建设，全县50家高危行业企业全部完成“双控”机制评估验收。持续推进化工行业企业专项整治攻坚行动，印发《2020年攻坚行动方案》及任务台账，10家化工企业均制订方案并完成《改造提升方案》论证工作，形成“一企一档”。做好危险废弃物专项排查整治，重点对10家化工企业调查走访，督促企业按时签订危险废物处置合同，对生产过程中产生的废弃物进行及时处理；聘请危化专家对涉及危险废弃物的5家企业和烟花爆竹批发企业进行暑汛期安全生产检查，发现问题隐患32处，全部完成整改。聘请第三方危化专家对全县各镇（社区办）、香河经济开发区所辖的39个村195户居民“气代煤”工程进行检查，重点检查村街调压柜、管道、村街协管员的责任落实及燃气用户的安全，排查问题隐患181处，给发现问题的镇（社区办）下达督办卡，要求各镇督促香河百川燃气公司及时整改问题隐患；对全县11家燃气、液化气公司进行安全检查，排查隐患49处，给县住房和城乡建设局下达督办卡，督促相关企业整改到位。

【重点时期安全巡查】 确保春节、清明、“五一”、中秋、国庆等重要时期全县安全生产形势持续稳定，制订工作方案，成立巡查组，每天由一名副科级干部带队，在全县范围内开展烟花爆竹、危险化学品、人员密集场所等重点行业领域安全生产检查，采取“四不两直”（不发通知、不打招呼、不听汇报、不用陪同接待，直奔基层、直插现场）和暗查暗访方式相结合，每日检查巡查不间断，发现隐患督促整改到位。组织各镇（社区办）、香河经济开发区及相关行业主管部门在各辖区、各领域重点场所、重点部位开展安全生产巡查检查，发现隐患督促整改到位。其间，全县累计检查生产经营单位481家次，排查整改问题隐患815处。

【防汛抗旱】 2020年，修订和编制《香河县防汛抗旱应急预案》《香河县超标准洪水转移安置预案》《香河县河道内村庄群众紧急转移避险预案》等各类预案；印发《关于健全全县防汛抗旱体制机制实施意见的通知》，调整县防汛抗旱指挥部组成人员和责任分工。完成“县包镇、镇包村”的包联体系，签订县、镇、村三级防汛责任书，与县人民武装部、驻香河部队、武警香河中队、香河消防救援大队对接，建立驻军和民兵应急连在防汛抗旱、抗震救灾、森林草原防火等工作中的军地协调机制，充实防汛队伍建设力量，建立县级抢险救援队9支、302人，镇级抢险常备队打桩班13支、334人，村级抢险后备队300支、7349人，有效提升全县抗洪抢险救灾能力。提高救灾物资储备能力，新增购置救灾棉大衣、棉褥、棉被、帐篷等7000余件，总价值110余万元；购买50余种、价值110余万元的物资补充到防汛抗旱指挥部相关成员单位，为汛期抗洪抢险救灾工作提供坚实的保障；相继组织开展河道内村庄群众紧急转移避险、险工险段抢险、公路防汛抢险、北运河系暴雨洪水防汛抢险等各类桌面推演和实战演练42次，3000余人次参与，提高应急指挥能力、协调联动能力和应急处置能力，增强群众自救互救技能，积累防大汛、抢大险、救大灾实战经验。

【防灾减灾】 2020年，修订完善《香河县突发地质灾害应急预案》《香河县地震应急预案》及指挥部成员单位职责分工和人员调整，对县减灾委员会人员及工作职责进行调整；组织2020年防灾减灾干部业务能力提升培训，各镇（社区办）、香河经济开发区和县减灾委员会成员单位36人参加；及时发布预警信息32次；做好地震监测设施维护和数据上报；完成2020年度全县8万户政策性农房保险续保工作，每户最高理赔4.5万元，年内，理赔农房12起（户），其中，火灾5起，大风7起，赔付金额92390元。

【安全生产标准化和诚信体系工作】 2020年，全县11家安全生产标准化三级以上企业、6家小微企业完成自评工作，2家企业通过了安全生产标准化创建评审。督促安全生产标准化到期的企业在完成诚信等级评定的基础上，按要求抓紧开展标准化创建和复审工作。

【行政审批】 2020年，完成3家企业危化经营许可证换证审批、21家烟花爆竹零售企业经营许可审批、2家企业危化安全设施设计审查和监督竣工验收工作。按要求制订乡镇安全生产行政执法手册和审批事项模板，完成行政执法处罚权限下放培训工作，对乡镇执法人员进行业务培训。

【推进安全生产责任保险】 2020年，全县有烟花爆竹批发企业及零售店22家、危险化学品企业43家、建筑施工企业11家、交通运输企业2家投保安全生产责任保险，完成率100%，缴纳保费293.43万元，投保总额23.11亿元。

【新冠肺炎疫情防控】 第一时间成立新冠肺炎疫情防控工作领导小组，下设综合协调组、宣传督导组、应急保障组（巡查组）、后勤保障组4个小组，通过微信、“学习强国”、“钉钉”等软件召开网络视频和现场会议的方式，及时传达中央省、市、县防控会议精神，有效开展疫情防控工作部署。积极争取廊坊市防疫应急救灾物资，并按要求接收市防疫应急救灾物资，做好防疫物资的组织、调拨和发放工作，累计发放物资帐篷10顶、折叠床20张、防潮垫20个、棉被20条、被褥20条、棉大衣100件，县级物资棉大衣221件。

认真做好疫情防控期间安全生产工作。突出敏感时期安全督导检查。在春节前和春节假日期间，制定安全生产巡查督导工作方案并成立巡查组，每日不间断由一名副科级干部带队，在全县范围内开展烟花爆竹、危险化学品等重点行业领域安全生产检查，发现隐患督促整改到位。人员密集场所安全检查。1月17—26日，以第一城景区、商场、超市、宾馆、饭店、歌厅、网吧、影院、集贸市场等人员密集场所为重点开展隐患排查，排查78家，排查隐患133处，责令企业立即整改。重点企业安全检查。1月27日起停止一般性巡查，改为对危化和重大危险源实行视频巡查和电话抽查，减少人员接触。利用网络视频监控平台和现场实地检查方式，对全县重点企业开展不间断视频巡查，包括3家危化生产企业、29家加油站、12家危化经营乙类企业，发现问题15处。督促企业进行整改，并要求企业随时做好新冠肺炎疫情防控和人员排查工作。

复工复产期间安全生产。认真贯彻落实《香河县关于打好新型冠状病毒感染的肺炎疫情防控阻击战促进经济社会平稳健康发展的实施方案》精神，按照县安委办印发《关于切实做好疫情后复工复产期间安全生产工作的通知》，要求复工复产企业严格按标准落实到位，确保复工复产安全。聘请安全专家，针对危化行业、家具行业以及一般工贸行业企业编制《复工复产安全技术指南》，严格要求和标准，确保企业安全生产。及时掌握企业复工复产情况，分类聘请专家进行技术指导和隐患排查，对危化生产企业和重大危险源企业必须进行安全评估，组织专家对复工复产企业逐一排查隐患，并对“双控”机制建设情况进行指导。加强执法，对检查中发现危化企业的隐患问题，达到标准立即立案，对一般企业的隐患问题督促整改，针对发现的各类重大安全隐患坚决立案查处。创新工作举措，在疫情防控期间利用企业监控中心视频监控系统和电话进行安全巡查，制定《香河县应急管理局疫情防控期间赴企业现场检查标准》。印发《关于组织收看“开工第一课”专题讲座的通知》，组织各镇（社区办）、香河经济开发区、县安委会有关成员单位相关人员和全县各类复工复产企业全体人员通过网络收看专家视频讲座。成立安全专班，针对企业提交的相关资料及时进行网络远程会诊，提出整改意见或建议，帮助并督促企业完善相关资料。聘请专家对48家危险化学品企业和化工企业、4个百川燃气门站、5家液化气站、2家CNG加气站进行安全检查，发现454处隐患，全部整改到位。开通行政许可网上审批相关业务。在疫情防控期间利用企业监控中心视频监控系统和电话进行安全巡查。

（杨　玉）

农业 农村

责任编辑 王树春

综 述

2020年，全县农业农村工作深入贯彻落实中共中央一号文件精神，严格按照省市县关于“三农”工作的决策部署，借力京津冀协同发展，一手抓新冠肺炎疫情防控，一手抓农业农村发展，组织动物疫情防控、兽医检疫技术、农业法律法规、农药械安全技术等多个培训会，开展高素质农民、农村财务人员、特色产业等多个培训班，多措并举推动乡村振兴战略实施，成功举办香河首届“农民丰收节”，促进农村经济社会稳定发展。3月，香河县植保植检站被河北省植保植检总站表彰为2019年度植保植检工作先进单位；7月，何更田被省农业农村厅评为“最美农技员”；张雪芹被河北省畜牧总站评为2020年度“河北省畜牧业统计监测先进个人”。

农作物种植

【概况】 香河县主要粮食作物以玉米、小麦为主，其他作物以蔬菜为主，少量种植瓜果、薯类等作物。深化农业结构调整，加强农业基础设施建设，强化科技服务，提高农民的科技素质和农业生产的科技含量，大力发展现代农业，全面提高农业综合生产能力，2020年，全县粮食播种面积1.16万公顷（17.4万亩），完成省定目标，总产7.08万吨。

【粮食作物】 全县粮食生产功能区划定指标8666.67公顷（130000亩），实际完成粮食生产功能区8864.67公顷（132970亩），粮食主产区重点分布在县域东部和北部，小麦、玉米优种普及率100%。2020年，粮食播种面积11614公顷（174210亩），完成省定目标，总产70836吨。其中，冬小麦播种面积4358公顷（65370亩），单产6379千克/公顷（425千克/亩），总产27801吨；玉米播种面积6813公顷（102195亩），单产6102千克/公顷（407千克/亩），总产41570吨；大豆398.67公顷（5980亩），总产900吨；薯类44公顷（660亩），总产1600吨。测土配方施肥覆盖率90%以上，主要农作物化肥使用量实现零增长。

【经济作物】 除蔬菜外，其他经济作物没有形成规模化种植，只有零星小面积自产、自用。

【蔬菜生产】 2020年，全县蔬菜和食用菌播种总面积9453.8公顷（141807亩），其中，设施蔬菜播种面积3490.67公顷（52360亩）；年内，蔬菜总产量39.72万吨，总产值45047.87万元。在设施蔬菜方面推广色板诱虫技术。年内，购买黏虫板5000张，利用黄板诱杀设施内的蚜虫、粉虱、斑潜蝇，利用篮板诱杀蓟马，控制虫害及病毒病。每亩悬挂诱虫板40张，全生育期更换4－5次。

【蔬菜品牌创建】 充分发挥知名品牌产业和产品名牌优势，以名牌为龙头，以资本运作为纽带，以集团经营为载体，整合产业，整合资源，扩大名牌产品生产。开展特色农产品优势区创建工作，经过走访基地和农户，根据实际认真组织有关材料，获评“廊坊市韭菜生产优势区”。组织企业和合作社参加第四届京津冀果品争霸赛。其中，香河县巨贤种植合作社的阳光玫瑰葡萄在第四届京津冀果品争霸赛中获得优质产品奖。组织香河左岸农业开发有限公司、香河县鼎森果蔬种植专业合作社和香河东旺家庭农场等企业和合作社参加“河北水果十大名品”评选活动。

【无公害蔬菜认证】 “十三五”期间，蔬菜站完成19个无公害蔬菜品种、5个产地认证，完成2个蔬菜品种无公害扩项认证和4个无公害产地复审。

【耕地质量监测与质量等级评价】 香河县2019－2020年度耕地质量监测按要求安排4个耕地质量监测点S是前马房村、成自务村、西大街村和蝶头屯村，种植制度为小麦——玉米轮作方式。定位监测点土壤有机质平均含量2019年为18.11克/千克，2020年为18.1克/千克，从定位监测点看耕层土壤有机质含量基本稳定，这与近年来加大秸秆还田力度有相当关系。土壤全氮代表着土壤氮素的总贮量和供氮潜力，土壤氮素绝大部分来自有机质，两者正相关，也是耕地肥力的主要指标之一。全县定位监测点土壤全氮平均含量2019年为1.19克/千克，2020年为1.09克/千克，土壤全氮略有下降。土壤有效磷是土壤中能被植物吸收利用的磷，是土壤磷素养分供应水平高低的指标，一定程度反映出土壤中磷素的贮量和供应能力。定位监测点土壤有效磷平均含量2019年为68毫克/千克，2020年为45.4毫克/千克，两年定位监测可以看出土壤有效磷含量总体呈降低趋势。钾是肥料三要素之一，能提高作物产量改善作物品质，速效钾包括水溶性钾和交换性钾，能很快被植物吸收利用。全县定位监测点土壤速效钾平均含量2019年为163毫克/千克，2020年为132毫克/千克。缓效钾是速效钾的主要储备仓库，可以反映出土壤供钾潜力指标。全县定位监测点监测土壤缓效钾平均含量2019年为1039毫克/千克，2020年为986毫克/千克。土壤pH对土壤肥力及植物生长影响较大，对养分的有效性影响也较大，在农业生产中应注意土壤的酸碱度，积极采取措施加以调节。全县定位监测点监测土壤pH平均值2019年为7.8，2020年为8.15，土壤酸碱度基本恢复正常。全县土壤基础肥力水平总体仍处在较低水平，土壤有机质有待进一步提升。耕地土壤有机质提升速度加快与我省全面推行秸秆还田技术有关。全县耕地土壤有机质含量平均值18.3克/千克，仍处于中等水平，与实现农田高产稳产目标仍有差距。土壤有效磷养分积累过快，造成潜在环境风险。河北省耕地土壤有效磷平均含量33

5月14日，利用无人机喷洒农药，防治小麦后期病虫害　　县农业农村局供图

毫克/千克（2级较高水平），香河县平均值超过40毫克/千克。土壤中过高的磷素累积对农业环境造成潜在的环境风险，土壤有效磷积累过快的原因主要是农田磷肥施用量过高。因此，应当适当降低配方肥磷素含量，提高磷素利用效率，稳定土壤磷含量。土壤肥力不均衡问题仍然突出，高低肥力并存。土壤磷、钾平均含量丰富，同时存在大量缺钾监测点位。肥力的不均衡导致部分地区过量施肥、施肥不平衡问题等比较突出。因此，应针对低肥力地区开展土壤改良，优化施肥配方，推广精准施肥，提高土壤肥力和综合生产能力。香河县2019－2020年耕地质量等级评价根据河北省耕地质量监测保护中心《关于进一步做好耕地质量等级调查评价工作的通知》（耕地保护函〔2020〕19号）、农业农村部办公厅《关于做好2020年退化耕地治理与耕地质量等级调查评价工作的通知》（农办建〔2020〕4号）和河北省土壤肥料总站关于印发《河北省耕地质量评价技术操作规程（试行）》（冀土肥〔2018〕12号）的通知，参照中华人民共和国国家标准《耕地质量等级》（GB/33469-2016）、中华人民共和国农业行业标准《耕地质量划分规范》（NY/T2872-2015）、中华人民共和国农业行业标准《耕地地力调查与质量评价技术规程》（NY/T1634-2008），运用县域耕地质量评价信息系统和河北省耕地质量数据管理平台进行具体评价。2020年度香河县设置60个调查点。2020年，全县耕地综合评价指数在0.848628－0.938530范围内。按照河北省耕地质量10等地划分标准将全县耕地划分为2、3、4、5等四个等级。通过加权平均求得全县的耕地质量平均等级为3.18。全县2、3、4、5等级耕地面积分别占全县总耕地面积的5.14%、75.61%、15.12%、4.12%。

【病虫测报发布】 2020年，全县按照测报调查和抗性监测规范要求做好调查工作。每3天查一次，并结合作物普查进一步摸清病虫害、草害消长规律，及时做出病虫草防治预报，指导病虫草害防治。重大病虫动态周报的形式上报到省站测报科、防治科、药械科、并报市植保植检站。每周二登录河北省病虫疫情信息调度指挥平台，全年发布病虫情报9期，农作物重大病虫动态周报30期，小麦病虫周报17期，农作物杂草调查4次，印发技术资料1000份。适时指导大田防治。

【农作物病虫害防治】 2020年，全县小麦播种面积4358公顷（65370亩），病虫草害发生面积1.5万公顷（22.5万亩）次，病虫草害防治1.5万公顷（22.5万亩）次，专业化统防统治6333.33公顷（9.5万亩）次，专业化统防统治覆盖率42.2%，绿色防控面积2133.33公顷（3.2万亩），绿色防控覆盖率41.13%。玉米播种面积6813公顷（102195亩），病虫草害发生面积46526.67公顷（69.79万亩）次，防治面积10266.67公顷（15.4万亩）次，专业化统防统治4333.33公顷（6.5万亩）次，专业化统防统治覆盖率42.2%，绿色防控面积2800公顷（4.2万亩），绿色防控覆盖率40.15%。蔬菜和食用菌播种总面积9453.8公顷（141807亩），病虫草害发生面积17046.67公顷（25.57万亩）次，病虫草害防治面积34673.33公顷（52.01万亩）次。蔬菜主要病害有黄瓜霜霉病、黄瓜白粉病、黄瓜细菌性角斑病、番茄病毒病、番茄灰霉病、茄子褐文病、茄子绵疫病、白菜软腐病等，主要虫害有菜青虫、甜菜夜蛾、烟粉虱。

【农药化肥监管】 化肥农药施用更加减量增效，截至2020年年底，全县化肥农药使用量继续保持负增长，化肥使用量减少2144吨，农田农药使用量较上年减少2.68%以上，推广测土配方施肥技术1.73万公顷（26万亩）次以上，主要粮食作物化肥利用率40%以上。农业投入使用得到有效监督，全面开展农药包装废弃物回收处理工作。

【优良品种引进与推广】 做好优良品种推广工作。

小麦品种以节水耐旱稳产为主，主要有轮选 169、良星 99、济麦 22、衡观 35、京花 11、京冬 18、科伟 18 等。玉米品种主要有纪元 128、郑单 958、京科 728 等。

（苏绍辉）

农业项目

【概况】 2020 年，强化项目建设，激发“三农”新活力。组织实施 2020 年高标准农田建设项目，建设规模 666.67 公顷（1 万亩），总投资 1501 万元；组织实施 2020 年农田工程设施维护保养专项资金项目，总投资 20 万元；积极推进农业农村部信息进村入户工程，全县完成 231 个村级信息服务站即“益农信息社”运营中心及全县专业站、标准站、简易站选址建设工作；加快推进香河县新恒昌养鸡有限公司创新驿站建设；做好关于“三农”领域补短板项目库建设，对香河晟隆奶牛养殖有限公司和香河春山奶牛养殖有限公司进行项目论证、申报及项目入库申请；发放农机购置补贴资金 260 万元；按 94.8 元/亩标准落实耕地地力保护补贴；获得省级乡村振兴示范区扶持资金 1500 万元。通过项目带动，各项惠农资金及时落地助力，促进全县各农业经营主体加快发展壮大，加快提升农村基础环境水平。

【农业综合开发高标准农田项目】 2020 年，香河县高标准农田建设项目按照科学布局、典型示范、集中连片、规模开发、综合投入、合力开发、政府为主导、农民为主体的建设原则，结合实际安排在安头屯镇安一、安二、安三、安四、孙营庄及东兴隆庄 6 个行政村，建设规模 666.67 公顷（1 万亩），总投资 1501 万元。其中，中央财政资金 1370 万元，省级配套资金 131 万元。主要建设内容：购置安装水泵 162 套，新建智能配电箱 162 套；修建过水涵洞 17 座；安装铺设输水管道 43.1 千米，管灌面积 606.67 公顷（9100 亩）；新建半固定式铝管喷灌 60 公顷（900 亩）；硬化水泥路 11.52 千米；架设输电线 29.9 千米，安装变压器 18 台等。项目的实施，使项目区农业生产基础设施条件得到极大改善，实现有限的土地和水资源充分、合理利用，为香河县农业现代化发展起到示范带动作用，为合理规划布局、优化农业种植结构，发展高产、高效、稳产高标准农田项目区创造了条件，对农业增效、农民增收、农村发展起到推动作用，解决部分农村富余劳动力就业，有效地改善和提高项目区农民生活水平。该项目进入全面施工阶段。

【耕地保护补贴政策项目】 做好 2020 年耕地地力保护补贴资金发放工作，按照《河北省财政厅、河北省农业厅关于转发〈财政部 农业部关于农业生产发展资金管理办法的通知〉的通知》（冀财农〔2017〕55 号）文件精神，根据上级下达给香河县 2020 年耕地地力保护补贴资金总额和各镇（社区办）、园区上报享受补贴的土地面积，确定香河县 2020 年耕地地力保护补贴统一标准为 94.8 元/亩。

【地下水超采综合治理项目】 2020 年，发展节水农业，通过推广节水品种及配套技术、种植业结构调整。小麦进入灌浆期后，降雨较多，墒情适合小麦后期生长，在稳定小麦产量、保证适期收获的同时，指导农民不浇灌浆水和麦黄水。据调查，3706.67 公顷（55600 亩）小麦少浇一次水，地下水压采 166.8 万立方米以上。

（苏绍辉）

畜牧水产养殖

【概况】 2020 年，全县畜牧水产工作以“生猪稳产保供、畜禽废弃物资源化利用”工作为重点，实施生猪贴息贷款政策，帮助生猪养殖企业适时补栏；

全面开展畜禽废弃物资源化利用；实施荷斯坦奶牛性控冻精液补贴项目，加快全县能繁母牛数量的补栏；为香河晟隆奶牛养殖有限公司和香河春山奶牛养殖有限公司申报“三农”领域服短板项目库入库申请；扎实做好全县畜禽疫情防控和检疫工作；加强兽药和饲料的监管，兽药产品监督抽检合格率98%以上，建成2家兽用抗菌药减量养殖示范场，饲料产品检测合格率96%以上，坚决取缔无生产许可证企业。截至年底，全县生猪存栏3.5万头，牛存栏1.54万头，羊存栏6.48万只，禽存栏418.86万只。年屠宰生猪约33.5万头，屠宰家禽约938.6万只，屠宰牛羊约41万头只，屠宰企业出产生猪产品2.89万吨；牛羊产品1.77万吨；禽产品2.43万吨。无一起畜禽产品质量安全事故发生，确保广大消费者舌尖上的安全。

【动物疫病防控】 深入开展重大动物疫病防控，全面落实“双轨式”排查制度和疫情报告制度，全县疫情排查实行网格化管理，坚决做到疫情处置“早、快、严、小”（尽早发现，快速处理，严格管控，将疫情控制在最小范围）。春、秋季畜禽强制免疫开展面100%，规模养殖场畜禽免疫率100%；散养户畜禽免疫率90%；抗体检测合格率80%以上。加大非洲猪瘟防控，对全县生猪养殖企业、屠宰企业、无害化处理企业，实施“大清洗、大消毒”；对生猪运输车辆实施备案管理，备案生猪运输车辆57辆；组织开展“违法违规生猪调运专项整治行动”和“生猪调运百日专项打击行动”，在县域内高速公路口设立“非洲猪瘟监督检查站”2个。年内，全县未发生一起口蹄疫、蓝耳病、非洲猪瘟、高致病性禽流感等重大动物疫情和食品安全事件。

【动物及动物产品检疫】 2020年，产地检疫生猪、牛羊、禽兔719万头（只）；定点屠宰生猪、牛羊、禽873万头（只），处理畜禽产品5.3吨。审验动物防疫条件合格证31份，组织全员培训2期，培训人员126人次，监督检查规模化动物养殖场（小区）57家，动物屠宰场9家。猪口蹄疫、猪瘟、蓝耳病、高致病性禽流感、牛羊口蹄疫、布病、羊小反刍兽疫等重大动物疫病免疫进度100%。

【病死畜禽无害化处理】 病死畜禽无害化处理系统于2020年2月10日正式启动，年内，处理猪1444头、牛13头、鸭1280只，病害动物产品106.6吨。无害化处理规范，数据真实，手续完善。配套资金全部到位，2019年度全县病死畜禽无害化处理补助全部发放到位。

【畜禽养殖废弃物资源化利用】 2020年，全县有规模养殖场53家，粪污处理设施设备配备达100%，畜禽粪污综合利用率89%（省下达的畜禽粪污综合利用率为77%），畜禽粪污得到充分利用。做好规模养殖场上档升级，年内，2家规模养殖场由二级晋升一级，一级规模养殖场占比达10%；4家规模养殖场由三级晋升二级，二级规模养殖场占比达15%。9—12月，开展畜禽粪污资源化利用专项整治行动，对发现的问题，进行即查即改，整改后进行验收，确保整改到位。

（苏绍辉）

农业产业化

【概况】 农业产业化主要是传统农业向现代农业转型发展，小农生产向产业化转型发展。县委、县政府确定香河农业产业发展方向，调整和优化农业产业结构，实施农业产业化转型发展战略，出台一系列产业发展优惠和扶持政策，农业产业结构调整逐步优化，结构逐步合理，以蔬菜、养殖、农旅结合等为主的特色传统优势产业逐步兴起，注重发展农业产业化龙头企业，加强农产品品牌建设，培育新型农业经营主体，加大农业园区建设，组织涉农企业参加“9·26”第24届中国（廊坊）农产品交易会，农业产业化经营水平不断提高，规模不断壮大，农业产业化发展取得明显成效。

【农业产业化龙头企业】 全县有市级农业产业化龙头企业11家，其中，养殖类4家，分别为香河新恒昌养鸡有限公司、香河牧富民畜牧养殖有限责任公司、香河众鑫养殖有限公司和香河万邦牧业有限公司；加工屠宰类3家，分别为香河县新宇肉类有限公司、香河正大有限公司、河北华香清真肉类有限公司；农业种植企业3家，分别为香河左岸农业开发有限公司、香河县百运达食用菌种植园、河北雅林农业发展有限公司；粮油经营类1家，为香河兴旺粮油有限责任公司。申报省级龙头企业2家，为香河新恒昌养鸡有限公司和香河正大有限公司。

【农产品品牌建设】 2020年，农业集群、联合体初步建立，农业产品加工集群1个，为畜产品加工产业集群，包括7家企业，分别为香河县新宇肉类有限公司、香河县双利生猪屠宰点、河北华香清真肉类加工有限责任公司、香河县富华肉类有限公司、香河双盈清真肉类加工有限责任公司、香河双安禽类屠宰加工有限公司、香河正大有限公司。以香河正大有限公司为核心企业的香河肉鸭养殖加工现代农业产业化联合体，通过市级联合体监测，成功申报为省级联合体。实施品牌强农战略。设立香河农业品牌总体形象标识，由“香河韭菜”“香河黄油桃”“香河万亩藕荷”及“姗姗鸡蛋”“正大”等优质农产品元素组成，囊括一系列农产品品牌。香河东旺农场的黄桃，种植总面积46.67公顷（700亩），桃树3万余棵，进入丰产周期，预计年产量15万千克。香河县鼎森果蔬种植专业合作社的无花果，主要种植品种为波姬红和斯特拉，波姬红品种是红皮红肉大果型无花果，单果重80－150克，斯特拉品种是绿皮红肉长卵形无花果，单果重70－150克，产量每亩均达2000千克，产值每亩5万余元，主要销售方式有网络电商、实体店销售及观光采摘。香河县盛年华蘑菇种植专业合作社可日产食用菌20吨以上，同时，销售以聚苯乙烯保温箱包装的菌棒，每箱重12千克，每年销售200万袋，菌棒为工厂化全年生产，不受季节限制。荷花产业园区的藕产品凭借科学种植、推广新方法，采用新技术、新模式进行运作与开展，在不用农药的基础上，运用充分腐熟的有机粪肥，将养鱼、养蟹与藕荷种植结合起来，形成小范围的生态循环系统，产出的藕品相均匀、口感极佳。

【培育新型农业经营主体】 登记注册437个农民专业合作社，培育部级示范社1家、市级示范合作社4家、县级示范社30家；培育家庭农场省级示范农场2家（洵河湾生态家庭农场和东昊家庭农场）、市级1家，县级8家。扶持打造设施蔬菜标准园和新型农业产业园8个，培育重点农业龙头企业11家。推进“龙头企业＋合作社＋养殖大户”现代农业产业化发展。香河县肉鸭养殖加工现代农业产业化联合体被认定为首批廊坊市农业产业化联合体。

【农业园区建设】 截至2020年，全县有国家级水果标准园1个，省级农业园区1个，市级农业园区3个、高标准农业设施园2个、新型农场5个、休闲农业精品路线1条，县级设施蔬菜标准园2个、新型农业产业园4个。

【参展农产品交易会】 2020年，组织涉农企业参加线上线下各项活动7个。其中，主要组织涉农企业参加“9·26”第24届中国（廊坊）农产品交易会、组织香河新恒昌养鸡有限公司参加第五届京津冀品牌农产品产销对接会；组织农道（香河）农业开发有限公司参加2020年全国大众创业万众创新活动周主题展示项目；组织河北爱绿生物工程有限公司参加河北省农业农村厅、中国农业银行河北省分行举办的第四届河北省农村创新创业项目创意大赛，获三等奖。

（苏绍辉）

农业机械

【概况】 2020年，在强农惠农政策的推动下，香河县以全程机械化推进行动为重要抓手，促进全县农业机械化持续快速发展。农机装备总量持续增长，全县农机总动力22.15万千瓦，拖拉机3001台，联合收割机458台（其中，小麦联合收割机168台，玉米联合收割机290台），旋耕机1315台，播种机1759台。

【农机补贴政策】 2020年，香河县争取国家农机补贴资金260万元，其中，购机补贴201.1万元，报废补贴58.9万元，补贴资金使用比例100%。受益农户77户，补贴各类机具110台，其中，动力机械35台，收获机械17台，秸秆还田机械14台，耕整地机械43台，田间管理机械1台；报废老旧农机具39台。农机购置补贴政策推动全县农业机械化水平不断提升，保障农业现代化稳步发展。

【农业机械社会化服务】 2020年，香河县一直把农机专业合作社建设作为一项重要工作来抓，通过因势利导，以点带面，加强扶持等多种措施，指导引导农机合作社提质增效，农机合作社在服务能力、作业功能、经营方式等方面取得明显成效。农机专业合作社得到突破性发展。全县有农机专业合作社6个，入社户数近50户；全年作业服务总面积8666.67公顷（13万亩），服务总收入240万元，服务农户的数量450户，组织化、规模化、产业化程度不断提高，农机专业合作社成为推进农业机械化和发展农业社会化服务的生力军。

（苏绍辉）

农业管理

【概况】 发展现代农业，稳住农业“压舱石”。扎实做好“六稳”工作、全面落实“六保”任务，推动农业领域复工复产，抓好蔬菜、畜禽肉类、饲料等生产销售，以及农资、农药、兽药等供应销售，组建农业生产技术服务小组，指导镇村积极筹备种子、肥料等农资，在抗击新冠肺炎疫情同时，及时引导村民开展春耕生产，特别是对因新冠肺炎疫情造成农产品滞销和运输遇阻等问题，给予积极协调，确保农产品运销畅通。将鲜速达、桑梓乐园、康隆、绿德隆等4家蔬菜产销合作社作为新冠肺炎疫情期间蔬菜应急保障供应基地，确保农业生产平稳发展，为实现2020年经济社会发展目标任务提供有力支撑。加强粮食生产，完成粮食生产功能区划定8666.67公顷（13万亩），测土配方施肥覆盖率90%以上，化肥利用率40%，主要农作物化肥使用量实现零增长，专业化统防统治覆盖率45.1%，绿色防控技术覆盖率38.56%。粮食播种面积1.16万公顷（17.4万亩），总产7.08万吨。完成省定目标。开展特色农产品优势区创建工作，香河获评“廊坊市韭菜生产优势区”。积极推动园区建设，加强特色农业精品示范基地建设，创建设施蔬菜园、新型农业产业园，完成全县设施蔬菜标准园、新型农业产业园申报、现场审核和答辩工作，项目建设全面开展并聘请第三方会计师事务所进行审计。

【农产品质量安全监管体系建设】 健全农产品质量安全监督管理体系，明确工作目标。落实属地责任，依托镇级农业服务中心、县农业农村局所属各镇动物防疫站等部门，强化镇级农产品质量安全监管站建设，由各乡镇主管农业领导直接负责，落实责任到人。为22名镇级监管人员配备农产品质量安全监管移动终端设备并完成相关培训，督促其开展各项农产品质量安全监管工作。深入开展国家农产品质量安全市创建活动，依托省级农产品质量安全监管追溯平台，强化属地监管责任，推行痕迹化管理，监督指导农产品生产者规范农产品生产经营行为，落实农药禁限用和安全间隔期、休药期规定，完善生产档案。

技术人员认真开展蔬菜质量检测　　县农业农村局供图

【农产品质量检测】 2020年，推动实施农业标准化生产，印制《河北省农业标准化生产手册》和《农业投入品使用规定汇编》300套，下发到各村街及规模种植、养殖企业，指导从业者按标准生产。深化食用农产品源头治理，制订并落实2020年度农产品质量安全监管工作方案及农产品质量安全监测计划。提升县级农产品检测中心检验检测能力，年内，完成县级农产品检测中心实验室改造升级。加大日常监督抽检力度，保障农产品质量安全。通过农残速测、监督检查和专项抽检，定期对全县农产品生产企业的蔬菜、畜禽类产品进行例行抽检，抽检样品基本覆盖本地主导农产品种类。年内，完成蔬菜样品农残定性检测6000批次，定量检测240批次，配合完成河北省农产品质量安全抽检23批次、廊坊市农产品质量安全抽检125批次，农药残留检测合格率98.5%以上。提升智慧监管能力，选取香河大爱农场和香河县鲜速达蔬菜产销专业合作社2家典型农产品生产经营单位作为全程追溯试点，在生产、检测、加工等环节安装监控设备，实现农产品全程可追溯。

【农产品质量安全专项整治】 2020年，重点突出关键环节监管，严把农产品质量关。针对农产品生产经营单位开展农产品安全监督检查工作。以蔬菜、水果为重点产品，开展果蔬产品专项整治，全面排查违规使用禁限用农药、不遵守安全间隔期制度、储运环节防腐剂、保鲜剂等问题隐患。以禽蛋、生猪、肉牛、肉羊、水产品养殖为重点，加大对养殖环节的检查力度，严厉打击违法使用“瘦肉精”、禁用药品及其他化合物等禁用物质、不执行休药期规定、生产销售残留超标畜禽产品等行为。开展畜禽屠宰专项整治，严查未按规定落实屠宰环节非洲猪瘟自检和官方兽医派驻制度，生猪私屠滥宰、屠宰病死猪、注水注药等行为。针对农药、种子、肥料、兽药、饲料及饲料添加剂等农业投入品，加强监管执法力度。对县域范围内93家农畜产品生产经营单位、7家屠宰企业、130家农（兽）药等投入品经营单位开展拉网式监督检查，实现在册监管对象全覆盖，抽检种子纯度样品3个、抽检检测转基因样品9个、抽检农药标签样品60个，农药内容物质量抽检5个，未发现风险隐患。

【农产品质量安全认证】 围绕推进农业供给侧结构性改革，提高绿色优质农产品供给能力，实现农业高质量发展等发展目标，积极开展绿色食品、有机农产品、农产品地理标志认证宣传工作，组织开展绿色食品认证培训，邀请市级专家授课，并组织部分农产品生产经营单位负责人到固安顺斋瓜菜种植专业合作社、固安依人农业科技有限公司等新型农业基地实地参观，提高香河县农产品生产者增强绿色农业、质量农业、科技农业发展意识。

【农业综合执法】　农业综合执法以保障现代农业健康发展、保证农产品质量安全、维护农民合法权益为核心，突出陆域综合执法、水域监管执法和农产品质量安全监管三大板块，聚焦日常巡查、案件受理、执法处理、监督管理、涉案物品处置等五大环节，着力提升陆域农业综合执法、水域渔业行政执法和农产品质量安全监管体系的应急响应、快速处置、协调联动能力，提升农业系统执法监管效能，为维护农产品质量安全和农业产业安全提供重要支撑和有效保障。2020 年，出动执法人员 1310 人次，累计检查农资生产经营单位 217 家，立案 27 起，处罚金额 29.42 万元。农产品质量安全违法案件立案 8 起，办结 6 起，合计处罚金额 2.54 万元。开展农资行业的排查检查，检查县域内农业投入品经营单位 122 家，采取双随机方式抽查种子质量样品 3 个，送市种子管理站做纯度鉴定；抽查农药质量样品 5 个，送省农药检定所检测内容物含量；按照双随机方式抽检农资市场农药标签样本 60 个。查处农业投入品违法案件立案 3 起，办结 2 起，合计处罚金额 4000 元。检查兽药经营门店 8 家，饲料生产经营企业 6 家，宠物门市 14 家，动物诊疗店 5 家，畜禽屠宰企业 9 家，规模化养殖场 53 家，立案 18 起，处罚金额 23.21 万元：随机对 7 家养殖场进行瘦肉精残留突击检查，合格率百分之百。在全县主要河道两侧堤桥路口，张贴禁渔通告 300 余张，竖立公告牌 16 个，进行 30 余次清理渔网整治，收缴拆除禁用网具地笼 500 余个，网具 5000 余米。检查屠宰场、养殖场、动物诊疗机构 55 家次，查处应当检疫而未检疫案 1 起，处罚金额 3.26 万元。查处无证经营兽药案 9 起，罚款 2.21 万元。查处经营无产品标签、无产品质量检验合格证的饲料案 2 起，罚款 4000 元。查处使用人用药案 3 起，罚款 3 万元。查处屠宰畜禽不符合国家规定的操作规程和技术要求案 1 起，罚款 3 万元。查处私屠滥宰案件 3 起，罚没款 14.6 万元。应对新冠肺炎疫情，保障高质量投入品供给，农业综合执法暂停对来源于疫区的农业投入品的采购、销售和使用。协调全县 120 余家农资经营企业在做好新冠肺炎疫情防控安全防护，及早复工复产，保证投入品供应和质量安全。“三夏”期间，出动车辆 10 台次，出动人员 50 人次。发放宣传材料 800 份，检查农机具 200 台，消除事故隐患 50 起。秋收秋种期间，开展查车验证 150 台次，纠正违章 10 起，查出事故隐患 20 起，保障农业生产安全。县乡工作层级明确，处罚权限明确，网站日常公示情况正常。10 月，依照《河北省下放乡镇和街道行政处罚事项指导清单》，香河县农业农村局将“相关四项”（对未取得动物防疫条件合格证，兴办动物饲养场、养殖小区和隔离场所，动物屠宰加工场所，以及动物和动物产品无害化处理场所的处罚；对未依法取得种子生产经营许可证或者未按照种子生产经营许可证的规定生产经营种子，或者伪造、变造、买卖、租借种子生产经营许可证的处罚；对农药经营者经营劣质农药的处罚；对农村村民未经批准或者采取欺骗手段骗取批准非法占用土地建住宅的处罚）执法事项下放并进行相关内容的辅导培训。

【农药、兽药和农膜等包装废弃物回收】　建立“经营单位负责回收、专业机构集中处置、公共财政提供支持”为主要模式的农兽药包装废弃物回收体系，在各镇防疫站、全县各农药、兽药经营场所、规模化养殖场设立农兽药包装废弃物回收点，并与第三方具有危险废弃物处理资质的专业机构签订回收处理协议，采购农药、兽药包装废弃物回收桶 300 个，制作农药、兽药包装废弃物回收制度宣传板 140 块。设立 7 个废弃农膜收购网点，辐射全县 300 个村街。年内，回收废弃农膜 37.77 吨，有效改善农村废弃农膜残留，提升农村环境水平。

【农业科技培训】　2020 年，紧紧围绕乡村振兴和

水岸潮白田园综合体接待团体游客　　县农业农村局供图

现代农业发展人才需求，分层次、按类型、依产业培育新型农业经营主体和服务主体经营者、返乡下乡创新创业者等经营管理型，专业种养加能手等专业生产型和技能服务型高素质农民，不断发展壮大有文化、懂技术、善经营、会管理的高素质农民队伍，促进农业转型升级、农村持续进步、农民全面发展。高素质农民培育围绕全产业链培养，按照经营管理型、专业生产型和技能服务型三种类型为目标导向开展高素质农民培育，推动农民教育培训提质增效。年内，全县开展新型农业经营主体和服务主体经营者等高素质农民教育培训150余人次。

【农业技术推广】　2020年，完成全年农技推广系统填报工作。基层农技推广体系管理信息系统是农业农村部委托中国农科院研发的全国基层农技推广体系管理信息系统。这套系统定期采集汇总全国基层农技推广机构、农技人员、推广机构承担项目等信息，及时掌握基层农技体系发展动态，推进基层农技推广体系规范化、信息化、制度化管理，为相关政策制定提供科学依据。

【农业信息化建设】　2020年，积极推进农业农村部信息进村入户工程。根据《河北省农业厅关于做好信息进村入户工程整省推进示范工作的通知》要求，全县完成231个村级信息服务站即“益农信息社”运营中心及全县三类站（专业站、标准站、简易站）选址建设工作。

【互联网＋农业】　2020年，确定香河县新恒昌养鸡有限公司为创新驿站承接单位，积极与省、市对接加快推进创新驿站建设。

【旅游休闲农业】　以水岸潮白田园综合体、大爱农场、荷香园生态农场、乐农美联生态农场和荷花产业园为主体，高标准规划香河县休闲农业旅游精品路线一条。积极开展休闲农业示范点创建工作，水岸潮白田园综合体被评为市级休闲农业示范点。

（苏绍辉）

农　村

【概况】　2020年，香河县农村工作深入贯彻落实中共中央一号文件《中共中央、国务院关于抓好“三农”领域重点工作，确保如期实现全面小康的意见》精神，以及省市委“三农”工作部署，借力京津冀协同发展，坚持以创新、协调、绿色、开放、共享发展理念为指导，按照“四个优先”的要求，多措并举推动乡村振兴战略实施，繁荣农村经济，改变农村面貌，促进农村和谐，农民群众的幸福感不断提升，在推进乡村振兴战略中迈出坚实步伐。香河县先后被确定为“省级乡村治理暨基层组织建设试点县”“省级全域旅游示范县”“省级文明县城”“省级数字乡村试点县”。五百户镇被确定为“市级乡村治理体系建设试点镇”。五百户镇李庄村、刘宋镇庆功台村分别入选全国乡村旅游重点村名录、河北省第二批乡村旅游重点村；渠口镇小圈村荣获第六届“全国文明村镇”称号；蒋辛屯镇北三百户村、潮北新城社区，安平镇王家摆村，钳屯镇尚店村、五百户镇五百户村、安头屯镇小青庄务村6个村（社区）获“河北省民主法治示范村（社区）”称号；安平镇王家摆、高庄，蒋辛屯镇王店子、河北吴村4个村获“河北省森林乡村”称号；蒋辛屯镇北三百户村党支部书记左春喜被省委组织部授予“乡村振兴领头羊”称号。

美丽乡村——蒋辛屯镇北李庄村　县农业农村局供图

【乡村振兴战略推动方面】　2020年，严格落实中央决策部署，将省委《2020年度中央一号文件贯彻落实情况督查反馈问题建议整改方案》《廊坊市2020年省委一号文件贯彻落实情况督查反馈问题整改任务和反馈建议落实任务清单》等全部分解落实到各级各部门，将农村人居环境整治、产权制度改革、土地确权颁证、脱贫攻坚、宅基地改革、农业综合行政执法等农村重点工作纳入县委大督查、乡科级领导班子实绩考核等，规定每年6月底和12月底各单位、各镇都要向县委和县政府报告乡村振兴工作总结，组织开展2020年度县、镇两级乡村振兴工作考核评价，主动担当作为，切实增强贯彻落实乡村振兴战略的政治自觉、思想自觉、行动自觉。年内，以蒋辛屯镇为核心的22个村被确定为“省级乡村振兴示范区”。

【美丽乡村建设】　围绕规划设计、区域路网、景观建设、农业产业等方面，重点实施“四提升”工作：实施全长20千米的国家级“四好农村路”示范路和“美丽乡村最美农村路”升级改造工程，栽植景观树1.3万株、建设景观小品9个，潮白河滨河绿道工程建成通车，推进沿路绿化工程。引进占地33.33公顷（500亩）的香河菊花农旅产业园项目，以及占地13.33公顷（200亩）以上的雨润潮白、绿野农庄、腾奥庄园等一批农业综合体项目，促进农民增收、农业增效、农村增绿。

【农村人居环境整治提升】　2020年，香河县以蒋辛屯镇为核心的22个村获评“省级乡村振兴示范区”，获得省级资金支持，农村人居环境继续美化提升。开展村庄清洁行动，确定示范村187个，全县完成垃圾清理99万立方米，清理非正规垃圾堆放点694处，清理村内塘沟212处，清理残垣断壁或杂物4505处，清理畜禽养殖粪污等农业生产废弃物2.7万立方米。开展农村人居环境观摩，定期按照“两村一路”模式，逐个乡镇进行观摩拉练，通过“走、看、评、议”，总结经验、寻找差距，精准施策、补齐短板。先后在钳屯镇、五百户镇组织召开农村人居环境整治暨村庄清洁行动观摩会议，以县委办、县政府办文件形式下发《关于开展村庄清洁行动督导检查工作的通知》，由县委县政府两办督查室和县农村人居环境整治工作领导小组办公室组成两个专项督查组，逐镇（园区）进行两轮实地督导，形成专项督查报告，督促任务深入落实。建立长效管护机制，制订《香河县农村人居环境整治长效管护方案》，指导镇村将厕所、垃圾、污水、道路、绿化等纳入长效机制管理范畴，设立农村人居环境整治管护机制专项奖补资金2400万元，确保机制建设落地发挥效益。持续完善农村生活垃圾治理，在建成12座镇级垃圾中转站的基础上，年内，新建5座垃圾转运站。实施农村生活垃圾治理PPP项目。引进北京轩昂环保科技股份有限公司和长沙中联重科环境产业有限公司两家专业公司，负责全县农村生活垃圾清运。扎实推进农村厕所改造，截至2020年年底，全县累计完成农户厕所改造5.9万座，改厕覆盖率91%，完成省规定目标，其中，年内完成改厕4440座。全县186个村街建设污水处理设施，114个村街实现污水有效管控。先后接受中央及省、市督导4次，香河县人居环境整治水平得到各级领导的肯定。

【新冠肺炎疫情防控】 2020年，及时做好突发疫情应对处置工作，成立香河农业农村新冠肺炎疫情防控工作领导小组，领导小组下设办公室，加强疫情防控工作，监督落实各项防控措施，掌握汇总全县农村及农业领域防控工作开展情况并及时报告，传达和督办上级领导的批示及落实情况，为防控领导小组决策提供参考意见或建议。根据职责和工作需要，农业农村疫情防控工作组分成以下5个小组，组织保障小组、防控排查小组、动物疫情防控小组、农产品供应保障小组、后勤保障及应急处置小组。强化疫情防控措施落实、疫情防控知识宣传、值班值守，严格执行领导带班、24小时值班和信息报告等制度。扎实做好“六稳”工作、全面落实“六保”任务，推动农业领域复工复产，抓好蔬菜、畜禽肉类、饲料等生产销售，以及农资、农药、兽药等供应销售，组建农业生产技术服务小组，指导镇村积极筹备种子、肥料等农资，在抗击疫情的同时，及时引导村民开展春耕生产，特别是对因疫情农产品滞销和运输遇阻等问题，给予积极协调，确保农产品运销畅通。将鲜速达、桑梓乐园、康隆、绿德隆等4家蔬菜产销合作社作为疫情期间蔬菜应急保障供应基地，确保农业生产平稳发展，为实现经济社会发展目标任务提供有力支撑。新冠肺炎疫情期间，重点加强冷链监管，严格监督生产存储运输销售等环节，无一起畜禽产品质量安全事故发生，确保广大消费者舌尖上的安全。

（苏绍辉）

农村经济管理

【概况】 2020年，香河县认真贯彻落实中央、省、市关于发展壮大村集体经济的各项决策部署，坚持农业农村优先发展的理念，把盘活农村集体资产，激活农村各类要素，促进集体经济不断发展壮大，提升村集体的自我造血能力作为乡村振兴的重要抓手，作为强村富民、夯实基层基础和加快农村经济社会发展的重点来抓，不断创新思路，持续强化措施，发展壮大村集体经济工作扎实有力有序推进。

【农村集体产权制度改革】 全面完成农村集体产权制度改革，香河县于2018年7月获批省级农村集体产权制度改革试点县。截至2020年，全部完成产权改革五大任务，清产核资、成员认定、股权设置、成立组织和登记赋码。清查村级农村集体资产账面资产总额13.83亿元，认定集体经济组织成员28.1万人，全县300个村全部成立股份经济合作社，选举建立集体经济组织成员代表会、村股份经济合作社理事会、监事会，选举成员代表6000余名，选举理事长、监事长各300名。其中，村党支部书记兼任理事长的村有262个，占87.3%，基本实现村党组织书记、村委会主任、村集体经济组织理事长“一人兼”。全县300个村全部完成登记注册和农村集体经济组织登记证打印，各村集体经济组织全部刻制集体经济组织公章、挂股份经济合作社牌匾、基本完成银行开户。做好农村集体产权制度改革后续工作。继完成全县300个村集体产权制度改革任务后，先后组织各镇开展自查评估、总结提升工作，指导各镇整理档案资料、查漏补缺、做好总结，先后通过市级验收评估和省级督导检查。

【农村土地承包经营权确权登记】 2020年，全县249个村街完成土地承包经营权确权登记工作，占应确权村街总数的100%，发放经营权证书56196份，建立电子档案，完成与省农业农村厅和农业农村部的数据库汇交，并通过了农业农村部人工质检，农村土地承包经营权确权工作通过省级验收，证书发放率在省农业农村厅的季度抽检中始终名列廊坊市第一名。

【农村土地承包经营权流转】 截至2020年年底，全县流转土地总面积3744.05公顷（56160.79亩），占家庭承包经营土地面积的16.58%。其中，出租1481.22公顷（22218.28亩），其他形式流转2090.23公顷（31353.51亩）。在流转的土地中，流向农户的土地2576.69公顷（38650.28亩），用于粮食生产的1604.41公顷（24066.11亩）。通过流转实现规模经营的面积1196.13公顷（17942亩），占流转总面积的31.94%。签订流转合同8259份，涉及土地面积3140.72公顷（47110.79亩）。

【农村宅基地管理】 对全县宅基地基数进行摸底统计，全面掌握基本数据，先后组织农村宅基地业务培训3次，参训112人次，制定并转发省市文件8个，印发《农村宅基地相关政策资料汇编》200册。开展农村宅基地规范管理和闲置宅基地闲置住宅盘活利用，建立健全农村宅基地管理审批等工作制度，逐步健全规范宅基地审批管理和日常监管的责任制度体系，实现宅基地管理职能由自然资源部门向农业农村部门的平稳过渡。

【农村财务监督管理】 2020年，完成33个村集体财务抽查审计工作；组织各镇对剩余267个村进行村“两委”换届任期和离任经济责任审计工作，审计金额81637万元。农村集体资金、资产和资源“三资”监管平台运行后，对全县各村街账目资金情况实时进行网络监管审核，定期公开村街财务收支，全县村级财务管理逐步走向规范化、制度化的管理轨道，票据的使用和管理越来越规范，开支审批程序的履行越来越严格，村街基本做到账目齐全、票据规范、开支合理。6月，完成在清产核资系统上审核、汇总并上报300个村街的2018—2019年清产核资报表工作。对全县农经人员进行培训，制订农村集体经济组织农村财务人员财务软件及办公软件培训方案，11月，对全县300个村街18－59周岁财务人员进行为期8天的集中培训，培训合格发证203人。

【农民专业合作组织和新型家庭农场】 2020年，香河县有437个登记注册的农民专业合作社，其中，培育部级示范社1家、市级示范合作社4家、县级示范社30家；350个家庭农场录入“家庭农场录入平台”，培育家庭农场省级示范农场2家（沟河湾生态家庭农场和东昊家庭农场）、市级1家，县级8家。按照省市两级示范合作社和示范家庭农场评定标准，对省市级示范社及示范家庭农场进行全面监测，开展抵制非法集资宣传活动；开展农业合作社规范提升行动，扶持农业社会化服务组织加快发展，对30家县级示范合作社进行规范，统一制作合作社牌匾，统一规章制度并制牌上墙。

（苏绍辉）

水　务

责任编辑　王树春

综　述

2020年，是全面总结“十三五”计划执行情况，科学谋划“十四五”规划发展大计的关键一年，香河县按照“节水优先、空间均衡、系统治理、两手发力”新时代水利工作方针，坚定走生态优先、绿色发展之路，加强水利工程建设，强化水资源管理保护，深入推行河长制工作，抓好农村水利和防汛抗旱工作，做好农村饮水安全工作，为推进全县高质量发展提供有力的水务支撑。

水利工程建设

【概况】　2020年，重点推进北运河香河段生态综合整治PPP项目及北运河旅游通航工程，实施县级闸桥建设。

【水利资金引进】　2020年，香河县引进水利专项资金446.42万元。其中，特大防汛抗旱资金15万元，冀财农〔2019〕173号；水库移民资金2.7万元，冀财农〔2019〕129号、香财农〔2020〕21号；中央水利发展资金60万元，冀财农〔2020〕70号；省级水利发展资金0.36万元，冀财农〔2019〕177号、香财农〔2020〕14号；中央水利发展资金（地下水超采综合治理）116万元，冀财农〔2020〕46号、香财农〔2020〕25号；省级地下水超采综合治理专项资金252万元，冀财农〔2020〕67号、香财农〔2020〕39号；更换省级河长制公示牌0.36万元，廊水财〔2020〕5号。

【水利项目工作】　2020年，继续推进总投资38.84亿元的北运河香河段生态综合整治PPP项目，工程分三期实施。一期工程主河槽疏浚工程完工，防护工程完成6.46千米主河槽单侧岸坡防护，景观建设完成10公顷（150亩）；二期工程完成主槽清淤工程和姚家止务险工段1.15千米堤防土方工程；三期工程可研报告送审，等待批复。

【水利桥闸建设】　持续实施2016年县级闸桥工程，包括重建干渠闸6座和干支渠桥11座，工程计划总投资为1872.26万元。2017年，完成老武河首闸、池屯北桥等8座闸桥重建工程；2018年，完成五百户闸新建工程及庆功台桥加宽扩建工程；2019年，完成后独立桥重建工程；2020年，完成石辛庄桥新建工程和小高坨桥新建工程。

【北运河旅游通航工程】　2020年，高效高质推进北运河旅游通航工程，包括水利景观工程、河道清淤疏浚及岸坡防护工程、堤防改建工程、曹甸橡胶坝改扩建工程和船闸工程。

（宋俊婷）

农村水利

【概况】 2020年，香河县以广大农民群众的根本利益作为出发点和落脚点，全面开展河渠清淤工程和农田水利基础设施工程。

【管护经费落实】 2020年，市水利局安排香河县农村饮水工程维修养护项目资金60万元，建设内容包括为饮用水氟含量超标的 20 个村街安装小型降氟设备20台和香河现代水业有限公司1—10号水源井更换缓闭止回阀10个。10月，项目全部完成。

【农村河渠清淤】 荣各庄排干渠、商汪甸排干渠清淤工程。2020年，重点解决渠道淤积问题，保障排干流域内村街防洪、除涝、灌溉，工程预算总投资1200万元。截至年底，完成荣各庄排干前池清淤工作主体工程，商汪甸排干清淤工程全面展开。

【农田水利基础设施工程】 2020 年，继续实施2016年县级闸桥工程。完成石辛庄桥新建工程和小高坨桥新建工程。

（宋俊婷）

防汛抗旱

【概况】 2020年，香河县认真贯彻中央和省市县各级领导关于防汛抗旱工作的指示精神，按照“安全第一、常备不懈、以防为主、全力抢险”的工作方针，扎实做好各项防汛抗旱工作，确保全县安全度汛。

【雨情水情】 1月至9月10日，全县降水总量为360.1毫米，比上年同期（386.9毫米）减少约6.9%，比常年平均同期（507.8毫米）减少29%，其中，2020年汛期（6月1日至9月10日）262.8毫米，比2019年同期（277.5 毫米）几乎持平，比常年平均同期427.2毫米减少约38.4%。总体来看，2020年降水偏少，降雨空间分布不均，主要河流水势较为平稳。8月13日，出现一次洪峰过程，其中，15时05分，北运河土门楼枢纽出现洪峰流量309立方米/秒（木厂闸41.8立方米/秒，土门楼闸267立方米/秒），15时20分，潮白河吴村闸出现洪峰流量231立方米/秒。8月23日20时至8月24日8时，华北地区突降大雨，在12小时内，全县平均降雨量135毫米，根据应急预案，24日2时起商汪甸扬水站、小友垡扬水站、庆功台扬水站、荣各庄扬水站相继开车排水，累计开车排水2968.2台·时，排水总量211.19万立方米，通过合理调度，县域内未发生内涝，全县安全度汛。

【防汛备汛】 开展防汛隐患排查，对4条主要行洪河道、13处险工险段、4座橡胶坝、9座扬水站、41座干渠闸、14个河道内村庄及在建涉河工程等是否存在风险隐患进行全面详细的排查，并建立台账，就检查发现的安全隐患问题全部落实完成整改；完善各类应急预案，主要完善全县防洪、除涝、堤防抢险、防汛物资调运、橡胶坝调度、堤防豁口封堵、市县级河道洪水调度等预案、方案；做好物资保障工作，编织袋、铅丝、彩条布、钢管、救生衣、发电机组、潜污泵、离心泵等总价值200余万元的防汛物资全部到位，并对所有防汛物资进行维修养护，确保防汛物资随时调得动、用得上；做好气象预测预警，完成视频会商系统、无线超短波通信系统、远程视频监控系统更新调试，加强与上游北运河管理处、杨洼闸管理所、北京市通州区防汛部门及下游天津市宝坻区、武清区水务部门的联系和沟通，建立经常性的联系机制，确保上下游信息畅通。

【河道内村庄易地搬迁工程】　根据省、市、县要求，河道内村庄采取易地搬迁安置，确保人民群众生命及财产安全。全县需易地搬迁村庄涉及 2321 户，2020 年，完成临时过渡安置协议签订 1497 户，签约率 64.5%，实际完成搬迁 1321 户，搬迁率 56.9%。

【防汛应急演练】　6 月 12 日，县水务局组织 40 余人开展滑坡险情抢护演练（机械打桩）、管涌险情抢护演练（反滤围井）和散浸险情抢护演练（施放排体、背水坡导渗），模拟堤脚出现管涌险情，有关队伍火速调运挖掘机、运输车辆等设备赶赴现场，对管涌点进行砂石反滤围堰抢护；模拟堤迎水坡出现 1 处严重滑坡险情，有关队伍紧急赶赴现场抢护，实施打桩固脚作业，同时进行土（石）袋防护。

【抗旱工作】　截至 6 月 20 日，全县降水量仅为 105 毫米，较常年同期减少 33.7%，造成潮白河水位偏低，潮北灌区无法正常引蓄地上水。6 月 21 日起，采取措施缓解旱情，利用 4 台潜污泵自潮白河向梁家务干渠输水，累计提水 1920 台·时，输水总量 34.5 万立方米，为潮北灌区农业灌溉及浅层地下水的补充提供水源保障，有效缓解因降水少而带来的旱情。

【重点部位防守】　5 月，对全县 9 座扬水站电气设备进行预防性试验和重车排水试验，充分做好汛期除涝的各项准备工作。

【预测预警】　确保第一时间了解雨情、汛情和闸坝的运行情况，及时与上游北京市北运河管理处、杨洼闸管理所，下游天津市武清区、宝坻区相关单位进行沟通对接，增加信息预警预报的准确性和及时性，对全县扬水站、橡胶坝的通信设备进行全面细致的检测维修，健全无线超短波通信系统，确保信息及时传达到位。

（宋俊婷）

水资源保护

【概况】　2020 年，香河县加强水资源管理保护工作，落实河长制，做好河道采砂监管、调水补水、节约用水、水资源费征缴、水政监察执法等工作。

县水务局组织安装地下水超采综合治理计量监控设施　　县融媒体中心供图

【水资源管理】　2020 年，严格落实取水许可制度，规范取水许可证发放工作，全县发放取水许可证 62 套，年内，新办 2 套，延续 3 套，变更 1 套。自 2018 年 9 月 1 日起，除法律、法规另有规定的情形外，在河北省行政区域内直接取用地下水的，由省水利厅负责取水许可审批。加强计划用水管理，香河县辖区内用水单位严格按照规定要求申报用水计划。年内，申报用水计划数量 55 户、申请水量 1705.32 万立方米。开展地下水超采综合治理工作，香河县 2020 年度地下水超采综合治理非农取水在线监测项目，年取水量 1 万立方米以上的取水户用水量将全部实现在线远程监控，通过此项目建设促进取用水户开发节水潜力，增强节水意识，减少开采量，降低全县总用水量。香河县 2020 年度地下水超采综合

清理河渠垃圾　　县融媒体中心供图

治理农业取水在线监测项目，建立农业用水计量监控系统，布设20眼农业灌溉取水井监测点，精准核定以电折水系数及不同作物亩均用水量，有效监控农业灌溉地下水取水量。年度任务为压采地下水233万立方米，《香河县地下水超采综合治理实施方案》《香河县地下水超采综合治理2020年度实施计划》均编制完成。开展取水井全面摸排及电子标识认证，清查建档取水井6171眼。健全地下水取用水户监控与计量，9月24日，2019年度地下水超采非农计量项目完成合同工程验收。

【落实河长制】　推行河长制，以保护水资源、防治水污染、改善水环境、修复水生态为重要任务，是中共中央和国务院安排部署的重要工作。2020年，全县积极谋划推进河长制工作机制。夯实基础工作，促进规范管理。保障河长制工作全面落实，制定《香河县全面推行河长工作方案》《香河县河长制工作督查督办制度》《香河县河长制巡查工作制度》等。加强组织领导，构建工作体系。县域内31条河渠均实现河长全覆盖，形成县、镇、村三级河长制管理体系。年内，各级河长累计巡河29320次，累计发现垃圾、围网捕鱼、水面漂浮物等问题150处，累计交办、督办问题60个，全部整改完毕，同步累计清理河渠垃圾11.41万立方米。“河长云”巡河App软件登录激活率100%，实现对各条河渠多层次、动态化管理。坚持问题导向，抓好专项整治。制订印发《香河县河渠“清四乱”专项行动方案》，对辖区内河渠采取不间断巡查，发现一处、清理一处，对涉河违建问题坚决予以拆除，坚决杜绝新增违建问题。是年5月和10月，在两次全省河道清理整治专项行动中，累计排查“四乱”问题136处，其中，87处垃圾5696立方米、29处阻碍行洪违法建筑1.36万平方米、“一河一策”剩余20处树障任务，全部清理完毕。

【河道采砂监管】　2020年，制订“飓风行动”实施方案，对全县范围内河道采砂违法行为进行巡查执法，建立巡查台账，出动182车次，546人次，严厉打击非法采砂取土行为，确保河道防洪、生态、涉河基础设施安全及社会和谐稳定。

【调水补水】　2020年，全县降水量较常年同期减少，潮白河水位偏低，潮北灌区无法正常引蓄地上水。6月21日起，利用4台潜污泵自潮白河向梁家务干渠输水，累计提水1920台·时，输水总量34.5万立方米。年内，引蓄地表水6200万立方米。

【节约用水】　3月22日，在“世界水日”围绕“节约用水”主题，由县水务局组成宣传队，在县委广场悬挂横幅、发放宣传材料、宣传手册和宣传品，深入宣传“节水优先”方针、《国家节水行动方案》，提高全民节水意识，养成良好节水行为习惯和生活方式。积极开展“厉行节水　制止浪费”入企、入校、入商场、入公共场所、入单位、入社区公益宣传活动，更加明确节约用水的意义，使公众懂得节约用水的好方法，树立节约观念，使节约用水成为一种生活新时尚。

【水资源税征缴】　2020年，全县确认非农取用水纳税户 57 家。在用水计量上，严格按照标准安装用水计量设施，县水务局定期对企业取用水计量设施进行排查，发现问题及时解决，每月 10 日前完成取用水量核定，并依法向申报人核发《河北省水资源税纳税人取用水量核定书》，申报人向税务部门申报纳税。全县农业水资源税纳税人认定工作依法开展，对全县农业用水户通过以电折水方式进行水量核定，确定香河正大有限公司钱旺养殖场和香河春山养殖有限公司两家企业属于超限额取用水纳税人，需要缴纳农业水资源税。年内，完成申报缴纳。

【水政监察执法】　2020 年，对“飓风行动”河道非法采砂、取水许可后续监管、北运河二期工程执法巡查、涉河渠工程检查以及未经水行政主管部门批准的其他违法行为进行执法巡查。出动执法巡查车辆 182 车次，执法巡查人员 546 人次，处理 13 个案件。对群众举报的案件，及时到现场调查核实，发现问题立即处理，及时将调查处理结果反馈给举报人。廊坊市群众服务热线反映问题 9 件，调查处理完结。

【安全生产】　成立县水务局安全生产领导小组，全面加强安全生产工作的组织领导，年初与各股室站所负责人以及水利工程施工企业负责人签订《安全生产责任书》。完善安全生产相关的预案、方案、制度。2020 年，先后制定并实施《香河县水务局应急预案》《香河县水务局危险辨识和风险控制标准》《香河县水务局隐患排查清单制度》《香河县水务局安全生产工作追责问责制度》《香河县水务局“双控”机制建设实施方案》《香河县水务局领导干部安全生产包联责任制》《香河县水务局质量与安全生产巡查工作计划》《香河县水务局安全生产大检查工作方案》《香河县水务局进一步深化安全生产“打非治违”集中行动方案》《香河县水务局水利安全生产专项整治三年行动实施方案》《香河县水利安全生产监管责任清单实施方案》《香河县水务局关于应对防大风防火灾雷爆等恶劣天气实施办法》等。建立水利工程施工企业约谈制度。检查企业是否建立安全生产风险辨识管控和隐患排查治理双控机制、是否建立安全生产制度、是否定期组织员工进行技能培训并对其进行开工备案，操作规程必须上墙，一线施工人员必须投保安全生产险。

（宋俊婷）

农村居民供水

【概况】　2020 年，积极开展全县农村饮水安全基本情况调查工作，实施 2020 年农村饮水工程维修养护项目，保证农村饮水安全。

【农村供水】　全县农村集中供水覆盖所有村街 25 万余人，集中供水工程 191 处。其中，规模化水厂 5 个，城市管网延伸工程 1 个，千人以上集中供水工程 101 处，千人以下集中供水工程 84 处。

【农村饮水安全工程】　2020 年，香河县农村饮水工程维修养护项目，总投资 60 万元。10 月，项目全部完成。建设内容包括：为安平镇、安头屯镇、刘宋镇和渠口镇的 20 个村安装健康水站 20 套，受益人口 15696 人。对香河现代水业有限公司部分设备进行维修养护，受益人口 5 万余人。

（宋俊婷）

财政　税务

责任编辑　杨东林

综　述

2020年，香河县财税部门克服困难，迎接挑战，抗疫情、保增收、减税费、强管理、优服务、惠民生，稳中求进，改革创新，积极助力全县经济和社会发展。财政部门克服困难，稳中求进，锐意改革，认真落实积极的财政政策，大力推进发展方式转变，实现财政收入平稳增长，财政支出保障有力。税务部门全力做好稳就业、稳金融、稳外贸、稳外资、稳投资、稳预期“六稳”工作，落实保居民就业、保基本民生、保市场主体、保粮食能源安全、保产业链供应链稳定、保基层运转“六保”任务，积极助力地方经济取得新发展。

财　政

【概况】 2020年，香河县财政工作紧紧围绕县委、县政府在高质量发展中建设“美丽幸福新香河”目标，克服房地产调控、生态环保治理、减税降费、新冠肺炎疫情等因素影响，完善综合治税举措，制定科学合理的征管计划，全力以赴组织收入，增强地方财政保障能力。优化调整支出结构，确保支出达到时间进度，重点保障新冠肺炎疫情防控资金第一时间支出、人员经费按时足额发放和机关正常运转。民生投入进一步提高，支农惠农、社会保障、义务教育、生态环保等政策得到全面落实。全面开展预算绩效管理，实现预算和绩效管理一体化，有效提升财政政策实施效果、资金使用效益和公共服务质量与效能。把握政策机遇，发挥财政杠杆作用，扎实有效地推进争取资金工作，有力促进了县域经济发展。年内，县财政局被省委、省政府评为“省级文明单位”，县财政局领导班子被县委、县政府评为“2019年度优秀领导班子”。

【一般公共预算执行情况】 2020年，全县财政收入546832万元，占调整预算数的101.3%。一般公共预算收入307770万元，占调整预算的102.6%，税收收入占一般公共预算收入比重为61.9%。财政一般公共预算支出571916万元，全年支出进度完成99.1%。

【政府性基金预算执行情况】 2020年，政府性基金收入142712万元，占调整预算的101.9%。支出144509万元，占调整预算的96.3%。

【社会保险基金预算执行情况】 2020年，全县社会保险基金收入38616万元，占预算的110.26%，同比增长-22.7%。社会保险基金支出42060万元，占预算的95.18%，同比增长5%。年内，受落实减税降费政策、养老保险征收比例下调影响，社会保险基金收入同比降低。

【政府债务情况】　2020年，省财政厅下达香河县新增政府债务限额为47300万元，截至2020年年底，香河县政府债务限额达到256956万元，政府债务率为11%，处于安全范围内，且数值较低，债务运行不存在财政风险。

【预算绩效管理】　2020年，按照省财政厅绩效预算改革要求，香河县全面开展预算绩效管理工作，积极推行预算绩效管理改革，引入绩效理念，改革预算管理体系。通过事前绩效评估、事中绩效监控、事后绩效评价的全过程绩效管理，强化“花钱必问效，无效必问责”的绩效理念，建成全方位、全过程、全覆盖的预算绩效管理体系，实现预算和绩效管理一体化，提高财政资源配置效率，提升财政政策实施效果、资金使用效益和公共服务的质量与效能。香河县预算绩效管理工作在廊坊市排名第三，省财政厅通过财力性转移支付，下达香河县绩效奖励资金300万元。

【收费征管】　全县有78个执收执罚单位、200余个收费项目、40个执罚部门、108个执罚主体。2020年，全县非税收入一般公共预算完成117320万元。加快推广新版非税收入系统，协调各执收执罚单位及代收银行，组织人员学习财政电子票据相关业务，4月20日，实现行政事业单位财政电子票据全覆盖。

【盘活财政存量资金】　消化财政存量资金，包括一般公共预算结转结余资金、政府性基金预算结转资金、转移支付结转结余资金、部门预算结转结余资金、预算周转金、预算稳定调节基金管理以及收入缴库管理、偿债准备金管理等。2020年，全县存量资金7753万元，消化2019年年底存量资金51659万元，消化比例为87%。

【新冠肺炎疫情防控资金保障】　2020年，全力保障新冠肺炎疫情防控资金，为全县打赢疫情防控阻击战提供坚强的财力支撑。按照“特事特办、急事急办”原则，将涉及防控资金支出的主管和业务人员调配到位，及时与省、市财政部门、银行系统沟通，建立防控资金“绿色通道”，确保疫情防控、病人救治、防护用品采购等所需经费及时拨付，全年拨付防疫资金4913万元。积极落实对国家疫情防控重点保障企业贷款及财政贴息政策，县财政局会同县发展和改革局、县科学技术和工业信息化局、县人民银行及各商业银行主动与企业对接，指导企业及时上报相关资料，申请国家资金支持。全县疫情防控重点企业申请银行贷款支持4800万元，申请财政贴息资金 71.98 万元。保障全县疫情期间物资供应、社会稳定发挥积极作用。落实新冠疫情期间减免服务业小微企业和个体工商户房屋租金政策，对符合减免条件的15家企业和个体工商户，采取免费延长租期和在后续房租中抵扣的方式，落实3个月租金的减免政策，累计减免租金 96.82 万元。发挥创业担保贷款财政贴息作用，支持小微企业生产和个人创业就业，年内，全县发放创业担保贷款290万元，解决部分小微企业和个人资金困难问题，有效支持疫情后复工复产工作。

【北运河旅游通航资金保障】　2020年，创新投融资体制，建设融资平台。按照《香河县人民政府第三十九次县长办公会议纪要》（〔2020〕39号）文件精神，成立香河县运通投资开发建设有限公司，为全县基础设施和北运河旅游通航等项目建设提供资金保障。积极与省、市财政部门沟通，为北运河旅游通航项目争取专项债券资金支持。编写《关于政府债券管理及申报情况的说明》《关于专项债券申报的说明》《关于北运河通航项目政府专项债券资金申报的说明》，并转发至香河县运河通航指挥部及项目执行单位。用足用好相关政策，主动对接省财政厅，对北运河旅游通航工程及县财力现状进行说明，请求给予资金支持，向省财政厅提交《香河县关于申请财政性补助资金的请示》。全县各单位积极与省、市对口部门对接，以上级对口部门的名义争取列入省、市预算，全县预算部门拟争取2021年度省市预算资金530943.62万元，涉及18个单位，64个项目。其中，上级可用资金13637.22万元，上级专项资金123555.4万元，专项债券资金23451万元，一般债券资金370300万元；涉及与北运河通航有关的项目6个，拟争取资金307500万元（其中，县水务局一般债券资金项目1个，金额160000万元；上级专项资金项目1个，金额9500万元；县交通运输局一般债券资金项目4个，金额138000万元）。制定《积极争取上级资金的奖罚办法》《上级资金争取工作流程说明》《争取资金流程图解》《一般、专项债券项目申请前置条件表》并推进实施。召开争取上级资金专题会议，对各单位加强培训，确保资金争取工作取得实效。

【惠农资金投入】 2020年，制订《香河县农业支持保护补贴实施方案》，由镇、村核实上报补贴面积，核定每公顷补贴1422元（每亩补贴94.8元），全年投入农业支持保护补贴资金1734万元，补贴面积1.22万公顷（18.3万亩），补贴资金以“一折通、一卡通”形式发放到农户手中。制订《香河县2020年农机购置补贴实施方案》，全年投入农机购置补贴资金260万元，补贴资金的发放，有效推动全县农业机械化水平的提升，保障全县农业现代化的稳步发展。投入“村级一事一议财政奖补项目”资金1911万元，审批建设项目71个，涉及59个村街，项目建设主要包括村级道路硬化、村民活动中心建设及村内美化亮化工程建设，受益人口7万余人。投入资金400万元，其中，县本级财政资金200万元，用于蒋辛屯镇、安头屯镇、钳屯镇扶持壮大村集体经济发展建设。投入农村环境整治政府债券资金22700万元，继续推动全县美丽乡村建设。投入资金916万元，推进镇村环境卫生整治工作，健全农村环境卫生长效机制，全面改善农村环境。全县承保设施农业保险1677.8公顷（25167亩），同比增长246%，设施农业保险理赔金额600余万元。

【教育文化资金投入】 2020年，县财政投入资金6953万元，用于教育文化事业的发展建设。其中，投入义务教育资金4908万元，重点向农村义务教育的倾斜，促进全县义务教育均衡、持续、健康发展；投入1102万元，加强对农村中小学的校舍、图书馆、教学仪器、体育设施和信息技术教室等方面建设；投入普通高中助学金221万元。投入普通高中助学和免学费资金31万元；投入276万元专项资金，用于全县教师教学培训和能力提升，提高教师的教学水平和学校的管理水平，逐步改善农村中小学办学和师资条件；投入314万元，用于职业教育免学费和家庭困难学生助学补助；投入45万元，用于县图书馆、文化馆和各镇文化站公共文化设施建设；投入36万元，用于全县105个行政村电影放映，确保每村每月安排电影放映，提高农村群众业余生活品质；投入20万元，开展农村文艺演出和举办农民体育比赛。

【生态环保资金投入】 2020年，县财政投入环保资金12535万元，重点支持全县农村“气代煤”“电代煤”和燃煤燃气锅炉改造提升、家具行业提升整治、重点工业企业分表计电、工业企业料堆扬尘监测在线安装、集中式饮用水水源保护区规范化建设、国三营运柴油车淘汰等重点环保项目建设。

【社会保障资金投入】 2020年，县财政投入3226万元，用于4063名低保对象的基本生活保障。投入17300万元，用于城乡居民养老保险。投入858万元福利彩票公益金，用于殡仪馆维修维护、贫困大学生救助和修建体育设施等公益事业。

【社会安全保障工程资金投入】 2020年，投入资金5915万元，建设公安“天网”一至五期工程；投入资金3620万元，建设交警“智慧交通系统”一至三期工程。公安“天网工程”及交警“智慧交通系统”建成投入使用，实现信息资源联通共享和大数据应用，构建了全方位、信息化防控体系，发挥安全技术防范设施在预防、发现、制止、打击刑事犯罪和社会治理中的作用，切实推进和谐社会建设。投入资金3539万元，推进智慧城市建设，智慧城市一期建设项目完工并投入使用，提高城市信息化管理水平和部门工作效率，提升城市科技化水平。

【医疗卫生资金投入】 2020年，县财政投入2780万元，用于公共卫生服务项目。投入4823万元，加大对公立医院扶持力度，并将医改资金足额纳入财政预算。投入4293万元，用于基层医疗机构综合改革药品零差价补助项目，实现患者能看病、好看病、看好病的目标，减轻患者负担。

【重点民生项目建设资金投入】 2020年，县财政筹措并拨付83773万元，支持县人民广场、民兵训练基地新建工程、垃圾填埋场扩建工程、县城区路网改造等一批重点项目建设。

改造建设中的县人民广场　　县住房和城乡建设局供图

【扶贫资金投入】 2020年，全县财政专项扶贫资金总投资3343万元，其中，省财政投入财政专项扶贫259万元，市财政投入23万元，县本级财政投入3061万元。年内，全部完成支出，其中，3000万元拨付张家口市张北县，用于对口帮扶；343万元拨付县农业农村局，用于产业扶贫，县农业农村局年内完成支出。

【财政监督】 做好行政事业单位财政资金监督检查。上半年重点检查县住房和城乡建设局、县城市管理综合行政执法局罚没收入应收未收情况，县园林绿化中心绿化节点资金支出、县环卫部门环卫资金支出、县交通运输局公交车运营情况，县自然资源和规划局土地收储收入、违建资金罚没情况，县教育和体育局基建工程项目情况，五百户镇美丽乡村建设资金使用情况，市生态环境局香河县分局、县融媒体中心“三公”经费支出。下半年重点检查县农业农村局美丽乡村建设资金使用情况，县卫生健康局疫情防控资金使用情况，县红十字会捐赠资金使用情况，县市场监督局罚没收入应收未收情况，县民政局扶贫专项资金使用情况，县应急管理局、县水务局、县文化广电和旅游局“三公”经费及其他公用经费支出情况。

做好绩效评价工作。在各部门对所有列入2019年县本级预算的项目资金（不含专项公用经费项目）的预算执行情况和项目资金支出的经济性、效率性、效益性以及绩效目标的实现程度进行自评的基础上，选取15个重点项目进行绩效评价，评价范围包括生态环境治理、扶贫领域、教育领域和城区道路美化等方面。

做好财政扶贫资金专项检查工作。对2019年财政专项扶贫资金预算3283万元、2020年财政专项扶贫资金预算3343万元的管理使用情况进行自查。检查中发现县民政局对口帮扶3000万元、市级投入23万元、县级投入61万元未公示问题，经过整改已公示。

加强对所有直达资金的监督，重点关注直达资金管理及使用情况，每月向市局上报监督工作开展情况。

认真开展预决算公开检查。组织全县各部门进行预决算公开工作并对所有单位 2020 年预算公开情况进行专项检查，对各单位预决算公开的及时性、完整性、细化程度、公开方式进行检查。

做好会计监督检查工作，按照《2020 年廊坊市会计监督检查工作方案》（廊财监〔2020〕10 号）文件要求，采取市县联动检查，选取检查县科学技术和工业信息化局、县行政审批局，未发现问题。

加强“双随机一公开”工作。根据《香河县财政局 2020 年度双随机抽查工作计划》，开展 3 次内部双随机抽查，通过双随机监管工作平台抽取香河县鑫鑫天泽会计服务有限公司、香河宏远财务咨询服务有限公司、香河县社会保险事业管理所、河北允迪工程项目管理有限公司等 4 家单位进行检查，抽查结果在县政府网站公示，未发现违法违规情况。

做好综合治税涉税信息采集工作，按季度报送综合治税信息。做好纳税大户清查、营业税欠税清查、构建纳税评估模型及继续“以电控税”“房地产清查”“医保卡清查”“股权转让”等相关工作，确保调研数据真实、准确。

【政府投资评审】 2020 年，县财政局评审中心完成 133 项工程评审，项目总投资 81592 万元，审定金额 75918 万元，审减资金 5674 万元，平均审减率 6.95%。完成的重点审核项目有新开街（永泰路—运河大道段）道路升级改造工程、新开街两侧新建绿化带工程、新华大街两侧新建绿化带工程、永泰路等路段新增绿化带工程、学校旱厕改造工程、仿真滑冰场馆工程、2019 年连村道路养护工程、钱旺镇和蒋辛屯镇人居环境整治等工程。

【债务风险防控】 为缓解县级资金压力，全力组织争取一般债券及专项债券资金，支持全县重点项目建设，积极协调化解隐性债务，保证尽快完成化解任务，加快地方政府债券资金支出工作，保证政府债券资金合法合规支付到位，不断加强政府债务管理力度，每月组织各单位、镇区按时在隐性债务监测平台上报本单位债务情况，强化债务风险防控约束能力，随时分析政府债务的规模、构成、偿还能力等，杜绝发生政府隐性债务。

【政府采购】 2020 年，政府采购通过公开招标、询价采购、谈判采购等形式，政府采购办共实施采购 252 次，完成采购金额 31039 万元，节约资金 967 万元，资金节约率为 3.02%。做好新冠肺炎疫情防控期间重要物资政府采购工作，确保防控急需物资采购顺利进行，按照上级文件精神，简化工作流程，开通政府采购“绿色通道”，制定印发《关于疫情防控期间政府采购有关问题的紧急通知》（香肺炎疫防办〔2020〕46 号），对政府部门急需采购的疫情防控物资实施应急采购模式，由相关部门自行组织采购活动，政府采购“绿色通道”的建立，缩短采购时间，提高政府采购效率。

【国有资产管理】 2020 年，组织编制香河县 2019 年度国有资产管理情况的报告。强化国有资产收入管理，为减少国有资产收入在途时间，保证国有资产收入及时入库，年内，县公有资产经营公司在收入管理上严格执行“收支两条线”，实现票款分离和收缴分离，累计实现国有资产收入 77505 万元。做好 2019 年度地方企业国有产权登记数据汇总，全县国有及国有控股企业主要涉及电影放映和粮油仓储零售 2 个行业，经营区域均为境内，9 家企业产权与去年相比均无变化。强化措施，推进国有资产监管。4 月 23 日，全县组织 76 家行政事业单位国有资产管理工作培训；开展行政事业单位国有资产管理使用专项检查；有效盘活低效闲置资产，促进财政收入稳定增长。

【公务用车管理】 按照全省统一安排部署，企事业单位公务用车制度改革后保留车辆严格落实管理平台化、平台信息化、车辆标识化“三化”管理，保留车辆全部纳入平台管理、喷涂公务用车及监督电话标识、安装北斗定位车载终端设备。整合建立除公、检、法、司、纪检监察和国家安全以外的执法执勤车和综合执法车跨部门统一调度平台，纳入全省公务用车信息化管理平台运行，实行网上派车，集中调度管理。县车改办分别与县直有关执法执勤单位和行政执法单位签订委托管理协议，所涉及执法车辆委托各单位管理，如遇重大突发应急事件，县车改办统一跨部门调度。2020年，县公务用车服务平台平稳运行，保障全县重大公务活动和重要任务的用车需求。

【会计管理】　组织会计专业考试报名。3月，64人通过会计专业技术中级资格考试，领取资格证书；10月，377人通过会计专业技术初级资格考试，成绩合格；11月，25人通过中级资格3科全部科目，完成资格审核。12月，1026人报名参加会计专业初级资格考试。组织行政事业单位会计人员培训。4月、10月举办2期会计培训班，179人次参加培训，培训内容为行政事业单位“三公”经费使用注意事项和《会计基础工作规范》。组织会计人员继续教育培训。县财政局与华夏会计网联合推出香河县会计人员继续教育学习网，学员在网上学习、网上考试，学员根据工作需要选择课程，完成60学分，6月底结束，有697人参加培训。年内，为3家代理记账机构办理资格审批，并发放证书。

【票据管理】　为加强票据审核，进一步严格财政代开票据管理，2020年，累计发放各类财政手写票据673本，机打票据2005份，医用机打票据150万份，有效防止了偷税逃税行为。加快财政电子票据业务推广应用，年内，全县备案电子印章187个，其中，97家单位投入使用，开具往来结算电子票据18658笔，开具电子缴款书6279笔，实现行政事业单位财政电子票据全覆盖，提升财政业务工作效能。

【政府对企业扶持政策落实】　2020年，县财政局与县科学技术和工业信息化局、县发展和改革局等相关部门配合，积极组织扶持企业的各类专项资金的申报工作，为企业提供财政政策支持，将符合条件的企业、项目应报尽报，最大限度争取扶持资金。全年申报外贸发展项目7个，工艺设计成果转化项目4个，稳外贸项目5个。全年落实各类扶持企业资金1374.62万元，扶持企业107家。

2020年度香河县争取上级资金扶持企业一览表

表6

帮扶资金名称	帮扶金额（万元）	帮扶企业数量（个）
中央外经贸发展专项资金	16.11	4
省级外贸发展专项资金	199.5	2
市级双创示范区基地奖励资金	50	1
市级工业设计产业发展资金	150	3
市级促进工业转型升级高质量发展资金	807	23
市级数字化车间及数字发展资金	90	3
市级中小企业发展资金	60	4
市级工业和民营经济数据管理库网上平台运行经费	2.01	67
合　计	1374.62	107

（佟沅洪）

税　务

【概况】 2020年国家税务总局香河县税务局（简称县税务局）认真贯彻习近平新时代中国特色社会主义思想，坚持依法征收，落实减税降费政策，加强税费管理，深化法治建设，优化营商环境，提升征管效能，主动服务大局，各项工作取得新进展。

【税费征收】 县税务局加大组织收入力度，主动向国家税务总局特派办、省税务局、市税务局和县委、县政府汇报组织收入情况，配合县政府综合治税领导小组开展相关税种综合治理。按月做好税收会统核算，科学组织收入调度。2020年，税费收入52亿元，其中，税收收入43.42亿元，社保费和非税收入8.58亿元。完成政府口径税收收入19.13亿元（县级），占全年收入预期目标的55.1%，同比减收7.94亿元，减幅29.33%。

8月5日，香河县税务局组织召开减税降费政策落实督导会议　　尹超 摄

【减税降费】 继续落实"六税两费"[资源税、城市维护建设税、房产税、城镇土地使用税、印花税（不含证券交易印花税）、耕地占用税和教育费附加、地方教育附加]普惠性减税降费政策，梳理新冠肺炎疫情防控的税收优惠政策，支持防护救治、物资供应、公益捐赠、复工复产等方面税收优惠政策，组织税务干部认真学习，对纳税人开展线上宣传和培训辅导，对医疗机构、红十字会和防疫物资重点生产企业进行点对点政策宣传、辅导。发挥税收大数据作用，助力企业实现供需对接，尽快步入正轨、发展生产，稳步提升税收效益。做好减税降费政策落实情况统计和效应分析，密切跟踪各项减税政策落实情况。2020年，全县减税降费2.99亿元，其中，2020年出台支持疫情防控和经济社会发展的税费优惠政策新增减税降费1.85亿元，2019年出台政策在2020年的翘尾新增减税降费1.14亿元。

【税种管理】 2020年，全面推进深化增值税改革，开展消费税白酒最低计税价格核定和成品油经销企业发票核查工作，推行"互联网+便捷退税"。完成8016户企业所得税汇算清缴，入库3.26亿元；完成个人所得税综合所得汇算清缴，全县汇算清缴扣缴单位2153个，申报人数36637人，汇缴申报补税（不含豁免）人数2216人，补缴税款330.05万元；申报退税人数10066人，退税金额423.72万元。

【社会保险和非税收入】 2020年，县税务局征收社会保险费和非税收入8.58亿元。其中，征收各项社会保险费7.39亿元，同比减收1.38亿元，下降15.72%；征收各项非税收入1.19亿元，同比减收656万元，下降5.21%。承接并落实水土保持补偿费、地方水库移民扶持基金、排污权出让收入和防空地下室易地建设费4项非税收入征管职责划转工作。

【税收法治建设】 落实税收执法公示制度、税收执法全过程记录制度和重大执法决定法制审核制度。2020 年，完成 3681 条执法公示信息在执法公示信息审核采集平台发布，上传执法音像记录 22 条，完成重大执法决定法制审核 1 项。落实公职律师、法律顾问工作机制，法律专业人才参与行政决策，提高重大决策水平。强化权力制约和监督，编制并发布权责清单 7 个，权责事项 155 个。加强内控机制建设，围绕重点风险领域，立足风险点，开展核实、反馈、整改工作。核查完成内部重点风险指标数据 822 条。加强税法宣传教育，组织税务干部参加宪法及相关法律、法规知识考试，以考促学，提升税务干部法治意识和工作水平。

12 月 3 日，税务干部到廊坊爱依瑞斯家具有限公司进行法治宣讲　　尹超 摄

【纳税服务】 统筹开展“放管服”改革、优化营商环境、“便民办税春风行动”。公布 197 项“非接触式”办税缴费事项，落实 185 项“最多跑一次”清单。积极推广电子税务局、自助办税终端、手机App办税方式，开通发票邮寄业务，落实“容缺办”要求。组织开展对民营企业“聚同心、解难题、促发展”百日大走访行动。完成 8545 户纳税人信用评价，主动对接邮政储蓄、农村商业银行、建设银行，开展“银税互动”活动，缓解企业融资难、融资贵问题。解决纳税人办税难、用票难、咨询难、迁移注销难等问题，提升纳税人满意度。

【税收征管】 开展因新冠疫情企业复工复产情况调查，帮助企业解决复工复产中遇到的困难。深入落实《河北省税收征管操作规范》（2.0 版），有序推进税收征管质量 5C评价工作。分段核定个体工商户双定户定额，做好新冠疫情期间定额调整。配合县委、县政府招商引资，做好纳税人委托代征相关事宜；协助县政府做好 “乡镇改革事权下放” 工作。规范加油站行业税收征管，经实地核查，要求对登记、申报等信息不准确问题进行整改。积极落实疫情期间“放管服”工作，完善电子税务局使用功能，落实网上发票申领保障。做好信息系统配套升级，强化运维体系建设，夯实征管基础保障。

【税收队伍建设】 制定《关于建设高素质专业化干部队伍建设的实施意见》和《关于建设高素质专业化干部队伍第一阶段实施方案》。投入 6 万余元订购学习教材，投资 50 余万元建成网络实训教室。2020 年，报名参加税务师职业资格考试 34 人，报考会计师 6 人，在读研究生 2 人。开展岗位练兵比武，积极参加省、市组织的比武竞赛。

2020年香河县纳税1000万元（含）以上企业一览表

表7

单位：万元

序号	纳税人名称	纳税金额	序号	纳税人名称	纳税金额
1	北京顺鑫农业股份有限公司牛栏山酒厂香河生产基地	76169	22	香河茂胜房地产开发有限公司	2272
2	香河第一城酒业有限公司	40253	23	荣盛房地产发展股份有限公司	2211
3	香河县胜强房地产开发有限公司	29152	24	香河维远房地产开发有限公司	2211
4	河北香河农村商业银行股份有限公司	10364	25	香河鼎泰园区建设发展有限公司	2163
5	香河孔雀郡房地产开发有限公司	9894	26	香河彩星经纬家居城有限公司	2107
6	河北荣盛建筑材料有限公司	8076	27	香河瑞鸿房地产开发有限公司	2051
7	香河理想嘉业房地产开发有限公司	7225	28	骏豪凯星（香河）房地产开发有限公司	2048
8	廊坊瑞盛投资股份有限公司	5887	29	香河裕龙房地产开发有限公司	2046
9	香河京御房地产开发有限公司	5741	30	香河鑫福源商贸有限公司	1966
10	香河荣信房地产开发有限公司	4729	31	上海绿地集团香河投资开发有限公司	1935
11	香河县城镇房地产综合开发有限公司香海分公司	4365	32	中粮可口可乐华北饮料有限公司	1793
12	河北美联房地产开发有限公司	3513	33	香河县三强建筑工程有限公司	1702
13	香河万利通实业有限公司	3467	34	香河西联建材装饰城有限公司	1591
14	香河县百川燃气销售有限公司	3465	35	香河金汉房地产开发有限公司	1347
15	香河恒康房地产开发有限公司	3067	36	廊坊银行股份有限公司香河支行	1321
16	荣盛建筑设计有限公司	2950	37	香河县华宇房地产开发有限公司潮白新村西区项目部	1252
17	香河万通房地产开发有限公司	2685	38	香河御景置业房地产开发有限公司	1167
18	香河经纬房地产开发有限公司	2557	39	国网冀北电力有限公司香河县供电分公司	1131
19	香河中安房地产开发有限公司	2474	40	奥莱（香河）房地产开发有限公司	1109
20	喜临门北方家具有限公司	2409	41	香河县逸景房地产开发有限公司	1099
21	富力（香河）房地产开发有限公司	2359	42	香河首农农业科技发展有限公司	1079

（任海龙）

交通　邮政　供电

责任编辑　杨东林

综　述

2020年，香河县深入推进京津冀协同发展，认真贯彻落实《北京市通州区与河北省三河、大厂、香河三县市协同发展规划》，全面启动北运河廊坊段旅游通航工程交通基础设施项目前期工作，确保北运河廊坊段与北京同步实现旅游通航。加快跨界路网建设，京唐高铁建设顺利推进，启动安石路西延工程前期工作，平香线南延和大辛路改造工程建成通车。实施道路升级改造工程，完成城乡道路新建、改造217千米，平香线南延跨潮白河大桥、大辛路跨潮白河义井大桥竣工通车，通行条件进一步提升。坚持县域内道路养护与路政管理相结合，进一步优化路域环境。强化交通运输业管理，确保交通运输安全顺畅。年内，县交通运输局荣获廊坊市农村公路建设养护工作优秀单位、大气污染防治工作优秀单位，香河县2018－2019年度文明单位、2019年度创建省级文明县城工作先进单位等称号。邮政在代理金融业务、包裹快递、电子商务、发行投递等项业务上有新进展。国家电网冀北电力有限公司香河县供电分公司进一步提速电网建设，为全县经济和社会发展提供电力保障，大力优化营商环境，提升供电服务水平，实现连续安全生产13202天。

公　路

【概况】 2020年，新建改建农村公路80.822千米。截至年底，全县等级公路通车总里程1041.78千米，其中：国省道84.737千米，县级公路56.762千米，镇级公路107.024千米，堤顶路76.038千米，村级公路793.256千米，全县公路网密度为2.33千米/平方千米。县域路网形成县镇相通、村街相连的网络格局，每个镇（园区）至少有1条二级（含）以上公路相通，每个村至少有1条四级（含）以上公路相连，农村公路等级公路比例为100%，铺装率为100%，县镇公路中三级（含）以上公路比例为66.12%，农村公路列养率为100%。香河县被评为“四好农村路”全国示范县。

【高速公路】 穿越县境的高速公路有2条，全长23.955千米。其中，京哈高速（编号G1）公路境内长21.303千米，路面宽30米，路基宽34.5米，在香河经济开发区新兴产业园设香河北出口，在钱旺镇、渠口镇交界处设香河东出口；首都地区环线高速公路（编号G95）境内长2.652千米，在蒋辛屯镇梁家务村设香河西出口。

【其他国省干线公路】 经过境内的国道3条，全

平香线南延及跨潮白河大桥　　县融媒体中心供图

长54.016千米。其中，京滨路（北京－滨海新区、编号G103）境内长3.87千米，通武线（通化－武汉、编号G230）境内长23.415千米，唐通线（京唐港－通州、编号G509）境内长26.731千米。穿过境内的省道有2条，全长6.766千米，其中，平香线（平谷－香河）（编号S274），境内长5.128千米，蒋辛屯镇梁家务互通连接线（编号SLZ6）县境内全长1.638千米。

【平香公路南延】 将平香线由唐通线向南延伸至冀津界，延长部分全长14.9千米。先期启动由唐通线至双安路段工程，长5.669千米，按一级公路双向八车道并参照城市道路断面标准建设，路基宽60米，修建跨潮白河大桥1座，长418米。2020年12月，唐通线至双安路段工程竣工通车。

【农村公路】 全县有农村公路597条，总里程940.904千米。县道4条，总长56.762千米，其中，香北线（香河－河北屯）长22.11千米，倪李线（倪庄－李庄）长17.632千米，香务线（香河－河西务）长10.302千米，蒋渠线（蒋福山－渠口）长6.718千米；乡道14条，总长107.024千米；村道579条，总长777.118千米。2020年，农村公路完工62.406千米，高质量完成60千米的年度目标任务。

【"四好农村路"建设】 2020年，推进"四好农村路"建设与旅游业深度融合发展，将农村公路建设与"全域旅游"构建和"乐适小镇"（乐居、乐业、乐游、乐享）打造相结合，全力建设美丽公路，梁大香（梁家务－大窑上－香河）－大香（大厂－香河）旧线、夏安旧线（夏垫－安平）－杨簸箕庄、滨河路（蒋辛屯镇）、北李庄－岭子等条公路被省交通运输厅评为全省美丽农村路精品示范路。

【公路桥涵】 境内国省干线公路有桥梁20座，其中，大桥5座，中桥3座，小桥12座；县乡公路有

"四好农村公路"　　县交通运输局供图

桥梁46座，其中，大桥7座，中桥4座，小桥35座。干线公路桥梁大部分为1999年后修建，总体技术状况相对稳定。县乡公路桥梁总体技术状况较差，三类以下桥梁占52%。公路养护部门按照河北省桥梁管理规定，坚持对桥梁日常巡查、经常检查和定期检查，保证公路日常通行安全。针对部分桥梁出现的一般性损坏，做到早发现，早维修，对桥梁出现的结构性损坏及时向上级报告，在村道桥梁检查中发现的问题，向所辖镇送达书面维修建议书。

建设中的大辛路跨潮白河义井大桥　　县交通运输局供图

【公路工程建设】　2020年，完成农村公路建设里程80.822千米，完成投资41295万元。其中，大辛路（钱旺镇大六王－西集镇辛集）的唐通线－义井大桥段养护改造工程，全长3.598千米，路面宽23.4米，外接3米人行道，对义井大桥进行拆除重建，桥长457米。香务线（双安路－冀津界段）养护改造工程，全长10.914千米（含支线0.589千米），采用二级公路标准建设，路面宽9米。香河县美丽乡村旅游线路建设工程，全长5.669千米，路基宽60米，按双向八车道标准建设，新建跨潮白河大桥1座，长418米，由廊坊瑞盛投资股份有限公司出资建设。香河县自2017年开始，对连村道路进行养护改造，计划养护改造连村道路223条，总长194.289千米，截至2020年年底，累计完工143.123千米，其中，年内完成64.222千米。潮白河左堤路（大厂界－大香线段）养护改造工程，全长10.123千米，路面由5米拓宽至7米。

【公路扬尘治理】　2020年，加大管养公路的日常保洁力度，提高保洁人员、养护机械工作效率。12台大型养护机械车每天上路作业，所有清扫车全部使用湿扫，3月20日开始，除雨雪天气外，洒水车每天洒水降尘；国省干线公路每天保持清扫2遍、洒水2遍；主要县镇公路每天清扫1遍、洒水2遍。安排保洁人员，常年对机械清扫不到位的地方进行人工清扫，捡拾、清理路界内的垃圾、飘挂物，彻底消除环境死角。年内，出动清扫车1540台班，累计清扫50900千米；出动洒水车1092台班，累计洒水降尘34239千米；出动人工16920工日，清运垃圾3369立方米；清除路面积雪5次、745千米。

【公路养护】　2020年，按照“预防为主、防治结合”的原则，发挥专业化公路养护公司作用，1月、3月、11月，对国、省、县、镇公路的路面裂缝进行3次灌封；8月、9月，利用大型路面挖补机械，对平香线、唐通线及部分农村公路的路面坑槽进行集中挖补；12台大型养护机械全天候上路作业；整修路肩、绿化台、边坡5500千米，清理排水沟15.6千米；更换公路标志牌32块，更换百米桩、示警桩、界桩、里程碑450个，修补路面坑槽26411平方米，灌注路面裂缝31500米。

（李荣鑫）

运　输

【概况】　2020年，香河县有长途汽车客运站1个，客运班线13条，大、中型客车27辆，发往天津市、河北省廊坊市、唐山市、秦皇岛市等；香河慧安公共交通运输有限公司负责县内公交运营，拥有新能源公交车100辆，与县内7条北京公交线路实现零距离换乘；有出租汽车公司6家，出租汽车724辆。有大型载货汽车97辆，中型载货汽车82辆，小型载货汽车1678辆；货物运输企业5家（含危险货物运输企业1家），物流企业6家，汽车维修企业53家，机动车驾驶员培训学校2所。

【长途客运】 香河汽车站有13条营运班线。始发班线有香河至天津市，内蒙古自治区赤峰市敖汉旗新惠镇、赤峰市林西县、锡林郭勒盟正蓝旗，河北省廊坊市、唐山市、张家口市沽源县、承德市平泉县；过路班线有香河至河北省秦皇岛市、承德市、承德市承德县下板城镇、承德市青龙县，内蒙古自治区赤峰市。有27辆营运车辆，日发车48班次。其中，隶属廊坊市通利运输有限公司香河分公司车辆12辆：香河至唐山市1辆，渠口至廊坊市1辆，石虎辛庄至廊坊市1辆，刘宋至廊坊市2辆，五百户至廊坊市2辆，香河至廊坊市5辆；隶属香河汽车站车辆14辆：香河至天津市1辆，石虎辛庄至天津市1辆，刘宋至天津市1辆，东鲁口至廊坊市1辆，香城屯至廊坊市1辆，香河至秦皇岛市兴隆县1辆，香河至张家口市沽源县1辆，香河至内蒙古自治区赤峰市敖汉旗新惠镇1辆，香河至三河市燕郊镇6辆。

【香河至北京公共交通】 2020年，香河至北京运营的公共交通有7条线路、145辆公交车，由北京公交集团负责运营，北京市交通部门负责行业管理。主要线路为：938路（快）47辆，由香河总站至北京站东；810路29辆，由香河总站至北京市通州区北苑路口西；938路35辆，由香河县第一城站至北京市东城区北京站东；香汐通勤27辆，由香河县安平香汐花园站至北京市朝阳区朗家园站；810路（快）3辆，由香河县富力新城站至北京市朝阳区大郊亭桥东；100路2辆，由香河县第一城站至北京市朝阳区大北窑南；101路2辆，由香河县香汐花园站至北京市通州区地铁潞城站。

【县域公共交通】 2020年，县域公交共开通线路11条，线路总长288千米，辐射全县城乡，运营新能源公交车100辆，日发599班次，年运营总里程650万千米。全程统一票价2元，支持现金、微信、支付宝、NFC、IC卡等支付方式，对学生、残疾人、65周岁以上老人等实行票价优惠或免费政策。

【出租车运营】 县内有鑫瑞、通达、宝达、瑞隆、新越、铭浩6家出租汽车公司，出租汽车724辆。2020年，运营车辆598辆，从业人员630余人。在开展正常的营运过程中，6月7—8日，铭浩、瑞隆等出租汽车公司连续12年开展“免费接送高考生”志愿服务活动。

【货物运输】 2020年，全县有货物运输企业5家（含危险货物运输企业1家），物流企业6家，危险货物运输车辆及罐体符合国家相关法律规定技术等级，从业人员全部持证上岗，运输车辆安装卫星定位装置；全县有大、中型货物营运车辆179辆，总载重量1725吨。

【物流中心】 县内有4家货运站场，分别为香河八方物流有限公司、香河县北方物流基地、香河县亨瑞达物流有限公司、香河广源物流有限公司，总占地面积10.66万平方米，从业人员137人，年货物吞吐量20余万吨。物流目的地为辽宁、吉林、黑龙江、内蒙古、宁夏、甘肃、青海、新疆、四川、北京、天津、重庆等省（自治区、直辖市）及河北省内各市，主要为香河家具产业服务。

（李荣鑫）

交通运输管理

【概况】　交通运输部门依法开展路政、运政等行业管理，保护公路、公路用地、公路设施，维护公路路产路权和路域环境，对道路客货运输市场监督检查，规范经营行为，维护运营秩序，保障交通运输行业健康有序发展。

【新冠肺炎疫情防控】　确保全面做好新冠肺炎疫情防控工作，根据交通运输工作实际，制订疫情防控工作方案、督导方案等多个相关文件，明确责任分工，细化目标任务，切实把责任压实，防止疫情扩散蔓延。县域内公交车、出租汽车和长途汽车发车前、运营后进行全面消毒。对座套、安全带、座椅等重点区域每 6 小时消毒一次，对车门把手等重点部位按每单进行消毒。车内环境保持清洁，常备口罩、消毒液、喷壶等消毒防护用品。对公交公司驾驶人员、售票人员、车站工作人员和出租汽车驾驶员进行疫情防护知识培训，对驾驶员进行体温监测，出现发热情况暂停营运，及时就医，运营过程中驾驶员佩戴口罩，做好自我防护。要求乘客佩戴口罩，出示健康码或者行程卡。严格落实日报告制度。做好应急运输保障，建立道路运输应急保障队伍，确保 10 辆货车、5 辆客车及加油、维修等保障车辆随时投入疫情防控工作。为新冠肺炎疫情期间防疫物资运输畅通做好保障。

【北运河旅游通航工程】　2020 年，按照河北省委、省政府关于北运河廊坊段与北京市通州区同步旅游通航，实现互联互通的目标要求，香河县启动了北运河廊坊段旅游通航工程交通基础设施项目前期工作。结合航道选线，配布导助航设施，确保通航安全；同步推进王家摆桥、安运桥改建项目前期工作；结合北运河周边路网现状和规划情况，统筹旅游资源，建设旅游码头。年内，旅游码头一期、二期的可行性研究报告得到批复。

【公路建设项目手续办理】　2020 年，认真贯彻落实《北京市通州区与河北省三河、大厂、香河三县市协同发展规划》，启动安石路西延对接北京市通州区石小路项目、通武线 G230 国道钳屯弯道—老夏安线段改建工程项目前期工作；规划新建通宝路项目，通宝路新建工程项目将适时与北京市同步开展方案研究工作。

【交通运输行政执法】　围绕建设法治交通目标，按照《河北省交通运输行政执法公示办法》《河北省交通运输行政执法全过程记录办法》和《河北省交通运输重大行政执法决定法制审核办法》，严格规范交通运输执法行为，加强执法监督，维护当事人的合法权益，提升依法治理交通水平，促进严格规范公正文明执法。将“双随机、一公开”作为交通运输领域市场监管活动的基本手段和方式，原则上所有交通运输行政检查等行政执法工作都通过双随机抽查方式进行。加强行政执法与刑事司法的衔接，依托河北省行政执法与刑事司法衔接信息共享平台，对涉嫌犯罪案件网上移送、网上办理、案件信息的流程跟踪和监控，增强行政执法和刑事司法整体工作合力。全年共查处各类交通运输违法案件 58 起，维护了客货运输市场秩序。

【公路交通运输行政审批】　在县政府信息公开平台、河北省政务服务网对交通运输行政执法事项进行公开，规范行政审批行为，优化行政审批流程，压缩审批时限，创新行政审批服务方式，23 项交通行政许可项目均实现河北省政务服务网“在线办理”，办事效率得到提升。全年办结 8 个行政审批事项，全部在县政府信息公开平台、信用廊坊等进行公开。依据《香河县第二批行政许可事项划转实施方案》（香政办〔2020〕11 号）要求，香河县交通运输局于 10 月将公路超限运输许可、设置非公路标志审批等 14 项行政审批职能划转至香河县行政审批局。

【公路路政管理】 加强巡查，维护路产路权。对管辖范围内的公路按照国省干线公路每天巡查 2 次、县乡公路每周巡查 2 次的工作标准，加强日常巡查，及时发现处理路政违章案件，同时积极配合县内公路、桥梁施工，做好交通疏导工作，维护道路安全。全年治理在公路用地内堆放物品、倾倒垃圾、倾倒污水等 7 处，清理公路用地内摆摊设点 98 处，依法清理在公路建筑控制区内未经批准擅自设置的非公路标志 33 块；发生行政许可案件 6 起，均办结。规范执法，治理超限运输。采取路警结合、路面治超与源头治超结合的方式，严格开展超限运输治理，与源头治超负责人、货源单位、维修企业签订责任状，将工作责任落实到岗，细化到人；依托平香线超限检测站，科学检测货运车辆，超限车辆卸载后放行，干线公路上超限车辆明显减少，超限率严格控制在 2%以下，全年检测车辆 14812 辆，卸载超限车辆 87 辆，卸载货物 4643.64 吨。

【客运管理】 加强长途客运及公交行业管理，规范运输市场秩序，全面深化司乘人员素质教育，着力提高职业道德水准，规范文明服务用语，倡导文明服务。在严格落实新冠肺炎疫情防控各项措施的前提下，做好春节、“五一”、“十一”等运输高峰期及重要节点道路旅客运输工作，严格落实日常安全管理措施，狠抓安全生产，实行领导分包责任制，层层分解落实任务，重点加强对驾驶员、营运车辆和客运站的监管。对 6 家出租汽车公司及出租汽车的从业条件、经营资质、经营行为、证照标志、税费缴纳、车容车貌、等级评定、保险等逐项进行年审，严格把关；对出租车公司及从业人员开展服务质量考核；开展稽查工作，严厉打击出租汽车乱涨价、乱收费行为，规范出租汽车市场秩序，提高出租汽车服务水平，加强对县内“黑出租”的治理，净化出租汽车市场，为人民群众营造便捷、安全、舒适的乘车环境。

【公路货物运输行业管理】 2020 年，依据《国务院关于取消和下放一批行政许可事项的决定》，衔接取消道路货物运输站（场）经营许可和衔接落实下放管理层级的毗邻县行政区域间道路旅客运输经营许可，落实货运车辆年审、年检、尾气排放检验“三检合一”。严格危险货物运输市场管理，落实危货运输安全责任制，提高危货运输企业的准入门槛，加强对现有危运公司负责人的培训，落实安全管理制度，每月对其进行一次安全监督检查，制订突发事件紧急救援预案，确保安全生产落到实处。做好车辆道路运输从业资格证审验工作，全年新增货车 4 辆、载重吨位 64.5 吨，新增挂车 6 辆、载重吨位 193.2 吨，年审货车 179 辆、载重吨位 1197 吨。坚持路面治理与源头管理相结合，以车辆管理和装载源头管理为重点，加大对散煤运输、危险货物运输、沙石车辆运输未采取必要措施防止货物脱落、扬洒行为的查处力度。

【机动车驾驶员培训管理】 加强对香河双安驾驶员培训学校和香河东岳长江驾驶员培训学校的监管，严把学员结业考核和学员培训记录审核关，对培训不合格、培训学时不够、内容不全的坚决不予签批。严格监督检查学时培训记录仪的使用，加强对理论教学的监督检查，不定期抽查驾校理论教学情况，确保理论教学落实到位。严厉查处培训中单车超数额配备学员、培训过程中教练员不在岗、不按教学大纲施教行为，确保培训质量。定期对教练员资质、教练车辆状况和安全设施配备情况进行监督检查，排除安全隐患。全年，完成科目一至科目四学时审核 1 万余人次，结业证存档 3261 份。

【车辆维修业管理】 按照《国务院关于取消一批行政许可等事项的规定》（国发〔2018〕28 号）要

求，取消机动车维修经营许可。2020年，全县有汽车维修企业30家，其中，一类企业1家，二类企业10家，三类企业19家，从业人员约180人。开展维修质量信誉评定工作，引导和促进维修企业依法经营、诚实守信、公平竞争、优质服务，不断提高机动车维修服务水平，对一、二类维修企业的经营主体、从业人员、维修质量保证进行完全整理，通过对企业下达整改通知书，强化营运车辆二级维护管理，规范维修企业经营行为。推进汽车维修电子健康档案系统建设，实现一、二类汽车维修企业系统应用全覆盖，11家一、二类汽车维修企业已全部完成对接，推进了汽车维修行业与互联网深度融合和创新发展。加强大气污染防治，对有喷漆房的汽车维修企业进行治理，对未建立危险废物贮存间的企业下达限期整改通知书，年内，30家列入管理台账的汽车修理喷漆企业全部建立险废物贮存间。

【交通战备保障】　对战备路开展常态化巡查，及时发现排除安全隐患，时刻保障道路安全畅通。做好交通战备应急保障，组建道桥应急抢修队，配备20名专业人员和5台大型道桥抢修机械设备，随时应对突发事件。

（李荣鑫）

邮　政

【概况】　2020年，中国邮政集团公司河北省香河县分公司设有金融业务部、集邮与文化传媒部、渠道平台部、寄递事业部4个专业经营单位，邮政支局（所）10个，金融网点6个，自办邮路2条，邮路总长62千米（单程）。城镇投递道段总长260千米，农村投递道段总长2166千米，邮政车14辆。

【指标完成情况】　2020年，完成业务收入2562.16万元，占年计划的96.5%。代理金融业务实现收入1131.84万元，完成年计划的104.12%；快递包裹业务实现收入554.14万元，完成年计划的102.62%；电子商务业务实现收入19.06万元，完成年计划的119.11%；分销业务实现收入302.01万元，完成年计划的94.38%；发行投递业务实现收入147.67万元，完成年计划的118.14%；集邮业务实现收入117.71万元，完成年计划的107.01%；函件广告业务实现收入31.62万元，完成年计划的105.41%。

【企业建设情况】　营业网点正常运营率、镇网点覆盖率、建制村直接通邮率均100%。金融网点在各节点开展以“客群大梳理、网点大比拼、爆点大突破”活动，利用电话、微信公众号、LED滚屏、厅堂看板、台卡、荧光板等进行客户邀约，设计不同主题的厅堂游戏和优惠购活动，吸引客户办理储蓄存款、保险、理财等业务，进行金融价值提升。利用中秋节、春节搞福利营销，开发燃气险全覆盖、社保宣传品寄递、公司业务大拓展等项目，支撑业务开展。

【基础设施建设】　完成安平营业所装修改造，对新华大街营业所、蒋辛屯营业所进行迁址改造。通过网点改造升级，完善网点功能分区布局，改善客户用邮环境，提升客户满意度，为金融业务的持续健康发展奠定基础。

（芮文颖）

供　电

【概况】　国家电网冀北电力有限公司香河县供电分公司（以下简称香河供电公司），是国家电网冀北电力有限公司下属的趸售县分公司，负责香河县的电力供应。有员工311人，固定资产净值3.59亿元。2020年，香河供电公司获得省级文明单位、冀北公司电网先进党支部、廊坊市最佳书香企业、模范职工之家、和谐党委、品牌建设先进单位、香河县先进基层党组织等荣誉称号。

【电网建设】 优化电网结构，为供电提供可靠保障。2020年，香河供电公司负责“廊坊北500千伏变电站”项目新建工程，为廊坊北部电网提供500千伏电源支撑，以满足廊坊北部负荷增长的需要，该项目位于香河经济开发区新兴产业园打鹤户村东北，占地4.05公顷（60.77亩）。

【电网运行维护检修】 2020年，完成县域内输电线路巡护工作，安排专人对京唐铁路香河段4处施工点进行看护。全国“两会”期间，派专人在500千伏盘安线（天津市蓟州区盘山电厂—安平）施工现场进行24小时看护，确保电网稳定运行。安排供电所、专业管理部门、护线员对香河110千伏站进行巡护。

【抗疫保电】 第一时间启动新冠肺炎疫情防控应急响应，成立领导小组，细化任务举措，始终保持零感染和零漏诊局面。制订《新冠肺炎疫情防控期间运检专业复工工作方案》，促进复工复产，对疫情期间申请两部制电价支持性政策的用户进行勘查核实。实行“一户一案”，保障定点医院、重要客户供电。针对检修试验作业、技改大修、配农网基建工程，根据现场实际、安全管控以及疫情防控要求，执行“一场一案”工作方案。

【电力营销】 2020年，严格执行国家发展和改革委员会下发的《关于疫情防控期间采取支持性两部制电价政策 降低企业用电成本的通知》（发改办价格〔2020〕110号）《关于阶段性降低企业用电成本 支持企业复工复产的通知》（发改价格〔2020〕258号）和《国家发展和改革委员会关于延长阶段性降低企业用电成本政策的通知》（发改价格〔2020〕994号），对新冠肺炎疫情期间申请两部制电价支持性政策的用户进行勘查核实并退还基本电费，对全县专用变压器用户进行梳理，对除高耗能行业以外的工商业企业电费按95%收取。截至年底，此项政策惠及1.99万用户，用户节约用电成本2627.41万元。年内，受理新装增容165户，申请容量10.27万千伏安；现场勘查125户，验收送电161户，送电容量7.67万千伏安，受理变更用电624户。全年售电量完成17.35亿千瓦时，比上年增加0.08亿千瓦时，同比增长0.49%；售电均价500.33元/千千瓦时，比上年同期减少28.28元/千千瓦时；电费回收率100%；线损率3.84%，比上年同期上升0.84个百分点。受理业扩报装业务165个，容量102660千伏安；验收送电161户，容量76665千伏安。推进电能替代，实施25个电能替代项目，完成替代电量4758.33万千瓦时。

【优化营商环境】 杜绝乱收费现象，推广线下体验＋线上办理、减少环节＋精简材料、压降成本＋金融增值、缩短用时＋主动对接、电力专家＋能源管家“5＋服务”，完善“绿色通道”运转机制，推行“一证受理”，缩短企业办理用电手续时间，高压业扩流程由17个步骤减少到4个步骤，用户办理至最终送电验收，平均接电时间保持在50天以内。开展互联网与营销服务的深度融合，推广营业厅“网上国网”手机App、营销移动作业等“互联网＋”电子渠道应用，方便用户办理用电及缴费业务，实现线上办电率100%，线上交费率超过80%。加强优质服务，提升客户满意度，全年受理投诉34件，同比下降34.62%，投诉案件全部得到了妥善解决。

【安全生产】 2020年，开展3次电力设施保护宣传活动，发放宣传材料3.5万份，解答群众安全用电咨询500余次。清理供电线路树障48处、7441棵。落实安全生产责任制，层层签订安全生产责任状、消防责任状、交通安全责任状及生产作业现场“十不干”承诺书。开展4次专题“安全日”活动，组织多种形式的安全生产月及电力设施保护宣传活动。在村街、集市开展22次户外宣传活动，落实生产现场作业“十不干”工作要求及到岗到位管理制度，检查施工现场102个、到岗到位206人次，发现并制止违章行为10例。开展安全专项检查3次，发现各类安全隐患49处，截至12月31日，香河供电公司实现连续安全生产13202天。

【重大活动供电保障】 2020年，香河供电公司圆满完成春节、“两会”、高考、中考、国庆节等重大节日和重要活动期间的供电保障工作。

【企业文化】 1月，香河供电公司召开一届四次职工（会员）代表大会，92人参加会议。2项QC成果参加河北省质量管理发布会，均被评为QC小组活动成果二等奖。3—9月，完成国有企业退休人员社会化管理工作，与香河县域的10个镇（社区办）、园区签订《廊坊市国有企业退休人员社区管理服务、社会保障管理交接协议书》，与13个党组织签订《廊坊市香河县国有企业退休人员社会管理党员组织关系转接协议书》。7月，开展庆祝建党99周年暨“强堡垒、争先锋”主题活动。9月，建成职工诉求服务中心，设立领导接待日制度、职工诉求信访机制。11月，安平镇供电所党支部、刘宋镇供电所党支部、蒋辛屯镇供电所党支部、城区供电所党支部、淑阳镇供电所党支部、明源电力工程有限公司香河分公司党支部、运维检修部党支部、营销部党支部完成党支部换届选举工作。2020年，在人民日报客户端、新华网、电网头条、学习强国、《河北工人报》等各级媒体发表稿件861篇。

（吴长松 孙丽明）

商贸流通

责任编辑　杨东林

综　述

2020年，香河县商贸流通运行平稳，消费品市场供销两旺。进出口贸易、投资服务成绩显著。消费品市场供需平衡，节日市场供应稳定。开拓粮食流通市场，完善应急保障预案，确保粮油供应。供销商业，继续实施服务乡村产业振兴战略，为“三农”服务水平进一步提升，转变观念，整合资源，理顺渠道，多措并举推进传统主营业务发展。仓储物流服务网络不断健全。加强烟草经营和市场监管。加强石油专卖安全生产，保障市场供应，进行环保升级改造。

国内贸易

【概况】　2020年，全县社会消费品零售总额117.6亿元，同比下降1.0%。其中，限额以上企业（单位）实现消费品零售额6.3亿元，同比下降17.5%。城镇市场发展快于乡村市场，城镇市场实现零售额86.2亿元，同比增长28.1%；乡村市场实现零售额31.4亿元，同比下降39.1%，城镇市场高于乡村市场67.2个百分点。批发零售业实现零售额113.6亿元，同比下降2.2%；住宿餐饮业实现零售额4亿元，同比增长53.1%。

【市场供应应急管理】　落实线上报告制度。通过商务部业务系统统一平台，香河华联香百超市有限公司、美联福超市、香河华香商贸有限公司报送生活必需品市场监测周报，香河华联香百超市有限公司、美联福超市、香河华香商贸有限公司、香河县盛达电器商贸有限公司、香河物美超市有限公司、香河县御娇龙家具有限公司报送商贸流通业统计分析月报，国庆节、春节黄金周开启日报告制度。对全县生活必需品市场运行监测，对粮、油、米、面、肉、蔬菜、水果、水产品、食盐、食糖等生活必需品的价格波动进行监测分析，国庆节、春节黄金周填报生活必需品保供工作和黄金周市场运行监测分析报告。通过市场运行监测，对生活必需品总体情况、运行特点、消费热点、趋势预测、存在问题等进行总结分析，及时掌握市场运行信息，保证重要生活必需品市场供应，有效预防和控制市场异常波动，确保人民群众基本生活需要。

【便民市场建设】　2020年，香河县推进城区生鲜超市建设，做到布点规范，服务升级。完成华联香百超市有限公司承办的生鲜超市“府前街店”改造升级工程并投入使用。

【“扶贫专区”建设】　通过部门协同、政企协同，推进华联香百超市、物美超市、华香商贸等龙头企业，结合“消费扶贫月”活动，推动扶贫销售专区建设；五百户镇、香河经济开发区环保产业园和县交通运输局，通过引导支持辖区、行业内符合条件的企业，因地制宜，发展扶贫消费专区专柜。

【电子商务】 3月4日，在市政府主办的2020年廊坊市全球网络招商会上，香河县与百慕航材高科技有限公司、爱绿生物工程有限公司、华电集团、联东U谷等10个重点项目达成合作意向，其中，百慕航材高科技有限公司、爱绿生物工程有限公司在线签约，项目总投资8.5亿元。5月18日，“2020年中国·廊坊国际经济贸易洽谈会（网上）”，香河县与启迪国信科技有限公司项目、联东U谷·香河信息智能产业园项目签约。9月8日，参加在厦门国际会展中心开幕的中国国际投资贸易洽谈会，与大型高新项目成功对接。参加省、市举办的电商大赛，开展电商培训，确保香河县电商业平稳、快速发展。

【成品油市场监管】 2020年，制定印发《香河县2020年成品油市场综合整治工作实施方案》《香河县成品油市场违法违规行为专项整治行动实施方案》《关于开展全县成品油市场专项清理整治“回头看”行动的通知》《香河县2020年成品油市场臭氧污染防治攻坚行动实施方案》，明确成品油市场整治攻坚行动的主要任务、职责分工、整治内容、整治目标，完善成品油市场监管工作机制。严格落实《河北省成品油市场管理规定》，做好成品油站点年检工作，督导存在问题的企业限期整改。年内，全县有加油站（点）50家，因办理变更造成不能正常参加年检的有中石油1家（中石油香河第十六站），未报年检材料1家（凌家吴村金路加油站），因故申请停业、恢复营业1家（中石油香河第十六站），成品油证书逾期的柴油销售点1家。在营企业全部使用双层罐，做好防渗改造，安装油气回收装置。

（杜振江　韩超颖）

进出口贸易

【概况】 2020年，制订《2020年香河县精准帮扶外贸企业工作实施方案》，对外贸重点企业进行帮扶，鼓励企业积极利用国家政策性出口信用保险工具，抢抓市场订单，降低出口风险。全年进出口总值增长5%。

【落实外贸企业扶持资金】 2020年，为香河旭明源汽车配件有限公司、香河紫辰汽车配件有限公司落实2019年第三批省外贸发展专项资金199.5万元；为香河金华帝金属制品有限公司、香河荣生工艺品有限公司、香河天音乐器有限公司、香河雅伊华家具有限公司落实2019年中央外经贸发展专项资金10.61万元；为香河旭明源汽车配件有限公司等5家企业申报市级外贸发展专项资金72.5万元。发挥外贸联席会议成员单位作用，为9家廊坊市重点帮扶企业在金融方面进行帮扶。为7家企业在中国进出口银行河北分行填报贷款意向。支持外贸企业实施稳岗就业政策，对不裁员或少裁员的外贸企业，实行“一企一策”。与县人力资源和社会保障局合作，统计对美出口企业情况，争取给予企业资金补偿。组织外贸进出口企业参加“暖企助企”稳外贸线上免费培训护航活动，使企业掌握对外贸易各项优惠扶持政策。为香河宝量新能源有限公司和香河汇文节能科技有限公司进行扶持资金二次申报，总计金额5.74万元。

【外贸企业参展与培训】 组织智捷智能科技香河有限公司参加在深圳市举办的第二十二届中国国际高新技术成果交易会。组织智捷智能科技香河有限公司和香河奥尔利金属制品有限公司参加在南宁市举办的第17届中国—东盟博览会。组织15家企业参加河北省外贸政策业务培训会。组织5家企业参加米奥兰特在线数字展。助力企业复工复产，恢复外贸企业经济发展，组织8家企业参加河北省数据直报工作。组织15家企业参加河北省外贸政策业务免费培训会。

（杜振江　韩超颖）

粮食流通

【概况】　2020年，进一步完善香河县粮食应急预案，确保粮食应急供应，保持粮食市场价格基本稳定，维护市场秩序和社会安定。与市发展和改革委员会沟通，申请调度全市储备粮供应香河县储备不足缺口。为应对新冠肺炎疫情，做好县级储备粮管理，确保粮食储备安全，为全县经济和社会发展提供坚实保障。

【粮食购销】　2020年，收购秋粮1.6万吨，由于为代收，秋粮6月出库，夏粮10月出库。对承担秋粮收购任务的承储公司进行4次夏粮和秋粮收购专项检查，未发现拖欠粮款和"打白条"问题，粮农利益得到保护。

【粮食储备】　2020年，确保储备粮食安全，严格落实安全保管措施，加大对存粮的粮情检查，均衡水分、粮温，保持粮情稳定。对储备公司及出租库站进行拉网式检查并签订《安全生产责任状》，重点检查安全生产体系建设情况、安全生产责任制落实情况、仓储设施设备和作业安全情况、储粮化学药剂安全情况、消防和用电安全情况。经过全国粮食库存大清查，香河县储备粮食保存良好，存量充足，无发霉、变质现象发生。

【粮食加工】　香河县无大型粮食加工企业，只有部分零散粮食加工点。

【粮食市场监管】　加强粮食预产、购销、储存调查，掌握粮食供需情况，保障粮食市场供需平衡。定期采集市场粮食价格信息，发现粮食价格异常波动，及时做出预警。抓好安全生产管理，与基层单位签订安全生产《目标管理责任书》，明确任务，强化责任。2020年，未发生安全生产事故。

【粮油质检站建设】　2020年，按照粮食产后服务中心建设要求，新建香河县粮油质检站，编制6人。地址位于县城新华大街原361电商平台二、三层，面积200平方米，由省级以上专项资金扶持，投资180万元采购仪器设备，投资20万元改造检验室。

【危仓老库维修改造】　2020年，争取上级专项资金和县级财政配套资金，完成主体仓房和配套设施建设，夏粮收购期间投入使用。

（杜振江　韩超颖）

供销合作

【概况】　2020年，香河县供销社树立"以农为本、服务三农"理念，转变观念，整合资源，理顺渠道，多措并举，大力推进传统主营业务发展。是年，供销社综合改革，促进业务创新发展，助力乡村振兴。

【农村产权交易中心建设】　2020年，印发《香河县人民政府办公室关于印发香河县农村产权流转交易管理办法的通知》《中共香河县委办公室　香河县人民政府办公室关于香河县农村产权交易监督管理委员会的通知》《香河县行政审批局和香河县社联合关于农村集体产权交易纳入公共资源交易平台的通知》，进一步规范和加强农村产权交易管理。挂牌成立镇级农村产权交易服务站13个、村级农村产权交易综合服务点 230 个，实现镇级服务站覆盖率 100%、村级服务点覆盖率 76%。

【土地托管】 2020 年，以香河县农业生产资料公司“测土施肥”服务为基础，围绕耕、种、管、收、加工、销售等环节，开展土地托管服务，截至年底，土地托管面积 3643.9 公顷（54659.38 亩），同比增加 950 公顷（14250.58 亩）。

【农资经营】 筹措资金 500 余万元，储备各类肥料 650 吨，确保全县农业生产需求。积极开展“战疫情、助扶贫、保春耕”农业技术下乡和农资补助活动，120 余人次参与科技下乡活动，农资补助困难农户 200 余户、土地承包户 30 户，补助化肥、农药等农用物资 12 万元。

5 月 25 日，县供销社负责人督导检查生产资料公司农资储备情况　　县供销社供图

【盐业经营】 2020 年，全面完成县供销社盐业公司改制工作，盐业行业管理职能划转到县科学技术和工业信息化局，行政处罚职能划转到县市场监督管理局，部分人员划转到县市场监督管理局。改制后，盐业公司转变观念，整合资源，理顺渠道，克服改革过渡期的困难，增品种、强服务，拓展盐业市场。年内，盐业公司共购进食用盐 1613 吨、工业盐 365 吨，销售食用盐 1589 吨、工业盐 318 吨。

【烟花爆竹经营】 2020 年，对县供销社土产公司烟花爆竹储存库库房（区）进行修缮，对安全隐患进行整改，取得市安全生产监督管理局核发的“安全生产标准化三级企业证书”、河北保定安全评价有限公司专家组做出的《安全现状评价报告》、香河县气象局专家组出具的《防雷、防静电设施检测报告》，提升安全等级。年内，实现销售收入 262.06 万元，上缴税金 42.3 万元。

（杨雪莲）

烟草专卖

【概况】 2020 年，香河县烟草专卖局（营销部）以规范经营为重点，进一步优化结构，提高服务质量，保持卷烟销售平稳。全面加强市场监管，营造良好的卷烟市场环境。

【经营情况】 2020 年，全年销售卷烟 14948 箱，同比下降 2.35%；销售金额 46044 万元，同比增长 2.96%。其中，省产“钻石”卷烟销售 2664 箱，同比增长 6.14%。

【市场监管】 烟草专卖管理工作以市场管理、打假破网、治理卷烟非法流通为重点，坚持内管外打、打管结合、综合治理。2020 年，查处各类涉烟案件 80 起，查获各类违规卷烟 185.62 万支，同比增长 37.06%；上缴财政罚没款 23.96 万元，同比增长 376.63%。

（成志云）

物　流

【概况】 2020 年，香河县物流市场主要分布在家具城、石材城、汽配城周边，面向北京、天津、山东、河南、内蒙古、山西、辽宁、吉林、黑龙江等省、自治区和直辖市，从业人员1000余人。快递业务发展迅速，香河县的快递业务由廊坊市邮政管理局负责监管。

【物流企业】 全县有4家货运站（场），分别为香河八方物流有限公司、香河县北方物流基地、香河县亨瑞达物流有限公司、香河广源物流有限公司，总占地面积10.66万平方米，从业人员137人，年货物吞吐量20余万吨。物流目的地为北京、天津、河北、辽宁、吉林、黑龙江、内蒙古、宁夏、甘肃、青海、新疆、四川、重庆等省、自治区和直辖市，重点服务香河家具产业。

【物流企业管理】 加强对道路货物运输站（场）生产经营的监督管理，依法查处违反道路货物运输经营管理规定的行为。加强对道路货物运输站（场）经营业户的信用监管，对道路货物运输站（场）企业的安全生产行业监管，督促企业履行安全生产主体责任。

【快递业务】 2020年，香河县快递业务由廊坊市邮政管理局监管，有EMS快递、百世快递、德邦快递、京东快递、申通快递、顺丰快递、天天快递、中通快递、圆通快递、韵达快递等快递公司。

（李荣鑫）

石油专卖

【概况】 中国石化销售股份有限公司河北廊坊香河石油分公司，隶属中国石油化工集团公司。公司下辖加油站11座，分布全县7个镇。

【业务经营】 经营业务包括各品号乙醇汽油、柴油、润滑油、其他石油化工产品以及便民商品，确保满足香河县的市场供应。2020年，完成成品油销售2.15亿元，非油品销售1192.77万元，完成税收17.94万元。

【环保措施落实】 严格油品质量管理，确保油品质量合格；认真执行错峰加油、接卸油的工作措施，县城内第一加油站坚持从上午8点至下午6点停止接卸油作业。对所有加油站进行环评，严格执行油气回收检测制度，认真落实环保措施，为打赢蓝天保卫战做出贡献。

【安全生产】 新冠肺炎疫情防控期间，在做好员工自身安全防护的同时，对站区进行喷洒消毒，对进站客户测量体温，为客户提供安全卫生的环境。严格落实安全生产责任制，积极开展全员安全教育培训，认真排查安全隐患并及时整改；制订各种预案，按规定和要求进行演练。2020年，未发生任何等级的安全生产事故。

（马瑞庆）

工业 信息业

责任编辑 杨东林

综 述

2020年，香河县一手抓疫情防控，一手抓企业复工复产，面对前所未有的困难，逐项目、逐行业、逐领域抓调度、解难题、促增长，尽最大努力跑出转型发展的加速度，在工业和信息化建设上加速发展。截至年底，全县有工业经济单位5646家，完成营业收入307.11亿元，同比增长12.31%；实现利润21.25亿元，同比增长15.48%；纳税15.98亿元，同比增长2.17%。规模以上工业企业82家，实现总产值96.58亿元，同比增长1.81%，规模以上工业企业增加值同比增速5.5%，在全市排名第三位。在2019年度河北省民营经济发展考核中被评为民营经济发展先进县，进入全省十强，排第7位。在特色产业考核中，工作指标一项在全市各县（市、区）中获得最高分。在信息化建设上，中国移动通信河北有限公司香河分公司、中国联合网络通信有限公司香河分公司、中国电信集团有限公司香河分公司三大网络运营商继续做好基础设施建设，抓好业务发展、服务保障、安全生产工作，助力精准扶贫和文明城市建设，提高服务质量，赢得用户满意。互联网宽带接入用户15万户，年末固定电话22238部，移动电话453490部。智慧城市建设在“三个中心”（智能化指挥调度中心、智慧城市展示中心和智慧香河数据中心）、“两个平台”（香河智慧城市基础智能化立体地图管理和香河社会管理与服务综合信息）和“一个门户”（香河智慧城市）建设上，推进香河县智慧政务信息服务系统、香河智慧安监信息服务系统、香河智慧环保信息服务系统、香河中小企业信息服务系统、香河智慧城管信息服务系统、香河智慧交通信息服务系统、香河智慧医疗信息服务系统和香河智慧旅游信息服务系统建设。

工业企业管理

【概况】 2020年，香河县以“三创四建”活动为重点，一手抓疫情防控，一手抓复工复产，围绕“服务为本、创新引领”，突出重点、打造亮点，开展“大走访、大调研、大协调”活动，践行新发展理念，集中精力开展涉企服务。

【新冠肺炎疫情防控】 疫情防控工作启动后，香河县企业新冠肺炎疫情防控工作专班设在县科学技术和工业信息化局，负责对全县民营企业新冠肺炎疫情防控的调查、摸底、排查和复工复产等项工作，先后制定下发了关于民营企业疫情防控和复产复工的一系列政策文件，建立民营企业防疫排查管控领导微信群、规模以上企业工作微信群和民营企业防疫排查管控联系人微信群，畅通联络渠道。做好应

4月8日，河北电视台到河北百纳信达科技有限公司录制节目，宣传报道该公司最新研发生产的多款测温产品，助力企业复工、学校复课　　河北百纳信达科技有限公司供图

急防控物资保障工作，通过与市工业和信息化局及口罩供应商等各方协调，共采购、调拨口罩12.9万个。其中，为企业发放一次性口罩1.9万个，酒精32瓶，“84”消毒液12桶；通过县委组织部，发放到各镇和县直部门口罩1万个，用于抗疫一线的人员防护；发给县教育和体育局一次性口罩10万个，用于全县教职工复学复课疫情防护。

【企业复工复产】 帮扶企业尽早尽快复工复产，将新冠肺炎疫情影响降到最低。开展“大走访、大调研、大协调”活动，建立县科学技术和工业信息化局科级干部与各镇、园区领导干部共同包联企业机制。由县科学技术和工业化信息局领导班子成员带队，抽取相关科室骨干力量，多次深入复工复产企业进行现场检查、指导，全面掌握企业防控和经济运行情况。同时，联系县委组织部，组织开展联络复工复产企业活动，成立45个县直联络服务小组，入企实地调研，帮助企业解决疫情防控、复工复产难题。发布《应对新型冠状病毒感染的肺炎疫情，支持中小企业共渡难关的十二项措施》等省、市、县惠企政策791套，了解企业需求，对企业提出的困难和问题，第一时间进行处理，新冠肺炎疫情防控期间，帮助企业解决困难56个；联系县红十字会，为81家正常复工的规模以上企业免费发放口罩4.05万个，为18家企业发放额温枪。

【工业项目申报】 2020年，香河县加大对重点行业重点企业的扶持力度，实施品牌战略，对优秀企业和优质产品进行申报。

“专精特新”企业（具有专业化、精细化、特色化、新颖化特征的工业中小企业）申报。年内，全县5家企业获得省级“专精特新”企业称号，4家企业获得市级“专精特新”企业称号。

河北省重点技改项目申报。年内，为香河天亚木业有限公司环保清洁型分拣流水线技术改造项目、香河强胜电动车制造有限公司电动车环保生产线更新改造项目、香河亿通电气设备有限责任公司数字化电控柜升级改造项目等18个项目进行技改备案，成功申报河北省重点技改项目18项。

6月29日，县科学技术和工业信息化局负责人到河北天域九五电气有限公司指导“专精特新”工作　　县科学技术和工业信息化局供图

工业设计发展系列项目申报。组织企业开展工业设计，年内，河北安旭专用汽车有限公司、廊坊爱依瑞斯家具有限公司、香河强胜电动车制造有限公司等3家企业被认定为廊坊市2020年工业设计中心项目，每家企业获得50万元奖补资金；组织河北安旭专用汽车有限公司等4家企业申报河北省第二批资助工业设计成果转化项目，组织香河雅依华家具有限公司申报河北省第三批购买工业设计服务项目，组织廊坊爱依瑞斯有限公司申报河北省第三批工业设计成果转化项目，年内，申报的项目均在评审中。

工业企业研发机构申报与评定。申报省级研发机构1家，市级研发机构1家，县级研发机构3家。2020年，全县有56家企业获得研发机构证书，其中，规模以上企业建立研发机构28家，占全部规模以上企业的34.1%，超额完成河北省提出的在规模以上制造业工业企业设立研发机构的比例达到30%的目标任务。

【融资担保服务】 2020年，香河县鼎力中小企业融资担保有限公司对香河众旺木业有限公司、香河县康泰机械制造股份有限公司等25家企业签订了委托担保协议和反担保抵押合同，完成担保贷款手续，担保金额1.79亿元。

【深入企业调研】 按照县委、县政府安排部署，抽调21人，分成7个小组，由副科级以上干部带队，深入规模以上工业企业、高新技术企业及年纳税超50万元以上企业开展摸底调研活动，入企调研小组每周上报进展情况，汇总后形成规上工业经济运行分析报告，为县委、县政府科学决策提供依据。

开展重点行业调研，对4家铸造企业调查摸底，与企业签订《诚信守法经营承诺书》，承诺不生产销售“地条钢”；对规模以上用水大户企业摸底调查，香河正大有限公司列入创建节水型企业计划；对节能建筑用保温系统材料类等5类企业和冰雪装备器材产业等10项行业调查摸底；组织开展生物技术发展调研，掌握生物技术发展现状，研判发展态势，统筹中长期生物技术创新发展。

【企业培训】 2020年，香河县继续加强对企业的培训工作，促进企业发展壮大。政策解读培训。为有效应对新冠肺炎疫情影响、夺取疫情防控和工业经济发展“双胜利”，组织企业参加省、市主管部门举办的专业培训13期、27个专题讲座，解读本系统、本领域、本行业国家和省委、省政府出台的惠企政策、扶持举措以及操作规程等。融资担保培训。组织香河鼎力中小企业融资担保公司、河北三强融资担保有限公司参加2020年融资性担保公共课培训班。公司上市培训。组织企业参加“云上服务——新三板深化改革专题在线培训”和廊坊市金融局举办的“新三板”分层与交易制度改革培训交流会。会展交流培训。组织参加第十五届中国国际机床工具展；组织香河强胜电动车制造有限公司、智捷智能科技香河有限公司、意奢元素家具（廊坊）有限公司参加廊坊市第三届工业设计周活动；组织获得市级工业设计中心的3家企业参加河北省和廊坊市工业设计对标交流活动。

【安全生产】 与第三方安全生产服务机构签订协议，对全县100余家规模以上企业及高新技术企业开展安全生产指导服务，累计发放宣传手册400余份，教育光盘100余张；举办安全生产培训2期，聘请专家进行安全生产专题讲座，67家企业安全生产负责人参加培训。

【工业用电】 2020年工业总用电量74984万千瓦时，全市排名第五位；工业用电量同比增长2.27%，高于全市增速1.79个百分点，全市排名第四位。香河县工业企业用电大户前10名用电量完成17883.01万千瓦时，同比增长5.89%。

2020年度香河县工业企业用电大户用电量一览表

表8

序号	企业名称	2020年用电量（万千瓦时）	2019年用电量（万千瓦时）	同比增长（%）
1	香河天亚木业有限公司	4380.11	3844.44	13.93
2	香河众旺木业有限公司	3446.62	3446.99	-0.01
3	中粮可口可乐华北饮料有限公司	2858.18	2702.80	5.75
4	香河兴源建丰木业有限公司	2690.56	2745.78	-2.01
5	香河第一城酒业有限公司	860.69	893.88	-3.71
6	赛铭瑞汽车零部件（廊坊）有限公司	843.41	738.34	14.23
7	香河汇美塑胶有限公司	804.07	802.04	0.25
8	香河县李程商业管理有限公司	721.08	636.39	13.31
9	香河县高氏家具有限公司	674.50	744.08	-9.35
10	香河宏鹏非织造布有限公司	603.80	332.97	81.34

（李春燕）

特色产业集群

【概况】 2020年，全县有家具产业集群和金属产业集群，2个特色产业集群形成并驾齐驱，快速发展的态势，其中，家具产业集群是河北省重点产业集群。

【家具产业集群】 2020年，香河县家具产业集群有生产企业（包括企业法人和个体工商户）1383家，配套及相关三产企业3045个，从业人员34098人。家具产业集群实现营业收入132.28亿元，同比增长15.6%；利润总额9.79亿元，同比增长35%；上缴税金1.3亿元，同比增长15.19%。纳税超过100万元的家具制造及配件企业有8家，分别是喜临门北方家具有限公司、廊坊爱依瑞斯家具有限公司、河北富都华创家具制造有限公司、香河县高氏家具有限公司、河北双叶家具有限公司、香河众旺木业有限公司、香河天亚木业有限公司、香河兴源建丰木业有限公司。年内，喜临门北方家具有限公司、河北双叶家具有限公司、廊坊爱依瑞斯家具有限公司、香河兴源建丰木业有限公司、香河众旺木业有限公司等24家家具制造及相

喜临门北方家具有限公司一生产车间　　县融媒体中心供图

关配套领域规模以上企业实现产值 23.3 亿元，占全部规模以上工业产值的 24.11%，同比下降 1.35%。

香河县宏远机械有限公司加工工场　　香河县宏远机械有限公司供图

赛铭瑞汽车零部件（廊坊）有限公司　　香河经济开发区管委会供图

【金属制品产业集群】　2020 年，全县有金属制品企业 25 家，配套及相关三产企业 74 个，从业人员 2201 人。实现营业收入 5.27 亿元，同比增长 5.3%；实现利润 0.84 亿元，同比增长 1.9%。纳税额超 100 万元的金属制品企业 9 家，分别是香河鑫山钢结构有限公司、香河县宏远机械有限公司、河北新仟瑞新型建材有限公司、华威博奥（廊坊）电力设备有限公司、晟朗（香河）电力电子有限公司、河北宏泰铝业有限公司、河北知行合一电器设备有限公司、河北宝友电器设备有限公司、华威博奥（廊坊）电力设备有限公司。

（李春燕）

规模以上重点行业

【概况】　2020 年，香河县规模以上重点行业克服疫情影响，加速发展，在民生领域、汽车配件、机械设备制造、印刷包装、建筑建材、白酒酿造等均有较大发展。

【民生领域企业】　2020 年，河北华香清真肉类加工有限公司、香河第一城酒业有限公司、香河百川燃气有限公司、香河九矗热力有限公司、香河正大有限公司、香河三强水厂、中粮可口可乐华北饮料有限公司 7 家民生领域规模以上企业累计实现产值 25.5 亿元，占规模以上工业产值的 26.41%，同比增长 7.11%，拉动规模以上产值增速 1.78 个百分点。

【汽车配件企业】　2020 年，河北安旭专用汽车有限公司、香河旭明源汽车配件有限公司、赛铭瑞汽车零部件（廊坊）有限公司、香河港龙汽车配件制造有限公司、香河凯华齿轮有限公司、香河县强胜电动车制造有限公司等 8 家汽车配件领域规模以上企业累计实现产值 22.3 亿元，占规模以上工业产值的 23.07%，同比增长 1.94%。

【机械设备制造企业】　香河县宏远机械有限公司、河北百纳信达科技有限公司、香河康泰机械制造有限公司等 8 家机械设备制造企业累计实现产值 3.8

亿元，占全部规模以上工业产值的 3.9%，同比增长 8.6%。

香河凯华齿轮有限公司数字化加工车间　　香河凯华齿轮有限公司供图

【印刷包装企业】 2020 年，香河高氏印务有限公司、香河富士嘉利纸制品有限公司、香河富强包装制品有限公司等 7 家印刷包装领域规模以上企业累计实现产值 5.7 亿元，占全部规模以上企业工业产值的 5.9%，同比下降 4.53%。

【建筑、混凝土、金属制品企业】 河北赤恒盛达保温材料有限公司、香河华腾金属制品厂、香河富源混凝土搅拌有限公司、廊坊华兴现代建筑材料、河北新仟瑞新型建材有限公司等 23 家建筑领域规模以上企业实现产值 12.3 亿元，占规模以上工业产值的 12.75%，同比下降 2.35%。

【香河第一城酒业集团】 2020 年，香河第一城酒业集团累计纳税 112353 万元。其中，顺鑫农业股份公司牛栏山酒厂香河生产基地纳税 76169 万元，香河第一城酒业公司纳税 36184 万元，同比增长 3.2%，占全县税收收入的 26.2%，占制造业纳税额的 70.3%。

【其他企业】 2020 年，香河昆仑化学制品有限公司、香河伊斯曼乐器有限公司、香河汇文节能科技有限公司、河北飞图机器人科技有限公司、晶创铭盛电子科技（香河）有限公司 5 家企业累计实现产值 3.7 亿元，占全部规模以上工业产值的 3.86%，同比增长 5.26%。

（李春燕）

信息业

【概况】 2020 年，加强信息业建设，香河县电子政务外网平台运行平稳，链路畅通。全县有省级“两化”融合示范企业 7 家，市级“两化”融合重点企业 2 家，电子信息企业 8 家。

【政务网络建设】 香河县电子政务外网平台设在县科学技术和工业信息化局。2020 年，按照廊坊市网信办要求，香河县公务网络平台核心交换机进行升级改造，新上核心交换机 1 台，重新分配各单位 IP地址，10 月底全部完成。截至年底，县级公务网络平台运行平稳，未发生网络安全事件，链路畅通。

【“两化”融合发展】 金属制品业、汽车配件业等传统产业生产装备和生产流程按信息化需求重组，实现物流、信息流的集成，降低综合成本，提高企业的整体管理水平和抗风险能力。2020 年，中粮可口可乐华北饮料有限公司、香河凯华齿轮有限公司、河北富都华创家具制造有限公司 3 家企业获批市级数字化车间项目，中粮可口可乐华北饮料有限公司获批河北省数字化车间项目。对河北安旭专用汽车有限公司等 6 家电子信息产业企业简介及基本情况进行上报，编制《廊坊市电子信息产业名录》。组织香河天亚木业有限公司等 10 余家企业参加“总裁带货”活动，宣传推介企业，扩大企业销售渠道。

组织香河通达信息科技服务有限公司和喜临门北方家具有限公司参加河北省“两化”融合“双创双服”入企帮扶活动，帮助企业解决“两化”融合中的难题，完成82家规模以上工业企业“两化”融合评估工作。

【电子信息企业】 2020年，香河县有8家电子信息产业企业，分别为香河东方电子有限公司、河北安旭专用汽车有限公司、香河国瑞智测试设备有限公司、香河华北致冷设备有限公司、香河昆仑化学制品有限公司、晟朗（香河）电力电子有限公司、河北百纳信达科技有限公司和河北联智创意网络技术有限公司。年内，电子信息产业完成工业总产值4.17亿元。

（李春燕）

网络通信

【概况】 2020年，香河县网络通信有中国移动通信集团河北有限公司香河分公司、中国联合网络通信有限公司香河分公司、中国电信集团有限公司香河分公司3家网络通信公司，三大网络运营商加强基础设施建设，提高服务水平，倾力为全县经济发展和人民生活服务。

【中国移动通信集团河北有限公司香河分公司】 2020年，中国移动通信集团河北有限公司香河分公司（以下简称“中国移动香河分公司”）进一步加大网络基础设施建设，扩大网络覆盖范围，同时，强化对网络的优化处理，提高网络质量，不断提升广大城乡客户的需求和满意度。

网络基础设施建设。截至2020年年底，在网运行自有基站47个，光缆长度1490千米，在香河主城区建有 43 个基站。实现 4G网络的深度覆盖，4GFDD开通15个站点，室分新建4个站点，对县气象局、中粮可口可乐华北饮料有限公司、钻石广场和人民广场地下商城等进行信号覆盖；开通5G基站114个。移动光纤宽带覆盖433个点位，27.9万个客户。其中，县城区覆盖222个居民小区、19万户，覆盖率95%；乡村覆盖211个村、8.8万户，覆盖率91%。

加强安全生产。明确岗位职责，加大安全隐患排查力度，主要负责人为安全生产第一责任人，增强员工安全生产意识，做到有问题早发现、早预防、早处理。认真落实安全生产责任制，全年未发生一起安全生产事故和责任事故。

开展“反骚扰、反诈骗”活动。加大对骚扰电话的治理力度，防范打击通信信息诈骗，维护客户权益。对营业人员和代理商定期组织“反骚扰、反诈骗”现场培训，对一线营业员“反骚扰、反诈骗”内容应知应会进行考核，提高应对能力；在客户签订入网协议时，落实100%提醒客户“反骚扰、反诈骗”内容，提高客户的防范意识；稽核组根据发现的骚扰诈骗号码拓展排查、拓展关停，定期将骚扰号码通报到营业厅、网格、社会渠道；对骚扰关停后申请开机的用户签署承诺书；按照中国移动通信集团下发的《关于进一步加强实名制管理及黑卡整治工作的通知》要求，营业网点摆放号卡转卖风险的提示。严格落实企业主体责任，对骚扰号码进一步压降，维护广大消费者的合法权益，为广大客户提供更加安全放心的通信服务。年内，中国移动香河分公司未收到“12321”网络不良与垃圾信息举报受理中心平台举报骚扰电话。

服务新冠肺炎疫情防控。在防控新冠疫情期间，中国移动香河分公司奔赴抗疫一线，为客户推广并安装核酸检测系统和智能测温设备。核酸检测系统通过扫码登记，能够高效快捷地进行数据统计，减少了医护人员的工作量和群众的等候时间，帮助县疾控中心更快捷地统计核酸检测数据；智能测温设备实现了医疗机构、机关单位、学校幼儿园、商超门市等场所避免人员接触、防止交叉感染，实现快速测温，有效地将信息化防疫融入各个行业领域，为打赢疫情防控阻击战提供强有力的通信保障。

（李 娜）

【中国联合网络通信有限公司香河县分公司】 中国联合网络通信有限公司香河县分公司（简称“中国联通香河分公司”）是具有全业务经营资质的省级电信运营企业，主要经营GSM/WCDMA/第四代数字蜂窝移动通信业务、5G无线接入业务、移动电话、固定电话、宽带等基础通信产品和信息应用、信息内容、系统集成等综合信息服务产品。服务于香河县各单位及300个村街，负责全县的通信保障任务。

通信基础设施维护。2020年，新建4G宏站12个，室分及小区分布16个、完成网络优化172处；建设5G基站77个，网络覆盖县城区主干道路及安平区域；网络质量与覆盖能力进一步提升。固网建设有效保障市场需求，完成96个驻地网宽带建设项目，45项大客户应急工程，抢修维护1974次、机房OLT合并下电26套、OLT新调PON口45个、OLT万兆扩容12台，部署10GPON设备，实现双千兆小区接入。

为新冠疫情防控提供通信服务保障。新冠肺炎疫情期间，为各单位、各企业提供中小企业云、返程流动大数据、医院上云、教育上云、云视频、疫情大数据平台等21项免费服务，为政府及各单位提供通信重点保障与信息化解决方案，为承担疫情防控重点单位接入开通云视频会议系统，保证各单位通过云视频正常工作；协助县教育系统开展钉钉办公平台建设，确保疫情期间学校在线授课；疫情防控期间，对欠费用户不停机，通过电话通知、微信朋友圈转发等方式，告知用户通过网上营业厅缴费及业务办理；装机维修人员24小时值班待命，做好通信应急保障。

服务网点建设。年内，新建社区触点36家，社区触点总数636家，触点覆盖全县所有行政村及居民小区。扫码下单、服务便民，推广线上扫码下单服务，二维码触点遍及全部行政村及居民小区。

做好通信保障。完成21个“老旧小区”改造涉及小区线路迁改工程；配合县内规划建设，完成线路迁改；做好重点落地项目的通信设施建设与服务保障；做好重大活动及重点单位的通信保障服务。

提高服务水平。客户投诉纳入网格小CEO关键绩效指标考核。严格执行“服务态度零容忍”，制定考核管理办法，对直接责任人进行专项扣罚，对网格负责人进行关键绩效指标考核。制定专项考核办法，优化管控流程，强化人员督导，有效提升安装与维护服务，装移修当日通率99.35%，装移修服务满意率98.09%，线路光衰整治7.5%以上，装移机测光率100%以上，宽带修障连夜修率98.9%，达到“当日装、连夜修、频道多、画质优”的宽带装维服务品牌。

9月14日，中国联通香河分公司开展网络安全宣传周活动　任树军 摄

产品营销。拓展5G发展规模，截至2020年年底，有1.7万个5G套餐用户；聚焦智慧家居业务，通过实体渠道“智家云网礼包”“家客线随销”等活动，带动家户产品，累计发展1.14万户，让用户感受到5G优势；聚焦光猫升级置换，以宽带提质、

提速，累计置换终端7600余户，让用户感受高带宽速率。

（李竹青）

【中国电信集团有限公司香河分公司】　中国电信集团有限公司香河分公司（简称中国电信香河分公司）主要经营固定电话、移动通信、卫星通信、互联网接入、智慧家庭及应用等综合信息服务。现有“电路”“新核云”“智慧城市”“云主机”“云桌面”等服务品牌，服务号段为133、153、189、180、181、177、173、199、191，另外1349为中国电信集团卫星通信有限公司卫星电话号段。

电信网络建设。2020年，加快各领域推进“互联网+”，开展全民升5G、城市千兆宽带入户示范活动，落实移动网络提速降费，推动移动网络基站扩容升级。截至年底，累计建设5G基站69个，县城主干道实现5G信号全覆盖；4G室外站273套、室内分布系统99套，4G网络覆盖率达到100%，用户能够畅享高速4G网络服务；光纤到户布线2.4万户、累计覆盖24.7万户，部分居民小区具备千兆宽带入户能力；“天翼高清”平台承载能力达到24.7万户，用户迈入智慧高清时代。

电信业务服务。推广智家服务工程师，推行安装维修服务“五个一”（一双鞋套、一块抹布、一块垫布、一张服务卡、一张服务质量监督调查表）标准，安装维修工作“十步曲”（上门之前需预约、入室前后需沟通、现场实施需谨慎、综合布线需规范、安全规范需遵守、实施完毕需认证、准确无误再验证、指导用户很关键、结束莫忘再提醒、清理现场显素质）。推行首问责任制，用户宽带或电视报修后30分钟内联系并上门维修，做到“谁联系谁负责，谁维修谁售后，不推诿敢担当”。有电信布线资源的居民小区或村街，实施无条件装机，做到当日装当日通，城区范围内在16点前办理的用户保证当日安装，18点前报修的故障当日维修完毕，做到故障不隔夜。

（李明丽）

智慧城市建设

【概况】　2020年，以提升城市品位，全面推进“建设美丽幸福新香河”进程为目标，扎实推进信息化建设，着力打造“智慧香河”，智慧城市建设作用凸显。智慧城市一期“三个中心”“一个平台”运行平稳，成为推动信息化建设工作的重要支撑。9月，香河县成功入选“河北省第一批新型智慧城市建设试点”。

【智慧香河数据中心】　占地330平方米，由主机房和网络机房组成，主机房主要承担托管业务、数据存储备份业务、虚拟主机业务等。网络机房由中国联通、中国移动、广播电视、中国电信运营商的网络接入，承载香河政务网络、“i-xianghe”无线Wi-Fi业务；数据中心采取虚拟化、云计算模式，为智慧城市和全县各部门业务应用系统提供统一的计算资源、网络资源、安全保障和运维服务，实现了资源利用的集约化；中心可通过运营商光纤链路，实现政府各部门业务专网与数据中心业务专网的互联互通，支撑各类公共信息统一管理、信息交换，接入各部门业务数据后，可扩展到跨平台的数据交换和大数据分析。

【智能化指挥调度中心】　占地500平方米，主要承担城市综合管理事务，进行指挥调度并高效联动。中心有5排操控台、50个专用调度座席、20台双屏电脑，其中前20个专用调度座席，可同时为20个相关部门提供影像接入。无纸化会议系统及视频会议系统可同时与11个分支机构召开视频会议。截至12月底，县应急管理、县行政审批、县委政法委等15个部门的综合安防管理平台和重点企业实时监控系统平台、批管同步相关系统、香河县综治视频监控平台等 24 个应用系统已接入智慧城市指挥调度中心，可实时在指挥中心大屏幕展示。在新冠肺炎疫情期间，以新华街社区为试点，组织河北志晟信息技术股份有限公司开发了《新华社区（村街）排查录入系统》，并在全县推广，该系统在疫情防控期间采集录入信息 35 万条。

香河县智慧城市指挥调度中心　　县融媒体中心供图

【智慧城市展示中心】　智慧城市展示中心分为 5 个展示区域，分别为智慧城市整体介绍区、城市大脑展示区、智慧政务展示区、智慧产业展示区和智慧民生展示区。

【智能化立体地图基础管理平台】　该平台为指挥调度中心提供重要支撑，一图呈现智慧城市立体信息、资源共享，逐步打通各行业数据，搭建集社会管理与服务综合信息管理为一体的管理平台。2020 年，完成全县 448 平方千米三维地形模型和 30 平方千米建成区域、重点区域的实景三维模型，环保业务数据、Wi-Fi业务数据、医疗设施分布等上图展示。

【智慧城市二期项目建设】　推进云计算数据中心的扩容与信息安全提升，完成数据中心三级等保测评与整改，建设同城异地备份资源池，实现同城异地数据资源备份。发挥指挥调度中心统筹、共享能力，扩大指挥调度中心派驻部门，实现统筹入驻、设施共享，提高部门联动效率。增加大数据平台的“建立分析模型”功能，开展大数据分析与辅助决策服务试点。建成“视频融合实时监测平台”，各部门可按权限共享县域视频资源。完成二期项目中各部门智慧化试点应用建设与对接，促进大数据资源共享，探索各部门智慧化应用基于智慧城市“四平台”的建设新模式，引领后续接入部门提升业务的智慧化管理水平。年内，智慧城市二期完成招标工作。

（李春燕）

香河经济开发区

责任编辑　杨东林

综　述

河北香河经济开发区（简称香河经济开发区）是河北省省级重点工业园区，下辖智能制造产业园、新兴产业园、环保产业园，实行“一区三园”运行模式，总规划面积103.6平方千米，下辖32个行政村，2.45万常住人口。2020年3月，香河经济开发区完成组织架构改革，内设机构7个，规格为正科级，分别为党政办公室、经济发展和招商合作局、规划建设局、财政局、行政审批局、社会事务管理一局、社会事务管理二局；下设事业单位2个，分别为县政府驻“第一城”办公室、香河经济开发区市政管理办公室。其中，社会事务管理一局负责管理新兴产业园所辖村街事务，社会事务管理二局负责管理环保产业园所辖村街事务。年内，香河经济开发区紧紧围绕“政府为主导、企业为主体、市场化运作”的发展模式，承接北京非首都功能疏解、打造国际一流“微中心”，把握产业发展方向，落实项目建设、投产和效益监督机制。做好项目建设前期手续代办、基础设施建设、招商引资及投资结算，确保各项工作统筹有序推进。明确产业发展思路，按照高新技术业、绿色食品业、智慧家居业、现代服务业、供应链物流业等五大特色产业，做好延链、补链、强链。打造以首都航空有限公司和海利天梦香河科技有限公司为产业代表的“无人机集成系统及整机装备产业园”，以奥腾工业自动化（廊坊）有限公司和安川都林机器人应用设备（河北）有限公司为产业代表的“工业机器人末端研发生产园”，以香河合益包装有限公司和香河彬睿食品包装有限公司为产业代表的“高端食品外饰研发设计供应产业园”，以稻香村食品香河有限公司和中粮可口可乐华北饮料有限公司为产业代表的“健康绿色食品产业园”，以喜临门北方家具有限公司和香河富都华创家具有限公司为产业代表的“智慧家居研发制造产业园”，以韵达电商华北产业中心和万科多温区

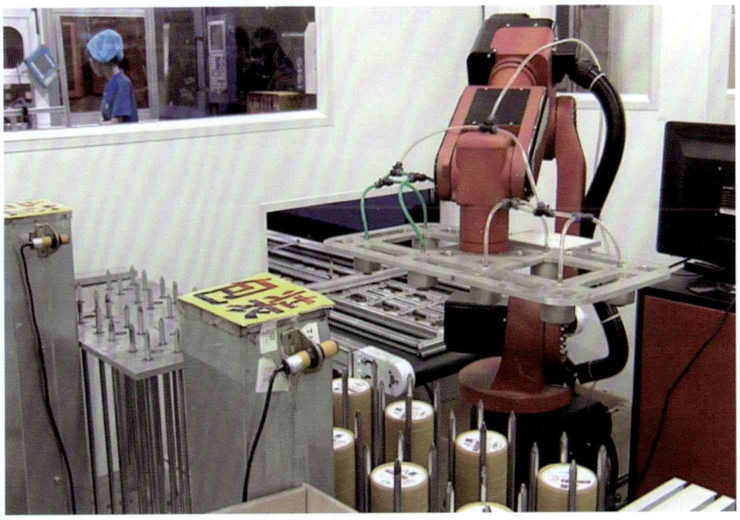

香河合益包装有限公司生产车间一角　　县融媒体中心供图

食品为产业代表的“城市节点供应链产业园”6 个区中园。香河经济开发区各项经济指标保持持续增长，成为对外招商引资的窗口、民营企业的集聚区、工业经济的重要增长点、发达地区产业资本转移的重要集聚地。全年地区生产总值 61.91 亿元，占全县地区生产总值的 26%；主营业务收入 221.36 亿元，其中，“四上”企业（规模以上工业企业、资质等级建筑业企业、限额以上批零住餐企业、规模以上服务业企业）主营业务收入完成 151 亿元（高端装备制造业营业收入 75.26 亿元，占全区营业收入的 34%；现代服务业营业收入 44.27 亿元，占全区营业收入的 20%；智慧家居业营业收入 26.56 亿元，占全区营业收入的 12%）；工业总产值 135.6 亿元，同比增长 10%，其中，规模以上工业总产值 53.2 亿元；财政收入 23.07 亿元，同比增长 3%；实际利用外资 3085 万美元，同比增长 218%；固定资产投资 35.6 亿元，同比增长 6%。

园区建设

【概况】 2020 年，香河经济开发区抓住与北京城市副中心一体化发展的战略机遇，落实工作责任，一手抓疫情防控，一手抓复工复产，克服困难，迎难而上，在招商引资、项目建设、大气污染治理、安全生产等方面取得较大成绩。

【招商引资】 2020 年，按照香河县“3＋2”产业发展定位（做强做大高端制造、智慧家居、文化旅游三大主导产业，着力培育现代服务产业和新一代信息技术产业），积极开展线上线下招商，重点开展以商招商、产业链招商、产业对接持续提速，完善创新机制，既引进北京“容不下、离不开、走不远”的高端制造业和现代服务业项目，促成总部经济、绿色经济、创意经济、数字经济等项目入驻，又引进建设周期短、发展前景好、税收贡献大的项目，力争项目尽快落地，开拓财源、带动就业，逐步形成支撑未来发展的新产业格局。坚持招商首位意识，强化项目为主理念，全力以赴抓招商、上项目、聚产业。转变招商观念，围绕产业细分定位，开展产业链招商，集中精力建链、延链、补链、强链，推进招商引资由“找项目”向“招产业”转变。招商方式灵活多样，坚持外引内联并举，完善招商引资、项目落地等激励机制，细化分解招商任务，灵活开展全员招商、以商招商、平台招商和委托招商，形成政府主导招商、园区专业招商、企业主体招商、全员参与招商的联动招商引资格局。抓项目落地，完善“七促”全流程服务机制，对 7 个促签约项目、7 个促落地项目、8 个促开工项目和 2 个促投产项目，逐一建立工作档案，明确分包领导，组建服务专班，全力攻坚，云储数字经济产业基地数据中心项目已完成规划设计，正在办理工程规划许可证及施工许可证，华电香河能源站项目完成土地征收补偿工作，正在组卷报批，稻香村集团香河食品生产基地项目开工建设。年内，共签约项目 13 个，项目计划总投资 1009.7 亿元。其中，亿元以上项目 7 个、千万元以上项目 6 个，分别是：

6 月 2 日，香河经济开发区管委会与联想云领（北京）信息技术有限公司在北京签署“廊坊香河绿色云计算中心”战略合作协议，县委书记李桂强（后排左），联想集团副总裁、联想中国区服务事业部总经理戴炜（后排右）出席
县融媒体中心供图

中发豪辰智能制造项目，计划总投资20亿元；人工智能科技谷项目，计划总投资15亿元；启迪数字小镇项目，计划总投资300亿元；腾云数字产业项目，计划总投资50亿元；联想云领智慧数字经济产业项目，计划总投资500亿元；联东U谷·香河信息智能产业园项目，计划总投资3.5亿元；香河金融小镇项目，总投资匡算约120亿元；北京中天朗洁环保科技项目，计划总投资2000万元；北京天峋创新科技项目，计划总投资3000万元；常州天峋智能科技项目，计划总投资2000万元；香河晶创铭盛电子科技项目，计划总投资1000万元；香河瑞和通汽车零部件项目，计划总投资3000万元；北京海洲龙骧科技项目，计划总投资1000万元。储备在谈项目55个，计划投资1000亿元。

【项目建设】 稻香村集团香河食品生产基地项目，总投资12亿元，占地13.33公顷（200亩），一期建设占地8.66公顷（130亩），取得国有土地7.53公顷（113亩），剩余1.13公顷（17亩）土地指标完成组卷上报工作，项目一期开工建设。

高氏家具有限公司智能家具产业中心A区项目，占地3.1公顷（45.02亩），已开始办理手续。

高铁商务区项目，以吸引科技创新、智慧物流等现代化产业集聚。

京唐高铁项目，临时用地全部交付完成，红线内征地完成93%，剩余部分为民宅占地。为中铁三局提供建设搅拌站、桥梁厂临时用地66.7公顷（200亩）。为高铁顺利建设打造良好的建设环境，针对辖区内高铁占地违建厂房进行拆除，出动300余人次，大型机器设备10余辆次，按照时间节点完成拆违任务。

富力商业综合体项目，由富力（香河）房地产开发有限公司承建，总占地4.7公顷（70亩），计划投资4.75亿元，取得建设工程规划许可证。

华电香河燃气能源站项目，由华电香河燃气能源站项目部承办，规划占地18.5公顷（278亩），规划建设4台燃气—蒸汽联合循环机组，计划投资50亿元，总建设规模1300兆瓦级。项目建成后，预计年发电量54亿千瓦时，年供热能力1026万吉焦，可以满足2200万平方米供热需求，预计年产值45亿元、纳税2亿元。

【优化营商环境】 2020年，香河经济开发区出台了《中共河北省香河经济开发区党工委关于落实全面优化营商环境和干部作风整顿工作的实施方案》，12月31日，召开优化营商环境和干部作风整顿动员暨警示教育大会，对整顿活动进行安排部署。成立全面优化营商环境和干部作风整顿工作领导小组，明确职责分工，层层落实，切实加强对优化营商环境的组织领导。全力优化服务，提升服务效能，加强行政审批行为能力。全力实施贴心服务。健全完善县领导分包重点项目、联系重点企业和“企业吹哨、部门报到”等服务机制，实行重点项目全程“帮办、代办、跟办、跑办”保姆式服务，年内，为企业解决人才落户、子女入学、法律援助等方面问题60余个。减少对企业干扰。探索实施封闭式管理，全面系统梳理涉企检查事项。设立投诉举报热线，对不作为、慢作为、乱作为和吃拿卡要等问题严肃处理、追责问责。行政审批以改革促提效。年内，香河经济开发区行政审批局行政审批事项由原有3项增加到时12项，促进入区项目早落地、早开工、早投产、早达效。对未承接的行政审批事项香河经开区继续推行保姆式服务，成立专业代办团队与项目单位无缝对接，以跑、帮、带的模式到省、市、县职能部门办理相关手续，以最快的速度和最低的成本帮助企业完成项目落地。开展警示教育活动，强化纪律意识、责任意识、作风意识，杜绝各类违法犯罪、干扰企业经营的行为；进一步加强执法管理，规范执法、公正执法、文明执法、清廉执法，打造良好的营商环境。

【安全生产】 2020年，认真贯彻落实全国安全生产专项整治三年行动，以危险化学品、消防安全、寄递渠道、特种设备、燃气安全、城市建设、工业园区、涉爆粉尘等为重点，排查各类生产经营单位130余家，排查问题隐患400余处，全部整改完毕，全年未发生一起安全生产事故。开展安全生产宣传活动，利用宣传栏、标语、新媒体等形式，普及安全责任意识，在企业悬挂横幅、张贴标语400余条，发放安全宣传资料1000余份。完善香河机器人小镇内部分厂房消防设施，涉及厂房28栋，增加室内消火栓336个，厂房的每层楼至少配置2个消火栓箱。8月，聘请专家对区内34家规模以上企业“双控”机制验收。香河凯华齿轮有限公司荣获2019年度省级安全文化建设示范班组，喜临门北方家具有限公司通过省级安全文化建设示范企业2019年度复审。

【生态环境保护】 加强组织领导，明确工作职责。成立由工委书记、管委会主任为组长的生态环境保护领导小组，组建环保巡查队负责日常环保检查；建立与园区运营商协调联动，密切配合的工作机制，制订园区环境保护责任制，明确环境保护责任人及工作职责。加大宣传教育力度，提高环保意识。在安平集市开展“6·5”世界环境日宣传教育活动，设立咨询台接受群众咨询，现场发放《中华人民共和国土壤污染防治法》《中华人民共和国水污染防治法》《环保知识小手册》等宣传资料，增强全民的生态环境保护意识。精细管理，发挥网格化作用。按照网格化管理体系，将工作细化分解，责任落实到人，明确工作三级网格化监管体系的总体要求，以及各级网格员职能职责，对辖区内施工工地和所有涉气企业进行责任分包，每个涉气企业配备 1 名网格员，做到层层有监管，园区有备案，确保大气污染防治落到实处。

【新冠肺炎疫情防控】 突如其来的新冠肺炎疫情发生后，香河经济开发区第一时间成立新冠肺炎疫情防控工作领导小组，制订疫情防控工作方案，实行周例会制度，调度区内疫情防控的具体情况。严格按照省、市、县疫情防控工作会议精神，精心组织，周密部署，压实责任，细化工作方案中的防控工作，实行“三片一点一网格”疫情防控总格局，“三片”即北区新兴产业园和南区环保产业园按属地管理分别由社会事务管理一局、二局负责辖区内村街、社区的疫情防控；西区智能制造园由香河经济开发区工委、管委领导班子成员和科级干部包片、一般干部包点，对辖区内商场、门店、超市、企业等形成网格化管理模。“一点”即由家具发展中心负责家具城区域内的整体疫情防控工作。“一网格”即实现对智能制造产业园、新兴产业园、环保产业园三区工业企业由香河经济开发区工委、管委领导班子带队、一般干部包联的网格化管理模式。坚持人民至上、生命至上，理性应对、科学防治、精准施策、联防联控，抓紧抓实防控举措，筑牢疫情防控坚实防线，全区未发生新冠肺炎疫情。

（果榅韬）

新兴产业园

【概况】 2020 年 3 月，香河经济开发区完成组织架构改革，社会事务管理一局负责管理新兴产业园所辖 17 个行政村具体事务。年内，扎实做好“六稳”工作，全面落实“六保”任务，夺取新冠肺炎疫情防控和社会经济发展双胜利。

【农村人居环境整治提升】 坚持“生态惠民、生态利民、生态为民”工作思路，树立“绿水青山就是金山银山”的发展理念，坚定不移地持续改善环境质量、提升生态品质、推进绿色发展。因地制宜，对村街绿化、亮化、硬化、美化工程进行提升。以村街为主体，加强基础设施建设，提升村容村貌，修建健身广场，改造村委会外观，粉刷主街道墙体、入户道路及房前屋后进行绿化美化、安装路灯、修建公厕、打造美丽庭院。推进乡村清扫保洁规范化运营，协助保洁公司理顺工作机制，建立网格化管理长效机制。清除房前屋后杂物2500余处、清理垃圾8.5万立方米、清理塘沟9处、修建公厕12座，实现村街无垃圾堆放、无污水横流、无杂物挡道，农村人居环境得到提升。

【生态环境保护】 严格落实大气污染防治综合治理各项措施，完善三级环境保护网格化制度，治理散煤、扬尘、餐饮油烟、垃圾和秸秆焚烧等，加强环保巡查，实现“小散乱污”企业清零，杜绝散乱污企业死灰复燃，从源头减少污染排放。落实河长制，实施河渠清理专项行动，加强水污染排查治理和入河排污口监管。推进潮白河、蒲池河治理和生态修复，重点清理整治河渠乱占、乱采、乱堆、乱建“四乱”现象。

【“两违”治理】 2020年，按照《香河县2020年违法用地秋冬季集中整改攻坚行动工作方案》，按照季度卫星图片、耕地保护督查工作要求，加大巡查力度，做好环境整治工作，帅佳生态园0.27公顷（4.07亩）、美林美居0.75公顷（11.29亩）、富力集市0.29公顷（4.3亩）、京东新城0.43公顷（6.5亩），9月，全部完成整改拆除工作，实现“挂账清零”，拆除整改进度位于全县前列。

【安全生产】 对危险化学品、涉爆粉尘、燃气安全、建筑工地、学校、卫生院等重点行业、重点领域以及事故易发区域的公共安全问题进行监督检查，树立安全意识，遵循“横向到边、纵向到底、责任到人、不留死角”的原则，成立安全工作领导小组，深入基层，不漏一人、不漏一处地“拉网式”检查，对于检查中发现的问题，立行立改，跟踪问效，对相关责任人进行严肃处理。2020年，开展安全隐患排查整治行动80余次，出动人员240余人（次），检查各类生产经营企业100余家，发现安全隐患120处，全部按期整改。

【社会保障】 落实民生政策，推进城乡居民养老保险收缴工作，通过横幅、标语、宣传栏、微信等形式宣传养老保险，2020年，新增城乡居民缴纳养老保险28人，办理60岁到龄享受领取养老金政策135人，办理丧葬补贴98人，办理养老保险转移11人，发放社保卡350张。3月和9月，对村街、社区领取养老金人员2714人进行人脸识别认证，认证率100%。扩大城乡低保保障面，提高城乡低保救助率，办理新增低保10户共11人，办理特困集中供养1人，加强重度残疾人的治疗与康复救助工作，为6名残疾人申请轮椅、拐杖、助听器、坐便器等辅助康复器具。落实扶贫工作，对2户已脱贫的建档立卡贫困户继续落实各项帮扶政策，防止返贫，扶贫档案规范化管理。

【计划生育服务】 发挥人口与计划生育服务网络优势，组织村街人口计划生育专职干部入户开展“计生政策面对面、生育关怀心贴心”服务活动，向所有新婚、待孕家庭发放孕前保健宣传资料和免费孕前优生健康检查告知书，提供个性化的宣讲、咨询服务，普及孕前优生健康检查知识，引导群众主动参与免费孕前优生健康检查。

【推进河道村街搬迁】 为保障位于潮白河河道内的程辛庄村人民群众生命财产安全，按照上级要求，新兴产业园制订工作方案，分成15个工作小组，入户宣传汛期安全转移并组织3次村街安全转移演练，使群众安全度过汛期。

【推进“两税”收缴】 根据香河县“清理耕地占用税、城镇土地使用税”工作部署，召开专题会议，成立工作专班，对辖区村街、企业占地情况进行梳理，配合税务部门发放《收缴通知书》80余份，年内，收缴耕地占用税、土地使用税2030万元。

【500千伏变电站项目】 为更好地服务项目建设，推进500千伏变电站项目落地落实，助推全区经济和社会发展。截至年底，完成打鹝户村95户占地和88户地上物补偿工作，涉及土地4.7公顷（70亩）。

【平安社会建设】 开展“扫黑除恶”专项斗争，严厉打击农村黑恶势力、宗族恶势力、黄赌毒盗拐骗等违法犯罪。加大普法力度，增强基层干部法治观念、法治为民意识，提高农民法治素养，引导广大农民增强遵法、学法、守法、用法意识。健全农村公共法律服务体系，加强对农民的法律援助和司法救助。全面开展“禁种铲毒”集中行动，切实守住毒品原植物零种植阵地。治安状况良好，完成全国“两会”和中共十九届五中全会安保任务，实现维稳工作常态化。

9月30日，香河经济开发区新兴产业园召开信访专题工作会议　香河经济开发区新兴产业园供图

【信访工作】 坚持“四访”制度，畅通群众诉求渠道。建立群众诉求中心，严格落实信访首问、信访领办、领导包案、矛盾纠纷排查等多项信访工作制度。变上访为下访。深入基层，找准信访根源，体察民情，掌握第一手资料。主动约访。将主要信访人约到园区，能解决的当场解决，不能解决的进行再调查、再约访。及时回访。带着答复意见及时回访，做好解释工作。随时领访。对园区不能解决的信访问题，由信访工作组成员和包案人员共同带领信访人到上级部门反映问题，做好材料上交，解释劝导等工作。2020年，排查矛盾隐患16起，均全部解决；接待来访人员260余人次，网络信访回复206件，信访代理办结和处理回复率100%。

【新冠肺炎疫情防控】 2020年，面对突发的新冠肺炎疫情，园区党委坚持统筹协调，科学高效，筑牢疫情防控安全网。实施1个防控办、3个工作组（防疫组、宣传组、督导组）、4个工作专班（村街工作专班、企业工作专班、社区楼盘工作专班、公共场所工作专班）。创新工作举措，落实村街防控、企业预控、社区查控、公共场所联控的“四控工作法”，细化防疫工作。

村街抓“防控”。针对村街人口便于摸排管理的实际情况，园区依托村街采取防控为主，村口设卡，来客测温登记、车辆消毒，严格控制人口的流入和输出；利用党员、村民代表熟知村情，采取包排到户，走群众路线，打人民战争，做到“防输入、防传染、防扩散”；发挥基层党组织的战斗堡垒作用和党员先锋模范作用，辖区84名村街两委班子成员、458名党员、211名村民代表和退役军人全部投身到疫情防控阻击战中。

企业抓“预控”。针对企业复产复工后，采取预控措施，提前制订企业外地员工返程预案；党员干部冲在一线，派驻企业驻厂监督员帮助企业建立疫情防控工作日志，一企一档，进行档案化管理；对即将返程的员工进行摸排、筛选，制订分批返程计划，使员工有序返岗，科学预控；对企业返岗复工人员提供贴心服务，做好企业复产复工后的疫情防控工作。

社区抓“查控”。针对社区居民流动性、复杂性等问题，依托社区物业公司采取以查控为主，建立由园区疫情防控社区组、分包人员、物业负责人、区域主管四级网格责任制，每日逐家逐户排查登记，对于自行隔离的居民进行 24 小时服务，人性化管理，确保第一时间掌握疫情情况，并迅速反馈上报。

公共场所抓“联控”。针对市场、超市、药店、饭店等公共场所，依托园区综合执法部门、瑞盛物业公司会同县市场监督管理局、派出所等部门采取联防联控，加强公共场所的防控管理，做好对市场、超市等公共场所人员的防控知识宣传、场所消毒、佩戴口罩和体温监测工作，并记录存档备查。

【精神文明建设】 2020 年，以创建文明城市为契机，志愿服务活动为载体，借助村街公开栏、橱窗、LED显示屏等，利用公益广告，加强社会主义核心价值观、移风易俗的宣传教育活动，制作展牌 100 余个，完成村街“十个一”（建立完善一个村综合文化服务中心、一个文化广场、一条乡村文明示范街、一批善行功德榜、一套村规民约、一个红白理事会、一个道德讲堂、一支志愿者队伍，一支乡贤骨干队伍、每年评选表彰或复检一次“十星级文明户”或“五好家庭”）全覆盖。开展周边道德模范与身边好人推荐工作，将“身边的好人”向“廊坊好人”“河北好人”进行推荐，引导居民参与创建文明城市工作。

【基层党组织建设】 围绕“建立务实型、服务型和创新型干部队伍，建设学习型党组织、学习型领导班子”的工作思路，以机构改革为契机，转变干部作风为主线，提升基层党建工作水平。

突出政治引领，建立健全主题教育常态化机制，以巩固扩大“不忘初心、牢记使命”主题教育成果为基础，建立健全主题教育常态化机制，巩固干部定期调研，深入基层一线，解决好老百姓的“烦心事”，提升基层群众的获得感和满意度。

抓责任落实，激活基层组织战斗力。定期组织召开党工委班子“民主生活会”，从理论学习、干事创业、为民服务等方面审视剖析存在问题，形成问题整改清单，逐一进行整改落实，切实做到理论水平有提升、谋事干事敢担当、为民服务上水平。以优秀党支部书记典型培树为标杆，以党员、村民代表作用发挥为着力点，严格按照《中国共产党问责条例》《香河县“两考三评一定”绩效考核办法》，执行奖惩问责。

加强村“两委”班子建设。注重加强村“两委”班子和党员干部政治思想教育、组织纪律教育，用实际工作成果来检验党员干部素质。树立正确用人导向，选用优秀人才、年轻干部进入村级领导班子。提前谋划村“两委”换届工作，建设坚强有力的村级班子，选好班子带头人，配强村“两委”班子，建立村后备干部库。

【意识形态工作】 内修素质，外塑形象，打造过硬干部队伍。立足实际，把握正确导向，以“学理论、树新风、创文明、强服务、扩外宣”为着力点，统筹结合，积极创新，为推进全区经济建设跨越式发展营造良好的舆论环境。强化学习意识。以创建学习型党委为出发点，将理论学习与思想教育结合，

10 月 16 日，香河经济开发区新兴产业园举办《中华人民共和国民法典》专题宣讲
香河经济开发区新兴产业园供图

加强理论学习，武装干部头脑，以党委扩大会议为载体，利用周五学习日活动，采取集中学习与个人自学相结合，认真学习《中华人民共和国民法典》，开展以党建、信访、农业等为主题的集中学习，切实提升干事创业能力。2020年，组织党委理论学习中心组学习12次，集中学习研讨6次，科级干部撰写个人体会文章11篇，调研文章11篇；组织集体学习36次。加强舆论宣传。利用简报、宣传栏、报刊、广播、电视、网络、微信等媒介，宣传报道典型经验、亮点工作、先进人物及事迹，营造和谐舆论环境。年内，在学习强国、中央新华社、中央人民广播电台、河北卫视、廊坊电视台及《河北日报》《廊坊日报》《廊坊都市报》等媒体发表新闻报道30余篇。

【全面从严治党】 加强领导班子政治建设。不断提高政治意识。面对新冠肺炎疫情防控严峻形势，园区把疫情防控工作提高到贯彻落实党中央决策部署、贯彻落实习近平总书记重要指示精神的政治高度，严明工作纪律，坚持科学防治、精准施策，联防联控、群防群治，切实提高疫情防控的科学性、及时性和有效性。充分发挥园区基层组织战斗堡垒作用和党员先锋模范作用，以打好疫情防控阻击战作为践行“不忘初心、牢记使命”的具体表现，坚决当好疫情防控“首都护城河排头兵”。不断加强学习教育。以争创“学习型、服务型、创新型、效率型”党委为目标，打造一支作风过硬的干部队伍。不断提升领导班子的凝聚力、战斗力。领导班子成员顾大局、识大体、讲原则，努力形成班子的整体合力，充分发挥班子整体功能；主要领导带头执行民主集中制和民主议事规则，带动增强班子成员全局观念和团队意识。

全面落实党风廉政建设。强化责任意识，深入落实“两个责任”。成立履行全面从严治党主体责任领导小组，主要负责人与副科级以上干部签订主体责任书，落实全面从严治党主体责任和领导干部“一岗双责”，形成一级抓一级，层层抓落实的责任网络。强化监督管理，防止“四风”问题反弹。研究制定《河北香河经济开发区新兴产业园机关管理制度》，对机关考勤制度、请销假制度、值班制度、服务制度、车辆管理制度、公共设施及环境卫生管理制度等做出了明确规定，不定期地开展监督检查，发现违规违纪问题严肃处理。强化廉政教育，引导干部牢固树立底线思维。运用好监督执纪“四种形态”，对工作不作为慢作为的干部及时谈话提醒，年内，对5名村街干部进行廉政谈话提醒。召开警示教育大会，端午节前组织全体机关干部、村干部学习并传达了中央纪委公开曝光的6起违反中央八项规定精神案件，以案为鉴，筑牢拒腐防变思想防线。

（刘艳新）

环保产业园

【概况】 2020年，环保产业园辖15个行政村，总人口12755人。3月，香河经济开发区完成组织架构改革，社会事务管理二局负责管理环保产业园所辖15个行政村具体事务。年内，环保产业园牢牢把握“三创四建”工作主线，聚焦党的建设、民生发展、疫情防控、安全稳定等重点工作，忠诚履职、务实进取，较好地完成全年工作任务，荣获廊坊市文明单位等称号。是年，环保产业园纳入县城总体发展规划，与县城同步建设、同步发展。

【重点项目建设用地】 2020年，征地151.87公顷（2278亩）。其中，平香线南延、景观道东延项目，道路红线占地50.2公顷（753亩），12月，平香线南延项目竣工通车；稻香村（香河）食品工业园、嘉信大数据等重点建设项目，占地65.53公顷（983亩）；香河县垃圾焚烧发电项目及附属设施，占地21.6公顷（324亩）；京唐高铁香河站项目，占地

14.53公顷（218亩）。

【农村人居环境整治提升】 2020年，严格履行“河长制”，更新17块河长制公示牌内容，加大日常巡河护河力度，强化河道水环境保护，对辖区15千米河渠进行集中清理，用工400余人次，垃圾运输车、挖掘机、船只45辆次，清运建筑垃圾、渠坡垃圾、漂浮物等1200立方米，封堵排污口26处。出台《香河环保产业园区创建省级文明县城和文明村镇实施方案》，推行“门前十包”制度，对香五路、香宋路、双安路和景观道等主路两侧商铺及摊点进行集中整治，在内主干路两侧及15个村街进行环境综合整治，增派保洁员加强对主干道、小街小巷的清扫，并及时消毒防疫。按照创城“十个一”目标要求，15个村开展移风易俗宣传引导，建立健全村规民约，发挥红白理事会作用，劝导群众不进行大规模聚集。开展以“创城大家努力，文明你我传递”为主题的惠民演出活动。

开展村庄清洁行动。对村街、主要街道、绿化带展开集中清理整治。重点整治积存生活垃圾、废弃物乱推乱放，对坑塘沟渠、道路两侧、房前屋后等重点区域进行全面排查，做到发现一处，整治一处，美化一处，切实改善村街“脏乱差”问题。截至年底，清理历史垃圾堆放点75处，清理农村生活垃圾及杂草7.3万立方米，清理村内塘沟50处，清理畜禽养殖粪污等生产废弃物2.4万吨，清理残垣断壁或杂物180处。

推进农村厕所革命。完成厕所改造3113户，户厕改造率91%，年内，新建公厕15座，粪污中转站1座。加强改厕长效机制建设，达到有制度、有标准、有队伍、有经费、有督查的“五有”标准。

推进“三清一拆”工作。加大推进黄院、前景亭、中景亭、后景亭、东延寺5个村的“三清一拆”整治工作，召开“三清一拆”工作部署会议，明确任务目标，细化攻坚措施，针对“三清一拆”工作中存在的问题，集中力量，攻坚克难，加大力度整改落实。完善台账清单，细化责任分工，推进“三清一拆”全面落实。

推进农村生活垃圾治理。建立保洁队伍，成立由46名垃圾分类指导员为主的保洁队伍，划分责任区域，对负责区域进行全天候保洁。完善设施建设，辖区建有非露天垃圾池52个，放置垃圾桶8156个，垃圾转运车6辆。建立长效机制，建立“户集中、村收集、园区转运、县处理”的运行模式，在各村街建立常态化保洁机制，做到生活垃圾定期消毒、日产日清。引导各村街制定“村规民约”，促使村民履行保洁义务。强化考核制度，按照园区制定的《农村生活垃圾治理考核方案》的各项要求，园区爱卫办定期对各村街进行检查考核，并将此项工作纳入村街年终考核。

推进煤改气工作。15个村街，3732户完成气代煤工程，为燃气用户办理燃气补贴。15个村街用气量共计330.9万立方米，补贴用气量301.8万立方米，补贴户数3626户，补贴金额301.8万元。排查燃气安全隐患，加大宣传力度，让群众掌握安全用气常识。

【大气污染防治】 实现“散乱污”企业动态清零。对已取缔的“散乱污”企业定期进行巡查，防止新增“散乱污”企业和已经取缔“散乱污”企业死灰复燃，加强对村街内企业的巡查，辖区成立30人的巡查队，全年复查500余家次，坚决禁止偷排偷干情况出现，确保“散乱污”企业动态清零。

加强扬尘整治。安排3辆水车和1辆雾炮车，对香五路、双安路、香宋路、景观大道和园区内主要道路进行每天至少3次湿扫作业，有效降低扬尘；对土石方及公路两侧裸露地面和料堆进行苫盖，苫盖总面积约2万平方米。

开展VOC（挥发性有机化合物）企业达标治理。对VOC企业的厂内卫生、危废间使用、环保设备运行等进行定期检查，确保设施正常运转、长期稳定达标排放。截至年底，园区内有127家工业企业获得排污许可证。年内，组织 3 次现场会，对原有持证企业进行参观学习。

雾炮车实施降尘作业　　香河经济开发区环保产业园供图

【安全生产】 落实“党政同责、一岗双责”事故风险防控长效机制，开展第 19 个安全生产月宣传活动，在园区及村街显著位置安装展牌 16 个，深入 15 个村街进行安全生产知识宣传，发放安全生产宣传资料 170 份。深入 8 家工贸企业和 7 家危化企业，发放宣传资料 120 份。开展安全生产线上培训，利用安全生产工作微信群播放安全生产警示片 2 部，音频广播 1 个，有 450 人收听收看。检查辖区 72 家企业的安全生产工作，发现安全生产隐患 155 处，下达整改通知 48 份，并全部整改完毕；深入村街、企业发放宣传资料 250 余份。全年安全生产形势保持平稳状态。

【社会稳定】 加大“扫黑除恶”“禁铲毒”等宣传教育活动，全面开展“扫黑除恶”和“禁铲毒”专项行动，依法打击各类违法犯罪活动和邪教活动，完成 2020 年全国“两会”及十九届五中全会期间维稳、安保工作。

【社会保障】 2020 年，继续开展农村贫困户危房排查改造工作，按照标准，确定改造 8 户民房，4 月底前全部完工；提升社会救助兜底保障工作，做到应保尽保；利用元旦、春节等节日，开展“暖心工程”，对贫困户进行走访慰问；推进退役军人管理工作；为 19 人办理残疾人困难生活补贴和重度残疾人护理补贴，为 88 人办理残疾证；发放 371 人高龄补贴资金 192650 元。开展第七次全国人口普查，顺利完成各项指标进度。

【信访工作】 严格落实信访工作“一把手”责任制，梳理、排查、掌握信访动态，做到及时受理、积极化解，2020 年，积极推动案件办理和积案化解，完成网络信访案件 180 件，解决群众来访 45 件，接待来访 120 余人次。

【新冠肺炎疫情防控】 成立环保产业园疫情防控领导小组，一把手任组长，分设 9 个专项工作组，制订《河北香河环保产业园区新冠肺炎疫情联防联控工作方案》，开展重点人员排查，做好建档立卡，及时报送疫情信息。

排查防疫重点人员。对辖区内 2612 户居民(包括流动人口）逐户开展摸底调查，重点排查高风险地区往来人员，排查不明原因发热患者以及密切接触者，将 41 家超市，2 家宾馆，138 家商铺，233 户出租户作为重点监查对象，明确房东、业主为责任主体，全面登记人员出入情况，形成动态台账。

规范疫情处理流程。全面排查人员出入信息，建立排查统计日报告、零报告制度，及时汇总当日辖区居民排查信息，认真填报汇总表格，严格报送时间，杜绝迟报、瞒报。截至年底，排查 705739 人次，并第一时间逐级上报疫情情况。

加强宣传，正面引导。利用宣传栏、村街广播等平台，及时公开疫情防控信息，加强防疫常识宣传，提高群众自我防范意识和疫情防范水平，积极引导居民自觉参与防控行动，形成人人参与，群防群治格局。悬挂宣传条幅 135 条，病毒防控知识展板 32 块，每天通过园区广播中心播放音频，完成播放 378 段次，利用园区官方微信平台发布权威信息 138 条，在省市报台刊发报道先进事迹 21 篇，展示园区抗“疫”成绩和亮点。

10 月，市委讲师团刘霞博士到中粮可口可乐华北饮料有限公司宣讲《习近平谈治国理政》第三卷
香河经济开发区环保产业园供图

【意识形态工作】 高度重视意识形态工作，严格落实党委主体责任，将意识形态工作纳入重要议事日程；抓好园区党委理论中心组学习，开展集体学习 15 次以上；深入学习贯彻中共十九届五中全会精神，认真学习领会《习近平谈治国理政》第三卷；加强信息宣传，共有 10 余篇信息在《河北经济日报》《廊坊日报》等媒体刊发，在网站和电视台发表信息 20 余条，园区官方微信日均点击量 500 次以上，进一步提升了园区的知名度和美誉度。

【基层党组织建设】 2020 年，推进村街“两委”换届选举工作。按照县委安排，以“先支部后村委，先易后难”的方式，3 月，启动 15 个村“两委”换届选举工作，4 月，村“两委”换届选举工作全部完成。产生新一届村两委班子 88 人，15 个村街全部实现“一人兼”；60 岁以下党支部书记占比 100%；每个村街有 1 名女性成员占比 100%；现任村党组织书记中有 13 名致富带头人，X名退役军人，换届后实现“四类人员”达到 100%。村“两委”干部 88 人，交叉任职 22 人，占比 25%，村委会和村民代表中党员 69 名，占比 26%；村委会和村民代表中党员比例提升至 35%。高中以上学历占比 65%；换届选举后，新一届村“两委”班子的综合素质得到提升，班子的战斗力得到增强。15 个村街全部完成村监会换届，选出村监会成员 45 人。

党建制度建设。紧扣“落实党建责任”主线，严肃党内政治生活，制定落实《环保产业园党工委书记抓基层党建工作责任清单》及党建联系点制度。

政治理论学习。制定党工委理论中心组学习计划，按照规范化建设要求，组织开展党委理论中心组学习 18 次，召开 20 次党建工作专题会议。利用“学习强国”“先锋在线”App 等平台进行在线学习。

党员发展与党支部建设。年内，发展党员 8 名，整顿 2 个“软弱涣散”党支部，提高党支部村委会服务群众能力。开展环保产业园庆祝建党 99 周年文艺会演等系列活动，走访慰问 5 名党员，年初对 15 个先进集体进行表彰，李辛庄村党支部书记荣获市级优秀共产党员称号，在全县党支部书记“党务村务”擂台赛中刘庄子村、石辛庄村党支部书记分获二、三等奖。

党建阵地建设。全面完善村街党组织领导下的“六位一体”村街治理结构。高标准打造刘庄子、石辛庄村级活动场所 2 个；修缮孙庄子、黄院、后彭务村级活动场所 3 个；新建铁佛堂、东延寺“六有”（有党建工作年度计划、有坚持民主集中制规定、有严格组织生活制度、有党费收缴登记和公布、有入党积极分子的培养和考察、有党建工作检查总结）标准的村级活动场所 2 个，年内，完成铁佛堂村党支部主题建设工程并投入使用。

党员教育培训。推进党支部“两学一做”学习教育常态化、制度化，指导基层党组织制定学习计划，结合“三会一课” 每月集中或自学 3 次以上，组织各项培训 20 余次。引导党员利用“学习强国”“先锋在线”App 进行在线学习。

制定党史专题宣讲工作方案，深入学习习近平总书记关于党的历史的重要论述和在党史学习教育动员大会上的讲话精神，严格按照方案安排，分阶段组织召开专题集中学习和交流研讨 15 次；副科级以上领导干部结合分管工作制定调研方案并扎实开展调研；机关所有党员及村“两委”班子成员按党史学习计划认真学习并撰写心得体会。

【全面从严治党】 切实履行党风廉政建设“两个责任”，坚决贯彻落实中央八项规定精神。抓实执纪监督、促进作风建设作为党风廉政建设重点。严格落实“一问责八清理”和“基层微腐败”专项行动，建立健全长效机制，有效整治群众身边的腐败和作风问题。健全完善班子成员分工负责、议事程序、决策程序、班子内部相互监督等各项规章制度，提升机关效能。从机关到村街，党员干部务实担当作风进一步提升，干事创业精神进一步凝聚，为高质量推进园区建设提供纪律保证。

（彰春丰　董　莹）

特色小镇

责任编辑　杨东林

综　述

2020年，香河县有省级特色小镇2个，香河机器人小镇、香河健康小镇（香河大爱城·爱晚国家养老示范基地）。按照河北省委、省政府的要求，高质量编制特色小镇的总体布局规划和控制性详细规划，明确小镇功能定位、产业特色、空间布局和建筑风貌，体现产业特而强、功能聚而合、形态小而美的特色，加快特色小镇建设进度，加强对特色小镇规划、创建等工作的指导，加大要素保障力度，协调解决制约小镇发展的瓶颈问题，推动小镇健康、快速、高质量发展。按照国家发展和改革委员会等四部委《关于规范推进特色小镇和特色小城镇建设的若干意见》要求，加强对特色小镇建设工作的检查督导，突出特色培育、突出产业立镇。

香河机器人小镇

【概况】　香河机器人小镇位于河北香河经济开发区智能制造产业园内，原名香河机器人产业港，于2014年7月开工建设，总体规划面积3.7平方千米，由县政府采用PPP模式与华夏幸福基业股份有限公司合作建设，重点围绕机器人研发设计、关键零部件、本体、系统集成、后端服务等核心环节，形成极具影响力的机器人产业集群。2017年2月，入围河北省首批特色小镇榜单，更名为香河机器人小镇。自2016年国家发展和改革委员会发布《关于加快美丽特色小（城）镇建设的指导意见》后，打造产业特而强、功能聚而合、形态小而美、机制新而活成为香河机器人小镇的发展目标。凭借先进的特色小镇发展理念，以机器人产业为主导，通过产业类、生态类、服务类等配套中心，成为集智能制造、孵化加速、创意展示、工业旅游等功能于一体的智能科技特色小镇。小镇通过“招投育”，不断做大做强机器人产业；通过“造磁极”，不断丰富完善小镇功能配套；通过“搭平台”，持续引进优质发展资源，保障小镇可持续运营，积极塑造区域创新驱动、科学发展新引擎。2020年，香河机器人小镇实现产值30亿元，上缴税金7000余万元，7000余名高端人才入驻。

香河机器人小镇紧盯北京科技创新高地，主动融入京津冀协同发展，承接非首都功能产业外溢，以精准的产业规划，打造全产业链生态服务体系，不断完善优秀机器人企业集聚发展的优良环境，搭建起以政务服务、信贷金融、人才技术、孵化加速、数据整理、供应链市场、品牌增值、市场推广和生活配套等九大要素构成的产业生态服务体系，“升级版”全程无忧管家式服务吸引海内外知名机器人企业纷至沓来。截至2020年年底，香河机器人小镇有世界喷涂机器人巨头安川都林、全球机器人焊钳发明者德国尼玛克、全球最大的专注于机器人末端执行工具研发和制造的美国ATI公司、3D打印行业领先企业汇天威等155家签约入驻的机器人产业链企业，80%来自北京，其中，投产133家。小镇内能够实现技术研发及后端产业发展，对接北京的技术与资本，逐渐形成京津冀地区机器人科技转化及孵化加速高地，形成集产业研发、核心零部件制造、系统集成以及机器人本体制造的完整产业链条，国际龙头汇聚，机器人产业集群初具规模，成为京津冀机器人产业标杆和中国北方最具发展活力的机器人产业高地。

香河机器人小镇践行“让创新成为高质量发展的第一动力”的发展路径，实施创新驱动战略，加快科技创新，全力打造产学研平台，建成了科技部科技领军人才创新驱动中心、中国产学研合作创新示范基地、河北省重大项目孵化器、智能技术与机器人协同创新平台，引进北京航空航天大学、河北工业大学、中国机械自动化研究所3所高校、科研院所资源，并与人工智能研发领域前沿的两所知名大学——东北大学和沈阳工业大学签订战略合作协议。与北京航空航天大学机器人研究所共同建设北航智能技术与机器人（香河）研究中心，与河北工业大学、中国机械自动化研究所等高校和科研院所合作，成为“中国产学研合作创新示范基地”。香河机器人小镇科普基地，先后获得廊坊市科技企业孵化器、科技部科技领军人才创新驱动中心、中国产学研合作创新示范基地授牌和河北省科技企业孵化器等称号。小镇利用产业资源及机器人展厅设备，组织各类参观活动，为中国民航大学及香河县城内第一小学、向阳幼儿园等提供实践基地。

香河机器人小镇获得荣誉。2016年6月，科技部首个京津冀区域县域科技领军人才创新驱动中心（香河）落户香河机器人产业港。2017年2月，入选河北省首批特色小镇培育类名单；6月，入围2017中国产业园区创新力百强，被深圳高工产业研究院（GGII）评为2017最佳投资环境产业园区。2018年1月，被河北省科技厅授予河北省产业孵化器称号；5月，获得中国机器人行业发展论坛恰佩克奖；6月，入选河北省第二批特色小镇创建类名单；7月，被河北省科技厅命名为中国民航大学社会实践基地；11月，被高工产业研究院命名为中国优秀机器人产业园区；年底，被中国机器人行业年会评委会评选为中国机器人十大产业园区。2019年1月，首届中国机器人年会发布，香河机器人（小镇）产业园入选2018年度中国机器人十大产业园区；5月，被省商务厅命名为河北省重点联系的出口聚焦区，全省只有3家；7月，被工业和信息化部赛迪研究院评选为2019年最具成长力特色十强小镇，被省工业和信息化厅授予2018年度河北省智能制造示范园区称号；8月，被省住房和城乡建设厅授予河北省园林式单位称号；9月，被省发展和改革委员会授予河北省战略性新兴产业示范基地称号；10月，入选河北省第三批特色小镇创建类名单；12月，被省科技企业孵化协会授予2019年河北省优秀“双创”载体产业服务奖。香河机器人科技企业孵化器建设项目、高新技术企业发展先进开发区，廊坊市“双创”示范基地等多项荣誉。2020年7月，被省科技厅认定为河北省国际科技合作基地。香河机器人小镇的发展建设被中央电视台《新闻联播》、河北电视台《新闻联播》和《人民日报》《经济日报》《科技日报》《环球时报》《中国企业报》《北京日报》《北京青年报》《河北日报》及新华网、凤凰网、搜狐网、中国经济网、河北新闻网等多家媒体宣传报道。

【香河机器人小镇基础设施建设】 香河机器人小镇载体项目由华夏幸福基业股份有限公司投资建设，规划总占地45.1公顷（676亩），规划总建筑面积约54万平方米，预计总投资40亿元，主要建设机器人研发大厦、香河机器人产业园1－8期项目以及系统集成、核心零部件、展示培训等产业港以

香河机器人小镇　　香河经济开发区管委会供图

及机器人酒店、运动公园等。截至2020年年底，香河机器人小镇完成香河机器人产业园1—4期建设并投入使用，总占地17.3公顷（260亩），总运营面积14万平方米。其中，香河机器人应用产业园一期项目，是以应用型机器人企业为主的综合性机器人产业园区，主要用于引进机器人产业链上系统集成以及系统应用型企业，主要为多层通用厂房，于2014年7月开工建设、2015年12月竣工投入使用。香河机器人应用产业园二期项目，是以应用型机器人企业为主的综合性机器人产业园区，主要用于引进机器人产业链上系统集成以及系统应用型企业，主要为单层厂房、多层厂房及配套附属设施，部分工程竣工投入使用。香河机器人系统集成产业园项目是以系统集成型机器人企业为主的综合性产业园区，主要用于引进机器人产业链的系统集体型企业，该园区属于半制订类产业园，主要包括订制单、多层厂房和标准厂房，三期工程2018年7月竣工投入使用。香河机器人核心零部件南区产业园项目是以核心零部件型机器人企业为主的综合性产业园区，主要用于引进机器人产业链国际前15名的本体、核心零部件企业，以及国际机器人产业“四大家族”为主导的企业（以欧洲国家企业为主要招商对象），项目主要包括3栋单层厂房和5栋多层厂房；香河机器人核心零部件本体产业园项目，以核心零部件型机器人企业为主的综合性产业园区，主要用于引进机器人产业链国际前15名的本体、核心零部件企业，以及国际机器人产业“四大家族”为主导的企业（以欧洲国家企业为主要招商对象），主要包括单层、多层生产厂房，配套服务楼、锅炉房；四期工程2017年6月竣工投入使用。香河机器人大厦项目，主要用于引进机器产业链上的研发型企业及相关研发类研究院所，旨在打造完善的系统集成综合性产业园，建筑面积2万平方米的香河机器人大厦、5万平方米的香河机器人云计算数据中心在建中。香河机器人小镇载体由德国FTA设计公司提供高标准规划设计，由华夏幸福提供五星级物业服务。承接京津冀机器人和人工智能技术产业转移，聚焦工业机器人、培育服务机器人，做强做大核心零部件和系统集成环节，打造集研发、生产、销售为一体的中国一流工业机器人产业集群。预计2023年，香河机器人产业园项目1—8期全部完成建设。

【产业升级战略】 聚焦高质量、强品牌、高税收，持续吸引世界500强企业、规模类科技创新领军企业。在集群规模升级战略方面，拓展工业机器人与服务机器人全产业链，搭建产业创新内生动力。以国际标准规划建设系统集成产业园，完善公共服务，实现职住平衡，做强北京功能疏解。在人才升级战略方面，吸引国家重点实验室研究员、企业科研人员、科技创新创业人才，加强产业研发创新示范，打造国家机器人人才培养基地。

【河北科技大学技术转移中心香河分中心成立】 2020年10月15日，河北科技大学与香河县合作成立“河北科技大学技术转移中心香河分中心”，并举行了签约揭牌仪式，同时，委托香河机器人小镇入园企业河北百纳信达科技有限公司作为分中心的运营单位。技术转移分中心的成立将重点构建技术转移、人才培养与培训、企业培育三大创新平台，引导河北科技大学的教育和科研资源向香河及环京津区域聚集，为促进香河企业技术创新和企业振兴创造条件。

【校企合作推动产业创新升级】 2020年7月，香河机器人小镇被省科技厅认定为河北省国际科技合作基地。年内，香河机器人小镇与美国加州大学伯克利分校、韩国在华创新中心等国际院校、创新机构建立国际科技合作关系，签订合作协议，提升香河机器人小镇乃至区域的国际合作水平。

【签约项目】 2020年，新增签约项目13个：晶创铭盛电子科技（香河）有限公司（二期）、中天朗洁（北京）环保科技有限公司、香河瑞和通汽车零部件有限公司、北京海洲龙骧科技有限公司、江苏福曼斯仪器有限公司、青芒（香河）养老服务有限公司、香河卓琪光学仪器有限公司、香河克里奥罗科技有限公司、天岣（常州）智能科技有限公司、天峋创新（北京）科技有限公司、北京费恩科技有限公司、河北首航科技有限公司、杭州鼎控投资管理有限公司。

【重点企业入驻】 小镇内机器人产业国际龙头汇聚，机器人全产业链初步形成，成为京津冀机器人产业标杆和北方最具发展活力的机器人产业高地。截至2020年，签约入驻汇天威、飞马机器人、大呈机器人、星和众工机器人、美博瑞电子科技、宏远皓轩谐波传动减速器等各类领军企业155家，投产企业133家。特别是机器人行业三大国际巨头韩国安川都林、德国尼玛克、美国ATI公司均入驻投产。

尼玛克焊接技术设备（香河)有限公司。尼玛克焊接技术（北京）有限公司，成立于2006年，由德国MIMAK GMbH与德国SNG公司共同投资，是国际

尼玛克标准化自动焊钳　　香河经济开发区管委会供图

著名的汽车行业电阻焊机供应商，发明了世界上第一台手工一体式焊钳和第一台机器人焊钳，拥有多项世界先进技术，获得ISO 9000、CCC认证。2016年6月28日，尼玛克焊接技术（北京）有限公司签约香河机器人产业港，2016年8月30日，尼玛克焊接技术（北京）有限公司从通州整体搬迁入驻香河机器人产业港，成立尼玛克焊接技设备（香河）有限公司。主要为汽车车身焊装生产线提供专业焊接设备，具备电阻焊机系列产品的研发、设计、生产能力，可年产2400台手动焊钳、600台机器人焊钳、1000台焊接控制柜。产品市场覆盖中国及亚洲地区、俄罗斯、非洲及南美洲，客户包括北京奔驰、一汽奥迪、一汽大众、北京汽车、广州本田等。

安川都林机器人应用设备（河北）有限公司。2017年9月26日，世界喷涂机器人巨擘——安川都林机器人应用设备（北京）有限公司（以下简称安川都林）正式签约落户香河开发区机器人产业港，12月，注册成立安川都林机器人应用设备（河北）

有限公司；2018年5月8日，安川都林在香河机器人小镇举行新工厂揭幕仪式，正式投产运营。作为世界工业机器人“四大家族”之一，安川都林的进驻投产，标志着香河机器人小镇在工业机器人研发、生产等方面取得重大突破，集机器人研发、核心零部件、本体制造及系统集成于一体的完整产业链初步形成。安川都林香河工厂由预组装生产线、研发实验室、培训设施、材料仓库、科技展厅等组成，可同时进行100台以上中上涂机器人、50台以上底涂机器人的组装及离线调试工作。安川都林的涂装机器人研发及培训项目，奠定香河机器人小镇在机器人涂装领域的世界级顶尖水平，代表着香河机器人小镇在世界机器人产业研发中的地位。

安川都林机器人应用设备（河北）有限公司生产车间　　县融媒体中心供图

汇天威（香河）科技有限公司。2016年2月，北京汇天威科技有限公司正式签约落户香河机器人产业港，4月，注册成立汇天威（香河）科技有限公司。作为业内领先的3D打印设备制造商，研发产品涉及机器人核心部件、3D产品开发涉及的领域，企业的核心团队来自中国科学院和北京理工大学的教授学者，产品广泛应用于科研院所和学校，包括工业生产、教育、医疗等领域。汇天威科技有限公司生产的弘瑞品牌3D打印机在国产3D打印机市场的销量份额在稳步提升，产品在教育、医疗、工业、创意设计等方面积累众多应用案例。弘瑞3D打印机产品拥有国家级实用新型专利数十项，CE、FCC等众多国际认证，还有多项专利技术正在申请中，率先完成断电续打、手机控制等多项先进功能的开发。全部产品均通过“GB20775-2006”国家标准认证和380余项环保检测，实现产品使用安全以及超强稳定，产品的打印精度、稳定性普遍高于市场同类产品，是国内3D打印的龙头企业。2017年12月，汇天威（香河）科技有限公司获得河北省工业和信息化厅颁发的河北省工业企业研发机构证书，被授予“3D打印技术研发中心”荣誉称号。2020年，该公司有4条生产线运转，每条生产线20分钟就能生产一台3D打印机，月产达5000余台，年内，实现产值为1.5亿元，税收400万元。

美博瑞（香河）电子信息科技有限公司。美博瑞（香河）电子信息科技有限公司前身是北京美博瑞电子薄膜开关有限公司，2016年11月，入驻香河机器人产业港，专业从事薄膜开关、薄膜面板等相关产品的生产与研发，公司产品广泛用于机器人、工业控制、家用电器、仪器仪表等行业，先后为梅兰日兰、西门子、海尔、长岭、阿继电器、许继电气等国内外顶尖企业配套，参与高速铁路机车控制、三峡工程、航天工业等项目。经过技术研发和创新，企业完成了触摸屏技术、导光片技术、OCA窗口技术等多个关键技术的应用，实现从传统丝网印刷到数字UV印刷的彻底转变，拥有成熟的触摸屏和薄膜开关组合、液晶显示屏和薄膜开关组合等技术，能够为相关企业提供完整的薄膜开关组合体，与小镇的机器人企业开展合作，提供订制薄膜开关等产品。

奥腾工业自动化（廊坊）有限公司。奥腾工业自动化（廊坊）有限公司是美国ATI工业自动化公司在华全资公司，是美国ATI在海外建设的第一个实体工厂。美国ATI工业自动化公司是全球最大的专注于

奥腾工业自动化（廊坊）有限公司生产车间　　香河经济开发区管委会供图

机器人末端执行工具的研发和制造企业，是机器人附属产品和机械手臂工具的研发公司，于2017年年底进驻香河机器人产小镇并投产，是入驻香河机器人小镇第60家机器人产业链企业，壮大和提升了香河机器人产业集群的行业地位与产业实力。作为世界顶尖的机器人自动工具快换装置和末端执行工具的技术研发公司，ATI拥有全球最大的机器人末端执行工具研发团队，具备近30年的产品研发和经验积累，产品广泛应用于机器人、航空航天、生物医学、汽车、电子、应用研究、学术、核能以及政府机构等产业和公共服务领域。ATI是通用、福特、戴姆勒、宝马、本田、丰田等世界顶级汽车厂商工具快换装置的全球供应商，其六维力和力矩传感器是国际工业机器人巨头——ABB集团和KUKA库卡机器人有限公司全球唯一指定采购产品；ATI的多轴力和力矩传感器是Boeing，NASA（美国国家航空航天局）唯一指定采购产品，人类首次携带火星车的“火星探路者号”探测器就是采用ATI出品的传感器产品。奥腾工业自动化（廊坊）有限公司主要经营生产、加工、组装机器人末端执行器、传感器、工业自动化产品；工业自动化产品、机器人附件，计算机软硬件及辅助机械及电子类产品设备的批发；上述产品及相关配套件领域内的技术转让，技术培训，技术支持；对测量产品数据分析设备、测试仪器及装置，自动化组装设备及其以上产品零部件的测试服务；进出口代理（代理进出口以上产品及零部件），销售自产产品。实现了智能化生产，产品生产的全程都被记录在系统里，形成产品的全生命周期档案，做到有迹可循，公司平台直接与美国总部公司平台相连，有利于实时管理。2020年，公司19名员工创造产值7500万元，纳税400余万元。

（果樞韬）

香河健康小镇

【概况】 香河健康小镇——大爱城·香河国家养老示范基地，是民政部“爱晚工程”养老示范项目，2012年6月，开工建设；2018年6月，入围河北省第二批特色小镇培育类榜单；2019年10月，入围河北省第三批特色小镇创建类榜单。香河健康小镇位于京哈高速香河东出口的渠口镇，西起钱旺镇与渠口镇土地分界处，南至京哈高速，东至渠口镇闫胡套村，北至王谭路北侧，总占地面积320公顷（4800亩），规划建设用地200公顷（3000亩），总建筑面积300万平方米。项目由大爱城投资控股有限公司投资建设，创立以“大爱”为核心价值的市场化养老服务体系，独创“大爱·书院式养老”模式，实现“医、康、护、养、学、游”全产业链融合发展，多种医疗、康养模式并存，建设市场化、规模化、全龄层、全配套的亲情健康社区，构建多元化养老格局。香河大爱城社区为住户提供居家养老、社区养老、机构养老三大类多元服务，营造、重塑人与人之间的亲密关系，从连接到融合，推动社区文化建设。

香河大爱城面向老龄群体及其三代家庭，将其生活核心资源聚合于大爱美好社区，整合运营养老、医疗、教育、农业、物业等产品服务。在医疗方面，建设大爱书院养老中心医务室、香河大爱医疗中心综合门诊部、香河大爱医院等医疗机构，打造从家庭医生到社区医疗中心再到区域三甲医院以及国外知名医院的四大层级医疗体系；在教育方面，践行“终身教育”理念，打造全龄优质教育配套体系，引进大爱克丽丝幼儿园、北京景山学校香河分校，国家开放大学社会工作学院的成人教育与大爱书院老年教育形成终身教育常态，提供幼儿园、小学、初中、高中教育和老年终身教育及社会公共教育等；在农业方面，建设香河大爱生态农场，为社区及周边居民提供各类优质农业服务，创造有机、生态、放松的农耕生活。

2020 年 3 月，《北京市通州区与河北省三河、大厂、香河三县市协同发展规划》正式发布。明确培育若干特色小城镇，明确香河组团重点发展健康养老、智慧物流、科技创新等功能。推动北京优质公共服务资源向廊坊市“北三县”延伸。推动北京优质教育资源向通州区与廊坊市“北三县”布局；培育廊坊市“北三县”区域性医疗养老服务功，鼓励廊坊市“北三县”建设医疗卫生与养老相结合的服务设施，全面提升在健康养老领域服务北京市及京津冀地区的能力，研究制定鼓励政策，引导北京优质健康养老资源向廊坊市“北三县”延伸，通过机构合作、设置分院等方式，推动在京服务全国和区域的优质医疗资源向廊坊市“北三县”纵深布局。香河健康小镇作为廊坊市“北三县”唯一省级健康小镇，打造以健康养老产业为核心的全龄层全配套亲情健康美好社区，形成养老、教育、健康、生活、生态完整服务体系，成为区域承接非首都功能疏解的社会化养老、构建医疗服务体系、落地首都优质教育资源的创新示范基地，依托香河大爱城项目产业基础，香河组团初步形成健康养老产业生态圈，进一步推进落实通州区与廊坊市“北三县”协同发展。12 月 21 日，香河县域公交 209 路香河大爱城至安平燕都新村正式通车运行，途经北京公交 938 香河总站和县域多处客流节点。截至 2020 年年底，已引入北京景山学校香河分校、打造香河大爱书院养老中心、建设香河大爱城生态农场、香河大爱医疗中心（综合门诊部）以及香河大爱医院（建设中）；承接居家及机构养老、教育及产业就业人口近万人，未来 2 年内，预计入住常住人口 2 万余人，旅游接待总人数约 3 万人，带动就业超过 5000 人。

获得的荣誉。2018 年 3 月，香河大爱城被授予全国首家美好社区计划实践创新基地称号。2020 年 1 月，香河大爱书院养老中心荣获 2019 年度中国养老行业优秀康养社区称号；8 月 27 日，在 2020 中国国际养老产业发展高峰论坛上，大爱书院荣获中国养老十大品牌、香河大爱城荣获中国养老社区十大品牌的荣誉称号；12 月 30 日，《北京晚报》2020 年度“金口碑”康养机构总评榜揭榜，香河大爱城荣获 2020 年度“金口碑”品牌价值养老社区、香河大爱书院荣获 2020 年度“金口碑”品牌养老机构、大爱书院管理团队荣获 2020 年度“金口碑”养老行业优秀管理团队、大爱控股投资有限公司总裁李大彦荣获 2020 年度“金口碑”养老行业领军人物。

【基础设施建设】 截至 2020 年，建设完成香河大爱书院养老中心、养生公馆、大爱酒店、香河大爱医疗中心、大爱城生态农场、北京景山学校香河分校、大爱克丽斯幼儿园、香河大爱城一期项目和二期项目。其中，香河大爱城一期项目占地面积 24.6 万平方米，建筑面积 33.37 万平方米；香河大爱城二期项目占地面积 25 万平方米，建筑面积 48.9 万平方米。正在建设香河大爱医院、大爱体育公园以及商业中心、香河大爱城三期项目。其中，香河大爱城三期项目占地面积 10 万平方米，建筑面积 21.75 万平方米；大爱体育公园集运动、健身、休闲为一体的生态园林。

【香河大爱书院养老中心】 “大爱书院”作为大爱城控股旗下养老服务品牌，打造居家养老、社区

香河大爱书院养老中心图书馆　　香河大爱书院供图

养老、机构养老“三位一体”、以文化和尊严为突出特点的养老服务体系，通过高品质文化养老服务，辅助健康医疗服务，维护和提高长者生命质量、实现身体健康与精神享受双丰收。香河大爱书院养老中心项目占地 11.8 公顷（177 亩），总建筑面积 28 万平方米，可提供约 2239 套养老用房，其中，养老中心 342 套、养生公馆 1017 套、其他养老用房 880 套。房间内配置家具、社区无线定位、紧急呼叫等 30 项安全措施，为老年人打造安全、舒适、温馨之家。大爱书院养老中心打造 1.3 万平方米的中心会所，设置有大爱图书馆、多种课程教室、手工活动室、棋牌室、健身房、游泳池、茶艺室等超 50 类一站式养老文化活动空间，开设文化、艺术、健康养生等多种专业课程，为入住长者提供专属的文化、养生、休闲、娱乐、健身、康复于一体的配套服务设施，全方位体验“书院式养老”的全新老年生活方式。2017 年 5 月，大爱书院养老中心开启体验式入住接待；2018 年，大爱书院养老中心正式投入运营；截至 2020 年，入住老人 200 余名。

【香河大爱医疗中心】 香河大爱医疗中心作为香河大爱书院养老中心和大爱城社区医疗护理保障体系核心服务平台，是以家庭医生服务为主导，多个专业科室为支撑的一站式医疗服务中心，建筑面积 2000 平方米，医疗中心涵盖内科、外科、中医科、疼痛科、妇科、眼科、康复科、耳鼻喉科、检验科、医学影像科、急诊科、体检科等 8 个临床科室和 4 个医技科室，配备国际先进医疗设备 30 余台，聘请北京协和、安贞、301、阜外、同仁、中日友好、北医三院等国内知名三甲医院专家坐诊。大爱医疗中心为长者提供线上线下相结合的国际化家庭医生服务、医疗费用保障方案定制及疾病筛查、健康管理、上门诊疗、病房服务、健康资讯、远程医疗、保健医学、健康讲座、双向转诊为一体的整体健康医疗解决方案。设置国际远程会诊中心，可与国外专家网上面对面沟通，评估病情，获得全面诊断治疗方案，建立全面的医疗转诊体系，根据长者病情需要，帮助长者选择最适合的医院与专家。大爱医疗中心在北京诸多三甲医院开通绿色通道，搭建直升机救援、999 专用救护车、AED救援设备等多重立体救护体系，提供及时的转诊服务。实现一体化的全程健康管理服务，为香河大爱城居民、大爱书院长者及周边地区群众提供健康体检、常见疾病门诊急诊处置、卫生宣教等服务。大爱医疗中心按照国际化医疗服务理念与标准创建的综合门诊部，致力于打造个性化的预防、治疗、康复、安养四位一体健康管理医疗平台，未来将成为香河大爱医院一级医疗科室——社区与家庭医学科，作为社区级全科门诊为社区家庭提供健康管理、家庭医生和紧急救护服务。2018 年 7 月，香河大爱医疗中心综合门诊部正式投入运行。

【香河大爱康复医院】 香河大爱康复医院规划占地 3.53 公顷（53 亩），建筑面积约 10 万平方米，规划总床位 700 张，总投资 12 亿元，是三级综合性专科医院。医院分两期建设，一期投资 7 亿元，占

建设中的香河大爱康复医院　王树春 摄

地2公顷（30亩），建筑面积6万平方米，规划床位300张；二期工程400张病床。大爱康复医院配备国际先进智能化诊疗设备，汇集北京医学专家，以亚健康、慢性疾病及恶性肿瘤人群为主要服务对象，以生物治疗、民族医药、营养、运动及心理疏导等综合康复为特色。医院面向京津冀中老年群体，采用会员制管理，建立防、诊、治、康一体化的服务模式，为会员量身定制个体化服务，制定疾病分类、分期、分级健康管理服务方案。提供生命全周期、疾病全过程、防诊治康全流程、高质量的个体化精准医疗健康服务。服务项目包括健康体检、多学科专家会诊、综合康复、随访门诊、急诊、日间医疗、住院医疗、家庭医疗及网络咨询与健康指导等。2020年10月，香河大爱康复医院一期工程主体结构封顶。

【北京景山学校香河分校】　发挥首都优质教育资源辐射引领作用，推动京冀教育协同发展，是促进京津冀协同发展的重要组成部分。作为联合国教科文组织提出的“终身教育”理念的拥护者与实践者，大爱城控股有限公司积极响应京津冀协同发展战略，在香河大爱城中逐步落地首都优质教育资源，打造全龄优质教育配套体系，包括幼儿园、小学、初中、高中、老年终身教育、社会公共教育平台等。2017年7月6日，“我爱景山——北京景山学校香河分校揭牌仪式暨招生推介会”在香河大爱城校址举行；8月28日，由香河县人民政府与北京景山学校合作承办、大爱城投资控股有限公司投资的北京景山学校香河分校正式开学；8月31日，北京景山学校香河分校举行开学典礼。北京景山学校香河分校是一所集小学、初中、高中及国际部为一体的十二年一贯制的民办学校，教学工作由北京景山学校全面托管，小学、初中教材和教学方法与北京景山学校同质化。香河分校将按照总校的教学和管理方式，与总校实现课堂同步，共享北京优质教育资源。香河分校一方面解决香河大爱城居民子女的教育问题，更能同时惠及周边县城和社区居民的子女教育，为香河乃至环京地区提供更加优质的教育条件。2020年，北京景山学校香河分校有教职工74名，学生500名。其中，小学部1—5年级5个教学班，初中部6—7年级20个教学班。

大爱克丽斯幼儿园上好开学第一课，认真学习七步洗手法，做好新冠肺炎疫情防控　香河大爱书院供图

【大爱克丽斯幼儿园】 香河大爱城引入大爱克丽斯幼儿园，实践科学育儿理念，促进幼儿全面发展，为幼儿打造美好的人生开端。克丽斯教育由教育专家、博士李洁于1989年在英国创建，以“教学法研究”为基础，践行“用教育回报社会”的理念，追求“尊重生命，科学育儿”，针对都市化进程中幼儿早期精神运动不足出现的问题，研发针对性的功能游戏，促进幼儿全面发展。幼儿园设置托班、小班、中班、大班4个年级。2020年10月，大爱克丽斯幼儿园正式开园。

【香河大爱城生态农场】 香河大爱城生态农场占地面积65.2公顷（978亩），核心区13.3公顷（200亩），以生态景观、生态技术及环境保护为前提，巧妙融合生态农业、田园景观与田园体验，打造独特“休闲农业＋养老产业”的田园生态生活方式。生态农场以严格的制度流程把控生态农业标准，遵循自然规律和生态学原理，注重农业产地环境的保护及维护，保留了优美的自然风光、宁静的生态环境、淳朴的农家生活方式。同时，把绿色健康农产品消费、原生态观光、特色农业体验等休闲农业活动相结合，让人们与自然亲密接触、体验快乐，实现农业生产、生活、生态的协调统一。生态农场集生态观光、果蔬采摘、农业体验和休闲健身于一体，设有百果采摘区、生态示范区、运动餐饮区、大棚种植区、休闲游乐区、田地租赁区等。2020年9月25日，香河县“庆丰收 迎小康”农民丰收节在大爱城生态农场成功举办。

农场践行生态种养理念，自营2公顷（30亩）果园，有葡萄、樱桃、桃、杏、李、苹果、梨、山楂等27个早中晚熟品种，通过国际先进的控根容器栽培技术＋有机肥＋滴灌精准水肥管理＋果园生草技术，生产出品质上乘的水果。打造“日光温室＋春秋棚＋露地栽培”农场蔬菜的种植体系，通过适时轮作实现四季供应，采取有机肥＋精准灌溉＋(防虫网、黄板等物理手段）＋（赤眼蜂、捕食螨、熊峰授粉等生物手段），有效保障产品的绿色安全。利用农场的百亩枫林苗圃，进行林下生态养殖，生产出华北柴鸡、苏尼特羊等优质畜禽产品。节约林下除草用工成本，为种植板块提供有机肥料，减少项目周边冬季火灾隐患。地面积65.2公顷(978亩)，核心区13.3公顷（200亩）。农场集生态观光、果蔬采摘、老人休闲健身于一体，规划家庭休闲体验。

【社区管理】 打造社区新型管理模式及可持续发展、全民参与、兴趣互动、交流学习、共享共议、专业性人才培育的多元化平台，培育、孵化、建立社会组织或社工机构，组织社区兴趣领袖、社区小秘书、助老爱幼社工等，以社群的方式促进社区精神文化建设，实现居民自治，打造创新型社区运营模式。社区服务中心为客户提供生活缴费、日常报修、装修办理、管家服务、居家养老、房屋手续办理、产权咨询等服务。

（张 越）

香河家具城

责任编辑　杨东林

综　述

香河家具城由32座单体展厅组成，总面积300万平方米，参展企业7500余家，知名品牌1500余个，年客流量650万人次。2020年，完成家具城管理体制改革，建立以香河家具发展中心、香河家具城建设发展有限公司、香河家具行业协会“三位一体”的管理体制，实现政府职能、社会职能、市场管理服务职能有机统一，加快推进家具城“二次创业”。9月18日至10月8日，以弘扬香河家居文化、推动香河家具产业发展为宗旨，成功举办第二届香河家具城“金秋采购季”活动。10月，家具城发展中心当选为中国家具协会第七届理事会副理事长单位。11月19日，成功举办香河家居产业发展论坛。12月，香河家具城通过国家知识产权局续延审查的国家级知识产权保护规范化市场。

家具城“二次创业”

【概况】　2020年，为加快香河家具城转型升级，激发市场潜能，全面推进“二次创业”进程，香河家具城发展中心制定《家具城“二次创业”具体路径》。

【规划建设香河智慧家居小镇】　2020年，积极推进香河智慧家居小镇规划建设，以发展的眼光、合理的业态、世界的格局定位香河家具城智慧家居小镇的规划，对沿家具大道两侧4千米，32个家居展厅和未开发用地进行科学规划，拟订方案，上报县政府和河北省城乡规划设计院，实现对未来香河家具城的顶层规划设计。

【优化产业布局】　增加业态，促进产业合理布局。增加与家具有关的上下游产品链条，从房屋设计、建造、软装、家具配置、饰品陈列到建材卫浴、窗帘布艺、灯饰、酒店用品应有尽有，与之相配套的设计中心、金融中心、美食街、电子商务中心合理布局，使香河家具城成为家居文化旅游的现代之城。拓展业态，推动大家居产业融合发展。着眼大家居产业发展，以建设智能家居产业小镇为引领，坚持“智能、环保、舒适、养生、整装、定制”的招商方向，组织专项队伍进行广泛招商，制定精准招商工作方案，明确时间表、路线图。与中国酒店用品协会、中科未来科技集团有限公司、江西省赣州市南康家具协会及南康家具产业促进局等签订战略合作协议。以褐玛智能家具体验馆为代表的一批智能家居企业陆续入驻，为现有企业进行技术赋能。

【转变销售方式】　以新零售理念打造香河家具城，根据每个展厅的实际情况和产品特色，打造各类家居产品和各产业集群特色产品体验店，增加消费者来香河购物的吸引力和满意度。应用互联网和5G手段，采取多渠道、全方位对香河家具城进行高质量宣传；全面更新和提升香河家具城官网，设立香河家具城网红商学院，培训网络销售和宣传人才；鼓励家具城商户和本地工厂店开展线上服务，集中时间、集中内容进行爆破式宣传，增加香河家具城的知名度。

11月19日，在香河家居产业发展论坛上，香河家具城发展中心与深圳道一企业管理咨询有限公司签署《战略性合作框架协议》 县融媒体中心供图

【加强业务培训】 针对家具市场的发展趋势，开展有针对性的业务培训，对新从业人员进行岗前培训，内容包括家具城行为规范、家具销售技巧、家具消防知识等相关内容。2020年，特聘北京家居行业特级讲师为家具城负责人、经理、店长等进行《店面销售目标与激励系统》和《2020家居门店签单新秘籍》高端培训两次，充分利用现代科学技术手段，采取线上线下同步直播的方式，扩大教学培训的覆盖面。

【香河家居产业发展论坛】 11月19日，组织召开香河家居产业发展论坛，对香河家居产业如何转型升级，实现绿色可持续发展进行深入研讨，江苏一德集团有限公司、财富中国金融控股有限公司、艾佳生活装饰有限公司、未来人居产业集团、众家联供应链服务有限公司、保障网等多个家居行业领军企业参加，江苏一德集团有限公司董事长陈俊、财富中国金融控股有限公司董事长李东、有道理社群领袖商学院院长孙晓岐分别作主题演讲，香河家具城发展中心与深圳道一企业管理咨询有限公司签署《战略性合作框架协议》，为推动香河大家居产业融合发展奠定基础。

【创新宣传推广模式】 围绕提高销售业绩，创新广告宣传模式，充分利用新媒体宣传手段，线上推广，线下引流，导航入店，鼓励引导商户运用自媒体进行宣传推广，利用直播、家具城官网、微信平台等手段，扩大受众群体，降低宣传成本，提升香河家具城的市场影响力。

（王志桐）

项目建设

【概况】 2020年，进一步加大招商引资和项目建设力度，改造提升家具城形象，推进香河智慧家居小镇建设。积极谋划推进香河家具城品牌输出，筹建香河家具城雄安店。

【香河家具城雄安店项目】 2020年，提升香河家具城知名度，推进品牌输出，筹备建设香河家具城雄安店，项目拟占地4.67公顷（70亩），计划建造A、B、C三座展厅总建筑面积2.9万平方米，其中，A厅建筑面积1.1万平方米，B厅建筑面积0.4万平方米，C厅建筑面积1.4万平方米。主要面向雄安新区回迁居民、总部项目、政府部门、医院学校、研究院所等各阶层消费群体，提供“绿色、环保、优质、低价”的家居产品，商场将在香河1700余个优秀的生产厂家中优选100家作为合作对象，采取“统一招商、统一装修、统一服务、统一收银、明码实价”的经营模式，立足中档品牌，打造百姓买得起的绿色环保、高质量的家居产品。香河家具发展中心抽调精干人员充实到项目管理运营团队中，成立招商部、市场运营部、企划宣传部、人力资源部、质监部、客户服务部、物流保障部、财务部等部门。保障家居产品质量，建立严格的产品筛选制度，商家入驻前，由质检部门对其营业执照、授权书、商标注册证、质检报告、环保证等手续进行审核，审核合格方可进场，销售过程中要求商家要对每个批次产品系列进行国家级家具质量检测，持有质量检验合格证才可以进行销售。挑选多家有实力、信誉好的物流企业作为雄安新区物流运输，并制定《雄安新区物流专线方案》《雄安新区专线管理办法》等，对家具运输及安装实行统一车辆标识、统一价格标准、统一服饰、统一有效证件、统一管理，让消费者满意、安心。

【香河家具城电子商务平台项目】 2020 年，打造全新的香河家具城电子商务平台，香河家具服务中心与炬点网络科技（香河）有限公司达成合作意向，制订《香河家具城电子商务平台工作方案》，完成 292 家家具企业的数据采集工作。消费者足不出户即可体验家具商城科技，线上VR家具展馆，线上预约、线下选购，体验家居购买的生态闭环。通过大数据跟踪及分析，结合用户家居选购痛点，平台向用户精准推荐家居选购解决方案。通过一键直达、痛点解决中心、VR展馆、大数据跟踪等方式，打造最具用户体验的家居电子平台。

【家具城改造升级】 以香河智慧家居小镇规划为统领，利用现有资源对家具城进行全方位的改造升级。2020 年，实施高氏商业综合体项目，总建筑面积 10.6 万平方米，集家具商城、写字楼和酒店 3 种功能于一体，项目建成后将成为家具大道中部的地标性建筑，全面提升香河家具城对外服务水平。

（王志桐）

家具城营销

【概况】 2020 年，积极推广香河家具城品牌营销，谋划起动香河家具城雄安店建设，拓展域外香河家具城品牌；创新营销方式，充分利用新媒体和自媒体平台，宣传推介香河家具城，提升香河家具城的知名度、美誉度和市场占有率。

【创新营销模式】 创新广告宣传模式，充分利用新媒体宣传手段，鼓励引导商户运用自媒体进行宣传推广。2020 年，受新冠肺炎疫情影响，家具城客流量骤减的情况下，多数商户开通抖音、快手等新媒体平台进行宣传，粉丝数量在 5000 人以上的就有 40 余家，对家具城的整体宣传推广起到了很好的效果。推进网络直播，对家具城的重大活动、特色展馆、精品家具进行宣传。年内，开展直播活动 22 场，单场最大观看数量 17.16 万人，总人数 60 余万人。做好香河家具城官网、微信平台完善提升，扩大受众群体，降低宣传成本，香河家具城官网每年达到 400 万次的浏览量，对香河家具城宣传推广起到重要推动作用。

【第二届香河家具城“金秋采购季”】 9 月 18 日至 10 月 8 日，以弘扬香河家居文化、推动香河家具产业发展为宗旨，成功举办第二届香河家具城“金秋采购季”活动。线上宣传，促进引流。组建直播平台，分别对兴华家具城和居然之家红木专区、中意展厅办公酒店专区、顺隆家具城全体系列以及金钥匙家具城、居然之家、月星家具城、经纬家具城展厅进行现场直播，第一时间把活动信息及时、准确、有效地传播给客户和观众，活动期间，各展厅商户利用自身资源，运用线上直播销售等方式为品牌代言，直播420家，点击量5000万次。营造氛围，促进消费。借助中秋节、国庆节双节之际，在家具大道路段悬挂国旗312面、串旗2616米，在京哈高速香河出口、家具大道两侧摆放大型广告牌。多元促销，让利顾客。各展厅分别开展各具特色的促销活动，做到厅厅有特色、户户有优惠，让消费者在采购到质优价廉家具的同时，更是享受了一场家具文化大餐。金秋采购季“双节”期间到香河家具城参观购物的顾客约111269万人次，有效激励和促进家具市场建设与发展，对提振市场信心、恢复市场活力、吸引消费起到积极促进作用。

（王志桐）

经纬家具城展厅内景　　县融媒体中心供图

家具城管理

【概况】　2020年，根据香河县全面深化改革委员会、香河家具城管理体制改革领导小组《关于家具城管理体制改革的实施方案》（〔2020〕1号），按照香河县委机构编制委员会办公室《关于香河家具城发展中心机构编制调整的通知》（香编委办〔2020〕6号）要求，设立香河家具城发展中心，为香河经济开发区管委会下属事业单位。香河家具城发展中心成立后，优化行政监管、社会管理、市场运营模式，确保运行机制完善、布局结构合理、激发市场潜能，做到职能统一、权责一致、高效精干，适应经济社会发展，建立以家具发展中心、家具城建设发展有限公司、香河家具协会“三位一体”的管理体制，对部分人员进行分流，优化行政监管、社会管理、市场运营模式，实行职能统一、权责一致、高效精干的新型体制。

【实行“两个闭环”管理】　坚持政府引导、市场化运作、企业化经营的改革总基调，初步形成了以香河家具发展中心、香河家具城建设发展有限公司和香河家具协会“三位一体”的闭环管理体制，对市场管理服务形成了以销售、售后、安全生产、物业、物流为核心的闭环管理体系，通过管理体制与管理体系的完善引导带领香河家具城调整布局、改善结构、转型升级，找准香河家具城的发展方向，创新香河家具城的发展模式。

【加强诚信市场建设】　制定《香河家具城销售服务公约》《香河家具城售后服务公约》《香河家具城物流服务公约》《安全生产管理公约》《香河家具城展厅运营总经理（物业经理）自律守则》，通过建立完善的制度和管理体系，谋划市场诚信建设体系与行业管理，规范行业协会建设，形成分工明确、结构合理、功能完善、监管有力的体系框架和运行机制，有效规范市场行为。

【家具城服务】　加强家具市场规范化建设，治理厅内市场秩序和厅外环境，探索物流企业规范化管理，改善提升售后调解服务，培训销售技能，提高企业竞争能力等，为消费者提供安全、舒适、便捷、放心的购物环境。做好售后服务，解决消费者后顾之忧。推行《家具城售后服务公约》，细化投诉类型分类及责任划分，明确相应处罚措施；完善售后服务流程，提升售后服务水平，降低投诉率，2020年，接听各类咨询、投诉电话2180个，调解投诉案件221件，其中，电话投诉95件，来人投诉28件，政府热线转接投诉98件，所有投诉事件妥善解决率100%。

【组织召开“政银企”对接座谈会】 9月17日，香河家具城发展中心、香河家具行业协会组织两场银企对接座谈会，分别邀请中国银行香河支行、河北香河农商银行相关负责人，就家具企业需求进行资金对接介绍，针对企业在融资方面提出的具体问题进行解答。“政银企”三方积极探索合作新路径，促进金融机构和企业合作共赢，深入解决中小微企业和重大项目在融资方面的融资困难，提振香河家具城“二次创业”的信心和决心，在非常时期为香河家具产业作出更加突出的贡献。

9月17日，香河家具城发展中心、香河家具行业协会、中国银行香河支行及部分家具企业相关负责人参加中国银行银企对接会　　香河家具城发展中心供图

【新冠肺炎疫情防控及复工复市】 严格落实新冠肺炎疫情防控措施，积极推动企业复工复产。严格申请审批制度，制定《香河家具城恢复营业工作流程》《疫情防控应急预案》，对各展厅的通道设置、消毒保洁、物资储备、检测流程、垃圾清理等各项准备工作做出详细规定，做好疫情防控物资保障。认真落实工作流程。对营业区域及重点部位每天定时消毒，设置人员进出通道及警戒线，对人员进行体温检测、信息核查、扫码登记、安全防护等各项检查，根据疫情防控工作流程和内容制定完善消毒记录表、保洁记录表、进出人员登记表、巡查登记表等工作台账。深入一线检查督导。对疫情防控工作落实情况进行督导检查，发现问题及时整改，协助配合展厅物业人员，严格做好调情防控，确保疫情传播隐患不在市场发生。制定减免政策。印发《凝聚香河力量 共同抗击疫情》倡议书，出台减收、免收物业费和质检费相关政策，各展厅制订出台各自的租金减免方案，共抗疫情，共渡难关。

【消防安全管理】 贯彻落实《中华人民共和国安全生产法》以及各级关于安全生产工作会议精神，按照“一岗双责”的要求，认真履行职责，积极落实安全生产责任制，确保香河家具城正常安全运转。加强监督检查，清除消防隐患。做好日常检查，每天对家具展厅及厅内所有经营商户进行拉网式逐一排查，发现隐患按《香河家具城安全生产管理公约》进行相应处理；开展夜间检查，每晚联合香河家具城派出所开展夜间抽查，重点检查厅内电气线路的切电及是否存在违规用电、值班人员在岗状况、夜间装修是否规范等方面；组织消防联查，5月18—20日、9月22—25日，会同香河家具城派出所对家具城内所有展厅的消防喷淋及联动系统进行区域性抽查，两次联查发现安全隐患62处，均下达整改通知书，并按期完成整改；进行电气检测，在对各展厅进行拉网式排查的同时也对各展厅变压器、开关柜、厅内分路开关箱负荷进行检测，杜绝超电流、超温度的情况出现。

做好安全生产的日常管理。对家具城内的装修商户实行装修审批制，并全程监督，年内，办理装修审批 261 户，杜绝在装修期内出现私拉乱接、违规使用大量易燃品、不刷防火涂料等安全隐患；做好对沿街商户的检查，累计检查商户 150 家次，发现问题 120 处，全部按期整改到位。加大宣传力度，增强安全意识。6 月是全国“安全生产月”，积极组织各家具展厅开展以“消除事故隐患，筑牢安全防线”为主题的宣传活动。通过悬挂条幅、张贴标语、开展岗位培训等方式，做好安全生产宣传工作，提高全体从业人员的安全生产意识。5 月和 10 月，组织各家具展厅开展上、下半年生产安全事故应急疏散演练。7 月 7 日，在金钥匙家具展厅开展人员密集场所灭火救援联合演练，金钥匙、鑫亿隆、鹏大、汇美、明泰来 5 个展厅的微型消防站以及香河县消防救援大队，60 余人、11 部车辆参加演练，提高香河家具城消防救援力量及微型消防站协同作战能力；协助家具城各展厅组织从业人员进行消防安全知识培训，使从业人员会使用灭火器、会报警、会扑救初级火灾、会逃生，增强从业人员的安全责任意识。

【香河家具行业协会】 2020 年，香河家具行业协会发展副会长单位 13 个、会员单位 52 个，组织召开香河家具行业协会扩大会议暨授牌仪式。组织召开银企对接会，建行香河支行、香河农商银行、中行香河支行与相关企业参加，为企业解决资金不足、融资困难等问题。收集各会员单位和副会长单位的营业执照和门头照片。制作香河家具协会副会长单位和会员单位的荣誉奖牌。与培训部合作，对协会副会长及会员单位进行家具销售及业务提升培训。加强与全国各地行业协会联系，宣传香河家具城。对接中山古镇灯饰项目、广州信基集团酒店用品项目，加大与江西南康实木家具产业协会、广西东兴红木协会、浙江东阳红木协会等有意向来香河发展的产业协会联系。众兴建设发展公司与香河家具城行业协会会员单位合作，建立集团采购联盟，面向雄安新区、首都副中心和央企、国企、中直机关，统一组织直接采购，为会员单位提供销售平台，带动香河家具城转型升级，找准发展方向。

（王志桐）

城乡建设

责任编辑　杨东林

综　述

2020年，香河县启动国土空间规划编制，强化底线约束，推进国土空间节约集约利用，提高国土空间利用质量和利用效益。继续将主体功能区规划、土地利用规划、城乡规划等空间规划融合为国土空间总体规划，规划编制工作主动与北京城市副中心对接，按照“统一规划、统一政策、统一标准、统一管控”原则，与北京市通州区实现协同发展。加快市政建设步伐，对城区道路、桥梁、排水等市政工程进行改造，不断提升城市品位。在城区供水水质监测、居民燃气保障、冬季取暖保障等城市公共事业方面发展迅速。深入开展城市园林绿化提升行动，完成8条街路增绿美化工程，新增“口袋游园”“袖珍绿地”12处。加快住房保障，在政府保障性住房建设、商品房销售、房屋交易监管、房屋中介监管和物业管理方面，加大工作力度，确保房住不炒。城乡环境卫生工作，在垃圾处理、垃圾分类、焚烧发电，数字环卫等方面发展迅速。马路市场、店外经营等整治行动扎实推进，市容市貌持续改观，在网络体系建设、大气污染治理、提升城市品位方面加强城市综合管理。住房公积金在归集管理、贷款发放、公积金提取等做到规范管理。对建筑节能、农民工工资保障、建筑市场管理、工程质量等方面加大管理力度。在危房改造，美丽乡村建设、特色小镇建设上成效显著，农村居住环境得到改善。加强油气管线建设与维护、保障京唐城际铁路施工建设，确保香河县支油支铁工作顺利开展。

城乡建设规划

【概况】　2020年，香河县国土空间总体规划强化底线约束，推进国土空间节约集约利用，提高国土空间利用质量和利用效益。服从服务京津冀协同发展战略，围绕非首都功能疏解，构建区域协调和城乡统筹发展新格局。增强国土空间规划的科学性和实用性，助力美丽幸福新香河建设。

【规划编制】　按照河北省、廊坊市《关于建立国土空间规划体系并监督实施的实施意见》和《廊坊市国土空间规划编制工作方案》要求，2019年8月，香河县全面启动以2020年为基期、2035年为目标年的香河县国土空间总体规划编制工作。全面落实国家重大决策部署和省、市工作要求，对空间发展作出战略性、系统性安排。明确空间发展目标，优化城镇化格局、农业生产格局、生态保护格局，确定空间发展策略，转变国土空间开发保护方式，提升国土空间开发保护质量和效率。坚持生态优先、绿色发展，尊重发展规律，因地制宜开展规划编制工作，强化底线约束，为可持续发展预留空间。明确规划约束性指标和刚性管控要求，制定实施规划的政策措施，健全规划实施传导机制，确保规划能用、管用、好用。

【市政规划管理】 提升城乡品质和综合承载力，高质量做好市政道路、管线等项目的规划管理。2020年，完成香河县潮白河左堤路（大厂界—大香线段）养护改造工程、东干渠北侧道路工程、五小三幼区间路、迎宾路南延、香河县荷花产业园省级现代化农业园区道路工程、香河县荷花产业园省级现代化农业园区节点公园改造提升工程、五百户消防站附属工程、城区新建公厕5座，新建安平、钳屯、钱旺垃圾中转站等8项工程项目的规划意见。高质量做好市政设施的规划管控。

加强小区配套建设，提升人民幸福感。开展新建小区配套设施大检查活动，对香河县建成区2015年以来办理建设工程规划许可证的新建小区的幼儿园、小学、物业、居委会、菜市场、健身场所、文化活动室、社区卫生服务、养老服务等配套设施的建设、交付和使用情况进行自查，解决新建小区配套设施短缺问题。香河县自然资源和规划局、住房和城乡建设局、城市管理综合行政执法局、民政局、文化广电和旅游局等部门成立专项检查组，建立工作微信群，对19个新建项目进行现场检查、全面摸底。督促项目单位按照配套优先的原则完成配套建设任务，推进配套设施建设进程，补齐民生短板。

【建设项目规划管理】 截至2020年7月底，核发建设工程规划许可证27份，总建筑面积179.36万平方米；核发竣工规划核实证7份。8月，业务办理划转至县行政审批局。全年完成竣工规划核实意见5份。

（田　雪）

市政建设

【概况】 2020年，加快香河人民广场建设，全面提升城市品位，加强市政建设，在市政设施、城区道路、排水管网建设上加大投资，加强管理。同时做好城区防汛，确保安全度汛。

【人民广场改造】 进一步扩大和提升市民休闲娱乐空间、缓解人民广场周边停车压力，县委、县政府于2019年11月末，启动实施人民广场改造工程。人民广场改造工程作为庆祝中国共产党成立100周年献礼工程和造福群众的民心工程，广场充分体现“以人民为中心”的设计理念和爱党爱国爱家乡的丰厚内涵，自然景观和文体设施有机结合，现代文明同历史文化交相辉映。景观文化广场以运河意象为轴，展示香河历史沿革，书写绿色崛起之路；中心区域的景观地标图匠心独运，将行政区划浓缩脚下，使九镇四河跃然眼前，一河一景增添乡情乡趣，一村一镇唤醒乡音乡愁。

县人民广场改造工程计划总投资2.8亿元，工程分地上、地下两部分。其中，地上部分面积2.5万平方米，建有林下庭坐国学休闲区、大众健身活

建设中的香河人民广场　　县住房和城乡建设局供图

动区、儿童活动区、行政区划展示区、水系喷泉、运河意象和环形步道，布局合理，功能完善，步移景异，四季可赏，动静兼顾，老少咸宜。环形步道串联分区，国学小径曲径通幽，广场绿地花树掩映，《三字经》《百家姓》妙语启蒙益智，四书五经金句滋养身心，四支荷伞彰显“荷香·香河”韵味；地下部分二层、建筑面积3.45万平方米，建有群众活动中心和停车场。其中，下沉广场和群众健身休闲场所约5000平方米，4个活动室可作为乒乓球、羽毛球、健身和儿童娱乐场所；停车场可提供泊车位680个。

自2019年12月起，先后实施基坑支护和土方开挖工作；2020年3月，进行地下主体工程施工；7月底，地下主体工程封顶；10月，完成覆土回填，地下开始进行内部施工，地上开始进行基础处理和部分绿化施工。工程预计2021年5月竣工，届时，香河人民广场将成为城市新地标，满足市民休闲、健身、娱乐等方面的需求，提升市民的获得感、幸福感。

【市政设施建设】 在潮白河左堤路荷花观赏园，建设6400平方米广场。对“五一”渠护栏两侧（北始新华大街，南至天琴湾居民小区二期）的道路进行硬化。为推进省级文明城市创建，改善城区面貌，对城区主要道路进行维修，铺设新华大街、新开街两侧人行便道石材7500平方米，透水砖便道1000平方米，补修城区主要道路破损路面4000平方米。更换城区破损井盖200余个。疏通堵塞管线及污水检查井40余处。

潮白河左堤路荷花观赏园休闲广场　　县住房和城乡建设局供图

【城区道路建设】 2020年，完成永明路（新开街至绣水街）、安抚路（新华大街至新开街）、永盛路（利康儿童医院段）、步行街、迎宾路（新开街至绣水街）、永泰路（淑阳大街至绣水街）、淑阳大街（永明路至“五一”路）7条道路的维修。为缓解城区道路交通压力，对城区主要道路11个路口进行渠化改造，提升道路通行能力。

新开街（永泰路至运河大道段）道路升级改造工程。东起永泰路西侧车行道外边缘，西至运河大道东侧车行道外边缘，道路全长6千米，道路红线40米，主路面宽29米。年内，完成沥青混凝土路面铺设10.3万平方米，完成雨污水管道铺设各1千米。

永明路（新华大街至新开街段）道路综合改造工程。北起新华大街南侧非机动车道外边缘，南至新开街北侧外边缘，道路全长0.93千米，道路红线25米，主路面宽10米。年内，完成沥青混凝土路面铺设0.95万平方米，完成便道铺装1.42万平方米，完成雨污水管道铺设各0.93千米。

市场路（绣水街至建新路段）综合改造工程。该工程北起绣水街，南至建新路，道路全长1.2千米，主路宽20米，年内，完成雨污水管道铺设各0.2千米。

【排水管网建设】 2020年，继续实施城区雨污分流改造工程，计划改造污水管道9.14千米、雨水管道8.2千米，工程总投资6006.94万元。

市场路道路综合改造工程。绣水街至建新路段，计划改造污水管道 1.22 千米、雨水管道 1.25 千米，年内，完成雨污水管道铺设各 0.2 千米。

永明路道路综合改造工程。新华大街至新开街段，完成改造污水管道 0.93 千米、雨水管道 0.93 千米。

新开街升级改造工程。五一路至运河大道段，完成改造污水管道 2.98 千米、雨水管道 3.29 千米。

绣水街锉口方沟至污水处理厂铺设污水管线工程。完成改造污水管道 2 千米。

新建矬口排水管网项目。淑阳大街至新开街段，完成改造污水管道 0.75 千米、雨水管道 0.75 千米。

新华大街（永泰路至矬口方沟段）增设排水管道、永泰路排水管道与淑阳大街排水管道连通项目。新华大街（永泰路至矬口方沟）、永泰路与淑阳大街交口段完成改造污水管道 0.56 千米、雨水管道 0.56 千米。

迎宾路（新开街至绣水街）道路维修工程。迎宾路（新开街至绣水街）段，完成改造雨水管道 0.79 千米。

淑阳大街（迎宾路至康宁路）道路改造工程。淑阳大街（迎宾路至康宁路）路段，完成改造污水管道 0.35 千米、雨水管道 0.35 千米。

步行街道路维修工程。迎宾路至康宁路段，完成改造污水管道 0.35 千米、雨水管道 0.28 千米。

【城区防汛】 制订防汛应急预案，雨季来临前，对城区防汛设施两个排水闸和一个排水提升泵进行全面检查维护，保证汛期排水闸、提升泵随时启用，清理城区主要街道 800 余处雨水收集井内垃圾，防止堵塞管道口。

（张　洋）

城市公共事业

【概　况】 2020 年，香河县加强对城市自来水、燃气供气系统、取暖供热等城市公共事业管理，强化责任意识、安全意识、服务意识，确保人民群众安居乐业。

【居民燃气保障】 香河百川燃气销售有限公司建有高压门站 5 座，输气能力为日均 120 万立方米。在取暖季前与百川燃气销售有限公司加强协调，积极向上争取燃气指标，签订保供合同，制订燃气保供应急预案，全力保障全县燃气供应。对农村实施“气代煤”村街开展拉网式隐患排查 5 次，聘请第三方安全评价公司参与检查，增强对安全隐患排查的专业性、技术性和针对性，发现并整改安全隐患问题 400 余个。组织各镇及燃气公司深入村街开展燃气安全宣传，并通过广播、电视台播放宣传片、发放宣传图册、张贴宣传海报等方式进行安全知识宣传，增强群众的安全使用燃气意识。

【冬季取暖保障】 2020 年，城区集中供热面积 1200 万平方米，有香河县九嘉热力有限公司、香河县葆丰热力有限公司、香河县三强热力有限公司 3 家供热企业，供热管网 290 千米。加强供热管理，制订安全供暖事故应急救援预案。在供暖季前，各供热企业对管网、水泵、换热设备、自控设备、水系统设备等进行检修维护，确保供暖系统正常运转。加强供热信息化建设，提高运行服务和应急处置水平，搭建供热信息监管平台，实现市、县、企业三级联网、三级监管体系，实时显示、上传供热管网供回水温度、流量、管网压力等数据，完成覆盖全县集中供热的所有住宅小区 1581 个室温采集点的设备安装工作，随时掌握供热情况，为平稳供热、科学决策提供数据支持。严格落实省、市提前及延长供暖政策，各供热企业不准擅自停暖，不准向采暖用户额外收取费用。

（张　洋）

住房保障

【概况】 2020年，香河县持续做好政府保障性住房建设，加强农村危旧房改造工作，规范房地产开发企业经营行为，维护房地产市场秩序，依法依规把好预售审批。严格审核商品房预售资金使用、拨付，防范商品房交易风险。继续落实房地产市场交易“日报告、周分析”制度，及时掌握市场交易数据，督办拟建、在建房地产开发楼盘项目手续备案，巡查监管销售公司等中介机构，规范销售行为，杜绝无证预售、违规销售。加强物业管理，进一步促进物业公司与业主关系和谐。

【政府保障性住房】 2020年，采取集中建设和商品房配建等方式，确保全县政府性保障住房供应，截至年底，全县发放公租房租赁补贴1266户，分配限价商品房1331套，分配经济适用房535套；有公共租赁住房2482套，实物保障公共租赁住房1506户，为8户居民发放租赁补贴14040元。年内，为有效盘活香河县保障房闲置房源，在保障公租房分配需求的基础上，结合北京副中心协同发展战略规划，充分利用香河县保障房闲置房源，积极与北京保障房中心、北京城建研究中心，就保障房合作事宜进行沟通对接。

【农村危旧房改造】 2020年，开展全县危房改造质量检查专项行动，采取乡镇自查和县级抽查相结合，对全部农村危房改造户进行检查，抽查全县8个镇（社区）园区的160户。对全县建档立卡贫困户、低保户、农村分散供养特困人员和贫困残疾人家庭四类重点对象3746户进行核实查对，对符合危房改造要求的，及时纳入改造计划。年内，全县完成低保户、农村分散供养特困人员和贫困残疾人家庭3类重点对象危房改造148户，其中，修缮房屋52户，翻建房屋94户，无房新建2户。

【老旧小区改造】 2020年，投资3335.15万元，改造老旧小区15个。

【商品房建设】 2020年，对52个商品房建设项目进行监督，建筑面积188.69万平方米；办理商品房项目竣工备案26个，建筑面积25万平方米。

【商品房销售】 2020年，新建商品房销售面积59.5万平方米，同比增长33.56%；销售6446套，同比增长6.99%；销售均价10907元/平方米，同比增长1.98%。其中，住宅商品房销售面积53.89万平方米，同比增长90.83%；销售套数5575套，同比增长90.53%；销售均价11123元/平方米，同比下降5.67%。

【房屋交易监管】 加强对新建商品房预售资金监管。2020年，新增商品房预售资金监管22户，重点监管资金24.94亿元，本年度缴存18.8亿元，拨付11.67亿元，余额7.13亿元。

【房屋中介监管】 完善房地产中介机构备案制度，规范房地产经纪活动，保护房地产交易及经纪活动当事人的合法权益。2020年，对备案的126家中介机构中，代理销售不具备条件、经纪服务合同未由经纪人签字、擅自发布房源等违法违规行为进行整治，促进房地产市场健康发展。

【部分行政执法权和审批权移交】 2020年，随着行政审批改革的深入，按县委县政府统一安排，县住房和城乡建设局将消防验收和设计审核、农村危房改造申请受理、扬尘治理执法检查分别移交县行政审批局和各镇，并对各镇进行业务培训，在受理和执法过程中遇到问题认真给予解决，确保移交工作稳步有序推进。

【物业管理】 2020年，审核办理9项物业招投标备案，办理8次物业前期备案手续。推进无物业小区引入物业服务工作，制订实施《香河县无物业小区引入物业服务实施方案》。为促进物业企业提高物业服务管理质量，聘请第三方签订《香河县物业服务业主满意度调查委托合同》《香河县住宅小区物业服务质量评估委托合同》《香河县提升物业服务专题培训委托合同》，分别对全县11个居民小区进行业主满意度调查，对5个居民小区物业的服务质量进行评估，调查走访业主5115户，评估面积约70万平方米，累计培训人数2000人，物业行业服务管理质量得到提升，受到群众好评。

【物业维修基金】 2020年，收缴住宅专项维修资金1.1亿元，建立住宅专项维修资金及时缴纳制度，杜绝新增欠缴行为。对历史性住宅专项维修资金拖缴行为全面整治，拖缴资金清零。简化支取流程，支持鼓励合理使用公共维修资金，加强使用监管。

（张　洋）

住房公积金管理

【概况】 2020年，廊坊市住房公积金管理中心香河县管理部加强住房公积金管理，维护住房公积金所有者合法权益，促进城镇住房建设，提高城镇居民居住水平，加强住房公积金法规宣传，在住房公积金的缴存、提取、使用、管理上为公积金所有者提供服务。

【归集管理】 2020年，完成住房公积金归集额2.56亿元，累计归集余额7.14亿元，缴存额同比增长23%。住房公积金缴存比例为职工工资的20%，其中，单位承担缴存额的12%，个人承担缴存额的8%。新增缴存职工人数435人，新增缴存建制单位41个。

【贷款发放】 2020年，为186户职工发放住房公积金贷款8692万元，累计为3652户职工发放住房公积金贷款8.65亿元，累计贷款余额5.34亿元，个人贷款率为86%，个人贷款逾期率0%。

【公积金提取】 2020年度，为5625人次提取住房公积金1.86亿元，年度提取率73%，累计提取额8.04亿元。

（高鑫淼）

建筑业管理

【概况】 2020年，建筑业实现增加值22.4亿元，同比增长19.5%。全县有混凝土搅拌企业7家，建筑工程检测公司4家，建筑工程监理公司1家，备案建筑企业46家，其中，具有建筑工程总承包资质企业36家，市政工程总承包资质企业10家。

【建筑市场监管】 2020年，对52个项目进行监督，建筑面积188.69万平方米，办理竣工备案26个，建筑面积25万平方米，有3个单体项目荣获省结构优质工程。对建筑和房地产市场的安全生产、大气污染治理、中介机构售楼处违法宣传销售、质量、劳务合同、违法发包、未按图施工、围标串标、现场履职情况、挂证等各类问题检查2000余次，约谈企业11次，行政处罚62个，罚款884万元；开展“双随机”执法检查18次，检查问题37个，全部整改。参照《香河县住房和城乡建设局相关行业社会信用管理暂行办法》，对28家房地产开发企业及9名主管人员、27家建筑施工企业及16名项目经理、8家建筑工程监理公司及12名总监、2家建筑工程设计单位、1家建筑工程检测单位和1家房地产评估公司进行通报批评，并计入负面信用档案，其中，1家建筑工程监理公司和1家建筑工程开发公司列入香河县建筑市场主体严重失信“黑名单”，不得参与香河县新建项目，不得进行新项目的施工备案。与各镇及相关职能部门协作，开展推进违规违建项目和房地产开发项目清理。年内，清理违规违建项目117个，其中，拆除57个、没收6个、列入国土专项整治项目54个；清理排查出2个房地产开发项目入住难问题，督促企业限期完成整改。

5月26日，县住房和城乡建设局对爱晚康城项目开展"双随机"联合执法检查，综合二组检查企业资质及是否存在违规销售问题　　县住房和城乡建设局供图

【智慧工地平台建设】　2020年，智慧工地平台建成投入使用，对建筑市场与施工现场实行联动管理，实时对安全生产和文明施工进行视频监控，采取智慧化防范，应对各类突发事件。安装摄像头400余个，对全县66个建筑工地进行全覆盖。

【新冠肺炎疫情防控】　香河县住房和城乡建设局成立新冠肺炎疫情防控工作领导小组，印发《未雨绸缪七措并举加强建筑工地新冠肺炎疫情防控》《关于进一步做好物业小区疫情防控工作的指导意见》《香河县建筑工地抗击新型冠状病毒措施责任状》《关于进一步做好房地产销售、咨询等交易场所疫情防控工作的通知》等防控文件36份。对全县建筑工地、物业行业、中介机构、售楼处、供热、供水、供气、污水处理厂等进行全面检查，累计摸排2.6万人。全力推进企业复工复产。继续推进政务信息公开，将简化的要件及时在政务办事大厅窗口公示，并在政务网上更新发布；进一步精简各项备案要件，同时，实现资料信息内部协调共享，无重复要件；规范档案资料，统一各项备案为一个卷；为促进企业复工复产，开展上门指导服务16次。

【建筑工程质量检测】　2020年，受理建筑工程质量监督30项，建筑面积70.36万平方米，其中，市政工程5项。全县在建项目85个，总建筑面积507.06万平方米。深入工地检查300余次，下发整改通知书80余份，对施工、监理单位进行量化考核。

【建筑工程招投标】　坚持公开、公平、公正、讲求实效作用的原则，高效、廉洁地完成招投标业务受理、审核、监督工作，2020年，完成建筑工程招投标项目9个、16个标段，其中，工程总承包项目4个。

【安全生产规范化建设】　对基坑土方开挖、支护、降水工程、模板工程及支撑体系、起重机械的安装和拆卸、脚手架工程、施工临时用电、临边防护和高空作业等内容进行重点督导检查。下发安全检查通知单40余份，发现安全隐患150余处，全部整改并依法处理。聘请专家对起重机械进行抽检，抽检起重设备100余台。委托国家劳动保护用品质量监督检验中心对辽宁鞍旷建筑有限公司等多家企业施工现场的安全防护用品进行抽检。

【建筑节能监管】　采取监管和主动服务方式，落实项目建筑节能和绿色建筑要求，确保建筑节能达到75%以上，绿色建筑基本级达到100%。加强对建设单位组织的建筑节能验收的监管，采取随机抽查和专项检查相结合，对工程项目施工中执行建筑节能和绿色建筑的法律法规、标准情况进行监督检查。

【建筑新技术普及】 大力发展被动式超低能耗建筑。适应气候特征和自然条件，通过保温隔热性能和气密性能更高的围护结构，采用新风热回收技术，并利用可再生能源，提供舒适室内环境的建筑。

【建筑领域清欠】 严查恶意欠薪、恶意骗薪等违法行为，维护农民工合法权益。主动巡查，集中排查，健全纠纷源头发现和预警机制，完善纠纷预防、排查、调处，把矛盾化解在萌芽状态。加强行政执法，建立信访事项办理与其他化解纠纷途径有机衔接的工作机制，促进纠纷依法、及时化解。加大宣传力度，普及法律知识，宣传典型案例，引导农民工以理性合法方式解决纠纷。

【农民工工资保障金管理】 2020年3月，开设农民工工资保证金专用账户，用于农民工工资保证金的收缴及退还。农民工工资保证金分别采用现金缴纳、银行保函、保证保险3种方式进行收缴。

【来信来访受理】 2020年，加大信访工作力度，召开“带着感情做好群众来信来访和社情民意工作专题会议”3次，安排部署和研究解决群众反映的热点、难点问题；接待受理来访213起，市长热线222起，网上信访136起，其他途径信访23起，总计594起，分别涉及农民工欠薪领域、物业领域、公用事业领域、房屋质量领域及房地产开发领域，结案率95%。

【建筑工地扬尘管理】 对全县建筑工地施工制订8条标准，确保建筑工地扬尘得到有效控制。施工工地达到“六个百分百”（工地周边围挡100%、物料堆放苫盖100%、出入车辆冲洗100%、施工地面硬化100%、拆迁湿法作业100%、渣土密闭运输100%）；视频监控、PM10在线监测设备安装并联网；扬尘污染物达标排放；土石方作业雾炮全覆盖；结构施工作业区目测扬尘高度小于0.5米；设立专业扬尘管理监督员；工程主体防尘网全封闭；建筑物内干净整洁、无浮土。

（张　洋）

城市园林绿化

【概况】 2020年，香河县加大园林式城市建设，编制城镇、村街的绿化规划，制定年度和长远绿化规划。贯彻落实城市绿化法律、法规。推进潮白滨水公园建设，完成城区街道增绿工程，多点增花造景，扮靓县城，做到四季有花、处处有花。开展绿化养护管理，加强园林式单位小区创建工作。

【城市园林绿化工程】 2020年，香河县开展园林县城与文明县城同创同建，对新华大街、新开街、淑阳大街、绣水街、永泰路、永盛南路和“五一”路等街道实施增绿工程，新增绿化带全长14429米，面积15623平方米。完成淑阳工业园北区绿化工程、城区裸露地块绿化工程、“五一”路绿化带灌溉管道维修工程，年内新增绿化面积5万平方米。在建项目4个，矬口方沟绿化带工程签订施工合同，待评审后入场施工；城区整体绿化修缮、提升工程待评审最高限价后实施；大香线绿化带环保改造工程年内启动施工；2021年春节亮化工程完成设计工作。

实施绿化民心工程，不断满足群众对绿化美化的需要。采取多点增花造景，扮靓县城，做到四季有花、处处有花，在国庆等重要节日期间集中摆放花卉，春节期间实施城区亮化工程，增加在新华大街西段灯杆花盆摆放鲜花，在县委县政府西侧节点、五一路与新华大街路口节点、新华大街与通唐线路口节点栽植时令花卉并定期更换，在街道绿化工程中扩大月季种植面积。创造绿色供给，服务群众，先后建设潮白晓月居民小区北侧，县司法局西侧，县民政局家属小区，淑阳镇大王庄村路口、矬口村内、前套村内、池套村内7处里巷街区“口袋式”游园，在河北银行香河支行东侧、物美超市外、永泰路与绣水街路口、安抚路与新华大街路口、康平路与新华大街路口打造5处“袖珍式”绿地。

【推进社会绿化创建】 香河县加快推进园林城市建设，提升居民宜居环境，积极开展园林式小区创建。2020年，大运河孔雀城景园、大运河孔雀城欣园、孔雀城运河家园（轩园）、朗润园、温莎郡、香河欧郡6个居民住宅小区获评市级园林式小区，大爱城居民住宅小区获评省级园林式小区。

【园林绿化管护】 城区绿化划分3个区块，明确专人每日进行巡查监管。聘请河北省风景园林学会专家进行业务指导，科学浇水、施肥，防治病虫害。定期修剪草坪、绿篱和树木，及时补植死株苗木，确保城区绿化成果得到常态化维护，对社会绿化管护实行打分考核。

（陈彩霞）

城乡环境卫生

【概况】 2020年，香河县常态化推进农村人居环境整治，农村生活垃圾一体化处理体系基本形成，城乡环境卫生得到同步发展，城乡人居环境得到进一步提升。年内，县环卫服务中心拥有各类清运、清扫车辆120余辆。清扫保洁面积400万平方米，道路机械化清扫率90%；实行24小时综合作业法，日清运生活垃圾500余吨，每日上门收集垃圾的商户2500家次，生活垃圾无害化处理率100%。城区内设置果皮箱、垃圾桶、地埋箱等各类垃圾收集设施3500余个，其中，中型以上收集设施150个。年内，城区新建公厕4座，改建6座；新建固定式垃圾中转站5座。微信公众平台“香河环卫在线”，累计发送信息900余条，累计点击量41万人次，新关注“粉丝”1300余人，累计有21300人加关注。

【农村生活垃圾治理】 2020年，持续开展农村人居环境整治，推进美丽乡村建设，农村生活垃圾治理采用特许经营模式，吸引社会资本参与投资建设与运营维护，负责对全县300个村街生活垃圾的清扫、保洁、清运等工作。通过公开招标，分别与北京轩昂环保科技股份有限公司和长沙中联重科环境产业有限公司签订香河县农村生活垃圾治理工程特许经营协议。北京轩昂环保科技有限公司注资成立香河轩昂环境治理服务有限公司，负责对淑阳镇、新开街社区、新华街社区、钳屯镇、安平镇、蒋辛屯镇、香河经济开发区新兴产业园和环保产业园所辖村街的垃圾清扫保洁及清运工作；长沙中联重科环境产业有限公司注资成立香河盈联环保科技有限公司，负责对五百户镇、刘宋镇、安头屯镇、渠口镇和钱旺镇所辖村街的垃圾清扫保洁及清运工作。年内，按照农村生活垃圾处理一体化需要，在淑阳镇、香河经济开发区环保产业园、安头屯镇、渠口镇、蒋辛屯镇建设5座垃圾转运站，购置10辆垃圾转运车。

【城区环境卫生】 2020年，不断提升清扫保洁精细化水平，实行“街长制”环卫网格化管理，对人员密集的场所和街道增加清扫工人，延长人工清扫保洁时间，8小时清扫保洁率100%，全面实行“以克论净”工作模式；同时，出动真空吸尘车不间断作业，实现机械清扫与人工保洁无缝对接，减少路面浮土，道路机械化清扫率90%。加大垃圾清运力度，继续实行垃圾“昼产昼清”“夜产夜清”的昼夜双项作业模式；对沿街商户实行“根源治理，上门收集”模式，每天上门收集垃圾2500余家次；年内，新增上门收集垃圾的居民小区39个；对厨余垃圾进行单独收集、运输、处理。进一步加强垃圾运输过程管理，实现全封闭运输。

6月11日，县环卫服务中心志愿者到安平镇王家摆小学讲授垃圾分类知识
县环卫服务中心供图

【垃圾分类】 2020年，香河县全面推进垃圾分类工作，制订印发《香河县关于推进生活垃圾分类工作的实施方案》，层层压实责任，全面开展垃圾分类，不断扩大垃圾分类试点范围。做好垃圾分类的宣传。组织垃圾分类宣传进社区、进学校、进农村100余场，发放垃圾分类宣传材料1万份；利用公厕、垃圾箱、围墙等公共设施张贴垃圾分类公益广告400余幅；通过广播、电视、微信公众号、LED屏等媒体媒介广泛宣传垃圾分类公益广告和垃圾分类知识。

开展垃圾分类知识培训。集中对全县公共机构及物业服务企业进行垃圾分类知识培训，要求各单位自行开展垃圾分类，明确相关责任人和垃圾分类标准，提高垃圾分类参与率与正确率。年内，实现公共机构实现垃圾分类全覆盖。

城区垃圾分类。城区范围内党政机关、医院、学校、企事业单位强制实行垃圾分类，实现垃圾分类全覆盖。10月，县环卫服务中心率先开展垃圾分类工作，通过制订工作方案、开展垃圾分类知识培训、合理配备设施设备、健全分类标识、规范收运处置、强化系统管理、建立生活垃圾分类收运台账及实行考核成绩与年底绩效考核直接挂钩等措施，不断提高全体人员的垃圾分类责任意识，截至年底，县环卫部门垃圾分类知晓率与参与率均为100%，分类投放正确率80%。确定新华街社区为垃圾分类示范片区，香榭家园、公园壹号2个居民小区为垃圾分类示范小区，重点开展垃圾分类工作。年内，深入垃圾分类试点小区开展宣传活动10余场，有1745户实行源头垃圾分类，源头减量厨余垃圾574.8吨，可回收物344吨，总计918.8吨，垃圾分类试点取得良好的效果。

农村垃圾分类。年内，县环卫服务中心在15个垃圾分类试点村每村聘用1名垃圾分类指导员和收集员，专门进行垃圾分类宣传、普及、上门指导工作。开展宣传活动21场，与村民签订垃圾分类协议1150余份，2727户参与垃圾分类，厨余垃圾源头减量616.5吨，平均每天分出厨余垃圾0.55吨，累计投放合格厨余垃圾3.98万次，发放奖励物品520件。

【垃圾处理】 2020年，香河县生活垃圾处理以卫生填埋为主，县域内垃圾由专用垃圾压缩运输车从中转站运送至垃圾填埋场，生活垃圾无害化处理率100%。城区日产餐厨垃圾10—12吨，饭店、食堂和各机关单位等餐厨垃圾均配备专门车辆进行单独收集，装运至餐厨垃圾处理厂进行无害化处理，有日处理餐厨垃圾2吨和10吨的设备各1套，餐厨垃圾处理能力12吨/日。年内，新建日处理能力600吨的粪便污水处理设施，建成后，各镇粪便污水将进行干湿分离，集中处置。

【公厕建设】 2020年，加快推进“厕所革命”，持续推进县城区公厕提档升级改造，县环卫服务中心严格按照《城市公共厕所设计标准》，在城区内新建公厕4座，新建公厕全部增设“第三卫生间”，内设婴儿打理台、儿童座椅等设施；对建设标准低、设施老化、功能落后的6座公厕进行升级改造。在设计建造时，增加女厕面积和厕位数量，沿街公厕设置无障碍间、第三卫生间 、公厕指示牌等设施，方便老人、残疾人和妇女儿童等特殊群体如厕，为广大群众提供更加人性化的服务；公厕外观造型美观大方，风格及色彩与周边环境、建筑协调，为群众打造温馨整洁的如厕环境。8 月 27 日，新建改建的 10 座公厕开放使用，截至年底，城区有公厕 65 座，达到城市建成区每平方千米 4 座公厕的标准。

建设中的香河垃圾焚烧发电项目　　县环卫服务中心供图

【垃圾焚烧发电项目建设】 香河县新建垃圾焚烧发电项目于 2019 年 9 月 20 日开工建设，截至 2020 年年底，项目完成办理立项、可研、环评、初设、土规调整批复、项目用地预审、项目建设用地规划许可证、国有建设用地使用权证等工作，土建工程完工，设备安装到位，具备联调联试条件。县环卫服务中心积极联系国家电网冀北电力有限公司廊坊供电公司，加快推进电网接入工程手续的办理，为后续顺利进入调试、运营阶段打下坚实基础。项目全部建成后，香河县将彻底解决垃圾终端处置问题，实现生活垃圾无害化、减量化和资源化处理。

【建筑垃圾资源化再利用一体化生态工厂项目手续办理】 2020 年，香河县计划建设建筑垃圾资源化再利用一体化生态工厂项目，选址钱旺镇焦康庄村北部，临时占用坑塘用地作为建筑垃圾临时消纳场所。8 月 25 日，县政府下达《关于香河县建筑垃圾资源化再利用一体化生态工厂项目特许经营实施机构的授权书》，香河县建筑垃圾资源化再利用一体化生态工厂项目采用特许经营运作模式，为确保项目顺利实施，特授权县住房和城乡建设局环卫服务中心作为本项目的实施机构，负责项目准备、采购、执行、移交等工作，包括但不限于编制特许经营项目前期文件、采购社会资本方、参与特许经营协议谈判，对项目的投资、建设、运营维护进行监管等。年内，加快推进前期手续办理。

【生活垃圾填埋场好氧稳定化减容封场项目建设】 7 月 15 日，县政府 2020 年第十二次常务会议原则同意县环卫服务中心提交的《关于申请实施香河县垃圾填埋场好氧稳定化减容封场项目的请示》，责成县环卫服务中心负责，按规定程序启动实施香河县垃圾填埋场好氧稳定化减容封场项目。项目施工工期约 5 年，自 2021 年 5 月至 2026 年 4 月。项目将采用空气注入抽气技术，对垃圾堆体内的有机物质进行加速降解，有效地降低垃圾堆体内甲烷气体和臭气浓度，消除垃圾山、消除污染源、改善环境质量、恢复生态，解决垃圾堆体不稳、环境污染、生态破坏等问题。同时，可腾出部分库容继续用于填埋垃圾，短时间内使垃圾堆体达到稳定化，为后续垃圾复挖创造条件，与扩建库区配合使用，解决焚烧厂建设期间的生活垃圾处理问题。2020 年，项目完成立项，项目建议书获批复，可研报告和项目建议书完成专家评审。

【镇级垃圾转运站建设】 2020 年，新建 5 座镇级固定式垃圾中转站，分别位于钳屯镇叶屯村（淑阳镇中转站的选址）、渠口镇北张庄村、安头屯镇兴隆庄村、环保产业园李辛庄村和蒋辛屯镇三百户村，购置10辆大型勾臂式垃圾运输车，用于中转站垃圾清运。截至年底，全县有垃圾中转站22座，其中，固定式垃圾中转站17座、移动式垃圾中转站5座。

【完善香河数字环卫指挥中心建设】 2020年，继续实施智慧环卫管理，完善香河县数字环卫指挥中心建设。加强监督检查。将机关、清运车队、电瓶车队以及清扫科的所有车辆编号分组，在每辆车上安装北斗定位系统，对车辆进行实时监控，并在各中转站、环卫车队以及垃圾填埋场安装视频监控，对车辆每日运行轨迹实现在线监测和追溯查询，实现“数字环卫”的动态和实地监管。精细化监控督导。数字环卫指挥系统，可以监测垃圾点位置和所有车辆的速度、里程、行驶轨迹等信息，对停止作业车辆的停留位置、时间、熄火状态明确记录。在垃圾中转站和填埋场视频监控区域，可查看垃圾车的垃圾量、车辆整洁度等情况。车辆历史轨迹追溯查询功能进一步提升。通过历史轨迹回放功能对任意车辆任意时间的作业情况进行监测，实现垃圾收运的“可视化”。对作业车辆监控实时化。在系统操作平台，通过对讲系统可与车辆随时联系，在车辆超速行驶时可及时提醒报警，在车辆行驶缓慢的或停留时间过长时进行实时督促提醒。

【新冠肺炎疫情防控】 新冠肺炎疫情期间，每日对城区果皮箱、垃圾桶、环卫车辆、公厕、垃圾中转站等环卫设施进行消毒杀菌，切断病毒传播途径，共使用消毒水1000千克；在城区设置“废弃口罩专用收集桶”200余个，安排专人集中收集、密闭运输，严格消毒杀菌，运送至专业机构进行无害化处置；针对被隔离小区楼栋单元所产生的生活垃圾由专业机构进行消毒杀菌、转运及处理，所在居民小区其余生活垃圾经消毒杀菌后安排专人、专车运至填埋场，第一时间进行无害化处理。

【大气污染防治】 2020年，县环卫服务中心严格按照县大气污染防治专家组对路段和时间点的要求进行洒水、雾炮、湿扫作业，根据温度、湿度具体情况，对专家组反映的问题及时反馈、处理、汇报，发现问题及时整改，对城区主次干道及小街小巷实施湿扫、洒水和雾炮作业，8辆大型湿扫车、5辆小型湿扫车、20辆大型洒水车、10辆小型高压清洗车全部投入使用。每天出动240名清扫保洁人员对城区主次干道及辅路、小街小巷进行精细化清扫保洁，实现机械清扫与人工保洁无缝对接，确保城区主次干道每平方米浮尘不高于5克，地面垃圾停留时间不超过30分钟，其他道路每平方米浮尘不高于10克，地面垃圾停留时间不高于40分钟，主城区道路机械化清扫率90%以上。

湿扫车实施湿扫降尘作业　　县环卫服务中心供图

【关心关爱环卫工人】 7月15日，县委副书记张玉林及县总工会负责人看望在高温下坚守岗位的一线环卫工人，送去藿香正气胶囊、西瓜、矿泉水、毛巾等消暑降温物品，让他们感受到炎炎烈日下的

2月22日，县红十字会组织志愿者为一线环卫工人义务理发　　县环卫服务中心供图

一片清凉。新冠肺炎疫情防控期间，县总工会、香河荣盛公司、香河第一城酒业有限公司、平心基金、钱旺镇钱旺村等各界爱心人士为环卫工人捐赠防疫物资，助力疫情防控工作。年内，新增加恩焙优品、秦云老太婆摊摊面馆等5家环卫工人爱心驿站，为环卫工人提供饮水和休息场所，截至年底，全县有125家环卫工人爱心驿站。全县各界人士夏季送清凉，冬季送温暖，表达对环卫工人的关心与爱护，增强环卫工人的工作积极性与幸福感。

（李月然）

城市综合管理

【概况】　2020年，香河县以创建省级文明县城为契机，深入推进“三创四建”工作，紧紧围绕工作重点，认真履行城市管理职能，打好城市管理持久战，全力维护城区环境秩序。加强执法队伍建设，全面推动城市管理工作迈上新台阶。香河县城市综合管理由县城市管理综合行政执法局负责，范围包括：东起潮白河西岸，西至运河大道，南起双安路，北至京哈高速香河北出口（含香河经济开发区新兴产业园）的行政执法工作。

【网格化管理】　按城区范围和街道分布将管理区域划分成东区、中区、西区3个片区，采取定岗布控、责任到人、徒步巡查、整体联动的执法精细化管理模式。每个片区实行队长负责制和不定期轮岗工作制，明确任务，夯实责任，有效推进城市管理工作。

【数字城管体系建设】　2020年，香河县数字化城市管理监督指挥中心围绕城市管理工作核心，严格落实“第一时间解决问题”的工作目标，不断完善信息采集、受理处置和监督评价，完成与县智慧化城市管理中心对接，加快推进与公安、交警、政法委等部门视频监控资源共享。对数字城管系统进行全面升级，确保系统平台正常运行。全年处理案件20648件。

【市容环境整治】　按照城市精细化管理标准，对标文明县城创建内容，严格落实市容管理措施，开展市容市貌综合整治行动，改善城区环境秩序。会同县公安局、县交通运输局联合开展交通环境秩序整治，对电动三轮车、机动三（四）轮车违反禁行规定进行集中整治；抓好沿街商户、学校周边及公园广场等重点区域的环境秩序，对校园周边环境实现常态化治理，开展对占道经营、马路市场进行专项整治行动，规范城区流动经营、店外经营26337处（次）；下发限期整改通知书15份，下发行政处罚事先告知书、行政处罚听证告知书各1份，发放治理通知书1430份；联合县环卫部门清理淑阳大街等城区主次干道两侧垃圾、杂物；清理违规占用消防通道、校园及医院周边违规早餐车，规范治理城区主次干道早餐车摆放位置；城区市容环境秩序得到全面规范，市容市貌得到进一步提升。

【校园周边综合环境常态化治理】　制订实施《香

河县城市管理综合行政执法局 2020 年综合整治中小学校（幼儿园）周边环境实施方案》，强化全天候管控，每天 6:30－21:00 期间开展巡查治理，重点清理校园周边 200 米范围内的店外经营、流动经营、违规宣传等现象，在学生上下学高峰期间，采用错时交接班制度，同时，加大对校园周边主要交通路口的巡查力度，全力营造安静、整洁、舒适的学习环境。

【户外广告规范化管理】 2020 年，城区户外广告治理按照“强化巡查重预防、严格备案重标准、整治拆除重效果”的工作思路，加大力度去存量，抓早抓小防增量，户外广告治理取得良好效果。年内，审批广告牌匾 104 块，拆除违规、破损广告牌匾 233 块，清除临时设置违规灯箱、LED灯、LED广告牌 2055 处，清除小广告 12459 处，清除违规设置和破损条幅 764 处，拆除破损道旗 19 处，拆除破损灯笼 43 处，粉刷墙体 435 平方米，治理违规散投商品广告行为，对违规散投商品广告人员进行批评教育。

【餐饮及露天烧烤整治】 深入推进大气污染防治，开展城区餐饮行业露天油烟直排集中治理行动，以早餐摊点、小吃车、熟食加工为主要治理目标，集中治理城区主要商业街、居住区、校园周边及城乡接合部地段，对于涉及油烟直排及散煤燃烧商户坚决依法惩治。2020 年，查处城区油烟直排 1211 次，治理散煤燃烧 16 处。加大对露天烧烤的巡查治理力度，有效改善城区空气质量，向烧烤门店发放法律法规宣传单（册），提高商户环保意识，督促商户自行整改；成立夜间露天烧烤治理行动小组，每天 19:00－21:30 期间开展城区露天烧烤集中治理行动，取缔露天（流动）烧烤 285 处、批评教育当事人 400 余人，制止垃圾焚烧 73 处。

【规范渣土车运输】 对渣土运输进行全天候严格监管，实行运输时间和线路备案登记后方可运输，渣土运输车辆安装自动苫盖装置并平槽运输，严禁渣土裸露、遗撒，车辆外观及轮胎清洁。2020 年，处罚违规运输渣土车 6 辆，警告、劝返、整改车辆 650 余车次。

【建筑领域监管】 严格按照《中华人民共和国城乡规划法》相关规定，坚决打击建筑领域违法违规行为。逐一排查辖区范围内建设项目，查处“未批先建、少报多建”的违规项目 4 个。严控私搭乱建行为，对城区内违法建设进行排查摸底并建立台账，对违规建筑下达限期整改通知书，责令限期拆除，逾期拒不拆除的予以强制拆除。强化巡查力度，做到及时发现，及时拆除。

【市政设施监管】 加大市政设施巡查监管力度，重点检查擅自挖掘道路、破坏树木和破坏市政设施等行为，发现问题第一时间处理并协调相关部门及时修缮、更新。修复。2020 年，拆除市政硬化道路上的地锁及障碍物 68 处，清理锥形桶 1600 余个，拆除私自圈占 8 处，发现市政设施破坏情况 28 处，制止破坏绿化行为 5 次。

（何建妤）

支油支铁

【概况】 2020 年，香河县制定符合本县实际的措施，调处有关权属纠纷，协调石油、天然气管道设施安全工作，参与油气管道、铁路工程建设征用土地和临时占地附着物的补偿。做好秦京输油管线和陕京四线天然气管道安全管护工作，做好秦京石油管道改线及穿越并行手续办理工作，全力推进京唐铁路占地、征地和拆迁工作，并对京唐铁路香河段沿线的施工扬尘进行综合监管。

建设中的京唐铁路　　县融媒体中心供图

【油气管线的安全管护】 2020年，秦京输油管线处于停输状态，管线的风险等级降低，支油支铁服务中心依然加强安全管理，做好管线巡查。陕京四线天然气管道途经县域38千米，为确保输气管线的安全，采取不间断的安全巡查，做到24小时不离线，重点部位24小时有专人看守。年内，县域内的油气管线安全运行，无事故发生。

【油气管线改线及穿越保护】 根据香河县总体规划要求，做好秦京石油管道改线及穿越并行手续办理。协调秦京管道与京唐高铁交叉工作，按照管道安全运行要求做好管道防护，中铁三局按要求制订对秦京管道防护方案，上报秦京管道宝坻管理站，由县支油支铁服务中心存档备案，按要求进行施工。协调陕京四线管道与京唐高铁交叉工作，按照管道安全运行要求做好管道防护，中铁二局按要求制订管道防护方案，上报县支油支铁服务中心，并按照陕京四线河北管理处要求开展施工。

【京唐铁路建设】 2020年，全力推进京唐铁路占地、征地和拆迁工作。村址外的非宅建筑物全部拆除。4月中旬，淑阳镇、香河经济开发区环保产业园组织相关部门，对尚未进场白地地段进行清表，对9处非宅类建筑物进行拆除。推进宅基地拆迁安置补偿工作。3月6日，县政府常务会议研究通过《京唐铁路占地涉及住宅征收安置补偿方案》，确定宅基地按1∶1置换，以择址另建的方式进行；为保证安置房质量，相关镇、园区通过招标确定设计单位、造价咨询单位、施工单位、监理单位，对安置用房的外观样式、装修标准、公共配套、抗震级别、节能环保等方面统一要求；回迁安置用房设计方案确定后，香河电视台等新闻媒体对京唐铁路香河段工程建设、回迁安置、征地拆迁等进行专题宣传报道。截至年底，京唐铁路香河段红线内用地交付84.7公顷（1270.89亩），完成100%，全部进场施工。

全力服务京唐铁路建设。协助、配合做好京唐铁路香河段土地组卷、林勘审批、水源井迁移、车站设计建设等方面工作，协助施工单位积极推进电力线路、电信光缆线路和广播电视线路迁改等方面工作，积极推进京唐铁路香河段各方面建设工作。截至年底，京唐铁路实体工程建设桩基工程完成设计总量的97.27%，承台及墩身工程完成设计总量的94.68%，架梁施工完成设计总量的8.8%，完成香河站站房初步设计，京津冀城际铁路投资有限公司开始进行施工单位招标工作。

积极争取地方债券，解决京唐铁路建设资本金地方出资问题。根据省、市京唐铁路融资方案，香河县需分担京唐铁路建设资本金3.467亿元。为加快推进京唐铁路建设，积极做好地方政府专项债券申报工作，并经上级部门审核批准1.76亿元地方政府专项债券建设资金，已按上级要求委托廊坊财信资本管理有限公司出资京唐铁路建设。

【京唐铁路香河段施工扬尘监管】 按照《香河县2020年大气污染综合治理工作方案》要求，县支油支铁服务中心成立专门监督检查小组，对京唐铁路

京唐铁路香河段施工建设　　县融媒体中心供图

依据《北京大兴国际机场临空经济区廊坊片区征迁安置实施办法》《香河县河道内村庄易地搬迁补偿安置办法（修订稿）》《京唐铁路占地涉及住宅征收安置补偿方案》等补偿安置政策，制定《香河县村改居建设安置补偿办法（征求意见稿）》。

【新民居增减挂钩项目指标归还】 按照《河北省自然资源厅关于开展全省城乡建设用地增减挂钩项目清查整改工作的通知》（冀自然资字〔2020〕41 号）要求，制订《香河县新民居增减挂钩项目清查整改工作的实施方案》，推进香河县的新民居增减挂钩项目周转指标归还工作，并组织实施。

香河段沿线的施工扬尘进行综合监管。制订巡查方案，每周 1—2 次对京唐铁路香河段沿线的施工扬尘治理监督检查，同时，落实铁路施工沿线各镇政府和香河经济开发区管委会的属地管理责任，发现扬尘污染问题，要求施工企业第一时间立行立改。施工单位中铁二局京唐铁路二标段项目经理部、中铁三局京唐铁路三标段项目经理部分别制订《扬尘综合治理专项工作实施方案》，按要求在场站、驻地安装视频监控和空气质量检测设备，配备车辆冲洗、雾炮等降尘抑尘设备设施，沿线施工现场配备水车、雾炮等抑制扬尘设备。

（刘洪霞）

新民居建设

【概况】 2020 年，香河县继续做好新民居建设和城中村旧城改造工作，聚焦提升城市品位，聚焦推进乡村振兴，3 月 24 日，组织县审计局、司法局、自然资源和规划局、财政局、住房和城乡建设局，召开《香河县新民居建设管理暂行办法》和《香河县城中村、旧城改造管理办法》修改工作研讨会，制定《香河县村改居建设管理办法（讨论稿）》。

【梳理“贴边”管控区域内项目】 为保证河北省自然资源厅报备新民居增减挂钩项目和在建城中村改造项目的完整性，解决历史遗留问题，按照香河县自然资源和规划局提供的管控线，对临北京界“贴边”管控区域内 9 个新民居建设项目和 3 个城中村改造项目情况进行梳理，针对项目建设受“贴边”管控影响，通过调整优化规划指标、县内调剂土地指标和平衡拆迁资金缺口等方式解决。

【推进新民居项目建设】 推进淑阳镇望运观潮新民居项目建设进度，县新民居建设办公室、县自然资源和规划局、淑阳镇政府对项目情况进行整理，对项目的回迁安置房、回迁安置资金、土地开发资金、项目亏盈等进行测算。加强对潮东新村二期、香安城、京东新城等在建新民居建设项目督导，推进项目建设。

【河道村街搬迁】 2020 年，县新民居建设办公室会同县自然资源和规划局制订全县村街搬迁盈亏平衡方案，测算 8 个易地搬迁村街拆迁成本、安置用地规模及平衡用地规模。与央企、上市公司等沟通对接，争取社会资本参与村街搬迁工作。建立健全工作档案，完善相关资料，专项专档，分类管理。

【城中村改造】 2020 年，对淑阳镇河北止务村城中村改造项目提出意见，为保持已启动实施的城中村改造项目适用政策统一性，建议对河北止务村改造地块的控制性详细规划进行调整，确保城中村旧城改造管理办法规定的政策落实。对安平镇燕都鑫城改造项目和新华街社区东北街村改造项目受规划管控影响产生的问题进行分析，就推进改造进程提出意见和建议。对新开街社区南台村改造地块进行审核，改造地块位于东至迎宾路，西至东南街村，南至绣水街，北至居民区，涉及 173 户村民，占地面积 10.56 万平方米。对老鱼市、香城壹号等旧城改造项目存在受规划管控影响产生的问题进行分析，就深入推进改造工作提出意见建议。

（县新民居建设办公室）

生态环境

责任编辑　杨东林

综　述

2020年是污染防治攻坚战决战决胜之年。香河县生态环境保护工作在县委、县政府和廊坊市生态环境局的领导下，通过廊坊市生态环境局香河县分局及各镇（社区）、园区、相关部门的共同努力，圆满完成省、市下达的各项任务目标，坚持疫情防控和污染防治两手抓，聚焦“气、水、土”三大攻坚任务，不断强化作风能力建设，提升执法监管水平，攻坚克难、埋头苦干，推进环境质量持续改善。

年内，廊坊市生态环境局香河县分局坚持把改善环境质量作为首要工作，严格落实各项治理措施，强力推进生态环境保护工作，集中力量打赢蓝天、碧水、净土保卫战和生态环境风险防范攻坚战。贯彻落实河北省大气污染防治3年行动计划实施方案，探索适合香河县实际的防治办法，坚持科学施治、标本兼治；贯彻落实国务院《水污染防治行动计划》和《河北省水污染防治工作方案》，坚持系统治理、综合施治，重点河流水质明显好转；贯彻落实《河北省“净土行动”土壤污染防治工作方案》，全力推进土壤污染治理；加强生态环境风险防范，严格生态保护红线准入，把生态保护红线作为全县国土空间开发的底线，推进生态环境风险隐患大排查大整治，强化专项执法，严防问题反弹。

生态环境管理

【概况】　2020年，廊坊市生态环境局香河县分局强化生态环境管理，加大环境执法力度，依靠省控和市控环境空气自动监测站、远红外报警系统、污染源在线监控等科技手段，实时掌握区域环境质量及重点企业的污染排放情况，严厉打击违法排污企业。坚持执法与服务并重，服务项目建设，促进香河县经济可持续发展。加强宣传，提升全社会自觉保护环境的法律意识和自觉性，让香河的天更蓝、水更清。

【生态环境执法】　强化依法治污，始终保持生态环境执法高压态势。2020年，廊坊市生态环境局香河县分局联合公安、综合执法、各镇政府等部门，共出动执法人员2.9万余人次，执法车辆3500余车次，开展夜查、晨查150余次，立案处罚226件，处罚金额656.87万元，行政拘留2人，对破坏生态环境行为形成有效震慑。开展“双随机、一公开”执法检查，年内，抽查企业209家，对企业存在的问题进行帮扶指导，确保治污设施正常运行。

【上级环保督察交办问题整改】　积极配合生态环境部、省生态环境厅对香河县进行督导检查。生态环境部开展蓝天保卫战夏季臭氧污染防治监督帮扶专项行动，在5轮帮扶工作中涉及香河环境问题44个，其中，跟踪督办类问题20个，立行立改类问题24个，按要求完成整改；生态环境部蓝天保卫战重点区域秋冬季监督帮扶涉及香河县环境问题5个，跟踪督办类问题3个，立行立改类问题2个，全部整改完成。第二轮省委、省政府生态环境保护督察交办香河县20个问题，县委、县政府专门印发《贯彻落实第二轮省委省政府生态环境保护督察反馈意见整改方案》的通知，推动问题的整改，年内，20个问题全部完成整改。

【第二次全国污染源企业问题普查“一次清”工作】2020年，廊坊市生态环境局香河县分局全面开展第二次全国污染源企业问题普查“一次清”工作，对县域内1583家企业进行排查，发现问题企业374家，签订整改承诺书144个，立案处罚51个，按时完成普查工作。

【ISO 14001环境管理体系审核】 8月22日，进行全县ISO 14001环境管理体系内部审核，对县统计局、县自然资源和规划局、县农业农村局、县应急管理局4家单位进行审核，未发现体系运行存在观察项和不符合项；8月27日，进行县级监视和测量，对县交通运输局、县环卫部门、县发展和改革局、县市场监督管理局4家单位进行监测，未发现体系运行存在观察项和不符合项。

【远红外报警系统】 为推进空气质量持续改善，确保人民群众身体健康，全县24个视频监控点位与市级监控平台联网，实现视频监控和红外报警系统县域内全覆盖。对秸秆垃圾露天焚烧情况做到实时监控，及早发现火源并及时处置。

【污染源在线监控】 对县内15家企业安装污染源在线监控系统，并与市级监控平台联网，监测数据实时上传。

【核与辐射安全监管】 加强对核技术利用单位与辐射源的监管，开展核与辐射安全隐患排查，提升核与辐射的安全性；开展国家核技术利用单位安全管理系统数据质量核查，对全县16家核技术利用单位的相关数据进行核查，完善相关信息。2020年，全县有辐射持证企业16家，其中，涉放射源单位3家，含II类放射源1枚，V类放射源3枚，退役1枚II类放射源。年内，对涉源及射线装置单位按照规定检查26次，接受省、市辐射防护与安全检查组抽查3次，配合省、市对河北省高速公路京秦管理处（香河）的一枚II类废弃放射源进行回收。

【城市声环境质量监管】 根据《香河县声环境功能区划分方案》，对全县声环境功能区进行划分，为区域内环境质量评价、建设项目审批、噪声污染纠纷评判提供依据，为县域总体布局、构建和谐香河提供科学依据。

【医疗废物环保处置监管】 全县无医疗废物处置单位，产生医疗废物的机构均与廊坊伊能默迪威环保科技有限公司签订医疗废物处置合同，由其配备专用车辆保证香河县医疗废物在规定时间内及时转移处置，全县有2家医疗机构安排专人负责危险医疗废物的收集转运工作。2020年，突如其来的新冠肺炎疫情发生以来，县生态环境分局执法人员严格按照省生态环境厅下发的《医疗机构和医疗废物处置执法指南和帮扶手册》要求，每天对县域内医疗机构的医疗废物和废水在产生、收集、转运、贮存、处置等环节中的环境污染防治情况进行现场检查，监督医院对医疗废物和废水及时储存、妥善处理，严防外漏。对设立发热门诊或定点筛查发热病人的香河县人民医院、香河中医医院及17家镇级卫生院进行帮扶指导，发放帮扶手册。加强医疗和城镇污水监管，强化污水处理工艺控制和运行管理，督促香河三强污水处理厂加强消毒，确保稳定达标排放。

【环境评价审批和排污许可】 严格执行国家产业政策及京津冀协同发展领导小组办公室制定的《河北省京冀交界地区新增产业的禁止和限制目录》，对禁止、限制、淘汰等项目不予审批，控制新污染源的产生；严把审批关，对新建、改建、扩建项目，实行污染物总量控制，做到增产不增污，从源头减少大气污染物、水污染物的排放量。2020年，全县通过建设项目环境评价审批164个。根据《2020年廊坊市环评与排污许可工作要点》的通知要求，采取以企业为填报主体、乡镇环保所负责指导登记管理企业、县级环保部门负责指导重点管理企业和简化管理企业的三级联动工作模式推进排污许可工作，8月，完成行业固定污染源发证登记91个。

【企业生态环境信用管理】 2020年，完成全县19家重点排污单位环境信用初评。可以实时掌握企业生态环境信用信息变化数据，对在依法履职过程中产生的行政许可、行政检查、行政处罚、行政强制等监管信息，及时归集、动态更新，确保信用信息的全面性、准确性和时效性。

【服务经济发展及项目建设】 落实项目包联责任制，对全县重点建设项目和民生工程开辟环境评价审批绿色通道，廊坊市生态环境局香河县分局积极与县发展和改革局、县行政审批局、香河经济开发区对接，加强对项目的前置服务、跟踪服务、指导服务，实行“一次性告知制”和“一站式”服务，印制明白纸、审批流程图，优化建设项目环境准入审批流程，简化办事程序，全面落实限时办结制度，审批效率进一步提升。

深化“放管服”改革和优化营商环境。做好省市下放审批权限的衔接工作，取消水土保持、行业预审等环评审批中的各种前置，与项目核准实施并联审批，取消建设项目试生产审查、竣工环保验收行政许可，实施建设单位自主验收；优化审批环节，缩短审批时限，报告书审批由60个工作日缩短为15个工作日，报告表审批由30个工作日缩短为7个工作日，登记表随到随办，有力保障重大民生、基础设施和先进产业项目落地。

深化开展“双创双服”活动，贯彻“三深化、三提升”活动精神。2020年，深入香河伊斯曼乐器有限公司、喜临门北方家具有限公司等帮扶企业，了解企业的经营状况、行业特点、出口形势以及现阶段企业发展中遇到的困难及诉求，现场给企业解答环境影响评价政策方面的问题，有针对性地帮助企业解决困难。

认真贯彻落实生态环境部办公厅印发的《关于做好新型冠状病毒感染肺炎疫情防控期间有关建设项目环境影响评价应急服务保障的通知》，对疫情防控急需的医疗卫生、物资生产、研究试验等三类建设项目零距离指导服务，深入项目现场，为全县3家口罩生产企业办理环评手续，力促企业早投产，助力疫情防控。

积极帮扶企业做好复工复产工作，重点帮助企业查找和发现污染防治设施、在线监测设施、应急物资储备等方面存在的问题，全面消除复产期间环境安全隐患，确保企业达标排放。

【环保信访工作】 2020年，廊坊市生态环境局香河县分局接到群众举报信访案件332件，年内全部办结。其中，全国“12369”环保举报系统90件；河北省环境投诉受理系统4件，省级纸质版交办4件；市长热线“12345”举报148件，市级纸质版交办86件。

【突发环境事件应急管理】 2020年，完成《香河县突发环境事件应急预案》编制，开展突发环境事件应急演练；编制完成香河经济开发区所属智能制造产业园、环保产业园、新兴产业园的《突发环境事件应急预案》，并组织备案；完成辖区内345家涉危险废物企业应急预案修编备案，完成辖区内危险废物经营单位、污水处理厂的应急预案修编；完

12 月 28 日，香河县开展 2020 年突发环境事件应急演练　　廊坊市生态环境局香河县分局供图

成环境风险源企业应急预案及环境风险源档案排查 12 次。

【环保知识培训】 组织 2 期全县企业环保知识培训班，学习《中华人民共和国环境影响评价法》《中华人民共和国水污染防治法》《中华人民共和国大气污染防治法》，讲解《中华人民共和国环境保护法》规定的企业应履行的主体责任、《最高人民法院、最高人民检察院关于办理环境污染刑事案件适用法律若干问题的解释》以及环境保护责任追究等方面案例，就企业提出的新建、扩建、改建项目如何办理排污许可证等问题进行解答。在安平镇和蒋辛屯镇举办环保知识培训，200 余家企业参加培训，提高了企业保护环境的法律意识。

【执法人员的专业素质提升】 2020 年，市生态环境局香河县分局全体执法人员参加由市生态环境局组织的环境行政执法业务培训，进一步提升执法人员素质。结合行政执法工作特点，将业务技能专业课程与职业素质并进、基础理论知识讲授与实践指导案例相结合，做到培训内容信息量大、覆盖面广，提高执法能力。

【环保宣传】 6 月 5 日，以“美丽中国，我是行动者”为主题，在县人民广场设置环境执法污染投诉咨询服务台，摆放宣传展板 6 块，发放宣传手册 4000 余份、环保袋 5000 余个，现场解答群众咨询 150 余人次；在县城内主要路段悬挂纪念“6·5”世界环境日宣传活动标语条幅，各镇人民政府（社区办）、园区管委会按照要求，结合本地实际进行宣传。6 月 17 日，是第八个全国低碳日，以“树立低碳理念，创建绿色家园”为主题，在县城文昌街开展宣传活动，悬挂条幅、发放宣传资料、为群众讲解低碳环保相关知识、解答群众环保诉求。

（杨　旭）

大气污染治理

【概况】 2020 年，按照《廊坊市打赢蓝天保卫战三年行动方案》《廊坊市 2020 年大气污染综合治理工作方案》要求，制订《香河县 2020 年大气污染综合治理工作方案》，确定以产业结构优化调整、散煤整治和清洁替代、车油路治理、扬尘面源污染综合治理、工业污染深度治理和重污染天气应对六大攻坚战为重点的 29 项具体作战任务，持续开展大气污染防治攻坚行动，确保空气质量持续改善，打赢蓝天保卫战。是年，香河县空气质量综合指数 5.04，降幅 3.63%；PM2.5 年均浓度 44 微克/立方米，同比无变化；重污染天气 9 天，优良天数 245 天，优良天数达标比例 66.9%。在环京组中香河县 1 月份排名第四，5 月份排名第四，6 月份排名第二，7 月份排名第三，9 月份排名第四，11 月份排名第三，12 月份排名第三，空气质量持续改善。

【大气污染监测】 2020 年，全县有省控环境空气自动监测站 2 个，分别位于香河县第一中学和香河县第二中学；市控镇级环境空气自动监测站 9 个。均完成国标六因子升级改造任务。

8 月 24 日，香河家具城上空的蓝天白云　　县融媒体中心供图

【传统行业深度整治提升】　做好企业技改备案工作，对规模以下工业企业转规模以上工业企业进行资金奖补。为 9 家传统家具企业提供融资担保贷款，帮助企业解决资金需求，促进传统产业转型升级。建立“香河县传统行业深度整治提升清单”，将香河瀛洲办公家具有限公司、香河县顺通钣金厂等 30 家家具生产企业列为传统行业，河北建安特金属结构工程有限公司、香河锦圣泡沫有限公司等 5 家规模企业列为标杆企业，对 35 家企业的喷涂工炉进行深度改造提升，截至 2020 年 10 月，完成改造，减少有害气体排放。

【“散乱污”企业治理】　严格落实“散乱污”企业整治长效管控措施，不间断巡查和突击检查，对照整治台账开展“回头看”，对回流、反弹“散乱污”企业坚决取缔，杜绝“散乱污”企业反弹和滋生。2020 年，未发现新增整改提升类“散乱污”企业；截至 8 月，全县“散乱污”企业已完成验收销号；10 月，开展“散乱污”企业整治“清零”攻坚行动，特别是对辖区交界处、城乡接合部、工业大院、产业集聚地等重点区域强化排查。

【持续巩固清洁取暖成果】　制订印发《香河县 2020 年采暖季天然气保供方案》和《香河县“迎峰度冬”保电方案》，确保天然气和电力安全供应。对全县实施“气代煤”取暖的 188 个村街开展拉网式排查 2 次，发现并整改隐患问题 500 余处；在取暖季前，县发展和改革局与香河百川燃气销售有限公司签订保供合同，制订燃气保供应急预案，全力保障全县燃气的供应；落实农村“气代煤”取暖补贴政策，2019－2020 年取暖季农村“气代煤”补贴用户 48595 户，补贴金额 4656 万元，全部发放到位。完成对全县实施“电代煤”取暖的 98 个村安全隐患排查和整治；对“电代煤”相关政策、安全使用常识以及维修售后方式等内容进行宣传讲解；引导有更高取暖诉求的村民自行改造空气源热泵、电锅炉等方式取暖，全县完成改造 2400 余户。

【加强散煤全过程监管】　2020 年，煤炭削减任务为 0，与去年持平。县域全部为散煤禁燃区， 煤炭生产销售企业彻底清零。制订印发《香河县 2020 采暖季散煤复燃“冒烟”排查防控方案》，对燃煤使用单位的煤炭质量进行检查，监督燃煤使用单位购买使用清洁煤，建立“煤炭质量检验报告”专管档案。全县 9 家用煤企业抽检覆盖率 100%，且全部达标合格。对散煤销售的重点区域加大检查力度，年内，查扣散煤 119.48 吨。立案查处违法销售散煤行为 2 起。成立县散煤管控专班，通过张贴《禁燃区公告》、在微信公众号推送《拒绝燃烧散煤倡议书》、在县电视台播出《关于禁止销售、使用劣质散煤实行有奖举报的通告》等多种方式进行宣传，出台《香河县散煤销售违法行为举报奖励办法》。各镇（社区办）、园区开展散煤大清查大整治行动，对辖区内逐家逐户进行摸排，实行动态清零，清理散煤228.72吨、蜂窝煤2727块。在主要交通路口设立4个散煤运输检查卡口，执法人员每天24小时在卡口检查车辆。

【锅炉改造】 2020年，全县完成47台燃气锅炉低氮改造任务，累计完成86台46.47蒸吨；完成香河众旺木业有限公司、香河天亚木业有限公司、香河兴源建丰木业有限公司3台生物质锅炉超低排放改造，拆除香河希泉泡沫有限公司燃油锅炉1台。

【车辆尾气排放管控】 2020年，对全县20家汽车销售公司在售车辆是否符合国六标准进行检查。对香河方晟机动车检测有限公司、香河双安机动车检测服务有限公司和香河秋宇波汽车综合性能检测有限公司的日常运行、设备使用维护、检测人员专业水平进行检查，实行排放检测机构清单式、台账制管理。通过遥感检测、黑烟抓拍、路检路查等三类监督检测，对发现的超标排放车辆、不符合排放标准车辆，按照省生态环境厅每月进行溯源情况对检测机构进行检查，采取断网或取消检测资质等措施，并向社会公开曝光，严厉打击排放检验机构弄虚作假行为。聘请资质公司开展路检路查和对专业企业车辆进行检查，累计检查中、重型柴油货905辆，其中，不合格8辆次，处罚8辆次。在G95国道钱旺中队治超站和渠口中队东魏各庄安装2套汽车尾气固定遥感监测设备。

【油品质量和油气排放监管】 严厉打击生产、销售、储存和使用不合格油品行为，坚决取缔无证无照及证照不全非法加油站（点）、非法油罐车；对合规加油站汽柴油质量进行抽检，追溯不合格油品来源，确保油品质量。2020年，制订印发《香河县2020年成品油市场综合整治工作实施方案》《香河县2020年成品油市场臭氧污染防治攻坚行动实施方案》《香河县开展严厉打击黑加油站（点、车）、非法自备加油站“突击月”专项整治行动方案》《香河县加强成品油市场违法违规行为专项整治行动实施方案》。对县域内实际经营的45个加油站（点）抽检7次，抽检成品油512批次，其中，柴油250批次，合格率100%；乙醇汽油262批次，2批次检测结果为不合格，合格率99.2%，立案查处销售不合格油品案件2起，没收不合格油品。对油气回收装置安装运行情况抽查抽检42家，因油气比例超标对3家加油站立案查处。主城区5家加油站高温季节实施错峰卸油，每天早8点至晚6点不得进行卸油作业；规范加油程序，不得出现跑冒滴漏现象。定期开展加油站专项执法检查行动，全年检查200余家次，立案11起。

【扬尘面源污染防治】 2020年，对全县建筑工地、公路、城市道路、物料堆场、城乡接合部裸露地面等扬尘排放源开展全面排查，建档立卡，建档数量76个，累计发现问题124起，整改完成124起。

持续开展建筑施工和城市扬尘专项整治。对违法违规的13家建筑企业进行处置，责令其限期整改；县住房和城乡建设局智慧工地平台建设完毕并投入使用，对建筑施工实现实时在线监测。规范治理沿街商户装修垃圾堆放79处。安装完成卫星定位系统和自动苫盖装置的运输车辆61辆。主城区道路机械化清扫率达90%以上，可机扫区域机械化清扫100%全覆盖；利用洗扫车、湿扫车、冲洗车、洒水车、雾炮车开展湿扫作业和洒水降尘。

城市出入口及城市周边重要干线公路路段清扫作业全部实现机械化清扫，每天6台干湿两用清扫车上路清扫，路面清扫率达到90%以上。6辆洒水车在保证行车安全的情况下进行洒水降尘。

加强工业企业料堆场治理。全县有12家企业涉及工业企业料堆，其中，搅拌站7家。截至年底，6家规模以上工业企业料堆场规范安装视频监控系统，10家企业安装可吸入颗粒物（PM10）在线监测设施。

雾炮车实施降尘作业　　县环卫服务中心供图

【严禁秸秆和垃圾露天焚烧】　制订印发《香河县2020－2021秋冬季秸秆垃圾露天焚烧专项整治行动方案》《香河县禁止秸秆垃圾露天焚烧工作存在问题的整改方案》，2020年，处置火点92起，处罚32起，对涉及32起火点的网格员进行诫勉谈话。开展国省干道、城镇周边以及其他重点区域、敏感区域秸秆和垃圾集中整治专项行动，消除焚烧隐患。年内，全县机械化秸秆还田率88.8%，秸秆青贮黄贮饲料约占大田秸秆的10%，秸秆综合利用率98.8%。生活垃圾统一运至垃圾填埋场进行无害化填埋处理，无害化处理率100%。

【挥发性有机物深度治理】　要求全县14家VOCs（挥发性有机物）排放标量大的企业使用催化燃烧方式进行废气排放，并列入区域重点排放企业名录，纳入排污许可证管理；329家VOCs企业制订重污染天气“一厂一策”公示牌及应急操作方案；全县1010家涉气企业全部完成相应挥发性有机物治理，推广低VOCs原辅料；县城402家涉及油烟排放的餐饮服务单位全部安装了油烟净化设施。2020年，全县VOCs总排放量同比2015年下降25%。

【强化臭氧污染防治】　制订印发《香河县2020年大气污染综合治理工作方案》和《香河县臭氧污染综合管控实施方案》；组织开展VOCs治理“回头看”检查，有效巩固VOCs治理成果；夏季高温天气10时至16时，暂停建筑墙体涂刷、建筑装饰、市政道路划线、栏杆喷涂等户外作业（应急施工除外），减少VOCs排放；在预判可能出现较重臭氧污染时段，对家具行业、工业涂装、包装印刷、汽修等涉VOCs排放企业实施错时生产；建成区加油站在每日晚8时至次日早6时期间开展卸油作业，落实晚8时至次日早6时期间加油优惠政策，引导车主避开白天高温时段加油。

【重污染天气应对】　严格落实《香河县重污染天气应急实施方案》，全县1011家企业建立重污染天气应急减排清单并制定“一厂一策”公示牌1011家，其中，需制订重污染天气应急响应实施方案的企业363家，全部按要求完成方案的制订。大力推动应急减排措施区域联动，指导镇、村、企业按照预警

11月1日，环保执法人员检查香河县盛云华家具厂环保设备运行情况
廊坊市生态环境局香河县分局供图

级别严格落实停产和限产要求，高标准完成应急响应期间空气质量保障工作。2020 年，启动应急响应 8 次，历时 58 天，其中，32 天空气质量达到优良。

【重点行业企业在线监测】 对重点行业、企业料堆场实行在线监测。对 2 家建材企业、8 家搅拌站、4 家铸造企业安装视频监控和PM10 在线监测设备，安装率 100%。重点排污单位自动监控安装联网。对县内 4 家热力公司、5 家污水处理厂、2 家肉类加工企业、香河第一城酒业有限公司、中粮可口可乐华北饮料有限公司、县人民医院和香河安洁垃圾填埋有限公司，安装污染源在线监控系统并与市级监控平台联网，数据进行实时上传监测。

【涉气企业帮扶】 排查区域内的涉气排放企业和设施，重点掌握企业名称、位置、所属行业、污染物排放等相关信息，通过在线监控系统及时发现超标排放行为，依法严肃查处，督促超标企业达标排放。根据生态环境部的热点网格监控情况，按要求及时对污染程度较高的热点网格开展排查整治，逐步推进大气污染监管的精细化。

【重点工业企业分表计电】 按照廊坊市大气办《关于在全市范围内开展重点工业企业治污设施与生产设施分表计电工作的通知》（廊气办字〔2019〕32 号）《关于加快推进工业企业分表计电工作的通知》（廊气办字〔2019〕93 号）要求，涉气企业、污水处理厂、年产生 10 吨（含 10 吨）以上危险废物企业以及危险废物（含医疗废物）处置企业实施分表计电。廊坊市生态环境局香河县分局通过政府采购的方式，聘请专业公司实施分表计电项目，2020 年，相关企业电表全部安装到位。

【污染源减排】 根据《2020 年廊坊市环评与排污许可工作要点》的通知要求，香河县采取以企业为填报主体，镇环保所负责指导登记和管理企业，县级环保部门负责指导，实行三级联动的工作模式推进排污许可工作。8 月 6 日，完成 91 个行业固定污染源发证登记，提前 35 天完成任务。

【餐饮业油烟管控】 加大对餐饮行业油烟治理巡查力度，制订餐饮油烟污染综合整治方案。要求城区餐饮服务单位根据油烟排放量和主要污染物等情况安装相应的高效油烟净化设施，规范油烟净化设施的运行与定期维护。县城餐饮服务单位全部安装油烟净化设施。

（杨　旭）

水环境治理

【概况】 2020 年，全县水环境质量持续改善，主要河流的地表水质量达到国家、省、市考核标准。继续开展北运河、潮白河等重点河流干渠的综合整治，全面启动集中式饮用水水源保护区规范化建设，提升水环境管理的能力和水平。开展重点河流入河排污口摸底排查及处置工作。

【水环境质量状况】 2020 年，香河县潮白河、北运河 2 条重点河流，潮白河入境河北吴村断面、出境大套桥断面和北运河出境土门楼断面 3 个国省考断面，均达到地表水V类水体标准，符合生态环境部、省生态环境厅、市生态环境局考核要求。市控小友垈排干渠入北运河口断面和青龙湾河仉村大桥断面达到地表水V类水体标准，符合考核标准。1 月、4 月、5 月、7 月、8 月、12 月，香河县在全市地表水考核中均排名第一位，分别获得 120 万元、75 万元、75 万元、135 万元、135 万元、100 万元奖励。

【北运河水环境综合治理】 确保北运河水质稳定达标，积极对接上下游相关单位，通过生态补水、调控上下游闸坝等措施调控河流流量，恢复河流生态基流，提升水环境质量，推进跨界水污染防治工作；加强监测，做到精准测量，狠抓断面管控，确保国控河流北运河监测断面水质达标。开展北运河自然生态系统建设工程，涉及北运河水生植物种植、生态浮岛等水生态系统建设，在北运河下游分别建设用于净化河道水质的表流人工湿地；开展北运河土门楼藻类治理工程及综合管控工程，在土门楼断面上游河段采用加压除藻船、藻类抑制剂、改性土壤等措施开展藻类治理，在土门楼断面上游 1.5 千米开展生态维护、藻类监测、水量调度、垃圾清理等维护水质的精细化管理措施。结合北运河旅游通航工程，完成清淤 13.3 千米、护坡 6.64 千米、修筑堤防 1.15 千米，组织上下游、左右岸进行联防联控，开展河道垃圾、漂浮物等清理，坚决杜绝倾倒生活垃圾、污水及其他恶意排污行为，不断提升水环境。

【潮白河水环境综合整治】 加快实施潮白河（香河段）清淤工程，确定清淤环保技术方案；加快实施潮白河（香河段）自然生态系统建设工程，加强日常巡查管护，组织上下游、左右岸进行联防联控，开展河道垃圾、漂浮物等清理，坚决杜绝倾倒生活垃圾、污水及其他恶意排污行为；积极对接上下游相关单位，通过生态补水、调控上下游闸坝等措施调控河流流量，恢复河流生态基流，提升水环境质量，推进跨界水污染防治工作。

【小友垡排干渠整治】 严格管控香河经济开发区市政管网末端闸室，封严节闸门，全部污水经过平安污水处理厂处理后外排。加强对平安污水处理厂的巡察监管力度，确保企业污水达标排放。实施平安污水处理厂升级改造，提高污水处理能力，提升出水水质，确保汇入小友垡排干渠水质稳定达标。封堵沟渠排污口，清理垃圾杂物，加大巡查频次。做好砾石床的运营运维工作。

【入河排污口排查】 2020 年 4 月 2 日至 6 月 30 日，开展重点河流入河排污口摸底排查，全县经审批的入河排污口有 5 个：香河县国兴污水处理有限公司安头屯镇污水处理厂排口，该排口审批部门为市水利局（原市水务局）；香河县三强污水处理厂入河排污口，该排口审批部门为市水利局（原市水务局）；香河现代污水处理有限公司蒋辛屯污水处理厂入河排污口，该排口审批部门为县行政审批局；平安污水处理厂入河排污口，该排口审批部门为市生态环境局；香河经济开发区污水处理厂入河排污口，该排口审批部门为市生态环境局。5 个入河排污口标识牌全部按规范化安装，在线设备全部联网，能够达到《入河排污口规范化建设要求》。

【城镇污水处理设施建设】 截至 2020 年，全县建成并投入运行污水处理厂 5 座，分别是：香河县三强污水处理厂，设计处理规模 4 万吨/日；香河现代污水处理有限公司蒋辛屯污水处理厂，设计处理规模 1 万吨/日；香河经济开发区污水处理厂，设计处理规模 2000 吨/日；香河县国兴污水处理有限公司安头屯污水处理厂，设计处理规模 1.5 万吨/日；香河县平安污水处理厂，设计处理规模 1.5 万吨/日。5 座污水处理厂的进、出水口全部安装在线监测设施。

【水源保护区规范化建设】 县城区集中式饮用水水源保护区划定技术报告获省政府批复，完成县级以上集中式饮用水水源保护区勘界，并按照《饮用水水源保护区标志技术要求》（HJ/T 433-2008）的规定，规范保护区标志和标识，设置界碑、交通警示牌、宣传牌等，对饮用水水源一级保护区实施隔离防护，饮用水水源保护区内存在的环境问题由县住房和城乡建设局牵头，廊坊市生态环境局香河县分局、淑阳镇、新华街社区办、新开街社区办共同解决。镇级集中式饮用水水源地（国兴水业、现代水业、潮东水业、安平水厂）保护区划定及规范化建设工作，聘请第三方专业技术公司编制《集中式饮用水水源保护区划分技术报告》上报省生态环境厅、省水利厅，省政府发文《河北省人民政府关于廊坊市 62 个集中式饮用水水源保护区划分的批复》（冀政字〔2020〕44 号）正式批复。严格按照省政府批复及技术报告要求进行规范整治，确保全县饮用水源安全。对镇级及蒋辛屯镇、钱旺镇、安头屯镇、安平镇 4 个“千吨万人”集中式饮用水水源地保护区开展水源地环境保护专项排查，摸清水源保护区标志牌设立情况、排查保护区周边隔离防护设置情况和水源保护区内违法违规破坏环境问题。

【水质监测站建设】 2020 年，县域内潮白河、北运河两条重点河流新建水质自动监测站 3 个，潮白河新建自动监测站 2 个，即河北吴村自动监测站、田贾庄自动监测站。北运河新建王家摆自动监测站，北运河有自动监测站 2 个，即大套桥自动监测站和王家摆自动监测站。

【农村生活污水治理】 制定农村生活污水治理和管控长效机制，截至 2020 年年底，全县完成 186 个村庄的生活污水治理，其中，接入市政管网 82 个村庄；建成集中式污水处理设施 22 个村庄，34 个污水处理站；建成分散式污水处理设施 82 个村庄。114 个管控村庄全部达到生活污水不出户、不出村的管控标准。

【黑臭水体排查】 制订《香河县 2020 年度农村黑臭水体专项排查整治工作方案》，开展农村黑臭水体排查整治，将行政村庄 1000 米范围内，镇级以上公路两侧 200 米范围内颜色明显异常、或散发浓烈（难闻）气味的农村黑臭水体，全部纳入名册台账监管。经排查，未发现农村黑臭水体。

（杨　旭）

土壤环境治理

【概况】 确保打赢《香河县净土保卫战工作方案（2019－2020）》收官之战，完成省、市各项目标任务，全面推动香河县强化土壤环境调查监测、实施农用地分类管理、严格建设用地土壤污染风险管控、加强农业面源污染整治、推进重点领域污染防控、加强固体废物污染管控等土壤污染防治重点工作。截至 2020 年年底，全县受污染耕地安全利用率 100%，污染地块安全利用率 100%，重点行业重金属排放量为 0，全部完成任务目标。

【土壤污染状况调查】 2020 年，积极配合省生态环境厅第三方技术单位对重点行业企业的用地信息开展调查工作，完成重点行业企业用地风险等级划分。推进重点行业企业用地土壤污染状况调查，全县涉及香河万水环保材料有限公司、香河县安洁垃圾填埋有限公司和赛铭瑞汽车零部件（廊坊）有限公司 3 家重点监管企业，均与县政府签订土壤污染目标责任书，按要求对企业进行监测，并将监测结果向社会公开。

【农用地分类管理】 加快推进农用地分类管控，有针对性地推进农用地分类管理，实施农用地土壤按类别、用途、阶段治理管控，逐步改善农用地土壤环境质量。香河县完成耕地土壤环境质量类别划分，全县均为优先保护类耕地。

【建设用地准入管理】 严格建设用地准入管理，及时完善疑似污染地块名单、污染地块名录，实行动态管理。土地性质变更为住宅，公共管理和公共服务用地的地块，土地使用权人应委托专业机构开展土壤污染状况初步调查，在评审意见出具前，该地块不得擅自开发利用，严禁未经土壤污染状况调查，开发利用为住宅、公共管理与公共服务用地。

【畜禽养殖粪污无害化处理】 制订并下发《香河县畜禽养殖禁养区限养区适养区划定方案》，坚持以规模养殖场为重点，推进源头减量、严格过程控制、强化末端利用、落实主体责任，加快畜禽养殖粪污处理设施建设，养殖废弃物资源化利用，构建种养结合、农牧循环长效机制。辖区内畜禽规模养殖场粪污处理设施装备配套率100%，畜禽粪污综合利用率90%以上。

【危险废物排放监管】 制订《2020年香河县危险废物环境安全排查整治实施方案》，并对辖区内危险废物产生单位和经营单位，开展专项排查整治，对排查出的各类问题，挂账督办，限期整改。加强对危险废物产生企业进行执法监管，对"河北省固体废物动态信息管理平台"中全县423家企业危险废物年度管理计划及产废月报进行日常备案审核，确保企业在"河北省固体废物动态信息平台"中的申报率100%，确保涉及危险废物排放的企业在危险废物产生、储存、运输等环节不造成二次污染。

（杨　旭）

金　融

责任编辑　董长江

综　述

2020年，香河县金融业全面落实中央经济工作会议和全国金融工作会议要求，灵活适度实施稳健货币政策，全力支持新冠肺炎疫情防控和经济社会发展，融资总量较快增长，信贷投向调整优化，融资成本持续下降，金融政策的直达性和精准性获得显著提升。紧扣“服务实体经济、防范金融风险、深化金融改革”三大任务，深化金融供给侧结构性改革，推动金融服务提质、监管提效、产业提级、生态提优，为县域经济发展提供坚强金融支撑。

银行业

【概况】　2020年，香河县银行业围绕县域经济特色产业发展，持续推进金融体制改革，不断丰富银行业服务内容，加强内部管理，提高履职水平，强化抵御风险的能力，维护银行业稳定运转，服务方式不断满足人民群众和经济发展的实际需求，实现了银行业自身的稳定运作与发展，有效地促进全县精神文明建设与物质文明建设。全县多元体制的银行业服务单位发展到15家，呈现稳定的发展趋势，实现自身发展与服务经济的有机结合，有力地促进了香河县经济繁荣与稳定。截至年底，全县银行业实现各项存款余额500.2亿元，比年初增加16.6亿元，增长3.42%；各项贷款余额651.2亿元，比年初增加28.3亿元，增长4.54%。

【中国人民银行香河县支行】　2020年，中国人民银行香河县支行（简称人行香河县支行）有在职员工24人，专业技术人员14人，其中，中级职称6人，初级职称8人。

支持实体经济发展。2020年，推进对法人机构的再贷款支持，河北香河农村商业银行和香河益民村镇银行发放支持小微企业再贷款15475万元，用于支持35家普惠口径小微企业、个体工商户、小微企业主经营性贷款。香河华联香百超市有限公司被列为重点支持新冠肺炎疫情防控保障企业后，指导建行香河支行为其发放低成本资金4800万元。强化银企对接，降低普惠小微企业融资成本。河北香河农村商业银行办理贷款延期支付20157万元，办理利率互换协议并操作奖励147.72万元；香河益民村镇银行办理贷款延期支付6992万元，办理利率互换协议并操作奖励60.32万元。加大信用贷款投放力度，河北香河农村商业银行发放信用贷款6982万元，香河益民村镇银行发放信用贷款285万元。年内，组织4期优质企业精准对接工作，14家金融机构走访174家企业，为5家企业发放贷款1815万元。推进新型农业经营主体主办行制度实施。香河县“主办行”共支持家庭农场、专业大户、农民专业合作社、农业产业化龙头企业4类新型农业经营主体132家，贷款余额29598万元。

维护金融安全稳定。成立人行香河县支行挤兑风险防控小组和工作专班，要求各金融机构落实好突发事件处置预案的修订和备案工作，并适时开展相关演练；制定《香河县银行业信贷资产质量风险监测工作实施办法》，对不良贷款余额上升较快并且不良贷款率较高的2家法人机构进行风险提示，要求其重视不良贷款化解工作，强化主体责任。严格落实金融机构重大事项报告和风险提示制度，加强预警与提示。加强贷款行业分布风险监测，重点监测“两高一低”（高能耗、高污染、低水平）、产能过剩及房地产企业贷款风险变化，及时通告各金融机构，并作为信贷投向调整的政策引导依据。做好存款保险宣传和存款保险标识悬挂工作，对全县金融机构的存款标识启用情况进行巡查。

提升外汇工作水平。办理名录登记16家，名录信息变更2家，企业贸易信贷报告120笔，辅助企业完成辅导期报告3家；现场核查18家企业，要求企业提交货物流与资金流匹配表。配合国家外汇管理局廊坊市中心支局LEI编码推广工作，核对14家涉外企业信息。及时传达外汇政策，向涉外企业发放宣传资料100余份，组织外汇指定银行学习《货物贸易外汇管理指引》（2020年版）。受理外汇指定银行和涉外企业业务咨询100余次。定期查看名录内企业指标正常情况，对于指标异常的企业，要求企业做自查情况表说明情况。加强对辖内银行外汇及跨境人民币（以下简称“本外币”）业务的监管，防范跨境资金异常流动风险，坚持施行《香河县外汇指定行本外币分类管理考核办法》。

提升金融服务水平。推动建设移动支付香河县家具城便民示范商圈，全面受理云闪付、银行App、微信等条码支付产品，并支持银行卡刷卡支付；实现县域所有公交线路移动支付全覆盖，支持云闪付受理。认真开展“断卡”行动暨打击治理电信网络新型违法犯罪工作。截至12月末，全县金融机构累计排查企业银行结算账户4072户，采取管控措施59户，拒绝开立18户；排查个人银行结算账户125813户，拒绝开立41户。积极推广中小企业贷款网上对接平台应用。截至12月末，香河辖内银企对接企业注册3559户，同比增加398户。香河农村商业银行及香河益民村镇银行收到贷款申请2298笔，同比增加673笔，申请金额为665.3万元，同比增长15.46%。主动了解在新冠肺炎疫情期间辖内涉外企业经营情况及影响，对辖内所有发生进出口业务的40家涉外企业进行问卷调查，就存在问题提出相关建议。

（王　希）

【中国农业银行股份有限公司香河县支行】 2020年，中国农业银行股份有限公司香河县支行（简称农行香河支行）认真贯彻落实省市分行安排部署，面对区域经济持续盘整、同业竞争压力不断增大、新冠肺炎疫情影响等不利局面，农行香河支行领导班子带头攻坚、率先垂范，找症结、抓队伍、建机制、强管理，取得较好经营业绩。截至年底，本外币各项存款余额73.5亿元，本外币各项贷款余额103亿元，累放12.8亿元。实现中间收入2362万元，实现拨备后利润25806万元。年内，获得2019年度农行系统全省先进集体、全市先进单位称号，2019年度农行廊坊分行“扫园区”综合营销优秀团队奖，被县委、县政府授予实绩突出领导班子、“文明单位”称号。

认真履行普惠金融职责。坚持“面向三农、服务城乡”发展定位，通过发放惠农卡、设立惠农金融服务点、布设电子机具等，深入改善金融基础设施，构建线上线下一体、多层次广覆盖的现代化农村金融服务体系。年内，284个惠农通服务点机具全部升级，落实管户责任人和工作规范；“农村组织经济服务和三资平台服务”取得营销突破，在农行廊坊分行获得300个村街独家代理权，成为农行系统“三资”平台服务首批合作单位。超24万名居民持有农行香河支行社会保障卡，超20万名居民持有农行香河支行惠农卡。面对新冠肺炎疫情不利影响，农行香河支行主动将金融支持农产品稳产保供、春耕备耕、畜牧养殖作为重中之重，抢抓农时，积极对接农资和农产品生产、流通、加工等各环节主体，投放惠农类贷款3.1亿元。

主动践行大行责任。新冠肺炎疫情期间，农行香河支行网点对医院、商场、超市等服务行业的金融需求优先满足，特别是现金存取方面，专门购置现金消毒柜，保证对外支付现金的安全。

（杨 露）

【中国工商银行股份有限公司香河支行】2020年，中国工商银行香河支行（简称工行香河支行）坚持“安全生产”的经营理念，一手抓新冠肺炎疫情防控，一手抓复工复产，支持地方经济发展。截至年底，实现拨备前利润3.28亿元，同比增长12%，实现净利润2.46亿元，同比增长12%，实现中间业务收入6678万元，同比增长181%；各项存款时点余额48.62亿元，较年初增加1.72亿元；各项贷款余额127.53亿元，较年初增加7.76亿元。

做好新冠肺炎疫情期间金融服务工作。疫情期间，强化环境净化和消毒。多方筹措口罩、酒精及消毒液等物资，坚持营业网点每天定时全面消毒，在公共区域放置消毒喷剂，对自助设备、屏幕键盘、进出钞口等客户易接触部位全面消毒杀菌处理。利用LED显示屏、微信等载体多渠道宣传疫情防控知识，引导客户增强自我防护意识，有效预防、遏制疫情扩散。加强引导、指导客户通过手机银行、网上银行、远程银行等电子渠道办理业务，减少客户外出时间。支持企业复工复产，以“专属服务＋绿色通道＋优惠政策”对接辖区内项目及企业客户，利用班后时间加班处理业务流程，缩短放款时间。加快“抗疫贷”、e抵快贷、经营快贷投放速度，推动实体经济发展。

开展金融知识宣传。加大宣传教育力度，向消费者面对面开展金融知识普及教育，开展“‘3·15’征信知识宣传”“防范反洗钱风险”“普及金融知识 守护钱袋子”“提升防赌反赌意识 维护金融支付安全”等宣传活动，通过把金融消费教育贯穿于消费者的日常金融活动中，提升消费者整体金融知识水平，提高消费者风险防范意识。

拓展客户，稳定存款、增加存款。坚持“每天抓、全员抓、走出去抓”的存款工作策略，开展客户拓展活动，做好存量维护、增量拓展、场景营销等基础增存工作，为储蓄存款提供增量源动力。利用结构性存款、添利宝和跨季理财产品等，做好存款和资产的良性互动，促进储蓄存款和金融资产稳定、快速增长。继续发挥网点直通式考核激励机制。在存款考核机制上，实行部署、考核、监测、激励齐头并进，支行、部室、网点协调联动，每天通报网点各项指标进度，激励先进，鼓励落后，助推储蓄存款增长。

抢抓市场增收创收。抓好基础中收。挖掘中间业务分类产品增收潜力，加快“2＋5＋N”基础产品组合营销与交叉渗透，开展保险、基金、理财营销活动。通过微信立减金、必胜客消费满减等活动促进三方绑卡、工银信使等结算类产品营销规模，提升基础产品中收贡献。抓好项目中收。争揽更多优质客户和优势项目，实现早投、快投、多投的目标，通过项目贷款拉动提升增收创效水平。

（黄 娜）

【中国建设银行股份有限公司香河支行】2020年，中国建设银行股份有限公司香河支行（简称建行香河支行）突出转型发展主线，明确发展定位，确保业务持续、健康、高效发展。

存款业务。截至年底，对公存款时点存款余额10.34亿元，较年初新增0.26亿元；个人存款时点余额2.85亿元，全年新增3.79亿元。

贷款业务。截至年底，对公贷款余额7.65亿元，较年初新增3.96亿元。其中，大中型客户4户，贷款余额2.67亿元，较年初新增1.67亿元；个人贷款余额88.53亿元，比年初新增0.68亿元。

2020年，个人商户新增582户，对公商户新增444户；乡村振兴方面，建行香河支行建立365个助农点，新增裕农通点76户，新增签约农户8761户，累计达12039户，服务点存款新增2.24亿元，助农发卡8370张，累计发卡30323张。

深化党建引领，助力各项业务发展。制订《2020年建行香河支行党建工作与转型发展计划》。结合农村经济组织开户，发挥“党支部战斗堡垒、党员先锋模范”作用，内抓党建，外拓市场，一岗双责，创新驱动，仅用7天就为香河华联香百超市有限公司贷款4800万元，用于新冠肺炎疫情防控。累计承接专项债1.76亿元。成功营销总行级先进制造业1户，龙头企业2户，支持117家企业复产、复工。

（祁福兵）

【中国银行股份有限公司香河支行】 中国银行股份有限公司香河支行（简称中行香河支行）是隶属于中国银行燕郊分行的县级支行。内设5个部室及2个支行，员工41人。

存款业务。截至年底，各项人民币存款余额219608万元。其中，人民币公司存款余额66801万元，人民币储蓄存款152807万元；外币存款折美元902万美元，其中，储蓄存款417万美元，企业存款485万美元。

贷款业务。截至年底，各项人民币贷款余额672314万元，比年初增加22475万元。其中，个人消费贷款660298万元，公司贷款4080万元，卡透支7936万元。2020年，国际结算量13749万元。

其他业务。截至年底，消费贷款不良余额8449万元，不良率1.26%。关注类消费贷款余额3637万元。银行卡不良资产余额86.24万元，不良率1.01%。2020年，净利润5848万元，人均利润142.63万元。

工作创新。通过快抵贷、聚财贷、商户贷等个人贷款产品，支持有营业执照的个体工商户。截至年底，累计贷款40笔、金额1263万元，储备项目13笔、金额400万元，全年实现贷款1180万元。

业务扩展。抓好全量资产，努力做好稳存量、拓增量。对重点客户精准营销，对一般客户常态化维护，确保每个客户有对接。2020年，走访企业120余户，走访代发薪客户16家；与县行政审批局和会计公司合作，加强对公开户、香河县石材城、家具城等商圈的营销与管理，截至年底，新开立对公账户210余个；加强公私联动、个贷与个人存款综合营销，从源头入手，在客户开立对公账户的同时，签好代发协议，为客户配备短信通、结算卡等多种产品，做到客户最大化营销，梳理存量客户清单，分类别营销代发薪业务；积极接洽政府部门，先后与县行政审批局、县住房和城乡建设局和县财政局等部门就中银建设者平台和社保卡补卡业务进行沟通，取得了一定效果。

（刘晓静）

【中国农业发展银行香河县支行】 中国农业发展银行香河县支行（简称农发行香河支行）是香河县唯一一家农业政策性银行。2020年，在岗正式员工14人，机构网点1个。

存款业务。全面贯彻“以客户为中心”的服务理念，加大营销推广力度，主动营销客户，推广存贷款、网银合体营销，网银企业客户数量持续增加，累计营销22家开户企业使用农发行网银进行日常结算，其中，6家企业使用网银实现1000余人的工资发放，所有网银客户均签约开通网银对账功能，全年电子支付替代率位于廊坊市前列。2020年，日均存款22244万元，年末存款余额19517万元。

贷款业务。2020年，累放贷款15007万元，年末贷款余额153254万元，比年初增加13007万元，增长9.27%。

服务“三农”，确保粮食安全。认真做好粮食储备企业的资金供应与管理，把支持粮棉油收储作为全行工作的重中之重，配合全市政策性粮食大清查检查组及县发展和改革局进行粮食大清查工作，完成2020年库贷核查，保障县级储备粮安全。对接跟进香河县兴旺粮油有限责任公司增储1万吨县级储备小麦工作。

全力支持复工复产，解客户燃眉之急。2020年，为贯彻落实金融支持企业“稳就业促复产”专项工作精神，主动营销喜临门北方家具有限公司，投放农业产业化龙头企业贷款5000万元。

提质增效，助力中长期贷款项目落地。向京唐城际铁路香河段周边土地综合整治项目投放贷款1亿元。

（刘 晖）

【中国邮政储蓄银行股份有限公司香河县支行】

中国邮政储蓄银行股份有限公司香河县支行（以下简称“邮储银行香河支行”）是隶属于中国邮政储蓄银行廊坊市分行的县级支行。2020年，邮储银行香河支行坚持以客户为中心，打造线上和线下互联互通、融合并进的金融服务体系，为广大客户提供优质、便捷、高效的综合化金融服务。坚持“普之城乡，惠之于民”的经营理念，在提供普惠金融服务、发展绿色金融、支持精准扶贫等方面，积极履行社会责任。邮储银行香河支行内设4个部室，即综合管理部、三农金融部、营业部、公司业务部，下辖1个自营网点、6个代理网点，在岗员工32人，设1个党支部，党员6人。

贷款业务。支持地方经济建设能力不断提升，加大满足农户、商户及小微企业融资需求，致力为居民提供便捷金融服务，打造服务“三农”和支持地方经济的特色银行。2020年，以再就业贴息贷款为抓手，与县人力资源和社会保障局、县财政局新签署再就业贴息贷款补充协议，确保小额贷款业务提质增量；重点推进肉牛、肉羊畜牧业“冀农担”业务，加大对养殖专业村进行持久的市场开发工作，大力发展农场大户业务。贯彻以客户为中心的经营理念，深入市场，对地方经济和特色行业进行专项调研，深挖客户需求，积极对贷款产品进行要素调整申请，加大产品创新，在促进全行经营类贷款稳步发展的基础上，配合市分行开发出更贴合客户的产品，争取更多的客户及占有更大市场份额。个人消费贷款业务保持了较快增长速度，通过合作平台关系维护，坚守风险防控底线，筛选优质中介进行合作。结合同业的精准调研和错峰营销，确保房贷规模和资产质量。截至12月底，邮储银行香河支行零售类贷款余额27.7亿元，年度净增2.34亿元。

存款业务。应对复杂多变的金融环境，提高转型速度，提升核心竞争力，紧紧围绕省、市分行经营发展战略，贯彻“融合发展”理念，持续深化转型发展。在个人存款业务发展上注重综合营销，力求全面发展，各项业务稳步推进。对客户实行分层逐级管理模式，丰富网点转型产品，注重深化维护管理、提高客户满意度。公司业务存款发展上优化客户结构，拓展客户来源，开展专题营销活动，提高营销能力，拉近银行与政府、银行与企业关系，加强行内资源协同，提升邮储品牌。截至12月底，存款余额12.56亿元，比年初增加7800万元。其中，储蓄存款8.4亿元，对公存款4.16亿元。

个人综合业务。以“扩大发卡规模”为信用卡业务工作主线，实施“厅堂+外拓”相结合的方式。对重点行业、重点企业、单位等进行上门营销，提高县内重点单位的渗透率；抓好超市满减、加油满减、特惠洗车、特惠洗衣等营销活动；借助平台推广宣传信用卡业务，提高客户刷卡热情。全年信用卡累计进件1747张。拓展网上银行、手机银行线上交易渠道，利用移动展业设备进行营销，通过手机缴费、邮E平台等功能及营销活动开发手机银行客户，手机银行全年发展3344户。

风险防控。坚持风控优先，将案件防控工作做实做细，在抓业务发展的同时，采取多种有效措施严控各类风险，以“发现问题、解决问题、防范风险、控制案件”为原则和目标，通过开展警示教育、

“问题整改三到位”、组织“合规三尺讲台”授课等一系列活动，将案件防控工作常抓不懈，取得显著成效。

（陈柄达）

【河北香河农村商业银行股份有限公司】 河北香河农村商业银行股份有限公司（简称香河农商银行）于2018年5月18日开业。2020年，香河农商银行坚持服务“三农”、服务县域、服务中小企业，不断开拓创新，深化改革，全方位地为全县人民提供更好的金融产品和服务，做全县人民自己的银行，用责任和担当为县域经济腾飞助力提速。年末，各项存款余额154.64亿元，各项贷款余额114.64亿元；电子银行业务中新型收单活跃商户5239户，电子银行交易占比达到93.95%，中间业务收入821.18万元。

机构网点。设有部室16个，分别为综合办公室、人力资源部、党委办公室、信贷管理部、小贷管理部、市场拓展部、风险合规部、计划财务部、结算管理部、资金营运中心、审计部、纪检监察室、安全保卫部、科技部、营业部、客户经理部。20个支行，8个分理处，11个小贷中心，其中，营业网点29个，辐射县域内各镇。

金融普惠。坚持“立足三农、面向县域、服务中小企业”的市场定位，以“普惠金融”为主线，专注支农支小信贷主业，制订“普惠金融年”工作方案，划分7个区、28个入户小组，明确存款、贷款、中间业务等各项业务发展目标，调整信贷结构，突出客户需求导向，普惠金融工作取得新突破。

存款业务。制订存款营销方案，加大存款考核力度，开展存款小指标竞赛，调动了全员存款营销积极性。以“普惠金融年”“百行进万企”金融知识宣传月、银企座谈会、纳税M级客户走访等为契机，内外勤联动精准营销，保证存款稳定性。截至年底，走访规模以上企业79户，走访率100%；走访纳税M级以上客户7798户，走访率100%；强化督导，将29个网点按照存款规模平均划分给各部室经理进行帮扶督导，建立存款“周通报”制度，有效促进了存款工作进度；优化营销费用分配，进一步把费用向前台和业务发展倾斜，取消各网点营销费用限额，支持网点存款业务发展。

贷款业务。发挥小贷中心职能作用，按服务区域合理划分域内客户，扩大营销市场与服务半径，提高小贷工作效率。坚持政府、银行、企业联动，对接金融服务需求，提高“首贷户”占比，以小额贷款营销助推信贷结构调优。创新信贷产品，推出“惠农贷”“信易贷”等特色信贷产品，保存量客户不流失，提高信用贷款比重。修订《信贷业务审批办法》，明确审批权限和岗位职责，规范审批行为；修订《贷款利率定价管理办法》，执行LPR（贷款市场报价利率）定价方式，提升风险管理水平；建立个人信用报告自助查询点，进一步提升金融服务水平。聚焦“六稳”“六保”，促进实体经济发展。坚决控制大额贷款投放，加强制造业、小微企业、民营企业信贷支持力度，对受新冠肺炎疫情影

7月28日，香河农商银行在蒋辛屯镇北李庄村举行“整村授信”启动仪式　　任娟娟 摄

响较大的批发零售、住宿餐饮等行业的企业和个体工商户不盲目抽贷、断贷、压贷，通过延期还本付息、发放支小再贷款、加大小微企业信用贷款投放、减费让利等 10 余项措施，强化金融支持，全面服务企业复工复产；截至 2020 年年底，累计减少企业利息支出 8600 万元，为企业办理延期还本付息 13 亿元。

“双基”（农村基层党组织与基层农村信用社）共建。依托“双基”共建农村信用工程，逐村、逐户开展信用评定，改善农村信用环境，创建信用村、信用镇、信用示范区，坚持金融服务“增量扩面、提质降本”，推动全域授信，满足企业生产经营及农户消费等信贷资金需求，促进农村整体信用水平的提升。

8 月 20 日，香河农商银行举行“个人信用报告自助查询点”揭牌仪式　　任娟娟 摄

清理非正常占用贷款工作。设定清理非正常占用贷款目标，对存量不良贷款逐笔逐户摸清底数，细化清理非正常占用贷款任务。成立清理非正常占用贷款营销大队，专职负责清收不良贷款，提高清收效率。加大依法清收与呆账贷款核销力度，降低不良贷款占比。建立市场化清收机制，拓宽不良贷款清收渠道，制定《委托清收不良贷款实施细则》，与 3 家公司签订委托清收不良贷款合作协议，将部分已在法院起诉或经法院判决后执行困难的不良贷款，移交给代理公司处理，年内，委托清收不良贷款 42 笔，金额 620.71 万元；加大信贷审查，从源头上杜绝不良贷款产生，防控信贷风险。

电子银行业务。以网点宣传为主阵地，同时深入家具城、园区、商业街为客户提供面对面、一对一专职服务，增加手机银行、随 e 盾用户量，提升新型收单商户业务发展水平；制定 ETC 业务全员营销的工作目标和考核办法，以员工用车、员工亲属用车为基础，依托业务合作企业车辆，积极营销社会车辆，推进 ETC 业务有序开展；加大意外险和财产保险的宣传，提高客户重视程度，加大贵金属业务营销推广，促进中间业务收入增长。

财务管理。全面落实预决算管理，严格财务开支审批程序，对固定资产、低值易耗品的购置、管理、使用、维护做到专人管理，专人负责，提高资产利用率；本着“统一管理、加强核算、集中营运、提高效益、防范风险”的原则，开展资金营运工作，减少无息资金占用，最大限度提高资金使用效益；推进系统智能化。推进河北农信电子发票、管理会计、智能管控等系统的上线与应用，实现财务数据分析综合化、智能化。

合规建设。加强对问题频发、风险较大及经营薄弱环节的专项审计，利用实时预警系统非现场监管优势，及时纠正违规操作，促进合规经营。开展员工行为排查与重点机构、岗位、业务领域风险排查，规范员工行为，及时发现并消除各类风险隐患；加强流动性风险管理，推进“三会一层”即股东大会、董事会、监事会和高级管理层各项工作落实，将关联方交易、反洗钱等纳入董事会职责范围，强化监事会监督职能，持续提升公司治理能力；发挥合规审查前置功能，加强对签署的协议、合同等法律文本及各类规章制度的合法合规性审查，有效规避涉诉风险；全面加强安保工作，修订各类安保预案，开展多项演练，提高员工防范意识，及时处理各类安全隐患，确保全年安全经营无事故；强化科技风险治理，组织开展信息科技风险监测和检查，提升应急预案体系的完整性和有效性，防范科技风险；认真做好客户投诉处置工作，强化投诉考核，保护金融消费者权益，加强排查、稳控，有效避免舆情风险；完善《反洗钱业务管理办法》《反洗钱保密制度》等20余项反洗钱制度文件，加强反洗钱宣传与培训，加强对客户的监测与筛查，有效防控洗钱风险；发挥集中事后监督中心职能作用，严把账务、凭证质量关，杜绝、堵塞一切差错和漏洞，防范各类经济案件发生。

网点建设。做好硬件建设，提高客户认知度。继续开展星级网点创建活动，推进网点布局标准化和服务流程标准化，加大星级网点上档升级的工作力度；优化网点形象，2020年，推进王家摆支行与蒋辛屯支行装修改造，将原安抚路分理处迁址并更名为运河大道分理处，优化网点形象，提高服务水平。推进网点标准化建设，提升金融服务水平。制订《网点标准化建设实施方案》，对网点卫生环境、柜面服务质量、员工职业形象等内容进行量化考核，提高企业形象，打造现代化金融企业服务体系。树立服务意识，提升品牌形象。强化“窗口”意识，组织开展员工知识、技能竞赛，持续推进星级柜员评定，细化大堂经理管理，促进网点服务水平的提高，提升农商银行品牌形象。狠抓投诉管理，提升客户满意度。提高员工预防、化解客户投诉，对有效投诉推行快速解决机制，定期对员工服务质量进行考评。

（任娟娟）

【兴业银行股份有限公司香河支行】 兴业银行股份有限公司香河支行（简称兴业银行香河支行）于2013年10月18日开业，隶属于兴业银行股份有限公司廊坊分行。辖区内拥有1个网点，内设4个部室，在编23人。2020年，上缴税金604万元。

存款业务。截至2020年年底，各项存款总额15.71亿元，比年初增加0.46亿元，增长3.02%。其中，对公存款7.68亿元，较年初增加0.38亿元；个人存款8.03亿元，较年初增加0.08亿元。

贷款业务。截至2020年年底，各项贷款余额18.77亿元，较年初减少3.84亿元，下降16.98%。其中，法人贷款余额0.364亿元，较年初增加0.164亿元；个人贷款余额18.41亿元，较年初下降0.4亿元。

其他业务。财富类综合金融资产日均16.48亿元，较上年减少0.33亿元。其中，券商集合全年销售3537万元，保险折比销量2576.56万元。年办理票据贴现1650万元，开立保函18.22万元，银行承兑汇票1161万元，普惠贷4笔、2140万元。

服务创新。实行客户经理制，一对一为企业及个人客户提供服务。上线自助结汇业务，将自助结汇功能添加至企业网银，企业可在公司结汇、远程审核，无需再到银行结汇；年内，贴现业务和保函业务全部升级线上办理。2020年，新冠肺炎疫情期间，完成全年普惠贷投放计划，投放普惠贷4笔、2140万元，其他流动资金贷款1笔、1500万元，开立银行承兑汇票4笔、1161万元，办理银行承兑汇票贴现业务10笔、1650万元，开立保函12笔、18.22万元。

业务扩展。坚持发展存款业务、资产业务，代发工资业务，利用现金管理产品、结构性存款、企业理财等多种业务手段，促进存款业务。客户经理深入企业，开展调研，及时反馈企业客户需求，根据企业客户需求创设新兴产品。零售业务以按揭贷款业务为基础，以快速经营贷、全网收单、大额定期存单以及代销保险、基金等业务为抓手，依托产品和优质服务赢得客户。

（许　明）

【河北银行股份有限公司香河支行】 河北银行股份有限公司香河支行（简称河北银行香河支行）于2012年12月28日开业。2020年，认真贯彻经营战略决策，突出业务发展，强化合规经营，实现了业务规模、风险防控、经营效益的同步提升。截至年底，各项存款时点余额 118232 万元，较年初增加 3570 万元；个人储蓄存款余额 54369 万元；各项贷款余额 200887 万元。

业务转型。2020 年，受国家政策及市场影响，河北银行香河支行客户经理全部转型，全员拓展小企业贷款、综合消费贷款及个人工资保证贷款，确保核心业务的连续性。

业务营销。2020 年，重点批量营销行政、事业单位的优质客户，为多个行政、事业单位代发精神文明奖。持续加强基金定投业务营销管理，开展全面营销、全员营销，制订基金定投营销方案，明确奖惩政策。抓好代理保险营销，重点普及保险知识、保险产品，举办客户沙龙并现场出单。利用 ETC 信用卡审批容易、风险小的特点，推出高于分行的现金奖励政策，引发全员营销热潮，全年新增信用卡 265 张，完成信用卡销售任务。

内控管理。开展"银行业市场乱象"自查工作，确保合规经营。开展全面风险自查、金融领域风险深度排查，有效规避风险。开展非法集资宣教活动，增强员工和公众的防范意识。开展"3·15"金融消费者权益日主题宣传教育活动。成立消费者权益保护工作领导小组，专人负责金融消费者投诉处理；组织全行员工学习《中华人民共和国消费者权益保护法》，提高员工依法查询、管理和使用个人信用信息的合规意识；通过网点宣传、电子屏滚动播放、"金融消费者权益日" 等社会宣传活动，引导金融消费者理性投资。开展案件和消防事故警示教育、定期组织案件风险排查和员工行为排查活动，做到培训日常化，演练实战化，提高全员合规操作与风险防范的自觉性和主动性。年内，完成河北银行安保检查 1 次、河北银行燕郊分行安保检查 4 次，组织防暴演练 8 次、消防灭火逃生演练 4 次，实现全年安全经营无事故。

（李　彬）

【沧州银行股份有限公司香河支行】　沧州银行股份有限公司香河支行（简称沧州银行香河支行）成立于 2013 年 1 月 18 日，2020 年，沧州银行香河支行认真贯彻落实各项监管政策，以依法经营为前提，以强化管理为手段，以科学发展为指导，以共创佳绩为目的，改进机制，强化营销，严控风险，大胆管理，全行员工抢抓机遇、攻坚克难，认真履行工作职责，圆满完成上级行下达的各项工作目标，各项业务健康快速发展。截至年底，各项存款余额 41.95 亿元，比年初减少 2.38 亿元；贷款余额 15.12 亿元，较年初减少 0.5 亿元，全年营业收入 23859 万元，利润总额 3910 万元。

沧州银行香河支行办公大楼　　王树春　摄

金融服务创新。完善存款考核办法，体现奖惩原则，并在每个季末给出较大力度的存款奖励；继续发展低成本存款业务，营销对公开户、代发工资、聚合支付业务，保持基础客户群体稳定增长，截至年底，新开立单位活期等对公结算账户 99 个；继续稳定发展代发业务，年增加代发工资户 7 户，全年代发工资总额 8.76 亿元；强化宣传，联合商家开展"沧行卡在手，实惠跟我走"打折让利、儿童节为贫困儿童赠送礼品、童趣卡营销等活动，储蓄卡账户达到3.9万户，季末卡内活期存款结存达到4.6亿元；利用廊坊市企业银行账户管理自律委员会统一定期存款利率的有利时机，宣传沧州银行香河支行网点稳定、业务速度、服务水平等优势，截至年底，储蓄存款较年初增长3835万元；与县域优质商家合作，推出存款返购物券活动，截至年底，储蓄存款余额达309487万元，占存款总额的73.76%。

加强内控管理。积极开展案件隐患专项整治活动，大力开展业务检查，有效防控业务风险发生。成立专项检查领导小组，制订专项检查实施方案，明确责任分工和整治重点。加强安全防范制度建设，落实安全防范制度刚性约束，严格执行交流、轮岗、回避和强制休假等“四项制度”，加强员工行为排查和内部审计工作，使安全防范制度落到实处。

提高信贷管理水平。制定1.4亿元贷款增量工作目标，以抓大户、壮规模、保任务，拓小微、降户均、保指标，力克难、清欠息、增效益为信贷业务发展方向。截至年底，贷款余额15.12亿元。其中，房地产类贷款余额1.5亿元，占贷款余额的10%；生产加工制造类贷款余额11.47亿元，占贷款余额75.86%；个人经营类贷款余额2.15亿元，占贷款余额14.14%；不良贷款保持为“零”，结余不良贷款利息、罚息由期初53万元下降至46万元。

员工素质建设。不断提高服务能力，最大限度满足客户需求，塑造自身社会形象，为业务发展铺路。在确保新冠肺炎疫情防控安全的前提下，坚持“365天开门营业”的承诺，开展定期存款到期日顺延的活动，4月1日一天接待客户700余人，办理定期到期业务1400余笔，5天内将全行2400余客户到期存单全部处理完成。与热力公司合作，在大堂内设置冬季取暖热力开卡机、存单机等设备，减少客户办理业务流程，提高业务处理效率。制订营销明星、服务明星和业务能手评定方案，激励员工创先争优。

（姚　想）

【廊坊银行股份有限公司香河支行】 2020年，廊坊银行股份有限公司香河支行（简称廊坊银行香河支行）认真贯彻落实“精耕京津冀创新发展的价值银行”的战略部署，扎根本土、精耕本地、守护实体、服务客户，努力提升经营管理水平，严守风险底线，为区域经济发展保驾护航。内设运营管理部、业务发展部、综合办公室3个部门。在香河区域拥有4个营业网点及1个待开业网点，其中，1个一级网点，2个综合网点、1个小微网点，共有员工44名。

存款业务。2020年，秉持“廊坊银行是廊坊人自己的银行”宗旨，不断提升服务质量，优化业务办理效率，严格执行五星级网点服务标准。新冠肺炎疫情期间，通过电话回访服务体验、线上发送最新产品、线下与战略合作方举办客户回馈活动等方式，努力克服社会环境、经济环境的不利影响，保持了存款增长。截至年底，各项存款余额43.57亿元，较年初增长4.71亿元，增速12.13%。其中，对公存款17.08亿元，较年初减少2.46亿元；储蓄存款26.49亿元，较年初增长7.17亿元。

贷款业务。以规范信贷行为、保证信贷管理质量为工作重点，不断加强信贷精细化管理，加大贷款营销力度。通过参加政银企对接会、精准对接、实地走访小微企业等方式，贷款规模均衡、稳步增长，在经济环境较为严峻的形势下，资产质量较为稳定。截至年底，表内外授信余额25.76亿元，较年初增长3.61亿元，增速16.32%。其中，表内外对公授信余额16.41亿元，零售贷款9.35亿元。2020年，实现净利润9807万元；上缴税金1383万元，同比增加406万元。

信贷服务。开展银企精准对接，主动走访上百户小微企业；不断强化小微企业金融服务，提高授信业务审批效率，提高小微企业不良贷款容忍度，根据市场需求创新产品，先后推出线下的“税联贷”“生意贷”等抵押担保类产品，线上的“工薪贷”“银税贷”等纯信用类贷款产品；贷款发放及办理延期还本付息时组织企业签订稳岗承诺书；通过加入县政协、县工商联、商会等多个组织，引入担保公司准入等方式，多渠道解决企业融资问题。2020年，为多家中小型企业提供信贷资金，支持企业复工复产，助力本地实体经济发展。截至年底，实现新增投放小微企业经营性贷款 3.13 亿元，惠及 11 户小微企业、5 户个体工商户；小微企业授信占比52.47%，同比增长 13.27%。

业务宣传。新冠肺炎疫情期间，廊坊银行香河支行以实际行动驰援疫情防控工作，为首家向香河县红十字会捐款的银行机构。11 月，挂牌“2019 年度银行业文明规范服务五星级网点”，是县域唯一一家获此殊荣的金融机构。多次组织客户联谊会、年终答谢会增进与客户的沟通。在网点柜面设立咨询台、组织公园街道外拓，进行存贷款产品、理财产品、热力和城镇医疗保险代缴费功能介绍，宣传信贷、结算、稳企业保就业等方面惠企政策，提升金融惠企政策知晓度，努力当好居民的金融顾问。积极参与金融消费者权益保护宣传活动，利用网点资源优势，投放 LED 屏、广告机、发放宣传折页 1 万余张，向广大群众普及存款保险、反假币、反洗钱、防范非法集资等金融知识，提升社会公众保障自身财产安全的意识和能力。

（张 洁）

【张家口银行股份有限公司香河支行】 张家口银行股份有限公司香河支行（简称张家口银行香河支行）于 2014 年 9 月 21 日成立，截至 2020 年年底，各项存款余额 100894 万元，其中，对公存款 28056 万元，储蓄存款 72838 万元；贷款余额 27503 万元，信贷业务零逾期、零不良、综合收息率 100%；累计开立个人银行卡 19580 张，其中，“家银惠农卡”开立 2573 张，对公账户 429 户，实现第三方绑卡 8467 户，注册手机号支付 404 户，下载注册中国银联“云闪付”300 户。

风险管理。加强制度建设，梳理制度流程，强化制度约束力与管控力，按制度要求开展培训、演练、行为排查、轮岗、强休等工作，强化员工内控意识与识别风险的能力，确保不发生风险事件。新升级香河欧陆豪庭小微支行网点 1 个、香河大爱城自助设备网点 1 个。

工作创新。开展各类假币识别、防范金融诈骗、远离非法集资知识宣讲，全面提升网点服务水平，将客户体验视为网点发展重要目标。2020 年度储蓄存款新增 33472 万元，实现存款结构调整目标。推出“家银惠民”终端、美团联名信用卡、惠农卡等新业务；各项业务下沉到乡镇，实现村民在家门口办理存款、取款、转账、定期存款等基本业务。为扶持企业，推出“复产复工贷”创新业务。小微易贷、小微速贷等业务可继续在微信公众号直接提交贷款基础资料，利率低、放款快、免评估费等政策的实施，支持了中小企业资金需求，促进了中小企业的发展。

（孙文静）

【香河益民村镇银行股份有限公司】 2020 年，香河益民村镇银行股份有限公司（简称香河益民村镇银行）资产、负债、存款、贷款余额等多项规模指标再创新高，整体经营质量进一步提升，连续两年荣获“全国百强村镇银行”称号、并获得“全国村镇银行品牌价值奖”称号。截至年底，存款余额 18.59 亿元，同比增加 0.42 亿元；贷款余额 11.59 亿元，同比增加 0.57 亿元；香河益民村镇银行共开设 9 家营业网点，覆盖县域各镇，实现金融服务便利化。

落实宏观政策，支持企业复工复产，助力实体经济。新冠肺炎疫情期间，制定《关于安全稳妥开展疫情防控期间贷款业务的通知》，采取电话、微信、短信等非面对面形式与存量贷款客户沟通，询问客户生产经营及受疫情影响情况，一户一策制定授信方案和续贷方案。推出微信公众号和手机银行等渠道的贷款申请功能，建立企业信贷服务“绿色通道”，简化流程、特事特办，在依法合规的基础上，确保信贷资金迅速拨付到位。开辟延期通道，缓解客户资金压力。对受疫情影响较大、有发展前景但因暂时困难而出现还贷问题的客户，不盲目抽贷、断贷、压贷，落实“应延尽延”的政策，截至年底，为63户小微客户办理贷款本息延期、展期手续，合计金额11876.6万元。参与香河县“抗疫情 促发展”银企对接活动9次，对接企业512户，新增授信企业13户，累计授信金额3256万元，其中，包括为一家生产口罩熔喷布重点企业贷款500万元。加大对小微企业客户的金融扶持，截至年底，普惠小微企业贷款余额10.61亿元，较年初增加2068.63万元，增速1.99%，余户数767户，小微企业再贷款余额2675万元。同时为响应国家号召，支持企业复工复产，主动下调贷款利率，加大信用贷款投放力度，全年为小微客户减费让利600余万元。

金融改革创新，优化服务功能，提升客户体验。2020年，创新企业融资产品，开发推出“战疫贷”“地摊贷”“农易贷”等金融新产品，年内，新产品投放104笔，金额合计9665.3万元，有效支持企业复工复产和“三农”工作的开展。不断提升金融服务能力。升级第三代核心业务系统，提升业务处理速度和质量；支付结算功能进一步完善，开通扫码聚合支付业务、上线超级网银、完善银行卡绑定微信提现功能等；引入智慧微贷系统，确保传统信贷业务向数字化方向转型，有效提升贷款业务质效和服务水平。

加大不良控降，紧抓内部排查，严控风险隐患。监管评级连续两年保持2级，是辖区内同业最高标准。持续加大不良贷款处置力度，运用法律清收、账务核销等多渠道压降不良资产，保障信贷资产质量。2020年年末，不良贷款率0.74%，同行业中不良率保持在较低水平。狠抓重要岗位关键人员教育管理，落实重要岗位轮换、强制休假及任职回避等监管要求。加强内控合规管理，定期开展各项案件防控排查、员工行为排查、开展合规培训，营造“主动合规、人人合规”的氛围，持续提升防范化解重大风险能力和水平。

（周　旭）

保险业

【概况】 2020年，香河县保险业加强与政府有关部门沟通对接，用足用好支持政策，主动靠前服务，提升服务社会经济发展和保护消费者利益的能力，打造高素质保险工作队伍，提高保险业服务质量，不断优化保险产品结构，保险业与县域经济社会实现共同健康发展。

【中国人寿保险股份有限公司香河支公司】 中国人寿保险股份有限公司香河支公司（简称人寿保险香河支公司）成立于1996年，2020年人寿保险香河支公司下设个人保险、银行保险、团体保险3个发展渠道，综合、客服2个部门，设渠口、五百户、蒋辛屯、安头屯、刘宋、安平6个营销网点。

承保情况。截至2020年年底，保费总量达到3.33亿元。其中，首年标保1969.88万元，首年期交4376.81万元，10年及以上期交2015.12万元，5—9年期交352.31万元，5年以下期交2009.38万元，短期意外险保费517.43万元，短期健康险保费1446.88万元。

理赔情况。为应对新冠肺炎疫情，理赔服务快速升级。明确保险理赔指定联系人；提供中国人寿保险App、微信等线上理赔申请渠道，推广线上理赔服务，避免客户外出临柜办理业务；优化理赔手续，取消纸质理赔申请资料、新冠肺炎保险责任观察期、部分就诊医院级别限制、部分药品及诊疗项目限制、免赔额等举措；提升理赔实效，推广“重疾一日赔”服务。2020年，全年赔款支出828万元，医疗给付568.8万元，死亡给付373.05万元，伤残给付8万元 。

诚信服务。加强对销售人员开展诚信文化宣导、诚信合规教育和诚信宣传活动等工作。在各销售职场布置以销售人员为宣传对象的“诚信墙”，将诚信宣誓作为新人岗前培训的规定环节，组织新客户经理开展诚信宣誓活动。组织各职场开展以“诚信我为先”为核心文化的宣传活动，加强对保险销售人员销售行为的管理，严格按照《保险销售人员行为规范》及《保险销售人员违规行为处理规定》（2020年修订版），要求销售人员要树立诚信为本的职业操守，秉承公司“成己为人，成人达己”的理念，规范销售行为，提高自律意识。

（王翠鑫）

【中国人民财产保险股份有限公司香河支公司】 中国人民财产保险股份有限公司香河支公司（简称人保财险香河支公司）位于香河县淑阳镇康平路 6 号，下设经理室、综合部、理赔分部、业务管理部、农业保险部/保险扶贫部 5 个部门，续保团队、车商团队、V 盟团队、商业非车团队 4 个团队，淑阳、安平、钳屯、安头屯、刘宋、渠口 6 个农村营销服务部。

承保情况。截至 2020 年年底，人保财险香河支公司完成总保费 8504 万元，其中，车险保费收入 5109 万元，农险保费收入 1508 万元，非车非农保费收入 1887 万元；保险金额 962.23 亿元，同比增长 35.88%；缴纳税金 932.58 万元。

保险理赔。新冠肺炎疫情期间，开展线上办理业务，简化理赔手续，开通理赔绿色通道。严格执行 2000 元以下 24 小时赔付，涉及人伤损失金额在 3000 元以下的小额案件，推行小额人伤案件快速处理机制。引导客户使用交警 App，快速分责，快速理赔，实现无纸化理赔服务。2020 年，立案 4140 件，赔案 4165 件，案件处理率 96.6%。赔款金额 3103.65 万元，综合赔付率 48.16%，其中，车险赔款 1822.59 万元，综合赔付率 51.7%；商业非车险赔款 296.01 万元，综合赔付率 17.04%；农险赔款 985.03 万元，综合赔付率 71%。

经营险种。人保财险香河支公司主要经营机动车辆保险、企业财产保险、农业保险、家庭财产保险、货物运输保险、意外伤害保险及各种责任保险。

客户端服务方式。客户端服务方式包括线上自助投保，柜台承保服务，农村服务部、验车、车商网点业务，电话承保平台，网上承保平台，专业营销员上门承保，理赔绿色通道，线上化理赔。

做好政策性保险。在政策性保险中，努力把政府的惠民政策和人保财险的有效服务有机结合。2020 年，为农业生产承保，提供 3.17 亿元风险保障，赔款 985.03 万元。统保 8 万户农房保险、各镇（园区）的燃气责任保险以及防贫保险等，使人民群众在受到自然灾害和财产损失后得到及时补偿。

（张建悦）

【中国太平洋财产保险股份有限公司廊坊市香河支公司】 2020 年，中国太平洋财产保险股份有限公司廊坊市香河支公司（简称太平洋财险香河支公司）以成为“行业健康稳定发展的引路者”为目标，坚持以客户需求为向导，专注保险业务，做精保险专业，创新保险产品和服务，在坚持合规经营的同时大力拓展业务，圆满完成年度目标任务。全年共实现保费收入 2240.2 万元，同比增长 24.05%，其中，车险业务 1417.89 万元，农险 546.75 万元，非车险业务 275.56 万元，累计赔款 854.73 万元。

业务发展。围绕全县经济建设和人民财产安全保障，定目标，找差距，实干创新，强化管理，提高质量，不断扩大服务领域，开办服务性扶贫险种，为全县人民创立放心的保险环境，取得明显经济效益和社会成效，其中，与政府携手开展的“防贫保”项目，本着公平、公正、公益性原则，通过“群体参保、社会经办、阳光操作”的扶贫模式，为处于临贫易贫的人群织起一张贫困线上的“保护网”，截至 2020 年年底，“防贫保项目”共计理赔案件 36 件，合计赔款数额 105.73 万元。

加强规范化建设。严格实行规范化管理，实行集中核保，集中理赔，严格执行保监会的规定和条款，保障客户的权益和经济利益。对理赔工作进行专业化管理，提高现场勘查率，规范理赔程序，使理赔服务更加完善。

（李　萌）

【中国大地财产保险股份有限公司香河支公司】 2020年12月29日，中国大地财产保险股份有限公司廊坊中心支公司香河营销服务部（简称大地财险香河服务部）改建为中国大地财产保险股份有限公司香河支公司（简称大地财险香河支公司）。大地财险香河服务部成立于2005年12月6日，2020年，大地财险香河支公司始终坚持以客户为中心的发展理念，致力于打造独具特色的客户服务体系。开展“线上化、数字化、智能化”工作，通过创新保险产品和服务方式，提升专业保障服务能力和水平。2020年，保费收入905万元，其中，车险790万元，财产险60万元，意外险43万元，健康险12万元。

做好客户服务。“95590”全国统一服务专线，全天候提供报案、咨询、投诉、承保理赔信息查询和客户回访等服务；接到报案后10分钟内与客户联系，在约定的时间内查勘；对保险责任明确、索赔材料齐全的10万元以下的车险案件1个工作日内赔付；车险小额案件快赔，对保险责任明确的5000元（含）以下车险小额非人伤赔案，可以现场定损或采取微信自助查勘，远程定损保险责任明确、索赔资料齐全的，30分钟内付款；提供小额人伤现场调解、住院伤员定期探视、伤残鉴定陪同、医疗救援指导、人伤理赔及诉讼调解专业建议和咨询等服务，对案件事实清楚、损失金额基本确定的，可根据客户需求提前赔付；全国通赔，就近理赔，方便客户在异地出险时，就近接受理赔服务，不收取异地理赔费用。

提升业务服务技能。把基层窗口单位的服务建设作为首要目标，通过柜员服务能力的提升，服务机制的完善，服务软硬件设备的投入，不断提升基层窗口服务水平。聚焦科技驱动下的客户综合经营，推进“科技大地”建设，以科技和人文为驱动打造简单、人性、有温度的理赔服务。

（凌　珍）

【名阳保险销售有限责任公司香河分公司】 2020年，名阳保险销售有限责任公司香河分公司（简称名阳保险香河分公司）完成财产险业务1543.73万元，寿险328.46万元，企业员工责任险216.7万元。

新业务拓展。为助力北运河旅游通航工程，名阳保险香河分公司专业技术人员完成北运河香河段内4艘游船、1艘清淤船的轮船保险和游客公责险的设计方案，成为香河县首家承保内陆游船航运的保险业机构。

深化营销模式。不断深化销售模式，打造“信息+平台”服务。新聘市场调研员48名，为客户的购买需求提供更加专业的服务。通过微信平台，举办11次保险专题讲座，向客户提供保险专业知识。

党建工作。2020年，成立中共名阳保险香河分公司党支部，新建标准化党员活动室、专职党支部书记办公室和阅览室。9月10日，顺利通过县委组织部达标验收并举行授牌仪式，成为香河县第一家金融保险中介业非公党支部。

（李会民）

科　技

责任编辑　董长江

综　述

2020年，香河县深入贯彻实施创新驱动发展战略，全力优化科技创新创业服务，县域科技创新水平持续增强，为实现县域经济社会高质量发展提供科技支撑。出台《关于开展“三创四建”活动科技创新专项工作的推进方案》《提升全县科技创新能力的考核办法》《2020年县域科技创新能力跃升工作计划》等政策，完善科技创新创业的政策支撑体系。通过政策引导、项目扶持累计为企业发放科技创新资金1944万元，其中，省市级科技创新奖励资金899万元，项目扶持资金445万元，县级科技创新奖励资金600万元。是年，香河县科技创新能力评价由C类县跃升至B类县，荣盛建设工程有限公司荣获中国生产力促进中心协会颁发的生产力促进（发展成就）奖，智捷智能科技香河有限公司“便携式搬运机”项目荣获河北省创新创业大赛一等奖。

科技创新

【概况】　2020年，香河县新增河北省科技型中小企业83家，新增市级高新技术企业13家，新增市级企业技术研发中心5家，新增省级技术创新中心1家。年内，香河机器人小镇获批省级国际创新园区，香河东方电子有限公司获批省级国际科技合作示范企业。

【科技型中小企业】　截至2020年年底，全县河北省科技型中小企业累计744家，其中，年内新增科技型中小企业83家，超额完成廊坊市下达的80家的任务目标。

【高新技术企业】　截至2020年年底，全县高新技术企业累计76家，其中，年内新增13家；市级以上科技企业孵化器3家，其中，省级2家；市级以上众创空间5家，其中，国家级众创空间1家。

【企业研发平台建设】　2020年，开展全县各类研发平台运行情况调研，建立台账，实行动态管理。香河昆仑化学制品有限公司技术研发中心获批省级技术创新中心；智捷智能科技香河有限公司等5家企业获批市级企业技术研发中心；为进一步鼓励企业申报高新技术企业、研发平台等工作，累计为40余家企业发放省、市科技创新奖励资金899万元；与河北科技大学签约，合作共建河北科技大学技术转移中心香河分中心，构建技术转移、人才培养、企业培育三大创新平台，推进县域科技创新上档升级。是年，市级以上研发平台累计53家，其中，省级技术创新中心1家、市级企业技术研发中心50家、

10 月 15 日，河北科技大学技术转移中心香河分中心在香河县举行签约暨揭牌仪式
县科学技术和工业信息化局供图

市级重点实验室 1 家、市级产业技术研究院 1 家。

【创新创业平台建设】 依托国安创客、机器人产业港、太库孵化器等创新创业载体，逐步优化完善软硬件环境，打造集众创空间、孵化器、加速器于一体的高品质、服务优、环境美的链条式创新创业服务链条，吸引更多科技含量高、创新能力强企业及创新团队入驻。2020 年，香河机器人小镇获批省级国际创新园区，香河东方电子有限公司获批省级国际科技合作示范企业。

【科技项目研究立项】 2020 年，香河鼎泰园区建设发展有限公司省级国际科技合作基地项目获批河北省国际创新园，获省扶持资金 100 万元；香河昆仑化学制品有限公司“高比能量高安全动力锂电池电解液”项目获批河北省重大科技成果转化项目，“动力锂离子电池电解液技术创新团队”项目获批省高水平人才团队建设项目，共获得省科技厅扶持资金 345 万元；河北华香清真肉类加工有限责任公司申报河北省农业科技“小巨人”项目，完成备案工作；申报市级自筹经费项目 2 项：错配修复基因在子宫内膜癌中的表达及其与子宫内膜癌临床病理特征、预后关系的研究；乳腺癌改良根治术后胸壁＋腋窝、锁骨上淋巴结引流区整体调强放疗剂量及危及器官受量与不良反应的临床研究。

【开展“三创四建”活动】 2020 年，将落实县委、县政府中心工作与“三创四建”有机结合，谋划科技创新载体，抓实目标任务，统筹抓好“三创四建”活动。制定《关于开展“三创四建”活动科技创新专项工作的推进方案》《提升全县科技创新能力的考核办法》，量化工作任务，明确责任分工。建立科技创新专项工作台账，实行月总结、月台账、月上报制度，加强督导、调度，确保完成全年任务。

7 月 21 日，县科学技术和工业信息化局举办全县规模以上工业企业科技研发活动统计培训
县科学技术和工业信息化局供图

【香河县科技创新能力评价由 C 类县跃升至 B 类县】 2020 年 12 月 28 日，河北省公布 2020 年县域科技创新能力监测评价结果，香河县科技创新能力评价由 C 类县跃升至 B 类县。年初，围绕河北省县域科技创新能力监测评价体系 5 项一级指标和 17 项二级指标，研究制订《2020 年香河县县域科技创新能力跃升工作计划》，量化工作任务、细化工作举措、深化工作推进、强化工作落实，积极主动跑

省入市沟通对接，查漏补缺，确保年内县域科技创新能力由C类县跃升至B类县。

【科普宣传】 2020年，完成2019年度全县22家县直相关单位科普统计调查工作，调查内容包括科普人员、科普场地、科普经费、科普活动、科普传媒及创新创业中的科普等；8月24—26日，联合香河机器人小镇、县卫生健康局开展以“科技战役、创新强国”为主题的科普宣传活动，全面展示科技创新成就和科技战疫成效，大力弘扬科学精神，普及科学知识，促进科技创新和科学普及协调发展。

【科技培训】 2020年7月，组织全县所有规模以上工业企业及镇（社区、园区）相关工作人员，开展2020年科技研发活动统计培训，围绕研发（R&D）活动分类归集、如何填写研发统计年报、如何有效提升研发（R&D）投入力度等方面深入分析讲解。通过此次培训活动，将有效规范规上工业企业填写研发统计报表，避免漏统少统，推动相关指标提升。

2020年香河县高新技术企业一览表

表9

序号	企业名称	证书编号	归属地
1	大正华嘉科技（香河）有限公司	GR201813000009	香河经济开发区
2	智航尚科（香河）航空器件有限公司	GR201813000094	香河经济开发区
3	香河港龙汽车配件制造有限公司	GR201813000106	五百户镇
4	荣盛建筑设计有限公司	GR201813000134	香河经济开发区
5	河北叶罗丽玩具科技有限公司	GR201813000190	淑阳镇
6	河北中瑞丸达智能科技有限公司	GR201813000505	香河经济开发区
7	香河淼淼包装材料有限公司	GR201813000567	淑阳镇
8	香河县御娇龙家具有限公司	GR201813000573	香河经济开发区
9	尼玛克焊接设备（香河）有限公司	GR201813000584	香河经济开发区
10	晶创铭盛电子科技（香河）有限公司	GR201813000585	香河经济开发区
11	香河海潮制件有限公司	GR201813000651	五百户镇
12	萨克森建筑新型材料（廊坊）股份有限公司	GR201813000702	香河经济开发区
13	廊坊智道电气科技有限公司	GR201813000853	香河经济开发区
14	香河皓达机器人谐波减速器制造有限公司	GR201813000927	香河经济开发区
15	河北安旭网络科技有限公司	GR201813001071	新开街社区办
16	香河瑞和通汽车零部件有限公司	GR201813001077	香河经济开发区
17	香河昆仑化学制品有限公司	GR201813001110	香河经济开发区
18	香河海春机械设备有限公司	GR201813001217	香河经济开发区
19	河北百纳信达科技有限公司	GR201813001281	香河经济开发区
20	香河凯华齿轮有限公司	GR201813001378	香河经济开发区
21	美博瑞（香河）电子信息科技有限公司	GR201813001451	香河经济开发区
22	中鸣信（廊坊）科技有限公司	GR201813001625	香河经济开发区
23	廊坊华兴现代建筑材料有限公司	GR201813001694	香河经济开发区
24	河北天域九五电气有限公司	GR201813001721	香河经济开发区
25	香河晋邦涂料有限公司	GR201813001891	钳屯镇

续表 9

序号	企业名称	证书编号	归属地
26	汇天威（香河）科技有限公司	GR201813002382	香河经济开发区
27	香河天亚木业有限公司	GR201913000154	五百户镇
28	香河鑫城电气设备有限公司	GR201913000218	钱旺镇
29	河北安旭专用汽车有限公司	GR201913000242	香河经济开发区
30	香河慧创网络科技有限公司	GR201913000370	新开街社区办
31	河北飞图机器人科技有限公司	GR201913000436	香河经济开发区
32	香河县通达信息科技服务有限公司	GR201913000480	淑阳镇
33	香河恒通电气设备有限公司	GR201913000483	钱旺镇
34	香河华北致冷设备有限公司	GR201913000705	香河经济开发区
35	香河东方电子有限公司	GR201913000836	香河经济开发区
36	香河畅通自动化设备科技有限公司	GR201913000866	香河经济开发区
37	香河博阳达信机械设备有限公司	GR201913000948	香河经济开发区
38	香河万丰链条输送设备有限责任公司	GR201913000949	钱旺镇
39	河北万维克林精密设备有限公司	GR201913001000	香河经济开发区
40	河北睿高机器人科技有限公司	GR201913001267	渠口镇
41	河北联智创意网络技术有限公司	GR201913001502	新华街社区办
42	众力（香河）食品设备有限公司	GR201913002326	香河经济开发区
43	香河铁科智能科技有限责任公司	GR201913002349	香河经济开发区
44	香河美景网络科技有限公司	GR201913002415	新华街社区办
45	香河名航达科技有限公司	GR201913002919	香河经济开发区
46	河北宝友电器设备有限公司	GR201913003040	渠口镇
47	香河云龙锻造有限公司	GR201913003161	刘宋镇
48	香河强胜电动车制造有限公司	GR201913003162	钱旺镇
49	河北金戈懋元科技有限公司	GR201913003195	香河经济开发区
50	华威博奥（廊坊）电力设备有限公司	GR201913003211	香河经济开发区
51	安川都林机器人应用设备河北有限公司	GR201913003234	香河经济开发区
52	热视际河北科技有限公司	GR201913003285	香河经济开发区
53	河北强胜通信工程有限公司	GR201913003310	钳屯镇
54	香河县宏远机械有限公司	GR201913003311	渠口镇
55	中科辰安（香河）科技有限公司	GR201913003442	香河经济开发区
56	香河合益包装机械有限公司	GR202013000872	香河经济开发区
57	香河天音乐器有限公司	GR202013000571	香河经济开发区
58	摩云阁香河机器人有限公司	GR202013000387	香河经济开发区
59	佳龙远大装配式建筑有限公司	GR202013000659	香河经济开发区
60	智捷智能科技香河有限公司	GR202013000132	钳屯镇
61	香河千城网络科技有限公司	GR202013000681	新开街社区办
62	香河县高氏印务有限公司	GR202013002260	香河经济开发区
63	廊坊翰科天成科技有限公司	GR202013001280	新开街社区办
64	香河众旺木业有限公司	GR202013002413	五百户镇
65	香河疆拓科技有限公司	GR202013002390	香河经济开发区

续表 9

序号	企业名称	证书编号	归属地
66	耐尔得智能科技香河有限公司	GR202013002817	香河经济开发区
67	香河县峰阳金属制品有限公司	GR202013002639	渠口镇
68	意帕科技河北有限公司	GR202013002649	香河经济开发区
69	河北绿农检测技术服务有限公司	GR202013000935	香河经济开发区
70	河北新仟瑞新型建材有限公司	GR202013000669	香河经济开发区
71	香河汇文节能科技有限公司	GR202013000876	香河经济开发区
72	河北富都华创家具制造有限公司	GR202013000652	香河经济开发区
73	香河县康泰机械制造股份有限公司	GR202013000128	渠口镇
74	荣盛建设工程有限公司	GR202013002996	香河经济开发区
75	香河万利通实业有限公司	GR202013002964	香河经济开发区
76	廊坊聚成实验室工程技术有限公司	GR202013002588	钱旺镇

（李春燕）

气　象

【概况】　香河县气象局于 1964 年 1 月正式建站，是香河县人民政府主管气象的职能部门，属国家一般站，业务上受廊坊市气象局指导。2020 年，有工作人员 6 名，其中，副高职工程师 1 名，工程师 1 名，大专以上学历占 100%。年内，加快气象现代化建设，积极推进研究型业务及加快业务体制改革，充分发挥气象灾害防御指挥部职能，切实增强气象防灾减灾能力，全面加强气象安全生产，进一步推进气象服务供给体系建设，气象服务提质增效。全力做好新冠肺炎疫情防控气象保障服务；为防汛救险应急演练提供气象保障，完成了汛期气象服务工作；按照“一本账、一张图、一张网、一把尺、一队伍、一平台”的“六个一”标准，加强气象灾害风险防范能力建设；组织开展气象灾害重大风险隐患普查，建立气象灾害风险隐患台账，完善近 5 年的气象灾害风险普查数据集。

【气象设施现代化建设】　香河气象自动站、区域站运行正常，观测资料数据传输及时有效；3 月，重新校检 9 个镇的气象观测站。按照县级综合气象业务提升方案，加强综合业务管理，提高整体业务技能，消除安全隐患，局、站分离远程观测模式运行良好。4 月 1 日，地面气象观测业务自动化正式运行。加快基层气象“一流台站”建设，按照县政府要求，积极配合做好香河国家气象观测站迁建工作。1 月 1 日，对比观测站正式运行。9 月 24—25 日，安装调试多温雨标准控制器、天气现象视频智能识别系统，运行正常。

【公共气象服务】　制订香河县气象局《2020 年决策气象服务周年方案》，密切监测天气变化，认真做好服务。根据天气情况及时制作相关服务材料并报送到县委、县政府及各相关单位，报送雨情信息 18 期，环境气象周报 48 期，专题气象报告 62 期，其他气象服务产品期 100 余期；预警信号发布 103 期。认真做好汛期气象服务各项工作。汛前调整充实汛期气象服务领导小组，制订《2020 年汛期气象服务工作方案》《2020 年汛期气象服务工作应急预案》；入汛后，严格执行各项汛期服务工作制度，确保汛期各项气象服务工作顺利开展。联合县农业农村局对辖区内农民合作社、专业大户、农业企业等新型农业经营主体信息进行重新核实，做好直通式服务，完成备案。制订供暖气象服务实施方案，加强与供暖部门联合会商，各供暖企业随时掌握温度变化情况，科学合理地进行供热调度。

【气象防灾减灾】 2020年，召开气象灾害防御指挥部会议1次，印发气象防灾减灾文件及信息19个（期）；完成9个镇的气象灾害应急预案的收集和上报，确定19个气象灾害防御重点单位，并进行公示；及时对全县信息员进行人员信息核实、更新和开展业务培训，加强智慧气象信息员平台推广应用。

发挥突发事件预警信息发布中心作用，县人民防空办公室、县安全生产委员会办公室等多部门通过平台发布防灾减灾信息；优化气象服务供给，向社会公布获取公众气象服务产品的官方渠道。利用农村大喇叭、钉钉、广播电视等社会资源传播预警信息，建立灾害性天气预警信息在广播电视全频道快速插播机制。

【气象安全生产】 认真贯彻落实中央、省、市防雷减灾工作会议精神，坚持依法履职，完善防雷减灾安全工作，发布《防雷安全管理告知书》《关于开展防雷安全检查的通知》《公共气象服务白皮书》；依法规范新建易燃易爆和危险化学品场所的防雷设计审核、竣工验收；加强气象灾害防御重点单位监管，开展气象灾害防御重点单位“双随机”执法检查；认真贯彻落实市气象局和县政府三年安全整治行动方案，及时消除安全隐患，促进健康有序发展；落实消防、交通、反恐、网络、保密等安全责任，建立良好互动的协调分工机制。

气象保障安全度汛。6月3日，参加香河县防汛抗旱指挥部开展的行洪河道内村庄群众紧急转移避险实战演练，为防汛救险应急演练提供气象保障；举行气象系统应急演练，完成汛期气象服务工作。

全面落实在行业安全生产方面的监管责任和企业的主体责任，联合县应急管理局、县市场监督管理局等部门对全县易燃易爆、危化场所开展安全综合整治，邀请社安防火培训中心教官为全体职工开展消防培训，并组织应急演练。按照“六个一”标准，加强气象灾害风险防范能力建设，组织开展气象灾害重大风险隐患普查，建立气象灾害风险隐患台账，完善近5年的气象灾害风险普查数据集。

【气象科普宣传】 县气象局及相关部门利用世界气象日、防灾减灾日、“6·5”环境日等宣传契机，结合新冠肺炎疫情防控，采取“线上”为主的活动原则，通过气象微信公众号、官方微博等推送专题科普文章；深入各镇、社区发放气象科普宣传材料1.5万余册；在《中国气象报》、CMA网、《廊坊都市报》上发表文章6篇。发挥职能优势，加强部门合作，全力做好新冠肺炎疫情期间农业生产气象保障服务工作，多措并举助力春季农业复工复产及秋收秋种，香河电视台进行2期新闻报道。

2020年度各月气温、日照时数、降水量一览表

表10

月 份	气温（摄氏度℃）	日照（小时）	降水量（毫米）
1月	-2.5	172	5.3
2月	0.6	142.1	20.2
3月	7.9	278.1	9.6
4月	14.4	314.7	24.3
5月	20.0	306.7	37.9
6月	25.9	330.6	10.4

续表 10

月　份	气温（摄氏度℃）	日照（小时）	降水量（毫米）
7 月	26.5	320.6	39.1
8 月	25.9	301.9	209.7
9 月	20.3	273.7	43.5
10 月	11.7	268.8	1.8
11 月	5.3	144.6	30.5
12 月	-3.8	93	0.7

（赵春森）

地震监测

【概况】 2020 年，地震监测重点从“科学防震防灾、地震知识基层宣传培训、地震监测设施维护”方面展开工作，地震监测设备、设施正常运转，均通过廊坊市地震局验收。

【地震监测技术设施建设】 对安头屯镇地震前兆观测台和五百户镇强震监测台站进行日常维护检查，分析记录数据，保障上传省、市地震局和河北防灾科技学院数据准确无误。

【防灾减灾宣传和培训】 “5·12”防灾减灾宣传周期间，县融媒体中心进行全方位多角度的报道。《防灾减灾自救》小视频在宣传周期间每天不间断循环播放。组织工作人员和安全志愿者深入新华街社区办珠光社区、平安街社区办安泰社区、廊坊爱依瑞斯家具有限公司、香河喜临门家具有限公司等开展防灾减灾日宣传活动。在县新城公园组织开展“7·28”防震减灾宣传周活动，咨询现场共悬挂条幅 23 条，摆放地震知识、抗洪抢险等展板 12 块，向群众发放《防灾减灾知识手册》《避险指南》《燃气安全常识》等宣传材料 2.4 万份。9 月 15 日，组织各镇（社区办）、经济开发区、减灾委员会有关成员单位 36 人，赴河北防灾科技学院开展防震减灾干部业务能力提升培训，主要通过课堂教学、桌面推演、现场体验等方式进行。

【防震减灾资金保障】 香河县防震减灾工作专项经费列入全县财政预算，包括“地震前兆观测台站”项目资金、地震宣传费和自然灾害救灾物资，2020 年度共计 60 万元，全部做到专款专用。

【防震减灾组织保障】 香河县抗震救灾指挥体系健全，2020 年，重新修订编制印发《香河县地震应急预案》，调整抗震救灾指挥部成员单位和职责分工。防震减灾工作列入各单位年度考核内容，确保相关单位防震减灾工作落到实处。

（杨　玉）

教育　体育

责任编辑　董长江

综　述

2020年，香河教育和体育事业坚持以习近平新时代中国特色社会主义思想和中共十九大及十九届五中全会精神为指引，全面落实全国教育大会和习近平总书记在学校思想政治理论课教师座谈会及在教育文化卫生体育领域专家代表座谈会上的讲话精神，以打造教育强县，办好人民满意教育为目标，以促进全民健身，提高群众身体素质为根本，凝神聚力，锐意攻坚，全力推动香河教体工作高质量发展。学前教育、义务教育、普通高中教育、职业教育、成人教育、民办教育、特殊教育稳定有序发展。全年共荣获国家级奖励2项，省级奖励3项，市级奖励34项，县级奖励32项，顺利通过廊坊市人民政府教育督导委员对香河县义务教育均衡发展暨政府履行教育职责评估检查和义务教育教师工资收入落实情况督导检查。香河县教育和体育局（以下简称“县教体局”）荣获“河北省会计工作先进集体”“廊坊市宣传推广使用‘学习强国’学习平台先进单位”“廊坊市‘一师一优课、一课一名师’活动先进集体”称号，河北省香河县第一中学、香河县第二中学荣获“全国青少年人工智能活动特色单位”称号，河北省香河县第一中学荣获“河北省教育系统先进集体”称号，香河县城内第二小学荣获“河北省文明校园”称号。人民日报客户端、新华网、学习强国App、河北电视台及《河北日报》《廊坊日报》《新香河》等媒体宣传报道香河县教育体育工作60余次，香河县教育和体育影响力显著提升。

（路　志）

教育结构

【概况】　2020年，全县共有各级各类学校269所，其中，国办幼儿园4所，小学68所，初中11所，高中2所，职业技术教育中心、教师进修学校、特殊教育学校、广播电视学校、青少年活动中心、成人教育总校各1所，乡镇成人学校9所，注册民办教育机构169所（其中，幼儿园84所、短期培训机构79所、民办学校6所）。教职工（含民办教育机构）7160人，在校学生（含幼儿）79657人。

【学前教育】　2020年，全县有独立国办幼儿园4所，农村小学附设幼儿园62所。在园（校）幼儿7984人，其中，县直幼儿园2346人，小学附设幼儿园5638人。

【小学教育】　全县有小学68所，其中，独立设置少数民族学校1所，为香河县五百户镇香椿营回民小学。教学班963个，在校生38146人，其中，寄宿生1079人，少数民族学生1047人。2016年小学一年级在校生5843人，至2020年小学五年级在校生5857人，小学五年保留率100.24%，增长原因为随迁子女增加所致。

【初中教育】 全县有初中11所。在校生13978人，其中，寄宿生4166人，少数民族631人。教学班286个，2018年初中一年级在校生4418人，至2020年初中三年级在校生4337人，初中三年巩固率98.17%。

【普通高中教育】 全县有普通高中2所，为河北省香河县第一中学和香河县第三中学，在校生7067人，其中，寄宿生4754人，少数民族学生325人，教学班126个。

【职业高中教育】 全县有职业高中1所，为香河县职业技术教育中心，在校生2204人。

【成人中等专业学校】 全县有成人中等专业学校1所，为香河县教师进修学校。

【特殊教育】 全县有特殊教育学校1所，为香河县特殊教育学校，9个教学班，在校生130人。

（张来顺）

【民办教育】 全县有全日制注册民办幼儿园84所，在园幼儿7970人。其中，市级普惠园16所、县级普惠园22所，普惠性幼儿园较去年增加30所，惠及幼儿5022人。

注册小学3所，分别是香河县星宇学校、香河县富力新城学校、北京景山学校香河县大爱城分校，在校生共有876人。其中，寄宿生108人，少数民族68人。2016年一年级在校生89人，至2020年五年级在校生52人，五年保留率58.43%。

九年一贯制学校1所，为香河县少林文武学校，小学在校生513人，初中在校生328人。其中，寄宿生548人，少数民族学生13人。2018年初中一年级在校生94人，至2020年初中三年级在校生118人，初中三年巩固率125.53%。

注册民办高中2所，为香河县实验中学和廊坊京城学校，在校生共有461人。其中，住宿生461人，少数民族学生39人。

短期培训机构79所。与2019－2020学年度相比，短期培训机构增加了19所，民办幼儿园增加了16所。

（张炳江）

教育教学

【概况】 聚焦高质量协调发展，统筹新冠肺炎疫情防控和教育教学工作，实施“学前教育补齐短板、义务教育均衡发展、高中教育优质提升、职业教育特色融合、民办教育健康规范”等五大工程，稳步推进开学复课，做好线上线下教学衔接，努力克服疫情对教学的影响，教学质量稳步提升。

（路　志）

【新冠肺炎疫情防控期间教学安排】 新冠肺炎疫情防控期间，深入贯彻落实教育部关于“停课不停学”的要求，制订《全县中小学（幼儿园）推迟开学期间教育教学工作指导方案》，采用“教育＋互联网”形式，依托微信、“乐教乐学”等正规网络平台，进行课程直播、作业布置、互动交流、答疑解惑和反馈评价，开展在线教育教学活动。同时，整合优质网络教育资源，通过国家教育资源公共服务平台所提供的部级省级优质课、校本课程资源及其他网络教学资源，指导学生进行课程学习。加强网络教学巡查，控制在线学习时间和内容，不给学生增加额外负担，防止用眼过度，保护视力，确保身心健康发展。开展网络教研，发挥专业引领作用，教研员微信全天开通，及时对学生学习进度、学习方法、教材解读、教师备课等进行指导。组建“在线教学交流群”，为全县教师提供信息技术支持，指导各中小学、幼儿园教育教学工作。强化家校沟通，树立正确舆论导向，发挥微信公众号、工作群及电话等通信方式作用，向广大师生及家长普及宣传传染病防治知识，介绍新冠肺炎的传播途径和预防方法，加强自我保护，提高防范意识和防控水平。引导学生及家长关注、转发权威信息，自觉配合参与新冠肺炎防控工作，相信政府，依靠科学，不造谣、不信谣、不传谣。

（刘　俭）

【学前教育教学】 加快推进镇公办中心幼儿园建设，制订规划建设方案并组织实施，确定镇公办中心幼儿园10所，配齐“两有”设备（有厨房及相关设备，有寝室及相关设备）和教学设备，实现镇公办中心幼儿园全覆盖。开展幼儿园普查和园所等级认定督导工作，对办园行为、管理、保教、环境等进行严格要求，指导规范管理，推动幼教工作提质增速。举行幼儿园新教材培训和幼儿教师全员教研培训活动。参加廊坊市优秀教学案例评选，2 项教育活动分别荣获一等奖和二等奖。

（杨国明）

【九年义务教育教学】 以提高教育教学质量为工作重心，立足课堂教学，在“查、看、听、导、比”五字上做文章，加强教学研究，强化教学管理，组织开展中小学教师学科教学视导、优质课评选、课题研究，以及学生知识技能竞赛、阅读与读书、演讲比赛、科技创新大赛、运动会、篮球比赛等活动，提高教育质量，促进广大师生综合素质提升。

【普通高中教育教学】 以“课程、课堂、课题”为抓手，深入贯彻落实国务院办公厅《关于新时代推进普通高中育人方式改革的指导意见》，加强新高考和课堂教学研究，强化常规教学管理，有针对性地开展分层教学，力排新冠肺炎疫情干扰，科学备考，教育质量实现持续提升。同时，强化高中学籍管理，严格按照中考成绩录取，遵守招生纪律，规范招生行为，推进阳光招生，实现普通高中“零借读”。

（路　志）

【职业高中教育教学】 遵循“服务为宗旨、就业为导向”办学理念，坚持把学历证书与职业技能等级证书相结合，推进电子商务、汽车运用与维修、网店运营推广、WEB 前端开发等“1+X”证书制度，提高人才培养质量，拓展学生就业创业本领。积极备战天津市春季高考、河北省高职单招和普通高考，本科上线 4 人。开展计算机、会计、汽修等 6 个专业系部特色技能大赛及“我的中国梦”第二届职业生涯规划大赛，组织无人机、3D 打印等专业入校宣传表演，不断提升职业教育吸引力。

（张炳江）

【教师继续教育】 组织全县 4000 余名中小学、幼儿园教师参加基础教育教师培训网和全国中小学教师继续教育网开展的全员远程培训。

（王玉萍）

【特殊教育教学】 坚持“以人为本、以发展为本”的办学理念，遵循教育发展客观规律，构筑适合特殊教育特点的办学模式，走因材施教、多元化、特色化的办学之路，特殊教育取得长足发展。改善硬件教育设施，投入资金 12 万元用于餐厅、厨房及厕所升级改造，安装校园监控和广播系统，配备饮水机，更换办公桌椅，为学生购置双层床、被褥等生活用品；注重行为习惯养成，对学生纪律、卫生、礼仪和安全教育常抓不懈，定期召开学生干部例会和培训会，实行学生轮流值周制和班干部轮换制，形成事事有人管、人人能管人的全员育人氛围，提高学生自我约束力和自主管理能力；开展送教上门活动，将送教上门纳入学期工作计划，对77名重度残疾儿童开展送教上门服务，得到家长和社会肯定；强化教师培养，制订教师中、长期培训计划，建立校本培训制度，每月集中开展1次集中学习，狠抓备课管理，开展公开课、示范课、汇报课、复习课等活动，提升教师素质，促进教育水平整体优化。

（王德永）

【民办教育教学】 加强招生和教学行为监管，促进民办教育规范发展。落实民办学校招生审核备案制度，规范民办中小学招生行为；依据《河北省幼儿园办学行为督导评估实施方案》，对民办幼儿园办学条件和教育教学量化评估，并聘请幼教专家讲授幼儿园管理知识，督促民办幼儿园改善办学条件，提升管理水平；规范校外培训机构师资队伍建设，严格学科类校外培训机构教材教案审核备案工作，规范校外培训机构培训内容，提升教育教学质量。2020年，在全县教师节表彰大会上，6名民办学校、民办幼儿园教师被评为县级优秀教师。

（张炳江）

教师队伍

【概况】 全县各级各类学校共有教职工7160人（含劳务派遣1194人）。其中，县直幼儿园教师381人、小学教师2947人（含附设幼儿班376人）、初中教师1251人、普通高中教师724人、职业高中教师142人、成人中等专业教育43人、特殊教育教师17人、民办教育机构1655人（其中，民办幼儿园1346人）。

【学历结构】 幼儿园（不含附设幼儿班）专任教师1186人（其中，民办幼儿园832人），均为高中阶段毕业及以上学历，学历达标率100%。其中，专科及以上学历1076人，占90.7%。

小学专任教师3010人，均为高中阶段毕业及以上学历，学历达标率100%。其中，大学专科及以上学历2975人，占98.84%；大学本科及以上毕业2089人，占69.4%；硕士研究生毕业43人，占1.43%。

初中专任教师1203人。其中，大学专科以上学历1202人，学历达标率99.92%；大学本科及以上毕业1110人，占92.27%；硕士研究生毕业15人，占1.25%。

高中专任教师675人，其中，大学本科及以上毕业672人，学历达标率99.56%；硕士研究生毕业82人，占12.15%。

职业高中专任教师137人，其中，大学本科及以上毕业131人，占95.62%。

成人中等专业学校专任教师33人，其中，大学本科及以上毕业19人，占57.58%。

特殊教育专任教师16人，其中，高中阶段毕业1人，占6.25%；大学专科毕业8人，占50%；大学本科毕业7人，占43.75%。

【年龄性别结构】 幼儿园（不含附设幼儿班）专任教师1186人（其中，民办幼儿园832人），其中，24岁及以下259人、25—29岁436人、30—34岁338人、35—39岁71人、40—44岁57人、45—49岁17人、50—54岁8人、55—59岁及以上0人。

小学专任教师3010人，其中，24岁及以下292人、25—29岁675人、30—34岁365人、35—39岁319人、40—44岁638人、45—49岁379人、50—54岁295人、55—59岁及以上47人。

初中专任教师1203人，其中，24岁及以下126人、25—29岁209人、30—34岁87人、35—39岁96人、40—44岁365人、45—49岁224人、50—54岁81人、55—59岁及以上15人。

高中专任教师675人，其中，24岁及以下26人、25—29岁119人、30—34岁79人、35—39岁135人、40—44岁157人、45—49岁89人、50—54

岁 57 人、55—59 岁及以上 13 人。

职业高中专任教师 137 人，其中，29 岁及以下 32 人、30—34 岁 11 人、35—39 岁 21 人、40—44 岁 35 人、45—49 岁 18 人、50—54 岁 10 人、55—59 岁及以上 10 人。

成人中等专业学校专任教师 33 人,其中,30—34 岁 1 人、35—39 岁 2 人、40—44 岁 10 人、45—49 岁 12 人、50—54 岁 8 人、55—59 岁及以上 0 人。

专任教师男女比例，幼儿园女教师占 99.33%、小学女教师占 86.01%、初中女教师占 69.66%、高中女教师占 69.93%、职业高中女教师占 71.53%、成人中等专业学校女教师占 96.97%、特殊学校女教师占 75%。

【职称结构】 幼儿园（不含附设幼儿班）专任教师 1186 人（其中，民办园 832 人），其中，高级教师 1 人、一级教师 85 人、二级教师 158 人、未定职级 942 人。

小学专任教师有 3010 人，其中，高级教师 190 人、一级教师 1106 人、二级教师 993 人、未定职级 721 人。

初中专任教师有 1203 人，其中，高级教师 258 人、一级教师 530 人、二级教师 205 人、未定职级 210 人。

高中专任教师 675 人，其中，高级教师 151 人、一级教师 277 人、二级教师 163 人、未定职级 84 人。

职业高中专任教师有 137 人，其中，高级教师 48 人、一级教师 40 人、二级教师 8 人、未定职级 41 人。

成人中等专业教育专任教师 33 人，其中，高级教师 4 人、一级教师 25 人、二级教师 4 人。

特殊教育专任教师 16 人，其中，高级教师 2 人、一级教师 7 人、二级教师 7 人。

（张来顺）

基础设施及教育设备

【概况】 坚持城乡基础设施“优质、均衡”发展，加大投入力度，加快基础设施建设步伐，着力提升教育装备水平，改善办学条件，城乡教育环境全面改善。

（路 志）

11 月，香河县滑冰馆建成并投入使用　　县教育和体育局供图

【基础设施建设】 2020 年，全县实施 25 项教育和体育重点工程，涉及危旧校舍总改造面积 4.2 万平方米，总投资 1.6 亿元。其中，66 所学校旱厕改造、27 所农村小学锅炉低氮改造、室内滑冰场馆、钳屯镇钳屯中心小学附属工程、钳屯镇钳屯中心小学附属运动场、县幼儿园改造、县幼儿园办公楼及食堂装修改造、县幼儿园附属工程、县第三中学教学楼附属工程、蒋辛屯镇后建各庄小学幼儿园改造、五百户镇仉村小学改造工程 11 项竣工投入使用；县第二中学新建综合馆、县第六中学新建食宿楼、渠口镇店子务中心小学附属、安头屯镇四营小学改造等 8 项工程加紧推进，安平镇周庄小学新建教学楼、钳屯镇雀林院小学改造、五百户镇李庄小学等 6 所农村学校运动场改造等 6 项工程办理各项手续。

（李秋良）

8 月底，北岗子小学新建水冲式厕所投入使用　　县教育和体育局供图

【校园环境改善】　加强绿化美化宣传教育，加大校园及周边环境卫生整治，积极应对重污染天气综合治理，改善校园环境质量，优化育人环境。开展 2020 年《环保征文》评选和“绿色学校”“绿色小卫士”评选，县第八中学和五百户镇五百户中心小学 2 所学校获评“省级绿色学校”称号，县第一中学和县第二中学 2 所省级绿色学校通过复查。

（刘　娜）

【教育教学设备购置】　2020 年，投入 1379.6 万元购置教学设备。其中，投入 287 万元为县直幼儿园及农村幼儿园配备玩教具和保教设备，投入 62 万元为钱旺镇田贾庄小学新建校舍购置教学设备，投入 34.7 万元为县第二中学购置 12 套教学多媒体设备，投入 60.9 万元为渠口镇小河各庄小学新建校舍购置教学设备，投入 254.7 万元为安平镇第三小学新建教学楼购置教学设备，投入 263.7 万元为县第三中学新建教学楼购置教学设备，投入 108.6 万元为全县中、小学购置教学多媒体设备 60 套，投入 212 万元为安头镇安头屯中心小学幼儿园、刘宋镇刘宋小学幼儿园、五百户镇五百户中心小学幼儿园、渠口镇店子务小学幼儿园等 12 所幼儿园购置厨房、寝室设备及保教设备和玩教具，投入 42 万元为安平镇第三小学幼儿园等 5 所幼儿园购置玩教具及保教设备，投入 54 万元为县第二幼儿园购置保教设备。

（魏建军）

教育管理

【概况】　坚持“立德树人”不动摇，加强思政教师队伍建设，开展丰富的教育实践活动，提升未成年人思想道德建设水平。以创建义务教育优质均衡县为目标，强化政策引导，加强过程性督导，促进全县义务教育优质、均衡发展。坚持以课例为载体，牢牢把握教学“主阵地”，聚焦课堂效果效率，组织课堂研究，加强教学常规视导，加快教师成长步伐，促进教学质量整体提升。同时，将中学校际交流、小学大区域教研与“专家顾问精准帮带”活动有机融合，统筹全县优质教育资源，成功组建 9 个教学共同体，从办学理念、管理经验、课堂教学等方面进行交流学习，精准开展帮扶工作，教师参与

4 月 2 日，香河县 2020 年春季开学复课疫情防控演练在县第三中学举行　县教育和体育局供图

热情高涨，形成“以强带弱、以老带新、以新激老、共同提高”的生动局面。

（路　志）

【新冠肺炎疫情防控】　成立新冠肺炎疫情防控工作领导小组，制订下发《香河县教体系统新型冠状病毒感染的肺炎疫情防控工作方案》，组建疫情监测、宣传舆情、防控指导、安全稳控等多个工作组，加强学校疫情防控工作领导、督导和检查。同时，要求各校成立相应机构，制订本单位疫情防控工作方案和预案，落实学校主体责任，做好疫情防控、监控、救治、信息、稳定等工作。加强新冠肺炎疫情监测，建立疫情信息报告网络和快速反应机制，实行“日报告”制度，每天对全县中小学、幼儿园（含私立）师生出行动态、身体状况进行全面摸排、统计，建立台账，分类管理，做到监测全覆盖、不隐瞒、不遗漏。强化应急值守，各级各类学校全天候24小时安排专人值班，保证通讯畅通，及时收集疫情监测信息。落实传染病防控措施，每天对值班室、办公室、宿舍、厕所等公共场所进行通风消毒，开展爱国卫生运动，严格校园进入管理，最大限度消除疾病传播风险。把师生生命安全和身体健康放到第一位，做好中小学、幼儿园2020年春季开学前准备和疫情防控工作，确保全县春季学期开学平稳有序。结合全县教育系统的实际状况，研究制订错时错峰分批开学方案，强化防疫物资储备，指导学生做好返校准备和个人防护，做好线上线下教学衔接，减少疫情对教育教学的影响，实现防控教学两不误、双胜利。

受新冠肺炎疫情影响，全县民办学校、幼儿园和校外培训机构均延迟开学。开学前，县教育和体育局先后组织4次疫情防控演练，分批指导各民办学校、幼儿园和校外培训机构完善开学方案、应急预案，逐一检查各单位疫情防控措施落实情况，确保师生、幼儿健康安全。

（刘　俭　张炳江）

【思想政治教育】　贯彻习近平总书记在学校思想政治理论教师座谈会上的讲话精神，落实立德树人根本任务，把推进思政课建设作为新时代教育重要任务来抓，按照《关于深化新时代学校思想政治理论课改革创新的若干意见》，上下一体、协调联动，构筑“大思政”工作格局，努力形成学校抓好思政课、教师认真讲好思政课、学生积极学好思政课的良好氛围。

把马克思主义、习近平新时代中国特色社会主义思想、“四个自信”等教育与“三会一课”相结合，与党员活动相结合，与团、班、队会相结合，促进干部师生厚植爱国情怀，从思想上跟进、从行动上落实，汇聚教育系统听党话、跟党走的磅礴力量。按照习近平总书记“六个要”（政治要强、情怀要深、思维要新、视野要广、自律要严、人格要正）要求，做“四有”（有理想信念、有道德情操、有扎实学识、有仁爱之心）教师，以良好师德师风塑造优秀思政课教师形象。建立健全学校党组织书记、校长带头抓思政课常态化工作机制，学校每学年至少召开1次专题会议研究思政课建设，党组织

9月10日，安平镇第一小学举办践行社会主义核心价值观朗诵比赛　　县教育和体育局供图

书记、校长每学期至少讲授2课时思政课。系统开展中国特色社会主义和中国梦、社会主义核心价值观、法治、劳动、心理健康、中华优秀传统文化教育，实现全员、全方位育人，为培养合格社会主义建设者和接班人奠定基础。开齐开足中小学思政课，用好部编版道德与法治教材，同时不断丰富课程内容、创新教育形式，利用重大事件、重大节庆日和重大纪念日，通过国旗下的讲话、主题班队会、童谣传唱、观看专题片、时事辩论、知识竞赛方式，开展以习近平新时代中国特色社会主义思想为核心的学习讨论活动，提高课堂效率和思政教育水平。

（刘　俭）

【教师队伍建设】　创新人才引进模式，加大人才引进力度。面向全国公开招（选）聘545名优秀毕业生充实教师队伍，引进人才创近年来新高，并深入教育部直属6所师范院校为香河县第一中学、香河县第三中学和部分中小学选聘人才，与14名即将毕业学生签订了就业协议书。通过互动、培养、支教形式交流教师219人，进一步促进教育资源均衡发展，缩小了校际、城乡师资水平差距。延续队伍激励机制，不断激发工作热情。发放农村教师边远补助、乡镇补贴，提高农村学校中、高级职称岗位设置比例；表彰优秀教师、优秀教育工作者、农村工作10年以上优秀教师和教育工作者、农村工作30年以上在岗教师和教育工作者等178名，38名教师荣获省、市级荣誉；发放教学质量奖励专项资金540万元；为全县4600余名教师进行免费体检，激发教师工作热情，营造尊师重教、教书育人的良好氛围。加大教师培训力度，促进队伍素质提升。650名教师参加国培计划项目培训，9名教师参加省培项目培训，52名教师参加市级培训；选派79名骨干教师到北京市通州区教师研修中心及西集中学、于家务中学、中山街小学、史家小学通州分校等地参加研修活动；聘请北京、天津、廊坊等地教研机构专家和中小学名师、名校长，组织初中9个学科和小学5个学科专任教师培训、思政课教师素质提升培训、教学管理干部培训、德育干部培训、初中和小学班主任培训23场，培训干部教师约2100人。注重骨干教师培养，发挥辐射带动作用。开展各种业务练兵，提升教师业务能力，提高课堂教学效率；依托1个省级名师工作室和3个市级名师工作室开展研修活动，打造精品课程，新冠肺炎疫情期间利用网络平台推送，为全县中小学生提供优质教学资源；组建6个县级学科工作室，4名教师被评为市级学科名师。加强师德师风建设，打造风清气正教师队伍。以“厚植爱国情怀、涵育高尚师德”为主题，开展师德师风深化年活动，评选师德标兵，组织师德论坛征文、师德风采演讲、师德承诺、宣传师德先进典型等活动，提升教师思想修养；开展在职教师有偿补课专项治理，与各中心总校、中学、城内小学签订《治理在职教师有偿补课工作责任书》，制订《治理在职教师有偿补课“六个结合”工作方案》，完善学习教育、承诺践诺、监督检查、信访接待、案件查处、责任追究等工作机制；印发《征集在职教师有偿补课线索的公告》，

9月10日，香河县召开2020年教师节庆祝暨表彰大会　　县教育和体育局供图

面向社会征集有偿补课线索；严厉查处违规行为，对查实的 1 名违规从事有偿补课的教师依纪予以记过处分，对所在学校负责人进行诫勉谈话。

（李　健　王玉萍）

【推动教育均衡发展】 履行教育督导委员会职能，发挥政府督学和责任督学监督指导作用，推动教育均衡发展。根据教育部印发《幼儿园办园行为督导评估办法》和《河北省幼儿园办园行为督导评估实施方案》，对全县 130 所公办、民办幼儿园办园行为、安全卫生、保育教育、教职工队伍和内部管理五方面进行督导评估。研究制订《香河县 2020 年义务教育、学前教育阶段招生入学工作方案》，核定各校招生计划和招生限额，重新划定招生范围，确保义务教育阶段学生免试就近入学。开展全县义务教育均衡发展质量监测，完成市级县域义务教育质量监测，全面启动义务教育优质均衡发展县创建工作，着手做好校舍新建、教师配备及“大班（校）额”整改等工作，为早日通过义务教育优质均衡验收奠定基础。2020 年，香河县顺利通过廊坊市人民政府教育督导委员对全县义务教育均衡发展暨 2019 年政府履行教育职责评估检查和义务教育教师工资收入落实情况督导检查。

（李　波）

【课堂研究】 10 月 14 日至 11 月 6 日期间，组织全县小学语文、数学、英语、科学和品德五学科青年教师优质课评比，教师积极参与，102 名教师获奖。12 月 3 日、8 日和 11 日，举行全县初中物理、生物和数学优质课评比，该活动分为校内初选、微课复赛和决赛展示观摩 3 个阶段，决赛时，各初中学校 220 名相关学科教师参与了听课与交流，共 19 名教师获奖。系列活动开展，对教师课堂驾驭能力及对新课程理念理解起到助推作用，全年共 5 名教师获省级优质课奖，22 名教师获市级优质课奖。

【教学常规督导检查】 开展中小学全学科教学视导，主要关注 5 个方面内容，指导教学知识衔接，反馈上学期知识复习、整合、再现所需时间，达成知识衔接最佳方案；开展以提高课堂效率为目的的听课视导，深入课堂了解教师的课堂教学水平，特别是新课程实施情况，并针对教学理念、教学设计、教学方法、教学资源合理运用等方面进行点评、剖析、指导、答疑，达成教学共识；参与课例教研活动，发挥校本教研的作用及意义；以规范教学管理、规范教学行为为宗旨的教学资料查阅，主要涵盖教学计划及安排、教学设计、学生作业，对发现的问题提出明确要求和合理化建议；教研员就课堂教学及教研活动中存在的问题和亮点进行翔实点评和互动培训，全面提高一线教师专业水平，提升整体教育教学质量。

【开展学科竞赛活动】 为促进学生能力提升，加厚教师专业知识储备，促进教学相长，举行四年级语文、五年级英语、六年级数学知识技能竞赛，372 名学生参赛，156 人获奖，74 名教师被评为优秀指导教师，15 个单位荣获团体奖。举办全县九年级物理知识应用能力竞赛，130 名学生进入县赛，经评选共有 49 名学生获奖。此外，还组织开展中小学心理情景剧比赛、初中二年级学生数学竞赛等活动。

（刘　俭）

【语言文字工作】 在全县中小学校广泛开展规范汉字书写和经典诵读活动，并举行县级评选，242 名师生获奖，84 名教师被评为优秀指导教师，激发中小学师生学习中华优秀传统文化和祖国语言文字的热情，提升了师生的综合素质。

（王玉萍）

【教育扶贫】 按照“学段全覆盖、对象无遗漏、结果全告知”原则，全面落实各学段家庭经济困难学生资助政策，严防因贫失学、辍学和因学致贫返贫，确保贫困家庭孩子都能接受公平有质量的教育。开展扶贫与扶志、扶智行动，定期进行入户走访，了解学习、生活和思想情况，及时给予帮助和关怀，培养乐观向上的生活态度，树立正确的人生观、价值观，识党恩、知党恩、感党恩。加大“控辍保学”（控制学生辍学，保证适龄儿童和少年完成九年义务教育）管理力度，落实“七长”责任制[县长、教育局局长、镇长、村主任（村长）、校长、家长、师长“控辍保学”责任制]，建立县、镇（街道）、村（社区）、学校四级管理台账，健全月报和动态监测长效机制。落实特殊教育提升计划，对适龄未入学残疾儿童少年实施“一人一案”个性化辅导，努力提高精准控辍工作水平，不让一名适龄儿童失学辍学。2020 年，发放学前教育资助金 3.8 万元，惠及 76 人；发放义务教育阶段困难学生生活费补助 47.26 万元，惠及 1313 人次；发放高中国家助学金 56.85 万元，惠及 448 人次；为 239 人次高中学生减免教科书费、学杂费和住宿费 25.77 万元；发放高中大学新生入学救助金 3.4 万元，惠及 51 人；发放职业高中助学金 17.8 万元，惠及 178 人，减免学费 203 万元，惠及 2127 人次。义务教育阶段建档立卡贫困学生无一辍学，巩固率达到 100%，全县 219 名适龄残疾少年儿童全部接受义务教育。

（王丽娜）

法制安全及信访工作

【概况】 以打造“安全和谐校园”为目标，加强校园安全工作管理，加大安全设施投入力度和“扫黑除恶”工作力度，强化安全法制教育宣传，增强师生自我保护意识，提高应急避险能力，促进学校安全管理能力提升，维护系统和谐稳定。

【校园法制教育】 协调县公安、检察院、法院、司法等部门，聘请 8 名学校校外法制辅导员对学生进行普法宣传教育，开展入校宣讲 70 余次。组织机关及全县各学校、幼儿园干部开展宪法法律法规知识考试活动，考试成绩均为合格以上，优秀率达到 95%。开展“12·4”国家宪法日暨“宪法宣传周”活动，加强宪法学习宣传，为广大师生及家长答疑答惑，发放宣传资料 800 余份。开展预防“非法集资”和“非法传销”法治宣传教育、青少年禁毒宣传教育、反恐怖教育进校园等活动，并组织全县青少年网上学习和网上知识竞赛答题，参与率、答题率均达到了 95%。制定“扫黑除恶”长效管理机制，常态化开展教育系统“扫黑除恶”工作。

【校园安全管理】 贯彻落实“党政同责、一岗双责”和“管行业必须管安全、管业务必须管安全、管生产经营必须管安全”的总要求，年初与国办中小学、各镇中心总校签订《香河县教育系统 2020 年安全目标管理责任书》和《2020 年度消防安全责任状》。新冠肺炎疫情防控期间，组织全县各学校利用线上教育模式，开展学生居家安全、防溺水、高空坠物、疫情防控、地质灾害、自救互救等安全常识宣传教育。聘请专业人员参与 22 所学校“双控”机制建设工作，对全县中小学、幼儿园“双控”机制建设进行专业指导、验收。对全县中小学、幼儿园饮用水和防雷装置进行年度检测，委托专业机构对 3.5 万平方米校舍进行检测。9—10 月，对全县 87 所国办中小学和幼儿园进行“拉网式”安全隐患排查，发现 50 余处问题，全部整改完毕。

（韩建刚）

【信访工作】 做好矛盾纠纷排查和调处，针对群众反映的问题，进行深入调查，并按规定及时进行反馈，得到了广大群众的支持和理解，提升了全县教育系统的社会声誉。2020 年，全县教育系统情况稳定，没有群体性事件和大规模上访事件发生，全年妥善处理解决各类信访案件 74 件，查处率、办结率均 100%。

（范江文）

教育成果

【概况】 2020年，全力推进总投资约1.6亿元、总建筑面积4.2万平方米的25项工程建设进度，其中，11项工程年内竣工投用；投资2911万元采购教学及安防设备；争取上级资金3252万元提升校舍面貌、改善办学条件；投资3500万元率先启动实施中小学旱厕改造工程，师生学习生活质量、幸福指数显著提高。扎实开展新冠肺炎疫情防控，稳步推进开学复课，教学质量稳步提升。面向全国公开招（选）聘545名优秀毕业生充实教师队伍，引进人才创近年来新高；交流教师219名，选派796名校长教师外出参加培训，引领教师专业发展，促进队伍素质提升。营养改善计划、助学政策、惠民政策全面落实。在原8所普惠园基础上新创建32所，全县享受普惠性学前教育幼儿13006余名，占全县在园幼儿总数81.5%，完成“公办园在园幼儿占比50%、普惠性学前教育幼儿达到80%”的目标任务。“大班额”治理成效显著，义务教育阶段“大班额”率2.14%，同比下降7%，完成省市下达的“年底前基本消除大班额，比例降至5%以内”的目标任务。

（路　志）

【中考】 受新冠肺炎疫情影响，2020年，香河县中考取消了信息技术考试、理化实验考试和体育考试，中考总分由上一年的680分降为600分。文化课考试时间推迟到7月18—19日举行。全县中考报名人数为3390人，比上年增加400人。香河县第一中学计划录取统招生190人，实录199人，分数线485分；计划录取指标生760人，实录757人，最低控制线393分。香河县第三中学录取分数线为318分，职教中心录取分数线为235分。

（杨博文）

【高考】 2020年，受新冠肺炎疫情影响，全国高考时间由常年的6月7—8日，推迟到7月7—8日。全县高考报名人数3027人，同比增加384人。单招提前录取620人，参加7月7—8日普通高考人数为2407人。普通高考的考生中，理工类考生1389人，文史类考生1016人，对口类考生2人。本专科录取考生2736人，比上年增加374人，高考总录取率90.4%。其中，本科层次录取考生1348人，专科层次录取考生1388人，香河县第一中学包揽全市理科前三名，本科上线人数1503人，上线率92%。

（王海鹏）

【国家、省、市、县级课题立项】 2020年，全县有2项省级课题成功立项，13项市级课题、23项县级教育技术研究规划课题结题。

【河北省评优课暨教师基本功大赛】 河北省中小学实验教学说课活动中，1名教师荣获三等奖；廊坊市中小学实验教学说课活动中，5名教师荣获一等奖，3名教师荣获二等奖；廊坊市信息技术与教学融合优质课大赛评比中，1名教师荣获一等奖，4名教师荣获二等奖，2名教师荣获三等奖。

【教育、教学研究成果】 河北省中小学经典阅读与读书活动评比中，包括优秀阅读指导课、教师原创绘本和学生原创绘本3项比赛，1件作品荣获一等奖；廊坊市中小学、幼儿园优秀自制教具与科技作品评选活动中，2件作品荣获一等奖，6件作品荣获二等奖，6件作品荣获三等奖；廊坊市中小学经典阅读与读书活动评比中，11件作品荣获一等奖，9件作品荣获二等奖，3件作品荣获三等奖；廊坊市中小学教师信息化教学研修与实践成果交流评比活动中，4件作品荣获一等奖，7件作品荣获二等奖，16件作品荣获三等奖；廊坊市教育教学信息化大奖赛评比活动中，1名教师荣获一等奖，11名教师荣获二等奖，13 名教师荣获三等奖。

（田海超）

【个人成就及奖项】 温卫国荣获“河北省模范教师”称号，张春艳、谢红玉、刘颖、池冬松、韩海霞、李玉兰 6 名教师荣获“河北省优秀教师”称号，崔秋玉、韩立志 2 名教师荣获“河北省优秀乡村教师”称号，李国彬荣获“河北省骨干教师”称号；张志强被评为“廊坊市优秀乡村教育工作者”，张丽霞、贾春秀、罗志茹、郝春波、闫雪珍、田杰、王艳霞、刘永梅、侯连禹、王艳霞、李春龙、高倩、王淑琴、卢艳杰 14 名教师被评为“廊坊市优秀乡村教师”，陈倩、于秋红、杜学文、陈桂娟 4 名教师被评为“廊坊市学科名师”，崔文伟、陈云清、宋健、焦彦青、周春元、邢雪芹、王海荣、陈长虹、何亚楠 9 名教师被评为“廊坊市师德标兵”。

（王　涛　王玉萍）

【青少年科技创新大赛】 第三十五届河北省青少年科技创新大赛青少年竞赛项目中，香河县 1 件作品荣获高中组一等奖（香河县第一中学李宗臣、张雪峰、王岩老师辅导的学生赵文轩在物理与天文学学科所创作的作品《具有自主功能的行走式太空车》获得省高中组一等奖）。

第三十五届廊坊市青少年创新大赛创新成果竞赛项目中，香河县 10 件作品获市级一等奖（香河县淑阳镇后彭务中心小学贾长清、马海明、王海涛老师辅导的学生乔思彤、王梓同、茹馨影在行为与社会科学学科所创作的作品《跳舞琴》获市级一等奖；香河县第二中学刘立英老师辅导的学生吴一玄在计算机科学与信息技术学科所创作的作品《立体可控装饰彩灯》获市级一等奖；香河县第一中学庞雪梅、刘继伟、王岩等辅导教师辅导的学生孟高德、武先怡、孔子曰等在行为和社会科学学科所创作的 8 件作品均获得市级一等奖）。

第十二届廊坊市青少年机器人竞赛中，香河县第二中学周学凤老师指导的学生石雨鑫、周盛道获初中组一等奖。

（田海超）

【体育比赛】 牢固树立学校教育“健康第一”指导思想，全面提高学生的身体素质，促进学生全面发展，组织开展中小学乒乓球赛、篮球赛、门球赛、长跑赛等各项赛事。

（张　毅）

10 月 9 日，县城内第一小学举办“爱我中华 强我国防”国防教育演讲比赛

县教育和体育局供图

【文化艺术类比赛】 开展“传承红色基因 清明祭英烈”主题教育活动，全县 5 万余名师生参与网络祭奠、主题班会、书画及征文作品征集等线上活动。组织学习“青年大学习”网上主题团课，举办迎国庆“爱我中华 强我国防”主题演讲、“爱国心 报国情 强国志”主题征文、“关注时事 胸怀天下”中小学时事知识竞赛，征集作品 140 件，培养学生良好政治素质，加强爱国主义教育。积极开展第八届河北省青少年“阅·知·行”读书教育和“我的书屋·我的梦”农村少年儿童阅读实践活动，收到

作品150余件，启发学生阅读兴趣，传播中华优秀传统文化，激发爱国热情。开展国防教育活动暨“奋进新时代 聚力强军梦”朗诵比赛、“美丽中国梦 童心助创城”文明手抄报绘制、“你的样子 就是中国的样子”全县中小学小歌手比赛、“小小画笔”比赛等活动。

（刘春红）

河北省香河县第一中学

【概况】 河北省香河县第一中学始建于1940年，是河北省示范性普通高中、省级重点中学、中华绿色名校。学校占地15.67公顷（235亩），总建筑面积7.2万平方米。2020年，有教学班80个，学生4401名，在岗教师423名，其中，正高级教师1名、副高级教师129名，省特级教师4名、省级骨干教师5名，教育教学设施有多媒体教学设备、计算机教室、电子备课室、校园网、天文观象台、理化生实验室、通用技术专用教室、图书馆。2020年9月，荣获省教育厅授予的“河北省教育系统先进集体”称号；7月，荣获市委教育工作委员会授予的“先进基层党组织”称号；2月，荣获市委教育工作委员会授予的“廊坊市学校思想政治教育先进集体”称号；4月，荣获县委、县政府授予的“优秀领导班子”称号；9月，荣获县委、县政府授予的“教学质量先进集体”称号。

【新冠肺炎疫情防控】 2020年，面对突如其来的新冠肺炎疫情，县第一中学党委按照国家、省、市、县疫情防控的安排部署，迅速成立新冠肺炎疫情防控领导小组，科学研判、快速行动、周密部署，制定《香河县第一中学新型冠状病毒防控工作方案》《香河县第一中学新型冠状病毒预防工作责任分工》，第一时间发出《致香河一中全体学生、家长朋友及教职工的一封信》《香河一中新型冠状病毒感染防控明白纸》。实行信息摸排网格化管理，联防联动，及时准确报送信息。组建抗疫党员先锋队，先后有70余名先锋队员参加防疫值班。科学宣传，积极引导，坚定师生抗击疫情的信心。疫情初期，学校及时发出通知，规范网络传播秩序，强调师生在微博、微信、QQ等社交平台不得转发未经证实和来源不明的网络信息。全体党员干部在疫情防控中做到了“八个带头”。领导小组在微信群里转发新冠肺炎的传播方式、日常预防病毒传播的方法等科学信息，安排全体班主任、任课教师与学生多交流、多指导，化解不良情绪，坚定抗疫信心，并认真落实学校“停课不停学”的要求。

认真做好复课开学的新冠肺炎疫情防控。坚持晨、午、晚三检体温，教室等活动场所每天坚持消毒、开窗通风，抓好学生个人卫生。落实食堂每天消毒制度，严格进货渠道和卫生管理，严格师生就餐管理，实施错时下课、错时就餐、拉开餐位距离。学生公寓及公共区域定期消毒，宿舍出入口配备测温枪，安排人员值班，控制进出人流，避免拥挤。

4月11日，县长齐泽旭、副县长刘雪艳到香河县第一中学就复学复课和校园安全进行调研
县教育和体育局供图

【新冠肺炎疫情期间教育教学管理】 新冠肺炎疫情期间，坚持停课不停学。全校一盘棋，构建网络教学平台。校领导班子、年级主任、教科处主任在每个年级都有分包的备课组和班级。班子成员每周召开视频会议，汇报研究在线学习工作情况；各年级班主任定期召开视频会议，总结经验，改进不足，提高线上教学效率；实行分区管理制度，建立以区长为核心，班主任为主导，任课老师为辅导的管理机制；各班建立班级管理微信群，以及各学科的学习微信群。寻找线上资源，加强集体备课。各年级以学科备课组为单位进行集体备课，统一教学进度，共同研讨教学内容、设计习题，制订授课方案。在线教学，空中课堂开播。各年级任课教师灵活选用微信群、钉钉群直播、QQ 群直播、抖音上课等形式，进行线上直播授课答疑。学习监管、作业批改及时有效。任课教师每天将随堂作业推送给学生，学生利用交作业小程序等方式上交。教师利用网络及时评阅，予以反馈。思想教育，成长励志，家校齐抓共管。各年级班主任密切关注学生的思想心理状态，做好与学生及家长的沟通工作，及时开展精准有效的心理疏导。校长发出《致香河一中全体学生的一封信》，对学生进行爱国主义教育、责任理想教育、心理健康教育、生命教育。加强学生自我管理，各学科建立学习小组。班主任在家长微信群鼓励动员家长参与学生学习管理，形成教育合力。

【复课后教育教学管理】 复课后上好“返校第一课”。开展以春、夏季传染病防控教育、战“疫”专题教育、生命教育、心理健康教育、爱国主义教育等为主题的教育活动，增强学生家国情怀、民族自豪感和社会责任感，引导学生树立正确的世界观、人生观和价值观。科学研判，做好线上线下教学教育管理的衔接。有针对性地开展辅导补习、分层教学，做好学生课上课下的活动管理，关注学生身体健康状况，平稳有序恢复日常教育教学工作，继续本着“成才先成人”理念、教好每一名学生的信念，狠抓学生高尚、文明行为的强制与教化，让学生在提升个人修为中获取成长成熟的快乐。科学教研、决胜高考。高三年级明确分工、明晰目标，做到人人有职责，事事有人管；加大各项制度的检查力度，做到时时有人查，事事有落实；开展各种评优、评先活动，表扬先进、鞭策落后，注重思想引领，激发学习动力。

9 月 19 日，县第一中学举行“以老促新、传帮带乘风破浪”2020－2021 年度青年教师拜师会
县第一中学供图

【教师队伍建设】 开展建好“四支队伍”活动，进一步提升教师素质。建设一支思想过硬、爱岗敬业、务实求真、乐于奉献的党员队伍；建设一支业务过硬的骨干教师队伍，以“课程、课堂、课题”为抓手，引导骨干教师梳理教学风格，彰显教学特色；建设一支管理有方的班主任教师队伍，加强班主任队伍的思想建设和业务培训，完善班主任工作绩效考评机制；建设一支事业心强的青年教师队伍。

【高考成果】 2020 年，香河县第一中学高考再创佳绩，王鹏宇、李嘉铁、延崇尚包揽廊坊市理科前三名，3 人高考成绩分别为 689 分、685 分和 683 分；

吕欣玥以 693 分被北京大学录取；650 分以上高分段人数 21 人，600 分以上人数 117 人；本科上线人数 1503 人。

（赵默然）

香河县教师进修学校

【概况】 香河县教师进修学校位于香河县淑阳镇兴济路 10 号，是一所隶属于县委、县政府的中等专业学校，总占地面积 1.25 公顷（18.8 亩），2020 年，在编在岗教职员工 42 人，其中，专任教师 35 人，全部为本科以上学历，高级职称 7 人、中级职称 24 人、助理级职称 4 人。主要担任全县中小学教师继续教育工作，开展中小学教师继续教育科目培训、科任教师培训、骨干教师培训、师德培训、学历提高培训等，对新上岗教师、非师范类毕业生、新任小学校长等进行上岗培训。

【校园建设】 学校拥有集办公、教研、教学于一体的综合楼 1 栋，有 8 个标准教室，其中，普通教室 2 个，微格实验室、专用语音教室、综合实验教室、图书资料室、微机室、档案室各 1 个，能同时开展 350 人的培训。学校建有网络系统，能够实施网络教学。学校图书室藏书 8500 余册，各类报刊 74 种，音像资料总量 1300 余小时。做好校园绿化、美化和校园文化建设工作，改善办公条件，优化校园环境，进一步增强广大教职工的积极性和幸福感。

【教学教研】 通过网上学习、研修、交流、辅导答疑与校本教研、校本研修相结合的模式开展培训。组织开展新教师培训巡查活动。为提高新教师的教学能力，帮助新教师尽快适应教育教学岗位需要，形成良好的职业道德和敬业精神，掌握正确的教育教学观念和方法，组织 2018—2020 年入职新教师开展网络培训。分派教师对各个培训点进行巡查走访，对新教师学习受训情况进行深入了解，详细记录。

【教师资格证审验】 2020 年，做好全县教师资格定期注册工作，组织全县 130 名中小学教师完成网上申报、网上确认、网上初审工作。现场审核教师资格定期注册申请表、教师资格证原件、继续教育证原件、身心健康证明等材料；现场审核聘用、考核、师德表现；协助市教育和体育局进行网上审核和材料审核，协助县教育和体育局对教师资格注册档案材料归档整理。

（冯晓明）

9 月，县教师进修学校举办新教师岗前培训　　县教师进修学校供图

河北省香河县职业技术教育中心

【概况】 河北省香河县职业技术教育中心（简称县职教中心）前身为香河县职业中学，1996 年，更名为河北省香河县职业技术教育中心，1999 年，入选省级重点职业学校序列，2004 年，晋升为国家级

12 月 2 日，2020 年青年教师基本功比赛——说课比赛举办　　县职业技术教育中心供图

重点中等职业学校，是一所集职业高中、职业中专、短期培训多种办学形式于一体的中等职业教育机构，前国家主席杨尚昆为河北省香河县职业技术教育中心题写校名。占地 5.7 公顷（85 亩），建筑面积 26815.6 平方米，有主楼 7 栋，其中，教学楼 2 栋、实训楼 1 栋、生活服务楼 3 栋、办公楼 1 栋，可容纳学员 2000 余人。2020 年，有教职员工 143 人，专任教师 137 人，教学班 58 个，全日制在校生 2204 人，年内招生 900 人，应届毕业生合格率 100%，就业率 96%；荣获香河县“2018－2019 年度文明单位”“2019 年度学校安全工作先进集体”等称号。

【思想政治教育】　深入开展师德教育活动，把师德师风工作融入日常教育教学活动中，着力构建长效机制，提醒、勉励广大教师自觉增强立德树人、教书育人的荣誉感和责任感，学为人师，行为世范，努力当好学生健康成长的指导者和引路人。结合新任教师入职，启动“青蓝工程”（取“青出于蓝而胜于蓝”之意，聘请经验丰富的老教师担任青年教师的指导老师，通过老教师的传、帮、带，手把手地传授给青年教师教学技能和教学艺术，使青年教师的业务水平、教学水平得到提高），把好“入口关”。

践行“把思想政治工作贯穿教育教学全过程，实现全程育人、全方位育人”的要求，实现第一课堂和第二课堂的无缝衔接，将思想政治教育渗透到学生学习生活中。突出教学第一课堂，将思想引导和价值观塑造融入思想品德课堂教学，紧贴国情和社会背景，在抗击新冠肺炎疫情关键时期，将“抗疫”故事融入德育思政“云课堂”，做到因事而化、因时而进、因势而新；激活实践第二课堂，利用主题班会、国旗下讲话、每周三下午活动课，组织开展“不忘初心、牢记使命”等红色教育及各类教育宣讲活动，树立法治意识、筑牢国防观念、厚植爱国主义情怀，培养学生政治认同、社会参与、责任担当等核心素养。其间，开展“战‘疫’有我”文明风采展示、“感恩母亲节孝亲正当时”感恩等活动，组织全校 1301 名师生参与新冠肺炎疫情防控知识答题竞赛。

【教师素质提升】　加强师资培训，11 名教师参加国家培训，22 名教师参加教育部职业技术教育中心研究所 10 门公共基础课课程标准培训，26 名骨干教师参加“河北省中职教师网络研修国家级培训项目”培训，2 名教师参加市级骨干教师培训，1 名教师参加课题研究能力提升培训，49 名新入职教师参加新聘任教师岗前培训。

开展教研活动，提升日常教研质量，建立校、专业部、教研组三级听课机制，凝练可推广、可复制的教学经验，推进教学信息化改革，切实保障教学质量。组织教研课题申报，2 名教师申报年度科研课题，3 名教师市级课题结题，1 名教师县级课题结题。参加各级各类赛事，31 名教师参加优秀教育科研成果评选，41 名教师参加河北省教师教育学会组织的各项活动均获奖项，6 名教师参加中小学教师微课大赛，2 名教师参加“停课不停教、我的‘战疫’故事”主题论坛征文比赛，40 名青年教师参加校基本功比赛。

【高考成果】 精心组织参加天津市春季高考、河北省高职单招和对口升学考试。本科上线4人，分别被南开大学滨海学院、天津理工大学中环信息学院、天津中德应用技术大学录取。

【职业技能竞赛】 参加“河北省中等职业院校电子商务技能大赛”，荣获三等奖；开展第三届“翰墨书香”规范汉字书写比赛和第四届“诗意年华 如歌青春”经典诗文朗诵比赛，选拔优秀学生代表参加全县规范汉字书写比赛和经典诵读比赛，1名教师作品被选拔参加廊坊市规范汉字书写比赛，多名学生在县规范汉字书写比赛中获奖；在2020年度香河县经典诵读大赛上，获得高中生组二等奖。

11月12日，2020年“职教周”旅游服务与管理专业举办学生餐巾折花比赛
县职业技术教育中心供图

【教育教学管理】 开展教学新模式，推进教学信息化改革。落实上级“停课不停学、停课不停教”要求，组建“新冠肺炎疫情防控期间教育教学工作群”，以专业系部为单位，制订线上教学工作细案，组织全体任课教师学习网络教学技术，钉钉群、微信群、QQ群、千聊、腾讯会议等多种形式并行，全面保障线上教育教学工作。

科学施教，保障学生身心健康。合理安排学时，对公共文化基础课、专业课的教学进行科学配置；加强体育锻炼的指导教学和心理疏导、安全教育等课程的必要充实。

注重实效，做好线上线下衔接。复学复课前，全体任课教师提前制订衔接计划。学生返校复课后，组织对学生统一进行线上教学评估测试。根据测试结果，重新调整教学计划，查漏补缺，保证教学的无缝衔接。

勇于创新，争取“1+X”证书试点。3个“1+X”证书项目（电子商务、汽车运用与维修、网店运营推广）申报，均获批准。

【校企合作】 规范合作办学行为，加强与重点产业、龙头企业沟通互动，严格落实上级有关校企合作要求。商鲲教学部准军事化管理理念起到良好示范作用，瀚文、中清研两教学部主动寻找管理差距，参与学校“1+X”证书试点建设和各级各类学生技能竞赛，助力“2020年河北省中等职业院校电子商务技能大赛”，获得三等奖。融入品质“职教圈”，组织推荐校专业骨干教师和合作企业进入“廊坊市职业教育专家委员会”。

【促进就业】 扩大区域合作广度，深化“通武廊”和“廊坊市‘北三县’与通州区一体化”职业教育协同发展，主动构建廊坊市“北三县”职业教育协作圈，增进交流与合作。深耕京津实习就业资源，织密学生京津实习网络。旅游服务与管理专业学生参加北京铁道大厦、京西宾馆全国“两会”服务；电子商务专业向天津菜鸟公司等企业拓展；汽车运用与维修专业学生面向京津地区实习就业。3个校企合作教学部发挥企业资源优势，实习就业网络持续向全国一线城市延伸。

11 月 12 日，幼儿保育专业举办第二届幼儿文学作品展演比赛　　县职业技术教育中心供图

【校园安全管理】 开展多种形式的宣传教育，通过宣传标语、黑板报、宣传栏、主题班会等方式进行防疫、交通、防溺水、防震、应急等安全知识宣传，提高师生安全意识；定期开展安全应急演练，提高师生应对危机能力。加强制度建设，全面落实疫情防控常态化要求，制定《疫情防控法治宣传工作方案》《突发公共卫生事件应急预案》《新冠肺炎疫情防控应急预案》《环境卫生检查通报制度》《晨午检制度》《消毒制度》《学生因病缺课病因追查与登记制度》等一系列制度，为平安校园保驾护航。加强消防安全基础建设，保持消防安全网格化动态跟踪、隐患随时消除；后勤工作加强常规管理，保障运行安全。

【特色活动开展】 弘扬工匠精神，提升职业教育吸引力。11 月 8—14 日，落实国家、省、市职业教育活动周要求，开展以“人人出彩、技能强国”为主题的系列宣传活动。通过技能比拼、才艺展示、实地宣传、社会服务等方式展示职业教育优秀成果，营造职业教育发展的良好社会氛围。开展计算机专业文字录入、会计专业点钞、汽修专业知识抢答、旅游专业餐巾折花等特色技能大赛。开展“我的中国梦”第二届职业生涯规划大赛，组织机械专业焊接技能展示和幼儿保育专业幼儿文学作品会演。校内赛事丰富多彩，校外宣传形式多样。组织无人机、3D 打印等专业表演队走进县初级中学宣传表演，展现学校办学成果。

（顾曼丽）

体　育

【概况】 香河县体育事业按照“政府主导、部门协调、社团运作、百姓受益”的工作思路，积极落实全民健身计划，加大体育健身设施投入力度，广泛开展全民健身活动、中小学生体育比赛，大力发展冰雪运动，打造香河体育品牌。

【城乡体育设施】 2020 年，香河县建成体育场、体育馆、全民健身中心、游泳馆各 1 处，实现县级“3＋X”工程全覆盖。投资 347 万元，率先在全市完成室内滑冰场馆建设并投入使用，该场馆建筑面积 716 平方米，仿真冰面面积 500 平方米；投资 30

香河县滑冰馆　　县教育和体育局供图

万元，在盛世家园小区建成 1 处全民健身示范基地；投资 43.5 万元，为健身与健康融合中心采购器材；申请体彩公益金 19 万元，完成西魏各庄村、扁城村、大窑上村、郭辛庄村和香城郦舍社区 5 处全民健身场地设施建设，提升全民健身公共服务水平。截至年底，全县建有运河文化公园、县人民广场、新城公园、“五一”公园、亚太城广场、机器人小镇体育公园、华夏幸福公园等多个体育公园以及街道健身站点，拥有公共健身设施 405 处，人均体育场地面积达 1.9 平方米，城区、社区健身设施全覆盖，达到 15 分钟健身圈标准。

11 月 22 日，香河县第二届冰雪运动会开幕式暨冰雪“六进”工程启动仪式在新城公园举行
县教育和体育局供图

【冰雪运动】 成立由主管副县长刘雪艳任组长，各相关职能部门和各镇相关负责人为组员的香河县加快冰雪运动领导小组和第二届冰雪运动会组委会，合力推进冰雪运动深入开展。开展冰雪运动会。11 月 22 日，举行香河县第二届冰雪运动会开幕式及大众冰雪体验活动，来自全县中小学、县直机关、企事业单位、冰雪运动爱好者及广大群众 5000 余人参加，运动会涉及陆地冰壶、轮滑和滑冰等各项赛事活动，运动员、教练员、裁判员及工作人员 1500 余人参与运动会。开展冰雪进校园活动。全县各中小学备战并参加香河县第二届冰雪运动会，举办各类冰雪系列活动，增加师生对冰雪运动的认识，普及冰雪运动，并通过“小手拉大手、小手教大手”方式，提高群众对冰雪运动的关注度和参与度；为 9 所农村小学发放轮滑鞋 400 双，为农村小学普及轮滑运动奠定基础；全县 7.35 万名中小学生参与到冰雪活动，实现冰雪进校园全覆盖。推动全民参与冰雪运动。在实施冰雪运动进校园的基础上，进一步推进冰雪运动进学校、进机关、进企业、进社区、进乡村、进家庭“六进”工程，培训冰雪社会指导员 200 余名，开展冰雪体验活动 30 次。加强媒体宣传。在省级媒体发稿 72 篇，市级媒体 32 篇，发放冰雪知识手册 3 万余份，营造了全民参与的浓厚氛围，全县参与冰雪运动人数达到 17.4 万人。

12 月 5 日，香河县代表队杨雨婷（县第二中学学生）夺得廊坊市第二届冰雪运动会滑冰比赛青少年女子乙组 500 米和 1000 米冠军，图为杨雨婷滑冰比赛中
县融媒体中心供图

【群众性体育活动】 开展以“‘云上’相聚，‘战疫’健身”为主题的全民健身日活动，以“线上＋线下”相结合的方式，丰富群众业余生活，满足大众健身需求。其中，自行车、

跆拳道、足球、篮球、羽毛球、长跑等多个协会自发举办赛事活动，并通过网络平台进行线上展示。成功举办第八届京津冀大联盟足球赛，来自北京、天津、唐山等多个地区的球队参赛，打造香河县“京津冀足球大联盟”特色品牌活动，展现了全县足球爱好者的活力，促进京津冀地区足球运动沟通和交流。

【赛事活动】 参加廊坊市第二届冰雪运动会，荣获轮滑、陆地冰壶、滑冰等比赛11项冠军、4项亚军、1项季军的佳绩，香河县代表队荣获突出贡献奖、优秀组织奖和体育道德风尚奖。参加廊坊市第十五届中学生运动会健美操比赛暨2020年廊坊市中小学生健美操比赛，中、小学分别荣获团体总分第六名，香河县代表队荣获优秀组织奖和体育道德风尚奖。

【体育协会组织】 截至2020年年底，全县有体育总会、老年体育协会、冰雪运动协会、社会指导员协会各1个，拥有足球、篮球、长跑等其他各类体育协会和俱乐部24个。各体育协会积极发挥指导服务作用，增强了群众体育活力，引领和带动更多的群众参与体育健身活动，推动全县体育事业健康、蓬勃发展。

2020年度香河县教育和体育系统集体获县以上荣誉一览表

表11

获奖单位	荣誉名称	授奖单位	授奖时间
香河县第一中学	2020年度全国青少年人工智能活动特色单位	中国科协青少年科技中心 中国科协科普活动中心	2020年6月
香河县第二中学	2020年度全国青少年人工智能活动特色单位	中国科协青少年科技中心 中国科协科普活动中心	2020年6月
县教育和体育局	河北省会计工作先进集体	河北省人力资源和社会保障厅 河北省财政厅	2020年1月
香河县第一中学	河北省教育系统先进集体	河北省教育厅	2020年9月
香河县第二小学	河北省文明校园	中共河北省委、河北省人民政府	2020年12月
安平镇第一小学	廊坊市优秀少先队大队	中共廊坊市委、廊坊市人民政府	2020年6月
县直第二幼儿园	先进基层党组织	中共廊坊市委教育工作委员会	2020年7月
县城内第三小学	先进基层党组织	中共廊坊市委教育工作委员会	2020年7月
安平总校	先进基层党组织	中共廊坊市委教育工作委员会	2020年7月
香河县第八中学	先进基层党组织	中共廊坊市委教育工作委员会	2020年7月
香河县第二中学	先进基层党组织	中共廊坊市委教育工作委员会	2020年7月
香河县第一中学	先进基层党组织	中共廊坊市委教育工作委员会	2020年7月
香河县第一中学	廊坊市学校思想政治教育先进集体	中共廊坊市委教育工作委员会	2020年2月
香河县第二中学	廊坊市学校思想政治教育先进集体	中共廊坊市委教育工作委员会	2020年2月
香河县第六中学	廊坊市学校思想政治教育先进集体	中共廊坊市委教育工作委员会	2020年2月
县城内第一小学	廊坊市学校思想政治教育先进集体	中共廊坊市委教育工作委员会	2020年2月

续表 11

获奖单位	荣誉名称	授奖单位	授奖时间
县教育和体育局	宣传推广使用“学习强国”学习平台先进单位	中共廊坊市委宣传部	2020 年 5 月
县教育和体育局	“健康成长　与法同行”青少年模拟法庭活动优秀组织奖	共青团廊坊市委、廊坊市教育局、廊坊市中级人民法院、廊坊市人民检察院	2020 年 1 月
县教育和体育局	第五届“我是小小消防员”作文绘画大赛优秀组织单位	廊坊市教育局、廊坊市消防救援支队	2020 年 11 月
安平镇第一小学	优秀少先大队	廊坊市教育局	2020 年 6 月
县教育和体育局	廊坊市 2018—2019 年度“一师一优课　一课一名师”活动先进集体	廊坊市教育局	2020 年 6 月
县教育和体育局	廊坊市第十五届中学生运动会健美操比赛暨 2020 年廊坊市中小学生健美操比赛团体总分（小学组）第六名	廊坊市教育局	2020 年 11 月
县教育和体育局	廊坊市第十五届中学生运动会健美操比赛暨 2020 年廊坊市中小学生健美操比赛团体总分（初中组）第六名	廊坊市教育局	2020 年 11 月
县教育和体育局	廊坊市第十五届中学生运动会健美操比赛暨 2020 年廊坊市中小学生健美操比赛优秀组织奖	廊坊市教育局	2020 年 11 月
县教育和体育局	廊坊市第十五届中学生运动会健美操比赛暨 2020 年廊坊市中小学生健美操比赛体育道德风尚奖	廊坊市教育局	2020 年 11 月
县城内第一小学	廊坊市“五四”红旗团支部	共青团廊坊市委	2020 年 4 月
县城内第三小学	廊坊市“五四”红旗团支部	共青团廊坊市委	2020 年 4 月
县城内第四小学	2019—2020 年度廊坊市优秀少先队大队	共青团廊坊市委、廊坊市教育局、廊坊市少工委	2020 年 6 月
县城内第五小学	2019—2020 年度廊坊市优秀少先队大队	共青团廊坊市委、廊坊市教育局、廊坊市少工委	2020 年 6 月
县直第一幼儿园	“寸草心爱老敬老行动”优秀青年志愿服务集体	共青团廊坊市委 廊坊市志愿者协会	2020 年 7 月
县城内第五小学	廊坊市优秀青年志愿服务集体	共青团廊坊市委、廊坊市教育局、廊坊市少工委	2020 年 7 月
县城内第四小学	2019 年度廊坊市优秀青年志愿服务集体	共青团廊坊市委	2020 年 7 月
县城内第五小学	学校安全工作先进单位	廊坊市教育局	2020 年 4 月
县直第一幼儿园	学校安全先进单位	廊坊市教育局	2020 年 1 月
香河县第十中学	2019 年度学校安全工作先进单位	廊坊市教育局	2020 年 1 月
香河县第七中学	廊坊市诗教先进单位	廊坊市诗词学会	2020 年 8 月
香河县第九中学	廊坊市诗教先进单位	廊坊市诗词学会	2020 年 8 月
县教育和体育局	2019 年度优秀领导班子	中共香河县委、香河县人民政府	2020 年 4 月
县教育和体育局	2018—2019 年度文明单位	中共香河县委、香河县人民政府	2020 年 9 月
香河县第一中学	2019 年度优秀领导班子	中共香河县委、香河县人民政府	2020 年 4 月
香河县第一中学	教学质量先进集体	中共香河县委、香河县人民政府	2020 年 9 月
香河县第二中学	2018—2019 年度文明单位	中共香河县委　香河县人民政府	2020 年 9 月
香河县第七中学	教学质量先进集体	中共香河县委、香河县人民政府	2020 年 9 月

（袁炳毅）

文 化

责任编辑 董长江

综 述

2020年，香河县以习近平新时代中国特色社会主义文化思想为指导，以满足人民群众日益增长的精神文化需求为出发点和落脚点，进一步坚定社会主义文化自信，推动文化惠民，凝聚文化力量，扎实开展文化事业的各项工作，完成既定目标任务。免费开放县文化馆、图书馆；完成文化馆、图书馆总分管制建设；建成24个村街基层综合文化服务中心，实现基层综合文化服务中心全覆盖；提升镇级文化站服务效能；文化惠民活动丰富多彩。《香河年鉴（2019）》荣获第七届全国地方志优秀成果（年鉴类）县级综合年鉴二等奖、河北省地方志优秀成果（年鉴类）县级综合年鉴一等奖；县文化市场行政执法队被中共中央宣传部授予“第八届全国服务农民、服务基层文化建设先进集体”荣誉称号；县地方志编纂委员会办公室被中国地方志指导小组办公室授予“全国地方志工作先进集体”荣誉称号；在第八届全国市县电视台、媒体中心推优评选活动中，香河县融媒体中心获“全国市县媒体融合先导单位”称号，香河媒体融合的经验做法在全省推广；县文化广电和旅游局荣获第三届廊坊文创和旅游商品创意设计大赛“最佳组织奖”、第四届廊坊市最美民宿大赛“优秀组织奖”称号。

文化事业

【概况】 2020年，香河县全面加大基层文化综合服务中心建设力度，进一步发展壮大公共文化事业；发挥文化产业示范基地的龙头作用，维护文化市场健康有序运行，进一步加强非物质文化遗产的保护和传承力度，全面提升文化事业发展。

【基层文化基础设施建设】 2020年，完成香河县文化馆、香河县图书馆总分管制建设任务。香河县文化馆、香河县图书馆分馆在全县9个镇统一挂牌，开通镇级分馆端口9个，景区分馆端口1个，统一购置文图分馆设施、设备、图书，统一编码、录入、上架，统一培训操作流程，实现与总馆通借通还。建设水岸潮白“隐庐”分馆，实现图书馆进景区，促进文旅深度融合。完成最后24个村街基层综合文化服务中心建设任务，实现基层综合文化服务中心全覆盖，并统一配备了拉杆音箱、电脑、投影仪、幕布、电子琴、扇子、象棋、腰鼓等公共文化活动器材。

【文化产业示范基地】 截至2020年年底，香河县有省级文化产业示范基地1个，香河国华影视基地；市级文化产业示范基地1个，香河县景泰蓝珐琅制品厂。

【文化市场】 2020年，全县有互联网上网服务经营场所16家，文艺表演艺术团体18家，演出场所经营单位1家，娱乐场所9家。娱乐场所集中分布在县城，上网服务经营场所县城与乡镇分布比例属于均衡状态，文艺表演艺术团体主要分布在乡镇，文化企业整体分布合理，带动效应显著。加强对文化娱乐业的监管，规范经营，文化监管涉及互联网上网服务营业场所、经营性互联网文化单位、营业性演出、娱乐场所监管共4项。

10月1日，“匠心香河——‘非遗’大讲堂”走进水岸潮白景区，图为国家非物质文化遗产安头屯中幡表演
县文化广电和旅游局供图

【非物质文化遗产保护与传承】 截至2020年年底，全县有国家级非物质文化遗产1项、省级非物质文化遗产4项、市级非物质文化遗产20项、县级非物质文化遗产137项。香河县被命名为“中国中幡文化之乡”；香河美食特色鲜明，香河肉饼多次荣登中央电视台、北京电视台等相关栏目，成为河北省“不得不品的十大特色美食”；香河花丝首饰、玉雕、珐琅镶嵌等多种传统手工制作技艺精湛，景泰蓝珐琅制品、烧蓝银饰饰品获评“廊坊十大旅游商品”，多次参与国礼制作。年内，继续积极争列非物质文化遗产名录，红木烫蜡技艺、金银细工、京绣、臭豆腐入选第七批市级非物质文化遗产项目名录。开展“非遗”文化进景区活动，在水岸潮白景区开设“‘非遗’大讲堂”，组织中幡、通臂拳、剪纸、刺绣和西南街音乐会等20余项“非遗”项目走进景区，进行了展示、展演。组织开展“2020年文化和自然遗产日——香河‘非遗’文化进景区”和“文化进景区 健康伴我行”文化助力景区半马赛事活动。积极促进文旅消费。举办“活化‘非遗’资源 促进文旅消费”香河“非遗”集市活动，活动内容包括启幕仪式、高峰论坛以及为期一个月的“夜文化”活动。

8月11日，2020年“活化‘非遗’资源 促进文旅消费”香河“非遗”集市活动启动仪式在凯荟广场举行
县文化广电和旅游局供图

【文物挖掘与保护】 制订下发《香河县文物保护规划》《香河县文物普查登记实施方案》，开展全县文物普查登记工作。完成县文庙改造提升设计方案。成立运河文物保护巡查队伍，加强与县公安局、县水务局、安平镇政府和淑阳镇政府等部门合作，共同承担运河文物保护工作，设置文物保护警示牌。

2020年度香河县市级（含）以上非物质文化遗产项目一览表

表12

级　别	数　量	项目名称	获批时间	批　次	传承人	获传承人级别	传承人级别获批批次
国家级	1	安头屯中幡	2008 年 6 月	第一批	刘贺伶	省级	第一批
省　级	4	五行通臂拳	2014 年	第三批	徐崇武	市级	第三批
		大河各庄竹马	2014 年	第三批	赵明浩	市级	第四批
		西南街音乐会	2017 年 3 月	第六批	王新颖	市级	第二批
		烧蓝技艺	2017 年 3 月	第六批	齐兆友	市级	第四批
市　级	20	龙舞（大鲁口）	2016 年 3 月	第五批	陈秀林	市级	第四批
		玉雕	2016 年 3 月	第五批	董玉林	市级	第四批
		古建模型	—	第一批	谢长青	市级	第一批
		西路评剧	—	第一批	阎学文	市级	第四批
		文武高跷会	—	第一批	段学中	市级	第四批
		王家摆大头会	—	第一批	—	—	—
		花丝制作技艺	—	第一批	崔晓峰	市级	第一批
		珐琅镶嵌制作技艺		第一批	赵瑞民	市级	第一批
		香河肉饼制作技艺	2016 年 3 月	第五批	—	—	—
		剪纸技艺	2018 年	第六批	丁云梅	市级	第五批
		金漆百宝镶嵌制作技艺		第六批	—	—	—
		中医传统制剂方法（孟氏中药配制技艺）		第六批	—	—	
		龙舞（倪庄老龙会）		第六批	—	—	—
		渠口肉糕制作技艺		第六批	—	—	—
		烙画		第六批	—	—	—
		京东大鼓	—	—	王从民	市级	第一批
		红木烫蜡技艺	2020 年 10 月	第七批	—	—	—
		京绣技艺		第七批	—	—	—
		臭豆腐制作		第七批	—	—	—
		金银细工制作技艺		第七批	—	—	—

2020年度香河县文物保护对象一览表

表13

序号	名称	保护级别	类别	地址	保存现状
1	红庙村金门闸	国家级	古建筑	五百户镇红庙村西南	保存完好，码头、水闸下面用砖和条石砌成，上面为清代大砖
2	八户村遗址	县级	古遗址	刘宋镇八户村北	遗址东西南部已为大取土坑，北部种植农作物，黄色沙胶土
3	官坟遗址	县级	古遗址	蒋辛屯镇苍头村西口	遗址东部已被民房占压，因潮白河冲刷破坏严重
4	北岗子遗址	县级	古遗址	蒋辛屯镇岭子村北300米	遗址现为大取土坑，坑底高低不平，最深处约3.5米，坑底种植小树，黄色沙土，断面无文化层痕迹
5	兴隆庄遗址	县级	古遗址	五百户镇兴隆庄村东300米	遗址地表种植农作物，遗址西部为取土坑，遗址范围内未发现遗迹和文化层堆积
6	于辛庄村北墓群	县级	古墓葬	五百户镇于辛庄村东北200米	墓群位于路沟断层上，现已无封土，南侧断层未见暴露遗迹现象
7	周腾蛟墓表	县级	石窟寺及石刻	现存淑阳镇淑阳大街县城内第一小学院内（原位于香河县城关镇北岗村西）	埋于最北边教学楼后东北角
8	和意桥碑	县级	石窟寺及石刻	现存淑阳镇淑阳大街，县城内第一小学院内	埋于最北边教学楼后东北角
9	淑阳镇文庙大殿	县级	古建筑	淑阳镇淑阳大街，县城内第一小学院内	主体建筑正殿为面阔三间，进深三间，东、西各有一耳房
10	香椿营清真寺	县级	古建筑	五百户镇香椿营村	现保存完好
11	北务屯南大寺遗址	县级	古遗址	刘宋镇北务屯村南300米	遗址现种植农作物，黄色黏沙土。在遗址西部有高土台
12	三岔口朝阳桥	县级	古建筑	渠口镇三岔口村西南	朝阳桥位于三岔口村西南，桥连接三岔口村与东梨园村，为七孔石桥。石碑和石桥保存良好
13	宝庆寺	县级	古建筑	安平镇王指挥庄村北、北运河南岸	现仅存正殿，于2017年进行修缮保护

（侯立英）

影视制作产业

【概况】 影视制作产业既是香河县特色文化产业，也是香河县文化产业的龙头产业。全县有香河国华影视基地和中信国安新桥国际影视基地2家影视制作产业基地。

【香河国华影视基地】 香河国华影视基地（以下简称基地）坐落在香河县钱旺镇，始建于2005年，占地约666.67公顷（1万亩）。是一家专门从事影视剧拍摄、景观制作、红色旅游、国防教育、休闲度假等综合性影视文化传播活动的民营企业。已建成高规格封闭式摄影棚9座，影棚建筑面积9.5万平方米，实景打造毛泽东主席专列、抗日战场、国防体验营、天鹅湖、国华酒堡等景观20余处。拥有四星级大佛快捷宾馆、明星楼等宾馆可以满足剧组及游客入住。是CERTIFICICATE亚太地区指定拍摄基地、中国广播电影电视协会指定拍摄基地。

6 月 18 日，“中国澳涞坞”项目首家拍摄基地在香河国华影视基地签约挂牌　县融媒体中心供图

2020 年，围绕京津冀文化产业协同发展规划，坚持以习近平新时代中国特色社会主义文艺思想为指针，以“孵化器＋产业化”双轮驱动为战略，以影视文化创意产业发展为核心，以“影视文化、艺术体验、文创科技、研学培训、观光休闲”融合拓展为方向，构建独具特色的国家级影视文化创意产业生态园和影视文化主题旅游观光休闲区。年内，华鼎奖北京研究中心、澳涞坞集团拍摄基地、香河国际网红集团培训基地、党建头条融媒体中心分别在基地挂牌成立；由新晋导演陈鹏主导的电影《世纪有她》在基地拍摄并杀青，影片叙述因新冠肺炎疫情封城隔离期间的小区居民生活故事，影片扎根生活，紧跟时代脉搏，非常具有可观性；充分利用快手科技平台宣传介绍国华影视基地、香河区位和旅游资源优势；新冠肺炎疫情期间，香河国华影视基地向武汉红十字会捐款数十万元，驰援武汉疫情防控；举办全国网红才艺展示及香港知名演员洪天明爱心义演活动。

（郑万强）

【中信国安新桥国际影视产业基地】　中信国安集团中信国安文化传媒有限公司旗下中信国安新桥国际影视产业基地（以下简称“新桥影视基地”）位于香河县中信国安第一城，建筑面积约 6 万平方米，规划投资 15.3 亿元，2018 年 5 月投入使用。

新桥影视产业基地秉持“用世界的语言，讲中国的故事”的理念，致力于打造高品质、全流程的影视制作服务体系。作为国内最先进的电影一站式制作平台，基地建设涵盖了大型摄影棚、动作捕捉棚、绿幕抠像棚、电影调色棚、音乐录音棚、杜比全景声混录棚以及特效制作区、集群渲染区、特效教学区等。基地汇聚了国际化的特效艺术家和后期制作艺术家团队，可提供从摄影棚及外景场地租赁、后期制作、特效制作、制片协作到住宿餐饮、后勤支持等全方位、高质量的电影制作全流程服务。

新桥影视基地先后与北京电影学院、温哥华电影学院、THE FOUNTRY建立战略合作，并联合多家国内教育机构，共同开展面向社会的影视职业人才培训，为行业输送后备力量。

（秦　伟）

文化市场监督管理

【概况】　2020 年，县文化市场行政执法队认真贯彻落实文化市场有关法律法规，按照上级关于规范文化市场经营秩序的有关部署，切实履行文化市场的监管职能，一手抓繁荣，一手抓管理，有效遏制了违规经营、非法经营的蔓延势头，促进了文化市场有序健康发展。是年，县文化市场行政执法队被中共中央宣传部授予“第八届全国服务农民、服务基层文化建设先进集体”称号。

【新冠肺炎疫情防控及复产复工】　新冠肺炎疫情期间，全县范围内停止举办大型文艺展演、展览及聚集性群众文化和旅游活动，县文化艺术中心、文化站、景区、旅行社等暂行关闭。1月25日起，每日对全县范围内娱乐场所和互联网上网服务营业场所暂停营业落实情况及聚集性群众文化旅游停办情况进行督导检查，及时汇总上报相关方案及数据信息。做好文旅企业疫情防控与复工复产，安排景区在“畅游冀”“乐享冀”平台进行免费预约工作。组织景区负责人及相关人员参加河北省文化和旅游厅举办的为期21天的“抗击疫情 共助文旅”线上培训活动，组织全县4家A级景区参加文化和旅游部资源开发司联合中央文化和旅游管理干部学院共同推出的旅游景区公益云课堂，夯实了新冠肺炎疫情过后企业复苏、转型升级的基础。

【文化市场监督管理综合执法】 建立健全适应现代农村文化市场体系建设需要的文化市场监督管理制度，创新农村文化市场监管网络机制，建立农村文化市场监管网络信息监督员制度；将对违反广播电视设施保护规定行为的处罚、对擅自举办募捐义演或者其他公益性演出等8项处罚权下放到乡镇，制定《文化市场综合行政执法手册》，进一步提升监管效能，推动农村文化市场综合治理。全力开展“双随机一公开”监管工作，制订《2020年度“双随机、一公开”监管工作实施方案》，按照行政检查事项与实施清单一一对应要求，依法对市场主体进行监管。将44项监管行为数据录入省“互联网+监管”系统，充分利用大数据技术创新监管方式，提高市场监管效能。进一步推进政务服务“一网（一网通办）、一门（只进一扇门）、一次（最多跑一次）”改革，实现省级垂直系统和“互联网+政务服务”平台的深度融合，根据工作职能，确定本级本部门与省级对应的事项名称，认真填写事项清单并上报。深化文化和旅游市场监管机制改革，强化事中事后监管。建立健全信用约束和激励奖惩机制，健全文化市场“黑名单”，推动以信用监管为核心的新型市场监管机制建设。持续深入开展“扫黑除恶”专项斗争，加强源头治理，确保全县文化和旅游市场规范有序、健康发展。加大文化市场执法检查力度。分组包片对易发生人员聚集场所进行摸排督导，督促相关单位对薄弱环节和风险点进行整改。检查网吧、歌厅、旅行社、景区景点、印刷企业、电影院1450家次，出动执法车辆520次、人员1860人次。办结八方物流园和大王庄村图书库房存储盗版图书案件，持续开展对京迁图书库房的检查。

【“扫黄打非”专项行动】 加强对出版物市场的清查力度，重点检查出版物销售场所和书报刊亭，加强对印刷复制企业的巡查力度，重点检查具备出版物印刷能力的印刷企业，严厉打击各类非法印刷活动。深入打击有害和非法少儿出版物及不良信息。在中小学校深入开展绿色阅读系列宣传教育活动，推介和组织阅读优秀少儿出版物，引导少年儿童自觉远离和抵制有害出版物及信息。集中整治校园周边文化、出版物市场环境，突出对非法出版物、淫秽色情出版物及有害信息的查处整治，加强对无证的图书销售场所和批发、零售单位以及报刊亭等单位的检查，多次配合县扫黄办，联合公安、市场监管、教育和体育、卫生健康等部门开展校园周边环境整治和出版物市场执法检查。7月23日，省、市、县扫黄办和市县文化执法部门对香河县八方物流园一图书库房和淑阳镇大王庄村一图书库房（部分图书存放于中景亭村库房）进行了检查，发现非法出版图书73.33万册，案件移送公安机关。8月20日，销毁5804册（盒）非法出版图书，涉及北京2家印刷企业、香河1家公司。

【安全生产】 全面落实“党政同责，一岗双责”安全生产责任制，实施领导干部包联责任制度，分包乡镇、园区，每季度对所包联属地的文旅企业进行安全生产监督检查。开展旅游行业消防和安全生产三年整治专项行动，对整治任务进行细化分解，督导工作落实。“双控”机制建设扎实推进，截至2020年年底，42家文旅企业全部完成“双控”机制建设工作。

（侯立英）

香河文化艺术中心　　县文化广电和旅游局供图

公共文化

【概况】 2020 年，进一步建立健全县、镇、村三级公共文化服务体系。县级建有香河文化艺术中心，内设图书馆、文博馆、文化馆、非物质文化遗产展示中心，对外实行免费开放服务；9 个镇级综合文化站定期组织开展文化活动；完成最后 24 个村街综合文化服务中心建设，截至年底，全县有村级综合文化服务中心 300 个，实现村综合文化服务中心覆盖率 100%，满足了人民群众的文化生活需求。

【香河文化艺术中心】 香河文化艺术中心项目是县委、县政府加强公共文化服务体系建设、改善民生的重点工程之一，采取政企共建模式进行建设，是集剧场、电影院、文化馆、图书馆、非物质文化遗产展示中心、文博馆、乒羽中心等功能为一体的大型综合文化类公益项目。该项目位于新华大街西段南侧，总投资 3.3 亿元，占地面积 2.49 公顷（37.38 亩），建筑面积 3 万平方米，由香河鼎泰园区建设发展有限公司投资建设。项目于 2016 年 11 月底竣工，2017 年 4 月 28 日全面对外开放，文化馆、图书馆、非物质文化遗产展示中心、文博馆免费对外开放。

【香河县图书馆】 香河县图书馆新馆于 2015 年 2 月开工建设，2017 年 4 月 28 日正式对外免费开放。位于香河文化艺术中心二、三、四层，总建筑面积 9446.5 平方米，2018 年 8 月，在第六次全国县级以上公共图书馆评估定级中被评为二级图书馆。截至 2020 年年底，香河县图书馆总馆藏量为 34 万册，其中，纸质图书 21 万册、电子书

7 月 24 日，香河县图书馆、文化馆承办的“文化进军营 数字悦书香”系列文化活动走进武警廊坊支队执勤二大队香河中队，为武警战士送去图书、文化器材和精彩纷呈的文艺节目

县图书馆供图

13 万册、期刊 100 种、报纸 8 种、特藏图书 3135 册，重点藏书包括《永乐大典》《大百科全书》《中国全史》《四库全书》《四库全书存目丛书》《中国地方志集成》系列志书及全国优秀地方志书等。拥有行知国学、基层数字资源、歌德机、读报机、

公众号等数字资源8TB，其中，内含图书13万册，视频900辑；名师讲坛和公开课7715集；217种报纸的电子读报机，为读者提供数字化阅读服务。馆内共设青少年阅览区、老年人阅览区、电子阅览区、休闲阅览区、亲子阅览区五大功能区。每周对外开放72小时，节假日正常开放。截至年底，图书总借阅量319365册次，办证8861张，进馆总人数达到93.4万人次，其中，新冠肺炎疫情期间，采取微信公众号和乐享冀、畅游冀微信小程序线上预约进馆制，预约人数7000余人。开展文化进军营、文化进景区等活动526场，开展志愿者服务活动37次。

2020年，完成香河县图书馆总分管制建设任务，香河县图书馆分馆在全县9个镇统一挂牌，开通镇级分馆端口9个，统一购置图书分馆设施、设备、图书，图书统一编码、录入、上架，统一培训操作流程，实现与总馆通借通还。4月7—27日，香河县图书馆举办为期3周、15场总分馆图书管理业务培训，来自各乡镇的17名文化工作人员和图书管理员参加了培训。为加强基层工作人员对Interlib图书馆集群管理系统的熟练操作，香河县图书馆开展线上基础业务培训。全年组织32场流动服务进基层活动，现场借书和阅览图书共2700余册，服务人次达1万余人；组织开展志愿者服务活动13场，志愿者参与达150余人次。通过抖音小视频讲述运河文化故事，视频内容贯穿“千古沧桑北运河”“北运河风物遗存”“运河风味小吃”“运河风情”四条主线，于12月15日在香河县图书馆抖音号发布。2020年12月19日至2021年1月5日，举办“品书香 阅运河”图书展，选取134种225册图书和文献，从水利建设、经济生活、“非遗”文化、文物遗存、风俗人情等角度，介绍大运河的人文自然之美和水利功能、价值，展现大运河沿岸的社会生活、物质创造和历史文化成果，讲述穿越千年的运河文明。

【香河县文化馆】 香河县文化馆位于香河文化艺术中心四层，总面积6259.5平方米，集公益演出、培训、展览、创作、研究、交流、非物质文化遗产保护于一体。文化馆是为市民提供文艺创作交流、艺术教育培训的平台，是组织举办群众文化活动和惠民文化活动的场所，是建设社会主义先进文化、为广大人民群众提供精神食粮的重要阵地。每天免费开放，每周开放72小时。文化馆组织的各类大中型演出、文化交流会、文化惠民活动、各类展览、培训、志愿者活动等在戏楼、剧场、大厅举办。常态文化活动包括每周一、三、五举办戏迷天天演，每两周举办一次周末大舞台活动，每两周举办一次星星市场活动，每两周举办一次艺术赏析活动，每周举办一次周末大舞台活动，每月组织一场免费观影活动，现文化馆每周六、日组织舞蹈培训班、美术培训班、合唱培训班、口才培训、少儿写作、少儿模特形体培训、创意儿童画等活动。2020年，按国家一级馆标准，开展县文化馆评估定级工作。年内，举办文化惠民活动44场，开设线上线下培训班309场，线上知识普及艺品学堂33场。完成香河县文化馆总分管制建设任务，香河县文化馆分馆在全县9个镇统一挂牌，统一购置文化分馆设施、设备。

【香河非物质文化遗产展示中心】 香河非物质文化遗产展示中心于2020年年初正式开放。中心位于香河文化艺术中心一层，面积1200余平方米。采用主题展板展陈、“非遗”文物展陈、“非遗”活态展示、“非遗”数字化展示、“非遗”文创展陈相结合的方式，包括国家级非物质文化遗产1项、河北省级非物质文化遗产4项、廊坊市级非物质文化遗产17项、香河县级非物质文化遗产127项等四个展区及“非遗”视界、“非遗”文化大讲堂、“非遗”文创、“非遗”保护、活态展示等主题展区，是集“非遗”展示宣传、研究保护、教育传承、互动体验、文化交流等多功能于一体的综合性非物质文化遗产保护传承基地。

通过图片、文字、展板、影像、实物、场景以及传承人现场互动等展示手段，并借助先进的物联

香河“非遗”展示中心展出的清代皇封安头屯中幡原物　　　　县文化广电和旅游局供图

网智能显示屏、基于移动端的数字化传播平台、游客互动触摸显示终端及 VR、AR 等数字化传播方式，全面展示了香河民间文学，传统音乐，传统舞蹈，传统戏剧，曲艺，传统体育、游艺与杂技，传统美术，传统技艺，传统医药，民俗等非物质文化遗产资源的无限魅力，以此激发广大公众传承文化根脉、守护精神家园、彰显文化自信、构建和谐家园的共鸣。2020 年，进入非物质文化遗产展示中心参观人次 1556 人次。

【香河文博馆】　香河县文博馆位于香河文化艺术中心一、二层，总面积 1272 平方米，谨遵“朴素大气、厚重典雅、自然流畅、特色鲜明、科技环保”的设计原则，参照新型博物馆建设标准，全力打造县域历史文化展示中心。文博馆一层为香河历史展，以“运河驿站，荷香香河”为主题，聚焦于香河历史沿袭与文明遗址。历史展分为“香河之源”“运河金波”“古城大观”“近代风云”四个篇章；二层为香河文化展，以“富美与斯，历久弥新”为主题，聚焦于香河文化传承与生活场景。重现百年来香河民间生活景象，传递出香河商贸富裕、文化富足、精诚为美的人文风貌特点。文博馆展出文物共计 188 件，一层展出文物 127 件，主要出土的朝代是辽代、唐朝、宋朝；二层展出文物 61 件，主要出土的朝代是唐朝、宋朝、清朝。

文博馆全年免费对外开放，每周开放 6 天（星期一闭馆），开放时间为 9:00－16:00，每周 42 小时。截至 2020 年年底，总进馆人数 34237 人次，完成政府、企业、社会参观接待 502 场次。

【镇级文化站】　提升镇级文化站服务效能。在镇级文化站原有 3 名工作人员的基础上，2020 年，通过采取政府购买服务形式，为 9 个镇级综合文化站分别配备 2 名专职文化工作人员，并对 18 名工作人员进行了岗前轮训，使综合文化站真正实现“有人管起来、群众走进来、活动搞起来”，累计开展各类群众文化活动 200 余场次。完成香河县文化馆、香河县图书馆总分管制建设任务。香河县文化馆、香河县图书馆分馆在全县 9 个镇统一挂牌，开通镇级分馆端口 9 个，统一购置文化和图书分馆设施、

11 月 10 日，香河县图书馆乡镇分馆业务技能比拼在县图书馆举行　　　　县图书馆供图

设备、图书，图书统一编码、录入、上架，统一培训操作流程，实现与总馆通借通还；举办“提素质、重实践、比服务、促发展”香河县图书馆总分馆业务技能竞赛，提高了图书馆各分馆管理员的专业知识和业务水平。

【村级综合文化服务中心】 截至2020年年底，按照“五个一”（1间多功能文化活动室、1间图书阅览室、1个文化广场、1套群众体育活动器材设备、1套简易音响设备）标准，全县300个村街全部建成综合文化服务中心，实现村级综合文化服务中心覆盖率100%。其中，年内完成最后24个村街综合文化服务中心建设，统一购置拉杆音箱、电脑、投影仪、幕布、电子琴、扇子、象棋、腰鼓等公共文化活动器材并配发至24个村级综合文化服务中心。村级综合文化服务中心建设，切实改善村街基层公共文化服务设施，丰富了群众文化生活，使人民群众的获得感、幸福感进一步提升。

【大运河文化】 立足于讲好大运河故事，2017年12月，成立香河县大运河文化研究会，系统挖掘整理大运河历史文化资源，截至2020年年底，发展团体会员12家、个人会员39人、顾问9人，先后编辑出版了《话说北运河》《古运流香》《村镇源流》等文史书籍，开发了全国首张“大运河文化云名片”，通过VR全景、虚拟现实等技术，全方位展示香河大运河文化。建成运河非物质文化展示中心，成功举办首届“香河大运河文化节”。投资4亿元，实施北运河生态文化项目，先期实施8000公顷（1.2万亩）运河沿线景观绿化工程，完成8.6千米河道清淤疏浚、6.46千米岸坡防护、5千米滨河步道和运河文化公园建设，实施曹店橡胶坝修复和平安污水处理厂升级改造工程。

2020年，围绕深入贯彻习近平总书记关于大运河文化带建设的重要指示批示精神，落实省委、省政府的决策部署，将北运河廊坊段旅游通航列为县委、县政府“一号工程”，制订北运河旅游通航规划和具体实施方案，确保2021年6月实现与北京互联互通、分段通航，2025年实现全线直航。启动清淤疏浚、两岸景观提升、桥闸坝改造和文旅产业发展等工程，围绕运河旅游通航，撰写讲解词，培训讲解员，全力打造北运河文化旅游带，推进运河国家文化公园建设。年内，启动运河相关的“非遗”文化、肉饼文化、文物遗存等历史文化资源的搜集整理工作。与通州区文化和旅游局签署战略合作框架协议，推进两地文化和旅游常态化联动合作机制建设、推进实现两地文旅产业资源共建共享、推进

12月23日，香河县与通州区文化和旅游协同发展工作推进会在北京通州区召开，双方文化和旅游部门共同签署文化和旅游协同发展战略合作框架协议 张新广 摄

两地深层次文化和艺术交流、推进两地文化旅游互动营销、推进两地打造良好的文化旅游环境、推进两地文旅人才教育培训等多方面的深度合作。编制完成北运河文旅品牌宣传营销策划书。组织人员赴运河沿线重要节点城市山东聊城、济宁、枣庄市进行考察学习，并与枣庄市台儿庄区签署运河文旅合作框架协议，共同提升两地运河文旅产品的开发与合作。在五百户镇后土门楼村举办杨家将文化研讨会，邀请河北大学中国宋史研究会教授等专家学者

围绕“大运河畔杨家将”主题进行座谈交流。

（侯立英）

文化活动

1月19日，举办“彩虹长在有新天 惠风和畅喜迎盛世年”香河县迎新春送祝福宣讲中共十九届四中全会精神活动，县文化馆口才班学员朗诵党的十九届四中全会精神

县文化广电和旅游局供图

【概况】 2020年，在做好新冠肺炎疫情防控的基础上，香河县文化惠民活动丰富多彩，开展了“七进”文化惠民演出，“美丽幸福新香河大家唱”广场文艺演出等，举办了“同心同创 香风荷韵”2020年香河县舞台艺术精品创作评选活动，活动在网络平台进行了直播，浏览量达11.34万人次。全民阅读、文化交流等活动扎实推进。

【文化惠民活动丰富多彩】 2020年6—11月，开展欢乐城乡“七进”文化惠民演出节目征集和筛选整合等工作，并对各艺术团上报的节目逐个审核把关，保证了演出质量和效果，完成演出200场。“美丽幸福新香河大家唱”广场文艺演出，打破传统的大杂烩综艺演出形式，举办“听党话 感党恩 跟党走”主题宣讲专场、“喜迎国庆 中秋双节 共奔小康”专场、国防教育专场以及戏曲、杂技、乐队摇滚等20场专场演出活动。

【其他专题文化活动】 1月19日，举办“双创双服”系列活动”——“彩虹长在有新天 惠风和畅喜迎盛世年”香河县迎新春送祝福宣讲中共十九届四中全会精神活动；“4·23”世界读书日，在水岸潮白景区举办“书香浓情 悦心赏景”——送文化进景区、助力文明城市创建全民阅读活动，活动邀请香河县人民医院援鄂医生杨仕春现场分享，一线医务人员15组亲子家庭参加；6月14日，在水岸潮白景区举办“2020年文化和自然遗产日”——“非遗”文化进景区活动，以五行通臂拳、西南街音乐会、京绣、葫芦烙画、臭豆腐制作等“非遗”项目静动结合的展示展演方式进行；7月24日上午，走进武警廊坊支队执勤二大队香河中队驻地，举办“文化进军营 数字悦书香”系列文化活动，为全体武警战士送去图书、文化器材和精彩纷呈的文艺节目；8月10日，在香河水岸潮白景区举行“文化进景区 助力达小康”全民诵读活动；8月11日，2020“活化‘非遗’资源 促进文旅消费”——香河“非遗”集市开幕，集市包括手工艺品区、特色美食区等区域，集中呈现香河与部分通州的特色“非遗”产品；8月30日，科普绽放景区，共享小康生活——“我和自然有个约会”系列科普活动（第一期）在香河水岸潮白京东蔬艺园举行，10组亲子家庭参观蔬艺园，聆听科普讲座，学习植物知识并体验采摘特色蔬菜；9月4日，举办“文化助力脱贫 决胜共奔小康”惠民文化演出；9月27日下午，“文化助力脱贫 决胜共奔小康”——香河县广场舞比赛决赛在香河文化艺术中心一层剧场举行；10月1—8日，在水岸潮白景区组织开展“匠心香河——‘非遗’大讲堂”进景区系列活动，展示中幡、舞狮、通臂拳、西南街音乐会、京东大鼓、花会、京绣等多项香河代表性“非遗”项目和民间传统技艺；10月6—8日，京津冀首届老酒文化节

6 月 14 日，2020 年文化与自然遗产日——香河“非遗”文化进景区活动在水岸潮白景区举行
王可 摄

暨香河水岸潮白老酒交流会在水岸潮白景区菊香小镇举办，京津冀及全国各地近 300 位老酒收藏家参加活动，展示各式老酒及酒版、酒器约上千个品牌；10 月 7 日，香河潮童——贰零贰零·古运“非遗”系列作品发布会亮相第三届河北时装周，30 余名县文化馆香河潮童成员（部分为肯迪猫少儿模特）为发布会提供精彩的产品展示，品牌发言人李雨霏受邀参加本届时装周河北省服装行业盛会高峰论坛，贰壹柒文创品牌为此次发布会提供了刺绣荷包、发簪、箱包等具有香河元素的原创配饰；11 月 7 日，在水岸潮白景区举办“文化进景区 健康伴我行”文化助力景区半程马拉松赛事活动，在景区主要节点展演传统“非遗”项目中幡、舞狮和秧歌，县文化馆馆办团队大合唱、原创舞蹈等文艺节目。

【全民阅读】 倡导全民阅读，建设书香社会，丰富广大人民群众精神文化生活，营造浓厚的全民阅读氛围。2020 年，香河县图书馆在做好新冠肺炎疫情防控工作的同时，认真组织、筹划、开展一系列全民阅读活动：组织 32 场流动服务进基层活动，现场借书和阅览图书共 2700 余册，服务人次达 1 万余人。举办“文化进景区 助力达小康”全民诵读活动，“文化进军营 数字悦书香”系列文化活动，“悦享好书 走向我们的小康生活”燕赵少年全民阅读活动等特色活动，开展少儿英语角，少儿国学知识，名师讲坛等品牌活动 47 期，参与人次 2025 人。新冠肺炎疫情期间，共举办线上阅读活动 77 场，参与人次 4306 人；举办线上线下读者培训活动 9 场，参与人次 350 人。

【文化交流】 7 月 28—29 日，举办“同心同创 香风荷韵”2020 年香河县舞台艺术精品创作评选活动，专门邀请省、市专家以及专业院校教授对参赛的 18 个原创节目进行现场评选，此次活动在网络平台进行了直播，浏览量达 11.34 万人次。

12 月 21 日，举行“运河赋彩 · 童画小康”第三届大写香河 · 全县中小学生书画艺术大赛颁奖仪式，此次大赛共有 400 余幅书画作品参赛，经过严格遴选，最终评选出国画类、书法类、儿童画类、

12 月 21 日，“运河赋彩 · 童画小康”香河县第三届大写香河·全县中小学生书画艺术大赛颁奖仪式举行
胡海龙 摄

素描水粉类获奖作品 28 幅，优秀指导教师奖 5 名和优秀学校组织奖 5 个。

（侯立英）

文艺协会

【概况】 2020 年，香河县积极支持文艺活动发展建设，各类文艺协会发展到 14 个，各协会从自身实际出发，发挥优势，以多出人才，多出精品，提高服务质量为工作重点，以满足人民群众日益增长的精神文化生活需求为工作核心，积极开展丰富多彩的文艺活动，为全县营造浓厚的文化艺术氛围。

【县曲艺家协会】 2020 年，京东大鼓传承人王从民创作出一批抗击新冠肺炎疫情的文艺作品，宣传抗击疫情的感人事迹，用文艺作品为武汉疫区加油，为奋战在疫情防控一线的白衣战士、工作者唱赞歌。2 月 19 日，创作的《武汉加油》在香河融媒发布；2 月 23 日，创作并演唱的《劝》在天津电视台《鱼龙百戏》栏目抗击疫情主题曲艺作品中展播；3 月，中共香河县委宣传部、香河县文明办和香河县融媒体中心举办“农商银行”杯香河县“榜样的力量”评选活动，王从民荣获“榜样的力量”岗位标兵称号；在廊坊市文艺界《战疫情》主题文艺创作中，王从民荣获先进个人称号。4 月，参加全省《抗击疫情 众志成城》“非遗”主题作品创作征集及网络展示活动，获河北省非物质文化遗产保护中心荣誉证书。6 月 24 日，王从民入选“千百成峰”河北文艺名家名作“双推”宣传工作展示推送嘉宾；参加天津电视台《鱼龙百戏》节目，被聘为曲艺名师。7 月，中共香河县委宣传部、县文化广电和旅游局举办“同心同创、香风荷韵 ”2020 年香河县舞台艺术精品创作评选活动，王从民获一等奖。8 月，香河县曲艺家协会荣获香河县“文化助力小康 原创曲艺作品展演”活动优秀组织奖。12 月，邵万宇在第十二届北京快板邀请赛暨 2020 京津冀快板邀请赛决赛中荣获金奖；在“遇见西山 慢品国韵”北京房山第五届京津冀曲艺邀请赛中荣获三等奖。年内，县曲艺家协会组织参加市委宣传部组织拍摄“我和我的祖国”快闪宣传篇；参加湖南电视台组织在京老艺术家“九九重阳节”演出；参加河北省文化和旅游厅组织的传统文化艺术展演。

6 月 24 日，京东大鼓传承人王从民入选“千百成峰”河北文艺名家名作宣传展示　县文联供图

【县戏剧家协会】 截至 2020 年年底，县戏剧家协会拥有 11 个剧社，其中，京剧 3 个，评剧 8 个，会员发展到 300 余名，创作的评剧戏歌《同舟共济渡难关》荣获县委宣传部颁发的优秀作品奖。2 月，举办线上香河县元宵节戏曲晚会。“五一”国际劳动节期间，各团队在活动群举办各种形式的网络演唱会活动。组织“八一”建军节戏迷联谊会，以红色戏曲为主题，歌唱颂扬红军长征的《金沙江畔》经典唱段。9 月 19 日，举办“喜迎国庆 欢庆中秋”2020 年京津冀评剧票友交流演唱会。国庆节期间，组织安头屯国祥剧社在西口头村和孙营庄村举办 3 场戏曲下乡活动。10 月，祥和剧社送戏曲进校园走进县城内第五小学。10 月 25 日，香河春意剧社为

8月1日，在“八一”建军节戏迷联谊会上，票友演唱《金沙江畔》唱段　　县文联供图

渠口敬老院的老人们送去重阳节戏曲专场晚会。

【县作家协会】　11月29日，在香河县文化艺术中心，聘请河北省作协副主席刘建东、河北省作协副主席李浩开展主题为《质疑与创造》《故事开始了》的讲座。参与组织京津冀作协联盟，邀请北京市通州区作家协会同仁到香河进行创作交流活动，并前往北京市朝阳区、天津市蓟州区及大厂回族自治县、三河市等地进行学习交流。举行香河县首届“现代中外文学经典名著阅读、创作分享交流活动”，王宏任主讲陈忠实的《白鹿原》、王瀛主讲严歌苓的《第九个寡妇》等优秀篇章。积极参与省、市、县抗疫文学征稿、参加市廉政征文等活动，并有多篇作品获奖。打造香河作家群品牌，“香河作家”微信公众号推出113期作品，发表作品近700篇，新冠肺炎疫情期间开展专题征文活动，高考期间开展高考记忆征文活动，“香河作家”微信公众号每周更新发布，定期出版成册。

【县诗词协会】　2020年，创作抗疫诗词作品1000余首。其中，收入《香河抗疫诗词选》约700首；向省、市诗词协会发送“抗疫”诗词专题小片儿8期，约400首；《香河文艺》“抗疫”诗词专辑中刊出约600首。

【县书法家协会】　2020年，香河书法家协会继续坚持进企业、进学校、进机关、进社区、进农村等送春联、送书法活动，深入钱旺镇义井村、蒋辛屯镇河北吴村、香河风动工具厂、香河经济开发区新兴产业园、县城内第三小学、县消防救援大队、县中医医院等单位，受到社会各界喜爱和欢迎。继续开展“走出去　请进来”活动，加强与周边地市书协的交流，1月5日，在靓湧轩举办由三河、大厂、香河3县市硬笔书法协会和书法家协会主要领导参加的书法联谊会。

【县摄影家协会】　积极参加中国摄影家协会关于抗击疫情的征集作品活动，多幅抗击疫情的作品发表于《香河文艺》。参加河北省决战决胜脱贫攻坚摄影征稿、河北省第二十五届摄影艺术展，有多幅作品入展，其中，牛宝森的《真想遇见你》获河北省第二十五届摄影艺术展优秀奖，《濯濯童山》获河北省第二十五届摄影艺术展评委提名奖。参与县妇联的美丽庭院、文明家庭的拍摄；参与大运河文化记录文献资料的拍摄；举办香河县农民丰收节暨美丽庭院摄影展和香河县“脱贫攻坚”成果摄影展。组织参加摄影交流活动，邀请摄影名家到香河进行面对面交流。

【县舞蹈家协会】　8月5日，参加“同心同创　香风荷韵”原创舞蹈大赛，县舞蹈家协会原创舞蹈《荷香香河》获得二等奖。9月，创编舞蹈《让爱暖人间》，表达对白衣天使的崇敬，在困难面前全国人民齐心协力、众志成城、共渡难关的决心；9月27日，在“文化助力脱贫　决胜共奔小康”——香河县广场舞比赛决赛中，县舞蹈家协会表演的原创舞蹈《让爱暖人间》荣获最佳表演奖。

【县影视家协会】　1月7日，青春爱情励志喜剧电影《把爱搬回家》在香河文化艺术中心举行启动发布会。县委宣传部、县文联、县文化广电和旅游局、县融媒体中心和县影视家协会相关负责人，以及全国10余家新闻媒体记者近百人参加。

1月7日，电影《把爱搬回家》在县文化艺术中心召开项目启动发布会　　县文联供图

【县美术家协会】　4月8日，香河美协开展手绘“龙鳞装”的专项研究，现代汉纸文化产业研究者和总架构设计者、龙鳞卷发明人李怀乾，上海福方文化传媒公司董事长陈慧宇参加研讨。10月2日，在香河美协八雅文化教育基地（天下第一城创客24号静虑斋）举办“书声琴韵”八雅文化交流会，北京市书法家协会副秘书长郭建勋出席。

【县硬笔书法家协会】　2月，以“众志成城 抗击疫情”为主题开展书画作品网络展和“战疫”诗词网络展活动。4月，举办香河县“靓涌轩”杯书法临帖大赛。年内，组织参加第三届廊坊市硬笔书法大汇展活动。

（王智林）

融媒体

【概况】　2020年，香河县融媒体中心认真宣传贯彻落实习近平新时代中国特色社会主义思想和全国、省市县宣传思想工作会议精神，扎实抓好媒体融合、新闻宣传、产品创优、队伍建设等重点工作，为夺取新冠肺炎疫情防控和经济发展双胜利营造了良好舆论氛围，为建设美丽幸福新香河提供思想舆论保证和精神文化支撑。

是年，顺利通过省委宣传部对县级融媒体中心建设情况考核验收，且在全省名列前茅。融媒体中心媒体融合经验做法成功入选全省广播电视媒体融合典型案例，是全省广电系统10个入选单位中唯一的县级融媒体中心；市委宣传部印发通知，在全市各县（市、区）委宣传部、融媒体中心推广香河县融媒体融合经验成功做法。9月，在以“共融·共生·共美好”为主题的中国广电媒体融合发展大会之京津冀广电媒体融合协同发展推进会上，香河融媒体中心主任史长城发表主旨演讲，介绍香河县融媒体中心建设发展经验。11月，入选2020年河北省广播电视媒体

11月14日，在第八届全国市县电视台、融媒体中心推优评选活动中，香河县融媒体中心获“全国市县媒体融合先导单位”殊荣　　县融媒体中心供图

融合先导单位，为全省4个先导单位之一。在第八届全国市县电视台、融媒体中心推优评选活动中，香河县融媒体中心获“全国市县媒体融合先导单位”殊荣，电视栏目《香河新闻》荣获优秀奖，综艺晚会“首届香河文化和旅游发展大会文艺晚会”、电视专题《“疫”往直前显本色》、短视频《大十五吃什么方便面呀》分获一等奖。在新华社新闻信息中心、音视频部与百度App、百家号、好看视频联合出品的《小康中国·千城早餐》大型视频展演活动中，香河县融媒体中心作品《香河油丝面》荣获优秀奖。在中国电视艺术家协会行业电视委员会举办的2020年行业电视节目展评展播活动中，香河县融媒体中心作品《河北香河：小喇叭传党话，社区居民话党声》荣获短视频类好作品奖，“首届香河文化和旅游发展大会文艺晚会”荣获文艺片类优秀作品奖。被市委宣传部、市文明办授予奋力夺取疫情防控和经济社会发展“双胜利”主题宣传最美新闻人（团队）荣誉称号，7人分获“最美新闻人”“优秀新闻人”荣誉称号。因积极主动做好政务信息工作，为领导和上级部门科学决策提供了有益参考，中心受到县政府书面嘉奖。荣获2020年度河北省文明单位、2019年度廊坊市文明单位、廊坊市宣传推广使用“学习强国”学习平台先进单位、2018—2019年度香河县文明单位、香河县创建省级文明县城先进单位等荣誉称号，被新华社新媒体中心授予“优秀县级融媒体合作单位”称号，被县委、县政府评为2019年度优秀领导班子，机关党支部被县委县直工委评为先进基层党组织。县融媒体中心主任史长城被评为廊坊市第七届道德模范。

随着中心传播力、影响力的不断扩大，“廊坊发布”微信公众号、澎湃新闻、《廊坊日报》及《廊坊日报》电子版、学习强国河北平台、新华社客户端河北频道、河北新闻网、河北卫视等媒体纷纷宣传报道香河县融媒体中心总体建设经验。

【媒体融合扎实推进】 高标准建设平台指挥调度中心、节目生产中心和节目播发中心，为工作开展搭建了良好硬件基础，促使“一体策划、一次采集、多种生成、多元传播”的融合发展思路有效落地，实现全媒体运作、全终端覆盖、全方位服务。完善拓展融媒矩阵，积极构建集约高效的全媒体传播格局。2019年12月26日，正式开通官方抖音号“发现香河”，开启了短视频传播香河好声音的探索，截至2020年年底，总浏览量突破1.3亿次。2020年，相继开通“发现香河”官方快手号、官方视频号、“香河县融媒体中心”微博账号；接入省级融媒体平台，开发启用“冀云香河”手机App。《新香河》报纸成功借助《河北广播电视报》廊坊《生活家周刊》拓展香河版；初步完成了新时代文明实践中心服务平台的顶层框架设计和基本功能的研发。年内，香河融媒已拥有包括电台、电视台、“香河融媒发布”“香河融媒直播频道”微信公众平台、《新香河》报纸、“冀云香河”手机App、“香河县融媒体中心”微博、“发现香河”抖音号、“发现香河”快手号、“发现香河”头条号、“发现香河”视频号、环京津新闻网、生活家周刊及央视新闻移动网、央视频、人民日报人民号、新华社现场云等媒体品牌及发布渠道，打造了香河融媒体矩阵，传播力、影响力显著增强。

【新闻宣传】 2020年，全力做优新闻宣传主业，自觉承担党的新闻宣传和舆论引导使命任务，充分发挥融媒体传播平台聚合效应，大力营造积极向上的主流思想舆论，牢牢掌握意识形态工作领导权，为全县经济社会健康发展提供了坚强舆论保障。特别是新冠肺炎疫情期间，充分利用融媒体宣传平台，及时传播党和政府权威信息、普及科学防疫知识、纾解群众紧张情绪、助推经济社会有序健康发展，为全县夺取疫情防控和经济社会发展双胜利贡献了媒体融合的“新闻力量”。

年内，新闻宣传重点围绕全县新冠肺炎疫情防控和经济社会发展进行报道。1月21日，“香河融

县融媒体中心记者冒雨进行采访报道　　县融媒体中心供图

媒发布”微信公众平台首发新冠肺炎疫情提醒信息，随后围绕疫情形势及时开设了《战“疫”一线 党旗飘扬》《直击战“疫”一线》《战“疫”有你》等专栏，真实记录各条战线疫情防控开展情况，累计发布相关信息230余条，总阅读量突破40万次；“香河融媒发布”全年累计发布信息1400余条，并同步更新至“掌上香河”手机App和“冀云香河”App。电视台《香河新闻》栏目重点开设《香河抗疫群英谱》《夺取疫情防控和经济发展双胜利》等12个专栏，围绕全县上下众志成城共抗疫情的硬核举措及全县发展大局、各行业各领域发生的深刻变化，以小见大，以点及面进行了大量宣传，全年共播出新闻稿件1200余条。香河人民广播电台在新冠肺炎疫情发生后，在《香河新闻》栏目中，先后开办《战疫一线 党旗红》《精准防控疫情 有序复工复产》等13个特别节目和专栏节目，全天安排三分之二的时间用于宣传疫情防控和有序复工复产。《新香河》报刊全年出版43期，刊发新闻近千条，记录县委、县政府带领全县人民全力争取疫情防控和经济社会发展双胜利的具体举措，并积极配合县直各部门在相关职能领域的宣传工作，取得良好宣传效果。

【宣传报道服务民生】 2020年，面对突如其来的新冠肺炎疫情，1月24日除夕，仅用1天时间成功赶制了新冠肺炎防控知识专题访谈，邀请县内疫情防控专家从专业角度讲解科学防疫知识，及时把正确的防疫知识第一时间传递给广大群众，消除疫情扩散带给人们的恐慌。坚持以人民为中心的创作导向，精心锻造优质栏目，成功录制《以案说法》节目4期，大型政务服务栏目《阳光问政》2期，继续拍摄播出大型系列历史文献纪录片《香河·印记》6集；新开办综艺访谈节目《新时代的小人物》、新闻播报类栏目《影子说事》，紧贴基层，服务民生，收到良好的社会反响；制作了杨仕春、李向国、李海峰等新冠肺炎疫情期间最美逆行者的抗疫事迹宣传片；公益广告类节目日均播出2小时。

【重要活动专题报道】 先后成功组织《2020年香河春节联欢晚会》《2020年香河县文化旅游产业发展大会（云会议）大型融媒体直播活动》《2020年香河县农民丰收节》等多场大型活动。其中，2020年香河县文化旅游产业发展大会（云会议）采用线

1月14日，2020年香河县春节联欢晚会在第一城金色大厅完成录制　　县融媒体中心供图

上线下同步推进、多元互动的全新方式举行，全面展示了香河全域旅游的建设成果，并围绕“旅游+”，讲述人文的香河、生态的香河、智慧的香河，全力打造“运河驿站 荷香香河”品牌，取得了良好社会效果。

【对外宣传】 2020年，新闻稿件及新闻短视频在中央电视台、新华社、《人民日报》等中央级媒体播发56条，河北电视台播发74条，廊坊电视台播发470余条。推送的图文和短视频作品先后被“河北广电”微信公众号、河北新闻网、环京津新闻网等平台客户端多家媒体转载发布700余条次。有50余部新闻和短视频作品被“学习强国”河北学习平台采用，其中，长图漫画作品《手绘长卷：致敬劳动者》被“学习强国”全国学习平台采用并登上首页，该作品被新华社客户端河北频道转载后，5个小时阅读量突破51万人次。

【“短视频”与“直播”新媒体平台】 注重网络内容建设，专注内容质量，扩大优质内容产能。短视频作品《大十五的吃什么方便面？》点击量达到2500万次，河北省广播电视局和河北省记者协会分别在其官方微信平台，向全省推介香河县融媒体中心新冠肺炎疫情防控宣传的系统做法。作品《愿所有的唠叨都能成为安全的避风港》在抖音、快手、视频号等平台发布后，不到一周时间，播放量突破5000万次。《“雷锋”司机做好事不留名》等12部作品播放量均突破100万次。

2020年，香河融媒直播频道累计直播8场次，其中，2020年香河县文化旅游产业发展大会（云会议）大型融媒体直播活动，首次采用“智慧化平台+网络直播+云会议+云展览+云导游”的全新方式，香河融媒直播频道全天8小时不间断直播，访问量突破130万人次。同时，抖音、快手、央视频等10余个新媒体平台同步进行直播，各平台总访问量突破200万人次，进一步提高了香河的知名度和美誉度。截至年底，香河融媒直播频道“粉丝”量27.9万人，总访问量突破589万人次。

【广播电台节目播出】 广播电台以专题节目和群众喜闻乐见的诗朗诵、广播剧、歌曲、快板、京东大鼓、散文、日记等多种方式引导群众科学防疫。《交通广播》栏目每天3个小时电台直播，连同部分栏目同步通过抖音、香河融媒体手机直播、蓝鲸直播等进行视频直播共1710期，总点播观看率750万余次。

（吴玉婷）

广播电视管理

【概况】 为加快乡村基础设施建设、提升乡村生态保护信息化水平、加强农村网络文化阵地建设，全县300个村全部实现广播电视“户户通”网络光缆全覆盖。

【广播电视宣传管理】 牢牢把握正确的政治方向和舆论导向，提升舆论引导能力，确保不发生政策性错误和导向性失误。抓好重大公益活动的策划和实施，增强广播电视媒体的责任感和凝聚力，提升广播电视媒体的权威性和公信力。

【广播电视节目播出监管】 督促播出机构严格遵守宣传管理各项规定，提高节目质量。超前安排做好节假日专栏的节目播出工作，突出部门联动宣传。

【卫星电视接收监管】 加强对广播电视安全接收播出的管理工作，确保重大活动和重要节假日期间广播电视节目播出、传输过程中的节目完整、信号安全和技术安全。

【“三网”融合发展】 为满足广大农村居民对互

联网的需求，筹集专项资金用于县、乡、村三级的互联网干路建设，2020年，完成蒋辛屯、渠口、钱旺、刘宋、五百户、安头屯等镇的主干网和蒋辛屯镇前建各庄、后建各庄、小尹庄等村的分配网建设，其他地区的分配网有序建设。县城区内全部实现双项网全覆盖，发展宽带用户8000余户。

（侯立英）

档　案

【概况】　2020年，县档案馆认真贯彻落实上级精神，本着“为党管档、为国守史、为民服务”的理念，以加强档案资源建设为着力点，以档案信息化建设为主线，全面落实年度档案工作目标，有力推进档案工作健康发展。

【档案接收】　2020年，有序接收全县各立档单位档案进馆，共接收档案54827卷、21588件。其中，文书档案657卷、16517件；土地确权档案53796卷、5071件；国企退休人员档案374卷。接收废旧公章53枚。

【档案数字化】　2020年，县档案馆加强档案数字化建设，硬件设施、数据库、人才队伍等方面建设得到进一步提升。全年完成档案扫描454068页，目录著入103403条，加快档案数字化进程。

【档案开放工作】　按照《中华人民共和国档案法》规定，年满30年的档案应向社会开放，县档案馆1990年以前应开放的档案全部向社会开放，累计20043卷。2020年，档案开放829卷。

【档案安全管理】　坚持“以防为主、防治结合”的工作方针和“坚固实用、安全防范、科学管理、方便利用”的原则，加强对档案库房安全管理。定期对库房进行常规巡检，检查档案保管状况、档案保护设施设备状况，确保档案馆运行“零事故”。4月，县委书记李桂强等县领导到县档案馆调研，对县档案馆的工作给予充分肯定。

【档案服务】　2020年，接待查阅档案700余人（次），提调档案资料3000余卷（件），复印档案资料2000余页。为全县经济建设、机关查考、编史修志、落实政策、调解纠纷、学术研究等方面提供了翔实的第一手资料，解决了大量实际问题，真正让档案服务社会、服务民生。

（吴　华）

地方志

【概况】　2020年8月，香河县地方志编纂委员会办公室正式更名为香河县地方志编纂中心。年内，按照《国务院办公厅关于印发全国地方志事业发展规划纲要（2015－2020年）的通知》要求，开拓创新，扎实工作，坚持一手抓新冠肺炎疫情防控，一手抓本职工作，紧盯任务目标不放松，采取有效措施推进各项工作有序开展。2019年11月27日，中国地方志指导小组办公室印发《关于全国地方志工作先进典型的通报》（中指办字〔2019〕143号），香河县地方志编纂委员会办公室荣获全国地方志工作先进集体称号（2020年1月收到正式文件）；4月，《香河年鉴（2019）》受到县委书记李桂强肯定性批示；12月，《香河年鉴（2019）》荣获第七届全国地方志优秀成果（年鉴类）县级综合年鉴二等奖，荣获河北省地方志优秀成果（年鉴类）综合年鉴一等奖；荣获2018－2019年度香河县文明单位称号。全力开展《香河年鉴（2020）》编纂工作，提升年鉴编纂质量，年内，完成公开出版发行。做好为省、市年鉴供稿工作，及时完成供稿任务。地方志政务新媒体有序运行，实现地方志资源共享。

6月3日，县地方志编纂中心举办年鉴编辑工作培训会议　　李学涛 摄

搞好旧志传承和整理，更好地服务社会经济发展。

【《香河年鉴（2020）》编纂出版工作】 2020年，是全国地方志落实“两全目标”的收官之年，也是地方志工作最为关键的一年，新冠肺炎疫情严重影响《香河年鉴（2020）》编纂工作启动开展。县地方志编纂中心一手抓好新冠肺炎疫情防控工作，一手抓好本职工作，将新冠肺炎疫情造成的影响降到最低。精心谋划，提升和完善年鉴类目、分目和条目设置。进行充实、调整、完善和提升，使得框架更科学、合理和严谨。根据新冠肺炎疫情发展情况，综合研判，适时全面启动《香河年鉴（2020）》编纂工作，制定印发《香河县人民政府办公室关于印发〈香河年鉴（2020）〉编纂方案的通知》《〈香河年鉴（2020）〉编纂任务》。明确各编辑职责分工，把职责与任务细化量化到人，倒排工期，确保质量与进度科学合理推进。建立编辑与供稿单位撰稿人联系沟通机制，指导各单位撰稿人提高年鉴稿件质量，并及时上报。加强学习培训，提升编辑专业素质和文字能力，保障年鉴质量提高。年内，组织开展内部学习培训5次。采取定期调度、定期研讨交流制度。每周召开1次调度、交流、研讨会议，解决在年鉴编纂过程中遇到的困难和问题，强化“力求精品、减少纰漏”意识，严把稿件质量关，确保年鉴质量提升。9月初，完成《香河年鉴（2020）》初审及排版，报送方志出版社进行专家评审，年内，公开出版发行。

【省、市年鉴编纂供稿】 2020年，县地方志编纂中心高度重视，精心组织，安排精干力量为《河北年鉴（2020）》《廊坊年鉴（2020）》撰写香河县稿件，力争做到资料翔实、准确无误，按质、按量、按时完成省、市年鉴供稿工作。5月，按要求高质量完成《河北年鉴（2020）》供稿任务；6月，按要求高质量完成《廊坊年鉴（2020）》供稿任务。

【地方志政务新媒体运行】 2020年，充分利用政务新媒体，拓展地方志的受众范围和宣传渠道，积极发挥地方特色，利用新媒体传播香河悠久历史、文化底蕴和地情信息等，强化香河方志工作新闻宣传工作，使得更多的人知道香河，了解香河。截至年底，香河地方志编纂中心拥有香河方志网、香河方志微信公众平台、澎湃新闻香河方志政务号、头条新闻香河方志政务号、香河方志网数字方志馆等新媒体平台，年内，新媒体平台共推送地情人文资料、新闻、消息等1097条；各类新媒体平台累积点击量1120余万次，日点击量最高1.2万次，单篇阅读点击量4.4万余次，澎湃新闻香河方志政务号的政务指数位居文化榜前10名，为推广普及地方志文化、服务社会和群众、宣传推介香河发挥积极有效的作用。在新冠肺炎疫情期间，数字方志馆在网站和新媒体平台的宣传下更好发挥线上的优势和作用，使群众足不出户就能了解到香河的自然状况、历史沿革、文化底蕴、社会风貌和风土人情等方面知识，增强本土历史文化的凝聚力和辐射力。方便资料的搜集和保存，减轻志鉴资料查找难度，实现

香河方志馆镇馆之宝——梁口经幢 王树春 摄

资源共享效果。

【香河方志馆】 香河方志馆位于香河文化艺术中心一、二层，总面积1272平方米，谨遵“朴素大气、厚重典雅、自然流畅、特色鲜明、科技环保”的设计原则，参照新型博物馆建设标准，全力打造县域历史文化展示中心。文博馆一层为香河历史展，以“运河驿站，荷香香河”为主题，聚焦于香河历史沿袭与文明遗址。历史展分为“香河之源”“运河金波”“古城大观”“近代风云”四个篇章；二层为香河文化展，以“富美与斯，历久弥新”为主题，聚焦于香河文化传承与生活场景。重现百年来香河民间生活的景象，传递出香河商贸富裕、文化富足、精诚为美的人文风貌特点。文博馆展出文物共计188件，一层展出文物127件，主要出土的朝代是辽代、唐朝、宋朝；二层展出文物61件，主要出土的朝代是唐朝、宋朝、清朝。地情资料特藏室位于香河图书馆三层，建筑面积80平方米。2020年，投资13.8万元，购置《中国地方志集成》系列志书中15个省（自治区、直辖市）的省志辑、府县志辑17套，总计228册。购置全国优秀地方志书、地方志政策理论书籍52册，截至2020年年底，馆藏书籍3184册。

香河方志馆于2017年4月28日正式建成并对外免费开放，每周开放6天（星期一闭馆），开放时间为9:00—16:00，每周42小时。截至年底，总进馆人数34237人次，完成政府、企业、社会参观接待502场次。

【旧志传承与整理】 2020年，持续加强旧志的保护、传承与研究整理，投资10万元，用于翻印《香河县志》（2001）版；谋划并于年底启动香河旧志的点校工作。

【村镇志、行业志】 2020年，《安平镇志》印制样书、稿件完成二审工作，全书28章、130节，45万字。《香河法院志》完成终审，全书25编、119章、365节，210万字，预计2021年4月出版发行。《庆功台村志》完成初审，全书30章、138节，42万字。

【开展地方志进社区活动】 2020年，积极开展地方志服务基层、服务群众活动，满足群众日益增长的文化需求。县地方志编纂中心走进珠光社区，宣传讲解地方志文化及香河县的地情人文等方面知识，为社区居委会送去香河县不同时期的《香河县志》《香河年鉴》及地方志相关书籍，受到社区居委会和小区居民的好评。

（王树春）

旅　游

责任编辑　董长江

综　述

2020年，香河县围绕打造全域旅游示范区的目标，立足做好“全域旅游”文章，高标准修订《全域旅游总体规划》，建成使用旅游集散中心等配套设施，在全省率先建成“慧游香河”智慧旅游服务平台，成功举办第二届文化旅游产业发展大会，获评全市唯一的全国县域旅游发展潜力百佳县和省级全域旅游示范区，蒋辛屯镇北李庄村被评为全国乡村旅游重点村，刘宋镇庆功台村、蒋辛屯镇岭子村被评为全省乡村旅游重点村，县文化市场行政执法队被中共中央宣传部授予第八届全国服务农民、服务基层文化建设先进集体。截至2020年，全县有国家AAAA级景区2个、AAA级景区1个、AA级景区1个；国家旅游模范村1个、国家级乡村旅游重点村1个、省级乡村旅游重点村2个。是年，旅游市场受新冠肺炎疫情影响较大，全县旅游接待人数330万人次，同比下降40.6%，其中，接待过夜游人数15.8万人次，同比下降45.3%；实现旅游总收入14.2亿元，同比下降48.3%。

全域旅游

【概况】　香河县有“京畿明珠”之美誉。连续荣获全国综合实力、投资潜力、科技创新、绿色发展和新型城镇化质量5个百强县荣誉称号。自2017年9月被列为省级全域旅游创建单位以来，按照“一年打基础、两年出形象、三年上品质”的既定目标，全力推进省级全域旅游示范县创建工作，实现了旅游产业快速发展。2020年8月，香河县荣获河北省第二批“省级全域旅游示范区”称号。

【创建省级全域旅游示范区】　2020年，香河县把全域旅游纳入全县发展战略，编制完成《香河县全域旅游总体规划》，提出“举全县之力，争创省级全域旅游示范县”。为保证创建质量和创建效果，专程赴省文化和旅游厅进行专题汇报和对接沟通，赴邯郸涉县进行参观学习，先后7次召开调度会议和培训会议。县文化广电和旅游局认真落实县委县政府要求，从创建目标到细节把握、从优势巩固到弱项弥补、从创建材料到实操步骤、从媒体宣传到氛围营造等都进行了详细的安排部署和落实。8月，在全市率先成功创建省级全域旅游示范区。

【以北运河为轴心带动全域旅游】　确立以北运河

运河文化公园　　县融媒体中心供图

为轴心带动全域旅游发展的主体思路。立足于讲好大运河故事，2017 年 12 月，成立香河县大运河文化研究会，对大运河历史文化资源进行系统的挖掘整理，截至 2020 年年底，发展团体会员 12 家、个人会员 39 人、顾问 9 人，先后编辑出版《话说北运河》《古运流香》《村镇源流》等文史书籍，开发全国首张“大运河文化云名片”，通过 VR 全景、虚拟现实等技术，全方位展示香河大运河文化。建成运河非物质文化展示中心，成功举办首届“香河大运河文化节”。投资 4 亿元，实施北运河生态文化项目，先期实施 8000 公顷（1.2 万亩）运河沿线景观绿化工程，完成 8.6 千米河道清淤疏浚、6.46 千米岸坡防护、5 千米滨河步道和运河文化公园建设，实施曹店橡胶坝修复和平安污水处理厂升级改造工程。2020 年，围绕深入贯彻习近平总书记关于大运河文化带建设的重要指示批示精神，落实省委、省政府的决策部署，将北运河廊坊段旅游通航列为县委、县政府“一号工程”，制订北运河旅游通航规划和具体实施方案，确保 2021 年 6 月实现与北京互联互通、分段通航，2025 年实现全线直航。启动了清淤疏浚、两岸景观提升、桥闸坝改造和文旅产业发展等工程，全力打造北运河文化旅游带，推进运河国家文化公园建设，构建以北运河为轴心带动全县全域旅游发展的总体格局。

【百里旅游环线基本成形】 近几年全县累计投资近 20 亿元用于农村道路建设，2019 年，香河县被评为“四好农村路”全国示范县。2020 年，加快跨界路网建设，启动安石路西延、运河大道北延前期工作，平香线南延和大辛路改造工程建成通车。加快推进北运河、青龙湾河、潮白河堤顶路及滨河绿道的建设和修缮提升，28.2 千米的潮白河堤顶路、18.2 千米的青龙湾河堤顶路全线贯通，北运河约 10 千米滨河路建设完成，香河百里旅游环线基本形成；蒋辛屯镇片区沿潮白河 20 千米滨河路竣工，形成自身一个小的旅游环线。实施道路升级改造工程，完成城乡道路新建及改造 217 千米，平香线南延跨潮白河大桥、大辛路跨潮白河义井大桥竣工通车，推进了县域内景区景点的串联。推进“四好农村路”与旅游深度融合发展，将农村公路建设与“全域旅游”构建和“乐适小镇”（乐居、乐业、乐游、乐享）打造相结合，全力建设“美丽公路”，梁大香（梁家务—

蒋辛屯镇农村公路　　县融媒体中心供图

大窑上—香河）—大香旧线（大厂—香河）、夏安旧线（夏垫—安平）—杨簸箕庄、滨河路（蒋辛屯镇）、北李庄—岭子4条公路被省交通运输厅评为“全省美丽农村路精品示范路”。

【健全旅游公共服务体系】 围绕智能服务和智能管理进行规划建设，完成“一个中心，两个平台，一个示范景区”建设，实现智慧导览、智能管理、安全预警等功能。开发“慧游香河”小程序，为游客及时推送香河旅游资讯、节庆活动、美食、美宿、交通指南等信息，真正实现了一部手机游香河。旅游配套功能日趋完善。依托香河汽车站建成县旅游集散中心，高标准规划设计县游客服务中心。围绕运河通航，启动文旅服务基地、服务中心和服务点的规划建设，实施县域内主要交通干线、高速服务区、加油站的旅游功能配套建设，新建改建40余块旅游标识牌。积极推进“厕所革命”，累计建成旅游厕所62座。100辆新能源智慧公交车覆盖全县各景点，实现2元票价游香河，成为全省首个全县域实现全国公共交通互联互通的县级城市。

蒋辛屯镇北李庄村景泰蓝“非遗”文化传承地　　县文化广电和旅游局供图

【多业态旅游融合发展】 构建“通武廊”旅游合作联盟、“吉祥运河”旅游发展联盟等多个区域旅游合作联盟。开展宣传推介活动，连续参加4届“通武廊”文化旅游产业发展大会，相继举办“北京鸟巢我‘荷’你香河旅游推介会”、通州“吉祥运河·游你游我”大型推介会等系列活动。

非物质文化遗产文化进景区活动蓬勃开展。截至2020年年底，全县有国家级非物质文化遗产1项、省级非物质文化遗产4项、市级非物质文化遗产20项，香河县被命名为“中国中幡文化之乡”。香河美食特色鲜明，香河肉饼多次荣登中央电视台、北京电视台等相关栏目，成为河北省“不得不品的十大特色美食”；香河花丝首饰、玉雕、珐琅镶嵌等多种传统手工制作技艺精湛，景泰蓝珐琅制品、烧蓝银饰饰品获评“廊坊十大旅游商品”，多次参与国礼制作。近几年，在水岸潮白景区建设图书馆“隐庐分馆”和景泰蓝观摩研学场所，相继开展了京津冀中幡文化交流大赛、京津冀通臂拳交流大赛、香河肉饼美食大赛等“非遗”文化进景区活动。

创造了“1+1+N个潮白”乡村旅游发展新模式。在蒋辛屯镇政府设置1个镇旅游管理办公室作为统筹管理部门，整个乡村旅游片区在“潮白文旅”联盟1个总集团的统一领导下，公司、园艺、餐饮、投资商等分别以不同模式参与投资，实施村落错位发展，形成“一村一品”的“N”个主题，再进行片区联合，共同打造区域性乡村旅游品牌。引进公司与农户签订闲置房长期租赁合同，通过“资源变资产、资金变股金、农民变股东”三变改革模式创新，建设系列旅游产品，为当地农民提供民宿管家、保洁、服务等多种就业岗位，促进农民增收。全县通过乡村旅游直接带动村民就业人数5000余人。

【旅游品牌打造】 打造六大旅游品牌。以国家AAAA级景区第一城为龙头的会奖旅游（会展及奖励旅游）品牌。作为中国最具文化魅力的会奖旅游目的地，相继承接国际金融论坛、G20峰会、中国

小学生参观游游览香河机器人小镇　　县融媒体中心供图

最美导游颁奖盛典等重要会议活动。每年举办的"京津冀中华大庙会"被列入"不得不享的河北十大休闲体验"。

以香河国华影视城为龙头的影视旅游品牌。国华影视城相继拍摄了《赵氏孤儿》《道士下山》等影片100余部，被中国广电协会认定为"全国影视指定拍摄景地"，被省委宣传部命名为省级文化产业示范基地。

以享有"中国北方家具商贸之都"美誉的香河国际家具城为龙头的家居文化旅游品牌。每年一届的"国际家居文化节"成为中国北方最隆重的家居文化盛宴。

以香河机器人小镇为龙头的旅游新业态品牌。将人工智能产业与旅游融合，集机器人主题酒店、组合运动场、互动式VR体验等娱乐功能于一体，形成了香河机器人小镇独特的"旅游＋科技"融合业态创新。

以万亩荷塘为龙头的赏荷旅游品牌。"香河荷花节"将"荷香十里到香河"传遍大江南北，百余品种荷花竞相开放，年均接待游客近100万人。

以香居小筑、潮白别处两大系列主题民宿为龙头的乡村旅游品牌。创意打造"一房一主题、一院一世界"的特色民宿理念，为游客营造出更多的回归自然、享受自然的空间。

（侯立英）

旅游基础设施建设

【概况】　2020年，香河县不断加大旅游基础设施建设，完成智慧旅游系统建设，县旅游集散中心建成投入使用，旅游厕所建设任务顺利完成。

【智慧旅游系统建设】　全域旅游智慧平台建设一期已建设完成，在搭建旅游云数据中心的基础上，景区实现WiFi、视频监控、应急广播、客流监测全覆盖，满足了全域旅游对景区客流监测、应急指挥、游客服务、信息采集的全方位要求。开发了"慧游香河"小程序，为游客及时推送香河旅游资讯、节庆活动、美食、美宿、交通指南等信息，真正实现一部手机游香河。

【县旅游集散中心建设】　在现有集散中心的基础

香居小住主题民宿　　县文化广电和旅游局供图

上，增加咨询、宣传、导览等服务功能。在县域高速服务区、香河机器人小镇、县文化艺术中心建设旅游服务咨询点；建设旅游标识引导系统，改建、新建旅游标识牌16块，建设全域全景图导引系统6块。

【旅游厕所建设】 2020年，建设完成5座旅游厕所，并在百度地图标注，2018－2020年百度地图标注率100%。

（侯立英）

旅游活动开展

【概况】 2020年，为进一步塑造香河旅游品牌形象，提升香河旅游知名度和美誉度，香河县举办第二届文化旅游产业发展大会、2020首届香河县文创和旅游商品创意设计大赛等重大活动，向国内外游客推介香河旅游文化。组织参加最美民宿大赛、文化创意和旅游商品大赛，均取得优异成绩。

【香河县第二届文化旅游产业发展大会】 2020年9月16日，受新冠肺炎疫情影响，香河县第二届文化旅游产业发展大会以网络云会议形式召开。大会以“运河驿站 荷香香河”为主题，按照“运河印记、今日繁华、诗与远方”三大板块，围绕“香·味、香·约、香·情、香·韵、香·慧”五条主线展开，通过连续8小时网络直播，成功组织了大会开幕式、“慧游香河”全域旅游智慧服务小程序发布上线、香河全域旅游资源云推介、旅游形象大使云分享、香河非物质文化遗产云展示、香河肉饼美食文化云解读、主播带你云游香河、香河文化旅游重点项目招商发布等一系列活动，全面展示了香河文化旅游的建设发展成果。来自京津冀的各界领导、嘉宾和旅游从业者500余人在线参会。大会官网视频直播关注量达130余万人。央视频、新华社现场云、腾讯新闻、“抖音”、“快手”等直播平台进行同步直播。

本届大会打造和凸显了四大亮点：科技引领，描绘全域旅游新画卷。本届大会充分利用互联网信息技术手段，完全打破了时间和地域限制，采用智慧化云平台＋5G＋云会议＋云展览＋云导游的全新方式，实现连续8小时平台同步直播，并通过大会微官网、VR全景导览、文化云名片、文旅指南电子书、云上展馆等多种线上服务新手段，实现视觉体验与智慧服务升级，文化旅游与信息科技融合，让香河的旅游更有“诗意”，让香河的文化走向“远方”。创意策划，彰显文化旅游新视觉。本届网络大会由香河融媒体中心12位直播主持组成的“主播天团”分别走进香河融媒体演播中心、香河“非遗”展示中心、安头屯中幡文化广场、香河肉饼示范店、水岸潮白田园综合体、香河国际家具城、国华影视基地、香河景泰蓝制品厂、正大鸭厂、机器人小镇等10个分会场，并采用访谈直播间、多场景切换、视频连线等多种形式，通过专家学者解读、旅游达人分享、外景主持人讲解、网络观众互动，首次实现多场景、多点位全天8小时

9月16日，香河县第二届文化旅游产业发展大会以网络云会议的形式召开　县融媒体中心供图

9月16日，在香河县第二届文化旅游产业发展网络大会上，香河肉饼制作技艺传承人、大张肉饼店总经理张井林走进直播间 县融媒体中心供图

连续直播；大会还结合线上抽奖、互动答题、发放优惠券、现金红包等多种形式，提高直播活动的互动性和参与性；整场活动集政治性、时代性、文化性、艺术性、科技性、可视性、参与性、互动性为一体，全面展示了香河全域旅游的建设发展成果，充分展现了香河的历史、文化、传承与发展，以生动的视觉艺术手段讲述了人文的香河、生态的香河、智慧的香河，进一步叫响“运河驿站 荷香香河”文旅品牌。业态融合，满足全民旅游新需求。本届大会将“旅游+”和“+旅游”作为一种新的突破方式，推进旅游与文化、影视、科技、工业、农业、教育等产业跨界融合，推出历史文化游、影视文化游、家居文化游、科技文化游、工业文化游、美丽乡村游、教育亲子游、美食文化游等诸多旅游新业态、新产品，推出了多条全域旅游精品线路，满足不同层次游客的多元化需求，给游客以多彩多姿的文化旅游新体验。上下联动，创新旅游营销新模式。“我为家乡文旅代言”是贯穿本届大会全程的推介形式。由县委书记李桂强和县委、县政府相关领导、县直相关单位负责人及本县文化学者、艺术名人、“非遗”传承人、本地网红主播、旅游达人、美食达人、景区负责人、文旅企业负责人组成的“代言天团”，齐上阵、同亮相、共发声，一起为香河文旅代言、为家乡代言，充分利用新媒体平台，多方位、多渠道、多形式展示了香河文化旅游资源的独特魅力，亮出了香河全域旅游新名片。

【2020 首届香河县文创和旅游商品创意设计大赛】 “2020 首届香河县文创和旅游商品创意设计大赛”于 2020 年 5 月底启动、11 月底落下帷幕，历时 6 个月，设有征集报名、高校征集、作品展、初评和决赛等环节。大赛围绕“潮来了，香河”文创旅游品牌，按照重大题材类、文化文物类、文化“非遗”类、景区和城市主题、乡村民俗类、生活创意类、融合创新类、红色创意类等 8 个类别进行作品和商品征集，共征集作品 410 件，经过初评和决赛严格遴选，最终 30 件作品入围决赛。其中，《和平尊》荣获金奖；《“香河潮童”传统亲子服饰系列》《纸辉家文创系列》荣获银奖；《香河荷香精品瓷器组合套装》《Grow up with me（伴我长大）》《花开富贵紫砂杯》荣获铜奖；《大美祥和》等 5 件作品荣获最具香河特色奖，《香·荷》等 5 件作品荣获最佳创意设计奖，《“潮来了香河”国潮 T 恤设计》等 5 件作品荣获最具商业价值奖。

【组织参加第三届廊坊文创和旅游商品创意设计大赛】 为深入挖掘香河文化内涵，汇聚创意设计资源，推动文化资源、文化创意设计与全县相关产业融汇交流，开发一批文创品牌和地方特色旅游商品，推动香河文创产业迈上新台阶，香河县积极参加廊坊市文创大赛，文创作品《如意传承配饰礼盒》在第三届廊坊文创和旅游商品创意设计大赛上荣获“最佳创意设计奖”，香河县文化广电和旅游局荣获“最佳组织奖”。

【组织参加第四届廊坊市最美民宿大赛】 组织香河县 10 家民宿企业参加第四届廊坊市最美民宿大

赛，经评比，香河县水岸潮白民宿“麦小姐的花园”荣获三等奖，“别处·葫芦小院”“别处·生香”“别处·沐之”获得最具潜力奖，香河县文化广电和旅游局荣获“优秀组织奖”。

（侯立英）

旅游市场管理

【概况】 2020年，进一步加强旅游市场管理，在抗击新冠肺炎疫情期间，全面加强对各旅行社、旅游服务网点和各景区景点的管控，严格落实各项疫情防控措施，该关停时关停、该限流时限流，确保全县旅游市场安全。截至年底，全县有旅行社总社2家，旅行社分社1家，旅游服务网点14家。

【新冠肺炎疫情防控】 为抗击新冠肺炎疫情，全县范围内停止举办大型文艺展演、展览及聚集性群众文化和旅游活动。新冠肺炎疫情常态化防控期间，各景区配备红外测温仪和消毒液、口罩、手套、洗手液、消毒湿巾等防护物资，做好每日场所消毒记录，每日员工体温测量登记，景区入口处张贴“经营场所内需佩戴口罩”提示标识，采取互联网售票、二维码验票等方式，有效减少人员接触；继续贯彻落实“限量、预约、错峰”入园要求，按照能约尽约原则，减少现场人员聚集，接待游客量不得超过最大承载量的75%；进入景区人员必须佩戴口罩，不戴口罩或者体温异常者，不得进入景区。各旅行社及服务网点严格上岗工作规范，加强人员健康监测和管理，做好场所的通风换气和清洁消毒；进入场所人员必须佩戴口罩出示健康码并监测体温，正常方可入内；进入网吧等娱乐场所人员必须佩戴口罩，做好消毒清洁，对经常接触的公共用品和设施定期消毒，保持环境卫生清洁，及时清理垃圾，做到公共用品用具“一客一用一消毒”。

【旅游市场监管】 县文化市场行政执法队在旅游旺季及法定节假日期间，对具有旅游业务经营资质的旅行社、分社和服务网点进行执法检查，主要检查内容：经营资质是否合法、手续是否完备、是否按规定在相关部门备案、是否存在超范围经营旅游业务、是否存在私自收客转客等违法违规行为；是否按规定签订旅游合同、使用旅游合同示范文本、在合同中载明导游服务费用及地接社等相关信息；旅游行程中是否有擅自变更行程安排行为;旅游合同是否按照规定妥善保管等；是否发布超经营范围线路产品广告以及不合理低价广告和宣传单；是否在各种媒体上发布明显低于成本价的旅游线路产品信息，从而杜绝旅游市场欺行霸市、黑车、黑导、黑店、隐性消费和强买强卖现象，使全县旅游市场综合秩序得到规范治理，为游客提供一个安全、和谐、健康的旅游环境。

【旅游安全管理】 加强旅游景区安全管理。景区制订突发事件应急预案，员工按照既定标准和流程操作，避免在服务提供过程中产生不安全行为；正确引导和约束景区内游客的游览行为，设置安全警示牌，防止游客不安全行为导致事故；做好景区内各种游乐场所、各种道路交通设施、车辆等的安全管制工作，特别是旅游高峰期尤为重要；做好气象灾害和自然灾害的预报和防范措施，尽可能减少景区或游客的生命财产损失。加强旅行社安全管理。旅行社针对消防、卫生、交通安全等，开展专项培训和应急演练；旅游出行前，要对游客出示《旅游安全须知》告知书；旅游运营车辆要符合旅游包车营运资质、安全检验合格，满足旅游行程运输要求；旅游车辆驾驶员应具备相关资质，确保行车安全；旅游团在选择住宿场所时，应考察其消防、治安等方面的安全管理情况，确保其建立并运行安全管理体系。

（侯立英）

旅游景点

【概况】　香河县有AAAA级国家旅游景区2家，分别为中信国安第一城和金钥匙景区，AAA级国家旅游景区1家即水岸潮白景区，AA级国家旅游景区1家即锦绣潮白景区。市级工农业旅游示范点3家，分别为万亩荷塘、东方千年古葡萄庄园、乐农美联生态农场。

中信国安第一城景区　　县融媒体中心供图

【中信国安第一城景区】　中信国安第一城景区是中信国安集团公司投资兴建的一座集文化旅游、会议展览、休闲度假、娱乐健身、美食购物、影视拍摄、文化演艺、养生养老等多种功能于一体的大型文化旅游综合体。坐落于河北香河经济开发区，占地240公顷（3600亩），总建筑面积54万平方米，总投资80亿元，整体设计外仿明清时期北京都城的城垣风貌，内聚中华民族几千年建筑精华，采用“缩地不缩景”方式，复原老北京“内九外七”的城垣格局，建成了皇宫王府、市井茶肆、圆明八景、22座城关、十里古城墙，周边5千米的空腹城墙、22座错落有致的城楼和中国传统文化风格的建筑群。每年6—8月，第一城芙蓉满园、荷香四溢，形成“荷在湖中、湖在景中、景在城中、人在画中”的靓丽风景，成为京津冀地区著名的赏荷基地，是国家AAAA级旅游景区。城内建有大型现代化国际会展中心、4座星级酒店、金色艺术大厅、佛教艺术博物院、百鸟园、乐高乐园。中信国安第一城建有客房2000余间（套），风味餐厅18个，会议厅（室）60余个，住宿容量3000余人，餐厅接待能力1.1万余人，会议容纳1万余人，具备举办展览活动的室内面积3.7万平方米。2020年，经营收入3050.79万元，接待游客50241人次，酒店入住15554人次，出租客房8638间，2020年年底，第一城资产总额130.74亿元，净资产－64.14亿元。

新冠肺炎疫情防控。2020年，突如其来的新冠肺炎疫情发生后，迅速成立疫情防控工作领导小组，制订疫情防控方案，落实疫情防控措施，做好疫情监测、人员排查以及卫生、消毒等工作。受新冠肺炎疫情影响，1月24日至8月10日闭园，酒店暂停营业。8月11日，恢复景区室外游览，并根据经营需要，安排部分岗位人员复工，公司部分复产。加强景区出入口管理，严格实行测温、扫码登记。

旅游接待。8月11日起，在做好常态化疫情防控的基础上，恢复景区室外游览，开园售票，全年接待游客50241人次、门票收入126.66万元。

会展会务接待。8月22日，部分恢复福安宫酒店接待工作，陆续接待中信银行、香河县、慧宇教育等会议活动，酒店全年接待15554人次，出租客房8638间夜，营业收入1116.84万元。

【金钥匙景区】　金钥匙景区于2003年11月23日开业，占地面积15万平方米，建筑面积18万平方米。是从事商品流通的大型家具连锁企业，主要从事中、高档家具商品销售并为家具供应商提供产品展示、分销、物流配送及信息服务，是北方规模超大、配套齐全、行业集中、功能强大的超前商业中心。展厅全面引入“一站式购物”模式。经营种类包括品牌家私、家庭用品、时尚布艺、床上用品、家居饰品等。充分满足消费者一站式购物的消费需求，适应了现代消费发展的趋势。景区汇集全国各地400余家企业，经销民用、办公、宾馆、饭店、儿童套房及红木、藤艺、沙发等500余个品牌，年成交额20亿元，年纳税3000万元。2011年12月30日，被国家旅游局评定为国家AAAA级旅游景区。

景区一层为综合体验馆，展示国内家具知名品牌200余家，划分成实木套房区、睡眠区、客厅区、沙发区、老榆木区、工艺品区等展区。二层为品牌体验馆，包括银座街、轩尼诗大道、威尼斯大道，3条主通道把二层分为3个环形展区，外环集中了芝华士、罗兰索、慕斯、欧瑞、好日子、大自然、喜临门、小藤匠、西班牙露依莎、双虎、全友等大品牌家具展位，中环设有咖啡厅、儿童乐园、精品画廊可供游人休憩观赏，内环是欧式家具展区：金凤凰、融峰、大风范、伊丽莎白、宏利卡丹等家具在此都有展位。展厅内30余部扶梯方便游客在游览过程中使用。三层为罗浮宫家具，立志打造经典欧式家具，17世纪欧式宫廷的装修风格，20余个品牌的欧式家具。四层为红木典藏馆，幽静典雅的古典装修与红木古典家具相得益彰，处处都体现了中华五千年灿烂的文化。美联、友联、年年红等红木品牌在这里展示了最经典的家具设计。

水岸潮白景区　县融媒体中心供图

【水岸潮白景区】　水岸潮白景区位于蒋辛屯镇北李庄村，紧邻首都环线高速公路香河西出口。占地33.33公顷（500亩），2019年5月开业，同年9月获批国家AAA级景区。景区分为共享农庄、火车商业街、李家大院（景泰蓝展厅、村史馆、旅游接待中心）、别处潮白民宿群、房车营地、农事体验区、林下杭白菊、林下散养区、花海、儿童研学区、景泰蓝DIY工坊。利用北李庄村景泰蓝制作的非物质文化遗产资源优势，发展休闲农业、手工艺体验，特色民宿。景区采用公司运作＋合作社＋村民的商业模式，在不改变土地性质的前提下，统一通过流转闲置农宅，设计、改造成不同风格主题民宿39套，截至2020年年底，累计接待游客41万余人次。

【锦绣潮白景区】　锦绣潮白景区位于蒋辛屯镇，西临潮白河，占地6.67公顷（100亩），设置东南、东北2个出入口。景区以主题民宿为纽带，建有木屋栈道、古林风情、荷花池、紫藤廊道等景点。各区域功能明确，视线通畅。景区道路分主要景观道、次要景观道和景观小道，满足不同景观点的人流量的不同要求。景区绿化采用国槐、柳树及成片的小雏菊分层种植，景色宜人。景区有一套完善的照明系统，体现田园慢生活的情趣。已经形成主题民宿建筑群，风格各异，吸引大量游客前来参观入住。

【万亩荷塘景区】　万亩荷塘景区位于刘宋镇庆功台村，按照政府引导、市场运作的方式，刘宋镇于2013年开始种植藕荷933.33公顷（1.4万亩），品种有大地红、红莲、飘花、野荷、珍珠等10余个系

万亩荷塘景区　　县融媒体中心供图

左岸农业东方千年古葡萄庄园　　县融媒体中心供图

列，并育有精品荷花园。在荷塘中有荷花定情园、观荷厅、荷宴园、牤牛场旧址、庆功之台、杨六郎大破辽军古战场、杨家寨主题公园等10余个景点。为北方平原莲藕单体面积最大的种植基地，2014年，被廊坊市科技局认定为市级农业科技园区，全部通过北京专业机构绿色食品检测。2015年，在国家旅游局和国务院扶贫办共同主办的全国乡村旅游提升与旅游扶贫推进会议上，刘宋镇庆功台村获评“中国乡村旅游模范村”；2016年，万亩荷塘万亩森林片区获首批市级乡村旅游片区称号；游人可在“青青荷叶浩如海，点点芙蓉似浪花，栈道浮桥探幽径，一叶扁舟畅晚霞”的意境中放松身心，尽情享受自然之美。

【左岸农业东方千年古葡萄庄园】 左岸农业东方千年古葡萄庄园位于安头屯镇大青庄务村南，由张家口东方科技有限公司投资建设，是以传承世界重要农业文化遗产“宣化牛奶葡萄”的种植、采摘、研发、保护于一体，集葡萄种植、酿酒以及休闲观光、生态旅游于一体的中国历史文化农业示范园区，其葡萄苗木被列为世界重要文化遗产，是中国古老的优质葡萄品种之一，采取传统的漏斗架方式进行栽培。主要包括大型漏斗架葡萄种植园、世界葡萄品种及架型展示园、葡萄研发基地、生态阳光房等设施。已栽植葡萄26.67公顷（400亩），总计200余架、1400株。

【乐农美联生态农场】 乐农美联生态农场位于安头屯镇大青庄务村东，占地面积26.67公顷（400亩），有高档阳光暖棚1.5万平方米、蔬菜大棚2万平方米。是集观光旅游、餐饮美食、休闲娱乐及特色种植养殖于一体的新型农业项目，主要包括种植采摘区、珍味养殖区、生态木屋住宿区及农家特色小吃街等功能区域。年接待游客3万人次。

2020年度香河县A级旅游景区景点一览表

表14

名　称	性　质	地　址
中信国安第一城	AAAA	香河经济开发区
金钥匙景区	AAAA	香河家具城
水岸潮白景区	AAA	蒋辛屯镇北李庄村
锦绣潮白景区	AA	蒋辛屯镇

2020年度香河县旅行社及服务网点一览表

表15

序 号	名　称	地　址	成立时间	法　人	联系电话
1	香河春秋旅行社有限公司	新开街（北侧）54-1 号	2016.6.30	唐春海	13722660881
2	廊坊市新华旅行社有限公司	新开街（南侧）23 号	2019.3.19	王宏波	13522089199
3	河北虹宇国际旅行社有限公司香河新华大街分社	新华大街永新小区商住楼 1 号门市	2016.6.16	徐继生	13930662933
4	河北携程国际旅行社有限公司新华大街营业网点	新华大街西段 119-32 号沿街商住楼五 B-096 门市	2019.3.19	殷宏宇	18031699577
5	廊坊市全景假日旅行社有限公司香河服务网点	新开街（南侧）87-1 号	2019.4.12	程慧娜	15076600888
6	河北乐道国际旅行社有限公司香河新华大街服务网点	新华大街 13 号	2017.10.18	成蒙蒙	15831699601
7	廊坊春光国际旅行社香河欧陆服务网点	新华大街欧陆豪庭居民小区柏林乐韵 6 号楼 1 单元 9 号车库	2016.6.27	刘志男	15030601225
8	盈科美辰国际旅行社有限公司香河县永泰路服务网点	永泰路西侧香江逸景小区 2 号商住楼 3 号门市	2018.5.23	尹德富	13831665188
9	盈科美辰国际旅行社有限公司香河县新开街服务网点	新开街（北侧）12-1 号	2018.9.21	刘云峰	13483608777
10	承德海航乐游国际旅行社有限公司香河服务网点	迎宾路东侧花园公寓第 3 幢 0114 号房	2018.5.4	张淑云	15832655851
11	河北携程国际旅行社有限公司新开街服务网点	新开街自来水居民小区北楼 3 单元西门一侧	2018.10.23	吴　洁	15631698766
12	河北康辉国际旅行社有限责任公司香河县新开街服务网点	新开街（北侧）56 号	2017.9.30	朱民璋	13903160111
13	海洋国际旅行社有限责任公司香河服务网点	新开街（北侧）56-2 号	2017.9.18	郭孟然	15831623103
14	廊坊金龙假日国际旅行社股份有限公司香河服务网点	迎宾路西侧新天地商业区 5 区 138 号门市	2016.5.13	李　航	13582779237
15	廊坊五洲国际旅行社有限公司香河淑阳服务网点	步行街 67 号	2017.1.13	王子龙	13582665066
16	北京鹏飞翔空国际旅行社有限公司香河服务网点	新开街（北侧）62 号	2019.10.23	王国勇	17731625595
17	盈科美辰国际旅行社有限公司香河县兴业公寓服务网点	新华大街兴业公寓居民小区底商	2018.2.5	高清华	13601183010

（侯立英）

卫生健康

责任编辑　董长江

综　述

2020年，全县医疗卫生工作继续执行新时代卫生健康工作“38字”（以基层为重点，以改革创新为动力，预防为主，中西医并重，将健康融入所有政策，人民共建共享）方针，坚持常态化防控新冠肺炎疫情，以基层为重点，深入推进“健康扶贫”，全面深化医药卫生体制改革，实施“乡村一体化管理试点”，筑牢基层卫生服务的核心地位，进一步规范医疗卫生管理，医疗卫生整体服务水平显著提升，人民群众健康水平明显改善。7月，被省深化医药卫生体制改革工作领导小组办公室评为2019年度河北省深化医药卫生体制改革工作先进县，予以通报表扬。

医疗卫生

【概况】 2020年，香河县深入推进县级公立医院改革和医保支付方式改革，创新现代医院管理制度，下放人事管理权、绩效工资分配权、医院经营自主权，稳步推进“医共体”建设，全面提升基层公共卫生服务能力，加强药品管理，全面落实县、镇卫生系统药品零差率销售。积极搭建覆盖城乡的分级诊疗网络，建立并推行患者“基层首诊制”“双向转诊制”和检查结果“互认制”。

为了全面提升县级医院综合能力，积极引入京津优质医疗服务资源，满足群众就医需求。县医院先后精心打造了透析、肿瘤、介入等60余个特色医疗专科；县中医医院坚持以中医药为主的发展方向，建立了骨伤、脑病、针灸3个省级重点专科；县中西医结合医院作为省级特色专科医院，推出“绿色免疫体系增强疗法”治疗哮喘病，在京津周边都具有一定的知名度。年内，县级医院开展心脏及外周血管介入手术597例，收治肿瘤病人967人次，放疗2815人次，化疗963人次，髋关节置换术完成89例，膝关节置换完成67例，减少了患者进京看病的费用和麻烦。

加强医院内部管理，推行全员目标量化管理。县人民医院将医药费用、医疗效率、患者满意度等7项指标纳入科室目标管理范围，规范入院接待、辅助检查、出院指导等11项服务标准，制订了430项具体规章制度、112个岗位职责和2000余项操作规程，在全市卫生系统率先通过了ISO 9001质量管理体系认证；县中医院实行“7S”管理，从整理、整顿、清扫、清洁、素养、安全、节约7个方面，实行“一站式”服务，推行挂号、划价、收费、取药等服务窗口等候时间不超过10分钟、检查化验项目不超过半小时等一系列便民服务；规范“门诊一卡通”信息化管理，建立完善个人就诊信息，并开通网上预约挂号功能。

【医疗机构】 2020年，全县有各级各类医疗机构499家，其中，县级公立医院有香河县人民医院、香河县中医医院和香河县中西医结合医院3家，县妇幼保健院1家，专科医院有香河利康儿童医院、香河风湿骨病医院2家，中心卫生院有刘宋中心卫生院、渠口中心卫生院、安平中心卫生院3家，镇卫生院有淑阳镇卫生院、钳屯镇卫生院、五百户镇卫生院、安头屯镇卫生院、钱旺镇卫生院、蒋辛屯镇卫生院6家，非镇所在地一级综合医院有金辛庄医院、李庄医院、香城医院、东鲁口医院、石虎医院、梁家务医院6家，社会办医院10家，村卫生室333家，其他医疗机构135家（诊所、门诊部132家，医务室3家）。

【医疗卫生队伍状况】 2020年，全县共有执业（助理）医师1325人，执业护士1046人。按全县年末常住人口44.9万人测算，每千人口拥有执业（助理）医师2.95人、执业护士2.33人。

县、镇卫生健康系统有工作人员719人。其中，县卫生健康局机关56人、县级医院306人、县妇幼保健院66人、乡镇卫生院218人、县疾病预防控制中心34人、县卫生健康综合监督执法队27人、县药品配送中心7人、县卫生学校5人；正副主任70人、主治主管239人、医师级114人、医士级105人；干部501人、固定工38人、合同制180人；行政89人、工勤80人、医疗469人、预防保健81人；本科204人、大专315人、中专154人、其他46人。

全县共有乡村医生304人，其中，乡医主治医师46人、乡医师150人、乡医士104人。

【全县医疗床位状况】 2020年，全县医疗机构共有床位2260张，其中，4家县级公立医疗机构有床位1420张（县人民医院762张、县中医医院380张、县中西医结合医院200张、县妇幼保健院78张），3所中心卫生院和6所镇卫生院有床位439张，6家撤乡并镇一级医院有床位161张，社会办医院有床位240张，按照年末全县常住人口44.9万人测算，每千人口床位数5.03张。

【基层药品销售改革】 2020年，全县乡镇卫生院全部实行“药品零差率销售”，县财政拨付收支差额补助资金2891.83万元。

【乡镇卫生院运营】 2020年，乡镇卫生院总门诊22.7万人次、住院1576人次，业务收入2715.53万元。15家乡镇卫生院中，业务收入500万元以上的有2家，其中，渠口中心卫生院739.83万元，淑阳镇卫生院504.21万元。

【村卫生室及基本公共卫生服务】 2020年，累计投入财政资金720余万元，实施乡镇卫生院与村卫生室提升工程，集体产权村卫生室全部完成修缮。全县有村卫生室333家，其中，实行一体化管理的村卫生室282家，实行一体化管理的村医282名，基本实现基本公共卫生服务全覆盖。1月，在廊坊市基本公共卫生绩效评价中，香河县综合成绩名列第一。

村卫生室。在每个行政村设置1所村卫生室，诊室、治疗室、药房、观察室四室分开，医疗设备配置齐全，村卫生室在业务技术、人员聘用、药品器械、财务管理、绩效考核等方面，由辖区乡镇卫生院实行一体化管理。每季度对村卫生室基本公共卫生服务项目实施情况进行考核，根据考核结果拨付补助资金。对实行乡村一体化管理的村卫生室，按村街户籍人口每人每年给予10元药品零差率补助，高于全市每人8元标准，同时，每年补助给每个卫生室运行经费1万元，确保村卫生室高效运转。

乡村医生。每千服务人口设置1个乡村医生岗位，乡村医生收入由基本医疗收入、基本公共卫生服务补助、基本医疗服务一般诊疗费、基本药物专项补助以及承担的其他医疗卫生服务相关补助组成。年内，为符合年龄要求的乡村医生及时缴纳社会保险、发放补贴，有效保障村医合理收入，村级医疗服务能力明显提升。

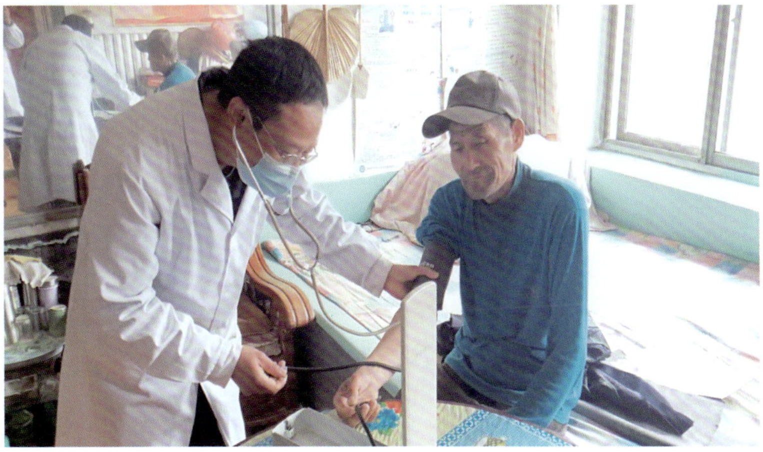

家庭签约医生入户为居民检查身体　　县卫生健康局供图

【家庭医生签约服务】 2020年，全县共建立家庭医生签约服务团队76个，签约居民194049人，签约率51.3%，其中，重点人群签约84201人，重点人群签约率75.2%。

【“医共体”建设】 2020年，组建了由3家县级医院牵头、9家镇卫生院参与的3个紧密型县域“医共体”，为渠口、刘宋、五百户等卫生院安装CT机、核磁共振，铺设办公光纤、配置影像PACS系统等医疗设备，实现“医共体”内医疗设备资源的互通共享。通过“医共体”远程会诊中心，患者在镇卫生院CT检查、常规心电图、24小时动态心电图等图像资料，由县级医院专家实时指导、明确诊断。全年为“医共体”成员单位阅片182张，远程心电图判读376份，远程检验报告判读9份，准确率均达100%。制订《香河县“医共体”医保支付实施方案》对60余种病种实行按病种付费，有80%的病种开展临床路径规范管理，引导医疗机构控制成本和合理用药。

【京津冀中医药服务协同发展】 2020年，持续推动“京廊”（北京、廊坊）中医药适宜技术精英人才培养，提升香河县中医药服务能力。按照年度人才培养计划，委托北京市实施“京廊”中医药适宜技术精英人才培养合作项目，双方签订《“京廊”中医药适宜技术精英人才深度能力培养委托协议备忘录》，深化实施北京10项中医药适宜技法传承，组织赴京开展精英人才培养。深化“通武廊”（通州、武清、廊坊）健康直通车合作。根据《“通武廊”中医药发展合作框架协议》，提升“三地”中医药服务能力，联合北京市通州区中医协会、北京中医药大学东直门医院通州院区和天津武清区中医院等单位，以香河县中医医院为“热敏灸疗法”人才培养基地，对廊坊市19名师资进行“热敏灸疗法”培训，熟悉常用腧穴定位、归经及功能主治，取得显著成效。推进“京廊”医联体签约。积极与北京市中医管理局、“京廊”中医药协同发展办公室沟通协调，促成中国中医科学院广安门医院与廊坊市中医医院医联体合作，双方已达成共识，适时签订医联体合作协议。

【落实赤脚医生养老补助】 按照省卫生健康委员会等部门《关于印发原“赤脚医生”养老补助办法的通知》要求，2020年，发放认定符合条件的原“赤脚医生”养老补助285.88万元，补助人数780人。

【新冠肺炎疫情防控】 新冠肺炎疫情发生以来，卫生健康部门坚持“政治担当有力，防控科学有序”，认真贯彻落实“四早”措施，推进“三个关口前移”，举全系统之力遏制疫情扩散蔓延。加强疫情排查防控，确保重点领域全覆盖。村街和社区严格落实五级网络包联防控体系，以及测温、登记等防控措施；学校和企事业单位实行缺课缺勤和症状检测报告制度；公共场所严格执行扫码、测温、登记措施；养老院、福利院等特殊单位，着力强化人员进出管理和健康监测。对境外到（返）香河人员，全部"点对点、人盯人"安全接返，并实行单位、社区"二包一"防控措施。对到（返）香河人员，采取大数据等多种方式进行排查，核酸检测均为阴性。同时，常态化开展冷链食品和冷链环境检验检测，8 月以来，共检测冷链食品样本 861 份、冷链环境样本 324 份、从业人员 362 人，均为阴性。坚守环京"三道防线"，严防疫情向北京输入。县卫生健康局联合县公安局在高速入口、安平检查站等 14 个站点设置检查站，每个站点配备 6 名医护人员和防护装备，对来往车辆人员进行体温检测，对"四类高风险人员""疫区密接人员"等重点人员车辆，严格执行"八必查、两抽查"，实行常态化精准查控。坚决防止疫情和各类安全隐患经香河县流入北京。发挥医疗机构哨点作用，全面加强院感防控。严格落实院内感染控制措施，持续加强院感培训，提升医护人员疫情防控能力。规范诊疗行为，完善接诊流程，严格执行"一人一诊一室"，设立新入院病人应急隔离区，病区 24 小时封闭管理，严禁擅自允许患者自行转院或离院。充分利用"互联网＋医疗健康"技术，开展医学影像、医学检验、心电检查等远程会诊服务，拓展网上医疗服务空间，减少人员聚集。推行预约挂号、预约检查、分时段就诊，合理分流就诊人群，有序引导患者错峰就诊，降低就诊风险、入院风险。建立住院患者回访制度，安排专人利用电话、微信等联络方式，做好康复患者回访，对确需复查患者，安排专人、专车负责接送，有效防控院内感染。毫不放松抓好核酸实验室、核酸能力检测建设。县疾病预防控制中心、县人民医院和县中医医院相继建立核酸检测实验室。按照《新型冠状病毒肺炎实验室检测技术指南》，制定实验活动管理制度、安全防护措施、质量控制标准、实验操作流程、标本的采集运输检测制度、突发事件预案、仪器设备的管理、档案资料的保存等多方面制度文件。按照河北省临床检验学会安排部署，组织县级公立医院检验人员参加核酸检测资质培训，参加河北省临床检验学会组织的核酸检测网络理论培训，通过网络理论

1 月 24 日，县人民医院作为全县发热病人筛查定点医院，第一时间进入应急状态，感染性疾病楼迅速投入使用，负压病房和隔离病房同步启用，全面做好预检分诊、发热筛查、消毒隔离和物资保障 县人民医院供图

2 月，香河县气管炎哮喘医院（香河县中西医结合医院）医务人员冒雪在安平公安检查站值勤 县中西医结合医院供图

考试，全县共30名检验人员取得核酸检测合格证书，为下一步工作开展，县卫生健康局加大对后备核酸检测人员培养，各医疗机构共培养90名核酸检测后备人员。全县3个核酸检测实验室，承担“应检尽检”重点人群和“愿检尽检”人群核酸检测任务。

（郭景梅）

卫生健康管理

【概况】 2020年，县卫生健康部门依法开展公共场所卫生、饮用水卫生、学校卫生、医疗卫生、职业卫生、放射卫生、传染病防治、计划生育、中医服务、餐饮具集中消毒单位监督等行政执法工作，查处违法行为，整顿和规范医疗服务市场秩序。全年出动监督员800余人次，监督车240余辆次，监督检查医疗机构600余户次，查处违法违规医疗机构25家，取缔非法行医12户。

【公共卫生监管】 2020年，全县有公共场所315家、消毒产品1家、餐饮具集中消毒单位3家，年内，开展监督检查383家次，立案29起。生活饮用水监督检查5家。

【学校卫生监管】 完成辖区86所学校的日常监督检查，全部填写了“学校传染病专项监督检查表”，对14所学校进行了国家“双随机”监督检查，将检查结果上传至国家数据库。

【职业卫生监管】 2020年，县卫生健康部门对辖区内98家企业的职业卫生情况进行了监督检查，下达《责令改正通知书》25份、《卫生监督意见书》65份。被监督企业均认识到了职业病防治的重要性，对所发现问题进行了整改，建立健全职业健康档案，定期检测工作场所，为接害工人定期体检，劳动者合法权益得到有效保障。

【饮用水卫生监管】 2020年，辖区内集中式供水单位5家，二次供水单位6家。年内，对全部11家供水单位进行了专项监督检查。重点检查供水单位直接从事管（供）水人员是否持有有效健康证明、水源防护措施是否得当、水处理工艺是否符合卫生规范和要求、是否规范投加消毒剂、使用的涉水产品是否取得相关卫生许可批件、是否建立健全各项卫生管理制度和水污染事件应急处理预案及水质检测情况，经检查，均符合国家卫生标准。完成“5·18”中国廊坊国际经济贸易洽谈会期间公共场所、饮用水卫生安全保障工作。

【医疗美容监管】 2020年，县卫生健康局医疗美容股出动车辆170余车次，日常监督生活美容机构130家，医疗美容机构2家，其中，生活美容机构无卫生许可证经营23家，处罚23家；非法医疗美容查处1家，处罚1家，没收非法所得。

【放射诊疗监管】 2020年，加大放射诊疗工作的日常监督检查力度，督促放射诊疗机构规范执业，为放射从业人员和就诊患者的身体健康保驾护航。监督检查了辖区内21家放射诊疗场所，均持有放射诊疗许可证，并制定应急预案、放射安全防护管理制度及操作规程；放射工作人员均持有放射工作人员证和职业健康监护档案，并佩戴个人剂量计从事放射诊疗活动，个人防护用品配备齐全。

（郭景梅）

疾病防控

【概况】 2020年，香河县疾病防控工作以保障全县人民的健康需求为目标，抓实、抓细各项疫情防控工作，完善各类突发公共卫生事件的应急处置，保障公众健康与生命安全，维护正常社会秩序，应急防控工作取得实质性成效，全年报告4起突发公共卫生事件。在全市疾病预防控制工作年终考核中，县疾病预防控制中心6项业务工作排名全市第一、综合业务排名全市第二、16项工作全市先进，县疾病预防控制中心第一预防接种门诊荣获“廊坊市五星级示范预防接种门诊”称号。

10月29日，廊坊市慢病管理工作试点启动会在县中医医院召开　　县卫生健康局供图

【疾病防控应急服务体系】　2020年，香河县疾病防控应急服务体系得到有效提升。以新冠肺炎疫情防控为着力点，持续推进卫生应急体系建设，细化完善新发突发急性传染病等突发公共卫生事件应急预案、工作方案，进一步加强和规范信息报告、应急值守和快速处置；加强卫生应急队伍建设、演练培训、知识宣传，提升综合卫生应急能力，强化院前急救规范化建设，做好紧急突发事件医学救援工作；认真落实鼠间、人间监测方案，做好鼠疫防控工作，从源头上防范化解重大公共卫生风险。

创新慢病管理模式，组建县慢病管理中心，依托香河县全民健康信息平台，搭建慢病健康管理平台，包含慢病健康管理系统、家庭医生签约服务管理系统。以10种慢性疾病防控为切入点，逐步扩展慢病病种的管理，转变服务模式，发挥家庭医生签约服务优势，探索和实践“互联网+慢病管理”等模式，实现线上、线下服务一体化，开展家庭医生签约服务，提供慢性病预防、筛查、诊断、治疗、康复一体化精准服务，提高慢病管理效率，提高全县居民健康水平。

稳步推进“6+1”联动监督工作。成立了县人大联动监督工作领导小组，下设工作专班，负责全县卫生健康系统联动监督工作的组织领导、统筹协调和工作指导。制订《香河县卫生健康系统开展“6+1”联动监督工作推进方案》，对加强公共卫生管理联动监督工作进行具体的安排再部署。开展“回头看”，精细梳理分析，切实做好查漏补缺，完善重大疫情防控体制机制。

【重点传染病】　2020年，全县累计报告法定传染病1182例，报告发病数同比下降61.87%。

【慢性病及重症精神病人管理】　全县辖区有19家医疗机构负责死因监测和心脑血管事件直报工作，覆盖率100%。2020年，上报死亡卡2564例，心脑血管事件累计报告1264例。精神障碍疾病发病报告率4.49‰，规范管理率71.59%，面访率83.43%，服药率81.93%，规范服药率48.96%，精神分裂症服药率86.11%，精神分裂症规律服药率56.05%。

【国家免疫规划工作】　2020年，全县累计接种卡介苗3032剂次，接种率100%；脊髓灰质炎疫苗16938剂次，接种率99.13%；百白破疫苗18093剂次，接种率99.11%；麻疹类疫苗8054剂次，接种率99.46%；乙型肝炎疫苗11373剂次，接种率99.37%；白破疫苗5088剂次，接种率99.31%；A群流行性脑脊髓膜炎疫苗10292剂次，接种率99.36%；A+C群流行性脑脊髓膜炎疫苗10217剂次，接种率

99.21%；乙型脑脊髓膜炎疫苗 10299 剂次，接种率 99.20%；甲型肝炎疫苗 5835 剂次，接种率 99.28%。乙型肝炎（HepB）报告首针疫苗及时接种率 100%。

【地方病防治】 2020 年，完成钳屯镇、淑阳镇、钱旺镇、五百户镇、刘宋镇的 5 所小学及辖区孕妇碘缺乏病监测采样工作。监测对象是 8－10 周岁儿童的尿碘、食用盐碘含量及孕妇尿碘、食用盐碘含量的检查。采集的 300 份盐样均为精制盐，检验结果表明，儿童合格碘盐食用率 90.5%，孕妇合格碘盐食用率为 91.0%。采集的 300 份尿碘结果，儿童尿碘中位数 218.85 微克/升；孕妇尿碘中位数 141.40 微克/升。水氟采样 35 份，均符合国家标准，圆满完成地方病防治"十三五"终期评估。

【结核病防治】 实施新型结核病防治服务体系，定期对结核病定点医院相关工作人员进行培训与技术指导，对检验科开展的痰涂片镜检和痰培养工作进行室间质量控制和评价。为规范管理肺结核病人，组建"香河县结核病登记治疗管理群"，提高肺结核病人的系统管理率、规范服药率。年内，县疾控中心对县医院进行了 2 次肺结核漏报漏登调查。9 月，为县职业技术教育中心、第一中学、第三中学的入学新生开展结核菌素试验（PPD 试验），对强阳性反应的学生进行了胸部 X 线检查，均无异常。11 月 4－6 日，参加全市结核病防治质量控制及技术考核培训班，在现场考核中获得二等奖。

【艾滋病防治】 截至 2020 年年底，全县在册存活的感染者和病人 48 例，年内，无死亡例，新发病例 6 例。参加抗病毒治疗人员共计 43 人，治疗率约 94%。所有感染者和病人均及时流调和随访，按时督促感染者和病人做 CD4 检测、结合检测、配偶检测。新转介治疗人员 6 人，全年开展随访 150 人次，及时与市第三医院沟通协调确保所有病人按时服药。对高危人群行为干预，深入场所约 80 场次，干预 3000 余人次，发放宣传资料 3000 余份，安全套 1500 余只，检测约 2800 人次，收到了较好的社会效果。全年咨询检测 1060 人次，其中，重点检测 38 人次，初筛无阳性病例，所有档案独立保存，并及时通过国家疾控网络上报主管机构。出动医检人员 15 人次，车辆 4 辆次，定期对公安局看守所羁押人员开展 HIV 抗体检测，共检测 123 人次，经检验无阳性血样，所检结果均登记入册，及时上报市疾控中心数据库存档，并按时为公安系统提供初筛检测阴性报告。

【职业健康及放射检查】 2020 年，共为 75 家企业 1749 人体检，其中，为 16 家廊坊及周边地区企业 253 人体检，岗前体检 7 人次，检出疑似职业病 1 人，职业禁忌证 3 人；为 59 家本土企业 1496 人体检，岗前体检 37 人次、离岗体检 5 人次，检出疑似职业病 21 人，职业禁忌 17 人。职业健康体检录入工作完成 59 家企业，录入 1749 人，为 59 家企业建立档案。对 68 家企业 276 人进行放射体检，其中，岗前体检 66 人、岗中体检 209 人、离岗体检 1 人；外周血淋巴细胞染色体畸变分析 202 人，异常 0 人，每人分析 100 个分裂相；外周血淋巴细胞微核试验 202 人，其中，发现异常的 0 人，每人分析 1000 个细胞数。年内，全国尘肺调查项目，完成尘肺病患者信息随访调查 3 人（现患病例 2 例，死亡病例 1 例），均为男性，调查完成率 100%。

【生活饮用水监测】 每月上旬、下旬分别对全县 5 个水厂（三强水厂、平安水厂、现代水厂、潮东水厂、国兴水厂）的水源水、出厂水、末梢水进行现场采集水样，并报送到疾控中心检验室进行检验，其中，三强水厂负责县城区供水，设置 4 个末梢水监测点（县社居民小区、公安局居民小区、南台居民小区、欧陆豪庭居民小区），共计采样 326 份，送检样品经检验，合格率 100%。农村饮用水设置 14 个监测点，分别进行丰水期和枯水期检测，出厂水22份，末梢水34份；农村学校供水3所，出厂水采样6份；共计采样62份，做到城区与农村全覆盖，全部完成检测、录入上报工作。按照《生活饮用水集中式供水单位卫生规范》要求，县疾控中心对全县300个村进行水质监测，其中，33个村所检项目氟化物含量不符合《生活饮用水卫生标准》。

【应急演练活动】 6月3日，参加由县防汛抗旱指挥部举办的“防汛救灾实战演练活动”，对模拟安置点、临时居住帐篷、食堂、水源、厕所进行多点式消毒杀菌处理，消灭蚊、蝇、鼠害，配备药品以预防演练现场中暑、落水等意外情况的发生。10月15—16日，2020年度廊坊市新型冠状病毒肺炎防控卫生应急实战演练在香河县举办，县疾控中心作为承办单位，协助市疾控中心做好选址、现场勘察、协调各单位等方面工作，圆满完成应急实战演练任务。

10月15日，县疾控中心选派医务人员参加在香河县举办的全市新冠肺炎疫情防控应急演练
县疾控中心供图

【健康促进县工作开展】 发挥指导作用，完善健康教育网络，采取政府主导、部门协作、镇（区）联动、全民参与的有效措施，公开承诺健康促进县有关事项，将健康促进县建设纳入政府重点工作。成立领导小组，制订出台《香河县创建健康促进县工作方案》，相继召开启动会、培训会和工作推进会，定期听取工作汇报。12月，河北省卫生健康委员会办公室印发《关于健康促进县（区）试点评估情况的通报》，香河县达到省级创建标准，被确定为“河北省健康促进县”。

（郭景梅）

妇幼保健

【概况】 2020年，香河县持续贯彻“以保健为中心，以保障生殖健康为目的，实行保健与临床相结合，面向群体、面向基层和预防为主”的妇幼卫生工作方针，加强妇幼健康服务体系建设，积极履行妇幼健康的公共职能，促进全县妇幼健康事业发展。

【新生儿保健】 2020年，全县助产机构共接生活产3010人，新生儿疾病筛查及35项免费筛查采集标本3038份，筛查率100.93%；听力筛查2923人，筛查率97.11%；先心病筛查2358人，筛查率78.34%。

【儿童保健管理】 严格按照《国家基本公共卫生服务项目规范》《托儿所、幼儿园卫生保健管理办法》要求，认真落实0—6岁儿童保健服务措施，加强托幼机构卫生保健管理。2020年，全县7岁以下儿童27049人，保健管理26321人，儿童保健管理率97.31%；3岁以下儿童10296人，系统管理9323人，3岁以下儿童系统管理率90.55%。是年，全县5岁以下儿童死亡6例，5岁以下儿童死亡率2.36‰。

【孕产妇及高危孕妇管理】 为全县孕产妇免费发放《孕产妇健康管理免费服务券》和《母子健康手

11 月上旬，县妇幼保健院医生到香河县乐新幼儿园为儿童体检
县妇幼保健院供图

册》，免费建母子保健卡，通过龙腾妇幼保健信息平台，及时了解本辖区孕产妇情况，实行五色标识管理，督促孕妇按时产前检查，有高危因素及时建卡、管理、随访。分娩后妇幼医生及时进行家访，发现问题及时解决，访视情况及时录入，提高孕产妇系统管理的内在质量。2020 年，全县户籍活产 2547 人，系统管理 2364 人、系统管理率 92.82%，产后访视 2395 人、产后访视率 94.03%，住院分娩率 100%。筛查出高危孕产妇 841 例，进行全程跟踪管理，使高危孕妇管理率和住院分娩率均 100%，孕产妇死亡 2 例，孕产妇死亡率 79/10 万。

【增补叶酸预防神经管缺陷项目】 落实国家政策，免费为备孕妇女发放叶酸。2020 年，全县服用叶酸人数 6402 人，服用依从人数 5313 人，服用依从率 82.99%，增补叶酸知识调查人数 2591 人，知晓 2544 人，知晓率 98.19%。

【预防艾滋病、梅毒、乙肝母婴传播项目】 为全县孕产妇（包括流动人口）提供艾滋病、梅毒、乙肝相关知识的免费咨询和免费检测，为艾滋病、梅毒、乙型肝炎感染孕产妇及所生儿童免费提供规范的相应的干预措施。做到早发现、早干预，使更多的孕产妇及其家庭受益。2020 年，全县孕产妇孕期 HIV（艾滋病病毒）抗体检测 3455 人，梅毒检测 3455 人，乙型肝炎 5 项检测 3455 人，梅毒阳性 1 人，乙型肝炎阳性 130 人。对所有检测阳性孕产妇均进行了追踪随访。

【农村妇女“两癌”筛查】 为保障妇女的生殖健康，早期发现危及妇女健康的常见疾病，2020 年，为全县 35－64 周岁农村妇女免费进行宫颈癌、乳腺癌和生殖道感染检查。免费乳腺癌筛查 5438 人，做乳腺钼靶 422 人，确诊乳腺癌 5 人，宫颈癌筛查 5438 人，做阴道镜 109 人，宫颈病理 89 人，宫颈高级别病变 2 人，低级别病变 8 人，宫颈癌 1 人，对所有筛查阳性人群均进行了追踪随访。

【婚前医学检查及孕前优生健康检查】 为增强婚育人群优生优育保健意识，有效降低出生缺陷发生风险，从源头上提高出生人口素质，保障妇女儿童身心健康，2020 年，继续实施免费婚检和孕前优生检查项目，全年初婚登记 2514 人，婚前检查 315 人，婚前医学检查率 12.53%；孕前优生检查任务数为 900 对，实际检查 970 对，完成率 107.78%。

【出生医学证明管理】 严格按照省市关于出生医学证明管理规定，建立健全管理组织，制定《香河县出生医学证明管理制度》，实行证、章分离，分别由专人管理，严格登记、发放、领取程序。2020 年，全县出生医学证明首次签发 3077 份，换发 69 份，补发 142 份，机构外出生签发 2 份。

【妇幼保健服务中心】 2020 年，妇幼保健服务中心门诊量 7.9 万余人次，住院分娩人数 138 人。

规范规章制度和诊疗程序。严格执行药品和医疗耗材网上采购；强化业务素质提升，建立学科带头人选拔、培养和使用机制，定期选派技术骨干外出进修、培训或不定期选派业务骨干外出参加学习交流，培养学科带头人。狠抓医疗护理质量，强化护理质量小组和病历审核小组，认真组织护士进行“三基”（基本理论、基本知识、基本技能）知识培训和护理技术操作，护理人员操作技能显著提高。

推进中医文化建设，提升服务内涵。持续推进突出中医特色，顺利通过第二轮妇孺国医堂项目汇报和第三轮现场验收评审。12 月 19 日，取得中国中医药信息学会妇幼健康分会妇孺国医堂授牌。2020 年，中医诊疗 3200 余人次，中医透药治疗 452 人次，小儿推拿 205 人，皮内针 637 个，穴位敷贴 1365 贴，三伏贴 72 盒。

强化健康教育管理。定期开展孕妇学校健康讲座，在“三八”妇女节、“六一”儿童节等节日广泛宣传妇幼保健知识。全年共发放宣传资料、手提袋、宣传品 1.5 万余份，微信公众号发布 40 余次。

加强对外合作交流，带动诊疗水平不断提高。依托京津冀医疗卫生协同发展，外聘妇产科、中医、乳腺科专家定期到院坐诊、带教，带动服务中心诊疗技术水平提高和临床科室发展。年内，专家接诊 1103 人次，阴道镜检查 220 人次，手术 810 人次。

（郭景梅）

爱国卫生运动

【概况】 2020 年，香河县着力推进人居环境整治、深化移风易俗、建设美丽乡村，将爱国卫生运动延伸到提升农村人居环境的每个角落，不断提高群众的文明卫生素质，创造健康文明的社会环境。

【农村改厕】 以改善群众生活环境，提高群众生活质量为目标，扎实推进农村改厕工作，为全面实施乡村振兴奠定坚实基础。2020 年，全县完成农村改厕 8817 座，累计完成改厕 5.9 万座，改厕覆盖率 91%。

【病媒生物防制】 开展以环境治理为主、药物消杀为辅的病媒生物综合防制工作，重点对农贸市场、中小餐饮、宾馆饭店、垃圾中转站、建筑工地等场所进行环境卫生整治，清除卫生死角，消除鼠、蟑、蚊、蝇等病媒生物孳生环境。同时，组织单位和社区开展大扫除、大消杀活动，杀灭越冬蚊虫和虫卵。

【爱国卫生宣传】 以爱国卫生月为契机，开展爱国卫生宣传活动，弘扬爱国卫生运动的优良传统，扩大爱国卫生运动的社会影响力和公众参与度。推进环境卫生综合整治，改善环境卫生状况，进一步夯实卫生防病的环境基础。普及健康知识，提高群众对健康生活方式的知晓率，引导群众养成健康文明的生活习惯，形成全社会人人关心、人人参与爱国卫生运动的良好局面。

【禁烟工作】 推进无烟党政机关、无烟卫生健康机构、无烟学校、无烟家庭建设，营造全社会支持无烟环境创建的良好氛围。重点加强行政事业单位、学校、医院、会议室、公共交通工具等禁止吸烟工作。利用各种媒介载体，借助“世界无烟日”契机，加强对控烟工作的宣传。

（郭景梅）

人口与计划生育

【概况】 2020 年，香河县坚持以“落实完善利益导向政策、稳步推进出生人口性别比综合治理、全面提升家庭发展能力建设”为重点，改革完善生育服务管理工作。

【落实计划生育家庭奖励政策】 2020年，为6375名奖励扶助对象落实每人每年960元的奖扶金，共计612万元；全县城乡9703名子女未满18周岁的独生子女父母落实每人每月10元的奖励，共计113.785万元；为279名退休独生子女父母分别落实3000元的一次性奖励，共计83.7万元。

【落实计划生育特殊家庭救助政策】 2020年，为独生子女死亡人员落实每人每年10800元特别扶助金189万元，为独生子女伤残人员落实每人每年9000元特别扶助金58.5万元；为250名参加2021高考的农村独生子女考生办理了加分手续，以上各项奖励落实率均达到100%。为新增计划生育失独家庭发放了每户2万元的一次性救助，为独生子女伤残家庭发放了每户1万元的一次性救助，共计18万元。为符合条件的计划生育特殊困难家庭夫妻及伤残子女报销住院治疗费自费部分的50%，共计13.43万元，并为其发放住院期间护工补贴每人每天100元，共计4.74万元；为1名生活不能自理的失独人员发放生活护理补贴2万元。为符合条件的计划生育特殊家庭参加城乡居民养老保险的人员，按照规定给予参保缴费补贴，共计8万元；对60周岁及以上的计划生育特殊家庭夫妻，给予每人每年1200元养老补贴，共计14.88万元；为60岁以上独生子女及双女户父母每人每年奖励120元，共计76.5万元。

【药具管理与服务】 免费发放避孕药具，减少育龄妇女非意愿妊娠避孕，及时填装免费避孕药具发放机内的避孕药具，以保证社会群体对避孕药具的需求，张贴避孕药具相关知识二维码，使广大群众了解避孕药具和避孕的相关知识。2020年，共发放避孕药具1400余盒。

【妇幼健康服务】 2020年，全县助产机构产前筛查1922人，其中，高风险孕妇78人；免费无创产前基因筛查1126人，高风险2人；免费耳聋基因筛查1883人，高风险28人；对高风险孕妇均进行了转诊和随访，通过孕期及时筛查、诊断和干预，进一步降低出生缺陷发生率，出生人口素质不断提高。

是年，全县助产机构共接生活产3010人，新生儿四病筛查及35项遗传代谢病筛查采集标本3038份，对全县可疑病例及血片不合格的，负责通知到助产机构，进行复采；新生儿听力筛查2923人，对初筛未过需复筛而未查的，督促其复查，复查未过婴儿及时转至廊坊市妇幼保健院进行确诊；新生儿先心病筛查2358人，可疑病例到廊坊市妇幼保健院由河北省儿童医院专家进行复查。

（郭景梅）

香河县人民医院

【概况】 香河县人民医院（以下简称县医院）始建于1950年，担负着全县医疗、救治、健康、保健、康复、理疗、科研、教学等项工作任务，设有人民医院院区、心脑血管院区、新院区3个院区，总占地面积7.78万平方米，建筑面积10.8万平方米，固定资产6亿余元，编制床位762张，开放床位1200张。设25个临床科室，10个医技科室，20个职能科室，另有泰康老年公寓、天使幼儿园。县医院职工总数1063人，其中，在编干部职工161人，人事代理648人，劳务派遣56人，新参加工作临床人员168人，离退休人员176人，退休返聘28人。

2020年，县医院把人民健康和生命安全放在第一位，全力以赴战疫情，攻坚克难谋发展。先后荣获河北省文明单位、河北省抗击新冠肺炎先进集体，廊坊市最美抗疫卫生健康先进集体，香河县“创城”先进单位、“三八”红旗集体、“学习强国”优秀组织奖等荣誉称号，跻身全国县级医院200强。新华网、光明网、《人民日报》、学习强国、澎湃新闻、央视新闻移动网、《健康报》、网易新闻、环京津新闻网、健康县域传媒等媒体先后报道香河县

3月12日，由中国县域医院院长联盟组织举办的河北省“市县医院院长”论坛（香河站）在县人民医院召开　　县人民医院供图

医院发展和抗疫先进事迹，其中，国家级媒体报道26次，省级媒体报道5次，市级媒体报道49次，县级媒体报道63次。

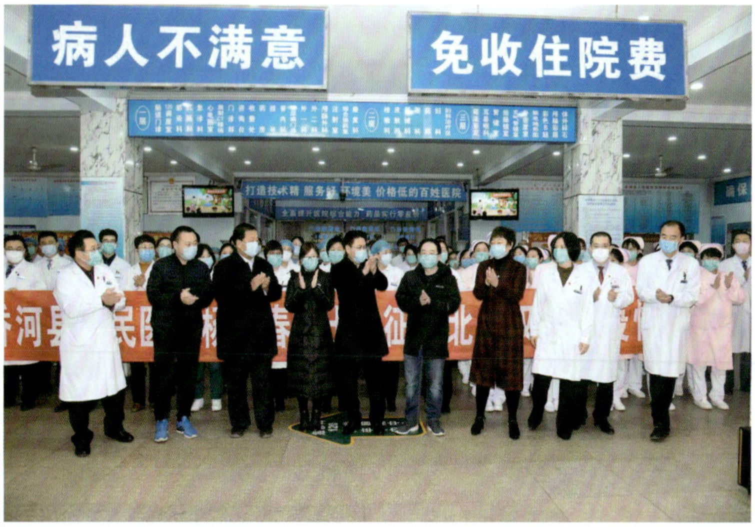

2月21日，县人民医院医生杨士春（前排右五）出征驰援湖北武汉新冠肺炎疫情防控。图为县长齐泽旭（前排左五）、副县长刘雪艳（前排右四）、县人民医院相关负责人及医护人员为杨士春送行　　县人民医院供图

【主要业务指标完成情况】 2020年，县医院完成业务收入5.31亿元，同比下降2.65%。总诊疗患者72万人次，同比下降6.3%；收治住院病人2.56万人次，同比下降11.5%。介入治疗1799人次，同比增长12.4%；放射治疗4726人次，同比增长50.8%；透析33326人次，同比增长10.1%。全部落实药品零差率销售，诊断符合率99.99%，人才培养87人，患者满意度97.18%，全年无医疗事故发生。

【新冠肺炎疫情防控】 新冠肺炎疫情期间，县医院作为全县发热病人筛查定点医院，第一时间进入应急状态，感染性疾病楼迅速投入使用，启用负压和隔离病房，全面做好预检分诊、发热筛查、消毒隔离和物资保障。全院干部职工闻令而动，477名党、团员写请战书，共产党员杨士春驰援武汉，南远顺、员金利、李宏达、刘付龙、邳自强支援廊坊市第三人民医院、雄安新区、石家庄国际机场。128人进入负压病房、发热门诊、急诊科等疫情防控一线。实现“筛查全覆盖、患者零漏诊、医护零感染”，保障了全县人民群众的生命安全，为全县疫情联防联控做出了重大贡献。

【改善就医环境】 2020年，投资4300余万元，先后购置3.0T磁共振机、数字化X射线胃肠透视系统、全自动乳腺容积超声系统、康复机器人等设备220台件，保障了患者的检查治疗康复需求。800平方米的骨科康复中心、高标准静配中心、产科高端病房投入使用，内镜中心、病理科、消毒供应中心、处置室改造升级，全面对标三级医院。

【科学诊疗布局】 全年新增39个诊疗科目全部获批。进一步细化分科，肛肠科并入外一科，组建肿瘤科、放射肿瘤科、介入治疗科、肾内科、静配中心、单剂量摆药室、临床药学室，实现一二级诊疗科室全覆盖。各科积极对标三级医院，开展新技术

37 项、新项目 29 项，独立完成三、四级手术占比 50%以上。新冠肺炎疫情期间，香河患者进京受限，北京专家到香河受限，县医院担负起急危重症患者及时得到成功救治的重任，经受住了大病不出县的考验。

【医疗人才培养】 2020 年，县医院选派业务骨干 87 人到三甲医院进修学习和短期培训，2 次聘请专家到县医院授课，全年有 9000 余人次参加各类培训、考核，业务素质明显提升。年内，新引进人才 64 人，晋升中层干部 37 人，31 人晋升高级职称，全院高级职称医务人员 123 人。

【教学科研成果】 2020 年，完成科研课题立项 2 项，验收结题 6 项，1 项获省级科学技术进步三等奖，截至 2020 年年底，累计完成科研立项 80 项，59 项科研课题通过省科研成果鉴定。作为省助理全科医生培训基地，招生 4 期 39 名学员，11 人顺利通过省结业考核。承担廊坊市“北三县”全科医师转岗培训，有 100 名医生在县医院参加培训，参训人员的医疗能力普遍得到提升。

【推进智慧医疗建设】 2020 年，县医院上线移动医生查房系统、病历无纸化归档系统，实现查房、病历存储、借阅全程无纸化。推广手麻系统应用，实现手术患者全流程安全管控。开设便民门诊，实现高血压、糖尿病“两病”院内审批与直报。所有缴费窗口可线上支付，40 台壁挂式自助设备覆盖所有诊区，实现自助挂号、自助缴费、报告打印、结果查询等功能，方便了患者就医。

【推进“医共体”建设】 县医院深入推进“医共体”建设，与县域 4 所乡镇卫生院在健全工作制度、推进信息化建设、加强业务融合等方面深入合作。全年开展远程心电诊治 1898 人次，检验 67 人次，诊断阅片 1278 张。发挥县级医院资源优势，对口帮扶雄安新区平王乡卫生院和晾马台卫生院，吴超等 2 名医生克服困难，坚守岗位，历时一年半，完成驻村帮扶任务。

【全面提升护理服务】 2020 年，创新护理服务模式，开展精细化护理工作流程，广大护理人员与患者沟通更亲切，服务操作更规范，患者感受更温馨。全年收到患者送来的锦旗、镜匾、表扬信 366 件，患者满意度 97.18%，政府放心、人民满意的品牌医院建设再结硕果。

【文化活动丰富多彩】 2020 年，先后组织开展学雷锋暨巾帼建功先进事迹报告会、庆祝“5·12”国际护士节和“8·19”中国医师节知识竞赛、县人民医院建院 70 周年庆祝大会、职工体育运动会、全员军训等活动。县四大班子主要领导连续 6 年出席县人民医院建院周年庆祝大会，使全院职工备受鼓舞，增强团队精神，激发了干劲。

（孙媛媛）

香河县中医医院

【概况】 香河县中医医院（简称县中医医院）是一所以“中西医并重”集医疗、教学、科研、急救、康复为一体的国家二级甲等中医医院。始终秉承“以人为本、传承创新、惠泽于民”的服务宗旨，不断拓宽服务功能，提高技术水平，改善就医环境，充分发挥中医药特色优势，加强中医特色专科专病建设，医院服务水平得到全面提升。2020 年，有职工 512 人，其中，正高级职称 5 人，副高级职称 29 人，中级职称 118 人。设有骨伤科、胃肠外科、泌尿外科、肝胆外科、甲乳外科、脑病科、心血管病科、肺病科、内分泌科、肾病科、肿瘤科、消渴病科、妇科、产科、急诊科、康复部、儿科、综合科等 11 个住院病区及门诊、医技等科室 44 个，其中，省、

12 月 10 日，香河县中医医院通过二级甲等中医医院复审　　吴继萍 摄

市重点专科 6 个。2020 年，获得全国“五四”红旗团支部、2020 年度中国卒中学会优秀红手环志愿单位、河北省健康促进医院、河北省文明单位、廊坊市宣传推广使用“学习强国”学习平台先进单位、廊坊市优秀青年突击队、香河县先进基层党总支、香河县文明单位、香河县创建省级文明县城先进单位等荣誉称号。

【主要业务指标完成情况】 2020 年，县中医医院整体运营情况良好，受新冠肺炎疫情影响，年门诊 32 万人次、同比下降 5%，出院 1.5 万人次、同比下降 15%，手术 3600 例、同比增长 5%。

【新冠肺炎疫情防控】 新冠肺炎疫情期间，县中医医院迅速启用普通发热病区，接收全县普通发热患者进行隔离治疗。接诊发热患者 2000 余人次，咽拭子标本采集 4000 余人次，流行病调查 108276 人次。完成县第三中学、北岗子小学、池套小学等中小学的开学新冠肺炎疫情防控任务。

【改善就医环境】 研究并制订急诊科改造方案，将急诊科搬迁至府前街临街，增设急诊手术室和重症监护室，改造后的急诊科布局更为科学合理、诊室更加宽敞明亮、功能更加完善齐全，彰显“一切以病人为中心”的服务理念。12 月 31 日，感染性疾病科新楼顺利竣工并正式运营，新的感染性疾病科楼设计分区合理、功能完备，内设独立的发热门诊和肠道门诊、药房、化验室和 DR 检查室等。

【中医药文化继承与推广】 推进京廊中医联合治未病项目，与北京市通州区中医局联合开展中医适宜技术热敏灸的培训。加大对县中医医院职工、各乡镇卫生院医务人员和乡村医生的培训力度。

10 月 14 日，国医大师李佃贵教授传承工作室落户县中医医院，副院长王立强、发热病区主任吕炳禄、内三科副主任李赫楠正式拜师李佃贵教授。通过跟师学习、临床实践等形式，传承和发扬国医大师李佃贵的学术思想和独特诊疗经验。

邀请北京中医药大学教授、金匮要略专业博士生导师钟相根讲授完成“中医经典系列讲座”《金匮要略》全部课程。开展的中医经典诵读活动得到

10 月 14 日，国医大师李佃贵教授传承工作室授牌暨拜师仪式在香河县中医医院举行　　张仙妮 摄

京廊中医药“810 工程”领导小组高度肯定，并以“香河县中医医院中医经典模式”在全市范围内组织开展中医培训。

2020 年，香河县中医医院继续开展中医经典系列讲座《金匮要略》学习培训　张仙妮 摄

【医疗人才培养】 对新入职的轮转医师进行系统的岗前培训，每月月底组织新聘职工进行医疗相关技术和急救技能的培训、考核；推进各级医师“三基”培训，职能科室每月深入临床进行督导、查核、评比，组织开展“医疗核心制度落实、质量管理工具应用、绩效考核”等方面培训 20 余次，组织医疗相关法律、法规现场及视频培训 5 次。推进护士轮岗与交叉训练。对护理人员进行中医基础理论和技术操作规范化培训，推选出示范科室。开展中医护理工作，将“整体观念与辨证施护”的护理理念融入临床护理实践中。开展全院中医护理查房，广泛交流经验，逐步带动其他科室，形成全院普遍开展中医护理工作的氛围。

【“医联体”建设】 在京津冀医疗一体化建设中，抢抓发展机遇，京冀医疗合作成效显著。在与陆军总医院、火箭军总医院、北京中医药大学东直门医院、北京市中医院、北京医学会麻醉分会、北京首儿李桥儿童医院、中国中医科学院望京医院、眼科医院、国家级名老中医黄丽娟、冯建春工作室继续深入合作的基础上，还与北京中日友好医院、北京天坛医院、北京阜外医院、北京安贞医院、北京积水潭医院、北京大学第三医院、北京同仁医院、北京妇产医院、北京儿童医院、首都儿科研究所、北京肿瘤医院、北京二龙路肛肠医院、北京朝阳医院等 10 余家三甲知名医院常年保持业务联系，各院知名权威专家随时来院开展门急诊、会诊、手术等临床工作，医院每年选派医护人员到各大医院进修深造学习。“医联体”建设不断深入推进，各项工作健康持续发展。

【智慧医疗建设】 2020 年 6 月 2 日，新的医院信息系统正式上线，实现全院人、财、物的信息化管理。利用信息交换和数据采集，健全临床路径、质控管理、合理用药等管理工具，加强对医疗行为的全过程动态监管和预警分析，及时监督和发现不规范的医疗行为，降低运营成本，提高管理效能，优化业务流程，方便病人就诊，医院精细化管理迈上新台阶。开通使用自助挂号机、自助报告查询打印机和微信便民服务平台，进一步优化群众就医体验。

（李　林）

香河县中西医结合医院

【概况】 2020 年 12 月 22 日，香河县气管炎哮喘医院正式更名为香河县中西医结合医院。坐落在河北香河经济技术开发区，毗邻北京市通州区和天津市武清区，占地面积 2.7 万平方米，其中，绿地面积 1.2 万平方米，建筑面积 2.15 万平方米，是一所集医疗、教学、科研、预防、保健为一体，气管炎哮喘专科为特色的大型全民所有制中西医结合二级医疗机构。

2020 年，设有哮喘科、外科、内一科、内二科、妇产科、急诊科、康复科、麻醉科、肛肠科、耳鼻咽喉科、儿科、口腔科、治未病科、放射科、检验科、功能检查科、手术室、内镜中心、制剂中心等 30 余个临床医技科室，有职工 210 人。开放床位 200 张，百级净化手术室 1 个，万级净化手术室 4 个。医院建有现代化的集中供氧系统，HIS（医院信息系统）、LIS（实验室信息管理系统）、PACS（影像归档和通信系统）信息化系统，数字监控系统等配套设施，固定资产 4866.5 万元。先后荣获全国治疗哮喘病明星单位、中国知名专科医院、中国传统医药特色疗法国际交流协作单位、河北省十大发明单位、河北知名品牌、河北省三星级窗口单位、消费者信得过单位、廊坊市药品不良反应监测工作先进单位、廊坊市青年志愿服务优秀组织、香河县文明单位、香河县“三八”红旗集体等称号，《人民日报》《健康报》《河北日报》《中国报道》《经济半小时》《廊坊日报》和中央电视台等新闻单位，先后对香河县中西医结合医院（香河县气管炎哮喘医院）进行报道。

【特色专科建设】 县中西医结合医院哮喘科是河北省重点中医专科，多次被评为重点中医专科先进单位，拥有优秀的人员梯队和领先的仪器设备。在中国首创的以中医中药为主的“绿色免疫增强体系”疗法，运用口服中药汤剂及中药胶囊、温根汤足浴、梅花针扣刺、针刺治疗、穴位注射、中药贴贴敷、气运平衡操等综合疗法，个体化治疗慢性支气管炎、支气管哮喘、肺气肿、肺心病等，见效快，疗效好，治愈率高，复发率低。尤其针对长期依赖激素、抗生素的患者，疗效显著。就诊患者涉及 30 余个国家和地区，社会反响良好。

【创新医疗技术】 新冠肺炎疫情期间，副院长董树江研究出防治中药饮配方，药房熬制后免费供应职工和患者饮用。骨科开展的第五颈椎骨折前路切开复位、椎间融合内固定术、胸椎，腰椎联合骨折切开复位减压、椎弓根钉固定术、腰椎压缩骨折椎体成形术等在业内引起很大轰动，部分手术为香河首例，赢得了县域百姓的信赖。哮喘科继续发扬特色专科优势，自拟温根汤 1 号和 2 号，可以通过足浴使药力直达脏腑，起到了温经通络、温补元阳、健脾益肺的功效。

【“医联、医共体”建设】 县中西医结合医院与北京华信医院（清华大学第一附属医院）、中国中医科学院广安门医院、河北燕达医院建立医疗联合体后，发挥 3 家医院的医疗资源和技术优势，建立医疗、康复、护理、科研、教学有序衔接、相互补充的一体化医疗服务体系，通过绿色通道转诊、远程会诊、技术输出、管理输出等方式，促进优质医疗资源下沉，提升县中西医结合医院诊疗水平，让广大患者在家门口享受到北京专家团队医疗资源，最大限度方便群众看病就医，缓解群众看病难问题。

与北京协和医院、北京大学第三医院、北京 301

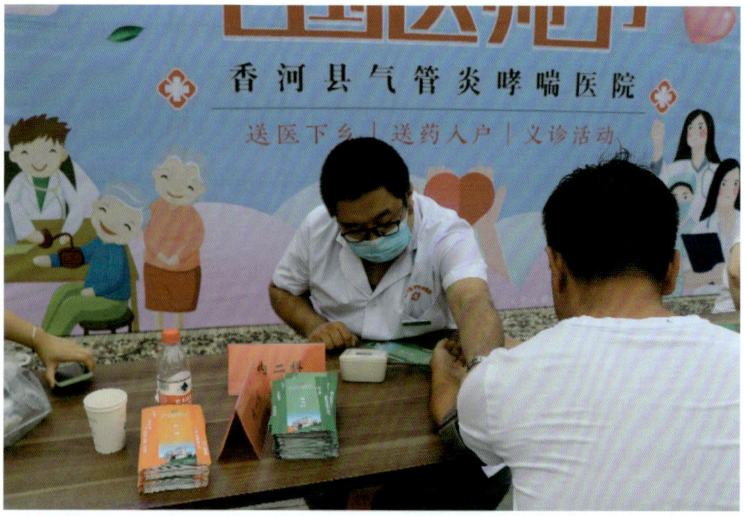

8 月 19 日，县气管炎哮喘医院组织医务人员到蒋辛屯镇北李庄村进行义诊活动
县中西医结合医院供图

医院、中国中医科学院广安门医院等三级甲等医疗机构的专家团队建立合作关系，达成双向转诊措施，保证患者的生命安全。年内，继续与安平中心卫生院、钳屯卫生院保持医共体模式，紧密合作，为基层卫生院提供支持和帮助。

【加强业务培训】 2020年，继续坚持“请进来、走出去”发展战略，外请专家走上讲台，作辅导、搞讲座。新冠肺炎疫情基本稳定后，继续安排北京三甲医院专家每周来院坐诊，进一步提高医院医疗水平，进行学术交流，充分带动了全院技术水平的提高。年内，与北京天坛医院神经病学中心专家建立合作关系，专家定期到院开展教学查房，并能及时进行远程会诊。选派医生到北京三甲级医院进修学习，提高医护人员的专业知识水平。年初制订医护人员培训计划，每月严格按照计划进行培训考核。

【社会公益活动及扶贫】 1月27日起，为患者及家属免费提供预防新型冠状病毒的代茶饮；4月13日，到平安街社区、香河机器人小镇和香河石材城发放新冠肺炎疫情防控知识宣传单，增强企业、商户和居民的防范意识；自5月新冠肺炎疫情基本稳定后，组织志愿者每周末走进安福家园小区开展“文明周末，健康社区”志愿者服务活动；6月2日，到香河石材城为员工进行体检，以帮助企业健康有序地复工复产；为庆祝建党99周年，6月30日，组织党员前往香河石材城开展志愿服务活动，为石材城员工讲解新冠肺炎防控知识；8月17日至9月30日，分别到安平镇二街、一街、东庄、四街、后庄、成辛庄、小友垡等7个村庄为65岁以上老年人进行免费体检。8月19日，到蒋辛屯镇北李庄、河北吴村开展义诊活动，并向村民赠送酒精、口罩等防疫物品。11月18日，副院长董树江带领哮喘科医护人员到香河石材城开展“世界慢阻肺日”的宣传活动，为石材城员工讲解慢阻肺相关防治知识及新冠肺炎疫情期间慢阻肺患者需要注意的事项。12月24日，开展无偿献血活动，全院职工踊跃参与。

1月29日，县气管炎哮喘医院举行欢送医生李朝驰援廊坊市第三人民医院出征仪式

县中西医结合医院供图

【先进人物】 2020年4月，李朝荣获共青团廊坊市委授予的2019年度“廊坊市优秀共青团员”称号。6月，屈平涛家庭获市妇联授予的2020年度廊坊市“最美抗疫家庭”称号；白静家庭荣获市妇联授予的“2020年廊坊市最美家庭”称号；杨丙成被评为廊坊市学习使用“学习强国”学习平台总积分先进个人。8月，宋立贤在廊坊市外周静脉输液治疗护理演讲竞赛中获得三等奖。

（田　岳　袁　超）

社会生活

责任编辑　刘凤贤

综　述

2020年，县委、县政府在抓好新冠肺炎疫情防控、企业复工复产的同时，继续围绕稳增长、惠民生的发展目标，坚持“以人民为中心”的发展理念，树立等不得、慢不得、拖不得的责任感和紧迫感，强化民生保障。加快人力资源市场建设，落实高校毕业生、农村劳动力转移等重点群体的就业扶持政策，全县就业再就业工作继续在全市保持前列。加强退役军人的事务管理，服务保障。坚持政治关心、生活照顾、服务优先、依法管理、严格落实的各项优抚安置政策。巩固扩大脱贫成果，强化脱贫人口的跟踪监测，落实教育扶贫、健康扶贫等各项帮扶政策，确保脱贫人口的日子越过越好。健全社会保障体系，严格医保基金管理。落实城乡居民最低生活保障、特困人员供养、孤儿救助等政策，完善老年人、残疾人关爱服务体系，确保小康路上不落一户，不少一人。城镇和农村居民人均可支配收入分别为48365元、21021元，同比增长3.6%和6.5%，人民生活水平稳步提高。

人力资源

【概况】　2020年，紧紧围绕全县经济社会发展大局，以“三创四建”为抓手，坚持“稳就业、保民生”工作主线，积极应对新冠肺炎疫情不利影响，综合采取系列措施，统筹抓好就业创业、社会保险、人才人事、劳动关系等重点工作，推动扩大就业与经济发展良性互动。认真贯彻执行“就业是民生之本”的重要原则，以高度的责任感紧紧围绕就业再就业这条主线，强化就业服务，确保困难群体就业，积极拓展就业渠道和劳动力资源。不断创新载体，千方百计推动就业创业。继续推进人事制度改革，完善派遣人员用工管理，人才队伍建设得到加强。严格执法，规范用工秩序，积极化解信访矛盾。加强对用人单位劳动用工管理，加大劳动监察执法力度，加强劳动关系调解仲裁，维护劳动者和用人单位双方合法权益。年内，县人力资源和社会保障局荣获“2019年度市级文明单位”“廊坊市维护妇女儿童权益先进集体”称号，被县委、县政府授予“2019年度优秀等次领导班子”“创优争先领导班子”称号；县人力资源和社会保障局城乡居民养老保险窗口被人力资源和社会保障部评为“全国人力资源社会保障系统2017—2019年度优质服务窗口”。

【全县就业再就业工作】　2020年，全力帮扶重点行业和重点群体就业。针对高校毕业生，开发就业见习基地9家，新增就业见习岗位196个，吸纳就业见习97人。对574名高校毕业生进行实名登记，除去升学深造及应征参军入伍人员外，其余人员全部实现就业。9月，组织50余名退役军人参加“退伍不褪色，创业在路上”专场培训活动，特聘请北京师范大学博士冯一，讲解创业经验，分享创业心得。针对就业困难人员和贫困劳动力，开发生态保护、环境卫生、村庄安全维护等公益性岗，为就业困难人员安置岗位提供有力保障。年内，全县新增城镇就业人员 7313 人，占市下达任务目标 6000 人的 121.9%；农村劳动力向非农转移 3138 人，完成任务的 104.6%。

9 月 28 日，团县委、县人力资源和社会保障局组织举办现场招聘会　　胡炜东 摄

【援企稳岗】 新冠肺炎疫情防控期间，全面落实援企稳岗政策，做好企业复工复产的帮扶工作。按照乡内、乡外，县内、县外，市内、市外，省内、省外情况分类统计农民工务工信息，引导时间相近、务工目的地相近的农民工集中时间出行，全力做好“点对点”服务，为 600 余名农民工提供 35 车次接送服务。

【就业创业扶持】 2020 年，支出社会保险补贴、岗位补贴、高校毕业生见习补贴等就业专项资金 460.2 万元。51 名有就业意愿贫困人员全部实现就业，贫困人口就业率达到 100%；鼓励以创业带动就业，为 19 家个体工商户提供小额创业担保贷款 330 万元；香河浩宇企业孵化器入驻企业 11 家，带动就业 72 人；开展各类职业技能培训 6159 人次，占市下达培训目标 2230 人的 276.2%，支出技能培训专项资金 514.74 万元。

【专项招聘活动】 2020 年，与北京市通州区人力资源和社会保障局联合开展 8 次线上专场招聘会，并依托“香河人社局”微信公众号常态化开展线上“春风行动”，1800 余名求职者通过线上招聘活动找到满意工作。8 月、9 月和 11 月，在香河县人力资源市场举办 3 场大型线下招聘会，为 680 家企业发布招聘岗位 4900 余个，达成就业意向 3243 人次。

【职业技能培训】 制定《香河县职业技能提升行动工作方案》《香河县职业技能提升行动培训定点机构专家评审认定办法》等文件。采取线上与线下相融合的方式，依托省市推荐的 17 家培训平台、廊坊市高级技工学校和 10 所县内定点培训机构，面向各类劳动者，开展职工岗前培训、企业新型学徒制培训、百日线上免费职业技能培训等活动。共组织开办各类培训班 89 个，涉及电工、焊工、手工木工、家具修复、育婴员、保育员、养老护理员、产后康复等 15 个工种，累计培训 6159 人次，支出专账预拨资金 514.74 万元。

【人力资源市场管理】 2020 年 9 月 1 日，建筑面积 3000 平方米、新落成的香河县人力资源市场正式运营，县人力资源和社会保障局的就业办公室、技能鉴定所、社区就业指导中心和就业促进股 4 个科室入驻办公，对求职招聘、职业指导、职业培训、技能鉴定、就业创业、小额贷款等公共就业服务事项进行具体管理，结合“智慧人社”“协同办公”系统，全面提升公共服务水平。为应届毕业的大中专毕业生签署就业协议书 430 份，接收大中专毕业生档案和报到证1140份，转出档案149份；通过河北省毕业生网络服务平台香河端口对外省的大中专毕业生及2015年以来省内派遣的毕业生直接在网上签注，毕业生不用再去省市签注，极大地方便了毕业生；签注完毕后将报到证装订造册，档案编号录入。征集“三支一扶”服务岗位13个，招募的13名“三支一扶”大学生志愿者全部到岗工作；加强对在岗“三支一扶”志愿者的日常管理，定期报考勤表，会同相关单位检查人员在岗服务情况。

【人才引进】 2020年，组织开展春、夏、秋、冬四季的网上人才招聘会，130家企业共提供就业岗位1280个，达成就业意向370余人。年内，全县引进人才目标任务80人，实际引进127人，其中，高级人才41人，中级人才86人，完成全年任务的158%。

【劳务派遣人员用工管理】 根据香河县人民政府办公室《关于印发香河县机关事业单位使用劳务派遣人员实施办法》和《香河县机关事业单位使用劳务派遣人员待遇递增机制的暂行办法》（香政办〔2019〕59号）的通知精神，2020年5月，委托第三方代理公司采用政府公开招标的形式确定6家劳务派遣公司，负责为全县党政机关、事业单位提供劳务派遣服务，并将各单位使用的劳务派遣人员进行派遣。年内，招选聘教师543人，其中，初中及以下教育阶段劳务派遣人员458人，选聘高中教育阶段劳务派遣人员85人，招选聘教师已于暑假开学到岗授课；为县行政审批局、县文化广电和旅游局、县统计局、县消防救援大队分别招聘25名、4名、5名、16名劳务派遣人员。

【专业技术人员职称评审与管理】 完成2019年度初级、中级、高级职称评审通过人员的信息核对和证书办理、发放，其中，初级职称699人、中级职称114人、高级职称141人。完成2019年度卫生考试通过人员证书办理和发放，共计198人。年内，完成2020年度高、中级职称申报人员信息录入和组卷，其中，申报评审高级职称人员186人，涉及教育、卫生、建筑、剪辑等系列和专业。积极做好机关事业单位技术工人等级考核工作，组织全县机关事业单位初、中、高级工报名考试，共计69人，其中，初级工11人、中级工17人、高级工41人。组织完成专业技术人员晋升高级职称179人，其中，中小学教师系列127人、卫生系列49人、农业畜牧兽医系列2人、工程系列1人。完成职业技能鉴定1679人。

【机关事业单位人员年度考核】 对全县政府系统事业单位股级及以下工作人员进行2020年度考核，共涉及45个单位7172人。评出优秀人员1098人，嘉奖人员1373人，记功人员134人。通过褒先奖优，有效激发了干部职工的工作积极性。

【就业失业动态监测】 全面落实河北省人力资源和社会保障厅关于印发《2016年扩大失业动态监测范围工作实施方案》（冀人社函〔2015〕235号）的通知精神，更好地把握经济形势变化对就业失业的影响，有针对性地预防和调控失业政策措施，提高监测数据分析质量，全县2020年共涉及36家失业动态检测企业。年度城镇登记失业率目标4%，实际城镇登记失业率1.07%。下岗人员再就业550人。

【劳动监察执法】 开展根治欠薪专项行动。2019年10月至2020年2月底，县人力资源和社会保障局监察大队会同县住房和城乡建设局，以工程建设领域为重点，在全县范围内开展根治欠薪专项行动，监督发放工人欠薪工资5000余万元，涉及农民工1300余人。

2020年，开展新冠肺炎疫情期间企业复工复产稳控和谐劳动关系和“双随机”专项检查，清理整顿人力资源市场秩序和排查化解拖欠农民工工资问题夏季专项行动，共检查企业103家，限期整改21家，行政处罚14家，为240名农民工追讨工资待遇330万元，切实维护了农民工合法权益。开展企业诚信等级评价工作，年内，评选出劳动保障守法诚信A级企业5家。

受理群众投诉案件35起、举报案件2起，全部协调处理完毕；处理解决“河北信访信息”平台交办件18件，“廊坊市群众服务热线”电话交办件56件，上级督办、交办案件17件；为210名工人解决欠薪314万元。

开展贯彻落实《保障农民工工资支付条例》宣传活动。劳动监察大队深入辖区建设项目现场，开展贯彻落实《保障农民工工资支付条例》宣传活动，并进行现场答疑，共发放宣传资料5000余份，接受咨询400余人次，有效提高企业和农民工对《保障农民工工资支付条例》知晓率，进一步规范全县建筑领域农民工工资支付行为，切实维护广大农民工合法权益，推进保障农民工工资支付工作法治化、规范化。

落实河北省“三金”（工资保证金、工资预储金、应急周转金）、“三制”（突发事件应急处置机制、行政执法和刑事司法联动机制、失信企业联合惩戒机制）、“一入罪”（拒不支付劳动报酬罪）的治理欠薪机制。县财政建立应急周转金财政专户，存入800万元应急周转金，制定印发《香河县建设领域农民工工资应急周转金使用管理暂行办法》。建立失信联合惩戒机制，对存在拖欠农民工工资的施工单位予以扣分、拉入黑名单、清除建筑市场等一系列惩罚；为妥善处理群体性突发事件，制订突发事件应急处置方案；建立行政执法与刑事司法联动机制，对拒不支付劳动报酬涉嫌犯罪的由县人力资源和社会保障局依法依规移送公安机关。

【劳动关系调解仲裁】 2020年，为减少新冠肺炎疫情对劳动关系调解工作的影响，开辟了“线上调解”绿色通道，劳动者通过“劳动人事争议调解”微信号咨询申诉、上传相关立案材料，调解中心工作人员在线第一时间为申请人解答政策、组织调解，申请人足不出户即可享受劳动争议调解。年内，接待线上线下群众咨询420余人，立案300起，调解成功193起，调解金额207.98万元。扎实做好仲裁案件处理和信访工作，年内，受理劳动争议案件272件，结案242件，30件正在处理中，期限内结案率为100%；接到信访案件142件，妥善解决139件，3件正在办理中。

【劳动用工备案】 2020年，新增用工备案单位50家，新签订劳动合同1433批次，涉及劳动者7443人；解除劳动合同1366批次，涉及劳动者3981人。

（杨连永）

社会保障

【概况】 2020年，香河县继续推进社保制度改革，完善城乡居民保障待遇调整机制。按照《香河县建立城乡居民社会养老保险待遇确定和基础养老金正常调整机制的实施意见》，从待遇、缴费、补贴等方面对城乡居民养老保险制度进行系统改革和调整，缴费档次和养老金待遇标准都得到相应提高。年内，县人力资源和社会保障局社会保险事业管理所被省人力资源和社会保障厅评为“河北省人力资源和社会保障系统先进单位”。

【贫困人口养老保险应保尽保】 2020年，为1677名16—59周岁符合政策的贫困人员全部代缴保费，标准为每人每年100元，其中，已脱贫的建档立卡贫困人员42人、低保对象1457人、特困人员178人；为3263名符合政策的60周岁以上贫困人员按月足额发放养老金待遇，标准为基础养老金为每人每月173元，其中，已脱贫的建档立卡贫困人员50人、低保对象2080人、特困人员1133人。

【养老待遇资格认证】 4月、9月，两次进行养老待遇资格认证。为保证新冠肺炎疫情防控期间城乡居民社会养老保险工作健康有序开展，有效减少人员聚集，避免交叉感染，采取“互联网+”的形式，启用“看看社保”App手机认证，对待遇享受人员进行养老待遇资格认证，确保领取待遇人员足不出户即可完成资格认证。年内，网上认证率达98%。

【机关事业单位人员养老保险】 2020年，累计参保单位263家，参保1.6万人，收缴养老保险费1.98亿元；离、退休人员4961人，支付养老金2.8亿元。

【企业职工养老保险】 2020年，累计参保企业1310家4.92万人（其中，新增参保1360人），收缴养老保险费1.56亿元；离、退休职工6213人，支付养老金1.89亿元。

【工伤保险】 2020年，累计参保单位1596家，参保51074人，新增参保2659人，完成市人力资源和社会保障局下达扩面任务目标2334人的114%；收缴工伤保险费884.2万元，审核发放工伤保险待遇312人，发放工伤保险基金982.3万元。

【失业保险】 2020年，累计参保单位1269家，参保28571人，收缴失业保险费899.57万元；为163人发放失业金72.1万元，为163人发放医疗补助19.66万元，为23人发放技能补贴4.18万元，为152家企业发放“稳岗返还”资金427万元。

【城乡居民养老保险】 2020年，制订《关于开展2020年度城乡居民社会养老保险参保扩面工作的实施方案》并下发至各镇（社区办）、香河经济开发区，截至年底，城乡居民社会养老保险参保20.32万人，新增984人，参保率99.9%，超出目标值4.9个百分点；为符合条件的62186人累计发放城乡居民养老保险金1162万元，发放率和领取率均达到100%；城乡居民养老保险基础养老金稳步提升，自2020年7月起，每人每月由168元增至173元。

【基金风险防控】 深入贯彻落实《河北省社会保险基金监督办法》（河北省人民政府令〔2018〕第1号）和《人力资源和社会保障部关于加强社会保险基金管理风险防控工作的意见》（人社部发〔2018〕43号）等文件要求，认真对大数据平台和日常发现的疑点信息进行逐一排查，共清查疑点信息633条，其中，疑似死亡冒领107条，疑似重复领取待遇人员75条，疑似重复参保451条。通过对经办机构有效的风险预警，有效杜绝了基金冒领，全年未发生一起重大基金安全事故。

【新冠肺炎疫情期间保险费用减免】 按照省市文件精神，新冠肺炎疫情期间，对中小微企业和按单位参保的个体工商户，免收2020年2月至12月的养老、工伤、失业保险的单位缴费部分；对大型企业、各类社会组织和民办非企业单位，减半征收2020年2月至6月的养老、工伤、失业保险的单位缴费部分。对符合条件企业返还上年度缴纳的失业保险费。为767家企业退缴养老保险费669.98万元，为1675家企业减免养老保险费8730.4万元；为67家民办非企业单位和大型企业减半征收养老保险费743.59万元。为310家企业退缴失业保险费30.08万元，为1185家中小微企业减免失业保险费168.17万元，为29家大型企业减半征收失业保险费59.33万元。为486家企业退缴工伤保险费65.2万元，为1381家企业减免工伤保险费1010.4万元，为20家大型企业减半征收工伤保险费42.8万元。

【落实疫情防控一线医务人员临时工作补助】 新冠肺炎疫情防控期间，对符合补助标准的98名医务工作人员（每人每天600元标准1人、每人每天300元标准97人）发放补助22.05万元，有效提升了一线医务人员的工作积极性和战斗力。

（杨连永）

社会福利与救助

【概况】 2020年，香河县社会福利救助工作在县委、县政府领导下，把解决好、维护好、发展好人民群众最关心、最直接、最现实的利益问题，作为工作的出发点和落脚点，切实让广大人民群众共享改革开放成果。

【特困人员供养】 2020年，全县有特困老人1294人，其中，3所中心敬老院集中供养147人，分散供养1147人。供养标准每人每月1440元，护理补贴全自理每人每月89.5元，半护理每人每月179元，全护理每人每月358元。与每位分散供养老人签订一份协议、确定一名负责人、建立一份个人档案，每月按时将供养经费通过香河农商银行发放到个人账户上。

【城乡居民最低生活保障】 2020年，继续对城乡低保对象实行动态化管理，做到审核审批规范化、认定条件标准化、复核复查制度化，严格按照复核要求，做到“应保尽保、应退必退”。年内，新增低保对象702人，注销249人，城乡低保标准900元/月。全县城镇低保对象166户、222人，人均月补差879元，全年发放城镇低保资金236.6万元；农村低保对象3056户、3841人，人均月补差698元，全年发放低保金2990.8万元。

【“两残补贴”发放工作】 2020年，全县有享受重度残疾人护理补贴5242人，按照100元/月的标准发放，实际发放600.45万元（剔除自然减员因素）；困难残疾人生活补贴发放人数2705人，按照255元/月的标准发放，实际发放773.19万元（剔除自然减员因素）。

【临时救助工作】 严格临时救助审核手续，2020年，发放临时救助资金3.24万元，救助城乡困难群众11户、15人，解决了困难群众突发性、紧迫性、临时性生活困难。

【河北省香河县社会救助基金会】 2020年8月，注册成立河北省香河县社会救助基金会，县财政注入资金500万元，充分发挥政府引领作用，动员社会力量积极参与特殊困难群众救助，多渠道、多形式帮助解决特殊困难群众实际生活困难。

【流浪人员救助】 规范救助站管理，提升救助服务水平。严格接待、救助、查询、离站等各个细节，明确救助工作流程，实行接待大厅24小时值班制度。及时将受助人员信息资料录入救助管理信息系统，并将各类救助材料整理、归档，建立台账。开展冬季送温暖活动，每天上街巡街不少于两次，并为不愿来站接受救助的人员发放衣被及食品。2020年，救助31人次，其中，自主返乡20人，县民政局救助站护送返乡8人，留救助站3人。

【养老服务补贴】 2020年，对60周岁以上的低保和重点优抚对象，按照每人每月60元的补贴标准，发放养老服务补贴145.16万元。

（李淑雅）

社会事务管理

【概况】 2020年，社会事务管理进一步加强，婚姻登记、社会养老、殡葬管理、地名管理、社区建设、儿童福利院等工作圆满完成目标任务，取得了良好社会效果。

【基层组织建设工作】 以建立落实“不忘初心、牢记使命”主题教育为切入点，强化党的组织建设。坚持一把手带头抓党建，班子成员共同抓党建。以建党99周年为契机，开展“重温入党誓词”“讲党课”活动；运用“学习强国”党员教育平台，扎实推进党员教育管理。联合县委组织部等7部门出台香河县村规民约相关文件，协调指导各镇开展村规民约制定修订工作。受理荆庄、倪庄等村街村民20余次来访，通过细心聆听、耐心解释，得到了百姓理解，化解了矛盾。

【社区建设】 2020年，协调新开街社区办公室，完成段庄社区日间照料服务站建设，该服务站建筑面积300平方米，服务人群涵盖辖区829名老人，是一所集生活照料、医疗保健、家政服务、精神慰藉等服务于一体的社区居家养老服务机构。

【殡葬管理】 组织执法人员协同相关部门，继续推行文明殡葬、健康殡葬，规范丧葬用品市场，维护殡葬管理秩序。2020年，火化遗体2701具，火化率连续30年稳定在100%。

【儿童福利院】 2020年，将在册的孤儿全部录入全国儿童福利综合管理系统。截至年底，县儿童福利院有儿童37人，其中，孤儿11人，事实无人抚养儿童26人。1月起，孤儿基本最低养育标准由每人每月1440元提高到1600元，事实无人抚养儿童基本生活费补助标准为每人每月1440元，实行社会化发放；被服费每人每年800元，分秋冬两季发放；所有在册孤儿全部纳入城乡医疗保险，年内，组织1次体检。福利院有干部职工15名，其中，包括5名富有丰富教学经验的教师负责日常的辅导和寒暑假的学习，把“一切为了孩子，为了孩子的一切”作为办院宗旨，让孩子们切身感受到社会的关爱和家庭般的呵护与温暖。

【婚姻登记】 2020年，对婚姻登记系统升级完善，进一步规范工作流程，优化办公环境，工作效率和服务质量明显提高。新冠肺炎疫情期间，对婚姻登记、协议离婚实行预约制度，严格落实进入机关登记、测量体温、签订防疫承诺书、检查健康码、按时消毒等防控措施，确保婚姻登记安全有序开展。年内，办理结婚登记2688对，离婚登记2371对，补办结婚登记992对，补办离婚登记113个。

【收养登记】 2020年，在收养登记机关办理婴儿收养登记2例，合法登记率和登记合格率均100%。

【社会组织管理】 2020年，全县有社会组织182家，其中，社会团体85家，民办非企业单位97家。年内，完成对截至2019年年底登记成立时间超过6个月的152家社会组织年检工作；6家行业协会、商会与行政机关脱钩工作全部完成，其中，5家完成脱钩，1家因无法发挥职能而办理注销。备案的民办养老机构大爱（香河）养老服务有限公司，开放床位1448张，入住老人354人。其中，北京籍老人324人。在全县开展志愿者和志愿服务组织注册登记工作，推进文明城市创建。培育发展社区社会组织，引导社区社会组织健康有序发展，截至年底，全县有社区社会志愿服务组织512家。

【社会组织党建工作】 2020年，高标准完成香河县社会组织党群综合服务中心改建。服务中心建筑面积300平方米，设有党群服务室、谈心室、会议室、阅览室、娱乐室、书画室等，为社会组织、党组织和党员群众提供教育、管理、培训、展示、服务休闲综合性服务。社会组织党群综合服务中心充分发挥党组织“引领带动、协调联系、学习教育、服务发展”的核心引领作用，实现了对接党员志愿者和困难群众的帮扶服务，有力推动了社会组织共建共治。

【地名管理】 按照民政部《地名管理条例》以及《香河县地名管理实施办法》(香政通〔2002〕21号)规定，征求县地名委员会各成员单位、县人大常委会办公室、县政协办公室及部分文化界人士的意见，制定《香河县城区地名规范命名方案》《香河县地名命名更名工作的实施方案》《香河县标准地名命名、更名审批登记流程》，对县城区域内存在有路无名、一路多名、名称不符、违反规则等问题的街路进行彻底摸排，提出县城区街路命名建议名单，涉及名称97个，实现城区标准化地名命名全覆盖。

(李淑雅)

防止致贫返贫

【概况】 国家扶贫系统中，香河县有建档立卡人口56户、118人，2019年10月，全部实现稳定脱贫。2020年，香河县认真落实习近平总书记关于扶贫工作的重要论述和国家、省、市脱贫攻坚决策部署，紧紧围绕“两不愁、三保障”目标，不折不扣推进责任落实、政策落实、工作落实以及扶贫成效考核反馈问题整改措施的落实，进一步建立健全精准防贫返贫机制，扎实推进工作衔接，提高帮扶质量，防止出现致贫返贫。按照脱贫不脱责任、不脱政策、不脱帮扶、不脱监管的要求，进一步提高政治站位、压实各方责任，持续巩固扩大脱贫成果。通过深入、扎实、细致的工作开展，全县贫困群众生产生活状况明显改善，幸福感获得感普遍提高，脱贫攻坚各项工作取得明显成效。

【建立健全防止致贫返贫长效机制】 在责任落实方面。严格落实党委、政府定期研究防贫机制，每月召开一次县委常委会、县政府常务会议研究扶贫工作，安排部署相关任务、协调解决具体问题；坚持扶贫专班机构不撤、人员不减、标准不降，保持全县扶贫队伍的稳定；坚持县、镇、村三级党组织书记和县四大班子领导遍访包联制度。在政策落实方面。坚持脱贫不脱政策，持续落实产业就业扶贫等各项扶贫政策，进一步巩固扩大脱贫成果，为脱贫群众增产增收。在工作落实方面。对开展扶贫工作以来的各级各类巡查、巡视、督查考核反馈问题整改工作进行“回头看”，全面开展自查自纠，补短板、强弱项、促提升；个性点对点的问题，逐条梳理、逐项检查、逐个销号；共性举一反三的问题，全面摸排核查，深挖问题根源，全部清仓归零，坚持跟踪问效，避免出现反弹现象。

制定出台《香河县关于建立健全防贫长效机制的实施意见》和《关于巩固脱贫成果防止致贫返贫推进方案》，建立健全脱贫防贫长效机制，进一步完善防贫监测预警和动态帮扶机制，建立实施防贫保险机制。2020年，继续安排本级防贫保险资金159.2万元，对因病、因学、因灾、因意外发生致贫返贫的情况，进行有针对性救助。年内，防贫保险救助53人，理赔支出135.2万元，有效防止返贫和致贫的发生。依托全国扶贫开发信息系统和社会救助信息系统，通过农户申请、镇村报警、部门大数据分析预警等方式，对年收入低于6000元且有致贫风险的脱贫不稳定人口和边缘人口进行动态监测，及时将有返贫风险人口和预警边缘人口纳入帮扶范围，坚决避免边缘人口滑入贫困人口序列。

【防贫监测】 定期对全县所有农户开展摸排核查，确保不出现致贫返贫现象，通过排查，全县无防贫监测对象，无因疫情灾情返贫情况。坚持动态管理，按照线下采集、线上录入的原则，及时调整更新各类数据、信息、收入，确保账账相符、账实相符。

【减贫成效】 2020年，通过加大就业产业扶贫力度，已脱贫的建档立卡贫困户56户、118人，实现年人均收入19591元，比上年增加5959元，增长43.7%，实现稳定增收。

【入户帮扶】 制定印发《香河县关于进一步加强农村贫困户帮扶责任人管理工作的通知》，安排22个县直单位组成帮扶工作组，99个帮扶责任人分包全县56个贫困户，明确30个副科级以上干部作为帮扶第一责任人。建立贫困户帮扶工作微信群，将县扶贫办、各帮扶工作组等相关人员全部纳入，根据工作需要，随时发布政策法规、工作安排等信息，强化日常管理，确保帮扶工作有序开展。同时，强化对帮扶责任人的扶贫业务技能培训，2020年，举办9期帮扶责任人及镇村帮扶干部培训班，全县累计培训1000余人次，县扶贫办、县民政局、县人力资源和社会保障局、县住房和城乡建设局、县卫生健康局、县教育和体育局、县农业农村局、县残疾人联合会、县医疗保障局9个职能单位，结合本部门职责和扶贫政策，认真开展入户帮扶工作。

【义务教育保障】 对全县农村已脱贫的建档立卡贫困家庭学生进行逐人摸排，建立全县脱贫家庭学生工作台账和长效沟通机制，及时对脱贫家庭学生数据进行更新，确保数据信息精准到位，不出遗漏。2020年，全县共有已脱贫的建档立卡贫困家庭学生26人，其中，小学教育阶段12人，初中教育阶段6人，高等教育阶段8人；义务教育阶段18名已脱贫的建档立卡贫困家庭学生无辍学，巩固率100%；各阶段学生教育资助实现全覆盖，均按照政策要求享受相应补助，年内，继续为脱贫家庭学生免除课本费、住宿费、教科书费，提供生活费和国家助学金。

【基本医疗保障】 2020年，全县有已脱贫的建档立卡贫困人口56户、118人，均落实了大病集中救治、先诊疗后付费、家庭医生慢病签约服务、“一站式”结算等各项健康扶贫政策。确定大病集中救治定点医院2家，成立了30种大病救治专家组，细化大病诊疗方案和临床路径；大病核准20人，已救治20人，救治率100%。慢病签约服务，组建64个“1+X”家庭医生签约团队，已脱贫的建档立卡贫困人口实现应签尽签，主动提供转诊、健康体检、用药指导、健康扶贫政策和健康促进知识宣传、健康生活方式指导等服务。严格落实“先诊疗后付费”和“一站式结算”政策，脱贫患者出院后，仅需支付除医保报销、医疗救助、大病保险外的个人自付费用。年内，已脱贫的建档立卡贫困人口就诊363人次，医疗总费用19.63万元，其中，基本医疗报销10.12万元，贫困救助7.44万元。

【住房安全保障】 制定印发《关于加强和完善建档立卡贫困户等重点对象农村危房改造若干问题的通知》，明确C级危房通过维修方式解决、D级危房通过除险加固或翻建方式解决。截至2019年，全县建档立卡贫困户中有危房34户，全部完成改造。2020年，148户低保户、农村分散供养特困人员和贫困残疾人家庭三类重点对象住房安全问题得到解决，其中，C级危房修缮52户，D级危房翻建改造94户，无房新建2户。

【饮水安全保障】 对全县建档立卡贫困户进行全面摸排、走访，严格按照水质、水量、方便程度和供水保证率四项指标的相关标准对建档立卡贫困户的饮水安全现状进行确认，对贫困户档案中必备资料的水质检测报告、年度饮水安全证明及饮水明白卡进行检查，保证无一漏项，保障群众喝上安全水、放心水。2020年，已脱贫的建档立卡贫困户56户、118人饮水安全全部达标。

【产业扶贫】 自开展脱贫攻坚以来，全县先后投入财政扶持资金683.83万元，实施产业扶贫入库项目16个，涉及全部已脱贫的建档立卡贫困户56户、118人，每人每年分红2000元。2020年，安排专项扶贫资金343万元，实施产业扶贫项目1个，全部已脱贫的建档立卡贫困人口每人分红新增1037元。

【就业扶贫】 全县有劳动能力和就业愿望的建档

立卡贫困人口51人，全部纳入就业扶贫范围，并实现稳定就业。其中，23人安排了公益岗位，25人安排了企业帮扶就业，另外3人自主就业，人员全部上岗，按月按时领取工资。为了让贫困人员掌握一门致富技能，提升技能素质，充分发挥技能培训在促进贫困人口脱贫工作中的积极作用，切实做到精准发力、精准扶贫，实现“培训一人、就业一人、脱贫一户”的目标。2020年，新冠肺炎疫情期间，县人力资源和社会保障局通过排查，了解到1名已脱贫的建档立卡贫困人员有参加职业培训的意愿，免费安排其到香河县云松培训学校进行一对一网络育婴月嫂培训。

【消费扶贫】 落实上级消费扶贫相关政策，组织企业积极入驻扶贫销售平台。截至2020年年底，已有2家供应商、9个扶贫产品完成省级注册并通过国务院扶贫办审核入驻中国社会扶贫网，年内，2家供应商扶贫产品销售额3365万元。大力开展消费扶贫专区、专馆、专柜“三专”建设，建立13个消费扶贫专区，扶贫产品销售金额累计87.5万元；完成55个专柜点位布局。

【扶贫小额信贷】 全面健全扶贫小额信贷工作机制，深入推进县、镇、村金融服务网络建设，金融扶贫政策支撑体系实现全覆盖，支持有意愿贷款的建档立卡贫困户投入生产。2020年，发放小额贷款1.3万元，涉及已脱贫建档立卡贫困户3户，发挥金融在脱贫攻坚中的“供血”作用。

【兜底保障】 2019年9月，制订出台《香河县城乡低保扩面提率专项行动实施方案》，确定城乡低保标准由每人每月600元提高到900元，城乡低保标准在全市处于领先地位。2020年，符合兜底保障的已脱贫建档立卡贫困户54户、101人，其中，低保户41户、88人，特困户13户、13人。

【扶贫资金】 明确扶贫资金申报、拨付、使用、管理相关要求，确保财政专项扶贫资金拨付按项目、预算、进度、指定用途拨款。将财政扶贫资金政策信息和资金分配结果，第一时间进行公示，确保公正公开。对扶贫项目推进情况进行跟踪问效，防止擅自改变资金用途和超范围使用资金情况的发生。2020年，安排财政专项扶贫资金343万元，有力保障各项帮扶政策落实。

【对口帮扶】 香河县认真贯彻习近平总书记扶贫开发战略思想，严格落实省、市安排部署，坚持把对口帮扶张家口市张北县，作为打赢打好脱贫攻坚战的一项重要政治任务，持续开展对口帮扶工作，确保帮扶成效。2020年，县财政投入3000万元对口帮扶资金，根据张北县需求，主要用于非贫困村基础设施建设。

（李淑雅）

退役军人事务

【概况】 2020年，香河县退役军人事务工作围绕“让退役军人和其他优抚对象成为全社会尊重的人，让军人成为全社会尊崇的职业”这一目标，加强服务管理，积极做好移交安置工作，推进就业创业、“双拥”共建工作，全力维护退役军人正当权益。在新冠肺炎疫情期间，退役军人积极参加疫情联防联控，为全县疫情防控取得阶段性成果做出突出贡献。

【退役军人移交安置】 2020年，为符合政府安排工作条件转业士官办理落户手续，11月27日，全部“阳光安置”到位；做好待安置期间退役士官党员教育管理、党费收缴等工作，并建立党员动态转出机制。做好自主就业退役士兵接收，完成部分退役士兵社会保险接续，及时缴费并录入补缴保险系统；开展退役士兵政府援助性就业申报；按时足额发放退役士兵自主就业金。

在纪念中国人民志愿军抗美援朝出国作战70周年之际，县退役军人事务局相关负责人到刘宋镇庆功台村慰问抗美援朝老战士张凤武（右） 县退役军人事务局供图

【退役军人就业创业】 建立完善退役军人个体需求、用人单位岗位需求、经济社会发展需求三本台账，持续推动退役军人就业创业。9月23—25日，组织2020年度退役军人参加就业创业意识（适应性）培训，提升退役军人就业创业能力；完成退役军人高职扩招身份认定。成立香河县退役军人创业就业促进会，30余家拥军企业入会；新冠肺炎疫情期间，为助力企业复工复产，召开全县退役军人专场招聘会2次，有效缓解企业用工和退役军人就业问题。

9月10日，举办以“退役不褪色 就业再起航”为主题的退役军人专场招聘会 县退役军人事务局供图

【“两站一中心”建设】 2020年，继续扎实做好香河县退役军人服务中心和镇村两级退役军人服务站基础建设工作，开展创建全国示范型退役军人服务中心（站）工作，10月28日，顺利通过省退役军人事务厅联合检查组检查。

【维护退役军人权益】 对县退役军人事务部门成立前、后的信访案件开展两个“百日攻坚”，落实领导干部包联责任制，规范建立各类信访台账，维护退役军人权益。做好纳入解困范围的企业军转干部解困工作，年内，发放生活困难补助金109万元、失业救济金5.8万元，春节和“八一”建军节走访慰问部分企业军转干部并发放慰问金，组织企业军转干部参加体检。县关爱退役军人基金会对落实社会保险、社会救助政策后仍有特殊困难的退役军人给予有针对性的救助。

【优抚褒扬】 扎实抓好信息数据核查、政策法规落实、业务流程办理等优抚褒扬工作，为开展退役军人工作提供基础支撑。通过社会化发放方式，及时足额将各类抚恤补助资金发放到优抚对象手中。2020年，为优抚对象发放抚恤补助资金、临时价格补贴；为重点优抚对象发放生活困难救助资金，为重点优抚对象发放医疗门诊补助、报销医疗及住院费用；发放农村、城镇义务兵家庭优待金和现役军人立功受奖奖金；春节和“八一”建军节期间，为全县重点优抚对象每人发放慰问金；

在纪念中国人民志愿军抗美援朝出国作战 70 周年之际，组织慰问抗美援朝老战士。

【军休干部服务管理】 落实军休干部政治待遇。订阅各类党报党刊和军事杂志，供军休干部阅读；受新冠肺炎疫情影响，适时组织军休干部参加政治理论学习；“八一”建军节期间，对军休干部进行走访慰问。落实军休干部生活待遇。军休干部离退休费和生活补贴足额按时发放，及时报销离休干部和特等伤残干部的医药费问题；年内，组织军休干部体检 1 次。

【“双拥”共建】 2020 年，香河县继续保持省级“双拥”模范县荣誉称号。加强沟通，努力做好军地互办实事项目落实。加强军政军民团结，积极开展各项军民共建和谐社区活动，多次组织消防知识教育培训班，为社区居民普及消防知识，提高消防意识，收到良好的效果。 4 月 26 日，注册成立香河县爱国拥军联合会，进一步激发全县爱国拥军热情，凝聚爱国拥军力量，推进全县爱国拥军事业发展；7 月 16 日，举办“河北省百城万店拥军行”香河县分会场启动仪式，拉开全县社会拥军活动的序幕；开展省、市“最美退役军人”“最美双拥人物”等宣传评选活动，上报评选候选人 6 名。加大“双拥”共建舆论宣传，在《河北日报》《廊坊日报》和县级媒体刊发信息 10 余篇。

（庄英艳）

医疗保障

【概况】 2020 年，县医疗保障局在县委县政府的正确领导和市医保局的指导下，认真贯彻落实县“两会”和全市医疗保障工作会议精神，抓好新冠肺炎疫情防控工作，不断开拓创新，真抓实干，在全县城镇职工和城乡居民医疗保险征缴、医保待遇保障、门诊特殊疾病认定、定点医药机构协议管理、药品与医用耗材价格监管和集中采购、医疗救助、医保扶贫等项工作中，严厉打击欺诈骗保，维护医保基金安全；落实药品集中采购政策，降低药品价格；加强待遇保障工作，确保参保人合法权益；加强基金征缴结算，确保医保基金平稳运行。

【“四医联动”改革】 协调推进医药、医保、医疗、医价“四医联动”改革是深化医改的重中之重，通过调整医疗服务价格、降低药品耗材以及大型设备检查费用等有效手段，加强医院管理，全面取消药品加成，严格控制医疗费用不合理增长；实行医保基金总额预算，结余奖励政策，推行按病种、按床日付费等支付方式改革；及时跟进药品、耗材集中招标采购，进一步挤压药品、医用耗材水分，所节约医保资金按不同比例返还医疗机构；完善医保基金监管办法，健全医保基金监管机制，规范医疗行为，确保医保基金安全；逐步形成“医疗、医保、医药、医价”四级联动的良好局面。2020 年 7 月，河北省深化医药卫生体制改革领导小组办公室下发《关于 2019 年度深化医药卫生体制改革考核结果的通报》（冀医改办〔2020〕6 号），香河县被评选为 2019 年度深化医药卫生体制改革工作先进县。

【药品医用耗材招标集中采购】 组织开展第二批、第三批药品集中采购和第一批药品集中采购续约，组织定点参加动脉血管支架集中采购，有效降低药品医用耗材价格。组织二级定点医疗机构完成采购量申报、配送企业选择、三方协议签订，统一各定点医疗机构同一药品的支付标准。通过与医疗机构和药品配送企业沟通协调，最终将 109 种药品替换为价格较低、疗效相同的低价药品，按照 2019 年采购量计算，可节约医药费用 1566.8 万元，有效地降低药品价格，惠及广大参保职工和居民。

【落实门诊特种疾病待遇】 2020 年，继续贯彻落实《廊坊市城镇职工基本医疗保险门诊特殊疾病管理办法》和《廊坊市城乡居民基本医疗保险门诊特殊疾病管理办法》，做好全县参保人员门诊特殊疾病普通病种和重大疾病的申报、鉴定、录入、制证、发证工作，年内，接收城乡居民申报材料3600余份，城镇职工申报材料700余份，通过专家依规审核认定，4228名符合条件的参保患者及时享受了门诊特种疾病待遇。

【落实高血压、糖尿病政策待遇】 认真贯彻落实河北省医疗保障局、河北省财政厅、河北省卫生健康委员会、河北省药品监督管理局联合印发《关于完善城乡居民高血压、糖尿病门诊用药保障机制的实施意见》，对全县参加城乡居民医保、患有高血压和糖尿病（以下简称“两病”）尚未达到门诊特殊疾病评定标准、需要采取药物治疗的城乡居民，享受门诊用药报销待遇。“两病”患者用药报销不设起付线，报销比例为50%，基本医疗保险年度最高支付限额，高血压为225元/人，糖尿病为375元/人。确定县人民医院、县中医医院等17家医疗机构为定点，39名符合资格的医生为成员的审批小组，及时做好“两病”患者认定工作，减轻患者门诊用药负担。

【维护医保基金安全】 开展“打击欺诈骗保宣传月”活动，通过微信公众号和定点医药机构悬挂条幅、张贴海报、滚动播放宣传片等形式开展打击欺诈骗保政策宣传，发放宣传资料1.3万份，张贴海报500余张，悬挂条幅300余条，组织现场宣传2次。强化了定点医药机构和参保人员维护基金安全法治意识，营造全社会关注打击欺诈骗保，自觉维护医保基金安全的良好氛围，达到了震慑违规违法行为的目的。

加强线上监管。通过医疗服务实时监控系统和可视化监控系统，对医保基金实施精准监管，对出现的问题疑点责成定点医院立行立改，全县各定点医院的问题疑点数量明显降低。2020年，共处理问题疑点4249条，稽核扣款1826条，扣除追回违规费用83万元。在县人民医院、县中医医院和乡镇卫生院安装可视化监控系统，进一步规范就医流程；对参保人员住院情况进行不定期随访，杜绝挂床住院，随访住院患者509人次，其中，18人次未能完成随访，对不能完成随访的医疗机构采取拒付违规费用、约谈主要负责人的处罚，共拒付违规费用3413.7元。

9月2日，香河县医保医疗领域专项治理工作动员会召开　　阮永旺 摄

制定《香河县开展医保医疗领域专项治理工作方案》，成立以县长为组长，县纪委书记、县监委主任和主管副县长为副组长，县医疗保障局、县卫生健康局、县市场监督管理局、县公安局等部门负责人为成员的医保医疗领域专项治理工作领导小组，召开全县定点医药机构专项治理工作会议。组织全县定点医药机构开展自查自纠，建立台账，对发现的问题逐项整改，将自查出的违规费用主动上缴，进一步规范了定点医疗机构的服务行为，提高了医保基金使用效率。

加强医保基金的日常监管，2020年，取消定点

12月21日，香河县定点医药机构集体约谈暨基金监管工作会议召开　　县医疗保障局供图

医药机构服务协议1家，暂停医保服务协议3家，拒付7家定点医药机构违规费用60487元。

【定点医药机构协议签订】　对全县137家定点医药机构进行考核并签署医疗服务协议，全面执行医保基金总额预算管理模式，根据上年度县域内各定点医疗机构医保资金支出权重、服务协议履行情况，适当考虑不同医疗机构的技术发展需求，综合确定每个定点医疗机构年度住院补偿资金总额。按照“总额控制、按月结付、年终决算、结余留用、合理超支分担”的原则，由医保经办机构与定点医疗机构年度内进行考核结算。进一步规范了全县定点医药机构医疗服务行为，有效控制不合理费用支出，确保医疗保险基金的安全平稳运行。

【城镇职工医疗保险】　2020年，全县城镇职工参加医疗保险人数达到46067人，同比增长4307人，医保基金总收入21336万元、总支出14418万元，结余6918万元。年内，全县有1669家企业参保，新冠肺炎疫情期间，按照国家有关政策为全县参保企业减免医疗保险费1900余万元。

【城乡居民医疗保险】　县医疗保障局充分利用广播、电视、微信公众号、张贴海报、标语、发放明白纸、村街大喇叭等多种形式加大医保政策宣传力度，营造浓厚的参保氛围，不断扩大参保覆盖面，促进城乡居民应保尽保。2020年，全县城乡居民参保人数为285338人，参保率达到95%以上，统筹区内住院和门诊结算21.09万人次，医保统筹基金支付17650万元。

【异地就医】　继续落实异地就医政策，满足参保人的实际需求。2020年，城镇职工异地就医直接结算858人次，同比增长21%，医保统筹基金支付1752万元；人工报销1176人次，同比下降23%，医保统筹基金支付672万元。城乡居民异地就医直接结算3190人，医保统筹基金支付3592万元；统筹区内住院和门诊结算21.09万人次，医保统筹基金支付17650万元。年内，将大爱香河医疗有限公司纳入医保定点机构并开通京津冀门诊结算系统，为600余名京津养老人群解决就近就医购药的问题。

【医疗保障关系转移接续】　为了促进人才的流动、合理配置，保障参保人的合法权益，参保职工因工作需要由本地转出或由外地转入可办理医疗保障关系转移接续手续。2020年，为635名参保职工办理医疗保障关系转移接续手续。

【脱贫人口医疗保障】　加强与扶贫部门数据信息共享，利用城乡居民基本医疗保险软件系统将低保、特困、重试残疾和已脱贫的建档立卡贫困人员总计6119人进行全部标识，个人缴费部分由财政全额负担，所需经费纳入财政预算，确保全县贫困人口实现全员参保。全面落实贫困人口基本医疗保险、大病保险、医疗救助“三重保障”制度，实现贫困人口在统筹区内住院政策范围内费用报销比例达到90%。会同家庭签约医生，协助符合慢性病申请条件的建档立卡贫困人员申请慢性病资格，确保建档立卡贫困人员及时享受慢性病报销待遇，有效防止因病致贫、因病返贫。

（阮永旺）

居民生活

【概况】 2020年，全县各职能部门在县委、县政府正确领导下，深入学习贯彻中共十九大和十九届二中、三中、四中、五中全会精神，统筹推进新冠肺炎疫情防控和经济社会发展各项工作，扎实做好“六稳”工作，全面落实“六保”任务，经济稳定恢复，社会发展稳步提升，城乡居民收入持续增长，全县经济总体呈现稳中渐进态势，农村居民和城镇居民生活主要指标均比上年度有所增长，生活水平得到进一步提高。

【城镇居民生活】 2020年，城镇居民人均可支配收入48365元，同比增长3.6%。

【农村居民生活】 2020年，农村居民人均可支配收入21021元，同比增长 6.5%。

（邵亚海）

乡镇（社区办）

责任编辑 刘凤贤

综 述

2020年，按照省、市关于深化乡镇改革工作的总体安排部署，根据廊坊市批复的《香河县深化乡镇改革方案》（廊办字〔2020〕5号）精神，安平镇、钳屯镇、五百户镇、刘宋镇、安头屯镇、钱旺镇、蒋辛屯镇，设置党政综合办公室、党建工作办公室、应急管理办公室、自然资源和生态环境办公室、综合行政执法队、行政综合服务中心、农业综合服务中心和退役军人服务站，共8个工作机构；渠口镇设置9个工作机构，增设综合文化服务站；淑阳镇设置10个工作机构，增设综合文化服务站、社区建设和物业监督管理办公室。年内，全县各镇（社区办）紧紧围绕县委、县政府年初制定的工作目标，不忘初心、牢记使命，在受到新冠肺炎疫情影响的严峻形势下，团结和依靠广大人民群众，攻坚克难、勇于创新、扎实工作，夺取了抗击新冠肺炎疫情的阶段性胜利，北运河旅游通航工程全面推进，经济稳中有进、社会和谐安定、人居环境明显改善，全县各镇（社区办）经济社会呈现良好的发展态势，圆满完成年度工作目标任务。年内，淑阳镇、五百户镇获得河北省创建全国“四好”农村路示范镇荣誉称号；渠口镇小圈村被中共中央精神文明建设委员会办公室评为“全国文明村”；蒋辛屯镇北李庄村被列入第二批全国乡村旅游重点村名录；安平镇第一小学被教育部认定为“北京2022年冬奥会和冬残奥会奥林匹克教育示范学校”；五百户镇被河北省政府授予“河北省民族团结进步先进集体”荣誉称号；淑阳镇获得河北省工会“规范化建设优秀单位”称号；安平镇、五百户镇被河北省妇女联合会授予“河北省维护妇女儿童权益先进集体”称号；安平镇王家摆村、高庄村，蒋辛屯镇河北吴村、王店子村，被河北省绿化委员会等部门认定为“省级森林乡村”。

全县辖淑阳、安平、钳屯、五百户、刘宋、安头屯、渠口、钱旺、蒋辛屯9个镇，300个行政村，总面积448平方千米。全县有新开街、新华街和平安街3个社区工作办公室，下辖新开、新绣、安抚、段庄、永泰、康宁、绣水、五一、府前东、兴业，新华、永兴、迎宾、城西、珠光、城北、永清、永胜、汇文、嘉园、兴济，民安、新城、正阳、安泰25个社区居民委员会。

淑阳镇

【概况】 淑阳镇政府所在地县城新开街77号，位于县政府驻地西南部。全镇总面积25.66平方千米，播种面积10.33公顷（155亩），辖28个行政村街。2020年，全镇总户数8071户，总人口24529

人，规模以上企业工业产值 16.4 亿元，财政收入 19.21 亿元，固定资产投资 9.98 亿元。荣获河北省创建全国“四好”农村路示范乡镇、河北省工会规范化建设优秀单位、河北省全国第二次污染源普查先进集体、河北省统计工作先进单位、廊坊市统计调查工作先进单位、廊坊市人大代表联络站先进单位、2020 年度香河县创建省级文明县城先进单位等多项称号。

【项目建设】 2020 年，结转项目 1 个，机器人产业园专家公寓项目；在库项目 9 个，分别是：香河康薇科技有限公司年产 5000 万只医用口罩项目，香河县华宇房地产开发有限公司建设的蓝色庭院住宅小区项目，矬口排污方沟改造项目，香河县城镇房地产综合开发有限公司建设的麓山花园住宅小区项目，香河三强热力有限公司金辛庄供热站改造项目、东外环供热站改造项目、孙止务供热站改造项目，香河珠光房地产开发有限公司建设的御景嘉园住宅小区项目，香河首泰房地产开发有限公司建设的理想家园住宅小区二期项目。

【市政工程】 2020 年，全镇涉及县市政工程 5 项：大辛路改造工程，完成镇域内道路两侧商铺、工厂门前硬化和临建房屋拆除；潮白滨水公园工程，占地 64.67 公顷（970 亩），完成土地流转，开始进场施工；淑阳大街西延、永盛路贯通两项工程涉及占地 3.99 公顷（59.9 亩），完成地勘、设计及地上物登统；新开街西段综合改造工程，开始地上物登统，做好评估及补偿的先期准备。

【北运河文化旅游通航】 2020 年，淑阳镇党委、政府高度重视北运河文化旅游通航工作，将此项工作作为重要的政治任务来抓，成立运河通航征地工作指挥部，抽调专人组成工作专班，做好运河通航征地工作。在村街群众中进行广泛宣传旅游通航的重要意义，充分利用宣传栏、宣传单、展板、大喇叭广播和入户走访等形式，向广大群众宣传政策，获得理解和支持。同时，做好地上物登统和土地测绘工作。年内，运河通航一期、二期工程所需征占淑阳镇土地 30 公顷（450 亩），全部完成土地补偿并流转到位，交付建设方进场施工。

【京唐城际铁路占地征拆】 该工程共涉及淑阳镇凌家吴村、姬止务、小罗屯等 12 个村街，截至 2020 年年底，完成占地补偿。涉及河南吴村 56 处、小罗屯村 18 处村民住房拆迁。在具体工作中，淑阳镇党委、政府第一时间成立工作专班，分工分包到户，专人负责，将具体工作落实到人。广泛宣传，耐心沟通，取得支持和理解，做到公平搬迁，和谐搬迁。先后入户走访 1300 余人次，发放明白纸、政策解读等 3000 余张。年内，京唐城际铁路淑阳段工程全部进场施工。

【农业】 春季完成植树 47 公顷（705 亩）。做好夏季及秋季秸秆禁烧，与村民签订禁烧责任书，成立禁烧巡逻管护队，发放宣传明白纸 800 余份，悬挂禁烧标语 40 余条。镇成立防汛抗旱指挥部，建立领导包片责任制，健全应急值班制度，组建镇级防汛抢险队伍，其中，常备队 650 人、后备队 1000 人、打桩班 60 人；28 个村街分别组建 30—50 人的村街应急抢险队；防汛物资筹备和落实到位，安排储备编织袋 3400 条、彩条布 700 平方米、木桩 200 根、树枝 100 余吨、大型运输车 5 台、水泵 3 台、木锹 50 把。

【企业复工复产】 坚持一手抓新冠肺炎疫情防控、一手抓企业复工复产。实行领导干部分包企业机制，明确复工复产流程，指导企业及早做好复工准备和防疫工作。要求企业提交复工申请、填写企业复工复产备案表、制订疫情防控方案和应急处置预案、签订企业及员工个人新冠肺炎疫情防控承诺书。建立返岗排查表，根据员工人数，配齐口罩、消毒液、测温仪等防疫物资；建立台账，对进出人员进行检查登记、体温测量、现场消毒等，对进出车辆进行详细登记、内外消毒；对办公区、车间、会议室等重点公共区域全覆盖消毒。组织辖区70余家企业利用手机、电脑等采取单独观看的方式收看“开工第一课”网络讲座，帮助企业员工下载“链工宝App”，进行复产复工前线上培训，发放新冠肺炎疫情防控、安全生产及消防手册3000余份，为企业如期复工打下坚实基础。

【汛期河道内村民安置】 2020年，镇党委、政府对汛期河道内村民临时安置工作高度重视，成立领导机构，制订实施方案，分解工作任务，明确工作责任，强化工作举措，为按时按质完成安置任务，提供强有力的组织保障。此项工作涉及凌家吴村、河南吴村2个村，共计536户。为了加快工作进展，先后抽调70名干部分成9个小组参与具体工作，入户宣传，答疑解惑。充分利用村街大喇叭广播、微信平台、公开栏等方式，加强政策宣传力度，营造工作氛围。在推进工作中，既按照政策依法依规安置又积极帮助解决安置过程中存在的困难和问题，引导群众搞好安置后生产生活的有序开展。

【农村人居环境整治提升】 2020年，为辖区内未进行美丽乡村建设的24个村街申报淑阳镇人居环境整治工程项目。年内，完成项目勘察，街道硬化、村庄绿化、环境净化、路灯亮化等“四化”设计招标，财政评审等项工作。加强村街环境整治，明确各村街书记为村街环境卫生第一责任人，村“两委”干部分片定责，成立3—6人的清扫保洁队伍，坚持每天清扫、垃圾日产日清；对村街内道路两侧白色垃圾、杂草、杂物乱堆乱放、非法广告标识进行清除，对房前屋后、坑塘河渠进行彻底清理，出动垃圾清运车、洒水车、铲车、挠机等50台，参与清理人数330人，清理垃圾废物1800吨，治理苫盖料堆和施工地50处。

【生态环境保护】 2020年，继续巩固“散乱污”企业整治取得的成果，每日出动车辆6辆，出动人员20余人次，不间断巡查，同时，充分发挥镇村两级网格化监督管理体系作用，发现一起取缔一起。年内，未发现新增“散乱污”企业。对2017—2019年依法取缔的126家“散乱污”企业开展“回头看”检查，未发现死灰复燃现象。

【大气污染治理】 加强露天焚烧秸秆、垃圾管控巡查力度。镇环保所和执法队工作人员分为5个巡查组，每天对辖区内28个村街进行不定时深入巡查，日出动执法车5辆，车上配备铁锨、喷水壶等灭火工具；35名网格员对全镇域开展全方位不间断巡查，重点部位专人盯守。对裸露土堆进行苫盖、对工地进出口地坪、场内主要道路路面进行硬化处理；每天对辖区主要道路进行湿扫，增加洒水喷雾频次，有效控制扬尘；对村街道路每日清扫，确保路面清洁。加强挥发性有机物（VOCs）污染防控，深入11家涉气企业检查、帮扶和指导，重点检查治污设备是否正常运行、环评手续是否规范、是否安装废气处理装置、实际生产设备数量与环评登记数量是否相符、有无破坏分表计电、生产废水是否外排、集气罩是否规范使用、生产车间密闭情况和是否落实重污染天气橙色预警等，11家涉气企业均已落实到位。坚决依法取缔露天烧烤，加强对餐饮门店油烟净化设施监管，对未安装油烟净化装置、油烟净化设施不标准、未正常使用、未定期清洗的餐饮门店，责令暂停营业并限期改正。开展散煤管控“百日会战”，在各村街路口设置散煤管控检查点，网格员每天入户摸排检查，坚决防止禁燃区发生散煤复烧问题。

【河道水环境整治】 2020年，设立镇级总河长2名，镇级河长11名，村街河长18名，镇级河长巡河354次，村级河长巡河1771次。年内，集中对“五一”渠、大罗屯自流渠等河渠进行清理，对部分河段设立围挡，对21处排污口进行封堵，出动大型机械860余台次、人员1100余人次、清理垃圾15874立方米。

【综合执法】 组织综合行政执法队集体培训9次。对大罗屯主街、新华大街西段、绣水街东段等重点路段的主路两侧路边摊贩、占道经营等问题进行统一治理。2020年，制止、拆除违建47处，治理路边摆摊105家，治理主街两侧商铺78家，治理违规广告牌匾125处。

【“三创四建”工作】 成立“三创四建”专项工作领导小组，制定《淑阳镇关于开展“三创四建”活动的实施意见》；成立工作专班，实行清单台账管理，逐条逐项细化清单事项，把每项任务落实到具体事、具体村街、科室、具体人，确保各项任务可量化、可追溯；充分利用微信公众平台、村街广播、条幅、明白纸等形式进行宣传引导，共计印发各类宣传单2000份，悬挂条幅40条。组织工作人员、志愿者们深入村街，向群众发放创建省级文明县城宣传手册，号召村民从自身做起、从细节做起，做文明人、说文明话、办文明事。加大集中整治力度，定点收集沿街商铺、单位垃圾，清理卫生死角，做好垃圾清运工作，做到日产日清，为群众营造了良好的生产生活环境。

【安全生产】 开展安全生产大排查、大整治活动，督导检查生产经营单位101家次，发现安全生产隐患252处，全部完成限期整改。强化执法检查力度，对存在重大安全隐患拒不整改的企业，进行依法处理，年内，关停取缔非法生产经营企业1家。聘请专家对32家规模以上企业及重点企业进行复产复工现场检查，其中，危化企业8家、发现问题隐患50项，一般工贸行业24家、发现问题隐患323项，问题隐患限期整改率达到100%。二季度，重点对家具企业进行专项治理，发现安全隐患71处，全部整改到位。加大安全生产风险分级管控和隐患排查治理双重预防（以下简称“双控”）建设检查力度，督促企业达标。辖区有各类生产经营单位80家，“双控”建设总达成率64%。其中，危险化学品企业8家，全部完成“双控”建设，达成率100%；规模以上企业16家，15家完成“双控”建设，达成率94%，未完成的企业已经与第三方签订服务合同，限期完成“双控”建设；一般工贸企业56家，28家完成“双控”建设，达成率50%。

【食品安全】 成立以镇长为组长，分管领导为副组长，各相关职能部门负责人为成员的食品安全领导小组；与28个村街签订食品安全工作责任状，村主任为第一责任人，明确28名村街协管员；通过发放宣传资料、张贴宣传标语、村街广播、微信公众平台、微信工作群、电子显示屏等媒介大力宣传食品安全，悬挂条幅80余条，发放宣传材料3000余份。年内，与县食品安全工作部门联合行动，对辖区内商店、超市和餐饮店等开展专项检查，重点检查经营者是否具有合法证照，是否销售过期、变质食品等问题，未发现销售过期、变质食品现象。

【信访工作】 建立健全由“一把手”负总责，主管领导亲自抓，片长具体包片、包村街的信访分包工作机制；实行科级干部每日轮流坐班接访制度；采取“日常周排查”和“重要时期日排查”工作机制，加强对全镇各村街矛盾隐患的摸排和掌控；继续开展重大村务先行风险评估、信访积案干部认领、关口前移筑牢村街防线、亲情感化等工作方法。2020年，接待群众来访77件次，网信访案件378件。

【平安社会建设】 全面实施天网和“大喇叭”工程建设。在全镇28个村街重点路口、村委会院内的220余个高清摄像头的基础上，新增高清球机摄像头4个；通过智能切换设备，一秒钟直接控制所有村街广播喇叭，每天播放党的理论知识、法律法规、致富信息等广播稿件，为群众提供各类信息 300 余条。社区矫正工作。2020 年，有社区矫正人员 6 名。每天通过社区矫正平台对社区矫正人员进行监管，年内发现违反规定现象 4 次，对违规社区矫正人员进行教育与处罚。法律宣传工作。新冠疫情期间，通过普法宣传栏宣传疫情防控政策和新冠肺炎防控基本知识；在 4 月 15 日国家安全日，开展国家安全知识宣传活动；10 月 26 日，开展《中华人民共和国民法典》和“防范诈骗警民合作 共建平安和谐社会”系列宣传活动。

溆阳镇残联走访慰问残疾人　　溆阳镇政府供图

【社会保障】 2020 年，发放农村养老保险金 1046 万元，养老保险新增参保 130 人，续保 1.2 万人，缴费 270 万元；发放社会保障卡 260 张；完成 60 周岁以上农村居民两次网上认证 9973 人次；2.8 万人（其中，政府代缴人员 499 人）缴纳医疗保险，缴费 785 万元。新增农业低保户 40 户、40 人，截至年底，有农业低保户 215 户、248 人，发放低保金 133.79 万元；非农业低保户 16 户、22 人，发放低保金 35.78 万元。新增特困户 5 户，截至年底，有分散供养 51 户、51 人，发放特困户补贴资金 80.78 万元；集中供养 18 人，补贴按月社会化发放。

退役军人服务工作。完成退役军人信息登记，建立信息台账，实行动态管理；为六级以上伤残军人报销医疗费用 13 万元；完成为符合安置条件退役军人保险接续；“八一”、春节期间对全镇退役军人进行慰问，为重点优抚对象每人每次发放慰问金 500 元。

残疾人服务工作。完成全镇 28 个村街残疾人普查，1197 名残疾人的信息及时得到更新，年内，新增享受生活补贴残疾人 37 名，新增享受护理补贴残疾人 73 名；对享受生活补贴的 217 人，享受护理补贴的 368 人重新核实认证；为 29 名有需求残疾人配发 34 件辅助器具；为 2 名重度精神疾病残疾人申请“阳光家园计划”机构托养服务；对全镇 82 户困难残疾人走访慰问，对其中的 15 名特殊困难残疾人，帮助解决生活中的实际问题；免费为有意愿的 12 名残疾人进行职业技能培训。

武装工作。对民兵业务骨干开展为期 3 天的业务培训，组建民兵应急队伍，高标准完成年度新兵征集任务。

【计划生育服务】 建立村街计划生育工作人员和村医统一管理制度，实现基层队伍进一步的整合，年内开展育龄妇女宫颈癌和乳腺癌“两癌”筛查、孕前优生检测活动。做好计划生育惠民工作，办理一胎服务卡登记 66 个，二胎准生证登记 59 个。完成 2020 年度计划生育奖励扶助户摸底上报，新增 28 名农村计划生育奖励扶助对象，特别奖励扶助对象申请救助 2 人，完成独生子女费预算上报工作。

【便民服务】 整合镇便民服务中心服务事项，更新办事制度。通过事权下放工作实现承诺和办理阶段双提速，其中，提前办结率 100%，按时办结率 100%，现场办结率 100%，无超期件和违纪行为的发生；建立健全村级便民服务站建设，在28个村街建立综合服务站，统一制定工作制度，统一配备办公设备和便民服务车，各村街设立1—2名干部代理办公；受新冠疫情影响，4月，镇服务中心恢复对外办公，设置敞开式的服务柜台，通过梳理下放事项及相应对口县直部门，进行分类整合设置了综合窗口、民生保障、市场准入、卫生健康、城乡建设等9个业务窗口。通过线上线下全面准确公开办理事项、办理条件、办理流程、办理时限、收费标准及依据和网上可办程度等信息。镇服务中心设立等候休息区，配备资料架、书报架、休息椅、雨伞、老花镜等便民工具。

9月18日，淑阳镇开展网络安全宣传活动　　淑阳镇政府供图

淑阳镇综合文化站图书阅览室一角　　淑阳镇政府供图

【文化建设】　督导检查28个村街村级文化活动中心、农家书屋、活动广场、健身路径的安全状况，及时排除安全隐患；做好农家书屋管理，对图书数量、编目、制度上墙和管理情况进行自查；年内，完成香河县图书馆淑阳分馆建设，实现全县范围内图书通借通还，全面落实免费开放；以打造“全域旅游示范区”创建活动为重点，进行广泛宣传，悬挂条幅28条，安放展板30块；7—10月，组织文艺下乡演出18场、电影进村街168场次；为14个村街发放投影仪2个、大鼓9个、音箱14台，腰鼓、扇子、手绢、乒乓球、羽毛球、象棋等相关文体器材；设立淑阳镇老年学校，定期开展健康养生、疾病预防知识讲座，满足老年人精神文化需求；开展对非法出版物和侵权盗版行为集中整治专项行动，确保文化出版物市场的安全稳定；持续开展“扫黄打非”，坚持集中整治和日常监管相结合，设立举报电话，各村街、学校配备了35名文化市场监督员，健全举报机制和举报奖励制度。

【精神文明建设】　成立以镇党委书记为组长，副科级以上干部为成员的精神文明建设领导小组。深入开展社会主义核心价值体系和廉洁从政教育，组织镇、村党员干部开展集中培训学习会，认真研读十九大报告和省、市、县委全会精神等学习资料。在机关推进文明科室、文明职工、文明岗位等基础创建活动；在村街推进“好婆婆”“好儿媳”“最美家庭”评选活动。宣传“公勺公筷”文明用餐，在机关食堂、水房等地张贴节约标语30余块。

【新冠肺炎疫情防控】 突如其来的新冠肺炎疫情发生后，淑阳镇迅速成立新冠肺炎疫情防控工作领导小组及工作专班，全员到岗。紧急启动应急资金60万元，购买新冠肺炎疫情防控设施用品。设立党员先锋岗37个，出台居民出行管控措施，取消群众性集体活动。全镇摸排总人口375万人次，未发生一例确诊、疑似新冠肺炎病例。

【基层党组织建设】 突出思想政治功能，全面落实“责任聚焦”。抓实思想政治建设，实现学习培训全覆盖，严格落实“三会一课”、民主生活会、组织生活会、主题党日、民主评议党员等基本制度；压实基层党建责任落实，健全完善镇党委书记、副书记、组织委员，基层党组织书记抓基层党建工作责任清单，推动党建责任落实到位，建立党支部书记抓党建责任清单、年度任期承诺目标；持续巩固“不忘初心、牢记使命”主题教育成果，坚持党委书记“一岗双责”，压实管党治党责任。

筑牢基层党建基础，靶向施策“夯基固本”。深入推进“抓党建、防疫情、促脱贫、保小康”活动，全面实行网格化管理，将镇村划分为“片区—村街—党小组”三级网格，全镇划分88个网格党小组，确定组长88人，网格员210人，充分发挥网格员作用，在日常基层治理工作中，开展新冠疫情防控、矛盾纠纷调解、弱势群体救助、消防与安全隐患排查等工作，构建党建网格和基层治理网格“两网融合”格局。2020年，许台、后套、朱庄、赶水坝4个软弱涣散基层党组织全部转化。

提标升级党建阵地，蓄力打造“示范引领”。实施党建阵地整治改造提升工程，年内，投资40余万元，完成许台、河北止务、孙家止务和杜屯4个村的党建阵地整改提升；投入资金46万元，高标准高质量打造“滨河乡韵”党建示范区，包括前套、后套、池套、孟庄、杜屯、郎庄、许台、矬口、计庄子、金辛庄10个村街党组织，香河华鑫集团、廊坊爱依瑞斯家具有限公司2个非公企业党组织。

抓实党员教育管理，充分发挥先锋模范作用。丰富党员教育形式。研究制订学习教育实施方案，向基层党支部下发学习计划和学习资料；以建党99周年为契机，开展“重温入党誓词”、“讲党课”、观看“红色电影”、困难党员慰问等活动；在运用“学习强国”“先锋在线”等党员教育管理平台的基础上，利用“淑阳镇党员之家”微信公众号和微信群，以图文、短视频等形式发送学习教育精编内容30篇。从严从实抓好党员队伍管理，健全完善失联等问题党员、流动党员、退役军人党员、因私出国（境）党员管理制度，稳妥做好不合格党员处置工作，年内，处置“四违”党员2名。规范落实发展党员“四库”管理办法，严把发展党员“质量关”和“入口关”，年内，新发展党员28名，党员队伍结构进一步优化。截至年底，妥善解决河北止务、河南止务、王家止务、前小屯、郭辛庄5个不发展党员“三年村”，孟庄、郎庄、计庄子3个不发展党员“两年村”问题。

建强农村干部队伍，重点突出“实干担当”。实施基层党组织“领头羊”培育工程，组织村党支部书记参加“万人示范培训”农村党员专题网班培训；组织村“两委”干部参加4期廊坊基层党建线上培训，累计培训280人次。认真备战并组织参加全县村“两委”干部党务、村务工作“擂台赛”，许台村获得三等奖，前套村获得优胜奖；提前谋划“两委”换届工作，对换届前村“两委”班子运行状况、换届选情、村情民情、重点难点问题进行摸排，将全镇村街划档定位，28个村街的换届后备人选初步建议名单上报联审。

规范制度运行机制，筑牢基层“战斗堡垒”。严肃党内组织生活，严格执行县委《关于严格党内组织生活十二项制度》，定期指导基层党支部规范开展组织生活会、民主生活会、民主评议党员、党员活动日等活动，推动党内组织生活正常化、规范化、科学化；规范落实各项工作机制，落实村干部任期承诺目标管理监督、轮流坐班、定期报告、星级管理、村干部调整退出5项管理制度，规范“四议两公开一监督”、网格化管理、村务监督管理、村级财务审计、党务村务公开5项村务工作运行机制，构建统一协调、运转有序、精干高效的村级组织体系；继续推行“两考三评一定”绩效考核机制，将新冠疫情防控、综治维稳、“两违”整治等县镇重点工作，动态纳入考核指标体系；落实正常离任村“两委”主要干部离任生活补贴待遇，解决村干部后顾之忧。

【意识形态工作】 以开展学习“两学一做”、中共十九大精神、“不忘初心、牢记使命”主题教育为依托，制订专项学习方案，开展党委中心组理论学习；通过班子成员讲党课、观看上级发布视频、“学习强国”答题比赛、撰写心得体会等多种形式深入学习党的最新理论成果；充分运用“淑阳新时代”微信公众号以及镇村干部工作群、各党支部活动群等微信群进行广泛宣传。2020年，编写、上报各类信息稿件150篇，编辑推送微信消息200余条。

【全面从严治党】 坚持党要管党，全面从严治党。镇党委切实履行好全面从严治党主体责任，制订年度计划和目标、责任清单，与镇党政班子成员签订《落实党风廉政建设主体责任承诺书》。年内，运用《监督执纪“第一种形态”使用手册》100余次；逐级开展谈心谈话，其中，对7名新任职的党员干部开展任前廉政谈话，对4名新入党的干部进行集体日常谈话。

开展党风廉政教育。对机关党员干部开展党规党纪知识测试，在节日前开展警示教育活动，充分利用“大喇叭”和微信公众号广泛宣传党风廉政规定、反腐倡廉知识。

深入落实中央八项规定，深化“四风”整治。不定期对机关日常工作纪律开展检查；坚决落实习近平总书记关于餐饮浪费重要批示精神，对机关食堂用餐进行规范和检查；精准整治“四风”问题中的“低级红”“高级黑”；组织科级领导干部签订《淑阳镇履行岗位职责承诺书》《淑阳镇厉行节约反对铺张浪费承诺书》，构筑自律防线；强化对企业复工复产中各项审批手续的督导，严肃查处推诿扯皮、吃拿卡要等行为。

对权力的制约监督。加强对镇、村两级领导班子权力行使的监督，实行镇级领导班子决策事项主要领导末位表态制度，加强对农村“小微权力”规范运行的监督检查。做好案件查办工作，年内，查处违纪党员4名。

（李　盼）

新开街社区

【概况】 新开街社区工作办公室位于新开街20号，辖区范围：新华大街以南、“五一”路以东的城南、城东区域，总面积10.2平方千米，辖10个社区居委会、8个村街。2020年，辖区总人口75078人，有民营经济4943家，其中，个体工商户3488家，民营企业1455家；完成财政收入8793万元，完成固定资产投资4.4亿元。

【重点项目建设】 2020年，有重点项目6个，其中，在建亿元以上项目3个，即投资2.1亿元的春城丽景住宅小区一期建设项目，位于香武路东侧，按施工规划进度2021年竣工；投资40.3亿元的经纬家具城二期项目，位于绣水街南侧；投资4.2亿元的东华广场项目，位于绣水街北侧，康宁路东侧，7月，项目开工建设，预计2022年12月竣工。储备项目3个，分别是计划投资5亿元的绣水经典住宅小区二期项目、计划投资2亿元的时代商业广场项目、计划投资10亿元的金港花园住宅小区项目。

【社区管理】 2020年，按照“居民规模3000户左右的标准设立社区”的要求，将人口达7319户的原安抚社区居委会分为安抚社区居委会和府前东社区居委会，将人口达8354户的原永泰社区居委会分为永泰社区居委会和兴业社区居委会。10月，府前东社区居委会和兴业社区居委会成立，新开街社区办公室管辖的社区居委会由原来的8个增至10个。

8月27日，新开街综合文化站举办主题读书活动　　新开街社区工作办公室供图

【社区品牌文化创建】 2020年，立足居民需求和社区实际，谋划启动“一社一品”创建工程，把品牌理念引入社区创新治理上，致力于打造一个社区一个品牌，一个社区多个品牌。通过品牌引领、示范带动，年内，完成安抚社区为党建示范型社区、新开社区为书香文化型社区、绣水社区为靓美型志愿服务社区、“五一”社区为安民调解型社区、永泰社区为互助关爱型社区、段庄社区为老服务型社区6个社区品牌文化的创建。先后荣获“廊坊市诗教先进单位”“廊坊市最美志愿服务社区”等称号。

【智慧社区创建】 2020年，社区依托“互联网＋”技术，打造了集App、微信于一体的“智慧社区”网上服务平台，实现无纸化办公、电子式办理。以新冠肺炎疫情防控和第七次全国人口普查为契机，统筹安排入户排查与信息完善工作，对辖区常住人口、外来人口、出租房屋等各类信息进行大摸底、大梳理，辖区34772户50490人的信息全部录入“智慧新开”系统，建立社区人口大数据库，实现对社区居民人口、家庭户籍等各种信息的精准掌握和统一管理。

【安全生产】 贯彻落实安全生产“党政同责、一岗双责”管理机制，牢固树立安全“红线”意识，遏制生产安全事故发生。元旦和春节期间，组织开展了“气代煤”工程和烟花爆竹安全专项检查，对辖区内实施“气代煤”工程村街进行全面细致的安全检查，同时，做好烟花爆竹禁放管控工作。做好新冠肺炎疫情期间复工复产，成立安全生产专项检查组，对复工复产企业逐一进行安全检查，对安全不达标企业，不予批准复工复产，对已复工复产的企业，责令限期整改；组织辖区内复工复产企业员工下载“链工宝”App，利用手机、电脑等收看“开工第一课”网络讲座，确保复工复产企业员工安全培训全部到位。

落实安全生产专项整治三年行动。成立新开街社区安全生产专项整治三年行动工作领导小组，对整治工作进行安排部署。对闫庄、段庄、前店子3个村仓储物流开展安全生产、消防安全大排查大整治，共排查233家，均已签订安全生产承诺书，发现隐患218处，下发整改通知书38份，责令停业整顿9家，所有隐患要求其限期整改；对企业食堂进行安全生产专项检查，共检查4家企业，发现隐患6处，全部整改到位；推进“双控”机制建设，完成香河华联香百超市、香河汇美塑胶有限公司2家企业“双控”机制建设；开展“防灾减灾”和“安全生产月”宣传教育活动，共发放宣传海报2000份，居民安全应急常识手册、燃气用户使用手册5000份；率先在辖区富泰家园居民小区一期划出208个电动自行车泊位，在每个泊位安装一套充电设备，对小区内10部电梯进行科技升级，安装智能摄像头等设备，组建电梯智能控制系统，全面加强电动自行车识别和进出管理，阻止电动自行车进楼充电，降低火灾安全隐患；开展高层小区消防车通道专项整治，清理整治消防通道不达标和被堵塞、占用问题，对发现的隐患问题，责令小区物业限期整改。

5月12日，华联香百超市举行“防灾减灾”消防器材使用现场演练

新开街社区工作办公室供图

【大气污染治理】 2020年，巩固大气治理成果，对辖区183家餐饮商铺再次摸底排查，严厉查处未安装油烟净化设施和不正常使用以及未定期清理油烟净化设施的行为。对已取缔的27家“散乱污”企业开展“回头看”专项执法检查行动，对辖区内厂房、库房等重点部位进行全覆盖排查，防止“散乱污”企业死灰复燃和新增，确保“散乱污”企业动态清零。持续治理使用散煤行为，年内，出动人员600余人次，车辆120余台次对各村街、社区进行不定期巡查，发现违规使用燃煤的情况立即责令其整改，并收缴燃煤。夏季臭氧污染治理。严格按照廊坊市臭氧污染防控措施要求，实行网格化管理，出动车辆178车次、人员796人次，巡查点位1436个，确保管控工作落实到位。

【创建省级文明县城】 2020年，充分利用微信公众平台、短信平台、宣传栏、宣传展板、LED屏、宣传单等多种宣传形式，积极营造良好的宣传氛围。把志愿服务活动与创建省级文明县城结合起来，努力扩大志愿服务活动的覆盖面。组织开展学雷锋志愿服务活动、未成年人思想教育活动，开展“书香家庭”“最美家庭”“好家风好家训”评选等主题活动20余次；组织进行街道清理清洁、小广告“牛皮癣”清除等活动上百次。狠抓城市环境整治，建立环境卫生治理长效机制，持续组织开展20余次环境整治集中攻坚行动，累计出动车辆100余辆次，人员500余人次，共清理清运垃圾70余吨，清除各种小广告3000余处，辖区主要街区街容街貌得到显著改善。

【综合执法】 2020年，重点整治城中村房屋翻建及私搭乱建，坚持依法依规、公平公正、避免矛盾激化、保障拆违工作落到实处的原则，加大巡查力度，做到翻建房屋一户一档。对辖区村街、社区平房进行安全排查，排查1363户，并建立工作台账。10月，联合县城市管理综合行政执法局对康宁路东侧及段庄村主路两侧商贩私搭乱建进行拆除清理，面积1000余平方米。

【信访工作】 妥善运用行政调解手段，畅通信访渠道，落实科级干部轮流坐班接访制度，推行信访化解“双日调度”工作机制，每周一、三、五汇总研究调解信访案件进度，重点化解问题楼盘，加强对辖区矛盾隐患的摸排和掌控，针对辖区涉及未给业主办理房产证的住宅小区，积极与相关职能部门、开发企业和业主协调，企业手续步骤更加透明化，业主可及时了解企业办理手续信息及动向。

【社会保障】 2020年，完成2708人的城乡居民养老保险征缴、4467人的城乡居民医疗保险征缴，完成1229名60岁以上城乡居民认证，共申请与发放社会保障卡216张。年内，新增低保7户9人，累计有低保46户61人。定期走访辖区内困难户13

户13人，确保他们生活有保障；为辖区所有困境儿童建立档案，定期走访，保障其健康成长；为符合条件的2名儿童申请每月1440元抚养费。为年龄达到80周岁老人申请高龄补贴，完成高龄老人补贴发放。新开街社区红十字会联合县红十字会先后慰问4户困难家庭，每户发放慰问金3000元。

【计划生育服务】 为2名60周岁以上的符合计划生育奖励扶助政策的群众办理手续，为1名符合计划生育特别奖励扶助政策的群众办理手续。完成2020年独生子女高考加分审批上报工作。为符合政策的88名退休人员每人一次性发放计划生育奖励3000元。为14户计划生育特困家庭发放救助公益金、养老保险补贴、医疗补贴等共计69168元，为163名独生子女投保意外保险，为183名奖励扶助人员发放新农保补贴合计21960元，为424户独生子女家庭发放2020年度独生子女费合计70460元。办理一胎生育登记证66个、二胎准生证125个、独生子女证24个。组织182名适龄妇女免费“两癌”筛查体检。

计划生育协会工作。慰问1户计划生育贫困母亲，发放慰问金3000元；慰问1户贫困大学生，发放慰问金3000元。开展庆祝中国计划生育协会成立40周年暨“5·29”会员活动日宣传服务活动，发放优生优育、生殖健康、性病艾滋病预防、“两癌”筛查等宣传资料700余份，发放避孕药具1000只。对3岁以下婴幼儿照护服务发展现状及需求进行调研摸底，全年共调研1187户家庭，7家托育机构。

【平安社会建设】 开展“扫黑除恶”专项斗争，在村街、小区、集贸市场、机关学校、企事业单位等重点部位、场所广泛张贴《通告》1000余张、悬挂条幅230余条、刷写固定标语、设立大展牌11块、印发明白纸3万余张、《最高人民法院、最高人民检察院、公安部、司法部关于依法严厉打击黑恶势力违法犯罪的通告》100张。开展“普法宣传月”活动，解答法律咨询9人次，发放《普法宣传工作手册》150余册。

【第七次全国人口普查】 2020年10月9日开始，进行第七次全国人口普查工作，11月，完成辖区33000余户的录入登记，并进行下一阶段的长表抽取和对比核查，圆满完成人口普查工作。

【新冠肺炎疫情防控】 2020年，突如其来的新冠肺炎疫情期间，对辖区内436家餐饮、“小饭桌”、幼儿园等进行多轮排查，严防疫情输入。做好疫情期间企业复工复产安全工作，成立专项检查组，开展巡查；组织企业员工下载“链工宝”App，利用手机、电脑等收看“开工第一课”网络讲座，确保复工复产企业员工安全培训全部到位。

【基层党组织建设】 以建立落实“不忘初心、牢记使命”主题教育制度为切入点，强化基层党组织建设。从机关、村街、社区和非公企业多渠道加强党建工作，取得明显效果。新冠肺炎疫情防控期间，调整优化组织结构，实现居民小区党组织全覆盖，选派20名党员骨干充实到社区党支部工作。2020年，确定香河华联香百超市党支部为“两新”组织（新经济组织和新社会组织）党旗红示范点，对接县委组织部落实专项资金支持。组织开展“七一”讲党课、党务村务“擂台赛”内部评选、慰问党员等活动，全面夯实基层党组织战斗堡垒。

严肃党内组织生活。加强政治理论学习，扎实开展“三会一课”、党员活动日、党员志愿服务等活动。严格推行组织生活提醒制度，先后召开3次专题调度会，领导班子成员带头参加双重组织生活，开展谈心谈话活动。

抓实党员教育管理。巩固落实“不忘初心、牢记使命”主题教育成果，严格落实党员常态化学习制度，不断提升党员政治理论素养。制订和完成2020年度党员发展计划，加强党员“四库”管理。在党员入党周年纪念日，为党员寄送政治生日贺卡，庆祝党员“政治生日”，唤醒入党初心，年内，发放贺卡524张。组织党员重温入党誓词，进一步教育引导党员干部树牢“四个意识”、坚定“四个自信”、做到“两个维护”。

提标升级基层党建阵地。提标打造康宁、新绣、安抚、段庄4个社区党群服务中心，进一步完善党建阵地，规范内部上墙制度；完成绣水社区党群服务中心扩建，总面积1000平方米以上，年内投入使用；全面更换村街各类党建上墙展板，提升村街“两室”的整体面貌；完成西南街村后进整顿转化工作。

（李佳唯）

新华街社区

【概况】 新华街社区工作办公室位于新华大街北侧、五一路东侧。辖区范围：东至白庙村、西至西外环路、南至淑阳大街、北至潮白河南堤，面积4.6平方千米，2020年，辖11个社区居民委员会、8个村街，年末户籍人口36583人。获得廊坊市文明单位荣誉称号。

【老旧居民小区改造】 辖区有老旧小区45个，大多是1990－2000年期间建造，建设标准相对较低，不同程度存在着道路破损、上下水管道老化、环境质量不达标、外墙脱落及楼道内脏乱、物业管理及安保措施差等诸多问题，已无法满足居民居住环境和市容美观的要求。2020年，对改造的17个老旧居民小区安装了监控及电子屏。完成7个老旧居民小区改造项目的立项可研报告等前期手续。

【违规建筑拆除】 2020年，新华街社区工作办公室针对万辛湖内违规建筑存在时间长，拆除工作量大，面临的问题复杂等情况，将78处违规建筑划分为12个片区，分别由科级干部带队分包，提前开展工作动员，4月1日，启动拆除，万辛湖内存在多年的78处25万平方米违规建筑全部拆除到位。11月，完成东北街村位于潮白河套内两处违规建筑及新华街社区办公室东向道路两侧违规建筑全部拆除，为北外环路的修建奠定基础。

4月10日，万辛湖内一处违规建筑拆除现场　　新华街社区工作办公室供图

【河渠环境治理】 2020年，严格落实“河长制”，按要求巡河，清理河道内垃圾，清理各类垃圾及杂草1000余立方米。根据省、市、县的要求对辖区内的河渠“四乱”（乱占、乱采、乱堆、乱建）进行清除，水利部卫星遥感反馈辖区河渠“四乱”问题48处，截至年底，完成拆除32处，并上报销号，其余16处在解决中。

【创建省级文明县城】 助力文明城市创建工作，营造文明、整洁、优美的人居环境。对辖区居民小区及背街里巷进行全面排查，对存在问题进行登记造册，逐一进行整改；对青年社区、育华小区等37个居民小区的楼体外墙及楼道内墙进行粉刷，对吉安苑等4个居民小区进行路面硬化、施划停车位等，对公园壹号、国隆府等 18 个居民小区设置铁艺公益展牌；对辖区 101 个居民小区更新公益展牌，对辖区 37 条背街小巷进行粉刷，施划停车位。每周五组织村街、社区开展周末文明行动，清理生活垃圾，营造良好生活环境。年内，安装更换公益广告 6700 块，围挡 3000 余平方米，张贴垃圾桶标识 5000 余张次；修建东新立街、东北街内部道路、文化路等破损道路 3 条。

10 月 12 日，新华街社区创城督导会议召开　　新华街社区工作办公室供图

【大气污染治理】　2020 年，出动车辆 600 余次，累计督导裸土苫盖 30 万余平方米，清查饭店油烟问题 650 余家。依法取缔台账外“散乱污”企业 15 家，其中，涉气企业（喷漆）2 家；对台账内已取缔的 39 家散乱污企业进行不间断巡查，杜绝死灰复燃。加强秸秆、垃圾禁烧治理。年内，发生秸秆、垃圾焚烧 50 余起，全部被及时扑灭。严格落实辖区全年禁放烟花爆竹政策，开展烟花爆竹禁放宣传、巡查和管控等工作，年内，劝阻、制止燃放烟花爆竹 150 余次。

【安全生产】　2020 年，在元旦春节、企业复工复产、全国“两会”期间，开展安全生产检查、人员密集场所专项检查和安全生产大排查大整治攻坚行动，检查各类生产经营单位、门店等 450 余家次；在辖区内主要街道、人员密集的场所悬挂安全生产宣传条幅 90 余条，利用广播、发放宣传单、短信等形式向村民及各企业负责人开展安全生产宣传，发放宣传单 3500 余张，营造浓厚的安全氛围；组织辖区企业利用手机、电脑等采取单独观看的方式，收看“开工第一课”网络讲座，组织企业员工下载“链工宝”App，进行复产复工前线上培训，确保复产企业员工安全培训全部到位。开展全国“两会”期间消防安全检查、春夏火灾防控，开展对幼儿园（“小饭桌”）、餐饮行业、电动自行车、危险化学品等专项消防安全检查；并对宾馆、饭店、洗浴、商场、集贸市场等 200 余家企业和门店进行消防安全排查，对检查发现的问题隐患，全部完成整改。负责潮白河右堤北岗子村至许台 3 千米防汛任务，制订防汛抗旱应急预案并成立了防汛抗旱领导小组和两个抢险小分队，储备编织袋 1000 个、树枝 30 吨、树桩 50 根、彩布条 200 平方米、运输车 2 辆以及铁锹、抽水泵、手电筒、雨衣雨鞋等防汛物资。

【平安社会建设】　召开“扫黑除恶”专项斗争专题部署会议，传达中央、省、市、县“扫黑除恶”专项斗争精神，对“扫黑除恶”专项斗争进行安排部署。利用宣传标语、条幅、村街广播、电子屏滚动播放、微信群等广泛宣传，悬挂条幅 100 余条、粉刷固定标语 31 条、利用 LED 电子屏 100 余块，全力做好“扫黑除恶”宣传工作，营造良好的社会治安氛围。设置举报箱 15 个，公开举报电话，畅通举报信息渠道。向群众普及“扫黑除恶”专项斗争知识，提高群众对“扫黑除恶”的知晓率。加强摸底排查，对辖区内重点人群进行突击检查，坚决做到“黑恶必除，除恶必尽”，为社区提供和谐稳定的社会环境。

戒毒（康复）工作。对辖区 2 名戒毒人员、1

名康复人员，定期组织进行尿液检查，跟踪涉毒人员情况进展。与各村街签订毒品禁种责任书，确保毒品“零种植，零产量”；加强毒品禁种宣传，拓宽发现渠道，加大打击力度，形成震慑威力，实现“零种植，零产量”；加大对易发现毒品的娱乐场所等地的督查力度，为社区打造一方“无毒净土”。

圆满完成全国“两会”、中共第十九届五中全会、“5·18”中国（廊坊）经济贸易洽谈会、国庆节、春节等重大会议活动和重要节日期间的安全保卫工作。

【信访工作】 2020年，信访案件答复率100%，网上信访和智慧信访平台答复率、满意率100%，问题楼盘化解持续推进，为符合政策的复员退役军人妥善安排就业。

【社会保障】 2020年，完成城乡居民医疗保险网上缴费13994人，每人每年缴费250元，总计缴费349.85万元；对符合领取城乡居民养老保险金的人员，每月按时实行社会化发放。

【文化建设】 开展形式多样的文艺活动，元旦、春节前，机关、社区、村街安排各类文体活动、艺术演出、群体竞赛11场。举办机关干部职工文体联谊赛、“学习强国”知识竞赛等活动；珠光社区举办的“迎新春 庆元旦”联谊活动，自在城居民小区、欧陆豪庭居民小区、北岗子村等举办庆“双节”文化惠民演出，兴济社区举办送春联活动。

【第七次全国人口普查】 成立新华街社区人口普查领导小组，将辖区8个村街11个居委会划分为19个普查区、383个普查小区，完成电子地图标绘。合理安排好普查指导员和普查员，确保人口普查工作顺利开展。利用村街大喇叭广播、小区微信群、悬挂宣传条幅、张贴公告及发放宣传手册等形式大力宣传人口普查工作，共悬挂条幅100幅，张贴公告530张。分批次组织开展对普查指导员和普查员进行人口普查业务培训。年内，普查104477人，圆满完成第七次全国人口普查。

【新冠肺炎疫情防控】 自2020年1月24日起，新华街社区全体动员，放弃休假，开启防控防疫战时状态，成立新华街社区新冠肺炎疫情防控工作领导小组，下设综合协调组、物资采购组、应急组、网格化排查组、信息报送组，建立24小时领导带班值班责任制度。充分发挥机关干部、村街、社区工作人员作用，党员干部、志愿者冲锋在前。实施网格化管控。将辖区内8个村街和101个居民小区划分为11个片区，组建11个工作小组，由科级干部包片防控，每个片区实行机关干部、包村干部、社区干部、志愿党员“四包一”机制。村街实行“两委”党员负责制，全员上岗；居民小区建立楼长负责制，每个单元、每户居民责任到人。全面摸排登记。各村街、社区对辖区内居民开展全面摸排，确保不漏一人。统一排查机关科室人员外出、发热情况（包括家庭成员）；各居委会、村街排查外来人员和常驻人员基本情况；各村街、社区收集整理疫情信息和最新工作进展，填报外出（返乡）人员摸底排查台账，实行日报告、零报告制度。对辖区内大型超市、宾馆、饭店等人流密集场所进行全面排查、定期消毒，尽全力阻断疫病传播途径，确保公共场所的疫情防护。取消各类聚集性活动，关停活禽交易市场，关停网吧、浴池等人员聚集型公共场所。通过微信工作群、微信公众平台、电子显示屏、流动宣传车、大喇叭广播、宣传条幅等方式宣传新冠肺炎疫情防控知识。

【基层党组织建设】 全面提标基层党组织阵地建设，完成白庙、刘庄、胡庄子、西北街、北岗子5个村街党支部办公室和党员活动室的粉刷、翻新工作，全部更换11个社区、8个村街的党支部上墙制度，补齐功能室标牌，完善推进村街、社区“六位一体”的工作服务模式，不断细化构建村街、社区党小组与网格化作用，统一标准，整体绘制，分片管理、细化到人，全面提升基层党支部核心团结力量，提高群众满意度。

组织党员学习中共十九大会议精神，健全并落实“三会一课”制度，加强党员电化教育工作。做好民主评议党员和村干部“两考三评一定”考核，加强对村干部的动态考核管理。年内，完成组织开展村街社区党支部书记培训 3 期，非公企业联合党支部书记培训 1 期，新发展党员培训 1 期，“不忘初心、牢记使命”主题培训 1 期，进一步提升基层党支部书记和党员落实党的政策、服务民生、发挥先锋模范的能力。在“七一”之际，组织党员重温入党誓词，不忘入党初心。春节期间，走访慰问老党员、生活困难党员，送去慰问金慰问品价值 1 万余元，切实帮助他们解决实际困难。

【意识形态工作】 2020年，持续推动意识形态工作。以党委理论中心组学习为基础，抓好全体党员干部的思想意识教育，紧紧围绕学习习近平新时代中国特色社会主义思想和中共十九届五中全会精神，组织开展学习活动。年内，组织党委理论中心组学习12次，每名中心组成员撰写学习笔记2万字左右。以社区和村街阅报栏、大喇叭广播为媒介，宣传党和国家各项政策法规，展示党和国家带领全国人民抗击新冠肺炎疫情的强大合力，让广大人民群众充分感受到中国共产党的英明领导和社会主义制度优越性。加强“学习强国”学习平台应用和推广，通过微信工作群开展答题比赛，不断提升“学习强国”的学习使用效率。全年在市级以上媒体发稿30篇，其中，省级2篇、国家级7篇。

【全面从严治党】 全面加强党风廉政建设，把握运用监督执纪“四种形态”，着力用好“第一种形态”，对领导干部在廉洁方面、党员干部在违纪违法方面出现的苗头性、倾向性问题，做到早发现、早提醒、早纠正。2020年，发现党员违法违纪问题线索2起，给予2人党纪处分，协助县纪委监委查办党员违规违纪案件2起，给予2人党纪处分。受理信访件11件，均得到妥善处理。

（李　佳）

安平镇

【概况】 安平镇政府驻地安平一街村，距县城 12.5 千米。全镇总面积 33.52 平方千米，辖 29 个行政村街。2020 年，全镇共 8763 户、人口 21386 人，财政收入 27316 万元，规模以上企业工业总产值完成 9749 万元，全年固定资产投资 9.4 亿元。常用耕地面积 1501 公顷，粮食播种面积 101.067 公顷。全镇已婚育龄妇女 4218 人，年内人口出生 193 人，其中，男婴 102 人，女婴 91 人，出生婴儿性别比 112，符合政策生育率 99.48%，人口出生率 7.99‰，自然增长率 3.48‰。6 月，扁城村党支部被廊坊市委组织部授予“红旗党支部”；8 月，王指挥庄乐亭诗社被廊坊市诗词学会确定为“廊坊市诗教先进单位”；9 月，安平第一小学被教育部认定为“北京 2022 年冬奥会和冬残奥会奥林匹克教育示范学校”，王家摆、高庄被河北省绿化委员会等部门认定为“省级森林乡村”，运河新村调委会“七五”普法工作代表香河县接受廊坊市七五普法检查组的验收；10 月，扁城村妇女之家被河北省妇女联合会确定为“河北省示范妇女之家”；12 月，安平镇被河北省“扫黄打非”领导小组办公室确定为“第一批河北省‘扫黄打非’先进基层规范站点”，被河北省妇女联合会评为“河北省维护妇女儿童权益先进集体”，被廊坊市统计局评为“2020 年度廊坊市投资领域统计工作先进集体”，被国家统计局廊坊调查队评为“统计工作先进集体”，被廊坊市第二次全国污染普查领导小组办公室评为“廊坊市第二次全国污染源普查表现突出的集体”，堡上村入围复查确认保留的河北省文明村镇名单。

【项目建设】 2020年，继续内优环境，加强对企业帮扶。实行副科级干部包联重点企业，组织开展“政银企”对接等服务，帮助企业解难题，为企业发展打通堵点，累计为重点项目、企业20余名优秀人才解决了落户问题。精准施策，合力攻坚，积极应对宏观经济形势波动和新冠肺炎疫情影响，坚持一手抓疫情防控、一手抓复产复业，持续推进商贸服务业发展。以印刷包装企业为重点，着力提升企业家素质，引进新技术、新装备，助力传统产业转型升级。外引项目，在疫情冲击、经济下行的形势下，紧密结合廊坊“北三县”与通州区统一规划、统一标准、统一政策、统一管控要求和香河“3+2”产业定位，突出安平区位特色和产业基础，以总部经济、北运河旅游休闲特色小镇和北京“容不下、离不开、走不远”的产业为引领，整合企业、土地资源，广泛开展以商招商和创新创业，年内，新增中信国安北运河香河段生态综合整治PPP项目二期、风港减河桥改建等固定资产投资项目7个。

【营商环境】 坚持把营商环境摆在经济建设“头版头条”，深入开展对企业的帮扶服务。先后专题召开党政班子会、“政企”对接会、“银企”对接会9次，解决共性问题7项。镇行政综合服务中心开设市场准入窗口，简化审批流程，缩减办结时限，登记核准均在1个工作日内办结。坚持依法施政、依法治理，对破坏市场经济秩序、阻碍企业发展、侵害企业合法权益的违法犯罪行为零容忍，打掉两个村街恶势力团伙，解决了围堵万通、世茂两个集团施工工地3年之久的老大难问题，增加了企业投资信心，万通集团计划追加投资120亿元打造“金融小镇”。营商环境持续优化，为产业升级和经济发展打开新空间、提供新动力，全镇规模以上工业企业实现较大幅度增长，7个新开工入统固定资产投资项目计划总投资超25亿元，新接洽投资企业10家。

【农村人居环境整治提升】 2020年，完成民安北路北延工程（南起新城街北至安城街），长648米，宽26米；新建粪污中转站（在减河桥东侧）1座；完成安平四街、后庄、曹店、延福屯二村、小友垡、成辛庄、周庄7个村街村内道路硬化工程，硬化面积12.87万平方米；为成辛庄、小友垡、孙家务、曹店、周庄5个村安装路灯417盏；硬化成辛庄村广场1523.25平方米；全镇29个村完成“五清三建一改”任务，清理垃圾7973立方米，村内水塘、沟渠20处，畜禽养殖粪污等农业生产废弃物5.6立方米，残垣断壁或杂物56处；以打造京津冀生态环境支撑区为目标，实施林果网片林工程，全镇年度造林任务50.67公顷（760亩），实际完成83.47公顷（1252亩）。

【生态环境保护】 深入开展“散乱污”企业整治，发现一家，取缔一家，辖区“散乱污”企业保持“动态清零”。细化网格监管，严厉打击垃圾秸秆焚烧行为。建立散煤管控网格化监管体系，强化巡查执法，确保洁净安全取暖。严格落实河长制，压实镇村河长责任，持续开展河湖“四乱”清理整治、河渠排污口封堵、纳污坑塘治理管控等专项行动，水污染治理取得显著成效。

【违规建筑拆除】 把拆除违规建筑工作作为推进“三创四建”的第一道关口，根据实际情况实行摸清底数、重拳出击，利用“四步工作法”（态度鲜明、宣传造势、严格政策、攻坚克难），以“铁的决心、铁的措施、铁的担当”严查严拆违法建筑，以拆打头，以拆开路，做到态度鲜明坚决拆、宣传发动造势拆、严格政策依法拆、攻坚克难碰硬拆。累计拆除河道内违规建筑9万平方米，其他违规建筑13宗1.22万平方米。

【乡镇机构改革】 根据廊坊市批复的《香河县深化乡镇改革方案》（廊办字〔2020〕5 号）精神，制定《香河县安平镇职能配置、机构设置和人员编制规定》，设置 4 办 1 队 2 中心 1 站（党政综合办公室、党建工作办公室、应急管理办公室、自然资源和生态环境办公室、综合行政执法队、行政综合服务中心、农业综合服务中心、退役军人服务站）。行政综合服务中心设置窗口 6 个，承接上级下放事权 198 项。

【平安社会建设】 创建社会治理大联勤工作机制，建立治安联防、执法联勤、服务联民三大体系，镇村联动，齐抓共管，形成“群防群治、联勤联动、自助互助、共建共享”社会治理新常态。年内，九景湾、狮子城等楼盘问题和土地遗留问题逐步协调解决。勇于担当，集中精力解决了周庄、延福屯二村等重点村街信访问题。会同公安机关严厉打击违法犯罪行为，消除了社会风险隐患，全镇形势持续向好。全面加强安全生产责任体系建设，严格落实属地监管责任，逐家企业推进“双控”机制建设，开展大排查大整治攻坚行动，安全生产形势持续稳定。

【社会保障】 实施全民医疗保障、城乡养老保险等社会保障制度，全力推进参保登记和养老金发放，2021 年度城乡居民基本医疗保险已参保 21310 人，2020 年度城乡居民基本养老保险参保 7122 人；全镇低保对象共有 138 户、166 人，分散五保对象 22 人，敬老院集中供养 15 人；脱贫攻坚扎实推进，建档立卡贫困户 11 户 19 人于 2018 年和 2019 年实现脱贫，全部实现“两不愁三保障”和饮水安全，人均年收入稳步提升。

【北运河通航】 将北运河通航工作作为全镇“一号工程”，倾全镇之力，叫响“不休节假日、全员在一线、跑出安平速度”，全力打好通航攻坚战。县北运河通航工程指挥部召开调度会后，全镇紧急成立由党委书记任指挥长，镇长为副指挥长，副书记、副镇长为成员的通航指挥部，并抽调 30 余名精兵强将组建工作专班，与县北运河工程专班及相关部门进行对接，倒排工期、昼夜奋战、争分夺秒、合力攻坚，全力做好运河通航征地清理地表工作。在征地补偿过程中，坚持公开、公正，严格执行征地政策和补偿标准，按程序办事，严明工作纪律，对于抢栽抢种的行为，依法予以严厉处置，确保工程顺利进行。土地流转 233.33 公顷（3500 亩），全面按时完成运河通航用地保障工作。

2 月 17 日，延福屯一村党员志愿者坚守疫情防控工作岗位　　张广宇 摄

【新冠肺炎疫情防控】 镇党委、政府克服毗邻京津、流动人口多等难点问题，按照“外防输入、内防输出”的要求，成立以党委书记、镇长为组长，党委副书记和主管副职为副组长，其他班子成员、镇卫生院、镇派出所、学校负责人为成员的新冠肺炎疫情防控工作领导小组和工作专班，建立镇领导“一对一”联防联控机制，镇村联动，科学精准落实防控措施，周密排查，挂图作战。建立防控排查工作微信群，由班子成员网格推进，包片包村，对口负责，以走街入户、电话微信等方式进行地毯式排查，建立台账，在掌握第一手信息的同时，确保

科学及时处置到位。运用多种形式，打出“线上＋线下”组合拳，第一时间将有关疫情防控的内容制作成通告、标语、音频等形式，在辖区广泛宣传，凝聚全民抗疫合力。全镇共设立党员先锋岗30个，800余名镇村党员干部、志愿者积极投身抗疫一线，严格落实京津冀联防联控机制，构筑群防群治严密防线，2020年，全镇29个村街未发生确诊病例。

【基层党组织建设】 扎实推进基层党组织建设，安平四街、陈辛庄、谢屯、枳根城4个后进村全部完成转化；全面实施环北京党建示范带深化工程、改造提升工程、运河之翼党建示范区扩面提标工程；陈辛庄、王家摆、草沙河、小友垡、延福屯一村、曹店、鲁家务、安平二街、香河天音乐器有限公司9个党支部新发展党员13名，彻底解决“三年村”，基本消灭“两年村”；着力推进非公党组织建设，成立河北省京津冀石材产业协会党支部，进一步夯实了党建基础。

6月30日，县长齐泽旭到安平镇以庆祝中国共产党建党99周年为主题宣讲党课　　张广宇 摄

【意识形态工作】 对照创建省级文明县城任务清单和《实地点位测评卡》，全面推进农村“十个一”建设，持续巩固提升文明城市创建成果；强化理论武装，开设机关理论大讲堂1个、村街学习讲堂29个、新时代文明实践站所25个，积极推进“学习强国”平台应用和推广，在全县率先完成参与率25%的任务数；全面加强线上线下舆论宣传，及时宣传政策法规和重点工作动态，在《人民日报》等主流媒体发稿100余篇；持续推进镇村文化服务中心建设，开展文化交流活动。2020年，相继举办“迎新春趣味运动会”、“七进”演出、“戏迷联谊”等文化惠民活动20余场。

（李春杰）

平安街社区

【概况】 平安街社区工作办公室位于平安大街南侧，辖区东至北运河，南至县界，西至县界，北至龙凤碱河、县界，面积18.43平方千米。已建成居民住宅小区总建筑面积350万平方米，总户数3.5万户，户籍人口数1.4万人，常住人口5.5万人。辖区下设4个社区居委会，居民小区21个。

【社区管理】 创新“网格＋”管理模式。在辖区内推行“网格＋党员”“网格＋服务”“网格＋信访”“网格＋安全”“网格＋文化”管理模式，有效改善社区服务功能，确保辖区各项事业和谐有序发展。

【生态环境保护】 强化宣传教育，提高社区居民的环境保护意识。利用宣传栏、宣传单，宣传污染减排、绿色健康生活、大气污染防治等生态环保知识，开展“6·5”环境日主题宣传，发放宣传单1000余张。动员社区居民参加各类公益活动，不定期组织环保志愿者清除白色污染、小广告及社区公共区域环境卫生；以创建省级文明城市为契机，彻底清除积存垃圾，确保不留卫生死角，做到生活垃圾日产日清；督导各物业公司，做好居民小区绿化美化。加强大气污染治理，严禁焚烧垃圾、落叶。

【计划生育服务】 2020年，深入社区进行基础数据采集，将健康、生育融入社区建设中，利用春节、“三八”国际妇女节、母亲节、“5·29”中国计划生育协会成立40周年纪念日等节日，进社区、进企业开展送知识、送温暖、送健康活动；接受来电来访咨询2000余人次。年内，办理一胎生育服务登记证29个、二胎准生证63个，办理独生子女证11个；为独生子女家庭发放独生子女费，为6户计划生育特别扶助家庭发放特别扶助补贴及医疗、养老、住院补贴，并为特别扶助人员发放就诊卡。

【文化建设】 2020年，平安街社区把丰富居民业余文化生活、创建文化品牌作为重点工作，常抓不懈。通过阅报栏、电子屏、展牌和条幅等形式，宣传中共十九大精神、全国“两会”精神，使党的政策家喻户晓。通过微信公众号及时提供各种文化活动信息，方便社区居民积极参与，辖区有书画、摄影、象棋、乒乓球、羽毛球、舞蹈、合唱团、老年模特等14支文体活动团体，总人数300余人，为社区的文化建设做出贡献。加强社区阵地建设，民安社区燕都鑫城小区落实1000余平方米社区用房，配备了各种办公设备及相关文体器材。 加大外宣力度，将好的经验做法、先进典型、重大活动及时向社会传递，年内，向《廊坊日报》、廊坊电视台、香河电视台、《新香河》等媒体投稿30余篇。

【第七次全国人口普查】 组织成立人口普查领导小组，明确职责分工，周密安排部署；广泛宣传，营造浓厚氛围；加大培训力度，提升普查员业务水平。做好辖区流动人口管理数据库录入及出生统计求实工作，圆满完成人口普查各阶段工作。

【新冠肺炎疫情防控】 加强组织领导，强化责任意识。迅速成立平安街社区新冠肺炎疫情领导小组，研究制订疫情防控实施方案，启动联防联控机制，每日召开新冠肺炎疫情工作会议，安排部署疫情防控，调度各社区疫情防控具体情况。加大宣传力度，有效引导群众科学防控疫情。利用微信工作群、党建群、朋友圈、电视、广播等宣传社区防控政策，普及疫情防治知识，宣传防疫先进社区组织、优秀志愿者和社区居民，营造群防群控的良好氛围。全面摸底排查，做好疫情监测、管控和信息上报。各社区对从疫情中高风险地区返香人员开展全面排查，实施隔离观察，每天对隔离人员进行监测报告，逐一做好体温监测、登记造册。

【全面从严治党】 开展党纪、政纪、法纪的学习教育培训活动，增强党员干部的政治思想和党纪、法治观念；开展“一岗双责”廉政谈话，提升党员干部廉政风险点防范意识；以各党支部为单位，在社区党员、干部中开展反腐倡廉学习教育活动；开展“立党为公、执政为民”先进典型示范教育和违纪违法反面典型警示教育活动，通过正反两方面典型，提高党员干部党性修养和道德修养，增强拒腐防变能力；在元旦、春节、“五一”、中秋节、“十一”等重大节日前，进行廉洁自律提醒；强化民主评议监督机制，完善公开监督制度，使社区管理做到工作透明。

（宋　威）

钳屯镇

【概况】 钳屯镇位于香河县城西南，镇政府驻地钳屯村，距县政府6千米，北邻淑阳镇，东连环保产业园区和五百户镇，西与安平镇接壤，通武路（G230国道）、香武路、香务路、双安路、运河大道等5条国、省、县级道路从镇区纵横穿越。京杭大运河北运河、青龙湾减河两条河流在镇区西部和南部蜿蜒流淌。

2020年，全镇总面积31平方千米，辖19个行政村，总人口21243人，农户6869户，其中，从业人员9797人，常用耕地面积1768.73公顷（26530.95亩），粮食播种面积1745.47公顷（26182.05亩）；粮食总产量17040吨，农林牧渔总产值3.07亿元。财政收入6488万元，完成任务的103%；固定资产投资5.7亿元，完成任务数的101.8%，引进千万元以上项目4个；全镇8家规模以上企业实现产值28170万元，主营业务收入27043万元，实现利润3515万元，新增规模以上企业1家。年内，钳屯镇政府被评为市级文明单位，宣传推广使用“学习强国”学习平台市级先进单位，钳屯镇政府获得县政府嘉奖函，在县第二届应急管理普法知识竞赛中荣获“优秀组织奖”，镇团委被评为香河县“五四红旗团委”，起河屯村被评为廊坊市诗教先进单位。

【工业】 2020年，香河宏远机械有限公司主要产品为各种规格的医疗器械，在巩固现有产品产能前提下，完成医用X射线限束器产品的独立销售。进一步加大科研投入,设计研发齿科产品，全力打造宏远健康医疗企业，公司产品得到社会认同和好评。廊坊精兰科技有限责任公司是一家与科研院所联合研制办公家具、仓储设备、保障设备的高新技术企业。公司购进了国内最先进的全自动喷淋流水线和半自动喷涂流水线，国内的国美集团、百川公司、红星美凯龙集团等单位是重点销售客户。

【项目建设】 京唐城际铁路建设。项目涉及钳屯镇7个村街，占地面积9.74公顷（146.14亩），其中，红线内涉及33户村民住宅、占地面积0.88公顷（13.18亩），占用街道面积0.41公顷（6.08亩）。年内，完成京唐城际铁路在镇域内的放线、勘界、清登等各种基础保障工作，红线内33户村民住宅拆除完毕，完成京唐城际铁路在镇域内征地并交付施工，在全县实现第一个进场、第一个全线交地、第一个拆迁村红线区拆除；完成京唐城际铁路叶屯村跨通武线（G230）连续梁、钳屯村跨规划家具景观大道连续梁交付。

交通路网建设。香务路改造提升工程（双安路至红庙闸桥段），全线采用二级公路标准建设，征地、拆迁工作全部结束，主体工程完工，路面由原来的6米拓宽至9米。完成亮化工程投资120万元，安装太阳能路灯330盏。战备路与香务路连接线工程，完成地上物的清理工作，路由制作完成。开发区东扩，七号路征地工作启动，钳屯村完成征地工作。年内，钳屯镇19个村街主路基本完成硬化，部分村街辅路硬化工作也在陆续进行中，村内主街道为水泥路或柏油路，巷道因地制宜，采用旧砖、砂石、灰土等多种形式进行硬化，实现了雨天出行不泥泞。

北运河旅游通航工程。一期工程地上物清理已完成，交付中信国安（香河）投资有限公司。二期工程前期准备工作暨地上物测量登统完成，其中，涉及运河西岸红庙村承包大户1户、安运桥东双安路南侧张庄村承包大户2户、安运桥北至尚店村小岛5家承包大户，待补偿资金问题解决后，即可全

建设中的清山·芭蕾雨·奥特莱斯城市综合体项目　　钳屯镇政府供图

面进场开工。

清山·芭蕾雨·奥特莱斯城市综合体项目。总投资20亿元，完成投资11亿元，完成招商中心主体工程和其他临街商业主体工程，开始对招商中心进行内部装饰装修、临街商业主体外部装修及外部景观工程的施工工作。建成后将集中休闲购物区、现代服务产业集群、产业综合服务于一体。

香江CBD多元化转型工作。以京津冀协同发展为机遇，围绕疏解非首都功能，针对当前展馆经营情况，整合闲置场地资源，抓住北京书商外迁契机，在香江CBD的B馆区域积极引入图书批发项目，导入新客源，打造新的产业增长点和营收途径。2020年，有300余户图书经营商户缴纳意向金，可盘活经营面积4万平方米，6个商场户外广告被认购。多家教育培训机构、物流公司也表达了合作意向，正在商讨入驻事宜，预计可增加营业收入1亿元。

【营商环境】 建设一流营商环境。树立“亲商”意识，领导班子严格落实优化营商环境“六个一”（一个企业、一位包联领导、一个责任部门、一个工作专班、一个工作计划、一抓到底）工作机制，采取“三问、三带、四帮”工作法（问现状、问需求、问环境，带职能部门、带优质服务、带优良作风，帮思路、帮转型、帮解难、帮长效），每月至少深入包联企业走访一次，帮助解决实际问题。

1月5日，在钳屯镇二百户村草莓采摘园，家长带孩子采摘草莓　　钳屯镇政府供图

【农业】 2020年，谋划启动运河田园综合体项目。依托利用北运河田园乡村基质，深入挖掘利用大运河的人文和生态价值，筹划打造包括占地333.33公顷（5000亩）的红草湾运河生态农庄、占地433.33公顷（6500亩）的现代农业产业发展区、占地6.67公顷（100亩）的中国海洋石油集团有限公司配餐综合服务基地的大运河田园综合体，将三产与农旅、民俗风情与现代人文、绿色科技与休闲生活有机融合。年内，红草湾综合体项目与北大燕园集团达成合作意向，完成规划设计并签订框架协议，与中国海洋石油配餐服务基地达成合作意向，完成受土地政策限制的相关土地指标调整和征地工作。

全面推行“党支部+合作社”发展模式，实现“双轮驱动”。以京津冀协同发展、北运河旅游通航等为契机，将双安路以南村街定位为特色农业发展区，全面推行“党支部+合作社”发展模式，把党支部建在合作社里，强化帮扶力度。通过企业创办、大户领办、农户联办、党员先行的方式，成立红草湾专业合作社、红庙村“聚贤”盆景葡萄种植、二百户村益长生葡萄采摘农业合作社、赵屯村黑猪养殖等14个农村经济合作社，辐射全镇12个村街，年产值1000余万元，从业人员1300余人，其中，党员35人。

建立种养殖合作社党建联盟，将各合作社党支部书记、技术骨干、社员代表以及镇村相关负责人全部纳入其中，合作社在党建联盟的带动下，由过去的“单打独斗”变为“联合作战”，真正将基层党组织建设与发展农业产业化经营有机结合起来。

【农村集体经济管理】 探索推行“党支部+合作

社+农户”模式，创新举措，积极发展农业集体经济，走出一条党建围绕产业转、党员创业示范带、群众致富跟着干的发展新路。以市级集体经济示范区为依托，在红庙、茅草店、后家湾等5个村街建立“新风绿园”集体经济示范区，打造发展农村集体经济样板村。年内，争取上级资金200万元，新建新型节能日光温室大棚1万余平方米。

整合资源变股权，打破发展困境。通过对农村资源核查清理、登记备案、资源评估，对农村可经营性资产进行量化，整合土地资源、劳动力资源。一方面鼓励农民通过资金入股参与分红，另一方面组织农民就近就地务工，参与农业管理经营，既增加了农民工资性收入，又扩大了集体财富积累。

4月22日，全县农村人居环境整治暨村庄清洁行动观摩会议在钳屯镇召开，与会人员现场观摩钳屯镇香务线周边及二百户村、赵河屯村村庄清洁行动开展情况　　钳屯镇政府供图

【农村人居环境整治提升】　2020年，成立人居环境综合整治攻坚领导小组和拆除违规建筑专项工作组，由镇主要领导亲自带队开展工作，按“包片分管，部门协同”原则，责任落实到人，细化任务目标，限定工作时限，实施集中攻坚。重点推进“五清三建一改”工作，以香务路为突破口，在镇域内先后出动人员980人次，车辆235车次，清理拆除违建195处，2.45万平方米。4月23日，全县农村人居环境整治暨村庄清洁行动观摩会议在钳屯镇召开，各级领导对钳屯镇农村人居环境给予充分肯定。改厕工作。新建镇级粪污中转站1个，投资23.5万元，承担钳屯镇19个村街3332改厕户的粪污收集中转职能；在农贸市场、学校新建高标准公共卫生厕所2个，改建村街无害化公共卫生厕所8个。清理村内塘沟。引导农户规范排放生活污水，提高生活污水综合利用和处理能力，以房前屋后河塘沟渠、排水沟等为重点，逐步消除农村黑臭水体，钳屯村主街排水沟工程年内竣工，有效解决排污问题。清理杂物。引导农民规范安置生活杂物、农机具等生产生活资料，实行“门前三包”制度，培养村民责任意识、自觉意识。同时，镇政府牵头，对房前屋后乱堆乱放的杂物进行清理。年内，先后组织3500余人次、出动机械车辆680余台次，清理村街垃圾杂物5860立方米、畜禽粪污1600立方米。村庄绿化美化。在香务路钳屯段、河渠两侧种植 4.94 万平方米的野花组合；以村旁、路旁、水旁、宅旁绿化为重点，积极开展街道、隙地、庭院及村庄周围绿化，因地制宜，种植乔木、灌木、果树、花、草和蔬菜。以点带面打造一批绿化示范户，建设美丽庭院2130个，精品庭院760个，让百姓享受“家中有树、出门进园、抬头见绿”的优美居住环境。高标准打造双安路与大香线交汇处三角地节点公园，将大香线东侧双安新城、奥特莱斯、香江CBD等企业景观绿化方案整合，打造大香线“翠林花海”走廊。

【新民居建设】　双安新城社区首批搬迁共完成签约485户。2020年，社区水、电、暖、气等居民生活设施全部配套到位。为提升社区品味和人居环境，物业公司对小区硬化、亮化进行完善和升级，将通武路（G230国道）东侧绿化、社区南部和北部的草坪、绿树进行更新，新铺设草坪0.67公顷（10亩），栽种各种绿植100余棵。强化社区建设，组织人员前往浙江等地观摩学习，年内，社区服务大厅、党建活动室、老年活动中心、儿童娱乐中心、阅览室等区域投入使用。贾庄、窝头、坨子3个村未签约搬迁但有意愿的118户群众，将适时启动双安新城社区第二轮回迁。

【生态环境保护】 结合“民生菜、放心菜”工程，各农业合作社加大对秸秆、杂草、落叶的收集和有效利用，与粪便混合制成有机肥料。年内，红草湾合作社新上年生产5000吨有机肥料项目，完成收集粪便烘干发酵的工艺及设备考察，引进相关机器设备，等待立项审批。严格落实“河长制”。在北运河、青龙湾两条主要河流和五条支干渠明显位置，分别设置注明严禁倾倒垃圾、杂物和监督举报电话的宣传牌18块，在河道两侧和沿河村街悬挂宣传标语40条，利用“钳屯微视角”、公共宣传栏、大喇叭广播等多种途径宣传，提高群众的环保意识；镇村河长、巡河员加强日常巡查，镇水污染监督执法小分队进行专项检查；组织专业队伍对水面浮萍、垃圾漂浮物及岸边杂草、垃圾进行清理，确保北运河土门楼断面水质稳定达标，对香务自流渠水面及岸上垃圾进行清理，清理垃圾16吨。

【大气污染治理】 2020年，进一步强化落实属地责任、监管责任、企业责任，将大气污染治理纳入年度目标考核，建立环境巡回督查常态机制，由副科级以上干部带队深入村街、企业开展巡查，发现问题立行立改，对大气污染防治政策措施执行不力、落实不到位的严肃问责。秸秆禁烧和综合利用。制订钳屯镇禁烧区域图，标注地块，明确责任人，镇政府成立巡逻小分队，村街组织防火员进行巡逻、监督，确保所负责区域不着一把火、不冒一股烟；组织各农业合作社加大对秸秆、杂草、落叶的收集与粪便混合制成有机肥料。道路扬尘治理。每天安排2辆雾炮车对镇域内大香线、双安路、香务路等主要干道及连村公路进行降尘作业，26名道路保洁员及时对道路两侧垃圾、积土等进行清理。“散乱污”企业治理。对关停的196家“散乱污”企业进行地毯式排查，防止死灰复燃，实现“散乱污”企业动态清零；对符合规划的企业进行环保整治改造升级，截至年底，辖区内持排污许可证的企业86家。散煤清理。对辖区19个村逐村逐户排查，对是否存有散煤、散煤存量等情况进行登记并上报，严防“气代煤”“电代煤”村街散煤复燃。对企业、商铺、私立幼儿园等逐一进行排查，发现问题及时处理，确保辖区不出现散煤复燃。

【综合执法】 2020年，重点对通武线（G230国道）、双安路两侧的垃圾、杂物等进行清理，对沿街占道经营、商铺摊点乱摆乱放、广告牌匾乱贴乱挂、机动车乱停乱放等违法违规行为进行现场规劝与整治，营造整洁、有序的镇域环境。年内，出动执法人员160余人次，清理摊点200余处，清理垃圾杂物30吨。

【安全生产】 把安全生产工作纳入全镇经济社会发展总体规划，列入领导班子重要议事日程，做到党政一把手亲自抓、分管领导具体抓、班子成员按分工落实“一岗双责”责任制。与各村委会、重点企业签订年度安全生产目标管理责任书。在春节、中秋节等重大节日和重点时段，启动网格化安全管理系统，对出租房、闲置厂房、超市、宾馆等重点部位及重点人员进行排查。年内，共出动安全网格员2350人次，排查各类场所1000余家次；组织开展安全生产专项检查，共检查企业60家次，发现问题63处，整改63处。镇应急管理办公室组织检查企业及夜查128家次，发现消防及各类安全隐患176处，全部整改完毕。

【社会保障】 做好城乡居民医疗保险费收缴，发放社会保障卡269张；享受养老保险金政策4484人，发放总金额80.95万元；享受城乡低保政策154户，享受养老服务补贴74人，救助慰问特困户69户；

春节前，县委常委、县纪委书记、县监察委主任牛静（左四）到钳屯镇慰问已脱贫的建档立卡贫困户李文凤（右一） 钳屯镇政府供图

享受残疾人生活补贴 111 人、残疾人护理补贴 339 人，发放轮椅、腋杖、助听器等助残器具 32 件，精神残疾免费领药 6 人。全镇有初级中学 1 所（县第十一中学），小学 6 所，国办幼儿园 6 所，拥有在岗教职工 150 人；小学适龄儿童入学率 100%，初中适龄人口入学率、小升初升学率、九年义务教育覆盖率均 100%。

【平安社会建设】 按照“实战化工作平台”的定位和“综治办＋综治信息化＋组团式服务”模式，组建镇综治中心，设立“一厅两室两中心”（接待大厅、视联网会议室、矛盾纠纷调处室、综治信息工作中心、视频监控中心），司法、民政、信访、国土资源、人力资源和社会保障、卫生健康等职能部门派员入驻办公，建立融群众接待、便民服务、平安指挥于一体的群众工作中心，实现“天网”、信访、便民服务“三位一体”。在窝头、二百户、红庙 3 个村设立试点，按照“一格一员”的要求实行网格化管理。

【便民服务】 2020 年，镇行政综合服务中心重新规划为业务受理区、后台办公区、视频监控区、群众休息区，其中，业务受理区和后台办公区紧密连接，确保前台受理后台办公的无缝衔接，优化设置 6 个服务窗口，方便群众“一窗办理”。优化服务流程。对 198 项下放事项进行梳理，制订办事指南，将办事程序、办事依据、办事材料清单给予公示，确保流程一次告知；所有办件按“即办件、退回件、承诺件、补办件”四类进行分类管理，即办件当场办结，退回件及时答复，承诺件时限前必须办理、补办件一次性告知补办材料。优化服务方式，设置高频服务事项线上扫码区、印制了二维码办事指南宣传册，只需用手机扫描二维码，便可查阅办理事项所需的材料、流程等信息。在办公大厅安装了视频监控系统，确保各项业务在“阳光”下进行，也为群众投诉及行政问责提供了有力依据。19 个村级服务站全部挂牌成立，实现镇村服务平台全覆盖。

【信访工作】 2020 年，新冠肺炎疫情期间，面对面信访接待场所按疫情防控要求而关闭，及时向社会公布信访受理电话、邮箱，建议群众以信件、电话、电子邮件方式，表达诉求。年内，受理河北省网上信访平台系统案件 182 件，结案 182 件（含重复访）；处理市长热线投诉 112 件，所有案件均按时向上级部门提交情况报告，并将处理结果及时反馈给信访人；镇信访案件的及时受理率、按期答复率、满意度均 100%，参评率 98.5%。

【计划生育服务】 全镇 19 个村街全部建立村级卫生室，最大程度方便群众就近就医。2020 年，全镇已婚育龄妇女 3636 人，人口出生 151 人，办理一胎服务登记卡 70 个，二胎准生证 71 个，再生育 2 个。完善全员人口信息系统，实现 PIS 个人形象识别系统离线版管理客户端上线运行；加强基础信息库建设，确保信息变更的及时性，数据录入的完整性和准确性，努力提高人口覆盖率水平。设立药具发放点 21 个，免费发放药具机两台，自动药具发放扫码机 3 台，注册人次 1450 次，领取量 28439 个。发放独生子女费 7.02 万元，关爱女孩发放救助金 0.6 万元，母亲节慰问贫困母亲发放慰问金 0.3 万元，发放贫困大学生慰问金 0.3 万元，独生子女高考加分 16 人。独生子女父母退休奖励 3 人。年内，新增计划生育奖励扶助 25 人，计划生育特困扶助 4 人。奖励扶助人员养老保险补贴 5.99 万元，特困扶助人员补贴 4.11 万元，发放救助公益金 2 万元。投保独生子女意外伤害险 517 人，缴纳保险 5.17 万元。

【文化建设】 按照“一室多用”“一室多能”要求，加大村街图书阅览室和文娱综合活动室“两室”建设力度，对已达标的村“两室”进行升级改造，对不达标的村“两室”重新翻建，提高村“两室”硬件条件。2020 年，为村街升级配置办公桌椅、远教广播设备，制作更新宣传标语、展牌，新添健身器材及篮球、乒乓球等健身娱乐设施，为党员群众提供休闲娱乐场所。为赵屯村、后家湾村新建高标准村级活动场所，为张庄村扩建老年活动中心，配套完善相关管理服务机制。调动 19 个村文化建设的积极性，组建村民业余表演队和秧歌队 30 余支，戏迷协会 3 个。全镇 19 个村街均已配齐文化体育设施，实现农家书屋全覆盖。先后举办迎新春花会会演、迎新春送书画下乡、迎新春运动会、“庆新春 迎‘两会’”花会会演、情暖社区爱心义剪活动、护苗宣传活动、书香润心田“悦”读伴我行、迎“七一”庆祝建党 99 周年等系列活动，开展“七进”文化下乡活动，在各村街举办精彩的文艺演出，弘扬传承中华民族传统文化。

【文明城市创建】 成立创建省级文明县城工作领导小组，定期研究有关工作，做到“资金有保障、机制更健全、活动有载体、建设有阵地”。通过室外 LED 显示屏、宣传栏、广播、微信平台、悬挂文化宣传展牌、组织专题活动等多种形式，加大创建文明城市宣传力度，引导广大群众为文明城市的创建贡献力量。2020 年，全镇共完成 550 块创建省级文明县城宣传文化展板和 88 个道旗的悬挂，组织主题社区活动 4 次。

【新冠肺炎疫情防控】 2020 年，新冠肺炎疫情发生后，第一时间成立由镇党委书记任组长的疫情防控工作领导小组，在各村街、社区进出重点部位设置疫情防控检查点 50 个，组织 133 名村“两委”班子成员、党员、村民代表包联到户，443 名平安志愿者日夜巡防，先后对全镇 107 家企业、6800 余户居民、600 余名返香河人员进行逐一排查，为辖区群众筑起一道坚实的屏障。镇党委、政府全力保障防控物资供应，配备志愿者袖标 1100 个，购买帐篷 51 顶、口罩 2.6 万个、消毒液 3.5 吨、酒精 100 千克、体温计 110 个、额温计 22 个。全镇党员干部守初心、担使命，发挥先锋模范作用，交纳特殊党费 14.01 万元，党员捐款 2.05 万元。在疫情得到有效控制的前提下，镇第一时间对域内企业进行逐步复工复产。钳屯镇香河宏远机械有限公司作为武汉火神山、雷神山医院所用医学影像设备下游部件、配件的提供商，为驰援抗疫前线，第一时间复工复产的事迹，被中央电视总台 CCTV-4 宣传报道。

【基层党组织建设】 2020 年，全镇有党支部 33 个，其中，镇机关党支部 1 个、非公企业党支部 7 个、社会组织党支部 1 个、双安新城社区党支部 1 个，2 个村街设立党总支（辖 6 个党支部），17 个村街设立党支部。全镇有党员 956 名，其中，镇机关支部 68 人；30 岁以下的 101 人，60 岁以上的 455 人；研究生 8 人，大学本科 74 人，大学专科 145 人；农村党支部委员 57 名。新发展党员 11 名，预备党员转正 3 名，入党积极分子 17 名。张庄、后家湾、贾庄、起河屯、池屯 5 个“三年村”完成三年不发展党员销号。加强党员培训。组织基层党员学习理论知识、政策法规，组织村街“两委”干部和党员学习土地流转、重点项目服务和重点工程保障等相关法律法规，并发挥党员辐射与带头作用，引导党员干部做好政策宣传员、沟通联络员，为群众答疑解惑。全年累计开展集中学习120余次，开展相关政策法规学习20余次。

【意识形态工作】 2020年，充分利用“学习强国”“先锋在线”等平台抓好政治理论学习，全镇完成“学习强国”注册6000余人，参与率超过30%。推进基层党员干部学习教育常态化制度化，持续拓宽学习范围，开展理论培训、业务培训、特色培训，充分调动镇村干部学习主动性与积极性，全面提升镇村干部综合素质，激发学习正能量。开展“两学一做”常态化学习教育活动，进一步巩固“不忘初心、牢记使命”主题教育成果。定期组织全体党员学习中共十九大精神、学习习近平总书记系列重要讲话精神及新《中国共产党章程》等，加强基层党员的教育培训；在机关支部开展“升国旗、唱国歌，我与党旗合影”主题活动，在村街开展“重温入党誓词、与党旗合影”的主题活动；认真开展党委中心组理论学习、党委书记讲党课、理论大讲堂、周五集中学习等活动。把握正确舆论导向，营造良好舆论氛围，向新华社、中央电视总台、《廊坊日报》、香河电视台和《新香河》等媒体发送稿件200余篇，被录用70余篇。利用官方微信公众平台等载体，宣传党的创新理论、政策法规、组工动态、党建动态等，全年发布或转载消息近100条。

【全面从严治党】 以上率下，抓好镇党委班子自身建设。坚持以习近平新时代中国特色社会主义思想为指导，把坚决维护以习近平同志为核心的党中央权威和集中统一领导作为根本政治任务，领导班子成员带头落实中共十九大精神、习近平重要讲话精神和省、市、县委全会精神，以领导班子带机关，以机关带全镇；进一步健全完善党委班子建设各项规章制度、中心组学习和周五集中学习制度，实行重大事项民主决策，定期开好班子民主生活会，以班子自身建设不断加强为基层作表率。制度先行，抓好机关干部队伍建设。制定和完善机关请销假、临时工管理等各项制度，用制度规范人，约束干部规范工作；成立以纪委为主的检查组，不定期对各部门工作进行抽查检查，严肃机关纪律。严管厚爱，抓好村街干部队伍建设。成立村干部绩效考核小组，结合年度重点工作，对村“两委”班子进行考核；把发展党员、村民宅基地审批、计划生育审核、困难补助申请及村民需要村干部出具证明或加盖印章等33项便民服务权力事项置于群众监督之下，让权力在阳光下运行。

（苏　真）

五百户镇

【概况】 五百户镇位于县城南10千米。镇政府所在地五百户村，常住人口3.8万人，辖43个行政村。全镇总面积61.5平方千米，耕地4000公顷（6万亩），蔬菜种植面积达2666.67公顷（4万亩）。镇域内，京杭大运河、青龙湾河穿境而过；香武路、双安路、香务路、倪李路等主要交通干线四通八达。2020年，全镇经济各项指标提前完成，基层治理不断创新，人居环境持续改善，民计民生增强，社会和谐稳定；获得“河北省创建全国‘四好’农村路示范乡镇”“河北省民族团结进步模范集体”等多项荣誉称号，香椿营村获得“中国少数民族特色村寨”荣誉称号；8月，五百户镇打造的全省首家镇级法治主题公园正式开放。

【经济发展】 2020年，镇党委、政府主动担当作为，全面落实惠企纾困各项政策，营商环境持续优化，经济发展保持向好态势。工业发展显现活力，年内，全镇完成固定资产投资4.6亿元，规模以上企业完成工业产值6.05亿元。农业基础更加坚实，对全镇1573眼机井进行了排查、整治，2666.67公顷（4万亩）蔬菜和禽畜养殖等产业实现产销两旺。乡村旅游产业取得初步发展，香椿营村成功创建国家级少数民族特色村寨。

11月，镇妇联干部为五百户镇霍刘赵村杨桂敏颁发廊坊市美丽庭院示范户奖牌及“百优美丽庭院”荣誉证书　　五百户镇政府供图

【新冠肺炎疫情防控】　面对突如其来的新冠肺炎疫情，镇党委、政府迅速作出部署。充分利用宣传栏、村街广播、微信公众号、村街微信群等，及时发布疫情防控动态信息和疫情防控知识；各村街设立起临时检测点，24小时值勤，对外来车辆逐一排查，外来人员进行体温检测，车辆、人员信息全部登记在册；对村街街道、垃圾池、卫生死角等地进行全面消毒；镇卫生院成立流行病调查小组，抓好疫情防控；党员自愿上交特殊党费，广大镇村干部、企业干部职工、村街群众和志愿者积极捐款捐物，用于疫情防控；引导农民做好蔬菜种植，保障京津市场供应。

【企业复工复产】　制定包联清单，对复工复产企业逐一设置包联干部和联络员，明确包联分工与责任。镇党委、政府多次组织专题调度，逐一落实对规模以上企业复工复产和平稳运行的帮扶措施，及时协调解决企业复工和生产运行遇到的困难和问题；为12家企业筹措口罩5000只、消毒液250千克，以及体温计、额温计、手电筒等防疫用品。机关干部深入企业，逐一摸排登记外乡返岗人员信息，全面掌握企业复工复产时间和员工流动情况，检查安全、环保等制度落实情况，确保企业安全防护、有序开工，截至7月底，辖区内100家持证企业在防控措施、安全生产、环保设施全部到位的前提下，全部复工复产到位。

【农村人居环境整治提升】　注重美化、绿化、亮化辖区环境，加大人力、物力方面的投入，以美丽乡村示范村街作为典型，全面推动村街环境整治，截至2020年，全镇累计创建美丽庭院3494户，涌现出香椿营村、九百户村等一批美丽庭院示范村。年内，完成37.33公顷（560亩）绿化造林任务。全面落实河长制，完善域内河渠常态化规范管理方案，河湖坑塘“清四乱”行动定期开展，对辖区内河渠以及53个坑塘全部落实分包责任制。全力推进畜禽养殖废弃物资源化利用，全镇80%以上的养殖企业增设雨污分流设施和无害化堆粪池。持续推进农村厕所改造，年内，农村厕所改造率91%。定期开展评比活动，确保农村环境长效管理机制落到实处，稳步推进工作任务清单化、工作责任网格化、日常保洁常态化，农村人居环境明显改观，村容村貌焕然一新。

【大气污染治理】　健全施工扬尘责任追究制度，道路洒水降尘作业常态化开展，线上线下相结合整治露天焚烧行为50余起，完成“散乱污”企业清理动态清零，58家涉气企业挥发性有机物VOCs污染应急减排和臭氧前体物治理持续好转。进一步调整优化产业结构，增强企业科技创新驱动，达到节能减排效果，镇大气办和环保所、综合执法队等单位依托网格，实行动态管理，在燃煤锅炉淘汰、建筑工地扬尘监管、秸秆禁烧管控等方面严格管控。

【应急管理】 开展安全宣传进企业、进农村、进社区、进学校、进家庭“五进”活动，以增强公众风险防范、安全应急意识和自救互救能力，推动全民安全素质提升，有效遏制各类事故发生，通过开展讲一次安全课、开展一次警示教育、组织一次应急演练、赠送一批应急与安全知识手册、发放一批宣传资料等方式，对企业员工及村街群众宣讲习近平总书记关于安全生产与防灾减灾重要论述，发放《企业员工应急安全知识手册》《城乡居民安全用气倡议书》《居民安全应急常识》等安全知识材料，“五进”活动出动宣讲人员 200 余人次，发放宣传资料 2000 余份，企业员工、群众 1000 余人参与。年内，镇应急管理部门集中开展安全排查 40 余次，整改隐患问题 370 个，全镇未出现安全生产事故，“气代煤”“电代煤”工程安全运行。

【综合执法】 建立健全行政执法长效管控机制，把集中管制改为常态管理，对难治理、易反弹的问题进行重点管控，形成“事前预防、事中检查、事后查处”的长效机制。创新综合行政执法方法，规范行政执法人员的执法行为，开展“学法懂法、依法执法”常态化教育，做到“5 个坚持、5 个严禁”，坚持持证执法，严禁无证上岗和乱管滥罚；坚持公正执法，严禁以权谋私和徇私枉法；坚持程序执法，严禁滥用职权和违反程序；坚持文明执法，严禁粗暴野蛮和辱骂殴打；坚持廉政执法，严禁吃喝卡要和索贿受贿。按照“充分劝导、限期整改、依法执行”的原则，依法查处违法建筑、占道经营、违规广告等问题。年内，出动执法车辆 150 余辆次，出动执法人员 1000 余人次，清理违法建筑近 4 万平方米，制止乱停乱放、店外经营、占道经营 80 余起，制止破坏耕地挖土 5 起，并责令其把土回填恢复地貌，开展食品安全检查 30 余次。加强执法队伍管理，开展执法队伍“强基础、转作风、树形象”活动，组织一次“严格规范、公正文明执法”讨论会、组织一次行政执法卷宗评查、组织一次与行政相对人的座谈、执法人员各写一篇执法情况分析材料，通过活动的开展，提升执法队伍的业务能力和素质形象，全年未收到一件因执法不规范引发的群众投诉。

【平安社会建设】 净化社会环境，扎实开展“扫黑除恶”专项行动。成立“扫黑除恶”工作领导小组，在镇域范围内进行全方位、多角度宣传，保持对黑恶痞霸违法犯罪的高压态势，重点打击破坏经济发展、侵犯群众利益、侵蚀基层政权，影响社会稳定的涉黑涉恶及痞霸违法犯罪行为，全力维护社会大局稳定。通过改建五百户镇法治主题公园，设置义警工作站、驻村警务站，大力营造普法法律宣讲氛围，深入推进法治进村、法治“在身边”行动，提升群众的法治意识。在全镇持续推动平安创建活动，为经济发展营造和谐稳定的社会环境。

【基层社会治理】 着力构建政治、自治、法治、

8 月初，由五百户镇政府、县公安局五百户派出所共同打造的全县首家法治主题公园在五百户镇正式落成开放
县融媒体中心供图

德治、智治“五治”融合的乡村治理体系，推进乡村治理体系和治理能力现代化，2020年，全镇乡村“五治一体”模式稳步推进，被确定为河北省乡村治理工作示范点。基层调解工作法治化、规范化水平持续提高，挂牌成立了五百户镇人民调解委员会、“老赵调解工作室”。网格治理更加完善，全镇划分网格132个，将人、事、地、物全部纳入网格管理。落实服务群众代办员制度，文明新风不断增强。开展“走千门进万户”活动，广大党员干部纷纷走出机关、进门入户，察民情解民忧汇民意集民智，收集各类意见建议9000余条，解决问题8800余件。

【社会保障】 2020年，路网建设有序推进，年内，香务线拓宽改造工程竣工通车；对全镇已脱贫的建档立卡贫困户12户、32人，继续实施帮扶，确保脱贫不脱政策，确保不出现返贫；社会救助提标扩面，对符合政策的31户危房实施改造，为10户贫困家庭发放租房补贴。规范设置行政综合服务中心，承接各项下放事权、职能198项，年内，承办营业执照、生育登记、养老保险等审批业务共840例。

【“中华诗词之乡”创建】 2020年，五百户镇全力创建“中华诗词之乡”，按照“党委重视、政府行为、协会推动”的工作思路，用诗词推动文化建设，弘扬优秀传统文化，提升社会文明，唱响新时代的主旋律。通过广泛宣传，使创建“中华诗词之乡”家喻户晓，营造全镇文化氛围，提升村民文化素质，大力弘扬正气、凝聚合力。在镇政府西广场建设“中华诗词锦园”，田各庄村、香椿营村分别建设“中华传统诗词墙”；在重要路段悬挂创建“中华诗词之乡”条幅，将倪李路建成创建“中华诗词之乡”宣传景观大道；把创建“中华诗词之乡”与美丽乡村建设全覆盖相结合，9个美丽乡村样板村作为创建“中华诗词之乡”的重点村。开办“正气中华”讲座，加大诗词人才培养；加大诗词创作力度，开展不同形式的讨论会，组织开展“诗词美丽乡村行”采风活动；推进歌颂乡贤活动，颂乡贤、塑乡魂、立典范，让明贤之美德化为诗词之美韵，引导富裕起来的老百姓齐贤向上。截至年底，有镇级诗社1个，村级诗社3个，印发自创诗刊4期；五百户镇诗词分会发展会员100余名，田各庄村文华诗社发展会员40余名，香椿营民族风诗社发展会员20余名。

【文化建设】 2020年，进一步加强文化阵地建设，先后投资160余万元加强村街文化阵地建设，在全镇43个村街建设新时代文化实践所，配齐图书阅览室，建立文化广场，镇综合文化站定期开展书画笔会、广场舞培训等活动，营造了浓厚的文化氛围。杨家将文化小镇新建游客接待中心、红色文化长廊等设施，功能不断完善；着力打造京津廊文旅特色品牌，10月30日，2020年廊坊市杨家将文旅发展研讨会在香河县五百户镇后土门楼村杨家将文化小镇举办。

【精神文明建设】 成立创建省级文明县城工作领导小组，制订具体工作方案，形成党政主要领导负总责、分管领导具体抓，多部门合力推进的工作机制。在镇区主要场所和各村街阅报栏等张贴“社会主义核心价值观”和“文明公约”“移风易俗”宣传海报，充分利用展牌、条幅、微信等平台全面宣传省级文明县城创建。世界环境日之际开展“美丽中国，我是行动者”系列活动；建军节时开展了“‘八一’送温暖，情暖军人心”系列活动；国庆节开展“庆国庆，升国旗，献礼新中国70华诞”系列活动等。各村街完善修订了《村规民约》，建有红白理事会、道德评议会、禁赌禁毒会等，推动农村精神文明发展。积极开展“文明家庭”“道德模范”“好儿媳”等评选活动，通过典型引领，村民文明素质明显提高。2020年，五百户镇被评为“河北省民族团结进步先进集体”，香椿营村被评为“中国少数民族特色村寨”；9月17日，全县文明村镇创建现场观摩会在五百户镇召开。

【乡镇机构改革】 2020 年，根据廊坊市批复的《香河县深化乡镇改革方案》（廊办字〔2020〕5 号）精神，研究制订《五百户镇机构改革实施方案》，设置 8 个工作机构，党政综合办公室（财政所）、党建工作办公室（人大主席团办公室）、应急管理办公室、自然资源和生态环境办公室、综合行政执法队（综合指挥和信息化网络中心、社会治安综合治理中心）、行政综合服务中心（综合文化服务站）、农业综合服务中心（经济发展中心）和退役军人服务站。

【意识形态工作】 2020 年，五百户镇党委发挥思想引领，注重舆论推动，深入做好意识形态工作。健全常态化工作机制。强化责任分工，实行一把手负总责，班子其他成员、村“两委”班子结合分工抓好分管工作范围内的意识形态工作，年内，先后 6 次召开村街党支部书记会议，安排部署意识形态工作。创新意识形态工作载体。镇党委书记 3 次通过网上直播形式，为全镇党员干部群众讲党课，观看人数超过 6000 人次。强化宣传浓氛围。通过微信公众号、抖音“幸福五百户”对中心工作广泛宣传；改编创作歌曲《美丽的五百户，我的家》，在民间广为传唱。年内，在国家级媒体刊登稿件 8 篇、在省级媒体刊登稿件 8 篇、在市级媒体刊登稿件 45 篇。

【基层党组织建设】 进一步规范了“三会一课”、村干部坐班、党员活动日、组织生活会、民主评议、党员先锋指数等党内活动制度。实施智慧网络党建示范区扩面提标工程。为深入落实十九届五中全会精神，进一步增强村党支部书记的责任感和使命感，激发村党支部书记改革创新、干事创业的工作热情，分 6 期举办农村党支部书记擂台赛，全镇 43 个村党支部书记上台脱稿演讲，交流工作经验；开办“讲讲我的治村故事”直播论坛，弘扬农村正能量。

（张媛培）

刘宋镇

【概况】 刘宋镇政府驻地刘宋村，位于香河县城东南部，距县政府 20 千米，辖 25 个行政村，面积 62 平方千米，耕地 5072.27 公顷（76084 亩）。2020 年，全镇人口 37239 人，已婚育龄妇女 6453 人，人口出生 290 人，出生婴儿性别比 106。年内，镇党委、政府紧紧围绕县委、县政府总体安排部署，解放思想、扎实工作，取得一定成效。年内，在全县党建“擂台赛”中，庆功台村代表镇参赛，党总支书记范国生，荣获二等奖；11 月，接受由省委组织部牵头，对乡镇机构改革的检查验收工作圆满完成。

【万亩荷塘建设】 2020 年，重点打造万亩荷塘内的杨家寨、荷香湖畔等景点绿化景观节点，完善荷塘栈道、凉亭、交通等基础设施建设，丰富荷塘荷花品种培植和扩大种植面积，聘请专业公司加强对

万亩荷塘景区　　县融媒体中心供图

荷塘的卫生、交通、安全以及应急事件处置等管理，确保荷塘环境卫生整洁有序，给游客提供安全、方便、卫生、整洁的旅游环境。在荷花盛花期间，日接待游客最高突破 1 万人，吸引了众多慕名而来的京津游客和摄影爱好者。

【农村集体经济管理】 实行各村街公章由镇政府统一管理，专人负责，严格落实公章使用审批制度，针对具体事项，热情服务、分类签批、痕迹式管理，确保不出问题。及时完成产权制度改革工作中的股权证书打印和档案整理。对全镇25个村街财务进行资产管理，严格报账审批监督制度，录入农村集体“三资”管理平台，并装订成册，专柜保管。

【路网建设工程】 2020年，按照农村公路养护机制，加强日常管理，完善养护内业及养护台账，不定时填补坑洞及村街损坏路面。完成东王各庄农开路口东－渠庆线（2.19千米）、渠庆线－西王各庄农开路（2.08千米）、荆庄村西－东王各庄村北（3.47千米）、渠庆线－南孙家庄（0.62千米）、马庄－东张庄农开路（0.55千米）等连村路拓宽改造工程。京唐铁路红线内土地全部交付使用，红线内民房全部拆除完毕，施工单位全线进场施工。

【美丽乡村建设】 镇党委、政府把美丽乡村建设列为全镇一项长期抓的重要工作，坚持“政府主导、各村联动、全民参与、综合整治”原则，通过以点带面，逐步推开的方式，开展农村无害化厕所改造、村街污水治理、村容村貌改造提升等工作，着力打造建设“美丽乡村示范区”，坚持以建设重点片区为中心、以改善全镇农居环境为目标，坚持依法依规开展工作。2020 年，东张庄、刘宋、南孙庄、刘庆庄、幞头屯、北村等村街建设有序开展，刘宋村道路硬化、亮化改造项目，南孙庄自来水管网铺设、道路硬化、亮化、绿化、墙体粉刷等建设项目，东张庄村自来水管网铺设、道路硬化、亮化、绿化、墙体粉刷、群众服务中心及广场项目，北务屯主路提升改造项目等全面竣工；幞头屯村改造项目（包括污水管网铺设、自来水管网铺设、道路硬化、亮化、绿化等）、北村美丽乡村建设项目（包括污水管网铺设、污水处理池、自来水管网铺设、道路硬化、亮化、绿化等）全部开工。全年植树造林 73.33 公顷（1100 亩）。截至年底，累计完成无害化厕所改造 9750 座，其中，年内完成改造 583 座；新建公厕 6 座，翻修公厕 10 座，全部达到无害化卫生标准。

【农村人居环境整治提升】 强化农村生活环境综合整治。按照“村收集、镇清运、县处理”的垃圾清理模式，对村街的积存垃圾、落叶、秸秆和杂草进行清理；聘用65个环卫员，确保有25个村庄至少每100户配备1名保洁员；镇区主要道路共摆放146个垃圾桶，配备1台垃圾转运车辆，及时对存储垃圾进行处理。持续落实河长制。镇级河长保持每月巡河两次以上；完成7条干渠及12条支渠的清理，总长度1万米，清运土方9.1万立方米；对分段管理的村巡护人员及村级河长进行培训；年内，河长制落实及河渠清理工作顺利通过考核验收。

【大气污染治理】 加大对已取缔的“散乱污”企业的监管力度。不定期开展“回头看”，防止出现“死灰复燃”；对于符合整改提升条件的企业，镇环保所积极帮助办理相关环评手续，尽快完成整改提升措施；通过悬挂条幅、各村街广播、微信公众平台等渠道，向广大群众宣传相关环保知识，切实增强群众环保意识，下发环保通知 300 余份，悬挂条幅 200 余条。严厉查处露天烧烤，对镇域内沿街商铺逐家排查，发现违规露天烧烤依法依规坚决取缔。落实重污染天气应急响应措施，严格对照“一厂一策”标准落实各项应急减排措施；对辖区内企业逐一派员驻场监管，确保应急减排落实到位。

【安全生产工作】 2020年，进一步加强对危险化学品和工业企业的安全监管，辖区内有企业85家、加油站5家、烟花爆竹零售点2家、商铺门店300余家，完成安全生产“双控”机制建设单位70家。25个村全部建有微型消防站，镇域内有消防车8辆。全年对企业进行明察暗访66次，出动检查人员164人次，检查企业142家次，发现安全问题隐患616处，完成整改599处，责令停产整改12家；对商铺检查6次，累计22家次，发现安全问题隐患51处，全部完成整改。检查7个“气代煤”村，发现问题30处，全部整改到位；检查18个“电代煤”村，抽查农户150户，发现安全隐患60处，全部完成整改；各村街利用广播、宣传栏、宣传页、微信工作群等不同方式对使用燃气和电取暖进行安全知识宣传，村街协管员每天对村街内燃气管线进行巡查，镇安监站人员不定期对燃气村街进行抽查，确保燃气使用安全。加强防汛抗旱应急备战，成立民兵工程抢修连、民兵综合应急排、民兵应急连防汛抗洪排、民兵伪装防护连等组织，确保对紧急突发事件处置。

【工业企业监管统计】 2020年，对规模以上工业企业的发展情况进行调查，深入企业一线指导专业会计人员如实统计企业的各项数据指标，及时准确地上报各项数据，确保各项上报内容的真实性、全面性。通过走访调研，全镇规模以上企业稳步发展，各项数据指标较上年有所提升，年内，固定资产投资完成4.37亿元，新建项目10个。

【第七次全国人口普查】 2020年，全面开展第七次全国人口普查工作，成立人口普查领导小组，下设办公室，将全镇25个村街划分为129个普查小区，充分做好宣传工作，培训普查员、普查指导员162人。严格按照时间节点完成入户普查工作，确保入户率达到100%，严格按照“逐户调查、数出有据”的要求，经统计，登记上报户数13177户，登记总人口39915人。其中，户籍人口36028人，登记年内出生人口260人、死亡人口264人，圆满完成第七次全国人口普查工作。

【社会保障】 2020年，继续实施全民医疗保障、城乡养老保险等社会保障制度，推进参保登记和养老金发放，完成对7957名60岁以上符合领取养老金人员人脸识别，按月、按标准及时发放。年内，养老保险缴费人数13500余人，城乡居民医疗保险缴费人数27000余人。做好农业支持保护补贴面积核实及公开、录入、上报工作，确保补贴资金及时、准确地打入农户的账户，年内，发放农业支持保护补贴503.31万元，涉及8433户的3539.43公顷（53091.47亩）土地。全镇有农村低保513户、659人，特困人员176人。为5户申报临时救助，共计发放1.53万元。享受困难残疾人生活补贴668人（每人每月255元）、享受重度残疾人护理补贴419人（每人每月100元），补贴资金通过社会化方式及时发放到位，发放辅助器具30余件，办理残疾证188个。对回乡享受优抚待遇的退伍士兵及烈（遗）属，按时发放优抚补助。新增计划生育奖励扶持和特别扶持54人。对农村危房开展排查统计。对农村房屋和建档立卡贫困户住房安全问题进行再次全面排查核实，聘请第三方鉴定公司对房屋进行安全性鉴定并出具鉴定报告，完成10051户房屋的排查，并做好相关统计资料的填报及归档。

【信访工作】 明确信访工作管理目标。制定以“党政一把手亲自抓、分管领导直接抓、包村领导配合抓、镇村干部一起抓”的具体工作措施，将镇党政领导班子成员手机号码和接访时间向群众公开，每天安排2名以上党政班子成员公开接访，各村党支部书记和村主任在村轮流坐班接待群众来访，确保群众的合理诉求能够得到及时有效地解决。带着感情做好群众工作。坚持带着感情做好群众工作，细心倾听群众呼声，对信访人反映的问题认真调查、公正处理；大力宣传《国务院信访条例》《关于依法打击信访活动中违法行为的通告》，引导群众依法反映诉求、合理有序信访；坚持集中排查与经常性排查相结合的方式，变群众上访为干部下访，努力实现“发现得早、化解得了、控制得住、处置得好”的目标；加大对重点难点案件的下访、约访力度。镇党委、政府主要领导每周都至少拿出两天时间，到信访问题突出村街下访或与重点信访人员约访，有效促进了信访重点、难点问题的解决。建立完善镇群众工作中心和村群众工作站各项规章制度，在镇群众工作中心安装视频网络系统。

【乡镇机构改革】 2020年，根据廊坊市批复的《香河县深化乡镇改革方案》（廊办字〔2020〕5号）精神，设置党政综合办公室、党建工作办公室、应急管理办公室、自然资源和生态环境办公室、农业综合服务中心、行政综合服务中心、综合行政执法队和退役军人服务站8个工作机构。按要求将在编人员定岗定位，完成新岗位工作人员的培训，在省委组织部牵头进行的乡镇机构改革工作验收中，得到充分肯定。

【新冠肺炎疫情防控】 2020年，新冠肺炎疫情发生后，科学制订疫情联防联控方案，成立疫情防控工作领导小组，将全体机关干部编入10个行动小组，分别负责疫情防控排查、防疫消毒、卫生清理、防疫宣传、后勤保障等10项工作。建立健全镇、村两级疫情防控网格，将全镇25个村街全部纳入一张横向到边、纵向到底的疫情防治网。充分利用村街“大喇叭”广播防疫知识，发布权威的防疫措施和疫情信息。成立34个疫情防控党员先锋岗检查卡口，疫情防控队伍403人，其中，党员241人，充分发挥基层党组织的战斗堡垒和党员的先锋模范作用。发放应急物品帐篷 37个、体温枪 50个、路口公示牌37个、测温计50个、袖标400个、消毒液260千克、口罩5000余个。对各村主要街道、农贸市场、垃圾箱、垃圾池、村委会等公共场所进行重点清洁和消毒；组织镇、村保洁员有序加大对各村街生活垃圾的及时清扫清运，做到生活垃圾日产日清，确保区域环境干净、整洁、有序。

【精神文明建设】 2020年，重点开展创建省级文明县城工作。利用大喇叭广播、公开栏、流动宣传车、条幅、发放宣传资料等多种形式广泛宣传创建省级文明县城，争取人人参与其中。加强以社会主义核心价值观、未成年人思想道德教育等内容的公益宣传，印制发放《文明城市创建倡议书》3000余份，在主要道路两侧、村街路口等张贴悬挂标语100余条，“荷香刘宋”微信公众平台用9期宣传工作中的先进典型和经验做法，营造了浓厚的舆论氛围。结合工作实际，细化创建省级文明县城的工作标准，统一制作各村街善行功德榜展板、村规民约制度、红白理事会制度、志愿者队伍制度、乡贤骨干队伍制度、道德讲堂牌、“十星级文明户”重点户小牌、乡风文明示范街小牌；开展“最美家庭”寻找、培树、表彰活动；充分发挥《人民日报》《河北日报》《廊坊日报》《新香河》等党报宣传教育作用，先后在全镇25个村街以及镇政府设立阅报栏。

【基层党组织建设】 抓好农村基层党员干部的学习教育。监督指导村“两委”干部、党小组长积极参加理论知识学习，加强“学习强国”“先锋在线”“远程教育”等平台的应用，充分利用党委微信公众群、“荷香刘宋”公众号，及时发布相关学习内容，确保学习的实效性。举办农村党支部擂台赛。组织全镇各村党支部书记党务知识擂台赛，25 个村党支部书记上台演讲，交流工作经验；10 月，在全县党建“擂台赛”中，庆功台村代表镇参加比赛，党总支书记范国生荣获二等奖。严格发展党员“入口关”。加强对党员发展过程的审核把关，保证新发展党员整体素养，举办入党积极分子培训班，端正入党动机，坚定理想信念，全年发展党员 19 人，三年不发展党员的 5 个村全部销号。抓好党建示范区提标。充分发挥荷花带动效应，围绕“建设坚实班子、推动经济发展、打造宜居环境、促进和谐稳定”目标，打造以庆功台村为核心，涵盖庆功台、刘宋、程官屯、八户、王务、小刘庄、西太平庄、德辛庄、东张庄、北务屯10个村党支部和杨家寨主题乐园联合支部的“水润荷香”党建示范区，其中，新增东张庄、北务屯和杨家寨主题乐园联合支部等3个党支部。做好后进村转化工作。王务村因农村综合服务站建设标准不高、不规范，北村因党员致富带富能力不强、发挥作用不明显，被确定为2020年省级后进农村党支部；倪庄村因三年未发展党员，东张庄村因农村综合服务站建设标准不高、不规范被确定为市级后进农村党支部。由县级领导、县驻村工作组、镇驻村工作组和联建企业分包后进农村党支部，年内，4个后进农村党支部全部完成转化。其中，王务村党群活动中心增建110平方米、提高综合服务站标准，北村发展2名村致富带头人为预备党员，倪庄村发展1名预备党员、2名入党积极分子；东张庄村新建占地面积6451平方米、建筑面积656平方米的党群活动中心。

【意识形态工作】 加强意识形态学习，推进理论学习常态化制度化，研究制定《刘宋镇党委中心组理论学习制度》《2020年刘宋镇党委中心组理论学习计划》，认真深入学习中共十九大和十九届二中、三中、四中、五中全会精神，习近平总书记重要论述及讲话精神等；党委班子成员进村入户，把学习和调研相结合，把学习和解决群众实际困难、问题相结合，把学习和加快发展相结合，用理论指导实践，用实践丰富理论。加强对“学习强国”平台的使用，全镇各村街支部、镇机关、教育办等27个学习小组，注册学员9000余人，制定干部学习效果评价、情况通报、激励奖励机制，有效增强和提高党员干部的“脚力、眼力、脑力、笔力”素养；每天进行学习督导，各学习小组每天公布学习积分情况，开展学习交流和知识测试，确保学习落到实处。

【全面从严治党】 2020年，落实全面从严治党主体责任，制定《中共刘宋镇委员会落实全面从严治党主体责任2020年度工作要点及责任分工》，成立落实全面从严治党主体责任领导小组，镇党委书记与班子成员签订落实全面从严治党主体责任承诺书17份。召开专题会议对从严治党工作进行安排部署，促进各项任务落实到位。组织纪检监察干部认真学习党章党规和习近平关于全面从严治党系列讲话精神以及《中国共产党纪律处分条例》等文件资料，通过以案代训、学用结合的方式，提高纪检监察干部执纪能力及办案水平。加强机关效能建设，严格实行机关干部职工考勤制度、学习制度，节日前廉政提醒制度、节假日公务用车管理制度等，规范机关干部职工的行为。抓好政务村务公开，增强工作透明度，自觉接受群众监督，提高工作质量和效率。

（李　艳）

安头屯镇

【概况】 安头屯镇政府驻地安四村，位于县城东南，距县政府10千米。辖21个行政村，总面积37.44平方千米，其中，镇区面积4.9平方千米。2020年，全镇人口22045人，其中，从业人员9478人、镇区总人口4364人；常用耕地面积2589公顷（38835亩），其中，粮食耕种面积1979.80公顷（29697亩），粮食产量12254吨，农林牧渔产值35798万元；财政总收入4794万元，耕地占用税和土地使用税征缴2464.61万元，全镇工业总产值8.5亿元。年内，镇党委、政府围绕“五彩田园小镇，中幡文化之乡”的发展定位，以“三创四建”活动为契机，紧盯目标任务，以党的建设为统领，加强领导班子和干部队伍建设，大力实施惠民工程建设，开展人居环境综合整治，深化生态文明建设，推进乡村振兴发展，全镇经济社会各项事业稳步发展，人民安居乐业，人民群众的获得感、幸福感和安全感进一步提升。安头屯镇被县委、县政府评为“2019 年度优秀领导班子”，被县委宣传部评为“新闻外宣工作优秀单位”，在“文化助力脱贫，决胜共奔小康”香河县广场舞比赛中，被县文化广电和旅游局评为“优秀组织奖”；镇人民武装部被廊坊市军分区评为“先进基层人民武装部”，杨营庄村、西口头村被廊坊市诗词协会评为“廊坊市诗教先进单位”。

【项目建设】 加大招商引资力度，深入、扎实、科学地开展招商工作，充分实施“以商招商”的经济策略，并立足镇域实际，发展农业项目、绿色项目。2020 年，固定资产投资完成 4.3 亿元，新增入统企业 4 个。其中，投资规模较大的香河富一方蔬菜种植专业合作社投资 6379 万元，绿洲科技香河有限公司投资 10112 万元，香河县安盛家具有限责任公司投资 6500 万元，香河龙合盛古典家具厂投资 14459 万元，香河绿巨人农业发展有限公司投资 4600 万元。注入资金后，绿洲科技公司智能化无公害蔬菜种植项目、绿巨人农业种植项目蓬勃发展。东兴隆庄村草莓种植合作社项目顺利实现集体增收 13 万余元，壮大村集体经济方面创新成果显现，并获得省级示范村奖扶资金 50 万元，生产规模进一步扩大。年内，完成 28 家新增及复审的科技型中小企业申报工作。

【农业综合开发】 2020 年，全县农业综合开发高标准农田建设项目涉及安头屯镇安一、安二、安三、安四、东兴隆庄、孙营庄 6 个村街，建设规模 1 万亩，总投资 1501 万元。主要建设内容：购置安装水泵 162 套，新建智能配电箱 162 套；修建过水涵洞 17 座；安装铺设输水管道 43.1 千米，出水口 1180 个，管灌面积 606.67 公顷（9100 亩）；新建半固定式铝管喷灌面积 60 公顷(900 亩)；硬化水泥路 11.52 千米；架设输电线 29.9 千米，安装变压器 18 台等。项目预计 2021 年 6 月竣工。

【农村集体经济管理】 2020 年，依托农村产权制度改革，各村街完成清产核资、债务清理、土地确权，成立集体经济组织（股份经济合作社）并登记赋码、完成集体经济组织成员身份确认，通过清理村街集体经济资产资源，完善不规范合同 177 份。辖区 21 个村街集体经济得到不同程度提高，集体经济年收入 100 万元以上村街 3 个，50 万－100 万元村街 1 个，10 万－50 万元村街 8 个，5 万－10 万元以下村街 3 个，5 万元以下村街 6 个。2019 年年底，东兴隆庄村利用村集体 2.82 公顷（42.33 亩）土地，成立东兴隆庄村草莓种植合作社，先期投入 18 万元，建设两座高标准反季节草莓种植大棚。2020 年，投入使用，集体增收 13 万元，并获得省级示范村奖扶资金 50 万元；下半年，利用奖补资金，新建 4 座草莓种植大棚，扩大生产规模，争取更大经济效益。

【京唐铁路建设】 京唐铁路安头屯段总长 3.81 千米，永久占地 6.9 公顷（103.5 亩），临时用道和施工场地占地 2.85 公顷（42.74 亩）。2020 年，京唐铁路占地涉及 7 个村街土地综合地价补偿款，全部完成发放，镇域内京唐铁路节点性工程全部完成。

【路网建设】 2020 年，成立农村路网建设指挥部，对镇域内道路、桥梁现状登记造册。平香线南延工程为县级工程，在镇域内长 670 米，占地 7.33 公顷（110 亩），按一级公路双向八车道建设，路基宽 60 米，12 月，正式通车。以建设五彩田园精品旅游片区为目标，高标准建设长 12.68 千米、宽 9 米园区柏油路，并实施绿化、亮化工程，同步水、电、天然气管等配套基础设施建设。重修 6 座 11 米宽的桥梁，连通堤顶路，助力东方千年古葡萄庄园等现有农业项目发展，为新项目引进提供良好投资环境。新建双安路至东口头、北口头等 7 条道路，总长 6.37 千米，并实施亮化、美化工程。新建东兴隆庄村北、大青庄务村西等 5 座桥涵，同步完成水、电、天然气等配套基础设施建设。截至年底，全镇 46 条连村路56.04千米全部打通，其中，柏油路22条，水泥路24条，形成以双安路、国安路、平香线、香北线4条省县级道路为骨干，农业片区道路为支撑，21个村街村间路、连村路为辅线的四通八达、线线相环、村村覆盖的农村公路路网体系。8月，县委书记、县长等县四大班子主要领导到安头屯镇实地调研路网建设，给予高度评价。

【农村人居环境整治提升】 充分调动镇村力量，推进村庄常态化清理、经常化保洁。源头清理。发挥村级保洁员队伍主体作用，做好集中清理、日常保洁及垃圾转运工作；对建筑垃圾、坑塘垃圾等疑难问题制订一村一策，与相关企业、坑塘附近农户沟通，设置垃圾禁倒提示标识牌，强化源头管理，同时，强化镇综合执法队与派出所联防联控。示范带动。以西口头、杨营庄、小青庄务等13个村街为示范村，带动其他村街由“一时清洁”向“长效清洁”转变；在各村街，以网格区片为单位，选树210户农户为清洁示范户，发挥典型示范引领作用，以点带面，推动工作落实。注重美化。攻坚行动由“清理”向“美化”拓展，结合创建省级文明县城，集中清理主干道两侧及镇区的破旧广告牌匾、条幅以及道路两侧小广告，修剪补植绿化带，提升镇容镇貌；以打造农业片区为重点，提升片区内新建道路两侧进行绿化，栽植银杏、碧桃等观赏树木500株，修整地形1200平方米，突显绿化层次。2020年，全面实现21个村街美丽乡村全覆盖。

【清理河渠坑塘】 以开展“三创四建”活动为载体，细化“河长制”管理制度落实，常态化开展河渠坑塘巡查清淤整治。强化责任，严格部署。多次召开镇党政班子会议，对日常巡查和清理整治工作研究部署，严格落实14名镇级河长和16名村级河长巡河制度及交叉制度，巡河率100%，确保发现问题，及时处置。真抓实干，治理顽疾。对全镇河渠和47个纳污坑塘开展全面排查，建立问题台账，及时自查整改；新增垃圾中转站7个，引导周边群众定点投放垃圾杂物；召开企业负责人会议，严禁倾倒各类垃圾杂物污染水体；对河道两侧排污口拉网排查，防止工业污染；对商汪甸排干渠、香秀渠、北排干渠、东干渠、潮白河等进行清理，并对所有河渠进行拉网式清理，累计出动挠机、铲车等清淤车辆85辆次，打捞船只12条，清理垃圾350吨，安装防护网1600米，设置警示牌21处。严格督导，强化管理。对河渠坑塘清理工作、巡河任务完成情况、日常河渠坑塘管理情况以及问题整改情况不定期巡查，严格考评奖惩，将河长制工作纳入年终考核，推动责任落实，确保河渠坑塘长效保洁。

【大气污染治理】 2020年，制订《安头屯镇大气污染防治工作方案》，镇党政领导班子成员齐抓共管，村党支部书记、村委会主任为村街环保第一责任人，企业负责人为直接责任人；加大环境监管执法力度，多部门联动，确保各项大气污染防治措施落到实处。挥发性有机物VOCs治理。截至年底，全镇有排污许可证企业102家。采取常规检查与突击检查相结合，对污染企业和重点行业进行不间断巡查，对不达标企业严格执行停产整改。“散乱污”企业整治。制订《安头屯镇“散乱污”工业企业集中整治专项实施方案》，截至年底，累计关停取缔“散乱污”企业213家，未发现“死灰复燃”现象，实现动态清零。禁烧秸秆、废弃物。建立镇、村干部分包责任制，成立督查组和巡查队伍，严格督查秸秆禁烧和综合利用；利用条幅、广播循环播禁烧公告，提高群众禁烧意识；包村干部与村干部24小时不间断做好秸秆禁烧巡查，发现火点第一时间处理。聘请第三方公司，对21个村街和连村路进行道路清扫和保洁。对双安路、国安路、香北线等主要公路，采用湿扫车、雾炮车、洒水车相结合的方式降尘；对裸露土地及料堆、料场等采取绿化、硬化、洒水和覆盖等措施控制扬尘。完成低氮锅炉改造任务；淘汰“国三”及以下排放标准柴油货车，全镇有国三营运柴油货车 15 辆，年内，完成淘汰 11 辆，占比 73.3%；加强露天烧烤和餐饮单位油烟排放监管。散煤管控。通过条幅、广播及发放明白纸等形式进行宣传；落实散煤管控网格化监管，对辖区内 21 个村街入口设立检查点，严查散煤流入；组建联合执法队开展巡查、检查，未发现散煤复燃及散煤销售情况。重污染天气应急响应。严格按照重污染天气应急预案要求，收到上级文件通知后，立即启动重污染天气预警和应急响应措施，第一时间传达到各村街、企业和相关单位，并落实各项应急管控措施，安排驻厂员进行应急响应期间电量汇报，通过对电量监控与巡查队巡查企业相结合的方式落实各单位重污染天气应急响应。

【安全生产】 落实“党政同责、一岗双责”安全生产责任，成立安全生产领导小组，做好安全生产监督检查、安全事故隐患排查管理、安全生产应急救援三项制度建设，建立健全长效管理机制。强化镇、村、企业三方职责，将校园及周边安全、企业生产安全、“气代煤”安全、消防安全、易燃易爆品安全、食品药品安全等多个领域安全工作分别明确责任人员，建立一级抓一级、层层抓落实的责任体系。以“安全生产宣传月”“安全生产宣传日”等为契机，深入集市、商场、超市以及村文化活动中心等人员密集场所，向群众宣传安全使用天然气、安全用电、安全度汛等常识。对全镇中小学（幼儿园）、21 个村街燃气设施、易燃易爆品储存点、企业消防安全等重点区域、重点行业不定期进行安全检查等，分类建立安全隐患排查治理台账，制定隐患整治措施，明确隐患整治时限和责任人。年内，针对企业、商户、市场、校园等人员密集场所，组织开展 4 次联合执法行动；累计检查企业 336 家次，排查并消除各类隐患 229 条；检查建筑领域施工工地 46 家次，发现并整改问题隐患 16 处。“气代煤”工程安全防控。落实村街燃气应急预案、管理办法及日常巡查及管护制度，对 21 个村街“气代煤”工程进行安全隐患排查与整改，发放并安装燃气报警器 200 余个，在 21 个村街张贴“气代煤”安全知识标语 63 条，入户发放明白纸和家庭燃气壁挂炉使用注意事项 5000 余份。做好防汛救灾抢险，修订 2020 年度防汛抢险预案、应急预案，组织民兵应急抢险队伍开展防汛演练，组织 2 次业务技能培训。坚持每季度至少召开一次镇、村、企业安全生产大会，健全完善安全监督、管理制度，建立应急处理预案，规范企业内部管理，对安全保护器材、设施进行检查，发现隐患及时整改。

【平安社会建设】 实行矛盾隐患排查、班子成员包案、领导接待等制度，全力抓好全国“两会”、暑期安保、十九届五中全会等重要时间节点安保任务。推动“扫黑除恶”专项斗争向纵深发展，确保有黑扫黑、有恶除恶、有乱治乱；严厉打击非法传销、非法宗教和邪教等活动；开展电信诈骗防范宣传活动。以创建“平安乡镇”为目标，强化巡防体系建设。2020 年，升级建设高标准综治视频中心，在 21 个村街全部设立综治信息工作站、群众接待室、矛盾纠纷调处室；划分 44 个网格，发挥“线上”综治信息系统和“线下”工作站作用，构建“群众说事”“干部解题”信息化工作机制；全年成功调解矛盾纠纷事件 82 件，处理办结公共事件 385 件。

【信访工作】 2020 年，进一步巩固和完善领导班子信访接待、领导包案、干部下访、平时掌握和集中排查、来信来访登记、信息报送、结案回访等制度，正确引导群众依法合理诉求；畅通信访诉求渠道，成立镇信访工作中心，21 个村街设立综治信访工作站，让老百姓说事有地方、诉求有部门、接待有场地、化解有机构、回复有人员，牢固树立群众利益无小事的大局观念。坚持排查与调节，自查与自纠相结合，积极变群众上访为干部下访，将矛盾解决在基层，把苗头化解在萌芽状态。年内，接待群众来访 11 件，妥善解决 11 件；市长热线反馈信访68件，全部按照程序办理并及时回复；市网上智慧信访反馈3件，上级交办25件（其中，重复件11件），已全部按照要求进行调处回复，结案率100%。全年未发生一起进京、赴省、到市上访事件，信访总量同比下降50%。

【计划生育服务】 截至2020年年底，全镇总人口22912人，其中，已婚育龄妇女3837人，出生人口195人（其中，男婴106人、女婴89人），符合政策生育率为94.36%，人口出生率为8.53‰，自然增长率为2.32‰。全年办理一胎生育服务卡60个，二胎生育服务卡95个，再生育审批8个，发放独生子女证16个。年内，新增计划生育奖励扶助人员16人、特殊扶助人员2人。计划生育协会开展“生育关怀”活动，1月，救助贫困家庭22户；5月，救助1名贫困母亲。开展药具发放App注册，注册率达到总人口的30%以上；全年发放避孕药具38014只，新增村街避孕药具免费发放机3台。全镇享受计划生育奖励扶助人员353人，发放奖励扶助资金33.89万元；享受计划生育特殊扶助人员17人，发放特殊扶助资金17.82万元；享受城乡居民养老保险缴纳补贴353人，补贴资金4.24万元；享受独生子女费补贴390人，发放资金5.97万元；享受独生子女高考加分19人；发放计划生育特困人员扶助资金2.25万元；发放计划生育救助公益金2.23万元。享受高龄补贴662人，发放资金40万元。

【社会保障】 2020年，对已脱贫的建档立卡贫困户8户、11人，继续落实帮扶政策，防止出现临贫返贫；全镇有农村低保户305户、377人，累计发放低保救助金202.29万元；特困供养人员123人，发放救助金198.29万元；为困难残疾人生活补贴60.84万元，为380名重度残疾人发放护理补贴42.24万元；严格按照国家危房鉴定标准，为9个村街的37户危房完成改造；完成2019—2020年取暖季各村街“气代煤”住户燃气补贴资金统计上报，为村燃气使用住户购买燃气保险。完成新退役士兵采集信息、办理优待证、悬挂光荣牌及退役军人信息采集系统的数据更新，完成2018—2019跨年度农村义务兵优待金发放和退役军人各项优抚政策落实，协助退役军人完成社会保险接续；对退役军人就业创业需求进行调查摸底，建立就业创业信息数据库，保障供需信息有效对接；年内，为60周岁以上享受养老保险金待遇的老人发放养老金984.45万元，新增162人，注销125人，完成4000余名60岁以上老人网上认证；城乡医保收缴18179人，每人每年280元，累计收缴509.12万元。全年累计发放社保卡253张。

【行政综合服务】 2020年，按照《香河县深化乡镇改革实施方案》要求，成立镇行政综合服务中心，根据法律和省政府授权，承接划转下放的行政审批事项，承担基层审批服务。镇行政综合服务中心设立126平方米的“一站式”服务大厅，开设3个综合性服务窗口，按照规定标准落实硬件设备，互联网、政务外网、金保网、市县场监督管理局专线全部完成连接；按编制将业务骨干充实到一线窗口。实行“一枚印章管审批（服务）”，推行政务综合受理模式，精简办理流程，最大限度压缩审批时限，统一事项办理标准，实行无差别受理、同标准办理。推进网上咨询、受理和审批，切实做到让数据多跑路、群众少跑腿。年内，公共基本服务事项全部展开办理，部分行政审批事项以委托办理的形式开展办理，累计受理审批事项1000余件，为全面承接行政审批服务事项工作奠定坚实基础。在辖区内21个行政村设立综合服务站，安排村干部轮流坐班，有效推进基层公共服务乡村街延伸，实现服务群众全覆盖，着力建设基层服务型党组织，实行“一站式”服务群众，打通了服务群众“最后一公里”。

【文化建设】 以国家级非物质文化遗产安头屯中幡、广场舞、小车会、地秧歌、戏曲等文娱表演队

9 月 15 日，河北电视台《行走大运河》栏目拍摄安头屯中幡表演　　安头屯镇政府供图

伍为载体，开展各类文体活动。2020 年，组织开展读书交流会、乒乓球比赛、庆“七一”戏迷演唱会、广场舞交流大赛等 15 场文体活动，持续开展“七进”文化演出活动，极大地丰富了群众精神文化生活；在“文化助力脱贫，决胜共奔小康”香河县广场舞比赛中，被县文化广电和旅游局授予“优秀组织奖”；安头屯中幡应邀参与中央电视台 CCTV-4《远方的家》栏目、河北电视台《行走大运河》栏目的节目录制，充分展示“非遗”文化魅力；继续大力培养中幡少年梯队，为中幡文化传承提供后备力量。推进文化市场健康有序。依托党建、综治网格等公共平台，发挥 23 个“扫黄打非”基层站点作用，实现村街、学校、镇区全覆盖，营造“扫黄打非”浓厚氛围；开展“秋风、净网、清源、护苗、固边”等五大专项行动进村街、进企业、进集市、进校园，多次组织开展非法出版物、印刷品、宗教书籍、音像制品等专项排查行动，对出版物市场、印刷市场、网吧、音像市场进行集中整顿，有效规范了文化市场健康有序发展。开展“中华诗词之乡”创建活动。进一步完善“中华诗词之乡”创建软、硬件配备，其中，西口头晨光诗社、杨营庄乡音诗社以及镇文化站均设有独立办公空间；组织诗词爱好者定期开展创作、培训、交流活动；汇集全镇诗词爱好者创作的 100 余首诗词，并分 6 期印制折页，供广大诗词爱好者和干部群众赏析交流；年内，杨营庄村、西口头村被廊坊市诗词协会授予“廊坊市诗教先进单位”荣誉称号。

【创建省级文明县城】　2020 年，建立以镇党委书记、镇长亲自调度，4 名班子成员为主要牵头责任人，其余班子成员协同合作，镇综合执法队、派出所、交警队、环保所等多部门齐抓共建的责任体系；制定《2020 年安头屯镇创建省级文明县城工作责任分工》。年内，召开镇党政班子联席会议、专题会议、镇村干部会议等各类会议 18 次，研究部署相关工作，解读分析测评内容，对照查找问题短板和不足。以全国“两会”精神、《中华人民共和国民法典》、中共十九届五中全会精神等集中宣讲活动和农村人居环境整治、第七次全国人口普查等重点工作开展为契机，向广大群众累计发放《创建省级文明县城倡议书》1.3 万份，营造共创共建氛围；镇村新增设“文明健康，有你有我”、讲文明树新风、移风易俗公益广告 182 块、自行设计公益广告 3 块，更换道旗 68 面，更新立体宣传栏 12 个，重新施划停车位 130 个、交通标线 2 处，镇村面貌显著提升。持续提升环境面貌，多次对镇域内主次干道沿线以及连村路和入村路进行清理，累计出动车辆 60 辆次，人员 510 人次；持续整治乱停乱放、店外经营等行为，规范北口头市场、镇区集市及临街商铺经营，每天进行巡查管理。

【乡镇机构改革】　2020 年，根据廊坊市批复的《香河县深化乡镇改革方案》（廊办字〔2020〕5 号）精神，研究制订《安头屯镇机构改革实施方案》，设置党政综合办公室、党建工作办公室、应急管理办公室、自然资源和生态环境办公室、农业综合服

4 月 24 日，安头屯镇党委、政府举行新成立机构挂牌仪式　　安头屯镇政府供图

务中心、行政综合服务中心、综合行政执法队和退役军人服务站 8 个工作机构。科学设置岗位，按照《香河县股级干部选拔任用工作暂行办法》，配优配齐各机构干部。

【第七次全国人口普查】　成立镇第七次全国人口普查工作领导小组，科学制订工作方案，选聘高素质普查指导员 23 名、普查员 73 名，安排 5 名镇机关业务骨干为村街联络员，负责分包、协调、督导、指导普查工作。组织业务培训 6 次，镇村干部和普查员、指导员、联络员参加。广泛宣传。在村党群活动中心、村街出入口、主路边悬挂宣传标语 75 条、张贴普查公告 42 张，通过广播、手机短信、微信公众平台等方式宣传人口普查的重大意义和相关政策。严格普查。严格按照时间节点开展建筑物标绘、底册摸底、短表填写、电子录入、入户摸底等各环节工作，圆满完成人口普查的各项工作。

【新冠肺炎疫情防控】　2020 年，突如其来的新冠肺炎疫情发生后，镇党委、政府以保障群众生命健康安全为根本，迅速成立了镇疫情防控工作领导小组和工作专班，制订疫情防控实施方案；各村街建立以村党支部书记为组长、村“两委”干部、村卫生室医生为主要成员村级疫情防控小组；实行疫情信息日报告制度，严格报送时间，杜绝迟报、瞒报；建立常态化防控机制，多次召开专题会议，周密部署疫情防控工作。疫情期间，21 个村街设立 31 个疫情防控检查点，党员先锋岗 31 个，329 名执勤人员 24 小时在岗在位，齐心协力、联防联控抗击疫情。及时公布安头屯镇新冠肺炎疫情防控热线电话，利用村街“大喇叭”广播，每天循环播放防疫知识，加强宣传教育，引导村民群众不组织、不举办、不参加宴请、丧事从简等各类群众性聚集民俗活动；通过“美丽安头屯”微信公众平台、镇村街疫情防控工作群，及时发布相关权威的防疫措施和最新疫情信息，正确引导广大群众科学开展防治工作；先后在街村主干道、超市、企业悬挂宣传横幅标语 270 条，张贴各类公告和发放党员倡议书 4000 份，录制《致安头屯镇全体人民的一封信》音频、文明健康生活倡议书音频，并通过农村大喇叭广播、微信公众平台发布，倡导文明健康的生活方式，提高全民防控意识和防控疫情知识。

9 月 19 日，安头屯镇举办第七次全国人口普查培训会　　安头屯镇政府供图

6月5日，安头屯镇开展“五位一体”总体布局和“四个全面”战略布局专题学习活动
安头屯镇政府供图

【基层党组织建设】　坚持“一把手”带头抓党建、班子成员共同抓党建、村党支部书记直接抓党建工作思路，完善党建工作绩效考核方式方法，将基层党建工作全部纳入各村街党支部创星目标体系，设定6个星级，细化30项具体创星内容，实施动态管理；实施常态督查，动态“摘星”，每月一自查、每季一抽查，对重点任务落实、组织生活开展等各项工作进行全程跟踪。9月，镇党委书记孙宏杰代表香河县参加廊坊市第2期乡镇党委书记主题擂台赛，并介绍基层党建经验做法；组织开展3期全镇各村党支部书记擂台赛，以赛夺星，助推工作落实。综合考核管理，坚持以实绩考核评价干部，落实“两考三评一定”考核办法，建立“定星、摘星、夺星”动态机制，采取集体评议、集中评审、综合评鉴机制，按比例核定党支部星级等次。年内，共评出六星级党支部6个、五星级党支部11个、四星级及以下党支部4个。落实奖优罚劣制度，通过评星定级，村干部年待遇差距最高达1.7万元，12名优秀村党支部书记获得县级及以上荣誉，3人推选为市、县“两代表一委员”（党代表、人大代表、政协委员）。

着力推进基层党组织阵地标准化建设，通过改造和重建全镇高标准农村“两室”及活动场所将达到13个；依托现有阵地，逐步完善便民服务站、退役军人管理、图书阅读、文体活动、技术培训等多项服务功能。严格规范“三会一课”、党员活动日、组织生活会、民主评议党员等党内政治生活制度，坚持每月召开党建工作调度会，听取各支部书记上月抓党建工作情况汇报，对下月党建重点工作进行安排部署；培树以“安头屯中幡文化”为品牌的特色党建示范区。全面加强对党员发展过程的审核把关，保证新发展党员整体素养，举办入党积极分子培训班，对入党积极分子和发展对象进行集中培训，加强培养教育，端正入党动机，坚定理想信念。

【意识形态工作】　全面落实意识形态主体责任，领导班子成员严格履行“一岗双责”职责，并纳入班子成员述职、考核、民主生活会发言内容，召开年度专题会议，对2020年工作全面梳理；坚持每季度召开1次专题分析研判会议，对重大事件、重要情况、重要社情民意中的苗头性倾向性问题，及时分析研判，并制定措施加以解决。严格落实镇党委理论学习中心组制度，紧密围绕上级决策部署和习近平总书记系列重要讲话精神，开展学习研讨。2020年，开展中心组理论集中学习14次，累计安排集中学习内容25项，自学内容55项，开展集中研讨3次，班子成员撰写体会文章48篇；深化党员、群众学习思想教育，利用镇村干部大会、农村党员“三会一课”、“七进”文化演出等载体，依托镇村文化站、农村“两室”、新时代文明实践中心等阵地，开展理论宣讲活动24场，重点对全国“两会”精神、《中华人民共和国民法典》和中共十九届五中全会精神进行集中宣讲，受众3700人次。强化舆情引导和监管，建立完善重大事件快速反应机制，广泛利用横幅、公益广告、宣传橱窗、微信等媒体平台，结合精神文明创建、美丽乡村建设、文化活动等，积极发挥政府引导社会舆论导向的引领作用，发挥阅报栏阵地工作，及时更新党报党刊，以党的方针政策占领基层舆论阵地。年内，新华社、河北电视台、长城网、《河北经济日报》、廊坊电视台、《廊坊日报》、香河电视台、《新香河》、《香河信息》、《香河政务信息》等媒体媒介40余次宣传报道安头屯的经济社会发展及先进典型。

【全面从严治党】 2020年，严格落实全面从严治党和党风廉政建设工作，制定《2020年安头屯镇落实全面从严治党和加强党风廉政建设实施意见》《2020年党风廉政建设责任制考核办法》和“两个责任”工作清单，年初，镇党委书记与班子成员签订2020年落实全面从严和加强党风廉政建设主体责任承诺书15份，镇党委与21个村党支部签订《2020年党风廉政建设责任书》21份。积极推动“两个责任”和“一岗双责”的落实，严格落实党风廉政建设责任制，实行“一把手”负总责，党政领导齐抓共管、部门各负其责的工作机制；各村街党支部书记对所在党支部负总责，重点抓好班子成员的党风廉政建设，督促镇村干部廉洁履职。加强机关效能建设，规范机关干部职工的行为。进一步完善《机关干部职工考勤制度》《机关干部行为规范》《机关干部学习制度》《包村干部为民服务制度》《招待用餐、干部下村用餐和财产管理制度》《公务车辆管理制度》等；抓好政务村务公开，增加工作透明度，自觉接受群众监督。加大反腐倡廉宣传教育。6月，组织镇党政领导班子和机关干部、村街“两委”班子召开党风廉政专题会，观看《歧路》《底线失守的代价》等警示片；以廉政讲堂为主阵地，切实抓好反腐倡廉教育，筑牢拒腐防变的思想道德防线；通过廉政宣讲、廉政春联、文艺演出、送书上门、“大喇叭”广播、远程教育等形式送廉入村；在西口头村建设长245米、面积610平方米的廉政文化墙，让廉政文化走进千家万户，“廉政文化走上墙 廉洁教育入人心”被香河电视台报道，被《廊坊日报》、廊坊市纪委监委网站采用；在重要节日之前，通过微信、短信等形式进行廉洁提醒。年内，查处各类违纪违法案件4件，处理党员4人，其中，党纪处分3人，诫勉谈话1人。

（康亚静）

渠口镇

【概况】 渠口镇政府驻地渠口村，位于香河县城东，距县政府12.5千米，东临天津市宝坻区，西与本县钱旺镇相连，南至潮白河畔，北与三河市接壤，京哈高速（域内8.5千米）、通唐公路（域内8.5千米）东西穿越镇域，全镇总面积66.32平方千米，辖48个行政村。2020年，全镇总人口51152人，完成财政收入1.15亿元，同比增长57.53%；社会固定资产投资完成9.6亿元，同比下降5.42%；规模以上工业产值完成4.1亿元，同比增长24.24%。渠口镇小高坨村被省绿化委员会、省林业和草原局等授予省级森林乡村；6月，渠口镇谭家务村党支部被市委组织部授予红旗党支部称号；11月，渠口镇小圈村被中共中央精神文明建设委员会办公室授予“全国文明村”称号，渠口镇被县委宣传部授予“学习强国”平台推广使用优秀组织奖；12月，渠口镇被市统计局授予2020年度廊坊市投资领域统计工作先进集体称号，被国家统计局廊坊调查队授予统计调查工作先进集体称号。

【项目建设】 建立重点项目对接服务小组，全程帮扶、跟踪问效。与爱晚国家养老示范基地项目方建立信息通报制度项目建设、协调会商制度和督导推进制度，定期对项目建设情况进行督导。截至2020年年底，爱晚国家养老示范基地项目累计完成投资83.62亿元，2020年，大爱康复医院门诊楼和住院楼完成封顶，养老公寓正式入住，北京景山学校香河大爱分校完成4届招生；3宗项目用地开始办理相关报批手续。

推进污水处理厂项目。渠口污水处理厂总占地面积6666.67平方米，每天处理污水能力为300立方米。项目实施采用EPC模式（设计、采购、施工总承包模式），有利于设计、采购、施工各阶段衔接，严格按照京B级标准施工建设。主要收集镇区的生活污水，以及唐通公路至污水处理厂主管网沿线的污水，受益人口约5000人。年内，渠口镇污水处理厂厂区办公用房主体完成施工，污水处理池、管网铺设、供电设施架设均完成。

10月16日，大爱康复医院门诊楼封顶　　渠口镇政府供图

【农村集体经济管理】　农村集体财务规范化管理及审计。2020年，完成农村产权制度改革档案整理144份，报县档案局48份做永久性保存；所辖村街资金、资产、资源全部录入“三资”管理平台，并按照规定每月10日之前将上月收支及时入账；各村报账发票为国家正式发票，未出现白条入账现象；新增各类固定资产71项，报废7项，新增资源型土地承包合同38份。加快集体产权制度改革。年内，完成48个村街清产核资、成员认定、经济组织成员登记录入、股权配置等工作，其中，村街清产核资工作通过县级、市级清产核资检查组验收，取得全县第三名的成绩。农民专业合作社发展。截至年底，全镇已发展专业合作社35个，为农业的可持续发展和提升组织化程度奠定了基础。

【农村人居环境整治提升】　环境综合治理。以镇区和蒋渠线、唐通路为重点，对道路两侧私搭乱建、占道经营、车辆乱停乱放和生活垃圾等进行清理。组建172人的农村环境卫生综合服务队，负责全镇48个村街的卫生清扫；完善农村环境卫生整治的长效机制，强化督查考核，制定《渠口镇农村人居环境长效机制改革方案（试行）》《渠口镇农村环境卫生综合服务队考核细则》，推进农村环境卫生治理常态化；根据《2020年河北省村庄清洁行动专项工作方案》要求，完成“五清三建一改”任务，村庄由面上清洁向屋内庭院清洁、村庄周边清洁延伸，由“清脏”向“治乱”“美化”拓展。美丽乡村建设。2020年，完成21个村街美丽乡村工程量确认及9460座双瓮式无害化卫生厕所验收工作，改造双瓮式无害化卫生厕所1662座，新建公共卫生厕所36座，粪污中转站1座；对省级改厕平台进行信息录入、平面图制作，完成率100%，全镇共录入15591户，其中，常住户14068户，户厕改造12758户，全镇无害化卫生厕所覆盖率91%。

【生态环境保护】　2020年，持续开展清洁能源替代燃煤工作。完善清洁能源替代用户登记造册等相关档案，加强村街协管员安全队伍建设，多种方式宣传安全知识，排查燃气安全隐患，提高农户用气安全性；对16个村街“气代煤”用户的天然气使用情况进行统计上报，补贴用气量为532.3万立方米，补贴金额532.3万元；为32个村街9582户“电代煤”取暖用户进行电费和液化气补贴，补贴金额970余万元。持续落实河长制。建立完善镇、村河长体系，设置镇级河长16名、村级河长38名；村“河长”开展踏河普查工作，严格使用“河长云”App，建立工作台账和巡查制度，全面掌握所管河道周边的垃圾、涉河违障、黑臭水体等；对县河长办下发的4个“交办单”和167处疑似河渠“四乱”问题进行核实、清理，全部完成整改。开展植树造林。完成植树造林57.93公顷(869亩),占任务103.45%,其中，黄油桃种植面积23.33公顷（350亩）。

农村环境卫生综合服务队　　渠口镇政府供图

【大气污染治理】　2020年，建立“散乱污”企业常态化管理机制，对已取缔的239家“散乱污”企业开展“回头看”，坚决杜绝死灰复燃、虚假整改；监督检查300余家工业企业环保设备使用情况，确保企业环保设备依法依规正常运转。持续开展禁烧秸秆和杂物。落实禁烧主体责任，健全禁烧责任体系和工作机制，落实村街属地管理责任，各村街禁烧巡查员每日巡查；广泛开展禁烧宣传，悬挂横幅300余条，发放宣传单6万余张，及时处理火情180余次，教育或训诫13人。扬尘治理。对施工工地和道路两侧裸土、料堆进行苫盖，年内，取缔无证经营料场、搅拌站18家；在天气条件允许的情况下，利用雾炮车、洒水车、湿扫车每天对唐通公路和蒋渠线等主要干道进行降尘作业。

【应急管理】　安全生产。建立生产经营单位台账，开展日常安全巡查和重点节日期间专项检查，开展化工行业安全生产攻坚行动，木制家具大排查大整治行动，有限空间作业专项整治行动，打击非法销售成品油市场综合整治行动，“煤替代”村街安全检查专项行动，打击非法生产、经营、储存、运输、燃放烟花爆竹和消防安全集中整治等，建立隐患排查情况台账和清单，与企业签订安全生产责任状，确保隐患问题落实整改到位；全年检查各类生产经营单位376家次，排查隐患796处，全部完成整改；已完成“双控”机制建设企业200家。强化食品安全监管。严格落实包联职责，充分发挥村街食品安全协管员作用，对全镇48个村街食品安全协管员开展业务培训，并签订食品安全监管责任状；对重点超市、餐饮单位、生产加工作坊、市场等开展专项整治，检查企业41家次，发现问题80余个，全部限期完成整改。开展防灾减灾、森林防火及防汛抗旱工作。引导群众养成良好的生产生活方式，减少人为灾害的发生；入汛前，对窝头河、金庄支渠、康庄村西排水渠、荣各庄扬水站、西河头扬水站、东魏各庄扬水站闸口及河渠堵塞点垃圾、漂浮物进行清理，清理漂浮物1000余立方米，对扬水站线下12处树障进行清理。

【“两违”治理】　2020年，全镇有卫片图斑违法用地38宗，总面积9.26公顷（138.88亩），根据《2020年香河县违法占地集中拆除整改行动实施方案》，研究制订《2020年渠口镇违法占地集中拆除整改行动实施方案》，联合县相关职能部门，对违法建筑、违法用地等进行集中清理整治，拆除整改29宗，剩余9宗违法占地按时间节点推进拆除整改。调查处理违法、违规用地27起，其中，6处已恢复地貌，剩余的21宗未再动工；排查违规违建项目132个，面积24.18公顷（362.76亩）。2019年度的卫片违法占用耕地比例降低15%以下，例行督察整改类和存量违法用地全部“清零”。

【综合行政执法】 2020年，乡镇机构改革后，对综合行政执法队全员加强业务学习培训，参加行政处罚视频培训会，学习行政执法事项清单、法律条款和执法流程；机关在编干部参加执法证线上培训，熟练掌握执法大队90项执法权的应用，有27人通过执法证考试。年内，开展镇容秩序专项整治10余次，对主要街道占道经营、乱堆乱放、非机动车违停等现象进行规范和清理，走访商铺400余户，清理出散煤2.4吨。

【行政审批】 2020年，设立镇行政审批中心，便民大厅建设达到上级要求标准，政务网络全部连接，设置办事窗口5个，制作并公开办事指南，实行AB岗工作模式，方便服务群众；同时，完成48个村街综合服务站设立并挂牌投入使用，切实打通服务群众的“最后一公里”。

11月10日，慰问抗美援朝老战士王增太　　渠口镇政府供图

【社会保障】 2020年，持续强化社会保障，提升城乡居民的生活保障。巩固脱贫成果。对全镇已脱贫的建档立卡贫困户3户、7人继续实施帮扶政策，确保脱贫不再返贫，年内，配合县农业农村局为已脱贫的建档立卡贫困户3户签订入股香河县天亚木业有限公司分红协议，按年利5.5%分红，稳步扩大脱贫成果。民生保障。年内，新增低保户70户75人，特困户6户6人，调整城乡低保标准223人，新整理低保档案175套，签署特困养老人员护理协议12份，完成全镇辖区233人自理能力评估；新增享受残疾生活补贴242人，每人每月255元， 新增享受贫困重度残疾人护理补贴192人，每人每月100元。养老、医疗保障。城乡居民医疗保险（2021年度）缴费35524人，城乡居民养老保险（2021年度）缴费18859人、新增145人，完成城乡居民养老保险待遇领取人员网上认证；开展农村劳动力转移就业实名制管理工作，录入1.5万余人，对新增和退出劳动力信息进行实时管理。退役军人事务管理。完成退役军人及家属的信息采集和系统录入，并及时进行动态数据更新及维护；完成退役军人悬挂光荣牌和优待证办理，及时为60周岁的农村籍退役士兵办理生活补助申请，为符合政策的退役军人办理社保补缴手续，为符合政策的退役军人申请“功臣关爱基金”，为重点优抚残疾军人申请20余万元医疗费用，在“八一”建军节及春节等节日期间开展慰问活动；组织宣传线上线下招聘会议4次，为有就业需求的退役军人提供帮助。圆满完成兵役登记及征兵工作。

【计划生育服务】 严格按照省、市要求，简化办证程序，2020年，出生人口305人，办理一胎生育服务证150个，二胎生育服务证143个，再生育证13个。为511名独生子女父母发放独生子女费10.35万元，为760名计划生育奖励扶助对象发放奖励扶助金72.96万元、奖励扶助人员补贴9.12万元，为27名计生特殊家庭人员发放特别扶助金26.82万元，为35名计生特困人员发放计生救助公益金、计生特困人员扶助金 9.32 万元，为符合政策的 1519 名老人发放高龄生活补贴 86.03 万元，为 786 名独生子女缴纳意外伤残保险费 7.86 万元。充分发挥计划生育协会作用，进一步强化计划生育服务，每个季度开展一次免费孕前优生健康检查；加强流动人口计生服务管理，做好人口统计工作，全面推进信息化建设。

【平安社会建设】 2020 年，开展第二阶段“扫黑除恶”专项行动，召开 3 次党委专题会议研究部署，设置举报箱、公开举报电话，组织召开“扫黑除恶”专项斗争动员会；悬挂宣传条幅 120 余条，发放法治普及读本 1500 余册、宣传图画 300 余张、展架图画宣传 20 余个，营造浓厚的“扫黑除恶”氛围。开展法治宣传。将普法宣传和反邪教宣传相结合，印制普法宣传、打击非法传销、非法集资、“扫黄打非”等条幅标语 110 余条，发放宣传图册 2000 余册，通过宣传车、微信公众号等方式，进行法治宣传。全面禁毒。成立镇禁毒工作领导小组和社区戒毒社区康复工作站，与村街签订了禁种承诺书、责任状，发放禁种铲毒类宣传册 500 余份，安装永久性禁种宣传牌 30 余个，对 48 个村街开展排查，确保毒品“零种植”“零产量”。司法工作。持续做好法律援助、法律咨询、人民调解、法律宣传等工作，组织普法宣传工作 2 次，发放普法书籍 1600 余册，完成法律援助案件 2 件、法律咨询 20 余件；年内，接收社区矫正人员 25 人，解除社区矫正人员 31 人。

【信访工作】 2020 年，镇信访接待中心投入使用，每天安排 3 名科级干部到镇信访接待中心接访，第一时间掌握群众诉求。做好矛盾化解。新冠肺炎疫情期间，组织安排村“两委”干部每天在村疫情检查点值班，第一时间化解因检查劝返等原因带来的矛盾隐患，镇矛盾调解小组人员不定时对各检查点进行巡查指导；全国“两会”前夕，排查矛盾隐患 29 件，均得到较好的解决。年内，全镇接待群众来访 159 人次，反映问题均得到妥善处理；接到省市督办信访案件 4 件、办理网上信访案件 96 件、廊坊智慧信访 App 受理案件 6 件，均结案，结案率 100%。

【文化建设】 充分发挥基层文化阵地的服务功能，利用好镇文化站、基层综合性文化服务中心、文化活动室、农家书屋等基层文化阵地设施设备，积极组织开展各类文体活动，丰富群众文化生活。2020 年，共组织文化娱乐活动 23 场，包括广场舞比赛、红色文化图书交流会、歌唱比赛、戏曲联谊会、特殊群体交流活动等。

【创建省级文明县城】 持续开展创建省级文明县城，建立乡风文明示范街，做到各种制度上墙，装修完善镇文化站，完成唐通公路两侧公益围挡更新、道路地面重新修整、铺设彩砖，增设宣传走廊、补充安装分类垃圾桶 30 个、更换道旗国旗 210 面、重点部位增设铁艺广告牌 6 个、完善公益广告展牌 10 种 30 余处。组织志愿者做好创建省级文明县城宣传和开展文明践行活动，增强群众的文明意识和社会责任感。

【乡镇机构改革】 根据廊坊市批复的《香河县深化乡镇改革方案》（廊办字〔2020〕5 号）精神，研究制订《渠口镇机构改革实施方案》，设置党政综合办公室、党建工作办公室、应急管理办公室、自然资源和生态环境办公室、综合行政执法队、行政综合服务中心、农业综合服务中心、退役军人服务站、综合文化服务站 9 个工作机构。

【新冠肺炎疫情防控】 2020 年，新冠肺炎疫情发生后，镇党委、政府以高度负责的精神，落实各项疫情防控政策和措施，确保人民的身体健康和生命安全；各村街实施“网格化”疫情防控模式，村街“两委”干部、党员志愿者和群众联防联控。迅速开展疫情摸底排查，严格落实各项疫情防控措施。

加大舆论宣传。镇广播系统和村街大喇叭循环广播科学防护新冠肺炎疫情知识和防控政策等，通过微信公众平台发布防疫政策和知识等相关信息，各村街在公开栏、村街道口张贴疫情防控宣传材料。加强疫情防控监管。疫情得到初步控制后，安排各村街广播并张贴《疫情还没结束，坚决不能大意》专项通知，巡查队加大巡查力度，及时劝返外来人员和随意出行的人员；镇纪委加大巡查和夜间巡查频率，压实包村干部和村干部责任，确保防控人员数量不减、防控意识不松。助力企业复工复产。组织和指导企业做好联防管控，实行开工复工审批制度，镇党委政府主要负责人带领工作组深入企业实地指导有序复工，4 月初，全镇 302 家企业全部复工复产；做好农资供应准备，指导群众做好防护措施，积极开展春耕备耕生产，完成春季植树造林 57.93 公顷（869 亩）。

【基层党组织建设】 “不忘初心、牢记使命”主题教育制度化。落实“不忘初心、牢记使命”主题教育制度化，总结好的经验、做法，健全完善理论学习、党性教育、激励担当、为民服务等制度机制，进一步巩固扩大主题教育成果；“七一”前夕，集中培树表彰一批在新冠肺炎疫情防控、基层党建、脱贫攻坚等重点工作中，表现突出的先进组织和优秀个人。党建示范区创建。以唐通公路两侧村街作为创建重点，着力打造渠口镇唐通之驿党建示范区，涵盖 9 个村党支部和 2 个非公企业党支部，抽调素质好、能力强、经验丰富的机关干部入村入企指导做好创建工作；年内，提升建设康庄和邵庄两个高标准党群众活动中心。持续整顿软弱涣散基层党组织。全力推进 7 个村软弱涣散党支部的整顿转化，制定“一村一策”台账，针对不同的问题，制定相应的整顿措施，明确相关责任人，年内，全部完成转化；巩固扩大了非公企党建“两个覆盖”（党组织和党建工作覆盖）成果，选派一批高素质党建指导员，负责党建工作的指导督查，不断提升非公党建水平。加强党员队伍建设。年内，新发展党员 30 人，解决三年不发展党员村 6 个；加强对“学习强国”“先锋在线”App 的管理、推广和应用，“学习强国”App 下载注册学员达到 12919 人；组织开展“学习强国”答题挑战赛，择优推选出 4 名选手参加县级比赛，全部进入决赛，渠口镇并被县委宣传部授予“学习强国”优秀组织奖。深化“两考三评一定”绩效考核。将新冠肺炎疫情防控、综治维稳、“两违”整治等重点工作，动态纳入考核指标体系，考准考实工作实绩，差别落实经济待遇；深化“五星级”党组织创建，评树一批各领域“五星级”基层党组织，挂牌示范，落实奖励政策；加强村干部日常监管，落实村干部备案管理工作机制。

6 月 9 日，镇级宣讲员阚雨歆用自己精心制作的专题 PPT，为邵庄村党员和村民代表讲解全国“两会”精神　　渠口镇政府供图

【意识形态工作】 2020 年，镇党委高度重视意识形态工作，定期召开会议研究部署意识形态工作，组织 24 次理论中心组学习，通过经常性教育和集中性教育相结合，持续深入推进学习教育常态化制度化。紧抓、抓好疫情防控工作舆论引领。通过农村大喇叭广播和“渠口在线”微信公众平台每天发布疫情防控动态、疫情防控政策、疫情防控知识，在各村主要街道和场所，悬挂条幅、张贴公告，牢牢把握疫情防控的舆论阵地；制作了抗“疫”专题期

刊，对镇域内疫情防控中的爱心义举进行宣传报道；积极挖掘疫情防控工作中涌现的先进党支部、优秀党员和先进个人，大力宣传并积极推介；疫情防控期间，“渠口在线”微信公众平台发布疫情防控原创文章49篇，转发200余篇，《廊坊日报》等市级媒体刊发10篇，县级媒体期刊报道刊发10篇。

【全面从严治党】 强化“两个责任”落实。签订镇、村两级《落实党风廉政建设主体责任承诺书》，落实廉政提醒制度、诫勉谈话制度和逐级汇报制度；制订工作方案，列出问题清单和工作台账，协调相关责任部门全面开展自查。2020年，处置线索数25件，立案3件，给予党纪处分3人，运用“第一种形态”5人次。坚决查处侵害群众利益不正之风和微腐败问题，以良好的形象赢得了人民群众的信任和支持。强化公章和公务车辆管理。严格落实公章使用审批制度，确保48个村的公章保管妥善、审批严格、使用规范；严格对公务车辆的使用、加油和维修管理，做到使用规范、一车一加油卡，对公车的状态进行实时监管，杜绝私车公养现象。

（杨腾飞）

钱旺镇

【概况】 钱旺镇政府驻地钱旺村，位于香河县城东，距县政府5千米，辖区面积36.9平方千米，辖21个行政村。2020年，镇党委、政府团结带领广大干部群众应对各种严峻挑战和考验，积极创新工作举措，全力推进各项工作平稳进行。全镇总人口26885人，其中，从业人员15560人；财政收入完成7480万元，规模以上企业生产总值4.79亿元。

【项目建设】 2020年，全镇有规模以上工业企业6家，其中，新增廊坊聚成实验室技术有限公司和河北银洲鑫业电气设备有限公司2家；入统项目9个，完成固定资产投资5.88亿元。新增华电香河燃气能源站项目，项目建设单位为中国华电集团雄安能源有限公司，此项目为建设天然气发电机组及配套供热管网设施，电力直供北京，热力保障副中心及香河，总建设规模1300兆瓦级，计划总投资50亿元，3月正式签约，年内，完成土地征收补偿工作，正在组卷报批；钱旺镇人居环境整治提升工程，该项目计划总投资2540万元，年内，项目完成筹划和前期准备工作。

【新民居建设】 截至2020年年底，全镇有2个新民居建设回迁村。袁庄村有居民170户，宅基地210处，完成回迁签约168户，签约率98.8%，回迁至新建的香城荣韵居民小区，共选回迁房817套，完成198处旧房拆除。大六王村有居民297户，宅基地425处，完成回迁签约375处宅基地，回迁率88.25%，回迁至新建的潮东新村居民小区，按照签订补偿协议内容及时将安置房及补偿款全额发放到村民手中。潮东新村居民小区建设，南区完成验收手续并入住，北区完成结构检测，待外立面达到规划验收条件及时办理竣工验收等后续手续。

【植树造林】 2020年，组织技术力量对全镇范围内的宜林地进行规划，高标准完成植树造林面积42.67公顷（640亩）。严格管护措施，为种植户提供技术服务，提高苗木成活率，做好病虫害防治，对潮白河河堤、主要公路沿线和成片林地实施飞机喷药作业，有效遏制虫害的发生，年内，未发现病虫灾害。

【农村经济管理】 2020年，完成土地确权工作，21个村街四个季度的录账、入档工作、人口普查工作全部完成。为确保人口普查工作落到实处，利用广播、条幅、发放明白纸、公告等形式大力宣传人口普查知识，广播40余次，悬挂条幅35条，发放明白纸500余张，组织全镇村街培训大会4次。

【农村人居环境整治提升】 提升村容村貌。2020年，推进村街道路硬化，加快推进通村道路、入户道路建设，对大高坨、钱旺村、田贾庄、焦康庄4个村实施道路硬化改造，总面积11.17万平方米，年内，完成工程量的80%，预计2021年5月竣工。推进农村生活污水和垃圾治理。在大高坨、田贾庄、达古庄、焦康庄、义井5个村，分别建设分散式污水处理设备25套；在大辛路沿线设立地埋式垃圾箱8个。持续推进农村厕所改造。年内，和平街、焦康庄、义井、钱旺村4个村街改造建设无害化卫生农厕854座，改造公厕10个，新建粪污中转站1座。

【大气污染治理】 加强对企业监管。对已取缔“散乱污”企业持续开展“回头看”，2020年，未发现新增“散乱污”企业和“死灰复燃”现象，“散乱污”企业保持动态清零；加大对挥发性有机物VOCs治理，在镇域内开展对涉挥发性有机物VOCs企业重点排查整治，排查出的问题隐患，全部限期完成整改。对露天焚烧、水污染、散煤治理进行动态监管。对露天禁烧、河渠坑塘开展集中清理，对主干道路沿线、河渠沿岸、坑塘周边垃圾杂物定期清理，增加垃圾池数量，修复破损围网，建立巡查队伍，配合村街保洁员对各村街开展全方位不间断巡查，重点部位安排专人盯守，减少露天焚烧和倾倒垃圾行为；严查散煤销售行为，各村街在村口设立检查点，严查散煤入村，切断工业企业、养殖场、商铺散煤终端使用。抑尘降尘。每天安排2辆洒水车对主要道路、工业园区实施洒水降尘作业；对大面积裸露地面和易产生扬尘的场所全部苫盖，督促施工工地严格按要求施工，发现问题及时整改。

【综合执法】 深化行政执法权落实，积极推进行政执法权改革，进一步健全完善全镇行政执法责任制。2020年，对3起露天焚烧秸秆、落叶行为进行立案处罚。违法占地、违章建筑拆除。按照《2020年香河县违法占地集中拆除整改行动实施方案》和《2020年廊坊市村庄清洁行动专项工作方案》安排部署，经村“两委”会议、村民代表和党员联席会议决定，对村内宅基地范围以外的违章建筑、残垣断壁及杂物等进行清理拆除，年内，完成钱旺、焦康庄、田贾庄3个村的违建拆除。

【安全生产】 增强安全生产保障能力，落实安全生产监管职能，保护群众生命财产安全，定期组织有关部门对交通、消防、烟花爆竹、建筑、农电燃气、企业等生产经营主体进行安全大检查，把隐患消灭在萌芽状态。2020年，全镇排查各类生产经营场所278家，发放安全生产宣传材料3100余份，悬挂条幅190余条，出动宣传车80余辆次，发送各类宣传安全生产知识短信、微信4800余条，确保全镇安全生产工作扎实开展。

6月，钱旺镇开展“安全生产月”宣传咨询活动　　钱旺镇政府供图

【社会保障】 2020年，为5352名符合领取农村居民养老金人员累计发放养老金1112.76万元；注销213名死亡人员，其中，60周岁以下死亡30人，退养老保险费3.54万元，为60周岁以上死亡的183人发放丧葬费13.18万元。截至年底，全镇有城乡

低保 292 户 333 人，月发放低保金 14.03 万元；全镇享受特困分散供养 140 人，每月发放补贴 20.16 万元，集中供养 10 人。发放重度残疾人护理补贴 60 万余元、困难残疾人生活补贴 80 万元，为 47 名持证残疾人发放轮椅、手杖、坐便器、助听器等辅助器具，为 58 户贫困残疾人发放米、面、油等慰问品；完善残疾人信息核查、残疾人信息变更。

【平安社会建设】 社会治理。开展“扫黑除恶”“打击非法传销”“铲毒禁毒”等专项斗争，推进网格化管理、社会化服务，构建全民共建共享的社会治理格局；利用宣传标语、横幅、天网广播、微信群等深入广泛宣传，提高群众的知晓率和打击违法犯罪的积极性。法治建设。深化司法体制改革，促进司法公正，加强社区矫正人员和刑满释放人员的管理，坚持“教育、感化、挽救”的方针，有序开展社区矫正人员和刑满释放人员的教育和就业安置工作，有效预防重新犯罪。

【便民服务】 镇行政综合服务中心实行“窗口管理，内部运作，上下联动，全程服务”，真正变群众跑为干部跑，变多次办为一次办。2020 年，办理营业执照 122 个，其中，新办 73 个、变更 11 个、换照 14 个、丢失补办 3 个、注销 21 个，发放生育服务证 149 张，独生子女证 20 张。

【信访工作】 2020 年，进一步完善领导干部接访、下访和包案制度；切实做好源头掌控，抓好矛盾隐患的排查、梳理，第一时间将矛盾隐患化解在基层、化解在萌芽状态；镇、村两级干部积极处理各类信访矛盾纠纷案件，及时解决群众的合理诉求，做到小事不出村，大事不出镇，有力地促进了社会和谐。

【计划生育服务】 2020 年，落实各项计划生育优抚政策，独生子女父母退休一次性奖励及时发放率 100%，农村计划生育奖励补贴和特别扶助补贴及时发放率 100%，全镇新增农村计划生育奖励扶助对象 33 人，退出 2 人；走访慰问贫困计划生育家庭 10 户，救助贫困母亲 1 名。

【新冠肺炎疫情防控】 钱旺镇党委、政府把做好新冠肺炎疫情防控作为头等大事，认真贯彻落实县委、县政府的决策部署，有力有序有效做好各项疫情防控工作，坚决打赢疫情防控攻坚战。迅速成立钱旺镇新冠肺炎疫情防控专项工作领导小组，明确工作责任和工作任务；各村街成立由镇政府包村干部和村“两委”干部组成的工作组，明确工作职责和分工。

加强舆论宣传。充分利用天网广播、微信平台、微信群、明白纸、疫情防控标语等方式，大力宣传普及有关新型冠状病毒科学知识、防控措施，引导群众不信谣、不传谣，增强群众自我防护意识，形成群策群控的良好氛围。疫情期间，天网广播 1000 余次，张贴宣传标语 120 余处，发放明白纸 3000 余份，全镇成立 21 个疫情防控微信群。

群防群控，共同抗疫。全镇设置疫情防控党员先锋岗 21 个，党员志愿者、村街“两委”干部和群众志愿者全天 24 小时坚守在抗疫一线；镇党政主要负责人到各村街疫情防控检查点检查指导工作，并带去帐篷、口罩、消毒液等防疫用品。

【企业复工复产】 在抓好新冠肺炎疫情防控的同时，扎实做好企业复工复产，尽快恢复经济发展。严格审批程序。对申请复工复产企业严格标准、严格程序、严格验收，全面指导企业一手抓好疫情防控，一手着力恢复生产。加强日常检查。对已复工复产企业定期检查，全面排查安全生产风险点，消除安全隐患；规范岗位工作秩序，合理安排轮岗轮班；落实厂区全面消毒、员工每日两次体温检测、分时段分餐等各项措施，筑牢疫情防控的“防火墙”，有序推进企业安全复工复产。全力搞好帮扶。镇政府帮助企业安排专车接持有健康证明的外地员工返厂、安排宾馆安置需要隔离14天的员工，专人负责体温检测，并负责员工的生活必需品配备。

【文化建设】 2020年，充分发挥农家书屋、休闲健身广场、娱乐活动室等设施的作用，以镇文化站为龙头，开展一系列的文化宣传活动。春节前，镇文化站在小六王村举行“喜迎新春职工乒乓球比赛”活动、在义井村开展“喜迎新春 文化惠民”送春联活动；9月，在镇文化站开展“传承好家风 舞动新钱旺”广场舞交流赛；10月，成自务村自发组织举办两场庆“十一”文艺会演；在各村街开展“七进”文化惠民演出活动8场。

1月17日，钱旺镇文化站邀请书法家到义井村开展“喜迎新春文化惠民”送春联活动
钱旺镇政府供图

【思想道德建设】 开展诚信教育和社会主义核心价值观教育实践活动，积极引领干部职工做道德的楷模、行业的尖兵、文明的典范。大力倡导文明新风，有力促进全镇践行社会主义核心价值体系的思想自觉、文化自觉、责任自觉和道德自觉。完善未成年人思想道德建设工作机制，通过家长、学校对他们进行思想道德和《中华人民共和国未成年人保护法》《中华人民共和国预防未成年人犯罪法》等法律法规教育，让他们从小树立正确的人生观、价值观、世界观。做好留守、流动儿童的入学、日常管理工作，关心留守、流动儿童的健康成长。组织在校中小学生开展多种形式的学习教育活动，既丰富学生的课余生活又寓教于乐将爱国主义教育融入学生的心中。

【创建省级文明县城】 按照县委、县政府的统一安排部署，结合自身实际，以提高群众对文明创建工作的知晓率、支持率、参与率、满意率为目标，扎实推进文明城市创建工作。利用电子显示屏、宣传栏、道旗、公益广告等新增宣传标语150余幅，采取微博、微信、天网广播等多种形式，调动广大群众积极参与的自觉性和主动性，做到人人知晓，讲文明话，做文明香河人。

【乡镇机构改革】 根据廊坊市批复的《香河县深化乡镇改革方案》（廊办字〔2020〕5号）精神，研究制订《钱旺镇机构改革实施方案》，设置党政综合办公室、党建工作办公室、应急管理办公室、自然资源和生态环境办公室、综合行政执法队、行政综合服务中心、农业综合服务中心、退役军人服务站8个工作机构，分别制定工作职责和工作制度，按“三定”方案规定配齐配强工作人员。

【基层党组织建设】 党的基层组织阵地建设。全镇21个村街“两室”全部达到规定的建设标准。后进村党支部转化。2020年，全镇有东马家窝和富各庄2个后进村党支部，全部完成转化。加强党员教育管理。严格落实落实“三会一课”制度，实行各村街“三会一课”报备制，开好基层党组织民主生活会和民主评议党员活动，督促村党支部组织好党员学习教育，年内，发放学习材料2000余份，召开党员学习大会220余班次。加强农村“两委”干部管理。严格落实《中共钱旺镇委员会关于在农村“两委”干部中实行“两考三评一定”绩效考核办法》，加强“两委”干部考核制度及“坐班”制度，对党支部书记开展3期党务培训，参训63人次，对其他农村“两委”干部分别进行线上线下培训。

【意识形态工作】 按照中央、省、市、县委出台的关于加强意识形态工作系列文件精神，围绕上级布置的意识形态工作内容，加强理论学习、强化思想教育、探索和深化宣传工作，找准服务经济社会发展的着力点和出发点，为实现全镇各项事业又好又快发展提供有力的理论武装、舆论引导、精神动力和文化支持。在舆论引导与对外宣传工作中，坚持正面宣传为主，严格落实网络信息发布机制，加强对微信群等平台管理，主动设置议题，营造清朗和谐的网上舆论氛围。利用微信、微博等宣传媒介，深入解读中共十九届五中全会、全国“两会”精神实质、目标任务和深刻内涵，以及省、市、县委全会和“两会”精神。组织党员干部在网络媒体上发声，弘扬主旋律、传播正能量。加强统筹协调，建立健全协调联动机制，加强热点事件和不良信息的检测处理。

【“两学一做”学习教育】 坚持“两学一做”学习教育制度化、常态化，发挥领导班子示范引领作用，坚持学在前、做在前，一级带着一级学，一级做给一级看，示范带动广大党员积极投身到“两学一做”学习教育中。发挥正面典型引领作用和反面典型警示作用，引导广大党员向正面典型学习先进事迹、弘扬正能量，从反面典型中汲取教训、引以为戒，从而自觉把《中国共产党章程》和《中国共产党廉洁自律准则》作为根本的行为准则，做政治上的明白人；认真学习习近平新时代中国特色社会主义思想和习近平总书记重要讲话精神。组织广大党员干部学习党的优良传统，摒弃不良风气，引导党员立足岗位实际赶超先进的干事创业氛围。

【全面从严治党】 2020年，进一步强化全面从严治党，持续做好党风廉政建设和反腐败工作，落实党委主体责任、党委书记“第一责任人”责任，制订党风廉政建设和反腐败工作计划；监督党政领导班子成员进行“签字背书”，落实主体责任分工及责任清单，把党风廉政建设的主要工作任务分解落实到各部门，把责任制落实到岗到人；制订出台党委落实全面从严治党主体责任工作要点；抓好扶贫领域、民生领域腐败和作风问题专项治理。“第一种形态”运用常态化。镇纪委紧盯重要时间节点，在重要节假日、重大工程、人员调整及领导干部重大事项等环节提前介入，区分情况进行集体提醒或单独约谈，对发现有苗头性、倾向性问题，及早处理，切实增强机关干部的廉洁自律意识，全年集体谈话10次；开展纠正“四风”和作风纪律专项整治工作，对1名违规的机关干部运用“第一种形态”谈话进行批评教育；结合案件查办，开展警示性教育。高质高效完成信访问题线索办理。2020年，受理信访举报件14件，其中，重复件3件，全部按时办结；县纪委监委交转党员酒驾问题线索2件，自搜集问题线索1件，全部依规进行了处理。

（张艺馨）

蒋辛屯镇

【概况】 镇政府驻地蒋辛屯村，位于县城北，距县政府10千米，全镇总面积28.8平方千米，辖18个行政村。2020年，全镇常住人口16633人，全镇完成财政收入3.52亿元，实现固定资产投资6.6亿元。年内，面对新冠肺炎疫情和经济下行压力，镇党委、政府坚定信心，强化举措，迎难而上，抢抓京津冀协同发展重大机遇，围绕“建设美丽幸福新香河”目标，精神文明建设不断加强，大气污染得到有效防治，基层组织建设受到上级肯定，乡村旅游产业蓬勃发展，镇域经济持续稳步推进。

6 月 6 日至 14 日，水岸潮白景区举办花海＋七彩风车旅游节　　蒋辛屯镇政府供图

【乡村旅游】 按照整体谋划、重点突破的工作思路，将休闲农业与乡村旅游作为推进乡村振兴的重要引擎，注重“效率、效益、效果”，深入挖掘区位优势和生态资源优势，推行“企业＋农户”产业发展模式，打造从田间到餐桌的现代农业全产业链，形成一、二、三产业融合发展的现代农业产业体系新格局。全镇建成“香居小筑”“别处潮白”等精品民宿品牌 2 个，建成“国粹堂”“余舍”“别处酣客”等主题宅院 32 家，节假日入住率 90%以上。2020 年，在做好新冠肺炎疫情防控的基础上，有序推动旅游项目逐步放开，水岸潮白共享农庄基础设施上档升级，新增“李晋王号”“晋王寨”两个娱乐基地；“五一”期间，成功举办水岸潮白“恐龙＋风车文化艺术节”；国庆节期间，景区举办了大型蝴蝶秀、网红紫藤风铃、“非遗”表演 8 天乐、火车月光市集、游乐嘉年华等多项活动，累计接待游客 2 万人，综合门票营业额 45 万元。年内，岭子村水岸潮白康养田园综合体别处荷香民宿小院主体建设完成，内部装修完成 80%，京东蔬艺园一期、百果园接待厅和一期商业街建设完成；绿野旅游项目完成住宿、餐饮部分建设，完善周边绿化及水系设施，7 月，开始投入运营，内部基础设施继续提升改造。

【首届半程马拉松赛成功举办】 2020 年 11 月 7 日，举办香河县首届“乡约潮白”半程马拉松比赛，此次赛事创新打造“竞技＋旅游”模式，以赛事促旅游，以旅游带发展，融入特色乡村旅游元素，将赛道设置与精品旅游线路有机融合，充分展示蒋辛屯镇特色旅游景点、历史文化、特产美食、城市名片和休闲旅游，让参赛者在酣畅比赛的同时享受一次景色宜人的特色旅游。赛事以“自然、田园、健康”为主题，设半程马拉松（21.0975 千米）、10 千米竞速跑、4.21 千米迷你马拉松 3 种比赛模式，有 2000 余名长跑爱好者参加。

11 月 7 日，首届“乡约潮白”半程马拉松比赛在蒋辛屯镇水岸潮白旅游片区举行

蒋辛屯镇政府供图

【生态环境保护】 打好“‘蓝天、碧水、净土’保卫战”。严格落实大气污染防治综合治理各项措施，“散乱污”企业实现动态清零；实施河渠清理

专项行动，主要干渠排污口全部封堵完毕，完成河渠清“四乱”治理4处，拆除违建1处，清理河渠垃圾400余立方米。打好“绿色发展攻坚战”。构建“绿带环绕、绿廊相连、绿块镶嵌”的生态景观格局，围绕干路水系、村内村外，设景观节点、休闲娱乐设施，完善国省主干交通线、河流干渠景观防护林，完成植树造林59.67公顷（895亩）。打好“人居环境提升战”。建设景观节点15处，出动人员3000人次，清理村街垃圾4200立方米；美丽乡村建设扎实推进，北头百户、大窑上、梁家务村绿化铺装约5.1万平方米，梁家务村休闲广场完成建设，岭子村绿化铺装完成提升改造8000平方米。

岭子村荷谐广场　　县文化广电和旅游局供图

【安全生产】 2020年，建立“横向到边，纵向到底，责任到人”的三级安全管理网络，扎实开展镇在全国“两会”“两节”以及中共十九届五中全会期间的安全生产工作。组织开展8次安全生产大检查、10次专项整治检查和“安全生产月”活动，进一步深化安全生产“打非治违”、安全生产及消防安全专项整治三年行动、木材加工产业消防安全等专项治理工作。加强食品安全的监管，对辖区内8家农村“大棚席”、8家小饭桌登记造册，实行台账式管理。强化“双控”机制建设，全镇25家重点企业全部完成“双控”机制建设，完成规模以上企业“双控”机制建设评估验收工作。利用广播、微信、电子屏等媒介和现场咨询等方式加强安全生产的宣传，通过组织培训、开展安全生产应急演练等方式，提升安全生产的应急处置能力。完成杨簸箕庄、北吴村、王店子和仓头4个村街的汛期临时过渡安置工作，保障了汛期期间群众生命财产安全。强化应急值守，实行24小时领导带班及24小时值班制度，每天出动执法车进行巡查，及时发现隐患、消除隐患。年内，开展执法检查168次，检查企业327家次，发现隐患339条，全部整改完成。

【平安社会建设】 2020年，加强普法宣传，开展《中华人民共和国宪法》《中华人民共和国土地管理法》《中华人民共和国民法典》等与群众生活息息相关的法律法规宣传活动，开展普法宣传15次，发放各种宣传资料1万余份。年内，成立帮教小组，及时更新矫正人员信息，接收社区矫正人员2名，每名矫正人员安排2名帮教责任人。镇人民调解委员会全年共调解案件209件，立卷41件，有效维护镇区和谐稳定。

【基层社会治理】 2020年，开展社区创智慧城镇、农村创网格化管理示范区活动，全面加强和创新基层社会治理。镇域内已建住宅小区12个，城市化进程不断加快，镇党委、政府谋划筹建3个社区居委会，加强社区治理，推进智慧城镇建设，其中，建设完成蒋北社区党群综合服务中心，面积700余平方米，社区工作人员已经安排到位。全面推行村街网格化管理，围绕小事不出网格、大事不出村街，推进村街基层社会治理。年初，以新冠肺炎疫情防控为契机，18个村街以户为主体，划分管理网格，由村街党员、村民代表、入党积极分子、热心群众等担任网格员，履行排查社情民意、外来人口、矛

1月17日，县委副书记张玉林（右三）到蒋辛屯镇北李庄村慰问智力和肢体残疾人
蒋辛屯镇政府供图

盾隐患、安全隐患、环境卫生等职责，制定“常态走访、积分管理、考核奖惩、淘汰退出”等工作机制，确保网格规范运转，网格员发挥作用；推行网格化管理以来，各村街累计排查并整改安全隐患140余个，解决矛盾纠纷30余起。

【社会保障】 2020年，全镇办理新增享受低保政策80户83人、享受特困政策25户25人，注销享受低保政策5人、特困政策3人。新增享受残疾人生活补贴75人、重度残疾人护理补贴40人，注销享受残疾人生活补贴、重度残疾人护理补贴5人，申请办理残疾证106人，为22名残疾人申请了辅助康复器具，为17名重度精神类残疾人申请治疗药物。办理60周岁以上农村退役士兵生活补贴手续，发放义务兵优待金14.03万元。

【计划生育服务】 大力开展计划生育宣传活动，在社区以及梁家务集市采取设立咨询台、摆放宣传展牌、免费发放宣传品等形式宣传计划生育知识。全面落实各项奖励优惠政策，年内，新增计划生育奖励扶助对象35人、特别扶助对象11人；为2人发放独生子女父母退休一次性奖励每人3000元，为400名农村独生子女缴纳意外伤亡保险，为14人办理高考升学加分手续。开展儿童营养改善公益工作，免费资助52户家庭，差额资助117罐奶粉，为婴幼儿家庭总计节约奶粉支出2万余元。

【乡镇机构改革】 2020年，根据廊坊市批复的《香河县深化乡镇改革方案》（廊办字〔2020〕5号）精神，研究制订《蒋辛屯镇机构改革实施方案》，设置党政综合办公室、党建工作办公室、应急管理办公室、自然资源和生态环境办公室、综合行政执法队、行政综合服务中心、农业综合服务中心和退役军人服务站8个机构，合理调整职能、安排配置人员，高标准完成机构改革，并代表县接受全省各市互查验收，得到检查组的好评。年内，镇行政综合服务中心、综合行政执法队等机构均规范开展工作。

【新冠肺炎疫情防控】 2020年，新冠肺炎疫情发生以来，镇党委、政府严格按照上级要求部署，迅速成立疫情防控工作领导小组，明确分工、压实责任，抓紧抓实抓细各项工作，筑牢基层防线。坚持内防扩散，外防输入，全镇18个村街进村路口全部设置检查点，检查人员落实24小时值班制度，对车辆和人员进行登记、测量体温，严格落实各项管控措施；各村街结合网格化管理，累计排摸245万人次，有效守护了人民群众的身体健康和生命安全。全镇张贴宣传海报180张、悬挂横幅80条，发放疫情防控知识明白纸1.6万余份。全镇党员干部职工积极响应上级号召，多交纳党费12.37万元，为县红十字会捐款4.84万元，助力疫情防控。年内，全镇未出现一例新冠肺炎患者。

【精神文明建设】 镇党委、政府坚持中国特色社会主义文化发展道路，人民群众精神文化生活丰富多彩，精神文明建设不断加强。深入宣传党的十九大精神，倡导乡风文明，推进全民健身，丰富全镇

9月11日，蒋辛屯镇举行爱心济民互助协会集体救助仪式　　蒋辛屯镇政府供图

广大人民群众的精神文化生活，先后组织锦绣潮白艺术团在仓头村、潮北新城社区、佰闻花园社区开展文艺演出。以创建省级文明县城为契机，设置宣传节点80余处，制作展牌100余个，完成村街文化标准化建设全覆盖，选聘20余名基层宣讲员进村街、进企业宣讲。以志愿服务活动为载体，1月17日、9月11日，分别举办志愿者与爱心济民协会组织集体救助活动，对患有大病及因病瘫痪在床的47人进行救助，发放救助金10万余元；“六一”国际儿童节前夕，志愿者与妇联组织开展“春蕾女童”爱心资助活动，帮助全镇10名贫困儿童及留守儿童，为他们送去学习用品和助学金。

【基层党组织建设】 2020年，深化“不忘初心、牢记使命”主题教育，严格落实“三会一课”等组织生活制度，各村街党支部每月召开一次党员学习大会或主题党日活动。年内，高标准建设完成佰闻花园社区、蒋北社区2个党群综合服务中心，潮北新城社区党群综合服务中心装修改造工程稳步推进；全市基层党建工作现场会在蒋辛屯镇北李庄、北三百户2个村街成功召开；北三百户村党支部书记左春喜被省委组织部授予“乡村振兴”领头羊荣誉称号，北三百户村党支部书记左春喜、北李庄村党支部书记李志清荣获全县农村党务村务工作擂台赛一等奖。

【意识形态工作】 强化组织领导，落实主体责任。把意识形态工作作为党的建设和政治建设的重要内容，形成党委统一领导，党政齐抓共管，部门分工负责的工作格局。加强理论学习，占领思想高地。不断强化学习和思想意识方面的引导作用，将意识形态工作与党委中心组学习相结合，制定中心组学习“课程表”，每月开展1次中心组集中学习，把涉及意识形态方面的文件和会议精神作为学习重要内容，及时学习新政策、新精神，分析研判当前形势，布置意识形态领域工作。把握舆论方向，弘扬正能量。通过电视、广播、网络、微信公众平台、报刊、简报和宣传栏等媒介，大力宣传全镇的好做法、好经验和先进典型，年内，中央及省级媒体刊登稿件8篇、电台报道7篇，在市级媒体刊登稿件25篇，“蒋辛屯镇人民政府”微信公众平台每周更新。发挥阵地作用，拓展受众范围。利用基层理论宣讲阵地和视频宣讲系统，组织网络宣讲和思想教育活动，拓展党员干部群众理论学习覆盖面，教育引导广大党员干部群众听党话、感党恩、跟党走。

【全面从严治党】 坚持党要管党、从严治党，深入贯彻党中央和省市县委关于加强党风廉政建设的各项要求，严格落实党风廉政建设责任制，全面落实党委主体责任和纪委监督责任。完善机关工作纪律和请销假制度，进一步提高机关工作效能；对全镇机关办公用房全面清查，确保规范使用办公用房；对村街大额资金使用和招投标活动现场监督监管。2020年，收到信访线索5件，其中，1件查实，镇党委给予党内警告处分，其余线索均查否。

（李　帆）

人　物

责任编辑　刘凤贤

综　述

2020年，香河县各级各部门和广大干部群众在县委、县政府的正确领导下，坚持以习近平新时代中国特色社会主义思想为指导，深入贯彻落实中共十九大和十九届二中、三中、四中、五中全会精神，一手抓新冠肺炎疫情防控，一手抓经济建设和社会发展，取得了疫情防控和经济社会发展的双胜利。同时，积极践行社会主义核心价值观，团结一心，守正创新，拼搏奉献，涌现出一批工作扎实，成绩突出的先进人物。他们当中，有数年如一日，辛勤工作，任劳任怨，在平凡岗位上做出不平凡的业绩；有在新冠肺炎疫情防控中，白衣执甲，不畏风险，逆行而上，驰援疫区的抗疫先锋；有在专业领域刻苦钻研，业务水平不断提升，成为行家里手；还有在精神文明建设中敬业奉献、孝老爱亲、诚实守信、见义勇为成为道德模范。他们在各自的领域取得的突出成绩，受到上级相关部门给予的表彰奖励，一批专业技术人员职称得到晋升。

新冠肺炎疫情防控先进典型

【全国抗击新冠肺炎疫情先进个人】**李向国**　男，汉族，大学文化，中共党员，1967年1月出生，1988年参加工作，1991年加入中国共产党，2013年2月至2020年8月任香河县看守所党支部书记、所长，四级高级警长。9月8日，被中共中央、国务院、中央军委授予全国抗击新冠肺炎疫情先进个人荣誉称号；4月，入选“时代新人·河北好人”榜单、被省委宣传部授予“最美抗疫先锋”称号。从2020年元旦、春节安保到新冠肺炎疫情防控，李向国在看守所坚守岗位30余个日日夜夜，2月6日凌晨，李向国在疫情防控岗位上突发脑出血而住院抢救治疗，这是他连续13天以来第一次“走”出看守所，离开他的疫情防控岗位。在日常工作中他扎实勤奋，顽强拼搏，以极强的敬业精神，团结带领一班人实干苦干，使香河县看守所的各项工作规范化、正规化，取得了队伍无违法违纪、看押无事故的优异成绩。心中牢记的是党规党纪、警规警纪，始终保持着清正廉洁的党员本色；心里想的是百姓的安危利益，32年扎根基层一线，始终践行着人民公安为人民的初心使命；心里装的只有工作，将监所安全看得比家大，始终坚守着忠诚担当的政治品格。这就是李向国，一名不忘初心、牢记使命的优秀共产党员，一名忠诚担当、廉洁奉献的优秀公安民警。

【全省抗击新冠肺炎疫情先进个人】**杨士春**　男，中共党员，香河县人民医院内一科副主任，副主任医师。2020年4月，杨士春被廊坊市卫生健康委员会授予廊坊市最美抗疫卫生健康先进个人称号；10月，被省委、省政府授予河北省抗击新冠疫情先进个人、河北省优秀共产党员荣誉称号。获得“香河县政府嘉奖”等荣誉。2020年1月，突如其来的新冠肺炎疫情发生后，杨士春第一时间向医院递交请战书，参加县人民医院发热门诊工作。2月21日，杨士春作为香河县第一位驰援武汉抗击新冠肺炎疫情的医护人员，任廊坊市第四批援鄂医疗队队长，参加河北省第八批援鄂医疗队驰援湖北省武汉市抗击新冠肺炎疫情，为期1个月，3月20日，圆满完成任务，带领廊坊全体队员凯旋。援鄂期间他勇于担当，不怕吃苦，对待患者认真负责，积极主动，得到省援鄂医疗队领导及同仁的高度认可。

李瑞峰 男，汉族，1974年5月出生，1996年毕业于张家口医学院，副主任医师，香河县中医医院院长。2020年9月，李瑞峰被省委、省政府授予河北省抗击新冠肺炎疫情先进个人荣誉称号；曾获廊坊市抗击非典型肺炎先进个人等荣誉称号。1月，突如其来的新冠肺炎疫情发生以来，他带领全院500余名医护人员始终奋战抗击疫情第一线，身先士卒、忘我工作、勇于担当，彰显了一名共产党员的英雄本色。从疫情阻击战打响的第一天，李瑞峰作为一名经历过“非典”洗礼过的医务工作者，迅速进入紧张的工作状态，立即组织召开会议，研究分析疫情，成立新冠肺炎疫情防控应急领导小组，分工明确，责任到人，并对医院如何收治突发传染病做出安排部署。同时，按照国家卫生健康委印发新冠肺炎诊疗方案组织全员培训，不断细化优化流程，加强管理，科学研判，制定有效措施，有条不紊地推进各项防控工作。关键时刻，李瑞峰坚守岗位、靠前指挥，深入一线解决问题，用自身的表率作用，激励引导全院干部冲锋在前、迎难而上。为防止疫情输入，最大限度地保护住院患者免受感染，李瑞峰主动向县委、县政府申请组建普通发热院区，专门收治全县定点发热门诊排除疑似新冠肺炎后伴有呼吸道症状或发热的患者。在得到上级部门的批复后，李瑞峰带领相关人员组成“突击队”，经过了36个小时的连续奋战，将一座无水、无电、无暖、无设施的6层、190个房间的楼房，改造为县中医医院普通发热院区，正式投入使用并开始接收全县普通发热患者进行隔离治疗，截至9月，接诊发热患者2000余人次、咽拭子标本采集4000余人次、流行病调查108276人次。

道德模范

【县级道德模范】 2020年12月，香河县精神文明建设委员会印发《关于表彰2020年度香河县道德模范的决定》（香文明〔2020〕7号），授予李志楠等82人“香河县道德模范”荣誉称号。其中，“敬业奉献”类53人，“助人为乐”类14人，“孝老爱亲”类10人，“诚实守信”类3人，“见义勇为”类2人。

2020年香河县道德模范一览表

表16

类别	姓　名	工作单位	姓　名	工作单位	姓　名	工作单位
敬业奉献	李志楠	县委网信办	程大君	钱旺镇政府	刘　洋	县委宣传部
	苑　艺	新开街社区办公室	康　岩	县家具城服务中心	高　伟	县市场监督管理局
	解　旺	县委县直工委	刘　颖	县审计局	王宝宏	县行政审批局
	单春颖	县第二幼儿园	赵　予	县城内第一小学	赵　杰	县城内第三小学
	谭志静	县城内第五小学	孙志扬	县城内第五小学	李志旭	县第四中学
	闫宏伟	县第五中学	刘洪洋	县第六中学	赵雅哲	县第八中学
	周春元	县第九中学	王林丰	县第十中学	王占祥	县第十一中学
	王丹丹	县教师进修学校	贾玉娟	安平镇中学总校	高继明	五百户镇李庄中心小学
	薛金霞	渠口镇大鲁口中心小学	李志芸	渠口镇石虎小学	巨国庆	淑阳镇大罗屯小学
	茹红霞	安头屯镇四营中心小学	王文静	县特殊教育学校	李春花	刘宋镇张庄中心小学
	刘艳红	刘宋镇庆功台小学	成国旺	蒋辛屯镇梁家务小学	康振凤	钳屯西延寺完全小学
	肖海彬	县民政局渠口中心敬老院	李晓青	县民政局福利院	尹翠华	县民政局刘宋中心敬老院
	宋邦华	县中医医院	吕炳禄	县中医医院	刘寒影	县中医医院
	邳士平	县中医医院	杨士春	县人民医院	尹建伟	县人民医院
	谢　辉	县人民医院	杨丽丽	县人民医院	南文波	县气管炎哮喘医院
	屈平涛	县气管炎哮喘医院	李　朝	县气管炎哮喘医院	王海霞	县气管炎哮喘医院
	康立双	县气管炎哮喘医院	赵志伟	香河农商银行	崔志垒	兴业银行香河支行
	乔海洋	张家口银行香河支行	魏艳山	县职业教育中心	—	—
助人为乐	张立军	县文联	杨　柳	县第二中学	赵士杰	县第三中学
	安江军	县环卫部门	张　伟	县工商联	刘丽君	县工商联
	唐　倩	县人民医院	凌红蕾	县城内第二小学	刘芮粼	县消防救援大队
	李　娟	香河县平心公益协会	郝智永	香河县平心公益协会	莫智伟	平安华夏物业有限公司
	王兴久	平安街社区平安正阳居委会	李春海	县行政审批局	—	—
孝老爱亲	张雪芹	县农业农村局	周卫民	县应急管理局	李琬馨	县第三幼儿园
	于海泳	钱旺镇富各庄村	杨艳秋	渠口中心小学	陈国玲	县人民医院
	白　静	县气管炎哮喘医院	杨翠平	县气管炎哮喘医院	刘　鑫	县气管炎哮喘医院
	陈春蕊	县中医医院	—	—	—	—
诚实守信	员金利	县人民医院	赵培忠	县中医医院	李依赛	县城内第四小学
见义勇为	田长柏	县水务局	孙大有	平安街社区平安新城居委会	—	—

其他先进人物

2020年受市级以上（含市级）表彰的先进人物一览表

表17

姓　名	性别	民族	出生年月	工作单位	荣誉称号	授奖单位	授奖时间
王立军	男	汉	1972年5月	县司法局	全国“大排查、早调解、护稳定、迎国庆”专项活动表现突出个人	中华人民共和国司法部	2020年1月
刘　志	男	汉	1945年4月	县关心下一代工作委员会	全国关心下一代工作先进工作者	中国关心下一代工作委员会 中央精神文明建设指导委员会办公室	2020年8月
冯　健	女	汉	1990年9月	五百户镇政府	2020年河北省“最美政法委员”	中共河北省委政法委	2020年12月
李　颖	女	汉	1986年4月	县人民检察院	冀青之星	共青团河北省委	2020年11月
顾建生	男	汉	1963年7月	县公安局	暑期工作先进个人	河北省暑期工作领导小组	2020年8月
邵立志	男	汉	1983年9月	县人民法院	涉诉信访矛盾隐患集中化解中工作突出，记三等功	河北省高级人民法院	2020年5月
贾爱丽	女	汉	1983年1月	县人民检察院	全省优秀公诉人	河北省人民检察院	2020年7月
王亚飞	男	汉	1990年8月	县公安局	全省十佳派出所治安民警	河北省公安厅	2020年1月
李向国	男	汉	1967年1月	县公安局	个人一等功	河北省公安厅	2020年3月
温卫国	男	汉	1975年1月	县第一中学	河北省模范教师	河北省人力资源和社会保障厅 河北省教育厅	2020年9月
张春艳	女	汉	1980年3月	安平镇第一小学	河北省优秀教师	河北省人力资源和社会保障厅 河北省教育厅	2020年9月
谢红玉	女	汉	1977年9月	蒋辛屯镇 蒋辛屯中心小学	河北省优秀教师	河北省人力资源和社会保障厅 河北省教育厅	2020年9月
刘　颖	女	汉	1976年3月	县第二中学	河北省优秀教师	河北省人力资源和社会保障厅 河北省教育厅	2020年9月
池冬松	男	汉	1977年9月	县第六中学	河北省优秀教师	河北省人力资源和社会保障厅 河北省教育厅	2020年9月
韩海霞	女	汉	1981年7月	县职业技术教育中心	河北省优秀教师	河北省人力资源和社会保障厅 河北省教育厅	2020年9月
李玉兰	女	汉	1973年9月	县第三中学	河北省优秀教师	河北省人力资源和社会保障厅 河北省教育厅	2020年9月
崔秋玉	女	汉	1973年12月	县第六中学	河北省优秀乡村教师	河北省教育厅 河北省财政厅	2020年9月
韩立志	男	汉	1982年10月	县第五中学	河北省优秀乡村教师	河北省教育厅 河北省财政厅	2020年9月
李国彬	女	汉	1981年9月	县城内第一小学	河北省骨干教师	河北省教育厅	2020年12月
何更田	男	汉	1973年10月	县农业农村局	河北省第二届“最美农技员”	河北省农业农村厅	2020年7月

续表 17

姓 名	性别	民族	出生年月	工作单位	荣誉称号	授奖单位	授奖时间
张雪芹	女	汉	1978 年 11 月	县农业农村局	河北省畜牧业统计监测工作先进个人	河北省畜牧总站	2020 年 12 月
杨文佳	男	汉	1983 年 8 月	县应急管理局	2020 年度应急管理新闻宣传优秀通讯员	河北省应急管理宣传教育中心《河北安全生产》杂志社	2020 年 10 月
李文娟	女	汉	1975 年 1 月	安平镇政府	优秀气象信息员	河北气象局	2020 年 3 月
吴海峰	男	汉	1975 年 10 月	五百户镇政府	第二次全国污染源普查表现突出个人	河北省第二次全国污染源普查领导小组办公室	2020 年 12 月
靳瑞珍	女	汉	1980 年 8 月	安平镇政府	第二次全国污染源普查表现突出个人	河北省第二次全国污染源普查领导小组办公室	2020 年 12 月
张媛培	女	汉	1977 年 9 月	五百户镇政府	抗疫工作先进个人	河北省诗词协会	2020 年 9 月
孙宏杰	男	汉	1977 年 6 月	安头屯镇政府	廊坊市优秀共产党员	中共廊坊市委组织部	2020 年 6 月
李向国	男	汉	1967 年 1 月	县公安局	廊坊市优秀共产党员	中共廊坊市委组织部	2020 年 6 月
韩景丰	男	汉	1975 年 1 月	钳屯镇政府	廊坊市优秀党务工作者	中共廊坊市委组织部	2020 年 6 月
姜连东	男	汉	1969 年 8 月	五百户镇田各庄村	廊坊市优秀党务工作者	中共廊坊市委组织部	2020 年 6 月
梁建伟	男	汉	1978 年 1 月	安平镇政府	2019 年度“争做人民满意的公务员”十佳个人	中共廊坊市委组织部	2020 年 7 月
孙晓峰	男	汉	1971 年 2 月	县司法局	2019 年度廊坊市“最美政法干警”提名奖	中共廊坊市委政法委	2020 年 1 月
史长城	男	汉	1968 年 3 月	县融媒体中心	第七届廊坊市道德模范	廊坊市精神文明建设委员会	2020 年 7 月
李向国	男	汉	1967 年 1 月	县公安局	第七届廊坊市道德模范	廊坊市精神文明建设委员会	2020 年 7 月
姜文云	女	汉	1964 年 8 月	五百户镇田各庄村	第七届廊坊市道德模范	廊坊市精神文明建设委员会	2020 年 7 月
张劲松	男	汉	1979 年 2 月	县城市管理综合行政执法局	廊坊市 2019 年度创建全国（省级）文明城市工作先进个人	廊坊市精神文明建设委员会	2020 年 3 月
王 珊	女	汉	1985 年 2 月	县人力资源和社会保障局	廊坊市学习使用“学习强国”学习平台年度积分先进个人	中共廊坊市委宣传部	2020 年 6 月
贾东升	男	汉	1974 年 12 月	五百户镇政府	廊坊市学习使用“学习强国”学习平台总积分先进个人	中共廊坊市委宣传部	2020 年 6 月
王秋玲	女	汉	1978 年 9 月	安平镇政府	廊坊市学习使用“学习强国”学习平台年度积分先进个人	中共廊坊市委宣传部	2020 年 6 月
勾雪莲	女	汉	1974 年 1 月	县农业农村局	廊坊市学习使用“学习强国”学习平台年度积分先进个人	中共廊坊市委宣传部	2020 年 6 月
赵大鹏	男	汉	1983.10	县应急管理局	廊坊市学习使用“学习强国”学习平台年度积分先进个人	中共廊坊市委宣传部	2020 年 6 月
张淑娟	女	汉	1979.2	县应急管理局	廊坊市学习使用“学习强国”学习平台年度积分先进个人	中共廊坊市委宣传部	2020 年 6 月
曹雲根	男	汉	1990 年 7 月	县人民医院	廊坊市宣传推广使用“学习强国”学习平台“优秀学习管理员”	中共廊坊市委宣传部	2020 年 6 月
臧海军	男	汉	1980 年 4 月	县人民医院	廊坊市学习使用“学习强国”学习平台总积分先进个人	中共廊坊市委宣传部	2020 年 6 月
杨丙成	男	汉	1970 年 2 月	县气管炎哮喘医院	廊坊市学习使用“学习强国”学习平台总积分先进个人	中共廊坊市委宣传部	2020 年 6 月
孙凌云	女	汉	1973 年 6 月	县中医医院	廊坊市学习使用“学习强国”学习平台年度积分先进个人	中共廊坊市委宣传部	2020 年 5 月

续表 17

姓　名	性别	民族	出生年月	工作单位	荣誉称号	授奖单位	授奖时间
张广宇	男	汉	1983 年 7 月	安平镇政府	廊坊市宣传推广使用“学习强国”学习平台优秀学习管理员	中共廊坊市委宣传部	2020 年 6 月
成松涛	男	汉	1979 年 2 月	县融媒体中心	疫情防控和经济社会发展“双胜利”最美新闻人	中共廊坊市委宣传部、廊坊市精神文明建设委员会办公室	2020 年 5 月
赵永辉	男	汉	1981 年 11 月	县融媒体中心	疫情防控和经济社会发展“双胜利”优秀新闻人	中共廊坊市委宣传部、廊坊市精神文明建设委员会办公室	2020 年 5 月
康海楠	女	汉	1989 年 5 月	县融媒体中心	疫情防控和经济社会发展“双胜利”优秀新闻人	中共廊坊市委宣传部、廊坊市精神文明建设委员会办公室	2020 年 5 月
张文静	女	汉	1980 年 7 月	县融媒体中心	疫情防控和经济社会发展“双胜利”优秀新闻人	中共廊坊市委宣传部、廊坊市精神文明建设委员会办公室	2020 年 5 月
赵祥茹	男	汉	1989 年 9 月	县融媒体中心	疫情防控和经济社会发展“双胜利”优秀新闻人	中共廊坊市委宣传部、廊坊市精神文明建设委员会办公室	2020 年 5 月
董海宽	男	汉	1981 年 5 月	县融媒体中心	疫情防控和经济社会发展“双胜利”优秀新闻人	中共廊坊市委宣传部、廊坊市精神文明建设委员会办公室	2020 年 5 月
李洪旗	女	汉	1972 年 2 月	县融媒体中心	疫情防控和经济社会发展“双胜利”优秀新闻人	中共廊坊市委宣传部、廊坊市精神文明建设委员会办公室	2020 年 5 月
刘鼎君	男	汉	1989 年 1 月	县委网信办	疫情防控和经济社会发展“双胜利”主题宣传先进个人	中共廊坊市委宣传部、廊坊市精神文明建设委员会办公室	2020 年 8 月
张若男	女	汉	1997 年 7 月	县中医医院	优秀共青团员	共青团廊坊市委	2020 年 4 月
李　朝	男	汉	1996 年 1 月	县气管炎哮喘医院	优秀共青团员	共青团廊坊市委	2020 年 4 月
白　静	女	汉	1983 年 5 月	县气管炎哮喘医院	2020 年廊坊市最美抗疫家庭	廊坊市妇女联合会	2020 年 6 月
屈平涛	男	汉	1989 年 7 月	县气管炎哮喘医院	2020 年廊坊市最美抗疫家庭	廊坊市妇女联合会	2020 年 6 月
邢志先	男	汉	1973 年 12 月	县公安局	全市公安监管场所疫情防控成绩突出个人	廊坊市公安局	2020 年 4 月
王丰华	男	汉	1979 年 2 月	县公安局	全市公安监管场所疫情防控成绩突出个人	廊坊市公安局	2020 年 4 月
康振新	男	汉	1978 年 3 月	县公安局	全市公安监管场所疫情防控成绩突出个人	廊坊市公安局	2020 年 4 月
王金涛	男	汉	1986 年 7 月	县公安局	全市公安监管场所疫情防控成绩突出个人	廊坊市公安局	2020 年 4 月
刘静新	男	汉	1992 年 5 月	县公安局	全市公安监管场所疫情防控成绩突出个人	廊坊市公安局	2020 年 4 月
李　新	男	汉	1989 年 12 月	县公安局	全市公安监管场所疫情防控成绩突出个人	廊坊市公安局	2020 年 4 月
孔吉庆	男	汉	1976 年 12 月	县公安局	全市公安监管场所疫情防控成绩突出个人	廊坊市公安局	2020 年 4 月
李振亚	男	汉	1986 年 8 月	县公安局	全市公安监管场所疫情防控成绩突出个人	廊坊市公安局	2020 年 4 月
赵　营	男	汉	1975 年 4 月	县公安局	个人三等功	廊坊市公安局	2020 年 6 月
李永会	男	汉	1972 年 1 月	县公安局	个人三等功	廊坊市公安局	2020 年 9 月
卢宝丰	男	汉	1972 年 7 月	县公安局	个人三等功	廊坊市公安局	2020 年 9 月
单玉昆	男	汉	1979 年 1 月	县公安局	2020 年度暑期工作先进个人	廊坊市公安局	2020 年 8 月
王琦翔	男	汉	1988 年 1 月	县公安局	2020 年度暑期工作先进个人	廊坊市公安局	2020 年 8 月
刘建龙	男	汉	1981 年 4 月	县公安局	2020 年度暑期工作先进个人	廊坊市公安局	2020 年 8 月
刘　欢	男	汉	1986 年 10 月	县公安局	2020 年度暑期工作先进个人	廊坊市公安局	2020 年 8 月

续表 17

姓 名	性别	民族	出生年月	工作单位	荣誉称号	授奖单位	授奖时间
刘品铮	男	汉	1976 年 4 月	县公安局	2020 年度暑期工作先进个人	廊坊市公安局	2020 年 8 月
魏立刚	男	汉	1974 年 9 月	县公安局	2020 年度暑期工作先进个人	廊坊市公安局	2020 年 8 月
孙志伟	男	汉	1980 年 9 月	县公安局	2020 年度暑期工作先进个人	廊坊市公安局	2020 年 8 月
张亚飞	男	汉	1976 年 4 月	县公安局	2020 年度暑期工作先进个人	廊坊市公安局	2020 年 8 月
宁学军	男	汉	1965 年 7 月	县公安局	2020 年度暑期工作先进个人	廊坊市公安局	2020 年 8 月
赵永生	男	汉	1984 年 6 月	县公安局	2020 年度暑期工作先进个人	廊坊市公安局	2020 年 8 月
贾爱丽	女	汉	1983 年 1 月	县人民检察院	个人三等功	廊坊市市人民检察院	2020 年 8 月
张明妍	女	汉	1975 年 1 月	县人民检察院	个人三等功	廊坊市市人民检察院	2020 年 9 月
贾爱丽	女	汉	1983 年 1 月	县人民检察院	刑事检察业务标兵个人三等奖	廊坊市市人民检察院	2020 年 6 月
彭开全	男	汉	1975 年 8 月	县人民法院	个人三等功	廊坊市中级人民法院	2020 年 11 月
吴金和	女	汉	1978 年 3 月	县人民法院	个人三等功	廊坊市中级人民法院	2020 年 11 月
邳万树	女	汉	1980 年 2 月	县人民法院	个人三等功	廊坊市中级人民法院	2020 年 11 月
谭振华	男	汉	1969 年 5 月	县人民法院	个人三等功	廊坊市中级人民法院	2020 年 11 月
王亚萍	女	汉	1978 年 1 月	县人民法院	纪检监察工作先进个人	廊坊市中级人民法院	2020 年 3 月
张晓莉	女	汉	1974 年 10 月	县人民法院	“扫黑除恶”专项工作三等功	廊坊市中级人民法院	2020 年 11 月
张志强	男	汉	1969 年 9 月	县第六中学	廊坊市优秀乡村教育工作者	廊坊市教育局 廊坊市财政局	2020 年 9 月
张丽霞	女	汉	1976 年 1 月	县第七中学	廊坊市优秀乡村教师	廊坊市教育局 廊坊市财政局	2020 年 9 月
贾春秀	女	汉	1981 年 4 月	钳屯镇钳屯中心小学	廊坊市优秀乡村教师	廊坊市教育局 廊坊市财政局	2020 年 9 月
罗志茹	女	汉	1973 年 2 月	刘宋镇张庄中心小学	廊坊市优秀乡村教师	廊坊市教育局 廊坊市财政局	2020 年 9 月
郝春波	女	汉	1972 年 11 月	县第十一中学	廊坊市优秀乡村教师	廊坊市教育局 廊坊市财政局	2020 年 9 月
闫雪珍	女	汉	1980 年 1 月	蒋辛屯镇打鶆户 中心小学	廊坊市优秀乡村教师	廊坊市教育局 廊坊市财政局	2020 年 9 月
田 杰	女	汉	1971 年 6 月	县第十二中学	廊坊市优秀乡村教师	廊坊市教育局 廊坊市财政局	2020 年 9 月
王艳霞	女	汉	1979 年 10 月	安平镇第一小学	廊坊市优秀乡村教师	廊坊市教育局 廊坊市财政局	2020 年 9 月
刘永梅	女	汉	1981 年 7 月	县第四中学	廊坊市优秀乡村教师	廊坊市教育局 廊坊市财政局	2020 年 9 月
侯连禹	女	汉	1968 年 2 月	五百户镇前楼小学	廊坊市优秀乡村教师	廊坊市教育局 廊坊市财政局	2020 年 9 月
王艳霞	女	汉	1971 年 1 月	渠口镇渠口中心小学	廊坊市优秀乡村教师	廊坊市教育局 廊坊市财政局	2020 年 9 月
李春龙	男	汉	1976 年 8 月	县第十中学	廊坊市优秀乡村教师	廊坊市教育局 廊坊市财政局	2020 年 9 月
高 倩	女	汉	1969 年 12 月	安头屯镇 安头屯中心小学	廊坊市优秀乡村教师	廊坊市教育局 廊坊市财政局	2020 年 9 月

续表 17

姓　名	性别	民族	出生年月	工作单位	荣誉称号	授奖单位	授奖时间
王淑琴	女	汉	1973 年 9 月	县第八中学	廊坊市优秀乡村教师	廊坊市教育局 廊坊市财政局	2020 年 9 月
卢艳杰	女	汉	1979 年 4 月	钱旺镇田贾庄小学	廊坊市优秀乡村教师	廊坊市教育局 廊坊市财政局	2020 年 9 月
陈　倩	女	汉	1980 年 1 月	安平镇王指挥庄小学	廊坊市学科名师	廊坊市教育局	2020 年 11 月
于秋红	女	汉	1979 年 6 月	县城内第二小学	廊坊市学科名师	廊坊市教育局	2020 年 11 月
杜学文	女	汉	1981 年 3 月	县第二中学	廊坊市学科名师	廊坊市教育局	2020 年 11 月
陈桂娟	女	汉	1980 年 1 月	县第二中学	廊坊市学科名师	廊坊市教育局	2020 年 11 月
崔文伟	男	汉	1976 年 6 月	县第一中学	廊坊市师德标兵	廊坊市教育局	2020 年 9 月
陈云清	男	汉	1980 年 9 月	县第一中学	廊坊市师德标兵	廊坊市教育局	2020 年 9 月
宋　健	女	汉	1978 年 6 月	县第一中学	廊坊市师德标兵	廊坊市教育局	2020 年 9 月
焦彦青	女	汉	1981 年 2 月	县第八中学	廊坊市师德标兵	廊坊市教育局	2020 年 9 月
周春元	男	汉	1977 年 12 月	县第九中学	廊坊市师德标兵	廊坊市教育局	2020 年 9 月
邢雪芹	女	汉	1979 年 11 月	县第十一中学	廊坊市师德标兵	廊坊市教育局	2020 年 9 月
王海荣	女	汉	1976 年 2 月	县城内第一小学	廊坊市师德标兵	廊坊市教育局	2020 年 9 月
陈长虹	女	汉	1973 年 10 月	县城内第二小学	廊坊市师德标兵	廊坊市教育局	2020 年 9 月
何亚楠	女	汉	1991 年 11 月	刘宋镇幞头屯小学	廊坊市师德标兵	廊坊市教育局	2020 年 9 月
王桂明	男	汉	1978 年 1 月	五百户镇政府	2020 年度廊坊市投资领域 统计工作先进个人	廊坊市统计局	2020 年 12 月
杨士春	男	汉	1982 年 11 月	县人民医院	最美抗疫卫生健康先进个人	廊坊市卫生健康委员会	2020 年 4 月
王丽英	女	汉	1973 年 10 月	县卫生健康局	最美抗疫卫生健康先进个人	廊坊市卫生健康委员会	2020 年 4 月
王东坤	女	汉	1986 年 10 月	县中医医院	最美抗疫卫生健康先进个人	廊坊市卫生健康委员会	2020 年 4 月
梁妍婷	女	汉	1980 年 7 月	县人民医院	2020 廊坊市结核病防治 质量控制技术考核一等奖	廊坊市卫生健康委员会	2020 年 11 月
梁妍婷	女	汉	1980 年 7 月	县人民医院	2020 廊坊市结核病防治 统计监测技术考核二等奖	廊坊市卫生健康委员会	2020 年 11 月
刘宏敏	女	汉	1975 年 6 月	县人民医院	2020 年廊坊市结核病 实验室技术考核三等奖	廊坊市卫生健康委员会	2020 年 11 月
尹建伟	男	汉	1971 年 8 月	县人民医院	廊坊市“最受关注科技工作者”	廊坊市科学技术协会	2020 年 5 月
白雪娇	女	满	1977 年 3 月	县园林绿化管理中心	2020 年度城市绿化先进个人	廊坊市绿化委员会办公室	2020 年 12 月
孙志国	男	汉	1974 年 11 月	县公安局	先进个人	廊坊市流动人口房屋租赁 综合管理办公室	2020 年 3 月
李　丹	女	汉	1985 年 6 月	安平镇政府	廊坊市第二次全国污染源普查 表现突出个人	廊坊市第二次全国污染源普 查领导小组办公室	2020 年 12 月

晋升高级职称人员

2020年香河县专业技术人员晋升高级职称一览表

表18

姓 名	性别	出生年月	取得资格时　间	系　列	专　业	资格名称	任职资格文　号	单　位	级　别
朱凤艳	女	1974年9月	2020.12.18	中小学教师	语文	正高级教　师	廊职改办字〔2020〕12号	县城内第一小学	正高级
王春洋	男	1978年9月	2020.11.28	中小学教师	体育	高级教师	廊职改办字〔2020〕12号	县第四中学	高级
冯　璟	女	1980年6月	2020.11.28	中小学教师	语文	高级教师	廊职改办字〔2020〕12号	县第五中学	高级
马丽芹	女	1982年4月	2020.11.28	中小学教师	英语	高级教师	廊职改办字〔2020〕12号	县第五中学	高级
郭　宇	男	1977年7月	2020.11.28	中小学教师	生物	高级教师	廊职改办字〔2020〕12号	县第五中学	高级
韩玉明	男	1974年8月	2020.11.28	中小学教师	语文	高级教师	廊职改办字〔2020〕12号	县第八中学	高级
杨海山	男	1977年11月	2020.11.28	中小学教师	语文	高级教师	廊职改办字〔2020〕12号	县第八中学	高级
王淑琴	女	1973年9月	2020.11.28	中小学教师	体育	高级教师	廊职改办字〔2020〕12号	县第八中学	高级
勾秀艳	女	1980年2月	2020.11.28	中小学教师	体育	高级教师	廊职改办字〔2020〕12号	县第八中学	高级
李秀英	女	1977年8月	2020.11.28	中小学教师	信息技术	高级教师	廊职改办字〔2020〕12号	县第十中学	高级
张　静	女	1978年8月	2020.11.28	中小学教师	政治	高级教师	廊职改办字〔2020〕12号	县第十一中学	高级
邢雪芹	女	1979年11月	2020.11.28	中小学教师	历史	高级教师	廊职改办字〔2020〕12号	县第十一中学	高级
宋建生	男	1970年9月	2020.11.28	中小学教师	政治	高级教师	廊职改办字〔2020〕12号	县第十一中学	高级
丁长江	男	1967年5月	2020.11.28	中小学教师	语文	高级教师	廊职改办字〔2020〕12号	淑阳镇幼儿园	高级
王艳霞	女	1979年10月	2020.11.28	中小学教师	音乐	高级教师	廊职改办字〔2020〕12号	安平镇第一小学	高级
米振杰	女	1979年7月	2020.11.28	中小学教师	数学	高级教师	廊职改办字〔2020〕12号	安平镇周庄中心小学	高级
常秋玲	女	1974年8月	2020.11.28	中小学教师	语文	高级教师	廊职改办字〔2020〕12号	五百户镇第二小学	高级
张　艳	女	1972年8月	2020.11.28	中小学教师	语文	高级教师	廊职改办字〔2020〕12号	钳屯镇西延寺小学	高级
卢艳杰	女	1979年4月	2020.11.28	中小学教师	数学	高级教师	廊职改办字〔2020〕12号	钱旺镇田贾庄小学	高级
马秀新	女	1967年10月	2020.11.28	中小学教师	语文	高级教师	廊职改办字〔2020〕12号	渠口镇成人学校	高级
张士珍	女	1969年8月	2020.11.28	中小学教师	英语	高级教师	廊职改办字〔2020〕12号	钱旺镇大河各庄小学	高级
张淑文	女	1969年9月	2020.11.28	中小学教师	幼儿教育	高级教师	廊职改办字〔2020〕12号	刘宋镇北务屯小学	高级

续表 18

姓 名	性别	出生年月	取得资格时 间	系 列	专 业	资格名称	任职资格文 号	单 位	级 别
邢海红	女	1970 年 8 月	2020.11.28	中小学教师	数学	高级教师	廊职改办字〔2020〕12 号	县城内第一小学	高级
张春艳	女	1980 年 3 月	2020.11.28	中小学教师	数学	高级教师	廊职改办字〔2020〕12 号	安平镇第一小学	高级
谢红玉	女	1977 年 9 月	2020.11.28	中小学教师	语文	高级教师	廊职改办字〔2020〕12 号	蒋辛屯镇蒋辛屯中心小学	高级
卢胜民	男	1969 年 1 月	2020.12.18	中小学教师	政治	高级教师	廊职改办字〔2020〕12 号	县第五中学	高级
龙宝军	男	1972 年 1 月	2020.12.18	中小学教师	体育	高级教师	廊职改办字〔2020〕12 号	县第五中学	高级
周秀文	女	1972 年 1 月	2020.12.18	中小学教师	体育	高级教师	廊职改办字〔2020〕12 号	县第五中学	高级
马芙蓉	女	1972 年 2 月	2020.12.18	中小学教师	英语	高级教师	廊职改办字〔2020〕12 号	县第六中学	高级
王中良	男	1970 年 6 月	2020.12.18	中小学教师	历史	高级教师	廊职改办字〔2020〕12 号	县第六中学	高级
王祎媛	女	1972 年 9 月	2020.12.18	中小学教师	化学	高级教师	廊职改办字〔2020〕12 号	县第七中学	高级
李春艳	女	1975 年 3 月	2020.12.18	中小学教师	英语	高级教师	廊职改办字〔2020〕12 号	县第七中学	高级
李绍恒	男	1970 年 10 月	2020.12.18	中小学教师	美术	高级教师	廊职改办字〔2020〕12 号	县第八中学	高级
陈建军	男	1975 年 5 月	2020.12.18	中小学教师	历史	高级教师	廊职改办字〔2020〕12 号	县第八中学	高级
秦桂玲	女	1966 年 6 月	2020.12.18	中小学教师	地理	高级教师	廊职改办字〔2020〕12 号	县第十一中学	高级
张文杰	女	1968 年 7 月	2020.12.18	中小学教师	英语	高级教师	廊职改办字〔2020〕12 号	安平镇第一小学	高级
简明山	男	1967 年 4 月	2020.12.18	中小学教师	音乐	高级教师	廊职改办字〔2020〕12 号	安平镇第三小学	高级
秦福香	女	1968 年 7 月	2020.12.18	中小学教师	幼儿教育	高级教师	廊职改办字〔2020〕12 号	安平镇第三小学	高级
曹雪梅	女	1969 年 12 月	2020.12.18	中小学教师	幼儿教育	高级教师	廊职改办字〔2020〕12 号	安平镇第三小学	高级
成凤利	女	1973 年 6 月	2020.12.18	中小学教师	语文	高级教师	廊职改办字〔2020〕12 号	安平镇第三小学	高级
成新平	女	1971 年 12 月	2020.12.18	中小学教师	幼儿教育	高级教师	廊职改办字〔2020〕12 号	安平镇周庄中心小学	高级
罗连艳	女	1969 年 9 月	2020.12.18	中小学教师	幼儿教育	高级教师	廊职改办字〔2020〕12 号	安平镇王指挥庄中心小学	高级
董淑霞	女	1968 年 5 月	2020.12.18	中小学教师	数学	高级教师	廊职改办字〔2020〕12 号	安平镇王指挥庄中心小学	高级
尹辉球	男	1968 年 7 月	2020.12.18	中小学教师	语文	高级教师	廊职改办字〔2020〕12 号	安平镇王家摆小学	高级
赵长红	女	1975 年 2 月	2020.12.18	中小学教师	语文	高级教师	廊职改办字〔2020〕12 号	安平镇鲁家务小学	高级
陈玉会	女	1967 年 1 月	2020.12.18	中小学教师	幼儿教育	高级教师	廊职改办字〔2020〕12 号	蒋辛屯镇大窑上中心小学	高级
成振东	男	1968 年 6 月	2020.12.18	中小学教师	数学	高级教师	廊职改办字〔2020〕12 号	蒋辛屯镇梁家务小学	高级

续表 18

姓 名	性别	出生年月	取得资格时 间	系 列	专 业	资格名称	任职资格文 号	单 位	级 别
董铁英	女	1968 年 9 月	2020.12.18	中小学教师	数学	高级教师	廊职改办字〔2020〕12 号	蒋辛屯镇蒋辛屯中心小学	高级
冯晓云	女	1971 年 9 月	2020.12.18	中小学教师	幼儿教育	高级教师	廊职改办字〔2020〕12 号	蒋辛屯镇大窑上中心小学	高级
李春伶	女	1971 年 8 月	2020.12.18	中小学教师	数学	高级教师	廊职改办字〔2020〕12 号	蒋辛屯镇蒋辛屯中心小学	高级
李春萍	女	1973 年 12 月	2020.12.18	中小学教师	数学	高级教师	廊职改办字〔2020〕12 号	蒋辛屯镇北吴村小学	高级
李 会	女	1971 年 10 月	2020.12.18	中小学教师	幼儿教育	高级教师	廊职改办字〔2020〕12 号	蒋辛屯镇后建各庄小学	高级
马秀红	女	1972 年 4 月	2020.12.18	中小学教师	数学	高级教师	廊职改办字〔2020〕12 号	蒋辛屯镇后建各庄小学	高级
汪晓燕	女	1975 年 1 月	2020.12.18	中小学教师	数学	高级教师	廊职改办字〔2020〕12 号	蒋辛屯镇大窑上中心小学	高级
张长海	男	1969 年 4 月	2020.12.18	中小学教师	科学	高级教师	廊职改办字〔2020〕12 号	蒋辛屯镇打鹳户中心小学	高级
王学玲	女	1968 年 1 月	2020.12.18	中小学教师	幼儿教育	高级教师	廊职改办字〔2020〕12 号	蒋辛屯镇后建各庄小学	高级
吴俊杰	男	1972 年 7 月	2020.12.18	中小学教师	语文	高级教师	廊职改办字〔2020〕12 号	五百户镇香椿营回民小学	高级
卢俊伶	女	1969 年 9 月	2020.12.18	中小学教师	语文	高级教师	廊职改办字〔2020〕12 号	五百户镇香城中心小学	高级
赵俊玲	女	1969 年 8 月	2020.12.18	中小学教师	语文	高级教师	廊职改办字〔2020〕12 号	五百户镇香城中心小学	高级
陈 博	男	1973 年 10 月	2020.12.18	中小学教师	道德与法治	高级教师	廊职改办字〔2020〕12 号	五百户镇香城中心小学	高级
袁 桐	男	1966 年 3 月	2020.12.18	中小学教师	体育	高级教师	廊职改办字〔2020〕12 号	五百户镇仉村小学	高级
徐海红	女	1976 年 3 月	2020.12.18	中小学教师	语文	高级教师	廊职改办字〔2020〕12 号	五百户镇第二小学	高级
孙秀军	女	1973 年 8 月	2020.12.18	中小学教师	语文	高级教师	廊职改办字〔2020〕12 号	五百户镇五百户中心小学	高级
吴文涤	男	1966 年 6 月	2020.12.18	中小学教师	数学	高级教师	廊职改办字〔2020〕12 号	五百户镇李庄中心小学	高级
路术艳	女	1973 年 5 月	2020.12.18	中小学教师	英语	高级教师	廊职改办字〔2020〕12 号	五百户镇李庄中心小学	高级
杨东红	女	1968 年 9 月	2020.12.18	中小学教师	语文	高级教师	廊职改办字〔2020〕12 号	钳屯镇红草湾小学	高级
李金香	女	1966 年 8 月	2020.12.18	中小学教师	幼儿教育	高级教师	廊职改办字〔2020〕12 号	钳屯镇红草湾小学	高级
罗艳华	女	1968 年 11 月	2020.12.18	中小学教师	数学	高级教师	廊职改办字〔2020〕12 号	钳屯镇红草湾小学	高级
冯桂芝	女	1968 年 2 月	2020.12.18	中小学教师	数学	高级教师	廊职改办字〔2020〕12 号	香河县天都希望小学	高级
贾秀松	男	1963 年 9 月	2020.12.18	中小学教师	道德与法治	高级教师	廊职改办字〔2020〕12 号	钳屯镇钳屯中心小学	高级
凌永柱	男	1971 年 11 月	2020.12.18	中小学教师	小学体育	高级教师	廊职改办字〔2020〕12 号	钳屯镇西延寺小学	高级
陈华良	男	1972 年 4 月	2020.12.18	中小学教师	道德与法治	高级教师	廊职改办字〔2020〕12 号	钳屯镇西延寺小学	高级

续表 18

姓 名	性别	出生年月	取得资格时　间	系　列	专　业	资格名称	任职资格文　号	单　位	级　别
张福华	女	1968 年 9 月	2020.12.18	中小学教师	幼儿教育	高级教师	廊职改办字〔2020〕12 号	钳屯镇池屯小学	高级
赵雪莲	女	1975 年 8 月	2020.12.18	中小学教师	幼儿教育	高级教师	廊职改办字〔2020〕12 号	钳屯镇池屯小学	高级
高　倩	女	1969 年 12 月	2020.12.18	中小学教师	体育	高级教师	廊职改办字〔2020〕12 号	安头屯镇安头屯中心小学	高级
刘淑华	女	1968 年 10 月	2020.12.18	中小学教师	体育	高级教师	廊职改办字〔2020〕12 号	安头屯镇安头屯中心小学	高级
王金伶	女	1974 年 12 月	2020.12.18	中小学教师	综合实践	高级教师	廊职改办字〔2020〕12 号	安头屯镇铁佛堂小学	高级
倪艳会	女	1971 年 10 月	2020.12.18	中小学教师	数学	高级教师	廊职改办字〔2020〕12 号	安头屯镇四营中心小学	高级
郭振莹	女	1967 年 8 月	2020.12.18	中小学教师	语文	高级教师	廊职改办字〔2020〕12 号	安头屯镇第二中心小学	高级
凌少彤	女	1976 年 9 月	2020.12.18	中小学教师	语文	高级教师	廊职改办字〔2020〕12 号	安头屯镇第二中心小学	高级
程锦峰	女	1966 年 3 月	2020.12.18	中小学教师	小学数学	高级教师	廊职改办字〔2020〕12 号	钱旺镇田贾庄小学	高级
郭建梅	女	1974 年 10 月	2020.12.18	中小学教师	幼儿教育	高级教师	廊职改办字〔2020〕12 号	钱旺镇田贾庄小学	高级
邱玉香	女	1968 年 11 月	2020.12.18	中小学教师	道德与法治	高级教师	廊职改办字〔2020〕12 号	钱旺镇田贾庄小学	高级
靳洪凤	女	1969 年 6 月	2020.12.18	中小学教师	数学	高级教师	廊职改办字〔2020〕12 号	钱旺镇西马家窝小学	高级
王海燕	女	1974 年 3 月	2020.12.18	中小学教师	综合实践	高级教师	廊职改办字〔2020〕12 号	钱旺镇西马家窝小学	高级
康建新	男	1971 年 6 月	2020.12.18	中小学教师	数学	高级教师	廊职改办字〔2020〕12 号	钱旺镇大河各庄小学	高级
张金秀	女	1969 年 12	2020.12.18	中小学教师	幼儿教育	高级教师	廊职改办字〔2020〕12 号	钱旺镇大河各庄小学	高级
王凤霞	女	1970 年 1 月	2020.12.18	中小学教师	数学	高级教师	廊职改办字〔2020〕12 号	钱旺镇大河各庄小学	高级
李建军	女	1969 年 3 月	2020.12.18	中小学教师	英语	高级教师	廊职改办字〔2020〕12 号	钱旺镇大河各庄小学	高级
杨秀红	女	1967 年 4 月	2020.12.18	中小学教师	幼儿教育	高级教师	廊职改办字〔2020〕12 号	钱旺镇大河各庄小学	高级
杨宝军	男	1970 年 12 月	2020.12.18	中小学教师	数学	高级教师	廊职改办字〔2020〕12 号	钱旺镇幼儿园	高级
赵春国	男	1968 年 7 月	2020.12.18	中小学教师	语文	高级教师	廊职改办字〔2020〕12 号	刘宋镇中营小学	高级
马桂芝	女	1968 年 11 月	2020.12.18	中小学教师	数学	高级教师	廊职改办字〔2020〕12 号	刘宋镇中营小学	高级
张淑清	女	1969 年 1 月	2020.12.18	中小学教师	数学	高级教师	廊职改办字〔2020〕12 号	刘宋镇张庄中心小学	高级
李术香	女	1973 年 8 月	2020.12.18	中小学教师	语文	高级教师	廊职改办字〔2020〕12 号	刘宋镇刘宋中心小学	高级
李英敏	女	1970 年 9 月	2020.12.18	中小学教师	英语	高级教师	廊职改办字〔2020〕12 号	刘宋镇刘宋中心小学	高级
李连政	男	1968 年 9 月	2020.12.18	中小学教师	数学	高级教师	廊职改办字〔2020〕12 号	刘宋镇刘宋中心小学	高级

续表 18

姓 名	性别	出生年月	取得资格时　间	系　列	专　业	资格名称	任职资格文　号	单　位	级　别
王海忠	男	1973 年 11 月	2020.12.18	中小学教师	体育	高级教师	廊职改办字〔2020〕12 号	刘宋镇北务屯小学	高级
刘艳红	女	1975 年 4 月	2020.12.18	中小学教师	幼儿教育	高级教师	廊职改办字〔2020〕12 号	刘宋镇庆功台小学	高级
张明云	女	1966 年 8 月	2020.12.18	中小学教师	数学	高级教师	廊职改办字〔2020〕12 号	刘宋镇庆功台小学	高级
苏秀珍	女	1966 年 8 月	2020.12.18	中小学教师	幼儿教育	高级教师	廊职改办字〔2020〕12 号	刘宋镇庆功台小学	高级
曹洪莲	女	1972 年 8 月	2020.12.18	中小学教师	幼儿教育	高级教师	廊职改办字〔2020〕12 号	刘宋镇庆功台小学	高级
阚春香	女	1972 年 1 月	2020.12.18	中小学教师	语文	高级教师	廊职改办字〔2020〕12 号	刘宋镇大田小学	高级
张金伶	女	1968 年 5 月	2020.12.18	中小学教师	幼儿教育	高级教师	廊职改办字〔2020〕12 号	刘宋镇大田小学	高级
吕香君	女	1966 年 7 月	2020.12.18	中小学教师	语文	高级教师	廊职改办字〔2020〕12 号	刘宋镇大田小学	高级
吴晓晴	女	1967 年 5 月	2020.12.18	中小学教师	语文	高级教师	廊职改办字〔2020〕12 号	刘宋镇大田小学	高级
杨桂伶	女	1967 年 4 月	2020.12.18	中小学教师	幼儿教育	高级教师	廊职改办字〔2020〕12 号	渠口镇东梨园中心小学	高级
赵军伟	男	1975 年 4 月	2020.12.18	中小学教师	数学	高级教师	廊职改办字〔2020〕12 号	渠口镇东梨园中心小学	高级
赵红仿	女	1976 年 1 月	2020.12.18	中小学教师	语文	高级教师	廊职改办字〔2020〕12 号	渠口镇大鲁家口中心小学	高级
王瑞红	女	1970 年 3 月	2020.12.18	中小学教师	数学	高级教师	廊职改办字〔2020〕12 号	渠口镇大鲁家口中心小学	高级
王桂然	女	1971 年 9 月	2020.12.18	中小学教师	语文	高级教师	廊职改办字〔2020〕12 号	渠口镇大鲁家口中心小学	高级
宋小艳	女	1968 年 9 月	2020.12.18	中小学教师	幼儿教育	高级教师	廊职改办字〔2020〕12 号	渠口镇大鲁家口中心小学	高级
张翠玉	女	1966 年 6 月	2020.12.18	中小学教师	语文	高级教师	廊职改办字〔2020〕12 号	渠口镇大鲁家口中心小学	高级
谢春雨	男	1967 年 10 月	2020.12.18	中小学教师	道德与法治	高级教师	廊职改办字〔2020〕12 号	渠口镇店子务中心小学	高级
王铁权	女	1966 年 11 月	2020.12.18	中小学教师	幼儿教育	高级教师	廊职改办字〔2020〕12 号	渠口镇店子务中心小学	高级
周连霞	女	1973 年 10 月	2020.12.18	中小学教师	语文	高级教师	廊职改办字〔2020〕12 号	渠口镇店子务中心小学	高级
王连义	男	1973 年 10 月	2020.12.18	中小学教师	数学	高级教师	廊职改办字〔2020〕12 号	渠口镇小河各庄小学	高级
王翠华	女	1980 年 10 月	2020.12.18	中小学教师	数学	高级教师	廊职改办字〔2020〕12 号	渠口镇石虎辛庄中心小学	高级
王翠苹	女	1968 年 4 月	2020.12.18	中小学教师	幼儿教育	高级教师	廊职改办字〔2020〕12 号	渠口镇石虎辛庄中心小学	高级
邵凤霞	女	1971 年 5 月	2020.12.18	中小学教师	幼儿教育	高级教师	廊职改办字〔2020〕12 号	渠口镇石虎辛庄中心小学	高级
李广济	男	1961 年 9 月	2020.12.18	中小学教师	英语	高级教师	廊职改办字〔2020〕12 号	渠口镇石虎辛庄中心小学	高级
李海霞	女	1965 年 5 月	2020.12.18	中小学教师	幼儿教育	高级教师	廊职改办字〔2020〕12 号	渠口镇渠口中心小学	高级

续表 18

姓 名	性别	出生年月	取得资格时　间	系　列	专　业	资格名称	任职资格文　号	单　位	级　别
崔向莲	女	1976 年 11 月	2020.12.18	中小学教师	语文	高级教师	廊职改办字〔2020〕12 号	渠口镇店子务中心小学	高级
刘广华	女	1972 年 6 月	2020.12.18	中小学教师	语文	高级教师	廊职改办字〔2020〕12 号	渠口镇店子务中心小学	高级
周建会	男	1965 年 10 月	2020.12.18	中小学教师	数学	高级教师	廊职改办字〔2020〕12 号	渠口镇店子务中心小学	高级
王瑞友	男	1966 年 4 月	2020.12.18	中小学教师	数学	高级教师	廊职改办字〔2020〕12 号	渠口镇牛济河中心小学	高级
杨红艳	女	1971 年 10 月	2020.12.18	中小学教师	幼儿教育	高级教师	廊职改办字〔2020〕12 号	渠口镇蔡庄小学	高级
王维明	男	1974 年 1 月	2020.12.18	卫生技术人员	麻醉学	主任医师	廊职改办字〔2020〕12 号	县人民医院	正高级
李文成	男	1967 年 10 月	2020.12.18	卫生技术人员	医院药学	主任药师	廊职改办字〔2020〕12 号	县人民医院	正高级
张万海	男	1966 年 7 月	2020.12.18	卫生技术人员	推拿科	主任中医师	廊职改办字〔2020〕12 号	县人民医院	正高级
张雪芹	女	1977 年 12 月	2020.12.18	卫生技术人员	内科护理	副主任护师	廊职改办字〔2020〕12 号	县人民医院	高级
勾国新	女	1977 年 12 月	2020.12.18	卫生技术人员	护理学	副主任护师	廊职改办字〔2020〕12 号	县人民医院	高级
温淑君	女	1975 年 9 月	2020.12.18	卫生技术人员	皮肤与性病学	副主任医师	廊职改办字〔2020〕12 号	县人民医院	高级
孙立苹	女	1981 年 2 月	2020.12.18	卫生技术人员	医院药学	副主任药师	廊职改办字〔2020〕12 号	县人民医院	高级
安海红	女	1980 年 2 月	2020.12.18	卫生技术人员	内科护理	副主任护师	廊职改办字〔2020〕12 号	县人民医院	高级
路春红	女	1978 年 4 月	2020.12.18	卫生技术人员	心血管内科	副主任医师	廊职改办字〔2020〕12 号	县人民医院	高级
董建卓	女	1981 年 9 月	2020.12.18	卫生技术人员	外科护理	副主任护师	廊职改办字〔2020〕12 号	县人民医院	高级
赵　民	男	1978 年 9 月	2020.12.18	卫生技术人员	放射医学技术	副主任技师	廊职改办字〔2020〕12 号	县人民医院	高级
程艳平	女	1980 年 3 月	2020.12.18	卫生技术人员	内科护理	副主任护师	廊职改办字〔2020〕12 号	县人民医院	高级
臧海军	男	1980 年 4 月	2020.12.18	卫生技术人员	超声医学	副主任医师	廊职改办字〔2020〕12 号	县人民医院	高级
黄春红	女	1970 年 12 月	2020.12.18	卫生技术人员	心血管内科	副主任医师	廊职改办字〔2020〕12 号	县人民医院	高级
孙金宇	男	1977 年 11 月	2020.12.18	卫生技术人员	麻醉学	副主任医师	廊职改办字〔2020〕12 号	县人民医院	高级
胡庆华	女	1974 年 12 月	2020.12.18	卫生技术人员	神经内科	副主任医师	廊职改办字〔2020〕12 号	县人民医院	高级
张占鹰	女	1985 年 12 月	2020.12.18	卫生技术人员	医院药学	副主任药师	廊职改办字〔2020〕12 号	县人民医院	高级
黎　龙	男	1984 年 12 月	2020.12.18	卫生技术人员	放射医学	副主任医师	廊职改办字〔2020〕12 号	县人民医院	高级
方德贵	男	1985 年 1 月	2020.12.18	卫生技术人员	心血管内科	副主任医师	廊职改办字〔2020〕12 号	县人民医院	高级
毛振华	男	1982 年 9 月	2020.12.18	卫生技术人员	肿瘤内科	副主任医师	廊职改办字〔2020〕12 号	县人民医院	高级

续表 18

姓 名	性别	出生年月	取得资格时 间	系 列	专 业	资格名称	任职资格文 号	单 位	级 别
靳洪超	女	1978 年 2 月	2020.12.18	卫生技术人员	耳鼻喉（头颈外科）	副主任医师	廊职改办字〔2020〕12 号	县人民医院	高级
刘永刚	男	1984 年 5 月	2020.12.18	卫生技术人员	普通外科	副主任医师	廊职改办字〔2020〕12 号	县人民医院	高级
葛秋明	男	1979 年 9 月	2020.12.18	卫生技术人员	骨外科学	副主任医师	廊职改办字〔2020〕12 号	县人民医院	高级
陈建元	男	1980 年 10 月	2020.12.18	卫生技术人员	神经内科	副主任医师	廊职改办字〔2020〕12 号	县人民医院	高级
孙小芳	女	1978 年 6 月	2020.12.18	卫生技术人员	心血管内科	副主任医师	廊职改办字〔2020〕12 号	县人民医院	高级
马 帅	男	1985 年 1 月	2020.12.18	卫生技术人员	超声医学	副主任医师	廊职改办字〔2020〕12 号	县人民医院	高级
谷 帅	女	1985 年 7 月	2020.12.18	卫生技术人员	妇产科	副主任医师	廊职改办字〔2020〕12 号	县人民医院	高级
李鸿海	男	1979 年 5 月	2020.12.18	卫生技术人员	心血管内科	副主任医师	廊职改办字〔2020〕12 号	县人民医院	高级
张 彪	男	1981 年 2 月	2020.12.18	卫生技术人员	中西医结合外科	副主任医师	廊职改办字〔2020〕12 号	县人民医院	高级
崔 兰	女	1984 年 4 月	2020.12.18	卫生技术人员	临床药学	副主任药师	廊职改办字〔2020〕12 号	县人民医院	高级
印秀玲	女	1978 年 3 月	2020.12.18	卫生技术人员	内科护理	副主任护师	廊职改办字〔2020〕12 号	县人民医院	高级
张雁江	女	1973 年 8 月	2020.12.18	卫生技术人员	中医妇科	副主任中医师	廊职改办字〔2020〕12 号	县中医医院	高级
甄世杰	女	1969 年 6 月	2020.12.18	卫生技术人员	中医眼科	副主任中医师	廊职改办字〔2020〕12 号	县中医医院	高级
吴春山	男	1981 年 3 月	2020.12.18	卫生技术人员	中医内科	副主任中医师	廊职改办字〔2020〕12 号	县中医医院	高级
韩 亮	男	1984 年 5 月	2020.12.18	卫生技术人员	麻醉学	副主任医师	廊职改办字〔2020〕12 号	县中医医院	高级
王俊志	男	1982 年 1 月	2020.12.18	卫生技术人员	放射医学	副主任医师	廊职改办字〔2020〕12 号	县中医医院	高级
吕小刚	男	1982 年 1 月	2020.12.18	卫生技术人员	内分泌	副主任医师	廊职改办字〔2020〕12 号	县中医医院	高级
宋艳文	女	1975 年 10 月	2020.12.18	卫生技术人员	妇产科	副主任医师	廊职改办字〔2020〕12 号	县中医医院	高级
杨雪莉	女	1980 年 2 月	2020.12.18	卫生技术人员	妇产科	副主任医师	廊职改办字〔2020〕12 号	县中医医院	高级
刘 倩	女	1984 年 10 月	2020.12.18	卫生技术人员	口腔内科	副主任医师	廊职改办字〔2020〕12 号	县中医医院	高级
李海静	女	1973 年 11 月	2020.12.18	卫生技术人员	中医学	副主任医师	廊职改办字〔2020〕12 号	渠口镇中心卫生院	高级
王 颖	女	1981 年 2 月	2020.12.18	卫生技术人员	妇产科护理	副主任护师	廊职改办字〔2020〕12 号	县妇幼保健院	高级
付海泉	男	1977 年 10 月	2020.12.18	卫生技术人员	普通外科	副主任医师	廊职改办字〔2020〕12 号	五百户镇香城医院	高级
黄艳英	女	1980 年 2 月	2020.12.18	卫生技术人员	中医学	副主任中医师	廊职改办字〔2020〕12 号	县气管炎哮喘医院	高级
王春艳	女	1985 年 1 月	2020.12.18	卫生技术人员	中医学	副主任中医师	廊职改办字〔2020〕12 号	县气管炎哮喘医院	高级

续表 18

姓 名	性别	出生年月	取得资格时 间	系 列	专 业	资格名称	任职资格文 号	单 位	级 别
侯玉培	女	1983 年 2 月	2020.12.18	卫生技术人员	中医学	副主任中医师	廊职改办字〔2020〕12 号	县气管炎哮喘医院	高级
刘雅君	女	1982 年 4 月	2020.12.18	卫生技术人员	中医学	副主任中医师	廊职改办字〔2020〕12 号	县气管炎哮喘医院	高级
程丽莉	女	1982 年 11 月	2020.12.18	卫生技术人员	中西医结合	副主任中医师	廊职改办字〔2020〕12 号	县气管炎哮喘医院	高级
张立彬	女	1980 年 5 月	2020.12.18	卫生技术人员	中西医结合	副主任中医师	廊职改办字〔2020〕12 号	县气管炎哮喘医院	高级
杨金友	男	1976 年 10 月	2020.12.18	工程技术人员	其他建筑工程技术	高级工程师	廊职改办字〔2020〕12 号	香河县建设工程质量技术服务中心	高级
杨永柏	男	1977 年 5 月	2020.12.18	农业技术人员	兽医	高级兽医师	廊职改办字〔2020〕12 号	县农业农村局	高级
李秀清	女	1970 年 1 月	2020.12.18	农业技术人员	植物保护	高级农艺师	廊职改办字〔2020〕12 号	县农业农村局	高级

文献文件辑存

责任编辑　闫振春

香河县人民代表大会常务委员会工作报告

——在香河县第十五届人民代表大会第五次会议上

香河县人大常委会主任　闫再兴

（2021年3月3日）

2020年的主要工作

2020年是香河经济和社会发展史上极不平凡的一年。面对突如其来的新冠肺炎疫情和经济下行的双重压力，县人大常委会在县委的坚强领导下，坚持以习近平新时代中国特色社会主义思想为指导，全面贯彻中央和省市县委重大决策部署，积极担当履职，依法有序行权，为建设美丽幸福新香河贡献了人大力量。

全年共召开常委会会议6次，主任会议12次，听取和审议“一府两院”专项工作报告16项，作出决议、决定7项，开展视察、调研、执法检查13次，任免国家机关工作人员6人次，圆满完成了县十五届人大四次会议确定的各项目标任务。

一、坚持政治自觉，在全县工作大局中找准人大定位

县人大常委会坚持把党的领导贯穿于人大依法履职的全过程，切实做到讲政治、守规矩、重规范。

注重强化党的领导。把政治建设摆在首位，增强“四个意识”、坚定“四个自信”、做到“两个维护”。充分发挥县人大常委会党组把方向、管大局、保落实的重要作用，切实履行全面从严治党主体责任。认真落实党风廉政建设责任制和“一岗双责”要求，严格执行重大事项请示报告制度，常委会重大事项、重要工作、重要活动都及时向县委请示报告，保证人大工作始终与县委方向一致、目标统一，同频共振。

全面落实县委决策。紧扣县委决策部署和社会发展大局谋划履职重点，主动担当尽责。常委会班子成员积极参与运河通航、包联镇村、精准扶贫、项目服务、文明县城创建、信访接待等中心工作，为全县经济发展和社会稳定做出了贡献。坚持党管干部与人大依法任免有机统一，及时审议通过有关人事任免事项，确保县委意图圆满实现。

引领代表同心抗疫。面对新冠肺炎疫情，常委会团结带领广大代表和机关干部，坚决贯彻习近平总书记和中央和省市县委的决策部署，逆行出击，共克时艰。疫情发生后，第一时间向各级人大代表发出倡议，吹响抗疫“集结号”。各级人大代表冲锋在前，发挥自身优势，全力参与疫情防控工作，积极捐款捐物达200余万元。县人大机关干部闻令而动，严格落实防疫部署，强化机关消杀防控，抽调人员迅速奔赴责任村街、社区卡口昼夜值守，深入企业助力复工复产。抗疫过程中，代表们用行动诠释职责使命、以担当彰显初心作为，为打赢新冠肺炎疫情防控和经济社会发展两场硬仗贡献了人大力量。

二、汇聚监督合力，在聚焦大事要事上彰显人大担当

县人大常委会按照“党委领导、人大负责、政府主责、部门履职、上下联动”的总要求，集中部署开展了“6+1”联动监督工作，收到了良好的社会效果。

严格方法步骤，强化对标对表。省联动监督动员会后，县人大常委会党组第一时间向县委专题报告，精心制定了《开展“6+1”联动监督的工作方案》和专项监督方案。报请县委批准后，迅速动员部署，明确目标任务、方法步骤和时间节点，确保联动监督方向不偏、重心不移、标准不降、节奏不乱、有序推进。

创新协同机制，压紧压实责任。及时成立了联动监督领导小组和5个专项督导组，由常委会主任统一指挥、各位副主任担任分组长，压实压紧责任，为开展联动监督提供坚强的组织保证。坚持发动和依靠主体，精心遴选71名代表参与县级“6+1”联动监督活动，为代表提供更多参政议政机会。把提升代表监督履职能力作为基础性工作，筛选“6+1”涉及的相关法律法规和业务知识，组织集体培训2次、分组培训10次，为代表精准监督、有效监督打好基础。

突出问题导向，注重监督实效。综合运用“听、看、察、评、审”多种举措，查找问题15个，提出针对性意见建议31条，并及时将问题清单转交县政府及职能部门进行整改，督促相关领域堵漏洞、补短板、强弱项，真正做到一个问题一个思路，一个问题一套措施，一个问题一个结果。同时，按照问题导向、目标导向和结果导向，增建常效机制，全面完成了联动监督的各项任务。各专项工作组分别组织代表，对县政府“6+1”领域自查自纠和整改规范情况进行了评议，满意率达到98%以上。10月，省人大常委会副主任王晓东同志莅临香河检查指导联动监督活动，对我县相关工作给予了充分肯定。

三、紧扣主责主业，在依法行权履职中做出人大贡献

县人大常委会紧扣全县中心工作，认真履行宪法法律赋予的职权，为香河经济健康发展、民生福祉改善、民主法治进步提供支持和服务。

助推经济平稳运行。把经济健康发展作为人大监督履职的首要议题，加强对经济运行情况的深入分析研究，努力为应对全县经济下行献策寻路。审议了2020年上半年经济社会发展计划执行情况的报告，建议政府把握好与北京城市副中心一体化发展机遇，全力攻坚克难，倾力打造环境、狠抓项目建设、优化经济结构、加快转型升级，确保全县经济发展的韧劲和可持续性。客观理性分析当前经济形势，批准了调整“十三五”规划纲要有关指标的报告。根据全县经济发展和财政收支情况，先后三次批准了政府提请的财政预算调整方案。审议批准了县政府2019年财政决算情况的报告和2020年地方政府专项债券、一般债券收支情况的报告，促进政府科学组织收入、合理聚财用财、严格有效监管，确保财政保运转、保工资、保民生的基本功能。审议了全县2019年国有资产管理情况的报告，提升国有资产使用效益，实现保值增值。同时，圆满完成了预算联网监督基础数据统一录入工作，为实时监督预算执行情况提供了必要条件。

倾力民生福祉改善。坚持人民至上理念，聚焦医疗、养老、食安、教育等群众普遍关注事项，支持和推动县政府及相关部门落实多项惠民政策，保护生态环境，建设文明县城，努力让香河百姓有更

多的获得感、幸福感、安全感。紧盯疫情防控工作中暴露出的问题和不足，开展跟进调研和视察，建议深化应急管理和医疗卫生体制改革，健全和完善公共卫生服务体系，着力补短板、堵漏洞、强弱项、促提升，确保人民群众生命安全和身体健康。听取和审议了医疗保障工作情况报告，对养老服务产业发展、民生工程建设情况进行视察，助力民生福祉改善提升。听取和审议了《2019 年度环境保护现状和目标完成情况的报告》，支持政府抓好生态环境建设，不断巩固和拓展蓝天、碧水、净土保卫战果。

促进民主法治建设。加强备案审查制度和能力建设，审议并通过了《香河县人大常委会规范性文件备案审查工作规定》，将监委会、法院、检察院制定的规范性文件纳入人大备案审查范围，实现对“一府一委两院”备案审查的全覆盖。落实“有件必备，有备必查，有错必纠”要求，认真做好规范性文件的备案审查，促进其依法决策、依法行政。常态化开展法治监督，视察了法院执行，“12309 ”检察服务中心远程接访、提审、开庭等智慧检务，公安局基层所队建设情况，监督推动行政司法部门严格执法、公正司法。带头崇尚法治、依法办事，对 6 名拟任人员严格落实任前考法、任后宣誓制度。倾力维护社会和谐稳定，及时处理、批转人民群众来信来访 11 件，督促群众诉求依法妥善处理。

四、完善履职平台，在发挥代表作用上展示人大作为

县人大常委会尊重代表、依靠代表，不断加强和改进阵地建设，全力支持和保障代表依法履职、有效行权。

充分依托平台，强化履职担当。推动人大代表依托代表联络站，紧紧围绕党委中心工作和人民群众普遍关注的热点问题，开展调研视察、参与联动监督、接待群众政策咨询等活动，有序推进代表向选区选民述职。全年，27 个代表联络站共开展活动 130 余次，解决群众提出的各类问题 42 个，真正成了基层群众的“连心站”。

发挥主导作用，推进民生票决。制定下发了《香河县人大常委会关于实施民生实事项目人大代表票决制工作办法》，稳妥有效推进民生实事项目票决制，充分发挥人大主导作用，动员代表广泛征集群众意见和呼声，力求实施票决的民生实事项目切中人民所需所急、所想所盼。同时，加强对各镇人大推行民生实事人大代表票决制工作的指导督促，切实办好重点民生实事项目，努力让人民群众的生产生活更加方便幸福。

重视建议督办，回应人民关切。坚持把督办代表建议作为支持代表行权履职的重要抓手，健全办理机制，着力提高建议办理质量、办理实效。经过认真督办，十五届四次人代会提出的 47 件代表建议得到较好办理，代表满意率达到 95%。

五、注重强基固本，在加强机关建设上树立人大形象

县人大常委会机关从改进工作作风入手，不断完善工作机制，提高服务质效，推动人大工作与时俱进。

保持依法高效履职常态。始终把习近平总书记关于坚持和完善人民代表大会制度的重要思想作为新时代人大工作的指导原则，紧紧围绕县委决策部署和全县工作大局，牢记自身职责使命，精心安排履职重点，精准切入持续发力，做到勇于监督与善于监督相结合、全面监督与重点监督相结合，使履职监督更富成效。

持续深化全面从严治党。坚持“两学一做”和“不忘初心、牢记使命”主题教育常态化制度化，时刻把纪律和规矩挺在前面，始终保持奋发向上的精神状态、履职尽责的优良作风。将县委第四巡察组巡察县人大常委会机关视为一次难得的“政治体检”，持续净化政治生态，保持机关风清气正。

注重提升人大整体水平。按照省、市人大常委会要求，指导各镇主席团设立人大常委会办公室，配备工作人员，标牌标识和相关规章制度上墙。依照法律规定，指导各镇召开人代会，规范工作流程，

落实选举事项，不断提高县镇人大工作法治化、规范化、制度化水平。

过去一年县人大常委会取得的成绩，得益于县委的正确领导，得益于“一府一委两院”和社会各界的大力支持，得益于全体代表和人大工作者的共同努力。同时，我们也清醒地看到，对照县委要求和人民期待，常委会工作仍有不足。主要是：监督形式有待丰富强化，代表意见建议督办不甚理想，对审议意见落实追踪问效不够，县镇人大规范化建设存在薄弱环节。对此，我们将高度重视，认真加以改进。

2021年的工作安排

2021年是中国共产党成立100周年，也是“十四五”开局之年。县人大常委会工作的指导思想是：坚持以习近平新时代中国特色社会主义思想为指导，深入贯彻党的十九届五中全会精神，全面落实县委十一届八次全会决策部署，主动担当，依法履职，巩固拓展疫情防控和经济社会发展成果，紧紧围绕“四大定位”，着力推动“三重四创五优化”活动开展，为奋力开创建设美丽幸福新香河崭新局面做出新的更大贡献。

一、强化政治引领，始终坚持与党同心同向同步

持续深化理论武装，深入学习贯彻习近平新时代中国特色社会主义思想，特别是习近平总书记关于坚持和完善人民代表大会制度的重要思想，推动人民代表大会制度和人大工作与时俱进、完善发展。坚持党的领导、人民当家作主、依法治国有机统一，始终把人大工作置于县委领导之下，遇事及时请示报告，全力落实县委决策部署，依法决定重大事项和人事任免。

二、突出监督实效，更好地服务经济社会发展大局

把服务香河高质量发展，特别是实体经济发展作为第一要务。全力推动北运河旅游通航“一号工程”建设，助力运河文化带和相关产业繁荣发展。围绕做好与北京城市副中心一体化发展这篇大文章，展开针对性调研和视察，推动政府抢抓机遇、加快节奏、争先发展。密切关注全县招商引资和项目建设情况，重点围绕优化营商环境、要素保障、园区“二次创业”进行视察和审议，推动政府攻坚克难，全力以赴“上项目、促转型、提质效”。高度重视“三农”工作，对绿色生态农业发展和农产品质量安全情况、农村“三资”智慧监管系统建设运行情况进行调研和视察，推动乡村振兴战略贯彻落实。对2020年行政事业单位国有资产管理情况、全县经济和财政预决算执行情况进行审议，支持政府有效育财、严格理财、科学用财。

三、聚焦民生法治，持续助力共建共享公平正义

紧扣民心这个最大的政治，听取人民呼声，回应人民关切，维护人民权益，接受人民监督。重点盯紧疫控体系建设，医疗养老融合发展、食药安全、教育基础设施保障、生态环境质量提升等人民普遍关切的民生事业发展，支持可用财力向民生领域倾斜，促进民生福祉持续改善。重视和推动公益诉讼工作开展和公共法律服务工作，加强对“一府一委两院”的履职监督，推动依法行政、公正司法，不断提高依法治县和为民服务水平。

四、细化服务保障，全力提升代表依法履职水平

更好发挥代表联络站、代表之家作用。指导各站开展好联系选民、视察、调研、执法检查、向选民述职等活动。完善履职档案管理，促进联络站工作制度化、经常化、实效化。健全前期交办、中期推动、后期问效的代表议案建议办理机制，压实承办责任，加大全程督办力度。探索建立常委会统筹

督办、专门委员会对口督办的新机制，加强对年度议案建议办理情况分析评估并向代表通报，力求做到过程和结果双满意、办理质量和代表满意度双提升。

五、坚持守正创新，全面推进人大自身建设

时刻把纪律和规矩挺在前面，巩固深化“不忘初心、牢记使命”主题教育成果，持续加强纪律教育和作风建设，推动全面从严治党向纵深发展。以开展党史教育、优化营商环境和干部作风整顿活动、整改县委巡察反馈问题为契机，提站位、讲担当、促作为、抓落实，不断提高履职能力和工作质效，更好服务于全县发展稳定大局。

中国人民政治协商会议
香河县第九届委员会常务委员会工作报告

——在政协香河县第九届委员会第五次会议上

政协香河县委员会主席　马文龙

（2021 年 3 月 2 日）

2020 年工作回顾

2020 年，在中共香河县委的坚强领导下，县政协坚持以习近平新时代中国特色社会主义思想为指引，深入学习贯彻中共十九大和十九届二中、三中、四中、五中全会，以及中共中央和省、市、县委政协工作会议精神，坚持团结和民主两大主题，充分发挥协商民主重要渠道和专门协商机构作用，紧扣县委决策部署，聚焦疫情防控“阻击战”、经济社会发展“保卫战”、脱贫攻坚“收官战”“三场战役”，在建言资政和凝聚共识上双向发力，务实协商议政，勠力建言献策，广泛凝心聚力，政协履职迈出新步伐，政协工作展现新作为，政协事业呈现新气象，为加快建设美丽幸福新香河贡献了政协的智慧和力量。

一、加强党的领导，团结奋斗的思想政治基础进一步夯实

坚持党的领导。县政协常委会始终坚持在县委的领导下开展工作，坚持定期向县委报告工作。政协年度协商和监督工作计划、常委会工作报告、政协视察等重要工作，经县委批准后实施。通过坚持党的领导，使政协工作方向更明、思路更清、底气更足。

强化党的建设。充分发挥政协党组“把方向、管大局、保落实”的作用，建立健全了由县政协党组、机关党组组成的逐级领导的党组织体系。完善党组工作制度，进一步规范会议内容和程序，坚持每月召开党组（扩大）会议，传达上级有关精神，研究部署重要工作。建立了县政协党组成员联系界别、党员委员联系党外委员制度，推动了党的组织对党员委员全覆盖、党的工作对政协委员全覆盖。

深化理论学习。坚持把学习习近平新时代中国特色社会主义思想贯穿始终，以习近平总书记关于加强和改进人民政协工作的重要思想为指导，着力增强承担新使命新任务的思想自觉。坚持以政协常委会学习为引领，各委员活动组分散学习的学习体系，今年以来，共开展党组学习 13 次，专题学习 18 次。扎实开展委员读书活动，印发了读书活动方案，向全体委员发出了开展读书活动的倡议，并为全体委员购置了学习用书，以理论学习推动能力提升。

二、发挥政协优势，疫情防控和促进发展的合力进一步汇聚

强化引领凝聚力量。新冠肺炎疫情发生后，县政协及其常委会在县委的坚强领导下，勇于担当、主动作为，把疫情防控作为最重要的工作、最紧迫的政治任务，扎实推进疫情防控和政协履职各项工作。县政协党组、主席会议认真学习贯彻习近平总书记关于统筹推进疫情防控和经济社会发展工作系列重要讲话精神，加强组织领导，迅速召开专题会议，研究布置疫情防控工作。及时发出了《关于做好新型冠状病毒感染的肺炎疫情防控工作，坚决打

赢疫情防控阻击战的倡议书》，转发了《〈革除滥食野生动物的陋习从我做起〉倡议书》，引领带动全体政协委员和政协工作者坚定信心、积极作为，增强疫情防控的责任感、紧迫感，切实把思想和行动统一到中央和省、市、县委决策部署上来，凝聚起助力常态化疫情防控和助推经济社会发展的强大合力。

尽心尽力共同战疫。县政协领导班子成员深入重点企业、村街社区、项目现场，督导调度疫情防控工作，看望慰问战疫工作人员，率先垂范投身抗疫阻击战。全体机关干部和部分县政协委员下沉到社区、乡村，开展排查值守，把牢基层防疫关口。全体委员积极参与联防联控，在各个领域为战胜疫情贡献力量，一年来，累计减免租金、捐款捐物100多万元。

主动作为助力发展。县政协领导班子成员深入晟朗（香河）电力电子有限公司、万购商贸有限公司等6家企业和重点联系项目进行调研，协调解决必要的防疫物资、用工、设备等实际困难，宣传税费减免、金融支持、用工补贴等支持政策。由一名正科级干部负责联系三强水厂、九矗热力公司、汇美塑胶有限公司等企业，聚焦复工复产面临的现实困难和关键环节，协助企业发布招工启事和购买口罩、消毒液等防护用具，确保企业尽快复工复产。企业界委员积极投身经济建设主战场，带头全面复工复产，在夺取疫情防控和经济发展双胜利中积极作为。

三、聚焦主责主业，建言资政成效进一步提升

协商议政汇集智慧。按照协商和监督工作计划，围绕加快农村交通基础设施建设、推进生活垃圾分类工作、加快推进家具城“二次创业”和加快健康香河建设4个重点协商议题，在充分调研的基础上，召开专题议政性常委会会议2次，形成高质量的调研报告4篇，以政协建议案的形式上报县委，得到了县委书记李桂强的充分肯定，并批转县政府有关部门落实；围绕全县路网建设和京唐高铁建设召开专题协商座谈会，提出意见和建议10余条，为全县经济社会发展贡献了政协智慧。

民主监督形成合力。积极运用提案、调研视察等方式，扎实开展民主监督工作，全年共开展视察调研12次，交办政协提案63件，提出意见建议13条。围绕运河文化带建设，组织部分委员及相关单位进行了调研视察，了解工程情况，协调解决问题，督导工程进度，推动工程建设。积极开展委组调研视察活动，经济组围绕高铁建设情况对香河制梁场、跨双安线连续梁进行视察；工业组到香河众旺木业有限公司、富都华创有限公司，对工业企业转型升级进行调研；教文体组到国华影视基地和农耕文化博览园，对我县文化产业发展情况进行视察；医药卫生组围绕乡镇卫生院发展建设情况，分别对钳屯镇卫生院新建主体工程项目、安头屯镇卫生院新建门诊楼项目和渠口中心卫生院医共体疼痛中心建设情况进行视察；农业组围绕推进农村宅基地制度改革进行调研；民宗台侨组和群团组分别对县三强污水处理厂、县人民广场工程、义井大桥重建项目、垃圾焚烧发电站项目等6项民心工程开展专项监督，形成了专题调研视察报告，对相关工作的开展起到了积极推动作用。

参政议政注重实效。委员们先后就推进与北京城市副中心协同发展、深化县级公立医院综合改革、建设美丽乡村、加强物业管理、青少年生涯规划、家具城转型升级、推动旅游业发展等方面，进行了充分调研，形成了《九届四次全会提案简编》，为县委、县政府科学决策提供了有益参考。

四、汇聚各方智慧，凝聚共识作用进一步彰显

团结合作更加广泛。起草了加强和促进凝聚共识的工作意见。加强与党外知识分子、非公有制经济人士、新的社会阶层人士的沟通联络，开展谈心谈话，主动邀请参与协商活动，支持表达合理诉求。推荐50名特约监督员持续参与政风行风评议活动，今年以来，共参加了法院案件讲评会、中冶长城重型机械有限公司破产审查听证会等活动50余人次。

通过充分发挥大团结大联合的政治优势，凝聚了人心，凝聚了力量。

联动履职更加顺畅。加强与省、市政协的联系互动，全年共配合省、市政协开展调研 7 次，撰写调研报告 7 篇。配合省、市政协完成了“卫生下基层，提高基层常态化疫情防控能力”的调研任务，联系县乡村三级医疗卫生部门配合参加远程门诊、远程培训、远程查房等线上活动，为推动基层医疗卫生事业作出贡献。围绕加强和改进政协工作、推进临空经济区智慧城市建设等内容，参加市政协协商议政 5 次，其中，以加强农村基层医疗卫生体系建设为题在市政协作典型发言。围绕“十四五”时期城市副中心产业发展以及加强产业联动，与北京市政协、通州区政协进行了座谈交流，通过交流，增进了对副中心产业发展的了解，并对与副中心一体化发展提出了具体建议，发挥了政协作用。

宣传引导更加深入。注重发挥文史资料“存史、资政、团结、育人”作用，秉承“亲历、亲见、亲闻”的原则，编印香河县政协文史资料集存第十九辑《古邑掬馨——香河县历史文化名村精选》，为记述村庄变迁，民风乡俗传承，弘扬香河优秀传统文化发挥了积极作用。积极打造“书香政协”，建立委员读书群 7 个，推荐图书 140 余册，组织线上线下学习交流 13 次，参与委员 480 人次。

五、注重固本强基，政协自身建设进一步强化

加强机构建设。优化专委会设置，组建了农业和农村委员会，增设了政协信息中心。在全县各镇（社区）、园区均设立了委员联络组，由各镇党委副书记和社区、园区分管党务工作的负责同志兼任组长，为委员履职创造了条件，提供了保障。

加强队伍建设。强化对委员的教育引领，通过发放学习资料、组织视察等活动，不断提升委员政治素质和履职能力，引导委员把事业放在心上、把责任扛在肩上。坚持主席会议成员联系走访委员制度，积极解决困难和问题，让委员感受到政协大家庭的温暖。加强委员服务管理，完善委员履职考评，规范委员履职档案，增强委员责任意识和履职担当。

加强机关建设。建立健全政协机关学习、会议、纪律等规章制度，形成用制度管人、管事、管物的长效机制，推动政协机关高效规范运行。在全市政协工作交流会上，政协机关作典型发言，并得到了市政协的高度肯定。认真落实意识形态工作责任制，加强对政协委员微信群、政协机关电子显示屏等意识形态阵地管理，发好政协声音，壮大主流舆论。支持县纪委监委派驻纪检监察组履行职责，持之以恒狠抓党风廉政建设，确保政协机关风清气正。

在总结成绩的同时，我们也清醒地看到，与新形势、新任务和县委的要求相比，与人民群众的期盼相比，我们的工作还存在有待改进的方面。比如，协商成果转化有待进一步推进，提案撰写质量有待进一步提高，委员履职能力有待进一步增强等。这些都需要在今后工作中不断探索和提升。

2021 年工作思路和安排

2021 年，是中国共产党成立 100 周年，是“十四五”开局之年，也是全县建设美丽幸福新香河的关键一年。县政协工作的指导思想是：坚持以习近平新时代中国特色社会主义思想为统领，认真学习贯彻党的十九大和十九届二中、三中、四中、五中全会以及各级政协工作会议精神，按照中共香河县委十一届八次全会确定的目标任务，突出助力“促发展、惠民生”履职重点，把中央和省、市、县委决策部署落实下去，把各界人士的智慧和力量凝聚起来，为建设美丽幸福新香河作出新的更大贡献。

一、坚持党的领导，着力把牢正确履职方向。坚持把政治理论学习摆在更加突出位置，始终以习近平新时代中国特色社会主义思想武装头脑、统领工作，不断夯实团结奋斗的共同思想政治基础。深入学习习近平总书记关于加强和改进人民政协工作的重要思想，落实好各级政协工作会议精神，推动政协工作高质量发展。深入贯彻中央和省、市、县委关于加强新时代人民政协党的建设工作的意见精神，坚决贯彻执行党的基本理论、基本路线、基本方略，始终做到与县委在政治上同向、思想上同心、工作上同步、行动上同调。

二、坚持服务大局，着力助推高质量发展。紧扣县委十一届八次全会决策部署，高标准制定年度协商和监督工作计划。将大运河文化带建设作为政协工作的“一号工程”，积极参与，主动融入，在领导班子成员做好分包工作的基础上，深入挖掘运河文化内涵，推动运河文化传承。围绕与北京城市副中心一体化发展，积极发挥政协委员人才荟萃、联系面广的优势，引进北京“容不下、离不开、走不远”的高端制造业和现代服务业项目。围绕农村人居环境整治、城乡基础设施建设等方面，召开专题协商座谈会，为不断满足人民美好生活需要建言献策。围绕“三重四创五优化”活动以及民生实事项目，扎实开展民主监督，推进县委、县政府相关决策部署落实落细，为建设美丽幸福新香河贡献智慧和力量。

三、坚持双向发力，着力做好凝聚共识工作。把凝聚共识融入视察考察、调查研究、协商议政活动之中，在建言成果、思想收获上一体设计、一体落实。加强政协各专委会同各界别的联系，完善重点关切问题情况通报制度。围绕县委、县政府重点工作，协助做好解疑释惑、协调关系、理顺情绪、化解矛盾的工作。

四、坚持一线思维，着力加强两支队伍建设。将政治教育和责任教育贯穿于委员学习培训、履职实践活动当中，切实打造一支懂政协、会协商、善议政，守纪律、讲规矩、重品行的委员队伍。抓好政协委员和机关干部两支队伍建设，进一步提升机关效能，努力把政协机关打造成团结之家、民主之家、和谐之家。着力提升政协工作“三化”水平，始终坚持凝心聚力在第一线、决策咨询在第一线、协商民主在第一线、国家治理在第一线。

推动香河纪检监察工作高质量发展为我县“十四五”开好局提供坚强保障

——在中共香河县第十一届纪律检查委员会第四次全体会议上的工作报告

中共香河县委常委、纪委书记、监委主任　牛　静

（2021年3月2日）

这次全会的主要任务是：以习近平新时代中国特色社会主义思想为指导，全面贯彻党的十九大和十九届二中、三中、四中、五中全会精神，深入贯彻十九届中央纪委五次全会、省纪委九届六次全会、市纪委六届五次全会精神，落实县委十一届八次全会部署要求，回顾总结2020年全县纪检监察工作，部署2021年任务。昨天，县委书记李桂强同志对落实中央和省市纪委全会要求，坚定不移深入推进全面从严治党，保障“十四五”发展开好局、起好步作出部署，就推动新时代纪检监察工作高质量发展提出明确要求。我们要认真学习领会，坚决贯彻落实。

一、2020年工作回顾

2020年是全面建成小康社会决胜之年、实施“十三五”规划收官之年、脱贫攻坚决战之年。一年来，在党中央、中央纪委国家监委、省市纪委监委和县委的坚强领导下，县纪委监委持续增强“四个意识”、坚定“四个自信”、做到“两个维护”，忠实履行党章和宪法赋予的职责，充分发挥监督保障执行、促进完善发展作用，深入推进全面从严治党、党风廉政建设和反腐败斗争，扎实完成市纪委监委部署的八项任务，为决胜全面建成小康社会提供了坚强保证。

（一）政治监督更加精准。聚焦统筹推进疫情防控常态化和经济社会发展，做好“六稳”工作，落实“六保”任务，开展监督检查16轮300余次，反馈问题394个，下发整改意见函34份，推动防控政策落实，护航经济社会发展。聚焦协同发展，制定《关于开展京津冀协同发展政治监督的工作办法》和《〈北京市通州区与河北省三河、大厂、香河三县市协同发展规划〉政治监督任务分解清单》，明确职责分工，压紧压实政治责任。聚焦重点工作，制定《关于2020年下半年开展政治监督工作的实施方案》，对北运河旅游通航、生态环保等重点工作开展专项监督检查，查处违规违纪问题17件，给予党纪政务处分18人，运用“第一种形态”处理27人次，以有力监督推动有效落实。

（二）监督质效不断提升。紧盯“关键少数”，加强对“一把手”和领导班子的监督，通过联合约谈、个别谈话方式约谈单位主要负责人17人次，开展党委（党组）“第一种形态”运用情况专项检查，督促党委（党组）抓牢管党治党责任，全县各级党委（党组）共运用“第一种形态”开展谈心谈话2000余次。严把党风廉政意见回复关，全年共回复党风廉政意见83批次、3038人次。县纪委监委运用监督执纪“四种形态”批评教育帮助和处理375人次，其中第一、第二种形态占比94.9%，监督执纪进一步向“管住大多数”拓展。认真贯彻执行问责条例，问责党员领导干部11人，问责党组织1个。

（三）专项治理坚决有力。开展扶贫领域腐败和作风问题专项治理，查办问题线索5件，运用“第一种形态”处理1人。开展信访线索处置“清仓见底”行动，制定《信访件闭环管理办理制度》，建立“三卡”督办机制，提升信访举报办理质效，全

县纪检监察机关共受理检举控告 528 件次已全部办结，实现了信访总量、检举控告量、初信初访量和重复信访量“四下降”目标。开展“伞”“网”清除行动，查处涉黑涉恶腐败和“保护伞”问题 7 个，处分 6 人，运用“第一种形态”处理 18 人次。开展民生领域损害群众利益问题专项治理，督促教育、卫生健康、医疗保障、市场监管等职能部门落实主体责任，深入开展集中整治，发现并整改问题 11 件。

（四）作风建设巩固拓展。严肃查处贯彻党中央决策部署只表态不落实、维护群众利益不担当不作为等形式主义、官僚主义问题，查处问题线索 9 件，给予党纪政务处分 10 人。持之以恒落实中央八项规定精神及其实施细则，紧盯重要时间节点，印发提醒通知 400 余份，推送廉政提醒短信 3000 余条，开展明察暗访 70 余次，查处违反中央八项规定精神问题 14 件，给予党纪政务处分 22 人。开展制止餐饮浪费专项检查，发现并整改问题 3 件。结合“三创四建”活动，加强营商环境监督，查处破坏营商环境问题 2 件，给予纪律处分 2 人，印制优化营商环境监督卡，发放给全县 260 余家规上企业，为构建“亲”“清”政商关系、推动“三创四建”活动取得实效提供监督保障。

（五）惩腐效能不断提高。全县纪检监察机关共立案 128 件，结案 114 件，给予党纪政务处分 112 人，其中处分乡科级干部 24 人，审查调查市纪委监委指定案件 3 件，留置 3 人，移送司法机关 2 人。坚持“三不”一体推进，持续强化不敢腐的震慑，协助县委召开全县领导干部政治性警示教育大会，通报 24 件典型案例；扎紧扎牢不能腐的笼子，加强以案促改，开展纪检监察建议落实情况专项检查，发现并整改问题 4 件，全年共下发纪检监察建议书 58 份；巩固不想腐的思想防线，推动廉政文化建设，依托微信和抖音公众号加强廉政宣传，在全县打造“廉政文化墙”1700 余平方米，营造正风肃纪反腐的良好氛围。

（六）巡察利剑作用彰显。坚守政治巡察定位，围绕“三聚焦一加强”圆满完成对县委办、政府办等 14 家单位的第五轮常规巡察工作，发现问题 207 个，目前基本整改到位。在市委指导督导下，对县卫生健康局、钳屯镇、钱旺镇 3 家单位开展第六轮常规巡察。强化纪巡联动，制定《巡察机构与县纪委监委有关部门的协作配合机制》，推动巡察监督与纪检监察统筹衔接。做实巡察整改“后半篇”文章，探索建立“书记专题会”部署任务落实机制和“巡察整改建议通知书”制度，对巡察发现的共性问题、倾向性问题一体整改、集成整改。

（七）体制改革持续深化。推进纪检监察工作双重领导体制具体化、程序化、制度化。严格执行请示报告制度，及时向市纪委监委、县委报告报批报备有关事项。认真落实“两为主”要求，会同组织部门完成 8 名镇纪委副书记、监察办公室副主任的任命，修订完善《镇（社区）、园区纪（工）委履职情况积分考核办法》，印发考核通报 4 期，推动镇纪委精准高效履职。深化派驻机构改革，印发《关于进一步明确派驻纪检监察组职责等事项的通知》，建立领导班子成员分包联系，相关职能部室分工负责、协调配合的派驻工作领导体制。强化反腐败协调沟通，全年共受理反腐败协调小组成员单位移送案件线索 39 件，移送司法机关案件线索 2 件。

（八）队伍素质全面增强。县纪委常委会带头加强自身建设，通过班子集中学习、支部交流研讨、撰写心得体会等形式跟进学习习近平总书记重要讲话和重要指示批示精神，全年共开展理论中心组学习 13 次，召开党小组会 12 次，支委会 23 次。认真贯彻民主集中制，严肃党内政治生活，召开专题民主生活会 2 次、组织生活会 12 次，干部党性修养持续提升。统筹抓好全员培训，辑印学习资料 1200 余册，组织学习测试 5 次，干部业务知识全面加强。持续强化自我监督，开展全县纪检监察系统作风纪律专项整治，坚持刀刃向内，严肃查处纪检监察干部违纪违规问题，给予党纪政务处分 2 人，运用“第一种形态”处理 5 人次。

回顾过去的一年，在市纪委监委和县委的坚强领导下，全县全面从严治党取得新成效，反腐败斗争压倒性胜利不断巩固拓展。同时也要看到，我县反腐败斗争形势依然严峻，纠治“四风”任重道远，与上级要求和群众期盼相比，纪检监察工作和干部队伍建设还存在一定差距，在构建“大监督”格局、促进各类监督贯通融合上还需创新；在一体推进“三不”，发挥监督执纪震慑性、导向性作用上还需提升；在加强“一把手”和同级监督，压实主体责任上还需加力；纪检监察干部政治判断力、政治领悟力、政治执行力仍需提高，业务素质、综合能力还需加强。对这些问题必须高度重视，采取有效措施加以解决。

二、2021 年主要任务

2021 年是中国共产党成立一百周年，是“十四五”规划开局之年，做好纪检监察工作意义重大。总体要求是：以习近平新时代中国特色社会主义思想为指导，全面贯彻党的十九大和十九届二中、三中、四中、五中全会精神，按照中央纪委和省市纪委全会部署，增强“四个意识”、坚定“四个自信”、做到“两个维护”，以推动高质量发展为主题，坚定不移全面从严治党，有力推动党中央和省市县委决策部署有效落实，一体推进不敢腐、不能腐、不想腐，深化纪检监察体制改革，扎实推进规范化法治化建设，不断加强干部队伍建设，为我县“十四五”开好局提供坚强保障，以优异成绩迎接建党 100 周年，以实际行动坚决当好河北首都政治“护城河”排头兵，奋力开创建设美丽幸福新香河崭新局面。

（一）践行“两个维护”、强化政治监督，保障“十四五”规划顺利实施。以庆祝建党一百周年为契机，不断巩固深化“不忘初心、牢记使命”主题教育成果，进一步增强“两个维护”的自觉性、坚定性。做实做细政治监督，把“两个维护”作为首要政治任务，围绕贯彻党的十九届五中全会精神，围绕“三重四创五优化”活动，围绕“高端产业聚集区、功能完善卫星城、幸福宜居新家园、基层党建新高地”四大定位，围绕北运河旅游通航工程跟进监督、精准监督、做实监督，巩固拓展疫情防控和经济社会发展成果，推动各项决策部署落实落地。大力推进清廉建设，开展优化营商环境专项监督，建立县纪委监委班子成员联系重点企业制度，及时掌握营商环境难点、堵点、痛点，推动监督更加精准高效。加强对敢担当善作为干部的激励保护，严厉打击诬告陷害行为，精准运用容错纠错机制，营造风清气正的政治生态和发展环境，为“十四五”规划开好局、起好步提供支持和保障。

（二）深化正风反腐、坚持标本兼治，一体推进不敢腐、不能腐、不想腐。深入抓好市委一体推进“三不”工作机制以及 20 项措施的执行运用，打通内在联系，形成落实链条。把反腐败斗争贯穿于现代化建设全过程，聚焦京津冀协同发展、北运河旅游通航等政策支持力度大、投资密集、资源集中的重点领域，紧盯项目审批、资金监管、公共资源交易等重点环节，强化监督执纪执法，严查规划实施中的腐败和作风问题，严查“雅贿”“影子股东”等隐性腐败。持续整治国有资产管理中的腐败问题，严防国有资产流失。加大对政法系统腐败惩治力度，严惩滥用职权、徇私枉法行为。深入推进“惩、治、防”贯通协同，发挥查办案件的导向作用，分领域、分系统精准开展警示教育，做实以案促改、以案促治。依托“清廉香河”微信平台和抖音平台，深入挖掘本地资源，不断丰富宣传内容、改进宣传形式，提升廉政宣传的针对性和实效性，让廉政宣传接地气、入人心，引导广大党员干部知纪明纪、崇俭尚廉。

（三）坚持一严到底、持续纠治“四风”，让新风正气不断充盈。锲而不舍落实中央八项规定精神及其实施细则，加大查处问责和通报曝光力度，坚决防止反弹回潮。对党员干部在实施“十四五”规划、打造一体化发展示范区等决策部署落实中做选择、搞变通、打折扣等突出问题，特别是搞“包装式”落实、“洒水式”落实、“一刀切式”落实等形式主义、官僚主义问题，盯住不放、精准施治，防止新的不良习气、不严不实成风成势。围绕县委优化营商环境和干部作风整顿活动开展干部作风专项监督，确保活动取得实绩实效，营造“积极作为勇担当，务实高效强保障”的浓厚氛围。把督促节约粮食、坚决制止餐饮浪费行为作为日常监督重点，延伸监督其他能源资源浪费问题，对享乐主义、奢靡之风坚持露头就打，推动党员干部形成自觉、化风成俗。督促落实规范领导干部配偶、子女及其配偶经商办企业行为规定，推动以上率下，严格执行。开展“好风传家”家风家规建设，教育引导党员干部反对特权思想和特权行为，管好家属子女，严格家教家风。

（四）保障群众权益、促进公平正义，持续整治群众身边腐败和不正之风。加强对惠民富民、促进共同富裕政策措施落实情况的监督检查，开展脱贫攻坚过渡期专项监督，推动巩固拓展脱贫攻坚成果同乡村振兴有效衔接。加强对人民广场、垃圾焚烧发电厂、潮白河滨水公园、老旧小区改造、连村道路升级、城市道路建设等民心工程和民生项目实施情况的监督，严肃查处政策不落实、贪污侵占、吃拿卡要等问题，坚决还利于民。持续纠治教育医疗、养老社保、生态环保、安全生产、食品药品安全、执法司法等领域腐败和作风问题。建立健全惩治涉黑涉恶腐败和“保护伞”常态化机制，确保“伞”“网”清除。完善民生领域损害群众利益问题治理机制，探索开展村（社区）集体“三资”提级监督试点。完善基层党组织监督治理体系，补齐监督短板。

（五）深化政治巡察、推动全面覆盖，充分发挥党内监督利剑和密切联系群众纽带作用。牢牢把握中央巡视工作方针和省市委关于巡视巡察工作部署要求，统筹推进县委第七轮常规巡察，推动专项巡察向村延伸，高质高效完成对村巡察全覆盖任务。科学制定《县委巡察工作规划（2022－2026年）》和《巡察村街（社区）党组织工作规划（2022－2026年）》，做到立足当下、谋划长远。强化党委（党组）巡察整改主体责任，认真履行整改监督责任，探索建立整改促进机制、评估机制。开展十一届县委巡察整改“回头看”工作，推动全面整改、彻底整改。完善“审计＋巡察”监督机制，建立审巡协调机制，充分发挥审巡结合的协同性、互补性，形成监督闭环。用好“巡察整改建议通知书”，推动巡察与纪律、监察、派驻、组织等监督统筹衔接，与宣传、政法、审计、财会、群众、舆论等监督协作配合，增强监督合力。

（六）突出监督重点、加强贯通融合，不断增强监督治理效能。深化政治生态监测评估，结合“四位一体”监督机制，探索建立政治生态动态监测平台，实现实时监测、预警研判、精准画像，持续压紧压实管党治党政治责任和书记第一责任人责任。着力破解对“一把手”监督和同级监督难题，通过定期与镇党委书记及班子成员进行谈话、开展述责述廉评议等方式，使监督和被监督成为自觉。严明换届纪律，落实“十严禁”要求，严肃查处拉票贿选、说情打招呼等行为。健全监督体系，建立以党内监督为主导，各种监督协调贯通的“大监督”格局，形成常态长效的监督合力。做深日常监督，深化包联监督，综合运用走访、调研、督查等方法，推动监督下沉、监督落地、监督于未发之时。完善《“第一种形态”使用手册》，加强对《手册》运用的监督指导，推动“第一种形态”运用更加充分、更加规范。坚持惩前毖后、治病救人，深化运用“四种形态”，做到“三个区分开来”。坚持精准问责，做好被问责和受处分干部回访教育，疏导压力情绪，督促思想转化，激励担当作为。严格执行党员权利保障条例，激发党员干部干事创业内生动力。

（七）持续深化改革、提升监督质效，推进党内监督和国家监察全覆盖。围绕监督检查、审查调查等关键环节，加强对镇纪委和派驻机构的领导。落实“两为主”要求，进一步完善镇纪委积分考核办法，推动考核更加科学合理。加强考核结果运用，建立“考核＋调度＋辅导”机制，及时指导督促镇纪委精准履职。持续推进纪检监察系统全面深化改革，紧贴高质量发展需要，制定改革要点，加强跟踪问效。健全完善“内设机构＋派驻机构＋镇纪委监察室”联动监督、联合办案机制，增强监督执纪执法合力。研究制定派驻机构考核制度，不断提升派驻监督质效。扎实推进纪检监察信息化工作，为高质量发展提供强有力的科技支撑。按照中央纪委国家监委部署要求，依法依规、稳妥有序推进监委向县人大常委会报告专项工作。

（八）从严自我监督，提升履职能力，建设政治素质高、忠诚干净担当、专业化能力强、敢于善于斗争的纪检监察铁军。县纪委常委会带头深入学习贯彻习近平新时代中国特色社会主义思想，带头旗帜鲜明讲政治，带头做到“两个维护”，带头提高政治判断力、政治领悟力、政治执行力。在县委统一领导下高质量做好换届工作，选优配强县镇纪委班子，着力打造一支既专又博的纪检监察队伍。强化纪法意识、纪法思维、纪法素养，进一步完善“纪检监察干部大讲堂”，筛选县域内专业人员充实讲师团人才库，结合专项监督分级分类对口培训，提升培训精准度。加大严管严治、自我净化力度，开展全县纪检监察系统作风纪律专项整顿，锤炼纪检监察干部优良作风，严格执行监督执纪工作规则、监督执法工作规定，持续整治“灯下黑”，打造纪检监察铁军。

关于香河县2020年国民经济和社会发展计划执行情况与2021年国民经济和社会发展计划（草案）的报告

——在香河县第十五届人民代表大会第五次会议上

香河县发展和改革局局长　冯国祥

（2021年3月3日）

一、2020年国民经济和社会发展计划执行情况

2020年，全县上下坚持以习近平新时代中国特色社会主义思想为指导，认真贯彻落实党中央和省市委决策部署，紧紧围绕县十五届人大四次会议确定的目标任务，牢牢把握高质量发展的根本要求，扎实做好“六稳”工作，全面落实“六保”任务，深入开展“三创四建”等系列活动，统筹打好疫情防控和经济社会发展两场硬仗，全县经济社会保持平稳发展态势，主要经济指标实现了正增长。

经济运行稳中向好。全县地区生产总值完成234.9亿元，较去年增长3.5%；全部财政收入完成54.7亿元，其中一般公共预算收入完成30.8亿元；规模以上工业增加值较去年增长5.5%；固定资产投资较去年增长3.3%；实际利用外资实现逆势增长，全年完成3085万美元，是去年的3倍；外贸进出口总额预计完成10.83亿元，较去年增长30%。

质量效益稳步提升。规模高新技术产业增加值增长9.1%。技术交易额完成6.02亿元。每万人发明专利拥有量达到2.1件。全县新认定高新技术企业13家、科技型中小企业83家。

生态环境持续改善。全县优良天数为245天，达标率为66.9%，年度PM2.5浓度为44微克/立方米，重度污染天数为9天。每万元生产总值能耗下降率，化学需氧量、二氧化硫、氨氮和氮氧化物减排量均完成全年目标任务。

民生保障不断增强。全县城镇和农村居民人均可支配收入分别增长3.6%和6.5%。城镇新增就业0.73万人，城镇登记失业率为1.17%。

虽然主要经济指标基本实现了正增长，但增速较往年放缓，主要有以下原因：一是受疫情影响，工业生产阶段性低位运行，居民消费进入平稳低速增长期；二是多数传统行业企业规模偏小，产品同质化严重，科技含量不高，竞争力弱，抗风险能力较低；三是受规划管控影响，县域发展空间不足，盘活存量用地不多，招商引资难度大，新上项目落地困难；四是受房地产管控政策、普惠性减税政策等方面影响，财政增收压力巨大。

二、2021年主要发展目标

2021年，全县发展的指导思想是：深入贯彻落实县委十一届八次全会精神，进一步巩固拓展疫情防控和经济社会发展成果，认真开展“三重四创五优化”活动，紧紧围绕“四大定位”，全力推进产业提质、项目提速、环境提标、民生提档、治理提效和作风提升，打造与副中心一体化发展示范区，奋力开创建设美丽幸福新香河崭新局面。

2021年，全县经济社会发展目标是：地区生产总值增长8%左右，一般公共预算收入增长8%左右，固定资产投资增长8%左右，规模以上工业增加值增长7.5%，社会消费品零售总额增长8.5%左右，城乡

居民人均可支配收入增长8%左右，每万元生产总值能耗、PM2.5平均浓度、优良天数达标比例等指标确保完成上级下达目标任务。

三、工作安排

为实现2021年经济社会发展目标，重点抓好以下几方面工作。

（一）聚焦协同发展，加快推动区域联动

进一步深化完善国土空间总体规划，加快推进控制性详细规划以及各专项规划，以高品质规划引领高品质建设。作为“一号工程”，全力推进北运河通航工程，确保如期实现与北京互联互通。全力做好京唐高铁服务保障工作，加快推进安石路、通宝路等跨界道路工程，全力打造便捷高效的通勤体系。继续紧盯北京“容不下、离不开、走不远”的刚需产业项目，精准对接北京高新企业和在京央企、大型京企，主动融入北京产业体系，实现协同发展、错位发展、联动发展。完善与通州区对接协调机制，加强污染防治、执法监管等领域联动合作，严格控制蓝绿空间比例。提速引进北京优质教育、医疗等公共服务资源，加快大爱医院等重点项目建设，同步创新联合办学、建立分校、合作办院、设置分院等合作方式。

（二）聚焦项目建设，培育更强发展动能

强化以项目论英雄的鲜明导向，围绕产业发展定位，制定精准招商路线图，建立重点对接企业库，大力开展精准招商、专业招商、以商招商和产业链招商，力促中能健生物医药产业园、博云融众数字产业香河基地等优质项目落地；优化“七促”服务举措，逐个项目量身定制“服务包”，及时解决项目建设难题，力促华电香河燃气能源站、嘉信数字经济产业园、万科食品供应基地、金融小镇等项目早开工、早达效；同步加快推进高铁商务新区建设，引进发展“大智移云”、金融服务、总部经济等高端业态，打造县域发展新的增长极。

着力打造一流的营商环境，坚持以群众需求为导向，以深化“放管服”改革为抓手，持续减环节、优流程、压时限，推行“不见面、线上办”“一网通办”等审批模式，切实提高干部的服务意识和担当精神，最大限度方便企业和群众办事；坚持放管结合、并重推进，严格规范执法行为，依法平等保护企业权益，维护公平公正的市场秩序；完善紧密、常态、畅通的政企沟通对接机制，严格落实领导干部包联企业制度，用心用情用力帮助企业解决资金、人才等发展难题。

全力提升园区能级，深入实施园区倍增计划，大力推进园区“二次创业”。加大用地保障力度，坚持盘活存量，推进全域用地整治，实现土地综合效益最大化、最优化。

（三）聚焦创新驱动，增强综合竞争优势

深入开展“科技强县”行动，充分发挥机器人小镇等创新平台作用，精准对接引入京津创新资源和科研成果，促进更多关键核心技术“京津研发、香河孵化转化产业化”；支持企业与高等院校、科研院所共建重点实验室和研究中心，组建创新联合体，提升企业核心竞争力，力争全年新增高新技术企业10家以上、科技型中小企业60家以上；健全“政府+企业”联合引才机制，完善招才引智政策，落实《香河县高层次人才引进奖励暂行办法》，加大战略科技人才、科技领军人才、青年科技人才和高水平创新团队引进培育力度，优先解决其户籍落地、子女入学就医等现实问题，确保人才引得来、留得住、发展好。

大力支持传统产业转型升级，坚持“外引内培”并举，扎实推进工业企业“四个一批”（淘汰关停一批、搬迁入园进区一批、就地改造提升一批、做优做强一批），进一步优化产业布局，促进产业集约集群发展；深入实施“万企转型”和“千项技改”工程，大力培育数字经济，引导家具、钣金等传统产业与互联网、大数据、人工智能等技术深度结合，推动产业融合式发展、裂变式成长；加快推进家具城“二次创业”，全力推进家居小镇建设，引进企业总部，延伸产业链条，进一步提高品牌影响力和

行业话语权。

（四）聚焦城乡建设，实现一体化发展新格局

对标对表北京城市副中心建设，加快建设功能完善卫星城；深入开展“美丽街区”“精品街道”创建活动，高标准实施城区绿化提质工程；深入开展新型智慧城市试点建设，拓展智慧政务、智慧产业、智慧民生等服务功能，持续提升城市信息化、智能化水平；培育发展城市“夜经济”，推进消费扩容提质；开展美丽乡村建设行动，实施乡村“两补（小街小巷道路硬化和路灯亮化）一清（环境卫生集中清理）一创（创建运河沿岸美丽乡村示范片区）”工程，大力发展品牌农业、都市农业、休闲农业等新业态，着力打造城乡互补、全面融合、共同繁荣的新型城乡发展格局。

（五）聚焦生态建设，构建绿色发展体系

坚决贯彻落实习近平生态文明思想，坚持科学防治、精准施策，持之以恒打好蓝天、碧水、净土三大保卫战，保持环境执法高压态势，推进全县生态环境质量持续改善；开展节约型机关、绿色家庭、绿色学校、绿色社区等创建行动，大力推行企业清洁生产，进一步提高绿色低碳发展水平；巩固深化省级全域旅游示范区创建成果，结合运河旅游通航、美丽乡村建设、荷花之乡创建等优势资源，完善景区景点设施，丰富文化旅游元素，发展新兴业态，切实让香河良好生态优势转化为现实发展优势。

（六）聚焦民生改善，提升群众幸福感

坚持以人民为中心的发展思想不动摇，常态长效抓好疫情防控，大力实施中小学校舍维修改造、乡镇卫生院升级改造等民心工程，健全完善高校毕业生、农村转移劳动力等重点群体就业支持体系，持续巩固脱贫攻坚成果，全力做好特困人员供养、孤儿救助、退役军人服务保障等工作，深入开展冰雪运动、全民运动会等形式多样的文娱活动，不断提高民生供给和社会保障水平，让广大群众共享更多改革发展成果。

关于香河县2020年全县总预算及县本级预算执行情况和2021年全县总预算及县本级预算（草案）的报告

——在香河县第十五届人民代表大会第五次会议上

香河县财政局局长　刘　宇

（2021年3月3日）

一、2020年预算执行情况

2020年，在县委的正确领导和县人大的监督、支持下，县财政部门战胜各种困难挑战，全面落实积极的财政政策，围绕稳增长、促改革、调结构、惠民生、防风险的工作基调，坚持稳中求进、科学理财、锐意创新，全力提高财政保障能力，促进了我县经济建设和社会事业发展。

（一）一般公共预算执行情况

2020年，我县全部财政收入完成546832万元，占调整预算的101.3%。一般公共预算收入完成307770万元，占调整预算的102.6%。

按照上述收入完成情况和现行省对县财政管理体制计算，我县全年一般公共预算可用资金653416万元，一般公共预算支出完成569898万元，占调整预算的99.9%，安排预算稳定调节基金70000万元，结转下年支出15520万元，滚存净结余10313万元。

上述收支中不包含上级下达的专项转移支付资金8896万元。若加入，则可用资金为662312万元，支出为573918万元，占调整预算的99.4%，安排预算稳定调节基金70000万元，结转下年支出18169万元，结余为10313万元。

（二）政府性基金预算执行情况

政府性基金收入完成142712万元，占调整预算的101.9%。

2020年，全县政府性基金预算可用资金160921万元，政府性基金支出144509万元，占调整预算的96.3%，结转下年支出16412万元。

上述收支中不包含上级下达的专项转移支付资金161万元。若加入，则全县政府性基金预算可用资金为161082万元，政府性基金支出为144648万元，占调整预算的96.4%，结转下年支出16434万元。

（三）社会保险基金预算执行情况

2020年我县社会保险基金收入完成38616万元，占预算的110.26%，可比增长-22.7%；2020年社会保险基金支出42060万元，占预算的95.18%，可比增长5%。全县社保基金年末新增结余-3444万元，滚存结余25778万元。

2020年由于落实减税降费政策，养老保险征收比例下调，导致社会保险基金收入有所降低。

（四）国有资本经营预算情况

2020年由于我县没有国有资本经营项目，因此不涉及国有资本经营预算收支。

由于目前省对县财政结算事项尚未完成，以上收支情况若有变化，待省财政结算批复后，通过年度财政决算报告再行汇报。

（五）2020年主要工作

一是积极克服房地产调控、生态环保治理、减税降费、新冠肺炎疫情等因素的影响，完善综合治税举措，制定科学合理的征管计划，全力以赴组织收入，增强了地方财政保障能力。二是优化调整支出结构，确保支出达到时间进度，重点保障了疫情防控资金第一时间支出、人员经费按时足额发放和机关正常运转。三是民生投入进一步提高，支农惠农、社会保障、义务教育、生态环保等政策得到了全面落实。四是全面开展预算绩效管理，实现预算和绩效管理一体化，有效提升了财政政策实施效果、资金使用效益和公共服务质量与效能。五是把握政策机遇，发挥财政杠杆作用，扎实有效地推进争取资金工作，更为有力地促进了县域经济发展。

各位代表，过去的一年，全县财政各项工作取得了长足进展，但距离全县人民的要求还有较大差距。当前，新的经济发展形势对财政工作提出了更高要求，我们将充分把握有利条件，努力化解不利因素，采取更加有效的工作举措，推进财政科学化、精细化管理，推动全县经济社会的全面发展。

二、2021 年财政预算草案

2021 年是建党 100 周年，是“十四五”规划开局之年，是推进改革、实现高质量发展的关键之年，也是进入新发展阶段、落实新发展理念、融入新发展格局、建设美丽幸福新香河的关键时期。编制执行好 2021 年预算，做好各项财政工作，对推动全县科学发展、绿色崛起意义重大。2021 年全县总预算和县本级预算安排如下：

（一）预算收支安排情况

1. 一般公共预算安排情况

2021 年，全县财政总收入计划安排 654000 万元，同比增长 19.6%；一般公共预算收入计划安排 332300 万元，同比增长 8.0%。

按照财政收入计划和现行财政管理体制测算，2021 年全县综合可用资金预计为 557849 万元，同比下降 8.3%。其中：县本级综合可用资金 507849 万元，同比下降 7.4%；镇区可用资金 50000 万元，同比下降 10%。

全年财政支出计划安排 557849 万元，其中：县本级计划安排 507849 万元，镇区计划安排 50000 万元。全县、县本级和镇区支出安排与当年可用资金数额一致，做到了收支平衡。

2. 政府性基金安排情况

政府性基金收入计划安排 155000 万元，同比增收 12288 万元，增长 8.6%。

结合上年结转及调出资金情况，2021 年全县政府性基金预算可用资金为 151412 万元。

按照收支平衡的原则，2021 年政府性基金支出计划安排 151412 万元。

3. 社会保险基金预算安排情况

2021 年全县社保基金预算收入计划安排 45930 万元，上年结余 25778 万元，全年可用资金预计为 71708 万元。

2021 年社保基金预算支出计划安排 41240 万元，滚存结余 30468 万元。

4. 国有资本经营预算安排情况

2021 年全县国有资本经营预算收入计划安排 1000 万元，全部调入一般公共预算统筹使用。

（二）2021 年预算安排指导思想和基本原则

根据今年形势和改革要求，预算编制的指导思想是：坚持以习近平新时代中国特色社会主义思想为指导，全面贯彻党的十九大和十九届二中、三中、四中、五中全会精神和中央经济工作会议精神，全面落实省、市委全会和县委十一届八次全会部署要求，坚持稳中求进工作总基调，扎实做好“六稳”工作，落实“六保”任务，树立长期过“紧日子”思想，强化预算绩效管理，调整优化支出结构，持续强化资金管理，扎实推进财税改革，防范化解财政风险，增强财政可持续性，全面推动高质量财政建设再上新水平，为奋力开创建设美丽幸福新香河崭新局面提供强有力的财政支撑。

预算编制遵循的基本原则：一是深化改革，依法理财，推进全面实施预算绩效管理，加快构建全方位、全过程、全覆盖的预算绩效管理体系。二是突出重点，突出支持做好“六稳”工作、落实“六保”任务，切实兜牢“三保”底线，着力保障和改善民生。三是厉行节约，坚决落实政府过“紧日子”要求，大力压减一般性支出，严控“三公”经费，从紧安排项目支出。四是统筹兼顾，立足全县，着眼大局，统筹考虑财力与支出需求，保障财政平稳运行。

根据上级相关要求和我县实际情况，2021年全县支出预算安排主要以“保工资、保运转、保基本民生”为中心。“保工资”：保障人员工资支出，确保政策性增资所需资金到位。“保运转”：积极整合财政资金，牢固树立“过紧日子”的思想，严格执行中央八项规定，在全力保障各级各部门基本公用支出需要的情况下，努力降低行政成本，大力压减一般性支出。“保基本民生”：一是着眼于满足群众日益增长的美好生活需要，着力调整优化支结构，优先安排资金用于保障和改善民生、促进基本公共服务均等化。对城乡居民基本养老保险、城乡居民基本医疗保险、“五保户”供养、再就业人员补贴、城乡社会救济、特殊困难群体综合保障等问题按政策给予全力保障，不断提高广大群众的幸福感、获得感、安全感。二是对标对表北京城市副中心建设，统筹抓好城市建设和乡村振兴，促进城乡基础设施更完善、公共服务更便捷、生态环境更优美、幸福指数更提升。三是注重向公共服务项目倾斜，加大公益性项目投入，让广大人民群众在联动发展中更多地享受经济发展的实惠。

（三）政府债务情况

2020年底我县政府债务余额为136556万元，政府债务率11%，在合理区间内。按照偿还计划，2021年县本级应偿还债务本息共计25104万元，支出预算已安排9404万元，另申请置换债券资金偿还本金15700万元。

（四）北运河旅游通航“一号工程”预算安排情况

北运河旅游通航“一号工程”共计安排51261万元，其中：一般公共预算安排35611万元，政府性基金预算安排15650万元。一般公共预算安排包括：特别国债转移支付资金20000万元，县级资金15611万元；政府性基金预算安排主要用于北运河旅游通航占地补偿支出。

（五）其他需说明的情况

本次人民代表大会批准预算前，参照上年同期的预算支出，县本级已产生支出49670万元，其中：一般公共预算支出32876万元，主要用于在职及离退休人员工资发放、新冠疫情防控、困难群众救助等支出；政府性基金支出16794万元，主要用于运河通航占地补偿等支出。

香河县人民法院工作报告

——在香河县第十五届人民代表大会第五次会议上

香河县人民法院院长　刘　君

（2021年3月3日）

2020年主要工作回顾

2020年，县人民法院在县委坚强领导、人大有力监督、政府政协大力支持下，高举习近平新时代中国特色社会主义思想伟大旗帜，深入贯彻落实党的十九大、十九届历次全会精神，始终坚持“为大局服务、为人民司法”工作主线，保稳定、强改革、惠民生，整体工作上档升级，为建设美丽幸福新香河提供了强有力的司法保障。全年受理各类案件10069件，审执结9753件，结案率96.86%，员额法官人均结案304件，各项审判执行考核指标位居全省前列。

一、坚持服务大局，保障稳定发展

我们紧盯党委、政府中心工作，充分履职尽责，保障经济社会高质量发展。面对新冠疫情，抽调70余名干警参与疫情防控，用实际行动诠释人民法院干警的初心与使命；制定二十二条关于为坚决打赢疫情防控阻击战提供司法服务保障措施，开辟诉讼“绿色通道”，精准帮扶企业复工复产。依法审理侯振林见义勇为案、第三者李某返还巨额财产案等影响力较大案件，强力执结周某赔偿等一批“骨头”案、“钉子”案，发挥司法规范作用，弘扬社会主义核心价值观，这些好做法被人民网、《法律与生活》等国家级媒体予以刊发。坚持院长接待日、领导包案制度，将律师、执法监督员等社会力量引入听证程序，稳妥化解信访难案，实现“老案归零、新案随清”，确保全国“两会”等重大敏感时期无非正常越级访、无矛盾激化、无群体性事件发生。深化“三创四建”，服务“六稳”“六保”，进一步优化营商环境，为重点企业、重大项目落户香河提供坚强保障。在处理一城公馆等问题楼盘工作中冲在前、干在先，加强法律宣传、政策解读、纠纷化解，与相关部门合力化解涉法涉诉难题，成功诉前化解276户业主起诉某房地产公司案，有效消除房地产风险，双方当事人赠送锦旗给予高度评价。在北运河通航工作中，自觉把法院工作融入党委和政府工作大局谋划考量，主动对接相关部门征询意见，研究服务重点工程保障措施，体现人民法院新作为、新担当。

二、坚持立足职能，维护公平正义

加大执法办案力度，全力提升审执质效。强化刑事审判，受理刑事案件396件，审结386件，判处罪犯450人。坚决承担起巩固党的执政根基、维护人民群众根本利益的政治责任，推进打伞破网、打财断血，综合运用财产刑，审结涉恶及保护伞案件7件20人，判处罚金120余万元，追缴赃款300余万元，如期完成“扫黑除恶”专项斗争任务，保障了平安建设。坚持标本兼治，针对社会治理问题落实“一案一建议”，有力促进铲除黑恶势力滋生土壤。强化纠纷化解，服务乡村振兴，受理民事案件4960件，审结4787件。发挥家事审判对婚姻家庭的修复功能，完善家事调查、婚姻冷静期等制度，审结婚姻、继承等案件521件；出台《服务保障民营经济健康发展实施意见》，网络司法拍卖150件，成交总金额8000余万元，破解财产变现难题；加强破产案件审理，组织召开案件破产审查听证会。行政争议化解中心挂牌成立，妥善化解46起行政争议案件，推进行政争议实质化解；审结行政案件304件，以行政机关主动变更行政行为、与当事人和解撤诉等方式结案26件；送法进机关、进单位，提出司法建议25条，邀请200多名行政执法人员旁听庭审，推进法治政府建设。创新机制，巩固执行成果，对内实现立审执协调联动，对外汇聚各界力量，将失信惩戒纳入网格化综治平台，执结案件4237件，开展专项行动40次，拘留、拘传167人，执行到位金额近7亿元。

三、坚持深化改革，提升司法效能

深化改革创新，逐步提升审判体系和审判能力现代化水平。司法责任制改革稳步推进，实行扁平化管理，落实员额法官主体责任，构建以员额法官为主体、法官助理为辅助的审判团队；完善审判委员会、专业法官会议，规范法官自由裁量权；院庭长充分发挥示范引领作用，带头办理重大疑难复杂案件7500余件，占结案总数的70%。综合配套改革成效显著，如期完成内设机构改革，将26个部门精简为9个，完善业绩考评奖惩机制，将审执工作、党风廉政建设工作同部署、同考核，结案数、结案率等主要指标稳中向好，审判质效考核排名居全省前列，创历史最优。诉讼制度改革亮点纷呈，推进刑事诉讼制度改革，推行认罪认罚从宽制度，审结认罪认罚案件301件340人；深化“登”字号改革，加快“分调裁审” 机制建设，实现“简案快审、难案精审、类案同审”；推进道交一体化改革，加强平台运用，受理交通事故案件252件，调解99件，兑现赔偿金额720余万元。

四、坚持贴心服务，办好惠民实事

我们始终坚持以人民为中心的发展思想，践行司法为民根本宗旨，把群众利益、群众感受作为工作的风向标、晴雨表，全力做好保障民生这篇文章。以科技为支撑，实现诉讼服务转型升级，强化电子卷宗随案生成等软件应用，网上立案5560件、网上缴费1600件、网上调解4899件、网上开庭600次。完善一站式多元解纷和诉讼服务体系建设，建成集诉讼引导、立案、诉前调解、司法鉴定等功能于一体的诉讼服务中心，为当事人提供一站通办、一网通办、一号通办、一次通办诉讼服务。创新和发展“枫桥经验”，坚持把非诉讼纠纷解决机制挺在前面，通过“多元调解+速裁”机制，推进矛盾纠纷多元化解。强化诉源治理，以无诉讼乡镇村街社区创建为抓手，以5个中心法庭、8个河北特色人民法庭为前沿阵地，汇聚律师、特邀调解员等多方力量，推进矛盾纠纷诉前化解，审理涉农案件近600件，使全县70%以上的乡村矛盾得到妥善处理。开展巡回审判，在人口密集村街、企业设立巡回点，现场办案，将法律服务送到百姓身边。开展“法律八进”活动，推进法治宣传，宣讲党的十九届五中全会精神和《中华人民共和国民法典》，教育辐射群众过万人，努力营造良好的法治氛围。

五、坚持从严管理，锤炼过硬队伍

我们坚持全面从严治院，努力建设忠诚、干净、担当的一流法院队伍。抓教育培养，深化“两个坚持”主题教育，树牢“四个意识”、坚定“四个自信”、坚决做到“两个维护”，不断提升党员干部政治责任；强化党建引领，推进党支部规范化建设；组织志愿服务、重温入党誓词等活动，提高党性修养。抓严格管理，强化党风廉政建设，全面落实“两个责任”，履行“一岗双责”，严格执行中央“八项规定”精神，以审务督察、专项检查等方式，强化监督问责，清除廉政风险问题隐患，全年无干警违法违纪事件发生。抓民主监督，深化司法公开，始终把法院工作置于党委领导、人大监督之下，主动接受政协和社会各界民主监督，邀请百余名人大代表、政协委员旁听庭审、见证执行，人民陪审员参审案件889件，有效推进了阳光司法。

回顾2020年工作，硕果累累，成绩斐然。这些成绩的取得，得益于党委的坚强领导，人大的有力监督，政府、政协和社会各界的大力支持。我们也清醒地认识到，自身工作还存在一些不足：一是面对新形势，围绕中心开展工作的主动性、前瞻性还有待增强；二是面对案件数量持续高位运行，审判质效与群众期待仍有差距；三是加强规范化管理、持之以恒正风肃纪的能力需进一步提升；四是参与社会综治深度不够，多元解纷机制和诉讼服务中心建设成效尚未充分实现；五是如何在疫情防控常态化背景下进一步提升审判质效仍是新课题。这些问题我们将在今后司法实践中努力加以解决。

2021 年工作展望

2021 年是“十四五”开局之年，也是全面建设社会主义现代化国家新征程的开启之年。面对新形势、新要求，县人民法院工作指导思想是：坚持以习近平新时代中国特色社会主义思想为指导，深入贯彻习近平法治思想，围绕“一条主线”（党的十九大及十九届历次全会精神），落实“两项要求”（落实县委十一届八次全会要求 、落实本次大会决议要求），推进“六项重点”工作（执法办案、司法为民、司法改革、审判质效、司法监督、队伍建设），充分发挥人民法院在国家治理体系和治理能力现代化中的职能作用，为全面建设美丽幸福新香河贡献法院力量。

一是以政治建设为中心点，在党建引领上彰显新思维。强化《中国共产党政法工作条例》落地生根，坚持党对人民法院工作的绝对领导，主动服务党委、政府中心工作，确保党的方针、路线在法院工作中得到不折不扣的落实。

二是以服务大局为结合点，在执法办案上创造新业绩。勇于担当作为，深入参与平安建设，维护和谐稳定。依法严惩刑事犯罪，推进“扫黑除恶”常态化。积极应对疫情防控和经济发展新挑战，优化营商环境。完善综合治理执行难工作格局，推进执行指挥中心实体化运行，加大失信惩戒力度。

三是以司法为民为切入点，在便民利民上探索新举措。全面建设集约高效、多元解纷、智慧精准、交融共享的现代化诉讼服务体系，健全立体化诉讼服务渠道，探索“互联网 + 诉讼服务”模式，拓展便民利民举措，提升人民群众幸福感、获得感、安全感。

四是以实干担当为着力点，在改革创新上实现新突破。深化司法体制改革，落实繁简分流、调解速裁、要素式审判等改革举措，实现立案环节“难易分类”、审理环节“繁简分流”、执行环节“快执分道”，进一步提升办案质效。

五是以强基固本为关键点，在队伍建设上展现新气象。强化干警政治历练、业务训练、实践磨炼，提升队伍水平，坚持革命化、正规化、专业化、职业化建设，打造党和人民信得过、靠得住、能放心的审判队伍。

有关用语说明

1. “一案一建议”，针对已审结的恶势力犯罪案件中发现的问题，依法向案发地所属行业主管部门发出司法建议书，就加强相关工作提出的司法建议，能够发现黑恶犯罪背后的深层次问题，从源头上防范和遏制黑恶势力滋生、蔓延，推动审判机关参与社会治理创新。

2. 行政争议化解中心，是充分发挥行政争议化解中独有的矛盾调节器和减压阀功能，构建起司法与行政良性互动的新机制，旨在把行政争议化解于萌芽状态，有效预防和化解行政争议，合力推进法治香河建设。

3. “分调裁审”，指“分流＋调解＋速裁＋快审”机制，即通过改革分案机制、建立速裁程序、改进送达和庭审方式、简化审理程序、落实文书改革机制等，对进入诉讼程序的案件实现简案快审、繁案精审。

4. 道交一体化改革，是法院与公安、保险公司等联合建立的“道路交通事故网上数据一体化处理”机制，有利于促进纠纷的预防和化解，降低当事人维权成本，提升案件质效，保障司法公正。

5. 一站式多元解纷和诉讼服务体系建设，是突出一站、集约、集成、在线、融合等优势，发挥法院调解平台集成主渠道功能，最大限度汇聚解纷资源，促进社会治理迈向深入，实现服务群众能力新跨越，让人民群众在每一个司法案件中感受到公平正义。

香河县人民检察院工作报告

——在香河县第十五届人民代表大会第五次会议上

香河县人民检察院检察长　刘振华

（2021 年 3 月 3 日）

2020 年工作回顾

2020 年，县检察院在县委和上级院的坚强领导下，在县人大及其常委会的有力监督下，在县政府、县政协及社会各界的关心支持下，坚持以习近平新时代中国特色社会主义思想为指导，全面贯彻落实党的十九大和十九届二中、三中、四中、五中全会精神，按照“讲政治、顾大局、谋发展、重自强”的总体要求，认真贯彻落实县委和上级院的各项工作部署，忠实履行宪法和法律赋予的职责，各项检察工作取得了一定的成绩。

一、围绕县委中心工作，服务保障经济社会发展大局

精准打实检察战疫“组合拳”。疫情就是命令，防控就是责任。疫情发生后，县检察院认真落实县委疫情防控要求，强化各项举措，保障干警健康安全。同时，抽调 50 余人次下沉社区参与一线联防联控，圆满完成任务；充分发挥“智慧检务”的积极作用，运用远程庭审、远程提讯、远程接访、羁押人员监督管理平台等信息化手段，保障了“防疫办案两不误”。

着力护航民企发展。贯彻“少捕慎诉慎押”的司法理念和平等司法保护政策，妥善办理涉企刑事案件，“可捕可不捕的，不捕。可诉可不诉的，不诉。”，依法不批捕 5 人，不起诉 3 人。建立健全检企联络协作机制，组织开展“服务‘六稳’‘六保’，护航民企发展”检察开放日活动，着力解决民营企业发展的难点和堵点，为民营经济发展提供优质的检察产品和法治保障。

助推决胜“三大攻坚战”。突出惩治金融犯罪、涉众型经济犯罪、侵害农村农民利益以及污染生态环境等领域犯罪，全年共批准逮捕相关犯罪嫌疑人 11 人，提起公诉 14 人。推进化解金融风险工作，向中国人民银行香河支行、县政府金融办等金融监管单位转送高检院“三号检察建议”，切实维护了县域金融安全。

二、推进“平安香河”建设，维护社会和谐稳定

忠实履行批捕起诉职能。坚决遏制刑事犯罪高发态势，认真贯彻宽严相济的刑事司法政策，全年共批准逮捕各类犯罪嫌疑人 215 人，起诉 476 人，不捕 43 人，不诉 18 人。对 423 名犯罪嫌疑人适用认罪认罚从宽制度，适用率达到 89%，有效化解社会矛盾，减少社会对抗，维护社会和谐。

打好“扫黑除恶”专项斗争收官之战。始终保持对黑恶势力犯罪的高压态势，坚持“是黑恶犯罪一个不放过，不是黑恶犯罪一个不凑数原则”，今年以来共批准逮捕涉恶案件 2 件 12 人，提起公诉涉恶案件 3 件 14 人，涉黑保护伞案件 2 件 3 人，已全部办结。认真落实“边打边治边建”的要求，针对办理涉恶案件中发现的基层管理等深层次问题提出检察建议 9 件，相关部门均已回复整改。

精心呵护未成年人健康成长。严惩侵害未成年人犯罪行为，今年以来共批准逮捕 6 人，提起公诉

10人。秉持对未成年人优先、特殊保护的理念，打造未成年人“一站式询问室”。全面贯彻对未成年犯罪嫌疑人“教育为主、惩罚为辅”的办案原则，附条件不起诉1人。持续深化最高检“一号检察建议”落实落细，院领导带头兼任法治副校长，组织开展“法治进校园”宣讲活动5场次，受教育师生达2000余人。

积极参与社会综合治理。拓宽司法为民新渠道，综合运用检察服务大厅和“12309”网站、微信公众号等渠道，受理群众来信来访案件141件次，均做到“七日内程序性回复，三个月办理过程或结果答复”。大力开展司法救助工作，发放救助金5万元，让人民群众在每一个司法案件中感受到公平正义和司法为民的情怀。

三、强化法律监督，维护司法公正

持续做优刑事检察监督。深化“两项监督”，加大对公安机关立案、侦查活动监督，全年共办理立案监督案件5件，追捕漏犯4人，追诉漏犯4人，漏罪4人，纠正侦查活动中违法情形13件，发送书面检察建议12份，均已被采纳。深化审判活动监督。坚守防范冤假错案底线，向法院提出抗诉1件。落实检察长列席法院审判委员会制度，依法对4起案件发表检察意见。深化刑事执行监督。全面履行监督职责，依法提出纠正意见8件，检察建议2件，均被采纳。妥善办理重大案件讯问合法性核查案件，实现了监督关口前移。

着力做强民事检察监督。以学习贯彻《中华人民共和国民法典》为契机，强化精准监督理念，深入推进对生效裁判、虚假诉讼、执行活动等领域的监督。全年共办理民事审判程序违法监督案件15件，民事执行监督案件4件，均已办结并发出检察建议，有力促进了司法公正。

全力做实行政检察监督。全年共办理行政审判程序违法监督案件1件，行政执行监督案件1件，均已办结并发出检察建议。持续更新监督理念，把化解行政争议、解决群众合法诉求作为行政检察监督的工作重点，办理行政争议实质性化解案件4件，其中某饺子馆行政争议化解案件被省院评为典型案例，相关经验做法被《检察日报》刊载，被最高检的工作交流专栏转载。

创新做好公益诉讼检察工作。聚焦人民群众关注的生态环境、食品药品安全、大运河保护等重点领域，开展“公益诉讼守护美好生活”专项监督工作，推动行政机关主动履职纠错。全年共办理公益诉讼案件46件，已全部办结并向相关行政机关发出检察建议，采纳整改率100%。

四、强化自身建设，锤炼优质检察队伍

政治建检铸忠诚。始终坚持党对检察工作的绝对领导，把政治建设摆在首位，着力用习近平新时代中国特色社会主义思想武装头脑，凝聚力量。深入学习党的十九届四中、五中全会精神、习近平法治思想，组织专题研讨交流3次，专题学习12场次。不断深化党建与业务深度融合，以党建红引领检察蓝，共组织开展集体学习34次，全面提升检察干警的政治素质和理论水平。

素能强检育能手。以实用性、实战性、实效性为导向，深化业务培训，派员参加各类培训150人次，覆盖率达100%。组织干警积极运用学习强国、中国检察官教育培训网、检答网等媒介主动开展学习，拓宽工作视野，优化知识结构，1名干警获得全省“优秀公诉人”称号。

从严治检保纯洁。严格落实党组“两个责任”和中央八项规定，推进纪律作风建设，严格遵守“三重一大”等议事规则，加强机关内部管控，找准风险点，完善《香河县人民检察院规范化管理制度汇编》。严格执行“三个规定”有关要求，全年共上报重大事项29件。秉持严管即是厚爱的原则，开展检务督察16次，警示教育活动5场次，使干警警钟长鸣。

接受监督提效能。多形式开展人大代表、政协委员联络工作，邀请人大代表、政协委员参加“检察开放日”、公开听证等活动，组织参观20余人次，

召开专题座谈会 2 次，人民监督员听证会 1 次，认真听取意见建议，主动接受监督，始终保持检察权在阳光下运行。

过去一年成绩的取得，是县委正确领导、县人大及其常委会有力监督，县政府、县政协和社会各界大力支持的结果。在肯定成绩的同时，我们也清醒地认识到检察工作中存在的差距和不足：一是服务全县经济社会发展大局的措施还不够多，针对性、实效性还不够强；二是检察业务发展不平衡，民事检察、行政检察仍是短板弱项；三是案多人少的矛盾仍然突出，专业人才极度匮乏，检察队伍的潜力还需进一步挖掘。在今后的工作中，我们将采取有效措施，认真加以解决。

2021 年检察工作思路

2021 年是建党 100 周年，也是全面实施“十四五”规划的开局之年。县检察院将坚持以习近平新时代中国特色社会主义思想和党的十九届五中全会精神为指导，认真落实县委和上级院的各项工作部署，深耕法律监督主责主业，更新理念推动“四大检察”“十大业务”全面协调充分发展，为加快建设美丽幸福新香河贡献检察力量。

一、坚定不移讲政治，确保检察工作正确方向。以学习贯彻习近平新时代中国特色社会主义思想为首要政治任务，增强“四个意识”、坚定“四个自信”、做到“两个维护”。坚持党对检察工作的绝对领导，严格执行重大事项主动向县委请示报告制度。牢固树立抓好党建是最大政绩的理念，强化基层党组织建设，一以贯之抓党建带队伍促业务。紧扣学习贯彻十九届五中全会精神，找准检察机关的着力点，为香河“十四五”开好局、起好步提供坚强的司法保障。

二、提升履职站位，护航经济社会发展大局。紧紧围绕县委各项决策部署，将检察工作放到全县发展大局中谋划推进。始终保持对严重刑事犯罪严惩、高压态势，常态化开展“扫黑除恶”专项斗争，不断提升人民群众的安全感。对标“六稳”“六保”要求，精准对接司法需求，扎实服务民营经济发展，审慎办理涉企案件。全力保障县域运河通航、京唐高铁等重点项目的顺利实施，有效防范化解管控各种风险，不断优化宜居宜业的法治环境。

三、深耕监督主责主业，维护公平正义。持续强化刑事检察监督。加强对公安机关侦查活动、刑事执行活动、法院刑事审判活动的监督力度，重点完善对查封、扣押、冻结等侦查措施的监督机制；持续强化民事检察监督。秉持精准监督理念，加强对法院民事审判程序和审判人员违法监督，实现“对事监督”与“对人监督”相结合。深入推进民事执行监督，加强执行与监督信息法检共享平台建设；持续强化行政检察监督。以行政非诉执行监督为切入点，不断拓展案源，逐步扭转被动局面。常态化开展行政争议实质性化解工作，努力实现案结事了政和；持续做好公益诉讼检察工作。结合实际，找准公益诉讼检察新领域，以诉前程序为最佳途径，协同各方共同维护国家利益和社会公共利益。

四、夯实检察发展根基，锻造过硬检察队伍。大力开展教育培训，健全分级分类培训体系，着力提升干警政治素质和专业能力；扎实推进司法规范化建设，坚持严格执法、规范司法；完善检察官业绩考评制度，发挥“指挥棒”作用，优化调整考评标准，形成能者上、平者让、庸者退的动态管理机制；以政法队伍教育整顿为契机，进一步强化纪律作风建设，着力打造一支对党忠诚、服务人民、司法公正、纪律严明的检察队伍。

附　录

责任编辑　王树春　闫振春

党政机关、群众团体、事业和企业单位及领导班子成员名单

中国共产党香河县委员会

书　　记　李桂强
副 书 记　齐泽旭
　　　　　张玉林
常　　委　韩　超（任至12月）
　　　　　陈润彬（12月任）
　　　　　田立军
　　　　　王宏民
　　　　　郭建永
　　　　　齐建光
　　　　　焦国强
　　　　　董美辰
　　　　　牛　静
　　　　　曾智豪（任至10月，挂职）

中共香河县委办公室

主　　任　田立军
常务副主任　王长泉
副 主 任　杨志文
　　　　　刘铁山
　　　　　李红亮（任至8月）
　　　　　李　莉
　　　　　赵振兴

中共香河县委组织部

部　　长　王宏民
常务副部长　周向伟
副 部 长　郭凤娟
　　　　　杨金刚（任至11月）
　　　　　焦　为（11月任）
　　　　　田　义
　　　　　盛淑俊
　　　　　孙宏伟（兼）
　　　　　张铁兵（兼）

中共香河县委宣传部

部　　长　焦国强
常务副部长　王立生
副 部 长　罗文龙
　　　　　张建军
　　　　　孔庆军（11月任）
　　　　　史长城（兼）

香河县精神文明建设委员会办公室

主　　任　张建军（兼）

中共香河县委统一战线工作部

部　　长　董美辰
常务副部长　李洪波
副 部 长　冯　勇（任至6月）
　　　　　张金武（6月任）
　　　　　赵志清
　　　　　马灵君
　　　　　李文伯

中共香河县委政法委员会

书　　记　郭建永
副 书 记　陈宝全
　　　　　朱宝栋
　　　　　吴海斌（兼，任至1月）
　　　　　刘振华（兼，1月任）

中共香河县委县直机关工作委员会

书　　记　李文建
副 书 记　蒙海燕（任至11月）

中共香河县委机构编制委员会办公室

党支部书记、主任　张铁兵
副主任　张雪松

香河县信访局

党支部书记、局长　梁建伟（任至4月）
　　　　　崔新宇（4月任）
副 局 长　杨海霞
　　　　　张金虎
　　　　　李永生

中共香河县委网络安全和信息化委员会办公室

党支部书记、主任　陈　彬
副主任　单松林
　　　　　李志楠（8月任）

中共香河县委党校

校　　长　李桂强（兼）
第一副校长　王宏民（兼）
党委书记、常务副校长　杨福林
党委委员、副校长　薛福巨
　　　　　杨立刚

中共香河县委党史研究中心（8月成立）

主　　任　（空缺）
副 主 任　杨秋良（8月任）
　　　　　陈　超（8月任）
中共香河县委党史办公室（8月撤销）
主　　任　（空缺）
副 主 任　（空缺）

香河县档案馆

馆　　长　肖凤双
副 馆 长　吴国际（任至8月）
　　　　　李春宇（8月任）
　　　　　李　铁（8月任）

香河县融媒体中心

主　　任　史长城
副 主 任　孔庆军（8—11月任职）
　　　　　马国栋（8月任）
　　　　　张　洎（8月任）

香河县人民代表大会常务委员会

主　　任　闫再兴
副 主 任　宋品仲
　　　　　张浩波
　　　　　周志广
　　　　　张云华

办公室

主　　任　周学军

副 主 任　王浩坤
　刘娅东

教科文卫工作委员会

主　任　张君铭
副 主 任　陈莉莉

选举任免代表工作委员会

主　任　王　雨
副 主 任　史春祥

法制工作委员会

主　任　高建平

财政经济工作委员会

主　任　许燕海
副 主 任　任永涛

香河县人民政府

县　长　齐泽旭（1月任）
副县长、代县长　齐泽旭（任至1月）
常务副县长　齐建光
副 县 长　曾智豪(任至10月,挂职）
　吴海斌（任至4月）
　刘凤顺（任至4月）
　刘雪艳
　闫明杰
　张锦山
　刘振华（4月任）
　朱　维（10月任，挂职）

香河县人民政府办公室

主　任　张占春（任至12月）
　王　强（12月任）
副 主 任　马洪磊
　刘　颖
　周易祥（任至8月）

中国人民政治协商会议香河县委员会

主　席　马文龙
副 主 席　盛泽良
　李一超
　苏　宽
　刘奖波
秘 书 长　张天亮

办公室

主　任　张天亮（兼）
副 主 任　周立波

提案委员会

主　任　靳洪坤

科技经济委员会

主　任　张春来
副 主 任　刘　东

社会发展委员会

主　任　阮永利
副 主 任　马小伟（6月任）

农业和农村委员会（11月成立）

主　任　（空缺）

中国共产党香河县纪律检查委员会

书　记　牛　静
副 书 记　张福东
　袁德永
常　委　王　辉
　王东利
　崔振起
　田兆泉

香河县监察委员会

主　任　牛　静
副 主 任　张福东
　袁德永

委　　员　　崔振起
田兆泉
李永祥
张连瑞

中共香河县委巡察工作领导小组办公室

主　　任　　王东利
副 主 任　　于海仓
王友杰

群众团体

香河县总工会

主　　席　　李德军
副 主 席　　韩智慧
李宏振
高利荣（挂职）

共青团香河县委员会

书　　记　　马　路
副 书 记　　王若瓔

香河县妇女联合会

主　　任　　刘秀平
副 主 任　　李姝瑾
杨立梅

香河县科学技术协会

党组书记　　陈建功
主　　席　　孙志坚
党组成员、副主任　　杨洪海
王健康

香河县工商业联合会

主　　席　　魏紫峰
党组书记、常务副主席　　冯　勇（任至6月）
张金武（6月任）
副 主 席　　李志海

香河县残疾人联合会

党组书记、理事长　　赵树军
党组成员、副理事长　　王艳茹
王雪山

香河县文学艺术界联合会

主　　席　　赵立志
副 主 席　　韩　坡

香河县红十字会

会　　长　　刘雪艳
专职副会长　　孙玉茹
副 会 长　　张　玲
陈晓婧（6月任）

香河县计划生育协会

会　　长　　张玉林
常务副会长　　张智勇
副 会 长　　佟艳华
秘 书 长　　马春红

法治　军事

香河县公安局

党委书记、局长　　吴海斌（任至1月）
刘振华（1月任）
党委副书记、政委　　马小杰
党委委员、副局长　　肖广平
李长海
刘国东
党委委员、副政委　　陈光华
副局长　　张子来
副政委　　李树忠

	刘海涛（8月任）
正科级干部	王福良
政治处主任	刘海涛（任至8月）
	石克森（8月任）
党委委员	梁建伟（任至4月）
党委委员、开发区治安分局局长	王田华（8月任）

香河县人民检察院

党组书记、检察长	刘振华
党组副书记、副检察长	李宏伟
党组成员、副检察长	张金路
	曹宏艳
党组副书记、检委会专职委员	张建国
党组成员、检委会专职委员	焦文祥

香河县人民法院

党组书记、院　长	刘　君
党组副书记、副院长	侯东祥
党组成员、副院长	丁福才
	周晓明
党组成员	姜林涛
党组成员、执行局局长	李　君
党组成员、政治处主任	马翔宇
审判委员会专职委员	姜瑞丰
	王金生

香河县司法局

党组书记、局长	郭宏伟
党组成员、副局长	任春艳
	朱红京
	李晓勇
党组成员、政治部主任	董世杰

香河县国防教育办公室

主　　任	（缺职）
常务副主任	（缺职）
副　主　任	后瑞新

县政府工作部门、直属机构、垂直管理部门

香河县发展和改革局

党组书记、局长	冯国祥
党组副书记、副局长、县商务局局长	佟明顺
党组成员、副局长	李英辉
	周宏浩（挂职，6月任）
	刘宝明（任至10月）
副局长	王志强
	李　刚
	唐永志
	李　阳
	许仕丰
	王　宇
	王晓轩

香河县财政局

党组书记、局　长	刘　宇
党组成员、副局长	孟宪奎
	张宝栋
	田景浩（6月任）

香河县公有资产经营公司

经　　理	秦　磊

香河县人力资源和社会保障局

党组书记、局长	孙宏伟
党组副书记、副局长	刘长林
党组成员、就业服务局局长	张建明
党组成员、副局长	孟祥云

香河县民政局

党组书记、局长	马宝生

党组成员、副局长　李建新
　　　　　　　　　夏亦飞

香河县退役军人事务局

党组书记、局长　曹国藩
党组成员、副局长　李　岩
　　　　　　　　　李全红

香河县医疗保障局

党组书记、局长　杜文洪
党组成员、副局长　刘洪来
　　　　　　　　　张春明

香河县行政审批局

党组书记、局长　王艳文
党组成员、副局长　屠秀东（任至 6 月）
　　　　　　　　　闫立国
　　　　　　　　　崔文杰

香河县统计局

党组书记、局长　康会伟
党组成员、副局长　勾连卉
　　　　　　　　　丁立靖

香河县审计局

党组书记、局长　沈雪松
党组成员、副局长　董红波（任至 5 月）
　　　　　　　　　马春梅（8 月任）
　　　　　　　　　卢学英（8 月任）

香河县自然资源和规划局

党组书记、局长　高金刚
党组副书记、副局长　孙　永（7 月任党组副书记）
党组成员、副局长　任宏伟
　　　　　　　　　张建新
　　　　　　　　　李鹤鸣
　　　　　　　　　赵万华
党组成员　田兆山（1 月任）
副局长　张　浩
　　　　李长旭

香河县市场监督管理局

党组书记、局长　王　强
党组副书记、副局长　李　月
党组成员、副局长　张　江
　　　　　　　　　康子良
　　　　　　　　　贾建民
　　　　　　　　　胡振山
　　　　　　　　　王瑞广
知识产权局局长　李　月

香河县应急管理局（3 月党组改设党委）

党委书记、局长　成英杰
党委委员、副局长　张洪伟
　　　　　　　　　高振宇
　　　　　　　　　杨建国
　　　　　　　　　李增旺

香河县住房和城乡建设局

党组书记、局长　高立军
党组副书记、副局长　高文鹏
党组成员、副局长、
县人防办主任　张年台
党组成员、副局长　肖　鹏

香河县园林绿化管理中心（8 月成立）

党组书记、主任　周国良（8 月任）
党组成员、副主任　王秀丽（8 月任）
　　　　　　　　　吕　晔（8 月任）

香河县园林绿化管理局（8 月撤销）

局　　长　周国良（任至 8 月）
副 局 长　王秀丽（任至 8 月）
　　　　　王国利（任至 8 月）

香河县城市管理综合行政执法局

党支部书记、局长　陈宝东
副局长　张晓伟
　　李际明

香河县农业农村局

党组书记、局长　孟繁章
党组成员、副局长　路春艺
　　刘继承
　　杨海涛
　　勾丽红
　　张翔宇
副局长　赵建新
　　张艳齐
　　杨茂金（8月任，挂职）
党组成员、农经局局长　后瑞富

香河县水务局

党组书记、局长　李爱兵
党组成员、副局长　李永亮
副局长　张凤霞

香河县交通运输局

党组书记、局长　白颖浩
党组成员、副局长　王廷刚
　　韩凤龙
　　王立臣

廊坊市生态环境局香河县分局

党组书记、局长　任振宇
党组成员、副局长　赵彩虹
　　袁丽丽
　　聂金震
党组成员　徐凤兰
　　朱宏昌
　　姚海峰

香河县科学技术和工业信息化局（2019年12月成立）

党组书记、局长　石宝智（3月任）
党组副书记　张东生（6月任）
党组成员、副局长　张东生（3月任）
　　黄书惠（3月任）
　　田海春（3月任）
　　齐宏亮（3月任，挂职）

香河县工业和信息化局（2019年12月撤销）

党组书记、局长　石宝智
党组成员、副局长　张东生
　　黄书惠
　　田海春
　　齐宏亮（挂职）

香河县教育和体育局

党组书记、局长　姜建明
党组成员、副局长　吴贺伟
　　韩艳明

香河县文化广电和旅游局

党组书记、局长　姚立民
党组成员、副局长　刘兰芳
　　程志伶
　　赵　爱
　　周海燕
　　周君林

香河县卫生健康局

党组书记、局长　李洪波
党组成员、副局长　刘金宝
党组成员　张智勇

香河县地方志编纂中心（8月成立）

党组书记、主任　杨振亮（8月任）
党组成员、副主任　刘春林（8月任）
　　韩宝明（8月任）

香河县地方志编纂委员会办公室（8月撤销）

主　　任　杨振亮（任至8月）
副 主 任　李志楠（任至8月）

香河县供销合作社联合社

党组书记、主任　揣柏文
党组成员、副主任　王宏伟
　高红云
　石瑞峰

国家税务总局香河县税务局

党委书记、局长　赵福强
党委委员、副局长　侯重庆（任至11月）
　臧德会
　聂天昌（任至11月）
　杨立民
　岳景奇
　张育才
纪检组长　杨杰民
党委委员　秦福民

香河县气象局

党组书记、局长　宋仕峰
党组成员、副局长　马春平
　李学军

香河县烟草专卖局（营销部）

党组书记、局长、经理　程　伟
副局长　蔡志清
副经理　陈芃漪
纪检组组长　娄力然

廊坊市住房公积金管理中心香河县管理部

主　　任　佟永国

事业、企业单位

河北省香河县第一中学

党委书记　李树峰（8月任）
　武宝旺（任至8月）
党委副书记、校 长　李新生（8月任）
　李树峰（任至8月）
党委副书记　周易祥（8月任）
党委委员、副校长　果艳青（任至8月）
　翟　艳（任至8月）
　张建军
　王春明
　张浩江
　魏志刚（8月任）
　王振江（8月任）

香河县教师进修学校

党支部书记、校长　李晓东（8月任）
副 校 长　白元石
　李志良
　王冬梅

河北省香河县职业技术教育中心

校　　长　齐泽旭（兼）
常务副校长　董建国
党总支书记　赵建强
党总支副书记　梁国永
副 校 长　田金泉
　杜振龙
　周　李
　宋　明

香河县人民医院

院　　长　门德志
党总支书记　白连营

副　院　长　尹建伟
　　　　　　韩兆山
　　　　　　艾志国
　　　　　　金永钢
　　　　　　崔建国
　　　　　　董建卓

香河县中医医院

院　　　长　李瑞峰
党总支书记　赵伟东（任至11月）
　　　　　　李瑞峰（11月任）
副　院　长　李世强
　　　　　　王立强
　　　　　　张长华
　　　　　　路志鹏
　　　　　　张海涛（11月任）

香河县中西医结合医院（12月成立）

党支部副书记、院长　赵伟东（12月任）
党支部书记　李俊东（12月任）
副　院　长　董树江（12月任）
　　　　　　何建涛（12月任）

香河县气管炎哮喘医院（12月撤销）

党支部副书记、院长　赵伟东（11—12月任职）
　　　　　　尹志光（任至11月）
党支部书记　李俊东（任至12月）
副　院　长　董树江（任至12月）
　　　　　　何建涛（任至12月）

国网冀北电力有限公司香河县供电分公司

党委书记　王春雨（12月任）
　　　　　　于　涛（任至12月）
党委副书记、经理　杨　龙（12月任）
　　　　　　刘会生（任至12月）
党委委员、副经理　庞宝松
　　　　　　吴长松
副经理　王春雨（12月任）
　　　　　　于　涛（任至12月）
　　　　　　杨海林
　　　　　　田德信（任至6月）

中国石化销售股份有限公司香河分公司

党支部书记、经理　杨春林

中国邮政集团公司河北省香河县分公司

党支部书记、总经理　齐建民
副总经理　王　磊
　　　　　　刘　畅（任至4月）
　　　　　　张二新（4月任）

中国移动通信集团香河分公司

党支部书记、总经理　李显忠
副总经理　郝　鹏
　　　　　　刘　江

中国联合网络通信有限公司香河县分公司

党支部书记、总经理　晏　鑫（任至12月）
　　　　　　李宏杰（12月任）
副总经理　苏学武
　　　　　　王　硕

中国电信集团有限公司香河分公司

总　经　理　钟　凯（任至5月）
　　　　　　张艳涛（5月任）
副总经理　张艳涛（任至5月）
　　　　　　时胜云（12月任）

金融业

中国人民银行香河支行

行　　　长　樊振华
副　行　长　侯玉江

纪检组长　邱大波

中国银行股份有限公司香河支行

行　　长　廉　涛
副 行 长　李松林
　　　　　枩德虎

中国工商银行股份有限公司香河支行

行　　长　杨　亮
副 行 长　康　强
　　　　　邓毅琼
　　　　　王翠华（5月任）
　　　　　邵　帅（6月任）

中国农业银行股份有限公司香河县支行

行　　长　王从新
副 行 长　刘巧云（任至 8 月）
　　　　　王德伍（8 月任）
　　　　　刘　威
纪委书记　邓翠香

中国建设银行股份有限公司香河支行

行　　长　张殿刚
副 行 长　张晓洁（任至11月）
　　　　　王立功（9月任）
　　　　　王爱东
　　　　　葛智超（任至12月）

中国农业发展银行香河支行

党支部书记、行长　杨万涛
副行长　陈　甜（任至9月）
副行长　李　洁（9月任）

河北香河农村商业银行股份有限公司

董 事 长　张　斌
行　　长　张永康
监 事 长　王　健
副 行 长　朱建功（任至6月）
　　　　　郑存利
　　　　　李玉春
　　　　　姚燕强（9月任）

中国邮政储蓄银行股份有限公司香河支行

行　　长　庄维宝（任至10月）
副 行 长　许　巍（11月任）
　　　　　石胜宇（任至5月）
　　　　　张国乐（4月任）
　　　　　魏文彬（11月任）

兴业银行股份有限公司香河支行

行　　长　张立军
副 行 长　李红霞

河北银行股份有限公司香河支行

行　　长　杨　静
副 行 长　杜　治

廊坊银行股份有限公司香河支行

行　　长　张　磊
副 行 长　王利军
　　　　　李　维
　　　　　帅增春

沧州银行股份有限公司香河支行

行　　长　王永新（任至11月）
　　　　　王铭圣（11月任）
副 行 长　潘志春
　　　　　吴　铭
　　　　　张晓霞
　　　　　翟　莉（任至11月）
　　　　　王文利（11月任）

张家口银行股份有限公司香河支行

行　　长　　乔海洋

香河益民村镇银行股份有限公司

行　　长　　张　杰
副 行 长　　刘国庆
　　　　　　张　彬

中国人民财产保险股份有限公司香河支公司

经　　理　　韩艳青
副 经 理　　王二永
　　　　　　孙大宝（任至4月）

中国人寿保险股份有限公司香河支公司

经　　理　　范鸿杰（任至8月）
　　　　　　张景新（8月任）
副 经 理　　韩雪春

中国太平洋财产保险股份有限公司廊坊市香河支公司

经　　理　　殷宝义

中国大地财产保险股份有限公司廊坊中心支公司香河营销服务部

经　　理　　崔丽超

名阳保险销售有限责任公司香河分公司

经　　理　　李　烨

镇（社区办）、经济开发区

淑阳镇

党委书记　　王立强（任至4月）
　　　　　　何振龙（4月任）
党委副书记、镇长　　范金良
党委委员、人大主席　　程亚民（6月任）
二级主任科员　　池晓伟
三级主任科员　　李国栋（6月任）
党委副书记　　李国栋（任至6月）
　　　　　　王　伟（6月任）
党委委员、纪委书记　　马小伟（任至6月）
　　　　　　张丽娜（8月任）
党委委员、组织委员　　尹凯辉（任至6月）
　　　　　　郭向卿（6月任）
党委委员、宣传委员　　张丽娜（任至8月）
　　　　　　韩凤娇（8月任）
党委委员、政法委员　　刘春元（3月任）
党委委员、副镇长　　张立明（任至6月）
副镇长　　尹凯辉（6月任）
副镇长　　张金丰
副镇长　　史建国

新开街社区

党委书记　　卢英俊
党委副书记、社区办主任　　靳洪刚

新华街社区

党委书记　　路洪亮
党委副书记、社区办主任　　王大为

安平镇

党委书记　　何振龙（任至4月）
　　　　　　梁建伟（4月任）
党委副书记、镇长　　赵连成
党委委员、人大主席　　佟咏卉
二级主任科员　　屠秀东（11月任）
党委副书记　　王　伟（任至6月）
　　　　　　佟永佳（6月任）
纪委书记　　李　平（挂职）
党委委员、组织委员　　武国庆
党委委员、宣传委员　　张金玲（任至3月）
　　　　　　靳洪玉（4月任）

党委委员、武装部长　于伟利
党委委员、政法委员　张金玲（3月任）
党委委员、副镇长　李东明
副 镇 长　张　男
谢明辉

平安街社区

党委书记　李洪波

钳屯镇

党委书记　韩景丰
党委副书记、镇长　崔福军（任至10月）
杨金刚（11月任）
党委副书记　张建生
党委委员、人大主席　张少军
党委委员、纪委书记　王辉军
党委委员、组织委员　石　磊（4月任）
党委委员、宣传委员　赵更昆
党委委员、武装部长　石立国
党委委员、政法委员　冯志远
副 镇 长　勾洪亮（任至5月）
李颖杰
钟光志（6月任）
刘景丽

五百户镇

党委书记　吴立春
党委副书记、镇长　赵立强
党委委员、人大主席　薛福宁
二级主任科员　王桂明
四级主任科员　杜文刚
党委副书记　茹　超
党委委员、纪委书记　杨艳晶
党委委员、组织委员　王福军（任至4月）
杨光瑞（4月任）
党委委员、宣传委员　钱海涛（4月任）
党委委员、武装部长　王立波
党委委员、政法委员　冯　健（3月任）
副 镇 长　韩　宇
冯　健（任至 3月）
王福军（4月任）
王雪冰（6月任）

刘宋镇

党委书记　刘爱军
党委副书记、镇长　董　杨
二级主任科员　崔新宇（任至4月）
田景泊（6月任）
党委副书记　高　宝
党委委员、人大主席　田景泊（任至6月）
张立明（6月任）
正科级组织员　石明辉（任至5月）
党委委员、纪委书记　艾银伶（任至6月）
程广宇（8月任）
党委委员、政法委员　张　杰
党委委员、组织委员　南文智
党委委员、宣传委员　李　静
副 镇 长　佟永强
薛　雷
杨　洋
肖海峰（11月任）

安头屯镇

党委书记　孙宏杰
党委副书记、镇长　邳建纪
党委委员、人大主席　孟庆宇
二级主任科员　刘海军
三级主任科员　石国栋（5—7月任职）
陈　楠（12月任）
党委副书记　陈　楠（任至12月）
王鹏晖（12月任）
党委委员、纪委书记　孙继东
党委委员、组织委员　刘国顺（任至3月）
王彦杰（4月任）

党委委员、宣传委员　李　宁
党委委员、武装部长　石国栋（任至 4 月）
党委委员、政法委员　刘国顺（3 月任）
党委委员、副镇长　高广玉
副 镇 长　闫春生
　陈　旋

渠口镇

党委书记　绳　军
党委副书记、镇长　李永涛
党委委员、人大主席　许新宇
二级主任科员　程　磊
二级主任科员　周国忠
党委副书记　田卫国
党委委员、纪委书记　蒙超鹏
党委委员、组织委员　李　晨（4 月任）
党委委员、宣传委员、统战委员　张玲玲
党委委员、武装部长　阚国强（任至 3 月）
　崔振兴（4 月任）
党委委员、政法委员　阚国强（3 月任）
副镇长　康亚东
　周江波
　刘庆来（4 月任）

钱旺镇

党委书记　张继田
党委副书记、镇长　康国民
党委副书记　闵爱国（任至 8 月）
　张丽丽（8 月任）
党委委员、人大主席　程　杰（任至 6 月）
　闵爱国（8 月任）
二级主任科员　王诗维（6 月任）
　李洪斌
三级主任科员　何春明（4 月任）
党委委员、纪委书记　张丽丽（任至 8 月）
　韩　静（8 月任）
党委委员、武装部长　程大君（4—8 月任职）
党委委员、政法委员　王东来
党委委员、组织委员　韩　静（任至 8 月）
　程大君（8 月任）
党委委员、宣传委员　程大君（任至 4 月）
　樊振亮（4 月任）
副镇长　甄仲奎
　何春明（任至 4 月）
　张　迪
　马　健（6 月任）

蒋辛屯镇

党委书记　刘　斌
党委副书记、镇长　宋　超
党委副书记　张　亮
　王鹏晖（挂职，任至 9 月）
二级主任科员　李　杰
　张　超
党委委员、纪委书记　张金良
党委委员、政法委员　马小光（3 月任）
党委委员、组织委员　张　涛
党委委员、宣传委员　孔昭阳
党委委员、人大主席　高大永
副 镇 长　马小光（任至 3 月）
　李　鑫
　阮思琪

中共河北香河经济开发区工作委员会

书　　记　李桂强（兼，任至 3 月）
　张显民（3 月任）
副 书 记　高宏伟（3 月任）
　张金武（任至 6 月）
委　　员　高文鹏（6 月任）
　赵立军（6 月任，挂职）
　刘全顺
　崔福军（11 月任）

河北香河经济开发区管理委员会

主　　任　　　高宏伟（3 月任）
副 主 任　　　高文鹏（6 月任）
　　　　　　　赵立军（6 月任，挂职）
　　　　　　　刘全顺
　　　　　　　崔福军（11 月任）

河北香河经济开发区新兴产业园

党委书记　　　高文鹏
党委副书记、香河经济开发区管委会
社会一局局长　　程　杰

河北香河经济开发区环保产业园

党委书记　　　崔福军（11 月任）
党委副书记、香河经济开发区管委会
社会二局局长　　李树国

缩略语注释

“八项本领”：是习近平总书记 2017 年 10 月 18 日在中共十九大报告中提出的本领要求。具体是指：学习本领、政治领导本领、改革创新本领、科学发展本领、依法执政本领、群众工作本领、狠抓落实本领、驾驭风险本领。

“拆违”：拆除违章建筑。

“大班额”：按教育部的定义，中小学 36—45 人为正常班额，46—55 人为偏大班额，56—65 人为大班额，66 人以上为超大班额。

“大校额”：学生人数超过 2000 人的小学，超过 3000 人的初中，超过 4000 人的九年一贯制学校，义务教育段学生人数超过 4000 人的十二年一贯制学校，初中部学生人数超过 3000 人的完全中学。

党员“四库”：“四库”即申请入党人员库、入党积极分子库、预备党员库、党员库。

党员发展“三年村”“两年村”：指三年不发展党员、两年不发展党员的村。

“放管服”：简政放权、放管结合、优化服务的简称。“放”即简政放权，降低准入门槛。“管”即创新监管，促进公平竞争。“服”即高效服务，营造便利环境。

枫桥经验：枫桥经验是 20 世纪 60 年代初，浙江省诸暨市枫桥镇干部群众创造的“发动和依靠群众，坚持矛盾不上交，就地解决，实现捕人少、治安好”的管理方式。

河渠“清四乱”：清理乱占、乱采、乱堆、乱建行为。

“两不愁、三保障”：不愁吃（含安全饮水）、不愁穿，义务教育、基本医疗、住房安全有保障。

“两河”：特指香河县境内的潮白河、北运河。

“两化”融合：是信息化和工业化的高层次的深度结合，是指以信息化带动工业化、以工业化促进信息化，走新型工业化道路。

“两会”：中华人民共和国全国人民代表大会与中国人民政治协商会议以及省、市、县人民代表大会与人民政治协商会议。

“两个不见面”：网上审批不见面、受审分离不见面。

“两个大局”：中华民族伟大复兴的战略全局，世界百年未有之大变局。

“两个维护”：坚决维护习近平总书记在党中央和全党的核心地位、坚决维护党中央权威和集中统一领导。

“两个责任”：中国共产党第十八届中央委员会第三次全体会议提出，落实党风廉政建设责任制，党委负主体责任，纪委负监督责任。

“两考三评一定”：2016 年 6 月 12 日，香河县建立农村干部“两考三评一定”机制，即半年考核、年终考核，村街党员群众评议、执法执纪部门评审、基层党（工）委评鉴，确定村干部星级等次。

“两违”：违法占地和违法建设的行为。

“两新一重”：新型基础设施建设、新型城镇化建设，以及交通、水利等重大工程建设。

“两学一做”：学党章党规、学系列讲话，做合格党员。

廊坊市“北三县”：廊坊市行政区域内北部的香河县、大厂回族自治县和三河市。

“六稳”：稳就业、稳金融、稳外贸、稳外资、稳投资、稳预期。

“六保”：保居民就业、保基本民生、保市场主体、保粮食能源安全、保产业链供应链稳定、保基层运转。

“6+1”联动监督：河北省人大系统对违规违建项目、房地产开发项目、违法违规占用土地、地下水超采综合治理、资源能源项目、矿山综合治理、公共卫生管理开展联动依法监督。

“煤替代”“电代煤（煤改电）”“气代煤（煤改气）”：用电、天然气等清洁能源代替燃煤。

“亩均论英雄”：将农业领域“亩产”概念引入工业领域，通过建立一套以“单位产出效益”为核心的评价指标体系，对园区及工业企业进行综合评价，并建立要素差异化配置的制度设计，其目的就是转变资源利用方式，助推工业高质量发展。

农村环境整治“五清、三建、一改”：“五清”：清理农村生活垃圾；清理村内塘沟；清理畜禽养殖粪污等农业生产废弃物；清理残垣断壁；清理杂物。“三建”：对清理出的场地规划建设小游园、小菜园、小果园。“一改”：改变影响农村人居环境的不良习惯。

农村“两室”:农村党支部办公室、党员活动室。

农村“两委”:农村党支部委员会、村民委员会。

“七促”服务机制：促签约、促摘牌、促开工、促竣工、促投产、促达产、促技改的项目全流程服务机制。

“七进”文艺演出：文艺演出进企业、进农村、进机关、进校园、进社区、进网站、进军营。

“七五”普法：中共中央宣传部、中华人民共和国司法部关于在公民中开展法治宣传教育的第七个五年规划（2016—2020年）。

“七种能力”：2020年10月10日，习近平总书记在秋季学期中共中央党校(国家行政学院)中青年干部培训班开班式上强调，干部特别是年轻干部要提高政治能力、调查研究能力、科学决策能力、改革攻坚能力、应急处突能力、群众工作能力、抓落实能力。

R&D：英文 research and development 的缩写，科学研究与试验发展，指在科学技术领域，为增加知识总量（包括人类文化和社会知识的总量），以及运用这些知识去创造新的应用进行的系统的创造性的活动，包括基础研究、应用研究、试验发展三类活动。可译为“研究与开发”。

“散乱污”企业：不符合产业政策，不符合当地产业布局规划，未办理工信、发改、土地、规划、环保、工商、质监、安监、电力等相关审批手续，不能稳定达标排放的企业。“散”：不符合当地产业布局规划，没有进驻工业园区的规模以下企业。“乱”：不符合产业政策的企业，应办而未办理相关审批手续的企业，存在于居民集中区的企业、工业摊点、工业小作坊。“污”：指无污染防治设施或污染防治设施不完备、不能对产生的污染物进行有效收集、无组织排放严重的企业，污染防治设施不具备达标排放能力的企业，没有治理价值的企业，不能实现稳定达标排放的企业。

社会主义核心价值观：富强、民主、文明、和谐，自由、平等、公正、法治，爱国、敬业、诚信、友善。

“双创”：大众创业、万众创新。出自2014年9月夏季达沃斯论坛上国务院总理李克强的讲话，李克强提出，要在960万平方千米土地上掀起“大众创业”“草根创业”的新浪潮，形成“万众创新”“人人创新”的新势态。

“双创双服”：河北省开展的以创新创业、服务发展、服务民生为主要内容的活动。

“双控”：河北省深入推进安全生产风险分级管控和隐患排查治理双重预防机制建设。

“双随机、一公开”：在监管过程中随机抽取检查对象，随机选派执法检查人员，抽查情况及查处结果及时向社会公开。“双随机、一公开”是国务院办公厅于2015年8月发布的《国务院办公厅关于推广随机抽查规范事中事后监管的通知》中要求在全国全面推行的一种监管模式。

“双拥”：地方政府拥军优属，军队拥政爱民。

“三不”机制：不敢腐、不能腐、不想腐机制。

“三创四建”：2020年，河北省开展“三创四建”活动，具体内容包括：创新、创业和创建全国文明城市、国家卫生城市、国家森林城市；建设现代化经济体系，建设城乡融合高质量发展体系，建设一流营商环境体系，建设现代化社会治理体系。

“三定”方案：是各级机构编制部门，对所辖范围内所有的党政机关、人民团体、事业单位等机构，在单位初设或者机构改革过程中有重大变更事项时，颁布实施的纲领性文件，是每一个单位的身份证、户口簿。三定具体是指：定职能、定机构、定编制。

“三会一课”：是指按照党章和党内有关规定，定期召开支部大会、支部委员会、党小组会，按时上好党课。

“三个”关口前移：确诊病例救治、科学检验确诊、发热门诊认定三个关口前移。

“三个”区分开来：把干部在推进改革中因缺乏经验、先行先试出现的失误和错误，同明知故犯的违纪违法行为区分开来；把上级尚无明确限制的探索性试验中的失误和错误，同上级明令禁止后依然我行我素的违纪违法行为区分开来；把为推动发展的无意过失，同为谋取私利的违纪违法行为区分开来。

“三个圆满收官”：高质量完成脱贫攻坚任务、全面建成小康社会和“十三五”规划圆满收官。

“三公”经费：党政机关、人民团体及事业单位等财政开支的部门人员因公出国（境）经费、公务用车的购置及运行经费、公务招待经费。

“3+2”产业发展定位：指香河县做强做大高端制造、智慧家居、文化旅游三大主导产业，着力培育现代服务产业和新一代信息技术产业。

“三农”：农业、农村、农民。

“三无三百”：无刑事案件、无赴省进京上访、无生产安全事故，重大矛盾纠纷排查率、突出治安隐患整治率、高风险人群管控率三个100%。

“三深化、三提升”：深化“双创双服”活动、提升高质量发展水平；深化民心工程、提升保障改善民生水平；深化纠正“四风”和作风纪律专项整治、提升工作效能和营商环境。

“三线一单”：生态保护红线、环境质量底线、资源利用上线和生态环境准入清单。

“三支一扶”：指大学生在毕业后到农村基层从事支农、支教、支医和扶贫工作。

“三重一大”：重大事项决策、重要干部任免、重大项目投资决策、大额资金使用。

“三重四创五优化”：重大国家战略、重大项目建设、重大民生工程；创新，创业，创全国文明城市、国家卫生城市、国家森林城市，创平安河北、法治河北；优化政治生态、优化经济结构、优化自然生态、优化营商环境、优化基层治理。

“四风”：形式主义、官僚主义、享乐主义和奢靡之风。

“四个不摘”：摘帽不摘责任、摘帽不摘政策、摘帽不摘帮扶、摘帽不摘监管。

“四个意识”：政治意识、大局意识、核心意识、看齐意识。

“四个自信”：中国特色社会主义道路自信、理论自信、制度自信、文化自信。

“四好”农村公路：建设好、管理好、养护好、运营好农村公路。

“四集中”：集中患者、集中专家、集中资源、集中救治。

“四力”：新闻工作者的“脚力、眼力、脑力、笔力”

“四上”企业：规模以上工业企业、资质等级建筑业企业、限额以上批零住餐企业、规模以上服务业企业。

“四违”党员：“四违”即违法、违纪、违规、违信。

“四医联动”改革：医疗、医保、医药、医价联动改革。

“四议两公开一监督”：“四议”即涉及村发展和村民切身利益的重大事项，要经村党支部会提议、村“两委”会商议、党员大会审议后，提交村民会议或村民代表会议讨论作出决定；“两公开”即实行村级重大事务决议内容公开和实施结果公开。“一监督”即村重大事项的决议和决议实施全过程要自觉接受党员、村民的监督。

“四早”：早发现、早报告、早隔离、早治疗。

“四种形态”：第一种形态，党内关系要正常化，批评和自我批评要经常开展，让咬耳扯袖、红脸出汗成为常态。第二种形态，党纪轻处分和组织处理要成为大多数。第三种形态，对严重违纪的重处分、作出重大职务调整应当是少数。第四种形态，而严重违纪涉嫌违法立案审查的只能是极少数。

“十三五”规划：中华人民共和国国民经济和社会发展第十三个五年规划，“十三五”的时间为2016－2020年。

“十四五”规划：中华人民共和国国民经济和社会发展第十四个五年规划。“十四五”规划的时间为2021－2025年。

“通武廊”：北京市通州区、天津市武清区、河北省廊坊市。

“五大智慧工程”：智慧边界、智慧路防、智慧视频监控、智慧平安社区、智慧警务站。

“五好红旗支部”：政治建设好、组织功能好、制度执行好、任务完成好、作用发挥好。

“五规范五加强”：规范思想政治建设，筑牢信仰之基；规范党内组织生活，提升党性修养；规范组织体系设置，增强组织活力；规范机关阵地建设，筑牢基层堡垒；规范党员发展管理，提高发展质量。加强担当精神培树，凝聚干事合力；加强纪律作风建设，提升服务效能；加强党务培训管理，提升党务水平；加强先进典型培树，打造党建品牌；加强服务平台建设，亮出党员风采。

新九通一平：信息通、市场通、法规通、配套通、物流通、资金通、人才通、技术通、服务通和双创平台。

新冠肺炎：新型冠状病毒感染导致的肺炎。

“1＋5”专项治理：“1”即违建别墅问题；“5”即违法违规用地、违法违规建设、违法违规采矿、违法违规采砂、破坏生态环境。

“一案三查”：落实党风廉政建设开展责任追究，一查当事人的违纪违法责任；二查党委（党组）的主体责任；三查纪委（纪检机构）的监督责任。

“一府一委两院”：“一府”是指人民政府，“一委”是指监察委员会，“两院”是指人民法院、人民检察院。

“一岗双责”：“一岗”就是一个领导干部的职务所对应的岗位；“双责”就是一个领导干部既要对所在岗位应当承担的具体业务工作负责，又要对所在岗位应当承担的党风廉政建设责任制负责。

“一核两翼多点”：一核指香河县中心城区，两翼指蒋辛屯镇、安平镇两个新市镇，多点指一批特色小城镇节点。

“一问责八清理”：“一问责”：对党的领导弱化、主体责任缺失，管党治党不力、发生严重违纪违法问题的，抓住典型，严肃问责，公开处理。“八清理”：对超职数配备干部、违规进人问题，违规公费出国（境）、公款旅游问题，乱收费、乱摊派问题，领导干部经商办企业及其亲属利用其职务影响谋取不正当利益问题，滞留截留套取挪用财政专项资金特别是涉农资金问题，省属企业违规配车、用车问题，招标投标不规范、违规出让土地、违反规划调整容积率等问题，懒政怠政、不作为、不在状态问题，进行清理。

“医共体”：医疗卫生服务共同体。在保证财政投入政策和政府投入渠道不变的前提下，由县级公立医院与镇级卫生院组建医共体，镇级卫生院机构名称和行政隶属关系不变，加挂县级公立医院医共体牌子，医共体内人员、资金、业务、绩效考核、药品采购供应实行统一管理。

中央八项规定：2012 年 12 月 4 日，中共中央政治局召开会议，审议通过了中央政治局关于改进工作作风、密切联系群众的八项规定。主要内容：（1）要改进调查研究，到基层调研要深入了解真实情况，总结经验、研究问题、解决困难、指导工作，向群众学习、向实践学习，多同群众座谈，多同干部谈心，多商量讨论，多解剖典型，多到困难和矛盾集中、群众意见多的地方去，切忌走过场、搞形式主义；要轻车简从、减少陪同、简化接待，不张贴悬挂标语横幅，不安排群众迎送，不铺设迎宾地毯，不摆放花草，不安排宴请。（2）要精简会议活动，切实改进会风，严格控制以中央名义召开的各类全国性会议和举行的重大活动，不开泛泛部署工作和提要求的会，未经中央批准一律不出席各类剪彩、奠基活动和庆祝会、纪念会、表彰会、博览会、研讨会及各类论坛；提高会议实效，开短会、讲短话，力戒空话、套话。（3）要精简文件简报，切实改进文风，没有实质内容、可发可不发的文件、简报一律不发。（4）要规范出访活动，从外交工作大局需要出发合理安排出访活动，严格控制出访随行人员，严格按照规定乘坐交通工具，一般不安排中资机构、华侨华人、留学生代表等到机场迎送。（5）要改进警卫工作，坚持有利于联系群众的原则，减少交通管制，一般情况下不得封路、不清场闭馆。（6）要改进新闻报道，中央政治局同志出席会议和活动应根据工作需要、新闻价值、社会效果决定是否报道，进一步压缩报道的数量、字数、时长。（7）要严格文稿发表，除中央统一安排外，个人不公开出版著作、讲话单行本，不发贺信、贺电，不题词、题字。（8）要厉行勤俭节约，严格遵守廉洁从政有关规定，严格执行住房、车辆配备等有关工作和生活待遇的规定。

索 引

说 明：

1. 本索引采用主题分析法编制，范围包括篇目、类目、分目和条目等。

2. 本索引按主题词首字汉语拼音字母（同音按声调）顺序排列，若首字拼音相同，则按照第二个汉字音序排列，以此类推。

3. 索引中主题词后面的数字，表示内容所在的页码。

A

B

C

D

E

F

G

H

J

K

L

M

N

P

Q

R

W

X

Y

Z